buddham pathamakam vande dhammam vande dutiyakam
samgham tatiyakam vande acariyañcatutthakam
ratanattayam namassitva sirasa januyuggale
antarayampighatattham sabbasatru vinasatu

IN DANKBARER ERINNERUNG MEINEN ELTERN
RODERICH UND IRMGARD HIRSEKORN GEWIDMET

IMPRESSUM

TWENTYSIX – Der Self-Publishing-Verlag
Eine Kooperation zwischen der Verlagsgruppe Random House und BoD – Books on Demand

© 2018 Hirsekorn, Peter M.

Herstellung und Verlag:
BoD – Books on Demand, Norderstedt.

ISBN: 9783740744038

Das Werk, einschließlich seiner Teile, ist urheberrechtlich geschützt. Jede Verwertung ist ohne Zustimmung des Verlages und des Autors unzulässig. Dies gilt insbesondere für die elektronische oder sonstige Vervielfältigung, Übersetzung, Verbreitung und öffentliche Zugänglichmachung.

Bibliografische Information der Deutschen Nationalbibliothek: Die Deutsche Nationalbibliothek verzeichnet diese Publikation in der Deutschen Nationalbibliografie; detaillierte bibliografische Daten sind im Internet über http://dnb.d-nb.de abrufbar.

INHALTSANGABE

1. Vorwort

2. Avant-propos   1

2.1.	Vorüberlegung 1: Anmerkungen zur thailändischen Historiographie	1
2.2.	Vorüberlegung 2: Die Topographie als historischer Katalysator	8
2.3.	Vorüberlegung 3: König, Staat und *Sangha*	10
2.4.	Vorüberlegung 4: Die *Indianisierung* Südostasiens	13
2.5.	Vorüberlegung 5: Zur Problematik der linearen Geschichtsauffassung	16
2.6.	Vorüberlegung 6: Die alte siamesische Konzeption der Monarchie	17

3. Skizzen aus der Urgeschichte   21

3.1.	Die afrikanische Entstehung und frühe asiatische Verbreitung des Menschen	22
3.2.	Die Anfänge der historischen und archäologischen Forschung in Südostasien	25
3.3.	Das Pleistozän	28
3.3.1	Die Kulturen der *Jäger und Sammler*	29
3.3.2	Fenster in die Frühzeit: Die *Phi Tong Luang (Mlabri)*	29
3.3.3	Lang Rongrien	31
3.3.4	Tham Phi Maen (Spirit Cave)	32
3.3.5	Banyan Valley Höhle	33
3.3.6	Khok Phanom Di	34
3.4.	Das Holozän	37
3.4.1	Der Hoabinhian-Technokomplex	38
3.4.2	Die ersten Bauern, Gartenbau und frühe Landwirtschaft	41
3.4.3	Non Nok Tha	43
3.5.	Das Zeitalter der Bronze	45
3.5.1	Ban Na Di	45
3.5.2	Ban Tha Khae	46
3.5.3	Ban Chiang	47
3.6.	Das Zeitalter des Eisens	50
3.7.	Weitere archäologische Fundstätten	52
3.8.	Von den nomadisierenden Horden zum organisierten Fürstentum	61
3.9.	Exkurs: Persisch-Arabische Quellen	63

4. Aus dem Dunkel der Geschichte   65

4.1.	Die Khun-Borom-Legende [ขุนบรมราชาธิราช]	67
4.2.	Das lange Werden	68
4.3.	Die Welt des *müang*	70
4.4.	Nan Chao [อาณาจักรน่านเจ้า]	73

4.5.	Dvaravati [ทวารวดี]	76
4.6.	Das legendäre Reich von Sri Chanasa [ศรีจนาสะ]	82
4.7.	U Thong [อู่ทอง]	84
4.8.	Nakhon Pathom [นครปฐม]	84
4.9.	Haripunchai [หริภุญไชย]	86

5. Anachak Lan Na [อาณาจักรล้านนา]   93

5.1.	Der legendäre Beginn (639-1259)	95
5.2.	Die Periode des Aufbaus (1259-1335)	99
5.2.1	Phaya Mengrai [พญามังราย] (1238-1311/17)	100
5.2.2	Exkurs: Die Königlichen Insignien von Thailand [เครื่องราชกกุธภัณฑ์]	108
5.2.3	Phaya Chaiyasongkhram [พญาไชยสงคราม] (1311-1325)	112
5.2.4	Phaya Saen Phu [พญาแสนภู] (1325-1334)	112
5.2.5	Phaya Kham Fu [พญาคำฟู] (1334-1336)	113
5.2.6	Phaya Pha Yu [พญาผายู] (1336-1355)	113
5.3.	Das goldene Zeitalter (1355-1525)	115
5.3.1	Phaya Chao Kü Na Thammikarat [พระเจ้ากือนาธรรมิกราช] (1355 -1385)	115
5.3.2	Phaya Saen Müang Ma [พญาแสนเมืองมา] (1385-1401)	117
5.3.3	Phraya Sam Fang Kaen [พญาสามฝั่งแกน] (1402-1441)	119
5.3.4	Phra Chao Tilokaracha [พระเจ้าติโลกราช] (1441-1487)	121
5.3.5	Phaya Yot Chiang Rai [พญายอดเชียงราย] (1487-1495)	127
5.3.6	Phra Müang Kaeo [พระเมืองแก้ว] (1495-1525)	128
5.4.	Die Periode des Niedergangs (1525-1558)	130
5.4.1	Phra Müang Ket Klao [พระเมืองเกษเกล้า] (1525-1538)	130
5.4.2	Thao Chai Kham [ท้าวซายคำ] (1538-1543)	131
5.4.3	Phra Müang Ket Klao [พระเมืองเกษเกล้า] (1543-1545)	131
5.4.4	Phra Nang Chiraprabha Mahathewi [พระนางจิรประภามหาเทวี] (1545-1546)	131
5.4.5	Somdet Phra Chao Apai Buddha Bowon Chai Setthathirath [สมเด็จพระเจ้าอภัยพุทธบวรไชยเชษฐาธิราช] (1546-1547) und erneutes Interregnum (1547-1551)	132
5.5.	Das Zeitalter der burmesischen Okkupation [1558-1774]	133
5.5.1	Phra Chao Mekuti Sutiwong [พระเจ้าเมกุฏิสุทธิวงศ์] (1551-1558)	133
5.5.2	Lan Nas Regenten unter burmesischer Herrschaft	135
5.6.	*Conclusio*	136
5.7.	Exkurs: Phra Kaeo Morakot [พระแก้วมรกต]	139

6. Anachak Sukhothai [อาณาจักรสุโขทัย]   144

6.1.	Ramkhamhaeng der Große [พ่อขุนรามคำแหงมหาราช] (1279 (?) - 1298)	148
6.2.	Phaya Lö Thai [พระยาเลอไทย] (1298 - 1346/47)	163
6.3.	Mahathammaracha I [พระมหาธรรมราชาที่ 1] auch Phraya Lithai [พญาลิไท]	

	(1346/47-1368/74)	167
6.4.	Mahathammaracha II [พระมหาธรรมราชาที่ 2] auch Phraya Lüthai [พญาลิไท]	
	(1368/74-1398(?)	173
6.5.	Mahathammaracha III [พระมหาธรรมราชาที่ 3] auch Phraya Sailüthai	
	[พระยาไสลือไทย] (1398-1419)	176
6.6.	Mahathammaracha IV [พระมหาธรรมราชาที่ 4] auch Phraya Borompan [บรมปาล]	
	auch Phra Chao Suriyawong [พระเจ้าสุริยวงศ์] (1419-1438)	179
6.7.	Epilog: Der Historikerstreit um die Inskription No. 1	180
6.8.	*Conclusio*	189

7. Anachak Ayutthaya [อาณาจักรอยุธยา] (1351 – 1767) 193

7.1.	Ayodhya – Vorläufer von Ayutthaya?	200
7.1.2	Exkurs: Ramakien [รามเกียรติ์] - Das nationale Epos Thailands	201
7.2.	Vorbemerkung: Die Königlichen Chroniken von Ayutthaya	209
7.3.	Die erste Uthong-Dynastie (1351–1370)	211
7.3.1	Somdet Phra Ramathibodi I [สมเด็จพระรามาธิบดีที่ ๑] auch	
	Somdet Phra Chao U Thong [สมเด็จพระเจ้าอู่ทอง] (1351-1369)	211
7.3.2	Somdet Phra Ramesuan [สมเด็จพระราเมศวร] Erstes Regnum (1369-70)	216
7.4.	Die erste Suphannaphum-Dynastie (1370–1388)	216
7.4.1	Somdet Phra Borommarachathirat [สมเด็จพระบรมราชาธิราชที่ ๑] (1370-1388)	217
7.4.2	Phrabat Somdet Phra Chao Thong Lan [พระบาทสมเด็จพระเจ้าทองลัน] (1388)	220
7.5.	Die zweite Uthong-Dynastie (1388–1409)	220
7.5.1	Somdet Phra Ramesuan [สมเด็จพระราเมศวร] Zweites Regnum (1388-1395)	222
7.5.2	Somdet Phra Rama Ratchathirat [สมเด็จพระรามราชาธิราช] (1395-1409)	225
7.6.	Die zweite Suphannaphum-Dynastie (1409–1569)	226
7.6.1	Somdet Phra Intharachathirat [สมเด็จพระอินทร์ราชา] (1409-1424)	226
7.6.2	Somdet Phra Borommarachathirat Thi 2 [สมเด็จพระบรมราชาธิราชที่ ๒] (1424-1448)	229
7.6.3	Somdet Phra Borommatrailokkanat [สมเด็จพระบรมไตรโลกนาถ] auch	
	Phra Chao Chang Phueak [พระเจ้าช้างเผือก] (1448-1488)	232
7.6.3.1	*Sakdi Na* - Das Organigram eines Feudalsystems	233
7.6.3.2	Exkurs: Der Schöne und das Biest – *Khun Chang Khun Phaen* [ขุนช้างขุนแผน]	239
7.6.3.3	Die administrative Neu- bzw. Reorganisation der Reichsverwaltung	243
7.6.3.4	1448 - 1463 Regnum in Ayutthaya	247
7.6.3.5	1463 – 1488 Regnum als Phra Intharacha [พระอินทราชา] in Phitsanulok	250
7.6.3.6	Exkurs: Die *Vessantara Jataka* [มหาเวสสันดรชาดก]	252
7.6.4	Lusitania ante portas – Europa entdeckt Südostasien	256
7.6.5	Somdet Phra Borommaracha Thirat III [สมเด็จพระบรมราชาธิราชที่ 3] (1488/90-1491)	266
7.6.6	Somdet Phra Ramathibodi Thi Song [สมเด็จพระรามาธิบดีที่ ๒] (1491-1529)	269

7.6.7	Somdet Phra Borommarachathirat Thi Si [สมเด็จพระบรมราชาธิราชที่ ๔] (1529-1533)	274
7.6.8	Exkurs : Das Reich der Geister und ihre Behausungen	277
7.6.9	Somdet Phra Ratsadathirat [สมเด็จพระรัษฎาธิราช] (1533 - 1534)	283
7.6.10	Brennpunkt Birma – Der Aufstieg der ersten Taungu-Dynastie	284
7.6.11	Phrabat Somdet Phra Chairachathirat [พระบาทสมเด็จพระไชยราชาธิราช] (1534-1547)	287
7.6.12	Somdet Phra Chao Yot Fa [สมเด็จพระเจ้ายอดฟ้า] (1547-1548)	290
7.6.13	Khun Worawongsathirat [ขุนวรวงศาธิราช] (1548)	290
7.6.14	Somdet Phra Maha Chakkraphat [สมเด็จพระมหาจักรพรรดิ] (1548-1569)	291
7.7.	Die Sukhothai-Dynastie (1569–1629)	299
7.7.1	Somdet Phra Maha Thammarachathirat [สมเด็จ พระมหาธรรมราชาธิราช] (1569-1590)	320
7.7.2	Somdet Phra Naresuan Maharacha [สมเด็จพระเรศวรมหาราช] (1590-1605)	307
7.7.3	Exkurs: Siam und Spanien – *Una mirabilia grande y rica a maravilla*	311
7.7.4	Somdet Phra Ekathotsarot [สมเด็จพระเอกาทศรถ] (1605-1610/11)	320
7.7.5	Exkurs: Siam und Holland	322
7.7.6	Exkurs: Siam und Japan	332
7.7.7	Somdet Phra Si Saowaphak [สมเด็จพระศรีเสาวภาคย์] (1610-1611) [?]	339
7.7.8	Exkurs: Siam und Dänemark	340
7.7.9	Somdet Phra Chao Song Tham [สมเด็จพระเจ้าทรงธรรม] (1610/1611-1628)	342
7.7.10	Exkurs: Britannia hoists the sails - Siam und England	348
7.7.11	Somdet Phra Chetthathirat [สมเด็จพระเชษฐาธิราช] (1628 - 1629)	354
7.7.12	Somdet Phra Athittayawong [สมเด็จพระอาทิตยวงศ์] (1629)	359
7.8.	Die Prasat Thong-Dynastie (1629–1688)	361
7.8.1	Exkurs: Die Asienfahrt des Johann Jakob Mercklein	361
7.8.2	Somdet Phra Chao Prasat Thong [สมเด็จพระเจ้าปราสาททอง] (1629-1656)	363
7.8.3	Exkurs : Die Zeremonie des Ersten Pflügens	366
7.8.4	Somdet Chao Fa Chai [สมเด็จเจ้าฟ้าไชย] (1656)	379
7.8.5	Phra Si Suthammaracha [พระศรีสุธรรมราชา] (1656)	381
7.8.6	Somdet Phra Narai Maharat [สมเด็จพระนารายณ์มหาราช] (1656-1688)	382
7.8.6.1	Exkurs: Sri Prat [ศรีปราชญ์], der dunkle Poet Ayutthayas	383
7.8.6.2	Exkurs: Siam und Malaysia	390
7.8.6.3	*La Compagnie française pour le commerce des Indes orientales*	392
7.8.6.4	Ad asia: *La Société des Missions Etrangères de Paris* (MEP) und die *Societas Jesu* (SJ)	395
7.8.6.5	Exkurs: Die Perser in Siam	401
7.8.6.6	Ein Falke spreizt die Flügel – Der Aufstieg des Konstantinos Gerakis	405
7.8.6.7	Exkurs: Die horrible Odyssee des Ok-Khun Chamnan [ออกขุนชำนาญใจจง] 1686	408
7.8.6.8	„Une ambassade brillante" - Die „glorreiche Mission" des Chevalier de Chaumont (Oktober – Dezember 1685)	412
7.8.6.9	Exkurs: Lopburi – Die bevorzugte Residenz König Narais	417
7.8.6.10	Die siamesische Gesandtschaft nach Frankreich Januar 1686 – Februar 1687	421
7.8.6.11	''*La mission impossible*'' – Die la Loubère-Céberet Gesandtschaft nach Ayutthaya (März-Dezember 1687)	426
7.8.6.12	Der Makkassar-Aufstand (August-September 1686)	427

7.8.6.13 Das Massaker von Mergui (Der „siamesisch-englische Krieg" 1687)	432
7.8.6.14 Ein siamesischer Tiger zeigt die Krallen ...	436
7.8.6.15 Die Situation am siamesischen Hof (3+1 = 0)	439
7.8.6.16 Wenn ein Schwan singt ...	442
7.8.6.17 *A la guerre comme à la guerre* ...	445
7.8.6.18 *Vae Victis*	451
7.8.6.19 *La fête est finie*	456
7.8.6.20 *Conclusio*	457

8. Epilog   461

Appendix I: *Samanasak* – Die Ränge der Mönche in der thailändischen Sangha	466
Appendix II: Deutsche Übersetzung der Inskription No. 1 (Ramkhamhaeng Inskription)	468
Appendix III: Der thailändische Wat [วัด] [Lao: ວັດ, *vat*]	477
Appendix IV: Siamesische Maße und Gewichte	485
Appendix V: Thailändische Zeitrechnung und Kalendarien	487
Appendix VI Birmanische Herrscher und Shan Saophas 1312-1628	488

Bibliographie   489

Der Autor   531`

1. Vorwort

Warum dieses Buch?

Dieses Buch wurde nicht für den akademischen Lehrbetrieb geschrieben, wenngleich der Autor bemüht war, der historischen Fakultät seiner alten *alma mater*, der Freien Universität Berlin, keine Schande zu bereiten. Angesichts der Komplexität der selbst gestellten Aufgabe, die faszinierende Geschichte meiner „zweiten Heimat" zugleich unterhaltsam als auch historisch seriös einem breiteren Publikum aufzubereiten, war ich bemüht, zwei alten siamesischen Sprichwörtern gerecht zu werden. Erstens den Mut zu haben, das zu tun, was man für geboten hält: ช้างเผือกไม่ได้เกิดในกรุง. „Ein weisser Elephant wird nicht in der Hauptstadt geboren" bedeutet im übertragenen Sinne, das grundsätzlich jeder Mensch besonderes zu leisten und mit den Aufgaben zu wachsen vermag. Und zweitens, die notwendige Demut und Bescheidenheit zu verinnerlichen. Denn: อวดฉลาดเป็นสมบัติของคนโง่. „Sich selbst für schlau zu halten ist ein Merkmal des Narren". Ob der Autor den eigenen Ansprüchen zumindest im Rahmen dieses Buches gerecht geworden ist, mag der geneigte Leser selbst beurteilen.

Meine grundsätzliche Annahme, daß die Darstellung der Geschichte der T(h)ai und damit inhärent auch die Südostasiens die Bereitschaft voraussetzt, interdisziplinär zu fragen und zu suchen sowie interkulturell zu denken, führte zwangsläufig zu der Beschäftigung mit vielen Sachgebieten und potenziellen Quellen: Kunstgeschichtliche Abhandlungen, ikonographische und andere Textquellen, Analysen zur Entwicklung urbaner und staatlicher Lebensformen, religiöse Studien, kulturelle Fragmente wie Sagen und Legenden, archäologische Erkenntnisse, Reise- und Augenzeugenberichte, Monographien, Biographien, Archive und nicht zuletzt die eigene Feldarbeit vor Ort. Natürlich birgt dieser Anspruch *per se* die Gefahr, sich zu Lasten der Gesamtperspektive in Details zu verlieren. Andererseits bietet sich so die Chance, interdisziplinäre Erkenntnisse im Sinne einer dialektischen Synthese zu einem möglichst hohen Grad an historischer Objektivität zu komprimieren. Dennoch: auch wenn das konsequente Ringen um die kausale These und Antithese durchgehalten wird, so mag das Ergebnis immer noch ein künstliches sein, wenngleich weniger hinterfragt. Für das menschliche Mit- und Nebeneinander innerhalb jedes denkbaren Kulturkreises gilt der eherne Grundsatz: Nichts so beständig ist wie die Veränderung. Daher liegt die Crux des Historikers in der Relativierung der eigenen Profession. Was er bestenfalls liefern kann, sind solide historische Momentaufnahmen. In diesem Punkt der Anklage bekenne auch ich mich schuldig.

Ein besonderer Dank gilt meiner Frau Thewee, geborene เทวี แพทย์จันลา, für die Unterstützung bei der Übersetzung der thailändischen Primär- und Sekundärliteratur sowie den zahlreichen freundlichen Mitarbeitern der von mir besuchten Bibliotheken und Archive.

Ban Du (บ้านดู่ (ใกลอุดรธานี)), **im Oktober 2017**
Peter M. Hirsekorn

अन्नदानं परं दानं विद्यादानं अतः परम् । अन्नेन क्षणिका तृप्तिः यावज्जीवं च विद्यया ॥

Das Spenden von Speisen ist eine große Wohltat, aber noch größer ist die Wohltat des Wissens, denn Speisen lindern den Hunger nur kurz, während vermitteltes Wissen ein Leben lang währt.

2. Avant-propos

Phrawatisat soon hai khao ruu waa[1] ... Bei der Schilderung eines so komplexen Sachverhaltes wie der Geschichte eines Volkes, eines Landes oder einer Nation stößt jedweder seriöse Entwurf recht bald an die Grenzen des Mach- bzw. des Darstellbaren. Da bleibt zunächst der grundsätzliche und allgegenwärtige Zweifel, ob und inwieweit sich die Vergangenheit grundsätzlich nachvollziehen läßt: >>Die wirkliche Vergangenheit verbleibt auf ewig jenseits der vollständigen Erfassbarkeit durch die Sprache. Der Historiker kann lediglich für sich in Anspruch nehmen, einen Realitätseffekt geschaffen zu haben (*Reynolds,1993:312*).<< Man mag angesichts derartiger Überlegungen geneigt sein, sich dieser Crux mittels elegant entworfener Paradigmen und kühn formulierter Axiome zu erwehren, eine Vorgehensweise, die in der Regel zumindest vor den strengen Augen des akademischen Lehrbetriebes Akzeptanz findet. Ob es auch der „Sache" dienlich ist, hängt davon ab, was man unter der „Sache" an sich versteht.

2.1. Vorüberlegung 1: Anmerkungen zur thailändischen Historiographie

Als 1961 der Nestor der Südostasienforschung, D.G.E. Hall sein Sammelwerk zum Stand der Geschichtsschreibung über die Völker Südostasiens publizierte, wurde das umfangreiche historische Schrifttum Thailands überhaupt nicht berücksichtigt; der Titel des Werkes war somit irreführend (*Hall,1961*). Die Situation hat sich insbesondere seit den 1970er Jahren erheblich gewandelt und eine Fülle von, allerdings überwiegend fremdsprachigen, (populär)wissenschaftlichen Abhandlungen steht mittlerweile zur Verfügung. Der Begriff *phrawatisat* [ประวัติศาสตร์] für Geschichte ist ein moderner Terminus und entstand erst während der Regentschaft König Rama VI[2].

Die thailändische Historiographie läßt sich analytisch grundsätzlich in drei Hauptrichtungen oder Schulen einordnen. Zunächst entwickelte sich die Schule des *tamnan* [ตำนาน], die Lehre von der Geschichte des Buddhismus oder im speziellen, der Entstehung einzelner buddhistischer Monumente. Die Schule des *tamnan* entwickelte sich bereits vor dem 15. Jahrhundert und obwohl gegen Ende des 17. Jahrhunderts ein deutlicher Bedeutungsverlust für die Historiographie einsetzte, reichte der nicht zu unterschätzende Einfluss bis weit in das 18. Jahrhundert. Generell gesagt beginnt *tamnan* mit dem Schwur des historischen Prinzen Siddharta, die Erleuchtung zu suchen und zu erreichen. Diese Darstellungen reichen weit zurück und beschreiben den langen Weg des Suchens und Irrens und die vielen Reinkarnationen des Gautama, bis dieser schließlich durch den Erwerb ausreichender religiöser Meriten[3] zum Buddha wurde und ins Nirwana[4] einging. Das *dhamma* [ธรรมะ], die Lehren des Erleuchteten sowie deren Verbreitung sind ein weiterer Schwerpunkt. Nach dem Eingang Buddhas ins Nirwana schließen sich Berichte über diverse „buddhistische Weltkongresse" an, die in der Folge in Indien und Ceylon[5] stattfanden. Der grosse indische

---

[1] Die Geschichte lehrt uns, dass ...
[2] 1920-1925
[3] *bun* [บุญ]
[4] [นิพพาน nibbana] [Sanskrit: निर्वाण] Austritt aus dem Kreislauf des Leidens und der Wiedergeburten
[5] Das heutige Sri Lanka

Kaiser Ashoka[6], der sich als eifriger Förderer des Buddhismus erwies, wird ausgiebig gewürdigt und es finden sich auch zahlreiche Berichte und Schilderungen über die Ausbreitung des Buddhismus in Siam [ประเทศสยาม][7]. Im Verständnis des *tamnan* definiert sich Vergangenheit als jene Periode, die vom Ursprung allen Seins bis zur Ankunft des Buddhismus in Siam reicht. Die Gegenwart versteht sich als der Zeitraum, indem die Könige für die Ausbreitung des Buddhismus Sorge zu tragen haben. Die Zukunft beginnt ab der vollständigen Etablierung des Buddhismus in Siam und endet 5.000 Jahre nach dem Tod des historischen Buddha. Allerdings gibt es in diesem Konzept noch so etwas wie ein philosophisches Futur II. Denn bevor der historische Buddha ins Nirwana einging weissagte er, daß nach 80.000 Jahren menschlicher Existenz ein weiterer Buddha namens *Phra Sri Araya Mettrai*[8] [พระศรีอริยเมตไตรย] geboren werde. Im Geschichtsbild der *tamnan* Schule ist die Vergangenheit also kongruent mit der Gegenwart verbunden und die Gegenwart ist bereits Teil der Zukunft. Aus der *tamnan* Sicht entstand der Buddhismus zwar in Indien, hat aber dann in der Folge sein spirituelles Zentrum nach Siam verlegt. In Siam folgen die 5.000 prophereiten Jahre nach dem Eingang des Gautama ins Nirwana. Einer der Gründe für den Niedergang der *tamnan* Schule im 18. Jahrhundert dürfte auch die wachsende Migration von Ethnien anderer Kulturkreise, insbesondere der Europäer, sein. Der „alten" Vorstellung, Buddhismus und der Erdkreis seien eine selbstverständliche Einheit standen nun die wachsende Einflüsse des Christentums und vor allem des Islam gegenüber. Alternative religiöse und kulturelle Konzepte erschütterten das etablierte Raum-Zeit Gefüge und es reifte die Erkenntnis, die Welt sei möglicherweise doch grösser und spirituell mannigfaltiger, als der geschlossene buddhistische Kosmos.

Die einzelnen *tamnan* Abhandlungen wurden überwiegend von den gelehrten Mitgliedern der *sangha*[9] [พระสงฆ์] verfasst. Doch neben diesen ordinierten und den strengen Regeln des Ordens unterworfenen Mönchen, gab es noch anderre Arten von gelehrten Männern. Die *rüsis*[10] [ฤษี] lebten als Einsiedler und praktizierten verschiedene Formen des Mystizismus. Die *chipakhao*[11] [ชีผ้าขาว] waren Männer, die für eine bestimmte Zeit ihres Lebens nach den strengen Regeln der *sangha* gelebt hatten, um danach wieder in die laizistische Lebensgemeinschaft zurückzukehren; alsdann lebten sie nach einem Verhaltenskodex, der zwischen beiden Verhaltensnormen angesiedelt war. Als Lehrer und Laienprediger fungierten noch die *khru ba acharn* [ครูบาอาจารย์]. Auch unter diesen Gelehrten fanden sich einige, welche die Schule des *tamnan* entwickelten und publizierten. Zu den wichtigsten Werken der *tamnan*-Schule zählen:

---

[6] Ashoka Maurya [Sanskrit: अशोक मौर्य], (304 - 232 v.Chr.), auch Ashoka der Grosse genannt, war ein indischer Kaiser der Maurya Dynastie, der von 269 - 232 v.Chr. über den indischen Subkontinent herrschte und als ein grosser Förderer des Buddhismus in Erscheinung trat

[7] Wie die meisten Städtenamen ist auch der von den ausländischen Besuchern geprägte Landesname Siam in verschiedensten Formen überliefert: Sarnau, Sornau (Pinto), Yarnauz, Siao, Sion, Sian, Ciamã, Siyăm, Anseam, Asian, Xarnauz (Alvaro Velho), Shahr-i-nao (Abdur-razzāk), Shaher-al-rawi (malaiischer Name), Shahr-Nāv (persischer Name). Häufig wurden für die Kapitale Ayutthaya und das Königreich Ayutthaya die gleichen Namen verwendet.

[8] [Pali: Metteyya; Sanskrit: मैत्रेय Maitreya]

[9] [Pali: सङ्घ saṅgha; Sanskrit: संघ saṃgha]

[10] Die frühen Buddhisten wanderten heimatlos umher und suchten in der Einsamkeit von Höhlen, Wäldern, Friedhöfen und anderen verlassenen Orten mittels Meditation und asketischer Lebensweise den Weg ins Nirwana. Mit der Zeit näherten sich jedoch immer mehr dieser heiligen Männer auch räumlich den sozialen Gemeinschaften an und fanden Aufnahme in Klöstern, die durch die Gläubigen gestiftet worden waren. Die dort entstehenden Gemeinschaften von Mönchen nannte man *sangha*. Sangha bedeutete ursprünglich „Versammlung" und entwickelte sich im Laufe der Geschichte zum Oberbegriff für die Gemeinschaft des buddhistischen Ordens.

[11] „Der weisse Kleider tragende"

Die *Jinakalamali*[12]-Chronik [ประชุมพงศาวดารชินกาลมาลี]: Geschichte des Buddhismus und des Reiches Lan Na und dessen Kapitale Chiang Mai im heutigen Nord-Thailand. Die *Jinakalamali*-Chronik wurde während der Regierungszeit von König *Käo* (1495-1525) vom angesehenen Mönch Phra *(Siri) Rattanapanya Thera* [พระ(สิริ)รัตนปัญญาเถระ] verfasst und später vielfach kopiert. Eine weitere Schrift dieses gelehrten Mannes ist das *Mātikatthasarūpa-Abhidhammasaṃgaṇī* [มาติกัตถสรูปอภิธัมมสังคณี], ein Werk zum *Abhidhammapiṭaka*[13] [พระอภิธรรมปิฎก].

Die *Camadevivamsa*-Chronik [พงศาวดารจามเทวีวงศ์]: Verfasst zwischen 1407-1517 vom Mönch *Phra Phothirangsi Thera* [พระโพธิรังสีเถระ] aus Chiang Mai. Im Mittelpunkt steht *Cāmadevī*, die in Thailand *Phra Nang Chamathewi* [พระนางจามเทวี] genannt wird, die legendäre Herrscherin von Hariphunchai[14] [หริภุญไชย], einem zur Dvaravati-Kultur gehörenden Reich der Mon im heutigen Nord-Thailand. Besonderes Gewicht wurde auf die Schilderung der Ankunft des Sinhalesischen Buddhismus in Chiang Mai gelegt. Der gleiche Autor zeichnet auch verantwortlich für die *Sihiṃganidāna* [สิหิงคนิทาน], die Geschichte einer wichtigen Buddhastatue bzw. ihres Weges von Sri Lanka ins heutige Thailand.

Vessantaradīpanī [เวสสันตรทีปนี]: Verfasst Anfang des 16. Jahrhunderts von *Phra Sirimankhalachan* [พระสิริมังคลาจารย์]. Die Schrift enthält eine Erklärung zum Kommentar des *Vessantara-Jataka*[15]. Ein weiteres wichtiges Werk dieses Autors ist das *Maṅgalatthadīpanī* [มังคลัตถทีปนี], eine Erklärung des *Maṅgala Sutta*[16].

Ratnabimbavaṃśa bzw. *Rattanaphimphawong* [รัตนพิมพวงศ์]: Eine von *Phra Phrommaratchapanya* [พระพรหมราชปัญญา] verfasste Chronik über die Historie *Phra Kaeo Morakots*[17] [พระแก้วมรกต].

Visuddhimaggadīpanī [วิสุทธิมรรค]: Verfasst von *Phra Uttararam Thera* [พระอุตตรารามเถระ]. Erläuterung des *Visuddhi-Magga*.[18]

Tamnan Mūlasāsanā[19] [ตำนานมูลศาสนา]: *Phra Phutthaphukam* [พระพุทธพุกาม] und *Phra Phutthayanachao* [พระพุทธญาณเจ้า] werden am Ende dieser Schrift, geschrieben in der Sprache *Thai Yuan* um 1420 herum, als Autoren genannt. Das Werk schildert verschiedene sakralhistorische Ereignisse, die aus verschiedenen historischen Quellen zusammengetragen und mit zusätzlichen Zeitangaben ergänzt wurden.

Nidāna Phraputtha Sihing [นิทานพระพุทธสิหิงค์]: Entstanden in der ersten Hälfte des 15. Jahrhunderts. Ein weiteres Werk aus der Feder *Phra Phothirangsi Theras*. Die Geschichte der

---

[12] Jinakālamālī Schwierig zu übersetzen: „Das Bündel der Girlanden der Epochen des Eroberers". Eine englische Übersetzung lautet: „The Sheaf of Garlands of the Epochs of the Conqueror"
[13] Der dritte Teil (Korb) des buddhistischen Pali Kanons. Die Lehren des Buddha und seiner Hauptschüler erhalten im dritten Korb eine psychologische und philosophische Begründung und Ausformulierung; man verwendet auch den Begriff des „höheren *dhamma*"
[14] Auch *Haribhunjay*
[15] In Thai: *Maha Wetsandon Chadok* [มหาเวสสันดรชาดก]. Eine der bekanntesten Reinkarnationen des Gautama; hier als mitfühlender Prinz Vessantara, der alles, einschließlich der eigenen Kinder, anderen überlässt und dadurch die höchste Stufe der Barmherzigkeit erlangt. Vgl. hierzu im folgenden Kapitel 7.6.3.6. Exkurs: Die *Vessantara Jataka*.
[16] [มงคลสูตร] Diskurs des Buddha zum Thema "gute Omen"
[17] Vgl. hierzu im folgenden Kapitel 5.3. Exkurs: Phra Kaeo Morakot [พระแก้วมรกต]
[18] „Der Weg der Reinheit". Die Abhandlung des Gelehrtenmönchs *Buddhaghosa* [พระพุทธโฆสะ] aus dem 5. Jahrhundert gilt als erste vollständige und systematische Darstellung des Theravada-Buddhismus
[19] Geschichte des Ursprungs der Religion

berühmten Buddhastatue *Phra Buddha Sihing* [พระสิงห์], die vermutlich im 13. Jahrhundert in Ceylon entstanden ist. In Siam angekommen, wechselte *Phra Buddha Sihing* häufig den Standort: Nakhon Sri Thammarat, Sukhothai, Ayutthaya und Chiang Mai. Der Bericht enthält überdies einen groben Abriss der Geschichte Siams.

Sangitiyavamsa[20]: Geschrieben 1789 in Pali von *Phra Wannarat* [พระวันรัต] aus dem Tempel *Wat Phra Chettuphon*, eine *tamnan* Geschichte des Buddhismus in Siam. Behandelt werden in verkürzter Darstellung auch die Gründung Haripunjayas durch Camadevi, die Geschichte Mengrais, Chaing Mais und Sukhothais, eine kurze Chronik Ayutthayas sowie die frühen Jahre der *Rattanakosin*-Periode.

Tamnan Phram Müang Nakhon Si Thammarat [ตำนานพราหมณ์เมืองศรีธรรมราช][21]: 1734 entstanden; gilt als beste Quelle für die Geschichte der brahmanischen Kulte in Siam. Es schildert das Wirken der Brahmanen als Berater der Könige von Ayutthaya in zeremoniellen Fragen sowie königliche Land- und *kha phra*[22] Schenkungen an Brahmanen in Nakhon Sri Thammarat.

Kham Hai Kan Chao Krungkao [คำให้การชาวกรุงเก่า][23]: Im Stil der *tamnan* Tradition gehaltene Kompilation von Zeugnissen Bürger Ayutthayas, die nach der Zerstörung durch die Burmesen 1767 nach Burma verschleppt wurden. Das Werk ist in der Sprache der Mon geschrieben entstand auf Anweisung des burmesischen Hofes als Informationsquelle über Siam. Dargestellt wird in breiter Form die Vorgeschichte Ayutthayas (Administration, Geographie, Armee, Haushalt, Steuern etc.). 1911 gelang es Prinz Damrong[24] eine Kopie des Werkes von der britischen Kolonialregierung in Burma zu erhalten.

Die zweite Schule der *phongsawadan* [พงศาวดาร] begann im 17. Jahrhundert, vermutlich zur Zeit König Narais von Ayutthaya (1657-1668). Diese dynastische Darstellung der Geschichte konnte sich im wesentlichen deshalb entwickeln, weil sich in einem Jahrhunderte währenden Prozeß die Institution der Monarchie zu einer sowohl politisch mächtigen als auch kulturell autonomen Größe entwickelt hatte. Waren beispielsweise fast alle Werke der *tamnan*-Schule in Pali geschrieben, der >>internationalen Sprache der buddhistischen Welt<< (*Kasetsiri,1976:6*) so wurden die diversen königlichen Chroniken der *phongsawadan* im säkularen Thai, respektive im jeweiligen lokalen Dialekt niedergelegt. Die gelehrten und belesenen Männer zog es ab dem 17. Jahrhundert eher an die Höfe der Könige denn in die Klausur der Klöster. Und es verwundert kaum, daß sich die literarischen Bemühungen dort fast zwangsläufig auf die genealogische Darstellung der jeweiligen brötchengebenden Dynastie fokussierte. So wurde beispielsweise das *Phra Ratcha Phongsawadan Krung Si Ayuthaya Chabap Luang Prasoet Aksonit. Phra Horathibodi* [พระราชพงศาวดารกรุงเก่า, ฉบับหลวงประเสริฐอักษรนิติ์][25] nicht von einem Mönch, sondern auf Weisung König Narais von dessen oberstem Astrologen, *Phra Horathibodi*, 1680 geschrieben[26]. Die Blütezeit der *phongsawadan*-Schule lag während der Herrschaft Rama I. (1782-1809) und beinflußte signifikant auch den größten Teil der Schriften Prinz Damrong Rajanubhabs. Mit dem Übergang von *tamnan* auf

---

[20] Geschichte der buddhistischen Konzile. In Thai: *Sangkhitiyawong* [สังคีติยวงศ์]
[21] Geschichte der Brahmanen Nakhon Sri Thammarats
[22] „Tempelsklaven"
[23] Zeugnis der Menschen aus der alten Hauptstadt
[24] Offizieller Titel: *Somdet Phra Chao Borommawong Thoe Phra Ong Chao Ditsuankuman Krom Phraya Damrong Rachanuphap* [สมเด็จพระเจ้าบรมวงศ์เธอ พระองค์เจ้าดิศวรกุมาร กรมพระยาดำรงราชานุภาพ]. Begründer des modernen Bildungssystem in Thailand, modernisierte als erster Innenminister Thailands die Provinzverwaltung und gilt überdies als „Vater der thailändischen Historiographie"
[25] *Luang Prasoet*-Version der königlichen Chroniken Ayutthayas
[26] Hodges, 1999:33

phongsawadan >>wandeltete sich das religiöse Konzept der thailändischen Geschichtsschreibung in ein säkular-politisches<< (Kasetsiri, 1976:10)

Einige der wichtigsten Werke der *phongsawadan*[27]:

Phra Ratcha Phongsawadan Krung Rattanakosin Ratchakan Thi Nueng[28] [พระราชพงศาวดารกรุงรัตนโกสินทร์รัชกาลที่ ๑]: Das Manuskript wurde 1869 von *Chao Phraya Thipakorawong Mahakosathibodi (Kham Bunnag)*[29] fertiggestellt und von Prinz Damrong verbessert und herausgegeben.

Khamnam Wa Duai Tamnan Nangsü Phra Ratcha Phonsawadan[30] [คำนำว่าด้วยตำนานหนังสือพระราชพงศาวดาร]: Kommentare zur Geschichte und zu den Versionen der Chroniken von Ayutthaya von Prinz Damrong.

Rüang Thutanuthut Sayam Khrang Khrung Thawara Wadi Sri Ayutthaya Boran[31] [เรื่องทูตานุทูตสยามครั้งกรุงทวาราวดีศรีอยุธยาโบราณ]: Kurze Zusammenfassung siamesische Gesandtschaften von König Narai nach Frankreich und Rom in den 1680er Jahren von Prinz Damrong.

Athibai Hetkan Müa Khon Sang Krung Sri Ayutthaya[32] [อธิบายเหตุการณ์เมื่อก่อนสร้างกรุงศรีอยุธยา]: Geschichte der Thai und anderer Völker seit Anbeginn bis 1351, dem Jahr der Gründung von Königreich Ayutthaya. Von Prinz Damrong.

Rüang Thai Rop Phama Khrang Krung Kao [เรื่องไทยรบพม่าครั้งกรุงเก่า]: Ein Standardwerk der Sekundärliteratur mit reichlichen Quellenbezügen. Schildert Thailands Kriege gegen Burma in der Ayutthaya-Periode. Von besonderer Bedeutung ist die gründliche Verwertung der burmesischen Chronik *Rüang Maha ratchawong chabap Ho Käu*[33] durch den Autor, Prinz Damrong.

Phongsawadan Yonok [พงศาวดารโยนก]: Keine Primärquelle von herausragender akademischer Bedeutung. Verfaßt von *Kham Bunnag*, ein Enkel von *Chaophraya Prayurawong (Dit Bunnag)*[34] und Sohn eines Halbbruders von *Chaophraya Sisuriyawong (Chuang Bunnag)*[35].

---

[27] Näheres über die diversen Chroniken Ayutthayas im Kapitel 7
[28] Eine Königschronik von Bangkok während der Ersten Herrschaft
[29] *Kham Bunnag* [ขำ บุนนาค], offizieller Titel *Chao Phraya Thipphakorawong Mahakosathibodi* [เจ้าพระยาทิพากรวงศ์มหาโกษาธิบดี] (1813–1870), kinderlos, *Phra Khlang* (Schatz- und Außenminister von 1851–1865) und enger Vertrauter Rama IV. Neben den Königlichen Chroniken der Regierungszeiten von Rama I.-III war er der Autor eines Werkes über Naturphänomene, das moderne wissenschaftliche Erkenntnisse den damals weit verbreiteten abergläubischen Vorstellungen entgegensetzte, der Schrift „Verteidigung der Polygamie" und veröffentlichte Artikel über Wissenschaft und Buddhismus in der sich entwickelnden siamesischen Presse.
[30] Einführung in die Königlichen Chroniken
[31] Siamesische Gesandtschaften während der Ayutthaya-Zeit
[32] Ereignisse vor der Gründung von Ayutthaya
[33] Geschichte des berühmten Königsgeschlechts, Band aus der Edelsteinhalle
[34] *Dit/Dis Bunnag* [ดิศ บุนนาค], offizieller Titel *Somdet Chao Phraya Borommaha Prayurawong* [สมเด็จเจ้าพระยาบรมมหาประยูรวงศ์], auch *Somdet Chao Phraya Ong Yai* genannt („Der große Somdet Chao Phraya"), 1788-1855. *Mahatlek* (königlicher Page) bei Rama I., *Krom Matha* (Handels- und Außenminister) und *Phra Khlang* (Schatzminister) bei Rama II. (ab 1822) bis Rama IV., *Kalahom* (Kriegsminister) bei Rama III. (ab 1830) und Rama IV (König Mongkut); er spielte eine entscheidende Rolle bei der Thronbesteigung sowohl von Rama III. 1824, der eigentlich nur ein Prinz zweiten Grades war, als auch von Rama IV. 1851. Als es zu Erbfolgestreitigkeiten zwischen den Söhnen Ramas III. und Mongkut kam, leitete er als höchster Minister den Großen Rat und bezog eindeutig für Mongkut Stellung. Dieser war ihm anschließend zutiefst verpflichtet und entlohnte ihn und seine Familie in der Folge mit höchsten Positionen und großem Einfluss.
[35] *Chuang Bunnag* [ช่วง บุนนาค], offizieller Titel *Somdet Chaophraya Borommaha Si Suriyawong* [สมเด็จเจ้าพระยาบรมมหาศรีสุริยวงศ์], 1808-1883. Hochrangiger Aristokrat und Minister, von 1855-1869 *Kalahom* (Minister der Südprovinzen und des Militärs)

Er war Mitarbeiter des Obersten Gerichtshofes und erwarb 1893 wegen seines herausragenden Einsatzes während des militärischen Konfliktes mit dem französischem Kolonialheer den Titel eines *phraya*[36] [พระยา]. Seine Darstellung der Geschichte Nordsiams vor der Gründung Chiang Mais stützt sich primär auf lokale Quellen in Tai Yüan und Pali sowie, nach Angaben des Autors, auch auf birmanische, laotische, chinesische, englische und *Mon* Quellen. Die *Phongsawadan Yonok* erschien ursprünglich 1898-99 als Artikelserie im Magazin *Wachirayan* [วชิรญาณ] *(Wyatt,2002:82f.)*. Der Krieg zwischen Ayutthaya und Chiang Mai im 15. Jahrhundert wird ebenso behandelt wie der Niedergang Chiang Mais als selbstständiges Reich im 16. Jahrhundert. Abschließend findet der Leser noch eine genealogische Darstellung der herrschenden Familien der wichtigsten *müang* im Norden. Der frühe Tod *Phraya Prachakitchakorachaks* im Alter von nur 43 Jahren hinterließ eine große Lücke in der thailändischen Historiographie.

Phongsawadan Müang Pattani [พงศาวดารเมืองปัตตานี]: Geschichte der Stadt und des Sultanats Pattani von *Phraya Wichienkhiri* [พระยาวิเชียรคีรี (ชม ณสงขลา)], einem vormaligen Gouverneur von Songkhla, verfaßt; behandelt die Zeit von Rama I. – Rama III.

Phongsawadan Müang Songkhla [พงศาวดารเมืองสงขลา]: Geschichte der Stadt Songkhla vom gleichen Autor verfaßt.

Phongsawadan Müang Lan Chang [พงศาวดารเมืองล้านช้าง]: Die Geschichte des „Landes der Millionen Elefanten" (Laos); fokussiert sich auf die Anfänge und Frühphasen der laotischen Prinzipalitäten und Königreiche und führt diese stichwortartig bis zur Herrschaft Rama I. fort; die ursprünglich laotische Quelle wurde im Auftrag König Rama IV. vom Prinzen Damrong editiert und publiziert.

Phongsawadan Müang Nakhon Chieng Mai [พงศาวดารเมืองนครเชียงใหม่]: Geschichte der Stadt Chiang Mai, von *Phraya Maha Matayathibodi* verfaßt, behandelt die Geschichte Chiang Mai während der Bangkok-Periode.

Phongsawadan Nüa [พงศาวดารนือ]: Geschichtete der nordt(h)ailändischen Königreiche von den Anfängen bis etwa 1500; niedergeschrieben 1807 von *Phra Wichienpricha* (*Noi*) im Auftrag König Ramas II. Obwohl als *phongsawadan* betitelt konzentriert sich die Darstellung eher auf religiöse Aspekte der Geschichte. Das Werk ist insgesamt verwirrend kompiliert, vor allem sind genaue Daten kaum festzumachen; der Wert liegt vor allem in der Darstellung der Vorgeschichte Ayutthayas.

Phongsawadan Khamen [พงศาวดารแมร์]: Übersetzung einer kambodschanischen Geschichte von etwa 1400 bis zur Herrschaft König Rama II.; die von *Sunthon Wohan*, *Phraya Thammathibodi* und *Phra Senaphichit* vorgenommene Übersetzung wurde durch König Rama IV. veranlaßt.

Yuan (Khan)Phai(Phae)[37][ยวน(การ)พ่าย(ะพ่)]: 1475 durch einen anonymen Autor in Ayutthaya oder Phitsanoluk verfaßt. Ein historisches Gedicht, das sich mit dem Leben König *Boromma*

---

und von 1868 bis 1873 Regent für den minderjährigen König Rama V. (Chulalongkorn). Er galt seinerzeit als einflussreichste Persönlichkeit am siamesischen Hof.
[36] Der zweithöchste Titel. Informell auch *chao khun* [เจ้าคุณ]. Diese Titel wurden nur an Männer verliehen, können nicht vererbt werden und werden heute nicht mehr verliehen.
[37] Die Niederlage der Yuan

Trailokkanats[38] beschäftigt. Absicht des Autors war es, den König für die politische Integration Sukhothais in das Königreich Ayutthaya zu glorifizieren. In epischer Breite schildert die Ode die Kämpfe zwischen Ayutthaya und Chiang Mai in der Mitte des 15. Jahrhunderts.

Phongsawadan Müang Lamphunchai [พงศาวดารเมืองลำพูนไชย]: Chronik Lamphuns, eine um 660 von den Mon gegründete Stadt, das alte Haripunjaya oder Haripunjai

Phongsawadan Müang Nakhon Lampang [พงศาวดารเมืองนครลำปาง]: Chronik Lampangs, eine im Norden Thailands gelegene Provinz, das alte *Nakhon Khelang*

Rüang Müang Nakhon Champasak [เรื่องเมืองนครจำปาศักดิ์]: Chronik der heutigen laotischen Provinz Champasak

Culayuddhakaravamsa[39]: Geschrieben ca. 1789 von dem Mönch *Somdet Phra Wannarat* aus dem Tempel *Wat Phra Chettuphon*, einer der herausragenden Lehrer des Mönch-Prinzen *Paramanuchit Chinorot* [40]. Das Dokument behandelt die Geschichte Ayutthayas von Prinz Uthong bis zum Jahr 1456 und hat den Mönch-Prinzen zu seiner Niederschrift *Phra Ratcha Phongsawadan Sangkhep*[41] inspiriert.

Phongsawadan Mon Phama: Die Geschichte der Mon [มอญ][42] in Burma von 1200 bis zur Herrschaft Rama III; übersetzt von Sunthon Wohan, Nai[43] Khamprien und Nai Chu.

Phongsawadan Hua Müang Monthon Isan: Geschichte der Hauptstädte der Provinz Isan von *Mom Amorawongwichit*; der Schwerpunkt liegt bei der Darstellung der zweiten Hälfte des 19. Jahrhunderts, insbesondere der Konflikte zwischen Siam und Frankreich.

Phrachum Phratamra Boromrachuthit Phua Kanlapana Samai Ayadhya Phak Nüng[44]: Aufzeichnungen königlicher Landschenkungen in der Ayutthaya Periode 1610-1698. Die Dokumente beschreiben auch detailliert *kha-phra* Schenkungen.

Kotmai Tra Sam Duang [กฎหมายตราสามดวง][45]: Eine voluminöse Kompilation von Gesetzestexten von der Vorgeschichte Ayutthayas bis zur Regentschaft Ramas I., auf dessen Weisung das Kompendium 1805 zusammengestellt wurde. Wenngleich eine der wichtigsten Primärquellen ist die Auseinandersetzung mit diesem Werk für die Historiker problematisch: Insbesondere wenn die originalen Manuskripte fehlen ist es schwierig zu entscheiden, ob, wann und in welchem Umfang durch die Kompilatoren historische Interpolationen und Modifikationen

---

[38] Siehe Kapitel 7
[39] Die Geschichte der frühen Schlacht, über Thai Geschichte
[40] Offizieller Titel: *Somdet Phra Maha Samana Chao Kromma Phra Paramanuchit Chinorot* [สมเด็จพระมหาสมณเจ้า กรมพระปรมานุชิตชิโนรส], 1790-1853. Der als 28. Kind Rama I. geborene Historiker und Poet wuchs als Prinz *Wasukri* [พระองค์เจ้า วาสุกรี] im Palast auf und trat im Alter von 12 Jahren als Novize in den buddhistischen Orden ein. Von 1851 bis zu seinem Tod 1853 war er der Oberste Mönchspatriarch Thailands.
[41] „Eine kurze Chronik Nakhom Pathoms".
[42] Die Mon, auch *Talien* oder *Ramaan*, leben in versteuten Gemeinschaften in und um die Zentralebene herum sowie im südlichen Myanmar und gelten als respektierte Minorität mit uralten Traditionen. Bereits 1000 Jahre vor dem Eintreffen der Tai und der Burmesen hatten sie Kontakt mit dem Brahmanismus und dem Theravada Buddhismus. Auch die Sprache der Mon beeinflusste
[43] [นาย]; wörtlich übersetzt soviel wie Meister oder Herr. Einerseits indiziert *nai* den niedrigsten Adelsrang; andererseits dient der Terminus im heutigen Thailand auch der höflichen Anrede
[44] Gesammelte Dokumente königlicher Landschenkungen in der Ayutthaya-Periode, Teil 1
[45] Die Drei–Siegel-Gesetze

vorgenommen wurden. Hier verbleibt nur die Suche nach Gegenquellen, beispielsweise Inskriptionen oder ausländische Dokumente[46].

Eine dritte, allerdings weniger signifikante, Quelle sind die *chotmaihet* [จดหมายเหตุ] oder auch *kotmaihet*[47]. Es handelt sich bei diesem Genre um kurze Darstellung bestimmter historischer Ereignisse, überwiegend Kriege, Feldzüge oder einzelne Schlachten. Eine interessante Sammlung sind die *chotmaihet hon* [จดหมายเหตุโหร], diverse Berichte von Astrologen, die vom 10. - 19. Jahrhundert reichen. Diese astrologischen Kalender sind durchaus wertvoll für die Datierung, da die zeitliche Bestimmung von Ereignissen eine der Kernfunktionen der Astrologen war. Zahlreiche astrologische Aufzeichnungen sind bis dato nicht publiziert und vermutlich harren in den Archiven der Nationalbibliothek in Bangkok noch viele interessante Dokumente ihrer Entdeckung und Veröffentlichung.

Auch der wachsende Einfluß der Europäer ab dem 17. Jahrhundert mag die Entwicklung der dynastischen Historiographie befördert haben. Die Vorstellung der Siamesen von der Einheit der physikalischen Welt mit der buddhistischen Kosmologie geriet ob der zunehmenden, von außen herangetragenen Probleme ins Wanken, auch wenn in den *phongsawadan* der Einfluß des *tamnan* immer spürbar blieb. Mitte des 19. Jahrhunderts entstand unter König Mongkut das wohl bedeutendste Werk dieser Schule, die *Phra Ratcha Phongsawadan Chabap Phra Ratcha Hatlekha* (*Royal Autograph Chronicle*), welche später vom „Vater der thailändischen Geschichtswissenschaft", dem Prinzen Damrong Rachanuphap fortgeführt wurde.

Zusammenfassend und vereinfacht läßt sich *tamnan* als die Geschichte des Buddhismus und *phongsawadan* als die säkulare Geschichte begreifen (*Wyatt,1994b*). Der Autor war in der Folge bemüht, beide Quellen, sofern sie sich ihm erschlossen, ausgewogen zu berücksichtigen.

1.2. Vorüberlegung 2: Die Topographie als historischer Katalysator

Die nachfolgende, rund 350 Jahre alte Beschreibung der geographischen Lage Siams durch den Holländer Jobst Schouten liest sich aus heutiger Sicht recht unverständlich, doch spiegelt recht charmant den damaligen europäischen Kenntnisstand über die geographische Lage des südostasiatischen Königreiches wieder.

>>Siam ist ein berühmtes/grosses Königreich/so gelegen auf dem festen Land/Asia, gegen Mitternacht von dem Æquinoctial, oder Æquatore an auf dem 14. Grad zu sich erstreckend/und an die berühmten Königreiche Pegu[48] und Ava gränzend: Gegen Niedergang stößt es an die Bengalische See/oder Meerbusen/von Martavan bis auf den 7. Grad/woselbst es sich gegen den Mittag zu begibt; daran ligen die beiden Königreiche Patany und Queda, von der Bengalischen bis zu der Patanischen See gerechnet: alsdann laufft diese Cust/oder Gegend/Nordwerts/bis auf dreyzehen und einen halben Grad/und macht also mit seinem krummen Umschweif den Siamesischen Meerbusen: Von dannen erstreckt sich diese Custe wieder Süd= oder Mittagwerts bis auf den 12. Grad; und indem sie die See verlässt/gränßt sie gegen dem Aufgang an die Camboidischen Wüsten / wie auch an die Königreiche Jangonia,

---

[46] Eine hilfreiche Auseinandersetzung mit diesen Dokumenten bietet Akin Rabibhadana: *The Organization of Thai Society in the Early Bangkok Period, 1780-1873*. Cornell University, Ithaca, Southeast Asia Program, 1969
[47] Berichte, Reports, Archiv
[48] >>Pegu (...) is blessed with a rich soyle, and a barbarous sea-shore; extending 300 miles in length; in which the principall haven is Martabane. As for the city of Pegu it is the fairest and most elegant city of all India; strenghned with large and defensive walls and adorned with neat and proportionable houses. It standeth on a river so named, and is distant from the sea 15 miles<< (*Heylyn, 1939:677*)

Tangou, und Langjang, bis auf den 18. Grad/an Ava und Pegu: also dass die Form dieses Landes gestaltet ist/wie ein halber Mond / und in seinem Umkreis weniger nicht / als 450 Deutscher Meilen in sich begreifft (Schouten,1663:272f.)<<.

Eingebettet zwischen der Andamanensee im Westen und dem Südchinesischen Meer im Osten schiebt sich die thailändische Halbinsel aus dem südostasiatischen Kontinent keck in die Wogen des Indischen Ozeans. So bildete der spätere Lebens- und Siedlungsraum der verschiedenen Tai-Völker[49] schon in archaischer Zeit die maritime Schnittstelle großer Land- und Seemächte, deren jeweiliger Einfluß auf die diversen *Tai*-Populationen weiter unten nachhaltig behandelt werden wird. Überall bilden in Südostasien durch die Natur geschaffene topographische Brüche - mächtige und lebensfeindliche Bergketten, dichter Dschungel und undurchdringliche Regenwälder sowie und vor allem die ausgedehnten Flußsysteme, die traditionellen Barrieren zwischen den unterschiedlichen Ethnien.

Betrachtet man diese topographischen Gegebenheiten genauer, so fallen einem zunächst die gewaltigen Gebirgszüge auf, die sich von der Hochebene Tibets im Nordwesten Südostasiens über das Zentralmassiv in der chinesischen Provinz Yünnan bis hin zur nördlichen Grenze des modernen Thailand, etwa entlang des 18. Breitengrades erstrecken. Dort splitten sich diese Gebirgszüge und teilen einerseits im Osten Laos von Vietnam sowie Thailand von Myanmar im Westen. Zwischen diesen steinernen Flanken liegen die heutigen Staatsgebiete Thailands, Laos und Kambodschas. Die herausragenden topographischen Eigenheiten dieses ovalförmigen Gebietes sind Dschungel und Regenwälder, die weite Landstriche bedecken sowie die Hügellandschaften, deren Überwindung jedoch bei früheren Migrationen, im Gegensatz zu den o.a. Bergketten, nicht allzu problematisch war.

Der eigentliche topographisch-historische Katalysator waren und sind nach wie vor die riesigen und ausgedehnten Flußsysteme, denen die Tais bis in die heutige Zeit nahezu religiöse Verehrung entgegenbringen: *mae nam* [แม่น้ำ], die Mutter des Wassers und damit die Mutter allen Lebens. Auch die frühen Reisenden aus Europa waren von der Flusslandschaft Siams beeindruckt: >>Die Flüsse dieses Königreichs seynd sehr schön/und der sodurch Siam fliesset [Menam Chao Phraya]/ist fast aller Orten gleich breit. Diß Wasser ist sehr gesund [...] Diese Flüsse ergiessen sich/indessen die Sonne die Mitternächtischen Zeichen durchlaufft; welches sehr viel zu der Fruchtbarkeit der Felder/auf welche sie sich außspreiten können/dienet/alwo durch eine sonderbare Vorsehung die Reiß=Aehre nachdem das Gewässer steiget/wächset<< (Tavernier, 3. Buch, XVIII. Capitel: Von dem Königreich Siam, 1681:186).

Die Hauptschlagadern des Flußsystems dieser Region bilden seit jeher der Ayeyarwady [ဧရာဝတီ][50], der Mekong[51] und der *Maenam Chao Phraya* [แม่น้ำเจ้าพระยา][52]. Der Chevalier de

---

[49] Die folgenden Kapitel werden zeigen, das es einer langen und wechselvollen Geschichte bedurfte, bis das moderne Thailand oder Siam als Staat im heutigen Sinne geschaffen war. Die Vorfahren der heutigen **Thailänder/innen** sind neben den unterschiedlichen **Tai**-Populationen auch chinesische, kambodschanische, indische und burmesische ethnologische Gruppen. Um begrifflichen Verwirrungen vorzubeugen, wird jeweils von den **Tais, Siamesen** oder den **Thais** die Rede sein.
[50] Früher Irrawaddy genannt
[51] Mit 2000 km Länge der längste Fluß Südostasiens. Der Mekong entspringt in der chinesischen Provinz Yunan und fließt überwiegend in südlicher Richtung. Dabei durchquert er oder makiert die Grenze von Burma, Laos, Thailand und Kambodscha. Schließlich erreicht er den Süden Vietnams, wo er sich mittels eines gewaltigen Deltas in das Südchinesische Meer ergießt. Der Teil des Mekong der an den Isan grenzt ist schiffbar und hat auch heute noch grosse logistische Bedeutung. Ebenso wie der Menam Chao Phraya ist der Mekong für die Bewässerung der Felder und die Energiegewinnung unverzichtbar
[52] >>Derjenige Fluss (...) ist groß/ziemlich breit/und lauffe sehr weit in die Ferne: dessen ursprung ist ihnen [den Siamesen] selbst unbekannt; er geht von Norden gegen dem Mittag zu / mit einem ganz schnellen Lauff/durch die Länder Ava, Pegu,

Chaumont beschrieb in seinem Reisebericht den wichtigsten Fluß Siams beeindruckt wie folgt: >>La Riviere de Siam nommée Menan est fort belle & fort large, elle a par tout au moins quatre brasses d'eau, & sept & huit el la plûpart des endroits ; elle est toute bourdée de tres beaux arbres : mais trois ou quatre mois de l'année tous ses rivages sont innondez, ce qui fait que toutes les maisons qu'on y rencontre sont bâties sur de pilotis<< (de Chaumont, 1686 :42f.).

Der unausbleibliche jährliche Monsun nährt seit Jahrtausenden Myriaden von Bächen und Nebenflüssen, die den so wichtigen fruchtbaren Mutterboden unermüdlich in die Ebenen Zentralthailands schwemmen; das Tal des Maenam Chao Phraya[53] bildete auch heute noch eine der veritablen Kornkammern Südostasiens. Die fruchtbaren, bewässerten Ebenen ermöglichten mit ihren Nassreis-Kulturen Ernteerträge, die den Eigenbedarf der anbauenden Siedlungsverbände überstiegen und damit die Voraussetzung für die Entwicklung von Handel und Wandel schufen. Der Wandel wird sichtbar vor allem im Bereich der soziologischen bzw. gesellschaftspolitischen Entwicklung: Städte entstanden aus denen neue urbane Eliten erwuchsen, die sich nicht mehr mit dem täglichen Überlebenskampf auf den Reisfeldern und Gemüsepflanzungen beschäftigten. Zunehmende ökonomische Interaktionen beförderten den Auf- und Ausbau eines adäquaten logistischen Systems und damit einer entsprechenden Infrastruktur. Diese wiederum mußte geplant, verwaltet und beschützt werden – die Bedeutung und Notwendigkeit eines ausgebildeten Militärs und einer organisierten Beamtenschaft nahm zu. Finanziert werden könnte dies lange Zeit nur aus den Erträgen der Landwirtschaft, welche nur dann die entsprechenden Erträge liefern konnte, wenn ausreichend Wasser vorhanden war: *nam* [น้ำ], Wasser – die Mutter allen Lebens.

Der Außenhandel schließlich wurde noch durch zwei weitere geographische Eigenheiten begünstigt. Das Delta des Mekong und das Südchinesische Meer waren fast das ganze Jahr hindurch schiffbar. Einerseits gewährte das Indonesische und Phillippinische Archipel hinreichenden Schutz vor Unwettern und schwerer See, andererseits sorgte ein zuverlässiger und beständiger Wind[54] für kalkulierbare und kurze Fahrtzeiten, was das Risiko der Kaufleute erheblich verringerte. >>Sintemal die Winde daselbsten das halbe Jahr mehrentheils aus Suden/und das andere halbe Jahr aus Norden wehen<< (Mercklein,1663:444).

Die frühen Migrationen Südostasiens, auch die der ersten erkennbaren Tai-Populationen, folgten erkennbar dem Verlauf der Flußtäler von Norden nach Süden. So wird grundsätzlich erkennbar, daß es zwar immer die Menschen sind, die letztendlich „Geschichte machen„, und dennoch: die Hauptdarsteller sind die Menschen, das Drehbuch zu schreiben und Regie zu führen blieb der Natur vorbehalten.

1.3. Vorüberlegung 3:   König, Staat und Sangha

Es sei ebenso unklug die Schlange zu reizen wie den König zu verärgern – diesen Rat des

---

und andere Siamesische Landschaften : endlich ergeusst er sich mit dreyen Strömen in das Siamesische Meer (...) [und die] unglaubliche Fruchtbarkeit deß Reiches verursacht; und zugleich das Land rings herum von allem Ungeziefer / und anderen ansteckenden Unreinigkeiten säubert (*Schouten,1663:274*)

[53] Der Hauptfluß Thailands, gelegentlich auch einfach „der Fluß" genannt. Aus den Bergen Nordthailands gespeist fließt er südwärts durch die Mitte der Zentralebene, wo er ca. 160.000 ha Ackerland bewässert, bis er sich in das imposante Delta am Golf von Thailand ergießt. 30 km von der Flussmündung entfernt liegt Bangkok, dessen Hafen mittlerweile auch sehr große Schiffe anlaufen können. Die technologische Entwicklung Thailands hat zwar die einstige Bedeutung als logistische Hauptschlagader des Königreiches relativiert, dennoch werden heute noch werden das ganze Jahr über regelmäßige Bootsverbindungen auf einer Länge von 400km angeboten und genutzt. Auch mit der Kehrseite technologischen Fortschritts hat die „Mutter des Wassers" zu kämpfen: die zunehmende Verschmutzung durch expandierende Städte und wachsende Industrien.

[54] Während des Monsuns aus Südwest, außerhalb der Regenzeit meistens aus Nordost

Buddha an seine Gläubigen läßt sich auch generell als Gehorsamspflicht des Individuums gegenüber der staatlichen Autorität im allgemeinen interpretieren. Die daraus sich in Thailand und anderen Ländern Südostasiens entwickelnde praktizierte Form des Buddhismus läßt sich mit einiger Berechtigung als *Staatsbuddhismus* bezeichnen, dessen historische Grundbedingungen durch zwei Voraussetzungen definiert wurde: Auf die Kontrolle des buddhistischen Ordens durch König und Staat einerseits sowie die materielle Unterstützung der *sangha* und deren Protektion durch die Monarchie andererseits (*Ishii,1986:59*).

Ein Indiz für die Regulierung und Steuerung der *sangha* durch die Monarchie war die *samanasak*[55], [สมณศักดิ์] eine Nomenklatur ekklesiastischer Ränge, deren Verleihung Privileg des säkularen Herrschers war[56]. Auch in diversen Chroniken und Inskriptionen finden sich eindeutige Hinweise auf die unmittelbare Einflußnahme des Herrschers in den Angelegenheiten der *sangha*. Beispielsweise ist ein Disput zwischen Mahathammaracha III., König von Sukhothai und einigen Mönchen bei der Nachfolgeregelung der Position des Abtes eines Klosters überliefert. Indigniert nahm der König die Einsprüche der Mönche zur Kenntnis und berief alle Beteiligten in das betreffende Kloster. Dort >>wies er die Klage der beiden Mönche ab ... alle Mönche zusammen mit Mahathammarachathirat und Si Rachamata bestätigten dann [nach Verkündung eines entsprechenden königlichen Ediktes] *Mongkhonwila-samahathera* als Abt des Klosters am Kalyana Wald mit allen Privilegien sowie exklusiver und uneingeschränkter Autorität>>. (*Griswold & na Nagara, 1974*).>> Zur Zeit des Königreiches Ayutthayas gab es säkulare Beamte[57], die >> beauftragt waren, die Beziehungen zwischen Krone und *sangha* zu überwachen>>. (*Griswold & na Nagara,1968:236*) Auch nach dem Fall Ayutthayas 1767 und der Verlagerung der Kapitale über Thonburi nach Bangkok änderte sich nichts Grundsätzliches am Prinzip der monarchischen Kontrolle der *sangha*. Unter König Rama I. entstand das *Kotmai Tra Sam Duang* [กฎหมายตราสามดวง], das „Gesetz der drei Siegel", in dem die 10 grundlegenden Gesetze für die *sangha* definiert wurden, vermutlich ausgelöst über die wachsende Verärgerung des Königs über den zunehmende moralischen und ethischen Niedergang des Klerus. >> Sollte Seiner Majestät dem König, berichtet werden, daß zu viele Mönche gefehlt haben und das die *sangha* selbst diese nicht zur Ordnung rufen kann, so wird seine Majestät als Verteidiger des Königreiches denjenigen Hilfe angedeihen lassen, die verpflichtet sind, den buddhistischen Glauben zu befördern>>.[58] Daher legte Rama I. fest, >>das in allen Provinzen, innerhalb und außerhalb der Hauptstadt, die *sangha* die Lehre des Buddha genau befolgen soll>>.[59] Jeder Abt hatte fortan ein Register[60] zu führen, indem er alle Mönche und Novizen unter seiner Jurisdiktion nachvollziehbar aufzulisten hatte[61]. Desweiteren war nunmehr jeder Mönch verpflichtet, ein Ausweispapier vorweisen zu können, welches seinen Namen, den seines Stammklosters sowie den Namen des dortigen Abtes beinhaltete und von einem lokalen Beamten, dem *Phra Rachakhana* [พระราชาคณะ] gesiegelt war; keinem reisenden Mönch durfte ohne Vorlage dieses Ausweises Zutritt zu Klöstern anderer Distrikte gewährt werden[62]. Ganz offensichtlich waren diese Maßnahmen auch erforderlich, denn es wurden >>128 Mönche aus der *sangha* ausgestoßen und um vor der Nachwelt ein Exempel zu statuieren, werden alle ausgestoßenen Mönche als Gemeine des Königs (*phrai luang*) durch ein Tattoo kenntlich

---

[55] Vgl. hierzu Appendix I
[56] Analog dazu gab es die *bandasak* - die Nomenklatur der höfischen Ränge
[57] Die *sangkhakari*, die von einem *nai sangkhakari* geleitet wurden
[58] Kot Phrasong 8 (Sangha -Gesetz Nr.8) in *kotmai tra sam duang*, 5 Bände, Bangkok 1962 (*ongkänkhä khöng khurusa-phä*), nachfolgend als KTSD zitiert, S. 207(IV)
[59] Kot Phrasong 2 (Sangha-Gesetz Nr.2), KTSD S. 171(IV)
[60] *banchi hangwao bhikkhusamanen*
[61] Kot Phrasong 4 (Sangha-Gesetz Nr.4), KTSD S. 185(IV)
[62] Kot Phrasong 3 (Sangha-Gesetz Nr.3), KTSD S. 179ff.(IV)

gemacht und sie sollen dem Reich künftig durch schwere Arbeit dienen>>.[63] Ungeachtet dieser Maßnahmen sind auch in den Jahren 1816 und 1820 weitere Verfehlungen und Skandale von Mitgliedern der *sangha* überliefert; 1842 wurden gar 500 Mönche aus der *sangha* ausgestoßen (*Ishii,1968:65*).

Neben der Kontrolle der *sangha* ist aber, wie bereits eingangs erwähnt, deren anhaltende Protektion und Unterstützung überliefert. So teilt uns die Inskription 93 aus Sukhothai mit, dass eine Tochter des Enkels von König Ramkhamhæng dem Wat Asokarama half, indem sie >>fünfzig Familien unter der Leitung Nai Chiang Sis als Diener des Klosters [bestimmte]. Sie schenkte auch Land, 200 Millionen [Kaurimuscheln] wert [...] 25 Karrenladungen Reis zu Beginn jeden Jahres; sie kaufte weiteres Land unterschiedlicher Beschaffenheit für 5 Millionen [Kaurimuscheln] um das Curry für geschätzte 50 Bettelschalen täglich zu garantieren (*Griswold & na Nagara,1969a*).>>

Diese Form der königlichen Protektion verstand sich als Bestandteil des vielfältigen Beziehungsgeflechtes zwischen der buddhistischen Domäne (*putthachak*) und der royalen Prärogative *racha anachak* [ราชอาณาจักร]. Die eindrucksvollste Form der Anerkennung der buddhistischen Domäne durch die Monarchie stellt die bereits in Sukhothai nachgewiesene Tradition der Ordination von Königen zu Mönchen dar. So berichtete die Inskription 5 über den König Mahathammaracha I.: >>Am Mittwoch [...] gegen Abend [...] 1905 Jahre [...] nach dem Eintritt des Buddha ins Nirwana wurde [der König] ordiniert als [...] Phraya Si Suriyawong Rama Mahathammarachathirat [...] in Gegenwart der goldenen Statue des Buddha die [danach] im Königspalast aufgestellt wurde.<< (*Griswold & na Nagara,1973:159*)

Dort wurden auch dem König die grundlegenden Glaubenssätze vermittelt, die exemplarisch in einer äußerst populären Predigt, der *Mahavagga*[64] vermittelt wurden: >> Dieses, oh ihr Mönche, ist die edle Wahrheit des Leidens: Geburt ist Leiden; Verfall ist Leiden; Krankheit ist Leiden; Tod ist Leiden. Die Gegenwart von Dingen die wir hassen ist Leiden; die Trennung von Dingen die wir lieben ist Leiden; nicht zu erhalten was wir begehren heißt Leiden. Dieses, oh ihr Mönche, ist die edle Wahrheit der Ursache des Leids: Begierden, die zur Wiedergeburt führen, begleitet von niederen Vergnügungen und Lüsternheit [...] Dies, oh ihr Mönche, ist die edle Wahrheit von der Beendigung des Leidens: es endet mit der völligen Abwendung von den Begierden [...] mit der Zerstörung der Gier [...] Dies, oh ihr Mönche ... ist die edle Wahrheit vom Weg der zum Ende des Leids führt: der heilige achtfache Weg, der da ist: der richtige Glauben, die richtige Rede, das richtige Verhalten, die richtige Lebensführung, der richtige Eifer, die richtige Erinnerung, das richtige Trachten und die richtige Meditation<<. (*Ishii,1968:4*)

Zusammengefaßt formuliert das *Mahavagga* die vier edlen Wahrheiten[65] und den achtfachen Weg[66]. Die erste der edlen Wahrheiten ist die Universalität des Leidens (*dukkha*[67]), die zweite

---

[63] Kot Phrasong 10 (Sangha-Gesetz Nr.10), KTSD S. 226(IV
[64] Bestandteil des *Vinaya Pitaka* (*Korb der Disziplin*), eine Sammlung buddhistischer Ordensregeln. Sie enthält Regeln für den Tagesablauf der Mönche (Bhikkhu) und Nonnen (Bhikkhuni), sowie Regeln für Umgangsformen, die ein harmonisches Zusammenleben sowohl im Kloster selbst, als auch zwischen Kloster- und Laiengemeinschaft gewährleisten sollen. Der Korb der Ordensregeln wird in fünf „Bücher" eingeteilt. Im „dritten Buch" finden Historiker die meisten Informationen bezüglich der Entstehung des Mönchs- auch des Nonnenordens und der damaligen gesellschaftlichen Verhältnisse. Das *Mahavagga*, die „Große Gruppe", ist in 10 Abschnitte untergliedert und schildert beginnend mit der „Erleuchtung" des historischen Buddha, die Missionierung der ersten Anhänger, die Gründung des Mönchsordens und die Niederlegung der buddhistischen Ordensregeln.
[65] [Pali: cattāri ariyasaccānip] [Sanskrit: दुःख] [Thai: ทุกข]
[66] [Pali: ariyo aṭṭhaṅgiko maggo] [Sanskrit: āryāṣṭāṅgamārga] [Thai: มรรคมีองค์แปด]

das durch Begierden verursachte Leid ignoranter Menschen (*tangha*). Löst sich der Mensch von den Fesseln der Begierde wird er sich, so die dritte noble Wahrheit, vom Leid befreien und Erlösung finden; die vierte der edlen Wahrheiten besteht in der Erkenntnis, das die Erlösung durch die Befolgung des achtfachen Weges erreichbar ist. Die Komplexität des *Mahavagga* eignete sich bei näherer Überlegung wohl eher als rationale Doktrin für eine intellektuelle Elite und weniger als emotionales Glaubensbekenntnis der breiten Massen. Nicht zuletzt deshalb war die verständliche Umsetzung dieser Lehre durch die *sangha* bis in die kleinste dörfliche Gemeinschaft hinein, die Grundvoraussetzung für die notwendige spirituelle Penetration der Gesellschaft. Und diese wiederum darf als *conditio sine qua non* für die Etablierung des *Staatsbuddhismus* in Siam betrachtet werden.

1.4. Vorüberlegung 4: Die „Indianisierung[68]" Südostasiens

Mit hoher Wahrscheinlichkeit bewegte sich der frühe Komplex der Reiskultur aus Südostasien und Südchina nach Indien. Darüber hinaus erfolgte eine signifikante Migration von Populationen der Austro-asiatischen Sprachfamilie aus den vorgenannten Gebieten auf den indischen Subkontinent und formten dort in der Prä-Aryan Periode einen losen ethnischen Kulturverbund. Zu einem späteren Zeitpunkt, nachdem sich buddhistische sowie brahmanische[69] urbane Zentren und Proto-Staaten entwickelt hatten, kehrte sich der kulturelle Einfluß um. Indiens Einfluß artikulierte sich nicht durch Zuwanderung größerer Menschenmassen, sondern durch einen beständigen, subtilen Prozess der „Indianisierung" in verschiedenen Ländern Südostasiens.

Schon in früher Zeit machten die natürlichen Reichtümer der Region sowie ihre geographische Lage Südostasien zu einer Gegend mit wachsender Bedeutung. Für die indischen Seefahrer galt *Further India* als „Land des Goldes", für die nachfolgenden Araber und Europäer als Hort der kostbaren Gewürze und edlen Hölzer. Kritiker der Theorie der „Indianisierung" bezweifelten jedoch gerade, das maritime Händler in der Lage gewesen seien, eine Kultur zu übermitteln, da sie keiner eigentlichen gesellschaftlichen Elite angehörten noch zu den Intellektuellen zu zählen seien (*Hall & Whitmore,1976:2*). Befürworter konzedieren kulturelle Kontakte mittels indischer Intellektueller, die den lokalen Herrschern Südostasiens als „Hofbeamte" und „Ritualexperten" gedient hätten. Ab dem Jahr 300 v.Chr. berichten Quellen wie die singhalesische Chroniken, die buddhistische *Jataka*[70] oder das tamilische *Pattinappalai*[71] die Ankunft von Brahmanen, buddhistischen Mönchen, Prinzen, Kaufleuten und Abenteurern in *Suvarnabhumi*[72] – dem Goldland (*Wolters,1967*). Während sich allerdings diese vorgenannten indischen Darstellungen überwiegend in wagen Vermutungen und romantischen Fabeln ergehen, bilden die zeitgenössischen Chroniken chinesischer Dynastien sowie diverse geographische Abhandlungen aus chinesischer Feder einen wertvollen Korpus an frühem Quellenmaterial (*Higham,1989:245*). Reisen in das legendäre *Suvarnabhumi* [สุวรรณภูมิ], dem frühzeitlichen El Dorado der asiatischen Welt, waren ein waghalsiges Unterfangen. Schiffbruch, sengende Sonne, Stürme, Hunger und Durst und

---

[67] [Pali: दुक्ख] [Sanskrit: चत्वारि आर्यसत्यानि catvāri āryasatyāni] [Thai: อริยสัจสี่ ariyasaj sii]
[68] George Coedes benutzte ursprünglich im Französischen den Terminus *hinduoisé*; bei der englischen Übertragung wurde daraus später *Indianization*, um eine begriffliche Verwirrung mit dem *Hinduismus* zu vermeiden.
[69] Das Sanskrit-Wort *brahma* [ब्रह्मा] bedeutet soviel wie "göttliche Weisheit". Thai: *phra prohm* [พระพรหม]
[70] [Sanskrit: जातक] [Thai: *chadok* ชาดก]
[71] Das *Pattinappalai* [பட்டினப்பாலை] („Die Stadt und die Wüste") ist ein Werk der alttamilischen Sangam-Literatur. Es handelt sich um ein 301 Zeilen umfassendes Einzelgedicht in einer Mischform der Genres der Liebes- und Heldendichtung (*agam* und *puram*). Innerhalb der Sangam-Literatur gehört es zur Gruppe der „zehn Gesänge" (*Pattuppattu*).

die ständige Plage und Gefahr durch Schlangen und Insekten gehörten zu den Risiken einer solchen Fahrt. Es liegt auf der Hand, das es sich bei diesen Expeditionen um kommerzielle Unternehmungen handelte. Finanziert wurden diese Handelsreisen durch Kaufmannsgilden in verschiedenen Teilen Indiens (*Glover,1990:10*). Es war namentlich >>der Gewürzhandel der teilweise verantwortlich war für die *Indianisierung* Südostasiens und überdies die Verbreitung des Islam beförderte. Dieser war verantwortlich für die Herausbildung zahlreicher Staaten entlang der Handelsroute von den *Indies* zum Mittelmeer und führte schließlich zum ersten ernsthaften Engagement der Europäer in Südostasien und die Gründung von Kolonialreichen<<. (*Ellen,1977:25*)

Die Expansion der indischen Zivilisation, die „Indianisierung" weiter Teile Südostasiens, artikulierte sich im wesentlichen im Einfluss des Sanskrit auf das Vokabular der verschiedenen Sprachen und Dialekte; dem indischen Ursprung der diversen Schriften und Alphabete; dem indischen Einfluss bei der Gestaltung des Rechtswesens und der Administration; dem Fortbestand bestimmter brahmanischer Riten auch in den Ländern, die später zum Islam oder Buddhismus konvertierten; die alten Monumente, die sowohl in Architektur als auch Skulptur mit der indischen Kunst assoziiert werden und Sanskrit-Inschriften aufweisen (*Cœdès,1968:XVI*). >>Mutter Indien [...] gab den Nachbarn ihre Mythologie, welche diese wiederum der ganzen Welt lehrten. Mutter des Gesetzes und der Philosophie gab sie Dreiviertel Asiens einen Gott, eine Religion, eine Doktrin, eine Kunst. Sie trug ihre heilige Sprache, ihre Literatur, ihre Institutionen [...] an die Grenzen der bekannten Welt (*Lévi, 1924:30*)<<. Die indische Mutter gebar in der Folge eine Reihe von Staaten, die allesamt in ihren Anfängen von starken Einflüssen geprägt waren: Kambodscha, Champa, die Kleinstaaten der malaiischen Halbinsel, Sumatra, Java, Bali, Burma und die Tai-Staaten, welche die indische Kultur von den Mons und Khmer übernahmen.

Die „Indianisierung" nahm ihren Anfang immer in der Nähe des Wassers; entweder in den Tälern und Deltas der riesigen Ströme Mekong, Maenam Chao Phraya, Irrawaddy und Salween oder an den Küstenflüssen Vietnams, der malaiischen Halbinsel und Sumatras, die zwar kaum schiffbar waren, sich dafür jedoch ausgezeichnet für die Bewässerung des fruchtbaren Landes eigneten. Die Bergregionen und Hochtäler dieser Gegenden blieb den „primitiven" Populationen vorbehalten, die teils als Nomaden lebten, Jäger und Sammler waren und bestenfalls mittels Brandrodung Landwirtschaft betrieben. Als die „Indianisierung" etwa mit Beginn der christlichen Zeitrechnung einsetzte, waren die großen prähistorischen Migrationen der Melanesier, Indonesier und Austro-Asiaten bereits abgeschlossen. Im Süden der indochinesischen Halbinsel siedelten sich bereits zu diesem Zeitpunkt im wesentlichen die uns auch heute noch bekannten ethnologischen Gruppen an (*Cœdès,1968:10*). Im Zentrum und im Norden Südostasiens herrschte wesentlich mehr Bewegung: Chams, Mons, Burmesen und Tais sortierten sich mehrfach in ethnologischer Hinsicht und der generelle Drang dieser Populationen in die attraktiveren südlicheren Lebensräume der Flußtäler und Küstenregionen ist ein unbestrittenes historisches Phänomen.

Im wesentlichen ist unter der „Indianisierung" Südostasiens die Ausbreitung einer organisierten Kultur zu verstehen, die sich auf die indische Perzeption der Monarchie gründete, in hinduistischen und buddhistischen Riten zelebriert wurde und sprachlich auf dem Sanskrit ruhte – was im übrigen auch erklärt, warum gelegentlich von der „Sanskritisierung" anstelle der „Indianisierung" gesprochen wird (*Cœdès,1968:15*). Nicht zuletzt deshalb blieb die indische Kultur stets einer kleinen Elite Südostasiens vorbehalten und erfaßte nicht die breite Masse der Bevölkerung. Als schwierig erweist sich die exakte zeitliche Einordnung des historischen Prozesses der „Indianisierung", da sie in mehreren Phasen ablief. Vereinfacht kann man sagen, daß die intensivste Phase der Penetration wohl im 2. und 3. Jahrhundert stattfand, um schließlich im 4. und 5. Jahrhundert Früchte zu tragen (*Cœdès,1968:16*). Die Anfänge der „Indianisierung" lagen weniger im missionarischen Eifer brahmanischer Priester begründet sondern waren, wie so häufig in der Geschichte der Menschheit, primär von wirtschaftlichen Interessen geprägt. Man kam des Goldes wegen, hatte Indien doch kurz vor Beginn der christlichen Zeitrechnung seine Hauptbezugsquelle für Gold verloren. Die Wanderungen der Völker Zentralasiens in den zwei Jahrhunderten vor Christi Geburt hatten die klassische Route der Goldkarawanen aus Sibirien gekappt (*Cœdès, 1968:19*); der Druck erhöhte sich weiter, als der römische Kaiser Vespasian per Dekret die Ausfuhr ungemünzten Goldes und Silbers untersagte *(Lyons, 1979:354)*. Demzufolge gerierte sich die erste Phase der „Indianisierung" nicht als massive Migration oder gar militärische Invasion, sondern als eine eher friedliche, merkantile Infiltration (*Keyes,1987:24*). Im Gefolge der Kaufleute reisten freilich auch die >>kultivierten Elemente (*Cœdès,1968:20*)<< und mit ihnen (*Keyes,1977:66*) nahm die ideologische Penetration der Eliten ihren Lauf, während die Masse der Bevölkerung auch weiterhin ihren animistischen Ritualen und mystischen Ängsten frönte. *Suvarnabhumi* war also nicht nur der Ort profitablen Handels sondern auch ein fruchtbares Feld religiösen Prosyletismus. Kaiser Ashoka persönlich entsandte die Mönche *Sona* und *Uttara* kurz nach dem 3. Buddhistischen Weltkonzils, also Mitte des dritten nachchristlichen Jahrhunderts nach Südostasien, um die dortigen Völker zum Buddhismus zu bekehren (*Glover,1990:10*).

Aufgrund der räumlichen Nähe zu China drängt sich die Frage auf, warum der kulturelle Einfluss des riesigen Reiches der Mitte im Vergleich zu Indien so gering war. Die Antwort liegt in der völligen Gegensätzlichkeit der Methodik. Im Rahmen der imperialistischen Strategie Chinas annektierten und unterwarfen dessen Armeen den Feind und anschließend oktroyierte eine importierte Nomenklatur die eigene Administration und Kultur; Sprache, Schrift und Kultur waren fortan chinesisch. Der indische Ansatz war wesentlich subtiler und daher effektiver. Er bot den verschiedenen Völkern Südostasiens ein kulturelles Rahmengeflecht, innerhalb dessen sie ihre originäre Kultur integrieren und weiterentwickeln konnten (*Cœdès,1968:34*).

Trotz der jahrhundertelang erfolgreichen Strategie bleibt der finale Niedergang des indischen Einflusses ab dem 13. Jahrhundert ein erklärungsbedürftiger historischer Fakt. Hauptursache hierfür mag der bereits weiter oben konzedierte elitäre Charakter des indischen Weltbildes gewesen sein, das an den breiten Schichten der Bevölkerung vorbeiging (*Keyes,1977:68*). Diese fanden, auch angesichts der furchteinflößenden Invasion der Mongolen, den gewünschten emotionalen Halt in den „populistischeren" Religionen des Islam und des Buddhismus, deren zeitgleicher Aufstieg diese These untermauert. Die traditionellen, intellektuellen Konzepte der geistigen Mutter Indien waren augenscheinlich nicht geeignet, den wachsenden metaphysischen Anspruch der Völker zu saturieren. Neuere Forschungen kommen gar zu der Erkenntnis, dass der chinesische und indische Einfluss auf die Entwicklung Südostasiens in der Vergangenheit überbewertet worden sei und die grundlegenden Gemeinsamkeiten der südostasiatischen Kulturen nicht hinreichend berücksichtigt wurden. Als Beispiele werden hier die herausragende Bedeutung der unmittelbaren Familie sowie der Frau in der ruralen Gemeinschaft angeführt, welche in dieser Form weder in China noch in Indien existent sind (*Osborne,1997:6*). Dennoch bleibt das Vermächtnis Indiens bis in unsere Zeit hinein sichtbar bzw. nachvollziehbar: die Schriften und ein großer Teil des Vokabulars, der Mond- und Sonnenkalender, die nahezu unveränderten Mythen, die großen epischen Themen wie das Ramayana und Puranas, diverse Kunstformen, das administrative und gesetzgeberische Know-how und eine klare Definition der jeweiligen Stellung des Individuums im gesellschaftlichen Kontext.

Mit Beginn des 14. Jahrhunderts begann der endgültige Abstieg der Sanskrit-Kultur. Die letzten gefundenen Inskriptionen in Sanskrit datieren in Champa auf 1253, in Kambodscha auf 1330 und auf 1378 in Sumatra (*Cœdès,1968:218*). In den Flußtälern des Menam und Mekong nahm parallel der von den Mon eingeführte und von den Tai weiterentwickelte Buddhismus die Rolle des Hinduismus[73] ein. Und damit war auch die grundlegende Voraussetzung für die konträre politische Entwicklung im „Mutterland" Indien und den südostasiatischen Staaten geschaffen: Im hinduistischen Weltbild steht der Brahmane über dem König, legitimiert dessen Macht und legt die Gesetze (*dhamma*) aus; bei den Mons als auch den Siamesen ist der König wenn nicht der Autor der Gesetze so doch immer der Quell von Recht und Ordnung, während die Brahmanen für ihn arbeiten, ihm zuarbeiten in nachgeordneter Funktion (*Tambiah,1976:94*).

1.5. Vorüberlegung 5: Zur Problematik der linearen Geschichtsbetrachtung

Gemäß der von König Mongkut (Rama IV.) initiierten und vom Prinzen Damrong Rajanubhab ausgearbeiteten Phra Ratcha Phongsawadan Chabap Phra Ratcha Hatlekha[74] stellt sich die Geschichte Siams/Thailands in drei Perioden dar: Sukhothai, Ayutthaya und schließlich Thonburi/Bangkok – analog zu ihrem jeweiligen Aufstieg bzw. Niedergang. Möglicherweise wurde diese Sicht der Dinge durch ein wachsendes „Thai-Bewußtsein" um die Mitte des 19.Jahrhunderts entwickelt, welches sich wiederum vor dem Hintergrund der zunehmenden westlichen Penetration ganz Südostasiens erklärt. So gewann insbesondere Sukhothai wieder an Bedeutung, jenes patriarchalische Königreich, welches zuerst die Thai-Schrift verwandte und dessen gesellschaftliche und politische Organisation sich signifikant von der „indianisierten" bzw. „Khmer-artigen" Gestaltung Ayutthayas abhob (Kasetsiri,1976:14). Eine grundsätzliche Klärung, inwieweit die siamesisch-thailändische Geschichte eher unter dem Aspekt der historischen Kontinuität oder Diskontinuität zu betrachten ist, ist weder Absicht noch Anspruch dieses Buches. Die Einlassung Wyatts (2002:103), der unbestrittene Wandel in den verschieden Epochen der Geschichte dieses Landes habe >>in den Köpfen der Menschen<< stattgefunden, klingt überzeugend. Bildung und Ausbildung sind determinierende Faktoren zwischenmenschlicher und gesellschaftlicher Interaktionen. Insoweit mag dann auch die These zutreffend sein, dass beispielsweise das Siam Rama I. nicht zuletzt deshalb Realität werden konnte, weil im 15. Jahrhundert während der Regentschaft König Borommatrailokanats eine grundlegende soziale und gesellschaftliche Reorganisation des Königreiches Ayutthaya stattgefunden hatte; diese wäre wiederum ohne die Einführung einer gemeinsamen Schriftsprache unter König Ramkhamhæng von Sukhothai schwerlich zu realisieren gewesen.

In der Sekundärliteratur, die sich mit den politischen Systemen des frühen Südostasien beschäftigt, sind zwei grundsätzliche Konzepte historischer Analyse erkennbar (Hagensteijn, 1989:2). Da ist zunächst die „frühe Schule", deren traditionalistische Sicht bis in die 1970er hinein die akademischen Publikationen dominierte und von zentralisierten, stabilen und pyramidal hirarchiesierten Systemen ausging, die sich primär über dynastische Linien definierten. Als Primärquelle dienten hierbei die erhaltene Architektur, Skulpturen und die Ikonographie; allesamt vermittelten einen klaren indischen Einfluß (Griswold 1967; Boisselier 1975; Cœdès 1966, 1968; LeMay 1962; Luce 1969; Hall 1968). Die Crux dieser

---

[73] Der Hinduismus entwickelte sich aus einer früheren Form einer brahmanischen Religion in Indien und entwickelte eigene Konturen im ersten nachchristlichen Jahrhundert. Grundlagen des Hinduismus sind frühe vedische Traditionen und eine Reihe von populären, animistischen Kulten. Der Hinduismus beinhaltet eine nahezu unüberschaubare Anzahl an Göttern und Göttinnen; dennoch ist ein Hauptmerkmal das Konzept der Trinität: Brahma ist der Schöpfer, Vishnu verkörpert das Bewahrende und Shiva das Zerstörerische. Während der Brahma-Kult eher im Hintergrund abläuft, reklamieren die Jünger Shivas und Vishnus jewells das Primat für ihre Richtung.
[74] The Royal Chronicle: Royal Autograph Edition, Bangkok, Odeon 1962

frühen Arbeiten liegt in der fehlenden Darstellung sozio-politischer Strukturen der jeweils untersuchten Kulturen sowie eine Analyse der politischen Prozesse der angebotenen Chronologien. Das Hauptaugenmerk galt der eingehenden Beschäftigung mit den Biographien der Herrschenden – Könige, Fürsten, Minister und Adelige – und nicht den Fragen nach den Gründen der frühen Institutionalisierung ihrer Funktionen, ihrer Auslebung in praxi oder den analogen Interaktionen. Diesem Themenkomplex widmeten sich ab den 1970ern zunehmend kritische Studien (*Aung Thwin 1976a, 1979, 1981, 1982, 1984a, 1985; Kasetsiri 1976; Gesick 1976, 1983; K.Kall 1975, 1982, 1985; Mabbett 1977a,b,c,1978; Rajchagool 1994; Smith und Watson 1979; Stargardt 1983; Vickery 1977a,b,1978,1985; Wheatly 1975,1979,1983; Wolters 1973,1974, 1979,1982; Wyatt 1994a,b,1998*) und sehr schnell setzte sich die Erkenntnis durch, das die politischen Systeme – vor allem des frühen – Südostasien weit weniger zentralistisch ausgerichtet und machtpolitisch stabil waren, als zunächst angenommen. Soziologische und vor allem ökonomische Fragestellungen gewannen signifikant an Bedeutung und mit den neuen wissenschaftlich-technischen Möglichkeiten der Archäologie wurden neue Fragen formuliert und alternative Antworten entwickelt (*Bayard 1979, 1984a, b, c; Higham 1977, 1984, 1989, 1996; Higham und Thosarat 1998; Higham,Kijngam und Manly 1982; Khok Phanom Di 1990, 1991, 1993, 1996; Stargardt 1983; Torrence 1986*).

Allerdings zieht sich auch durch diese „neueren" Arbeiten eine Trennlinie zwischen Prä- und Protohistorie und den nachfolgenden Perioden: Für die ur- und frühgeschichtliche Phase wird eine politische Zentralisierung überwiegend negiert und die Herrscher jener Periode gelten analog dazu lediglich als Häuptlinge kleinerer Stammesverbände, deren territorialer Machtanspruch unrelevant war; mit Erreichen der nachchristlichen Periode werden plötzlich starke politische Einheiten – Staaten gar – mit autokratisch-charismatischen Königen an der Spitze ausgemacht. Den Nachweis oder zumindest eine nachvollziehbare Beschreibung von organisatorischen oder strukturellen Veränderungen, die solch einem gesellschaftlichen Wandel anzunehmenderweise vorausgegangen sein müßten, bleiben die Autoren in der Regel schuldig. Der historischen Realität mögen beide beschriebenen Ansätze näher kommen, eine Synthese scheint gefordert: Langfristig und global betrachtet wandelten sich die politischen Strukturen Südostasiens wohl in >>zyklischen Kreisen (Hagensteijn,1989:5)<< von Zentralisierung, Dezentralisierung und Re-Zentralisierung als das sie in statischen Strukturen erstarrten.

1.6. Vorüberlegung 6: Die alte siamesische Konzeption der Monarchie

Bis zur Revolution von 1932 galt die Monarchie für den überwiegenden Teil der Bevölkerung als absolut, ja als heilige Institution. Es stellt sich daher die Frage, auf welchen Prinzipien diese Perzeption beruhte, mittels welcher gesellschaftlichen und sozialen Regelungen selbige implementiert und im Laufe der historischen Entwicklung die Konzeption und Vorstellung der *divine kingship* nicht nur in den Köpfen sondern auch in den Herzen der Menschen Siams verankert wurde.

Die Tai-Populationen im Tal des Menam Chao Phraya wurden in der frühesten Phase ihres organisierten Werdens zunächst von der Hochkultur Dvaravatis beeinflußt; dieses, auf dem Prinzipien des Hinayana-Buddhismus ruhende frühe Reich der Mon brachte das konstitutionelle Fundament der patriarchalischen Monarchie hervor: *thammasat* [ธรรมศาสตร์][75] bzw. *dhammasattha* in Pali. *Thammasat* legt die zehn Gebote würdigen königlichen Handelns

---

[75] Eine der führenden Universitäten Thailands trägt diesen Namen – die Thammasat Universität in Bangkok [มหาวิทยาลัยธรรมศาสตร์, *Mahawitthayalai Thammasat*]

fest: Den Armen geben, moralisch handeln, Freiheit gewähren, Rechtschaffenheit, Sanftheit, Selbstbeherrschung, Gewaltverzicht, Geduld und Nachsicht, frei von Zorn sein und keine Obstruktion betreiben. Diese „zehn Gebote" stehen im sachlichen Zusammenhang mit den vier Forderungen an den idealen Monarchen:

- *sassamedha*; Kenntnisse der Notwendigkeiten und Voraussetzungen für eine ausreichende Versorgung der Bevölkerung mit Lebensmitteln,
-
- *purisamehda*; Kenntnisse der menschlichen Seele und Eigenarten im allgemeinen,
-
- *sammapasa*; die Fähigkeit die Herzen der Menschen zu gewinnen,
- *vakkapeya*; die Gabe des freundlichen Wortes *(Prinz Dhani Nivat,1947:94f.).*

Im Verständnis des buddhistischen Kanon ist der ideale Herrscher ein gerechter König und dieses gerechte Denken und Handeln läßt ihn schließlich die Würde des *chakravartin*, des universellen Souverän erwerben. Bereits aus den alten Pali-Formeln, welche von den Brahmanen anläßlich der Inthronisation rezitiert wurden, läßt sich unschwer die mahnende Botschaft zum gerechten Handeln an den zukünftigen absoluten Herrscher heraushören. >>Möge der Souverän [...] auf dem königlichen Thron sitzend, seinen Schutz und seine königliche Macht über die Ländereien [...] und alle darin befindlichen Lebewesen ausweiten. Möge er auf Erden verweilen, das Königreich weiter zu schützen, genau wie die buddhistische Lehre und ihre Gläubigen. Möge er lange Souverän bleiben, frei von Krankheit, Erfolge verzeichnen und mögen seine Jahre hundert zählen [...] Wer auch immer Böses tut [...] möge [ihn] der Souverän dank seiner Macht über jenen in gerechter Art und Weise triumphieren<<. (*Wales,1992:78*)

Und der künftige König antwortete in Pali: >>Deine glückverheißende Rede findet den direkten Weg in das Herz der Könige und ich folge ihr gern. Möge es sein wie Du sagst. Ich werde meinen Schutz gewähren und meine königliche Autorität ausüben über die Ländereien [...] und alle darin befindlichen Lebewesen. Ich werde auf Erden sein das Königreich zu schützen, die buddhistische Lehre und die Menschen<<, (*Wales,1992:87f.*)

Was der Prinz versprach, sollte schließlich auch der gekrönte Herrscher halten. Also annoncierte ihn der oberste Brahmane, nachdem der König unter dem nunmehr neunstufigen Sonnenschirm Platz genommen hatte, erneut: >>Möge Eure Majestät sich nunmehr den Regierungsgeschäften zuwenden und zu Nutz und Frommen des Volkes herrschen <<, worauf der König antwortete: >>So sei es, Brahmane <<. (*Wales,1992:84*)

Der König hatte, gemäß des überlieferten Ritus, sein Gelöbnis zum gerechten Herrschen im Verlauf der Krönungszeremonie bereits in Form der uralten *mantras* sowie in Pali geleistet. Zum Abschluß artikulierte er seine Absicht der künftigen Rechtschaffenheit auch noch in Thai: >>Brahmanen, nun da ich die volle Verantwortung für die Herrschaft übernommen habe, werde ich gerecht zum Wohle des Volkes regieren. Meine königliche Macht schütze Euch und Euer Hab und Gut und als Euer Souverän werde ich Euch gerecht beschützen ... Vertraut mir und freut Euch des Lebens<<. (*Wales,1992:86*) Und schließlich bekräftigte der neue Herrscher das Supremat der buddhistischen Trinität: >>Ich unterwerfe mich Buddha, *dhamma* und *sangha*; ich werde die buddhistische Lehre bewahren und schützen; wenn Ihr einverstanden seid, so betrachtet mich als Verteidiger des buddhistischen Glaubens<<. (*Wales, 1992:90*)

Nach den Mon von Dvaravati waren die Khmer das determinierende Element in der weiteren kulturellen Entwicklung der Tai. Deren Hochkultur beruhte auf dem Hinduismus, der sich in verschiedenen Wellen in Südostasien ausgebreitet hatte. Aus dem Kontext des Hinduismus heraus hatten die Khmer ihre eigene Vorstellung der Monarchie entwickelt: die des *devaraja*[76], des Gottkönigs. Dieser *devaraja*-Kult wurde zum bestimmenden Moment der Monarchie Ayutthayas; kann man Sukhothai noch mit einigen Wohlwollen als patriacharlische Monarchie (*Prinz Chula Chakrabongse, 1960*) betrachten, in der der König als Häuptling im Kampf und Patriarch im Frieden galt, so verschwand dieses idyllisch-romantische Element der siamesischen Monarchie mit dem unaufhaltsamen Aufstieg des südlichen Brudervolkes. In seinem Standardwerk (*Wales,1992*) zu den siamesischen Staatszeremonien hat Wales zehn Tabus herausgearbeitet, welche die Mystifizierung der Monarchie und die sakrale Stellung des Königs funktionalisierten und institutionalisierten.

I. Der Körper des Königs und seiner Familie galt als heilig und jedwede Form der Berührung, insbesondere des Kopfes oder der Haare, galt als Sakrileg (da der König sich kaum selbst die Haare geschnitten haben dürfte, gab es natürlich Ausnahmeregelungen!). Das Palastgesetz Königs *Somdet Phra Boromma Trailokanat* [77] legte hierzu dediziert fest: >>Wenn eine königliche Barke gesunken ist, muß die Besatzung wegschwimmen; bleiben sie in der Nähe des Bootes, so werden sie exekutiert. Sinkt das Boot und droht die königliche Person zu ertrinken, so soll die Besatzung den Signalspeer hinausstrecken und das Netz aus Kokosnüssen zuwerfen, auf das sich die königliche Person daran festhalten kann. Berührt die Besatzung die königliche Person bei der Rettung, so werden sie exekutiert. Derjenige der Besatzung, der das Kokosnussnetz zuwirft, soll mit 40 Silber-Tikal entlohnt werden. Sinkt das Boot, und jemand anderes sieht, das das Netz bereits geworfen ist und danach dennoch versucht, die königliche Person [mittels Berührung] zu retten, so verdoppelt sich die Strafe und auch die Familie des Täters wird hingerichtet>>. (*Wales, 1992:33*) So erklärt sich letztendlich auch jener tragische Unglücksfall, bei dem die Lieblingsfrau König Chulalongkorns vor den Augen zahlreicher Zuschauer bei einem Bootsunglück ertrank, da niemand es wagte, sie zu berühren. Der König selbst schaffte diesen Passus später ab.

II. Der persönliche Name des Königs galt als zu heilig für den Alltagsgebrauch. Die unsäglich lange Kette von Sanskrit und Pali-Titeln, welche dem offiziellen Namen des Königs im Rahmen der Krönung hinzugefügt wurde, war für die Mehrheit seiner Untertanen ebenso unverständlich wie überwiegend unbekannt. Verständlich, betrachtet man sich ein Beispiel eines offiziellen Königsnamens: Phrapādasomdetphraparamindramāhaprabjādhipak mahā ntatejantilakrāmādhipatīdebyapariyamahārājaravivanśasāmabhinabanśabīrahkasātrapurusar ātaranājanikarotamaāturāntaparamahācākrabartirājasānkāśaubhatosujātasāmśuddhagerāhnīā krīparamanāthaculālankaranarājavarānkūramahāmakutavanśavīrasūrajisatharājadharmadaśa bidhautakafasatanipunaatulyakrsatābhinīrahārapūrabādhikārasusāditadhamnayalāksanavicitr

---

[76] [(deva) Gott und (raja) König – im Hinduismus ein Synonym für die Gottheit Indra] Ein Brahmane namens Hiranyadama (Silberpfeil) kann möglicherweise als intellektueller Vater des *devaraja* Konzepts gelten. In einer frühen Inskription findet sich folgender Hinweis: >>Auf Einladung seiner Majestät Parameshvara kam ein Brahmane namens Hiranyadama, ein Meister der magischen Künste, aus Janapada um eine ergänzende Zeremonie zu entwickeln um eine weitere Abhängigkeit des Landes Kambuja von Java zu verhindern; des weiteren die Existenz eines einzigen absoluten Herrn des Landes, eines *cakravartin*, zu statuieren<<. Hiranyadama wurde dieser Inskription zufolge an den Hof Jayavarman II. gerufen, der in der ersten Hälfte des 9. Jahrhunderts Herrscher des Reiches von Angkor war. Vermutlich hatte der Brahmane dem Herrscher angedient, ihn selbst oder seinem Vertrauten Sivakaivalya einige geheime, magische Beschwörungsformeln zu lehren, die den Regenten mächtiger als alle anderen Herrscher machen sollten. Demzufolge wäre Hiranyadama der geistige Vater und Initiator jener sakral-spirituellen Rituale, welche die Herrschaft und Stellung des Regenten als absolut manifestierten (*Wyatt,2002:4f.*).
[77] Wegen seines Erwerbs eines besonders prächtigen „weissen"Elephanten auch bekannt als *Phra Chao Chang Phueak* [พระเจ้าช้างเผือก]

asauvabhāgyasarbāngamahājanotamāngamāndasandhimatasamāntasaāgamparamarājasambh
āradibyadebāvatarabaiśālkiaratigunaagulayaśāktitejasarbadeveśapriyānurāksamangalalāgana
nemāhvāysukhodāyadharmarājāabhinauvaśilapaśu`ksātejanāvudhavijāyayuddhaśāsatrakośal
avimalaranayabinitasucaritasamācārabhādrabhjiañānaprahtibhānasundrapravaraśāsanopasat
amabhakamūlamukhamātayavaranāyakamahāsenānīsarājanāvībayūhayodhabovamacarapara
majesthasodrasamamataekarāyaśasadhigamaparamarājasampātinabapatalaśevatachātrātichāt
raśrīrātanoplāksanamahāparamarājābhisekābhisiktasabardaśadigavijitatejojaiyasaklamahsaiś
varayamahāsvāmindramaheśvaranahindramahārāmādhirājavarotamaparamanāthajātiājānyāś
rāyabuddhāditrairātnaśranārāksaviśisataśākatòāgranareśvarādhipatīmettākrunāśītlahardāyaa
nopamaiyabunayakārasakalabaiśālamahārāstārādhipatindraparamindraradharmikamahārājād
hirājaparananāthaüabitraphrapakklauchaoyūhua<<. (*Wales,1965:105*)

Im royalen Tagesgeschäft setzten sich allerdings die Kurzformeln *Phrabat Somdet Phra Chao Yu Hua* [พระบาทสมเด็จพระอยู่หัว][78] für den gekrönten König durch; vor der Krönung war der Titel *Somdet Phra Chao Yu Hua* [สมเด็จพระเจ้าอยู่หัว] oder *Phra Chao Chivit* [พระเจ้าชีวิต][79]. Um den amtierenden Monarchen auch vom Titel her von seinem verstorbenen Vorgänger unterscheiden zu können, wurde letzterer nach seinem Ableben mit dem Titel *Somdet Phra Chao Yu Hua Nai Paramakosa* [สมเด็จพระเจ้าอยู่หัวในบรมโกศ][80] bedacht.

Der Hof hatte eine eigene Sprache und dieses besondere Vokabular diente ebenfalls dem Zwecke der Abgrenzung des Herrschers und seiner Entourage von der Masse des Volkes. So gab es nicht nur ein spezifisches Vokabular für unterschiedliche Lebensbereiche und -situationen, sondern auch die Anrede des Königs war genau festgelegt. In der 1. Person hatte der König *kha phra buddha chao* [ข้าพระพุทธเจ้า][81] und in der 2. Person *tai fa lahon dhuli phra pada* [ใต้ฝ่าละอองธุลีพระบาท][82] angesprochen zu werden. Die Palastsprache ist auch im heutigen Thailand noch existent, findet aber nur noch bei königlichen Proklamationen und offiziellen Verlautbarungen Verwendung.

III. Krankheit und letztendlich der Tod des Herrschers stellten nachvollziehbar die größte Gefahr für das Ansehen des „Gottkönigs" dar. Es galt daher als tabu, sich nach der Gesundheit des Monarchen zu erkundigen. Starb der König, so sprach man von *satek svargata*, von seiner Migration ins Himmelreich.

IV. Die Füße des Königs durften gemeinen Boden nicht berühren, weshalb er außerhalb des Palastes oder eines Klosters bzw. Tempels in der Öffentlichkeit entweder in einer Sänfte getragen oder einer Barke gerudert wurde, bzw. alternativ auf einem Elefanten ritt.

V. Strengstens untersagt war es dem Gemeinen, seinem König ins Gesicht zu schauen. Ein deutscher Zeitzeuge berichtet (*Kaempfer,1998:20*), daß sich jedermann abgewendet, mit dem Gesicht nach unten, auf den Boden zu legen hatte, wenn sich der König und sein Gefolge näherte.

VI. >>Niemand darf die Palastküche betreten, wenn das Essen zubereitet wird; und ein [besonders] vertrauenswürdiger Offizier siegelt die Teller und Schüsseln und begleitet sie zum Speisesaal. Nur der König darf das Siegel brechen, aber bevor er zu essen beginnt,

---

[78] Der Herr über unseren Köpfen
[79] Herr des Lebens
[80] Der Herr über unseren Köpfen in der Urne
[81] Ich, der Diener des Herrn
[82] Der Staub unter der Sohle Eures erhabenen Fußes

kostet der Offizier die Speisen vor, bevor Seine Majestät sich ihnen zuwendet (*Wales, 1992:37*).<< Der praktische Nutzen dieser Regel liegt klar auf der Hand: wie in allen Monarchien der Welt war der König

VII. stets besorgt, von einem ambitionierten Mitglied der Nobilität oder gar der eigenen Familie vergiftet zu werden.

VIII. Es war nicht gestattet, königliches Blut zu vergießen. Dennoch wurden auch in Siam Könige gemeuchelt, wenngleich sich bei Mitgliedern der königlichen Familie oder gar des Herrschers selbst die konventionellen Methoden der Exekution verboten. Überliefert wird von verschiedenen Zeitzeugen jene Methode, nach welcher der royale Delinquent zunächst mittels kräftiger Schläge mit einer Sandelholzkeule auf den Nacken[83] aus dem Leben schied, um alsdann in einen Sack eingenäht und mit Steinen beschwert an einer tiefen Stelle des nächstgelegenen Flusses seine letzte Ruhestätte zu finden. Diese noble Art der Exekution war ausschließlich Mitgliedern der königlichen Familie vorbehalten; alternativ konnte das vorher beschriebene Procedere auch ohne vorherige Tötung durchgeführt werden. Diese Form fand insbesondere bei Rebellen und Aufrührern königlichen Geblütes Anwendung (*Pallegoix, 2000:194*).

IX. Männlichen Mitgliedern der Königsfamilie über 13 bzw. 14 Jahren war es nicht mehr gestattet, im Königspalast zu leben. Der Palast war eine Welt der Frauen und kein Mann, mit Ausnahme des Königs, konnte dort toleriert werden[84]. Zwar unterstreicht auch diese Regel die Omnipotenz des Herrschers; allerdings zwang sie auch die jungen Prinzen in entlegene Provinzen, wo fern des Hofes so manche Rebellion ihren Anfang nahm.

X. Letztendlich war den Untertanen, einschließlich des Adels, befohlen, in der Nähe des Königspalastes Kopf und Schirm zu senken; die Besatzung vorbeifahrender Schiffe hatten an Deck niederzuknien, während der Palast passiert wurde.

Zusammenfassend kann festgestellt werden, daß die vorgenannten Regeln zwei wichtige Funktionen hatten: Ersten dienten sie zunächst der Kreation und später dem Erhalt einer mystischen und sakralen Aura im Umfeld des Herrschers; und zweitens hatten alle vorgenannten Gebote und Tabus auch einen höchst praktischen Zweck, nämlich den Schutz von Leib und Leben des Herrschers. Sofern sie dem Erhalt ihrer Macht bzw. ihrer persönlichen Sicherheit dienten, überwachten die Könige Siams die Einhaltung der vorgenannten Regeln. Vor allem wurde jedoch darauf geachtet, daß selbige *in publico* strikt gelebt wurden – der gesellschaftspolitische Nutzen war dann am größten.

---

[83] *kan samret thot duai thon chan* [การสำเร็จโทษด้วยท่อนจันทน์] Section 176 der Palast-Gesetze innerhalb des Drei-Siegel-Gesetzes regelte die Exekution von Verurteilten königlichen Gebüts. Eine sehr detaillierte und lebhafte prosaische Darstellung diverser Hinrichtungen im Siam des 17. Jahrhunderts findet sich in: Richard J. Carr: *Wyndedanse. A Royal Chronicle of 17th Century Siam, Xlibris Corporation 1999*

[84] Die Institution der Eunuchen waren in Siam nicht bekannt

3. Skizzen aus der Urgeschichte

千里の道も一歩から。 Senri no michi mo ippo kara[85]

Vor rund 15 Milliarden Jahren – so die heute gültige Theorie – entstand das Universum mit einem Urknall (*Big Bang*), dehnte sich aus, kühlte sich dabei ab, „verklumpte" zu Galaxien und durchlief eine kosmologische Evolution. Ohne diese wäre unser Planet Erde und das Leben auf ihm nicht möglich gewesen. Denn viele der Elemente, aus denen die Erde und auch wir Menschen bestehen, sind erst in gigantischen Explosionen sterbender Sterne entstanden.

Rein mathematisch betrachtet dürfte es Leben auf der Erde, uns Menschen eingeschlossen, überhaupt nicht geben. Die Wahrscheinlichkeit, dass sich die chemischen Grundstoffe in der Ursuppe des Kosmos einst zu „Molekülen des Lebens" zusammenschlossen, war eigentlich gleich Null. Als ein Beispiel für das Unmögliche dient das Cytochrom C, ein Enzym in den Zellen aller Lebewesen, die Sauerstoff atmen. Es besteht aus 20 verschiedenen Aminosäuren, einer Kette mit 104 Gliedern in einer ganz bestimmten Reihenfolge. Wäre seit dem Urknall in jeder Sekunde ein neues Enzym entstanden, gäbe es heute erst 10^{16} verschiedene; oder anders formuliert: Wären alle im Universum vorhandenen Atome unterschiedliche Enzymketten, gäbe es 10^{80} Varianten. Die Wahrscheinlichkeit, darunter ein Molekül des Cytochrom C zu finden, wäre immer noch lediglich $1:10^{24}$ oder 1 zu 1000 Quintillionen. Derartige Argumente für die Einmaligkeit des Lebens scheinen zunächst einleuchtend – doch sie beruhen auf einem Denkfehler. Denn die Natur hat sich nicht die Aufgabe gestellt, ein bestimmtes Ziel zu erreichen, bzw. ein bestimmtes Molekül oder eine Aminosäuresequenz nachzubauen. Die Evolution verlief vielmehr genau andersherum. Einige hundert Millionen Jahre ließ sie sich Zeit und probierte ziemlich wahllos herum; schließlich wählte sie jene Molekülfolge zur „Endfertigung" aus, die anders war als alle anderen: biologisch wirksamer. Von nun an bevorzugte der evolutionäre Prozess eben jenen Molekültyp da er sich im Gegensatz zu seinen Millionen von Wettbewerbern schlicht einfacher vermehrte. Er brachte die Evolution auf Trab. Demnach herrschte einst in der kosmischen Ursuppe vor rund vier Milliarden Jahren ein gnadenloser Konkurrenzkampf der Biomoleküle. Es hat also unzählig viele Lebensentwürfe gegeben, aber nur der unter den damaligen Bedingungen überlebensfähigste hat sich behauptet und im weiteren evolutionären Prozess Bakterien, Fauna und Flora, und schließlich den Menschen hervorgebracht (*von Ditfurth,1972:179ff.*).

So gesehen ist das irdische Leben doch etwas einmaliges. Denn obwohl es im Kosmos mit seinen vielen Milliarden Galaxien und einer schier unvorstellbaren Menge an Sonnen von erdähnlichen Planeten wimmeln dürfte und sich auch dort aufgrund der überall geltenden Naturgesetze chemische Grundbausteine zu lebenden Molekülen zusammenschlossen haben, wird sich auf keinem davon das Gleiche abgespielt haben, wie auf unserem Planeten Erde. Folgen wir nun also dieser geo-zentrische Sicht des Seins, so ist es nur konsequent, dass die nächsten Gedanken um die Entwicklung jener Spezies drehen, die als vorläufiger Endpunkt einer unendlich langen Kette evolutionärer Phasen gilt:

3.1. Die afrikanische Entstehung und frühe asiatische Verbreitung des Menschen (*Homo*)

Vor rund 3 Millionen (3 mya[86]) Jahren Begünstigte ein relativ kühles und vergleichsweise trockenes Klima im tropischen Afrika die Entstehung des *Australopithecus* (*Vrba,1994*), aus dem ca. 500.000 Jahre später die Gattung des *Homo* hervorgehen sollte. Der frühe Homo,

---

[85] Eine Reise von tausend Meilen beginnt unter Deinem Fuß (Laotse 老子)
[86] mya ist ein Akronym und steht für das englische „million years ago", also „vor x Millionen Jahren"

ursprünglich im östlichen Teil des Riff Valleys in Afrika beheimatet, gilt nach gegenwärtigem Stand der Forschung als ein wenig wählerischer, durchaus aggressiver Aasfresser. Bis in die 1970er Jahre hinein nahmen die Paläontologen an, die menschlichen Ursprünge hätten in Südostasien gelegen. Ursache hierfür war jene Ausgrabung des holländischen Paläontologen Eugène Dubois, bei der er 1891 auf der heute zu Indonesien gehörenden Insel Java die ersten Überreste eines Homo erectus freigelegt hatte; das Alter dieses *Java-Man* wurde auf 0.7 – 1.1 mya datiert (*Theunissen,1989*). Der *Ape-Man* war damit deutlich älter als die Mitte des 19. Jahrhunderts in Europa sichergestellten Funde. 1856 hatten Arbeiter zufällig in einem Steinbruch bei Düsseldorf die Überreste eines Skelettes gefunden, welches der Elberfelder Lehrer und begeisterte Naturwissenschaftler Johann Carl Fuhlrott, gegen den nachhaltigen Widerstand des berühmten Rudolf Virchow, als das eines prähistorischen Menschen – des *Neandertalers* – weltberühmt machte (*Trinkaus und Shipman, 1993*). Gestützt auf die revolutionären Erkenntnisse Charles Darwins über die Evolution der Gattungen und Arten (*Darwin,1859*) demontierte der Knochenfund im Neandertal das dominierende christliche Welt- und Menschenbild. 1868 wurden in der Cromagnon-Höhle im Südwesten Frankreichs sechs, anatomisch „modernere", Skelette von Bahnarbeitern entdeckt und damit der Urahn des „modernen Menschen", der *Homo sapiens*. Da jedoch sowohl der Neandertaler als auch der Cromagnonmensch dem Jungpaläolithikum (ca. 40.000 – 10.000 v.Chr.) zuzurechnen sind, der Java-Man jedoch dem Altpaläolithikum (ca. 3.000.000 – 300.000 v.Chr.) galt über Jahrzehnte hinweg der evolutionäre Lehrsatz: Der *Homo erectus* ist in Südostasien entstanden und hat sich von dort aus nach Europa verbreitet (*Hutterer,1985:1*).

Nach den bereits erwähnten Funden im ostafrikanischen Riff Valley setzte ab den 1960ern ein Umdenken in der Fachwelt ein. Die Forschung sah nunmehr zunehmend die Wiege des Menschen in Afrika und folgerte aufgrund der bekannten Datierungen, daß die Migration nach Südostasien erst sehr viel später erfolgt sei. Immerhin lag die früheste Datierung eines voll entwickelten *Homo erectus* – genauer gesagt eines *Homo ergaster* – im Riff Valley bei 1.9 mya und damit rund 1.000.000 Jahre vor seinem jüngeren javanischen Bruder. Neuere Forschungsmethoden, welche mittlerweile die absolute Datierung geborgener Artefakte ermöglichen – beispielsweise der Paläomagnetismus, ESR (*electro-spin resonance*) oder die Ar/Ar-Methode (Einzelkristall Argon) – werfen ein neues Licht auf die These der „späten Abreise" aus Afrika. Desweiteren hat die Entdeckung bis dato unbekannter prähistorischer Siedlungsstätten und deren Artefakte zu neuen Erkenntnissen geführt. In Riwat und den Pabbi Hills in Pakistan wurden einfache Steinwerkzeuge gefunden, die ein paläomagnetisches Alter von 1.9 mya aufweisen (*Rendell, Hailwood und Dennel,1987*). Ein in Mojokerto auf Java gefundener, gut erhaltener Schädel eines jugendlichen Homo erectus wurde mittels der Ar/Ar-Methode auf 1.81 mya, zwei weitere in Sangiran geborgene Schädelreste auf 1.66 mya datiert (*Swisher, Curtis, Jacob et al.,1994*). Der wohl bedeutendste Fund des ausgehenden Milleniums wurde in der chinesischen Provinz Sichuan gemacht. *Huang Wanpo* und *Gu Yumin*, zwei Mitarbeiter des Institutes für die Paläontologie und Paläoanthropologie von Wirbeltieren, indizierten mittels ERS und paläomagnetischer Analysen das Alter der Funde von Longgupo auf 1.9 mya (*Huang, Ciochon, Yumin et al.,1995*). Berücksichtigt man zudem die steigende Anzahl von Funden asiatischer Fossilien und (Stein)Werkzeuge, die allesamt auf nahezu 2 mya datiert werden (*Simanjuntak und Sémah,1996*), so ergibt sich unweigerlich die Schluß-folgerung, dass eine frühe Population des Homo bereits einige hunderttausend Jahre nach seiner Entstehung in Afrika in Ostasien eingewandert ist. Die Funde von Longgupo, Java und Riwat beweisen somit die Existenz eines Vorfahren des *Homo ergaster* und *Homo erectus* im tropischen und subtropischen Asien vor rund 2 Millionen Jahren.

Im Gebiet des heutigen Thailand gibt es bislang keine derartig frühen hominiden fossilen Funde. Dennoch besteht Grund zu der Annahme, daß die Region um Lampang bereits um

730.000 v.Chr. von einer Form des *Homo erectus* besiedelt war. Im Dezember 1984 wurden im Landkreis *Mae Tha* [เทศบาลตำบลแม่ทะ] in der Provinz *Lampang* [จังหวัดลำปาง] drei prähistorische steinerne Artefakte geborgen (*Pope et al.,1986*), deren diverse Analysen diese auf 0.73 mya (*Barr et al., 1976*) bzw. 0.8±0.3 mya und 0.6±0.2 Ma (*Sasada et al.,1987*) datieren. Mitarbeiter des *Department of Mineral Resources* [กรมทรัพยากรธรณี] entdeckten 1988 in *Wai Lek* [วายเล็ก] in der Provinz *Krabi* [จังหวัดกระบี่] fossile Reste eines prähistorischen Säugetieres. Unter anderem wurde ein rechter unterer Backenzahn untersucht, dessen Alter auf 40-60 mya datiert wurde. Zwei Jahre später fand ebenfalls das *Department of Mineral Resources* im Norden des Landes in *Ban San Klang* [บ้านสันกลาง] in der Provinz *Phayao* [จังหวัดพะเยา] den linken unteren Backenzahn eines hominiden Primaten, der signifikante Ähnlichkeiten mit dem afrikanischen *Dendropithecus orientalis* aufweist und aus dem Mittleren Miozän (16-11,6 mya) stammen dürfte. Auf das Untere Miozän (23-16 mya) wurden 1989 die fossilen Wirbeltierfunde im *Mae Nam Wang* [แม่น้ำวัง]-Tal in der Provinz Lampang datiert. Bewohner des Dorfes *Ban Hat Pu Dai* im Landkreis *Kho Kha* [ตำบลเกาะคา] hatten ein gemeinsames Thai-Amerikanisches Expeditionsteam auf die Fährte gesetzt. Besonders ertragreich erwies sich *Na Nai Yod*[87]. Der dort gefundene obere Backenzahn eines Primaten wurde auf 16+ mya datiert. Das Alter dieses fossilen Zahnes, die analysierte prähistorische Fauna sowie die geographische Nähe zu China rechtfertigen einerseits die berechtigte Hoffnung auf weitere Funde in dieser Region und andererseits die These, daß auch das heutige Thailand ein weiterer bedeutender Standort für die evolutionäre Entwicklung zum Menschen gewesen sein könnte (*Somsak Pramankij & Vadhana Subhavan, 1994: 1ff.*).

Über die prähistorische Route der frühen afrikanischen Migrationen des *Homo* besteht bis heute keine endgültige Klarheit. Allerdings gibt es einige Hinweise, daß über *Bab-al-Mandab*[88], welches einst als Isthmus Afrika und die arabische Halbinsel (etwa auf der Linie der heutigen Städte Djibouti und Aden) miteinander verband, als erster Knotenpunkt zu sehen ist. Danach galt es die arabische Halbinsel zu durchqueren um an den Persischen Golf zu gelangen. Möglicherweise erfolgte die Überquerung am Horn von Afrika, über die *Straße von Hormus*. Von dort aus führt der Weg entlang der Küste zum Arabischen Meer zum Tal des Indus und weiter nach Riwat und Pabbi Hills. Entlang einer Route südlich des Himalaya dürften der frühe Mensch schließlich nach Südostasien gelangt sein. Das er sich dort behaupten konnte beweist, daß der frühe Homo nicht auf bestimmte geographische und klimatische Umgebungsbedingungen angewiesen war; vielmehr war er trotz seiner immer noch affenähnlichen Anatomie und den rudimentären Kenntnissen in der Fertigung und Verwendung von steinernen Werkzeugen in der Lage, durch seine physische Präsenz und flexible soziale Organisation den jeweiligen lokalen Gegebenheiten ausreichend Rechnung zu tragen und adäquat zu adaptieren. Das dies ohne die Hilfe einer gemeinsamen Sprache und in Ermangelung eines individuellen Bewußtseins gelang, ist erstaunlich.

Das Überleben in der Frühzeit des Menschen wurde wesentlich durch die Gestaltung der unmittelbaren Beziehung zu seiner Umwelt determiniert. Eine bedeutende Rolle in der evolutionären Entwicklung der Interdependenzen zwischen Mensch und Natur nimmt die Wechselbeziehung zwischen kulturellem Wandel und den sich verändernden, natürlichen Lebensbedingungen ein. Von herausragender Bedeutung war hierbei das Klima, welches letztendlich die Distribution und Proliferation von Flora und Fauna, also der unmittelbaren Lebensgrundlage bestimmte. Wie überall auf der Welt war auch in Südostasien das Klima permanenten Veränderungen unterworfen und für den frühen Menschen war die jeweilige

---

[87] Das Feld des Herrn *Yod*
[88] [باب المندب] „Das Tor der Tränen". Heute eine rund 27 Kilometer breite Meeresstraße, die das Rote Meer mit dem Golf von Aden verbindet.

Assimilation an die veränderten klimatischen Voraussetzungen von existenzieller Bedeutung (*Anderson,1989:101*). Während der letzten Eiszeit erstreckten sich bis zu 3000 Meter dicke Eisschichten von den polaren Regionen über die Erde und senkten die Meeresspiegel zeitweilig um bis zu 560 Meter. Nirgends auf der Welt wandelte sich die geographische Beschaffenheit dermaßen signifikant wie in Südostasien, wo sich das Meer soweit zurückzog, daß sich ein zusammenhängendes Festland in südlicher Richtung bis Bali und in östlicher Richtung bis zu den Philippinen erstreckte. Es entstand also eine südostasiatische kontinentale Landmasse, deren Größe in etwa dem Gebiet der heutigen USA ohne Alaska entsprach (*Jumet Sumai,1989:7*).

Im Gegensatz zu anderen subtropischen Gebieten, wie etwa dem Amazonas, war der neuentstandene südostasiatische Kontinent weitaus geringer von gefährlichen Raubtieren bevölkert und bot mithin eine ideale Zone für das Überleben. Als vor ca. 30.000 Jahren das Ende der letzten Eiszeit begann schmolzen die riesigen Gletschermassen, ein Prozess, der etwa vor 7.000 Jahren abgeschlossen war. Durch die riesigen Mengen an Schmelzwasser stieg nun der Meeresspiegel wieder und Südostasien verlor rund 3.000.000 km² an die See. Als Folge verlagerten sich die Küstenlinien etwa alle 6 Jahre um 1 km landeinwärts, so daß die frühen Populationen mehrfach während einer Generation gezwungen waren, sich weiter landeinwärts neu anzusiedeln. Eine Massenmigration in Richtung auf das an den Golf von Siam grenzende Festland setzte ein, wo ein wärmeres Klima und neue Jagdgründe bessere Überlebenschancen boten. Folgerichtig verlief also die kulturelle Dispersion gegen Ende der letzten Eiszeit vom Süden in den Norden (*Sumet Jumsai,1989:9ff.*)

Die drei Hauptprobleme für die frühen Populationen in Südostasien lassen sich wie folgt charakterisieren:

1. Die Akquisition der benötigten natürlichen Resourcen und die Entwicklung der Technologie zu ihrer Beschaffung und Nutzung
2. Die Schaffung von Schutzräumen und Siedlungsstrukturen
3. Den Erhalt und das Wachstum der Bevölkerung (*Anderson, 1989:103*)

Verschärft wurden diese Probleme durch den nachhaltigen klimatischen Wandel in der Region. Geologische Studien in Malaysia (*de Dapper, 1981, 1983*), paleobotanische Untersuchungen (*Bellwood, 1985*) und diverse globale Klimamodelle (*Prell et al.,1986, Kutzbach et al., 1986*) indizieren teilweise dramatische Klimaschwankungen in Südostasien über den Zeitraum der letzten 1.000.000 Jahre; sogar noch im Jungpleistozän (126.000 – 11.700 v. Chr.) lassen sich nicht weniger als fünf signifikante Klimawechsel von wärmeres auf kälteres Klima und umgekehrt feststellen (*Anderson,1989:104*).

3.2 Die Anfänge der historischen und archäologischen Forschung in Südostasien

Über die Prähistorie Thailands zu sprechen wirft signifikante Probleme auf, da eine klare räumliche Eingrenzung nahezu unmöglich erscheint. Bereits bei der Definition des prähistorischen südostasiatischen Raumes ergeben sich verschiedene Sichtweisen und Optionen. Wendet man sich dem Gebiet um die drei großen Ströme der Region - Roter Fluss[89], Mekong und Maenam Chao Phraya - zu, so kann man zwar die Region als „subtropisch-monsun" definieren; allerdings variiert auch dieses Klima aufgrund lokaler

---

[89] Der Rote Fluss [紅河], auch *Yuan Jiang* [元江] und in Vietnam *Sông Hồng* oder *Hồng Hà* genannt, ist ein Flusssystem im Süden Chinas und im Norden Vietnams. Die Gesamtlänge des Flusses beträgt 1149 km; davon entfallen 639 km auf das Gebiet der Volksrepublik China und 510 km auf das Territorium der Sozialistischen Republik Vietnam.

Charakteristika: etwa die jeweilige Nähe zum Meer, die Höhe und die Lage zu den Hochebenen bestimmen die Menge des jährlichen Niederschlages sowie Beginn und Dauer der Trockenzeit (*Higham,1989:1*). Weht der Wind von Oktober bis April von Nordosten, so dreht er sich im Mai und kommt nun aus Südwest. Während der westliche Teil des heutigen Thailands viel Regen mit dem Südwest-Monsun erhält, liegen die Ebenen um den Menam Chao Phraya und das Khorat-Plateau im „Regenschatten". Aus dem feuchten Monsun wird weiter östlich im „Regenschatten" der heiße und trockene >>Lao-Wind<< (*Higham,1989:9*). Aufgrund dieser jahreszeitlich unterschiedlichen und klimatisch extrem wechselhaften Bedingungen ändert sich die Feuchtigkeit im wahrsten Sinne des Wortes von Grund auf, und das betrifft den Boden ebenso wie alles, was in ihm begraben liegt. Die in den Lagerstätten ruhenden chemischen Kräfte werden durch den strömenden Regen belebt, der überdies für nachhaltige Auswaschungen verantwortlich ist. Des weiteren befördert der subtropische Lebensraum die Proliferation von vielerlei Pflanzen und Insekten mit zersetzender Wirkung auf die von Menschen hinterlassenen organischen Stoffe. Ein weiteres Problem bestand und besteht darin, daß die ernstzunehmende archaeologische Forschung im Gebiet des heutigen Thailand die übliche Terminologie, mit der Kulturen, Überlieferungen, Arten von Werkzeugen und dergleichen mehr eingeordnet und systematisiert werden, vom Abendland entlehnt hat und deshalb approximativ und unzulänglich definiert ist. Im Vergleich zu anderen Kulturen ist für Thailand vor dem Beginn des frühen Sukhothai im 13. Jahrhundert auch keine Geschichte im eigentlichen Wortsinn bezeugt, wenn man von einigen archaischen Schriftzeichen fremder Art absieht, die sich auf das unaufhörliche Eindringen von buddhistischen Siedlern oder Händlern aus Indien und anderen Teilen Südostasiens beziehen (*Pisit Charoenwongsa&M.C. Subhadradis Diskul, 1980:14f.*). Betrachtet man andere große Kulturen etwa die Ägyptens oder Indiens, so bleibt festzustellen, daß der Großteil der frühen Forschung durch Wissenschaftler der jeweiligen Kolonialmächte initiiert und durchgeführt wurde. Da Siam nicht, wie alle übrigen südostasiatischen Länder und Völker kolonialisiert wurde, ist als eine der wenigen Nachteile dieser historischen Tatsache zu akzeptieren, daß die prä- und protohistorische Forschung in Thailand vergleichsweise spät und zögerlich einsetzte.

Auch politisch gesehen ist das vorgenannte Gebiet kaum als homogene *polis* zu betrachten; allenfalls während der Zeit des Khmer-Reiches zwischen 950 – 1300 AD sowie für die Phase der französischen Kolonialpräsenz zwischen dem Ende des 19. Bis zur Mitte des 20. Jahrhunderts kann diese These, mit erheblichen Bedenken, Anspruch auf Gültigkeit erheben. So ist das Tal des Menam Chao Phraya seit mehr als 700 Jahren Tai-Land, das Gebiet des unteren Mekong seit zwei Millenien Khmer-geprägt und das Land um den Roten Fluss ist das Stammland der Vietnamesen (*Higham,1989:1*).

Insbesondere im 17. Jahrhundert begannen Ausländer in ihren Memoiren und Reiseberichten sich auch mit der Frage nach der Abstammung der Tai zu beschäftigen. Eine besonders kuriose Variante bietet der muslimische Chronist einer persischen Delegation an den Hof König Narais Ende des 17. Jahrhunderts: >>Sie erzählen viele Fabeln und verrückte Geschichten bezüglich ihrer Abstammung, wobei am Ende nichts zusammenpasst oder Sinn ergibt. Obwohl die Einheimischen ihre Abstammung nicht auf Adam zurückführen, ist es nach Auffassung der hier lebenden Perser nicht ausgeschlossen, das das verlorene Volk [sic!] Siams auf Sān ibn Yāfuth ibn Nūh [zurückgeht] [...] laut einer anderen Meinung hat Sīamak, der Sohn des Kayumarth[90], einige Kinder gezeugt und ist so der Urvater der Siamesen. Im Laufe der Zeit sei sein Name [von Sān] auf Siam verkürzt worden <<. (*O' Kane,1972:88f.*) Die ersten überlieferten archäologischen Skizzen stammen von Simon de la Loubère[91], der

---

[90] Der persischen Legende nach der erste Mensch überhaupt der König wurde und die uralte *Peschdādian* Dynastie begründete.
[91] Französischer Diplomat, Literat, Mathematiker und Poet (1642-1729).

1687-1688 anläßlich einer diplomatischen Mission des französischen Königs Ludwig XIV in Siam weilt. So notierte er im Rahmen seiner Beschreibungen der Minen des Landes: >>Sie [die Siamesen] entdecken fast täglich Gruben, die in alter Zeit gegraben wurden, und die Überreste vieler Schmelzöfen, die, so glaubt man, während der weit zurückliegenden Kriege mit Pegu verlassen wurden<<. (*de la Loubère,1693:13*) Auch für die geologische Beschaffenheit seines Gastlandes interessierte sich der umtriebige Diplomat: >>[Siam] ist nicht steinig, es ist sehr schwer, einen Feuerstein zu finden; und das macht mich glauben, daß das Land Siam [...] nach und nach durch die lehmige Erde geschaffen wurde, welche durch den Regen aus den Bergen heruntergespült wurde [...] Es ist daher dieser Schlamm aus den Bergen, die eigentliche Ursache für die Fruchtbarkeit ist, soweit die Überschwemmungen reichen<<. (*de la Loubère,1693:15*)

Etwa zur gleichen Zeit wurden die ersten Funde von prähistorischen steinernen Werkzeugen in Indonesien bekannt (*Rumphius,1705*). Nachdem der katholische Missionar Père Charles-Emile Bouillevaux[92] 1850 Angkor wiederentdeckt hatte war es der französische Forscher Alexandre Henri Mouhot[93], der die erste europäische wissenschaftliche Expedition nach Südostasien unternahm. Im April 1858 schiffte er sich in London ein und er starb in Laos im November 1861. Obwohl sein Hauptinteresse der lokalen Fauna und Flora galt, weitete er seine Beobachtungen auf die Sitten und Gebräuche der Ureinwohner aus und suchte nach deren Ursprüngen. Wenngleich ihn sein früher Tod an der Vollendung seines Werkes hinderten, sind die fertiggestellten Journale erhalten geblieben (*Mouhot,1864*). Bereits 1866 verließ eine weitere Expedition unter Leitung Ernest Doudart de Lagrées[94] Saigon, um sowohl die Schiffbarkeit des Mekong zu erkunden als auch mit den südwestlichen Provinzen Chinas lukrative Handelsbeziehungen anknüpfen. Während das eigentliche Ziel des Unternehmens darin bestand, eine adäquate Handelsroute zwischen Vietnam und China zu finden, beschäftigten sich Expeditionsmitglieder auch mit den antiken Monumenten des durchquerten Gebietes; in Angkor wurden beispielsweise die ersten Abschriften der dortigen Inskriptionen vorgenommen (*Garnier,1873*). Ein anderes Mitglied dieser Mekong-Expedition, Louis Delaporte[95], führte in der Folge Feldstudien durch in deren Verlauf *Koh Ker, Beng Mealea* und *Banteay Chmar* entdeckt wurden (*Delaporte,1890*). Zu Beginn des 20. Jahrhunderts war es schließlich Etienne Aymonier[96], der die Monumente der Khmer in Kambodscha Provinz für Provinz untersuchte und dabei der weiteren Forschung zahlreiche neue Inskriptionen zugänglich machte (*Aymonier,1900-1903*). Die ersten Berichte von einer prähistorischen Stätte stammen von Dr. Corre, der einen großen, mit Tonscherben und fossilen Muscheln bedeckten Hügel – *Samrong Sen* – beschrieb (*Corre,1879*). Henry Mansuy[97] war es, der dort die erste wissenschaftliche Ausgrabung leitete und neben den bereits erwähnten Keramikscherben und fossilen Schalentieren auch Steinbeile sowie Muschel- und Steinschmuck sicherstellte (*Mansuy,1902*). Das reiche kulturelle Erbe Südostasiens wurde

---

[92] Von Battambang aus unternahm der Missionar zahlreiche Entdeckungsreisen und veröffentlichte seine Reiseberichte 1857: *Travel in Indochina 1848–1846, The Annam and Cambodia.*
[93] Französischer Naturalist und Forschungsreisender (1826-1861). Im Januar 1860 erreichte er Angkor, , wo er eine ganze Reihe von Skizzen und Zeichnungen anfertigte. 1868 wurde posthum (er erlag unweit Luang Prabangs der Malaria) der illustrierte Reisebericht *Voyage à Siam et dans le Cambodge* veröffentlicht, durch den die Tempel von Angkor erstmals die Aufmerksamkeit der breiten Öffentlichkeit in Europa auf sich zogen.
[94] Französischer Seemann und Forschungsreisender (1823-1868).
[95] Französischer Forscher (1842-1925). Als Gefährte von Ernest Doudart de Lagrées hat er im 19. Jahrhundert den Standpunkt Angkors ausfindig und die Kunst und Architektur der Khmer in Europa bekannt gemacht. *Voyage au Cambodge: L'architecture khmer, C.Delagrave, Paris, 1880.*
[96] Französischer Offizier und Beamter in der Kolonialverwaltung Kambodschas (1844-1929). Er bereiste weite Gebiete Südostasiens und veröffentlichte diese 1900 in dem dreibändigen Werk *Le Cambodge*.
[97] Französischer Archäologe und Paläontologe (1857-1937) und Pionier der Archäologie der vietnamesischen Frühgeschichte. Er entdeckte die *Bacson*-Kultur, welche von ca. 9000 bis 5000 v. Chr. im Norden des heutigen Vietnam blühte.

schließlich auch von der französischen Kolonialpolitik realisiert und führte 1898 zur Gründung der *École Française d`Extrême Orient*.

Auch in Siam erwachte zunehmend das archäologische und historische Interesse. Am 26. Februar 1904 trafen sich 39 Gleichgesinnte im Oriental Hotel in Bangkok und gründeten die *Siam Society*. Auf der ersten ordentlichen jährlichen Generalversammlung am 7. April 1904 hob Oberst Gerini die Bedeutung der Archäologie und der Inskriptionen hervor und forderte alle außerhalb Bangkoks lebenden Menschen auf, etwaige Entdeckungen der *Siam Society*[98] zu melden. Bereits im gleichen Jahr erschien die erste Ausgabe des Organs der Gesellschaft, das *Journal of the Siam Society (JSS)*. In der zweiten Ausgabe 1905 findet sich bereits ein archäologischer Aufsatz, der sich mit den indischen Ursprüngen der Zinnminen Phukets beschäftigte (*Bourke,1905*). 1924 publiziert Kerr die Entdeckung von Wandmalereien im Nordosten sowie von geschliffenen Steinbeilen neolithischen Typs (*Kerr,1924b*). Sechs Jahre später veröffentlichte Kerr gemeinsam mit Eric Seidenfaden einen Bericht über ihre Entdeckung von bearbeiteten Steinen und Scherben aus Surat Thani (*Pisit Charoenwongsa,1973a:2*). Erst 1938 konnte Thailand auf dem Gebiet der prähistorischen Archäologie einen ernstzunehmenden Platz einnehmen. Der „Vater der thailändischen Historiographie", Prinz *Damrong Rajanubhab* hatte nach der Revolution von 1932 politisches Asyl im malaiischen Penang erhalten und dort mit dem holländischen Archäologen Pietre Vincent van Stein Callenfels Studien zur Vorgeschichte betrieben. Mit seinem Halbbruder Prinz *Nari* führte er zwischen dem 23. Mai – 5. Dezember 1934 einen angeregten Briefwechsel in dem er über den Fortschritt seiner Arbeiten berichtete. Aus einigen dieser Briefe entstand unter dem Titel „Vorgeschichte 1938" das erste Buch in Thai-Sprache über Archäologie (*Pisit Charoenwongsa,1973b:462*). Als Kriegsgefangener der japanischen Armee war dann Dr. H.R. van Heekeren 1943/44 beim Bau der thailändisch-birmanischen Eisenbahnlinie (*Railroad of Death*) in Kanchanaburi zufällig auf eine Reihe von Kieselwerkzeugen (*pebble tools*) gestoßen (*van Heekeren,1948:24*). Die erste intensive und professionell dokumentierte Ausgrabung in Thailand im heutigen Sinne war das Thai-Dänische Gemeinschaftsprojekt in Ban Kao [บ้านเก่า] (*Sørensen,1962,1964*). Der Ort in der Provinz *Kanchanaburi* [จังหวัดกาญจนบุรี] wurde bekannt durch die erste archäologische Ausgrabung von Hügelgräbern in Thailand. Die erste Ausgrabung fand unter Leitung Per *Sørensens 1961/62* an einem Hügel statt, auf dem bereits vorher viele Tonscherben und Steinbeile gefunden worden waren. Man öffnete eine Fläche von fast 400m², welche sich als Ort von Erdbestattungen erwies und heute eine der wichtigsten Quellen für das prähistorische Thailand darstellt. Nach und nach wurden 44 Gräber gefunden, in denen die Toten auf dem Rücken liegend ausgestreckt und mit Beigaben versehen bestattet worden waren. Unter diesen befanden sich Tongefäße, Steinbeile und Schmuck aus Muschelschalen. Nach der Radiokarbonmethode datiert, war die Gegend zwischen 2300-1500 v. Chr. besiedelt (*Sørensen & Hatting,1967*).

3.3. Das Pleistozän

---

[98] Die Siam Society [สยามสมาคม] wurde am 26. Februar 1904 von thailändischen und in Thailand lebenden ausländischen Gelehrten im Oriental Hotel, Bangkok, gegründet. Das Ziel der Gesellschaft war ursprünglich die „Erkundung und Förderung von Kunst, Wissenschaft und Literatur in Bezug auf Siam und die benachbarten Länder". In den Statuten wurde festgelegt, dass die Gesellschaft Versammlungen abhalten wird, in deren Verlauf wissenschaftliche Fachvorträge über den Gegenstand der Gesellschaft gehalten werden. Diese Vorträgen sollen anschließend in einem Journal veröffentlicht werden. Von Anfang an stand die Gesellschaft unter der Schirmherrschaft des thailändischen Königs. Im Jahr 1926 wurde das Emblem der Gesellschaft entworfen: der Kopf eines Elefanten, dem Symbol Siams, in seinem Rüssel ein Blumengebinde haltend, eingerahmt vom Motto der Gesellschaft, dessen thailändische Worte mit „Wissen führt zu Freundschaft" übersetzt werden können. Am 20. November 2009 wurden das Büro, die Geschäfte und Teile der Bibliothek durch ein Feuer zerstört. Die Medien konnten jedoch zum allergrößten Teil gerettet werden.

Das Pleistozän begann vor etwa 2,6 Millionen Jahren und endete um 10.000 v. Chr. mit dem Beginn des Holozäns. Umgangssprachlich wird das Pleistozän oft mit dem heutigen Eiszeitalter gleichgesetzt. Das Känozoische Eiszeitalter begann jedoch schon vor über 30 Mio. Jahren mit der Vergletscherung der Antarktis. Zutreffend ist dagegen, dass der Beginn des Pleistozäns zeitlich in etwa mit dem Beginn der Vergletscherung der Arktis vor ca. 2,6 Millionen Jahren zusammenfällt. Das Pleistozän selbst unterteilt sich wie folgt: Gelasium (2,588–1,806 mya), Altpleistozän (Calabrium) (1,806–0,781 mya), Mittelpleistozän (Ionium) (0,781–0,126 mya) und das Jungpleistozän (Tarantium) (0,126–0,0117 mya).

3.3.1. Die Kulturen der *Jäger und Sammler*

>>In mehr als 99% seiner historischen Existenz lebte der Mensch als Jäger und Sammler. Das Jagen und Sammeln kann mit Recht als die „fundamentalste" Lebensform menschlicher Existenz betrachtet werden (*Yesner,1980:727*).<< Doch der Jäger war stets auch der Gejagte, zahlreiche Raubtiere brachten sein Leben beständig in Gefahr. Dies machte Kommunikation mit den vormals versprengten Einzelsippen zwingend notwendig und die sich daraus entwickelnden sozialen Bindungen und zahlenmäßig wachsenden Gemeinschaften ließen die Lebenserwartung ansteigen. Wanderungen setzten ein und der frühe *Homo* migrierte von Afrika nach Südostasien. Sein Gehirn wurde größer, Sprache entwickelte sich und aus dem reinen Aasfresser wurde der überlegt und planend handelnde Jäger und geschickte Handwerker.

Eine detaillierte und vor allem umfassende Betrachtung der einzelnen *Jäger und Sammler* Populationen, die seit ca. 12.000 v. Chr. Südostasien bevölkern, ist nicht möglich; der Meereswasserspiegel, zunächst niedriger als der heutige, stieg im Laufe der vorchristlichen Jahrtausende auf eine Höhe an, die bis zu 3 Metern über der aktuellen Marke lag. In dieser Phase wurden zahlreiche prähistorische Siedlungsstätten durch die Überflutungen zerstört und ihre Überreste liegen - nunmehr unerreichbar - unter einer dicken Schicht aus Meeresschlamm (*Higham,1989:31*). Auch in heutiger Zeit ist das Jagen und Sammeln in Südostasien noch weit verbreitet; als ein Beispiel für die noch existierenden Populationen seien nachfolgend die *Phi Tong Luang* angeführt, eine *Jäger und Sammler Kultur* mit archaischer Lebensweise im heutigen Thailand.

3.3.2. Fenster in die Frühzeit: Die *Phi Tong Luang*[99]

Die prähistorische Phase der *Jäger und Sammler – Populationen* stellt die Archäologie trotz zunehmender Forschungserfolge immer noch vor viele ungeklärte Fragen. Um so dankbarer nimmt man die Existenz einer ethnologischen Gruppe im heutigen Thailand zur Kenntnis, die auch heute noch als *Jäger und Sammler* leben: die *Phi Tong Luang* [ผีตองเหลือง]. Deren archaische Lebensform ermöglicht zumindest einen ahnenden Blick auf die Lebensumstände in einer ansonsten schwer zu entschlüsselnden historischen Periode Südostasien.

Phi [ผี] bedeutet in Thai „Geist" und *Tong Luang* [ตองเหลือง] übersetzt man mit „gelbe Blätter". Die „Geister der gelben Blätter" verdanken ihren Namen der Tatsache, das sie die Dächer ihrer temporären Unterkünfte mit grünen Bananenblättern decken und diese wieder verlassen, wenn die Blätter gelb geworden sind. Offensichtlich sind die *Phi Tong Luang* während des 19. Jahrhunderts aus der Sayaburi Provinz in Laos nach Siam eingewandert (*Boeles, 1963:153*). Erste Beobachtungen der *Phi Tong Luang* im Gebiet des heutigen Thailand wurden in den Provinzen Chaiyaphum [จังหวัดชัยภูมิ] 1919 (*Seidenfaden,1919:50*) und Loei [จังหวัด

---

[99] Diese ethnische Gruppe bezeichnet sich selbst als *Mlabri* [Thai: มลาบรี; Lao: ມິຕາອງເຕເລືອງ], d.h. Waldmenschen

เลย] 1924 (*Kerr,1924:142*) gemacht, eine frühe Monographie entstand 1951 (*Bernazik,1951*). Die heutigen *Mlabri*[100] leben als Nomaden verstreut im Grenzgebiet zwischen Thailand und Laos; eine Gemeinschaft in der Provinz Nan steht unter königlicher Patronage durch Prinzessin *Maha Chakri Sirinthon*[101].

Die *Mlabri* leben in Familienverbänden und wechseln in einem Umkreis von etwa 30 km² etwa alle 5 – 10 Tage ihren Standort. Die Nahrung wird aus der Natur während der Wanderungen gewonnen. Gewandert wird vom frühen Morgen bis zum Sonnenuntergang, die Angst vor Schlangen oder eines möglichen Verirrens verbietet nächtliche Bewegungen. Stirbt ein Mitglied des Verbandes, so verläßt die Gruppe unmittelbar nach dem Begräbnis den Lagerplatz (*Pookajorn,1992:1*). Als Lebensraum bevorzugen die *Mlabri* den tropischen Regenwald, nicht zuletzt wegen der reichhaltigen Versorgungsmöglichkeiten. Ihre Unterkünfte errichten sie wenn möglich an Flüssen oder Bächern, der direkte Zugriff auf Wasser, Fisch und Schalentiere dürfte hierfür ausschlaggebend sein. (*Pookajorn,1992:2*). Während des Schlafes pressen sie ein Ohr an den Boden und werden dergestaltig rechtzeitig vor herannahenden Tieren oder Menschen gewarnt. Kleidung im modernen Sinne ist den *Mlabri* erst seit kurzem bekannt; vor 50 Jahren bestand die Kleidung allenfalls aus Lendenschurz oder einem „Feigenblatt" aus Baumborke (*Pookajorn,1992:3*).

Die Nahrung wird in etwa 50-60 cm langen Bambus-Röhren gekocht, die gleichzeitig auch als Vorratsbehältnis für Salz und Gewürze dienen. Aus einer Reihe von Bambushölzern werden Tabakpfeifen geschnitzt. Aus weicherem Holz werden die Mörser hergestellt während die Stößel wiederum aus dem härteren Bambus gefertigt werden. Herrgestellt werden auch Matten und Körbe aus Rattan sowie Taschen und Säcke aus Jute, die teilweise gefärbt werden. Von anderen Stämmen eingetauschtes Eisen dient der Herstellung von Messern und Speeren, wobei Erhitzen und Hämmern das Material in die gewünschte Form bringt. Gesammelt werden neben verschiedenen Yam-Arten auch diverse Früchte und Honig (*Pookajorn,1992:4-14*). Gejagt wird auf vier verschiedene Arten:

1. Mit dem Speer auf Wildschein, Elephanten, Hirsche, Bären und Affen;
2. Mit Bambus-Fallen Ratten und Schlangen;
3. Auf den Bäumen Vogeleier, Bienenstöcke, Insekten und Nester und
4. in den Flüssen nach Krabben, Schildkröten, Fischen und Schalentieren (*Pookajorn, 1992:15*).

Bei einer Brautwerbung benötigt der zukünftige Bräutigam die Zustimmung der Eltern; eine Mitgift wird weder gefordert noch gestellt und im Falle der Ablehnung akzeptiert der Werber dies widerspruchslos. Im Falle der Zustimmung sammelt der Bräutigam Yam-Früchte und andere Pflanzen, die er dann der Familie der Braut als offizielles, sichtbares Zeichen seiner Akzeptanz überreicht. Im Falle einer Trennung sind keine Strafen vorgesehen. Die Eltern entscheiden gemeinsam über den weiteren Verbleib der gemeinsamen Kinder. Die Sexualität gilt als natürliches Verlangen und mehrfache konfliktlose Trennungen und Wiedervereinigungen sind nichts ungewöhnliches (*Pookajorn,1992:17*). Während der Geburt halten sich die Männer vom Austragungsort entfernt. Die Frauen der umliegenden Familien helfen einander: die Plazenta wird mittels eines scharfgeschliffenen Bambus-Stocks durchtrennt und das Neugeborene danach im nahen Fluß gewaschen. Neben der Muttermilch

---

[100] Neueren Schätzungen zufolge hat sich die Population der Mlabri auf weniger als 300 reduziert
[101] [คองเหลือง]. Der volle offizielle Titel der beim Volk wegen ihres vielseitigen sozialen Engagements überaus beliebten Prinzessin lautet *Somdet Phra Theppha Rat Ratcha Suda, Chao Fa Maha Chakkri Sirinthon, Ratta Sima Khunakon Piya Chat, Sayam Boromma Ratcha Kumari* [สมเด็จพระเทพรัตนราชสุดา เจ้าฟ้ามหาจักรีสิรินธร รัฐสีมาคุณากรปิยชาติ สยามบรมราชกุมารี]. Im Volksmund wird sie kurz *Phra Thep* (Prinzessin Engel) genannt.

werden die Neugeborenen auch mit wildem Honig gefüttert. Den Männern kommt in dieser Phase ausschließlich die Versorgungsfunktion zu - alles andere wäre *bau mant hiet bau mant klong* – also „gegen die Gebräuche" (*Pookajorn,1992:17*).

Die *Mlabri* pflegen eine klare Arbeitsteilung. Die Männer sind die Jäger und Sammler, besonders in weiter entfernten Gebieten und überdies zuständig für die Fertigung diverser Gegenstände wie z.B. Messer, Mörser und Körbe. Die Frauen bauen die temporären Unterkünfte, schaffen das Wasser herbei und beaufsichtigen die Kinder. Die Mädchen werden von den Frauen des Verbandes und die künftigen Aufgaben herangeführt und beginnen vor der Hochzeit bereits mit dem Weben. Die Jungen begleiten analog hierzu die erwachsenen Männer beim Jagen und Sammeln (*Pookajorn,1992:19*). Die *Mlabri* kennen keine Friedhöfe und bestatten ihre Toten an Ort und Stelle, um unmittelbar danach weiterzuziehen. Den Toten werden mit Rattanstricken die Extremitäten zusammengebunden, um zu verhindern, dass durch postmortale Streckungen aus dem ca. 1 Meter tiefen Grab Leichenteile herausragen und somit Beute von Raubkatzen werden. Insbesondere fürchten die *Mlabri* den Tiger, der ihrer Vorstellung nach durch den Genuß von Menschenfleisch erst recht auf den Geschmack käme und sich alsdann unweigerlich in einen wütenden Menschenfresser wandele (*Pookajorn,1992:25*).

Da die *Mlabri* in kleineren Gruppen weit zerstreut leben, ist eine zumindest archaische Form der Kommunikation vonnöten. Diese wird mittels kurzer und längerer Bambusflöten gesichert, deren diverse Signale beispielsweise andere Gruppen in Notfällen herbeirufen (*Pookajorn,1992:25*).

3.3.3. Tham Lang Rongrien[102] [ถ้ำหลังโรงเรียน]

Die Höhle *Lang Rongrien* in der Provinz Krabi ist eine der wichtigsten Ausgrabungsstätten im Süden des heutigen Thailand. Die Höhle wurde 1982 entdeckt und ein Jahr später von Douglas Anderson erforscht. Die Fundstelle ist bis dato der einzige Ort in Thailand, der einen Einblick auf den *Homo erectus* und dessen Umweltverhältnisse vor ca. 30.000 Jahren gewährt. Die Höhle befindet sich nördlich der Provinzhauptstadt Krabi mit zahlreichen schroffen Felsen und vielen weiteren Höhlen und Felsdächern, die zu meist von der dichten Vegetation überwuchert sind. *Lang Rongrien* selbst liegt auf der Ostseite eines Hügels an der Landstraße 1016, etwa 15 km Luftlinie nordwestlich der Provinzhauptstadt. Der Ort lag in archaischer Zeit aufgrund des höheren Meeresspiegels näher an der Küste und bot den hier lebenden Menschen über einen langen Zeitraum Schutz. Anderson fand verschiedene Holzkohlereste, die zwischen 38.000-27.000 Jahre alt sind (*Anderson, 1990*). Dies bedeutet jedoch nicht, dass die Grotte über den gesamten Zeitraum bewohnt war.

Die üppigen Regenwälder im Süden Thailands sind das Ergebnis des regenreicheren Klimas als der vergleichsweise trockene Nordosten des Landes. Der daraus resultierende Reichtum und die Vielfalt an Flora und Fauna hat zweifelsohne frühe Jäger- und Sammler Populationen angezogen. Die Grotte bot einen idealen Unterschlupf vor Unwetter, wilden Tieren und feindlichen Stämmen und hat als Rastplatz für die nomadisierenden Verbände gedient. Über den gesamten Zeitraum, in dem wesentliche Veränderungen der Umwelt stattgefunden haben, sind drei Zu- und Abwanderungswellen zu beobachten.

- Erste Siedlungsphase (vor ca. 38.000 Jahren): zwei Herdstellen, gebrochene und verkohlte Tierknochen sowie schuppige Werkzeuge stammen aus der ältesten Zeit

---

[102] „Höhle hinter der Schule"

- Zweite Siedlungsphase (vor ca. 33.000 Jahren): mehrere Herdstellen mit umliegenden Kno-chen und Steinwerkzeugen
- Dritte Siedlungsphase (vor ca. 27.000 Jahren): sieben Herdstellen, von denen zwei von Steinen gesäumt sind und so von Knochen und Werkzeugen umgeben sind, als ob die prähistorischen Jäger von der Wärme des Feuers angezogen worden sind; vielleicht half der Rauch des Feuers auch gegen die Mücken.

Noch vor etwa 10.000 Jahren lag *Lang Rongrien* in Küstennähe und man stellte tatsächlich eine Veränderung der benutzten Werkzeuge für diese Zeit fest. Waren sie vorher eher robuste Werkzeuge, fertigte man später Blättchen aus Kieselsteinen. Möglicherweise hängt diese Entwicklung mit der Klimaänderung zusammen, als auf das kühlere und trocknere ein feuchtheißes Klima folgte, das höchstwahrscheinlich zum erneuten Aufkommen von Regenwäldern führte. (*Denslow & Padoch, 1988*)

3.3.4. Tham Phi Maen [ถ้ำผีแมน] (Spirit Cave)

Die *Phimaen*-Höhle (Geisterhöhle) ist ein Teil des Höhlensystems der *Tham Lot Pang Mapha* [ถ้ำลอดปางมะผ้า] im Landkreis *Pang Mapha* [ปางมะผ้า] Provinz *Mae Hong Son* [จังหวัดแม่ฮ่องสอน] im Norden Thailands. Die Höhle selbst liegt auf dem Kamm eines etwa 650 Meter hohen Kalksteinhügels, etwa neun Kilometer vom nächsten Dorf *Ban Lot* entfernt und kann aus dem Tal des *Khong* nach einem steilen, etwa halbstündigen Aufstieg erreicht werden. Der amerikanische Archäologe Chester Gorman hat den Fundort in den 1960er Jahren erforscht. Zwei weitere Fundorte liegen ebenfalls im *Tham Nam Lot*-Höhlensystem: die *Banyan*-Höhle (Banyan Valley Cave) am Ende des *Banyan*-Tales und die *Pa Chan*-Höhle [ถ้ำผาชัน] (Steilklippenhöhle, Steep Cliff Cave). Der Fundort wird in das Neolithikum[103] datiert, da die Untersuchung der 5 Hauptschichten ergab, das eine Besiedelung der Höhle zumindest zwischen 12.000-7.500 v.Chr. angenommen werden kann (*Higham, 1977:389*). Die Jungsteinzeit wird in der Forschung als der Abschluss der technologischen Entwicklung der Steinzeit angesehen und in dieser Zeit begann der gezielte Anbau von Pflanzen durch den Menschen. So fanden sich auch in der *Phimaen*-Höhle Spuren von Mandeln, Betel, Erbsen, Pfeffer, Gurken und Flaschenkürbissen (*Gorman, 1971*). Die botanischen Funde lassen den Schluss zu, das die Umweltbedingungen zwischen 12.000-7.600 v. Chr. vergleichsweise konstant waren (*Gorman, 1970:87*).

Da keine Knochen größerer Tiere gefunden wurden liegt die Vermutunmg nahe. Daß die Höhle als Ausgangspunkt für die Jäger und Fallensteller diente. Das Zerlegen und Zubereitung des erlegten Wildes erfolgte wohl in der Höhle selbst, wo auch die, zum Teil schweren Steinwerkzeuge zum Einsatz kamen (*Higham, 1977:392f.*). Die Bewohner gingen weite Wege auf ihrer Nahrungssuche. Aus den Flüssen der Umgebung kamen Fisch, Schalentiere und Schildkröten und aus den Höhlen selbst Fledermäuse. In den Wäldern jagte man sowohl die auf Bäumen beheimateten kleineren Spezies als auch Hirsch und Rhinozerus (*Higham, 1977:393*). Während der Besiedelung lernten die ansässigen *Jäger und Sammler* Formen der Kultivierung, möglicherseise sowohl Gartenbau als auch Landwirtschaft kennen (*Higham, 1977:389*). Zwischen dem Ende der Besiedelung der Spirit Cave und dem vermuteten Beginn gemeinschaftlichen Lebens in der *Banyan Valley Cave* und *Non Nok Thas* liegt ein zeitlicher Intervall von rund 2.000 Jahren, innerhalb dessen bis dato keine weiteren Siedlungsstätten nachgewiesen sind (*Higham, 1977:405*).

---

[103] Auch Jungsteinzeit. Gilt allgemein als jene Epoche der Menschheitsgeschichte, deren Beginn mit dem Übergang von Jäger- und Sammlerkulturen zu sesshaften Bauern mit domestizierten Tieren und Pflanzen definiert ist. Regional unterschiedlich kann als grober Zeitpunkt etwa 12.000 v.Chr. gesetzt werden.

3.3.5. Banyan Valley Höhle

Die Banyan-Höhle liegt im Nordwesten von Thailand in der Provinz Mae Hong Son am Ende des Banyantals in der Nähe des Dorfes *Ban Mai Hang*. Chester Gorman hatte 1972 im Anschluss an seine Entdeckung der *Phimaen*-Höhle nach weitern Spuren der Hoabinhian-Kultur in Thailand gesucht und war im Banyan-Tal erneut fündig geworden. Am Ende des Tals befindet sich eine Wasserquelle zwischen aufragenden Kalksteinformationen inmitten eines Regenwaldes. Die Höhlen im Banyan Valley sind wesentlich größer als die Spirit Cave und verfügen aufgrund der Quelle über ausreichend Wasser *(Higham,1977:392)*. Die Ausgrabungen fanden auf einem etwa 40 m² großen Bodenstück statt und lieferten typische Werkzeuge der Hoabinhian-Menschen zutage, kurze Steinäxte und -hämmer aus Kieselstein. Sie wurden vermutlich zum Brechen von Tierknochen benutzt, um an das begehrte Knochenmark zu gelangen. Man jagte Wildrinder, Schweine, Hirsche, Makaken, Languren, Bären, Eichhörnchen und sogar Nashörner. Der einzelne Knochenfund eines wilden oder domestizierten Schakals *(Higham,1989:56)* wirft mehr Fragen auf als er Antworten gibt. Insgesamt sind für die prähistorische Zeit im Bereich der Fauna 20 Spezies nachgewiesen, jedoch dominierte keine davon diesen Lebensraum *(Higham,1977:405)*. Darüber hinaus diente den Bewohnern auch der nahe gelegene Banyanfluss als Nahrungsquelle. Krabben, Schildkröten, diverse weitere Krustentiere und natürlich Fische wurden gefangen; die gefundenen Exemplare der letztgenannten Spezies sind aber durchweg kleiner als die in der Spirit Cave gefundenen *(Higham, 1989:56)*. Möglicherweise wurden dort auch Pflanzen gezüchtet *(Yen,1969)*, Überreste von Bohnen, Nüssen, Erbsen und Gurken deuten darauf hin *(Higham,1977:404)*. Auch Flaschenkürbisse und Reis standen auf dem Speiseplan. Mittels der Radiokarbonmethode (C-14)[104] stellte man das Alter der Funde auf 3500 bis 2000 v. Chr. fest; die oberste Schicht stammt jedoch aus einer Zeit zwischen 900 v. Chr. und 900 n. Chr. und ist damit nicht der Hoabinhian-Kultur zuzuordnen *(Reynolds, 1992)*. Überraschenderweise fand man heraus, dass die Überreste an Reis zu einer wild wachsenden Sorte gehörten und nicht angebaut worden waren *(Yen,1977)*. Somit ist es wahrscheinlich, dass vor 4000-5000 Jahren die Banyan Valley Cave wechselnden Populationen von Jägern und Sammlern als Basiscamp gedient hat *(Higham,1977:392)*. Möglicherweise lebten dort noch vor 1000 Jahren Menschen, die keine Landwirtschaft kannten. Die gefundenen Keramiken waren überwiegend schwarz oder grau gebrannt. In einigen Scherben ließen sich Reste von Muscheln und Kalksteinmischungen feststellen. Gefunden wurden auch Schnurkeramiken, deren Innenseiten poliert waren *(Reynolds, 1992:86)*. Die Vielfalt der Schnurkeramiken in Form, Design und Dekoration ist erheblich größer als die Funde in der Spirit Cave *(Higham,1989:56)*. Das Fragment eines scharfkantigen Messers wirft die Frage auf, ob es sich hierbei um eine Tai-Version des Bacson-Kultur[105] handeln könnte, wobei dann

---

[104] Die Radiokarbonmethode, auch Radiokarbondatierung oder C14-Datierung/-Methode, ist ein Verfahren zur radiometrischen Datierung von kohlestoffhaltigen, insbesondere organischen Materialien. Der zeitliche Anwendungsbereich liegt zwischen 300 und etwa 60.000 Jahren. Das Verfahren beruht darauf, dass in abgestorbenen Organismen die Menge an gebundenen radiaktiven ^{14}C-Atomen gemäß dem Zerfallsgesetz abnimmt. Entwickelt wurde die Radiokarbondatierung 1946 von dem US-amerikanischen Chemiker Willard Frank Libby, der für diese Leistung 1960 den Nobelpreis erhielt.

[105] Die Bacson-Kultur blühte von ca. 9000 bis 5000 v. Chr. im Norden des heutigen Vietnam. Es handelt sich um eine neolithische Kultur, von der mehr als 50 Fundorte bekannt sind. Entdeckt wurde die Kultur in den 1920er Jahren von Hemri Mansuy, einem französischen Archäologen, in der nordvietnamesischen Provinz Bac Son. Charakteristisch für diese Kultur sind geschliffene Steinäxte und flache Steine, die mit wenigen parallelen Linien dekoriert sind *(marques Bacsoniennes)*. Nahrungsgrundlage waren anscheinend Süßwasser-Mollusken und Waldschnecken *(Cyclophorus sp.)*. Die Jagd auf wilde Tiere ist auch bezeugt, doch konnte Pflanzenanbau bisher nicht mit Sicherheit belegt werden. Es gibt Anzeichen für die Anwendung der Töpferei, was durch seltene Funde von schwarzen und mit Schnurmustern dekorierten Gefäßen belegt ist und damit die älteste Keramik in Nordvietnam darstellt. Daneben fand man einige wenige Stein- und Tonfiguren. Die Toten wurden innerhalb der Siedlungen bestattet. Als Beigaben gab man mitunter Muschelschmuck und Steinwerkzeuge und bestreute sie mit Ocker.

die Bacson-Kultur als letzte Ausprägung des Hoabinhian-Technologiekomplexes betrachtet würde (*Reynolds,1992:95*).

Zusammenfassend läßt sich feststellen, das eine frühe Hoabinhian Besiedelung der Höhle durch spätere Populationen okkupiert wurde, die neolithische Elemente aufweist, wofür beispielsweise die gefundenen Keramiken und Reste von Wildreis als Indizien dienen. Fernerhin drücken die Funde die Kontinuität der Hoabinhian-Kultur während des Holozäns in verschiedenen Gebieten des heutigen Thailand aus.

3.3.6. *Khok Phanom Di* [โคกพนมดี]

Khok Phanom Di ist ein großes prähistorisches Siedlungsgebiet im Landkreis *Phanat Nikhom* [พนัสนิคม] der Provinz Chonburi [จังหวัดชลบุรี] in Zentralthailand und befindet sich im unteren Tal in der Schwemmlandebene des *Bang-Pakong* Flusses [แม่น้ำบางปะกง]; etwa 100 km in südöstlicher Richtung von Bangkok und etwa 20 km von der Küste entfernt, erstreckt sich die Anlage insgesamt über etwa 5 ha. Khok Phanom Di selbst besteht aus einem kreisförmigen Hügel, der sich etwa 12 Meter über die ihn umgebende, flache Ebene erhebt und einen Durchmesser von 235 Metern aufweist. Ursprünglich ist dieser Hügel wohl durch Sedimente des Bang Pakong entstanden, die nach und nach das umgebende Mangrovengebiet entwickelten; in der Folge baute sich dann, einer Sanddüne gleich, die endgültige Formation mittels durch den Wind herangetragener Ablagerungen auf (*Suchitta,1984:12*). Khok Phanom Di liegt im Gebiet des sogenannten >>Bangkok lowland<< (*Takaya,1969*), einer Gegend mit einer durchschnittlichen Höhe von nur 2 Metern über dem Meeresspiegel, wobei die Küste in vorgeschichtlicher Zeit hunderte Kilometer vor der heutigen lag. Khok Phanom Di ist aufgrund der vorliegenden geologischen Untersuchungsergebnisse vermutlich auch in prähistorischer Zeit nie überschwemmt worden (*Khok Phanom Di,1991:144*). Der Bank Pakong, der heute etwa 8 km entfernt verläuft, ist der östlichste der fünf großen Flüsse, die alle in den Golf von Siam münden. Das Tal des Bang Pakong liegt eingebettet zwischen der im Norden liegenden *Samkhamphaeng*-Höhe[106] und der *Chantaburi Mountain Range*[107] im Süden. Der Sommer-Monsun beginnt hier später als im Hochland der Provinz Chantaburi [จังหวัดจันทบุรี], wobei der maximale durchschnittliche monatliche Niederschlag mit 340mm im September fällt. Zum Norden hin nimmt der Regen des Süd-West-Monsun beständig ab; Ursache hierfür ist das klimatische Phänomen des Regenschatten der Chantaburi-Berge (*Khok Phanom Di,1990:21*). Im Tal des *Bang Pakong* gibt es einige prähistorische Siedlungsgebiete, Lokationen wie beispielsweise *Muang Phra Rot* [เมืองพระรถ] oder *Dong Si Maha Pot* [ดงศรีมหา โพธิ์] zogen bereits in den 1860er Jahren das Interesse der Archaeologen auf sich (*Wales,1969*). Die prähistorische Fundstelle in Khok Phanom Di wurde, wie andere vorher auch, durch Zufall entdeckt: Ein Student des *Chachoengsao Teacher`s Training College* fand 1978, während er eigentlich Bambussprossen sammeln wollte, Tonscherben und Muschelfossilien auf dem Hügel (*Suchitta,1984:2*).

Die Ergebnisse der archäologischen Forschungen deuten auf eine nachweisbare Besiedlung des Gebietes ab ca. 2000 v.Chr. hin (*Khok Phanom Di,1991:144, Higham&Thosarat, 1998:45*) wobei aber auch eine frühere Besiedelung, etwa ab 4000 v. Chr. nicht auszuschließen ist (*Khok Phanom Di,1990:11*). Die frühesten Bewohner Khok Phanom Dis waren maritim orientiert, was nicht zuletzt die gefundenen Haken aus Fischknochen sowie diverse erhaltene Harpunen belegen (*Khok Phanom Di,1990:12*). Doch mit der sich im Laufe

---

[106] Auch *Sungumpang Range* genannt, in Thai: *Thio Khao San Kamphaeng* [ทิวเขาสันกำแพง]
[107] Die Kardamom-Berge, in Thailand *Thio Khao Banthat* [ทิวเขาบรรทัด] und Kambodscha *Chuor Phnom Krâvanh* genannt, sind ein Gebirgszug der sich in Südwest-Kambodscha entlang des Golfs von Thailand erstreckt.

der Jahrhunderte, aufgrund des permanent sinkenden Meereswasserspiegels immer weiter entfernenden See, änderten sich zwangsläufig auch die Lebensbedingungen der Urbewohner. Verlief die Küste um 3600 v. Chr. noch etwa in Höhe des heutigen Ayutthaya (*Somboon,1988:12ff.*), so wurde bereits ca. 2000 Jahre später der heutige Küstenverlauf des Golfes von Siam erkennbar (*Khok Phanom Di,1990:2*). Die vormals seichte Verlängerung des Golfes von Siam, wie man Zentralthailand geologisch klassifizieren könnte, wurde durch das Anschwemmen gewaltiger Mengen von Schlamm durch den Menam Chao Phraya und seiner Nebenflüsse in jene fruchtbare Tiefebene verwandelt, der auch heute noch die Funktion der „Kornkammer Thailands" zukommt. Bis auf den heutigen Tag erweitert sich das Delta des Menam durch die anhaltenden Anschwemmungen um jährlich bis zu sechs Metern seewärts (*Higham,1998:14*).

Der größte Teil der polierten und geschliffenen steinernen Artefakte sind aus Eruptivgestein gefertigte Beile und Äxte (Khok Phanom Di, 1993:99). Die unmittelbare Umgebung der Siedlungsstätte weist jedoch keine Steinformationen auf. Die nächsten Vorkommen für Äxte und Beile liegen in einer Entfernung von 60-100 km in östlicher Richtung, die nächstgelegenen Sandsteinvorkommen (Mörser) befinden sich ca. 100 km nördlich von Khok Phanom Di. Da kaum größere Splitter gefunden wurden liegt die Vermutung nahe, das die Beile und Äxte anderen Ortes vorgefertigt wurden und entweder als bearbeitete Rohlinge oder endgefertigte Werkzeuge nach Khok Phanom Di geliefert wurden, wo jedoch zweifelsfrei der finale Schliff erfolgte (*Khok Phanom Di,1993:101*). Neben den Materialien für Beile und Äxte wurde auch Sandstein für die Herstellung diverser Werkzeuge, Granit für die Anfertigung von Hacken und Schiefer, welcher Verwendung bei den Begräbnisritualen fand, importiert (*Khok Phanom Di, 1993:102*). Wenn diese Importwaren nicht direkt vor Ort selbst akquiriert wurden, so muß es auch in dieser Gegend bereits ab 2000 v.Chr. ein funktionierendes Handels- bzw. Tauschnetz gegeben haben. Gesichert scheint die Erkenntnis, das beispielsweise Zinn zwischen Südostasien und dem Gebiet des Kaukasus, schon in dieser Phase gehandelt wurde (*Selimkhanov,1979:38*). Frühzeitliche Handelsnetze definieren sich generell in vier Phasen: die Akquisition oder Beschaffung, Produktion oder Fertigung, Distribution oder Vertrieb und schließlich Nutzung oder Gebrauch (*Torrence,1986*). Die vergleichsweise geringe Anzahl der gefundenen Beile, Äxte und Hacken deutet eher auf eine Beschaffung über ein Handelsnetz denn auf eine eigene, direkte Akquisition hin (*Khok Phanom Di,1993:102*). Die wohl bedeutendste Kenntnis aus den steinernen Funden ist die Annahme eines intensiv genutzten Handels- bzw. Tauschnetzes, welches die Populationen der Küstenregion und des Landesinneren miteinander in Berührung brachte (*Khok Phanom Di,1993:103*). Daraus resultiert wiederum die signifikante, integrative Funktion, die dem Bang Pakong für die Distribution innerhalb des Handelsnetzes zukam; der Gedanke liegt nahe, dem Maenam Chi [แม่น้ำชี] für die Entwicklung von Non Nok Tha und dem Maenam Songkhram [แม่น้ำสงคราม] für die Entwicklung Ban Chiangs ähnliche Bedeutung zuzumessen (*Khok Phanom Di,1993:104*).

Khok Phanom Di war spezialisiert auf die Fertigung hochwertiger Keramik und bildete dadurch einen wichtigen Punkt im prähistorischen Handelsnetz. Im Austausch für polierte Kiesel, Basismaterial für Breitbeile und Äxte, Mörsern aus Sandstein und exotische keramische Artefakte lieferte Khok Phanom Di Keramik und Muschelschmuck, Salz, Harze und in Zeiten des Überschusses auch geräucherten Fisch (*Khok Phanom Di,1996:212*). Die wirtschaftliche Hauptbeschäftigung war zweifelsohne die Fertigung der Keramik, für die der erforderliche Lehm lokal im Übermaß vorhanden war. Die verwendeten Ornamente wurden jedoch größtenteils eingetauscht (*Dalton,1977*), wobei jedoch einige Stücke, aus Knochen und Panzer von Schildkröten gefertigt, lokal hergestellt wurden (*Khok Phanom Di, 1993:170*). Im

Austausch für die Materialien oder fertigen Ornamente lieferte Khok Phanom Di überwiegend Keramik (*Khok Phanom Di,1993:172*).

Die Entschlüsselung der Begräbnisrituale deutet auf eine hierarchisch organisierte Lebensgemeinschaft in Khok Phanom Di hin; diese basierte allerdings weniger auf zentralisierte bzw. erbliche Autorität, sondern orientierte sich eher an den persönlichen, nicht zuletzt auch handwerklichen Fähigkeiten des Einzelnen (*Khok Phanom Di,1996:214*). Wie auch in anderen Begräbnisstätten Südostasiens wurden auch hier die Toten mit ihrer wertvollsten Habe respektive mit, der jeweiligen sozialen Stellung angemessenen, Einzelstücken bestattet (*Khok Phanom Di,1993:174*). Insbesondere die verzierten Keramiken bildeten ein bedeutendes Element in den Bestattungsritualen; auffällig ist, das sich die Keramiken in den Gräbern von Kindern – verglichen mit denen erwachsener Männer und Frauen – durch arbeitsintensivere, da individuellere Motive auszeichnen (*Khok Phanom Di,1993:270*). Die Töpfer waren überwiegend weiblich und der hohe Fertigungsaufwand für die Keramiken in den Kindergräbern mag ein Indiz für die akzeptierte signifikante Rolle der Jugend für die zukünftige Versorgung der Gemeinschaft darstellen (*Khok Phanom Di,1993:271*). Keramiken waren die häufigste Grabbeigabe in Khok Phanom Di und der hohe Arbeitsaufwand und angewandte Kunstfertigkeit bei der Herstellung sind signifikant. Die verwandten Motive auf den Grabkeramiken hatten rituelle Bedeutungen, sowohl für die Bestattungszeremonie als auch für den allgemeinen Totenkult (*Khok Phanom Di,1993:273*). Natürlich wurden auch Gebrauchskeramiken gefertigt und jene mit dreidimensionalem Dekor waren ausschließlich für den alltäglichen Gebrauch bestimmt (*Khok Phanom Di,1993: 273*).

Die Existenz verschiedener wilder Reissorten ist nachgewiesen und die Kultivierung einiger Arten ist nach den vorliegenden Untersuchungsergebnissen denkbar (*Khok Phanom Di,1996:211*). Zwar könnte der stark salzhaltige Boden gegen einen lokalen Reisanbau sprechen (*Khok Phanom Di,1996: 212ff*.); die gefundenen Muschelwerkzeuge, die sich zweifelsfrei zur Reiskultivierung eigneten, legen wiederum Zeugnis für einen möglichen Anbau ab (*Khok Phanom Di,1996:214*). Deutet man die archäo-botanischen Erkenntnisse in diese Richtung, so erscheint ein geplanter Reis- und Gemüseanbau in Khok Phanom Di bereits 5000 v.Chr. möglich (*Khok Phanom Di,1996:216*). Die umliegenden Mangrovensümpfe versorgten die Menschen mit Holz für den Haus- und Bootsbau, lieferten die Pfähle auf denen die Hütten standen und das Blattwerk, mit dem die Dächer gedeckt wurden und aus dem man Färbemittel und Gifte für die Jagd gewann (*Khok Phanom Di,1996:217*). Eine besonders nahrhafte „Frucht" der Mangrovenwälder war die Bruguiera[108], die über zweimal soviel Protein und dreimal soviel Kohlenhydrate wie die Yam-Frucht[109] verfügte (*Khok Phanom Di,1996:218*). Traditioneller Bestandteil der Ernährung ganz Südostasiens sind die Blätter und Sprößlinge verschiedener (Wasser)Pflanzen und eine große Anzahl, auch wildwachsender, Kräuter (*Khok Phanom Di, 1996:219*). Sie bildeten mit den verschiedenen stärkehaltigen (Mais)Getreiden, Fisch, Schalentieren und natürlich dem Reis die Ernährungsgrundlage (*Khok Phanom Di, 1996:220*); die Ressourcen an Fleisch waren limitiert, (Wild)Schweine, Hirsche, Affen und verschiedene Vogelarten belebten die Speisekarte (*Khok Phanom Di,1996:222*), hatten aber keinen großen Anteil an der Gesamternährung. Auch waren domestizierte Hunde, Rinder und Wasserbüffel eher selten. Die Ernährung war augenscheinlich ausreichend, was die robuste Struktur der gefundenen humanen Skelette beweist. Die allgegenwärtige Malaria forderte allerdings ihren Tribut, was nicht zuletzt auch an der hohen Kindersterblichkeitsrate erkennbar ist (*Khok Phanom Di,1996:221*); das pflanzliche Nahrungsangebot wurde überwiegend durch Krabben, Schalentiere, Fisch und Schildkröten ergänzt. (*Khok Phanom Di,1996:188*) Gejagt wurden

---

[108] Eine Mangrovenspezies

[109] Süßkartoffel (*Ipomoea batatas*), auch Batate, Weiße Kartoffel oder Knollenwinde genannt. In Thai: *mantes* [มันเทศ]

auch verschiedene Vogelarten wie Krähe, Kranich, Storch, Pelikan, Ibis, Kormoran, Ente, Pfuhlschnepfe, Schlangenhalsvogel und Reiher; neben dem Fleisch war auch das Gefieder einiger Spezies begehrtes Tauschobjekt im prähistorischen Handelsnetz. *(Khok Phanom Di,1990:203)*

Die gefundenen Muschelmesser hatten verschiedene Funktionen zu erfüllen und dienten beispielsweise zum Ausschaben von Fellen und Häuten, Teilen und Ausnehmen der Fische, Zerlegen des Wildbrets, Schneiden der Haare und als Werkzeug der Töpfer *(Khok Phanom Di,1993:205)*. Vor allem aber dienten sie auch als Schneidewerkzeug bei der Reisernte. Verschiedene Forscher haben auch auf den rituellen Charakter der Reisernte in Südostasien hingewiesen: Das Muschelmesser konnte in der Hand verborgen werden und so wurden die Reisähren nicht erschreckt, wie etwa beim Schnitt mit einer Sichel; die Reisgötter wurden mit dieser „sanften" Form des Erntens respektiert und folglich nicht verärgert *(Khok Phanom Di,1993:208)*. Es besteht kaum ein Zweifel daran, das die Muschelmesser ein äußerst wichtiges und nützliches Werkzeug in der Prähistorie darstellten und damit auch die weite Verbreitung im gesamten asiatischen Raum erklärt. Neben den Keramiken und diversem Muschelschmuck gehören die Muschelmesser denn auch zu den am häufigsten gefunden Artefakten in Khok Phanom Di *(Khok Phanom Di, 1993:209)*.

Die klimatischen Veränderungen wandelten auch das Erscheinungsbild von Flora und Fauna und damit die Lebens- und Ernährungsgewohnheiten der Menschen. In der Frühphase der Besiedelung Khok Phanom Dis findet man noch alle Vogelarten. In den Mangrovenwäldern erlegte man Krokodile und Ratten und aus dem nahen Fluß fing man den Otter. Durch Tauschhandel erwarb man vereinzelt Bankivahühner[110] sowie die Zähne von Raubkatzen für die Schmuckverarbeitung. Die Ausgrabungen haben für diese Phase ebenfalls Hinweise auf die Haltung domestizierter Hunde und Hühner geliefert *(Khok Phanom Di,1990:204)*. In der Endphase der Besiedelung wandelte sich die Jagd erheblich: kleinere Vogelarten nehmen ab, Krokodile und größere Vogelarten verschwinden völlig; Vogelarten, die eher im offenen Gelände beheimatet sind (Krähen) nehmen zu. Tiger und Wildschweine tauchen häufiger auf, diverse Otter- und Raubkatzenarten verbreiten sich signifikant. Ratten werden zunehmend mit Fallen gejagt – bei den gefundenen Skeletten jener Periode fehlen häufig die Hinterläufe Die allgegenwärtige Malaria forderte allerdings ihren Tribut, was sich nicht zuletzt in der hohen Kindersterblichkeitsrate artikulierte. *(Khok Phanom Di,1990:205)*

Die Suche nach ausreichend Frischwasser war, insbesondere gegen Ende der Trockenzeit, auch in Khok Phanom Di das dominierende Thema; insbesondere mit zunehmender Bevölkerungsdichte führte der zunehmende Wassermangel zu gesundheitlichen Problemen, mangelnde Hygiene war die häufige Ursache für Pilzinfektionen *(Khok Phanom Di,1996:224)*. Nicht genau zu datieren ist die eigentliche bio-geographische Zäsur der Region, die das Leben und die Versorgungslage der Menschen signifikant veränderte; möglicherweise durch eine große Flut verursacht, veränderte sich der Lauf des Flusses *(Khok Phanom Di, 1996: 225)*, also der Lebensader und dieses Ereignis war wohl die eigentliche Ursache für die Aufgabe der prähistorischen Lebensgemeinschaft in Khok Phanom Di.

3.4. Holozän (12.000 v.Chr. bis heute)

Das Holozän ist der jüngste Zeitabschnitt der Erdgeschichte und dauert bis heute an. Das

---

[110] Das Bankivahuhn (*Gallus gallus*) ist eine Hühnervogelart aus der Familie der Fasanenartigen (Phasianidae). Es ist die wildlebende Stammform des Haushuhns. Das Bankivahuhn ist in Süd- und Südostasien beheimatet. In Thai: *Gai Pa* [ไก่ป่า] oder *Gai Tüan* [ไก่เถื่อน]

Holozän begann vor etwa 11.700 Jahren mit der Erwärmung des Klimas am Ende des Pleistozäns. Das Holozän selbst unterteilt sich wie folgt: Altholozän (10.000-6.000 v. Chr.) mit den geobotanischen Untergliederungen *Präboreal* und *Boreal,* Mittelholozän (6.000-3.000 v. Chr.) mit der geobotanischen Untergliederung *Atlantikum,* und das Jungholozän (3.000 v.Chr. bis heute) mit den geobotanischen Untergliederungen *Subboreal* und *Subatlantikum.*

3.4.1. Der *Hoabinhian-Technokomplex*

Für die Rekonstruktion der Besiedlungsgeschichte in Südostasien spielt die Paläogeographie und das Paläoklima eine wesentliche Rolle. Infolge der periodisch auftretenden Meeresspiegelschwankungen hat sich die Küstenkontur mehrfach verändert. Die während der Kaltzeiten des Pleistozäns freigelegten Schelfgebiete des Sunda- und Sahulraumes boten der prähistorischen Bevölkerung durch die erweiterte Landmasse mehr Lebensraum. Damit verbunden scheint eine entsprechend veränderte Wirtschaftsweise zu sein, die bei der Interpretation des Fundstellentypus und dessen Lage zu berücksichtigen ist. Genaue Aussagen über die Auswirkungen des Paläoklimas auf das Vegetationsbild und die Umweltbedingungen in Südostasien können indessen nur schwer getroffen werden. Durch archäologische Ausgrabungen gesichert scheint wiederum, daß die rezente Tierwelt ein Abbild der Paläofauna widerspiegelt.

Bevölkerungsstruktur

Phänotypologisch wird in Südostasien zwischen den Mongoliden, welche in Ostasien und im nördlichen Südostasien verbreitet sind, und den Australoiden, zu deren Angehörigen die Australischen Aborigines, die Melanesier und die negritide Urbevölkerung der Philippinen, Thailands und Malaysias zählen, unterschieden. Für die Urgeschichtsforschung von besonderem Belang sind die Sammler- und Jägerrestpopulationen des tropischen Regenwaldes, die durch ihre Lebensweise Analogieschlüsse für das südostasiatische Jungpaläolithikum ermöglichen. Die vorgelebten Traditionen und die materielle Kultur der *Sakai Orang Asli*[111] Südthailands und Malaysias lassen deutlich werden, daß eine breitgefächerte Palette an Gerätschaften, Ausrüstungs- und Bedarfsgegenständen aus pflanzlichen Materialien, deren Lebensdauer begrenzt ist, gefertigt werden. Es ist daher anzunehmen, daß auch die Kulturträger lithischer Industrien in nicht zu unterschätzendem Maße auf Gegenstände, die aus organischen Substanzen hergestellt wurden, setzten. Allein die Beständigkeit von Produkten aus Stein suggeriert deren dominante Präsenz im Fundgut.

Hoabinhian - Geschichtlicher Rückblick und Definition

Der Terminus *Hoabinhian* geht auf die in den 20er und 30er Jahren von Madeleine Colani *(Colani,1927)* durchgeführten Ausgrabungen in der nordvietnamesischen Provinz Hoa Binh, südwestlich von Hanoi zurück. 1932 wurde das Hoabinhian während des *1er Congrès préhistorique d'Extrême-Orient* in Hanoi als mesolithische Kultur definiert. Neuere Erkenntnisse, die in den letzten Jahrzehnten über die Späte Steinzeit Südostasiens gewonnen werden konnten, verlangten eine feiner granulierte Klassifizierung. Unterschiedlich zu bewerten sind die einzelnen Fundstellen aufgrund ihrer Dokumentation, die bei den zumeist vor 1960 ausgegrabenen Lokationen unbefriedigend ist. Auch lassen sich eindeutige stratigraphische Sequenzen nur bei wenigen Fundstellen ablesen. Nahezu alle Höhlenstationen zeigen in ihren obersten Schichten Störungen, die von anthropogenen

---

[111] *Orang Asli* (malaiisch: *orang:* „Mensch"; *asli:* „original" oder „ursprünglich", also „Ureinwohner") ist eine seit 1966 in Malaysia gebrauchte Sammelbezeichnung für verschiedene indigene Völker im Inneren der Malaiischen Halbinsel.

Eingriffen ab dem Neolithikum bis in die heutige Zeit herrühren. Mittlerweile sind aus Südostasien weit über 150 Hoabinhian-Fundstellen bekannt. Vorwiegende Fundstellentypen sind dabei Höhlen und Abri[112]-Stationen, die sich in den Karstregionen Südostasiens finden. Nur vereinzelt konnten bisher Hoabinhian-Freilandstationen nachgewiesen werden. Kennzeichnende Gerätetypen im Hoabinhian sind einmal die einseitig flächenretouchierten, meist aus ovalen Geröllen gefertigten Sumatralithen[113] und die sogenannten 'Kurzbeile', aus transversal gebrochenen, flachen Geröllen mit häufig einseitiger Flächenretouchierung. In den Schichten des Hoabinhian finden sich außerdem die in ihrem Kantenbereich partiell überschliffenen flachen Kiesel, die als *edge-ground tools* bezeichnet werden. Einfache Gerölllgeräte wie *Chopper* und *Chopping Tools* sowie unmodifizierte Abschläge stellen eine feste Komponente im Artefaktspektrum dar. Einzelne Abschlagartefakte lassen Mikrogebrauchsspuren und Glanzpartien erkennen, die auf ein pflanzliches Kontaktmaterial wie Holz oder Bambus schließen lassen. Werkzeuge aus Knochen oder Geweih sind in Hoabinhian-Fundstellen bisher selten und beschränken sich auf wenige Spitzen und Pfrieme[114]. Schwer einzuordnen sind die Geröllgeräteinventare des auf Vietnam beschränkten Sơn Vi[115], die in einzelnen Höhlenstationen unter den Schichten des Hoabinhian zu finden sind, in wenigen Fällen aber auch koexistent mit diesem zu sein scheinen. Vorstellbar wäre, daß es sich bei den Sơn Vi -Inventaren um eine frühe lokale Fazies[116] oder Spielart des Hoabinhian handelt. Probleme bereitet zum anderen auch die zeitliche Zuordnung der schnur- und impressoverzierten Keramikfunde, die oft mit Hoabinhian-Steinartefakten vergesellschaftet in den obersten Schichtbereichen auftreten. Eine mögliche Erklärung ist einmal der angesprochene unsichere stratigraphische Kontext (Störungen), denkbar wäre aber auch, daß das Keramikvorkommen tatsächlich zeitgleich mit den späten lithischen Hinterlassenschaften ist und bereits eine Endphase des Hoabinhian einleitet. Damit verbunden wäre ein Wandel oder zumindest eine Modifikation der Wirtschaftsform und Subsistenz, der sich auch anhand von Hinweisen auf eine frühe Pflanzendomestikation abzeichnen sollte. Offenbleiben muß in diesem Zusammenhang auch die Frage nach den entsprechenden Kulturträgern, die entweder in Sammler- und Jägergesellschaften oder in eher bäuerlichen Verbänden zu suchen sind. Da die Formenarmut der Steinartefakte mit ihren langen Laufzeiten keine typologische Feingliederung zuläßt, muß sich die zeitliche Einordnung der Inventare auf Radiokarbondatierungen stützen, die anhand von Holzkohleproben oder Süßwassermollusken gewonnen wurden. Die relativen alten Daten (nach 16.000 v. Chr.) stammen fast ausnahmslos von Molluskenschalen, die im Vergleich zu reinen Holzkohledatierungen mit einem höheren Unsicherheitsfaktor belastet sind. Der zeitliche Rahmen des Hoabinhian-Technokomplexes, mit noch immer diffusen Grenzbereichen, bewegt sich somit zwischen 16.000-6000 Jahren. Die kritische Auseinandersetzung mit den Steingeräteinventaren, Schmuckäußerungen und Bestattungsriten, der geographischen Verbreitung, des Fundstellentypus und der Chronologie des 'Hoabinhian' führte zu einer Neudefinition. Da sich das Fundmaterial dieses südostasiatischen Jungpaläolithikums fast ausschließlich auf die Hinterlassenschaften der technisch-materiellen Ausrüstung, von denen meist nur noch die Steingeräten erhalten sind, reduziert hat, wurde der Terminus *Hoabinhian* -

---

[112] Ein Abri ist ein durch Erosion entstandener, zumeist in Tälern von Buntsandstein- oder Jurakalkgebieten gelegener Felsüberhang. Solche Unterstände werden auch Halbhöhle genannt (*rock shelter*), je nach Gestalt auch Felsdach, Felsnische oder Felsvorsprung.
[113] Einseitig, oval bis rechteckig abgeschuppte Geröllgeräte (*pebble tools*), die aus der Zeit zwischen 10.000 - 2.000 v. Chr. stammen.
[114] Eine Ahle, bzw. Pfriem oder Vorstecher, ist ein einfaches Werkzeug, mit dessen Hilfe Löcher in verschiedene Materialien gestochen oder vorhandene Löcher geweitet werden können.
[115] Die Sơn Vi-Kultur existierte von 20.000-12.000 v. Chr. in Vietnam.
[116] Unter einer Fazies (lateinisch: *facies* „Gesicht") werden in der Geologie alle Eigenschaften eines Gesteins verstanden, die aus seiner Entstehungsgeschichte herrühren. Es können beschreibende Merkmale sein (Farbe, Schichtung, vorherrschendes Gestein, Fossilien), solche zur Entstehung (Sedimentation, Metamorphose) oder zur Verwitterung.

welcher bisher für eine Kulturstufe stand - zur *Hoabinhian-Industrie* oder zum *Hoabinhian-Technokomplex* degradiert.

Die urgeschichtliche Forschung in Südostasien nimmt ihren Anfang im Jahre 1874 mit Entdeckungen neolithischer und bronzezeitlicher Stationen im heutigen Kambodscha. Im Brennpunkt der Hoabinhian-Forschungen stand in der ersten Hälfte des 20. Jahrhunderts das Gebiet des einstigen Indochinas (Cochinchina, Tongking, Annam, Kambodscha und Laos), das heute in Vietnam, Laos und Kambodscha aufgeteilt ist. Ende der 20er Jahre des vergangenen Jahrhunderts konzentrierten sich parallel zu Indochina archäologische Untersuchungen auf Sumatra und der malayischen Halbinsel. In Thailand und Myanmar wird das Hoabinhian erst ab 1960 durch archäologische Ausgrabungen konkret. Die räumliche Verbreitung des Technokomplexes *Hoabinhian* läßt sich in ein Kerngebiet, welches auf das südostasiatische Festland beschränkt zu sein scheint, und auf Teilregionen (Nordwestsumatra) des südostasiatischen Archipels eingrenzen. Die augenscheinliche Verdichtung an Hoabinhian-Fundstätten, die sich in Vietnam mit mehr als 120 Stationen abzeichnet, spiegelt wohl eher die Intensität der Forschungsaktivitäten in diesem Raum wider und bedeutet nicht, daß hier der Mittelpunkt des Hoabinhian-Technokomplexes gelegen hat. Außerhalb dieses oben definierten Hoabinhian-Zentrums finden sich in Nepal, Südchina, Taiwan und Australien vereinzelt Steingeräteinventare mit hoabinhoiden Elementen. Das heißt, daß unbegleitete Artefaktfunde aufgrund ihrer morphologischen Ähnlichkeit mit hoabinhianzeitlichen Inventaren verglichen werden können. In Nepal sind dies ovale und langovalelithisch einflächig retouchierte Geröllgeräte, die an Sumatralithen erinnern. Von australischen Fundorten sind neben unifaziell retouchierten Geräten auch sogenannte *edge-ground tools* bekannt, die zeitlich mit entsprechenden Inventaren aus Vietnam korrespondieren. Generell muß aber die Zugehörigkeit dieser Inventare zum Technokomplex *Hoabinhian* mangels Typenvielfalt und klar definierter Fundzusammenhänge in Frage gestellt werden.

Hoabinhian Steingerätetechnologie

Aussagen zur Steingeräteproduktion stellen einen wichtigen Faktor bei der Rekonstruktion der paläolithischen Lebensweise dar. Da die verwendeten Steinwerkzeuge Endprodukte eines mehr oder minder komplizierten Umformungsprozesses des Rohmaterials darstellen, ist es lohnend, die schlagtechnologischen Arbeitsabläufe und Produktionsschritte methodisch zu zergliedern und nachzuvollziehen. Eine Untersuchung der lithischen Grundproduktion scheint hierfür geeignet. Mit Hilfe eines Aufnahme- und Merkmalsystems wurden die lithischen Inventare aus der südthailändischen Station Moh Khiew Cave und der Station Xom Trai aus Nordvietnam analysiert. Miteinander verglichen wurden die unterschiedlichen Rohmaterialspektren, die schlagtechnologischen Merkmale der Grundproduktion sowie die Dimensionen der Artefakte. Interessant ist, daß neben Hornstein sich doch auch relativ grobkörnige Rohmaterialien wie Kieselschiefer, Basalt und Andesit einen festen Platz in der Gesamtrohmaterialgruppe gesichert haben. Offensichtlich kommen die minderen Schlageigenschaften dieser Rohmaterialien bei der doch relativ einfachen Herstellungsweise der Werkzeuge weniger zum Tragen. Als einheitliches Ergebnis der Steingeräteanalyse kann festgestellt werden, daß es sich bei beiden Fundkomplexen um nahezu ausnahmslose Abschlaginventare handelt. Eine sekundäre Modifikation in Form von Retouchierungen bildet dabei eher die Ausnahme. Schlagsteine mit ausgeprägten Narbenfeldern belegen, daß im Hoabinhian-Technokomplex des südostasiatischen Jungpaläolithikums generell eine direkte, harte Schlagtechnik angewandt wurde. Die Geräteklassen des Hoabinhian-Technokomplexes lassen sich auf Kerne, unifaziell und bifaziell retouchierte Werkzeuge, Geröllgeräte und kantengeschliffene Artefakte reduzieren. Eine Typisierung gelingt nur bei den unifaziell und bifaziell retouchierten Geröllgeräten und Abschlägen, ohne jedoch daraus eine zeitliche Abfolge herleiten zu können (*Moser,2001*).

3.4.2. Die ersten Bauern, Gartenbau und frühe Landwirtschaft

Etwa um 16.000 – 14.000 v.Chr. lebten, bereits über ganz Südostasien verstreut, frühe *Jäger und Sammler* Populationen; diese begannen ab ca. 9.000 v.Chr. mit der Kultivierung von Reis oder ähnlichen Cerealien (*Gorman,1977:348*). Für Bronson waren es lediglich vier Faktoren, die den Übergang vom Sammeln zum Pflanzen determinierten:

- Grundkenntnisse in der Reproduktion von Pflanzen
- Rationale Erkenntnisfähigkeit der Vorteile eines zeitlich versetzt zu erwartenden Ertrages
- Positive und negative lokale Zwänge
- Der wachsende Bedarf an begehrten und eher seltenen botanischen Produkten (*Bronson,1977:30*)

Die allgemeine Diskussion der Fachwelt um die Phase des Übergangs von den *Jägern und Sammlern* zu den Frühformen der seßhaften Viehzucht und Landwirtschaft wurde bis in die 1970er Jahre hinein von zwei Grundannahmen geprägt: 1. Der sino-zentrische Ursprung der Landwirtschaft, insbesondere des Reisanbaus sowie 2. Die Entstehung einer sehr viel früheren Form des Gartenanbaus von Wurzelgemüse (*root crop horticulture*) in Südostasien (*Gorman,1977:321*). Der sino-zentrische Ursprung der Reiskultivierung sieht den Norden Chinas als Keimzelle, von wo aus sich der Reisanbau nach Südostasien weiter verbreitet habe (*Ho,1969:4*). Andere Forscher weisen *Tai*-sprechenden Populationen im Süden Chinas eine herausragende Rolle zu (*Tregear,1965:63; Wiens,1954:65*). Treistman kam zu dem Ergebnis, daß der Reis erst im letzten vorchristlichen Jahrtausend die Hirse als dominierendes, lokales Getreide abgelöst habe. Erst danach sei die Proliferation entlang der Küste Südchinas erfolgt (*Treistman,1968:90*). Trifft diese Annahme zu, so scheidet aus zeitlichen Gründen China als Vorreiter des Reisanbaus in Indien und Südostasien aus (*Gorman,1977:325*). So haben beispielsweise Bayards Grabungen in *Non Nok Tha* Reis (*oriza sativa*) zu einem sehr viel früheren Zeitpunkt nachgewiesen (*Bayard,1973*). Ein weiteres Gegenargument ist, das aus botanischer Sicht eher die subtropischen Gefilde Südostasiens als Ursprungsgebiet zu sehen sind (*Gorman,1977:324*) und von daher die Anfänge des Reisanbaus in Südostasien lokaler Natur waren (*Gorman,1977:327*). Südostasien ist aus dieser Sicht nicht als Empfänger sondern Sender zu betrachten und die Kultivierung von Reis habe sich von dort aus in nördlicher Richtung bis nach China verbreitet (*Gorman,1977:329*).

Die zweite Grundannahme sieht die bereits erwähnte *horticulture* als historisches Bindeglied zwischen der ausgehenden Kultur der *Jäger und Sammler* und den Anfängen der effektiven Landwirtschaft. Worin bestünde dann der Unterschied zwischen der frühen *horticulture* und der späteren Landwirtschaft? Eine griffige Definition liefert Barrau: >>*Horticulture* ist ein System der Landnutzung in der jede [einzelne] Pflanze vermehrt, gepflegt und individuell geerntet wird, wohingegen Landwirtschaft ein kollektives, ein Massensystem darstellt>>. (*Barrau,1965:56*)

Folgt man den o.a. Grundannahmen, so lassen sich zwei weitere Thesen daraus ableiten: Das Südostasien eine bedeutende Wiege der Landwirtschaft (*Sauer,1952:24*) war und und das ein phasenweiser Übergang von den *Jägern und Sammlern* zur frühen *horticulture* bis hin zur Landwirtschaft als Massensystem stattgefunden haben muss (*Yen,1971:5*). Diese Sicht der Dinge blieb nicht unbestritten: >>Der geplante Anbau von Nutzpflanzen war weder ein einzigartiges noch revolutionäres Ereignis. Es hat sich vermutlich, zu einem sehr frühen Zeitpunkt, wiederholt an verschiedenen Orten ereignet. Die Ursachen dürften vergleichsweise trivial gewesen sein. Und, für einen Zeitraum von zehntausend oder mehr Jahren, mag es kaum erkennbare soziale oder genetische Folgen gezeitigt haben [...] Die Vorstellung bietet sich an, das der Prozeß der menschlichen Adaption im späten Pleistozän ein Kontinuum aus selektiver Nutzung, Intervention, Fast-Kultivierung und Quasi-Domestizierung gewesen ist. Irgendwann in diesem Kontinuum muß der erste Akt geplanter Kultivierung stattgefunden haben, ohne Paukenschlag, bedeutende Konsequenzen oder dem Bewußtsein, etwas Neues getan zu haben. Die Zeitgenossen des Pioniers unter all den Kultivatoren waren sich ebenso sicher wie bewußt, daß aus Sprößlingen oder eingegrabenen Pflanzenstücken neue Pflanzen hervorgingen. Zufälliges Pflanzen und die nachfolgende Nutzung mußte bereits unzählige Male vorher stattgefunden haben. Der einzig neue Aspekt dieser Situation war das Element der Absicht, die Entscheidung einen Trieb zu pflanzen [...] mit der Intention, das Ergebnis zu verwerten>>. (*Bronson,1977:28f.*)

Den von manchen Forschern vertretenen Unterschied zwischen *hortus* und *agris* betrachtet Bronson als >>irreführend<< (*Bronson,1977:26*) und bezweifelt sowohl die vermeintliche Inferiorität der *horticulture* bei der Grundversorgung als auch deren zeitlich frühere, evolutionäre Einordnung. Bei der Entwicklung des Reisanbaus unterscheidet man grundsätzlich zwischen den sogenannten Nassreis (*wet-rice*) und Trockenreis (*dry-rice*) Kulturen (*Geertz,1963*), wobei die Trockenreis- Kultur offensichtlich den Beginn des Reisanbaus repräsentieren (*Higham,1977:26*). Bei den Nassreis-Kulturen entwickelten sich, nach einem anfänglichem Stadium mit verschiedenen Formen der Überschwemmungstechnik, genuine Bewässerungssysteme (*Geertz,1963:34*). Geht man davon aus, das die Kulturen der *Jäger, Sammler und Fischer* die unmittelbare evolutionäre Vorstufe zur Landwirtschaft waren, so stellt sich die Frage nach den geeignetsten Lebensräumen für diese kulturelle Migration. Hier drängen sich die Zonen zwischen den großen Ökosystemen auf, insbesondere die Randlagen von Wäldern und Dschungel (*Harris,1969:8f.*).

Erstaunlicherweise liegen zwischen den Anfängen der Landwirtschaft und seiner vollen Entwicklung mindestens einige Millenien und es stellt sich die Frage nach den Ursachen dieser Verzögerung. Eine Erklärung wäre schlicht der mangelnde Anreiz für die, mittlerweile zu „Gelegenheitsbauern" entwickelten *Jäger und Sammler*, sich voll und ganz der Landwirtschaft zu widmen. Bis zum Auftauchen neuer Zwänge und Möglichkeiten – wachsende Bevölkerungsdichte, Einflußnahme der Herrschenden oder ökonomische Chancen durch (Tausch)Handel mit neu entstehenden „Märkten" – war das Jagen und Sammeln die ökonomisch rationalste Form der Existenz (*Bronson,1977:32*). Doch welche Umstände führten schließlich dazu, das sich diese auf vergleichsweise geringen Aufwand beruhende archaische Lebensform wandelte? War die Entwicklung der Landwirtschaft die Voraussetzung für das rasche Anwachsen der Bevölkerung zwischen prä- und protohistorischer Zeit? Oder folgt man der These Ester Boserups, wonach die wachsende Bevölkerungsdichte die treibende Kraft für die Entwicklung der Landwirtschaft war (*Boserup,1965:11*)? In jedem Falle dürfte die Tatsache, daß der Anstieg des Meeresspiegels im ausgehenden Pleistozän die Landmasse Südostasiens um 50% reduzierte und damit mehr Menschen auf signifikant weniger Lebensraum ein Auskommen finden mußten, eine entscheidende Motivation für die Forcierung verschieder Formen der Kultivierung und Domestizierung gewesen sein (*Gorman,1977:349*).

Aber auch in den spezialisierten Reisanbau-Kulturen haben sich Rudimente der archaischen Lebensform der Jäger und Sammler erhalten: wild wachsende Kräuter und Gewürze wurden ebenso gesammelt wie diverse Schalentiere und in den Wäldern wurden immer noch Fallen ausgelegt oder direkt auf das Wild gegangen *(Higham,1989:31).*

3.4.3. Non Nok Tha [ไนนนกทา]

Die ursprüngliche Besiedelung des, heute vergleichsweise dicht besiedelten Khorat Plateaus durch Populationen wie die von Non Nok Tha oder Ban Chiang bildet eine signifikante Zäsur in der Prähistorie Thailands. Weite Flächen eignen sich nicht oder nur unzureichend für den Reisanbau *(Higham,1975:247).* Non Nok Tha liegt westlich der meisten Fundstätten im Ban Chiang-Komplex und erhält weniger Regen. Die Ernten beginnen daher später und der potentielle Ertrag ist ungewisser als in Ban Chiang. Inwieweit abfließendes Wasser von den angrenzenden *Phu Wiang* [ภูเวียง] Bergen nach Non Nok Tha gelangte und ob dieses den prähistorischen Reisanbau beförderte, bleibt ungeklärt *(Higham,1975:286).* Allerdings gab es zwei technologische Faktoren, die im Zusammenspiel mit sozialen und ökonomischen Zwängen (wachsende Bevölkerung) die Besiedelung und Kultivierung beförderten: zum einen ist der Besitz und der Einsatz von Eisenwerkzeugen zu nennen, die es beispielsweise erlaubten, Wälder zu roden und Reisfelder anzulegen; eine zweite wichtige Rolle spielte der Wasserbüffel *(Higham, 1977:403f.).* Der Knochenfund eines Wasserbüffels aus der Zeit der frühen Periode könnte ein Indiz für den Reisanbau bereits im 4. vorchristlichen Jahrtausend darstellen; auch in heutiger Zeit wird der *karabao* [ควายบา] noch zum Pflügen der Reisfelder eingesetzt *(Higham, 1975:286).* Die Gegend um Non Nok Tha gilt unter Berücksichtigung der bekannten Einschränkungen als Reisland *(Higham,1975:250).*

Nach seiner Entdeckung 1964 und den sich anschließenden Ausgrabungen 1966 und 1968 ergaben sich Beweise für das Vorhandensein einer Gesellschaft, deren Existenz zu diesem Zeitpunkt im Nordosten Thailand nicht vermutet worden war *(Higham,1975:245).* Immerhin stießen die Archäologen im Laufe der Ausgrabungen in einem Gebiet von 340m² auf 217 Gräber *(Bayard,1984b:88).* Einer Schätzung zufolge soll die gesamte Anlage zwischen 5.000 - 10.000 Gräber enthalten *(Bayard,1984b:97).* Die Toten wurden auf dem Rücken liegend in etwa 30 - 90 cm flachen Gräbern bestattet, in denen bis zu 32 verschiedene Grabbeigaben entdeckt wurden *(Bayard,1984b:98).* Erste Besiedlungen des Gebietes fanden vor 3500 v.Chr. statt, Bronze taucht ab 2700 v.Chr. auf *(Bayard,1979:20).* Nach den vorgenommenen Untersuchungen stellt sich uns Non Nok Tha heute in drei kulturellen Hauptphasen dar: die prähistorische, also die frühe und mittlere, Periode reichen von der prä-Metall-Phase bis zur Hochzeit der Bronzekultur. Nach einer Phase der Nichtbesiedlung schloß sich die späte Periode an, in der bereits Eisen bekannt war *(Pietrusewsky,1974:1).* Die frühe Periode *(Phu Wiang*-Phase) ist vermutlich zwischen 3.000-2.600 v. Chr. zu datieren; die Mittlere Periode schloß sich in der zweiten Hälfte dieses Milleniums an und dauerte wohl bis ca. 500 v. Chr. - 200 n.Chr. *(Bayard,1984b:88f.).* Technologisch war Non Nok Tha auf einem erstaunlich hohen Niveau, während konkrete politische Organisationsformen kaum erkennbar sind. Die Art der Grabbeilagen lassen überdies zwar eine gewisse soziale Differenzierung vermuten, eine nachhaltig diversifizierte soziologische Stratifikation ist jedoch nicht erkennbar. Am Ende der frühen Periode begann vermutlich auch der Handel mit Bronze, Kupfer, Zinn und Blei. Während der frühen und mittleren Periode hat es in Non Nok Tha keine Population gegeben, die größer als die eines kleinen Dorfes gewesen wäre *(Bayard, 1970:40f.).* Erst mit dem Beginn der Eisenzeit und der Einführung der Nassreis-Kultur entwickelten sich sukzessiv größere Siedlungsgemeinschaften und mit der beginnenden „Indianisierung" der Region konnten sich auf Basis dieser „neuen" politisch-religiösen Konzepte auch erste Formen organisierter gesellschaftlicher Strukturen zu entwickeln *(Bayard,1970:41).* Der Kontakt der einzelnen Populationen untereinander war eher selten, wenngleich aus den Funden hervorgeht, das es zu gewalttätigen Auseinandersetzungen gekommen ist. Doch dürften sich diese im Bereich der Kopfjägerei bewegt haben, zu Schlachten oder gar Kriegen ist es nicht gekommen (*Bayard, 1970:41*).

Das umliegende Hügelgelände eignete sich ebenso zur Jagd wie die sich anschließende Ebene. Darüber hinaus wurden in der Ebene Nassreis-Kulturen angelegt, auf den unteren Hängen des Hügels wurde Brandrodungsackerbau betrieben (*Higham,1977:394*); dies unterstützt die Vermutung, daß es vor der Nassreis-Kultivierung der Region eine Phase des Brandrodungsackerbaus gegeben hat (*Higham, 1972*). Die Bewohner Non Nok Thas verfügten über domestizierte Tiere (*Higham,1977:411*). Schweine und Rinder wurden sowohl in den bewohnten Teilen als auch im Beerdigungskomplex nachgewiesen (*Higham,1977:405*).

Vermutlich diente Non Nok Tha, ein Ableger der frühen Ban Chiang Kultur (*Higham, 1977:412*), primär als Bestattungsort mit gelegentlichen bewohnten Phasen. Genutzt wurde es von den Bewohnern mehrerer größerer prähistorischer Siedlungsstätten, die zwischen 0.5 – 3 km entfernt lagen, jeweils eine Fläche von 10-20 ha umfaßten und viel eher als permanent bewohnte Lokationen gelten dürfen (*Bayard,1984b:90*). Die soziale Organisation der prähistorischen Populationen kannte vermutlich zwei unterschiedliche Gruppen. Die Existenz einer sozialen Hierarchie innerhalb Gesellschaften die Ackerbau und Viehzucht betreiben überrascht nicht (*Bayard,1984b:109*), es mag immer „arme" und „reiche" Bauern gegeben haben. Aus anderen Kulturkreisen gibt es jedoch auch Hinweise auf eine gesellschaftliche Differenzierung in der Phase der Jäger und Sammler (*King,1978*). In Non Nok Tha lagen die Landrechte vermutlich entweder bei der Siedlungsge-meinschaft *in toto* oder bei den etablierten Clans, die wiederum den anderen Bewohnern Nutzungsrechte zugestanden (*Bayard,1984b:114*). Die geborgenen Keramiken dienten den unterschiedlichsten Zwecken, beispielsweise als Geschirr oder Vorratsbehältnis (*Bayard,1984b:93*). Fünf der gebräuchlichsten Keramiken sowie zahlreiche weitere Formen jedoch dienten ausschließlich der Verwendung als Grabbeigabe. Die unterschiedliche Verteilung der Keramiken in den Gräbern bildet einen ersten Hinweis auf das Vorhandensein einer differenzierten sozialen Struktur (*Bayard,1984b:97*). Andererseits kann nicht ausgeschlossen werden, daß die unterschiedlichen Keramiken lediglich die Zugehörigkeit zu einem Dorf oder Clan dokumentieren sollten (*Bayard,1984b:115*). Das Luxusgüter wie Bronzearbeiten und Perlen mit den bereits erwähnten speziellen Keramiken nur in bestimmten Gräbern gefunden wurden, läßt auf eine ungleiche Verteilung des Reichtums schon in prähistorischer Zeit schließen. Das es sich bei Non Nok Tha um keine strikt egalitäre Gesellschaft gehandelt haben kann wird auch dadurch belegt, das die reichen Gräber nicht an Geschlechts- oder Altersmerkmalen festzumachen sind. Die Gräber der Männer sind im Vergleich zu denen der Frauen nur geringfügig besser ausgestattet, die Kindergräber insgesamt etwas dürftiger als die der Erwachsenen. In den Durschnittsgräbern fanden sich bis zu 13 Grabbeigaben, in den üppig ausgestatteten hingegen zwischen 15-32. Das Anlegen von Scherbenbetten scheint jedoch kein Ausdruck eines gehobenen sozialen Status sondern allgemeines Bestattungsritual gewesen zu sein (*Bayard,1984b:105*). In den „reichen" Gräbern fanden sich Schweinehäute, mit denen die Leichen bedeckt wurden (*Higham,1975b*); auf diesen Gräbern befanden sich in einzelnen Fällen auch noch zusätzliche kleine Hügel, die weitere Grabbeigaben enthielten (*Bayard,1984b:98*).

Kulturell hat sich Non Nok Tha in 3500 Jahren kaum gewandelt (*Higham 1975:286*). Bestattungsriten, Steinwerkzeuge und Keramik bezeugen eine Kontinuität zwischen der frühen und mittleren Periode (*Pietrusewsky,1974:1*). Auch die Qualität der gefundenen Bronzeartefakte hat sich im Laufe der Perioden kaum verändert. Ein auf 2700 v. Chr. datierter Fund weist einen Zinnanteil von 14,2% auf; zwei weitere, auf 200 n.Chr. datierte Artefakte, jeweils 19,1% bzw. 11,1% (*Selimkhanov,1979:37*). Das Ende der *Phu Wiang*-Periode um 2600 v.Chr. war geprägt durch eine Phase raschen sozialen Wandels; das Auftauchen neuer Keramiktypen und die Zunahme von reichen Gräbern dokumentieren dies. Unmittelbar nach dem Übergang von der frühen zur mittleren Periode tauchen vermehrt Bronzewerkzeuge, Schmelztiegel und Gußformen auf. Dies ist nicht auf eine schnelle evolutionären Entwicklung der angestammten Populationen zurückzuführen, sondern erklärt sich eher mit dem Kontakt zu oder der Zuwanderung von einer oder mehrerer neuer Gruppen mit höherentwickelten technologischen Konzepten (*Bayard,1984b:114*). Gegen Ende der mittleren Periode wurden die Grabbeilagen zunehmend spärlicher. Die ersten Eisenwerkzeuge tauchten auf und möglicherweise liegt in dieser Phase auch der Beginn der intensiven Nassreis-Kultur. Der Landbesitz individualisierte sich und ging zunehmend auf die mächtigsten Clans über. Es ist nicht ausgeschlossen, daß Non Nok Tha gegen Ende der mittleren Periode, also vor seiner fast 500jährigen Aufgabe, in ein expandierendes System von Protostaaten inkorporiert wurde (*Macdonald,1980:259*). Die prä-historische Fundstätte der Eisenzeit befindet sich heute im Areal des *Phu Wiang National Park*[117] [อุทยานแห่งชาติภูเวียง].

3.5. *Yok Sam Rit* [ยุคสัมฤทธิ์] Das Zeitalter der Bronze

Zwischen 3000-2000 v. Chr. fand vermutlich eine signifikante Migration von Siedlungsverbänden in die inneren, tiefer gelegenen Flußtäler Südostasiens statt. Diese Populationen betrieben Viehzucht, kultivierten wahrscheinlich Reis an den Rändern von Sumpfgebieten und beerdigten ihre Toten in Grabanlagen; in diesen wurden Keramiken verschiedener Art, Gefäße, Schmuck, Reste von Tieren und Werkzeuge, die allesamt offensichtlich als Grabbeilagen dienten, bei Ausgrabungen gefunden. Typisch sind diese Siedlungsformen entlang der Nebenflüsse des Mekong, im Mittellauf des Red River oberhalb seines Zusammenflusses mit dem Black River[118] sowie in den Flußebenen im Verlauf des Menam Chao Phraya. Und es waren just diese Lebensgemeinschaften, aus denen sich das Wissen und die Technik der Bronze verbreitete (*Higham,1989a:239*).

3.5.1. *Ban Na Di* [บ้านนาดี]

Ban Na Di liegt im Landkreis *Nong Na Kham* [อำเภอหนองนาคำ] in der Provinz *Khon Kaen* [จังหวัดขอนแก่น]. Während einer Besichtigung im Jahre 1980 erkannte das Team von Charles Higham die Bedeutung der Gegend von Ban Na Di als potenziellen Ort einer prähistorischen Siedlung. Im Jahr darauf wurden zwei Bereiche im Zentrum der Mulde untersucht, die etwa 30 Meter voneinander entfernt lagen. Man fand bis in vier Metern Tiefe acht Lagen mit archäologisch interessantem Material, von denen die drei tiefsten zur Bronzezeit gehören. Zu den Funden von Ban Na Di gehören neben Bronze-Objekten auch Reste von Anlagen zur Herstellung von Bronze. Kohlereste konnten mit Hilfe der Radiokarbondatierung auf 1400-1000 v. Chr. datiert werden. In einer Lage aus der Zeit von 700-400 v. Chr fand man einen Brennofen für die Herstellung von Bronze, der noch mit Kohle gefüllt war und auch zwei vollständige, schalenförmige Schmelztiegel. Mit einer Länge von ca. 13 cm konnten beide bis zu 80 ml geschmolzenes Metall aufnehmen; diese Menge gilt aus hinreichend für die Fertigung eines

---

[117] Die Hauptattraktion des Parks bildet für die meisten Besucher jedoch der Dinosaurier-Friedhof. 1996 wurden dort Überreste eines 6.5m langen *Siamotyrannus* (Siamesischer Tyrann) *aus der Spezies Siamotyrannus isanensis* gefunden.
[118] Der Schwarze Fluss [Sông Đà] ist ein rechter (südlicher) Nebenfluss des Roten Flusses im Süden Chinas und im Norden Vietnams. Er entspringt in Yunnan, verläuft zum großen Teil in südöstlicher Richtung parallel zum Roten Fluss und mündet schließlich nahe der Stadt Việt Trì in den Roten Fluss. Der Schwarze Fluss hat eine Länge von 800 km, davon 543 km in Vietnam.

Tüllenbeiles[119]. Die bevorzugte Mischung für Legierungen bestand aus 90% Kupfer und 10% Zinn. Spätestens für die Zeit nach 1000 v. Chr. gibt es Spuren eines wirtschaftlichen Netzwerks auf Tauschbasis mit Kupferminen im *Khao-Wong-Prachan*-Tal und Phu Lon. Das Tal *Khao Wong Prachan* [เขาวงพระจันทร์] liegt in der Provinz *Lop Buri* [จังหวัดลพบุรี] und bildete während des 2. und 1. Jahrtausends v. Chr. ein Zentrum der Verarbeitung von Kupfer in Südostasien. Zahlreiche Anlagen zeugen von dem Abbau, dem Schmelzen und Gießen von Kupfererz mit hohem Anteil an Arsen. Das Erz wurde in den nahe gelegenen Minen gewonnen, dann zerkleinert und sortiert. In Tiegeln wurden die Erze zu Barren geformt, die für die Herstellung von Projektilspitzen und als Tüllenbeile vorgesehen waren. Seit etwa 600 v. Chr. wurde in *Khao Wong Prachan* offenbar auch Eisen geschmiedet. Etwa 10 km südwestlich von Ban Na Di liegt *Ban Muang Phruek* [บ้านเมืองพรึก] im Landkreis *Kumphawapi* [อำเภอกุมภวาปี] der Provinz *Udon Thani* [จังหวัดอุดรธานี]. Der Platz wurde 1980 während einer Prospektion von Higham und Kijngam als möglicher Siedlungsort von Angehörigen der Ban Chiang-Kultur identifiziert und während einer kleineren Kampagne ausgegraben. Ban Mueang Phruek war nicht befestigt und seit etwa 500 v. Chr. besiedelt. Etwa 10-15 km westlich von Ban Na Di liegt *Ban Phak Top* [บ้านผักตบ]. Während der 1970er Jahre wurde der Platz bedauerlicherweise systematisch geplündert, so das während einer Ausgrabung 1976 keine nennenswerten Funde *in situ*[120] gemacht wurden. Untersuchungen mit der Radiokarbonmethode ergaben, das der Ort im 2. Jahrtausend v. Chr. bewohnt war. Aus den oben genannten Grabräubereien sind schwarz gebrannte Tongefäße übrig geblieben, die mit ihren gekrümmten Dekorlinien den frühen Keramiken von Ban Chiang sehr ähneln.

In Lage 7 von Ban Na Di fand man einen Friedhof mit *in situ* reihenartig angeordneten Skeletten, die mit der Zeit übereinander lagen, eine ähnliche Anordnung wie in Khok Phanom Di. Eine Untersuchung von 63 Skeletten lieferte eine durchschnittliche Größe der Männern von 1,73 Metern und der Frauen von 1,61 Metern, sie besaßen also relativ große Staturen (*Houghton & Wiriyaromp, 1984*). Die durchschnittliche Lebenserwartung betrug bei Männern 29,5 Jahre und bei Frauen etwa 38 Jahre.

3.5.2. *Ban Tha Khae* [บ้านท่าแค]

Eine weitere Fundstätte der Bronzezeit ist Ban Tha Khae im *Khao Wong Prachan* Tal in Zentralthailand, etwa 10 km nordöstlich von Lopburi. Die 1988 begonnenen Ausgrabungen auf einer Fläche von 1200 x 800 Metern unter Leitung von Roberto Ciarla und Surapol Natapintu haben eine kontinuierliche Besiedelung von der Bronzezeit (ca. 2.500 v. Chr.) über die Eisenzeit bis in die Dvaravati-Periode (ca. 500 n. Chr.) ergeben. Obwohl der Hügel von Bauarbeitern und Grabräubern systematisch abgetragen wurde, konnten dennoch drei archäologisch relevante Lagen freigelegt werden. In der ersten Lage fand man Armreifen aus Bronze, Gefäße aus Ton sowie Schmuck aus Muschelschalen und Stein. Die zweite Lage gehört zur Eisenzeit und zeigt importierte Kugeln aus Glasmaterial. Die oberste Schicht repräsentiert die Dvaravati-Periode in dieser Region. In unmittelbarer Nähe Ban Tha Khaes fanden sich Nachweise für eine rege Verarbeitung von Kupfererz, so in *Non Pa Wai* [โนนป่า

---

[119] Das Tüllenbeil ist eine Beilform aus Bronze oder Eisen, die sich aus den Lappenbeilen und Absatzbeilen der frühen und mittleren Bronzezeit entwickelt hat und bis in die vorrömische Eisenzeit Verwendung fand. Viele bronzezeitliche Tüllenbeile besitzen eine mitgegossene Öse, welche wohl zur Befestigung des Beiles am Schaft diente.
[120] *in situ* (lateinisch für „am Ort"). In der Archaeologie ein Fund oder Objekt, welcher (s) sich noch in der Originallage bzw. am Ort seiner ehemaligen Nutzung befindet, also nicht durch geologische Prozesse oder nachträgliche menschliche bzw. tierische Eingriffe verlagert wurde. Das Antonym ist *ex situ*.

หวาย][121], *Non Mak La* [ไนนหมากลา] und *Nil Kam Haeng Reservoir* [อ่างเก็บน้ำนิลกำแหง] (*Surapol Natapintu,1987*). Neben diesen größeren Zentren der Kupfergewinnung gab es in der Region weitere kleinere Verarbeitungszentren wie *Huai Yai* [ห้วยใหญ่], *Wat Thung Singto* [วัดทุ่งสิงโต] oder das Lopburi Artillery Camp [ชุมชุมการทหารปืนใหญ่]. Aufgrund der weiten Verbreitung metallurgischer Aktivitäten in dieser Region ist die Annahme berechtigt, das nicht nur für den regionalen Bedarf produziert wurde, sondern darüber hinaus in verschiedene Gegenden Südostasiens während der Bronzezeit exportiert wurde. Mittels des XRD-Verfahrens[122] wurden die dort gefundenen Keramiken analysiert. Deren mineralische Konsistenz erwies sich als unterschiedlich, insbesondere im Vergleich mit dem lokalen Ton. Eine Gruppe der Keramiken wies charakteristische Eigenheiten mit denen in *Nil Kam Haeng* auf; ergo gab es wohl enge Kontakte zwischen Ban Tha Khae und den Einwohnern dieses Kupferzentrums. Gleiches gilt für die Keramiken Huai Yais. Augenscheinlich ist entweder Ban Tha Khae regelmäßig von den Einwohnern anderer Besiedelungen in der Region aufgesucht worden oder die Menschen Ban Tha Khaes haben ihrerseits ihre Keramiken dorthin distributiert. Ban Tha Khae darf also als ein frühes Handelszentrum in Zentralthailand während der Bronze- und Eisenzeit angesehen werden. Da in Ban Tha Khae selbst kein Metall gewonnen oder verarbeitet wurde, dort aber Kupferbarren gefunden wurden, war das Kupfer vermutlich eine wichtige Handelsware. Die weitverbreitete Kupfergewinnung und -verarbeitung im prähistorischen Produktionskomplex des *Khao Wong Prachan* Tales setzte eine straff organisierte logistische Infrastruktur voraus. Ban Tha Khae kam vermutlich eine zentrale Rolle in dieser Struktur zu und hat höchstwahrscheinlich den Kupferhandel der Region kontrolliert (*Gogte,1994:23ff.*)

3.5.3. *Ban Chia*ng [แหล่งโบราณคดี บ้านเชียง]

Bereits 1957 hatte ein Dorfbewohner zufällig prähistorische Keramikfunde entdeckt und dennoch dauerte es bis 1960, bevor das *Fine Arts Department* eine Delegation in das entlegene Dörfchen Isans entsandte. Doch es bedurfte eines weiteren, glücklichen Zufalls, um Ban Chiang aus dem Schlaf der Geschichte zu wecken: Stephen Young, der Sohn des amerikanischen Botschafters in Thailand, war nach Ban Chiang gekommen, um als Harvard Student soziologische Studien zu betreiben. Eines Tages im Jahre 1966 ging er gedankenverloren eine Straße Ban Chiangs hinunter und stolperte über eine aus dem Boden ragende Wurzel eines Kapokbaumes[123] [นุ่น]. Sozusagen auf Augenhöhe sah er nun den Rand eines Kruges aus dem Erdreich ragen und realisierte bei genauerer Betrachtung zwei interessante Umstände: Erstens befanden sich auf kleinem Raum viele weitere dieser Keramiken und, obwohl kein Archäologe, schätzte Young die Funde als wahrscheinlich sehr alt ein. Wie sich später herausstellen sollte, war das moderne Ban Chiang einfach über der prähistorischen Siedlungsstätte neu errichtet worden. Ein Teil dieser Artefakte fand seinen Weg nach Bangkok und von dort aus in die Laboratorien der *University of Pennsylvania*, wo sie nach der seinerzeit modernsten Methode (Thermoluminiszens) datiert wurden. Die ersten Ergebnisse schlugen ein wie eine Bombe: 4.630 v. Chr., ein derartig frühe Bronzestätte in Südostasien hätte im Falle der Verifizierung ganze Theoriegebäude zum Einsturz bringen können und die fachliche Reputationen einiger führender Autoritäten des akademischen

---

[121] *Non Pa Wai* wurde 1986 und 1990 unter der Leitung von Vincent Pigott erforscht. Das Grabungsgebiet ist etwa 5 ha groß und ließ Abfall aus geschmolzenen Metallen und von Haushalten bis in vier Meter Tiefe zum Vorschein kommen (*Bacus et al., 2006:156*)

[122] Röntgenbeugung, auch Röntgendiffraktion (XRD) ist die Beugung von Röntgenstrahlung an geordneten Strukturen wie z.B. Kristallen. Hauptanwendungsgebiet ist die Materialphysik, allerdings bedient sich auch die archäologische Forschung dieser Analysetechnik

[123] Der Kapokbaum (*Ceiba pentandra*), auch als Wollbaum bezeichnet, ist ein mächtiger Baum, der Wuchshöhen bis zu 75 Meter erreicht.

47

Lehrbetriebes in Frage gestellt. 1967 entschloß sich das *Fine Arts Department* eine Reihe von Testgrabungen durchzuführen. Bevor jedoch die Wissenschaftler den Spaten ansetzen konnten, hatten die Dorfbewohner realisiert, daß mit den antiken Artefakten durchaus ein lukratives Nebengeschäft zu machen war. Unkontrolliertes Buddeln war die Folge, an der sich neben den Dorfbewohnern auch Soldaten des nahegelegenen Stützpunktes der US Air Force beteiligten (*Rogers,1996:14*). Der Schaden war erheblich doch es dauerte bis 1972, ehe ein Gesetz schließlich den Kauf, Verkauf und Export von in Ban Chiang gefundenen Objekten bei Strafe untersagte. In der Folge wurde das *Northeast Thailand Archaeological Project* (NETAP) aus der Taufe gehoben, ein Gemeinschaftsprojekt des *Fine Arts Department* und des *University Museum of the University of Pennsylvania*. Unter Leitung von Chester Gorman und Pisit Charoenwongsa wurden 1974 und 1975 zwei Grabungskampagnen durchgeführt. Zu diesem Zeitpunkt befand sich die prähistorische Archäologie, nicht nur im Isan sondern in ganz Thailand noch in den Kinderschuhen und trotz der erstaunlichen Erkenntnisse gleich zu Beginn der Ausgrabungen, stellte sich das grundlegende Problem der chronologischen Einordnung und des ganzheitlichen Verständnisses dieser frühen Zivilisation. Und so stellten und stellen sich trotz der großen Mengen an Keramikfunden und über 2.000 anderer Artefakte die grundlegenden Fragen archäologischer Forschung auch in Ban Chiang: Wie lebten die Menschen 4000-5000 Jahre zuvor? Welche Menschen lebten dort, wo kamen sie her, wo gingen sie hin und warum? Einen interessanten Ansatz bietet das Modell eines heterarchischen Netzwerkes prä-historischer Populationen während der Bronze- und Eisenzeit von Joyce White (*1995:104*); die Autorin arbeitet darin vier Grundzüge heraus: 1. Kultureller Pluralismus; 2. Flexibles System in Bezug auf den sozialen Status der Einwohner; 3. Authochtones, kommunal basiertes „Wirtschaftssystem" ohne Monopolstellung eines Zentrums und 4. Kooperativ-kompetitive Strukturen innerhalb der politischen Organisation, die weniger auf Gewalt ausgerichtet waren. In Ermangelung schriftlicher Überlieferungen, mythologischer Stoffe oder auch nur über Generationen hinweg tradierte Überlieferungen Fragestellungen von herkulischem Ausmaß. Schriftliche Überlieferungen kann es schon deshalb nicht geben, weil die frühen Populationen des Isan keine Schrift hatten. Auch allegorische Darstellung, beispielsweise in Form von Höhlenmalereien, sind für die prähistorische Phase Ban Chiangs bis dato nicht entdeckt worden. Lediglich auf einer großen Keramik fanden sich unterhalb des Randes einige stilisierte, humanoide Darstellungen sowie einige Tierdarstellungen auf Keramiken der Späten Periode (*White, 1982:87*). Darüber hinaus findet sich lediglich der Hinweis auf vier Bronzefiguren und einem kleinen Bronzetorso – allesamt in Privatbesitz (*Labbé,1985:22*).

Bei den Kampagnen in Ban Chiang 1974-1975 wurden 112 menschliche Grabstätten entdeckt (*Gorman & Charoenwongsa,1976*). Aufgrund veränderter Datierungen und chronologischen Einordnungen der Grabungsstätte (*White,1982, 1986*) wurde 1991 an der *University of Hawaii* damit begonnen, die geborgenen menschlichen Überreste einer kompletten Neuanalyse zu unterziehen. Im Rahmen dieser Untersuchungen, die sich auf verbesserte statistische Methoden sowie den neuestens Erkenntnissen evolutionärer Biologie stützte, wurden neben Schädeln aus Ban Chiang auch Funde aus Khok Phanom Di, Anyang (Bronzezeit Nordchina), Jomon (Japan) und neolitischen Fundstätten in Laos und Vietnam vergleichend analysiert. Dabei ergab sich, daß die Funde aus Ban Chiang denen in Japan am ähnlichsten sind, während die Proben aus Khok Phanom Di denen aus Vietnam und den Phillippinen ähnelten. Interessanterweise ließen sich aber alle Funde aus Thailand, Asien und dem pazifischen Raum einer gemeinsamen, größeren asiatischen Gruppe zuordnen. Daraus wird gefolgert, daß es zwischen den Menschen der Bronzezeit des heutigen Thailand, Südostasiens und Ostasiens langfristige Beziehungen in prähistorischer Zeit gegeben haben muß (*Pietrusewsky,1997:130*). Die Kenntnisse anatomischer Details wie Körpergröße oder die Form des Schädels sind sicherlich hilfreich und erlauben begründete Vermutungen über

Ernährunsgewohnheiten und allgemeine Lebensumstände. Sie geben Hinweise auf die Lebenserwartung aber vermögen nicht verbindlich zu beschreiben, was der Mensch vom Leben erwarten durfte. Sein Ringen um die Sicherung der Existenz für sich und seine Familie und vor allem den alltäglichen *way of life*. Feine Keramiken mit Spiral- und Bandornamenten, stilisierte Pflanzen und Tiere und naturbelassene Tongefäße mit eleganten Formen und ideenreichen Mustern (z.B. Wellenmuster, Blätter, Daumenabdrücke) wurden entdeckt. Sie zählen zu den ältesten Keramik-Mustern der Erde. Die größte Aufmerksamkeit erhielt die Grabung jedoch durch die Werkzeuge aus der Bronzezeit, die in Südostasien einmalig sind. Die Bronze-Technologie war definitiv vor 1.500 v. Chr. in Ban Chiang verbreitet, wahrscheinlich sogar bereits um 2.000 v. Chr. herum bekannt (*White, 2008:9*). Die Ähnlichkeit der Muster und der Farbgebung zwischen den Funden in Ban Chiang und denen in Mesopotamien ist verblüffend. Funde konnten bis ins 5. nachchristliche Jahrhundert nachgewiesen werden, danach haben die Bewohner die Siedlungsstätte offenbar verlassen oder aufgegeben.

Auch ein Vierteljahrhundert nach den ersten beiden großen Ausgrabungen hält der akademische Streit um eine verbindliche Chronologie für die Bronzezeit Ban Chiangs an. Da bei späteren Grabungen genügend organisches Material für eine Radiokarbon-Datierung gewonnen werden konnte, hat sich der *mainstream* der Lehrmeinungen für den Beginn der Besiedelung mittlerweilen auf einen Zeitraum zwischen 2.500-2.000 v. Chr. fokussiert. Dies gilt zumindest für den Nordosten Thailands und mit der Einschränkung, daß der Beginn der alltäglichen Nutzung von Kupfer und Eisen regional und lokal unterschiedlich zu datieren ist. Allerdings deuten archäologische Funde in anderen Regionen Thailands darauf hin, das die Bronzezeit nicht nur in Ban Chiang zu Beginn des 2. vorchristlichen Jahrtausends begonnen hat. Bronzene Artefakte aus diesem Zeitfenster wurden beispielsweise auch in *Ban Lum Khao* [บ้านหลุมข้าว] (*Higham, 2002:14*) gefunden. Ein archäologischer Fundplatz auf der Khorat-Hochebene in der Proving *Nakhon Ratchasima* [จังหวัดนครราชสีมา]. Eine größere Kampagne wurde 1994/95 von Charles Higham und Rachanie Thosarat etwa 5 km westlich von Ban Prasat [บ้านปราสาท] durchgeführt. In einen Bereich von 14,5m x 10m wurden während der drei Monate während Ausgrabungen 111 Gräber über einer dünnen Schicht der vermutlich ersten Besiedlung entdeckt. Die oben beschriebenen Gräber stammen aus dieser Zeit, etwa zwischen 1000-500 v. Chr. Neben Meeresmuscheln, Steinäxten und Schmuckreifen aus Marmor wurden dort auch Tonkrüge mit bis zu 60 cm Durchmessern gefunden, in denen die Gebeine Neugeborener oder junger Kinder aufbewahrt wurden. Eine weitere Fundstätte ist das Grab 6II in *Ban Mai Chaimongkol* [บ้านใหม่ชัยมงคล] (*Onsuwan:2000; Eyre,2006:100,161,327*). Ob nun regional ein paar Dezennien früher oder später: viel interessanter und bedeutender ist die Rolle Ban Chiangs im Kontext der asiatischen, wenn nicht gar globalen Prähistorie. Unstrittig ist seine dauerhafte Besiedelung über einen Zeitraum von 4.000 Jahren, seine Rolle als frühes Zentrum des Reisanbau sowie sein Beitrag zur Besiedelung diverser Pazifikinseln. Deshalb hat die UNESCO Ban Chiang 1992 den Status des Weltkulturerbes verliehen. Angesichts dieser Wertschätzung relativiert sich auch der indignierte Kommentar des thailändischen Projektleiters der ersten Grabungen in den 1970er Jahren: >>Funde, die Beweise für [proto-historische] technologische Entwicklungen früher südostasiatischer Kulturen werden häufig angezweifelt, solche in China oder Indien aber nicht<<. (*Pisit Charoenwongsa,1988:27*)

Abschließend sei noch eine provokant klingende und nicht beweisbare Überlegung vorgestellt, die dennoch einen gewissen akademischen Charme hat und ob der nicht unerheblichen Lücken im ganzheitlichen Verständnis des prähistorischen Ban Chiang durchaus angestellt werden darf: Nahezu übereinstimmend geht der archäologische Lehrbetrieb davon aus, das Ban Chiang das Zentrum einer Kultur war. Nehmen wir einmal an, dem war nicht so. Ban Chiang hätte zwar eine durchaus signifikante Rolle gespielt, sei aber nur eine unter mehreren Stätten eines weitaus größeren Kulturkomplexes gewesen. Das würde möglicherweise auch den hohen Grad der Spezialisierung erklären (als dedizierter Zulieferer für den gesamten Kulturkomplex) und überdies das Verständnis erleichtern, warum Ban Chiang nach 4.000 Jahren der permanenten Besiedelung durch 150-200 Generationen nahezu spurlos in der Dämmerung der Protohistorie verschwand. Allerdings hält dieser interessante Gedanke bislang vor dem unerbittlichen Spaten der Archäologie nicht stand, weitere Zentren in der Qualität Ban Chiangs sind nämlich bis dato nicht gefunden worden (*Rogers,1996:48*).

Chronologie der Ban Chiang Perioden*		
Periode	Bestattungsphase	Datiert auf
Späte Periode	X	Ca. 300 v. Chr. – 200 n. Chr.
	IX	
Mittlere Periode	VIII	Ca. 900 v. Chr. - 300 v. Chr.
	VII	
	VI	
Frühe Periode	V	Ca. 1700 v. Chr. – 900 v. Chr.
	IV	Ca. 2100 v. Chr. – 1700 v. Chr.
	III	
	II	
	I	
Periode vor Bestattungsphase I		??? – 2.100 v. Chr.

* White,2008:3

3.6. Das Zeitalter des Eisens

Eisen wurde im Raum Südostasien etwa tausend Jahre nach dem Auftauchen lokal produzierter Metalle wie Kupfer und Bronze gebräuchlich. Und es ging dem nachhaltigen indischen und chinesischen Einfluss auf diese Region voraus, dessen Beginn etwa auf 100 v. Chr.-100 n. Chr. zu datieren ist. Laut Higham (*1983:7*) liegt der früheste Eisenfund im Nordosten Thailands in *Ban Chiang Hian* [บ้านเชียงเหียน] in der Provinz *Maha Sarakham* [จังหวัด มหาสารคาม]. Ban Chian Hian bildet eine von einem Graben umgebene Siedlung im Tal des *Maenam Chi* und war 1981 Ziel einer Grabungskampagne von Highan und Kijngam. Luftaufnahmen zeigten, dass sowohl die ein etwa 38 ha großes Gebiet umfassenden Gräben als auch ein damit zusammenhängendes Wasserbecken durch einen abgeleiteten Wasserlauf gefüllt wurden. Von den Gräben wurden wiederum Rinnen für die Bewässerung von Reisfeldern abgeleitet. In der Mitte des Gebiets wurde eine bis in sechs Meter Tiefe reichende archäologisch interessante Schichtung ausgegraben. In den untersten Schichten aus dem späten 2. Jahrtausend v. Chr. fand man Keramiken mit Malereien sowie Gräber mit Muschel- und Steinschmuck. Nach einer Pause in der Keramikverarbeitung zeigen sich um etwa 400 v. Chr. Zeugnisse der Eisenverarbeitung und der Haltung von Wasserbüffeln. Interessanterweise interpretiert Grabungskollegin Kijngam (*1983:10*) die gleichen mittels Radiokarbonmethode ermittelten Ergebnisse differenziert und datiert die Eisenfunde auf 600 v. Chr. Bayard (*1984d:6*) datiert den Beginn der Eisenzeit auf Basis seiner in Nordost- und Zentralthailand gemachten Funde auf die erste Hälfte des vorchristlichen Jahrtausends. Eine genauere Datierung, insbesondere für den Beginn der Eisenzeit in Südostasien, kann trotz regionaler Differenzierung und vermehrter Funde noch immer nicht gemacht werden, weshalb die archäologische Forschung bei der Interpretation der jeweiligen Funde auch immer die Entwicklung der Eisenzeit im globalen Kontext berücksichtigt. In anderen Teilen der Welt war die Produktion von Eisen schon erheblich füher bekannt. Im Nahen Osten und Ägypten bereits 1.000 v. Chr. oder noch früher (*Snodgrass, 1980*), in Südasien bereits 800-700 v. Chr. oder früher (*Chakrabarti,1977*). Funde auf dem afrikanischen Kontinent, beispielsweise in Nigeria und Uganda, deuten auf einen Zeitraum zwischen 500-400 v. Chr. hin (*Merwe,1980*). In China wurde die Kunst der Metallschmelze bereits zwischen 800-700 v. Chr. erfunden (*Li,1975*) und um 500 v. Chr. war die Metallurgie im Reich der Mitte weltweit führend. Im insularen Teil Südostasiens setzte die Entwicklung wiederum später ein: Derzeit gibt es keine eisenhaltige Fundstücke mit seriösen Datierungen in Malaysia, Indonesien oder auf den Phillippinen, vor dem letzten vorchristlichen Jahrhundert. Für das südostasiatische Festland trifft dieses nicht zu. Insbesondere in Thailand und Vietnam konnten in prä-historischen Grabungsstätten an verschiedenen Orten mittels Radiokarbonmethode folgende Daten ermittelt werden:

Radiokarbondaten von proto-historischen Eisenfunden im Gebiet des heutigen Thailand				
Fundstätte	ภาษาไทย	Provinz	Kalibriertes Datum	Quelle
Ban Chiang	บ้านเชียง	Udon Thani	2310 - 1710 v. Chr.	A
Non Nong Chik		Khon Kaen	1320 - 1010 v. Chr.	B
Ban Chiang	บ้านเชียง	Udon Thani	1115 - 875 v. Chr.	A
Ban Chiang	บ้านเชียง	Udon Thani	930 - 825 v. Chr.	A
Ban Puan Phu	บ้านป่วนพุ	Loei	1105 - 745 v. Chr.	A
Ban Tong		Udon Thani	915 - 765 v. Chr.	A
Non Nok Tha	โนนนกทา	Khon Kaen	820 - 585 v. Chr.	C
Ban Kao	บ้านเก่า	Kanchanaburi	800 - 500 v. Chr.	*
Ban Chiang	บ้านเชียง	Udon Thani	795 - 585 v. Chr.	A
Non Nok Tha	โนนนกทา	Khon Kaen	790 - 415 v. Chr.	C
Ban I Loet		Loei	815 - 390 v. Chr.	A
Ban Puan Phu	บ้านป่วนพุ	Loei	630 - 415 v. Chr.	A
Don Klang	ดอนกลาง	Khon Kaen	630 - 415 v. Chr.	A
Ban Chiang	บ้านเชียง	Udon Thani	800 - 375 v. Chr.	A
A: Schauffler, 1976; Gorman und Charoenwongsa, 1976; Penny 1982; White, 1982. B: Bayard, 1979:26. C: Bayard, 1971:26-31. *: Sørenson, 1973				

Radiokarbondaten von proto-historischen Eisenfunden im Gebiet des heutigen Vietnam			
Fundstätte	Provinz	Kalibriertes Datum	Quelle
CON CON NGUA	Thanh Hoa	840-750 v. Chr.	D
PHU HOA	Long Khanh	1105-400 v. Chr.	E
PHU HOA	Long Khanh	780- 385 v. Chr.	E
GO CHIEN VAY	Ha Son Bin	600-385 v. Chr.	F
HANG GON	Long Khanh	600- 175 v. Chr.	G
CHAU CAN	Ha Son Binh	430-390 v. Chr.	D
CHAU SON	Ha Nam Ninh	415-380 v. Chr.	D
LANG CA	Vinh Phu	405- 185 v. Chr.	D
HANG GON	Long Khanh	415- 20 v. Chr.	G
LANG VAC	Nghe An	165 v. Chr. -60 n. Chr.	D
D: Khao Co Hoc 1977, 2:87. E: Radiocarbon 1974:56. F: Radiocarbon 1978:392-5. G: Radiocarbon 1966:290			

Man kann also davon ausgehen, das um 500 v. Chr. das Eisen im Gebiet des heutigen Thailand weit verbreitet war (*Pilditch, 1992:177*). Im Gegensatz zu den Populationen anderer Regionen scheinen die frühen Tais die neue Technologie bereitwillig angenommen zu haben.

Bereits im letzten vorchristlichen Jahrhundert hatte das Eisen die Bronze bei der Fertigung von Waffen aber auch Werkzeugen weitestgehend substituiert. Die Tatsache, das Kupfer- und Zinnlegierungen während der Bronzezeit vergleichsweise opulent vorhanden waren und auch danach weder rar waren noch teurer wurden, tat der Popularität des neuen Metalls keinen Abbruch. Bereits in der proto-historischen Phase Thailands war Eisen in großen Mengen bei allen ethnischen Gruppen der Region in Gebrauch. Das Eisen in proto-historischen Zeiten Südostasiens wurde ausschließlich durch einen direkten Prozess in vermutlich eher kleinen Rennöfen[124] (*bloomery furnaces*) gewonnen, die nicht höher als 2 Meter waren und deren Tagesproduktion bei maximal 10 kg gelegen haben dürfte. Erstaunlicherweise lässt sich über Jahrhunderte in Südostasien kein signifikanter technologischer Fortschritt des Hüttenwesens erkennen; es wurden weder größere oder effizientere Brennöfen entwickelt noch ist eine „Mechanisierung" der Produktion mittels Wasserkraft oder durch den Einsatz von Arbeitstieren erkennbar. Auch ist keine qualitative Verbesserung des Endproduktes nachzuweisen, wie beispielsweise beim indischen *Wootz*[125]-Tiegelgussstahl oder der Vielfalt chinesischer Stähle. Möglicherweise liegt ein Grund darin, das die indischen Stähle ab dem 7. Jahrhundert einen zunehmend dominierenden Marktanteil gewannen und damit ein Wettbewerb mit „eigenen" Produkten weder aussichtsreich noch lukrativ erschien. Da die Erforschung der proto-historischen Ökonomie und Technologie Südostasien erst am Beginn steht, wird es weiterer Funde und Analysemethoden bedürfen, um ein besseres Verständnis dieser Periode zu entwickeln.

3.7. Weitere archäologische Fundstätten

Ban Dong Phlong [บ้านดงพลอง]

Ban Dong Phlong liegt im Landkreis *Khaen Dong* [อำเภอแคนดง] der Provinz *Buriram* [จังหวัดบุรีรัมย์]. Während einer Grabungskampagne zu Beginn der 1990er Jahre wurden 17 tönerne Feuerstellen und Gruben freigelegt die ausgekratzte Metallreste bargen. Die aufgefundenen Tiegel und Überreste sowie die Tatsache, dass Brennöfen in übereinanderliegenden Schichten gefunden wurden, deuten auf einen längeren Zeitraum der Eisenproduktion, Ergebnisse der Radiokarbondatierung auf das Ende des 1. vorchristlichen Jahrtausends hin. In den oberen Schichten fanden sich eine Reihe von Gräbern in Nord-Süd-Ausrichtung, unter anderem das Grab eines Mannes mit tönernen Wänden, wobei dessen Gesicht mit einem Tonziegel bedeckt war. Er trug an jedem Arm drei große bronzene Armreifen, jeweils drei Bronzeringe auf der Brust und an Fingern der rechten Hand sowie eine Halskette aus Achat- bzw. Glasperlen. Fossile Holzfunde lassen vermuten, dass er in einem Sarg aus einem behauhenen Holzstamm bestattet wurde. (*Nitta, 1991*)

Ban Don Ta Phet [ดอนตาเพชร]

Ban Don Ta Phet liegt im Landkreis *Phanom Thuan* [อำเภอพนมทวน] der Provinz *Kanchanaburi*. Hier befindet sich eine Grabungsstätte mit einem Friedhof aus dem 7. Jahrhundert v. Chr. Im

---

[124] Der Rennofen hatte die Form eines kleinen Schachtofens und wurde aus Lehm oder Steinen errichtet. Neben dem Schacht befand sich in manchen Fällen eine Herdgrube für den Schlackenablass, die *Renngrube*. Rennöfen wurden mit Holzkohle warmgeheizt und dann für die Verhüttung von oben wechselschichtig mit Brennstoff und fein zerkleinertem Erz mit möglichst hohem Eisengehalt befüllt. Die Erzausbeute betrug maximal 50 %. Bei einer Temperatur von 1100 bis 1350 °C - je nach Bauart des Ofens - wurde ein Teil des Eisenerzes im festen Zustand zu Eisen reduziert. Gleichzeitig kam es zu einer Schlackenbildung. Die Schmelztemperatur von Eisen (1539 °C) sollte möglichst nicht erreicht werden, damit kein Gusseisen erzeugt wurde, das spröde und nicht mehr schmiedbar ist. Die Belüftung erfolgte in der Regel durch einen Blasebalg.

[125] Ein gering legierter Stahl mit einem Anteil von 1,5 % Kohlenstoff, der das Basisprodukt für den orientalisch-arabischen Damas-zenerstahl bildete. Das genaue ursprüngliche Verfahren des *Wootz*-Schmelzens ist nicht überliefert.

September 1975 fanden Schulkinder im Ort merkwürdige Tonscherben und -ringe, als Bauarbeiter das Fundament für einen Zaun errichteten. Diverse Kampagnen zwischen 1975-1980 brachten viele Gräber zum Vorschein. Radiokarbonuntersuchungen haben ergeben, das das Areal etwa 670 v. Chr. -100 v. Chr. besiedelt war. Als Grabbeigaben wurden Gegenstände aus anderen Kulturkreisen verwendet, beispielsweise aus Indien und Vietnam. Die Bronzeartefakte zeigen Szenen von Frauen und Tieren, wobei die Legierung einen hohen Zinngehalt aufweist. Die zahlreichen eisernen Speere, die ebenfalls als Grabbeigaben dienten, indizieren eine technologisch entwickelte Population. (*Higham,2004*)

Ban Muang Phruk [บ้านเมืองพรึก]

Ban Mueang Phruk liegt am Ostufer des *Nong Han Kumphawapi*-Sees [หนองหานกุมภวาปี] im Landkreis *Kumphawapi* [อำเภอกุมภวา] der Provinz Udon Thani. *Nong* [หนอง] bedeutet Sumpf, *han* [หาน] Gans, *kumpha* [กุมภา] ist das Pali-Wort für Wasserkrug und *wapi* [วาปี] das Sanskrit-Wort für See. Die Fundstätte wurde 1980 im Rahmen einer kleineren Kampagne von Higham und Kijngam als möglicher Siedlungsort von Angehörigen der Ban Chiang-Kultur identifiziert. (*Higham und Thosarat, 1998*)

Ban Non Wat [บ้านโนนวัด]

Ban Non Wat ist ein Dorf im Landkreis *Non Sung* [อำเภอโนนสูง] der Provinz *Nakhon Ratchasima* in der Nähe der Stadt *Phimai* [พิมาย]. Die Grabungsstätte, unweit des *Maenam Mun* [แม่น้ำมูล] auf dem *Khorat-Plateau* [ที่ราบสูงโคราช] gelegen, hat eine Fläche von 892m², die seit ca. 15 Jahren mit Sponsorengeldern archäologisch prosperiert wird. Funde aus dem Neolithikum, der Bronze- und Eisenzeit weisen darauf hin, das das Areal seit rund 3.000 Jahren durchgängig besiedelt ist. Ban Non Wat war offensichtlich ein frühes Zentrum der Kupferproduktion und mit Beginn der Eisenzeit auch der Salzgewinnung. Die rund 650 Gräber weisen zahlreiche Artefakte auf. Die demographischen Veränderungen ab der Bronzezeit führten vermutlich zu verstärkten innen- und/oder aussenpolitischen Konflikten; die zunehmende Produktion von Eisenwaffen und die vermehrte Fortifikation der Siedlungen mittels Wällen und Gräben sind eindeutige Indizien. Die Reisfelder des Siedlungsgebietes wurden wahrscheinlich schon von alters her künstlich bewässert. Die Techniken könnten von den Khmer übernommen worden sein; Ban Non Wat lag geo-strategisch günstig an der westlichen Überlandverbindung des Khmer-Reiches zum Tal des Chao Phraya und bot durch das Tal des *Mun* eine Anbindung an den Mekong. (*Higham, Charles & Thomas,2009*)

Ban Prasat [บ้านปราสาท]

Ebenfalls im im Landkreis *Non Sung*, etwa 30-40 km nördlich der Provinzhauptstadt Nakhon Ratchasima gelegen. Interessant sind vor allem die rechteckigen Gräber, die mit Grabbeigaben und bronzenen Artefakten, die auf eine Bediedelung der Gegend ab ca. 1.000 v. Chr. schliessen lassen. Desweiteren wurden dünnwandige Tongefäße der schwarzen Phimai-Phase gefunden. Die ersten Siedler dürften sich am Ufer des *Maenam Than Prasat* [แม่น้ำธารปราสาท] niedergelassen haben, wo sie Reis anbauten und Viehzucht betrieben. Die Prospektion wurde 1991 abgeschlossen, ein kleines, aber sehr interessantes Museum befindet sich am Ort. (*Higham & Thosarat,1998*)

Ban Tam Yae [บ้านต่ำแย]

Der Fundplatz befindet sich in der Nähe der Stadt Phimai, einem kulturellem Zentrum der Khmer im Nordosten Thailands, in der Provinz Nakhon Ratchasima. Bei den Ausgrabungen in den 1980er Jahren konnten neun Lagen mit archäologisch interessanten Funden freigelegt werden, die sowohl Rudimente von Kupfer- als auch Eisenfertigung enthielten. Auch hier dürfte eine Besiedelung mit Beginn des letzten vorchristlichen Jahrtausends stattgefunden haben. Knochenfunde von Rindern, Schweinen und Wasserbüffeln indizieren die Existenz domestizierter Tiere, allerdings konnten keine Gräber entdeckt werden. Die zahlreichen Tonwarenfunde haben die Archäologen wie folgt klassifiziert: 1000-600 v. Chr. (*Tam Yae*-Phase), 600-200 v. Chr. (*Prasat*-Phase) und von 200- 300 v. Chr. die klassische *Phimai*-Phase. (*Welch,1984*)

Chan Sen [จันเสน]

Der urgeschichtliche Fundort befindet sich im Landkreis *Thakli* [อำเภอตาคลี] in der Provinz *Nakhon Sawan* [จังหวัดนครสวรรค์]. Die Altstadt von Chan Sen [จันเสนเมืองโบราณ] und das Chan Sen-Museum [พิพิธภัณฑ์วัดจันเสน] bergen zahlreiche Artefakte aus diversen historischen Epochen. Die historische Siedlung lag auf einer ca. 5 km² großen Fläche, die von einem etwa 20 Meter breiten Wassergraben und einer eindrucksvollen Mauer umgeben war. Östlich außerhalb der Stadt befand sich ein ca. 200 x 150 Meter großes Wasserreservoir. Der angeschwemmte Lehmboden der Umgebung war sehr fruchtbar und Flora und Fauna boten ein gutes und einfach zu generierendes Nahrungsangebot. So wurden Überreste von Wasserbüffeln, Rindern, Schweinen, Hirschen, Katzen, Hunden, Elephanten und Schnecken[126] in verschiedenen Schichten entdeckt. Die Frühgeschichte Chan Sens umfaßt etwa 1.000 Jahre und beginnt gegen Ende des letzten vorchristlichen Jahrtausends und die erste Phase der Besiedelung endete gegen Ende des ersten Jahrtausends n. Chr.

Frühgeschichtliche (archäologische) Chronologie Chan Sens*		
Phase	Zeitraum	
I	200 v. Chr. – 0	"Metall-Aera" – Eisen und Bronze sind in Gebrauch
II	0 – 250	Frühe „Indianisierung"; Ausbildung der Dorfgemeinschaft; Keramiken mit indischer Optik; Buddhistische Artefakte
III	250 – 450	Frühes „Funan"; Grössere Dorfgemeinschaft; Artefakte weisen Ähnlichkeiten mit in *Oc Eo* (Delta des Mekong) gefundenen auf
IV	450-600	Spätes „Funan"; Grössere Dorfgemeinschaft; Artefakte weisen weiterhin Ähnlichkeiten mit *Oc Eo*-Funden auf; Vermehrte Vielfalt der Keramiken
V	600-800	Dvaravati; Bau Wassergraben; Artefakte und Keramiken weisen viele Ähnlichkeiten mit Dvaravati-Objekten auf; Mögliche Verbindung zu *Sambor Prei Kuk*
VI	800-1100	Spätes Dvaravati; Besiedelung unsicher; Keramiken nahezu identisch mit den Funden in Phimai

* (*Bronson, B. und Dales, G.F., 1972:11*)

Khao-Thalu-Höhle [ถ้ำเขาทะลุ]

Die Höhle liegt im Landkreis *Muang Kanchanaburi* [อำเภอเมืองกาญจนบุรี] in der Provinz Kanchanaburi, etwa 13 km südöstlich von *Ban Kao* [บ้านเก่า]. Die Prospektion der *Silpakorn*-

---

[126] Elkins Wetherill Jr.: A Preliminary Report on Faunal Remains from Chansen (*Appendix in: Bronson, B. und Dales, G.F., 1972:44f.*)

Universität [*Mahawitthayalai Sinlapakon;* มหาวิทยาลัยศิลปากร] 1977 förderte vier aufeinander folgende Schichten mit Artefakten aus der Hoabinhian-Kultur und den dazugehörenden Geröllgeräten (*pebble tools*) zutage. Eingeschnittene und schwarz gebrannte Tonscherben wurden ebenso geborgen wie Knochen von Wildschweinen, Rindern und Hirschen und Überreste von Krabben, Muscheln und Schildkröten, die aus dem nahegelegenen Fluss stammen. Die Funde wurden verschiedenen Perioden zwischen 8.000-1.000 v. Chr. zugeordnet. Im Umkreis wurden auch Spuren gefunden, die auf eine frühe Kultur von Reisbauern hinweisen. (*Pookajorn,1981*)

Khok Charoen [โคกเจริญ]

Im Tal des *Maenam Pa Sak* [แม่น้ำป่าสัก] im gleichnamigen Landkreis der Provinz Lopburi, etwa 3 Kilometer nordöstlich der Ortschaft *Ban Dong Noi* gelegen. Mitte bis Ende der 1960er Jahre wurden insgesamt 44 Gräber gefunden; neben vergleichsweise schlecht erhaltenen menschliche Überresten enthielten sie Tongefäße mit Schnurmarkierungen und anderen Zieselierungen. Schmuckscheiben aus Muschelschalen, Ringe und Armreifen aus Schneckengehäusen sowie Ornamenten aus Marmor und Grünstein dienten als Grabbeilagen. Die Variabilität der Grabbeigaben könnte auf eine stärker hirarchisierte soziale Organisation der Bevölkerung von Khok Charoen hinweisen. Mit der früheren, ungenauen Thermolumineszenz-Methode wurde ein Zeitraum zwischen 1180-1080 v. Chr. datiert, die Typologie der Tonwaren lässt jedoch auf ein 500-1000 Jahre früheres Datum schließen. (*Smith & Watson,1979; Higham & Thosarat,1989*)

Khok Phlap [โคกพลับ]

Archäologischer Fundplatz in der Zentralebene von Thailand zwischen den Flüssen Maenam Chao Phraya und Maenam Mae Klong [แม่น้ำแม่กลอง], in der Gemeinde *Pho Hak* [โพหัก], Landkreis *Bang Phae* [อำเภอบางแพ] der Provinz *Ratchaburi* [จังหวัดราชบุรี]. Der thailändische Archäologe *Sod Daeng-iet* führte 1978 auf einer Fläche von rund 1,5 ha die Grabung durch und stieß auf eine Reihe von Gräbern, in denen man Tongefäße, Armreifen aus Bronze, Schildkrötenpanzern, Stein und Knochen fand. Einige Krüge waren gefüllt mit Krustentieren. Die geborgenen bronzenen Speer- und Pfeilköpfe weisen in Richtung Ban Chiang und Ban Na Di. Da keine Untersuchungen mittels Radiokarbonmethode publiziert wurden, ist die Bestimmung des Zeitraumes eher spekulativ. Offenbar weisen jedoch eine Vielzahl der Artefakte Ähnlichkeiten mit denen von *Nong Nor* auf. (*Higham und Thosarat,1998*)

Müang Boran Khu Bua [เมืองโบราณคูบัว]

Im Landkreis *Mueang Ratchaburi* [อำเภอเมืองราชบุรี] der Provinz Ratchaburi in Zentralthailand gelegen. Seit dem 6. Jahrhundert ein Mitglied des politisch-kulturellen Netzwerkes Dvaravati erlebte Khu Bua seine Blütezeit zwischen 657-857. Das rechteckige, etwa 800x2000 Meter große Ausgrabungsgebiet liegt etwa zwölf Kilometer südöstlich der Provinzhauptstadt Ratchaburi. In dem von einer Mauer aus Ton und einem Graben umgebenen Areal wurden bis dato 44 archäologische Fundstätten prosperiert. Die größte davon sind die Grundmauern des *Wat Khlong Suwanna Khiri* [วัดโขลงสุวรรณคีรี]. Die zahlreichen Dekorationen am Sockel und den Säulen reflektieren sowohl den indischen Einfluss als auch die Arbeit von Meistern der Steinmetzkunst. Die wichtigsten Ausgra-bungen fanden bereits Ende der 1950er Jahre statt;

neben Figurinen aus Keramik und diversen Darstellungen des *Dharmachakra* [ธรรมจักร][127] wurden einige Tafeln aus Stein geborgen; die meisten Funde befinden sich heute in den Nationalmuseen, aber es gibt ein kleines Museum neben dem Tempel.

Ko Kho Khao [เกาะคอเขา]

Eine Insel im Landkreis Takua Pa [อำเภอตะกั่วป่า] in der Provinz *Phang-nga* [จังหวัดพังงา] vor der Küste der Andamanensee. In der Flur des Dorfes *Thung Tuek* [บ้านทุ่งตึก], unmittelbar gegenüber der Mündung des Flusses Takua Pa gelegen ist die archäologische Fundstätte aus zwei Gründen von Interesse: Zum einen war Ko Kho Khao ein Zentrum des Keramikhandels über den Isthmus von *Kra* [คอคอดกระ] und zum anderen wurde eine Inschrift in Tamil gefunden, die den Bau eines Wasserreservoirs mit Hilfe indischer Kaufleute beschreibt. Das Reservoir wurde ebenfalls gefunden und misst etwa 880 x 200 Meter. Bereits 1909 fanden unter Leitung des damaligen Prinzen und späteren Königs Vajiravudh (Rama VI.) die ersten Ausgrabungen statt. Die durch den verheerenden Tsunami 2004 unterbrochenen Forschungen hatten bis dahin eine Reihe unterschiedlichster Artefakte zutage gefördert; eine Ganesha[128] Statue, Keramiken aus der Tang-Dynastie und Glasfragmente und glasierte Keramik aus dem persischen Kulturkreis. Die Funde wurden auf einen Zeitraum zwischen dem 8.-11. Jahrhundert datiert. Möglicherweise war Ko Kho Khao eine Art frühzeitliches *gateway* für diverse Migrationswellen von Asien nach Südostasien. In jedem Falle bildete das Gebiet eine Drehscheibe internationaler Handelswege während des ersten Jahrtausends.

Müang Fa Daet Song Yang [เมืองฟ้าแดดสงยาง]

Im Tal des Maenam Chi [แม่น้ำชี] in der Gemeinde *Nong Paeng* [หนองแปน], Landkreis *Kamalasai* [อำเภอกมลาไสย], Provinz Kalasin [กาฬสินธุ์] in Nordost-Thailand gelegen. Ein etwa 171 ha grosses Areal war von einem Wassergraben umgebe, ein größeres Wasserreservoi lag außerhalb des historischen Siedlungsgebietes. Drei erkennbare Ringe indizieren eine sukzessive Erweiterung des besiedelten Gebietes. Die Stadt wird auch *Müang Sema* [เมืองเสมา] genannt, weil ihre Form an einen Sema-Stein erinnert. Mit *bai sema* [ใบเสมา] oder *sema hin* [เสมาหิน] werden die „Grenzsteine" zur Markierung des geheiligten Bereichs in einem thailändischen buddhistischen Tempel bezeichnet. Der Buddha hatte einst festgelegt, dass das Gebiet des

---

[127] [ธรรมจักร] Das „Rad des Gesetzes", von chakra = Rad und Dharma = Gesetz, ist im Buddhismus das Symbol der Lehren Buddhas. Das Dharma-Rad wird in der Regel mit acht Speichen dargestellt, die den Achtfachen Pfad symbolisieren. Der Edle Achtfache Pfad [आर्याष्टाङ्गमार्ग āryāṣṭāṅgamārg] ist ein zentrales Element der buddhistischen Lehre und gibt eine Anleitung zum Gewinn der Erlösung (Nirvana). Die wichtigste Überlieferung für den Edlen Achtfachen Pfad ist die 22. Lehrrede Buddhas (*Mahāsatipatthāna Sutta*) von den Grundlagen der Achtsamkeit. Der achtfache Weg setzt sich aus folgenden Gliedern zusammen: 1. rechte Einsicht/Anschauung (*samma ditthi*) [สัมมาทิฏฐิ]; 2. rechte Gesinnung/Absicht (*sammā sankappa*) [สัมมาสังกัปปะ]; 3. rechte Rede (*sammā vācā*) [สัมมาวาจา]; 4. rechtes Handeln (*sammā kammanta*) [สัมมากัมมันตะ]; 5. rechter Lebenserwerb (*sammā ājīva*) [สัมมาอาชีวะ]; 6. rechtes Streben (*sammā vāyāma*) [สัมมาวายามะ]; 7. rechte Achtsamkeit/Bewusstheit (*sammā sati*) [สัมมาสติ] und 8. rechte Sammlung/Konzentration (*sammā samādhi*) [สัมมาสมาธิ]. Der Edle Achtfache Pfad ist die letzte der Vier Edlen Wahrheiten [चत्वारि आर्यसत्यानि *cattāri ariyasaccāni*] [อริยสัจ 4]: 1. Das Leben im Daseinskreislauf ist letztlich leidvoll [ทุกข์ *tuk*]; 2. Ursachen des Leidens sind Gier, Hass und Verblendung [ทุกขสมุทัย *tuk samuthai*]; 3. Erlöschen die Ursachen, erlischt das Leiden [นิโรธ *tuk niroth*] und 4. Zum Erlöschen des Leidens führt der Edle Achtfache Pfad [พุทธนิโยบายมินิปฏิปทา *tuk kanirothtakkhaminipatipata*].

[128] [गणेश] „Herr der Scharen": Ganesha ist der Gott und "Herr der Hindernisse", sowohl der Beseitiger als auch der Setzer von Hindernissen, wenn sich jemand ihm gegenüber respektlos verhält oder diese für ihn notwendig sind. Er ist der Herr und Aufseher über Shivas Gefolge und der Vermittler zu seinem Vater und damit Götterbote. Ganesha wird als naschhafter, gnädiger, gütiger, freundlicher, humorvoller, jovialer, kluger, menschlicher und verspielter, schelmischer Gott vorgestellt, der oftmals Streiche spielt. Er ist einer der wichtigsten, populärsten, zugänglichsten Götter Indiens überhaupt, der fast an jedem Straßenschrein verehrt wird. Er ist der Sohn des Shiva und der Parvati, mit denen er zusammen das Idealbild einer Hindu-Familie verkörpert.

Buddhasima (der Bereich in dem Mönche ihre *Sanghakamma*, also die heiligen Zeremonien, durchführen) mindestens so groß sein muss, dass darin 21 Mönche Platz finden, die in einem Abstand von einer Unterarm-Länge voneinander sitzen. Der Bereich darf aber nicht größer als drei *yojana*[129] sein. Die einzelnen Teile der Form der *bai sema* werden in Thailand nach Körperteilen benannt. Da gibt es den „Hals", die „Schultern", die „Brust", die „Hüften" und der „Bauch". Während der Ayutthaya-Periode gab es Steine mit „Augen" und manche wiesen gar eine eine „Prinzen-Krone" auf. Im inneren Ring wurden zahlreiche dekorative *bai semas* gefunden. In alter Zeit, insbesondere im Gebiet des nordöstlichen Thailand, dienten *semas* auch als Ersatz für Chedis, vermutlich in dünner besiedelten Gebieten, wo weder ausreichende finanzielle Mittel noch die benötigten Arbeitskräftevorhanden waren. Das Gebiet um den *sema* herum galt den Bewohnern dann als heiliger Grund. Die in Müang Sema gefundenen Grenzsteine weisen unterschiedliche Formen auf und sind mannigfaltig verziert. Die Gravuren im roten Sandstein gelten als die künstlerisch fortgeschrittensten ihrer Zeit, neben zahlreichen Lotos-Dekor finden sich auch Darstellungen der *Jatakas*. Das ovale Gelände war von einem doppelten Erdwall umgeben, in dessen Mitte sich ein Wassergraben befand. Bereits in prä-historischer Zeit besiedelt, entwickelte sich Müang Sema zwischen dem 6.-11. Jahrhundert während der Dvaravati-Periode signifikant. Insgesamt wurden 14 Chedi sowie einige historische Gebäude entdeckt. Zu den geborgenen Artefakten zählen Köpfe von Buddha-Statuen, Schrifttafeln und eine Auswahl an Tonwaren. Einige dieser Objekte sind im 1972 eröffneten *Khon Kaen National Museum* [พิพิธภัณฑสถานแห่งชาติขอนแก่น] zu besichtigen. Viele der *sema* sind auf dem Gelände des alten Tempels *Wat Pho Chai Semaram*[130] [วัดโพธิ์ชัยเสมาราม] ausgestellt.

Nil Kam Haeng Reservoir [อ่างเก็บน้ำนิลคำแหง]

Ein archäologischer Fundplatz im *Khao Wong Prachan*-Tal, etwa 15km nördlich der Stadt Lopburi in Zantralthailand. Am südlichen Ende des Loei-Petchabun Vulkangürtels ist die Gegend um Lopburi seit langem als Stätte frühzeitlicher Kupferproduktion bekannt (*Natapintu,1988*). Neuere Untersuchungen ergaben eine metallurgische Evolution der Region , die sich wie folgt darstellt: etablierter Kupferguss um 1.300 v. Chr., experimentelle Phase der Schmelze etwa um 500 v. Chr. und schließlich eine etablierte standartisierte und intensive Kupferproduktion ab 500. In *Nil Kham Haeng* selbst wurde die Kuperproduktion auf 300 v. Chr.-500 n. Chr. datiert, für *Non Pa Wai* auf 500-300 v. Chr. (*Pryce 2009*). Auf der rund 3 ha großen Fläche wurden neben den Kuperresten auch Anlagen zur Tonwarenfertigung geborgen, die mittels Tadiokarbonmethode auf 1300-900 v. Chr. datiert wurden (*Higham & Thosarat,1998*). Um etwa 700 v. Chr. finden sich Zeichen der Veränderung bei *Nil Kham Haeng*. Vierzehn Grablegungen wurden gesichert, die meisten in nord-südlicher Ausrichtung. Ein Toter wurde mit seinem Kopf auf eine Kupferader gebettet und erhielt drei Tonkrüge als Grabbeigabe. Eine Reihe von Armbändern aus Kupfer und Eisen wurde gefunden, erstmals wurde hier Eisen zu dekorativen Zwecken verwendet.

Nön U-Loke [เนินอุโลก]

Noen U-Loke liegt im Tal des *Maenam Mun* in der Provinz Nakhon Ratchasima und bildet eine Hügellandschaft, die von einer Reihe von Kanälen umfasst ist. In den 1990er Jahren fanden verschiedene Kampagnen statt, wobei 56 Gräber aus der Bronzezeit zwischen 200 v. Chr. - 300 n. Chr. entdeckt wurden, die zahlreiche Rückschlüsse auf die soziale Stratifikation, Wohnkultur und Bestattungsaktivitäten der Bewohner ermöglichten. So weisen einige Gräber

---

[129] *Yojana* ist ein altes indisches Längenmaß, 1 Yojana entspricht etwa 16 km
[130] Auch *Wat Ban Kom* [วัดบ้านก้อม]

reichhaltige Beigaben an exotischem Schmuck aus Glas, Achat[131] und Karneol[132] auf. Löcher für Holzpfosten wurden freigelegt, wie man sie beim traditionellen Hausbau in Südostasien benutzt. Interessanterweise wurden kaum Überreste von wilden Tieren entdeckt, aber einige wenige Knochen von Wasserbüffeln, Schweinen, überwiegend jedoch von sehr kleinen domestizierten Rindern. Auch Fischknochen und Muscheln konnten – im Vergleich zu anderen Fundstätten der Bronzezeit - nur in geringer Zahl geborgen werden. Offensichtlich hatten sich die Bewohner seit der Eisenzeit auf die Rinderzucht und den Reisanbau fokussiert. Die Produktion von und der Handel mit Salz bildete eine weitere Einnahmequelle und die Technik der Schmelze und des Schmiedens von Eisen- und Bronzewaffen lässt eine wehrhafte Population vermuten (*Higham & Thosarat,1998*).

Non Chai [โนนชัย]
Archäologischer Fundplatz in der Provinz Nakhon Ratchasima im oberen Tal des Maenam Chi gelegen. In den späten 1970er Jahren wurde dort eine Siedlungsschicht aus der Zeit zwischen 400 v. Chr. - 200 n. Chr. freigelegt. Hauptsächlich wurden Artefakte aus Eisen und Glas geborgen. Die geborgenen Pressformen aus Ton für Amulette und Glocken indizieren eine lokale Bronzeproduktion. Aufgrund der Veränderungen durch die modernisierte Infrastruktur sind heute keine Erkenntnisse bezüglich der Siedlungsform mehr nachzuweisen. (*Bayard et al.,1986; Higham & Thosarat,1998*)

Non Düa [โนนเดื่อ]

Die im Landkreis *Suwannaphum* [อำเภอสุวรรณภูมิ] der Provinz *Roi Et* [จังหวัดร้อยเอ็ด] im unteren Tal des *Maenam Chi* gelegene Fundstätte wurde Ende der 1960er Jahre erstmalig durch Higham/Parker prosperiert. Ein von einem Graben umgebener, während des ersten Jahrtausends v. Chr. besiedelter Ort, wurde entdeckt, der vermutlich von Salzherstellung und Salzhandel lebte. Die Satellitenaufnahmen von John Parry zeigen Kanäle und beweisen eine effiziente Regulierung des Wasserflusses in der Gegend des *Maenam Chi*. (*Parry,1992; Higham &Thosarat,1998*)

Non Müang Kao[133] [เนินเมืองเก่า]

Der archäologische Fundplatz liegt auf zwei Anhöhen auf einer Fläche von rund 55 ha im Landkreis *Non Sung* [อำเภอโนนสูง] in der Provinz Nakhon Ratchasima, etwa 20 km von Phimai entfernt. Prinz Damrong Rajanubhab erfuhr 1906 auf seinem Weg nach *Bua Yai* [บัวใหญ่] von Einwohnern *Ban Dong Phlongs* das in Non Mueang Kao alte Tonscherben entdeckt worden seien. 1996/97 von Higham/O'Reilly erneut untersucht, fanden sich auf der Anhöhe Löcher für Holzpfosten, wie sie für den traditionellen Hausbau der Region benutzt werden. Desweiteren wurden Gräber gefunden, die in einer Linie lagen und von einer dünnen Schicht Mörtel bzw. Putz bedeckt und mit Reiskörnern gefüllt waren. Als Grabbeigaben dienten Ohrringe aus Bronze, Perlen aus Glas und Achat sowie dünnwandige Tongefäße, die man als die klassische schwarze Tonware aus Phimai identifizierte. Zwei größere, etwa 80 Meter lange Kanäle, die 1996 von Bill Boyd ausgegraben wurden, könnten auf eine Verbindung zum historischen Flußlauf deuten. Hinsichtlich der Funktion der Kanäle gibt es unterschiedliche Spekulationen: Verteidigung, Bewässerung, Aquakulturen, Wasserreservoir oder auch einen

---

[131] Eine mikrokristalline Varietät des Minerals Quarz.
[132] Karneol ist eine undurchsichtige bis schwach durchscheinende, zweifarbig rot-weiß bis orange-weiß gebänderte Varietät des Chalcedons. Er besteht somit aus Quarz in faseriger Form, dessen feinkristalline Struktur erst unter dem Mikroskop sichtbar wird und wird ausschließlich zur Herstellung von Schmucksteinen verwendet.

[133] „Hügel der alten Stadt"

spirituell-sakralen Hintergrund. Die Analyse der Tonwaren mittels Radiokarbon-datierung deutet auf e ine erste Besiedelung während der Eisenzeit ab 500 v. Chr. hin; um 600 n.chr. wurde die Siedlung verlassen, ob aus politischen, sozialen oder umweltbedingten Gründen kann derzeit noch nicht beantwortet werden. *(Higham & Thosarat,1998)*

Sab Champa [ซับจำปา]

Sab Champa liegt im Landkreis *Tha Luang* [อำเภอท่าหลวง] der Provinz Lopburi, etwa 15 km östlich des Maenam Pa Sak und weist ein von zwei Gräben umgebenes Siedlungsgebiet aus. Neuere Untersu-chungen auf einem 834x704 Meter großen Areal deuten darauf hin, das der Ort insgesamt drei Phasen der Besiedelung erlebt hat: Die erste Phase begann mit der späten Bronze-Zeit etwa 600 v. Chr., gefolgt von der Okkupation während der Eisenzeit zwischen 500 v. Chr. - 570 n. Chr. und schließlich die frühe Dvaravati-Period zwischen dem 6.-8 Jahrhundert *(Lertrit,2004)*.

Sai Yok [ไทรโยค]

Ein archäologischer Fundplatz im gleichnamigen Landkreis der Provinz Kanchanaburi im westlichen Zentral-Thailand. Sai Yok war die erste Grabungsstätte in Thailand in der Geröllgeräte gefunden wurden. Die einseitig bearbeiteten, unter einem Felsdach gefundenen Geröllgeräte[134] konnten als Messer oder Axt benutzt werden und deuten auf eine Jäger und Sammler Population der Hoabinhian-Kultur hin. Nach einer abenteuerlichen Expedition auf Elephantenrücken und Bambusflössen erreichten van Heekeren und sein kleines Team 1960 zwei Höhlen und ein Felsschutzdach, etwa 28 Meter über dem *Maenam Sai Yok* gelegen. Höhle I scheint in der Mittel- und Jungsteinzeit sowie in der Bronzezeit genutzt worden zu sein. Reste von Holzsärgen, Urnen mit verkohlten menschlichen Knochen und Grabbeigaben wie Keramiken aus *Sawankhalok* [วรรคโลก] und bronzene Behältnisse deuten auf eine Nutzung während und nach auch der proto-historischen Phase hin. Tonwaren, Perlen und eine verzierte bronzene Glocke wurden ebenso geborgen wie diverse, teilweise polierte Äxte. In Höhle II fanden sich zahlreiche Geröllgeräte, wobei diese wohl eher als Werkzeuge zum Hacken, Scheiden oder Zerlegen und weniger als Waffen dienten *(van Heekeren,1961)*. Da offensichtlich keine Radiokarbonanalysen vorhanden sind, ist eine genauere Datierung nicht möglich. *(Higham & Thosarat,1998)*

Si Thep, Geschichtspark [อุทยานประวัติศาสตร์ศรีเทพ]

Der Geschichtspark Si Thep umfasst die Ruinen und Grundmauern der Siedlung *Si Thep* (auch *Sri Deva, Sri Thep, Muang Si Thep*) aus der Dvaravati-Periode und liegt im Tal des Flusses Maenam Pa Sak [แม่น้ำป่าสัก] im Landkreis Si Thep der Provinz *Phetchabun* [จังหวัดพชร บูรณ์]. Si Thep wurde wahr-scheinlich bereits im 5. Jahrhundert gegründet. Den archäologischen Zeugnissen zufolge war der spirituelle Kontext gleichermassen von Hinduismus und Buddhismus geprägt. Möglicherweise von indischen Kolonisten gegründet *(Brown,1996:33)* unterhielt das Gemeinwesen vermutlich enge Kontakte zu den Mon-Domänen der Dvaravati-Kultur im heutigen Zentralthailand und zu Chenla, dessen Zentrum im heutigen Kambodscha lag, beziehungsweise dem späteren Reich der Khmer in Ankor *(Woodward,2010)*. Die Fundstücke aus Si Thep können grob in drei Phasen eingeteilt werden.

---

[134] *pebble tools* oder auch *galet amenagé;* die ersten von Urmenschen hergestellten und genutzten Steingeräte. Es handelt es sich hierbei zumeist massives Flussgeröll, von dem durch Hartschlag mindestens ein Abschlag abgetrennt wird, so dass eine scharfe Arbeitskante entsteht. Die ältesten bekannten Geröllgeräte aus dem afrikanischen Altpaläolithikum sind etwa 2,6 Millionen Jahre alt.

Die erste Phase wird als die „indische" bezeichnet, die Skulpturen aus dem 5.-7. Jahrhundert ähneln sehr indischen Vorbildern und zeigen vorwiegend hinduistische Motive. Wales (*1969*) vermutete, dass Si Thep in dieser Zeit zum Einflussbereich Funans gehörte. Es schließt sich eine Epoche vom 7. oder 8.-11. Jahrhundert an, in der die Kunst große Ähnlichkeit mit der von Dvaravati aufweist. Dieser Epoche werden die meisten buddhistischen Fundstücke zugeordnet, parallel dazu entstanden aber auch weitere hinduistische Artefakte. Etwa im 11. Jahrhundert wurde Si Thep von Angkor annektiert und bildete im Khmer-Reich bis zum 13. Jahrhundert ein wichtiges Zentrum (*Brown,1996:34*). Aus bis dato nicht geklärten Ursachen wurde die Stadt danach aufgegeben und der Natur überlassen. Erst 1905 entdeckte Prinz Damrong Rajanubhab die Ruinen Si Theps wieder und 1935 wurde auf dem Areal durch H. G. Quaritch Wales die erste Prospektion vorgenommen. Es konnte der ovale Grundriss der Stadt mit Stadtmauern und Wassergräben rekonstruiert werden. Mehrere Tore führten in die Stadt, die fünf Tempel mit Terrassen und Wasserbecken enthielt. Bei den Ausgrabungen wurden neben zahlreichen Skulpturen aus der Dvaravati-Periode auch mehrere Standbilder von Hindu-Göttern geborgen. Die Fundstätte Si Thep gibt Archäologen, Historikern und Kunsthistorikern noch immer zahlreiche Fragen und Rätsel auf. Warum lag eine anscheinend so wichtige Stadt so abgelegen von den anderen Siedlungen der Epoche? Zu welcher politischen Einheit gehörte Si Thep? Welchen Ethnien gehörten seine Bewohner (mehrheitlich) an? Wie kam es zum spirituellen Synkretismus, für den die hinduistischen und buddhistischen Funde ein beredtes Zeugnis ablegen?

Tham Ongbah [ถ้ำองบา]

Am Oberlauf des Flusses *Maenam Kwae Yai* [แม่น้ำแควใหญ่][135] im Landkreis *Si Sawat* [อำเภอศรี สวัสดิ์] der Provinz Kanchanaburi. Die Höhle Tham Ongbah liegt nahe einer Bleimine; das Blei wurde zusammen mit Kupfer legiert, was einen einfacheren Guss ermöglichte. Die Höhle barg ursprünglich wohl etwa 90 Holzsärge in Form von Booten. Die wenigen nach den Plünderungen verbliebenen Stücke sind aus lokalem Hartholz gefertigt und an jedem Ende mit Vogelköpfen verziert. Die Deckel waren ebenfalls aus Hartholz und wurden über Nuten und Zapfen mit dem Sarg verbunden. Mittels Radiokarbondatierung des Holzes wurden die Funde auf einen Zeitraum zwischen 403 v. Chr. - 25 n. Chr. datiert. Die Archäologen konnten noch eine Gruppe von sechs Bronzetrommeln, wahrscheinlich Opferbeigaben, sichern, die sich paarweise innerhalb oder neben den Särgen befanden. Die größte dieser Trommeln ist 60 cm hoch und 70 cm im Durchmesser. Derartige Trommeln wurden zuerst in Vietnam bei Dong Son[136] gefunden und danach benannt. Sie sind mit dem Verfahren der „Verlorenen Form[137]" gegossen, was eine hoch entwickelte Technik voraussetzt, die ihrerseits wiederum von auswärtigen Spezialisten importiert wurde. Die künstlerischen Ornamente der Artefakte indizieren die Existenz einer sozialen Oberschicht während der Eisenzeit, die wirtschaftlich in der Lage waren, derartige prestigefördernde Objekte zu erwerben. Die in der Nähe liegenden Minen und der schiffbare River Kwai boten die Voraussetzungen für einen regen Handel und Warenaustausch stromauf und stromab, was sukzessive die Entstehung von sozialen Hirarchien befördert haben dürfte. Ein weiterer Beleg für diese These ist eine Gruppe von fünf Gräbern, von denen keines einen Bootsarg aufwies. Ein Grab enthielt allein fünf Tote, deren Köpfe nach Osten ausgerichtet waren, während drei andere in Richtung Nordosten

---

[135] „Großer Nebenfluss", bekannter als *River Kwai*.
[136] Die Dong-Son-Kultur [*Văn hóa Đông Sơn*] existierte von etwa 800 v. Chr.-200 n. Chr. im nördlichen Vietnam und in Südchina. Sie markiert den Übergang von der Bronzezeit zur Eisenzeit in Südasien. Die typischen Artefakte sind oft sehr aufwendig gestaltete Gegenstände aus Bronze wie Pflüge, Äxte, Waffen und reich verzierte Gefäße. Besonders typisch sind Bronzetrommeln, von denen bisher über 200 geborgen werden konnten.
[137] Eine „verlorene Form" ist eine Form, die nur einmal verwendbar ist und nach dem Guss zerstört werden muss, um den Abguss zu entformen. Oder mit den Worten Friedrich Schillers: „Wenn die Glock' soll auferstehen, muß die Form in Stücke gehen."

wiesen. Als Grabbeigaben dienten einfache Werkzeuge und Waffen wie Eisenhacken, Messer, eine Speerklinge, Pfeilspitzen und Sicheln. (*Sørensen,1973 & 1979; Higham & Thosarat,1998*)

3.7.1. Critica Quaestione

Aussagen über den Wohlstand urgeschichtlicher Akteure sind in der prähistorischen Archäologie allgegenwärtig. Aus dem Umfang der Grabbeigaben oder dem Aufwand, der für Wohn- oder Bestattungsarchitektur getrieben wurde, wird oftmals direkt auf den Reichtum und die damit automatisch assoziierte Machtposition der entsprechenden Person(en) geschlossen. Der dem Objekt bzw. der Architektur zugeschriebene Wert wird dabei regelhaft als zeitlose Konstante verstanden, weil dem Faktor »Aufwand« im Hinblick auf Zeit, Arbeitskraft und Distanz eine überzeitliche, entscheidende Bedeutung zugeschrieben wird. So wird bislang der Wert eines Objekts vor allem über die Herkunft und Verarbeitung seiner Bestandteile bestimmt. Dem Itinerar des Objekts und seiner damit verbundenen permanenten Neubewertung wurde hingegen aus archäologischer Perspektive bislang zu wenig Beachtung geschenkt. Die von der Archäologie gewählten Kriterien zur Wertbestimmung – insbesondere Seltenheit, Herkunft und Aufwand – sind richtig und wichtig, geben aber nur einen Rahmen vor, innerhalb dessen die Wertbestimmung erfolgte. Innerhalb dieses Rahmens werden im Kontext von Machtasymmetrien und sozialen Praktiken Werte immer wieder neu definiert und zum Ausdruck sozialer Ungleichheit verwendet. In diesen Wertzuschreibungsprozessen kommt den Objektitineraren eine besondere Bedeutung zu. Auf dem Reiseweg eines Objekts kann dessen Substanz und/oder Materialität mit Funktionen und Bedeutungen aufgeladen werden. Zum Zeitpunkt der Aufladung und/oder zu einem späteren Zeitpunkt kann dieser Abschnitt des Objektitinerars zur Auf- bzw. Abwertung des Objekts und damit auch zur Schaffung bzw. als Ausdruck von Armut und Reichtum verwendet werden. Dies macht die Bestimmung von sozialer Ungleichheit im archäologischen Befund nicht einfacher – aber ungleich interessanter. (*Stockhammer,2016:77ff.*)

3.8. Von den nomadisierenden Horden zum organisierten Fürstentum

Es gibt deutliche Hinweise darauf, daß sich gegen Ende des ersten vorchristlichen Jahrtausends bestimmte Gesellschaften hierarchisch zu strukturieren begannen und in der Folge Dominanz gegenüber schwächeren oder abhängigen Siedlungsverbänden ausübten. Die Gebiete des heutigen Südostasiens waren durch ein Mosaik von Gemeinwesen gekennzeichnet, die auf einer Skala gesellschaftlicher Integration von der nomadisierenden Horde (*band*) bis zum organisierten Fürstentum (*chiefdom*) reichten. Üblicherweise kennzeichnete diese Gemeinschaften ein hoher Grad an Autarkie; sie verfügten über bestimmte Traditionen in der Herstellung diverser Artefakte und nutzten ökologisch komplementäre natürliche Ressourcen (*Wheatly,1983:43*). Diese protohistorische Phase definierte sich durch eine rapide Institutionalisierung zentralisierter Führung, die daraus resultierende Herausbildung von Proto-Staaten und die Entwicklung urbanen Lebens. Sie repräsentiert die Phase der sozio-kulturellen Integration (*Wheatly,1983:55*). Archäologische Erkenntnisse unterstützen diese These und offenbaren, insbesondere im Falle Bac Bos (Tonkin), eine aristokratische Gesellschaftsform. Die zunehmende Komplexität dieser hierarchisch-zentralisiert organisierten Gesellschaften setzte verschiedene Entwicklungen voraus bzw. beförderte diese. Technologische Kenntnisse, insbesondere (hoch)spezialisierte handwerkliche Fähigkeiten und Kenntnisse, nahmen signifikant an Bedeutung zu. Logistische Anforderungen, etwa die hinreichende Versorgung einer wachsenden Bevölkerung mit Wasser und Nahrung (*Wittfogel,1957*), stiegen. Verschiedene Formen der Kommunikation, beispielsweise die der Schrift, entwickelten bzw. etablierten sich. Vor allem aber wurde der Alltag der Gemeinschaft zunehmend organisiert. Aus den angesehensten Familien erwuchsen Eliten aus denen wiederum einander nachfolgende lokale Führer generiert wurden. Deren primäres Augenmerk lag auf das Sammeln einer möglichst großen und vor allem loyalen Gefolgschaft. Die Etablierung einer lokalen Entourage mit großen und beeindruckenden Bauwerken in abgegrenzten Bezirken für rituelle Handlungen galt als sichtbarer und akzeptierter Ausdruck für diesen lokalen oder regionalen Machtanspruch. Ein weiteres Indiz für ein vorhandenes Supremat bildete die Fähigkeit, im Konfliktfall ausreichend Truppen ausheben und mobilisieren zu können. >>Einige der mächtigeren Stammesfürsten (*overlords*) waren dazu in der Lage und vergrösserten dergestalt ihre über die Grenzen des Stammesgebietes hinausreichende Einflusssphäre, die sich dann in eine grössere und komplexere Form der sozialen Organisation wandelte [...] Üblicherweise würden wir diese Gebilde ‚Staaten' nennen. Jedoch erweckt dieser Begriff zumindest die Vorstellung von der Existenz eines Gemeinwesens (*polity*) mit einer Hauptstadt und feststehenden Grenzen. Diese Vorstellung wäre jedoch falsch<< *(Higham,1989:239)*. Die sich entwickelnden protostaatlichen Zentren in Südostasien waren in jener Zeit sowohl von wechselnden Grenzen als auch von unsicherer Dauer geprägt. Und einige der frühen "Reiche" dieser Region mögen eher dem Wunschdenken einiger Geschichtswissenschaftler und Anthropologen entspringen denn der proto-historischen Realität *(Kulke,1986:2)*. Oder wie es Wolters formulierte: >>in dieser historischen Phase ist der Begriff 'Königreich' [...] unzutreffend. Grössere Gebilde waren immer noch die fragile Konsequenz des Könnens und der Tapferkeit individueller Führer. Diese Art von Gebilden lösten sich schnell wieder auf, wenn der Stammesfürst starb oder das Vertrauen seiner Verbündeten verlor<< *(Wolters,1974:371)*. Eine nachvollziehbare Definition bietet das Modell der *mandala*[138], wenngleich festzuhalten ist, daß es bis dato kein allgemein akzeptiertes Modell gibt, welches generell zur Erklärung der Ursprünge von zentralisierten staats-ähnlichen Gemeinwesen an einem bestimmten Ort zu einem bestimmten Zeitpunkt herangezogen werden könnte *(Higham,1989:240)*. Die Landkarte des frühen Südostasien formte sich aus einem prähistorischen Netzwerk kleiner Siedlungsgemeinschaften und stellt sich selbst in den überlieferten Quellen als Patchwork >>sich oft überlappender *mandala* oder ‚*circles of kings*' [dar] Innerhalb jedes *mandala*, beanspruchte ein König, mit zugestandener göttlicher und ‚universeller' Autorität, die persönliche Hegemonie über andere Herrscher innerhalb seines *mandala*, welche in der Theorie seine Verbündeten und Vasallen waren<< *(Wolters,1982:16f.)*, wobei der Herrscher des benachbarten Kreises *qua definitionem* der Feind, jener eines nicht angrenzenden Kreises ein potentieller Verbündeter war. In politischen Kategorien formuliert beschreibt *mandala* ergo >>ein im territorialem Sinn fliessendes politisches Konstrukt [welches] aus diesem Grunde ohne feststehende Grenzen [existierte]<< *(Higham,1989:240)*. Vor diesem Hintergrund erscheint das Streben nach Sicherung des eigenen *mandala* nach allen Seiten hin verständlich, was dazu führte, daß >>*mandala* sich ausdehnten und zusammenzogen wie eine Ziehharmonika<< *(Wolters,1982:16f.*. Als Beispiele für die weiter oben besprochenen *mandala* zwischen dem 5.-7. Jahrhundert benennt die Forschung verschiedene, überwiegend geographisch nicht exakt zu lokalisierende, regionale Machtzentren, die als Hauptstädte von lokalen Machthabern fungierten: Śresthapura (*Coedès,1906:71*), Bhavapura (*Jacques,1972:217*), Īśānapura und Śambhupura (*Osborne,1966:433f.*).

---

[138] Sanskrit: मण्डल (Kreis). ein figurales oder in der Form des Yantra geometrisches Schaubild, das im Hinduismus und Buddhismus in der Kultpraxis eine magische oder religiöse Bedeutung besitzt. Ein mandala ist meist quadratisch oder kreisrund und stets auf einen Mittelpunkt orientiert. In seiner einfachsten Ausführung kann es ein Dreieck zeigen, die eine Trinität (*Trimurti*; Konzept des Hinduismus; die Vereinigung der drei kosmischen Funktionen der Erschaffung, Erhaltung und Zerstörung bzw. Umformung verkörpert durch Brahma als des Schöpfers, Vishnu als des Erhalters und Shiva als des Zerstörers) darstellt. In seiner größten Ausgestaltung bis in den Grundplan eines sakralen Gebäudes gesteigert verkörpert das *mandala* das gesamte Universum mit Himmel, Erde und Unterwelt. Es dient als visuelles Hilfsmittel, um durch die Darstellung von Göttern, Landschaften oder Zeichen komplexe religiöse Zusammenhänge verinnerlichen zu können.

Der Übergang von der prä-urbanen zu urbanen Gesellschaft, von der Kultur der Hoabinhians zu den „indianisierten" Staaten, also die Phase des signifikanten sozialen Wandels gehört quellenmäßig zu den am wenigsten dokumentierten in der Geschichte Südostasiens. Zu den Primärquellen zählen grundsätzlich die Inskriptionen, allerdings stellt sich das Problem >>das sie nur zu oft als Instrument der Selbstdarstellung dienten, erstellt um die historische Gegenwart zu glorifizieren oder um eine bestimmte Dynastie als ultimativen Quell der politischen, sozialen, ökonomischen, moralischen und religiösen Ordnung zu manifestieren [...] [Außerdem beschränken sie sich nahezu ausschließlich] auf einen kleinen Bereich im Spektrum der sozialen und institutionellen Entwicklung, überwiegend mit rituellen, zeremoniellen und administrativen Aspekten [...] und zu einem gewissen Grad mit Fragen der Bildung und Erziehung<<. (*Wheatly,1983:56*) Daraus folgt, das diesen Quellen häufig für die Rekonstruktion von konkreten Ereignissen lediglich sekundäre Qualität besitzen. Unter den literarischen Überlieferungen sind die vermeintlich nützlichsten chinesische Historiographien, Enzyklopädien und Topographien. Eher dem literarischen Genre zuzuordnen sind die Beiträge des indischen Subkontinents; naturgemäß entbehren poetische Verse in Sanskrit oder die tamilische höfische Poesie die objektiven Kriterien formaler Chronologien. Ein weiterer Korpus bildet die westliche Literatur, deren verwertbare Interpretationen allerdings durchaus umstritten sind. Auch die literarischen Werke des arabisch-persischen Sprachraumes liefern ab der Mitte des 9. Jahrhunderts sachdienliche Hinweise für die Protohistorie Südostasiens (*Wheatly,1983:62f.*).

3.9. Exkurs: Persisch-Arabische Quellen

Seit dem frühen 7. Jahrhundert tauchten in den Gewässern Südostasiens zunehmend Handelsschiffe aus Persien und Arabien auf. Auf der Suche nach Gewürzen und anderen profitablen Handelswaren Asiens sollten diese Boote die Küsten Asiens in den nächsten 1000 Jahren frequentieren. Die reiche arabische Literatur bildet mithin eine der frühen Quellen für die Historie Südostasiens, wenngleich die meisten Berichte mit Vorsicht zu genießen sind; neben dem allgemeinen orientalischen Hang zur Legendenbildung stellt man bei genauer Betrachtung fest, daß die meisten der „Augenzeugenberichte" Kompilationen von anderen Reisebeschreibungen darstellen und mithin „second-hand Charakter" besitzen. Desweiteren bleibt festzuhalten, dass die frühen Asienfahrer aus dem arabisch-perischen Raum See- und Kaufleute waren und keine Entdecker im klassischen Sinne. Dies erklärt auch, dass die überlieferten Berichte überwiegend Informationen zu Handelsrouten und –waren enthalten und weniger Beschreibungen der besuchten Länder und deren Menschen.

Zu den bekannteren Überlieferungen zählen *(Tregonning 1965:10ff.)* Kompilationen von Reise-berichten jener Seefahrer wie beispielsweise das *Kitab al Ajab al Hind*[139] (Die Wunder Indiens) von *Buzurg ibn Shahriyar Ram'Hurmuzi*[140], Kapitän eines Handelsschiffes aus der persischen Provinz Chuzestan, der darin seine diversen Handelsreisen zwischen 900-953 beschreibt. Der ins Französische übersetzte Bericht *(Reinaud,1845)* enthält neben dem „Seemannsgarn" auch einige lokale Informationen, welche die Authenzität der Aussagen belegen. Das um 916 von *Abu Zayd al-Zirafi* verfaßte *Akhbar as-Sin wa'l-Hind* (Geschichten über China und Indien) *(Ibid.)* beruht, wie die meisten der frühen Werke, nicht auf eigenen Erlebnissen des Verfassers; aufgewachsen in Siraf, einer Hafenstadt am Persischen Golf, nutzte er seine Kontakte zu den dort lebenden und logierenden Asienfahrern, deren Berichte er sich zu eigen machte und schließlich kompilierte. Um 940 entstand ein Reisebericht von *Abū Dulaf, Mis'ar b. Muhalhil al-Khazrajī al-Yanbū'ī (von Rohr-Sauer, 1939)*, der am Hofe der Samaniden in Buchara lebend seine Asienkenntnisse anläßlich seiner Terilnahme an einer

---

[139] [الهند عجائب كتاب]
[140] [ابن شهريار ^بزر]

diplomatischen Mission nach China vertiefte. Über die originäre Entstehung jener Kollektion von Geschichten die schließlich als *Kitāb alf laylah wa-laylah*[141] (Geschichten aus 1001 Nacht) weltberühmt wurden, ist wenig bekannt. Im 10. Jahrhundert benutzte der im Irak lebende al-Jahshiyari eine persische literarische Vorlage (*Hazar Afsana*) für die Strukturierung der Urform von *Alf Laylah wa Laylah*. Ihre vorläufige, erstmals in einer zwölfbändigen französischen Übersetung Gallands zwischen 1704-1717 auch dem europäischen Publikum bekannt gemachte, moderne Form dürfte wohl während der Mamelukischen Periode Ägyptens entstanden sein. In die Regentschaft König Narais fällt ein Bericht mit dem Titel *Safīna'i Sulaimānī* (Das Schiff des Sulaiman) *(O'Kane, 1972)*. Der Autor, *ibn Muhammad Ibrahim*, war Sekretär einer diplomatischen Mission, die Schah Sulaiman I.[142] 1685 nach Ayutthaya entsandte. Der Bericht ist höchstwahrscheinlich kurz nach Rückkehr der Gesandtschaft nach Persien im Mai 1688 geschrieben worden. Die Teile („Juwelen") 2 und 3 sind eine wichtige Primärquelle für die Geschichte Ayutthayas in der zweiten Hälfte des 17. Jahrhunderts und schildert aus persischer Sicht die Außenpolitik König Narais, das Leben der persischen Kolonie in Siam und den Aufstieg der *Bunnag*-Familie[143]. Zu erwähnen ist auch der moslemische Forschungsreisende *Abū 'Abd Allāh Muḥammad b. Baṭṭūṭa*[144], kurz *Ibn Battuta*, der mit 21 Jahren den *Haddsch*[145] absolvierte und danach noch rund 120.000 km innerhalb und außerhalb des islamischen Kulturkreises zurücklegte. Seine Beobachtungen schrieb er in einem Werk nieder, das er schlicht *riḥla*[146] nannte.

---

[141] [كتاب ألف ليلة وليلة]
[142] [شاه سليمان] Auch Safi II. [شاه صفى] genannt war von 1666-1694 von Schah von Persien und stammte aus der Dynastie der Safawiden
[143] Der Bunnag-Clan [ตระกูลบุนนาค] war eine der mächtigsten Familien in Siam und Thailand, gegründet von persischen Immigranten. Der Stammvater Bunnag war ein Kindheitsfreund und enger Vertrauter König Rama I. Sie kontrollierte lange Zeit das Schatz- und das Kriegsministerium und besaß auch bei der Bestimmung des Thronfolgers großen Einfluß. König Chulalongkorn beschränkte Ende des 19. Jahrhunderts ihre Machtposition; Mitglieder der Familie sind aber bis in die heutige Zeit in der Politik, Wirtschaft und Gesellschaft Thailands sehr einflussreich.
[144] [أبو عبد الله محمد بن بطوطة]
[145] [حج] Die für Moslems vorgeschriebene Pilgerfahrt nach Mekka
[146] [رحلة] „Reise". Vgl. hierzu die erste deutsche Übersetzung des Gesamtwerks: Grün, 2007

4. Aus dem Dunkel der Geschichte

Das kannst Du nicht verstehen, weil Du nicht Thai bist. So oder in ähnlicher Form hat meine Frau Thewee mehr als einmal reagiert, wenn ich tiefergehende (Un)Verständnisfragen zur thailändischen Kultur an sie richtete oder gar konträre Meinungen zu diversen Themen entwickelte, insbesondere nach dem Studium abendländischer Quellen und Sekundärliteratur. Diese, partiell durchaus indignierte, Reaktion artikuliert eine Ausdrucksform der weit verbreiteten Annahme, daß es so etwas wie eine unbestrittene gemeinsame Form des Thai-Seins oder einer Thai-Identität gebe, *khwampenthai* [ความเป็นไทย] genannt. Es wird angenommen, daß *khwampenthai* schon lange existiert und alle Thais Inhalte und Werte dieses Thai-Seins kennen. Die grundsätzlichen Inhalte von *khwampenthai* haben sich nahezu unverändert erhalten, wenngleich Thailand, insbesondere im Verlauf der letzten 100 Jahre gewaltigen Veränderungen im Zuge seiner Modernisierung unterlag. Aus nationalistischer Sicht heraus gründet sich *khwampenthai* im wesentlichen auf die Annahme, daß die Führer der Thais (die Könige) im Verlauf dieser notwendigen Modernisierung nur die „guten Seiten" der westlichen Welt adaptiert hätten und es stets verstanden hätten, die unverzichtbaren traditionellen Werte *Müang Thais* [เมืองไทย] zu erhalten (*Thongchai Winichakul,1994:3*). Diese traditionellen Werte finden sich auch in *Phleng Chat Thai* [เพลงชาติไทย], er thailändischen Nationalhymne wieder, derzufolge die Thais gleichermaßen friedliebend als auch mutig und abwehrbereit sind[147]: Frei übersetzt lautet der Text:

ประเทศไทยรวมเลือดเนื้อชาติเชื้อไทย (*prathet thai ruam lüat nuea chat chuea thai*)
Thailand ist die Verkörperung allen Blutes und Fleisches der thailändischen Rasse.

เป็นประชารัฐ – ไผทของไทยทุกส่วน (*pen pracha rat – phathai khong thai thuk suan*)
Thailand den Thailändern.

อยู่ดำรงคงไว้ได้ทั้งมวล (*yu damrong khong wai dai thang muan*)
So bleibt es, denn alle Thailänder sind in Einigkeit miteinander verbunden.

ด้วยไทยล้วนหมาย – รักสามัคคี (*duai thai luan mai – rak samakkhi*)
Wir Thailänder sind ein friedliebendes Volk,

ไทยนี้รักสงบ – แต่ถึงรบไม่ขลาด (*thai ni rak sangop – tae thüng rop mai khlat*)
Aber wenn wir kämpfen müssen, kennen wir keine Furcht.

เอกราชจะไม่ให้ใครข่มขี่ (*ekkarat cha mai hai khrai khom khi*)
Wir werden niemals die Unterdrückung unserer Unabhängigkeit zulassen,

สละเลือดทุกหยาดเป็นชาติพลี (*sala lüat thuk yat pen chat phli*)
Jeden Blutstropfen für unser Land opfern

เถลิงประเทศชาติไทยทวี มีชัย – ชัยโย (*thalöng prathet chat thai thawi mi chai – chaiyo*)
Und den Wohlstand Thailands mehren. Hurra!

---

[147] Die Musik der Nationalhymne Thailands wurde 1932 von Peter Feit [Thai: *Piti Wathayakon* เมืองไทย] komponiert; der Sohn des deutschen Immigranten Jakob Feit und einer Thai lebte von 1883-1968. Für seine Lebensleistung wurde er mit dem Titel *Phra Chen Duriyang* [พระเจนดุริยางค์] geehrt, was soviel wie „Experte für Musikinstrumente" bedeutet. Den Text schrieb 1939 Oberst *Luang Saranuprapan* [พันเอก หลวงสารานุประพันธ์] (1896–1954).

Aber was ist dieses *khwampenthai* eigentlich genau? Die Menschen des heutigen modernen Thailands werden Ihnen auf die Frage nach Ihrer nationalen Identität ohne zu zögern antworten, sie seien Thai[148] und loyale Untertanen Ihres Königs. Für den Prinzen *Damrong Rajanubhab*[149] [ดำรงราชานุภาพ] basiert das Thai-Sein auf drei Säulen: Toleranz, staatliche Unabhängigkeit und die Fähigkeit zum Kompromiß (*Damrong Rajanubhab,1975:6f.*). Dies ist eine unter vielen Meinungen, was unter *khwampenthai* zu verstehen ist. Ob dieser Meinungsvielfalt verwundert es nicht, daß sich seit alters her staatliche Institutionen um die Definition, Pflege und Bewahrung der nationalen Identität mühen. Aktuell zuständig ist die *Kommission für Nationale Identität* die *khwampenthai* immer so definiert, daß die Sekurität der ideologischen Trinität von Nation, Buddhismus und Monarchie gewährleistet ist. Gemäß den Erkenntnissen dieser Kommission ruht die thailändische Nation auf acht Fundamenten: Staatsgebiet, Bevölkerung, Unabhängigkeit und Souveränität, Regierung und Administration, Religion, Monarchie, Kultur und Würde (*Thongchai Winichakul,1994:4f.*).

Neben der Betonung dieser positivem Identifikation definiert *khwampenthai* auch über bestimmte negative Identifikationen, d.h. man ist „Thai", in dem man nicht wie andere ist. So riet beispielsweise der thailändische Botschafter in Australien 1987 bei einem Gespräch mit thailändischen Studenten in Canberra, sie sollten „ sich nicht so benehmen wie die Vietnamesen" (*Thongchai Winichakul,1994:6*). In einer weniger beachteten Umfrage in Thailand hatte zwei Jahre zuvor eine überwiegend aus Lehrern, Ärzten und lokalen Verwaltungsleitern bestehende Zielgruppe sich dahingehend geäußert, daß erstens Thailand ein wundervolles Land sei, in dem man wiedergeboren werden möchte (positive Identifikation); und zweitens seien Vietnam, Kambodscha, Laos und Burma Länder, mit deren Menschen Thais keine engen Beziehungen, wie z.B. Heiraten eingehen sollten (negative Identifikation). (*Likhit Dhiravegin, 1985*) Auch Kommunist zu sein, galt und gilt als „Un-Thai". Als in den 70er Jahren jedoch die Mehrzahl der Mitglieder der Kommunistischen Partei Thailands den Dschungel verließ und die angebotene Amnestie des Königs annahm, wurden selbst vormalige Mitglieder des Politbüros unverzüglich wieder in die Gesellschaft aufgenommen und galten fortan als >>Mitgestalter bei der Entwicklung der thailändischen Nation<< (*Thongchai Winichakul,1994:170*).

Die thailändische Nationalhymne schildert die eigene Nation als friedlich und nicht aggressiv, gleichzeitig aber auch als tapfer und freiheitsliebend. Diese Sicht deckt sich der grundsätzlichen Sicht der thailändischen Historiographie; diese betrachtet Thailand als einen traditionalistischen Staat der sich selbst in eine moderne Gesellschaft verwandelt hat. Diese Wandlung verdankt er im wesentlichen seinen weisen Monarchen, die es zu jedem Zeitpunkt verstanden hätten, die Bedrohungen seitens der verschiedenen Kolonialmächte durch rechtzeitige und kluge Modernisierungsmaßnahmen zu konterkarieren. Die dadurch

---

[148] Um die begrifflichen Verwirrungen in Grenzen zu halten wird in diesem Buch in der frühen Geschichte der Begriff *Tais* oder *Tai*-Populationen, ab der Ayutthaya-Periode der Terminus *Siamesen* und erst mit dem Beginn der Chakri-Dynastie die Bezeichnung *Thais* verwendet.

[149] Offizieller Titel: *Somdet Phra Chao Borommawong Thoe Phra-ong Chao Ditsaworakuman Krom Phraya Damrong Rachanuphap* [สมเด็จพระเจ้าบรมวงศ์เธอ พระองค์เจ้าดิศวรกุมาร กรมพระยาดำรงราชานุภาพ]. Der 21. Juni 1862 als Sohn von König Rama IV. (Mongkut) und dessen Nebenfrau *Chao Chom Manda Chum* [เจ้าจอมมารดาชุ่ม] geborene Prinz *Phra-ong Chao Ditsaworakuman* [พระองค์เจ้าดิศวรกุมาร] gilt als der Begründer des modernen Schulsystem Thailands, hat als erster Innenminister Thailands die Provinzverwaltung modernisiert und sich aufgrund zahlreicher Beiträge zur thailändischen Geschichtsschreibung den Ehrentitel „Vater der thailändischen Historiographie" erworben. Nach dem Ende der absoluten Monarchie 1932 und dem gescheiterten Versuch von Prinz (*Phra Worawongthoe Phra-ongchao*) *Boworadet* [พระวรวงศ์เธอ พระองค์เจ้าบวรเดช], die alte Ordnung wieder herzustellen, floh Prinz Damrong ins Exil nach Penang in Malaysia. 1942 kehrte er nach Bangkok zurück, wo er auch 1943 starb.

gewährleistete nationale, politische, gesellschaftliche, kulturelle und spirituelle Kontinuität und Homogenität sei das wesentliche Charakteristikum der modernen thailändischen Nation.

Alternierend dazu stehen Auffassungen, wonach die moderne thailändische Gesellschaft die buddhistischen Traditionen zwar formal adaptiert habe; Kapitalismus, unkritischer (westlicher) Modernismus und Konsum jedoch die Menschen zunehmend entwurzele und dem Nährboden der klassischen thailändischen Traditionen entzöge (*Swearer,1991*). Im Gefolge dieser oder ähnlicher Auffassungen befinden sich auch jene, die als den wahren Träger und Bewahrer von *khwampenthai* die Landbevölkerung ausmachen. Zweifelsohne spielen kulturelle, sprachliche und politische Gemeinsamkeiten eine signifikante Rolle in der Definition einer „*Thai*-Identität", wenngleich eben diese Gemeinsamkeiten in Ihrer heutigen Ausprägung eines langen Prozesses bedurften. Diesen zumindest ansatzweise aufzuzeigen ist Gegenstand dieses Kapitels.

4.1. Die Khun-Borom-Legende

Alle Völker der Welt haben Ihre Vorstellungen das eigene Wachsen und Werden betreffend über Generationen hinweg tradiert, weniger in historisch exakten Aufzeichnungen als in Legenden, Sagen und Volksmärchen; neben der Bewahrung und Weitergabe von Wissen um die eigene Identität hatten diese Tradierungen auch immer eine unterhaltende Funktion – mit trockenem Geschichtsunterricht hätte man breite Schichten der Bevölkerung auch gar nicht erreicht. Südostasien bildet hier keine Ausnahme, ganz im Gegenteil: Die Anzahl der, vor allem mündlichen Überlieferungen ist durchaus beachtlich. Ein eloquentes Beispiel hierfür ist die Legende von *Khun Borom Rachathirath* [ขุนบรมราชาธิราช][150] die, unter anderem von den Lao tradiert, die frühe Verbreitung der Tais schildert.

Gemäß dieser Legende ärgerte sich zu Urzeiten der Gott der Götter über die Menschen, die sich unzivilisiert, roh und brutal benahmen und es überdies an Respekt den Göttern gegenüber mangeln ließen; auch verstanden sie noch nichts von Landwirtschaft. Gottvater sandte eine große Flut die Menschen zu strafen [sic!]. Nur drei Stammesfürsten hatten sich zuvor unterworfen: *Khun Khan*, *Khun Khek* und *Khun Pu Lang Song*. Gnädig wurden sie vorübergehend ins Reich der Götter aufgenommen und durften dort das Ende der Flut abwarten. Alsdann wurden sie, in Begleitung eines kräftigen Büffels, wieder auf die Erde beordert und begannen weisungsgemäß damit, die großen Ebenen um Dien Bien Phu umzupflügen. Als das letzte Reisfeld angelegt war starb der fleißige Büffel; aus seinen Nüstern jedoch wuchs alsbald eine riesige Pflanze, die Kürbisse trug. Aus diesen Kürbissen wiederum drangen recht bald vernehmliche Laute und als man sie öffnete, strömten aus Ihnen Menschen auf die Erde. Der laotischen Tradierung zufolge entsprang die dunkelhäutige Urbevölkerung aus jenen Öffnungen, die mit einem glühenden Schürhaken herausgebrannt wurden. Aus den aufgemeißelten Löchern hingegen kamen die vergleichsweise hellhäutigeren Lao.

Unter der gütigen Observanz des Gottes der Götter lehrten *Khun Khan*, *Khun Khek* und *Khun Pu Lang Song* die Tai, Häuser auf Stelzen zu bauen, Nass-Reis zu kultivieren, sowie die Einhaltung gesellschaftlicher und religiöser Regeln. Die Tais mehrten sich ob dieser Fürsorge dermaßen redlich, das alsbald eine personelle Entlastung der drei Stammesfürsten erforderlich wurde. Also sandte der oberste Gott seinen eigenen Sohn, *Khun Borom*, samt Lehrern, Handwerkern und Höflingen zu den Tais. Nachdem *Khun Borom* die bis dato existierenden

---

[150] In der chinesischen Historiographie wird Khun Borom als *Piluoge* [皮羅閣] identifiziert, der das Reich von *Nan Chao* vereinigte und von 728 – 748 herrschte

sechs[151] kleinen Fürstentümer zum Königreich Nan Chao[152] vereinigen konnte[153], herrschte er dort zwischen 728-748 und zeugte in dieser Zeit neun Söhne, von denen er sieben am Ende seiner prosperierenden Regentschaft einzelne Teile seines Reiches anvertraute: *Khun Lo*[154], dem ältesten das Königreich *Sawa* (*Müang Sua*), *Khun Palanh* erhielt *Sip Song Pan Na* [สิบสอง ปันนา][155], *Khun Chusong* herrschte fortan über *Tung Kea*[156], *Khun Saiphong* über *Lan Na*[157] [อาณาจักรล้านนา], *Khun Ngua In* bekam *Ayutthaya*, *Khun Lok-Khom* das Shan-Fürstentum *Hamsavati*[158] in Burma und *Khun Chet-Cheang* schließlich die Provinz *Moung Phuan*[159].

4.2. Das lange Werden

Sprechen wir über das Gebiet der indochinesischen Halbinsel im allgemeinen und dem Staatsgebiet des heutigen Thailand im besonderen so bleibt festzustellen, daß jene Menschen, welche die Hauptelemente der heutigen *Thai*-Identität verkörpern erst vor ca. 1000 Jahren dort eintrafen. Wenn die Wissenschaft diese Menschen als *Tai* bezeichnet, so handelt es sich hierbei um einen primär lingual-kulturellen Terminus, der oberbegrifflich verschiedene Tai-Völker definiert, denen sprachliche und kulturelle Gemeinsamkeiten nachzuweisen sind; dies gilt trotz der im Laufe der Geschichte erfolgten, mehrfachen geographischen Separierung. Der heutige *Thai* kann ebenso aus einem der vorgenannten Tai-Völker hervorgegangen sein, als auch ein Abkomme der viel früher in der Region beheimateten *Mon* oder *Khmer* sein; auch chinesische und indische Einwanderer zählen zu den Urahnen. Erst aus einem Jahrhunderte währenden Prozeß kultureller und sozialer Interaktion zwischen den verschiedenen Tai-Völkern und den übrigen zu- und eingewanderten ethnologischen Gruppierungen erwuchs schließlich ein gemeinsames Verständnis von Kultur und Zivilisation, um schließlich in eine nationale Identität zu gipfeln. Die erste Schwierigkeit in der Beschreibung eines langen Reifeprozesses ist einen Anfangspunkt zu definieren – also eine Art ethnologischen Urknall. Dieses Kapitel wird sich mit dem Wachsen und Werden der Tais bis zum 11. Jahrhundert beschäftigen; einer Zeit also, lange vor der Besiedelung des Beckens zu beiden Seiten des *Menam Chao Phraya*, dem Kerngebiet des heutigen Thailand.

Die ca. 68,2 Millionen[160] Angehörigen der verschiedenen Tai-Völker unserer Tage sind auf mehrere Millionen km² des südöstlichen Teils des asiatischen Kontinents verteilt. Neben den ca. 30 Millionen *Thais* zählen dazu rund 20 Millionen *Lao*, die zum größten Teil im Nordosten des heutigen Thailand beheimatet sind, ca. 2,5 Millionen jedoch im heutigen Laos.

---

[151] Mengshe [蒙舍], Mengsui [蒙嶲], Langqiong [浪穹], Dengtan [邆賧], Shilang [施浪] und Yuexi [越析]
[152] [南詔]
[153] Der als *Li Longji* [李隆基] gebore siebte Kaiser der Tang Dynastie *Xuanzong* [唐玄宗] (685-762) unterstützte *Khun Borom* militärisch und politisch
[154] Der Gründer des Königreiches Rajadharani Sri Sudhana und der Stadt Luang Prabang. Dieses Reich sollte im 13. Jahrhundert unter der Herrschaft König *Fa Ngums* zusammen mit anderen Fürstentümern im Königreich *Lan Chang* aufgehen.
[155] Im Süden des heutigen Yunnan in China
[156] Muang Huao-Phanh bis nach Tonkin im nördlichen Vietnam
[157] Von 1292-1775 ein Königreich in Nordthailand
[158] Auch *Moung Hongsa* bzw. *Inthaputh* genannt, das spätere *Pegu* und heutige *Bago* in Myanmar
[159] Die heutige Provinz *Xiangkhouang* [ຊຽງຂວາງ] im heutigen Laos
[160] Seit 1911 werden in Thailand Volkszählungen durchgeführt. Für Mitte 2016 wurde die Bevölkerung Thailands auf 68,2 Millionen Menschen geschätzt. Thailand ist damit einer der 20 bevölkerungsreichsten Staaten der Erde. 1850 hingegen lebten in Thailand nur 5,5 Millionen Einwohner, 1911 8,2 Millionen, 1960 26 Millionen und 1987 etwa 53 Millionen. Das Bevölkerungswachstum, welches in den 1960er Jahren bei 3,2 % pro Jahr lag, sank bis 2015 auf 0,34 %. Rund 50,4 % der Menschen lebten in Städten, 49,6 % der Menschen auf dem Land (*The World Factbook — Central Intelligence Agency*. Online, 3. August 2017).

3 Millionen *Shan* leben im Nordosten des heutigen Myanmars, die Gruppe der *Lü*[161] in der chinesischen Provinz Yünnan und die verschiedenen Hochland-Tais, *Black Tai, Red Tai* und *White Tai,* die in Laos und Nordvietnam leben, zählen ca. 2,5 Millionen. Weitere 18 Millionen Köpfe zählt die Gruppe der *Chuang* in den chinesischen Provinzen Kwangsi und Kweichow, etwa 400.000 *Nung* leben im Norden Vietnams. Dazu kommen noch einige isolierte Gruppen im Nordosten Indiens oder auf der chinesischen Insel Hainan.

Geschätzte ethnische Zusammensetzung der Bevölkerung Thailands		
Ethnische Gruppe	**Gebiet**	**Anteil in %**
Thaisprachige Populationen:		
Siamesen (Zentral-Thai)	Zentral-Thailand	25,0
Nordöstliche Thai (Isan, Thai-Lao)	Nordost-Thailand	31,0
Nördliche Thai (Khon Muang, Yuan)	Nord-Thailand	20,0
Südliche Thai	Süd-Thailand	4,0
Thai-Moslems	Süd- und Zentral-Thailand	1,0
Sonstige (Phu Thai, Yo, Lü, Shan, Lao Song, Lao Phuan)	Nord-, Nordost- und Zentral-Thailand	2,0
Austroasiatische Sprachgruppen		
Mon	Zentral-Thailand	0,2
Khmer	Nordost-Thailand	1,5
Kui (Suai)	Nord-Thailanda	0,5
Stämme (Lawa, Thin, Khamu)	Nord-Thailand	0,1
Malaiien	Südlichste Provinzen	3,0
Einwanderer:		
Chinesen (Sino-Thais)	Urbane Zentren	10,5
Vietnamesen	Urbane Zentren + Nordost-Thailand	0,2
Sonstige (Inder, Burmesen, Japaner, Europäer)	Urbane Zentren	0,1
Sonstige Stämme:		
Karen	Nord-Thailand	0,5
Hmong (Miao, Meo) + Mien (Yao)	Nord-Thailand	0,2
Akha, Lahu, Lisu	Nord-Thailand	0,2
		100,0

Das wichtigste verbindende Element um Tai-Völker unterschiedlicher Provenienz als solche zu erkennen, sind signifikante sprachliche Eigenheiten. Obwohl man die verschiedenen Dialekte der Tais nicht so ohne weiteres zu einer linguistischen Gruppierung wie z.B. den romanischen Sprachen zuordnen kann, gibt es klare Merkmale der Differenzierung.

---

[161] Eine etwa 50.000 Menschenumfassende ethnische Minorität, die im heutigen Thailand im östlichen Nordteil des Landes beheimatet ist. Die Lü wohnen in den Ebenen und habe eine lange Tradition im Handel mit den diversen Bergstämmen der Region. Gelegentlich fungieren sie auch als Vermittler zwischen den *hill tribes* und den dominanten politischen, wirtschaftlichen und gesellschaftlichen Gruppen Zentralthailands. Die Lü sind Nass-Reis Bauern und leben überdies von den Produkten ihrer Viehzucht.

Im Hinblick auf ihre phonologische Struktur weisen grundsätzlich alle Tai-Sprachen die Merkmale einer monosyllabischen Tonsprache auf; das heißt, die Wörter der Tai-Sprachen bestehend überwiegend jeweils aus nur einer Silbe (mehrsilbige Wörter sind meistens dem Pali, Sanskrit oder Khmer entlehnt). Jede Silbe der einzelnen Wörter wird nicht nur aus einem Vokal oder aus Vokalen und Konsonanten gebildet, sondern auch mit einem von fünf verschiedenen Tönen artikuliert (*Wilita Sriuranpong,1997:7f.*). Im Laufe der Zeit gingen den frühen Tai-Sprachen viele Konsonanten verloren, die ursprünglich der Unterscheidung der einzelnen Wörter und deren Bedeutungen gedient hatten. Im Thai gibt es darüber hinaus keine morphologischen Formen des grammatischen Geschlechts. Die Leistung des Kasus beispielsweise im Deutschen, nämlich die syntaktischen Beziehungen der nominalen Satzteile anzuzeigen, wird im Thai primär durch die Serialisierung oder auch durch lexikalische Mittel substituiert (*Wilita Sriuranpong,1997:11*). Mithin wurde neben der dominierenden Wortstellung „Subjekt - Verb – Objekt" die tonale Lage zum begriffsbestimmenden Kriterium. Eine beliebte Sprachübung für den Anfänger lautet: ma lä ma ma ban. [ม้า] ma im hoher Tonlage bedeutet „Pferd", [และ] bedeutet „und", [หมา] ma in ansteigender Tonlage bedeutet „Hund", [มา] ma in mittlerer Tonlage bedeutet „kommen" und [บ้าน] bedeutet Haus oder Dorf. Der *farang* [ฝรั่ง][162], der sich der Mühe unterzieht das aktuelle Thai zu erlernen, bereitet sich darauf vor, sich mit diesen fünf verschiedenen Tonlagen auseinanderzusetzen. Es gibt aber auch noch Dialekte mit bis zu neun [sic!] verschiedenen Tonlagen. Trotz aller lokalen Einfärbungen und Variationen sind die grammatikalischen Strukturen und das Basisvokabular aller Tai-Dialekte einander sehr ähnlich.

Eine einheitliche kulturelle Identität der diversen *Tai*-Völker ist nicht so ohne weiteres festzumachen, da sich Sitten und Gebräuche, Lebensformen und kulturelle Eigenarten der unmittelbaren südostasiatischen Nachbarn durchaus einander bedingt und beeinflußt haben; andererseits ist diese Form der Kultur eindeutig andersartig als die chinesische oder indische. Man kann also mit einiger Berechtigung behaupten, daß in prähistorischen Zeiten eine Art von südostasiatischem Kulturpool (*Fuller,1972*) existierte, dessen geographischer Kernbereich vermutlich die nördlichsten Teile Südostasiens sowie weite Gebiete des heutigen Zentral- und Südchina umfaßte.

4.3. Die Welt des *müang*[163]

Nach den uns vorliegenden Informationen basierte die Welt der *Tai* im ersten nachchristlichen Jahrtausend aus homogenen Familienverbänden; ökonomische Grundlage bildete der Reisanbau. Bereits um 200 n. Chr. setzte eine allgemeine Domestizierung des Lebens ein, nicht nur auf die Flora und Fauna, sondern vor allem auf die Menschen bezogen

---

[162] Über den etymologischen Ursprung des Wortes *farang*, wörtlich Kaukasier, mit der die Menschen heller Haut aus den westlichen Zivilisationen auch heute noch bezeichnet werden, ist viel diskutiert und spekuliert worden. Die Standardantwort verweist auf das französische *française* sowie den unstrittig großen Einfluß und die dominierende Präsenz Frankreichs in Siam während der zweiten Hälfte des 17. Jahrhunderts. Allerdings gibt es noch weitere Beispiele aus anderen Sprach- und Kulturräumen: *fan-kuei* (Mandarin) und *faan-yân* (Kantonesisch) mit der Bedeutung Barbar (Teufel); die Kreuzritter des Mittelalters, die als *Franken* bekannt waren; in Samoa gibt es das Wort *palangi* (Kaukasier); in Kambodscha bezeichnet *barang* westliche Ausländer im allgemeinen und Franzosen im besonderen; im Vietnamesischen gibt es die termini *pha rang* und *pha-lang-xa*; in Laos *faran*; im Persischen gibt es das Wort *feringhi* und der Hafenmeister wurde als *shahbandar* bezeichnet; in Farsi findet sich die Bezeichnung *galam*; Meiner persönlichen Auffassung nach hat sich der Terminus *farang* entlang der arabischen Handelsrouten nach Beendigung der Kreuzzüge über Afrika und Indien nach Südostasien entwickelt. Noch heute gibt es im afrikanischen und indischen Kulturraum die Bezeichnung *farandji* für weiße Europäer, vermutlich vom arabischen *faranji* abgeleitet aus dem dann in Indien *ferendj, faranj* oder *farangi* wurde. In Nordafrika (z.B. Ägypten) bezeichnet man Ausländer mit westlichem Erscheinungsbild als *afrangui*. Im modernen Arabisch werden Europäer als *ifranj* und Europa als *firanja* bezeichnet. Negroide Ethnien werden häufiger als farang dam (schwarze farang) [ฝรั่งดำ] Für die unzureichenden phonetischen Transkriptionen bittet der Autor um Nachsicht.
[163] [เมือง]

(*Wilson,1988*). In diesem Zusammenhang definierte sich eine domestizierte Lebensweise als grundsätzlich seßhaft, mit Investitionen in dauerhaft genutzte Unterkünfte und den Besitz an lokalen Resourcen, für deren Ausbeutung und Nutzung sich spezielle Kenntnisse und Fähigkeiten entwickelten. Dies führte durchaus zu einer sozialen Differenzierung und analogen Hierarchien, sowohl unter den einzelnen Familien eines Clans als auch zwischen den zunehmend konkurrierenden Clans. Exotische Grabbeilagen bezeugen eine Zunahme des (Tausch)Handels, eine potentielle Quelle wachsender sozialer Ungleichheit. So gesehen mag die von Coèdes formulierte „Indianisierung" Südostasiens diese Prozesse zwar beflügelt aber nicht kreiert haben. Die kulturellen Grundmuster hatten sich bereits in früherer Zeit lokal entwickelt (*Higham,1989a:240*). Vermutlich waren alle Familienmitglieder in das Ringen um das tägliche Überleben mit bestimmten Aufgaben eingebunden: Arbeit in den Reisfeldern und Gemüsepflanzungen, Hüten der Nutz- und Haustiere, Fischen und Jagen oder das Weben von Kleidung. Etwa 20 Haushalte mögen die jeweilige Ernte gemeinsam eingebracht haben. Auch die Errichtung von Häusern oder beispielsweise Brücken wurde gemeinschaftlich vorgenommen, geplant von einem Ältestenrat, der auch für die Schlichtung von Streitfällen oder die Durchführung ritueller und gesellschaftlicher Festivitäten zuständig war (*Wyatt,1984:7*).

Aber auch diese geschlossenen Familienverbänden konnten nicht völlig autark agieren. Es bestand einerseits der Bedarf an Salz und Metallen der nur über den Handel gedeckt werden konnte. Darüber hinaus war eine einzelne Sippe zu Kriegszeiten relativ schwach. So entwickelte sich folgerichtig einerseits die Organisationsform des semi-unabhängigen Dorfes ban [บ้าน]164 oder wan oder bang [บาง] genannt, als auch die des müang165, ein Terminus, der direkt nicht zu übersetzen ist. Die meist englischsprachige Forschung weist eine ganze Reihe verschiedener sprachlicher Adaptionen auf: kingdom, country, province, city, town, township, domain, polity (Gesick,1976:14). Diese begriffliche Verwirrung hatte naturgemäß Auswirkungen auf die Übersetzung und Analyse von Inskriptionen und beeinflußte die Klassifikation politischer Einheiten und Strukturen und deren Rolle in den untersuchten historischen Prozessen. Auch tauchen Begriffe wie chiefdom, state oder early state auf. Zumindest für diese drei letztgenannten Termini sein hier eine politisch-anthropologische Definition angeboten. Unter chiefdom (Prinzipalität, Fürstentum) versteht man eine >>sozio-politische Organisation mit einer zentralisierten Regierung, vereinbarten erbbaren hierarchischen Stati mit aristokratischem Ethos jedoch ohne formalen legalen Apperat mit entsprechender Durchsetzungsmöglichkeit und ohne die Fähigkeit, (Ab)Spaltungen zu verhindern<< (Claessen und Skalnik,1978:22). State (Staat) ist ein politisches System welches sich von anderen durch >>seine zentralisierte Burokratie und dominante Kontrolle der Macht durch die zantrale Autorität über untergeordnete Segmente der Gesellschaft<< (Cohen,1978:69) unterscheidet. Der early state [Protostaat, frühe Staat] ist eine Phase zwischen chiefdom und state; es weist sowohl die Charakteristika des chiefdoms wie des state

---

[164] *ban* ist der traditionelle Name für eine Gruppe von Familien und Einzelpersonen, deren Behausungen sich als weltliche und rituelle Lebensgemeinschaft um einen buddhistischen Tempelgrund oder einem animistischen Schrein gruppierten. Aufgrund der gleichen religiösen und/oder spirituellen Orientierung der Dorfbewohner, die sich wechselseitig bei der Durchführung der Riten unterstützten, entwickelte sich zwangsläufig ein Gefühl von spiritueller und sozialer Einheit. In Zentralthailand wird anstelle des Begriffes *ban* der Terminus *bang* verwendet. Das Wort *ban* bedeutet aber auch Haus. Um diese Doppeldeutigkeit zu vermeiden, verwendet die zentrale Adeministration den Begriff *muban* [หมู่บ้าน] für das sogenannte Dorf als administrative Einheit, wobei das *muban* nicht notwendigerweise identisch sein muß mit der rituellen Gemeinschaft. Jedes muban wählt direkt einen Dorfältesten, den *phu yai ban* [ผู้ใหญ่บ้าน], dessen Befugnisse jedoch in der Amtsperiode von Premierminister Thaksin Shinawatra [ทักษิณ ชินวัตร] durch die Implementierung verbeamteter *opoto* signifikant relativiert wurden *Provincial Administrative Organisations Act, BE 2540 (1997)* [พระราชบัญญัติองค์การบริหารส่วนจังหวัด พ.ศ. 2540]. Mehrere *muban* (10-15) werden in einem *tambon* [ตำบล] zusammengefasst, welches wiederum durch einen *kamnan* [กำนัน] geleitet wird.

[165] Etymologische Äquivalente von *müang* sind: muang, mong, miang, myang, meng

auf. Politische Dominanz einer herrschenden Schicht oder Klasse über eine untergeordnete Schicht oder Klasse ist evident, aber die Mechanismen des Erhalts dieser Dominanz sind häufig nur rudimentär ausgeprägt(Claessen & Skalnik,1981). Allerdings wird auch die Auffassung artikuliert, daß Stadt (city) und Staat (state) im frühen Südostasien praktisch identisch gewesen seien (Brown,1996:9).

Für die meisten Tais jener Tage bildete ein müang die primäre politische und soziale Organisationsform über dem einzelnen Dorf, eine Art Netzwerk mehrerer, kleiner Ansiedlungen. Geleitet wurde das müang zunächst von einem pho müang [ไพเมือง].166 Ab dem frühen 12. Jahrhundert begannen die Tais im Gebiet des oberen Menam Chao Phraya ihre müang zu Protostaaten zusammenfaßten, die jeweils von einem chao [เจ้า]167 geleitet und verwaltet wurden. Dieser organisierte das gesellschaftliche, politische, soziale, religiöse und militärische Gemeinwesen und erhielt dafür Frondienste und/oder Naturalabgaben von den einzelnen Mitgliedern des müang. Die chaos wurden in der Regel von den wohlhabendsten und einflußreichsten Familien gestellt. Dieses System darf, zumindest in seiner Frühphase, als für alle Beteiligten vorteilhaft angesehen werden. Insbesondere in den ersten nachchristlichen Jahrhunderten führten die ständigen, häufig aggressiven Bestrebungen chinesischer und vietnamesischer Populationen im Delta des Roten Flusses fast zwangsweise zu einer kollektiven Organisation der Tais.

Auch die imperialen Mächte erkannten den Vorteil einer Zusammenarbeit mit wenigen *müang* und deren *chao*; die Alternative wäre die kosten- und personalintensive administrative Kontrolle einer unübersehbaren Anzahl von kleinen Ansiedlungen gewesen. Die *chao* erhielten als Gegenleistung für Ihre Anerkennung der jeweiligen imperialen Macht und die Zahlung von Tributen das alleinige Bestimmungsrecht über ihr *müang*. Die *müang* standen mithin am Anfang eines Jahrhunderte dauernden Prozesses der nationalstaatlichen Einigung der Tais; darüber hinaus begann sich die vormals eher abgeschottete Gesellschaft der Tai langsam über den „Tellerrand des eigenen Reisfeldes" hinaus zu wagen. Ein Beispiel hierfür sind die wachsenden Kontakte der im wesentlichen in den tieferliegenden Flußtälern siedelnden Tais zu den umliegenden Bergstämmen. Geschäftstüchtige *chao* etablierten Geschäftsbeziehungen zu den umliegenden Nachbarn; diese wiederum verdingten sich als Tagelöhner oder Saisonarbeiter auf den Reisfeldern des *müang*. Einzelne *chao* unterwarfen auch Nachbarstämme und machten diese zu Vasallen, ähnlich wie es die Chinesen und Vietnamesen mit den Tai taten.[168]

Erfolgreiche *müang* waren also alsbald in der Lage, sich selbst militärisch und diplomatisch gegenüber konkurrierenden *müang*, feindliche Bergstämme und sogar gegenüber den imperialen Mächten zu behaupten. Sie sorgten für die Aufrechterhaltung von Recht und Ordnung und schlichteten Konflikte zwischen einzelnen Ansiedlungen (Wasserrechte, Viehdiebstähle etc.). Das System der *müang* schuf die ökonomischen Rahmenbedingungen für den Austausch von Waren und Dienstleistungen über größere Entfernungen hinweg, was der wirtschaftlichen Entwicklung insgesamt durchaus zuträglich war. Die herrschenden Familie, denen die *chao* entstammten, etablierten sich über Generationen hinweg als Führer, die Weitergabe des Titels *chao* an den ältesten Sohn war üblich und allgemein akzeptiert. Es ist anzunehmen, daß die durch die von den *chao* erhobenen Steuern und Abgaben sich der

---

[166] „Vater des *müang*"
[167] Fürst, Prinzipal, Herr
[168] Diese Technik der Staats- und Einflußbildung, insbesondere in Anlehnung an die imperialen Mächte, ist auch viele Jahrhunderte später bei der Positionierung Bangkoks als Zentralmacht in Siam gegenüber England und Frankreich als Grundmuster deutlich zu erkennen.

Reichtum und der Einfluß einiger Familien schon recht bald zementierte. Obwohl diese frühe Organisation der *Tai*-Gesellschaft eindeutig hierarchisch strukturiert ist, ist dennoch in dieser Phase eine wechselseitige Abhängigkeit erkennbar. Natürlich konnte ein *chao* versuchen, mit Macht und Gewalt einseitig seine Interessen durchzusetzen; allerdings hatte er wenig davon, wenn der betreffende Bauer in einem chronisch unterbesiedelten Land seine begehrte Arbeitskraft in den Dienst eines anderen *müang* stellte – und sich selbst damit unter den Schutz desselben. Oder aber sich alternativ im wahrsten Sinne des Wortes einfach in die Büsche schlug um an anderem Orte ein erträglicheres Auskommen zu finden.

Die soziale, politische und wirtschaftliche Organisation der Gemeinschaft der Tai-Völker und die damit verbundene grundsätzliche Verbesserung aller Lebensbereiche führten konsequenterweise im ersten Jahrtausend unserer Zeitrechnung zu einem deutlichen Anwachsen der Population. Man mehrte sich also wieder einmal redlich. Die vorherrschenden ökologischen und politischen Bedingungen begünstigten in der Folge eine langsame, aber stetige Ausdehnung des Lebensraumes in westlicher und südwestlicher Richtung. So sind die frühen Überlieferungen der Tai-Völker voll von Beispielen und Geschichten demographischer und politischer Bewegung. Das Grundmuster ist hierbei im wesentlich immer das gleiche: ein chao sammelte die wehrfähigen Männer seines müang, unterstellte sie dem Kommando eines seiner Söhne und schickte sie auf eine militärische Expedition. Verlief diese erfolgreich, rückten alsbald ausgewählte Familien nach, um die neue Heimat zu besiedeln (*Keyes,1977:75*). In der Folge entstand ein neues müang, der Sohn und einstige Expeditionsleiter wurde nun selbst chao und schickte seinerseits einen seiner Söhne, Neuland zu erobern. Auf diese Art und Weise vergrößerte sich der Lebens- und Herrschaftsraum der Tai-Völker dergestaltig, daß um das 8. Jahrhundert herum die Welt der Tais den nördlichen Teil Indochinas umfaßte.

In dieser Welt wiederum unterscheiden wir fünf sprachliche Gruppierungen. Die nördlichsten Gruppen, die in China zurückblieben, waren die Vorfahren der heutigen *Zhuang*[169]. Die Vorfahren der *Black Tai*[170], *Red Tai* und *White Tai*[171], die Hochland-Tai also, lebten im Norden Vietnams. Die Vorfahren der *Siang Khwang* und der Siamesen von Ayutthaya siedelten im Nordosten von Laos und Teilen Vietnams. Eine vierte Gruppe vermutet man im Norden von Laos, in der Gegend um Luang Prabang. Die fünfte und letzte Gruppe schließlich, dürfte ihren Lebensraum im äußersten Norden des heutigen Thailand aber auch in Teilen von Laos, Yunnan und Burma gehabt haben. Aber war es den Tai-Völkern wirklich schon im 8. Jahrhundert gelungen, derart weit nach Süden zu expandieren? Lebten sie nicht bis zum Beginn des 13. Jahrhunderts viel weiter nördlich, beispielsweise im Gebiet des heutigen Yunnan? Oder bildeten sie gar die Population, so eine weitere Theorie, des kurzfristig mächtigen Reiches von Nan Chao? Oder war *Nan Chao* gar ein frühes Tai-Reich?

4.4. Nan Chao [อาณาจักรน่านเจ้า]

Die Ursprünge der Tai und ihre frühe Geschichte im Gebiet des späteren Siam liegen nur schemenhaft vor uns; traditionell wenden sich die meisten Historiker chronologisch zunächst Nan Chao[172] zu, von wo aus sich wohl unstrittig frühe Tai-Populationen in südlicher Richtung bis in den Norden des heutigen Thailand ausgebreitet haben (*Tambiah,1976:79*). Allgemein lässt sich feststellen, das die Geschichte Nan Chaos eng verbunden ist mit einigen Episoden der historischen Entwicklung des nördlichen Südostasiens. Befürworter der These Nan Chaos

---

[169] [壯族] Ein noch heute in der südöstlichen chinesischen Provinz Guangxi lebendes Tai-Volk
[170] [*Tai Dam* ไทดำ]; in Vietnam [*Thái Đen*]
[171] Auch: *Tai Kao, Tai Dón, Dai Duan*
[172] [南詔]

als früher Tai-Staat wie z.B. Manich Jumsai berufen sich im u.a. auf das Werk eines chinesischen Geschichtsschreibers des 13. Jahrhunderts.[173] Dieser beschreibt den Zustand Chinas in der *Nam Pak*-Periode, also um die Mitte des 5. Jahrhunderts n. Chr. als chaotisch und desolat, von innenpolitischen Friktionen gekennzeichnet. Die Bevölkerung im Süden Chinas sei auf sechs große Städte verteilt gewesen, die eine relative Unabhängigkeit genossen hätten: Mengshe [蒙舍], Mengsui [蒙嶲], Langqiong [浪穹], Dengtan [邆賧], Shilang [施浪] und Yuexi [越析]. Diese Städte führten untereinander häufig Kriege; am Ende ging Mengshe siegreich aus den bewaffneten Auseinandersetzungen hervor und vereinigte die Kontrahenten unter seiner Führung. Einige Könige aus dieser Zeit sind uns heute auch namentlich bekannt: *Se-Luang, Hsi-nu-lo, Yen-ko, Sheng-Lo-P`i, P`i-Lo-Ko, Ko-Lo-Feng, I-mou-Hsun, Chuan-lung-sheng, Chuan-li, Feng-yu, Chiu-lung, Fa, Shun-hua* und *Tuan-ho-yu*. Die Aufzählung der Namen erscheint für den Laien zunächst einmal wenig faszinierend. Allerdings sehen Befürworter der These, *Nan Chao* sein kein Tai-Staat gewesen, eben genau in diesen Herrschernamen einen Beweis für ihre These. In der Tat wurde in der direkten Nachfolge (Vater-Sohn) die letze Silbe im Herrschernamen des Vaters als erste Silbe im Herrschernamen des Sohnes verwendet. Dies ist aber wohl gängige Praxis bei tibeto-burmanischen Stämmen wie den Lolo gewesen; bei den Tai-Völkern hingegen völlig unbekannt (*Wyatt,1998*). Auch sei keine Tai - Chronik bekannt, die *Nan Chao* auch nur erwähne, geschweige denn einen der vorgenannten Herrscher; Lolo-Fürsten des 19. Jahrhunderts in Zentral-Yunnan hätten jedoch mehrfach ihre Abstammung bis auf das Herrscherhaus von *Nan Chao* zurückgeführt.

Mitte des 7. Jahrhunderts geriet die Tang-Dynastie[174] unter massiven Druck Tibets und weiterer westlichen Nachbarn. Den Herrschern in *Chang'an* [长安][175] war deshalb daran gelegen, an der südwestlichen Grenze einen Verbündeten zu haben. Ob nun Tai-Reich oder nicht, das spätere *Nan Chao* nahm vermutlich unter dem König *Hsi-nu-lo* verbindliche Gestalt an und wurde drei Erbfolgen später unter der Regentschaft *P`i-Lo-Kos* alias *Meng Piluoge* [皮羅閣] (728-748) auch als *Nan Chao* bekannt. Folgt man der Legende, so ist uns dieser *P`i-Lo-Ko* bereits zu Beginn dieses Kapitels begegnet – als Khun Borom. Nachdem *Meng Piluoge* mit nachhaltiger Unterstützung der Tang-Dynastie die vorgenannten sechs *zhaos* sukzessive eroberte und vereinigte, gründete er um 738 das Reich Nan Chao („Südliches *zhao*") mit der Hauptstadt *Taihe*[176]. Aus dem einstigen Verbündeten erwuchs alsbald ein mächtiger Gegner. Bereits 680 hatte die tibetische Yarlung-Dynastie[177] mit der Eroberung der Festung Anrong [安戎] nördlich von Chengdu[178] die Oberhoheit über Nan Cao beansprucht. Im Jahre 740 eroberten die Chinesen diese Festung zurück, doch nach ihrer Niederlage gegen die Araber 751 verbündete sich Nan Chao unter seinem König *Meng Geluofeng* [蒙阁逻凤] (alias *Ko-Lo-Feng* [746-779], der Sohn *Meng Piluoges)* mit den Tibetern, nachdem zuvor seine Botschafter vom chinesischen Präfekten dieses Gebietes schlecht behandelt worden waren. Meng Geluofeng tötete darauf den Präfekten und stand im Sommer 751 einer 80.000 Mann starken Armee unter dem Befehl von *Xianyu Zhongtong* [鲜于仲通] aus Sichuan gegenüber. Die

---

[173] Ma Duanlin [馬端臨] (1245-1322), auch Ma Tuan-lin geschrieben, war ein chinesischer Geschichtsschreiber und Enzyklopädist. Er veröffentlichte 1317 die 348 Bände umfassende chinesische Enzyklopädie [文献通考, Allgemeine Untersuchung wichtiger Aufzeichnungen]

[174] [唐朝] Imperiale Dynastie Chinas von 618-907. Gegründet von der Li [李] Familie, die nach dem Niedergang und Zusammen-bruch der kurzlebigen Herrschaft der Sui [隋] Dynastie (581–618) an die Macht gelangte.

[175] Das heutige Xi'an [西安] in der nordwestlichen chinesischen Provinz Shaanxi gelegen; weltbekannt geworden durch die Ausgrabung der berühmten Terrakotta-Armee des Kaisers Ying Zheng [嬴政] (259-210 v.Chr.)

[176] Einige km südlich der heutigen Hauptstadt des Autonomen Bezirks Dali der Bai (eine in China anerkannte Nationalität von ca. 2 Millionen Menschen, die sich überwiegend zum Buddhismus bekennen) in der südwestchinesischen Provinz Yunnan

[177] Oder Tubo-Dynastie. Das erste größere politisch und historisch fassbare tibetische Reich. Sie entstand im 7. Jahrhundert in einem Seitental des Tsangpo am Oberlauf des Brahmaputra. Die Ära der Yarlung-Dynastie endet mit dem Jahr 842.

[178] Hauptstadt der zentralchinesischen Provinz Sichuan

chinesischen Verluste betrugen 60.000 Mann, nicht zuletzt durch eine Seuche, aber der Befehlshaber entkam. Nach dem Bündnis mit den Tibetern schickte deren König *Thride Tsugten Meng Geluofeng* ein goldenes Siegel und gab ihm den Titel *Zanpuzhong* [赞普钟, Becher der allgemeinen Hilfe]. Zugleich gliederte *Meng Geluofeng* 42 bis dahin der Tang-Dynastie unterstehende Stammesgruppen seinem Reich an. Im Sommer 754 sandte *Yang Guozhong* eine neue 100.000 Mann starke Armee unter General *Li Mi* [李宓], deren Feldzug aber ebenfalls ebenfalls scheiterte.

Damit war das Königreich Nanzhao etabliert. Allerdings war es noch ein Vasallenstaat Tibets, d. h. der König von Nanzhao war der „jüngere Bruder" des tibetischen Königs *Thrisong Detsen*[179] (755-797) und unterstützte diesen militärisch und finanziell, was schließlich zu bedrückend wurde. Damals gab es viele Kämpfe gegen die chinesischen Generäle *Cui Ning* (崔宁, 723-783) und *Wei Gao* (韦皋, 745-805), die den Staat aber nicht gefährdeten. Das Bündnis mit Tibet hielt über 40 Jahre lang, doch im Jahre 794 schloss König *Meng Yimouxun* (蒙异牟寻, 778-808) wiederum eine Allianz mit der Tang-Dynastie gegen die tibetische Monarchie, deren Armeen in der Folge besiegt wurden. Wen dieser beständige Wandel in den Allianzen in begreifliche Verwirrung stößt, mag sich vor Augen führen, daß eine der Grundlehren des Buddhismus besagt, das wenig so beständig ist wie die Veränderung.

Um 800 war Nan Chao zentralistisch geworden, obwohl man nach wie vor sechs große Bevölkerungsgruppen unterscheiden konnte. Es imitierte chinesische Vorbilder in Politik und Kultur, war aber auch von tibetischen und indischen Einflüssen durchdrungen. Die Bevölkerung wuchs in diesem von Gebirgen und einer stabilen Regierung geschützten und fruchtbaren Ackerland beträchtlich an. Im 9. Jahrhundert erlaubte das eine Expansionspolitik, die angesichts der zunehmenden Schwäche der Tang Dynastie einige Erfolge verzeichnen konnte. Unter *Meng Quanfengyou* (蒙劝丰佑, 824-859) eroberte Nan Chao im Jahre 829 Chengdu und 832 das Pyu-Reich am unteren Irrawaddy in Burma. Mit dem Verlust von Chengdu unter *Meng Shilong* (蒙世隆, 859-878) im Jahre 873 begann der Niedergang des Landes. Doch aufgrund der Schwäche der nachfolgenden chinesischen Dynastien änderte sich an der relativen Unabhängigkeit des Landes nicht viel. Zwischen 902 und 937 wechselte die Dynastie viermal (zuletzt zur Dynastie *Duan*), und das Königreich wurde nun auch Dali genannt. Die Unabhängigkeit des Reiches wurde schließlich durch die Mongolen unter Kublai Khan (1215-1294) beendet. Diese lockten die reichhaltigen Goldvorkommen und die Möglichkeit eine Operationsbasis gegen die wankende *Song* [宋朝]-Dynastie (960-1279) zu errichten. Das Königshaus des Reiches Nan Chao wird in den Chroniken noch bis 1382 erwähnt.

Die Frage ob Nan-Chao nun ein Tai-Staat gewesen sei oder nicht, mag der endgültigen Klärung durch die künftige Forschung vorbehalten bleiben. Vertretbar erscheint in jedem Fall die Ansicht, Nan-Chao habe im Kern schon jene Organisationsform entwickelt, die auch das spätere Siam kennzeichneten (*Thompson,1967:19*). Interessant hingegen sind die Auswirkungen, die Nan-Chao auf das Wachsen und Werden der Tai - Populationen gehabt hat, die an seiner Peripherie siedelten.

Zunächst einmal dürfte unstrittig sein, daß der Aufstieg Nan-Chaos eine zentralisierte, administrative Kontrolle weiter Gebiete des nördlichen Teils Südostasiens zur Folge hatte. Verbindungen zu China und Indien wurden etabliert, die allen Beteiligten ökonomisch zum Vorteil gereichten. Besonders zu beachten sind aber auch die intellektuellen und kulturellen Konsequenzen. Nan-Chao war ein buddhistischer Staat und beförderte den Buddhismus zur dominierenden Religion innerhalb seines Einflußbereiches; auch wurden Teile der indischen

---

[179] Tibetisch: *khri srong lde btsan* ཁྲི་སྲོང་ལྡེ་བཙན

Kunst und Wissenschaft assimiliert. Ob nun die Expansion Nan Chaos und die der Tai-Populationen gleichzeitig erfolgte oder aber der Aufstieg Nan Chaos den Aufstieg der Tai-Völker erst ermöglichte, läßt sich nach gegenwärtigem Erkenntnisstand der Wissenschaft nicht eindeutig beantworten. Unbestritten dürfte hingegen sein, daß das zeitweilig mächtige Nan Chao zumindest als Pufferstaat zwischen China und dem nördlichen Teil Südostasiens gedient hat. Die lokalen *chaos* haben sicherlich politische Opportunitäten genutzt, sei es durch Unterwerfung oder Verbrüderung; auch ist denkbar, daß administrative und militärische Fähigkeiten und Kenntnisse von Nan Chao übernommen wurden. Nan Chao war kaum das erste Großreich, welches die Welt der Tai nachhaltig beeinflußte; und erwiesenermaßen war es auch nicht das letzte. Aber es war die erste Großmacht, die unmittelbaren und nachhaltigen Einfluß nahm in die Entwicklungsgeschichte jener Teile Südostasiens, welche die heutigen Shan-Staaten Myanmars, den Norden Thailands und Laos sowie den Nordwesten Vietnams umfassen. Nach dem Niedergang Nan Chaos kam der Druck auf die Tais aus einer ganz anderen Richtung: aus dem Süden.

Die südlichen Nachbarn und Rivalen der Tais haben ebenfalls einen wichtigen Beitrag in der Formation der Tai-Gesellschaft gebildet. Von Osten nach Westen betrachtet waren dies: ein vietnamesischer Staat im Kerngebiet des Delta des Roten Flusses, das Königreich der Champa an der Küste Zentralvietnams, das Reich der Khmer um Angkor, ein Königreich im Gebiet Zentral- und Nordthailand sowie die Reiche der Mon und Pyu in Burma. Geographisch betrachtet legten sich diese Reiche wie ein Belagerungsring um das Gebiet der Hochland-Tai. Mit Beginn des 9. Jahrhunderts nahm der Einfluß dieser Königreiche zu und die Hochland-Tai wurden zunehmend in deren gesellschaftliche und politische Entwicklung involviert.

4.5. Dvaravati[180]

>>*The evidence we do have from seventh- and eighth-century Thailand and Cambodia consists of inscriptions, Chinese textual references, and archaeology. This evidence is scattered, poorly published, and haphazardly preserved, yet highly suggestive*<< (Brown, L.R.,1996)

Für den Zeitraum der ersten sieben Jahrhunderte unserer Zeitrechnung weisen die historischen Überlieferungen in Bezug auf das Gebiet des fruchtbaren Tales der Menam Chao Phraya nicht viel verwertbares auf; dies erscheint umso erstaunlicher, als das justament in dieser Region die meisten Artefakte aus dieser Periode erhalten sind. Legt man den gegenwärtigen Stand der publizierten Forschung zugrunde, ann man sich des Eindrucks nicht erwehren, das vor der Entstehung Dvaravatis kenne nennenswerten Fortschritte in der kulturellen Entwicklung Südostasien stattgefunden haben. *(Lyons,1979:352)*. Die Basis der buddhistischen Zivilisation in Südostasien wurde Mitte des 6. Jahrhunderts durch den Fall Funans[181] gelegt *(Wales,1966:40)*. Die geschichtliche Bedeutung Funans liegt primär darin, das erste „indianisierte" Reich der Region und Vorläufer des Khmer-Reiches von Angkor gewesen zu sein. Im Süden des heutigen Vietnam gelegen ist wenig über Funans Historie bekannt. Selbst der Name stammt aus chinesischen Quellen, der Eigenname der Bewohner ist unbekannt. Die beiden Zeichen *Fu* und *Nan* sind Transkriptionen der Wörter *Biu* und *Nam* der alten Khmer Sprache, aus denen sich das heutige *Phnom* entwickelte, das Wort für Berg. Einer, in den chinesischen *Liang*-Chroniken[182] aufgezeichneten, Legende zufolge besiegte einst ein

---
[180] Thawarawadi [ทวารวดี]
[181] [扶南][Khmer: អាណាចក្រហ្វូណន]
[182] *Zhūgě Liàng* [諸葛亮], Rufname Kungming [孔明] war ein Politiker und Stratege zur *Zeit der Drei Reiche* [三國] (208-280) im alten China. Er versuchte durch Taktiken, Diplomatie und Politik, die Minderheiten an der Grenze des Landes für sich zu gewinnen und führte sechs vergebliche *Nördlichen Expeditionen* [北伐] gegen die dortige *Wei*-Dynastie [魏]. In China wurde *Zhūgě Liàng* ein gottgleicher Status eingeräumt. Noch heute gilt er im Volk als ein besonders weiser Mann, der volksnah

indischer Brahmane namens *Kaundinya* (*Hun Tien*) die Königin von Funan, *Soma* (*Liu Yeh*, „Weidenblatt"), bei einem Kampf auf dem Meer, indem er ihr Schiff mit einem Pfeil durchbohrte. Die Königin ergab sich, sie heirateten und begründeten die Dynastie der Herrscher von Funan. Gemäß der Mythologie der Khmer entstieg daraufhin Somas Vater, ein König der mythischen Nagas dem Wasser und trank das Meer, bis neues Land zum Vorschein kam - die heutige zentrale Ebene Kambodschas um den Tonle-Sap-See bis zur Mündung des Mekong - das er seinem Schwiegersohn schenkte. Wenngleich Coedès feststellt, daß Königreich Funan sei im Laufe des ersten nachchristlichen Jahrhunderts im Bereich des Unterlaufs und des Deltas des Mekong gegründet worden(*Cœdès 1968, Kapitel 3+4*) und im 3. Jahrhundert durch die Eroberungen Fan Nans expandiert (*Cœdès,1962, Kapitel 2*), so bleibt doch festzustellen, das ungeachtet der wiederholten Nennung Funans in chinesischen Quellen, die genaue geographische Lage und Ausdehnung Spekulation ist. Zwischen 284–287 n. Chr. sandte Funan, neben zwanzig weiteren „Staaten" diplomatische Missionen nach China mit dem Ziel, den Handel mit dem Reich der Mitte zu etablieren; den chinesischen Offiziellen kam das durchaus gelegen. Da Funan über mehrere Häfen und Handelsplätze verfügte, erweckte es in Peking den Eindruck einer führenden lokalen, ökonomischen Größe (*Lyons,1979:356*). Die Annahme einer räumlichen Identität mit der prä-Dvaravatis gründet sich primär auf die Ähnlichkeit archäologischer Funde sowohl in Oc-Eo (*Malleret,1959-1963*) als auch in *U Thong* (*Lyons,1979:355*). Das Vordringen Fan Nans in das Gebiet des heutigen Zentralthailands und die anschließende Besetzung der malaiischen Halbinsel hatte zweifelsohne seinen Hauptgrund darin, die Kontrolle über die dortigen lukrativen Handelsrouten zu erlangen (*Wales,1969:4*). Die genaue geographische Lokalisierung der territorialen Akquisitionen Fan Nans ist schwierig; so läßt sich beispielsweise das in den chinesischen Quellen zitierte *Tun-sun* bis heute nicht fixieren. Im Gebiet des heutigen Bangkok lag wohl eine weitere Eroberung Fan Nans: *Chin-lin* (*Wheatly,1961:117*). *Chin-lin* bedeutet übersetzt soviel wie „goldene Grenze" und bietet damit eine interessante sprachliche Parallele zum benachbarten *U Thong*, der „goldenen Wiege". Wales sieht in *Chin-lin* den eigentlichen Vorläufer des späteren Dvaravati, für den er sogar einen originär unabhängigen Status von Funan konstatiert. (*Wales,1969:7*). Das Gebiet der >>*pre-Dvaravati states*<< verfügte über eine reiche Auswahl an natürlichen Ressourcen; viel fruchtbares und ackerfähiges Land, ein Netzwerk von Wasserwegen, und, von gelegentlichen Überschwemmungen abgesehen, ein Absentismus von Katastrophen, etwa Erdbeben, Vulkanausbrüche oder Wirbelstürme. Jede Siedlung muß autark gewesen sein und, im Großen und Ganzen in Frieden mit den Nachbarn gelebt haben, worauf die geringe Anzahl von Waffenfunden in prä- und protohistorischen Gräbern deutet (*Lyons,1979:353*). Überdies scheint Funan nicht durch eine längere Periode der kulturellen Formation wie Dvaravati gegangen zu sein (*Lyons,1979:355*). Der Augenzeuge Yi Jing [義淨][183] berichtete über Funan im 7. Jahrhundert wie folgt: >> Kommt man aus südwestlicher Richtung von Lin-i [Champa] aus, erreicht man [zu Fuß] innerhalb eines Monats Poh-nan, das frühere Fu-nan. Dies war ein altes Reich, indem die Einwohner nackt umherliefen; die Menschen verehrten überwiegend [Götter und Geister] des Himmels, doch später sollte dort der Buddhismus aufblühen, aber ein böser König hat sie alle vertrieben oder getötet[184] und nun gibt es gar keine Mitglieder der buddhistischen Bruderschaft mehr<<. (*Yi Jing, 1896:12*)

---

und korruptionsfrei blieb, auch als er Kanzler seines Landes wurde. Auf seinen Feldzügen schrieb er zwei berühmte Berichte, die er in China in den Schulen Pflichtlektüre für Altchinesisch sind.
[183] Oder gemäß historischer Europäisierung *I-Tsing* war ein buddhistischer Mönch der zur Zeit der Tang-Dynastie lebte. Sein eigentlicher Name war Zhāng Wénmíng [張文明]. Er bereiste in 25 Jahren mehr als 30 Länder, sammelte über 500.000 buddhistische Verse in Sanskrit und übersetzte 61 Manuskripte in die chinesische Sprache. Seinen Reiseberichten verdankt die Nachwelt Informationen über das alte *Srivijaya* -Reich.
[184] Gemeint ist die Invasion *Chenlas*, welche den Niedergang Funans im 7. Jahrhundert zur Folge hatte.

Im 5. Jahrhundert erreichte und beeinflußte die zweite Welle (*Coedès, 1968*) der „Indianisierung" Funan. Im Jahre 648 notierte der chinesische Reisende *Xuanzang* [玄奘][185], ein buddhistischer Pilger: >>Dann, im Nordosten, neben dem großen See in einem Bergtal liegt das Königreich *Shih-li-ch`a-ta-lo* (*Srikshetra*[186]). Weiter, im Südosten, an einer Ecke des großen Sees liegt das Königreich *Chia-mo-lang-chia* (*Kamalanka*[187]). Weiter im Osten liegt das Königreich *To-lo-po-ti* (Dvaravati). Noch weiter östlich das Königreich *I-shang-na-pu-lo* (*Isanapura*[188]). Noch weiter östlich das Königreich *Mo-ho-chan-po* (*Mahachampa*). Das ist, was wir [Chinesen] *Lin-i* [Champa[189]] nennen. Weiter südwestlich liegt das Inselreich *Yen-mo-na*. Alle sechs Reiche sind schwer erreichbar, da Berge und Flüsse zu überwinden sind (*Luce,1924:159*).>> Der bereits erwähnte buddhistische Pilger *Yi Jing* setzte im Jahr 671 die Segel und kehrte drei Jahre später nach *Srivijaya* zurück. Von dort aus sandte er sein Werk *Nan-hai Chi-kuei Nei-fa Chuan* (Bericht über die Esoterische Doktrin heimgesandt von der Südlichen See), ein Werk das sich mit den verschiedenen Arten und Schulen des Buddhismus beschäftigte, nach China. 693/94 kehrte er nach *Henan* [河南] zurück und widmete sich fortan der Übersetzung und der Kompilation seiner zahlreichen Schriften. In dieser Zeit entstand sein bedeutendstes Werk *Ta-Tang Hsi-yü Chiu-fa Kao-seng Chuan* (Bericht des Mönches der das Gesetz im Westen zur Zeit der Tang-Dynastie suchte). Sein Reisebericht entstand in Form von Biographien sechzig buddhistischer Pilger, ihn selber eingeschlossen, die sich in der zweiten Hälfte des 7. Jahrhunderts auf den langen Weg nach Indien machten (*Tregonning,1965:6*); hier erwähnt er die Reiche *Tu-ho-po-ti* und *Tu-ho-lo-po-ti*, von Chavannes ebenfalls als Dvaravati identifiziert (*Chavannes,1894:57ff.*). Die Transkriptionen der Bezeichnungen chinesischer Reisender, *To-lo-po-ti*, aber auch *tch`uan-lo-p`o-ti* und *chöho-po-ti* wurden erstmals von Beal als mit Dvaravati identisch akzeptiert (*Beal,1884:200*). Bei der Bewertung dieser frühen chinesischen Quellen muß man allerdings berücksichtigen, daß weder Hsüan Tsang noch I-Tsing jemals Dvaravati besucht haben; Hsüan-Tsang war nicht einmal in Südostasien, sondern sammelte seine Informationen in Indien. Fernerhin überliefern andere chinesische Quellen, daß Dvaravati mindestens drei diplomatische Missionen nach China entsandte und zwar 638, 640 und 649; nach dem 7. Jahrhundert allerdings gibt es keine weiteren Erwähnungen, was wiederum die chronologische Definition erschwert (*Brown, L.R.,1996:XXIII*). Der Name *dvaravati* wiederum ist indischen Ursprungs, das Sanskrit-Wort bedeutet etwa >>welches Tore hat<<. (*Diffloth, 1984:2*) Während der Herrschaft des indischen Kaisers Ashoka Maurya (304-232 v. Chr.) war Dvaravati der Name einer der sieben heiligsten Städte Indiens (*Smith,V.A.,1957:163*). Eine interessante, wenngleich quellenmäßig nicht weiter belegte, Behauptung findet sich in der Fußnote eines Fachaufsatzes; derzufolge sei >>Dwarawaddi der uralte burmesische Name für Siam (*Kyaw Din,1917:251*).

Folgt man den Angaben der chinesischen Pilger, so entwickelte sich zwischen *Srikshetra* in Burma und *Isanapura* in Kambodscha (*Coedès,1968:76*), also um die Gebiete des heutigen zentralen und nordöstlichen Thailands herum eine komplexe, buddhistische Kultur, deren genaue geographischer Lage wir auch heute noch nicht kennen. Dennoch gehen die meisten

---

[185] Laut Wade-Giles *Hsüan-Tsang*. Das Wade-Giles-System zur phonetischen Umschrift der chinesischen Schrift bzw. Sprache geht auf die britischen Sinologen Thomas Francis Wade (1818-1895) und Herbert Allen Giles (1845-1935) zurück, welche das wegweisende Lexikon *A Chinese-English Dictionary* von 1892 zusammenstellten.
[186] Neben *Halin* und *Beikthano-myo* die wichtigste Stadt im Pyu-Reich in Burma (*Mitchiner, 1982:9*). Die Pyu waren ein tibeto-birmanisches Volk, das im ersten nachchristlichen Jahrtausend im heutigen Myanmar lebte und eine der ersten Hochkulturen in Südostasien. Das erste Mal werden die *Pyu* in chinesischen Quellen [piào/piāo 驃國] um 3-9 n. Chr. genannt. Detaillierte Beschreibungen setzten 240 n. Chr. ein und berichten von 18 Stadtstaaten.
[187] *Yi Jingh* nennt es *Lankasu*, gemeint ist in beiden Fällen *Thaton* in Burma
[188] *Isanapura* war die Hauptstadt des Königreiches von *Chenla* [真腊], ein frühes Königreich im Gebiet der kambodschanischen Pro-vinz *Kampong Thom*; anstelle des antiken *Isanapura*, welche 615 von Isanavarman I. erbaut wurde, befindet sich heute dort *Sambor Prei Kuk*, ein Hindutempelkomplex.
[189] Im Gebiet des heutigen Vietnam

Historiker davon aus, daß Reich von Dvaravati habe, zwischen dem 7.-10. bzw. 11. Jahrhundert, einen Großteil des Gebietes des heutigen Zentralthailand, mit einem nördlichen Ableger in der Gegend von Lamphun bis ins 13. Jahrhundert hinein, eingenommen (*Lyons,1979:353; Subhadradis Diskul,1979:360*). Auf einem 1943 in Nakhon Pathom gefundenem Medaillon steht im Sanskrit des ausgehenden 7. Jahrhunderts >>Die fromme Tat des Königs von Dvāravatī<< (Coedes, 1963:290f.). Keimzelle könnte eine erste Ansiedlung in der Nähe *Suvarṇabhūmi*[190] oder *Brah Pathamas*[191] gewesen sein (*Coedès,1924:1*). Aufgrund archäologischer Erkenntnisse kam Wales zu dem Schluß, daß Dvaravati sich grundsätzlich in vier Regionen aufteilen läßt: den Norden (das Gebiet um Lamphun und Chiang Mai, vermutlich ein Ableger des religiösen Zentrums in Lopburi; in dieser Region profitierte man vermutlich vom Handel zwischen dem Chao Praya-Tal und Yunan), Nordosten (erstreckte sich über das Khorat Plateau zwischen *Müang Sima*[192] über *Müang Fa Daet*[193]), Osten (Korath-Plateau) und das Zentralgebiet (zwischen dem Tal des Chao Praya und dem heutigen Chiang Mai) (*Wales, 1969:20ff.*). Eine andere Quelle sieht eine lockere geographische Verbindung mit Chainat im Norden, Ratchaburi im Süden, Kanchanaburi im Westen und Khon Kaen im Osten als die geographischen Koordinaten (*Lyons,1979:353*). Aufgrund chinesischer Quellen, die Dvaravati die Vorherrschaft über einige Prinzipalitäten im Süden der Halbinsel zuweisen, sieht Luce den politischen Einfluß Dvaravatis gar bis *Kra* [กระ] reichen (*Luce, 1924:169*). Prinz Damrong Rajanubhab bezeichnete in einer seiner Publikationen Dvaravati als Königreich und schlug vor, die geographische Verbreitung des kunstgeschichtlichen Dvaravati-Stils auch als dessen politische Grenzen anzunehmen (*Prinz Rajanubhab,1973:9ff.*).

Die genaue ethnologische Zusammensetzung Dvaravatis ist heute nicht mehr zu ermitteln. Vieles spricht aber dafür, daß im Rahmen der zweiten Welle der „Indianisierung" ab Mitte des 6. Jahrhunderts eine verstärkte Migration von Mon-Gruppen aus Burma erfolgte (*Wales,1969:14*). In allen Siedlungsgebieten der Dvaravati-Kultur finden sich Inschriften in der Sprache der Mon: Aus dem 5. Jahrhundert stammen Inskriptionen die im Gebiet von Nakhon Pathom gefunden wurden, während sich in Lopburi Zeugnisse aus dem 6. und 7. Jahrhundert nachweisen lassen (*Coedès,1961:55f.*). Für Pelliot ergab sich daraus, Dvaravati sei >>zweifelsfrei ein Land der Mon oder Khmer<< (*1904:230f.*) gewesen. Insgesamt beweisen die zwischen dem 6.-9. Jahrhundert entstandenen Inskriptionen im Bereich des heutigen Zentralthailand, daß die des Lesens und Schreibens Kundigen jener Epoche und Region mindestens drei Schriftsprachen kannten: Pali, Sanskrit und das sogenannte Alt-Mon. Das sich Pali und Sanskrit im Laufe der „Indianisierung" auch in dieser Gegend etabliert hatten, verwundert nicht weiter; wahrscheinlich waren aber beide eher die Sprache der weltlichen und religiösen Nomenklatura: der Gelehrten, Beamten und Priester. Mithin verbleibt als „Alltags- bzw. Umgangssprache" in Dvaravati das Alt-Mon (*Diffloth,1984:4.*). Diese Sprache hat auch einen direkten, noch heute in manchen Gegenden Zentralthailands gesprochenen, linguistischen Nachkommen: die Sprache *Chao Bon* oder *Nyah Kur Mon* (*Diffloth,1984:11*).

In der Forschung ist Mon primär ein linguistischer Terminus, der gelegentlich auch auf die ethnische Einordnung ausgeweitet wird. Es ist allerdings ebenso unwahrscheinlich, daß alle Mon-sprechenden Kulturen unter dem unmittelbaren Einfluß Dvaravatis standen, wie das in allen Dvaravati-Siedlungen Mon die ausschließliche Sprache gewesen ist. (*Moore,1988:4*). Auch der Begriff Dvaravati bezieht sich häufig und zuvörderst auf ikonographische oder

---

[190] *Suwannaphum* [สุวรรณภูมิ], das heutige Suphan Buri
[191] *Nagara Pathama* (Die erste Stadt), das heutige Nakhon Pathom
[192] Die heutige thailändische Provinz Nakhon Ratchasima
[193] [เมืองฟ้าแดด] im Süden der heutigen Provinz Kalasin

kunstgeschichtliche Klassifizierungen, beispielsweise auf einen originären Stil von Buddha Skulpturen, die zwischen dem 7.-10. Jahrhundert entstanden *(Wales, 1969)*, denn auf die chronologische Definition einer politisch-staatlichen Einheit. Auch die besondere Form der Architektur während der Dvaravati-Periode gibt wertvolle Hinweise. Abgesehen von der gelegentlichen Verwendung von Laterit, war das bevorzugte Baumaterial der Dvaravati-Monumente eine spezielle Form größerer Steine, die bei niedriger Temperatur unter Zugabe großer Mengen an Reis-Spreu gebrannt wurden. Die Verwendung dieser Steine in der Architektur Dvaravatis unterscheidet sie signifikant von ähnlichen Monumenten benachbarter Kulturen und artikulieren dadurch eine eigene, lokale Tradition. Desweiteren ist auffällig, das keinerlei Bindematerialien verwendet wurden; die Steine wurden einfach auf Schichten von Sand übereinander gesetzt *(Boisselier:1968:47ff.)*. Die daraus resultierende instabile Statik reduzierte die Möglichkeiten der Architektur Dvaravatis auf massive Monumente. Insbesondere die Burmesen sehen das traditionelle Zentrum Dvaravatis in *Thaton*[194] in Burma, wobei bislang nicht einmal eindeutig geklärt ist, wo die Hauptstadt gelegen hat, sofern überhaupt jemals ein einzelnes Zentrum dieser Art existierte *(Wyatt,1992:21)*. Eines dieser Zentren lag zweifelsfrei in Nakhon Pathom. Dieses beweisen sowohl verschiedene archäologischer Funde im Menam Becken *(Lyons,1979:352)* als auch die Tatsache, daß Dvaravati Bestandteil des offiziellen Namens der späteren Hauptstädte Ayutthaya und Bangkok gewesen ist. Schon zu Zeiten König *U Thongs* (Ramathibodi I.), des ersten Königs Ayutthayas findet sich auf einigen Gesetzen die Namenskombination *Thawarawadi Sri Ayutthaya*: dem Beweisrecht (1350), dem Gesetz über Königliche Autorität (1351) sowie dem Gesetz über die Feuerprobe (1355) *(Prinz Dhani Nivat, 1939:148)*. *Thawarawadi* ist mehr oder weniger die phonetische Transkription des Sanskrit-Wortes Dvaravati ins Thai. Dvaravati selbst ist identisch mit *Dvaraka*[195], der Hauptstadt des indischen Helden Krishna[196]; diese wird in der 10. Sektion der *Jataka*, der *Ghatapandita Jataka* (Geburtsgeschichte des Buddha) erwähnt *(Dhani Nivat,1939:150)*. Auch wenn der indische Held Krishna im Siam jener Tage weithin unbekannt und zu keiner Zeit eine Quelle der Inspiration für die Tai gewesen sei *(Dhani Nivat, 1939:148)* kommt Prinz Dhani Nivat[197] zu dem Schluß, daß der >>Hauptstadt seit Beginn ihrer Gründung der volle Name Thawarawadi Sri Ayutthaya gegeben war *(Dhani Nivat,1939:151).*<< Auf einem Vertrag, der 1664 zwischen Holland und Ayutthaya geschlossen wurde, findet sich mehrfach die Bezeichnung *Krung Devahamanagara Pavara Dvaravati Sri Ayudha (Boeles,1964:112)*. Ein Dokument in Pali aus dem Jahre 1757 vermerkt als offizielle Bezeichnung der Hauptstadt *Deva-Mahamanagara Pavara Dvaravati siri Ayuddhya Mahatilakabhava nabaratana rajadhani puriramya (Dhani Nivat,1939:150)*. Wie wichtig der Monarchie in Ayutthaya das kulturelle Erbe Ayutthayas war, bezeugen sowohl der Wiederaufbau verlassener Monumente in *U Thong* [อู่ทอง] als auch das Verbringen verschiedener Dvaravati Skulpturen von Nakhon Pathom nach Ayutthaya *(Boisselier,1969:51)*.

---

[194] Das alte *Sudhammapura*, in der Sprache der Mon *Sadhuim*, in der heutigen Tanintharyi-Division im südlichen Myanmar gelegen
[195] Im heutigen indischen Bundesstaat Gujarat
[196] Sanskrit: कृष्ण (wörtlich „der Schwarze"), das achte Avatar Vishnus. Für seine hinduistischen Anhänger ist er die Inkarnation des Höchsten. In den 1970er-Jahren war die Hare-Krishna-Bewegung unter den Hippies populär, die singend und tanzend das *Mahamantra* rezitierten: हरे कृष्ण हरे कृष्ण कृष्ण कृष्ण हरे हरे राम हरे राम राम राम हरे हरे, Hare Krishna Hare Krishna, Krishna Krishna Hare Hare, Hare Rama Hare Rama, Rama Rama Hare Hare
[197] Prinz Dhani Nivat Kromamun Bidayalabh Brdihyakorn [พระวรวงศ์เธอ พระองค์เจ้าธานีนิวัต กรมหมื่นพิทยลาภพฤฒิยากร] (1885-1974), allgemein als Prinz Dhani bekannt, graduierte *cum laude* an der Oxford Universität und diente unter fünf Königen. Als Privatsekretär arbeitete er für König *Vajiravudh* (Rama VI) und von König *Prajadhipok* (Rama VII.) wurde er zum Erziehungsminister ernannt. 1904 gründete er die *Siam Society*, der er auch als Präsident vorstand. Zwischen 1946 –1950 war er Regent Thailands unde diente danach noch als Vorsitzender des *Privy Councils* des Königs. Prinz Dhani hat eine Reihe akademischer Werke, überwiegend historischen und kulturhistorischen Inhalts publiziert.

Insgesamt jedoch handelte es sich bei Dvaravati wohl eher um eine völkerübergreifende, buddhistische Kulturzivilisation denn um ein exaktes, territorial und politisch definiertes Staatswesen, >>un pays de culture indienne, pratiquent le bouddhisme, et s'inspirant dans sa sculpture de l'art Gupta<<. (*Coedès,1929:4*) Dennoch, die diversen Münzenfunde in Nakhon Pathom und Lopburi belegen die Existenz eines Königs. Aus geborgenen keramischen Artefakten glaubt Boeles sogar dessen fünf royale Regalien deuten zu können: zwei Muscheln, zwei Gebetsketten aus Perlen, zwei königliche Schirme, zwei königliche Fächer und zwei Schildkröten, die als Symbol für ein langes Leben dienten (*Boeles,1964:109*).

Charakteristisch ist die dichte Besiedelung der lokalisierbaren Gebiete Dvaravatis und die frühe mögliche Datierung dieser Ansiedlungen. Diese regionale Konzentration scheint ökonomische Ursachen gehabt zu haben; im dem vorgenannten Gebiet lagen wichtige Handelsrouten. In jedem Fall hat Dvaravati nicht unerheblich vom Handel über den Drei-Pagoden-Pass zwischen dem Golf von Martaban und dem Golf von Siam profitiert, und das bereits gegen Ende des 6. Jahrhunderts (*Wyatt,1992:21*). Eine weitere logische Handelsroute entlang der Siedlungsstätten Dvaravatis ergibt sich zwischen dem Norden des heutigen Vietnam und dem Golf von Siam (*Wyatt, 1992:23*). Das dieser Handel florierte und überregional agierte zeigen Funde ausländischer Waren und Produkte wie Perlen, Münzen, Terrakotta-Lampen römischen Ursprungs (*Wales,1969:9*) und sogar importierte Statuen. Die vier wichtigsten Städte Dvaravatis waren Lamphun im Norden sowie U Thong, Nakhon Pathom und Lopburi im Zentralgebiet. Viele der Siedlungsstätten wurden auf Hügeln in Kreisform angelegt (*Moore,1988*), umgeben entweder von angelegten und mit Wasser aufgefüllten Gräben (*water-harvesting sites*) (*Boisselier,1968:41–47*) oder aber, den Lauf eines oder mehrerer Flüsse ausnutzend (*territorial sites*), von natürlichen Barrieren (*Supajanya,1984*). Diese Form der Siedlungsstätten gelten als typisch für die Dvaravati-Kultur: >>Die Überreste der, über ganz Zentral- und Nordostthailand verstreuten, runden und ovalen „Grabenstädte" [moated ‚cities'] werden nunmehr von den Archäologen der Dvaravati-Kultur zugerechnet<< (*Diffloth, 1984:4*). Die Grundfläche der Siedlungen umfaßte nicht selten bis zu 10 km², was auf eine reiche Population schließen läßt. Die „Stadtbewohner" lebten vermutlich von der Landwirtschaft der sie umgebenden Bauern, auch waren sie in den Handel mit Metallen, Gewürzen, Holzprodukten und Textilien involviert (*Wyatt,1992:22*).

Vergleichsweise viele Tempelgebäude, Buddha-Statuen und Skulpturen sind vorhanden und erhalten. Die, überwiegend buddhistischen, Skulpturen Dvaravatis sind eindeutig vom indischen Gupta[198] und post-Gupta[199] Stil geprägt, weisen jedoch auch zum früher entwickelten *Amaravati*[200]-Stil (2.-3.Jahrhundert) Parallelen auf (*Subhadradis Diskul,1979:360*). Kunstgeschichtlich lässt sich Dvaravati in verschieden Perioden unterteilen. Die erste Periode vom Ende des 6. Jahrhunderts bis zum 7. Jahrhundert, in der die Übernahme des post-Gupta Stils erkennbar ist; die zweite Periode erstreckt sich über das 7. und 8. Jahrhundert, als der post-Gupta Stil assimiliert wurde und eindeutige Charakteristiken in der Bauweise und Ikonographie nachweisbar sind; die dritte Periode, vom Ende des 8. Bis zum Ende des 9. Jahrhunderts wird durch einen Stilwandel unter dem Einfluß anderer

---

[198] Die Epoche der Gupta-Dynastie von etwa 320 bis 550 n. Chr. gilt als "Goldenes" bzw. "Klassisches Zeitalter" der indischen Geschichte. Zur Zeit der Gupta erfolgte auch eine Erneuerung des Hinduismus: Die alten Schriften wurden wieder gelesen und der bis dahin philosophisch und intellektuell dominierende Buddhismus bekam zunehmend Konkurrenz. Handwerklich perfekte und künstlerisch beeindruckende Gupta-Tempel wurden in vielen Regionen des Reiches erbaut. Gleichwohl wurden auch buddhistische Stätten mit eindrucksvollen Buddha-Bildnissen geschaffen.

[199] Die sogenannten "Späteren Gupta" waren auf *Magadha* beschränkt, ein nordostindisches Königreich im Gebiet des heutigen Bundesstaates Bihar

[200] Im heutigen indischen Bundesstaat Andhra Pradesh gelegen

Kulturen (Indonesia, Pala[201] und dem südlichen Indien) geprägt, welche den originären Stil nach und nach dominierte. Die letzte Periode vom 11.-12. Jahrhundert ist geprägt durch den Niedergang des eigenen zugunsten des Khmer-Stils vor dem Hintergrund der zunehmenden Suprematie Angkors im Tal des Chao Phraya (*Boisselier,1968:36*). Der gleiche Autor stellte zum Ende seines akademischen Schaffens noch eine revidierte „politisch-historische" Chronologie zur Diskussion. Danach datiert er die erste Periode vom 7. Jahrhundert bis zur Mitte des 8. Jahrhunderts, welche durch die chinesischen Reisenden dokumentiert werde; dann eine von Srivijaya beinflußte Periode, die bis zum 12. Jahrhundert angedauert habe und keinen erkennbaren religiös-spirituellen Wandel aufweise; und schließlich der Niedergang der Dvaravati-Kultur am Ende des 12. bzw. zu Beginn des 13. Jahrhunderts aufgrund des zunehmend domierenden Khmer Einflusses (*Boisselier,1986:79*). Eine alternative kunstgeschichtliche Chronologie geht von fünf Phasen aus. Phase 1: „Indianisierte" Phase zwischen dem 3.-5. Jahrhundert; Phase 2: Frühe Mon-Periode zwischen dem 5.-7. Jahrhundert; Phase 3: Entwickelte Mon-Periode zwischen dem 7.-8. Jahrhundert; Phase 4: Sukzessiver Niedergang der Mon-Periode zwischen dem 8.-12. Jahrhundert und Phase 5: die „Khmerisation" im 12.-13. Jahrhundert (*Krairiksh,1975*).

Dem „indianisierten" Kunsthandwerker Dvaravatis lag es bei seiner Arbeit weniger an Originalität, denn an der Umsetzung und Bewahrung dessen, was er von seinen klassischen indischen Lehrmeistern vermittelt bekam. Dennoch haben die Protagonisten der buddhistischen Kunst Dvaravatis eigene Merkmale entwickelt, die sie, trotz deutlicher indischer Einflüsse, von dem Vorwurf, sie seien lediglich Kopisten diverser indischer Stilrichtungen gewesen, freisprechen (*Wales,1966:41*). So definiert Dupont drei wesentliche Charakteristiken der Buddha-Statuen Dvaravatis: die geschlossenen Augenbrauen, die asexuelle (*nu asexué*) Darstellung des Körpers durch die Modellierung der Robe sowie die Vorwärtsbewegung beider Unterarme in Form der *mudra vitarka*, der Unterweisungsgeste (*Dupont,1959*). Auch in der Kunst war Dvaravati von Funan beinflußt worden; zwar galt dort der Sanskrit *Hinayana*[202] Kanon und in Dvaravati der Pali *Hinayana* Kanon. Dennoch ist ein anhaltender Einfluß, ja eine Weiterführung des Funanschen Kunststils festzustellen (*Wales,1966:42*). Aus U Thong und Nakhon Pathom sollte in der Folge Suphanburi erwachsen um mit Lopburi um die Vorherrschaft in Ayutthaya zu ringen. Das Schicksal Lamphuns wird uns auch im folgenden Kapitel über Lan Na beschäftigen.

4.6. Das legendäre Reich von *Sri Chanasa* [ศรีจนาศะ]

(*Śri*) *Cānāśapura* oder *Śri Canāśa* existierte vermutlich zwischen dem 7-10. Jahrhundert auf dem Khorat Plateau. Eine Verbindung zu den frühen Siedlungsstätten im Mun-Becken ist

---

[201] Die Pala-Dynastie war eine indische Dynastie, welche zwischen ca. 750-1160 ein auf dem indischen Subkontinent bestehendes Reich beherrschte. Sie ist unter anderem für ihre Förderung des Buddhismus in Nalanda bekannt. Heute eine im indischen Bundesstaat Bihar gelegene Ruinenstadt war Nalanda einst der Ort der größten buddhistischen Universität. Im 5. Jahrhundert gegründet lebten, lehrten und studierten hier bis zu 10.000 Studenten und 1.000 Professoren. Der Komplex bestand aus neunstöckigen Bauten und umfasste sechs Tempel und sieben Klöster. Die Bibliothek soll 9 Millionen Bücher umfasst haben. Sie war damit zugleich das größte Lehrzentrum der antiken Welt überhaupt. Die Universität wurde Ende des 12. Jahrhunderts im Zuge der islamischen Eroberung Indiens zerstört. Ein Lehrzentrum gleichen Namens wurde 1351 in Tibet gegründet.
[202] Es gibt drei Hauptrichtungen des Buddhismus: *Hinayana* („Kleines Fahrzeug"), aus dessen Tradition heute nur noch die Form des in Thailand praktizierten *Theravada* („Lehre der Älteren") existiert, *Mahayana* („Großes Fahrzeug") und *Vajrayana*, im westlichen Kulturkreis als Lamaismus oder tibetischer Buddhismus bezeichnet. In allen drei „Fahrzeugen" sind die Mönche Hauptträger der Lehre und für deren Weitergabe an die folgenden Generationen verantwortlich. „Kleines Fahrzeug" oder „Kleiner Weg" bezieht sich auf die Motivation für den Weg. Aus der Erkenntnis des Leids wünscht sich der Übende, Erlösung vom Leid zu erlangen. Wer diese Motivation für sich entwickelt wird gemäß *Mahayana* zum *Hinayana* gezählt. Dies deshalb, da der Wunsch sich nur auf ein Lebewesen bezieht und somit im Vergleich zum Leid der vielen Lebewesen eine kleine Motivation ist. Jemand, der sich wünscht, dass alle Wesen Leiderlösung erlangen und dafür die persönliche Verantwortung übernimmt, hat eine größere Motivation und zählt zum Mahayana.

denkbar. Die gefundenen steinernen Zeignisse, sowohl buddhistischen als auch hinduistischen Ursprungs legen die Vermutung nahe, daß die Herrscher Sri Chanasa ihre religiösen Präferenzen flexibel gestalteten. *Die Bo Ika A - Inskription* in Sanskrit aus dem 7. Jahrhundert wurde in Müang Sema gefunden und erinnert an die Schenkung von Wasserbüffeln, Rindern und Sklaven beiderlei Geschlechts des Herrschers von Sri Chanasa an eine buddhistische Gemeinschaft und huldigt dem Spender der phallischen Stele namens *Ansdeva* (*Cœdès,1965:83*). Etwa 50 km südlich von Nakhon Ratchasima wurde die *Hin Khon-Inskription* gefunden; der Text ist in Sanskrit und Khmer gehalten, stammt aus dem 8. Jahrhundert und hat ebenfalls erbrachte Opfer für Buddha zum Inhalt (*Cœdès,1965:73*). Aus dem 9. Jahrhundert stammt die, ebenfalls in Sanskrit und Khmer gehaltene Bo Ika B–Inskription, die von einer verlassenen Stätte außerhalb Kambodschas berichtet (*Cœdès,1965:83ff.*). Von besonderem Interesse ist eine 937 in Ayutthaya gefundene, wenngleich dort nicht entstandene Inskription (*Cœdès,1944:73ff.*). Der beschriftete Teil der Inskription ist 45cm hoch und 22cm breit. Auf einer Seite befindet sich ein 16-zeiliger *shloka*[203] gefolgt von zwei Huldigungen an *Shankara* (Shiva) und *Parvati*[204]. Dann folgt eine Genealogie der Herrscher von *Canasa Pura*. Der erste, ohne Daten, namentlich erwähnte Herrscher nannte sich *Bhagadatta*. Einer seiner Nachkommen namens *Sundaraparakrama* hatte einen Sohn, *Sundaravarman*; dieser wiederum zeugte zwei Söhne: der ältere *Marapatisinhavarman* wurde Herrscher von Sri Chanasa, während der jüngere *Mangalavarman* diese Inskription *in memoriam* an die Mutter in Auftrag gegeben hatte. Diese Genealogie unterscheidet sich von jener des Khmer-Reiches. 937 herrschte dort der in *Lingapura* bzw. *Chok Gargyar*[205] residierende König Jayavarman[206] IV. Den o.a. Inskriptionen zufolge wurde in dem Gemeinwesen sowohl Hinduismus als auch Buddhismus praktiziert. Zu diesem Zeitpunkt, drei Jahrhunderte nach den Mon-Inskriptionen von Lopburi und etwa ein Jahrhundert vor den Khmer Inskriptionen Suryavarman I. könnte die Region um Ayutthaya Teil eines Reiches von Sri Chanasa gewesen sein, welches noch nicht dem Khmer-Reich angehörte, in dem aber die Mon-Kultur sukzessive verdrängt wurde und so der späteren Annexion durch Angkor Vorschub geleistet wurde. Damit hätte Sri Chanasa parallel zur Dvaravati-Kultur existiert, möglicherweise mit Müang Sema als Hauptstadt (*Brown,1996*). Die These der thailändischen Historikerin *Dhida Saraya* [ธิดา สาระยา], wonach die Ausgrabungsstätte *Si Thep* [ศรีเทพ] in Phetchabun mit Sri Chanasa identisch sei, beruht eher auf spekulativen Indizien denn auf archäologischen Fakten.

Eine genaue geographische Lokalisierung war bis dato nicht möglich, jedoch werden die Gebiete der heutigen Provinzen Nakhon Ratchasima oder auch Buri Ram als mögliche Heimat vermutet. Insgesamt dürfte für Sri Chanasa das gelten, was von Wolters für das Khmer Reich des 7. Jahrhunderts festgestellt wurde und wohl für das gesamte Gebiet im Nordosten des heutigen Thailand für die Zeit des ersten nachchristlichen Jahrtausends gegolten haben dürfte: >>Kambodscha war immer noch übersät von lokalen Stammesgebieten [*chieftainships*] deren Herrscher sich ohne Zweifel als einer größeren und bestandshabenden politischen Einheit angehörig fühlten. Ambitionierte Stammesfürsten [*chiefs*] traten von Zeit zu Zeit auf den Plan, aber der Weg zur Vorherrschaft war zu keiner Zeit ein leichter ... In

---

[203] Ein *Shloka* [श्लोक, śloka] ist in der indischen Verslehre eine vierzeilige Strophe, insbesondere der altindische Vers der Inder.
[204] *Parvati* [पार्वती, Pārvatī] ist eine hinduistische Muttergöttin, , die als die Gattin und *Shakti* (die weibliche Urkraft des Universums) *Shivas* und Mutter *Ganeshas* und *Skandas* gilt. Sie ist die Tochter von *Himavat*, dem Gott des Himalaya und der *Apsara* (halb menschliche, halb göttliche Frau, die im Palast des Gottes Indra lebt) Mena sowie die jüngere Schwester von *Ganga*, der Göttin vom Ganges. Ihr Name bedeutet „Tochter der Berge". Parvati verkörpert die treue, geduldige, liebende, hingebungsvolle, liebliche, ideale und gehorsame Ehefrau und Mutter.
[205] Das heutige *Koh Ker*, etwa 120 km von Angkor entfernt.
[206] *Jayavarman IV.* (†941) war der Sohn *Mahendradevis*, einer Tochter König *Indravarman I.* (†890) ; von 928- 941 war er König des Khmer-Reiches. Sein posthumer Name lautet *Paramashivapada*.

dieser Phase ist der Begriff „Königreich", sofern er mehr beansprucht als den temporären territorialen Einfluß eines erfolgreichen Kriegerfürsten [soldier-*chief*], unangebracht. Größere [politisch-territoriale] Einheiten waren immer noch die fragile Konsequenz der Tüchtigkeit eines einzelnen Führers. Diese Form der Einheit verschwand sehr schnell wenn dieser starb oder das Vertrauen seiner Verbündeten verlor (*Wolters 1974:383*). Für Wales handelte es sich bei Sri Chanasa um ein semi-unabhängiges Königreich unter der Oberherrschaft Dvaravatis, wodurch er eine politische Präsenz des buddhistischen Kulturkomplexes auf dem Khorat Plateau propagiert (*Wales,1969:103*). Ab dem 10. Jahrhundert wird der Nordosten als politische Verlängerung Angkors gesehen, die auch Kunst und Kultur signifikant beeinflußten (*Wales,1969; Higham,1977b; Welch,1984*).

4.7. U Thong [อู่ทอง]

Eine in U Thong gefundene Inschrift auf einer Votivtafel enthüllt den bisher einzig bekannten Namen eines Königs von Dvaravati, vorausgesetzt, es handelt sich bei dem nachgenannten Śrī Īśānavarman um einen lokalen Herrscher. Die sechszeilige Inschrift in Sanskrit wurde erstmalig von George Coedès ins Französische übertragen und liest sich wie folgt: >>Śrī Harsavarman, Enkel des Königs Śrī Īśānavarman [...] hat den Löwenthron in legaler Thronfolge bestiegen [...] und dann hat er Śrī Īśāneśvara poetische Kompositionen, Lieder, Tänze [...] gewidmet<<. (*Coedès,1958:129ff.*)

Handelte es sich bei Śrī Īśānavarman um jenen Herrscher, der um 615 den Thron Chenlas bestieg? Und war sein Enkel ein Khmer-König? Oder handelte es sich bei Śrī Harsavarman lediglich um einen Khmer-Prinzen, der Ländereien im Tal des Chao Phraya zum Lehen erhalten hatte? Eine dritte Möglichkeit wäre, daß es sich bei Śrī Īśānavarman und Śrī Harsavarman um Mitglieder einer lokalen Dvaravati-Dynastie handelte (*Wheatly,1983:204*). Trifft die letzte Annahme zu, so würde dieser Umstand die Vermutung rechtfertigen, U Thong sei zu diesem Zeitpunkt auch die Hauptstadt des Reiches gewesen. Eine Münze mit der gleichen Aufschrift wie auf denen in Nakhon Pathom entdeckten wurde auch in U Thong gefunden (*Boisselier,1972:52*). Die geringe Anzahl der hinterlassenen Monumente erweckt allerdings den Eindruck, als habe U Thong seine exponierte Stellung ab dem 8. Jahrhundert an Nakhon Pathom verloren; dennoch steht es zu vermuten, daß Uthong bis zur Eroberung Dvaravatis durch die Khmer im 11. Jahrhundert zu den wichtigeren Städten des Reiches zählte. Welcher Umstand schließlich zur Aufgabe U Thongs geführt hat, ist bis heute noch nicht zweifelsfrei geklärt. Gemäß der „klassischen Variante" wurde U Thong in seiner Endphase von einem Tai-Prinzen beherrscht, der aufgrund einer ausbrechenden Choleraepidemie sein Volk um sich sammelte, die Stadt verließ und um 1350 Ayutthaya gründete. Der populären Legende stehen die bei Ausgrabungen gewonnenen Erkenntnisse gegenüber, wonach der Fluß *Chorakhaesamphan* seinen Lauf im 12. Jahrhundert änderte und somit die Einwohner bereits zu diesem Zeitpunkt zum Verlassen ihrer Stadt zwang (*Boisselier,1965:146ff.*).

4.8. Nakhon Pathom

Im Zuge der inneren Probleme *Chen-las*[207], die mit dem Ende der Herrschaft Jayavarman I. ausgangs des 7. Jahrhunderts einen Höhepunkt erreichten und zur Teilung führten, bot sich Dvaravati die einmalige Gelegenheit einer relativ autonomen Entwicklung, die es zur territorialen Expansion und ökonomischen Prosperität nutzte. Parallel hierzu entwickelte sich Nakhon Pathom, strategisch günstiger da in Küstennähe gelegen, zur Nachfolgerin U Thongs.

---

[207] Im Gebiet des heutigen Kambodscha

Das alte Nakhon Pathom lag im Landkreis Müang Nakhon Pathom [อำเภอเมืองนครปฐม] der heutigen Provinz Nakhon Pathom und hiess ursprünglich *Nakhon Chaisi* [นครปฐม]. Als Gründer gilt der legendäre König *Srī Sitthichai Promthep*. Andere Quellen verweisen auf ein Dorf namens *Ban Tona*, welches sich um 590 in dieser Gegend befunden haben soll. Brahmanen sollen dort gegen Ende des 6. Jahrhunderts einen Schrein errichtet haben, um ein *tona* genanntes Gefäß mit einer Reliquie des Buddha darin aufzubewahren. Das spirituelle Zentrum des Ortes, die *Phra Prathom Chedi* könnte bereits 656 durch einen König namens *Kāwanna Disarāja* errichtet worden sein. Neuere Untersuchungen (2009) durch das Fine Arts Department haben ergeben, das sich unter einem später errichteten *Prang* eine Dvaravati-Stupa befand. Dies ist ein weiteres Indiz für die Existenz *Nakhon Chaisis* während des 7. Jahrhunderts *(Khunsong et al.,2011:152)*. Das alte Nakhon Pathom war von einem einzelnen, etwa 50-60 Meter breiten Wassergraben umgeben; breit genug, um einerseits der Verteidigung zu dienen, anderseits war der Graben schiffbar; möglicherweise verfügte die Siedlung zwischen dem 8.-11. Jahrhundert über einen wichtigen Hafen. Ein bei Ausgrabungen gefundenes Terrakotta-Siegel mit einem abgebildeten Segelschiff sowie ein Siegel mit der Prakrit[208]-Inschrift *varapata(na)*, was übersetzt etwa „wunderbarer, vorzüglicher Hafen" bedeutet *(Khunsong et al.,2011:152)*.

Dieser Hafen könnte auch eine wichtige Funktion für die weitere Verbreitung des Buddhismus in östlicher und nördlicher Richtung gehabt haben. Denn offensichtlich fungierte die Stadt als kulturelles und/oder politisches Zentrum der Dvaravati-Siedlungen im Gebiet des heutigen Zentralthailand *(Boeles,1964:102)*. In jedem Fall befand sich in Nakhon Pathom wohl das erste buddhistische Zentrum der Region. >>Phrah Pathom[209] [...] könnte durchaus [...] eines der ersten klassischen Zentren für die Verbreitung des Buddhismus sein, um nicht zu sagen, das urzeitliche: zugegebenermaßen könnte dies aus seinem Namen abgeleitet werden, dessen Sanskritform ‚urzeitlich', 'erste(s)' bedeutet. Einige Einheimische, überwiegend Kambodschaner, nennen das Monument ‚Preah Bantom', die Sanskritform des letzteren Wortes bedeutet ‚Padma Lotus', welches dem Tempel den Namen ‚Heiliger Lotus' gab.<< *(Aymonier,1901:88)* Im letzten Punkt irrte der ehemalige französische Kolonialoffizier, die treffende Übersetzung für *Phra Banthom* dürfte „Schlafender Buddha" sein *(Boisselier,1978:12)*. Fournereau, der französische Architekt und Kollege Aymoniers datiert (auf unseren Kalender umgerechnet) *Phra Pathom* auf 630 *(1895:116)*. Allein schon die Größe Nakhon Pathoms, welches sich in Ost-West Richtung über ca. 3,5 km und in Nord-Süd Richtung über etwa 2 km erstreckte, deutet auf einen Aufstieg zur Hauptstadt hin *(Wales,1969:32)*. Die Studien des *Fine Arts Department*[210] kamen auf eine Gesamtfläche von ca. 7,2 km² *(Khunsong et al.,2011:152)*. >>Nakhon Pathom ist wahrscheinlich die Hauptstadt einer strukturierten politischen Einheit gewesen<<. *(Boisselier,1986:79)* Ein weiters Indiz bildet der Fund von zwei Münzen aus purem Silber, die 1943 vom Numismatiker und Historiker *Nai Chalerm Yongboonkerd* in einem kleinen Tongefäß etwa 1 km westlich des *Phra Pathom Chedi* [พระปฐมเจดีย์] entdeckt wurden. Das Tongefäß befand sich unter einer

---

[208] [Sanskrit: प्राकृत]. Auch *mittelindische Sprachen* genannt. Prakrit ist die Bezeichnung für diejenigen indoarischen Sprachen, die in der sprachgeschichtlichen Entwicklung auf das Altindische folgten. Sie wurden etwa in der Zeit vom 6. -11. Jahrhundert gesprochen. Die Bezeichnung Prakrit *(natürlich)* gewinnt als Gegensatz zum Terminus Sanskrit Bedeutung: Sanskrit *(kultiviert, gepflegt)* war die von Grammatikern kodifizierte komplizierte Sprache der oberen Gesellschaftsschichten, der literaten und Brahmanen. Dagegen handelt es sich bei den Prakrits um die gesprochene Sprache der breiten Bevölkerung, also die Umgangssprachen.
[209] Der *Phra Pathom Chedi* [พระปฐมเจดีย์] ist mit 127 m der höchste buddhsitische Chedi weltweit. Der Name *Phra Pathom Chedi* bedeutet „Heiliger Chedi des Anfangs".
[210] *Krom Sinlapakon* [กรมศิลปากร] untersteht dem Erziehungs-Ministerium und ist etwa vergleichbar mit dem Kultusministerium.

chedi[211] am *Huai Chorakhae* (Krokodil-Kanal) im Distrikt Nern Hin der Provinz Nakhon Pathom. Auf beiden Münzen findet sich die Wortfolge *çrīdvāravatīçvarapunya (Srī Dvāravatī Svara Punya)*; laut Coedès handelt es sich hierbei um südindische Pallava-Buchstaben mit der Bedeutung >>Noble Tat [soll hier heißen: Gründung] des Königs von Śrī Dvāravati *(Boeles,1964:102)*<<. Eine weitere kleine Silbermünze mit der gleichen Inschrift befindet sich in der Privatsammlung von *Phaiboon Phoungsamlee (Khunsong et al.,2011:156)*. Weitere Münzfunde in Ku Bua in Ratchaburi *(Baptiste&Zéphir, 2009:53)*, In-Buri in Sing Buri und U Thong bestätigen die Existenz Dvaravatis. Ob im Falle Nakhom Pathoms eine burmesische Invasion, wie von Prinz Damrong vermutet *(Kasetsiri, 1976:22)*, oder ein lokaler Krieg *(Boeles,1969:161ff.)* die Ursache für den Niedergang war, ist noch nicht zweifelsfrei zu konstatieren. Westlich von Nakhom Pathom liegt am westlichen Rand des Khorat Plateaus *Müang Sima*, eine frühe Siedlungsstätte in exponierter Lage für den Handel mit der Zentralebene. Neben zahlreichen Artefakten im Dvaravati-Stil aus dem 7.-11. Jahrhundert wurde dort in der Nähe auch die *Bo Ika A – Inskription* aus dem 7. Jahrhundert entdeckt *(Sri Chanasa)*. *Müang Sima* umfaßte in der ersten Ausbaustufe ein Gebiet von 37.5 ha und bis zum zweiten Graben weitere 112.5 ha, mithin zusammen 150 ha. Obwohl der zweite Graben auch die Funktion hatte, die Gemeinschaft mit Wasser zu versorgen, war seine primäre Funktion wohl die einer Demarkationslinie des beanspruchten Landes *(Moore,1988:9)*.

Das durch den Niedergang U Thongs und Nakhom Pathoms entstehende Machtvakuum westlich des Menam wurde durch Suphanburi ausgefüllt. Dort lag das Hauptzentrum militärischer Stärke und die größten Ressourcen an menschlicher Arbeitskraft, während sich Lopburi, unter dem Einfluß Angkors als Zentrum der hinduistisch-buddhistischen Kultur etablierte. Insgesamt ist für den Nordosten des heutigen Thailand für die zweite Hälfte des ersten nachchristlichen Jahrtausends eine West-Ost Progression im Hinblick auf die allgemeine Entwicklung und der Anlage von Siedlungsstätten zu beobachten *(Moore,1988:12)*.

4.9. Hariphunchai[212] [หริภุญไชย]

In der Tradition der *tamnan*-Schule steht auch am Anfang von Haripunchai die göttliche Schöpfung: >>Der Buddha kam von Benares durch die Luft geflogen zum Ort der künftigen Stadt Lamphūn wo er seine Almosenschale auf einen Felsen stellte und speiste. Dann sagte er die Gründung einer großen Stadt an dieser Stelle voraus und die Bewahrung eine seiner Reliquien in dieser Stadt durch König Ādicca<< *(Penth,1994:95)*. Nach den Chroniken von *Chamadevivamsa* (CDV) und *Jinakalamali* (JKM) wurde Hariphunchai durch einen Hermiten namens *Suthep* [สุเทพ](*Vāsudeva*) gegründet und zwar Freitag, den 19. Februar 661 *(Penth,1994:96)*. Diese sowie die weiter unter folgenden Daten, insbesondere der Frühphase Haripunchais, werden von der historischen Forschung sehr kritisch gesehen und nahezu unisono als zu früh angesehen. Der tatsächliche Beginn des Königreiches liegt vermutlich eher in der Mitte des 8. Jahrhunderts. Zu diesem Zeitpunkt existierten in einem großen Teil des heutigen Nord- und Zentralthailand wie weiter oben beschrieben diverse Mon-Fürstentümer, die als Davaravati zusammengefaßt werden. Gemäß den lokalen Tradierungen war Suthep ein Lawa, dessen Elten *Phu Sae* und *Ya Sae* noch Kannibalen gewesen sein sollen, bis nach einem persönlichen Treffen mit dem historischen Buddha beide zum Buddhismus

---

[211] [เจดีย์] abgeleitet aus dem Pali [*cetiya* (चेतिय)]. Chedi ist die thailändische Bezeichnung für das sakrale Gebäude der *stupa* [Sanskrit: *stūpa* स्तूप] [Pali: *thūpa* थूप], die als Orte tiefer Meditation dienen und in denen buddhistische Reliquien bewahrt werden.
[212] Auch *Haripuñjaya*

konvertierten. (*Nimmanhaeminda,1967:185ff.*). Zunächst dachte der Gründer daran, die künftige Herrschaft der Stadt seinem Freund, dem emeritierten Mönch und Gelehrten *Sukkadanta* aus *Lavo*[213] zu übertragen. Dieser riet des lieben Friedens willen jedoch dazu, ein Mitglied des Herrscherhauses von Lavo zu berufen. Ergo schickten Suthep und *Sukkadanta* einen Gesandten namens *Gavaya* nach Lavo um die legendäre Tochter *Phra Nang Chamathewi* [พระนางจามเทวี] >>des Herrn von Lop Buri (Lavapurādhīphati) Cakkavatirāja[214] und die Prinzipalgemahlin des Provinz-Königs von Ramañña[215]<< (*Penth,1994:156*) als Königin zu gewinnen. Lavo stammt vom Sanskrit-Wort *Lava* ab; im indischen Ramayana-Epos ist Lava einer der beiden Zwillingssöhne von *Rama*[216] und *Sita*[217]. Die Mission war erfolgreich und Chamathewi, im dritten Monat schwanger, brach 662 mit einem Gefolge von 500 Untertanen und 500 Mönchen in ihre neue Heimat auf, die sie nach einer mehrmonatigen Schiffsreise auf dem *Maenam Ping* (*Penth,1994:98*) gerade noch rechtzeitig erreichte, um gesunde Zwillinge zu gebären[218], wobei der Erstgeborene *Māhayasa* ihr einst auf den Thron nachfolgen sollte. 669 wird *Māhayasa* zum König geweiht und wehrt gemeinsam mit seinem Bruder *Indavara* auf weißen Elephanten kämpfend einen Angriff des Barbarenkriegers *Bilaṅka* ab. *Indavara* wollte nun selbst Herrscher werden und gemäß eines Rates von Suthep erwies er seinen Respekt dem Jäger *Khelāṅga* und den Hermiten *Buddhajatila* und *Subrahmā*; danach gründeten die Vorgenannten für ihn die Stadt *Khelāṅganagara* oder *Nakhon Khelang* [นครเขลาง][219]. Königin Mutter weihte ihn persönlich zum König, blieb sechs Monate bei ihm und verstarb zwei Monate nach ihrer Rückkehr nach Haripunchai (*Penth,1994:101f.*) im Alter von 92 Jahren (*Wyatt&Wichienkeeo, 1998:5*). Die folgenden Schlaglichter aus der Historie Haripunchais bis zur endgültigen Eroberung durch Lan Na verdeutlichen zwei wesentliche Aspekte: Zum einen ist ein permanenter Wettstreit um die Hegemonialrolle in der Region zwischen den „Brüderstädten" Lopburi und Lamphun auszumachen. Zum anderen ist diese beschriebene Realität neben den anderen geschilderten Konflikten ein weiteres Indiz für die weiter oben formulierte These des *mandala* oder „Ziehharmonikaprinzips" der protohistorischen Phase Südostasiens.

886 zur Zeit der Herrschaft König *Kuladevas* wurde Haripunchai für 1 Jahr durch den Mahārāja von *Sappālanagara*[220] erobert. Dann fiel der Barbar *Lakkundriya* mit seinen Horden ein und herrschte drei Jahre und drei Monate. Schließlich gelang es König *Kuladevas* seine Armee zu reorganisieren und *Lakkundriya* zu vertreiben. 894 griff König *Trābaka* von Lamphun Lavo an. *Ucchittacakkavatti* von Lavo zog mit seiner Armee vor die Stadt, um den Feind zu begegnen. In diesem Moment erreichte eine mächtige Flotte König *Jīvakas* von Nakhon Si Thammarat [นครศรีธรรมราช] die Stadt. Beide Armeen flohen in Richtung Lamphun. *Ucchittacakkavatti* war schneller und verschloss die Stadttore. König *Trābaka* musste ins Ungewisse nach Lavo zurückkehren. 895 griff ein gewissser *Kamboja nāma rājā* Lamphun an, doch König *Ucchittacakkavatti* blieb siegreich und der Agressor mußte sich zurückziehen. Laut Coedes (*1925:24*) handelte es sich hierbei um den Khmer-König Suryavarman I.[221], der wiederum gemäß CMV ein Sohn des Königs von Nakhon Si Thammarat gewesen sein soll.

---

[213] Das heutige Lopburi
[214] Königin
[215] Ramaññadesa ist sowohl ein Wort in der Sprache der Mon als auch ein burmesischer Terminus. Die ursprüngliche Bedeutung „angenehm und lieblich" wandelte sich zu „Land der Ramans". Ramans ist der alte Name für die Mon.
[216] Im thailändischen Ramakien *Phra Ram* [พระราม]
[217] Im thailändischen Ramakien *Nang Sida* [นางสีดา]
[218] Einer lokalen Legende zufolge hatte der Vater der Kinder und Gemahl Chamathewis bereits vor ihrer Abreise die Robe genommen und sich als Mönch in ein Kloster zurückgezogen
[219] Das heutige Lampang [ลำปาง]
[220] Geographisch bis dato nicht lokalisiert
[221] [Khmer: សូរ្យវរ្ម័ន] Regierte von 1010 - 1050

900 n. Chr., während der Herrschaft König Kambalas, brach eine Cholera-Epedemie in Lamphun aus, die sechs Jahre lang andauerte. Die Menschen flohen zuerst nach *Thaton*[222]; als sie dort von König Pagans angegriffen wurden, flüchteten sie sich nach Pegu. Nach dem Ende der Epedemie kehrten sie nach Lamphun zurück. In memoriam dieser Ereignisse begingen die Einwohner fortan jährlich eine *sakkārapahāvikā)*, vermutlich das uns als *Loi Krathong*[223] [ลอย กระทง] bekannte Lichterfest. 917 eroberte König *Cakkavatti* von *Atiguyapura*[224] Haripunchai und herrschte für 9 Jahre. 937 eroberte der Mahārāja von *Sappālapura*[225] Haripunchai und herrschte dort ein Jahr.

1010 trat König *Ditta* von Lamphun in einen Wettstreit mit Lavo beim Bau von *chedi* und unterlag. 1015 trat der Sohn des Königs von Lavo in einen Wettstreit mit König *Ditta* um die Aushebung von Teichen, verlor den Wettstreit und floh. Der von Lavo ausgehobene Teich erhielt den Namen *Bālatalāka* (Narrenteich), der von den Männern Lamphuns ausgehobene *Devatalāka* (Gottesteich). 1020 setzte der König von Lavo, verärgert über die Flucht fünf Jahre zuvor, seine Armee unter dem Kommando seines Beraters *Putrī* gegen Lamphun in Marsch. Durch den Willen der Götter verlor *Putrī* kurz vor Lamphun die Orientierung und Könid *Ditta* konnte die *Kambojā* [Lavo] gefangennehmen. König Ditta ließ dann durch die Krieger beider Armeen den *Mahābalacetiya* [*Wat Chamathewi* วัดจามเทวี] errichten und zwang *Putrī* und seine Soldaten zum *sappathodakaṃ pāyetvā* [Loyalitätsschwur mit geweihtem Wasser]; danach erlaubte er ihnen, nach Lavo zurückzukehren. 1025 sandte der König von Lavo erneut eine Armee, diesmal unter dem Kommando seines Vertrauten *Sirigutta* nach Lamphun; doch auch diesmal verloren die Invasoren die Orientierung und wurden schließlich durch die gegnerische Streitmacht zerstreut. 1266 während der Herrschaft König *Bantoññas* erhob sich dessen Berater *Deyya* mit einer Streitmacht aus Nakhon Khelang (Lampang), tötete den König und besetzte Lamphun. (*Penth,1994:102-107*)

Neben dem beständigen Ringen um die regionale Hegemonie fokussierten sich die Herrscher auf die Errichtung sakraler Bauten und spiritueller Monumente. Nachfolgende Beispiele aus den Chroniken verdeutlichen die enge Verknüpfung von machtpolitischen Ambitionen und spiritueller Demut. Um 660 herum kam der König der Könige, der Herrscher von Rammanadesa (Pegu), der vom sagenhaften „Schwarzen Felsen von Ayutthaya" gehört hatte, zu folgendem Schluß: ‚Weil dieser Stein von höchstem Wert ist, da er einst [von Buddha] benutzt wurde, so würde eine daraus gefertigte Statue des Buddha einen gewaltigen Quell an Meriten für die Menschen und die Götter bis zum Erlöschen des Buddhismus bilden'. Der König beauftragte dann seine Steinmetze, fünf Statuen des Erleuchteten aus dem schwarzen Felsen zu meisseln. Eine Statue ging nach Angkor Thom, eine nach Lopburi, eine nach Thaton und zwei verblieben in Rammanadesa. Der Könige hielt die beiden Statuen in höchsten Ehren, ebenso wie sein Sohn und sein Enkel namens *Manohāra* (*Manuha*). Dann verlangte König Anuruddha von Pagan einer der fünf Statuen. Er sandte einen Emissär an den

---

[222] Thaton war früher ein Zentrum des Königreichs der Mon, das sich vom Delta des Ayeyarwady bis fast nach Kambodscha erstreckte. In Dvaravati war Thaton ein wichtiger Hafen am Golf von Martaban, der Handel mit Indien und Ceylon trieb. König *Anawrahta* (reg. 1044-1078)von Pegu eroberte 1057 Thaton.

[223] In Thailand landesweit am Tag des Vollmond im zwölften Monat des traditionellen thailändischen Lunisolarkalenders gefeiert wird. Es fällt üblicherweise in den November. *Loi* bedeutet schwimmen oder schweben, *Krathong* ist ein kleines Floß, das klassisch aus dem Strunk einer Bananenstaude gefertigt wird. Neuerdings gibt es auch Flößchen aus Polystyrol und Brotteig, die sich nach einer gewissen Zeit umweltfreundlich auflösen und auch noch den Fischen Nahrung bieten. Das so gestaltete Floß wird mit den Bananenblättern, Blumen, Kerzen und Räucherstäbchen geschmückt. Staatliche oder kommunale Büros, Unternehmen, Schulen, Universitäten und andere Organisationen bauen häufig größere und handwerklich sehr aufwändige *Krathongs*, die oft in Schönheitswettbewerben begutachtet und bewertet werden. Das Fest stammt vermutlich aus Indien, wo das Hindufest als Danksagung an die Gottheit des Ganges mit schwimmenden Laternen gefeiert wird.

[224] „Die gut versteckte Stadt", geographisch bis dato nicht lokalisiert

[225] Geographisch bis dato nicht lokalisiert

Hof König Manuhas und verlangte von diesem die Übergabe einer Statue. Als dieser sich weigerte, entsandte Anuruddha eine Armee, nahm Manuha gefangen und verbrachte den König nach Pagan, wo er schließlich im Exil sterben sollte. (*Penth,1994:108f.*) Nachdem er 1047 in Lamphun zum König von Haripunchai geweiht worden war, errichtete *Ādiccarāja*[226] ein *pāsāda*[227] in der Stadt. Sieben Tage lang spendete er reichlich den Mönchen, die sich vor dem Bildnis des Budhha niedergelassen hatten. 1060 brachte König *Ādiccarāja* den *kākarāja* (König der Krähen) in den Palasthof; dieser berichtete ihm von der Weissagung des Buddha, das dereinst eine seiner Reliquien hier aufbewahrt würde. Daraufhin ließ *Ādiccarāja* die Reliquie ausgraben und 1063 ein Chedi in Form eines *pāsāda* als neue Heimstatt der Legende nach an der Stelle errichten, an dem sich einest der Palast der legendären *Chamathewi* befunden haben soll[228]. *Padumavatī*, die Hauptfrau *Ādiccarājas*, ließ eine chedi namens *Suvaṇṇacetiya* errichten. An der Nordmauer des heutigen *Wat Phra That Hariphunchai* befindet sich *Suwanna Chedi*, eine elegante Stufen-Chedi mit insgesamt 60 Bildnissen des Buddha auf den vier Seiten. Zwischen 1127-1132 ließ der König *Dhammikarāja* eine Buddha-Statue mit einer Höhe von 18 *hattha* (7,75m) fertigen. (*Penth,1994:106f.*)

Gestützt auf den Theravada-Buddhismus wurde Hariphunchai das erste proto-Staat auf dem Gebiet des heutigen Nordthailands, der über eine kleinräumige Stammesherrschaft hinaus ging. Es dehnte seinen Einfluss von der Stadt Hariphunchai weit nach Süden in die Ebene des *Maenam Ping* aus. Mitte des 13. Jahrhunderts dominierte Hariphunchai das Gebiet im heutigen Nordthailand in ökonomischer, machtpolitischer, kultureller und spirituell-religiöser Hinsicht. Die gleichnamige Hauptstadt war ein bedeutendes Zentrum des Handels zwischen China und Südostasien und der vielleicht wichtigste Umschlagplatz auf der Handelsroute von Yunnan zum Golf von Thailand bzw. Golf von Martaban. Neben der klassischen Darstellung des *Camadevivamsa* gibt es zahlreiche archäologische Indizien, die Haripunchai als eines der frühen, bedeutenden Siedlungsgebiete Dvaravatis ausweisen. Eine weitere Silbermünze, mit der gleichen Aufschrift wie die beiden in Nakhon Pathom gefundenen, wurde 1981 unweit von Lopburi in *Ban Ku Muang*, Provinz *Sing Buri* [จังหวัดสิงห์บุรี], und damit rund 150 km nördlich von Nakhon Pathom, entdeckt (*Diffloth,1984:2*). 1987 erfolgten neue Funde noch weiter nördlich; in *Dongkhon* [ดงคอน], Landkreis *Sankhaburi* [อำเภอสรรคบุรี] der Provinz *Chai Nat* [จังหวัดชัยนาท], fanden sich Münzen mit der Aufschrift *çrīdvāravatīçvaradevipunya*; übersetzt man *devi*[229] mit Königin und nicht mit Göttin, so ergäbe sich „Noble Tat [Gründung] des Königs und der Königin von Śrī Dvāravati" (*Brown, L.R.,1996:XXIII*). Desweiteren wurden in der Gegend um Lopburi eine einzeilige Mon-Inschrift aus dem 7. Jahrhundert, eine längere Inskription der Mon mit Schriftzeichen aus dem 8. oder 9. Jahrhundert und eine zweizeilige Sanskrit Inskription aus dem 8. Jahrhundert entdeckt (*Wales,1969:68f.*). Boisselier entdeckte in Lopburi das erste Fragment in Pali (*Boisselier,1961:225*). Lopburi diente lange als religiöses und kulturelles Zentrum nicht nur für Haripuñjaya sondern für viele der nördlichen Nachbarn. Die in Lopburi ausgebildeten buddhistischen Mönche verteilten sich nach der Ordination auf die umliegenden Gebiete und sorgten somit für eine anhaltende wirtschaftliche, politische und religiöse Bindung der Peripherie an das religiöse Zentrum Lopburi[230]. Neben dem alten Lavo war Lamphun ein weiteres politisches und religiöses Zentrum Haripunchais. Neben den Hinweisen auf die weiter oben zitierten Chroniken wird

---

[226] Aditya Ratcha
[227] Ein i.d.R. höher gelegenes palatartiges Gebäude, welches primär sakrale Bedeutung hatt, aber auch als royale Wohnstatt genutzt werden konnte
[228] Die Gründung des *Wat Phra That Hariphunchai*
[229] Eigentlich *Devanagari* [Sanskrit: देवी], das Femininum für göttlich
[230] Lopburi erlebte im 17. Jahrhundert noch einmal eine machtpolitische Renaissance, als König *Narai* von Ayutthaya dort seine Sommerresidenz hatte und sich dort häufiger aufhielt als in seiner Kapitale Ayutthaya

die stetig zunehmende Bedeutung Lamphuns auch durch diverse Inschriften aus den Jahren 1213, 1217 und 1219 dokumentiert. (*Tambiah,1976:81*).

Obwohl es von Mon-Königen regiert wurde und die Mon und die mit ihnen verwandten *Lawa* [ลัวะ oder ละว้า][231] vermutlich auch die Bevölkerungsmehrheit stellten, war Hariphunchai kein ethnisch homogener Staat. Im CDV ist bereits für den Zeitraum 1020-1025 ein Dorf der Tai[232] erwähnt und ab dem 13. Jahrhundert sind auch in der politischen Elite Haripunchais ethnische Tais belegt. Mitte des 13. Jahrhunderts neigte sich die Herrschaft der Mon unweigerlich dem Ende zu. Nachdem bereits 1257 der tai-stämmige Gouverneur von Khelang Nakhon rebelliert und sogar kurzzeitig die Hauptstadt des Reiches unter seine Kontrolle bringen konnte, war es schließlich *Phaya Mengrai* [พญามังราย] aus *Ngoen Yang*[233] [อาณาจักรหิรัญเงินยาง] vorbehalten, Ende des 13. Jahrhunderts Haripunchai zu erobern und seinem Reich Lan Na Tai einzuverleiben.

Zusammenfassung

Die bisherigen archäologischen Funde belegen, daß zur Zeit der Dvaravati-Kultur in weiten Teilen des heutigen Thailand und Teilen von Laos eine bevölkerungsreiche und prosperierende buddhistische Zivilisation existiert hat und das zwischen den verstreut liegenden Dvaravati-Kulturen eine rege soziale und religiöse Interaktion stattgefunden hat. Nach neueren archäologischen Funden (*Hor-Ek*[234] 2009) kann davon ausgegangen werden, das die Frühphase der Dvaravati-Kultur regional unterschiedlich zwischen dem 3.-6. Jahrhundert zu datieren ist. Darüber hinaus gibt es zahlreiche Hinweise, das bereits die prä-Dvaravati Populationen dieser Region Bestandteil eines bedeutenden Handelsnetzwerkes waren und bestätigen dadurch die frühe Hypothese der >>kulturellen Kontinuität zwischen den Delta des Mekong und dem des Chao Phraya<< (*Pelliot,1904:230f.*). Der Fund einer Bronzelampe in *Pong Tuek*[235] [พงตึก] im Jahr 1927 ist mittlerweile als ein mediterranes Artefakt der frühen Byzantinischen Periode (5.-6. Jahrhundert) identifiziert (*Borrel,2008:1*) und damit im Kontext der antiken Fernhandelsroute Mittelmeer-Rotes Meer-Indien zu sehen (*Young,2001*). Archaeologische Funde an verschiedenen Plätzen im südlichen und zentralen Thailand beweisen überdies Kontakte und Warenaustausch dieser Regionen mit Indien und darüber hinaus schon in früherer Zeit (*Bellina & Glover,2004*).

Die Region des Khorat-Plateaus diente vermutlich als kulturelle Schnittstelle mit den Khmer (*Brown,1996:20*), wenngleich die vorhergehende Ausdehnung Dvaravatis in dieses Gebiet zu deren Lasten erfolgte (*Wales,1969:98f.*). Die weiter oben erwähnten Münzenfunde geben zwar Hinweise auf eine mögliche geographische Ausdehnung Dvaravatis; dennoch muß man kein Archäologe sein um auf den Gedanken zu kommen, daß eine leicht zu transportierende Münze aus den unterschiedlichsten Gründen in die vorgenannten Regionen gelangt sein kann, ohne das damit ein schlüssiger Beweis für die Existenz einer *polis Dvaravati* erbracht wäre. Dennoch dokumentieren frühe buddhistische Statuenfunde im Norden der Ebenen um Vientiane und in Luang Prabang, deren Stil und ikonographische Detailarbeit eindeutig auf

---

[231] Die Lawa [Lao: ລະວ້າ] auch , auch *T'in, Chao Dol, H'tin, Katin, Kha Che, Kha Pai, Kha Phai, Kha T'in, Lua, Lwa, Mai, Mal, P'ai, Phai, Praj, Pral, P'u Pai, Thin, Tie* und *Tin* genannt, sind eines der kleineren Bergvölker, die bereits im Norden des heutigen Thailands lebten, bevor die ersten Tai-Populationen sich dort niederliessen. Aufgrund ihrer archaischen Lebensweise und wegen ihrer animistischen Rituale sind bis heute nicht vollständig integriert.
[232] „tattha pi eko Deyyo nāma gāma hoti" *(Penth,1994:105)*
[233] Das alte *Hiran*, in den chinesischen Quellen *Ba Bai Xifu*, war zwischen dem 7.-13. Jahrhundert ein Herrschaftsgebiet der *Tai Yuan* in Nord-Thailand, welches wiederum das vormalige Fürstentum Yonok abgelöst hatte
[234] Ein etwa 32.000 m² grosses und etwa 800 Meter nordwestlich des *Phra Prathon Chedi* gelegenes Ausgrabungsfeld (UTM 47618208/1527668)
[235] Provinz Kanchanaburi

die Tradition Lopburis aber auch Phimais [พิมาย]²³⁶ verweisen, wie weit diese Verbindungen gereicht haben mögen. Desweiteren darf vermutet werden, daß vor, während und nach der Hochzeit des Khmer-Reiches ein starke und anhaltende buddhistische Kultur in Zentral-Südostasien vorherrschte. Obwohl sich Hinweise dafür finden, daß bereits im 2. Jahrhundert in Funan die Ausweitung des Buddhismus begann (*Malleret,1962:311*), erreichte dieser erst im Verlauf des 5.-6. Jahrhunderts seine volle Bedeutung. Auch wenn die heutige Forschung noch immer nicht in der Lage ist, genau zu datieren wann der Buddhismus genügend Akzeptanz erlangt hatte um die verstreut liegenden einzelnen Siedlungsgebite spirituell zu vereinen, um hierauf folgend diese spirituelle Inspiration in eine kulturelle Entwicklung des späteren Dvaravati zu komprimieren, so liegen doch hinreichende Beweise vor, die auf einen signifikanten religiösen und administrativen Zusammenhalt im Gebiet des heutigen Zentralthailand deuten und zwar bevor der chinesische Wandermönch Hsüan-tsang über *To-lo-po-ti* berichtete (*Lyons,1979:359*). Das alltägliche religiöse Leben wurde durch Wandermönche, heilige Schriftrollen und Kunstgegenstände bereichert. Die Blütezeit Dvaravatis, im Hinblick auf die bildenden Künste sowie des materiellen Wohlstandes lag wohl vor dem 9. Jahrhundert (*Wales, 1969:35*). Im Laufe des 11. Jahrhunderts zeichnete sich der Niedergang Dvaravatis ab. Das Königreich Dvaravati war nie eine zentrale politische oder gar militärische Großmacht, welche Provinzen im Status eines Vasallen kontrolliert hätte; auch haben Architektur und anderes Kunsthandwerk zu keiner Zeit die *grandeur* von Angkor erreicht. Doch hielt der kulturelle Einfluß Dvaravatis im Gebiet des heutigen Zentralthailand sowie dem Kernland der Khmer bis zum 13. Jahrhundert an (*Wales,1966:40*).

Liste der Herrscher Haripunchais von der Gründung bis 1292			
	JKM	Regierte	Tamnan Haripunchai ohne Daten
01	Vāsudeva	661	
02	Nāng Jām Thewī	662-669	Jamadevi
03	Mahāyasa (*Sohn von 02*)	669-749	Hanayos
04	Kumañña (*Sohn von 02*)	749-789	Kumanjaraj
05	Rudanta (*Sohn von 03*)	789-816	Rudantra
06	Soṇamañjusaka	816-846	Sonamanjusaka
07	Samsāra (*Sohn von 05*)	846-856	Samsara
08	Paduma	856-859	Padumaraj
09	Kuladeva (1. Herrschaft)	859-866	Kusadeva
10	Mahārāja Sappālanagara	866-867	-------------------------------------
11	Lakkhundriya	867-871	-------------------------------------
12	Kuladeva (2. Herrschaft)	871-872	-------------------------------------
13	Noka	872	Nokaraj
14	Dala	872-873	Dasaraj
15	Gutta	873-883	Gutta
16	Sela	883-886	Sera
17	Yuvarāja	886	Juvaraj
18	Brahmadatta	886-888	Brahmtarayo
19	Mukasa	888-891	Muksa
20	Trābaka	891-894	Thrapaka
21	Ucchittacakkavatti	894-897	Uchitajakraphad
22	Kambala	897-917	Kampol
23	Cakkavatti von Atiguyapura	917-926	Jakaphadiraj

---

²³⁶ Ein wichtiger Khmer-Stützpunkt in der heutigen thailändischen Provinz Nakhon Ratchasima [นครราชสีมา], häufig auch Khorat [โคราช] genannt

24	Vāsudeva	926-927	Vasudev
25	Ñeyyala	927-937	Yeyyala
26	Mahārāja von Sappālapura	937-938	Maharaj
27	Sela	938-941	Sela
28	Kañcana	941-947	Kanjana
29	Jilaṅka	947-957	Chilanka
30	Bandhula	957-977	Phuntula
31	Indavara	977-1007	Ditta
32	Ditta	1007-1037	Chettaraj
33	Ādicca	1047-1127	Jeyakaraj
34	Dhammikarāja	1127-1132	Thamikaraj
35	Ratha	1132-1137	Ratharaj
36	Sabbāsiddhi	1137-1182	Sapasith
37	Jeṭṭha	1182-1197	Chettaraj
38	Cakyeka	1197-1219	Yejakaraj
39	Tvāñña	1219-1221	Datvanjaraj
40	Gaṅgā	1221-1233	Ganga
41	Siripuñña	1233-1235	Siribun
42	Udena	1235-1236	Uthen
43	Bantoñña	1236-1266	Panthon
44	Ātāñña	1266-1269	Atana
45	Hvāma	1269-1279	Havam
46	Taraṅgāla	1279-1280	Trangal
47	Ñotta	1280-1290	Yotta
48	Yībā (Ñīpā)	1290-1300	Yip
49	Mamrāya (Mengrai) erobert Lamphun	1292	

5. Anachak Lan Na[237] [อาณาจักรล้านนา]

Aus geographischer Sicht ist die Region des historischen Reiches von Lan Na eine Verlängerung des Himalaya und den Gebirgszügen der chinesischen Provinz Yunnan. Die Gebirgsketten im Norden sind vergleichsweise lang und verlaufen parallel in Nord-Süd Richtung; so finden sich im Norden die *Daen Lao*-Berge [ทิวเขาแดนลาว], im Westen die Hochebene von *Thong Chai* [เทือกเขาถนนธงชัย], die *Phi Pan Nam*-Berge [ทิวเขาผีปันน้ำ] im Zentrum und im äussersten Osten die Berge Luang Prabangs. Die wichtigsten Flüsse im Norden, *Maenam Kok* [แม่น้ำกก], *Maenam Ing* [แม่น้ำอิง], *Maenam Fang* [แม่น้ำแม่ลาว ฝาง] und *Maenam Lao* [แม่น้ำแม่ลาว] sind sämtlich vergleichsweise kurz, schnellläufig und münden allesamt in den Mekong. Weiter südlich fliessen in Nord-Süd Richtung *Maenam Ping* [แม่น้ำปิง], *Maenam Wang* [แม่น้ำวัง], *Maenam Yom* [แม่น้ำยม] und *Maenam Nan* [แม่น้ำน่าน], die schliesslich im Maenam Chao Phraya münden. Die im Westen gelegenen Flüsse *Maenam Pai* [แม่น้ำปาย], *Maenam Yuam* [แม่น้ำยวม] und *Maenam Moei* [แม่น้ำเมย] ergiessen sich in den *Salween* [แม่น้ำสาละวิน].

Die Ansiedlung konzentrierte sich überwiegend auf die grösseren Flusstäler. In den Hochebenen fanden sich nur spärliche Gemeinschaften, überwiegend *Lua*[238] oder *Yang*[239], die Hochland-Reis und einige saisonale Produkte anbauten. Die Bergvölker und die Menschen in den Flusstälern hatten einen höchst unterschiedlichen *way of life*, lebten jedoch friedlich nebeneinander. Aufgrund der oben beschriebenen topographischen Situation war die interregionale Kommunikation limitiert. Dies führte zu einer ausgeprägten kulturellen Autonomie jedes *müang*, was sich u.a. in der Vielzahl der Sprachen und Dialekten artikulierte. Die wichtigsten Ansiedlungen befanden sich im Flusstal des Maenam Kok, welches über sehr fruchtbare Böden verfügte und daher eine längere Historie der Besiedlung aufweist als andere *müang*. Ansiedlungen wie *Ngoen Yang* [เงินยาง], *Roi* [ร้อย] und *Chiang Saen* [เชียงแสน] werden uns in der Folge beschäftigen, wenngleich auch hier nicht von statischen Gebilden auszugehen ist, sondern von einander überlappenden und sich den jeweils historischen Gegebenheiten anpassenden geographischen Ausdehnungen (Ongsakul, 2005:17). Die Ansiedlung von frühen Tai-Population in dieser Gegend erfolgte höchstwahrscheinlich schrittweise. Kleinere Gemeinschaften auf der Suche nach fruchtbarem Land, ausgestattet mit den Kenntnissen der Nassreis-Kultur und den dazugehörenden Bewässerungstechniken, haben nach und nach Siedlungen in den fruchtbaren Flusstälern gegründet. Die Annahme, diese Gemeinschaften seien über den Mekong und dann weiter in südliche Richtung vorgedrungen und damit vermutlich *Shan* [ฉาน] oder *Tai Yai* [ไทใหญ่] gewesen, mag zutreffend sein; allerdings gibt es keine eindeutigen wissenschaftlichen Beweise, so das alle Annnahmen über den Verlauf der Migrationen spekulativ sind oder auf tradierter Folklore basieren.

Bei den Shan handelt sich ethnisch um eine Tai-Population, die heute überwiegend im Shan-Staat, einer der vierzehn Verwaltungseinheiten in Mayanmar lebt. Die Täler und Hochebenen sind von den Shan bevölkert, deren Sprache und Riten denen der Thai, Lao und Dai ähnelt. Sie bekennen sich zum Theravada-Buddhismus und leben überwiegend von der Landwirtschaft. Das heutige Myanmar wurde vom 13. bis zum 16. Jahrhundert primär von den Shan dominiert, durch die Königreiche Ava und Sagaing. Sagaing ist nach einer Baumart benannt, die über den Fluss hängt. Um 1315, nach dem Niedergang Pagans, wurde es

---

[237] Das Königreich der Millionen Reisfelder
[238] Eine etwa 140.000 Menschen umfassende ethnische Minorität, die im Grenzgebiet zwischen Thailand und Laos lebt
[239] Eine Thai-sprechende ethnische Minorität, auch als *Nhang* oder *Nyang* bekannt, deren rund 5.000 Mitglieder (Stand:1995) überwiegend in der nordwestlichen laotischen Provinz *Phôngsali* [ผ้งสาลี] beheimatet sind

Hauptstadt des Shan-Reiches. Bereits 1364 verlegte jedoch *Thadominbya*[240] [ဘဒိုမင်းဘျား], der Enkel des Stadtgründers, die Hauptstadt nach Ava. Für vier Jahre, zwischen 1760-1764, war Sagaing noch einmal Hauptstadt eines burmesischen Reiches. Nachdem die Hauptstadt Sagaing von den Shan erobert worden war, wurde Ava 1364 gegründet und war bis 1783 Hauptstadt des gleichnamigen Reiches. Ava, das ursprünglich von einer Dynastie birmanisierter Shan beherrscht wurde, entwickelte sich zur Hegemonialmacht in nördlichen Burma und hatte die Ambition, das ganze Gebiet des alten Reiches von Pagan unter seine Kontrolle zu bringen. Von 1385 bis 1424 kam es zu einem vierzig Jahre währenden Krieg mit der Hegemonialmacht im südlichen Burma, dem von den Mon beherrschten Reich von Pegu. Pegu konnte seine Unabhängigkeit wahren und erlebte aufgrund seiner geographischen Lage eine Phase anhaltender wirtschaftlicher Prosperität durch den wachsenden Fernhandel. Der Einfluss Avas ging unterdessen zurück, die Vasallenstaaten Prome[241] und Taungu rebellierten. Taungu wurde zur neuen stärksten Macht in Oberbirma und konnte 1539 auch Unterbirma unter seine Kontrolle bringen. Nach ihrer Vertreibung aus Pegu 1599 residierten die Könige der Taungu-Dynastie vorübergehend, ab 1635 dauerhaft in Ava. Von 1531-1752 beherrschte die Taungu-Dynastie wesentliche Teile des heutigen Myanmar. Ihr Herrschaftsbereich wird auch als *Zweites Birmanisches Reich* bezeichnet, oder nach seiner jeweiligen Hauptstadt als Königreich Taungu (1486–1539), Pegu (1539–1599) oder Ava (1599–1752). Wie auch in den anderen proto-staatlichen Reichen Südostasien handelte es sich auch hier um keine Staatsgebilde oder Imperien im heutigen Sinne, sondern um ein Netzwerk wechselnder und damit fragiler Loyalitäten (*mandala*), ohne feststehende Grenzen und zentrale staatliche Institutionen, die primär auf den persönlichen Abhängigkeitsverhältniss zum jeweiligen Herrscher beruhten. Die traditionell gewachsenen Prinzipalitäten existierten weiter, verfügten über Autonomie in den inneren Angelegenheiten und waren „lediglich" zu Tribut und Heerfolge verpflichtet. Militärisch erfolgreiche Könige der Dynastie konnten daher ihren Herrschaftsbereich erheblich erweitern, analog zur Schwäche anderer Herrscher schrumpfte der Hegemonialbereich auch wieder. Mitte des 18. Jahrhunderts verlor die Taungu-Dynastie ihre Macht und Burma zerfiel erneut in eine Vielzahl von unabhängigen Fürstentümern.

So wie das spätere Königreich Siam hatte auch Lan Na keine klaren Grenzen vor der Regentschaft König Chulalongkorns (Rama V), aber es gibt nach dem gegenwärtigen Stand der Forschung zumindest einige Klarheit über den ungefähren Verlauf. Auch Lan Na bestand aus einer Ansammlung diverser autonomer bzw. semi-autonomer Prinzipalitäten, die Chronik Chiang Mais vermerkt die Existenz von 57 [sic!] *müang* (*Wyatt & Wichienkeeo,1998:1*), deren südliche Ausläufer sich bis nach Tak [จังหวัดตาก] und die nördlichen Gebiete des Reiches von Sukhothai erstreckten. Im Westen erstreckte sich Lan Na bis zum Salween Fluss und in östlicher Richtung bildete der Mekong die Grenze. Im Norden reichte das Gebiet bis *Chiang Rung* [อาณาจักรเชียงรุ่ง][242]. Die Bedeutung und die Grösse der einzelnen *müang* variierten erheblich; die wohl unbestritten mächtigste Region Lan Nas war die westliche, welche die *müang* Chiang Mai, Chiang Rai, Lamphun, Lampang und Phayao umfasste, wobei Chiang Mai von Anbeginn als das Zentrum Lan Nas fungierte. Die westlichen *müang* wurden unter

---

[240] Regierte zwischen 1364-67, nachdem der die Fürstentümer in Zentralburma zum Reich von Ava vereinigt hatte. Im Alter von nur 21 Jahren verstarb er kinderlos, nachdem er auf einer Militärexpedition im Süden Burmas an den Blattern erkrankt war
[241] Das heutige Pyay in der Verwaltungseinheit Bago
[242] Auch Königreich Heokam [อาณาจักรหอคำ] genannt, war ein Reich der Tai Lü um die Stadt Chiang Hung, das heutige *Jinghong* in der Präfektur *Xishuangbanna* im Süden Chinas. Chiang Hung erreichte seine größte Ausdehnung im 13. Jahrhundert, als es große Bereiche des Hochlandes im Norden des heutigen Laos sowie Südchinas eroberte. Später wurde es von der Yuan-Dynastie, dem Reich Lan Na und den Birmanen erobert. Ausgang des 18. Jahrhunderts migrierten zahlreiche Tai Lü in die nördlichen Provinzen Siams, wo sie auch heute noch überwiegend beheimatet sind. Im Zuge der repressiven Assimilierungspolitik *Mao Zedongs* Mitte des letzten Jahrhunderts sahen sich viele Tai Lü zur Auswanderung genötigt.

König Mengrai vereinigt und entwickelten fortan eine gemeinsame Historie. Die beiden wichtigsten *müang* im Osten Lan Nas waren die vergleichsweisen kleinen *Phrae* [จังหวัดแพร่] und *Nan* [จังหวัดน่าน], zwei in Flusstälern gelegene Prinzipalitäten mit signifikanten kulturellen Verbindungen. Phrae und Nan wiederum unterhielten enge Verbindungen zu Sukhothai und erhielten dergestalt ihre Souveränität bis zum Regnum Tilokarats, unter dessen Herrschaft beide in Lan Na aufgingen. Legt man das Staatsgebiet des modernen Thailand zugrunde, so umfasste das historische Lan Na acht Provinzen Nordthailands: Chiang Mai, Lamphun, Lampang, Chiang Rai, Phayao, Phrae, Nan und Mae Hong Son (*Ongsakul, 2005:13*).

5.1. Der legendäre Beginn 639-1259

Die bewusste Beschäftigung mit und die daraus resultierende Niederschrift der Geschichte Lan Nas[243] begann vor ca. 600 Jahren. Ein reichhaltiger Fundus an historischen und semihistorischen Quellen steht in Form von *bai lan* [ใบลาน][244] oder den sehr schweren *Samut Khoi* [สมุดไทย][245] - zur Verfügung und zwar in Thai Yuan, Pali oder als Mischform beider Sprachen. Die bekannteste Überlieferung ist die *Jinakalamali*-Chronik [ประชุมพงศาวดารชินกาลมาลี] (JKM). Weitere wichtige Primärquellen sind *tamnan Mūlasāsanā* [ตำนานมูลศาสนา] und *phongsawadan Yonok* [พงศาวดารโยนก]. Auf die Historie Haripunchais fokussieren sich vor allem das *Cāmadevīvaṃsa* (CDV) [จามเทวีวงศ์ พงศาวดาร เมือง หริปุญไชย], *tamnan Lamphun* [ตำนานลำพูน] und die *phongsawadan Lamphun* [พงศาวดารลำพูน].

Neben Manuskripten und Chroniken finden sich auch noch einige Stelen-Inskriptionen in Tempeln, so beispielsweise die nach dem aktuellen Stand der Forschung wohl früheste Überlieferung aus dem Jahre 1370 auf einer Säule des Tempels Wat Phra Yuen [วัดพระยืน][246]: >>Diese Säule vermerkt die Tatsache das Chao Thao Songsänna Anthammikarat (Phraya Küna), welcher ist der geliebte Sohn des Phraya Phayu, welcher der Enkel des grossen Phraya Khamfu und der Urenkel Phraya Mengrais ist<< (*Ongsakul, 2005:1*). Eine weitere wichtige

---

[243] In den schriftlichen Überlieferungen taucht der Name Lan Na mit zwei unterschiedlichen Tonzeichen und damit auch etwas unterschiedlichen Bedeutungen auf: Je nach Schreibweise kann der Lan Na als „Land der eine Millionen Reisfelder" oder als „Land der vielen Reisfelder" übersetzt werden. Ein eigens berufener historischer Untersuchungsausschuss des Sekretariats des Premierministers unter der Leitung Prasert na Nagaras optierte 1987 verbindlich für die erste Variante; einer der angeführten Gründe für diese Entscheidung war die augenscheinliche Parallele zum alten Namen Laos' – *Lan Chang* oder *Lan Xang* – das „Land der eine Millionen Elephanten".
[244] Palmblattmanuskripte wurden auf getrockneten Palmblättern geschrieben und waren über Jahrhunderte hinweg der wichtigste Textträger in Süd- und Südostasien. Sie dienten zum Aufzeichnen von tatsächlichen Gegebenheiten und mystischen Erzählungen. Vergleichbar dem Papyrus im antiken Ägypten waren die getrockneten Palmblätter das Papier des antiken Südostasiens. Nach der Erfindung des Alphabets begannen die Menschen auf den Blättern der Talipot-Palme und der Palmyra-Palme zu schreiben. Die getrockneten Blätter wurden auf eine Grösse von 15x3.5 cm zugeschnitten und mit einer Paste aus *Ragi* (Fingerhirse, in Thai: ข้าวฟ่างสามง่าม) behandelt, welche die Oberfläche aufweichte und dadurch beschreibbar machte. Das natürliche Material ist anfällig für Fäulnis und wurde von Silberfischchen nach und nach zerstört. Daher hatte ein auf einem Palmblatt geschriebenes Manuskript eine begrenzte Lebensdauer und musste in historischer Zeit auf ein neues Palmblatt kopiert werden. Mit der Ausbreitung der indischen Kultur nach Thailand, Kambodscha und Malaysia nahm die Anzahl der Palmblattmanuskripte deutlich zu. Vgl. hierzu *Schuyler,1908*
[245] Auch *Samut Thai* [สมุดไทย] genannt, die Khoi-Manuskripte. Das für den *Samut Khoi* verwendete Khoi-Papier wird aus der Rinde des *Khoi*-Baumes [ข่อย] (*Streblus asper*) gewonnen, eines kleinen Baumes oder Strauches aus der Familie der Urtikazeen. Die Herstellung des Papiers ist ein sehr arbeitsaufwändiger Prozess, der bis zu zehn Tage dauern kann. Die Haltbarkeit der Handschriften ist erstaunlich, wenn man bedenkt, dass sie anfällig für Feuchtigkeit sind und oft bewegt und gefaltet wurden. Allerdings tragen zur Haltbarkeit die Vorsichtsmaßnahmen bei, die in den Klöstern bei der Aufbewahrung der Bücher zum Tragen kommen: sie werden verschnürt und in Baumwolltüchern verpackt in speziellen Schränken gelagert.
[246] Tempel aus dem 11. Jahrhundert, etwa 1 km östlich des alten Stadtzentrums von Lamphun gelegen. Der riesige Chedi mit seinen vier grossen stehenden Buddha-Statuen stammt allerdings aus dem Beginn des letzten Jahrhunderts

Steleninschrift aus dem Jahre 1411 konstatiert im lokalen *Fak Kham*-Dialekt[247] weitere Details aus der frühen Herrscherfolge Lan Nas: >>Nachdem König Mengrai über das Königreich herrschte und den Regentschaften der Könige Khram (Chaisongkhram), Thao Sänpu, Khamfu, Phayu, Küna, Chao Sänmüangma, nach der Herrschaft dieser sieben Könige, wurde König Samfangkän sehr mächtig>>. (*Ongsakul, 2005:1*)

Die Chroniken Chiang Mais[248] führen das Herrscherhaus Lan Nas in seinen Anfängen auf Chiang Saen, der Kapitale der Tais von Yonok zurück. Eine der unzähligen Fabeln weiss zu berichten, der uns schon bekannte Khun Borom habe einst seinem Sohn, dem Prinzen Sighonawat 100.000 Männer und Frauen zur Verfügung gestellt, um das Neuland im Bereich der Hauptstadt Chiang Saen zu besiedeln. Eine kluge Politik, verhinderten doch neue Länder und deren Einnahmen den Streit der Söhne zu Lebzeiten des Vaters und mehrten gleichsam Macht, Einkommen und Ansehen der Dynastie. Militärisch schließlich habe man das Kerngebiet durch ein System gut ausgebauter Vorposten und Fortifikationen zusätzlich gesichert – ein territoriales Frühwarnsystem sozusagen.

>>König Anuruddha Dhammikarāja[249] rief alle Könige und Herrscher des Landes *Jambu*[250] an seinen Hof. Alle Herrscher und Könige der Länder versammelten sich, außer jenen von Lan Na, weil dieses keinen König hatte. Anuruddha Dhammikarāja betete daraufhin zum Gott Indra, er möge sich um Lan Na kümmern, weil dort die Lehren des Buddha verbreitet waren, und er möge einen großen König als Herrscher für dieses Land finden. Indra nahm sich der Sache an, überlegte sorgsam und fand einen himmlischen Sohn namens Lawacakkradevaputta, der von großem Verdienst im Tavatiṁsa[251]-Himmel herrschte und im richtigen Alter war, den Himmel zu verlassen. Indra begab sich direkt an den Hof des himmlischen Sohnes und sprach: ‚Sieh, der Du keine Leiden kennst! Die wirst auf die Erde niederkommen und dort in der Welt der Menschen von Chiang Rao geboren werden und wirst den royalen Zustand eines großen Königs und Herrscher aller Herrscher in dem Land Lan Na annehmen und dort die großen Lehren des Buddha [weiter] verbreiten'. Lawacangkara [...] bedachte die Worte Indras und sprach: ‚Sadhu[252]! Gut!' Dann verließ er den Himmel und stieg auf einer juwelenbesetzten Leiter in Begleitung von 1.000 Gefolgsleuten auf die Erde hinab [...] wo er elternlos als 16jähriger königlicher Nachkomme geboren wurde, schön gewandet, auf einem schönen hölzernen Thron [...] nahe dem Mae Sai [แม่สาย][253] [...] in Chiang Rao [แม่สาย][254]. Auch seine 1.000 Gefolgsleute wurden gleichsam als 16jährige Prinzen und Prinzessinnen geboren, von wundersamer Schönheit [...] Wenn die Menschen sie sahen, riefen sie einander fragend zu: ‚Woher stammen diese Wesen? Sie sind wie von Silber!' [...] Die Menschen dieses Landes sahen allesamt dieses Wunder und so baten sie [Lawacangkara] als Herr und König zu regieren [...] So kam es, das er den Namen Lawacangkarattharacha bekam

---

[247] Die gebräuchlichste Schriftform in Lan Na war das *lan na tham*, welches sich aus dem Mon Skript entwickelt hatte. Das *fak kham* Skript entwickelte sich aus dem Sukhothai Skript, während die dritte Schriftform, *thai nithet* oder *khom müang* aus den beiden vorgenannten hervorging und überwiegend in poetischen Schriften Verwendung fand

[248] Es gibt über 100 Versionen, im Rahmen dieses Buches bezieht sich der Autor, sofern nicht anders indiziert, auf die Übersetzung und Kompilation von Wyatt & Wichienkeeo,1998, nachfolgend als: <u>CMC,1998</u> zitiert

[249] Der Terminus *Dhammikarāja* wurde häufig als Beiwort bei Königsnamen verwendet und hatte die Bedeutung von „groß und gerecht"

[250] Vermutlich *Jambudvipa* (Rosenapfelbaumkontinent). In der hinduistischen Mythologie ein Kontinent der irdischen Welt, der durch acht Gebirge in neun Gebiete aufgeteilt ist

[251] Auch *Indras Himmel* oder *Welt der 33 Götter* genannt; der einunddreissigste und damit höchste Himmel

[252] Bezieht sich nicht auf die Sadhus [साधु], die indischen Asketen, sondern ist eine Gebetsformel, die in etwa dem christlichen „Amen" entspricht

[253] Hier ist der Fluss *Maenam Sai* gemeint

[254] Die Stadt *Mae Sai*, heute die Hauptstadt des nördlichsten Landkreises der Provinz Chiang Rai. Auch *Muang Ngoen Yang, Muang Yang Ngoen* oder *Jayavaranagara* genannt

[...] Später hatte der König drei Söhne [...] der älteste wurde Lao Khròp genannt, der mittlere Lao Chang und der jüngste Lao Kao Kæo Ma Müang. Der jüngste war der aufrechteste und intelligenteste<< (*CMC 1998:5ff.*)

Folgerichtig trat dann auch der jüngste Sproß die Nachfolge des Vaters an; *Lao Khròp* erhielt *Ban Tham* und *Lao Chang* ein Dorf namens *Ban Kha*. Beide Gebiete sind bis dato geographisch nicht lokalisiert. *Cao Lao Chong* [เจ้าลาวจง]²⁵⁵ war im reifen Alter von 120 Jahren nach 75 Jahren gerechter und glücklicher Herrschaft verschieden. Die nächsten 14 Herrscher werden in der Chronik nur kurz und knapp mit ihren biographischen Eckdaten erwähnt:

Die proto-historischen Herrscher von Ngoen Yang / Hiran [อาณาจักรหิรัญเงินยาง]			
Name	*	†	Herrschte ab
Lacacaṅkaraṭṭharāja (Cao Lao Chong)	639	714	639
Lao Kao Kaeo Ma Müang	673	759	714
Lao Sao	726	759	759
Lao Tang	763	824	798
Lao Kom	787	842	824
Lao Læ	802	858	842
Lao Kap	829	873	858
Lao Khün	828	890	873
Lao Khiang	853	916	890
Lao Kin / Khriu	880	936	916
Lao Thüng	915*	951	936
Lao Thœng	914*	971	951
Lao Ton	932	988	971
Lao Som	958	1009	988
Lao Kuak	982	1036	1009
Lao Kwin	993	1051	1036
Lao Cong	1008	1067	1051
Còm Pha Rüang	1038	1085	1067
Khun Cüang	1059	1126	1085
Lao Ngön Rüang	1093	1152	1126
Lao Chün	1111	1173	1152
Lao Ming	1148	1194	1173
Khun Mœng	1159	1219	1194
Lao Meng	1184	1259	1219
Mengrai	1238	1311/17	1259

(*CMC, 1998:9*) * Gemäß der Chronik wurde der Sohn vor dem Vater geboren! Im allgemeinen sind überlieferte chronologischen Daten der proto-Historie grundsätzlich mit Skepsis zu betrachten

Interessantes ist wieder aus der Regentschaft *Khun Cüangs* überliefert. Dessen älterer Bruder, *Lao Chün*, hatte eine Tochter namens *Ua Kham Khòn Müang*, die von außergewöhnlicher Schönheit war. Der *Kaeo*²⁵⁶-König *Thao Kao* von Müang Phrakan [เมืองพระกาน]²⁵⁷ begehrte diese und sandte dreimal königliche Geschenke, um seinem Wunsch Nachdruck zu verleihen. Als *Lao Chüng* ihm die Hand der Tochter verweigerte, schickte *Thao Kao* seine Armee ins Feld. *Chao Phraya Cüng*, der Sohn des Königs und Neffe *Lao Chüngs*, versammelte Truppen der nördlichen Tai- und Shan-Populationen und schlug die *Kaeo* derart vernichtend, daß die

---
²⁵⁵ In JKM: *Lawacangkarattharacha*
²⁵⁶ Wird im allgemeinen als Vietnamnesisch übersetzt
²⁵⁷ Vermutlich ein Gebiet im Norden Vietnams, bis dato geographisch nicht genauer zu lokalisieren

Mehrzahl der Fürsten der benachbarten Völker der Videhas und Vietnamesen beeindruckt einstweilen ihre Vasallenrolle akzeptierten; da *Than Kao* im Kampf gefallen war, setzte *Phraya Cüng* seinem Sohn *Lao Ngœn Bun Rüang* und seinen Onkel als Herrscher in der gerade eroberten Domäne ein. König *Cüang* begab sich unterdessen in Begleitung seiner Armee in den Königspalast nach *Kaeo*, wo er *Up Kaeo*, die außergewöhnlich schöne Tochter[258] des besiegten *Thao Kao* ehelichte. In *Phu Hœr*[259] wurde für die anstehenden Feierlichkeiten ein temporärer Palast errichtet, der 135 *wa*[260] hoch und 95 *wa* breit und mit 770 royalen, an der Spitze vergoldeten, Schirmen dekoriert war. Mit dem wohlriechenden und geweihte Wasser aus einem goldenen Becken, welches 3 Ellen[261] hoch und 6 Ellen breit war, wurde der König gesalbt und mit 100 Schneckenhörnern wurde sein Ruhm verkündet. Dann begab sich König *Cüang* in den Palast und nahm auf dem juwelenbesetzten Thron Platz, umgeben von seiner Hauptfrau, Königin *Amaradevi*, der Nebenfrau *Up Kœo*, sowie seinen 440.000 Hofdamen und 116.669.000 Soldaten [sic!]. Aufgabe der frühen Chronisten war nicht die möglichst genaue Wiedergabe der historischen Realität sondern die Huldigung des Herrschers und seiner Dynastie. Die augenscheinlichen Überhöhungen hatten Methode: Ungeachtet der unbestrittenen Tatsache der royalen Polygamie versinnbildlichen 440.000 Frauen die enorme Potenz des Herrschers - *conditio sine qua non* für das Fortbestehen der Dynastie - und über 100 Millionen Soldaten stehen für die vermeintliche militärische Unbesiegbarkeit des Herrschers. Nach etwa fünf Monate beorderte der König seine Vasallen zurück in ihre Provinzen. Auf einer um 1140 entstandenen und in Yunnan entdeckten Inschrift findet sich ein Beispiel frühzeitlicher Realpolitik *Khun Cüngs*. Er legte dem *Kœo* im Interesse zukünftiger Beziehungen nicht die üblichen Tributzahlungen auf, sondern ernannte stattdessen den *Kaeo*-Fürsten[262] *Lum Fa Phao Phiman* zum *chao*. Kurz darauf gebar *Up Kœo* einen Sohn, der den Namen *Chao Pha Rüang Mœn Kham Kha* erhielt. Nach drei Jahren und neun Monaten kehrte König *Cüang* für eine Weile in sein Stammland zurück, um seinem Sohn *Lao Ngœn Rüang* die Regierungsgeschäfte zu übertragen. Dann begab er sich wieder nach *Kœo*, wo er die kommenden 14 Jahre herrschen sollte. *Up Kaeo* bekam zwei weitere Söhne, zuächst *Yi Kham Hao*, dem der Vater später *Lan Chang* [ล้านช้าง][263] übertrug; dann *Thao Sum Sœng*, der einst über *Nandapuri*, d.h. *Nan* [น่าน] herrschen sollte. Bevor er sich auf einen erneuten Feldzug gegen das Fürstentum *Mœn Ta Thòk Khòk Fa Ta Yün* begab, übertrug er die Herrschaft Müang Phrakans an seinen Sohn *Thao Còm Pha Rüang Moen Kham Kha*. Doch diesmal hatte er kein Schlachtenglück. Während des Kampfes gelang es dem Gegner, den König auf seinem Kriegselephanten zu isolieren und zu töten. Die sterblichen Überreste König Cüangs wurden nach Ngoen Yang [เงินยาง][264] gebracht und dort bestattet.

Für die nächsten Nachfolger König *Cüang*s weist die Chronik nur die bigraphischen Eckdaten aus. Dafür sind einige Informationen über die Eltern des künftigen Königs *Mengrai* überliefert. *Lao Möng*, der vierte Nachfolger König *Cüang*s hatte einen Sohn namens *Lao Meng*, der wiederum die Tochter *Thao Rung Koen Chais* begehrte, des Herrschers von *Chiang*

---

[258] In den südostasiatischen Chroniken wird den Töchtern von Herrschern *unisono* und *per se* das Attribut der außergewöhnlichen Schönheit zugeschrieben
[259] bis dato geographisch nicht zu lokalisieren, *phu* könnte auf einen Hügel oder Berg hindeuten
[260] 1 *wa* = 2 Meter
[261] Die Elle gilt als eines der ältesten Naturmaße. Eine Elle entspricht in etwa dem Abstand zwischen Ellbogen und Mittelfingerspitze eines ausgewachsenen Mannes, jedoch gibt es regionale Unterschiede
[262] In den Chroniken auch als *Hò* bezeichnet, üblicherweise der Tai Terminus für Chinesen
[263] Auch *Lan Xang* oder *Sisattanakhanahut*; Königreich auf dem Gebiet des heutigen Laos und Nordostthailand. Zum damaligen Zeitpunkt dürfte es sich aber eher um ein kleineres Fürstentum um Luang Prabang herum gehandelt haben
[264] Das heutige Chiang Saen in der Provinz Chiang Rai. Das gleichnamige Königreich Ngoen Yang [อาณาจักรเงินยาง], vorher *Hiran* [อาณาจักรหิรัญ], chinesische Quellen nennen *Ba Bai Xifu* war zwischen dem 7. und dem 13. Jahrhundert ein Herrschaftsgebiet der Tai Yuan in Nord-Thailand. Ngoen Yang löste das frühere Königreich Yonok ab.

Rung [อาณาจักรหอคำเชียงรุ่ง]²⁶⁵, dem Zentrum *Sipsong Pannas* [สิบสองพันนา]. Im Süden der Provinz Yunnan gelegen stammt der Name von der Dai-Bezeichnung *Xishuangbanna* [西雙版納傣族自治州] ab, was wörtlich „zwölf Reisfeld-Gemeinden" bedeutet. Das jahrhundertelang bestehende Fürstentum der Dai (Tai) wurde 1401 ein Vasall der Ming-Dynastie Chinas. Das Ansinnen wurde positiv beschieden und die Prinzessin *Theppha Kham Khrai* machte sich samt ihrer üppigen Aussteuer an Gold, Silber und Elfenbein und in Begleitung eines standesgemässen Gefolges auf den Weg, um *Chao Lao Meng* zu ehelichen. Als dieser im Alter von 35 Jahren seinen Vater beerbte, erhob er *Theppha Kham Khrai* zu seiner Hauptfrau und Ersten Königin und damit über seine restlichen 500 Frauen. Kurz darauf hatte die Königin einen Traum. Sie sah Venus, den Morgenstern, im Süden auf und niedergehen und schließlich in ihrem Mund versinken. Als sie verschluckt hatte, fühlte sie ein unendliches Behagen. Der herbeigerufene Hofastrologe deutete den Traum richtig und nach zehnmonatiger Schwangerschaft²⁶⁶ wurde am 2. Oktober 1238 ein gesunder Knabe geboren, Prinz *Chao Mengrai*. Als der Vater *Chao Lao Meng* nach vierzigjähriger Herrschaft im Alter von 75 Jahren verstarb, bestieg im Jahr 1259/60 der 21jährige Prinz den Thron (*CMC, 1998:11-16*).

5.2. Die Periode des Aufbaus [1259-1335]

Diese frühe Phase in der Historie Lan Nas ist geprägt von der weiteren Verbreitung des Theravada- Buddhismus, *Wat Chedi Luang* [วัดเจดีย์หลวง]²⁶⁷ und *Wat Ched Yod* [วัดเจ็ดยอด]²⁶⁸ werden errichtet. Unter Phaya Mengrai begann Lan Na Gestalt anzunehmen; zunächst inkorporierte er einige kleinere *müang* in der Gegend um Chiang Rai; danach wandte er sich in Richtung Chiang Mai, welches er 1296 gründete und Lamphun. Gegem Ende seiner Regentschaft umfaßte sein *mandala* Zentren wie Chiang Rai, Chiang Mai, Chiang Saen, Lamphun, Lampang und Phayao.

5.2.1. König *Mengrai* [พญาเม็งราย] auch *Phaya Mangrai* [พญามังราย] [1238-1311/17]²⁶⁹

Der Gründer des Königreiches von Lan Na, König Mengrai²⁷⁰, wurde frühen Legenden zufolge unter mysteriösen, aber nicht näher beschriebenen Umständen geboren und kam sozusagen schon als Halbgott zur Welt, der über außergewöhnliche und übernatürliche Kräfte verfügte (*Wood,1924*). Als Mengrai 1259 die Nachfolge seines verstorbenen Vaters antrat,

---

²⁶⁵ Das Königreich Chiang Hung oder Königreich Heokam war ein Reich der *Tai Lue* um die Stadt *Chiang Hung*, das heutige *Jinghong* [景洪市] in der Präfektur *Xishuangbanna*. Die größte Ausdehnung hatte das Königreich Chiang Hung im 13. Jahrhundert, als es weite Gebiete des Hochlandes in Nordlaos und Südchina umfaßte.

²⁶⁶ Kein Indiz für eine Spätgeburt: In der traditionellen Vorstellung der Thai beträgt die Periode der normalen Schwangerschaft 10 Monate

²⁶⁷ Der "Tempel der königlichen Stupa" ist Königlicher Tempel Erster Klasse [พระอารามหลวงชั้นเอก] und liegt westlich des Zentrums in der Altstadt von Chiang Mai. Ursprünglich standen hier drei Tempel: Wat Chedi Luang, *Wat Ho Tham* und der *Wat Sukmin*. Sein von steinernen Löwen bewachtes Hauptportal liegt am Ende der Hauptstrasse von Chiang Mai, der *Ratcha Damnoen Road* [ถนนราชดำเนิน], die von hier genau nach Osten durch das zentrale *Tha Phae*-Stadttor bis hinunter zum *Maenam Ping* führt.

²⁶⁸ Wat Chet Yot liegt nordwestlich vor der Stadt Chiang Mai an der Nationalstraße 11 (*Super Highway* Chiang Mai – Lampang), nördlich der Kreuzung Huai-Kaeo / Nimmanhemin. Der Bau des Tempels wurde im Jahr 1455 von König Tilokarat in Auftrag gegeben, nachdem er Mönche nach Bagan geschickt hatte, um das Design des dortigen Mahabodhi-Tempels zu studieren, der wiederum eine Kopie des Mahabodhi-Tempels in Bodhgaya in Nordindien ist. Nach der Jinakālamālī-Chronik soll der König im Jahr 1455 hier einen Bodhi-Baum gepflanzt und im Jahr 1476 „ein großes Heiligtum in diesem Kloster" erbaut haben, wohl um die 2000-Jahr-Feier des Buddhismus hier zu begehen. Denn im folgenden Jahr 1477 wurde das *Achte Buddhistische Weltkonzil* im Wat Chet Yot abgehalten, um die *Tripitaka*, den buddhistischen Pali-Kanon zu erneuern.

²⁶⁹ Laut JKM 1311, laut CMC 1317/18.

²⁷⁰ In den Chroniken in Pali auch als *Maṃrāja* genannt

erkannte er die Fruchtlosigkeit der permanenten Streitereien zwischen den einzelnen *müang* und formulierte gleich zu Beginn seiner Herrschaft eine klare machtpolitische Ideologie; diese basierte auf den Prärogativen, welche er aus seiner legitimen Abstammung aus dem Königsgeschlecht, der Inthronisierung unter Beachtung aller überlieferten Riten sowie dem Besitz diverser Herrscher-Insignien ableitete: >>Jedes Land mit verschiedenen Herrschern ist ein Quell großen Leids seiner Bewohner. Darüber hinaus entsteht große Unsicherheit und Angst. Alle diese Herrscher, auch wenn sie aus der gleichen Dynastie [wie ich] entstammen - der Dynastie König Lawacangkarats, Nachkommen von Lao Kòp und Lao Chang [sind] – so ist nicht einer ordnungsgemäß zum König geweiht worden. Nur mein Großvater väterlicherseits, König Lao Kao, der jüngere Bruder Cao Lao Kòps und Lao Changs, wurde als König geweiht, und hat damit die Dynastie bis auf den heutigen Tag auf mich fortgeführt. Desweiteren wurden mir die Krönungs-Insignien – beispielsweise das Schwert des Sieges, der Speer, der Srikañjayya-Dolch und die Kronjuwelen vom Großvater [...] vererbt und ich habe sie stets in meinem Besitz gehabt, bis auf den heutigen Tag, jede einzelne von ihnen. Alle meine benachbarten Könige würden nicht wie ich gekrönt, nicht ein einziger von ihnen und deshalb können sie sich mir auch nicht widersetzen. Ich werde diese Domänen angreifen und erobern<< (*CMC,1998:16f.*).

Konsequent begann er zunächst die benachbarten *müang* unter seine Kontrolle zu bringen; *Müang Mòp* [เมืองมอบ], *Müang Lai* [เมืองลาย], *Chiang Kham* [เชียงคำ][271] und *Chiang Chai* [เชียงไชย]. Danach weitete Mengrai seinen Einfluß nach Süden hin aus. Einer Überlieferung zufolge gelangte der König auf diesem Feldzug in einen Wald und dort riß sich einer seiner Lieblingselefanten los. Er folgte dem Elefanten bis er an den *Maenam Kok* gelangte; dort gefiel es ihm so gut, daß er Weisung gab, an dieser Stelle eine Stadt zu errichten. Die Stadt wurde 1262/63 erbaut und erhielt den Namen Chiang Rai [เชียงราย][272]. Chiang Rai erhielt den Status der Hauptstadt und diente als Operationsbasis für die weitere Expansion nach Süden. Zwischen seinen zahlreichen militärischen Expeditionen sorgte der König auch nachhaltig für den Fortbestand der Dynastie: 1262/63 kam der älteste Sohn, *Khun Krüang* [ขุนเครื่อง], zur Welt; 1265/66 folgte *Cao Khun Khram* [เจ้าขุนคราม] und 1268/69 der dritte Sohn *Cao Khun Krüa* [เจ้าขุนเครือ]. 1269/70 erfolgte die Unterwerfung *Müang Pha Däng Chiang Khòngs* [เมืองเชียงของ] und 1274/75 wurde *Müang Söng* [เมืองเทิง] annektiert.

Während Mengrai, der seit 1268/69 in *Fang* [ฝาง] residierte, besuchte um 1274 eine Gruppe Kaufleute aus Haripuñjaya und schwelgten in Bewunderung über ihre Stadt. Der König fragte die arglosen Händler: >>Dieses Haripuñjaya wo ihr lebt, wie wohlhabend ist es?<< (*CMC,1998:16f.*). Die Antworten weckten in Mengrai Begehrlichkeiten, das reiche Haripuñjaya unter seine Kontrolle zu bringen. Seine Berater rieten Mengrai jedoch, von einem direkten Angriff Anstand zu nehmen; Haripuñjaya sei stark befestigt, verfüge über eine beachtliche militärische Stärke und erfreue sich der allgemeinen Meinung nach überdies besonderen religiösen Schutzes, der sich auf den Besitz veritabler Buddha-Reliquien stützte.

Eines Tages, während eines Jagdausfluges, rasteten König Mengrai und sein Gefolge im Hause eines Lawa namens *Khun Ai Fa*, der einer der Steuereintreiber des Königs war. *Ai Fa* erwies sich während der anschließenden Unterhaltung mit dem König als intelligent und anregend, so das der König auf dessen abenteuerlichen Plan, das prosperierende Haripuñjaya unter seine Kontrolle zu bringen, einging. Offiziell wurde *Ai Fa* wegen vermeintlicher

---

[271] Landkreis im Nordosten der heutigen Provinz Phayao.
[272] Manche leiten den Namen Chiang Rais von *chang roi* ab, das Thai- Wort für „Fußabdruck des Elefanten", und beziehen sich auf die o.a. Überlieferung, derzufolge Mengrai einen Fußabdruck seines entlaufenen Elefanten justament dort entdeckt haben soll.

Verbrechen seines Vermögens beraubt und in die Verbannung geschickt. Absprachegemäß bat er in Haripuñjaya um Aufnahme; der arglose König Yi Ba gewährte ihm nicht nur „Asyl", sondern nahm den Spion Mengrais auch noch bei Hofe auf. Die ihm übertragenen Aufgaben und Ämter versah er in den kommenden Jahren mit großer Sorgfalt und Würde, er galt als gerecht und erwarb sich so den Respekt und das Vertrauen des Königs, des Hofes und der Einwohner. Während *Ai Fa* in Haripuñjaya geduldig das Feld bereitete, sah sich König Mengrai 1275/76 zunächst einer Revolte seines ältesten Sohnes *Khun Krüang* und dessen Vertrauten *Khun Sai Riang* in Chiang Rai gegenüber; dieser war darüber verärgert, das der Vater ihm bis dahin in keiner der eroberten Domänen die Herrschaft übertragen hatte. Genauso konsequent wie bei seinen Eroberungen ging der König auch bei dieser Familienfehde vor. Er beauftragte seien langjährigen Vertrauten *Khun Ong*, den aufsässigen Filius unter einem Vorwand nach Fang zu locken; auf dem Weg dorthin positionierte er in *Müang Ying* einen versierten Bogenschützen namens *Ai Phian*, der mittels eines vergifteten Pfeiles die Erbfolge neu ausrichtete. Der lakonische Kommentar Mengrais lautete:>>Khun Khrüang hat sich mit einem bösen Menschen eingelassen und so sein Karma erfahren<< (*CMC,1998:21*). Der König verlegte dann aber zur Verhinderung weiterer Unruhen seinen Wohnort von Fang nach Chiang Rai. Etwa zu dieser Zeit traf auch *Thao Kaen Phongsa*, der Nachfolger von *Thao Pha Rüang Maen Kham Kha*, des Herrschers von *Müang Phrakan*, in Ngoen Yang ein und schlug sein Lager am Ufer des Zusammenflusses des Mekong mit dem *Mae Chan* [แม่จัน] auf. Dort legte er vor Mengrai den Loyalitätsschwur ab und mittels der mitgeführten 108 Krönungsutensilien wurde König Mengrai zum *maharaja* von Müang Phrakan geweiht. Seine nächste Sorge galt der Absicherung Phayaos, ein an der südöstlichen Grenze gelegenes, seit 1096 existierender Stadtstaat (*Chula Chakrabongse, 1960:24*), der von *Ngam Müang* [งามเมือง][273] beherrscht wurde. Ngam Müang[274] berief sich ebenfalls auf direkte Abstammung von *Khun Chüang*. 1238 geboren hatte er als sechszehnjähriger Schüler und Novize in Lopburi gelebt und dort Bekanntschaft mit einem weiteren Prinzen geschlossen, dem späteren König Ramkhamhaeng[275] von Sukhothai. Im Jahre 1258 kehrte Ngam Müang heim und folgte seinem Vater auf den Thron von Phayao. Rund zwanzig Jahre später fand sich Mengrai mit seinem Heer in der Grenzstadt *Ban Dai* [บ้านด้าย] ein. Doch ein Kampf fand nicht statt, denn Ngam Müang und Mengrai handelten einen Freundschaftsvertrag und gegenseitigen Beistandspakt aus – ungeachtet der Tatsache, daß Mengrai einen Grenzdistrikt mit immerhin 500 Familien erhielt.

Das Netzwerk von persönlichen Verbindungen Mengrais zu den umliegenden Tai-Provinzen und deren Fürsten erfuhr eine weitere Aufwertung als Mengrai als Diplomat einen Streit zwischen Ngam Müang und Ramkhamhaeng gütlich beilegen konnte. zu vermitteln. Eine der Hofdamen und Konkubinen Ngam Müangs, *Ua Chiang Saen*, war erbost darüber, das der Herrscher von ihr zubereitetes Curry als etwas wässrig bezeichnet hatte (*Wyatt,1994a:43*) und gab sich daraufhin Ramkhamhaeng, der öfter in Phayao verweilte, hin. Der erzürnte Ngam Müang rief Ramkhamhaeng an seinen Hof, aber dieser weigerte sich in Kenntnis der möglichen Folgen. Daraufhin beauftragte Ngam Müang der Legende zufolge zwei Gelehrte mit magischen Kräften, Ramkhamhaeng[276] zu fangen. Doch dieser verfügte ebenfalls über magische Kräfte. Er verwandelte sich in einen goldenen Hirschen und entkam dergestalt *Han Bang* und *Thao Mung*, die sich ihrerseits in zwei Hunde verwandelt hatten; danach nahm Ramkhamhaeng die Form eines Bienenstockes, eines Maulwurfes und eines Ameisenhügels an, bevor er schließlich von den beiden Magiern festgesetzt und nach Phayao gebracht wurde. Ngam Müang wollte keinen Krieg mit Sukhothai riskieren und der bestellte Schlichter

---
[273] * 1238 in Phayao; † 1298 ebenda
[274] In den Chroniken in Pali auch als *Purachādana* genannt, „der das Land bedeckende, bewachende"
[275] In den Chroniken in Pali auch als *Rocarāja* genannt, „der scheinende, glänzende König"
[276] In den Chroniken Chiang Mais König *Ruang* genannt

Mengrai erkannte ebenfalls die Gefahr einer dauerhaften Fehde aufgrund verletzter Eitelkeiten. Es gelang ihm, beide Parteien von der Sinnlosigkeit einer Eskalation zu überzeugen, Ramkhamhæng entschuldigte sich offiziell bei Ngam Müang für seine Verfehlung und zahlte überdies das beachtliche Sümmchen von 990.000 Kaurimuscheln als Wiedergutmachung. Am Ende stand nicht nur die Versöhnung Ramkhamhængs und Ngam Müangs zu Buche, sondern Mengrai, Ngam Müang und Ramkhamhaeng schlossen Blutsbrüderschaft und einen Freundschaftspakt. Etwas apokryph sind die Chroniken, wie beispielsweise *tamnan müang ngön yang chiang sän*, bezüglich der Orte: Der Ort an dem Mengrai Ramkhamhæng und Ngam Müang von der Notwendigleit der Allianz überzeugte, wird als *Ban Ken* [บ้านเกณฑ์][277] angegeben; die Furt [ท่า *tha*] zu der die drei Herrscher getragen wurden, wird als *Tha Hä* [ท่าแห่][278]; und der Ort, an dem das Gerichtsgebäude gebaut wurde, in dem Mengrai über die Verfehlungen Ngam Müangs zu richten hatte, wird als *Ban Kwan* [บ้านกว้าน][279] überliefert. (*Penth,1994:149*) Wie auch immer: Der Vorteil dieser Allianz lag für alle Beteiligten klar auf der Hand. Angesichts der Bedrohungen der Tais durch die Mongolen und des Khmer-Reiches von Angkor schien es ratsam, auf interne Querelen zu verzichten und sich auf die gemeinsame ethnische Identität (*Pelliot,1904:225*) zu besinnen. Denn dem mongolischen Großkönig Dschingis Khan (1155-1227) war es unterdessen gelungen, die zerstrittenen mongolischen Stämme zu vereinen und mit einer Armee von rund 200.000 Kriegern große Teile von China und Asien zu erobern. Da das Militär ausschließlich aus Kavallerie bestand, war es möglich große Strecken zurückzulegen und eine widerstandsfähige Armee aufzubauen. Im Jahre 1215 eroberten die mongolischen Krieger das heutige Beijing. Dschingis Khans Enkel Kublai Khan, der von 1260-1294 regierte, eroberte auch den südlichen Teil Chinas und errichtete die Yuan-Dynastie. Insgesamt herrschte er über das größte jemals bestehende Imperium, das sich in Asien von China bis Vietnam erstreckte und lange Zeit auch das restliche Südostasien bedrohte.

Nach sieben Jahren akribischer und geduldiger Vorbereitung hatte Khun Ai Fa mittlerweile eine mächtige Stellung in Haripuñjaya und das volle Vertrauen König Yi Bas [ญิบา][280]. Zunächst überzeugte er den Herrscher von der Notwendigkeit, die Steuern erheblich zu erhöhen und brachte den König überdies dazu, diese Proklamation persönlich vorzunehmen. In der Folge trieb er dann namens und im Auftrag des Königs gnadenlos die erhöhten Steuern und Abgaben ein. Auf die vorgetragenen Klagen und Beschwerden der Betroffenen antwortete er lapidar, er sei loyaler Diener Yi Bas und führe lediglich aus, was ihm befohlen worden sei. Das Ansehen des Königs begann zu bröckeln und Ai Fa startete die zweite Phase der Destabilisierung. Es gelang ihm, Yi Ba davon zu überzeugen, daß dieser als mächtiger König nicht für jedermann zu sprechen sein dürfe und fortan gelang es Ai Fa, den König von der öffentlichen Meinung abzuschotten und durch handverlesene Audienzen Yi Ba ein verzerrtes Bild der Stimmung in seinem Reich zu vermitteln. Als nächstes verpflichtete er während der heißesten Jahreszeit 50.000 Männer zur viermonatigen Zwangsarbeit an einem Kanal, der sich von *Mae Taeng* [แม่แตง][281] über *San Sai* [สันทราย][282] nach Lamphun erstreckte. Ungeachtet der originären Motive war der Bau des „Ai Fa-Kanals" langfristig ein Segen für die Landwirtschaft und wird deshalb auch heute noch genutzt. Schließlich überredete er Yi Ba dem Neubau eines großen und repräsentativen Palastes zuzustimmen und zwar während der Erntezeit im November und Dezember. Um diesen Palast bauen zu können wurden

---

[277] In Thai bedeutet *ken* [เกณฑ์] überzeugen, verpflichten
[278] In Thai bedeutet *hä* [แห่] tragen, getragen
[279] In Thai bedeutet *kwan* [กว้าน] Gerichts- bzw. Justizgebäude
[280] Auch Ñiparāja genannt
[281] Landkreis im nördlichen Teil der heutigen Provinz Chiang Mai.
[282] Landkreis im nördlichen Teil der heutigen Provinz Chiang Mai, südlich von Mae Taeng gelegen.

weitere Frondienste eingefordert und die gefällten Stämme zum Bau des Palastes ließ Ai Fa mitten durch die Reisfelder rollen und zerstörte damit einen erheblichen Teil der Ernten. Der Unmut unter der Bevölkerung erreichte damit seinen Höhepunkt und Ai Fa teilte Mengrai mit, das die Einwohner Haripuñjayas Yi Ba im Falle eines Angriffs nunmehr die Gefolgschaft verweigern würde. 1281 standen Mengrais Truppen vor den Toren der Stadt. Der überraschte und verängstigte Yi Ba floh mit seiner Familie auf Anraten Ai Fas zu seinem Sohn, *Phraya Boek* nach Khelang (Lampang). Auf einem Hügel nahe der Stadt sah Yi Ba Haripuñjaya in Flammen aufgehen und weinte – noch heute trägt dieser Hügel den Namen *Bahai*[283]. Seit seiner Gründung im Jahre 654 hatte das Reich der *Mon* von Haripuñjaya 627 Jahre überdauert. Von der ersten Herrschaft der Prinzessin Camadevi bis zum 23. April 1281 – an diesem Tag ließ sich Mengrai dort zum König Haripuñjayas krönen. Der treue Ai Fa wurde reich belohnt und 1283/84 zum Herrscher Haripuñjayas ernannt. (*CMC,1998:28ff.*) Der finale Niedergang Haripuñjayas mag einerseits als Resultat einer entscheidenden militärischen Niederlage der *Mons* gegen die *Tais* interpretiert werden. Man kann allerdings auch die Vorstellung teilen, daß sich eine neue, konvergente Zivilisation der Yuan herausgebildet hatte, die ihren Ursprung sowohl in den >>zivilisierten<< Traditionen der Mon als auch in den >>barbarischen<< Überlieferungen der Tais hatte (*Keyes,1977:75*).

Die folgenden Jahre nutzte Mengrai um durch den Norden seines Landes zu reisen, Städte und Fe-stungen sowie zahlreiche buddhistische Klöster und Monumente zu errichten. 1286/87 errichtete er im heuten Landkreis *Saraphi* [อำเภอสารภี], etwa 5 km südöstlich der heutigen Stadt Chiang Mai die befestigte Stadt *Wiang Kum Kam* [เวียงกุมกาม][284]. In einen Bogen des Ping-Flusses, der im Norden und im Osten eine natürliche Verteidigungslinie bot, entstand auf einer Fläche von 850 Meter × 1600 Meter rechteckige, mit Palisaden befestigte Stadt mit einem Markt und einen weitläufigen königlichen Palast mit zahlreichen Gebäuden. 1288 wurde dort nach dem Vorbild des *Wat Chamathewi* [วัดจามเทวี] der *Wat Ku Kham* [วัดกู่คำ] errichtet, der heutige *Wat Chedi Liam* [วัดเจดีย์เหลี่ยม][285]. Dreissig weitere Tempel folgten, beispielsweise *Wat Kan Thom* [วัดกานโถม][286] und *Wat Pu Pia* [วัดปู่เปี้ย][287].

---

[283] Ba weint
[284] Etwa: „Befestigte königliche Residenz". Eine restaurierte Siedlung am westlichen Ufer des Mae Nam Ping, etwa fünf Kilometer südlich von Chiang Mai. Etwa Anfang des 16. Jahrhunderts wurde Wiang Kum Kam von einer verheerenden Überschwemmung heimgesucht, die eine meterdicke Schicht Schlamm auf dem gesamten Gebiet hinterließ, welches dadurch unbewohnbar wurde. Zu jener Zeit änderte der Ping Fluss auch seinen Verlauf, er fließt heute westlich der alten Siedlung. In den Chroniken berichtet, dass im Jahr 1524/25 das Gebiet des heutigen Thapae-Tores überflutet wurde, und dass dabei viele Menschen ertranken. So mutmaßen einige Historiker, dies könnte möglicherweise das Ende von Wiang Kum Kam gewesen sein. Die alte Siedlung geriet daraufhin in Vergessenheit. Zwischen 1986-1987 führten Wissenschaftler der Universität Chiang Mai Untersuchungen in einem Gebiet zwischen der Landstraße 1141 (südliche Umgehung von Chiang Mai) und der Landstraße 106 (Chiang Mai-Lamphun) durch, um die Gerüchte über eine legendäre Stadt zu überprüfen. Zunächst wurde Wat Chang Kam im Zentrum der historischen Siedlung restauriert, es folgte Wat Chedi Liam im Nordwesten. Mitte der 1990er Jahre ruhten die Arbeiten, aber seit 2001/2002 wurden inmitten einer modernen Wohnsiedlung nach und nach die Fundamente von etwa 30 Tempeln freigelegt.
[285] Ein noch heute aktiver Tempel mit einer bemerkenswerten stufenförmigen chedi im Dvaravati-Stil, die bei einer Höhe von 44 Metern in Nischen auf allen vier Seiten stehende Buddha-Statuen beherbergt. Die insgesamt 60 Nischen sollen vermutlich auf die 60 Ehefrauen König Mengrais referenzieren. Die Chedi ist an der Spitze durch einen burmesischen Schirm (*Hti*) gekrönt, der wohl im Rahmen einer Restaurierung durch einen burmesischen Händler Anfang des 20. Jahrhunderts dort aufgesetzt wurde.
[286] Auch *Wat Chang Kham* [ช้างค้ำ] genannt, ebenfalls im heuten Landkreis Saraphi gelegen. Sehenswert die für Lan Na typische Form der chedi: auf einem würfelförmigen Unterbau mit 12 Metern Kantenlänge, der auf einem mehrfach abgesetzten Sockel ruht, befindet sich eine stupa im burmesischen Stil, ebenfalls von einem „*Hti*" gekrönt. Bei Ausgrabungen wurden hier viele bemerkenswerte Votivtafeln aus Ton gefunden, auf denen Buddha-Figuren im Hariphunchai-Stil abgebildet und Schriftzeichen der Mon-Schrift zu sehen sind.
[287] Lag vor der Freilegung unter zwei Metern Erde verborgen in einer Obstplantage. Er befindet sich direkt an der westlichen Stadtmauer und besteht aus einem Ubosot, einem Wihan mit einer von Naga-Köpfen verzierten Treppe sowie einer chedi. Der Name wurde dem Tempel von den Bewohnern der Umgebung verliehen, da sein Name in keinem historischen Dokument erwähnt wird.

König Mengrai kümmerte sich auch um den Auf- und Ausbau der Administration. Berechnungsgrundlage für alle administrativen Entscheidungen und Berechnungen war die Anzahl der kultivierten Reisfelder. Jeder arbeitsfähige Bewohner wurde verpflichtet 5 *mün*[288] an Reis jährlich zu produzieren; die dafür notwendigen Reisfelder zur Bearbeitung standen zur Verfügung. Die großen und einflußreichen Familienclans verfügten über sehr viel mehr Reisfelder als der gemeine *phrai* (Freie), denn sie hatten mehr menschliche Arbeitskraft zur Verfügung. Adelige besassen häufig bis zu 1.000 Reisfelder. Knapp war nicht das fruchtbare Land, sondern die menschliche Arbeitskraft, es zu bestellen. Daher ging Mengrai wie alle Herrscher in dieser Zeit dazu über, die ansässige Bevölkerung der eroberten Gebiete in sein Kernland zu deportieren und dort neu anzusiedeln. Die Nutzflächen des eroberten Gebietes verödeten nach und nach sofern sich nicht ein anderer *chao* dafür interessierte. Auf diese Arte und Weise gelang es Mengrai, seine neuen Städte durch die zukünftigen Bewohner errichten zu lassen und sicherte so den Fortbestand der neuen Siedlungsgebiete.

Um 1289 entschied sich Mengrai sein Reich um Hamsavati (Pegu), der Hauptstadt der *Mon* im südlichen Burma, zu erweitern. Hamsavati rebellierte zu diesem Zeitpunkt gegen die Vorherrschaft Pagans. Der König führte seine Armee bis nach Mae Hong Son am Salween-Fluss [แม่น้ำสาละวิน] wo er den Herrscher Hamsavatis, *Suttasomarāja* traf, der vermutlich mit dem Shan-Abenteurer *Wareru* [ဝါရီရူး][289] identisch war. Diesem war es nach dem Niedergang des Reiches von Pagan 1287, ungeachtet seiner niederen sozialen Herkunft, mittels seiner herausragenden diplomatischen und militärischen Fähigkeiten gelungen, das Reich von Martaban[290] zu gründen. Als Schwiegersohn Ramkhamhaengs war er nominell Vasall Sukhothais und der Mongolen. Mit deren Unterstützung gelang es ihm auch 1287 und 1294 zwei Angriffe Myinsaings [မြင်စိုင်းဝေါင်း] abzuwehren; Myinsaing war ein kurzlebiges Reich in Zentral-Burma, welches nach dem Fall Pagans zwischen 1297-1310 von den „Drei Shan Brüdern" beherrscht wurde. Wareru erkannte kampflos König Mengrai als neuen Hegemon an und zwecks Festigung der Allianz heiratete Mengrai die Tochter Warerus, die schöne *Nang Phai Kho* [นางไผ่โค]. Seit diesem Bündnis bilden »die *Yuan* [nördliche Tais], *Tai* und *Mons*, der kleinen und der großen Dörfer, ein vereintes Volk« (*Notton,1932:86f.*). Wareru wurde von einem Enkel 1307 ermordet und sein jüngerer Bruder *Hkun Law* bestieg den Thron; doch 1311 ereilte diesen das gleiche Schicksal durch die Hand seines Schwagers, der wiederum seinen Sohn *Saw O* inthronisierte, dem immerhin eine zehnjährige Antszeit und ein natürliches Ableben vergönnt war.

Vermutlich um 1290/91 brach Mengrai mit einem großen Heer nach Myinsaing auf. An der südöstlichen Grenze stieß ein Unterhändler, möglicherweise einer der drei Shan-Brüder, auf die Truppen Mengrais. Der älteste der drei Brüder war *Athinkhaya*[291], ein ehemaliger Kommandeur in der Armee Pagans. Die drei Brüder regierten ursprünglich das Reich gleichberechtigt, wobei jeder seine eigene Kapitale besaß, von der aus er seinen Machtbereich verwaltete; *Athinkhayas* Herrschaftssitz war die Stadt Myinsaing. Der mittlere Bruder, *Yazathinkyan*[292], war ebenfalls Kommandeur der ehemaligen Streitmacht Pagans gewesen und hatte *Mekkhaya*[293] als Hauptstadt gewählt; vermutlich starb er um 1302 eines natürlichen

---

[288] 1 *muen* entsprach etwa 12 kg
[289] 1253–1307
[290] Das heutige Mottama, [မုတ္တမမြို့], eine Kleinstadt im südlichen Myanmar im Distrikt Thaton des Mon-Staats. Mottama liegt am nördlichen Ufer des Saluen, gegenüber Mawlamyaing, der Hauptstadt des Mon-Staats. Hier befindet sich die Bucht von Martaban, der die Flüsse Irrawaddy und Saluen zufließen.
[291] ca. 1261-1310
[292] ca. 1263-1302
[293] Südlich von Mandalay gelegen

Todes. Auch der jüngste Bruder *Thihathu*[294] hatte als Kommandeur in Pagan gedient. Der ambitionierteste der drei Brüder erklärte sich im Oktober 1309 zum König und wurde im April 1310 nach der Ermordung *Athinkhayas* Alleinherrscher in Myinsaing. Im Februar 1313 verlegte er die Hauptstadt nach Pinya und gründete dort das gleichnamige Reich. Zwischen 1313-1364 lieferten sich die Reiche von Pinya und Sagaing heftige Kämpfe um die Suprematie in Zentral-Burma, nachdem der älteste Sohn *Thihathus, Sawyun*, nach Sagaing emigriert und den westlichen Teil des Herrschaftsgebietes Pinyas besetzt hatte. Der Grund der Familienfehde lag in der Berufung des Adoptivsohnes *Uzana* zum Kronprinzen durch *Thihathu*. 1364 endete die kurzlebige Existenz der feindlichen Nachbarn. *Thadominbya*, der Gründer des Reiches von Ava, vereinigte nach diversen militärischen Expeditionen die einzelnen Domänen Zentral-Burmas zu einem Königreich. Bevor er 21jährig an den Blattern verstarb, hatte *Thadominbya* ein Reich geschaffen, welches bis 1555 seine Hegemonialstellung in Zentral-Burma halten konnte.

Dem Unterhändler gegenüber erklärte König Mengrai 1292 gegenüber, das er kein Interesse an einer dauerhaften Annexion Myinsaings habe, sondern sich mit dessen formellen Status als Vasall zufrieden geben würde. Voraussetzung sei aber die Überlassung einer beträchtlichen Anzahl der hochqualifizierten und -spezialisierten Kunsthandwerker. Man kam überein, König Mengrai für den Verzicht auf eine Invasion 500 Kunsthandwerker samt ihren Familien zu „überlassen". Die Fachkräfte wurden dann auf das Herrschaftsgebiet Lan Nas verteilt: die Goldschmiede nach Chiang Tung, die Bronzeschmiede nach Chiang Saen und die Eisenschmiede und Edelsteinschleifer nach Wiang Kum Kam. Folgerichtig nahmen daraufhin Kunst und Handwerk im Reich von Mengrai einen vorher nicht gekannten Aufschwung.

In Kum Kam hatte der König im Laufe der Zeit erleben müssen, das das jährliche Hochwasser immer wieder Teile seine Residenz überflutete. Er suchte nach einem neuen Platz und wurde in ca. 10 km Entfernung fündig. Eine riesige Wiese mit reichlich Wild und Wasser, nahe einem Hügel mit schönen Wasserfällen. Den Tradierungen zufolge besuchte der König eines Tages diesen schönen Ort und sah dort zwei Albino-Hirsche, die von wilden Wölfen verfolgt wurden. Die Hirsche zogen sich in das hohe Gras zurück und die Wölfe trauten sich nicht, ihnen dorthin zu folgen. Von Zeit zu Zeit traten die Hirsche aus der sicheren Deckung hervor und keilten nach den Hunden, die sich schließlich entmutigt zurückzogen. Dann beobachtete Mengrai noch eine große Maus, gefolgt von vier kleineren Mäusen, die auf einen Bodhi[295]-Baum zurannte und in einem Loch am Fuß des Stammes Zuflucht fanden. Dies wurde als gutes Omen gewertet. Mengrai bat seine Verbündeten Ngam Müang und Ramkhamhaeng um einen gemeinsamen Ortstermin und als auch diese den Ort als geeignet betrachteten und überdies ihre Unterstützung beim Bau der neuen Hauptstadt avisierten, war die Entscheidung gefallen. Nachdem Ngam Müang und Ramkhamhæng ihre Stadtplanungen einschließlich der Auslegung der notwendigen Verteidigungsanlagen abgeschlossen hatten, begannen am 19. April 1296 parallel 90.000 zwangsverpflichtete Untertanen mit dem Bau der neuen Hauptstadt, Chiang Mai. (*CMC,1998:41ff.*).

Da Mengrai bereits 1292 mit dem Bau seiner Residenz in Chiang Mai begonnen hatte, stellt sich die Frage nach dem Grund der vierjährigen Verzögerung bis zum endgültigen Baubeginn 1296. Im wesentlichen war Mengrai zu dieser Zeit mit der Abwendung der Gefahr einer mongolischen Invasion Lan Nas beschäftigt. Den neuen mongolischen Herren im Reich der

---

[294] 1265–1325
[295] >>Milch= oder Feigenbäume von der Größe der Buchen, mit weiten Aesten, glatten grauen Rinden, runden, lang zugespitzten Blättern, und einer runden, unschmackhaften frucht, die nur den Fledermäusen zur Speise dient. Er wird bei allen indischen Nationen für heilig und ihren Göttern angenehm gehalten. Denn auch der heilige Sommona Khodum [Buddha] pflegte beständig seinen Siz unter diesem Baume zu nehmn. Man pflanzt ihn daher gerne (...) bei den Tempeln<< (*Kämpfer,1777:45*)

Mitte hatten sehr wohl zur Kenntnis genommen, das Lan Na eine zunehmend dominierende Rolle im Norden einnahm; sie realisierten auch die staatsmännische Weitsicht und das diplomatische Geschick Mengrais. Das Heranwachsen einer eigenen Tai-Identität bei den verschiedenen nördlichen Gruppen, die es überdies vermieden, sich in Stammeskriegen untereinander zu schwächen, lag eindeutig nicht im Interesse des Grosskhans. Auch die überregionalen Aktivitäten Mengrais, beispielsweise die Kooperation mit den „ Drei Shan-Brüdern", waren den Mongolen ein Dorn im kolonialen Auge. Und Mengrais Mutter Thep Kham Khrai war überdies die Tochter des Herrschers von *Müang Ho Kham Chiang Rung* [เมือง หอคำเชียงรุ่ง], was einen gewissen Einfluß auf die Geschicke dieser Region vermuten läßt.

Betrachtet man also das gesamtpolitische Wirken Mengrais – die Art und Weise wie er mit Phayao, Sukhothai, Pegu, Pagan und nicht zu vergessen Haripuñjaya verfuhr – so ist eine klare Strategie erkennbar: Minimalisierung der Konflikte unter des Tais und mit den benachbarten Fürstentümern und der Versuch, über Kooperation und Bündnisse eine gemeinsame Allianz gegen die latente mongolische Bedrohung zu schaffen. Im Gegensatz zu den Feldzügen der Mongolen gegen Burma, Champa, Java und Vietnam, liegen kaum Überlieferungen vor, die sich mit militärischen Aktionen gegen Mengrai und dessen Verbündete beschäftigen. Man darf aber vermuten, das mit der Unterwerfung Chiang Hungs im Jahre 1290 durch die Mongolen die Feindseligkeiten ihren Lauf nahmen. Der abgesetzte Herrscher, *Thao Ai*, ein Cousin zweiten Grades, wird Mengrai sicherlich um Unterstützung ersucht haben. 1292 rebellierte das besetzte Chiang Hung und Peking beorderte eine Strafexpedition sowohl nach Chiang Hung als auch Lan Na. Den Mongolen gelang zwar die Einnahme Chiang Hungs im Jahre 1296, aber Mengrai entsandte sofort ein weiteres Heer und eroberte die Stadt zurück. Erst 1301 rückte erneut eine gewaltige chinesische Streitmacht, 20.000 Mann und 10.000 Pferde verstärkt durch die gefürchteten mongolischen Bogenschützen, heran. Dennoch endete dieser Feldzug in einem völligen Desaster für die Invasoren und Niederlage reihte sich an Niederlage. Chiang Hung und Lan Na fochten gemeinsam und schlugen die mongolischen Verbände vernichtend. Angesichts der militärischen Mißerfolge besannen sich die mongolischen Führer auf die Diplomatie und um 1312 sandten Chiang Hung und Chiang Mai als formale Vasallen zahme Elefanten und lokale Handwerksprodukte als Tribut. Chiang Mai schickte in der Folge diverse diplomatische Missionen an den Pekinger Hof, die erste 1315 und weitere in den Jahren 1326, 1327, 1328, 1329 und 1347. Chiang Hung dagegen verstrickte sich noch bis ca. 1325 in diversen Scharmützeln im Grenzgebiet. Neben den militärischen Leistungen Mengrais darf man nicht übersehen, das es diesem weitsichtigen Herrscher gelang, die verschiedenen Tai-Ethnien von der Notwendigkeit der „außenpolitischen Kooperation" zu überzeugen. Die Mehrzahl der Bevölkerung in den südlichen Provinzen bestand aus *Mon*, Bergvölker wie die *Lawa* beanspruchten ebenso Beachtung wie verschiedene andere Tai-Gruppen. Die administrative und politische Elite wurde überwiegend von den Tai gestellt, wenngleich durch die steigende Anzahl von Mischehen, insbesondere bei den reichen und einflußreichen Clans, eine ethnologische Assimilation erfolgte. Der Aufstieg des *Lawa Khun Ai Fa* vom lokalen Steuereintreiber zum Gouverneur ist ein Beleg für die „ethnische Transparenz". Insbesondere die *Mon* erfreuten sich größter Konzilianz Mengrais. Die Förderung des Buddhismus erklärte Mengrai zur Chefsache und die Verbreitung des, auf authentischen singhalesischen Quellen fußenden, Theravada-Buddhismus erfreute sich königlicher Patronage. Dieses religiöse Fundament, dessen Institutionalisierung und Organisierung Mengrai bewußt vorantrieb, bildete letztendlich den gesellschaftlichen, sozialenpolitischen und spirituellen Kitt für eine Art von „embryonaler nationalstaatlicher Identität": sukzessive wuchs das Bewußtsein um eine gemeinsame Tai-Identität der Menschen des Nordens heran, man begann sich zunehmend als ein gemeinsames Volk zu verstehen – die *Tai Yuan* waren entstanden, die Tai des Nordens.

Dessen ungeachtet wurden weiterhin regional begrenzte Konflikte auch mit militärischen Optionen gelöst. *Phraya Bök*, der Sohn des einst von Khun Ai Fa getäuschten König Yi Ba, sann auf Rache und machte sich daran, eine Armee zu rekrutieren und für den Revanchefeldzug zu drillen. Geduldig wartete er 14 Jahre auf seine Chance. Acht Monate nach der Fertigstellung Chiang Mais meldeten Mengrais Spione, daß ein Angriff *Phraya Bök*s unmittelbar bevorstünde. Mengrai beorderte seinen Sohn *Khun Kham* nach Wiang Kum Kam, um den dortigen Belagerungsring der Armee *Phraya Böks* zu durchbrechen. *Khun Kham* teilte seine Armee in drei Divisionen und ließ diese von drei Seiten gleichzeitig angreifen. Persönlich die mittlere Division führend traf er in der Nähe des Dorfes *Khun Mung Khun Chang* auf *Phraya Bök* persönlich. Das folgenden Elephantenduell entschied *Khun Kham* für sich, aber die Leibgarde *Phraya Böks* hieb diesen noch einmal heraus. Beide Armeen trafen erneut im Tal des *Mae Tan* [แม่ตาน] in der Nähe von Lampang aufeinander. Das Heer *Phraya Böks* wurde vernichtend geschlagen, dieser zunächst gefangen genommen und schließlich an Ort und Stelle exekutiert. König Yi Ba hatte sich unterdessen in das Gebiet *Phraya Phitsanuluks* geflüchtet, wo er in *Song Khwae* [สองแคว]²⁹⁶ schließlich verstarb.

Der dankbare Vater erhob Khun Kham zum *uparacha* [มหาอุปราช]²⁹⁷, schenkte ihm zusätzlich zu Chiang Rai noch das Land um *Chiang Dao* [เชียงดาว] und verlieh ihm den Ehrentitel *Chaiyasongkhram* [ไชยสงคราม]²⁹⁸. *Chao Phraya Chaiyasongkhram* zeugte drei Söhne. Der älteste erhielt den Namen *Saen Phu* [แสนภู], der mittlere *Pho Thao Nam Tuam* [พ่อท้าวน้ำท่วม] und der jüngste wurde *Thao Ngua* [ท้าวงั่ว] genannt. Alle drei Prinzen wurden am Hofe König Mengrais erzogen und konnten so von dem reichhaltigen Fundus an Wissen und Erfahrung des Großvaters profitieren. Mengrai, der im Alter von 73 Jahren eine erste schwerere Krankheit überstanden hatte, wurde zunehmend an die eigene Endlichkeit gemahnt und wandte sich nun der Entscheidung über die Thronfolge zu. Von seinen ursprünglich drei Söhnen, *Khun Kham*, *Khun Khrüa* und *Khun Kruang*, stand der älteste, *Khun Kruang*, nicht mehr zur Verfügung. Der jüngste *Khun Khrüa* hatte »einen häßlichen Charakter« und der König »schickte ihn nach Müang Phrao um ihn fernzuhalten« (*CMC,1998:54*). Als dieser dann auch noch die Frau des älteren Bruder verführte, verbannte ihn Mengrai in die südliche Domäne um *Chiang Thong* (das heutige Luang Prabang in Laos). Im seinerzeit hohen Alter von 80 Jahren starb König Mengrai – den Tradierungen zufolge spektakulär, wie sein ganzes Leben gewesen war. Auf dem Weg zum Markt in Chiang Mai soll ihn 1317/18 ein Gewittersturm überrascht haben und ein gewaltiger Blitz setzte dem langen Leben des großen Königs der *Yuan Tai* ein abruptes Ende.

Während der sechzig Jahre während Herrschaft war es Mengrai gelungen, ein starkes und vergleichsweise homogenes Reich aus einer Vielzahl kleiner, zerstreuter *müang* zu formen. Lan Na wurde zur dominierenden Macht im inneren Hochland Südostasiens. Sein Einfluß erstreckte sich auch auf die Völker der *Shan* im Westen, der *Tai Lü* im Norden und vor allem der *Lao* im Norden und Nordosten. Auch hatte er begonnen, erste Formen zentralisierter Administration zu schaffen, auch wenn sich diese zu seinen Lebzeiten im wesentlichen auf die Einsetzung von Familienangehörigen in Leitungsfunktionen unterworfener Gebiete beschränkte. Durch sein persönliches Beispiel und Handeln begründete er eine Tradition rationaler und gerechter Rechtsprechung, die augenscheinlich Parallelen zu der grundsätzlichen Erkenntnis Ramkhamhængs aufwies, derzufolge „von den Erfahrungen der Altvorderen lernend, kein König sein Königreich ohne die Hilfe der *phrai* [Freien] erhalten

---

²⁹⁶ Eine alte Stadt auf der östlichen Seite des Nan-Flusses, in der Gegend des *Wat Phra Sri Rattana Mahatat Woramahawihan* [วัดพระศรีรัตนมหาธาตุ], kurz *Wat Yai*
²⁹⁷ Die Position eines „Zweiten Königs" oder „Vizekönigs"
²⁹⁸ Auch *Cheyyasongkhram*: etwa „siegreich in den Schlachten"

kann. *Phrai* sind rar und müssen daher gut behandelt werden." (*Griswold&Prasert na Nagara,1977*)

5.2.2. Exkurs: Die Königlichen Insignien von Thailand [เครื่องราชกกุธภัณฑ์]

Wie im Kapitel weiter oben anschaulich aus den Chroniken überliefert, spielte der Besitz der königlichen Insignien schon in der proto-staatlichen Historie des heutigen Thailands eine wichtige Rolle bei der Legitimation von Ansprüchen auf die Königskrone. Auch heute noch sind die Krönunginsignien der thailändischen Monarchen Ausdruck ihrer (moralischen) Macht und Würde sowie das Symbol ihrer Herrschaft. Gegenwärtig werden sie im *Royal Thai Decorations and Coin Pavillon* im Grand Palace in Bangkok ausbewahrt. Die Königlichen Insignien bestehen aktuell aus insgesamt aus 28 Devotionalien, die dem König traditionell während seiner Inthronisation im Rahmen einer festlichen Prozession präsentiert werden. Während die Brahmanen des Hofes heilige Mantras rezitieren, wird dem König zunächst die „Große Sieger-Krone" gereicht, die er sich selbst aufsetzt; dann folgen der Reihe nach die übrigen Insignien. Der König nimmt sie entgegen und danach werden sie auf Tischen neben dem Thron niedergelegt. Von den insgesamt 28 Insignien kommt den sogenannten „Fünf Insignien" eine besondere Bedeutung zu; eigentlich sind es sieben, aber der Fächer und die beiden Fliegenwedel werden zusammengefasst. Ein reich verziertes Schwert, Spucknapf, Fliegenwedel und eine Betelnuss-Garnitur gehörten bereits zu den königlichen Insignien der frühen Herrscher von Angkor (*Higham,2004a:138*).

Die „Fünf Insignien" [เครื่อง เบญจ ราช กกุธภัณฑ์]

- *Phra Maha Phichai Mongkut* [พระมหาพิชัยมงกุฎ]: Die „Große Sieger-Krone". Die Krone hat eine eher konische Form und wurde 1782 in der Regierungszeit von König *Phra Buddha Yodfa Chulaloke* (Rama I.) [พระบาทสมเด็จ พระพุทธยอดฟ้าจุฬาโลก] aus Gold gefertigt und ist teilweise in rot und grün emailliert. Sie ist etwa 66 cm hoch und wiegt 7,3 kg. Als Abschluss befindet sich oben ein großer Diamant, *Maha Wichien Mani* [พระมหาวิเชียรมณี] genannt, welcher allerdings erst von König *Phra Chomklao Chaoyuhua* (Rama IV.) [พระบาทสมเด็จ พระจอมเกล้าเจ้าอยู่หัว] hinzugefügt wurde.

- *Phra Saeng Khan Chaisi* [พระแสงขรรค์ชัยศรี]: Das „Schwert des Sieges". Das Schwert war ein Geschenk des kambodschanischen Vasallen *Chao Phraya Apai Pubek* [เจ้าพระยาอภัยภูเบศร์] an seinen König Rama I.; der Legende nach haben es Fischer im Tonle Sap[299] gefunden haben. Als das Schwert Bangkok erreichte, sollen gleichzeitig sieben Blitze über der Stadt niederggegangen sein. Das Heft des Schwertes hat eine Länge von 25 cm, die Klinge ist 64,5 cm lang. Wenn das Schwert in der juwelenbesetzten Scheide steckt, ist es insgesamt 101 cm lang und wiegt 1,9 kg. Das Schwert ziert eine goldenen Einlegearbeit, die Gott Vishnu auf Garuda[300] [*krut*; ครุฑ] reitend darstellt.

- *Chalong Phrabat Choeng Ngon* [ฉลองพระบาทเชิงงอน]: Die „Königlichen Sandalen". Aus Gold gefer-tigt, an der Spitze etwas nach oben gebogen, mit Diamanten besetzt und roten Samt gesäumt. In Siam war Schuhwerk mit Ausnahme des Königs allenfalls dem gehobenen Adel

---

[299] Der Tonle Sap (etwa: *Großer See*) in Kambodscha ist der größte See Südostasiens und eines der fischreichsten Binnengewässer der Erde.
[300] In der indischen Mythologie ein schlangentötendes halb mensch-, halb adlergestaltiges Reittier des Gottes Vishnu. In der asiatischen Mythologie hat der Garuda zugleich die Bedeutung eines Götterboten. Der *krut* ist das persönliche Emblem des thailändischen Königs und die einzige Kreatur, der es gestattet ist, über dem Kopf des Königs zu stehen.

zu eigen; im Ramayana trägt der Protagonist Rama Sandalen und auch in *chadok* [ชาดก][301] 406 werden finden sie Erwähnung.

- *Than Phra Kon* [ธารพระกร]: Der „Königliche Stab". Aus dem Holz der *Cassia fistula* (Indischer Goldregen) geschnitzt mit einer Länge von 118cm, am Kopfende mit einem Knopf, am unteren Ende mit einem Dreizack verziert. „Möge er die Schritte des Königs leiten, das er auf dem Pfad von Gerechtigkeit und Gleichheit wandele".

- *Phatwan Wichani* [พัดวาลวิชนี]: Der „Fächer". Gefertigt aus einem Palmenblatt, welches im rechten Winkel zum Stängel abgebogen ist.

- *Phra Sae Hang Chamri* [พระแส้หางจามรี]: Der „Fliegenwedel aus den Schwanzhaaren eines Yak" und

- *Phra Sae Hang Chang Pueak* [พระแส้หางช้างเผือก]: Der er „Fliegenwedel aus den Schwanzhaaren eines Weissen Elephanten". Beide Fliegenwedel sind sehr alte Symbole. Bereits in den *Puranas*[302] werden sie als königliche Requisiten erwähnt.

Die weitern königlichen Insignien sind:

- *Phra Noppadon Maha Sawet Chat* [พระนพปฎลมหาเศวตฉัตร]: Der „Große weiße neunstufige Reichs-Schirm" ist wahrscheinlich das älteste Symbol königlicher Autorität in Asien. Er besteht aus mehreren, übereinander angeordneten Einzelschirmen, fünf Schirme für den Maha Uparat [มหาอุปราช] (Vizekönig), sieben für den ungekrönten und neun für den gekrönten König.

- Das „Persönliche Schwert" (*Phra Saeng Fakdon-Klian*). Der Hofmarschall trägt dem König, auch bereits vor dessen Inthronisation, bei allen offiziellen Anlässen das „Persönliche Schwert" hinterher. Laut Wales (*1931:101*) könnte es jenem goldenen Schert entsprechen, welches der chinesische Reisende Zhou Daguan 1296 bei seiner Visite in Angkor gesehen hatte. In seinem Bericht *Zhenla fengtu ji* [真臘風土記][303] vermerkt er, das der König das persönliche Schwert immer mit sich führte, sobald er den Palast verliess.
- Der „Brahmanen-Gürtel" (*Bhra Săṅvāl Brămaṇadhurăṁ*). Ein traditionelles Attribut der hinduistischen Gottheit Shiva; symbolisiert wird die Verbindung des Königs mit Shiva.

- Der „Glanzvolle Gürtel" (*Bhra Săṅvāl Brăḥnaba*).

- Der „Gürtel Der Neun Edelsteine" (*Bhra Săṅvāl Nabarătana Răjavăra-Bharaṇa*). Die neun Edelsteine Diamant [*phet* เพชร], Rubin [*tabtim* ทับทิม], Smaragd [*morakhot* มรกต], gelber Saphir [*saeffai* แซฟไฟร์], Granat [*komen* โกเมน], Opal [*opol* โอปอล], Mondstein [*mukdha* มุกดา], Zirkon [*pethtai* เพทาย] und Chrysoberyll [คริโซเบริล] symbolisieren neun Planeten und unterstreichen den universellen Herrschaftsanspruch des Monarchen.

---

[301] Ein *Jātaka* [जातक] (in Thailand: *chadok*), eine „Geburtsgeschichte", ist eine moralisch lehrreiche Geschichte aus dem Leben des Buddha. Ursprünglich umfasste der Begriff nur Geschichten aus dem Leben des historischen Buddha, später wurden Lehrge-schichten hinzugefügt, die sich auf frühere Existenzen und Daseinsformen des Buddha beziehen. Eine Sammlung von 547 *Jātaka*-Erzählungen liegt im *Suttapitaka* (Korb der Lehrreden, eine Sammlung von Dialogen und Lehrvorträgen des Buddha) als Teil des Pali-Kanons des Theravada-Buddhismus vor.

[302] Die *Puranas* („Alte Geschichten") gehören zu den wichtigsten sakralen Schriften des Hinduismus. Sie sind nach den *Veden* („Wissen", eine noch ältere, zunächst mündlich überlieferte, später schriftlich fixierte Sammlung religiöser Texte des Hinduismus) in der Zeit von 400 - 1000 entstanden, greifen jedoch oft auf ältere Inhalte zurück. Es soll insgesamt 400.000 *Puranas* geben.

[303] Zhou Daguan: *A Record of Cambodia. The Land and Its People.* Translated and annotated by Peter Harris. Silkworm Books, Chiang Mai, 2007

- Der „Diamantring" (*Brah Dhaṁmaraṅga Vijiaracinta*).

- Der „Königliche Ring" (*Brah Dhaṁmaraṅga Rāṭavarā-Vudha*).

- Die „Goldene Schreibtafel mit Stift" (*Brah Subarṇapāṭa*). Die Beschriftung dieser Insignie war Bestandteil einer aufwendigen, spirituellen Zeremonie. >>Die königlichen Schreiber sassen an niedrigen Tischen im Wat Phra Kaeo, den heiligen *siñcana*-Faden zur Abwehr böser Einflüsse um sie herum. Der Hofastrologe (Phraya Hora) schlug des Siegesgong um genau 10.34 Uhr um den glücksverheissenden Moment zu verkünden, mit der Inskription zu beginnen. Ein Schreiber beschriftete die *Subarṇapāṭa*, während ein weiterer das königliche Horoskop (*braḥ jāṭ braḥ janam barṣā*) auf eine andere goldene Tafel schrieb. Die Gruppe der Mönche rezitierte Sieges-Sutras[304]; die Brahmanen bliesen die Schneckenhörner und spielten auf den zeremoniellen Instrumenten während der gesamten Zeit der Beschriftung der Tafeln. Als die Beschriftung vollständig war, offerierten die Brahmanen geweihtes Wasser in Scheckenhörnern und der Hora salbte damit die goldenen Tafeln. Dann rollten die Brahmanen die *Subarṇapāṭa* in rote Seide ein und verbanden sie mit einer fünffarbigen Seidenschnur. Danach steckten sie es in eine goldene Hülse, versiegelten diese und legten diese in eine bestickte Tasche. Gleichzeitig steckte der Hora auch das Horoskop in eine goldene Hülse, versiegelte diese und legte sie in eine bestickte Tasche. Beides wurde dann in eine goldene Schatulle mit getriebenen floralem Dekor gelegt, diese dann auf eine Goldplatte mit einem zweistufigen Schirm plaziert und das ganze schließlich auf einem goldenen Podest präsentiert<< (*Wales, 1931:102*).

Die „Persönlichen Utensilien" (*Phra Khattiya Rajuprapoke*).

- Der Spucknapf (*Phra Supannasri Bua Chaek*). Aus Gold, in der Form des Lotos und mit roten und grünen emaillierten Einlegearbeiten in Blätterform.

- Die Betelnuss-Garnitur (*Pan Phra Khan Mak*). In Gold emailliert und enthält: ein Futteral zur Aufbewahrung der Betel-Blätter, zwei Schalen, zwei urnenförmige Gefäße, einen Betelnuss-Knacker und ein Kästchen mit Lippenwachs. Die komplette Garnitur wird auf einem zweistufigen Sockel plaziert, welcher an allen vier Ecken durch in grün emaillierte, dreiköpfige Nagas[305] verziert ist. Das Kauen von Betel war in Siam ein weit verbreiteter Brauch quer durch alle sozialen Schichten und auch heute noch ist die Betelnuss-Garnitur ein unverzichtbarer Bestandteil der royalen Utensilien. In der Vergangenheit schenkten die Könige Betelnuss-Garnituren verschiedener Qualitäten, Materialien, Dekors sowie Formen abhängig von Rang und Status des jeweiligen Empfängers.

- Die Wasser-Urne (*Phra Mondop Ratanagarund*). Der dreistufige Deckel ist mit einem Dekor von Lotusblüten umgeben. Urne und Sockel sind mit eingelegtem Gold sowie Rubinen und Jadesteinen verziert.

---

[304] *Sūtra* (सूत्र – „Faden", „Kette") bezeichnet einen kurzen, durch seine Versform einprägsamen Lehrtext des indischen Schrifttums. Nicht zu verwechseln mit den *Sūtta* („Lehrreden"), diese beziehen sich ausschließlich auf bestimmte Teile des buddhistischen Pali-Kanons

[305] [Sanskrit: नाग „Schlange"] bezeichnet in der indischen Mythologie ein Schlangenwesen oder eine Schlangengottheit. Es gibt verschiedene Darstellungsformen: Entweder mit vollständiger Schlangengestalt, als Mensch mit Schlangenkopf oder mit menschli-chem Körper, der in einer Schlangengestalt ausläuft. Häufig sind auch Darstellungen mit mehrköpfigen Schlangen, beziehungsweise einer mehrköpfigen Kobrahaube. Nagas sind als Wesen mit magischen Fähigkeiten bekannt und können jederzeit menschliche Gestalt annehmen. Gelegentlich sollen sie ihr Reich verlassen und sich unter die Menschen mischen. Sie gelten als Wächter von Übergängen, Schwellen und Türen, besonders auch im symbolischen Sinn. Erzfeind der Nagas ist der *Garuda*.

- Die Trinkschale (*Phra Supannaracha*). Aus Gold, mit kunstvollen Gravuren.

Die „Acht Waffen der Unabhängigkeit" (*Bhra Sèṅ Aṣaṭāvudha*)

Laut Wales (*1931:106*) sind die Originale vermutlich allesamt bei der Zerstörung Ayutthayas 1776 vernichtet worden und die heutigen Exponate seien in Bangkok gefertigte Kopien.

- Das „Schwert der Geiseln" (*Bhra Sèṅ Tābjaley*).
- Der Diskus (*Bhra Sèṅ Căkra*). Die hinduistische Gottheit Vishnu wird üblicherweise mit vier Insignien dargestellt, die er in seinen vier Händen hält: Das Schneckenhorn (*sankha*), auf dem er bei verschiedenen Anlässen bläst; Lotos (*padma*), das Symbol der Weisheit und Reinheit; die Keule (*gada*), mit der er kämpft und den Diskus (*Sudarshana Chakra*), der in einer Schlacht auf die Feinde geschleudert wird. Der Diskus soll also die Verbindung des Königs mit Vishnu symbolisieren.

- Der Dreizack (*Bhra Sèṅ Ṭrī*). Das zumeist anikonische *Linga(m)* oder der Dreizack symbolisiert die hinduistische Gottheit Shiva; der Dreizack repräsentiert also die Verbindung des Königs mit Shiva.

- Der „Diamant- Speer" (*Bhra Sèṅ Hòk Bejrarătana*).

- Das „Schwert mit langem Griff" (*Bhra Sèṅ Khò Hāv Sèṅ Bal Bāy*). Während des Siamesisch-Birmanische Krieges 1593–1600 kam es 1593 bei Nong Sarai zu dem legendären Elefanten-Duell zwischen König Naresuan dem Großen und dem burmesischen Kronprinzen *Minchit Sra*. In diesem Duell, in Thailand als *Songkram Yuddhahatthi* [สงครามยุทธหัตถี] bekannt, tötete den Chroniken Ayutthayas zufolge *Phra Naresuan* den burmesischen Thronfolger mit dem „Schwert mit langem Griff,, und leitete damit die Befreiung Siams von den Burmesen Ende des 16. Jahrhunderts ein[306].

- Schwert und Schild (*Bhra Sèṅ Tāb Khen*).

- Der Bogen (*Bhra Sèṅ Dhanū*).

- Das „Gewehr von Sittaung" (*Phra Saeng Puen Kham Maenam Satong*). 1584 stellten die Burmesen die Armee Ayutthayas an Fluss Sittaung. Den Chroniken zufolge schoß Phra Naresuan mit einer Arkebuse über den Fluß hinweg auf einen burmesischen General und verletzte ihn tödlich. Dieses Ereignis ist auch heute noch vielen Thais unter der Bezeichnung พระแสงปืนข้ามแม่น้ำสะโตง (Der Königliche Schuss über dem Sittaung-Fluss) gegenwärtig.

5.2.3. Phaya Chaiyasongkhram auch Phaya Jayasangrama [พญาไชยสงคราม] (1311-1325)[307]

Die unmittelbare Nachfolge Mengrais hatte dessen Lieblingssohn Phaya Chaiyasongkhram ange-treten. Dieser übergab nach vier Monaten Mitte Mai 1318 seinem mittlerweile 41 Jahre alten Sohn *Chao Thao Saen Phu* [เจ้าท้าวแสนภู] Chiang Mai und begab sich sich wieder nach Chiang Rai. Seinem zweiten Sohn, *Pho Thao Nam Thuam* [เจ้าท้าวน้ำท่วม] beordete er nach Müang Fang und den jüngsten, *Pho Thao Ngua* [เจ้าท้าวงั่ว] nach Chiang Khong. 1319/20 hielt der Mann mit dem „häßlichen Charakter", *Chao Khun Khrüa*, seine Stunde für gekommen und erschien mit einer 100.000 Mann starken Armee vor den Toren Chiang Mais, angeblich um den

---
[306] Vgl. Hierzu Kapitel 7.5.1.
[307] Alle folgenden Daten, sofern nicht anders referenziert, aus CMC und JKM übernommen

sterblichen Überresten des Vaters die geforderte Referenz zu erweisen und sich nach dem Wohlbefinden des Neffen zu erkundigen. Saen Phu überlegte:>>Meine Stadt wird mit dem Onkel kämpfen, und wenn dieser siegt, wird er mich töten; besiege ich ihn, werden meine Soldaten mit Sicherheit ihn töten. Ich kann also nicht hierbleiben<<. (*CMC,1998:56*) Da Saen Phu die wahren Absichten des Onkels durchschaute und nicht für eine Familienfehde verantwortlich gemacht werden wollte, floh er samt Familie, Hofstaat und beweglicher Habe mitten in der Nacht durch das unbewachte Osttor. *Khun Khrüang* ernannte sich daraufhin selbst zum König. In Chiang Rai schäumte *Phaya Chaiyasongkhram* vor Wut:>>Phraya Khrüa hat meine Stadt geraubt [...] Ich kann ihn vernichten, wann immer ich will. Er hat drei Verbrechen begangen, Erstens hat er mit einer meiner Frauen geschlafen; zweitens die Position meines Sohnes Chao Saen Phu usurpiert [...] und drittens hat er Chiang Dao geraubt, ein Geschenk meines Vaters. Er muss vernichtet werden<< (CMC,1998:56). Phaya Chaiyasongkhram schickte seinen zweiten Sohn, Thao Nam Thuam nach Chiang Mai, Phraya Khrüa von dort wieder zu vertreiben. Als Handwerker getarnt drangen Nam Thuams Krieger in die Stadt ein und verteilten sich überall, auch in der Nähe des kleinen Palastes, in dem der abtrünnige Onkel einen Rausch ausschlief. Die ihn umgebende Leibwache wurde überwältigt und Phraya Khrüa im Südwesten der Stadt eingekerkert. Die nächsten vier Jahre stand er unter Hausarrest, bevor er eines natürlichen Todes starb. 1322 ernannte Phaya Chaiyasongkhram den siegreichen Nam Thuam zum Herrscher von Chiang Mai; allerdings machte 1324 das Gerücht die Runde, Nam Thuam strebe die Gesamtherrschaft Lan Nas an und plane einen Umsturz. Phaya Chaiyasongkhram entsandte daraufhin seinen dritten Sohn, Thao Ngua nach Chiang Mai. Dieser ließ Nam Thua verhaften und ins Exil nach Chiang Tung verbannen. Da Saen Phu sich stets loyal verhalten hatte, kehrte er mit seiner Fau *Sip Kham* auf Befehl des Vaters wieder als Herrscher nach Chiang Mai zurück. Phaya Chaiyasongkhram regierte von Chiang Rai aus noch zwei Jahre und verstarb schließlich 1327/28 im Alter von 63 Jahren.

5.2.4. Phaya Saen Phu [พญาแสนภู] (1325-1334)

Traditionsgemäß bestellte Saen Phu seinen 26 jährigen erstgeborenen Sohn Kham Fu zum Herrscher über Chiang Mai, während er selbst seinen neuen Hauptsitz in Chiang Saen errichtete. Auf einer Fläche von ca. 3000 x 1400 Metern baute er eine befestigte Stadt, deren natürliche Ostgrenze der Mekong bildete. Ein Wassergraben sowie eine Stadtmauer sicherten die Siedlung im Norden, Süden und Westen, die durch fünf Stadttore betreten und verlassen werden konnte. Die Gründung Chiang Saens schien die bemerkenswerteste Leistung des Herrschers gewesen zu sein; die Chroniken vermerken ansonsten noch zum Ableben Saen Phus, das er nach sieben Jahren der Regentschaft ernsthaft erkrankte; dieses sei aber verheimlicht worden, da man bei Bekanntwerden eine Invasion benachbarter Herrscher befürchtete. Als der Herrscher schließlich im Alter von 60 Jahren verstarb, setzte man seine sterblichen Überreste in einer goldenen Urne bei, die auf einem Floss zwei Monate lang in der Mitte des Mekong bewahrt wurde, während man die Nachricht vom Tod des Königs diskret nach Chiang Mai übermittelte.

5.2.5. Phaya Kham Fu [พญาคำฟู] (1334-1336)

Der Nachfolger Phaya Kham Fu verließ Chiang Mai und wählte ebenfalls Chiang Saen als seine Hauptstadt. Kurz nach seiner Inthronisierung griff er gemeinsam mit dem Kao[308]-Herrscher von *Müang Nan* [เมืองน่าน] das benachbarte Phayao an. Dessen Herrscher, Phraya

---

[308] Vgl. hierzu auch Kapitel 5.1. „König Ramkhamhaeng der Große". Die Kao waren eine Tai-Population im Tal des Nan-Flusses

Ngam Müang, gelang es zu entkommen; ob es sich hierbei um den einstigen Blutsbruder Mengrais und Ramkhamhaengs oder einen Nachfolger gleichen Namens gehandelt hat, ist nicht mehr zu verifizieren. In jedem Falle bedeutete der Angriff das Ende des einstigen Paktes der drei königlichen Freunde. Phayao wurde geplündert und die Beute nach Chiang Saen verbracht. Dann aber weigerte sich Phraya Kham Fu mit dem Verbündeten zu teilen. Die erbosten Kao beschlossen daraufhin eine Strafexpedition und nachdem Chiang Saen nicht einnehmbar erschien, wurde stattdessen Müang Fang [เมืองฝาง] geplündert. Das wiederum rief Kham Fu auf den Plan und in einer anschließenden Schlacht schlug er die Truppen der Kao vernichtend und zog sich dann siegreich nach Chiang Saen zurück. Nachdem der mittlerweile 38jährige König 1340/41 eine Niederlage bei der versuchten Eroberung Müang Phraes einstecken mußte, sind keinerlei weitere militärische Aktivitäten überliefert. Den Tradierungen zufolge beförderte die ausgeprägte Libido Phaya Kham Fus sein vorzeitiges Ableben. Ein reicher und beliebter, aber äusserst hässlicher Kaufmann namens *Ngua Hong* erfreute sich der Protektion und Freundschaft des Herrschers. Es kam zu einem Schwur: sollte einer der beiden jemals diese Freundschaft verraten, so sollte derjenige an Land durch einen Tiger oder Bären oder im Wasser durch einen im Wasser lebenden Menschenfresser getötet werden. Nachdem Kham Fu sich bereits durch das Geschenk einen weiß gefärbten Affen über den Freund lustig gemacht und dessen Verärgerung zugezogen hatte, konnte er der Schönheit einer der Lieblingsfrauen *Ngua Hongs* nicht wiederstehen und verführte sie. Sieben Tage später wusch der König sein Haar im *Maenam Chiang Kham* [แม่น้ำเชียงคำ]. Eine riesige, aquatische Menschenfresserin[309] tauchte unter einer Klippe hervor und zog den Herrscher in ihre Unterwasserhöhle. Nach weiteren sieben Tagen tauchte der tote König wieder auf, im Alter von 47 Jahren hatte seine Regentschaft ein abruptes Ende gefunden.

5.2.6. *Phaya Pha Yu* [พญาผายู] (1336-1355)

Als Pha Yu seinem Vater im Alter von 29 Jahren auf den Thron von Lan Na folgte, war der Stern des einst mächtigen Reiches von König Mengrai bereits im Sinken begriffen. Nach fast 600 Jahren erwachte das alte Luang Prabang aus seinem politischen Dornröschenschlaf. König Fa Ng(o)um[310] [ฟ้างุ่ม] hatte sein Exil in Angkor verlassen, wohin er aufgrund einer Affäre seines Vaters *Chao Fa Ngiao* mit einer Konkubine des Herrschers und Großvaters *Phagna Khampong* gemeinsam mit seinem Erzeuger aus *Müng Sua*[311] verbannt worden war. Nach einer dreijährigen Ausbildung durch den buddhistischen Mönch *Phra Prasman* ehelichte er dort die Prinzessin *Kèo Kèngkanya*. Dann marschierte er mit einer 10.000 Mann starken, ursprünglich überwiegend aus Khmer-Kriegern bestehenden, Armee in das Gebiet des heutigen Laos und verzeichnete dort die ersten militärischen Erfolge. Im heutigen Vietnam siegte er in Nghệ An und Vinh[312], in den Tälern des Roten und Schwarzen Flusses. Zwischen 1352-1354 eroberte er *Müang Sing* [เมืองสิง][313], *Müang Huom*, *Müang Ho Kham Chiang Rung* [เมืองหอคำเชียงรุ่ง], *Pak (O)U* [เมืองปากอู][314], *Pak Beng* [ปากแบ่ง][315] und *Vientiane*

---

[309] Einige Tradierungen besagen auch, er sei das Opfer von Krokodilen geworden.
[310] Der volle offizielle Titel lautete: *Somdetch Brhat-Anya Fa Ladhuraniya Sri Sadhana Kanayudha Maharaja Brhat Rajadharana Sri Chudhana Negara*.
[311] Der alte Name Luang Prabangs; der legendäre Tai-Fürst *Khun Lo*, einer der sieben Söhne *Khun Boroms*, eroberte 698 das Gebiet, indem er eine zeitweilige Schwäche des Königs von Nan Chao nutzte. Der Eroberer starb bereits 2 Jahre später und *Khun Sung* wurde der Nachfolger.
[312] *Nghệ An* ist heute die größte Provinz der nördlichen Küstenregion von Vietnam, *Vinh* deren Hauptstadt.
[313] Eine Stadt in der heutigen laotischen Provinz *Khwaeng Luang Namtha* [ແຂວງຫຼວງນ້ຳທາ], etwa 14 km von der chinesischen Grenze entfernt.
[314] Etwa 25 km nördlich von Luang Prabang, wo der 448 km lange *Nam Ou* [น้ำอู] in den Mekong mündet. Bekannt durch die beiden Höhlen *Tham Thing* und *Tham Phum*, die hunderte von Buddha-Miniaturen und Statuen beherbergen.
[315] Kleines Dorf am Mekong, auf halber Höhe zwischen dem an der thailändischen Grenze gelegenen *Ban Houayxay* [ຫ້ວຍຊາຍ] und Luang Prabang.

[ອງງັນ]³¹⁶. 1353 gewann er die entscheidende Schlacht gegen seinen Onkel um das heutige Luang Prabang [ຫຼວງພະບາງ]³¹⁷, damals *Chiang Dong Chiang Thong* genannt. Dies alles geschah vor dem Hintergrund des wachsenden Druckes diverser Tai-Populationen auf die Khmer, die schließlich Angkor verließen und sich nach *Champasak* [ຈຳປາສັກ]³¹⁸ flüchteten. Die Unterstützung Angkors, mit der Somdet *Phra Chao Fa Ngum* [ສົມເດັຈພຣະເຈົ້າຟ້າງຸ່ມ]1353 sein Reich *Lan Xang Hôm Khao* [ລ້ານຊ້າງ]³¹⁹, besser bekannt als *Lan Chang* [ລ້ານຊ້າງ], gründen konnte, war keinesfalls altruistischer Natur. Auch die weiteren Eroberungen auf dem südlichen Khorat-Plateau, die das junge Reich in der Folge nachhaltig konsolidierten, waren nicht als Etablierung einer neuen Lao-Dynastie gedacht, sondern sollten den Beginn der Rückeroberung verlorener Khmer Territorien markieren (*Wyatt,1967:16ff.*). Das einst mächtige Reich der Khmer war im Niedergang begriffen, was sowohl dem Ausbruch der Pest, der zunehmenden Migration von Tai-Populationen in der Region sowie der zunehmenden Bedeutung von Sukhothai und Ayutthaya geschuldet gewesen sein dürfte. Die Ambitionen Fa Ngums wurden deshalb nachhaltig promoviert, weil die Khmer in ihm einen künftigen Vasallen sahen, der stark genug, als wehrhafte Pufferzone zu fungieren, aber dennoch durch geringe militärische Kontingente Angkors zu kontrollieren war. Teilweise ging diese Rechnung auch auf. *Fa Ngum* [ສົມເດັຈພະເຈົ້າຟ້າງຸ່ມ] wandte sich Lan Na zu und unterwarf einige kleinere nördliche *müang* westlich des Mekong, die zuvor ihren Tribut an Chiang Mai entrichtet hatten. Auch Chiang Khong [ເຊຽງຂອງ] war darunter, immerhin die Residenz des Prinzen *Chao Ngua Thöng*. Die Armeen Lan Nas und Lan Changs lieferten sich vor den Toren Chiang Saens ein kurzes Scharmützel³²⁰, bei dem Fa Ngum über *Phaya Sam Phraya*³²¹ siegreich blieb. Einige territoriale Abtretungen und eine größere Tributzahlung Pha Yus verhinderten einen größeren Konflikt; möglicherweise spielte auch der „Khun Borom-Faktor", das sich Mengrai zunehmend entwickelnde Bewußtsein der gemeinsamen Abstammung und ethnischen Verwandtschaft bei den herrschenden Eliten eine immer wichtigere Rolle. Doch wie konnte der Parvenue Fa Ngum in so kurzer Zeit ein Reich schaffen und es halten? Ganz bewußt hatte er seinem Reich den Namen *Lan Xang Hôm Khao* gegeben, das Land der Millionen Elephanten unter dem weißen Schirm. Der Name symbolisiert sowohl militärische Macht und Stärke als auch royale Legitimität. Der weiße (teilweise auch goldene), mehrstufige Schirm hatte in ganz Südostasien nicht nur die Funktion, dem Herrscher Schatten zu spenden, sondern galt als Symbol königlicher Herrschaft. Der Besitz von vielen Elephanten artikulierte Macht und Reichtum und galt ausserdem als besonders verdienstvoll. Ungeachtet ihrer vielseitigen Verwendung als Transport- und Arbeitskräfte waren Elephanten vor der Verbreitung von mechanischen Waffen vor allem eines: Kampfmaschinen. Auf die schlecht bewaffneten und kaum geschützten Fußtruppen müssen grössere Verbände von armierten und gedrillten Kampfelephanten extrem furchteinflössend gewirkt haben. Der Name Lan Na, das Land der Millionen Reisfelder, referenzierte eher auf wirtschaftliche Prosperität, vorhandene Verwaltung und Infrastruktur sowie eine wachsende Population. Lan Chang war die Namenswahl eines Eroberers: dieser Name assoziierte militärische Macht, Vergeltung für abtrünnige Vasallen und eine permanente Kampfansage an die benachbarten Domänen (*Stuart-Fox,1998:43f.*). Nach Beendigung des Konfliktes verlegte König Pha Yu die

---

[316] Erstmals 1563 und heute wieder die Hauptstadt des Landes.
[317] Im Norden von Laos am Zusammenfluss des Mekong und *Nam Khan* gelegen; diente zeitweilig auch als Hauptstadt Lan Changs und des französischen Protektorats Laos. Bis zur Abschaffung der Monarchie in Laos 1975 war es die Königsstadt.
[318] Heute eine Kleinstadt im südlichen Laos, etwa 40 km südlich von *Pakse* [ປາກເຊ] , der Hauptstadt der Provinz Champasak gelegen. Zwischen 1733-1946 existierte das Königreich Champasak, auch *Bassac* genannt, gegründet von *Nokasad*, einem Enkel König *Sourigna Vongsas* [ສຸຣິຍະວົງສາທັມມິກຣາດ], des letzten Königs von Lan Chang.
[319] „Das Land der eine Millionen Elephanten und des weißen Schirms".
[320] DieFeldzüge Fa Ngums werden in den *Nithān* (Lao-Chroniken) im Gegensatz zu den Tai-Chroniken sehr ausführlich und detailliert behandelt (Stuart-Fox,1998:44)
[321] Der Name Pha Yus in den Lao-Chroniken

Hauptstadt des verbliebenen Reiches nach Chiang Rai. Ansonsten berichten die Chroniken über die Regentschaft Pha Yus nicht alllzuviel. Offensichtlich war der Herrscher ein gläubiger und eifrig praktizierender Buddhist. So ist eine Einladung an den Mönch *Maha Abhayaculathera* aus Haripunchai überliefert, der dann mit zehn seiner Schüler im *Wat Phra Singh Woramahaviharn* [วัดพระสิงห์วรมหาวิหาร] in Chiang Mai ein Domizil fand. Auch habe er stets die zehn königlichen Tugenden, *thotsaphitratchtham* [ทศพิธราชธรรม] verkörpert:

▶ than [ทาน]: Generösität, Liberalität
▶ sin [ศีล]: einwandfreier moralischer Charakter
▶ borichak [บริจาค]: Opfer- und Spendenbereitschaft
▶ atchawa [อาชวะ]: Ehrlichkeit, Integrität, Gerechtigkeitssinn
▶ matthawa [มัทวะ]: Freundlichkeit, Güte, Sanftmut
▶ tapa [ตปะ]: Selbstkontrolle, Sparsamkeit
▶ akkotha [อักโกธะ]: Ruhiges Wesen, nicht schnell verärgert sein
▶ awihingsa [อวิหิงสา]: Friedfertiges Wesen
▶ kanthi [ขันติ]: Geduld, Tolleranz
▶ awirotthana [อวิโรธน์]: Aufrichtigkeit, Gesetzestreue, Zuverlässigkeit

Phu Ya zeugte zwei Söhne mit *Cintrathewi*, der Tochter *Chao Ngua Thoengs* von Chiang Khong. Den älteren *Pho Thao Kü Na*[322] und den jüngeren *Pho Thao Maha Phrom*. Nach einer Regentschaft von 28 Jahren starb Pha Yu als siebter Herrscher seiber Dynastie im Alter von 57 Jahren.

5.3. Das goldene Zeitalter (1355-1525)

Unter Kü Na begann Lan Na nachhaltig zu prosperieren und erreichte seinen Höhepunkt während des Regnums Tilokarats. Das Herrschaftsgebiet wurde deutlich erweitert, Phrae und Nan wurden inkorporiert und der Einfluß über die Shan-Domänen konsolidiert. Gegenüber *Chiang Tung* [เชียงตุง], *Müang Nai* [เมืองนาย], *Müang Sipo*, *Müang Yong* [เมืองยอง], *Chiang Rung* [เชียงรุ่ง] in *Sipsong Panna* und sogar Luang Prabang nahmen die Erben Mengrais eine Hegemonialstellung ein.

5.3.1. *Phaya Chao Kü Na Thammikarat* [พระเจ้ากือนาธรรมิกราช] (1355 -1385)

Der 40jährige Kü Na trat 1367/68 die Nachfolge des Vaters an. Ebenso wie der Vater wird Kü Na als gerechter Herrscher und eifriger Förderer des Buddhismus in den Chroniken erwähnt. So ließ er 1386 auf dem Berg *Doi Suthep* [ดอยสุเทพ][323] eine stupa errichten. Der Legende zufolge hatte um 1370 ein Mönch namens *Phra Sumanathera* aus Sukhothai einen Traum: er sah ein Feuer und er wurde aufgefordert, sich nach *Bang Cha* zu begeben, wo er Reliquie des Buddha finden würde. Er fand dort tatsächlich einen Schulterknochen des Erleuchteten, der über magische Kräfte verfügte: er leuchtete, konnte sich unsichtbar machen, sich räumlich bewegen und sich selbst duplizieren. Phra Sumanathera brachte die Reliquie an den Hof Sukhothais, konnte dort aber die Magie der Reliquie nicht sichtbar machen. König *Mahathammaracha* II. bezweifelte daraufhin die Authenzität und verlor das Interesse an der Reliquie. Nicht so König Kü Na, der sich anbot, den Schulterknochen Buddhas im *Wat Suan*

---
[322] *Kü Na* (hundert Millionen Reisfelder)
[323] Mit einer Höhe von 1.676 Metern eine der höchsten Erhebungen in Thailand; der Zwillingsgipfel *Doi Pui* ist etwas höher: 1.685 Meter

Dok [วัดสวนดอก]³²⁴ zu bewahren. An seinem Bestimmungsort angekommen, teilte sich die Reliquie jedoch plötzlich. Da es nicht ratsam erschien, beide Teile gemeinsam aufzubewahren, befestigte man einen Teil auf dem Rücken eines weißen Elephanten und entließ diesen in die freie Natur. Der Elephant wandte sich schnurstracks nach Westen und nach drei Tagen Wanderung gelangte er an einen Felsvorsprung, unter dem der Einsiedler *Wasuthep*³²⁵ lebte. Dort trompetete der Elefant dreimal, kniete nieder und verstarb. Aufgrund dieses Omens wurde ursprünglich eine 7 Meter hohe *chedi* errichtet, in dessen Innern die Reliquie ihre Heimstatt fand. 1525 wurde die *chedi* auf eine Höhe von 16 Metern aufgestockt und erhielt seine heutige oktogonale Form mit einem Sockeldurchmesser von 12 Metern. Den heutigen *Wat Phra That Doi Suthep* [วัดพระธาตุดอยสุเทพ] erreicht man vom Autoparkplatz über 309 schweißtreibende Stufen.

König Kü Na hatte bereits zuvor von dem in Ceylon beheimateten *Arannavasi*³²⁶ und der *Ramanna*-Linie des Theravada Buddhismus aus Sukothai gehört und begann, diese Richtung in Lan Na zu protegieren. Seit König Mengrai war der Theravada Buddhismus nach den Schulen Haripunchais, Hamsavatis and Avas ausgerichtet worden. *Phra Udumbarapuppha Mahaswami*³²⁷ aus Martaban schickte auf Einladung Kü Nas zehn ordinierte Mönche unter der Leitung *Phra Anandas* nach Chiang Mai und der weiter oben bereits erwähnte Phra Mahathera Sumana, ebenfalls ein ehemaliger Schüler des Großmeisters, begab sich in Begleitung seines 20jährigen Neffen und Novizen *Kumarakassapa* ebenfalls nach Lan Na, wo er zunächst im *Wat Phra Yuen* [วัดพระยืน] in Lamphun lebte. Die „importierten" gelehrten Mönche hinterließen einen nachhaltigen spirituellen Eindruck und die Förderung durch den Herrscher zeigten Wirkung: nach und nach wurden tausende Mönche noch einmal nach der neuen Schule des Theravada Buddhismus ordiniert. 1371 begab sich *Phra Sumana* in den für ihn errichteten Tempel *Wat Suan Dok*, wo er die kommenden 18 Jahre die Lehren des Buddhas vermittelte, bis er schließlich 1389 dort verstarb.

Kü Na galt für seine Zeit als überdurchschnittlich gebildet und versiert in den „10 Künsten", im *Dharmaśāstra*³²⁸ und *Gajjaśāstra*³²⁹; aber auch auf dem Gebiet der Philosophie, Astrologie und der schönen Künste verfügte der König über profunde Kenntnisse. Mit Königin *Yasuntharathewi*, einer Enkelin *Chao Ngua Thöngs,* zeugte er einen Sohn. Da sich bei dessen Geburt zahlreiche Herrscher benachbarter Domänen mit Geschenken und Tributen einfanden, erhielt er den Namen *Pho Thao Saen Müang Ma* (einhunderttausend Länder kamen, ihn zu sehen) (*CMC,1998:66*). Ungeachtet seiner friedfertigen Natur verweigerte Kü Na den chinesischen Herrschern in Yunnan den Tribut, den Lan Na seit König Mengrai traditionell entrichtet hatten. Auch eine konkrete Tributforderung König Lum Fas im Jahr 1365 beschied er abschlägig (ประยาประชากิจกรจักร์,*2516:316ff.*). Ein weiteres außenpolitisches Problem bildete das aufstrebende Königreich Ayutthaya, welches in spürbare Konkurrenz zum etablierteren, aber im Verfall begriffenen Herrscherhaus von Sukothai getreten war. Kü Na ergriff Partei für seinen Verbündeten und unterstützte König *Mahathammaracha* II., als dieser sich zum Kampf gegen die Armeen König *U Thongs* unter Führung des Generals *Khun*

---

³²⁴ „Tempel des Blumengartens". Vor der Errichtung des Tempels befand sich an dieser Stelle der königliche Blumengarten [สวนดอกไม้, *suan dok mai*] Kü Nas.
³²⁵ Dieser Hermit ist auch der Namensgeber des Doi Sutep.
³²⁶ Mönche, die den größten Teil ihres Lebens meditierend als Einsiedler in den Wäldern verbracht haben. Bekannt wurden sie im 7. Jahrhundert, als der Herrscher des mittelindischen Reiches von Kalinga , Aggabodhi II. (604–614), sich ihren Lehren verschrieb. Auch der spätere Buddha war in jungen Jahren ein Schüler dieser Schule. Die *Gamavasis* hingegen verschrieben sich mehr dem Studium der heiligen Schriften und lebtenb in Städten und Dörfern
³²⁷ *Mahaswami* bedeutet „großer Meister, Lehrer"
³²⁸ [धर्मशास्त्र] Sanskrit-Texte, die sich mit *śāstra* beschäftigen, einer hindustinischen Lehre die religiöse und rechtliche Pflichten behandelt
³²⁹ Eine Art „Elephantenkunde"

Luang Pangua stellte. Doch der Fall Sukhothais war nicht mehr aufzuhalten und die neue, schnell expandierende Hegemonialmacht stieß schon bald an die Grenzen von Lan Na.

Nach 21 Jahren der Regentschaft starb Kü Na im Alter von 61 Jahren in Chiang Mai. Aus nicht mehr nachzuvollziehenden Gründen verzögerte sich dessen Bestattung erheblich, so das der ältere Bruder Kü Nas, *Pho Thao Maha Phrom*, die Gunst der Stunde nutzend, sich von Chiang Rai aus mit seinem Heer nach Chiang Mai aufmachte, um dem erst 14jährigen designierten Thronfolger *Saen Müang Ma* die Herrschaft streitig zu machen. *Saen Pha Nong*, der leitende Minister der Stadt, erkannte die Absichten *Maha Phroms* frühzeitig und konnte rechtzeitig eine Streitmacht von 10.000 Mann für die Verteidigung mobilisieren. *Maha Phrom* wandte sich daraufhin Wiang Kum Kam zu, wo er die Frauen und wertvolle bewegliche Habe als Beute nahm und sich dann an das Ufer des Ping-Flusses zurückzog. Noch mitten in der Nacht verließ Saen Pha Nong mit 7.000 Kriegern Chiang Mai und machte sich an die Verfolgung. Als die entführten Frauen Kum Kams die herannahende Armee Chiang Mais hörten, ergriffen sie die Waffen ihrer Entführer und töteten eine Vielzahl von ihnen. Der besiegte *Maha Phrom* sammelte die Reste seiner Truppe und floh über Lampang nach Sukhothai. Zwei Monate und zwölf Tage später stand er erneut, mit verbündeten Truppen Sukhothais verstärkt, vor den Toren der Stadt; auch diesmal wurde er geschlagen, der bewährte *Saen Pha Nong* führte die Armee Chiang Mais zum Sieg. Nachdem die sterblichen Überreste Kü Nas seit sechs Monaten in einer goldenen Urne aufbewahrt worden waren, konnte der tote König nun endlich mit den seinem Rang gebührenden Zeremonien beigesetzt werden. *Maha Phrom* ersuchte unterdessen um den Schutz und die Hilfe Ayutthayas, während er in Sawankaloke Unterschlupf im Haus des dortigen Gouverneurs gefunden hatte. *Saen Pha Nong* hatte diesen Schachzug ebenfalls erahnt und seinen fähigsten General, *Mün Loke Nakhon* nach Lampang entsandt, um dort den erwarteten Angriff abzuwehren. In der Tat erschien kurz darauf *Maha Phrom* mit Truppen Ayutthayas und *Mün Loke Nakhon* stellte sich zum Kampf. Die Fama weis zu berichten, daß die hochschwangere Frau des Generals, *Nang Sri Müang* unverdrossen an seiner Seite focht und einen veritablen Beitrag auf dem Schlachtfeld abgeliefert habe. Kurz nach der siegreichen Schlacht kam die tapfere Amazone dann nieder und schenkte *Mün Loke Nakhon* einen Sohn, der zu Ehren der Mutter und der siegreichen Schlacht den Namen *Chao Harn Tae Thong* („Mutig schon im Bauch der Mutter") erhielt *(Manich Jumsai,1996:38f.)*.

5.3.2. *Phaya Saen Müang Ma* [พญาแสนเมืองมา] (1385-1401)

Im zarten Alter von nur vierzehn Jahren folgte Saen Müang Ma seinem Vater auf den Thron. Der loyale Minister Kü Nas, Saen Pha Nong wurde als Regent eingesetzt. *Maha Phrom* war noch immer auf der Flucht und diesmal führte ihn sein Weg nach *Kamphaeng Phet* [กำแพงเพชร]. In Kamphaeng Phet befand sich zu dieser Zeit die berühmte und legendäre Buddha-Statue *Phra Buddha Sihing* [พระพุทธสิหิงค์]. Diese Statue war in Ceylon von drei buddhistischen Mönchen im Jahre 157 gefertigt worden. Auf einer Reise Ramkhamhaengs durch *Nakhon Si Thammarat* hatte der König von Sukhothai dem dortigen Gouverneur gegenüber den Wunsch geäußert, für seine Hauptstadt eine schöne Buddha-Statue erwerben zu wollen. Der Gouverneur fuhr daraufhin nach Ceylon, erwarb die Statue und übergab sie Ramkhamhaeng. Als Sukhothai an Ayutthaya fiel, wanderte auch Phra Buddha Sihing dorthin und erhielt einen Platz im Tempel *Wat Phra Sri Sanphet* [วัดพระศรีสรรเพชญ์][330]. Die Mutter *Phaya Yarnadits*, also jenes Gouverneurs von Kamphaeng Phet, der Maha Phrom Asyl gewährte, war eine der Lieblingsfrauen des Königs von Ayutthaya. Ihrer Bitte, doch eine der zahlreichen Buddha-Statuen Ayutthayas für Kamphaeng Phet zu spenden, entsprach er ohne Zögern – nicht

---

[330] Befindet sich heute auf dem Gelände des *Ayutthaya Historical Park* [อุทยานประวัติศาสตร์พระนครศรีอยุธยา]

wissend, daß die kluge Dame die wichtigste und schönste Statue zu ihrem Sohn schaffte, eben den bereits erwähnten Phra Buddha Sihing. Als der König sie ob dieses Verlustes erbost zur Rede stellte, gab sie vor, den wahren Wert dieser Statue nicht gekannt zu haben und versprach die Statue zurückzuführen, sobald ihr Sohn eine Kopie von ihr hätte erstellen können. Der listige *Maha Phrom* erkannte die einmalige Chance, bemächtigte sich Phra Buddha Sihings und kehrte reumütig an den Hof Saen Müang Mas in Chiang Mai zurück. Tatsächlich war der jugendliche König ob der noblen Gabe dermaßen beeindruckt, daß er den Onkel begnadigte und wieder als seinen Statthalter in Chiang Saen einsetzte. Phra Buddha Sihing kam nun endlich auch zur Ruhe und erhielt einen Ehrenplatz im *Wat Phra Singh* [วัดพระสิงห์]³³¹. *(Manich Jumsai,1996:40f.)* Gemäß einer anderen Chronik verführte *Maha Phrom* die Hauptfrau des Herrschers und wurde daraufhin von diesem wieder nach Lan Na zurückgeschickt; vorher gelang es allerdings der untreuen Gemahlin, die wertvolle Statue an sich zu bringen, ihrem Galan zu übergeben, so das dieser reumütig, aber nicht mit leeren Händen heimkehrte und fortan wieder in Chiang Rai residieren durfte *(CMC,1998:68)*.

Saen Müang Ma versuchte sein Reich weiter nach Süden zu expandieren, wann immer sich ihm eine Möglichkeit zu bieten schien (Ongsakul, 2005:75); der richtige Zeitpunkt schien gekommen, als der König Ayutthayas sich von Sukhothai beleidigt fühlte und Lan Na um Unterstützung bat. Zwar bildete auch Ayutthaya einen steten Hort der Bedrohung für Lan Na; dennoch oder gerade deshalb kam Saen Müang Ma dem Ersuchen Ayutthayas nach und marschierte gen Sukhothai. Dort wartete ert biwakierend auf die Truppen Ayutthayas, die jedoch nicht kamen und seine Armee wurde durch einen überraschenden Angriff im Morgengrauen vernichtend geschlagen. Saen Müang Ma konnte nur deshalb entkommen, weil ihn zwei seiner treuesten Diener auf ihren Schultern bis nach Chiang Mai tragend in Sicherheit brachten (CMC,1998:69). Diese beiden Recken, Ai Ob und Ai Yirakha erhielten daraufhin die Ehrentitel Khun Chang Sai [ขุนช้างซ้าย]332 und Khun Chang Khwa [ขุนช้างขวา]333 sowie jeweils ein Haus in Chieng Chome (Manich Jumsai,1996:41f.). Am Osttor der Stadt, später *Pratu Chang Püak* [ประตูช้างเผือก] (Tor des weißen Elephanten) genannt, wurde ihnen zu Ehren eine Statue mit zwei Elefanten errichtet, die man heute leider nicht mehr dort besichtigen kann334. Nach diesem militärischen Fehlschlag widmete sich der Herrscher nun wieder vordringlich der Förderung des Buddhismus in seinem Reich. So ließ er die Statue Phra Bhudda Sikkhi [พระสิขีพุทธเจ้า] aus schwarzem Stein fertigen und im *Wat Kan Thom* [วดกาน โถม]³³⁵ in Chiang Mai aufstellen; dem Tempel spendete er u.a. Reis, Ländereien und 100.000 Kaurimuscheln.

Eines Tages trafen, von Pagan kommend, einige Kaufleute in Chiang Mai ein und lagerten an einem großen Baum außerhalb der der Stadt. Des nächtens soll ihnen dann der tote König Kü Na in Form eines *rukkhadevata* (Baumgeist) erschienen sein. Dieser ersuchte sie, seinen Sohn um den Bau einer *chedi* in seinem Namen zu bitten, so groß, das er noch in 4 km Entfernung zu sehen sei; erst dann könne er Frieden in *devaloka*³³⁶ finden. Saen Müang Ma verfügte

---

³³¹ Königlicher Tempel Erster Klasse [พระอารามหลวง ชั้นเอก] liegt westlich des Zentrums in der Altstadt von Chiang Mai. Sein von steiner-nen Löwen bewachtes Hauptportal liegt am Ende der Hauptstrasse von Chiang Mai, der *Ratcha Damnoen Road* [ถนนราชดำเนิน], die von hier genau nach Osten durch das zentrale *Tha Phae*-Stadttor bis hinunter zum *Maenam Ping* führt.
³³² der linke Elephant
³³³ der rechte Elephant
³³⁴ Dem zunehmenden Verkehr der nördlichen Metropole geschuldet befindet sich dort mittlerweile ein schmuckloser Parkplatz
³³⁵ Vermutlich *Wat Chang Kam* [วดช้างค้ำ]. Er wurde nach seinem Erbauer, Kan Thom, dessen Name in mehreren Legenden und Chroniken auftaucht, benannt.
³³⁶ In der hinduistischen Mythologie der Ort, an dem die Götter und Gottheiten leben; in etwa mit der christlichen Vorstellung des Himmels vergleichbar

umgehend, südlich seines Palastes ein steinernes Fundament zu legen, auf dem er dann einen zeremoniellen Bodhi-Baum errichtete, dessen Stamm aus Silber und Blätter aus Gold waren und dessen Höhe der physischen Größe des Königs entsprach. Zusätzlich ließ er noch eine goldene und eine silberne Buddha-Statue gießen. Dem König war nicht mehr vergönnt, die Fertigstellung des prächtigen *Wat Chedi Luang* zu erleben; als er im Jahre 1401 im Alter von 39 Jahren verstarb, hatte die äußere Hülle gerade Mannhöhe erreicht. Vorher hatte er noch für den Fortbestand der Dynastie gesorgt, in dem er zwei Söhne mit verschiedenen Müttern zeugte. Der Erstgeborene erhielt den Namen *Thao Yi Kum Kam*, weil er in Wiang Kum Kam zur Welt kam. Den zweiten Sohn, Sam Fang Kaen zeugte er mit einer Kammerfrau der *mahathewi* [มหาเทวี]³³⁷; bei der Niederkunftt befand sich die Hofdame auf Reisen und hatte in *Fang Kaen Panna* Station gemacht. Als der Vater in späteren Jahren zunehmend Gefallen an dem Zweitgeborenen fand und ihn schließlich zum Thronfolger bestimmte, erfüllte sich die Prophezeiung des ehrwürdigen Mönches *Mahāsvāmī Buddhañāna* aus dem *Wat Chiang Yün* [วัดเชียงยืน]. Dieser hatte einen Traum der Kammerfrau, von einem Vogel der sieben Schritte machte³³⁸, dahingehend gedeutet, das ihr Sohn dereinst König würde (*CMC,1998:70*).

5.3.3. *Phraya Sam Fang Kaen* [พญาสามฝั่งแกน] (1402-1441)

Saen Müang Ma war erst 14 Jahre alt, als er König wurde. Sein jüngster Sohn Sam Fang Kaen zählte gar erst 12 Lenze, als der Tod des Vaters seiner Kindheit ein abruptes Ende setzte. Die Regierungsgeschäfte führte seine Mutter *Tilokacukthewi*, die auch von ihrer Residenz in *Ban Suan He* aus die weiteren Arbeiten am Wat Chedi Luang beaufsichtigte. Der bei der Thronfolge übergangene ältere Bruder *Thao Yi* war mit seiner Rolle als Statthalter in Chiang Rai unzufrieden und verbündete sich mit König Thammaracha III. [พระมหาธรรมราชาที่ 3], auch *Phraya Sailuethai* [พระยาไสลือไทย] genannt, von Sukhothai. Eine gemeinsame Armee zog Richtung Norden, mußte aber in Phayao die erste Niederlage einstecken und zog weiter bis vor die Tore Chiang Mais (*CMC,1998:72*). Dort vereinbarte man stellvertretend einen Kampf der beiden jeweils besten Schwertkämpfer. Obwohl *Han Yòt Chai Phek*, der Krieger Chiang Mais siegreich war, zogen die feindlichen Truppen zurück, aber nicht endgültig ab. Auf Geheiß des Königs griffen bei *Nòng An* die Truppen Lan Nas unter dem Kommando der vier Heerführer *Mün Mak Kham, Mün Sam Mak Pu, Mün Khem* und *Mün Khüa* den Gegner an und lieferten sich schwere Gefechte. Schließlich zogen die Invasoren weiter nach Chiang Rai. Nahe dem Dorf *Wiang Cet Lin* legte man eine siebentägige Rast ein; an dieser Stelle sollte Sam Fang Kaen später einen Palast errichten. Als König Sailuethai die Topographie der Gegend in Augenschein nahm und die beiden Berge *Doi Chang* [ยอดดอยช้าง] und *Doi Pha Tang* [ดอยผาตั้ง], welche die Form eines Elephanten und einer Maus hatten, erblickte, nahm er dies als Omen, das Chiang Rai kein Ort sei, an dem Reichtümer zu erwerben seien und befahl seiner Armee den Rückzug. *Thao Yi Kum Kam* erhielt Müang Sak [เมืองสัก]³³⁹, wo er später auch verstarb (*CMC,1998:73f.*).

Eine erhebliche latente Bedrohung stellten die wiederholten Invasionen der *Hò* aus Yunnan dar, deren sich Lan Na zunehmend zu erwehren hatte. *Chao Lum Fa Phao Phiman*, der Herrscher der *Hò*, sandte 1412 einen Botschafter an den Hof Chiang Mais mit der Aufforderung, die eingestellten Tributzahlungen sofort wieder aufzunehmen. Sam Fang Kaen wies in einem Schreiben an *Chao Lum Fa* dessen Ansinnen mit dem Hinweis ab, Lan Na habe zwar in der Vergangenheit Tributzahlungen geleistet, diese aber seit dem Regnum Kü Nas

---
³³⁷ Königinmutter
³³⁸ Eine Analogie zur Geburt des Buddha. Dieser machte gleich nach der Geburt sieben Schritte und nach jedem seiner Schritte wuchs eine Lotosblume aus der Erde
³³⁹ Möglicherweise ein Gebiet am *Mae Sak*-Fluss, ein Nebenfluss des *Maenam Yom* [แม่น้ำยม]

eingestellt habe und es bestünde kein Grund, dieses zu ändern. Parallel hierzu hob der König eine Armee von 15.000 Mann aus und sandte diese unter dem Kommando *Chao Saen Kham Rüangs* nach Chiang Saen um den dort erwarteten Angriff der Truppen Yunnans zu trotzen. Der Herrscher von Chiang Saen konnte ebenfalls 30.000 Mann für die Verteidigung mobilisieren, weitere 22.000 Krieger eilten zur Unterstützung aus Müang Fang, Chiang Rai, *Chiang Khong* [เชียงของ][340], *Thöng* [เทิง][341] und Phayao herbei. Zur Verteidigung wurde zunächst ein armlanger Graben ausgehoben, der mit angespitzten Bambuspfeilen bestückt wurde[342]; ein weiterer, 2 Meter tiefer Graben wurde mit Rattanmatten getarnt und schließlich im Norden, Osten und Westen der Stadt ein Kanal von 200 Metern Länge gezogen. In der Tat erschien 1402/03 die Armee des Feindes unter ihrem Befehlshaber *Chao Fai Fa* aus *Müang Sa* [เมือง สา][343] und im Verlauf der anschließenden Kämpfe gelang es den Verteidigern, den Gegner in die vorbereiteten Fallen zu locken. Die Hò verfügte jedoch über Körperpanzerungen aus Eisen, Kupfer und Hartleder, die mit den herkömmlichen Pfeilen und Speeren gar nicht oder nur sehr schwer zu penetrieren waren. Doch mittels eines glühendheißen Gemisches aus Sand und Kieselsteinen, welches man auf die Hò schleuderte, gelang es schließlich, den Gegner in die Flucht zu schlagen. Die Freude über den Sieg währte nicht lange, denn bereit 1405/06 standen die Truppen *Chao Lum Fas* erneut vor den Toren Chiang Saens. Der ehrwürdige Mönch *Phra Mahathera Sirivamso* aus dem *Wat Don Thaen* aus Chiang Saen war vom König um Hilfe gebeten worden; nach ausführlicher Beratung mit den Hofastrologen und anderen Weisen entschied man sich, allen Schutzgeistern auf dem Weg von Chiang Mai nach Chiang Rai und weiter nach Chiang Saen Opfer darzubringen; auch dem Geist König Mengrais und *Phra In* [พระอินทร์] (Indra) wurde ausgiebig gehuldigt. Die Opfer wurden belohnt. Die gegnerische Truppen gerieten in einen gewaltigen Regensturm, ein Blitz schlug im Befehlsstand der *Hò* ein und tötete den Herrführer und zahlreiche Soldaten; ob dieses magischen Beistandes zogen sich die Invasoren zurück (*CMC,1998:75f.*). Zum Leidwesen der lokalen Bevölkerung trieben sie allerdings noch einige Jahre ihr Unwesen in der Gegend um Chiang Rung und Müang Yong. Als sich die Menschen aus Angst vor den anhaltenden Überfällen mehr und mehr in den Dschungel zurückzogen, schickte Sam Fang Kaen noch einmal eine Armee unter dem Kommando *Khun Saens*. Diese scheint ihre Aufgabe gründlich erfüllt zu haben, denn die Überlieferungen verzeichnen einstweilen keine weiteren Überfälle aus Yunnan (Manich Jumsai,1996:46).

Der König zeugte insgesamt zehn Kinder mit verschiedenen Frauen, die gemäß der Geburtenfolge benannt wurden: Thai Ai, Thao Yi, Thao Sam, Thao Sai, Thao Ngu, Thao Lok, Thao Cet, Thao Phaet, Thao Ao und Thao Sip[344]. Der designierte Thronfolger Thao Ai starb im Alter von 19 Jahren. Thao Ngua erhielt Chiang Rüa und den neuen Namen Chao Chiang Lan. Thao Lok erhielt Müang Phrao, Thao Cet ging nach Chiang Rai und Thao Sip erhielt Müang Fang und den Titel Chao Thao Sòi. Die anderen Söhne erhielten kein eigenes Lehen, sondern wurden Thao Lok unterstellt. Dieser zeigte sich jedoch schon in früher Jugend äußerst ambitioniert und wurde vom Vater wegen illoyalen Verhaltens in das periphere Müang Yuam Tai[345] verbannt. In Diensten des Königs befand sich ein Page namens Sam Dek Yoi, der die Ambitionen Thao Loks auf den Thron Lan Nas unterstützte. Als Sam Fang Kaen in seinem Pavillon in Wiang Cet Lin weilte, zündete der untreue Diener diesen an und

---

[340] Landkreis im Nordosten der heutigen Provinz Chiang Rai.
[341] Landkreis in der heutigen Provinz Chiang Rai.
[342] Noch während des Vietnamkrieges (1955-1975) nutzten die Guerillas der *Nationalen Front für die Befreiung Südvietnams* [Mặt Trận Giải Phóng Miền Nam Việt Nam], kurz Vietcong, erfolgreich diese archaische Verteidigungstechnik im Dschungelkampf
[343] In *Sipsong Panna*
[344] Sohn Nummer 1, Sohn Nummer 2 etc.
[345] Im Gebiet des heutigen Landkreises Mae Sariang [อำเภอแม่สะเรียง] der Provinz *Mae Hong Son*

floh nach Chiang Mai. Der König entkam diesem Anschlag und ritt zurück in seinen Palast. Dort hatte es sich bereits Sohn Nr. Sechs auf dem Throm bequem gemacht. Am folgenden Morgen ließ der König den Sangharacha von Chiang Mai in den Palast bitten und erklärte coram publico seinen Rücktritt. Bevor er von Thao Tilok nach Müang Sad [เมืองสาด] verbannt wurde, warnte er seinen Nachfolger noch vor dem unberechenbaren Sam Dek Yoi (CMC,1998:77ff.). Anderen Überlieferungen zufolge trat der König nicht freiwillig zurück. Mit seinem Freund Sam Dek Yoi, einem Offizier, habe Thao Tilok die gewaltsame Machtergreifung geplant. Während sich Sam Fang Kaen in seinem Sommerpalast in Wiang Cet Lin aufhielt, besetzten die Verschwörer den Palast in Chiang Mai. Auf dem Rückweg zur Hauptstadt wurde der König von Soldaten Sam Dek Yois arretiert und nach Chiang Mai gebracht; dort habe der König in demütigender Weise vor dem versammelten Adel und der Priesterschaft zwangsweise zugunsten Thao Loks abdanken müssen (Manich Jumsai,1996:51). Wie auch immer: im Mai 1442 bestieg der nunmehr 32jährige Sohn Nr. Sechs als Phra Chao Tilokaracha und zehnter Herrscher der Dynastie den Thron Chiang Mais. Sam Dek Yòi erhielt den Titel Saen Khan und wurde zum Statthalter in Müang Khan ernannt.

Die Entwicklung des Buddhismus stagnierte während der Herrschaft Sam Fang Kaens da dieser sich mehr für verschiedene animistische Praktiken zu interessieren schien. 33 der angesehensten und gelehrtesten Mönche verließen entmutigt Lan Na in Richtung Kambodscha. Sie sammelten Almosen und mietete schließlich ein Schiff, welches sie nach Ceylon brachte, wo sie den reinen Glauben zu finden trachteten. Nach sechs Jahren kehrten sie, begleitet von zwei ceylonesischen Mönchen auf einem Schiff aus Ayutthaya zurück. Über Sukhothai gelangten sie nach Lanna-Tai wo die Menschen sie begeistert und enthusiastisch empfingen. Neben der Verbreitung der Lehren des Buddha waren die gelehrten heiligen Männer auch bei der Niederschrift von Verträgen und dem Kopieren von Büchern unersetzlich (Manich Jumsai,1996:46f.).

5.3.4. *Phra Chao Tilokaracha* [พระเจ้าติโลกราช] (1441-1487)

Statt des fälligen Dankes dachte der frischgebackene *Saen Khan* darüber nach, wie er selbst den Thron Lan Nas besteigen könnte und besetzte schon nach knapp zwei Monaten den Königspalast. König Tilok wandte sich hilfesuchend an seinen Onkel *Mün Lok* von *Müang Nakhon* [เมืองนคร]. Dieser eilte mit seiner 8.000 Mann starken Armee herbei und brachte den gescheiterten Usurpator zunächst *Ban Nong Lom* in *Müang Tuan* [เมืองตวน]. Später ordnete der König seinen Umzug in das weiter entferntere Chiang Saen an, da er den illoyalen *Saen Khan* nicht mehr im Zentrum des Reiches haben wollte. Danach zog *Mün Lok* auf Wunsch des Königs als dessen Berater nach Chiang Mai, erhielt den Titel *Mün Sam Lan* und übergab seinem Sohn *Mün Kaeo* seine Domäne Müang Nakhon; des weiteren berief er *Mün Kü Han Tae Thong* zum Statthalter in *Müang Kü*.

Als *Cao Thao Soi* (Sohn Nr. 10), der Gouverneur von Muang Fang und Stiefbruder Tilokarachas, hörte, das *Mün Sam Lan* den exilierten Vater wieder nach Chiang Mai bringen wollte, fürchtete er dessen Ermordung und holte Sam Fang Kaen[346] nach Fang. Der erboste Onkel schickte daraufhin ein 8.000 Mann starkes Heer unter dem Kommando *Mün Kü Han Tae Thongs* nach Fang, konnte aber die Stadt nicht einnehmen. Ein weiterer Versuch mit der dreifachen Heeresstärke war dann erfolgreich. Cao Thao Soi gelang es zunächst, sich nach *Müang Söng* zu *Mün Söng Sam Khrai Han* zu flüchten (CMC,1998:79f.) Dort fiel er schließlich, inmitten seiner Truppen kämpfend. Seine Armee wurde aufgerieben und *Müang*

---

[346] In den Chroniken auch *Cao Sam Phraya Mae Nai* genannt

Söng besetzt (*Manich Jumsai,1996:53*). Sam Fang Kaen lebte fortan mit seinem Sohn im Goldenen Palast von Chiang Mai.

Obwohl vergleichsweise jung an Lebensalter hatte Tilokaracha sehr schnell die Gesetze und Gesetzmäßigkeiten der macht- und bündnispolitischen Realitäten gelernt. Sein Stern ging auf, als er sich 1442/43 erstmalig gegen eine weitere aufstrebende Macht, Ayutthaya politisch und militärisch behaupten konnte. *Mün Söng Sam Khrai Han* war seinem Freund *Cao Thao Soi* auch über dessen Tod auf dem Schlachtfeld hinaus verbunden und um die gemeinsam erlittene Schmach und Niederlage zu rächen, sandte er eine geheime Note an den König Ayutthayas, *Chao Sam Phraya* [เจ้าสามพระยา][347] und forderte diesen auf, mit seiner Unterstützung Chiang Mai anzugreifen. *Mün Sam Lan* gelang es allerdings, in Besitz dieses Schreibens zu gelangen und angesichts der erwiesenen Insubordination ließ er *Mün Söng Sam Khrai Han* enthaupten, den Kopf auf einem Floss aus Bananenbaumstämmen legen und flußabwärts zum Lager der Truppen Ayutthayas treiben, die inzwischen am Maenam Ping biwakierten. In der Folge kam es zu kleineren Gefechten zwischen den Truppen Ayutthayas und Lan Nas, ohne das eine der beiden Parteien substantielle Verluste erlitten hätte. Schließlich boten sich drei Männer[348] aus Chiang Khong an, mit einer Kriegslist die Entscheidung zugunsten Lan Nas herbeizuführen. Als die gegnerischen Truppen in Sichtweite voneinander lagerten, gelangten die drei als Korbträger verkleidet in den Elephantenkral Ayutthayas; dort töteten sie die Wächter, lösten die Fußfesseln der Kriegselefanten und schnitten diesen überdies noch die Schwänze ab. Die schmerzgepeinigten Tiere sorgten für Tumult und Panik unter den schlaftrunken Gegnern. Die Truppen Lan Nas nutzten die Situation und drangen in das Lager, Hals über Kopf flohen die meisten der überlebenden Gegner. Einer der Verfolger war *Mün Mok Long* aus Phayao, der am Doi Pa Ko auf seinem Elephanten *Meng Garuda* ein Duell gegen den Herrscher von *Müang Chaliang*[349] auf dessen Elephanten *Khamphaengphetphon* gewann; bei der weiteren Verfolgung wurde er jedoch von einer Abteilung aus *Song Khwae* [สองแคว][350] umzingelt. Da er sich nicht ergeben wollte, wurde er getötet, danach enthauptet und sein Kopf wurde auf einem goldenen Tablett ebenfalls dem Maenam Ping übergeben (*CMC,1998:82f.*).

1443/44 verweigerte der Herrscher von Müang Nan, *Cao Intakaen*[351], Lan Na die weitere Gefolgschaft (*Notton,1932:110f.*). Intakaen selbst war nach nur einem Jahr Regentschaft von seien jüngeren Brüdern *Cao Paeng* und *Cao Ho Pom* gestürzt und einen Käfig gesperrt worden. Nur durch eine mittels Büffelblutes vorgetäuschte, vermeintlich lethale Diarrhoe, gelang ihm die Flucht und mit der Hilfe eines weißgekleideten Hermiten gelangte er über *Müang Lam* schließlich an den Hof Sukhothais. Um 1434 herum traf er mit Truppen *Chaliangs* in Nan ein und stellte *Cao Paeng* am *Maenam Nan* [แม่น้ำน่าน]. Auf seinem Elephanten *Khwan Phek Paña Mara* (Prinz der Dunkelheit, die donnernde Schlachtaxt) kämpfend verwundete er den auf dem Elephanten *Prap Chakravala* (Eroberer der Berge die das Universum umschließen) reitenden *Cao Paeng* mit seiner Lanze tödlich (*Wyatt,1994a:51f.*). Obwohl er seinen Status als Vasall zuvor durch die Übersendung von Salz an König Tilok (*Wyatt,1994a:52*) anerkannt hatte, versuchte Intakaen sich mittels einer List, der Hegemonie Chiang Mais zu entledigen. Er gab vor, das ein Angriff der

---

[347] Numerischer Titel „der dritte Chao Phraya". Der offizielle Königsname lautete *Phrabat Somdet Phra Boromaracha Thirat II* [พระบาทสมเด็จพระบรมราชาธิราชที่ 2]

[348] Auch hier wieder numerische Namen: *Han Ai, Han Yi* und *Han Sam*

[349] Alter Name für S(r)i Satchanalai [ศรีสัชนาลัย]; die Ruinen der historischen Stadt, die eine der wichtigsten Städte jm 13.-15. Jahrhundert des Königreiches von Sukhothai war, können heute im Geschichtspark Si Satchanalai [อุทยานประวัติศาสตร์ศรีสัชนาลัย], etwa 50 Kilometer nördlich der heutigen Provinzhauptstadt Sukhothai am Maenam Yom [แม่น้ำยม] gelegen

[350] Phitsanoluk

[351] In den Chroniken auch *Phraya Kaen Thao* genannt

vietnamesischen *Kaeo* drohe und ersuchte um militärische Unterstützung; den größten Teil der von Tilokaracha geschickten Soldaten schickte er unter einem Vorwand zum Ernteeinsatz. Die verbleibenden Heerführer und restlichen Einheiten lud er zu einem Fest in seinen Palast, wo sie allesamt getötet wurden. Während es der Königinmutter in einem raschen Feldzug im November 1443 gelang, das von *Thao Mae Khun* (*Manich Jumsai,1996:55*) regierte Müang Phrae zu unterwerfen, zogen sich die bewaffneten Auseinandersetzungen mit Nan noch sechs Jahre bis 1448/49 hin. Schließlich gelang es den Truppen Lan Nas, den Widerstand Nans zu brechen. *Cao Intakaen* flüchtete mit seiner Familie nach Sukhothai, während dessen Sohn, *Cao Pha Saeng* den Vasalleneid leistete und fortan als Statthalter Tilokarachas in Nan fungierte. Nach zwölf Jahren Herrschaft starb *Cao Pha Saeng* und mit dem 17. Regnum endete auch die Dynastie (*Wyatt,1994a:52f.*).

Im April 1449 verstarb die Königin und König Tilok machte sich auf den Weg nach Chiang Mai. Gerade als er dort eingetroffen war, wollte der König von *Sawa*[352] die vermeintliche temporäre Schwäche nutzen und marschierte mit seinem Heer in Nan ein. Die Invasoren wurden allerdings bei *Thap Som Poi* vernichtend geschlagen und zogen sich zurück. 1450/51 folgte der erste Feldzug gegen die Lü in Burma, wobei Ban Phung sowie Müang Yong erobert wurden. 1451 unterwarf sich *Phraya Yutthisathiang*, der Herrscher Song Khwaes, als Vasall. Dieser fühlte sich von seinem Jugendfreund König *Borommatrailokanat* [บรมไตรโลกนาถ] von Ayutthaya verraten, der ihm einst den Titel des Vizekönigs versprochen hatte; *Yutthisathiang* wurde aber lediglich Statthalter in Song Khwae (*Griswold, A.B. & na Nagara, Prasert,1976*). 1454/55 erwiderte König Tilok den „Besuch" Luang Prabangs fünf Jahre zuvor. Zwar blieb er in einigen Scharmützeln siegreich und machte ansehnliche Kriegsbeute, doch der anhaltende Widerstand zwang ihn schließlich zum Abbruch der Kampfhandlungen. Arm am Herzen jedoch reich im Beutel kehrte er nach Chiang Mai zurück. Zwei weitere Feldzüge gegen die Lü folgten: 1455/56 wurde *Müang Tum* [เมืองตุม] und *Müang Long* [เมืองหลอง] erobert und 1456/57 folgte die Einnahme von *Ban Chae Lao*, *Müang Ing* und *Ban Chae* (*CMC,1998:87*).

Aus guten Gründen mißtrauten die aufstrebenden Hegemonialmächte Lan Na und Ayutthaya einander zutiefst, spätestens seit dem Abfall Phitsanuloks setzte Ayutthaya auf eine militärische Lösung. Daher wurde *Mün Laknakon* nach *Chiang Yuan* geschickt, um im südlichsten Außenposten Lan Nas den Gegner im Auge zu behalten. Ayutthaya verfuhr ähnlich und befestigte zunehmend seine nördlichsten Vorposten. Beide Seiten bedienten sich auch ungeniert des Mittels der Spionage. König Tilokaracha schickte einen Agenten namens *Han Sai Sung* nach Ayutthaya, während Borommatrailokanat *Han Phrom Sathan* nach Chiang Mai schickte. Dieser wurde allerdings durch einen aufmerksamen Torwächter vorzeitig enttarnt. Er verlor zur Strafe seine Haare, was zu dieser Zeit eine erhebliche Demütigung darstellte, behielt aber immerhin seinen Kopf. Nachdem man dem Spion noch einen baldigen Feldzug in nördlicher Richtung erfolgreich vorgegaukelt hatte, wurde dieser freigelassen.

1457 war es dann schließlich soweit und unter dem Kommando des Königs und Prinzen *Intharacha* [สมเด็จพระอินทร์ราชา][353] zog die Armee Ayutthayas gen Norden und lagerten am Ufer des Ratchathani-Flusses[354], während sich die Truppen Chiang Mais am Fusse des *Doi Ba (Hai)* versammelten. Prinz Intharacha, *Khun Phek Chot* aus Kamphaeng Phet und *Khun Ratcha-sa* aus Sukhothai rückten gegen den Verband des abtrünnigen Song Khwae vor; allerdings wurden sie rechtzeitig entdeckt, da der Kommandeur *Phraya Song Khwae* [ประยาสอง

---

[352] Alter Name Luang Prabangs
[353] auch *Nakarintharathirat* [สมเด็จพระนครินทราธิราช]
[354] *Maenam Wang* [แม่น้ำวัง]

แดง] vorher befohlen hatte, die Umgebung durch Lampions zu erhellen. Der von *Mün Dong* aus Lampang geführte Gegenangriff war erfolgreich, Prinz Intharacha wurde am Kopf verletzt und die Angreifer zogen sich zurück. Im Januar 1460 belagerte Tilokaracha das mittlerweile von Ayutthaya eroberte Phitsanulok, doch Borommatrailokanat und seine Truppen konnten in der Dunkelheit aus der Stadt fliehen und sich unbemerkt auf Flössen flussabwärts treiben lassen. Mit den Worten: >>Er ist König. Wir sind König. Wir haben sie geschlagen und sie sind beschämt. Das reicht.<<(*CMC,1998:91*) verbot König Tilok die weitere Verfolgung und Borommatrailokanat konnte nach Ayutthaya entkommen. Noch im gleichen Jahr unternahm Chiang Mai den Versuch, *Müang Ph(r)ong* [เมืองพง][355], mußte aber ergebnislos wieder abziehen.

1461/62 erfolgte die nächste Invasion Ayutthayas. In Eilmärschen trieb Tilokaracha seine Armee heimwärts, um die von *Mün Dong* aus Lampang geführten Truppen bei der Verteidigung zu unterstützen. Als Borommatrailokanat die Nachricht von der nahenden Streitmacht erhielt, zog er sich von Tilokaracha verfolgt nach Ayutthaya zurück. Unterwegs sollte Si Satchanalai geplündert werden, doch durch bedingungslose Kapitulation wurde die Stadt verschont. In der Folge belagerte Tilokaracha drei Tage lang vergeblich *Sawangkhalok* [สวรรคโลก][356], schickte danach *Mün Dong* nach Si Satchanalai und kehrte selbst nach Chiang Mai zurück. Der dortige Herrscher versuchte *Mün Dong* unter dem Vorwand einer Einladung zum Hahnenkampf in die Stadt zu locken, um sich der Präsenz der Truppen Lan Nas zu entledigen. *Mün Dong* nahm die Einladung zwar an, ließ sich aber von 5.000 Soldaten begleiten, besetzte den Palast des Gouverneurs und brachte ihn nach Chiang Mai. Dem dort abgelegten Treueschwur mißtraute der König und verbannte ihn nach *Müang Hang* [เมืองหาง][357], wo er später auch verstarb. *Mün Dong* wurde zum neuen Gouverneur von Si Satchanalai ernannt.

Nach den diversen militärischen Fehlschlägen entschied sich König Borommatrailokanat 1465 (*Ongsakul,2005:78*), zugunsten seines Sohnes Intharacha abzudanken und die Robe zu nehmen, nachdem König Tilokaracha zuvor sein Ansinnen um einen Freundschafts- und Bündnispakt abgelehnt hatte. Allerdings entsandte Chiang Mai wunschgemäß 12 erfahrene Mönche des *Araññavasi*[358]-Ordens unter Leitung *Thera Devakulas* nach Ayutthaya, die den kriegsmüden König dort als Mönch ordinierten. Bereits kurz nach seiner Ordinierung schickte er den ehrwürdigen Mönch *Mahathera Bodhisanbhara* mit der Forderung nach Chiang Mai, ihm Chaliang (Si Satchanalai) zum Lehen zu geben. Ein daraufhin von Tilokaracha einberufenes Konzil der höchsten Mönche unter Leitung *Mahathera Suddhammarattanas* teilte dem royalen Robenträger jedoch mit, das sich ein derartiges Ansinnen nicht mit den Regeln des Sangha vereinbaren liesse. Als der enttäuschte Borommatrailokanat kurz darauf von einem stets weißgewandeten burmesischen Asketen aus Pagan hörte, der über einzigartige magische Kenntnisse und Fähigkeiten verfügte, bat er diesen umgehend zu sich (*CMC,1998:93ff.*).

Nachdem der König seinem Gast ausführlich die Niederlagen gegen Chiang Mai geschildert hatte, befragte der Asket ausführlich den Ex-Spion Han Phrom Sathan. Der Bodhi-Baum im Nordosten der Stadt erschien ihm der primäre Quell der Stärke des Reiches zu sein und für einen Lohn von 1000 Gold- und 300 Silberstücken bot er sich an, für dessen Beseitigung zu

---

[355] Vermutlich ein *müang* im Südosten Sipsong Pannas
[356] In den Chroniken auch *Müang Phlang Phon* genannt
[357] Im heutigen Myanmar, in der Nähe des Landkreises *Chiang Dao* [อำเภอ เชียงดาว] der Provinz Chiang Mai
[358] Waldmönche, deren Lebensmittelpunkt auf die Meditation ausgerichtet ist. Vgl. hierzu auch *Premchit & Swearer, 1977*

sorgen. Er begab sich über *Müang Trang*[359] an den Hof Tilokarachas, wurde von dessen gelehrten Männern ausgiebig auf sein Wissen hin getestet und als er alle Prüfungen erfolgreich bestanden hatte, wurde er als *Mang Lung Lwang* alias *Phukam* bekannt, zum Berater des Königs ernannt und residierte fortan im *Wat Nantharam* [วัดนันทาราม][360]. Für den Bau des *Si Phum* [ศรีภูมิ], des neuen Königspalast, zu dem er Tilokaracha überredet hatte, ließ er Teile der noch von König Mengrai erbauten Stadtmauer schleifen, den Wassergraben mit Erde auffüllen und den besagten Bodhi-Baum fällen. Im April 1466 bezog der König den neuen Palast, allerdings währte die Freude nicht allzu lange, denn innerhalb der Königsfamilie und des Adels kam es zu schweren Auseinandersetzungen (*CMC,1998:96ff.*), da Tilokaracha mit zunehmendem Alter innenpolitisch schwerwiegende Fehler unterliefen. Den einzigen mit seiner Hauptfrau gezeugten Sohn, *Pho Thao Bun Rüang*, ließ er aufgrund einer falschen Anschuldigung seiner Nebenfrau *Chao Mae Thao Ho Muk* erst nach *Müang Noi* [เมืองน้อย][361] verbannen und später hinrichten; ebenso einen seiner loyalen Heerführer namens *Mün Ma*.

Eine diplomatische Mission aus Ayutthaya führte nicht nur den fälligen Tribut mit sich, sondern auch einen chinesischen Muslim aus Yunnan namens *Pha Si* („Weisser Turban"), dessen Aufgabe es war, den König entweder zu vergiften oder aber zumindest mit einem Fluch zu belegen. Überdies erdreistete sich einer der Botschafter Ayutthayas, eine goldene Schüssel aus dem Königspalast zu entwenden. Beides wurde entdeckt und beim anschließenden Verhör kam das Komplott des burmesischen Asketen ebenfalls ans Tageslicht. *Mang Lung Lwang* und *Pha Si* wurden kurzerhand im Maenam Ping ertränkt, der diebische Botschafter wurde ebenfalls exekutiert. Die diplomatische Mission ließ man zunächst unbehelligt abreisen, jedoch kurz hinter der Landesgrenze durch 200 Soldaten unter dem Kommando *Mün Dam Phra Ai* komplett eliminieren (*CMC,1998:100*).

Zwischen 1462-1471 unternahm Lan Na zahlreiche erfolgreiche Feldzüge und dokumentierte dadurch seine Hegemonie im Bereich der Shan-Dömänen. *Müang Nai, Müang Su, Müang Lai Kha, Müang Cit, Müang Cang, Müang King, Müang Lòk, Müang Còk, Müang Cam Kha, Müang Kup, Müang Yòng Hai, Müang Nòng Bòn* und *Müang Si Phò* lautete die beindruckende Liste neuer Vasallen am Ende der militärischen Expeditionen; 12.328 Menschen wurden in der Folge in diverse *müang* Lan Nas zwangsdeportiert, um dem chronischen Mangel an Arbeitskräften entgegen zu wirken (*CMC,1998:108*). 1474/75 verstarb dann der loyale *Mün Dong* in *Chiang Chün*[362] und kaum hatte *Mün Khwaen* aus *Chae Hom* [แจ้ห่ม][363] dessen Nachfolge angetreten, kam er bei einem erfolgreichen Angriff Sukhothais ums Leben; die Stadt konnte aber kurz darauf wieder zurück erobert werden. Zwischen 1475-1479 erfolgten dann die finalen Bauarbeiten am Wat Chedi Luang, der dann mit einer fast einen Monat währenden Feier eingeweiht wurde.

Während sich im Februar 1480 Truppen Chiang Mais in der Shan Domäne *Müang Hang* operierten, geriet der Nachbar Lan Chang zunehmend unter vietnamesischen Druck. Während des Regnums Kaiser Lê Thánh Tôngs[364] (1460-1497) hatten dessen Truppen zunächst 1470/71 Chăm Pa[365] erobert und dieses Gebiet in drei tributpflichtige Fürstentümer

---

[359] Das heutige Papun am Yunzalin-Fluss, im Karen-Staat (*kayinbyinè*) in Myanmar
[360] Im Bezirk *Hai Ya* [หายยา] des Landkreises *Mueang Chiang Mai* [อำเภอ เมืองเชียงใหม่] gelegen
[361] Die heutige Gemeinde *Wiang Nuea* [เวียงเหนือ] im Landkreis *Pai* [อำเภอ ปาย] in der Provinz Mae Hong Son
[362] Ein weiterer Name für Si Satchanalai
[363] Landkreis in der heutigen Provinz Lampang
[364] Kaiser Lê Thánh Tông (1442–1497), als Lê Tư Thành geboren, war der Sohn Kaisers Lê Thái Tông (1423–1442) und seiner Frau Ngo Thi Ngoc Dao und gilt als der bedeutendste Kaiser in der frühen Geschichte Vietnams.
[365] Das historische politisch-kulturelle Netzwerk von *mandala* der *Cham* im Süden des heutigen Vietnam, welches seine Blütezeit im 9-10. Jahrhundert erlebte

aufgespalten. Die *mandala* im Gebiet westlich des Schwarzen Flusses hatten ebenso Vasallenstatutus wie *Muang Phuan* bis zum oberen Tal des *Nam Kading*[366] (*Hoshino,1986:192ff.*). Als 1478 zwei vietnamesische Administratoren in *Müang Phuan* [เมือง พวน] eingesetzt wurden, kam es zu einem Aufstand und einem Massaker an den vietnamesischen Oberen. Da Lê Thánh Tông Lan Chang für die Rebellion verantwortlich machte, schickte er eine 180.000 Mann starke Armee und König *Chakkaphat* mußte sich 1497 besiegt in südlicher Richtung nach *Chiang Khan* flüchten, wo er beschämt zugunsten seines Sohnes *Thaen Kham* abdankte (*Stuart-Fox,1998:66*). Als die *Kaeo* weiter nach Nan vordrangen, befahl König Tilokaracha dem dortigen Statthalter *Thao Kha Kan* die Vietnamesen mit einem 40.000 Mann starken Heer zu stellen. Dieser besiegte die *Kaeo* nicht nur auf dem Schlachtfeld, sondern ließ den gefallenen Feinden auch die Köpfe abschlagen und nach Chiang Mai schicken. Ob der Rückzug der Vietnamesen letztlich das Ergebnis von Verhandlungen (*Notton,1932:137*) oder die Furcht vor einer Strafexpedition der *Hò*, die bereits ihren Unmut über die Invasion zum Ausdruck gebracht hatten (*Hoshino,1986:209*), war, bleibt strittig. Ebenso, ob die bald darauf erfolgte Einsetzung *Thao Kha Kans* als Statthalter von Chiang Rai wie in den Nan-Chroniken geschildert als Strafversetzung wegen übertriebener Härte bewertet (*Wyatt,1994:57*) werden muß, oder aber, wie in den Chroniken Chiang Mais ausgewiesen, eher als Beförderung zu interpretieren ist (*CMC,1998:103*). Die besondere Bedeutung Lan Nas wird auch durch die folgende Episode unterstrichen: Nach der erfolgreichen Abwehr der *Kaeo* entsandte *Chao Lum Fa* zwei hochrangige Emissäre nach Chiang Mai, um Tributforderungen zu überbringen. Seine Weigerung begründete der selbstbewußte Tilokaracha mit dem Hinweis, er habe sich ja bereits dem Herrscher der *Hò* dahingehend verpflichtet, die westlichen Territorien für ihn zu überwachen und falls erforderlich, auch mit militärischen Mitteln zu verteidigen. Wenn *Chao Lum Fa* auf dem Tribut bestehe, werde er ihn leisten, im Falle eines äußeren Angriffs dann aber ausschließlich sein eigenes Reich verteidigen. *Chao Lum Fa* möge entscheiden, welche Variante für ihn vorteilhafter sein (*CMC,1998:105*).

Um 1480/81 beauftragte der König *Mün Dam Phra Kot* mit der Reform des Steuerwesens. 1485/86 konnte ein Angriff der Lawa abgewehrt werden, die sich danach nach Chiang Rung flüchteten; *Mün Dam Phra Ai* nahm daraufhin die Stadt ein und ließ sie plündern. Nach all den militärischen Expeditionen widmete sich Tilokaracha wieder intensiver der Förderung des Buddhismus in seinem Reich. Besonders promovierte er die die singhalesische Langkawong- oder Sihon-Schule, die als puristischer als die von Haripunchai, Ava und Bago tradierten Formen betrachtet wurden. Die Sihon-Richtung legte auch besonderen Wert auf das Studium des Pali, während beispielsweise in Sukhothai noch das Sanskrit im Mittelpunkt der Studien und Riten stand. Besonders schätzte der König die gelehrtesten Mönche, die über fundierte Kenntnisse des *Tipitaka* verfügten.Unter diesen befanden sich unter anderen *Damma-thin*, *Ñanakitti Thera* und *Sirimangkhala*. Im *Wat Photharam Maha Wihan* [วัดโพธารามมหาวิหาร], dem heutigen *Wat Chet Yot*, fand 1477 das 8. *Tipitaka*-Weltkonzil statt. Neben dem Wat Chet Yot, der nach dem Vorbild des Mahabodhi-Tempel in Bodhgaya gestaltet wurde, gründete Tilokaracha auch *Wat Pa Tan* [วัดป่าตัน], *Wat Ratchamontian* [วัดมณเฑียร] und *Wat Pa Daeng* [วัดป่า แดง]. Aus dem *Wat Pra That Lampang Luang* [วัดพระธาตุลำปางหลวง] brachte er den *Emerald Buddha* in den Wat Chedi Luang nach Chiang Mai (*Ongsakul,2005:80*). Eine von König Mengrai in Lamphun entdeckte kristallene Buddhafigur befand sich ebenso in Chiang Mai wie die verehrte *Phra Buddha Singh* [พระพุทธสิหิงค์]-Statue (*Manich Jumsai,1996:61*).

Gegen Ende seines Regnums wurde Tilokaracha noch einmal außen- und innenpolitisch gefordert. Bei einem Angriff Sukhothais auf *Müang Kip* und *Müang Hip* durch Truppen

---

[366] „Fliessendes Wasser, das wie eine Glocke klingt". Ein Nebenfluss des Mekong in Laos

Sukhothais kamen beide Statthalter ums Leben. Und noch einmal kam es zu einem Umsturzversuch in Lampang. Die Anführer des Aufstandes, *Mün Mon Chiang Rai, Mün Muang Phrao* und *Mün Chiang Lüa* bezahlten ihre mangelnde Loyalität mit dem Leben. Nach einer turbulenten vierundvierzigjährigen Herrschaft starb im Mai 1487 im Alter von 78 Jahren der große König in Chiang Mai *(CMC,1998:107).* Sein Enkel und Nachfolger, *Phraya Yot Chiang Rai*, brachte die sterblichen Überreste in einem goldenen Sarg zum Wat Chet Yot und errichtete dort nach der Feuerbestattung eine große *chedi*, in dem die Asche Phra Chao Tilokarachas feierlich beigesetzt wurden *(Penth,1994:218).*

5.3.5. *Phaya Yot Chiang Rai* [พญายอดเชียงราย] auch *Thao Yod Müang* [ท้าวยอดเมือง] (1487-1495)

Da Tilokaracha seinen einzigen Sohn aus der Ehe mit seiner Hauptfrau hatte exekutieren lassen, folgte ihm sein einziger Enkel Yot Chiang Rai, der Sohn *Cao Phò Thao Bun Rüangs*, auf den Thron Chiang Mais. Wenn das angenommene Krönungsdatum 24. März 1487 *(CMC,1998:108)* zutreffend sein sollte, wäre die Übergabe des Thrones an den Enkel bereits einige Wochen vor dem Tod Tilokarachas erfolgt. Hatte man den alternden König zur Abdankung gezwungen oder hatte der mächtige Monarch ein letztes Mal dokumentiert, wer die Macht hatte? Letzteres würde dem Selbstverständnis des Königs als absoluten und souveränen Herrscher entsprechen, der bis zum Schluß die Geschicke des Landes kontrollierte. Möglicherweise hatte sich aber auch eine Opposition formiert, die der sterbende König durch dieses *fait accompli* desavouierte und in letzter Minute noch seinen Favoriten auf den Thron hievte. Hatte König Sam Fang Kaen anläßlich seiner Abdankung noch trotzig verlautbart: >>Ich besitze das ganze Königreich Chiang Mai<< *(Penth,1995)*, so stellte sich die Situation Ausgangs des 15. Jahrhunderts anders dar; zwar „besaß" der König das ganze Reich, bei der Bestimmung des Thronfolgers machten der Adel aber immer häufiger seine Macht und den zunehmenden Einfluß geltend. Die persönliche Macht des Königs relativierte sich in dem Maße, wie die Bedeutung der politischen und wirtschaftlichen Eliten wuchs.

Bereits die Inthronisierung des neuen Regenten an einem Montag wurde von den Auguren am Hofe als böses Omen *(kalakini)* betrachtet. Ansonsten sind die überlieferten Informationen eher spärlich und teilweise kryptisch. Möglicherweise war seine Außenpolitik dem Adel zu stark auf Yunnan fokussiert. Yot Chiang Rai wurde vorgeworfen, er verstosse gegen die tradierten Sitten und Gebräuche des Reiches. Überdies schätzte er den gemeinsamen Sohn mit Königin *Nang Phrong Noi* namens *Chao Rattana* nicht besonders und promovierte stattdessen den Sohn eines *Hò*, *Phrao Salang*. Als der König sich als nachhaltig beratungsresistent erwies, wurde er im Juli 1495 nach einem achtjährigen Regnum von den leitenden Ministern und Herrführern abgesetzt und nach *Müang Samat* verbannt. Außer der Gründung von *Wat Thapotharam*[367] in Chiang Mai im Jahr 1492 *(Ongsakul,2005:80)* sind keine besonderen Verdienste bei der Förderung des Buddhismus überliefert *(CMC,1998:108).*

Mit Nebenfrauen hatte König Tilokaracha einst noch zwei weitere Söhne gezeugt: Prinz *Tongwa*, der Gouverneur von Chiang Saen wurde und Prinz *Ua Yhor Khwang*. Letzterer hatte Freundschaft mit dem Mönch *Suriyawong* vom *Wat Ku Tao* (Hua Wiang) [วัดกู่เต้า] geschlossen. Dieser wollte unbedingt in den Besitz des berühmten *Phra Sae Tang Khamani* [พระพุทธบุษยรัตน์ จักรพรรดิพิมลมณีมัย][368] gelangen und erbat die Hilfe des königlichen Sprößlings. *Ua Yhor Khwang* simulierte eine Krankheit und gab vor, daß er ohne die Hilfe der sakralen Pretiose nicht

---

[367] „Tempel der Asketen". Heute *Wat Ram Poeng Thapotharam*, etwa 1,2 km südlich vom *Wat Umong* [วัดอุโมงค์] gelegen. 1975 gründete dort *Phra Ratcha Phrom Acharn* (Acharn Thong Sirimangalo) das heutige *Northern Insight Meditation Center*.
[368] Eine etwa 10 cm hohe, aus weißem Bergkristall, die der Überlieferung zufolge bereits von der legendären Königin Chamadevi aus Lopburi mitgebracht worden sein, als sie den Thron Haripunchais bestieg . Heute im *Wat Chiang Man* [วัดเชียง มั่น] („Tempel der befestigten Stadt"), im Zentrum Chiang Mais gelegen, zu besichtigen.

geheilt werden könne. Der Kurator der königlichen Reliquien ließ sich überreden, dem Prinzen die Figur zu leihen. Natürlich dachte dieser nicht daran sie zurückzugeben und das Schweigen des Kurators wurde mit einer beträchtlichen Summe erkauft. Die ganze Angelegenheit kam jedoch heraus, als Yot Chiang Rai den Tempel Wat Thapotharam bauen ließ und nach dessen Fertigstellung dort den weißen Kristall-Buddha unterbringen wollte. *Suriyawong* hatte sich derweil samt *Phra Sae Tang Khamani* nach Ayutthaya abgesetzt. Yot Chiang Rai forderte den König Ayutthayas schriftlich auf, den wertvollen Kristall-Buddha unverzüglich zurückzugeben. Dieser jedoch ließ ihm zunächst ausrichten, die besagte Reliquie sei in Ayutthaya nicht aufzufinden. Erst als Yot Chiang Rai eine Armee aushob und sich anschickte, auf Ayutthaya zu marschieren, lenkte der dortige König ein und gab die Statue zurück (*Manich Jumsai,1996:62f.*).

5.3.6. Phra Mueang Kaeo [พระเมืองแก้ว] auch *Phra Chao Siri Tham Chakrapat* [พระเจ้าศิริธรรมจักรพรรดิ] (1495-1525)

Während der ersten Jahre seiner Herrschaft führte die Königin Phong Noi die Regierungsgeschäfte für ihren Sohn[369]. 1506/07 verzeichnen die Chroniken einen erfolgreichen Beutezug *Thao Müang Kham Khai Fas*, der zur Belohnung Statthalter in Phrae und Soeng wurde. 1507/08 führte Phra Kaeo einen erfolglosen Feldzug gegen Sukhothai; dieses statteten im kommenden Jahr Müang Phrae unter Führung des *Kalahom* [กลาโหม][370] einen erfolgreichen „Gegenbesuch" ab. 1509/10 führte Mün Ca Ban Ròng einen erfolglosen Feldzug gegen die Shan von Müang Phong. 1510/11 marschierte Sukhothai erneut gen Phrae, beide Seiten erlitten schwere Verluste. Zwischen 1513-1515 unternahm *Mün Phing Yi* einige Beutezüge im Gebiet Sukhothais, während der Ausbruch einer Pockenepidemie König Kaeo vier Monate lang in Chiang Saen festhielt. Während *Mün Mala* zweimal eine Streitmacht nach Khamphaeng Phet führte, fiel *Mün Phing Yi* im September 1515 erneut in Sukhothai ein, aber die Truppen Chiang Mais zogen in drei Aufeinandertreffen im Oktober den Kürzeren. Möglicherweise war dies der unmittelbare Anlass für König Kaeo zwischen 1516-1518 die Stadtmauern Chiang Mais zu verbessern. Im Juli 1517 unterwarfen sich die Herrscher von *Müang Nai* und *Chiang Thong* [เชียงทอง] und neben den üblichen Geschenken an Elephanten und Pferden brachten sie auch 23.220 Untertanen - sprich Arbeitskräfte - nach Lan Na. Mit einer erneuten Krönung 1520/21 wurde der König im Amt bestätigt (*CMC,1998:110ff.*).

Die letzten Jahre seines Regnum waren von schweren Verlusten geprägt. 1523 hatte Phra Müang Kaeo eine 20.000 Mann starke Armee nach Keng Tung geschickt und dort eine schwere Niederlage erleiden müssen. Neben den Gemeinen hatte auch der leitende Adel zahlreiche Verluste zu beklagen: *Chao Nakhon Khun Luang, Mün Si* von *Müang Söng, Mün Khampa* und *Mün Khwa* von Chiang Rai und *Kham Yot Fa* von Müang Nai. Der verärgerte König ordnete als Reaktion die Exekution des obersten Heerführers, *Saen Yi Phing Chais*, an; nachdem man in den zahlreichen Scharmützeln mit Ayutthaya bereits zehn hochrangige Offiziere verloren hatte, war dieser erneute elitäre Blutzoll kaum mehr zu kompensieren

---

[369] In der Yonok Chronik als Phra *Müang Kaeo*, in Jinakalamali *Tilokpanatdathirat* genannt; an anderer Stelle auch *Chao Rat Ratchabut* (Thronfolger)
[370] Unter König Borommatrailokanat wurde die Verwaltung Ayutthayas grundlegend reformiert. Neben dem zivilen Bereich unter der Leitung eines Ministers des *Mahatthai* [มหาดไทย] wurde das *Kalahom*, das „Ministerium für militärische Angelegenheiten" geschaffen. Dessen Leiter trug den Titel des *Chao Phraya Senabodi* [เจ้าพระยาเสนาบดี], hatte ein *sakdina* von 10.000 und ein persönliches Siegel. Dieses zeigte ein asiatisches Fabeltier namens *kotchasi* [คชสีห์], einen Löwen mit einem Elefantenrüssel und Stoßzähnen.

(*Ongsakul,2005:82*). Eine Friedensofferte König Borommarachas IV. [สมเด็จพระบรมราชาธิราชที่ 4] kam daher für Lan Na zu einem äußerst opportunen Zeitpunkt, zumal ein verheerendes Hochwasser des *Nam Khan* in *Chiang Rüak* 1524/25 weitere zivile Opfer forderte (*CMC,1998:112*).

Zur Förderung des Buddhismus ließ der König 1496 (*Ongsakul,2005:82*) Wat Buppharam [วัด บุปผาราม][371] errichten und erhob *Mahā Sangharacha Pussadeva* zum Patriarchen des Sangha (*CMC,1998:108*). Für die Gamavasi-Mönche ließ er in der Nähe des royalen Blumengartens *Suwan Dok Mai* [สวนดอกไม้] einen Tempel erbauen, Wat Phra Singh [วัดสวนดอกไม้] um den *Kulai Chedi* erweitern und er vergrößerte Wat Chedi Luang [วัดเจดีย์หลวง]. 1500 wurde auf seinen Befehl *Wat Sisuphan* [วัดศรีสุพรรณ][372] errichtet und der Herrscher spendete jährlich für *Wat Phra That Hariphunchai* [วัดพระธาตุหริภุญชัย]. 1516 ließ er eine 4,70 Meter hohe Buddha-Statue aus Bronze in Meditationshaltung (Bhumisparsha-Mudra) namens *Phra Chao Kao Tü* gießen, [พระเจ้าเก้าตื้อ][373] gießen. *Wat Chet Yot* stattete er mit einer Bibliothek und Versammlungshalle aus und *Wat Pa Daeng* ließ er zu altem Glanz renovieren. Auch das Schrifttum florierte während seines Regnums. *Mahathera Bodhiramsi* [พระโพธิรังสีเถระ] verfaßte das *Camadevivamsa* [พงศาวดารจามเทวีวงศ์] und *Tamnān Phra Bhutthasihing* [สิหิงคนิทาน]. *Phra (Siri) Rattanapanya Thera* [พระ(สิริ)รัตนปัญญเถระ] schrieb die *Jinakālamālī*-Chronik [ประชุมพงศาวดารชินกาลมาลี], *Phra Sirimankhalachan* [พระสิริมังคลาจารย์] verfasste 1517 das *Vessantaradipani* [เวสสันตรทีปนี], einen Pali-Kommentar des *Vessantara-Jataka*, das *Samkhyāpakāsakaṭīkā* [สังขยาปกาสกฎีกา], ein Subkommentar zum *Samkhyāpakāsaka*, die *Maṅgaladīpanī* [มังคลัตถทีปนี], eine Erklärung des *Maṅgalasutta* und *Cakkavāḷadīpanī* [จักกวาฬทีปนี], eine Beschreibung des Universums aus buddhistischer Sicht. Aus der Feder des laotischen Mönches *Nanavilasa Thera* stammte *Sankhyapakasaka*[374], während *Phra Bhuddhaphukam* [พระพุทธพุกาม] und *Phra Bhuddhayana Chao* [พระพุทธญาณเจ้า] die *Mulasasana* [มูลศาสน]-Chronik erstellten (*Ongsakul,2005:82*).

Im Alter von nur 44 Jahren starb am 7. Februar 1526 Muang Kaeo an den Folgen einer Lebensmittelvergiftung, die er sich vermutlich nach dem Genuß einer Mahlzeit aus rohem Pferdefleisch zugezogen hatte (*CMC,1998:112f.*). Da Muang Kaeo keinen Sohn hinterließ, wählten die Noblen Chiang Mais Prinz *Chettharat*, den 19jährigen Stiefbruder Muang Kaeos, der bislang als Statthalter des Königs im Shan-Territorium fungiert hatte (*Manich Jumsai,1996:64*).

5.4. Die Periode des Niedergangs (1526-1558)

Diese Periode der Geschichte Lan Nas war von politischer Instabilität geprägt. Adelige forderten die Autorität des Königs heraus und im Zuge dieser Machtkämpfe wurden zwei Herrscher ermordet. Eine Invasion Ayutthayas fand statt und als die Führer Lan Nas schließlich dem Prinzen von Lan Chang die Krone anboten, war das Feld für die spätere Annexion bereitet

---

[371] Auf der südlichen Seite der *Thapae Road*, die außerhalb der Altstadt Richtung Osten verläuft, etwa 500 Meter vom östlichen Tor der Altstadt entfernt. Der Name bedeutet „Östlicher Tempel"
[372] An der *Wua Lai Road* im Süden Chiang Mais gelegen. Mittlerweile in jedem Reiseführer verewigt beeindruckt vor allem der *Ubosot*, der komplett mit einer Schicht aus Silber überzogen ist. Gleich neben dem Wat liegt ein Komplex von Werkstattgebäuden, die Teil einer umfassenden Silberschmiede sind.
[373] Zu besichtigen im Ubosot des *Wat Suan Dok* [วัดสวนดอก]
[374] Behandelte das Münzwesen, Einheiten für Maße, Gewichte und Entfernungen, die Jahreszeiten und den Stand der Mathematik der Zeit

5.4.1. *Phra Muang Ket Klao* [พระเมืองแกษแกล้า] auch *Phaya Kae Sestarat* [พญาเกสเชษฐราช] (1525-1538)

Im Alter von 19 Jahren bestieg am 5. Februar 1526 der aus Müang Nòi herbeigerufene Chettharat den Thron in Chiang Mai. Sofern die in CMC überlieferten Daten stimmen, wurde der Nachfolger erneut vor dem Tod des amtierenden Königs bestimmt. Fürchtete der Adel ein ähnliches *fait accompli*, wie das von König Tilokaracha? Die eigentliche Krönungszeremonie fand allerdings erst 11 Jahre später statt, als Phaya Kae Sestarat dann auch seinen formellen Königsnamen erhielt. Die turbulente Herrschaft Ket Khlaos stand schon während seines ersten Regnums unter wenig günstigen Vorzeichen, brachen doch gleich zu Beginn zwei große Feuer aus. 1530/31 brannte der Königspalast nieder und 1532 vernichtete eine Feuerbrunst *Tha Phae* [ท่าแพ]; die Königfamilie erwies sich jedoch als großzügig und spendete 20.000 Silberstücke für den Wiederaufbau der Gemeinde. 1532/33 wurde dann der neue Königspalast errichtet.

In Burma war es König *Tabinshwehti*, dem Gründer der Taungu-Dynastie, zwischen 1535-1547 gelungen, weite Teile Burmas unter ihrer Herrschaft zu vereinen. Die neue Hauptstadt Pegu sollte als geo-strategischer Fixpunkt des Reiches für die Entwicklung des Fernhandels und Ausgangspunkt weiterer Eroberungen sein. Als Gegenspieler Ayutthayas war den Burmesen an einer Allianz mit Lan Chang und Lan Na gelegen. König *Pho Thisarath I.*[375] von Lan Chang lehnte höflich ab, indem er diplomatisch antwortete, das die Mon und Burmesen zwar keine Nachkommen Khun Boroms (und damit keine Tais!), gleichsam aber wie Brüder und Schwestern seien und durch das spirituelle Band des Buddhismus verbunden (*Doré,1987:742*). Zwischen den Herrscherhäusern von Lan Chang und Lan Na bestanden seit 1533 familiäre Beziehungen; Pho Thisarath I. hatte *Yudhi Chama Devi* (*Yot Kham Tip*), eine Prinzessin Lan Nas in Chiang Mai geehelicht und zur Königin *Brhat Nang Nhot-Kham* erhoben. Doch ungeachtet dieser außenpolitisch günstigen Konstellation planten im September/Oktober 1535 die Generäle *Mün Sam Lan* aus Lampang, dessen Sohn *Mün Luang Chan Nok* und *Mün Yi Ai* einen Umsturz. Das Komplott wurde rechtzeitig aufgedeckt und der König entsandte *Mün Soi Sam Lan*, der die Verräter exekutieren liess. Doch die Situation im Reich blieb instabil, der Unmut des Adels nahm stetig zu und nach einer erneuten Rebellion unter Beteiligung seines Sohnes *Thao Chai Kham* (*Manich Jumsai,1996:65*) wurde König Ket Klao 1538 schließlich abgesetzt und wieder zurück nach Müang Noi in die Verbannung geschickt.

Unter den diversen innenpolitischen Problemen des Landes litt auch die sakrale Bautätigkeit. So sind lediglich zwei neue Tempelbauten überliefert: 1527/28 *Wat Lok Moli*[376] [วัดโลกโมฬี] und *Wat Bun Kian*[377]. 1528/29 wurde *Wat Lok Moli* um einen *wihan* und eine *chedi* erweitert (*CMC,1998:113f.*).

5.4.2. *Thao Chai Kham* [ท้าวชายคำ] (1538-1543)

Dem illoyalen Thao Chai Kham waren lediglich fünf Herrscherjahre vergönnt; der mit seiner Amtsführung unzufriedene Adel ließ den Regenten töten und dienten dem exilierten Vater erneut den Thron von Chiang Mai an.

---

[375] Voller Thronname *Somdet Brhat-Anya Budhisara Maha Dharmikadasa Lankanakuna Maharaja Adipati Chakrapati Bhumina Narindra Raja Sri Sadhana Kanayudha* (* 1505 in Sawa, † August 1548 in Vientiane). Der einzige Sohn König *Visunharat Thipath* herrschte in Lan Chang von 1520-1548.
[376] Etwa 400 Meter westlich des *Chang Phuak*-Tores gelegen
[377] Bis dato nicht lokalisiert

5.4.3. Phra Muang Ket Klao [พระเมืองเกษเกล้า] auch Phaya Kae Sestarat [พญาแกสเษษฐราช] (1543-1545)

Auch die zweite Herrschaft Ket Klaos währte nur kurz und die zwei Jahre gestalteten sich wenig erfreulich. Nach und nach versank Ket Chetthara in geistige Umnachtung (*Notton,1932:153*) aus Verzweiflung über die Missetaten des eigenen Sohnes (*Manich Jumsai,1996:65*). Der führende Adelige *Saen Khrao* gab *Mün Trön*, den Sohn *Pho Thai Chiang Khongs*, dem Sohn *Mün Ais* vom Elephanten-Corps des Palastes und seinem eigenen Sohn *Mün Söm* den Befehl, den König zu eliminieren. Die Feuerbestattung des toten Regenten fand im *Wat Saen Phòk*[378] statt, die sterblichen Überreste fanden im *Wat Lok Moli* die letzte Ruhe. Da kein weiterer legitimer Sohn aus direkter Abfolge vorhanden war, begannen alsbald die Kabalen um die Nachfolge.

5.4.4. Phra Nang Chiraprabha Mahathewi [พระนางจิรประภามหาเทวี] auch *Mahadevichirapradha* [มหาเทวีจิรประภา] (1545-1546)

Vor dem ersten Interregnum Phra Nang Chiraprabha Mahathewis stritten zwei Fraktionen des Adels über die Nachfolge Ket Klaos. Eine Gruppe wurde von dem bereits erwähnten *Saen Khrao* angeführt und favorisierte zunächst den Herrscher von *Khemarattha* (Keng Tung) und als dieser zögerte, bot er dem Fürsten von Müang Nai den vakanten Thron an. Die andere Fraktion unter der Führung von *Mün Sam Lan Ai* (Lampang), *Mün Kaeo* (Chiang Rai), *Mün Mano* (Chiang Saen), *Mün Yi* (Phran) und *Mün Nangsü Luang* traf sich in Chiang Saen und beauftragte *Mün Ta Saeng Pho Noi*, den Prinzen von Lan Chang, *Chaofa Chaya Setha Varman*, nach Chiang Mai zu bitten; dieser war ein Sohn der einstigen Prinzessin Lan Nas und jetzigen Königin Lan Changs, *Yot Kham Tip*. Unterdessen hatte sich *Saen Khrao* in Chiang Mai einem Angriff *Mün Hua Khians* von *Saen Wi* [แสนหวี][379] zu erwehren. Nach heftigen Kämpfen zogen sich die Angreifer am vierten Tag nach Lamphun zurück, nicht ohne den König von Ayutthaya zu informieren, das der Zeitpunkt für einen Angriff auf Chiang Mai günstig sei. Die in Chiang Saen versammelte Fraktion nutzte die durch die Kämpfe mit Saen Wi entstandene temporäre Schwäche des gegners und ließ kurzerhand die Fraktion Saen Khraos als Königsmörder hinrichten. Am 25. Juni 1545 wurde *Phra Nang Chiraprabha Mahathewi* von den Noblen zur Herrscherin Lan Nas bestimmt.

Die turbulente Phase des Interregnums betrachtete König *Chairacha* [ไชยราชา] von Ayutthaya als günstige Gelegenheit, sich Chiang Mai einzuverleiben. Er schickte auch ein Invasionsheer, aber der bis dahin unterschätzten Königin gelang es mittels geschickter Diplomatie, die Truppen Ayutthayas im Juli 1545 zur Rückkehr zu bewegen. Allerdings erschien noch im gleichen Monat der, mittlerweile von der Thronfolge ausgebootete, Herrscher Müang Nais in Lan Na. Er plünderte *Phu Phiang* und *Chiang Som* und wurde dann kurzfristig von einem Erdbeben gestoppt, welches einigen Schaden am Maha Chedi Luang und Wat Phra Sing anrichtete. Im August 1545 standen seine Truppen vor den Toren Chiang Mais und die Kämpfe zogen sich bis zum Oktober des gleichen Jahres hin. Mitte Oktober trafen dann auch *Phraya Klang* und *Phraya Sura*, das royale Vorauskommando aus Lan Chang in der Hauptstadt ein. Königin Chiraprabha war es zwar gelungen, mittels geschickter Verhandlungen das erste Invasionsheer Ayutthayas zum kampflosen Abzug zu bewegen, aber im Dezember 1545 erfolgte ein erneuter Angriff. Unter dem Kommando *Mün Sukhothais*, der durch eine Kriegslist Lamphun eingenommen hatte, wurde Chiang Mai drei Monate lang

---
[378] Bis dato nicht lokalisiert
[379] Theinni oder Hsenwi, im Norden des heutigen Shan-Staates in Myanmar, am Nordufer des Myitnge- bzw. Dokhtawaddy-Flusses gelegen

erfolglos belagert. Nach verlustreichen Kämpfen auf beiden Seiten zogen sich die Angreifer im Februar 1546 sukzessive zurück.

5.4.5. *Somdet Phra Chao Apai Buddha Bowon Chai Setthathirath* [สมเด็จพระเจ้าอภัยพุทธบวร ไชย เชษฐาธิราช] (1546-1547) und erneutes Interregnum (1547-1551)

Im Juli 1546 bestieg Setthathirat den Thron in Chiang Mai und heirate sogleich die beiden Töchter Ket Klaos, *Phra Ton Thip* und *Phra Ton Kham* als Königinnen zur rechten (erste Königin) und zur linken Hand. 1547 erlitt Pho Thisarat I. einen tödlichen Unfall, als er bei einem waghalsigen Manöver mit seinem Kampfelephanten unter denselben geriet und zerquetscht wurde *(Stuart-Fox,1998:78)*. Durch den plötzlichen Tod Pho Thisarats wurde der Königstitel in Lan Chang vakant. Zwei jüngere Brüder Setthathirats, die jeweils von einer Gruppe einflußreicher Adeliger unterstützt wurden, stritten um die Thronfolge. Auch ein angedachtes Doppelkönigtum, mit *Chaofa Dharuva* (*Tharua*) als Herrscher über das nördliche Gebiet zwischen Luang Prabang und Chiang Kam und *Brhat Chaofa Lankarnakaya* (*Phra Lan Chang*) über den südlichen Teil des Reiches zwischen Vientiane und Khong erwies sich als nicht praktikabel, da beide Prinzen sofort begannen, Truppen mit dem Ziel zu rekrutieren, jeweils selbst über das ganze Reich zu herrschen *(Manich Jumsai,1996:67)*. Während sich verschiedene Adelsfraktionen weiterhin Machtkämpfe lieferten und im März 1551 immerhin eine Invasion Phraes zurückgeschlagen werden konnte, sah Setthathirat seine Rechte am Thron von Lan Chang schwinden. Im April 1551 (*CMC,1998:120*) verließ er Chiang Mai und übertrug der Königin, nachdem er vor der versammelten Sangha um Nachsicht gebeten hatte, ungefragt die Regierungsgeschäfte; auch einige der wertvollsten Buddha-Statuen nahm er mit, neben dem Emerald Buddha auch den weißen Kristall-Buddha und Phra Buddha Sihing (*Manich Jumsai,1996:68*). Nach Lan Chang zurückgekehrt unterwarf er in rascher Folge beide Brüder und bestieg unumstritten den Thron Chiang Dong Chiang Thongs[380]. Eine noch 1551 entsandte Armee Lan Changs konnte das durch die Flucht Setthathirats entstandene Machtvakuum jedoch nicht mehr füllen und mußte sich wieder zurückziehen (*Stuart-Fox,1998:78*). Da Königin Phra Nang Chiraprabha Mahathewi angesichts der chaotischen Lage ein weiteres Regnum ablehnte, bot man dem direkten Nachkommen *Cao Khun Krüas*, einem Sohn des legendären Dynastiegründers König Mengrai, *Cao Thao Mae Ku* von Müang Nai, die Thronfolge an. Noch einmal wollte Ayutthayas König die Gunst der Stunde nutzen und marschierte in Lan Na ein; diesmal war es militärisches Können und nicht diplomatisches Geschick, was den erneuten Okkupationsversuch scheitern ließ.

5.5. Das Zeitalter der burmesischen Okkupation (1558-1774)

Lan Na befand sich für 33 Jahre im Chaos und als die burmesische Invasion erfolgte, war die Eroberung binnen drei Tagen erfolgreich abgeschlossen. Zunächst verblieb der König Lan Nas als Strohmann formal auf seinen Thron, bevor die Burmesen ab 1578 eigene Adelige als Herrscher einsetzten. Die burmesische Okkupation sollte 218 Jahre andauern.

5.5.1. *Phra Chao Mekuti Sutiwong* [พระเจ้าเมกุฏิสุทธิวงศ์] (1551-1558)

Der am 9. Mai 1551 (*CMC,1998:120*) in Chiang Mai gekrönte Phra Chao Mekuti Sutiwong sollte der letzte Herrscher in der langen und illustren Reihe von Königen eines freien und unabhängigen Lan Nas sein. Kurz nach seiner Thronbesteigung sandte Mekuti eine Delegation nach Lan Chang und ersuchte König Setthathirat um die Rückgabe der „ausgeliehenen" Buddha-Statuen. Mit Ausnahme des Phra Buddha Sihing verweigerte

---

[380] Auch *Xieng Dong Xieng Thong*

Setthathirat die Rückgabe der kostbaren Reliquien (*Manich Jumsai,1996:68f.*). Angesichts der wachsenden burmesischen Bedrohung ist es eher verwunderlich, dass zwischen den Shan-Staaten und Lan Na keine Allianz zustande kam und die Beziehungen sich zunehmend verschlechterten. Während sich ab 1557 die Armeen König Bayinnaungs immer weiter östlich operierten, waren die Tai-Ethnien (Shan, Yuan und Lao) untereinander hoffnungslos zerstritten. Während die Burmesen die Shan-Staaten schnell unterwarfen, starteten die Fürsten von Müang Nai und Chiang Thong einen erfolgreichen Beutezug gegen Chiang Saen. Eine zweimonatige, durch den dem Herrscher von Müang Fang unterstützte, Belagerung Chiang Rais scheiterte jedoch und Ende Juli 1552 zogen sich die Angreifer zurück. 1555 griff der Fürst von Müang Nai, verstärkt durch den Überläufer *Mün Ma* aus Chiang Rai und *Chang Ko Kham Chet Yoi Nüa* erneut Chiang Rai an; Truppen aus Lan Chang eilten zur Unterstützung herbei, wurden jedoch geschlagen und verloren vier ihrer Heerführer: *Mün Kae, Mün Khap Phrae, Mün Kwa* und *Mün Luang*. Im Mai 1555 setzten sich die überlebenden Lao-Anführer nach Chiang Saen ab; vermutlich hatte auch die Armee Müang Nais einen erheblichen Blutzoll leisten müssen, denn kurz darauf zogen sich auch die Sieger zurück (*CMC:1998:123*).

1557 sandte der Fürst von Müang Nai einen Hilferuf an König Mekuti in Chiang Mai und bat um militärische Unterstützung gegen gegen die heranrückenden Truppen des *Min Taya*[381]. Bevor dieser eine offizielle Entscheidung verkünden konnte, erreichte eine diplomatische Mission des burmesischen Königs mit einem Brief Chiang Mai. Dessen Inhalt war unmißverständlich: >>Der König von Pegu, der Min Taya, unterhält seit langem eine königliche Freundschaft mit dem König Chiang Mais [...] Der Prinz von Müang Nai hat Uns den Treueeid geschworen [...] Jetzt hat er diesen Eid gebrochen und das uns vereinende Band zerschnitten und den Herrscher von Müang Sum Sai ermordet. Wir werden eine Armee schicken [...] und den Herrscher Müang Nais zur Ordnung rufen. Er kann uns nichts entgegensetzen und wird daher um den Schutz des Königs von Chiang Mai ersuchen. Sobald er bei Euch eintrifft, liefert ihn sofort an Uns aus und festigt damit die Freundschaft zwischen uns<<. (*CMC,1998:122*) Der unschlüssig taktierende Mekuti ließ zwei weitere Gesuche gleichen Inhalts unbeantwortet und selbst als Bayinnaung mit seiner Armee vor den Toren Chiang Mais stand, kam er der Aufforderung des *Min Tayas* zu einem persönlichen Treffen nicht nach. An seiner Stelle schickte der zaghafte Monarch einige hochrangige Adelige und die ehrwürdigen Mönche *Somdet Chao Sri Nantha* vom Wat Phra Sing und *Chai Prakian Rattanapanna* vom *Wat Mae Ki*. Trotz dieses erneuten Affronts wurde Mekuti noch einmal aufgefordert, den burmesischen Herrscher vor der Stadt zu treffen. Als dieser erneut zögerte, begann eine dreitägige Belagerung der Kapitale. Am Morgen des 2. April 1558 fiel Chiang Mai, 262 Jahre nach seiner Gründung durch König Mengrai.

König Mekuti wurde zunächst arretiert und schließlich Bayinnaung vorgeführt. Dieser gestattete ihm generös auf dem Thron Chiang Mais zu bleiben. Um den künftigen Status als Vasall auch *coram publico* nachhaltig zu dokumentieren, wurde Phra Chao Mekuti Sutiwong als solcher am 7. April noch einmal zum Herrscher geweiht *(CMC,1998:123f.)*. Am 6. Mai 1558 verließ Bayinnaung mit dem Hauptteil seiner Streitmacht Chiang Mai; kurz darauf rückte König Setthathirat mit einem Heer Lan Changs an *(Stuart-Fox,1998:78)* und eroberte die Stadt kurzfristig zurück. Aber zurückeilende Truppen der Burmesen vetrieben die Lao wieder aus der Stadt. Noch einmal sammelte Setthathirat ein größeres Heer von Verbündeten um sich und stellte sich den Burmesen bei Chiang Saen zur Schlacht und wurde erneut geschlagen *(Manich Jumsai,1996:70)*.

---

[381] Burmesisches Epitheton für den König

Am 13. Januar 1559 brach König Mekuti zu einem Feldzug gegen Lan Chang auf, dessen Verlauf in den Chroniken sehr detailliert überliefert ist:

Stationen und Verlauf des Feldzuges König Mekutis gegen Lan Chang vom Januar – April 1559			
Von	Nach	Entfernung	Aufenthalt
▶ Chiang Mai	▶ Phoeng Müang	20,0 km	1 Tag
▶ Phoeng Müang	▶ Pa Yai	24,0 km	Übernachtung
▶ Pa Yai	▶ Pha Phoeng	16,0 km	Übernachtung
▶ Pha Phoeng	▶ Phao Nòi	16,0 km	Übernachtung
▶ Phao Nòi	▶ Chae Sak	20,0 km	Übernachtung
▶ Chae Sak	▶ Tha Kham Mae Khrao	20,0 km	Übernachtung
▶ Tha Kham Mae Khrao	▶ Müang Ngao	14,0 km	Übernachtung
▶ Müang Ngao	▶ Ban Yian	12,0 km	Übernachtung
▶ Ban Yian	▶ Klai Rüang	20,0 km	Übernachtung
▶ Klai Rüang	▶ Chiang Rai	12,0 km	5 Tage[382]
▶ Chiang Rai	▶ Nòng Bòn	22,0 km	Übernachtung
▶ Nòng Bòn	▶ Lager am Mae Phlao[383]	20,0 km	Übernachtung
▶ Lager am Mae Phlao	▶ Tha Than	20,0 km	Übernachtung
▶ Tha Than	▶ Ban Rai (Wiang Soeng)[384]	24,0 km	14 Tage ?
▶ Ban Rai (Wiang Soeng)	▶ Kat Du	12,0 km	Übernachtung
▶ Kat Du	▶ Wiang (Müang) Lò[385]	12,0 km	Übernachtung
▶ Wiang (Müang) Lò	▶ Chawa Brücke	20,0 km	Übernachtung
▶ Chawa Brücke	▶ Phayao	24,0 km	Übernachtung
▶ Phayao	▶ Chae Tha	16,0 km	Übernachtung
▶ Chae Tha	▶ Thap Phui	12,0 km	Übernachtung
▶ Thap Phui	▶ Nam Yang	24,0 km	Übernachtung
▶ Nam Yang	▶ Nam Un	12,0 km	Übernachtung
▶ Nam Un	▶ Lager an Stromschnellen	20,0 km	2 Tage
▶ Lager an Stromschnellen	▶ Yang Khun Sayiap	16,0 km	Übernachtung
▶ Yang Khun Sayiap	▶ Pa Lao	24,0 km	Übernachtung
▶ Pa Lao	▶ Müang Sòng[386]	20,0km	Übernachtung
▶ Müang Sòng	▶ Wang Kham	10,0 km	Übernachtung
▶ Wang Kham	▶ Pi Sieo	24,0 km	Übernachtung
▶ Pi Sieo	▶ Phrae	24,0 km	12 Tage
▶ Phrae	▶ Khrao Thon Hua	10,0 km	Übernachtung
▶ Khrao Thon Hua	▶ Nam Ta[387]	18,0 km	1 Tag
▶ Nam Ta	▶ Huai Som	19,6 km	Übernachtung
▶ Huai Som	▶ Nam Mò[388]	18,4 km	Übernachtung
▶ Nam Mò	▶ Lampang	17,0 km	5 Tage
▶ Lampang	▶ Müang Tan	24,0 km	Übernachtung

---

[382] Bei diesem Aufenthalt in Chiang Rai wurden die einzelnen Truppenverbände zu einer Armee zusammengeführt, die aus 48.000 Mann, 12.000 Pferden und 270 Elephanten bestand.
[383] Der *Mae Lao* [แม่น้ำแม่ลาว] in der heutigen Provinz Chiang Rai ?
[384] Im Landkreis *Thoeng* [อำเภอ เทิง] der Provinz Chiang Rai
[385] *Wiang Lo Ancient Town* [เวียงลอ] in der Gemeinde Lo [ลอ], Landkreis *Chun* [อำเภอ จุน], Provinz Phayao
[386] Im Landkreis *Song* [อำเภอสอง] der Provinz Phrae
[387] *Wiang Ta* [เวียงต้า], im Landkreis *Long* [อำเภอ ลอง] der Provinz Phrae
[388] Im Landkreis *Mae Mo* [อำเภอ แม่เมาะ] der Provinz Lampang

▶ Müang Tan	▶ Thap Puai[389]	13,0 km	Übernachtung
▶ Thap Puai	▶ Lamphun	24,0 km	1 Tag
▶ Lamphun	▶ Chiang Mai	20,0 km	

(*CMC,1998:125ff.*)

Insgesamt dauerte dieser Feldzug 2 Monate und 29 Tage; es mußten für den König 39 temporäre Unterkünfte errichtet werden und insgesamt wurden 735 km zurückgelegt. In Anbetracht der klimatischen Bedingungen, des unwegsamen Geländes und der Größe der Armee sind die durchschnittlich 20 km pro Tag eine beachtliche physische und organisatorische Leistung.

Sechs Jahre später machte sich König Mekuti einer, in den Überlieferungen nicht detailliert beschriebenen, Insubordination schuldig, woraufhin der *Min Taya* eine Armee nach Chiang Mai entsandte, die den illoyalen Vasall entthronte und nach Pegu ins Exil verbrachte. König Bayinnaung heiratete Phra Nang Chiraprabha und hinterließ eine starke burmesische Garnison in Chiang Mai (*Manich Jumsai,1996:70f.*). Ob die ehemalige Interims-Regentin identisch ist mit *Wisuttha Thewi*, die als Nachfolgerin Mekutis in den Chroniken genannt wird, oder ob diese eine jüngere Tochter des ehemaligen Königs Ket Klao war, ist nicht abschließend zu beantworten. Was den Niedergang für Lan Na bedeutete, stimulierte den östlichen Nachbarn wirtschaftlich und kulturell: Durch die Migration von Teilen der intellektuellen Elite nach Lan Chang verschob sich auch das Zentrum der schönen Künste der nördlichen Tais dorthin; die Zuwanderung von Bauern und Handwerkern verminderte den Mangel an Arbeitskräften (*Stuart-Fox,1998:79*).

5.5.2. Lan Nas Regenten unter burmesischer Herrschaft

Regent	Pongsawadan Yonok	Pongsawadan Chiang Mai
Mekuti [พระเจ้าเมกุฎิสุทธิวงศ์]		1558-1564
Visuddhadevi [พระนางวิสุทธิเทวี]		1565-1578
Nawrahta Minsaw [พระเจ้าสาวถีนรตรามังซอศรีมังสรธาช่อ]	1579-1607	1579-1607/08
Thado Minsaw of Lan Na	1607-1609	1607/08-1608/09
Minye Deibba of Lan Na	1609-1611	1608/09-1614
Thado Kyaw of Lan Na	1614	1614
König Sisongmueang von Nan	1614–1631	1615-1631
Phra Luangthipphanet	1631–1650	1631-1655
Phra Saenmueang	1650-1663	1655-1659
Herrscher von Phrae	1662-1672	1659-1672
Vizekönig Uengsae von Ava	1672-1685	1672-1675
Cheputarai	1685-*	1675-*
Meng Raenara	1707-1727	1707-1727
Thepsing *oder* Debasingha	1727 (*unabhängig*)	1727 (*unabhängig*)
Ong Kham	1727-1759	1727-*
Ong Chan	1759-61 (*unabhängig*)	*-1759
Chao Khihut	1761-63 (*unabhängig*)	1761-63 (*unabhängig*)
Pho Aphaikhamini	1763-1769	1762-1768
Pho Mayu'nguan	1769-1774	1768-1774

---

[389] Ein zwischen Lampang und Lamphun gelegenes Dorf

* *Keine Angabe in der Chronik*

5.6. Conclusio

Obgleich auch den ersten Herrschern in den Anfängen Lan Nas die unumschränkte Führungsrolle zuerkannt wurde, ist die Frühphase des Reiches durch einen gewissen Grad an institutioneller Simplizität der Monarchie geprägt. Den Herrschern lag zu Beginn wenig an einem gottgleichen Status des *Devarāja*[390], wie bei den Königen Ayutthayas und sie nahmen auch keine transliterierten Namen indischer Gottheiten als Königstitel an. Ihre Herrschertitel artikulierten ursprünglich lokalen Charakter: *Kü Na* (100 Millionen Reisfelder), *Kaeo* (Edelstein) und *Ket* (Kopf). In Lan Na entwickelte sich auch keine distinguierte Hofsprache wie in Siam. Der Hofstaat benutzte lediglich eine höfliche und differenzierte Sprache zur Abgrenzung von den Untertanen. Ursachen hierfür dürften in der Tatsache begründet sein, das sich Lan Na aus vergleichsweise bescheidenen Anfängen - sprich kleineren Fürstentümern – entwickelte und auch lange Zeit nicht unter den Einfluß der Khmer geriet. *Lao Chong* (*Lawachangkarat*), der legendäre Gründer der Dynastie von *Ngön Yang* [อาณาจักรหิรัญเงินยาง][391], wird in den Chroniken fast familiär *pu chao* [ปู่เจ้า] (Opa König), seine Frau *ya chao* [ย่าเจ้า] (Oma Königin), genannt. Die Rolle der frühen Regenten hatte eher funktionalen Charakter: irgend jemand musste schliesslich für ein geordnetes Miteinander innerhalb der Gemeinde sorgen.

Die Institution der Monarchie wandelte sich grundlegend mit der zunehmenden Expansion Ngön Yangs. Der Herrschertitel veränderte sich von *Lao* zu *Khun* und dann zu *Thao*. König Mengrai liess sich *Phra Chao Siritham Chakrapat Tilokarachathirat* nennen (Grosser und rechtschaffener Kaiser der *Welt*, König der Könige), recht vermessen für einen Provinzfürsten. Mengrai hatte aber eine klare Vorstellung bezüglich der Rolle des Herrschers und die seiner Untertanen: >>Wenn Du nicht königlichen Blutes bist, hoffe nicht, König zu werden. Wenn Du nicht von Adel bist, hoffe nicht, in den Dienst des Königs treten zu können<< (*คำสอนพระยามังราย,2519:21*). Das König Tilokaracha den Titel Phra Chao annahm, mag dem Wunsch entsprochen haben, den Konkurrenten in Ayutthaya titelmässig ebenbürtig zu sein. Die Herrscher führten in der Folge auch den Titel *Phaya* [พญา] und neben dem Konzept des *Devarāja* entwickelte sich zunehmend die Idee des *Dhammaraja* [ธรรมราชา]; ursprünglich der Titel des historischen Buddha verband sich mit diesem Titel die Vorstellung eines gerechten und aufrichtigen Königs, der die zehn königlichen Tugenden verkörperte. Die Promotion des Buddhismus, dessen oberster Förderer der Herrscher war, äußerte sich auch in der Ordination einiger Könige zum Mönch (Saen Müang Ma, Tilokaracha, Kü Na). Die Kombination der Vorstellung als Devaraja und Dhammaraja verlieh den Königen in den Augen der Untertanen eine zunehmend sakrale Aura. Damit verbunden war allerdings auch die Vorstellung, dass die Prosperität des Landes im wesentlichen vom tugendhaften Verhalten des Regenten abhing; ging es dem Land schlecht, hatte der König seine royalen Pflichten nicht erfüllt und konnte abgesetzt oder gar eliminiert werden.

Für die Legitimität eines Regnums war die vorhergehende Durchführung der traditionellen Königsweihe von essentieller Bedeutung. Zunächst hatte der künftige Regent die Hauptstadt *per pedes* zu umrunden. Dann wurde ihm im Rahmen einer Reinigungszeremonie geweihtes Wasser über das Haupt gegossen und schließlich erhielt er die royalen Insignien, welche nach

---

[390] [Sanskrit: देवराज] Entwickelt aus dem hinduistischen Konzept, demzufolge der König der universelle und göttliche Herrscher und die Manifestation der Götter Shiva und Vishnu ist. In Südostasien von Jayavarman II., dem Gründer des Khmer-Reiches von Angkor, im 9. Jahrhundert eingeführt.
[391] In den chinesischen Quellen: *Ba Bai Xifu*

allgemeiner Vorstellung seit den Tagen Lao Chongs weitergegeben worden waren. Der Adel unterteilte sich grundsätzlich in zwei Gruppen: Mitglieder königlichen Blutes wurde die Verwaltung größerer *müang* anvertraut, den anderen Adeligen blieben die entfernteren Domänen in der Provinz. Dazu kam die Unterteilung in zwei dynastische Linien. Die Chiang Rai-Chiang Saen Linie im Tal des Maenam Kok und die Chiang Mai-Lamphun Linie im oberen Tal des Maenam Ping. So wählten den auch drei Könige der erstgenannten Linie, Phaya Chaiyasongkhram, Phaya Saen Phu und Phaya Kham Fu nicht Chiang Mai sondern Chiang Saen bzw. Chiang Rai als Kapitale. Administrativ war Lan Na in drei Zonen aufgeteilt. Die innere Zone bestand aus der Hauptstadt Chiang Mai und deren Satellit Lamphun und unterstand der direkten Kontrolle des Königs. Diese Zone war die landwirtschaftlich produktivste und damit auch die reichste Region des Reiches. Die äußere Zone bestand aus den angrenzenden *müang*, wobei den Mitgliedern der Königsfamilie die nahegelegenen und größten vorbehalten waren; so erhielt beispielsweise der designierte Thronfolger häufig Chiang Rai als seine Domäne. Die Organisation war in der *rachasattha*[392] König Mengrais [มังรายสาตร์], *Mengrai Winichaya*[393], eindeutig geregelt: >> Auf zehn *phrai* [ไพร่][394] soll ein *nai sip* [นายสิบ][395] oder *hua sip* [หัวสิบ][396] und ein „Aufseher" [ข่มขว้าน][397] kommen [...] auf fünf nai sip soll ein *nai ha sip* [นายห้าสิบ][398] [und 2 „Aufseher"] kommen [...] auf zwei nai ha sip soll ein *nai roi* [นายร้อย][399] kommen. Auf zehn nai roi soll ein *chao phan* [เจ้าพัน][400] kommen. Auf zehn chao phan soll ein *chao hmü*n [เจ้าหมื่น][401] kommen. Ein vergleichbares, wenn auch begrifflich leicht abgewandeltes, System der sozialen Organisation ist für *Müang Mao* [เมืองเมา], einem Mitglied der Shan-Förderation, nachgewiesen. Dort besaßen die Gouverneure der größeren *müangm die chai müang* [ใจเมือง] Befehlsgewalt über die komplette zivile Administration sowie den gesamten Militärapparat. Die ihnen direkt unterstellten *chao lu* [เจ้าลู] kontrollierten mehr als 10.000 Menschen. Ein *chao kang* [เจ้ากั้ง] war für 1.000, ein *chao pak* [เจ้าปาก] für 100, ein *chao hasip* [เจ้าห้าสิบ] für 50 und ein *chao chun* [เจ้าจุน] für 10 Untertanen zuständig .

Auf zehn *chao mün* soll ein *chao saen* [เจ้าแสน][402] kommen (Griswold und na Nagara,1977a:147f.). Die dritte Zone bildeten die in der Peripherie des Reiches gelegenen tributpflichtigen Gebiete. Die Herrscher dieser Domänen hatten abgesehen von dem Loyalitätseid und den vereinbarten Tributzahlungen einen quasi autonomen Status. Die Loyalität dieser Gebiete war primär von der Stärke und dem Charisma des Königs abhängig; bei einem Thronwechsel bestand immer die Gefahr einer Verselbstständigung oder der

---

[392] Eine Sammlung von Urteilen, Verordnungen und Gesetzen des Königs die sich sukzessive zu einer Form des kodifizierten Rechts entwickelten
[393] Nachfolgende Auszüge beziehen sich auf die 1953 im *Wat Sao Hai* [วัดเสาไห้] im Landkreis *Sao Hai* [อำเภอ เสาไห้] der Provinz Saraburi [จังหวัดสระบุรี] entdeckte, auf 48, beidseitig in Tai Yuan beschriebenen, Palmenblättern überlieferte Version, die vermutlich im Juli 1800 von Phra Thavara in Lopburi verfasst wurde. Von *Prasert na Nagara* [ประเสริฐ ณ นคร] 1971 ins moderne Thai übertragen.
[394] *phrai müang*, die sogenannten „Gemeinfreien der *müang* des Reiches". In Ayutthaya unterschied man zwischen Gemeinfreien, die auf Grundlage persönlicher Beziehungen entweder dem König als *phrai luang* [ไพร่หลวง] oder hochrangigen Adeligen als *phrai som* [ไพร่สม] unterstanden. In Lan Na gab es diese feste Zuordnung nicht.
[395] „Herr über 10"
[396] „Kopf von 10"
[397] *Kham Kwan*. Schwierig zu übersetzen. Der Begriff setzt sich zusammen aus *kham* [ข่ม] „drücken, pressen" und *kwan* [กว้าน] „Haus,Dorf"
[398] „Herr über 50"
[399] „Herr über 100"
[400] „Herr über 1.000"
[401] „Herr über 10.000"
[402] „Herr über 100.000"

Allianz mit China, Burma oder Lan Chang. Zu Lan Nas Vasallen zählten 10 *müang* der Shan [ไทใหญ่], wovon *Müang Nai* [เมืองนาย] das wichtigste war. Und einer These zufolge soll von dort das in Lan Na praktizierte *nai sip*-Systems „importiert" worden sein. Die Lü in Sipsong Panna wiederum sollen dieses Sytems von den Chinesen der nördlichen Song-Dynastie übernommen haben: >>[Damals] gab es auf dem Land ein System, wnach zehn Familien einen ‚kleinen Aufseher' und 50 Familien einen ‚mittleren Aufseher' hatten. 100 Familien besaßen einen ‚großen Aufseher' und einen Assistenten des ‚großen Aufsehers'. Man benutzte in jener Zeit dieses System als Sicherheitsvorkehrung, damit in den Dörfern kein Raub von Eigentum geschehe. Eine in Diebstähle verwickelte Familie wurde innerhalb ihrer [Gruppe von] 10 Familien bestraft, und in Kriegszeiten schickten die hohen Beamten mit diesem System – von oben nach unten – rasch und bequem Befehle für die Rekrutierung von Soldaten und Arbeitskräften<<.[403] Im Gebiet um Chiang Tung lebte die Tai-Ethnie der *Wa* [ว้า], während Sipsong Panna die Heimat der *Tai Lue* [ไทลื้อ] war. Der Herrscher eines *müang* berief in der Regel Leiter für die *panna* [ปันนา][404] (Bezirke), die den Titel *mün* erhielten. Ein *panna* war wiederum unterteilt in *pakna* [ปกนา][405], geleitet von einem *phan*; die *pakna* waren aus einem oder mehreren Dörfern bestehende Gemeinden, die ihrerseits von einem Dorfältesten, *kae ban* [แก่บ้าน], geleitet wurden.

Die *panna* hatten drei Hauptpflichten zu erfüllen: Erstens den fälligen Tribut in Naturalien zu liefern. Zweitens in Friedenszeiten Arbeitskräfte für öffentliche Bauten (Errichtung von Tempeln und Palästen, Errichten von Stadtbefestigungen und Verteidigungsanlagen, Anlage von Strassen, Ausheben von Stadtgräben und Kanälen etc.) abzustellen. Und drittens in Kriegszeiten wehrfähige Männer für die Armee des Königs zu rekrutieren. Insbesondere die letzte Verpflichtung wurde von der Bevölkerung verständlicherweise nur widerwillig akzeptiert und trotz Todesstrafe bei Desertion für Gemeine und Offiziere (*Griswold und na Nagara,1977a:148*) war Fahnenflucht an der Tages-ordnung. Da aber menschliche Arbeitskraft rar und begehrt war, wurden die Deserteure häufig lediglich als Feiglinge mit einem Tattoo auf der Stirn gebrandmarkt (*ebenda:149*). Insgesamt war mehr Land als Arbeitskräfte es zu bearbeiten vorhanden, die Einwohnerzahl dürfte selbst in der Blütezeit des Reiches nicht mehr als 1.000.000 Menschen betragen haben (*Ongsakul,2005:94*) und die Herrscher Lan Nas versuchten mittels einer Doppelstrategie, die latente Gefahr der Migration zu bannen. Einerseits war es den Einwohnern bei Strafe untersagt, in ein anderes *müang* zu wechseln. Andererseits waren die Herren genötigt, einigermassen erträgliche Lebens- und Arbeitsbedingungen zu schaffen, um eine massenhafte Landflucht zu verhindern. >>Zehn Tage im Dienste des Königs[406] gefolgt von 10 Tagen Arbeit für sich selbst steht im Einklang mit dem uralten Dhamma<<. (*Griswold und na Nagara,1977a:151*) >>Im Einklang mit den Lehren der Alten kann der König sein Reich nur mit der Hilfe seiner Untertanen aufrecht erhalten. Untertanen sind rar und sollten deshalb nicht missbraucht werden<< (*ebenda,1977a:153*). Als Anreiz für die Kultivierung von Brachland wurde dem Betreffenden für den Zeitraum von drei Jahren Steuerfreiheit gewährt (*ebenda,1977a:152*). Insgesamt verdeutlichte aber schon König Mengrai seinen Untertanen unmissverständlich die royale Erwartungshaltung: >>Das Land auf dem ihr Reis anbaut gehört mir. Ihr sollt das Land für mich mit aller Kraft bearbeiten. Der Ertrag des Landes wird in fünf Teile geteilt; drei Teile davon sind mein Tribut für meine aufopfernde Arbeit bei der Führung des Reiches<< (สมุดตราช ประเพณี 6 ประการ,2524:7). Haupteinnahmequelle der Herrscher waren neben den erhobenen Steuern vor allem die Profite aus den lukrativen Monopolen; der Handel mit Lackwaren,

---

[403] Zitiert nach *Grabowsky,2004:127*
[404] Wörtlich: 1.000 Reisfelder
[405] Wörtlich: 100 Reisfelder
[406] Gemeint ist hier die königliche Fronarbeit, die auch die „freien" *phrai* zu leisten hatten

Honig, Elfenbein, Sandelholz sowie die Hörner, Häute und Felle diverser Wildtiere, die überwiegend nach Ayutthaya gingen, sorgte für den wachsenden Reichtum der Eliten.

Die Wirtschaftsleistung Lan Nas nahm ab dem Regnum König Kue Nas sukzessive zu. Fernhandelsrouten führten bis nach Pagan (*CMC,1998:69*) und die Ökonomie prosperierte nachhaltig während der Herrschaft Tilokarachas. Umfangreiche Gebietsgewinne mit den dazu gehörenden Arbeitskräften sowie weitere Domänen, die sich als Vasallen unterwarfen und Tribute abführten, trugen zum wachsenden Wohlstand bei. Dazu kamen die *that*, die sowohl in Haushalt und Landwirtschaft tätig waren, als auch menschliche Handelsware darstellten und deren Anzahl auch den sozialen Status des Eigentümers dokumentierten. Der König hatte um die 1.500, der Vizekönig 1.000 und Prinzessin *Ubonwanna*, eine Tochter *Phaya Kawilas* [พญากาวิละ][407], 800 *that (Colquhoun,1885:257)*. Sichtbarer Ausdruck des vorhandenen Reichtums war die Errichtung zahlreicher, teilweise prächtiger Tempelanlagen. Besonders produktiv war der Reisanbau in der Region Chiang Mai-Lamphun und Chiang Rai, während aufgrund geringerer Fertilität Nan, Phrae und Lampang häufig nicht genügend für die Versorgung der eigenen Einwohner ernten konnten. Insgesamt gab es aber in ganz Lan Na häufig einen Ernteüberschuss (*Ongsakul:2005:90*).

Mit dem Tod Phaya Kaeos 1525 begann der sukzessive und unaufhaltsame Niedergang Lan Nas. Die kommenden Könige regierten nur kurz, jedes Regnum endete vorzeitig mit Exekution, Abdankung oder Absetzung. Neben der wachsenden Bedrohung von aussen schwächten zunehmende wirtschaftliche Schwierigkeiten das Reich. Eine zunehmende Geldentwertung und Inflation begann schon in der Aera König Kaeos, verschärfte sich immer mehr und während der Herrschaft Thao Kue Nas kollabierte die Wirtschaft (*Ongsakul,2005:108*). Hinzu kamen die fortwährenden Angriffe der Shan, Ayutthayas und vor allem der Burmesen. Nachdem der zaudernde Mekuti zeitweilig eine Allianz mit den Shan-Domänen präferierte, entschied sich Burma, diese potenzielle Quelle der Unsicherheit trocken zu legen. Die Truppen des *Min Taya* benötigten 1558 ganze drei Tage um Chiang Mai zu nehmen und für die nächsten 216 Jahre war Lan Na ein Vasall Burmas.

5.7. Exkurs: *Phra Kaeo Morakot* [พระแก้วมรกต]

Fast jeder Thailandtourist hat diese bedeutendste Buddha-Statue und spirituelle Nationalheiligtum Thailands im Rahmen seines individuellen oder organisierten Besichtigungsprogramms gesehen; nach einer langen und abenteuerlichen Reise, die hier nachfolgend kurz geschildert wird, hat der *Emerald Buddha*[408] seine vorläufig letzte Heimstatt in der wohl schönsten Tempelanlage Bangkoks, dem Wat Phra Kaeo [วัดพระแก้ว][409], gefunden.

Enstanden ist die heute als „Wächer des Königreiches" verehrte Buddha-Figur der Legende zufolge ca. 500 Jahre nachdem der historische Buddha das Nirvana erlangt hatte. Im *Wat Asokaram* [วัดอโศการาม] in der indischen Stadt *Paṭaliputra*[410] lebte ein Abt und Künstler namens *Phra Nagasena* [พระนาคเสนะ]. Dessen Herz war schwer, hatten doch die meisten Bewohner der Stadt die Lehren des Erleuchteten vergessen. Die Nachricht von Phra Nagasenas

---

[407] (* 1742; † 1816). Herrschte von 1775-1813 als König in Lan Na
[408] Der offizielle Name lautet *Phra Phuttha Maha Mani Rattana Patimakon* [พระพุทธมหามณีรัตนปฏิมากร]
[409] Der offizielle Name lautet: *Wat Phra Si Rattana Satsadaram* [วัดพระศรีรัตนศาสดาราม]
[410] [पाटलिपुत्र] Das heutige Patna, die Hauptstadt des ostindischen Bundesstaates Bihar; vormals die Hauptstadt des indischen Königreiches Magadha und später des Maurya-Reiches

Schwermut erreichte schließlich den Sitz der Götter auf dem Berg Meru [เขาพระสุเมรุ][411] und Indra and Vishnu begaben sich nach *Paṭaliputra*. Im *Wat Asokaram* erklärte Nagasena den Göttern, das die Lehren der Dhamma weiter verbreitet werden müssten und das ein Bildnis des Buddha zu schaffen sein, damit alle Einwohner diesem ihren Respekt erweisen könnten. Die Statue sollte für die Ewigkeit erschaffen werden und daher aus wertvollem Material bestehen. Indra beauftragte Vishnu zum gefürchteten Berg Velu zu gehen und dort den kostbarsten Stein für die Statue zu beschaffen. Vishnu zögerte, da die dort hausenden Dämonen im Ruf standen, jeden Eindringling in Luft aufzulösen. Schließlich begaben sich beide zum Berg Velu. Die Dämonen fragten nach ihrem Begehr, verweigerten aber zunächst die gewünschte Pretiose unter dem Hinweis, sie seien die Wächter König *Ishvaras*[412], der weit oben im Himalaya lebte. Nachdem die Dämonen aber erfuhren, dass aus dem schönsten Stück grüner Jade ein Buddha-Bildnis erschaffen werden sollte, stimmten sie zu. Während Indra zum Berg Meru zurückkehrte, begab sich Vishnu zu Phra Nagasena, manifestierte sich als Bildhauer und kreierte die Statue. Für den Emerald Buddha wurde ein neuer prächtiger Tempel mit goldenem Dach errichtet und tausende von Menschen strömten aus allen Teilen des Landes herbei, dem Erleuchteten ihren Respekt zu erweisen. Soweit die legendäre Geburtsgeschichte Phra Kaeo Morakots.

Die wichtigsten Daten über die weitere Odyssee der Statue besieren im wesentlichen auf drei Chroniken: *Ratanabimbavaṁsa*, vermutlich nach 1460 in Sukhothai verfasst; *Jinakalamali*, entstanden im frühen 16. Jahrhundert in Chiang Mai und *Amarakatabuddharūpanidāna*, eine Chronik aus dem späten 16. Jahrhundert, geschrieben in Vientiane (*Reynolds,1978; Woodward,1997*). Danach verblieb die Figur 200-300 Jahre in *Paṭaliputra*. Offensichtlich kam es dann zu einem Bürgerkrieg, in den Chroniken findet sich die Formulierung „Aufstand der Heiden" und der *Emerald Buddha* wurde aus Furcht vor Zerstörung 257 nach Anuradhapura[413] in den königlichen Tempel eines namentlich nicht genannten Herrschers gebracht (*Notton,1931:21*). Danach soll Phra Kaeo dann unter den Schutz König Anawrahta Minsaws [အနော်ရထာ မင်းစော] von Pagan gestellt worden sein. Einer etwas abenteuerlichen Tradierung zufolge soll König Anawrahta auf einer Bootsreise den Emerald Buddha sowie eine Kopie des Pali-Kanon mitgeführt haben, in einen Sturm geraten und schließlich an der kambodschanischen Küste gestrandet sein. Nach einigen Gesprächen habe sich der Khmer-König bereit erklärt, die Reliquien zurückzugeben, aber Anawrahta Minsaw habe die Statue bei der Abreise schlicht vergessen [sic!] und so verblieb sie dann in Angkor Thom. Überzeugender erscheint da die Überlieferung, derzufolge der König Sri Lankas, Vijayabahu I. (*Prince Kitti*)[414], 1069 um Unterstützung im Kampf gegen die tamilischen Chola[415] und Anawrahta sandte dem buddhistischen Herrscher Schiffe mit Hilfsgütern. Nach dem Sieg über die Chola ersuchte Vijayabahu schickte der König die Replik eines Buddha-Zahnes nach Pagan[416] und ersuchte 1071 um die Überlassung von Kopien des Pali-Kanon, die Entsendung

---

[411] [Sanskrit: मेरु], auch Sumuru oder Sineru (Pali) genannt. Gemäß der hinduistischen, jainistischen und buddhistischen Kosmo-logie der Weltenberg im Zentrum des Universums.
[412] [Sanskrit: ईश्वर] In der hinduistischen Mythologie eine Bezeichnung für den jeweils höchsten, persönlichen Gott, unabhängig von einer bestimmten Glaubensrichtung. Es bedeutet wörtlich „Herr des Universums". Indische Philosophen, Denker, Seher und Heilige verstehen unter Ishvara einen ewigen, einzigartigen, allmächtigen und allwissenden Herrn der Welt. Sie gehen davon aus, dass er die Welt erschaffen und zweckmäßig geordnet habe, sie ebenso erhält wie auch zerstört, dass er die natürlichen und sittlichen Gesetze der Welt ins Dasein gerufen und durch Offenbarungen verkündet habe und auch das Gesetz des Karma in Gang hält.
[413] [අනුරාධපුරය *Anurādhapuraya*] Die Hauptstadt der heutigen Nord-Zentralprovinz von Sri Lanka, über tausend Jahre lang Zentrum verschiedener singhalesischer Königsdystien.
[414] (*1030 in Ruhuna; †1110 in Polannaruwa) herrschte ab 1055 in Ruhuna und nach der Vertreibung der tamilischen Chola wurde er 1072/73 zum König gekrönt.
[415] Das Chola-Reich [சோழர்] war eines der bedeutendsten indischen Königreiche und gilt als das einflussreichste hinduistisches Reich. Die Blütezeit dauerte vom 9.-13. Jahrhundert.
[416] Befindet sich noch heute in der Lokawanda-Pagode

gelehrter Mönche und einer wertvollen Buddha-Statue; möglicherweise war es dieses Schiff, welches durch ein Unwetter nach Kambodscha abgedrängt wurde. Einer dritten Variante zufolge erlitt eine indische Prinzessin mit dem Namen *Hemshela* in der Nähe des heutigen *Nakhon Si Thammarat* [นครศรีธรรมราช] Schiffbruch. Die Bewohner nahmen sie freundlich auf und versorgten sie. Aus Dankbarkeit für ihre Rettung gründete sie die Stadt Ligor und stiftete den Smaragd-Buddha den sie hatte retten können. Ligor war höchstwahrscheinlich eine bedeutende Hafenstadt des Reiches von *Tambralinga (Srivijaya)* und bis zur Eroberung durch König Ramkhamhaeng von Sukhothai im 13. Jahrhundert ein selbstständiges Handelszentrum. Eine Statue der Prinzessin kann im Areal des *Wat Phra Mahathat Woramaha Viharn* [วัดพระมหาธาตุวรมหาวิหาร] besichtigt werden, wie Phra Kaeo dann aber vom Ligor nach Kambodscha gelangt sein soll, wird in dieser Überlieferung nicht verraten.

Nach dem Sieg über die Khmer kamen die Siamesen in den Besitz der Buddha-Statue, wobei die verschiedenen Chroniken kein klares und zusammenhängendes Bild vermitteln. Ayutthaya, Kamphaengphet, Lopburi, zurück nach Kamphaengphet, Chiang Rai werden als vorübergehende Augfenthaltsorte genannt. Aus Furcht, die kostbare Preziose könnte zerstört oder gestohlen werden, ordnete der Herrscher Chiang Rais an, die Jade durch eine Glasur aus Leim und Lack und anschließender Vergoldung zu verdecken. Erst 1434, als ein Blitzschlag die schützende Pagode zum Einsturz brachte und durch den herabstürzenden Schutt die tarnende Schicht teilweise weggebrochen wurde, erkannte man den wahren Wert der Statue. Der Emerald Buddha wurde zu altem Glanz herauspoliert und die Menschen der Umgebung pilgerten massenhaft herbei. Schließlich kam auch Phraya Sam Fang Kaen die Neuigkeit zu Ohren und er organisierte eiligst eine Prozession, um auf dem Rücken eines Elefanten die Buddha-Figur nach Chiang Mai zu bringen. Doch auf dem Weg nach Chiang Mai bog der Elefant an einem Kreuzweg unerwartet ab und marschierte nach Lamphun. Dies wurde als Wunsch des Emerald Buddha gedeutet, nach Lamphun gebracht zu werden. Eine Pagode wurde dort zu seinen Ehren errichtet und der *Wat Phra That Hariphunchai* [วัดพระธาตุหริภุญชัย] ist noch heute in Lamphun zu besichtigen. Nicht jedoch Phrae Kaeo selbst, denn bereits der nächste Herrscher Lan Nas, Tilokaracha, ordnete die Verbringung nach Chiang Mai in den Wat Chedi Luang an, wo er die kommenden 48 Jahre beheimatet war.

1545 starb König Ket Khlao ohne einen männlichen Erben gezeugt zu haben. Die Tochter des Königs, Phra Ton Thip war mit Photisarath, dem König Lan Changs verheiratet. Aus dieser Verbindung war Prinz Setthathirath hervorgegangen, der von den Noblen Chiang Mais als Thronfolger gekrönt und damit das turbulente Interregnum seiner Tante, Königin Chiraprapha, beendete. Doch der vorzeitige Tod des Vaters zwangen ihn ebenso wie die Ambitionen der jüngeren Brüder zurück nach Lan Chang, wo er nach kurzen Kämpfen die Ansprüche seiner Primogenitur zu wahren wusste. Den Emerald Buddha nahm er mit nach Luang Prabang wo er bis 1570 aufbewahrt wurde. Unter dem Druck der burmesischen Truppen König Bayinnaungs verlegte er die Hauptstadt nach Vientiane und Phra Kaeo Morakot befand sich auf die nächsten 212 Jahre im *Ho Phra Kaeo* [หอพระแก้ว][417]. Nach dem siegreichen Feldzug des siamesischen Generals *Thong Duang* [ทองด้วง][418] und der Einnahme Vientianes, wurde der Smaragd-Buddha in einem Triumphzug von *Chao Phraya Chakri* [เจ้าพระยาจักรี] 1782 in die neue Hauptstadt Thonburi überführt, wo er vorübergehend im *Wat*

---

[417] Während der Eroberung Luang Prabang wurde der ursprüngliche Tempel zerstört und im 19. Jahrhundert durch König Anouvong wieder aufgebaut. Während dessen gescheiterter Rebellion gegen Siam wurde *Ho Phra Kaeo* erneut zerstört. Zwischen 1936-1942 erfolgte durch die französischen Kolonoalherren ein erneuter Wiederaufbau.
[418] Der spätere König *Phra Buddha Yodfa Chulaloke* (Rama I.) [พระบาทสมเด็จ พระพุทธยอดฟ้าจุฬาโลก]

Arun Ratchawararam Ratcha-woramahaviharn [วัดอรุณราชวรารามราชวรมหาวิหาร][419] bewahrt wurde. Nach seiner Inthronisierung befahl König Rama I. den Bau eines neuen Tempels im östlichenSektor des Königspalastes dem er den offiziellen Namen *Wat Phra Si Rattana Sadsadaram* [วัดพระศรีรัตนศาสดาราม][420] gab. Im Rahmen einer feierlichen Zeremonie trat am 22. März 1784 Phra Kaeo Morakot seine vorerst letzte und kürzeste Etappe über den Menam Chao Phraya in sein neues Heim an, dem heute nach ihm benannten Wat Phra Kaeo.

Dort kann er auch heute noch besichtigt bzw. verehrt werden. Die Statue selbst ist ca. 66 cm hoch und 42 cm breit. Entgegen der weit verbreiteten Meinung ist es keinesfalls erwiesen, das Phra Kaeo Morakot nicht aus Smaragdstein, sondern aus Jade, Jaspis oder Chalcedon (Quarz-Mineral) bestünde. Die materielle Komposition ist bis dato nicht wissenschaftlich getestet worden, was dem mystisch-spirituellem Charakter dieser Reliquie Rechnung trägt. Phra Kaeo Morakot sitzt in der sogenannten indischen oder auch heroischen Pose (*virasana*): Normalerweise sind die Augen geschlossen oder sie konzentrieren sich auf die Nasenspitze. In Thailand ist dies die am häufigsten vorkommende Haltung und wird *pang samathi* [พางสมาธิ] genannt. Die Handhaltung wird als *Dhyana-Mudra*[421] (Meditationsgeste) bezeichnet: Beide Hände liegen locker im Schoß, die linke Hand liegt auf der rechten, wobei die Handflächen nach oben zeigen. Nach buddhistischer Überlieferung erlangte *Siddhārtha Gautama*[422], der historische Buddha im Alter von 35 Jahren in einer Vollmondnacht in tiefster Versenkung in dieser Haltung unter einer Pappelfeige sitzend das *bodhi* („Erwachen" auch mit „Erleuchtung" übersetzt).

Bodhi bezeichnet im Buddhismus einen Erkenntnisvorgang, der auf dem vom Buddha gelehrten Erlösungsweg von zentraler Bedeutung ist. Voraussetzungen sind das vollständige Begreifen der *cattāri ariyasaccāni* [Sanskrit: चत्वारि आर्यसत्यानि], der „Vier Edlen Wahrheiten":

1. Das Leben im *samsara* [Sanskrit: संसार], Lebenskreislauf, ist letzlich leidvoll
2. Ursachen des Leidens sind Gier, Hass und Verblendung des Menschen
3. Erlöschen die Ursachen, erlischt das Leiden
4. Zum Erlöschen des Leidens führt der *ariya-atthaṅgika-magga* [Sanskrit: आर्याष्टाङ्गमार्ग], der „Edle Achtfache Pfad":

Der Edle Achtfache Pfad [มรรคมีองค์แปด]	Pali	Sanskrit	Thai
■ Weisheit	paññā	Prajñā	ปัญญา
1 rechte Einsicht/Anschauung → Erkenntnis	sammā diṭṭi	सम्यग्दृष्टि	สัมมาทิฏฐิ
2 rechte(s/r) Gesinnung/Absicht → Denken → Entschluss	sammā sankappa	सम्यक्संकल्प	สัมมาสังกัปปะ
■ Sittlichkeit	pañcasīla	पञ्चशील	ปัญจศีล
3 rechte Rede	sammā vācā	सम्यग्वाच्	สัมมาวาจา
4 rechte(s) Handeln/Tat	sammā kammanta	सम्यक्कर्मान्त	สัมมากัมมันตะ
5 rechter Lebenserwerb/-unterhalt	sammā ājīva	सम्यगाजीव	สัมมาอาชีวะ

---

[419] Ursprünglich Wat Chaeng [วัดแจ้ง], heute wird im täglichen Sprachgebrauch der Kurzname Wat Arun [วัดอรุณ]. Wer einmal bei Sonnenaufgang am Maenam Chao Phraya den Wat Arun gesehen hat, weiss warum er diesen Namen bekam: „Tempel der Morgenröte".
[420] "Der Tempel des heiligen Juwels (des Gottes) Indra"
[421] Die Mudra [Sanskrit: मुद्रा] hatte die urspügliche Bedeutung von „Siegel" manifestiert in der buddhistischen Ikonographie eine symbolische Handgeste. Übersetzt aus dem Sanskrit bedeutet Mudra „das, was Freude bringt".
[422] [Sanskrit: सिद्धार्थ गौतम]

	Vertiefung	samādhi	समाधि	สมาธิ
6	rechte(s) Streben/Üben/Anstrengung	sammā vāyāma	म्यग्व्यायाम	สัมมาวายามะ
7	Rechte Achtsamkeit/Bewusstheit	sammā sati	सम्यक्स्मृति	สัมมาสติ
8	rechte Sammlung/Konzentration → Versenkung	sammā samādhi	सम्यक्समाधि	สัมมาสมาธิ

Hass, Begierde und Unwissenheit fielen von ihm ab. Er wurde zum Buddha, zum Erwachten. Der Smaragd-Buddha besitzt drei verschiedene Gewänder, die vom König oder einem prinzlichen Stellvertreter dreimal im Jahr in einer feierlichen Zeremonie gewechselt werden. Die Gewänder sind dem Wetter der jeweiligen Jahreszeit angepasst: es gibt ein Gewand für die Heiße Jahreszeit *rüdu ron* [ฤดูร้อน], eins für die Kühle Jahreszeit *rüdu nao* [ฤดูหนาว] und eins für die Regenzeit *rüdu fon* [ฤดูฝน].

Nach einer wahrhaften Odyssee über Jahrhunderte hinweg, hat Phra Kaeo Morakot seine finale Bestimmung erreicht: Als Wächter und spirituelles Nationalheiligtum *Müang Thais* [เมืองไทย]. Schlußendlich erfüllte sich auch die archaische Phrophezeiung Phra Nagasenas: >>Die Bildnis des Buddhas wird dafür Sorge tragen, das dem Buddhismus in fünf Ländern eine herausragende Bedeutung zukommen wird, als da wären: *Lankadvipa* [Sri Lanka], *Ramalakka* [Kambodscha], Dvaravati, Chiang Mai and *Lan Chang* [Laos]<< (Notton,1931:16).

6. Anachak Sukhothai[423] [ราชอาณาจักรสุโขทัย]

A politico-economic system premised on the control of manpower as its chief resource, and whose building blocks are circles of leaders and followers that form and reform in highly unstable fractions, frequently deteriorates into power struggles within and suffers continous intrusions from without. (Tambiah,1977:92)

Ähnlich wie bei anderen frühen Tai-Domänen ist eine genaue geographische Lokalisierung unmöglich; das bereits weiter oben geschilderte Phänomen des sich streckenden und wieder schrumpfenden *mandala* trifft auch auf Müang Sukhothai zu. So ist auch der nachfolgende Versuch der groben Skizzierung eines „Kerngebietes" als jeweilige historische Momentaufnahme zu verstehen. Aus den bis dato geborgenen und ausgewerteten Inskriptionen geht hervor, das sich das „Stammland" Sukhothais nördlich des Maenam Chao Phraya-Deltas und am unteren Stromverlauf des Maenam Ping, Maenam Nan und Maenam Yom befand, im Gebiet der heutigen Provinzen Nakhon Sawan[424], Phichit[425], Kamphaeng Phet[426], *Phitsanulok* [จังหวัดพิษณุโลก][427], *Uttaradit* [จังหวัดอุตรดิตถ์][428], *Tak* [จังหวัดตาก][429] und Phetchabun[430]. Obgleich von drei grossen Flussläufen und deren Nebenflüssen durchzogen waren und sind die Ernteerträge in dieser Region vergleichsweise niedrig. Neben der geringen Fertilität des Bodens bilden die sprunghaften und teilweise extremen Veränderungen des Klimas innerhalb der Jahreszeiten die Hauptursache; auf Zeiten der Dürre folgen nicht selten Phasen der Überschwemmung. Dennoch entwickelte sich eine frühzeitige und nachhaltige Besiedelung und im Abstand von 50 km entstanden Sukhothai und sein Satellit Chaliang (Sri Satchanalai). Diese Entwicklung ist vor allem zwei Faktoren geschuldet: Erstens lagen beide Siedlungen auf der Fernhandelsroute zwischen dem Mekong und dem Salween. Und zweitens gab es sehr wahrscheinlich frühe enge kulturelle und ökonomische Beziehungen zu Lawo im Chao Phraya-Delta und den Khmer-Reich in Angkor. Letzteres beförderte auch die Gründung zweier weiterer Siedlungen, *Sra Luang* [สระหลวง][431] und Song Khwae[432].

Als die Könige Mengrai von Lan Na, Ngam Müang von Phayao und Ramkhamhaeng von Sukhothai 1287 ihren Freundschafts- und Bündnispakt unter dem Einfluß anhaltender mongolischer Pressionen schlossen, hatte sich Sukhothai bereits eine respektable Position im Netzwerk der sich entwickelnden Tai-Prinzipalitäten geschaffen. Sukhothai war es in vergleichsweise kurzer Zeit gelungen, im Süden der Tai-Domänen eine zunemend dominierende Rolle einzunehmen, vergleichbar mit der Entwicklung Lan Nas im Norden. Die Gründung und der folgende Aufstieg Sukhothais bildete im 13. Jahrhundert neben dem Niedergang Funans, der Geburtsstunde des Königreiches Sumatra, den Eroberungen *Anawrahta Minsaws* in Pagan und Suryavarman II.[433] in Angkor einen der signifikanten Wendepunkte (*Coedes,1968:XVIII*) in der Geschichte *Farther Indias*[434]. Ermöglicht wurde

---

[423] Abgeleitet von dem Sanskrit-Wort *Sukhodaya*, der mit „großes Wohlbehagen bewirkend" übersetzt werden kann
[424] Stadt des Himmels
[425] Phichit bedeutet „*schön*" oder „*sehenswert*" und wurde 1058 von *Phraya Khot Thabong Thevaracha* gegründet.
[426] „Diamantenmauer". Darin kommt der Wunsch zum Ausdruck, die Mauern der Festung Kamphaeng Phet, die in der Vergangenheit ein Vorposten an der Grenze zu Pegu war, mögen hart wie Diamant sein.
[427] ursprünglich *Bisnuloka*, „Vishnus Erde"
[428] „Nördlicher Hafen". Weist auf die Bedeutung der Provinzhauptstadt als Umschlagplatz für Holz und andere Güter hin.
[429] Ein weiterer alter Name der Stadt war *Ra-Haeng*.
[430] Der Name setzt sich zusammen aus *phet* [เพชร] (Diamant) und *bun* [บูรณ์] (voll) und weist auf dieEdelsteinvorkommen in der Provinz hin.
[431] „Stadt am Königlichen Teich". Während der Ayutthaya-Periode: *Okhaburi* (Stadt im Sumpf), das heutige Phichit.
[432] „Zwei Flüsse", das heutige Phitsanulok
[433] Posthumer Name: *Paramavishnuloka*
[434] „Hinterindien". Der Begriff „Hinterindien" bezeichnete den aus europäischer Sicht hinteren Teil des als indisch verstandenen Gebietes. Die Begriffe sind aus einer eurozentrischen, kolonialen Perspektive entstanden und gelten

der rasche Aufstieg des jungen Königreiches einerseits durch den Niedergang Nan Chaos, der eine Migration und anschließende zunehmende Besiedelung der Zentralebenen um die einstigen Kerngebiete Dvaravatis und Lopburis auslöste. Ambitionierte *chao*, die militärisches Geschick, politische Visionen und administrative Kenntnisse und Fertigkeiten praxisorientiert mit einem selbstbewußten Herrschaftsanspruch verschmolzen, hatten sich in dieser Region zunehmend etabliert. Für die (über)lebensnotwendige Population sorgte einerseits die anhaltende Migrationen aus dem Norden sowie die Unterwerfung benachbarter Domänen. Ihre gesellschaftliche Stellung und Akzeptanz erwarb sich die neue Tai-Elite vorzugsweise durch Einheirat; entweder in die alteingesessenen und respektierten Clans der Mon oder aber mit den Repräsentanten der Besatzungsmacht, den Khmer. Ein gern zitiertes Beispiel in diesem Zusammenhang ist das des Prinzen *Phrom* [พรหม] aus *Yonok* [โยนก], der um 1017 von einer aus dem Westen kommenden Armee aus seinem angestammten Herrschaftsgebiet im Müang Fang vertrieben worden war. Seine Odyssee endete in der Gegend um Kamphaeng Phet, wo er im Grenzgebiet des Khmer-Reiches eine neue Dynastie gründete.

Der Einfluß Angkors auf die militärischen, politischen und administrativen Tai-Eliten im Gebiet des Chao Praya-Tales liegt auf der Hand. Allerdings ist das einzige erhaltene schriftliche Zeugnis, welches diese These verifiziert, die Inskription No. 2. Entdeckt wurde sie, allerdungs nicht *in situ*, 1877 von einem Beamten, der von König Rama V. den Auftrag erhalten hatte, in Sukhothai nach alten Inskriptionen zu suchen. Als weitere Indizien seien die komplexen sozialen Strukturen aber auch die signifikant hierarchische Form der politischen Organisation angeführt, beispielsweise im direkten Vergleich mit den Staaten der Lao oder Tai Yuan. Die Tais an den Ufern des Maenam Chao Praya wurden von den sie umgebenden *müang* zunehmend als eigene ethnologische Gruppe und soziale Gemeinschaft perzepiert; bereits um 1200 findet sich zunehmend auf steinernen Zeugnissen der Mon und Khmer der Inskription Siamesen, eine lokale Variante des Wortes Siam. Am Ende des Jahrhunderts lassen sich dann in chinesischen Quellen die ersten Hinweise auf ein Land *Siem*, also Siam, nachweisen. (*Wyatt,1996*) Trotzdem bleibt festzuhalten, das die Bedeutung dieser neuen *müang* bis zum ersten Drittel des 13. Jahrhunderts eher lokaler Natur war. Erst der Niedergang von Angkor, der mit dem Tode Jayavarman II. seinen Anfang nahm, schuf die grundlegende Voraussetzung für die wachsende Bedeutung der Tai-Prinzipalitäten. Taktisch klug konzentrierten sich die *chao* auf den Auf- und Ausbau der Population in ihren *müang*, und verwandten den Großteil ihrer Energien, von gelegentlichen Scharmützeln mit der „Besatzungsmacht" abgesehen, auf das Knüpfen von Netzwerken persönlicher Beziehungen untereinander. Ein weiteres charakteristisches Merkmal sind die diversen ehelichen Verbindungen zwischen den einzelnen Tai-Gruppen, insbesondere im 13. Jahrhundert. Der geographische Charakter der Region beförderte die engen Verbindungen der einzelnen *müang* untereinander. Eheschließungen waren vermutlich die beste Voraussetzung zur Erhaltung des friedlichen Neben- bzw. Miteinander auf vergleichsweise engen Raum. Insbesondere die führenden Clans promovierten Hochzeiten ihrer Kinder untereinander und vergrößerten so nach und nach ihr Territorium. Überdies waren *human resources* im Gegensatz zu fruchtbarem Land knapp und mit jeder Eheschließung verfügte der jeweilige *chao* über weitere Arbeitskräfte. Durch diese zusätzliche *manpower* steigerten sich die wirtschaftlichen Erträge und damit Macht und Einfluss in der Region.

Insbesondere im 13. Jahrhundert kann für die Regionen um Sukothai und Chiang Saen festgestellt werden, das strategische Eheschließungen unter den Eliten sich zu einer

---

zunehmend als überholt. Als politisch-kultureller Raum wird stattdessen „südostasiatisches Festland", „Festlandsüdostasien" oder „Kontinentalsüdostasien" (*Mainland Southeast Asia*) verwendet. Dies schließt jedoch über die Halbinsel Hinterindien hinaus auch den Norden Vietnams, Laos und Myanmars, teilweise auch den äußersten Süden Chinas mit ein.

akzeptierten Norm entwickelt hatte. Als Konsequenz daraus entwickelte sich auch im Kerngebiet des zukünftigen Reiches von Sukhothai ein Nukleus von miteinander familiär verbundener *müang*, die sich auch keinen ethnischen Restriktionen mehr unterwarfen; zunehmend heirateten Tai in die angesehenen und einflussreichen Khmer-Familien ein (*Kasetsiri,1976:39f.*).

Dieser sozialpolitischen Entwicklung trugen die herrschenden Khmer Rechnung; zwar unterwarfen sie die Tai im Tal des Chao Praya und dokumentierten so ihren hegemonialen Anspruch. Gleichzeitig jedoch umwarben sie den einflußreichen *chao*, gingen auch familiäre Bande ein und für die Anerkennung des Supremats von Angkor erhielten die einflußreichsten *chao* einen Khmer-Titel, ein geweihtes Schwert als sichtbare Insignie der ihnen verliehenen Autorität und eine Prinzessin aus dem reichhaltigen royalen Reservoir Angkors. Der *chao* sorgte seinerseits für die Entrichtung der vereinbarten Tributzahlungen und erhielt dafür das Privileg, sein *müang* weitestgehend selbständig regieren zu dürfen. Einer dieser *chao* war *Pho Khun Pha Müang Chao Müang Rat* [พ่อขุนผาเมืองเจ้าเมืองราด], der Herrscher *Müang Rats*[435]. Ein weiterer einflußreicher *chao* in der Region war *Pho Khun Bang Klang Thao* [พ่อขุนบางกลาง หาว] aus *Müang Bang Yang* [เมืองบางยาง]. Orte, die für die Geschichte der beiden *chao* von Relevanz sind, werden in diversen Chroniken genannt; allerdings sind nur einige davon eindeutig indentifiziert und lokalisiert. Sukhothai selbst und sein „Satellit" Sri Satchalai sind bekannt; die Schwesterstädte lagen beide am Maenam Yong bevor dieser seinen Verlauf änderte. *Bang Klung* [บางขุง] am *Fa Gradan* [ฝากระดาน], einem Zufluss des Maenam Yom, ist das zwischen Sukhothai und Sri Satchanalai gelegene *Bang Kang* [บางขัง]. Das *Müang Bang Yang* von Pho Khun Bang Klang Thao ist *Wiang Chao Ngoh* [เวียงเจ้าเงาะ] oder *Tung Yang* [ทุ่งยั้ง] im heutigen Landkreis *Laplae* [อำเภอ ลับแล] der Provinz *Uttaradit* [อุตรดิตถ์]. Das *Müang Rad* von Pha Müang dürfte *Nakhon Thai* gewesen sein, entweder im gleichnamigen Gebiet des heutigen Landkreises [อำเภอนครไทย] oder eine ältere Siedlung weiter oben in den Ausläufern der hinterindischen Bergketten. Bei *Sagodai* [สากอไต] könnte es sich um das Gebiet der heutigen Gemeinde *Phichai* [พิชัย] im Landkreises *Muang Lampang* [อำเภอเมืองลำปาง] in der Provinz Lampang handeln. Das alte Tak lag etwa 20 km flussaufwärts von der heutigen Stadt Tak. *Lampong* [ลำพง], oder *Lampong Terng* [ลำพงเติง] laut Inskription No. 2, wird im Gebiet des heutigen Landkreises *Thön* [อำเภอเถิน] in der Provinz Lampang vermutet. *Müang Chod* [เมืองฉอด] wird allgemeinen[436] im Gebiet des heutigen Landkreises *Mae Sot* [อำเภอแม่สอด] der Provinz Tak lokalisiert (*M.C. Rajani,1972:260f.*). Soweit zur Geographie, als nächstes verspricht ein Blick auf die Tradierungen Wissenswertes und Unterhaltsames.

Darin ist Bang Klang Thao als *Phra Rüang* [พระร่วง] bekannt und gilt als Enkel des Tai-Fürsten *Mahai Chaichana* und Sohn *Nai Khong Kraos*. Letzterer war verantwortlich für die Leistung der jährlichen Tributzahlungen geweihten Wassers[437] an Angkor. So mußten denn zur vorgeschriebenen Zeit 500 Ochsenkarren mit je 25 Tonfässern geweihten Wassers aus *Tale Chupson* in Lopburi auf den langen und beschwerlichen Weg nach *Inthapat*[438] gebracht werden. Führt man sich die Unebenheiten des zu überwindenden Geländes vor Augen, so läßt

---

[435] Das heutige *Müang Ratchaburi* [เมืองราชบุรี] in der gleichnamigen Provinz; möglicherweise auch in der Nähe von *Uttaradit* [อุตรดิตถ์] gelegen.
[436] Der Verweis von *M.C. Rajani,1972:261* auf die burmesische Siedlung *Meuyavadi* [เมยวดี] am *Meuy*-Fluss [แม่น้ำเมย] erscheint dem Autor wenig substantiiert.
[437] In Südostasien eine zeit eine gängige Praxis mit hohem Symbolcharakter. Als sichtbares Zeichen ihrer Hegemonialstellung ließen sich Herrscher Wasser von allen vier Eckpunkten ihres Hegemonialbereiches als jährliche Tributleistung an den jeweiligen Hof bringen.
[438] Angkor Thom [អង្គ] wörtlich: „Große Stadt".

sich auch heute noch die Schwierigkeit des Unterfangens nachvollziehen. Eine der Achillesfersen der jährlichen Expeditionen boten die nicht eben stoßfesten Tongefäße. *Bang Klang Thao* hatte hier den rettenden Einfall: Er ließ Krüge aus Bambus fertigen, die er innen mit einer wasserdichten Massen auskleidete. Die neuen Behältnisse waren leichter und das Material erwies sich als wesentlich robuster als die vorher verwendeten irdenen Gefäße. Den Herrschern in Angkor jedoch erschien *Bang Klang Thao* als zu klug, um nicht als potenzielle Gefahr angesehen zu werden. (*Manich Jumsai,1996:92f.*) Die Khmer heuerten *Phraya Dejo* an, dessen einziger und unmißverständlicher Auftrag lautete, den smarten *Phra Rüang* zu eliminieren. Dieser erfuhr jedoch von den finsteren Plänen der Khmer, nahm die Robe und versteckte sich in einem Tempel. Ausgerechnet an dessen Tür klopfte alsbald der gedungene Mörder und fragte, da er Bang Klang Thao nicht kannte, ausgerechnet sein Opfer nach dessen Verbleib. Geistesgegenwärtig erklärte *Phra Rüang*, er werde den Gesuchten herbeiholen, *Phraya Dejo* solle sich im Kloster einstweilen von den Strapazen der Reise erholen. In Begleitung seiner bewaffneten Freunde kehrte *Bang Klang Thao* schon bald zurück und seine Männer hieben den gedungenen Killer auf der Stelle nieder. Eine Legende spricht gar davon, die übernatürlichen Kräfte *Phra Rüangs* hätten *Phraya Dejo* in einen Felsen verwandelt (*Bastian,1866:309*).

Phra Müang sammelte um 1240 Truppen aus der Region und verbündete sich mit Bang Klang Thao. Offensichtlich vereinigten beide *chao* ihre Truppen wenn militärisch erforderlich[439], operierten aber auch eigenständig; so verzeichnet Inskription No. 2 sowohl eine zeitweilige Trennung beider Streitkräfte, als auch Bang Klang Thao als alleinigen Eroberer von Sri Satchanalai (*Griswold & na Nagara,1972:110*). Unter der Führung Bang Klang Thaos stellten das gemeinsame Heer dann *Khom*[440] *Khlon Lambang* [ขอมโขลญลำพง], offensichtlich der Kommandeur der Khmer-Garnison in Sukhothai, zum Kampf und besiegten die Besatzer. Dem Angebot des Waffenbruders, fortan als Herrscher Sukhothais zu fungieren, stimmte *Bang Klang Thao* unter der Bedingung zu, daß zunächst die Truppen *Phra Müangs* die Stadt räumen müßten; ob dieses aus Respekt oder Furcht vor dem ebenfalls charismatischen *Phra Müang* erfolgte ist nicht überliefert, aber die Vorsicht war sicherlich nicht unbegründet (*Coedes,1921:7*). Nachdem letzterer der Forderung *Bang Klang Thaos* entsprochen und seine Truppen zurückgezogen hatte, ließ sich Bang Klang Thao von seinem Alliierten zum neuen Herrscher Sukhothais, interessanterweise mit dem Titel *Kamrateng An Pha Möang* [กมรเตงอญ ผาเมือง] *Sri Indraditya*, weihen. Offensichtlich hatte Phra Müang den ihm einst selbst von den Khmer verliehenen Titel auf den Verbündeten übertragen, in der Sprache Angkors stand *Kamrateng An* für „König" oder „Vizekönig". Inskription No. 2 vermerkt, der »Gott[441], der Herrscher Sri Sodharapuras[442]« habe Phra Müang einst seine Tochter *Nang Sikharamahādevī* [นางสิขรมหาเทวี], das Schwert *Chaiyasri* [ไชยศรี] und einen hohen Würdentitel verliehen (*Griswold & na Nagara,1972:93,111*).

Alsdann wurde aus Phra Rüang der neue König Sri Indraditya, dessen Frau Nang Suöng als künftige Königin fortan den Namen Sikhare Mahadevi führte. Die Ehe war fruchtbar, dem König wurden in der Folge gleich drei Söhne und damit Thronfolger geschenkt. Der erste verstarb noch im Kindesalter, der Zweitgeborene *Ban Müang* folgte später als erster dem

---

[439] Erinnert an die Strategie „*Getrennt marschieren – vereint schlagen*" Helmuth von Moltkes, dessen Truppenteile sich am 3. Juli 1866 buchstäblich erst auf dem Schlachtfeld beim Dorf Sadowa vereinigten und dadurch die Schlacht von Königsgrätz zugunsten Preußens und damit der „kleindeutschen Lösung" entschieden.
[440] Laut *Coedes,1921:6* indiziert der Terminus Khom [ขอม], das es sich um einen Khmer gehandelt haben muss.
[441] [ผีฟ้า] *phi fa*, das thailändische Äqivalent zum Sanskrit Terminus *devaraja*.
[442] Yaśodharapura [ยโศธรปุระ] (Angkor Thom), die erste Hauptstadt des Khmer-Reiches; es handelt sich also um den Khmer-König.

Vater auf den Thron und das Nesthäkchen sollte einmal der berühmteste Königs Sukhothais werden: Pho Khun Ramkhamhaeng.

5.1. König Ramkhamhaeng der Große [พ่อขุนรามคำแหงมหาราช] (1279 (?) - 1298[443])

ในน้ำมีปลาในนามีข้าว[444] ... Zu Zeiten *Pho Khun Sri Indradityas* und *Pho Khun Ban Müangs* [พ่อขุนบาน เมือง] erstreckte sich der Einfluß Sukhothais kaum über die Grenzen des eigenen Fürstentums. Indiz hierfür ist die Fastniederlage der Truppen *Sri Indradityas* gegen die Soldaten des kleinen benachbarten *Müang Chod* [เมืองฉอด][445]; diese befanden bereits auf der Flucht als der damals erst neunzehnjährige Prinz Rama die Verfolger abfing, zum Kampf stellte und schließlich bezwang. Nach dieser Schlacht erhielt Prinz Rama den Ehrentitel, den er später auch als Königsnamen weiterführte: Ramkhamhaeng[446]. Es existieren verschiedene Schreibweisen in Thai und bei den phonetischen Umsetzungen für diesen Namen (Ramkanhaeng, Rama Khamhaeng, Ram Khamhaeng ,รามคำแหง, รามกำแหง etc.); gemeint ist aber immer die gleiche historische Figur. Eine vertiefende etymologische Analyse liefert beispielsweise *Sommai Premchit* in: รามคำแหงหรือรามกำแหง[447].

Nach dem Tode des Vaters bestieg für kurze Zeit der ältere Bruder *Ban Müang* den Thron; trotz der Verdienste um sein Land machte der junge Prinz dem älteren Bruder das Erbe nicht streitig, keine Selbstverständlichkeit in der damaligen Zeit. 1275 verstarb der Bruder jung an Jahren und Ramkhamhaeng bestieg im Alter von knapp vierzig Jahren den Thron Sukhothais. Die berühmte, von ihm 1292 vermutlich selbst verfassten steinernen Inskription[448] in Sukhothai[449] >>setzt sich aus drei charakteristischen Teilen zusammen. Im ersten Teil [I/1-18] gibt der König, von sich selbst in der ersten Person sprechend, eine kurze Autobiographie bis zur Thronbesteigung. Der zweite Teil [I/18 - IV/11] wurde durch den gleichen Steinmetz ausgeführt, spricht aber vom König in der dritten Person: es fasst die Bräuche des Landes zusammen und gibt eine Beschreibung der Stadt Sukhothai und endet mit einem Bericht über die Entdeckung des steinernen Thrones in M.S. 1214 (1292 A.D.), die Aufstellung der Reliquien in Sri Satchanalai in M.S. 1207 (1285 A.D.) und die Erfindung der Schrift in M.S. 1205 (1283 A.D.). Der dritte Teil [IV/11-27] ist von anderer Hand mit leichteren Schlägen gemeisselt und die Schreibweise enthält gewisse Merkmale, die ein späteres [Entstehungs]Datum indizieren; er setzt sich zusammen aus einer Eloge auf den König und

---

[443] Die Chronologie ist weder unumstritten noch eindeutig. Der Autor folgt, sofern nicht anders ausgewiesen, den Datierungen in *Wyatt,1984:Appendix A*.

[444] *nai nam mi bla, nai na mi khao* (Im Wasser schwammen die Fische und auf den Feldern stand der Reis). Jedes thailändische Schulkind kennt diese wohl bekannteste Zeile aus der Inskription No. 1.

[445] In der heutigen Provinz *Tak*, vermutlich in der Nähe von oder *Mae Sot* [แม่สอด] selbst.

[446] Rama der Tapfere

[447] *Premchit,1988:260ff.*

[448] Der leidenschaftlich geführte wissenschaftliche Diskurs der 1980er und 1990er Jahre ist nicht das Hauptthema dieses Buches. Da sich das Für und Wider der Argumente auf linguistische Feinheiten der Tai-Schrift des 13. Jahrhunderts fokussiert, erschliessen sich die vorgebrachten Argumente in Gänze nur den Spezialisten. Dennoch hat der Autor am Ende dieses Kapitels in einem Epilog den Versuch unternommen, das *pro et contra* grob nachzuzeichnen. An dieser Stelle nur der Hinweis, das die folgende Darstellung der Ramkhamhaeng-Epoche u.a. der Meinung Wyatts folgt, der die Authentizität der Inskription u.a. durch den „mittelalterlichen" Duktus des Textes als erwiesen ansah. Vgl. hierzu David K. Wyatt: *Contextual Arguments for the Authencity of the Ramkhamhæng Inscription* in: Studies *in Thai History, Silkworm Books, Chiang Mai 1994*

[449] Der Text ist von verschiedenen Autoren ins Englische übersetzt worden. Als Beispiele seien hier lediglich drei der Arbeiten genannt: Der erste Hinweis auf diese bedeutende Inskription lieferte der deutsche Forschungsreisende Dr. Adolf Bastian: *On Some Siamese Inscriptions* in: JASB, Band 34.1. (1865), S.27ff. Eine erste komplette Übersetzung lieferte Professor Bradley: *The Oldest Known Writing in Siamese; the Inscription of Phra Ram Khamhaeng of Sukhothai, 1293 A.D.* im JSS 6.1 (1909) ab. A.B. Griswold und Prasert na Nagara haben sich als führende Epigraphen Sukhothais in verschiedenen Beiträgen im JSS, beginnend im Juli 1968 *(JSS 56.2)*, den frühen Inskriptionen Sukhothais und seiner Nachbarn mit Erfolg gewidmet.

Angaben zu den Grenzen seines Reiches. Es kann kaum bezweifelt werden, das der Autor dieser Inskription, das heißt die Person in dessen Auftrag der Text verfasst und graviert wurde, Ramkhamhaeng selber war und damit die Absicht verband, der Errichtung des steinernen Thrones *Manangkhasila* [พระมนังคศิลา] im Palmenwäldchen des Königspalastes im gleichen Jahr 1292 zu gedenken<<. (*Coedès,1924:37f.*) In der ersten Zeile beginnt die Darstellung des frühesten Lebensabschnittes aus der Sicht des Königs:

1.01   พ่อกูชื่อศรีอินทราทิตยแม่กูชื่อนางเสืองพี่กูชื่อบานเมือง
       Der Name meines Vaters war Sri Indraditya, der Name meiner Mutter war Nang Suöng, der Name meines älteren Bruders war Ban Müang

Einer Chronik zufolge war Pho Khun Ramkhamhaeng (dort *Phra Ruang* genannt) der Sohn eines Fischers und der Ogress[450] *Kangli* (*CMC,1998:25*). Im europäischen Sagenkontext wird die Figur des Oger, bzw. die seines femininen Pendants, der Ogress, als ein fiktives, menschenartiges, aber missgestaltetes Wesen geschildert, welches sich in der Regel durch enorme Körpergröße und Kraft auszeichnet. Oger wirken hässlich und scheuen den Kontakt mit Menschen. Sie werden zumeist als gewalttätig und aggressiv, aber eher dumm dargestellt. Auch eine Vorliebe für Menschen-, vorzugsweise Kinderfleisch, wird ihnen zugeschrieben – daher auch die deutsche Übersetzung „Menschenfresser" für das französische *ogre*. Im Gegensatz dazu können sich diese Wesen in den asiatischen Tradierungen beliebig manifestieren, also auch als schön, klug und begehrenswert erscheinen. Sie sind aber ebenso stark und gefährlich und neigen gleichsam zum Kannibalismus.

1.02   ตูพี่น้องท้องดยวห้าคนผู้ชายสามผู้ญิงโสงพี่เผืออ
       Wir waren fünf aus dem gleichen Mutterleib, drei Knaben und zwei Mädchen
1.03   ผู้อ้ายตายจากเผืออตยมแต่ญงงเลกเมืออกูขึ้นใได้
       Mein ältester Bruder starb im Kindesalter. Als ich
1.04   สิบเก้าเข้าขุนสามชนเจ้าเมืองฉอดมาทเมืองตากพ่อกูไปรบ
       19 Jahre alt war überfiel Khun Sam Chon, der Herrscher Muang Chods, Muang Tak. Mein Vater griff
1.05   ขุนสามชนหววซ้ายขุนสามชนขบมาหววขวาขุนสาม
       Auf der linken Seite an; Khun Sam Chon wandte sich nach rechts. Khun Saam
1.06   ชนเกื่ลอนเข้าไพร่ฝ้านำาใสพ่อกูหนีญญ่ายพายจแจน
       Chon befahl seinen Truppen den Angriff. Die Untertanen meines Vaters flohen schnell. Besiegt liefen sie in Konfusion auseinander.
1.07   กูบ่หนีขี่ช้างเบกพลกูขบบเข้าก่อนพ่อกูกู้
       Ich floh nicht. Ich bestieg meinen Elephanten und griff an, bevor mein Vater es tun konnte. Ich bestritt
1.08   ช้างด้วยขุนสามชนตนกูพุ่งช้างขุนสามชนตววชื่
       ein Elephantenduell mit Khun Sam Chon. Ich kämpfte mit Khun Sam Chons Elephanten,
1.09   มาสเมืองแพ้ขุนสามชนพ่ายหนีพ่อกูจึ่งขึ้นชื่กู
       der den Namen Mas Müang trug. Besiegt floh Khun Sam Chon. Dann gab mir mein Vater den Namen
1.10   ชี่พระรามคํแหงเพื่ออกูพุงช้างขุนสามชนเมืออ
       Phra Ramkhamhaeng, da ich mit Khun Saam Chons Elephanten gekämpft hatte.

---

[450] Etymologisch betrachtet, ist der Oger daher vermutlich mit dem Ork verwandt, einem fiktiven Wesen nichtmenschlicher Art, das im 20. Jahrhundert unter anderem in den Erzählungen *Der kleine Hobbit* sowie *Der Herr der Ringe* von J. R. R. Tolkien wiederbelebt wurde.

Warum Ramkhamhaeng davon spricht den Elefanten und nicht *Sam Chon* selbst bekämpft und besiegt zu haben, ist nicht eindeutig zu klären. Naheliegend wäre, daß hier der weise Staatsmann den früheren Feind, auch vor den Augen der Nachwelt das Gesicht wahren ließ. Interessant sind auch die folgenden Zeilen der Inskription, die die strikte Befolgung des Prinzips der Seniorität einerseits und die absolute Prärogative des Herrschers andererseits deutlich artikulieren. Ein paternalistisches Herrschaftsmodell setzt die Akzeptanz dieser Grundregeln voraus; wird der Herrscher im Inneren ohne Einschränkungen als solcher anerkannt, und zwar sowohl von Adel und buddhistischen Klerus als auch vom einfachen Volk, bedurfte es zu seiner Machterhaltung auch keines diktatorischen Regimes. Das Ehren der Eltern sowie der älteren Geschwister und die kolpotierte Demut des künftigen Herrschers mag auch dem Wunsch des royalen Auftraggebers entsprochen haben, die Nachwelt möge sich seiner als würdigen Herrscher entsinnen.

1.11 ช่วว่พ่กูยังบีเรอแก่พ่กูยังบีเรอแก่แม่กูได้ตวว
Während mein Vater lebte, diente ich meinem Vater und meiner Mutter. Wenn ich

1.12 เนื้ออตววปลากูเอามาแก่พ่กูได้หมากส้มหมากหวาน
einen Hirschen erlegte oder einen Fisch fing, brachte ich diese meinem Vater. Wenn ich etwas Saures oder eine süsse Frucht bekam,

1.13 อนนใดกินอร่อยกินดีกูเอามาแก่พ่กูไปตี
welche köstlich und bekömmlich war, brachte ich diese meinem Vater. Ging ich auf die Jagd nach

1.14 หนงงวงช้างได้กูเอามาแก่พ่กูไปท่บ้านท่เมือง
Elephanten, entweder mit dem Lederlasso oder indem ich sie in ein Gatter trieb, brachte ich diese meinem Vater. Überfiel ich ein Dorf oder eine Stadt

1.15 ได้ช้างได้งวงได้นางได้เงือนได้ทองกูเอา
und erbeutete dort Elephanten, Männer, Frauen, Silber oder Gold, übergab ich diese

1.16 มาเวนแก่พ่กูพ่กูตายญงพี่กูพร่าบีเรอแก่พี่
an meinen Vater. Als mein Vater starb, lebte mein älterer Bruder noch und ich diente ihm

1.17 กูยังงบีเรอแก่พี่กูดังจิ่งได้เมืองแก่กูทงง
wie ich meinem Vater gedient hatte. Als mein älterer Bruder starb fiel das Königreich mir zu

Das Reich *Pho Khun Ramkhamhaengs* hatte sich im Vergleich zu seinen beiden Vorgängern auch räumlich signifikant entwickelt. Chinesische Quellen[451] berichten von großen Verwüstungen und Trauer im Reich der Khmer, nachdem die Tai um 1296 in Angkor eingefallen waren. Andere Autoren sahen die Tais sogar bis an die Küsten Javas oder in das Land der *Cham*[452] vordringen. Die Primärquelle für diese Epoche, der Stein auf dem der König zu uns spricht[453], beschreibt den vermeintlichen Hegemonialstatus Sukhothais über folgende Gebiete und Ethnien:

4.01 พ่ขุนรามคำแหงลูกพ่ขุนบีรอินทราทิตยเปน
Pho Khun Phra Ramkhamhaeng, Sohn des Pho Khun Indraditya, ist

---

[451] Im August 1296 kam ein Mitglied der kaiserlichen Gesandtschaft der *Yuan-Dynastie* (das von 1279 bis 1368 über weite Teile des heutigen China herrschende mongolische Kaiserhaus) namens *Zhou Daguan* (auch *Chou Ta-Kuan*) [周達觀] nach nach *Yasodharapura* (das heutige Angkor) und blieb bis Juli 1297. Nach seiner Rückkehr verfasste er einen detaillierten Bericht über seine Zeit in der damaligen Kapitale der Khmer.
[452] Ein sunnitisch-muslimisches Reisbauernvolk, das im Gebiet des heutigen Kambodscha, Laos, Thailand und Vietnam siedelte. Sie sind die Nachfahren der Bevölkerung des ehemals bedeutenden Königreiches *Champa* (auch *Aman*) Vietnamesisch: Chăm Pa], das seine Blütezeit im 9.-10. Jahrhundert erlebte.
[453] Für die Übersetzung der kompletten Inschtift ins Deutsche siehe Appendix II.

4.02 ขุนในเมืองนีรสชชนนาไลสุโขไททงงมากาวลาว
der Herrscher dieses Landes Si Satchanalai-Sukhothai, aller Ma⁴⁵⁴, Kao⁴⁵⁵, Lao⁴⁵⁶,

4.03 แล้ไทเมืองใต้หล้าฟ้าฎ...ไทชาวอูชาวของมาออก
und Tai der südlichen Länder unter dem Himmelszelt⁴⁵⁷ [...] Tai der U⁴⁵⁸ und des Mekong sind ihm Untertan.

4.18 รอดสรลวงสองแควแดวลับาจายสคาเท้าฝงขอ'
[Er unterwarf im Osten] Sra Luang⁴⁵⁹, Song Khwae⁴⁶⁰, Lumbachai⁴⁶¹, Sakha⁴⁶² bis an die Gestade des Mekong,

4.19 เถิงวยงจนนวยงคำเปนทีแล้วเบิ้งหวว
bis Wiangchan⁴⁶³, Wiangkham⁴⁶⁴ als Grenze; im Süden

4.20 นอนรอดคนทีพระบางแพรกสุพรณณภูม
bis nach Khonti⁴⁶⁵, Phra Bang⁴⁶⁶, Phraek⁴⁶⁷, Suphanaphum⁴⁶⁸

4.21 ราชบูรีเพชบูรีศิรธรรมราชฝงงทเล
Ratchaburi, Phetchaburi, Si Thammarat⁴⁶⁹, die Küste des Meeres und

4.22 สมุทรเปนทีแล้วเบิ้องตวนนตกรอดเมือง
den Ozean als Grenze⁴⁷⁰; im Westen bis nach Müang

4.23 ฉอดเมือง ... นหงศาพดิสมุทรเปน
Chod, Müang [...]⁴⁷¹, Hongsawati⁴⁷², das Meer

4.24 แดนเบื้องตีนนอนรอดเมืองแพลเมือง
als Grenze; im Norden bis nach Müang Phrae

4.25 ม่านเมืองน [...] เมืองพลววฟันฝงของ
Müang Man, Müang N[...]⁴⁷³, Müang Phlua⁴⁷⁴, bis jenseits der Gestade des Mekong

4.26 เมืองชวาเปนทีแล้ว
Müang Chawa⁴⁷⁵ als Grenze.

Es steht jedoch kaum zu vermuten, daß dieses Territorium mit einer riesigen Ausdehnung ein Staatsgebilde in der heutigen Form beschreibt. Statt dessen dürfte es eher sich um ein politisch-kulturelles Netzwerk von Herrschaftsgebieten gehandelt haben, in denen persönliche Beziehungen und Abhängigkeiten gegriffen haben. Diese bildeten dann die Basis

---

⁴⁵⁴ Möglicherweise zwischen Sukhothai und Nan, in der Gegend um Phrae gelegen.
⁴⁵⁵ Im oberen Nan-Tal gelegen.
⁴⁵⁶ Luang Prabang [Lao: ຫຼວງພະບາງ wörtlich: „Königliche Buddha Statue"] und weitere Gebiete im heutigen Laos.
⁴⁵⁷ Entweder die Tai aus dem südlichen Yunan (China) oder die non-Lao Tais im Gebiet des heutigen Laos.
⁴⁵⁸ Möglicherweise die Tai aus dem U-Tal nördlich von Luang Prabang.
⁴⁵⁹ Alter Name für *Phichit* [ตรจวง].
⁴⁶⁰ Alter Name für Phitsanulok.
⁴⁶¹ Das heutige *Lom Kao* [หล่มเก่า], der nördlichste Distrikt der Provinz Phetchabun.
⁴⁶² Das Pa Sak-Tal in der Provinz Phetchabun.
⁴⁶³ Das heutige *Vientiane* [เวียงจันทน์] [Lao: ວຽງຈັນ], die Hauptstadt von Laos.
⁴⁶⁴ *Mae Sa* [แม่สาย] in der Provinz Chiang Rai Distrikt
⁴⁶⁵ Möglicherweise 25 km südöstlich der heutigen Stadt *Kamphaeng Phet* am Ping-Fluss gelegen.
⁴⁶⁶ *Nagara Svarga* - Provinz Nakhon Sawan.
⁴⁶⁷ Das alte *Jayanada*, die heutige Provinz Chainat.
⁴⁶⁸ *Suphan Buri* [สุพรรณบุรี]
⁴⁶⁹ Nakhon Si Thammarat
⁴⁷⁰ Gemeint sind die Andamanensee im Westen und der Golf von Bengalen im Osten.
⁴⁷¹ Vermutlich *Martaban*, das heutige *Mottama* in Myanmar.
⁴⁷² *Hongsawadi*, das alte Pegu und heutige Bago in Myanmar.
⁴⁷³ Vermutlich im Gebiet der heutigen Provinz Nan [น่าน].
⁴⁷⁴ Vermutlich ein Gebiet am Oberlauf des Nan-Flusses.
⁴⁷⁵ Wie *Chiang Tong* ein alter Name für Luang Prabang.

für eine zeitlich befristete Anerkennung einer gewissen Vormachtstellung Sukhothais zu Lebzeiten des charismatischen Königs *Ramkhamhaeng*. Dies gilt insbesondere für das Gebiet des Malaiischen Halbinsel, der Inschrift zufolge komplett unter der Hegemonie Sukhothais. Bereits im 14. Jahrhundert begann die schleichende Islamisierung dieser Region[476], befördert durch Händler aus dem muslemischen Kulturkreis, die sich vermehrt dort niederliessen und lukrative Handelszentren aufbauten. Im Gegensatz zu Ayutthaya war Sukhothai eher autark was die Versorgung mit lebensnotwendigen Gütern anbelangte. Die großen Handelsrouten zwischen Europa und China verliefen weiter nördlich[477] und auch der Seehandel im Indonesischen Archipel oder der Strasse von Malakka fand weitestgehend unter Ausschluss Sukhothais statt. Angesichts dieser selbstgewählten Frühform der *splendid isolation* dürfte das, was für die Beziehungen zwischen Ayutthaya und dieser Region einige Generationen als gesichert anzunehmen ist, erst recht für die Beziehungen zwischen Sukhothai und seinen südlichsten Vasallen zutreffen: >>Das Vasallentum war rein formaler Natur und durch die Zahlungen der Tribute eröffneten sich Möglichkeiten für den Handel [...] Diese Herrscher kleiner Gebiete warben um die Gunst und das Wohlwollen des Königs von Siam um ihre Ländereien zu schützen, ohne dabei dessen weltliche, geschweige denn spirituelle Autorität anzuerkennen [...] Für die Siamesen stellte der Erhalt der Tributzahlungen zu einem gewissen Grad die Anerkennung des gottgleichen Status ihrer Monarchen dar. Für die muslimischen Prinzen, stellten die übersandten Silber- [...] und Goldbäumchen[478] sowie der anderen Tributleistungen lediglich den Preis dar, der zu zahlen war (als eine Art Steuer), der es ihnen erlaubte, weiterhin ihre profitablen Geschäfte zu tätigen [...] Für die Thais implizierten [die Tributzahlungen] *ipso facto* die Anerkennung [ihrer hegemonialen] Nation, Religion und den gottgleichen Status der siamesischen Monarchie, während für die Muslime die Submission lediglich eine taktische Dimension besaß und keinesfalls die Anerkennung einer ‚ungläubigen' Autorität, insbesondere in Fragen der Gesetzgebung und Rechtssprechung, implizierte<<. (*Gilquin, 2002:13*) Ähnlich wie im Falle Mengrais von Lanna-Tai werden viele der vermeintlichen Vasallen kurz nach dem Tode *Ramkhamhaengs* versuchen, sich der vorgeblichen Hegemonie alsbald zu entledigten. Beireits Ende des 13. Jahrhunderts hatte sich Siam als Suzerän in Tenasserim und Tavoy etabliert; der Einfluß reichte in nördlicher Richtung sogar bis Martaban, wo der Shan-König *Khunloa*, der Nachfolger König Warerus, um die Anerkennung seines Titels durch den König von Sukhothai warb (*Phayre,1883:66*). Der Nachfolger *Khunloas* und dritte Shan-König von Pegu nahm, obwohl oder gerade weil mit einer Tochter des Königs von Sukhothai verheiratet, Tavoy und Tenasserim[479] vorübergehend in Besitz. Zwischen 1325-1330 verlor sein Nachfolger jedoch die vorgenannten Gebiete wieder an Siam (*Anderson,1890:3*). Ein Beispiel unter vielen, welches die stetig wechselnden Kräfteverhältnisse und die daraus resultierenden Veränderungen der jeweiligen *mandala* verdeutlicht.

---

[476] Bereits 1450 wurde der Islam Staatsreligion in Malakka. Der Gründer des Sultanats *Paramesvara* , der von 1402-1424 herrschte, war ein Hindufürst aus dem alten Srivijaya. Sein Übertritt zum Islam 1414 markiert allgemein den Beginn der islamischen Geschichte Malakkas. 1457 konvertierte das Königreich Patani. *Hikayat Merong Mahawangsa* [Jawi: حكاية مروڠ مهاوڠسا] („Die Annalen Kedahs") aus dem späten 18. Jahrhundert vermerken, das *Phra Ong Mahawangsa* bereits 1136 zum Islam konvertierte und fortan zwischen 1136-1179 als Sultan *Mudzafar Shah I* in Kedah herrschte.

[477] Die berühmte Seidenstraße [*Sīchóu zhī lù* 絲綢之路], ein Netzwerk von Karawanenstrassen, dessen Hauptroute das Mittelmeer auf dem Landweg über Mittelasien mit Ostasien verbindet.

[478] Die *bunga mas dan perak* [Jawi: بوڠ مس] [Thai: ดอกไม้เงินดอกไม้ทอง], die „goldenen und silbernen Blumen" wurden neben Sklaven, Waffen und anderen Gütern, von Terengganu [Thai: *Trangkanu* ตรังกานู], Kelantan [กลันตัน], Kedah [Thai: *Saiburi* ไทรบุรี] und Pattani [Thai: *Anachak Pattani* อาณาจักรปัตตานี] als Tributzahlungen alle drei Jahre an den jeweiligen Hegemon geschickt. Es handelt sich hierbei um künstlerisch gestaltete Bäume aus vermutlich purem Silber oder Gold mit einer Höhe von rund 1,75 Meter (*The Bunga Mas*, in: The Straits Times, 20 August 1910, Seite 11).

[479] Aus der Stadt wurden merkwürdig anmutende Bestattungsriten berichtet: >>Tennazarin, wo sie ihre Toten aufzuhängen pflegen; sie vermuten, es sei ehrenvoller von den Vögeln als von den Würmern gefressen zu werden<< (*Heylyn, 1939:677*).

Nahezu abenteuerlich lesen sich die Berichte, welche die eher zufällige Akquisition Pegus beschreiben. Eines Tages kam ein reisender Kaufmann namens *Magado* aus Pegu an den Hof von Sukhothai. Schnell erlangte Magado das Wohlwollen des Königs und wurde zunächst zum Verwalter der königlichen Elefantenställe bestellt. Nach und nach erwarb sich der loyale Diener das Vertrauen *Ramkhamhaengs*, der ihn schließlich zum Haushofmeister des königlichen Palastes promovierte. Doch damit nicht genug. Als sich *Ramkhamhaeng* auf einem Feldzug im Norden des Reiches befand, nutzte *Magado*, der sich in die Tochter des Königs verliebt hatte, die Gunst der (Schäfer)Stunde und verführte die schöne *Suvarnathewi*. Aus berechtigter Angst vor dem erwarteten Zornesausbruch Ramkhamhaengs büchste das Pärchen nach Martaban aus. Ähnlich wie zuvor in Sukhothai gelang es *Magado* auch in Martaban, recht schnell das Vertrauen des Herrschers zu gewinnen. Die durch die Migration von Shan aus *Zimme*[480] zunehmende Bevölkerung Muttamas[481] strebte die Unabhängigkeit an und der inzwischen zu Wohlstand und Ansehen gelangte Kaufmann *Magado* nutzte die Gunst der Stunde. Im Verlauf einer erfolgreichen Rebellion 1231 ließ er seinen einstigen Förderer, den burmesischen Gouverneur *Alimma*, hinrichten und ernannte sich selbst zum Herrscher Wareru. Der König von Pagan schickte seine Truppen, die sich in *Dalā*[482] verschanzten. Wareru verbündete sich zunächst mit dem Mon-Fürsten *Tabarya* und die vereinten Armeen vertrieben die Burmesen aus dem Irrawaddy-Delta. Wareru wollte jedoch den Erfolg und die gewonnene Macht nicht teilen und südlich von Pegu kam es zum Kampf; *Tabaryas* Truppen unterlagen, er konnte zunächst fliehen wurde jedoch von Bauern der Umgebung gefangen genommen und an Wareru ausgeliefert. Letzterer nahm Pegu sofort in Besitz, behielt jedoch Martaban als Amtssitz und Wohnort bei, wohin er, nachdem er sich zum König proklamiert und alle Angelegenheiten geregelt hatte, mit seinem gefangenen Rivalen auch zurückkehrte. Wehen beteilung an einer Konspiration liess er den einstigen Alliierten *Tabarya* später exekutieren. Ein weisser Elephant im Besitz König Warerus weckte die Begehrlichkeiten der „Drei Shan-Brüder" von *Panya*[483], die jedoch im anschließenden Feldzug eine Niederlage einstecken mußten. Danach weisen die Chroniken keinerlei militärische Aktivitäten zu Lebzeiten Warerus aus. Der diplomatisch weitsichtige neue König unterwarf sich und damit Pegu dem Schwiegervater Ramkhamhaeng, der angesichts der beträchtlichen Mitgift die Hand zur Versöhnung reichte und ihm den Titel chao fa rüa [เจ้าฟ้ารั่ว] verlieh. Zwei Söhne *Tabaryas* rächten 1306 durch die Ermordung Warerus ihren Vater; obwohl sie danach in einem Tempel Zuflucht nahmen, wurden sie aufgespürt, ausgeliefert und schließlich hingerichtet (*Phayre,1883:65; Manich Jumsai,1996:98f.*).

Auch zu Kublai Khan[484], dem mongolischen Großkhan auf dem Kaiserthron in Peking, pflegte Pho Khun Ramkhamhaeng diplomatische Beziehungen. Den ersten nachweisbaren Kontakt verzeichnen chinesische Quellen im Jahr 1292, als ein Gesandter Sukhothais in Kwangtung[485] ein „goldenes Sendschreiben[486]" Ramkhamhaengs an den Großkhan überreichte. Zuvor hatte sich ein *Ch'en I-chung*, ein loyaler ehemaliger Minister der Song-Dynastie um 1283 über Champa nach Sukhothai geflüchtet, was aber die künftigen Beziehungen nicht nachweisbar belastet hat. Am 18. Februar 1294 starb Shih Tsu in Peking

---

[480] Chiang Mai
[481] Martaban
[482] Im Gebiet des heutigen Yangon (ehemals Rangun)
[483] Das heutige Sagaing , etwa 20 km südwestlich von Mandalay nahe der früheren Königsstadt Ava am Irrawaddy gelegen. Die Sagaing-Division in Zentral-Myanmar ist eines der buddhistischen Zentren des Landes mit rund 600 Tempeln und Chedis sowie 100 Meditationszentren, in denen mehr als 6.000 buddhistische Mönche und Nonnen leben.
[484] In den chinesischen Quellen *Shih Tsu* [忽必烈] genannt
[485] Das heutige Guangdong [廣東省] im Süden Chinas
[486] Das Schreiben war nicht mit goldener Tinte oder auf einer goldenen Tafel verfaßt; geschrieben wurde es mit gelben Harz, in Thai: *rong* [รง], auf schwarzem Untergrund.

und dessen Nachfolger Uldjaitu-Timur Khan[487] sandte 1295 eine Gesandtschaft nach Sukhothai, die Anerkennung Peking als Suzerän einzufordern; Ramkhamhaeng hatte jedoch bereits eine Mission nach Peking entsandt, und überreichte das erwünschte *chin-tzu-piao*, das Schreiben, in dem sich Sukhothai formal als Vasall unterwarf *(Flood,1969:242ff.)*. Für die von Prinz Damrong formulierte und von W.A.R. Wood *(1933:55)* übernommene These, Ramkhamhaeng sei 1294 persönlich in Peking gewesen, gibt es in den chinesischen Quellen keinen Hinweis. Neben der Bitte der Gesandtschaft um die Entsendung eines Botschafters bzw. permanenten Gesandten nach Sukhothai, war das Interesse an chinesischen Fachkräften in der Porzellanmanufaktur groß. Offensichtlich kam Peking dem Ersuchen des neuen Vasallen nach, denn mit den überlassenen Fachkräften hatte man die Voraussetzung für die Entwicklung einer eigenen Produktionslinie, welche als Porzellan aus Sawankhalok bekannt und beliebt wurde, geschaffen. >>Unbestreitbar bleibt die Tatsache, das chinesische Töpfer oder zumindest die Techniken der chinesischen Porzellanmanufakturen Ende des 13. Jahrhunderts in Sukhothai auftauchten und eine Produktion hochwertiger feinglasierter Keramikprodukte hervorbrachte, welche in dieser Form in dieser Gegend bis dato unbekannt waren<<. *(Spinks,1965:15)* Allerdings nahm die >>Produktion der Brennöfen in Sukhothai und Sawankhalok ohne Zweifel Mitte des 15. Jahrhunderts infolges des Krieges zwischen Ayutthaya und Chiang Mai ein abruptes und gewaltsames Ende. *(ebenda:115)* Ein anderer Autor verlegt den Niedergang auf die Mitte des 16. Jahrhunderts, kommt aber zu der gleichen Beurteilung, wenn er >>einen zuvor nie dagewesenen Ausbruch an Kreativität und Effektivität, zunächst in Sukhothai und nach einem mehr oder weniger kurzen Intervall in Sawankhalok<< *(Willetts, 1971:16)* konstatiert. Die in diesem Zusammenhang u.a. in der *pongsawadan nüa* überlieferte Saga ist vermutlich eher als tradierte Folklore einzuordnen. Darin wird berichtet, das der mythische Held und König Sawankhalokes, Phra Ruang [พระ ร่วง][488] (Sohn des Zwielichts), einst mit seinem Bruder *Cao Ritthikuman* [เขาฤทธิกุมาร][489] zum *Phraya Krung Chien* [พรายาครุงจีน][490] mit einem Boot aufgebrochen sein; unterwegs trafen sie *Nang Changwakahok* [นางช้างวากาหก], eine Göttertochter, die sie fortan begleitete. Beschützt von der Meeresgöttin *Nang Mekhala* [นางเมขลา] erreichten sie nach einem Monat China. Nachdem dem Kaiser durch *Khun Nang Kaeo Khawa Chien* [ขุนนางแก้วกาวจีน] die Ankunft des Bootes mitgeteilt wurde, sandte er Soldaten, die das Trio in den Thronsaal eskortierte, wo Phra Ruang auf einem gläsernen Thron Platz nahm und, der Landessprache fließend mächtig, mit dem Kaiser Höflichkeiten austauschte. Da letzterer im Erscheinen Phraya Ruangs die Erfüllung einer alten Phrophezeiung des Buddha erkannte, gab er ihm seine Tochter Phasuchathewi [พสุจเทวี][491] zur Frau. Dann ließ er ein Boot mit Präsenten beladen[492] und überliess dem Schwiegersohn 500 Fachkräfte für die Porzellanherstellung. Diese überlieferte Legende ähnelt sehr den Mythen von Tai-Populationen in anderen Teilen Asiens, so dass für den Historiker ein direkter Bezug auf Sawankhalok nicht eindeutig ist.

Nicht nur als Krieger und Diplomat erwarb sich Ramkhamhaeng nachweisbare Meriten. Er galt bei seinen Zeitgenossen als exzellenter Administrator und Organisator und da er augenscheinlich über eine für die damalige Zeit beachtliche moralische Integrität verfügte,

---

[487] Chengzong [元成宗] (1265-1307).
[488] Auch *Chao Aluna Khmara* oder *Phra Roang*.
[489] Laut *Culajudthakarawong* („Kleinere Dynastische Kriege"), eine von *Somded Phra Wannaradan* [สมเด็จพระวันรัตน] vom *Wat Chetuphon* [วัดพระเชตุพน] während des Regnums Rama I. in Pali verfassten Chronik lautete der Name des Bruders *Phraya Sri Thammaracha* [พระยาธรรมราชา].
[490] Kaiser von China.
[491] Laut *Culajudthakarawong* hiess die Tochter *Nang Kanchararatchathewi* [นางกันชรราชเทวี].
[492] Laut *Culajudthakarawong* waren es sogar 33 Dschunken voll beladen mit Gold, Silber, Juwelen, Seide, Gewänder, Werkzeuge und die 500 Fachkräfte für die Porzellanherstellung.

brachten ihm seine Untertanen auch bereitwillig den gebührenden Respekt entgegen. Es lebte sich wohl vergleichsweise gut im Sukhothai des 13. Jahrhunderts.

1.18 กัลเมื่ออยู่ววพ่ขุนรามคํแหงเมืองผูกโขไทนี่ดีในนํ้า
Zu Zeiten König Ramkhamhaengs ging es dem Reich Sukhothai gut. In den Flüssen
1.19 มีปลาในนามีเข้าํ
gab es Fische, auf den Feldern stand der Reis.

Allzu idyllisch jedoch muten sich uns mit dem Abstand einiger Jahrhunderte die folgenden Zeilen aus der Feder des Königs an; mit kräftigen Strichen wird hier eine sorgenfreie, archaisch-bukolische Gesellschaft gezeichnet, dessen altruistischer Herrscher für Gerechtigkeit und Wohlstand in einer offenen Gesellschaft sorgt, in der ein jeder Handel und Wandel nach Belieben betreiben darf.

1.20 ฦองวววไปค้าขี่ม้าไปขายใครจกกใครค่ำช้างค่ำใคร
[frei durften alle] ihr Vieh handeln oder ihre Pferde verkaufen; wer immer mit Elephanten handeln will, kann es tun;
1.21 จกกใครค้าม้าค้ำใครจกกใครค้ำเงื่อนค้ำทองค้ำไพร่ฝ้าหน้าใส
Wer immer mit Pferden handeln will, kann es tun; wer immer mit Silber und Gold handeln will, kann es tun;

Angesichts des von den Khmer übernommenen und für Ayutthaya nachgewiesenen, rigide hierarchisierten Gesellschafts- und Sozialsystems, das fast ausschließlich zu Lasten der hart arbeitenden Freien und Leibeigenen ging, müssen die folgenden Einlassungen Ramkhamhaengs mit Vorsicht zur Kenntnis genommen werden:

1.22 แท้แล้จึ่งแล่งความแก่ขาด้วยชี่บ่เข้าผู้ลกกมกก
Um die Wahrheit ans Licht zu bringen und urteilt dann gerecht für alle. Er macht sicht nicht gemein mit Dieben und gewährt denjenigen keine Gunst
1.23 ผู้ช่อนเหนเข้าท่านบ่ใคร่พึนเหนสืนท่านบ่ใคร่เดือด
die (gestohlene Waren) verbergen. Wenn er den Reis des Anderen sieht, so begehrt er ihn nicht; wenn er den Reichtum des Anderen sieht, so bricht kein Ärger darüber in ihm aus.

Ebenso interessant wie wohl einmalig sind auch die folgenden Zeilen. Sollten diese Angaben zutreffen, dürfte Sukhothai die Urheberschaft für das erste Appelationsgericht in Südostasien für sich in Anspruch nehmen:

1.27 ปากปูมีกดึงอนนฉึ่งแขวนไว้หันนไพร่ฝ้าหน้า
Eine Glocke hängt dort über dem Tor; wenn ein Gemeiner
1.24 ปกกลางบ้านกลางเมืองมีถ้อยมีความเจบท้อง
in der Stadt einen Rechtsstreit hat, im Inneren geplagt wird
1.25 ข้องใจมนนจกกกล่าวถึงเจ้าถึงขุนบ่ไร้ไปลนน
von Zweifeln welche er seinem Herrscher zur Kenntnis bringen möchte, so ist dies nicht schwer; er läutet die Glocke
1.26 กดึงอนนท่านแขวนไว้พ่อขุนรามคํแหงเจ้าเมืองได้
Welcher der Herrscher der König dort aufgehängt hatte; Pho Khun Ramkhamhaeng, der König,
2.01 ญีนรยก(ก Xi)เมออถามสวนความแก่มนนด้วยซื่ไพร่ใน
hört den Ruf, kommt und untersucht unparteiisch den Fall. Die einfachen Menschen in

2.02 เมืองสุโขไขไทนี้ จึงชํล้างป่าหมากป่าพูลทั่ววเมือง
diesem Land Sukhothai preisen ihn dafür.

In der zweiten Hälfte des 13. Jahrhunderts blühte die Wirtschaft Sukhothais, Handel und Wandel prosperierten allerorten. So bildete das ökonomische Wachstum die entscheidende Voraussetzung für die politische Expansion. Der Anteil *Ramkhamhaengs* an dieser positiven Entwicklung ist nicht unerheblich. Durch die gewährte Steuerfreiheit, Abschaffung der Importzölle und ein Erbrecht, welches erworbenes Eigentum schützte, schuf er die Voraussetzungen für die wirtschaftliche Prosperität und *ipso facto* gesellschaftliche Stabilität. Verständlicherweise wollte der König auch dieses der Nachwelt mitgeteilt wissen:

1.27 เจ้าเมืองบ่เอาจกอบในไพร่ลูท่างเพื่อน
Der König erhob keine Abgaben von seinen Untertanen
1.22 ลูกเจ้าลูกขุนผู้ใดแล้ล้ตยหายกว่าอ้ยาวเรือนพ่เชื้ออ
[Wenn ein Gemeiner) (Hof)Beamter oder Prinz stirbt, geht das Haus des verstorbenen Vaters,
1.23 เสื้ออคำมนนช้างขูลูกมียยยืเข้าไพรฝ้าข้าไทป้า
seine domestizierten Elephanten, Frauen, Kinder, Reisspeicher, Reis, Leibeigenen und Pflanzungen
1.24 หมากป่าพูลพ่เชื้ออมนนไว้แก่ลูกมนนสิ้นไพร่ฝ้า
von Areca und Betel in voller Gänze an seine Söhne über.

In den Fragen der Religion und des Glaubens zeigte sich *Ramkhamhaeng* aufgeschlossen und ganz als Kind seiner Zeit, indem er die animistischen Praktiken und Riten duldete, ja teilweise sogar deren Befolgung zur Verhinderung von Unheil anmahnte:

3.06 มีน้ำโคกมีพระขพุงผีเทพดาในเขาอนนนันน
Es gibt dort Gebirgsbäche und Phra Khapung, den göttlichen Geist des Berges,
3.07 เปนใหญ่กว่าทุกผีในเมืองนี้ขุนผู้ใดถีเมือง
der mächtiger ist als alle anderen Geister im Königreich. Wer auch immer herrscht
3.08 สุโขไทนี้แล้ไห้วดีพีลลูกเมืองนี้ท่ยงเมือง
in diesem Königreich Sukhothai, ehrt ihn aufrichtig mit den geeigneten Opfergaben, [und] dieses Königreich von Dauer, diesem Königreich
3.09 นี้ดีผีไห้วบ่ดีพีลบ่ถูกผีในเขาอนนบ่ตุ้มบ่
wird gedeihen; ehrt man ihn aber nicht aufrichtig, oder macht nicht die geeigneten Opfergaben, wird der Geist des Berges [den Herrscher] weder beschützen noch
3.10 เกรงเมืองนี้หาย
respektieren und er sein Königreich wird verloren sein.

Die tragende Staatsreligion Sukhothais war jedoch unbestritten der von Ramkhamhæng geförderte Buddhismus. Das „Thron-Sharing" zwischen dem König und den führenden Mönchen und Brahmanen war eine deutliche, bewußt nach außen gerichtete Manifestation für die Einheit von weltlicher Macht und buddhistischer Doktrin. Neben dem wachsenden Bewusstsein um die gemeinsame Tai-Indentität bildete dieses moralisch-spirituelle Fundament die Voraussetzung für die proto-staatliche Integrität des müang. Also sprach der König:

3.10 ๑๒๑๔สกปีมโรงพ่ขุนรามคํ

	In 1214 saka[493]*, im Jahr des Drachen [1292], Pho Khun Ramkhamhaeng,*
3.11	แหงเจ้าเมืองศรีสชชนนาไลสุโขไทนี้ปลูกไม้ตาน
	König dieses Reiches von Si Satchanalai[494]*-Sukhothai pflanzte diese Zuckerpalmen.*
3.12	นี้ได้สิบสี่เข้าจึ่งให้ช่างฟนนขดารทีนฅ์งถงห่วาง
	14 Jahre später [ergo A.D. 1305-06] befahl er seinen Handwerkern eine Steinplatte zu behauen und sie in die Mitte
3.13	กลางไม้ตานนี้วนนเดือนดบบเดือนโอกแปดวนนวนน
	dieses Zuckerpalmen-Wäldchens zu verbringen. Am Tag des Neumondes, dem achten Tag des zunehmenden Mondes, am
3.14	เดือนเตมเดือนบ้างแปดวนนฝูงปู่ครูเถรมหาเถร
	Tag des Vollmondes und am achten Tag des abnehmenden Mondes, nimmt eine Gruppe von Mönchen, Theras und Mahatheras
3.15	ขึ้นฉ่งงเหนือขดารหีนสุดธรรมแก่อุบาสกฝูง
	auf dieser Steinplatte Platz und predigt die Lehren des Dharma den Laien zu verkünden, welche alle
3.16	ท่วยจำสีลผิใช่วนนสุดธรรมพ่อขุนรามคำแหง
	die Regeln befolgen. An Tagen, an denen die Lehren des Dharma dort nicht verkündet werden, kommt Pho Khun Ramkhamhaeng,
3.17	เจ้าเมืองศรีสชชนนาไลสุโขไทขึ้นฉ่งงเหนือดาน
	König dieses Landes von Satchanalai-Sukhothai, nimmt auf dieser Steinplatte Platz
3.18	หีนให้ฝูงท่วยลูกเจ้าลูกขุนฝูงท่วยถีบ้านถี
	und lässt die versammelten Prinzen, Adeligen und Gemeinen schwören, ihrem Land zu dienen[495].
3.19	เมืองคนนวนนเดือนดบบเดือนเตมท่านแต่งช้างเผือก
3.25	ในกลวงป่าตานนี้มีศาลาสองอนนอนนฉ่งชื่
	In der Mitte des Zuckerpalmen-Wäldchens stehen zwei Pavilions, einer namens
3.26	ศาลาพระมาสอนนฉ่งชื่พุทธศาลาขดารหีนนี้ชื่
	Sala Phra Masa[496]*, einer namens Buddha Sala*[497]*. Die Steinplatte trägt den Namen*
3.27	มนงงษีลาบาตรสถาบกไว้หื้นจี่งทงงหลายเหน
	Manangsilabat[498]*. Sie wurde hier errichtet, so das jederman sie sehen kann.*

Ramkhamhaeng zeichnete sich auch als Förderer der schönen Künste aus. Seine Frau *Nang Nobamas*, die Tochter eines brahmanischen Hofastrologen, war die bekannteste Dichterin ihrer Epoche. Durch sie lernte der König viele der uralten Bräuche kennen (*Manich Jumsai,1996:108*). Einen davon, das *Loi Krathong*-Fest [ลอยกระทง], führte er als offizielles Staatsfest ein. An den buddhistischen Feiertagen in Sukhothai ging es heiter und ausgelassen zu und der König und sein Hofstaat waren mittendrin statt nur dabei:

---

[493] Der altindische, hinduistische Kalender. Die Jahre werden fortlaufend nach der Saka-Ära (AS) gezählt. Diese Zählung knüpft an die alte Ära an, die vollendete Jahre zählt und bereits von indischen Astronomen mit der Epoche (1. Chaitra 0 AS) 15. März 78 n. Chr. oder Tag 1749621 julianischer Zählung benutzt wurde.
[494] *Thesaban Müang* [เทศบาลเมืองศรีสัชนาลัย], etwa 50 km nördlich von Sukhothai gelegen
[495] Mit anderen Worten: An Tagen ohne religiöse Handlungen hielt der König an diesem Orte Hof
[496] Pavillion der Goldenen Staue
[497] Pavillion der Buddha Statue
[498] Auch der Name einer politischen Partei. Die Seri-Manangkhasila-Partei [*Phak Seri Manangkhasila* พรรคเสรีมนังคศิลา] war von 1955 bis 1957 aktiv. Sie wurde vom damaligen Ministerpräsidenten *Plaek Phibunsongkhram* [แปลก พิบูลสงคราม] (*Phibun*) gegründet und vertrat die Interessen der einflussreichsten Militärs.

2.17 อไรญิกพุ้นเมื่ออกกเข้ามาวยงกนนแฅ่อไรญิก
   Auf ihrem Heimweg in die Stadt, prozessieren alle gemeinsam den ganzen Weg vom Aranyika, bis sie
2.18 พุ้นเท้าหววลานดับงศึกลองด้วยสยงพาดสยงพืน
   offenes Gelände erreichen. Wiederholt schlagen sie die Trommeln, spielen auf Xylophonen und Flöten
2.19 สยงเลื่อนสยงขบบใครจกกมกกเหลนเหลนใครจกก
   beten und tanzen. Wer spielen möchte, spielt; wer
2.20 มกกหววหววใครจกกมกกเลื่อนเลื่อนเมื่อง
   lachen möchte, lacht; wer beten möchte, betet. Diese Stadt
2.21 สุกโขไทนี้มีสี่ปากปูดหวงทีนญอมคนสยดกนน
   Sukhothai hat vier Haupt [Stadt] Tore. Dichtgedrängte Menschenmassen
2.22 เข้ามาดูท่านเผาทยนท่านเหลนไฟ
   passieren sie um den König zu sehen, der Kerzen und ein Feuerwerk entzündet.

Die kulturelle Hauptleistung des Königs war die Schaffung einer verbindlichen und einheitlichen Tai-Schrift; auf der Grundlage dieses ersten Alphabetes haben sich die heutigen Schriftsprachen des modernen Thai und Lao entwickelt:

4.08 แล้วเมื่อก่อนลายสืไทนี้บ่
   Vor dieser Zeit gab es keine Tai-Schrift
4.09 มี๑๒๐๕สกปีมแมพ่ขุนรามคํแหงหาใคร่ใจ
   1205 saka, im Jahr der Ziege [A.D. 1283], setzte Pho Khun Ramkhamhaeng all seinen Verstand
4.10 ในใจแล่ใส่ลายสืไทนี้ลายสืไทนี้จึ่งมีเพื่อ
   und sein Herz daran, die Tai-Schrift zu schaffen. Also gibt es die Tai-Schrift weil
4.11 ขุนผู้นั้นใส่ไว้พ่อขุนรามคํแหงนั้นหา
   dieser Herrscher sie erschaffen hat.

Höchst zweifelhaft ist, das Pho Khun Ramkhamhaeng die Sukhothai-Schrift sozusagen „aus dem Nichts heraus" erfunden hat. Eines der Ergebnisse der *Mission Pavie*[499] war die Erkenntnis, das die >>Siamesen des Mae Nam Chao Phraya, die Lao and Phouan entlang im Becken des Mekong und auf dem Korat Plateau, die Yuan von Lan Na [...], die Shan and Khun aus dem westlichen Burma, die Lue and Tai Neua des südlichen China und nördlichen Laos und die Black Tai und White Tai des nördlichen Vietnam historisch miteinander verbunden waren und allen eine gemeinsame, durch eine Vielzahl von Einflüssen gekennzeichnete, schriftliche Tradition zu eigen war<< (*Lorrillard,2009:33*). Die sprachlichen und kulturellen Interaktionen artikuliert auch eine Formulierung des Pioniers der Khmer-Epigraphie, wenn dieser von >>Lao muang in den siamesischen Provinzen Kambodschas<< (*Aymonier,1901:143ff.*) spricht. Während sich die heutige Thai-Schrift nachweisbar aus dem „Proto-Thai" Sukhothais entwickelte, ist der Ursprung der archaischen Schrift der Inskription No. 1 und weiterer Inskriptionen Sukhothais noch immer Gegenstand

---

[499] Auguste Pavie (1847-1925) war ein französischer Entdecker und Diplomat. Pavie lebte von 1875 an in Kambodscha und eignete sich dort intensive Kenntnisse der Sitten, Gebräuche sowie der Landessprache an. Zwischen 1879 und 1895 führte er eine Gruppe von etwa 40 Leuten an, die als *La Mission Pavie* am Mekong entlang durch Laos, Kambodscha, Tonkin, Annam und das südliche China streifte. Neben völkerkundlichen Studien karthographierte die Expedition die bereisten Gebiete. Die umfangreichen Berichte der diversen Exkursionen wurden von *Mission Pavie en Indochine : 1879-1895* in 11 Bänden von Leroux in Paris zwischen 1898-1919 veröffentlicht. Der Verlag White Lotus Books in Bangkok hat zwischen 1999-2000 sechs Faksimile-Bände der ersten englischen Übersetzung herausgegeben (s. Bibliographie).

linguistischer Theorien und Spekulationen. Einer akzeptierten konventionellen Theorie zufolge ist dieses Skript eine direkte Derivation einer Khmer-Schrift, welche ihrerseits wiederum eine Synthese aus der Mon-Schrift und einer noch älteren Khmer-Schrift war. Allerdings ist bis dato für diese „Übergangsform" noch kein konkreter epigraphischer Beweis erbracht worden. Am Anfang stand wie bei den meisten südostasiatischen Schriften vermutlich die altindische Brahmi-Schrift Pate, eine Kombination aus Buchstaben- und Silbenschrift. Deren Schöpfer haben vermutlich Ideen der semitischen Schriften, am wahrscheinlichsten der aramäischen[500], aber auch des griechischen Alphabetes, übernommen und auf Grundlage dieses Prinzips eine eigene Schrift entwickelt. Aus der Brahmi-Schrift ging ab dem 2. Jahrhundert das Gupta[501]-Skript hervor und aus diesem etwa im 6. Jahrhundert die Pallava[502]-Schrift, bzw. das Vaṭṭeluttu[503]-Alphabet. Diese Vorläufer bildeten den ethymologischen Fundus für das ab dem 7. Jahrhundert nachgewiesene und seit dem 11. Jahrhundert in Indien dominierenden Devanagari[504], ein altindisches Skript, welches zur Schreibung des Sanskrit und einigen modernen indischen Sprachen wie Hindi und Marathi verwendet wird. Insbesondere in der Frühphase der ersten Tai *müang* ist der determinierende kulturelle Einfluß der Khmer und „Mutter Indiens" unstritig und die Kreation der Sukhothai-Schrift dürfte zu einem nicht geringen Teil auf den klassischen Vorlagen des Devanagari, Khmer und Mon basieren.

Nicht jeder Herrscher formulierte seine Inskriptionen selber; diejenigen unter ihnen, welche einem literarischen Duktus den Vorzug gaben, überliessen die Ausarbeitung der Texte den jeweiligen zeitgenössischen Experten. >>Aber der Stil des Ram Khamhaeng Textes ist derart persönlich, das wir nicht daran zweifeln, das er ihn persönlich verfasst hat, entweder ohne oder nur mit geringer Hilfe anderer; und falls er [den Text] nicht mit eigener Hand vorgeschrieben haben sollte, so hat er diesen seinen Schreibern aller Wahrscheinlichkeit nach persönlich diktiert [...] Seine Art sich auszudrücken wird gerechterweise für seine Einfachheit und Würde, die sichere Diktion und den logischen Aufbau seiner Gedanken, gerühmt, die Qualität des Textes indiziert die Arbeit eines wachen und disziplinierten Geistes<< (Griswold & na Nagara, 1971d:191). Unverkennbar ist der Grundtenor der Inskription darauf fokussiert, Pho Khun Ramkhamhaeng nicht als *Devarāja* sondern als *Dhammaraja* darzustellen: den weisen und gerechten Herrscher, der die *thotsaphitratchtham*, die zehn königlichen Tugenden, verkörperte und oberster Beschützer und Förderers des Buddhismus war.

2.08 คนในเมืองสุโขไทนี้
[Schutz]Mauer mit einer Länge von 3.400 wa[505]. Die Menschen dieser Stadt Sukhothai

2.09 มกกทานมกกทรงศีลมกกโอยทานพ่อขุนรามคำแหง
pflegen wohltätig zu sein. Sie halten gewöhnliche die Regeln ein und spenden. Pho Khun Ramkhamhaeng,

2.10 เจ้าเมืองสุโขไทนี้ทงงชาวแม่ชาวเจ้าท่วยปั่วท่วยนาง
der Herrscher dieser Stadt Sukhothai, als auch die Prinzen und Prinzessinnen, Männer und Frauen,

---

[500] Die Sprache Jesus Christus'.
[501] Die Gupta [Sanskrit: गुप्त] waren wie die Maurya und Kushana eine altindische Herrscherdynastie. Die Epoche der Gupta-Dynastie von etwa 320 bis 550 n. Chr. gilt als „Goldenes" bzw. „Klassisches Zeitalter" der indischen Geschichte.
[502] Die Pallava waren zwischen 575-897 ein bedeutendes südindisches Herrschergeschlecht. Der wirtschaftliche und kulturelle Einfluss der Pallava reichte über ihren Seehafen Kadal Mallai (alias Mamallaparam) bis Malaya, Java und Kambodscha.
[503] Ein proto-Tamilisches Skript
[504] [Sanskrit: देवनागरी, devanāgarī]
[505] Entspricht 6,8 km

2.11 ลูกเจ้าลูกขุนทงงชื่นทงงหลายทงงผู้ชายผู้ญิง
und Prinzen und (Hof)beamten, allesamt, Männer wie Frauen,
2.12 ฝูงท่วยมีสรธาในพระพุทธสาสนทรงสีลเมื่อพรนษา
sind gläubige Buddhisten und alle befolgen die Vorschriften während Khao Phansa bzw. Ok Phansa[506].
2.13 ทุกคนเมื่ออโอกพรนษากรานกฐินเดือนฉี่จี่ง
Ist die Regenzeit vorüber, fertigen sie Roben um diese den Mönchen während der Kathin-Zeremonien[507], die den ganzen Monat über andauern[508], zu übergeben.
2.14 แล้วเมื่อกรานกฐินมีพนบี่ยมีพนมากมี
Die Kathin-Gaben bestehen aus Bergen von Kauri-Muscheln[509], Bergen von Betel,
2.15 พนดอกไม้มีหมอนฉ่งงหมอนโนนบรีพารกฐินโอย
Bergen von Blumen, Polstern und Kissen, die Kathin-Gaben
2.16 ทานแล้ปีแล้ญิบล้ำนไปสุดฎุดดกฐินถิ่ง
die jedes Jahr gegeben warden, belaufen sich auf zwei Millionen[510]. Jeder geht zum Aranyika[511] um den Rezitationen des Kathin-Festes zu lauschen.
2.25 มีพระพุทธรูบอนนให่ญมีพระพุทธรูบอนน
Dort gibt es große Statuen des Buddha und
2.26 รามมีพีหารอนนให่ญมีพีหารอนนรามมีปู่
es gibt mittelgroße; es gibt große Versammlungsräume[512] und mittelgroße.
2.27 ครูนีสไสยมุดมีเถรมีมหาเถรเบื้องตวนนตก
Es gibt Mönche, Nissayamuttas[513], Theras[514] und Mahatheras[515]. Westlich
2.28 เมืองสุโขไทนี้มีอรญิกพ่อขุนรามคํแหงกทำ
dieser Stadt Sukhothai liegt Wat Aranyik, welchen Pho Khun Ramkhamhaeng
2.29 โอยทานแก่มหาเถรสงฆราชปราชญรยนจบบีดกไตร
dem Mahathera, dem Sangharaja[516] gab, ein Weiser, der das Studium der Tripitaka[517] vollständig abgeschlossen hat,

---

[506] Die traditionelle Rückzugszeit der buddhistischen Mönche während der Regenzeit. Sie dauert drei Monate des Lunisolarkalender, etwa von Juli bis Oktober. Irreführend ist die Bezeichnung „buddhistische Fastenzeit", weil *Khao Pansa* weder mit dem moslemischen Ramadan noch der christlichen Fastenzeit zu vergleichen ist. Im alten Siam wanderten die meisten Mönche von Dorf zu Dorf um die Lehre des Gautama zu verbreiten. Während der Regenzeit sprießt auf den Feldern die junge Saat. Um nun die zarten Schößlinge nicht versehentlich zu zertreten, legte bereits Buddha fest, dass die Mönche während der Regenzeit nur in Ausnahmefällen wandern oder reisen dürfen.
[507] *Thot Kathin* [ทอดกฐิน].
[508] In der heutigen Zeit findet die Kathin-Zeremonien in vielen Tempeln am Ende der Regenzeit nur noch einige Tage oder ausschließlich am letzten Tag statt. Da einst ein Krokodil sich dadurch Meriten erwarb, indem es schwimmend einer Kathin-Prozession folgte, wird in den meisten Tempeln zum Abschluss der Feierlichkeiten eine Fahne mit einem Krokodilsymbol gehisst.
[509] Eine historische, überwiegend vormünzliche Form von Primitivgeld. Kaurigeld zirkulierte in Afrika, Afghanistan, Südostasien, China und Melanesien. Die Kauriwährung wurde in Siam bis 1881 anerkannt.
[510] Vermutlich 2 Millionen Kaurimuscheln, der Gesamtwert der geleisteten Spenden.
[511] *Wat Aranyik*, auch *Wat Araññika* [วัดอรัญญิก] „Kloster der Waldmönche". Heute Teil des Geschichtsparks Sukhothai [อุทยานประวัติศาสตร์สุโขทัย], etwa 3,5 Kilometer außerhalb der Alten Stadt [*Müang Kao* เมืองเก่า] von Sukhothai gelegen.
[512] *Vihāra* in Pali und Sanskrit meinte in der ursprünglichen Wortbedeutung „Wohnsitz" oder „Zuflucht"; in Thai *Wihan* oder *Viharn* [วิหาร], bezeichnet den grossen Versammlungsraum in einem buddhistischen Tempel.
[513] Mönche, die seit mindestens 5 Jahre ordiniert waren.
[514] [เถระ] Mönche, die seit mindestens 10 Jahre ordiniert waren.
[515] [มหาเถระ] ehrwürdige, ältere Mönche.
[516] [พระสังฆราช] Damals entweder der ranghöchste Mönch der Waldmönche oder der ganzen *Sangha* im Königreich Sukhothai , heute trägt der Oberste Mönchspatriarch des buddhistischen Mönchsordens in Thailand diesen Titel.
[517] Das Pali Wort *Tipiṭaka* bedeutet in der wörtlichen Übersetzung „Drei Körbe". Der *Tipitaka* mit dem Kommentar (*Atthakathā*), bilden die gesamte Schriftensammlung des Theravāda Buddhismus (*Theravāda* [เถรวาท] bedeutet „Lehre der

2.30 หลวงกกว่าปู่ครูในเมืองนี้ทุกคนลุกแก่เมืองสีรธรมมราช
der weiser ist als jeder andere Mönch im Königreich und von Nakhon Sri Thammarat hierher gekommen ist.

2.31 มาในกลางอรญญิกมีพีหารอนนญี่งมนน
In der Mitte des Wat Aranyik gibt es eine große viereckige Versammlungshalle,

2.32 ใหญ่สูงงามแก่กมีพระอฎฐารศอนนญี่งลุกอียน
hoch und sehr schön und eine stehende Attharasa-Statue.

2.33 เบื้องตวนนโอกเมืองสุโขไทนี้มีพีหารมีปู่ครู
Im Osten dieser Stadt Sukhothai gibt es Tempel und Mönche.

2.34 มีทเลหลวงมีป่าหมากป่าพูลมีไร่มีนามีถิ่นถ้าน

4.11 พ่อขุนรามคำแหงนันนหา
Pho Khun Ramkhamhaeng

4.12 เปนท้าวเปนพรญาแก่ไทยทงหลายหาเปน
ist Herr und König aller Tai,

4.13 ครูอาจารย์สงงสอนไทยทงหลายให้รู้
er ist der Herr und Lehrer, der alle Tai darin unterweist

4.14 บุนรู้ธรรมแทดแดคนอนนมิใในเมืองไทดว้ย
was gute Taten und die Lehren des Dharma sind. Unter den Männern in Müang Tai[518]

4.15 รู้ด้วยหลวกกดว้ยแก่ลวดว้ยหานดว้ยแคะ
findet sich nicht einer, der ihm an Wissen und Intelligenz, Tapferkeit und Mut, Tatendrang

4.16 ดว้ยแรงหาดคนจกกเสมอมิได้อาจปราบฝูงข้า
und Stärke ebenbürtig wäre.

4.26 นทีแล้วปลูกเลี้ยงฝูงลูกบ้าน
Er sorgt dafür, das jeder seiner Untertanen in den Dörfern

4.27 ลูกเมืองนนนชอบด้วยธรรมทุกคน
und Städten aufrichtig nach den Geboten des Dharma lebt.

Als das Leben des großen Königs um 1298 zu Ende ging, bedeutete dies auch der Anfang vom Ende Sukhothais. 1317 starb sein Freund und langjähriger Verbündete, König Mengrai von Lan Na. Der dritte im Freundschaftsbunde, Ngam Müang von Phayao lebte noch bis 1328, bevor er nach fast 60 Herrschaftsjahren seinen Ahnen folgte. Die 1287 geschlossene Allianz der drei Herrscher hatte sich für alle Parteien als vorteilhaft erwiesen: Ramkhamhaeng konnte seine Vorherrschaft über das obere Nan-Tal festigen und hatte gleichzeitig Zugriff auf seine Vasallen im nördlichen Laos; Ngam Müang wahrte die Unabhängigkeit Phayaos und Mengrai konnte seine Machtposition in Lan Na konsolidieren. Die Laudatio auf Ramkhamhaeng beeindruckt auch nach fast 1000 Jahren, wenngleich die Angaben zur Ausdehnung seines Reiches relativiert werden müssen. Der schnelle Niedergang Sukhothais nach dem Tode Ramkhamhængs beweist eindrucksvoll, das die Vormachtstellung Sukhothais über die aufgeführten *müang* primär in der Person des Königs begründet lag. Die Parallelen zu den Entwicklungen in Lan Na und Phayao nach dem Tode seiner langjährigen Bündnisgefährten Mengrai und Ngam Müang drängen sich hier auf: Sobald der militärisch starke, wirtschaftlich potente und politisch kluge Herrscher starb, war die Geschäftsgrundlage für die Vasallen nicht mehr gegeben und einem schwächeren Nachfolger wurde die

Alten, Schule der Ältesten": die älteste noch existierende Schultradition des Buddhismus. Er führt seine Abstammung auf jene *Sangha* zurück, die zu den ersten Anhängern des Buddha gehörte). Im einzelnen sind dies das *Vinaya-Pitaka* oder die Sammlung der Ordenszucht, das *Sutta-Pitaka* oder die Sammlung der Lehrreden und das *Abhidhamma-Pitaka* oder die Philosophische Sammlung. In Thai *phra traipiduk* [พระไตรปิฎก]
[518] Tai-Land

Gefolgschaft verweigert. So liest sich denn die eindrucksvolle Liste der Vasallen vor dem Hintergrund der philosophischen Erkenntnis, das nichts so beständig ist wie der Wandel:

4.01 พ่อขุนรามคำแหงลูกพ่อขุนศรีอินทราทิตย์เป็น
Pho Khun Phra Ramkhamhaeng, Sohn des Pho Khun Indraditya, ist

4.02 ขุนในเมืองศรีสัชชนาลัยสุโขไททังมากาวลาว
der Herrscher dieses Landes Si Satchanalai-Sukhothai, aller Ma^{519}, Kao^{520}, Lao^{521},

4.03 แล่ไทเมืองใต้หล้าฟ้าฎ...ไทชาวอูชาวของมาออก
und Tai der südlichen Länder unter dem Himmelszelt^{522} ... Tai der U^{523} und des Mekong sind ihm Untertan.

4.14 บุนรู้ธรรมแทแตคนอนนมีในเมืองไทด้วย
was gute Taten und die Lehren des Dharma sind. Unter den Männern in Müang Tai^{524}

4.15 รู้ด้วยหลวกกดด้วยแก้ลวดด้วยหานด้วยแคะ
findet sich nicht einer, der ihm an Wissen und Intelligenz, Tapferkeit und Mut, Tatendrang

4.16 ด้วยแรงหาคนจกกเสมอมิได้อาจปราบฝูงข่า
und Stärke ebenbürtig wäre. Er kann eine ganze Schar von

4.17 กมีเมืองกว้างช้างหลายปราบเบื้องตวนนออก
Feinden mit großen Städten und vielen Elephanten unterwerfen. Er unterwarf im Osten

4.18 รอดสรลวงสองแควแตวลับาจายสคาเท้าฝั่งขอ'
Sra Luang, Song Khwae^{525}, Lumbachai^{526}, Sakha^{527} bis an die Gestade des Mekong,

4.19 เถิงวงจนนวยงคำเป็นทีแล้วเบิ้งหวว
bis Wiangchan, Wiangkham^{528} als Grenze; im Süden

4.20 นอนรอดคนทีพระบางแพรกสุพรรณภูม
bis nach Khonti^{529}, Phra Bang^{530}, Phraek^{531}, Suphanaphum^{532}

4.21 ราชบุรีเพชบุรีศรีธรรมราชฝั่งงทเล
Ratchaburi, Phetchaburi, Si Thammarat^{533}, die Küste des Meeres und

4.22 สมุทรเปนทีแล้วเบื้องตวนนตกรอดเมือง
den Ozean als Grenze^{534}; im Westen bis nach Müang

4.23 ฉอดเมือง [...] นหงสาพดิสมุทรเปน
Chod, Müang [...]^{535}, Hongsawati^{536}, das Meer

4.24 แดนเบื้องตีนนอนรอดเมืองแพลเมือง

---

^{519} Möglicherweise zwischen Sukhothai und Nan, in Gegend um Phrae gelegen.
^{520} Im oberen Nan Valley gelegen.
^{521} Luang Prabang (Lao: ຫລວງພະບາງ) wörtlich: „Königliche Buddha Statue") und weitere Gebiete im heutigen Laos
^{522} Entweder die Tai aus dem südlichen Yunan (China) oder die non-Lao Tais im Gebiet des heutigen Laos.
^{523} Möglicherweise die Tai aus dem U-Tai nördlich von Luang Prabang.
^{524} Tai-Land.
^{525} Alter Name für Phitsanulok.
^{526} Das heutige Lom Kao [หล่มเก่า], der nördlichste Distrikt der Provinz Phetchabun.
^{527} Pa Sak-Tai in der Provinz Phetchabun.
^{528} Mae Sai[แม่สาย] Distrikt in der Provinz Chiang Rai [เชียงราย]
^{529} Möglicherweise 25 km südöstlich der heutigen Stadt Kamphaeng Phet [กำแพงเพชร] am Ping-Fluss [แม่น้ำปิง] gelegen
^{530} Nagara Svarga - Provinz Nakhon Sawan.
^{531} Das alte Jayanada, die heutige Provinz Chainat.]
^{532} Suphan Buri [สุพรรณบุรี]
^{533} Nakhon Si Thammarat [นครศรีธรรมราช]
^{534} Gemeint sind die Andamanensee im Westen und der Golf von Bengalen im Osten
^{535} Vermutlich Martaban, das heutige Mottama in Myanmar
^{536} Hongsawadi, das alte Pegu und heutige Bago in Myanmar

4.25 บ้านเมืองน [...] เมืองพลววฟันฝงของ
Müang Man, Müang N[...]⁵³⁷, Müang Phlua⁵³⁸, bis jenseits der Gestade des Mekong
4.26 เมืองชวา
Müang Chawa⁵³⁹ als Grenze.

5.2. Phaya Lö Thai [พระยาเลอไทย] (1298 - 1346/47)

Die chinesische Chronik *Yuán Shǐ* [元史]⁵⁴⁰ vermerkt unter dem Datum des 2. Februar 1299 das Eintreffen einer diplomatischen Mission aus *Mo-la-yu*⁵⁴¹, *Lo-hu*⁵⁴² und *Hsien*⁵⁴³ am mongolischen Hof. Der Kaiser beschenkte den offensichtlich anwesenden Thronfolger Sukhothais mit einem Talisman. Noch im gleichen Jahr sandte der Herrscher Sukhothais eine Bittschrift an den Kaiser und verwies darauf, das während des Regnums des Vaters der Kaiser selbigem Sättel, Zaumzeug, golddurchwirkte Gewänder und weiße Pferde geschenkt habe; er bäte darum, das dies auch während seiner Herrschaft der Fall sei. Auf Anraten seines Sekretärs *Wan Che*, der den Neid benachbarter Vasallen fürchtete, schickte der Kaiser die Gewänder, aber nicht die gewünschten Pferde. (*Flood,1969:225-227*) Da die Reise von Sukhothai nach Peking länger als einen Monat gedauert haben muß, ergibt sich daraus 1298 als Todesjahr für König Ramkhamhaeng. Die genauen Umstände des Ablebens des großen Königs der Tai sind uns nicht bekannt. Einer Legende zufolge soll er in den Stromschnellen eines Flusses in der Nähe Sawankhalokes verschwunden sein (*Notton,1926:26*). Obwohl die Herrschaft seines Sohnes und Nachfolgers Lö Thai nahezu ein halbes Jahrhundert währte, sind die Informationen über die politische Historie Sukhothais während der ersten Hälfte des 14. Jahrhunderts eher spärlich und es kommt einem unweigerlich das alte französische Sprichwort *Les peuples heureux n'ont pas d'histoire*⁵⁴⁴ in den Sinn. Im *Yuán Shǐ* finden sich Hinweise auf weitere diplomatische Missionen nach Peking in den Jahren 1300, 1314, 1319 und 1323 (*Flood,1969:226ff.*). 1340 berief Lö Thai seinen Sohn *Phaya Lithai* [พญาลิไท] zum Vizekönig mit Dienstsitz in Sri Satchanalai. Dort vollendete der Thronfolger sein literarisches Opus *Traibhumikatha* ['ไตรภูมิกถา]⁵⁴⁵, in Thailand bekannt als *Traiphum Phra Ruang* ['ไตรภูมิพระร่วง]⁵⁴⁶; bei dieser kosmologischen Abhandlung handelt sich um ein ethisch-moralisches Epos, das auf der Grundlage des Moralkodex des Theravada-Buddhismus die zehn Grundregeln herrschaftlichen Handelns verbindlich definiert. Nach damaliger Vorstellung bestand das Universum aus drei verschiedenen „Welten" oder Ebenen der Existenz. Diese und deren jeweilige, teils mythischen, Bewohner und Geschöpfe bilden den Rahmen des Epos. Traiphum Phra Ruang ist eines der frühesten überlieferten Werke der Thai-Literatur.

Da Lö Thai weder über die integrative Diplomatie, zupackende Energie noch charismatische Ausstrahlung seines Vaters verfügte, verlor Sukhothai binnen kurzer Zeit den Status seiner

---

⁵³⁷ Vermutlich im Gebiet der heutigen Provinz Nan [น่าน].
⁵³⁸ Pua [ปั๋ว], etwa 50km nördlich der heutigen Stadt Nan gelegen.
⁵³⁹ Wie *Chiang Tong* ein alter Name für Luang Prabang.
⁵⁴⁰ „Die Geschichte Yuans". Verfaßt 1370 von verfasst unter Song Lian [宋濂]. Gehört zu den *Erh-shih-szu shih* [二十四史], den 24 Dynastiegeschichten, welche die grundlegenden Werke der chinesischen Historiographie darstellen. Es handelt sich dabei um einen Chronikenzyklus, der zwischen dem 2. Jahrhundert v. Chr. bis zur ersten Hälfte des 18. Jahrhunderts zusammengestellt wurde. Die 24 Dynastiegeschichten beschreiben in 3.249 Bänden mit etwa 40 Millionen Schriftzeichen 4.000 Jahre chinesische Geschichte.
⁵⁴¹ Malaya
⁵⁴² Lawo
⁵⁴³ Sukhothai
⁵⁴⁴ „Glückliche Völker haben (kennen) keine Geschichte"
⁵⁴⁵ „Predigt über die drei Welten"
⁵⁴⁶ „Die Drei Welten nach König Ruang"

regionalen Hegemonie und stand am Ende seines Regnums vor dem Zusammenbruch. Der Drei-Königs-Pakt seines Vaters von 1287 war nach dessen Tod Geschichte. *Müang Bhua* [เมือง บัว], der alte Herrschersitz der Fürsten von Nan, wurde kurzfristig von Phayao annektiert, nachdem der dortige Regent *Cao Köan* widerstrebend der Order seines Großvaters und Königs gefolgt und Bhua seiner schwangeren Frau übertragen und selbst die Herrschaft von Müang Yang übernommen hatte. Die schwangere *Dao Gang Pin* flüchtete vor den Truppen Phayaos in die Wälder und gebar dort einen Sohn. Dieser wurde 16jährig an den Hof Ngam Müangs gegeben und gewann das Vertrauen des Königs, der ihn schließlich mit dem Titel Prinz *Saiyasa* zum Statthalter in *Müang Prat* ernannte; in Bhua hatte Ngam Müang unterdessen eine seiner Frauen, *Ua Sim*, als Regentin eingesetzt. Als er diese verärgerte, konspirierte sie mit dem ambitionierten *Saiyasa*, der mit seinen Truppen Bhua einnahm, *Ua Sim* ehelichte und mit Zustimmung des lokalen Adels als *Chao Pha Non* zum neuen Herrscher ernannt wurde. Bereits 1320 war Müang Bhua unabhängige Domäne und konnte sich seinerseits mit neuen Vasallen wie Phrae rühmen; das Sukhothai Lö Thais war nicht ansatzweise in der Lage, den Abfall der nördlichen Gebiete zu verhindern. Erst nachdem *Chao Pha Non* 1349 verstarb und der älteste Sohn *Kar Müang* [การเมือง] die Herrschaft übernahm, näherte sich Müang Bhua wieder Sukhothai an. Diesmal allerdings nicht als Vasall, sondern als Verbündeter (*Griswold & na Nagara,1969b:59ff.*). Möglicherweise war die Entsendung einer Delegation zum Cüa Rao-Pass in den indochinesischen Kordillieren, die 1335 den Kaiser Đai Viêts[547], Trần Hiến Tông[548], traf und diesem zu seinem erfolgreichen Feldzug gegen die Tai-Domäne *Ai-lao* gratulierte (*Maspero,1918:35*), ein Versuch Lö Thais, den Niedergang des Reiches mittels eines mächtigen Verbündeten noch abzuwenden.

Im Osten des Reiches erlangte Vientiane nach dem Tod Ramkhamhaengs die Unabhängigeit, spätestens mit dem Aufstieg Fa Ngums (*Coedes,1968*). Auch wenn in den Quellen keine Angaben zu finden sind, ist davon auszugehen, das Lö Thai kaum in der Lage gewesen sein dürfte, die Gebiete im oberen Tal des Maenam Pa Sak zu kontrollieren. Möglicherweise war er in der Lage, Phitsanulok zu halten und wahrscheinlich auch Sra Luang als Verbündeten (*Griswold & na Nagara,1972:28*). Vermutlich um 1313 folgten die südlichen Fürstentümer Lawo, U Thong und Sri Thammarat. Der Schlüssel zur Macht und Kontrolle über die südlichen *müang* lag in Suphanburi, das erst gegen Ende der Herrschaft Ramkhamhaengs zum Vasallen geworden war. Dessen Lossagung war gleichbedeutend mit dem Verlust der Kontrolle über die restlichen südlichen Prinzipalitäten und damit vermutlich der kompletten malaiischen Halbinsel. Dieses geo-strategische Vakuum sollte in der Folge signifikante Auswirkungen auf die Machtkonstellation im Tal des Menam Chao Praya haben und den unaufhaltsamen Aufstieg eines *müang* begünstigen, das gut hundert Jahre später Sukhothai unwiderruflich als Provinz in sein Staatsgebiet inkorporieren sollte: Ayutthaya. Im Westen wurde bereits vor 1321 Tak von Nam Tuam, einem Enkel Mengrais, erobert. Dies muss nicht zwangsläufig auch den Verlust der Kontrolle über *Ramannadesa* bedeutet haben, erschwerte aber zumindest den Zugriff auf Chieng Thong und die weiteren Gebiete am Maenam Ping, die möglicherweise zeitgleich mit Tak verloren gingen. Unter diesen Auspizien wäre allerdings auch Müang Chot nicht mehr zu halten gewesen und noch weniger Ramannadesa. In der thailändischen Übersetzung der *Rājādhirāja* [ราชาธิราช][549] das der Nachfolger *Saen Müang Mins* in *Ramannadesa, Jao Chip (Zoazip)*, sich selbst den Titel *Ramamaṭaiya (Binyaranda)* verlieh; offensichtlich war der neue Herrscher in Pegu nicht mehr gewillt, Vasall eines Reiches zu sein, das ihm keinen Schutz mehr gewähren konnte. Möglicherweise fielen während der Herrschaft *Ramamataiyas* Tavoy und Tenasserim wieder >>an den König von Siam<<

---

[547] Vietnam
[548] Zwischen 1329-1341 der sechste Kaiser der Trần-Dynastie, die zwischen 1225-1400 in Đại Việt herrschte.
[549] ราชาธิราช ฉบับหอสมุดแห่งชาติ, Bangkok, B.E.2505 [1962]

(*Phayre,1883:66*); das es sich dabei aber um das Sukhothai Lö Thais gehandelt hat, ist eher unwahrscheinlich; möglicherweise handelte es sich um den Herrscher von Suphan Buri (*Griswold & na Nagara,1972:46*).

Ramamataiya hatte zwei Königinnen. Eine davon war die Tochter *Ramapratisthas* und hiess *Ampah*, die später den Titel *Candamangala* erhielt; die andere war *Tapi*, Witwe des Bruders und Vorgängers *Sen Müang Ming*. Königin *Ṭapi* hatte einen gemeinsamen Sohn namens *Ai Gam Gong* mit *Sen Müang Ming*, den *Ramamaṭaiya* später adoptierte; doch dieser erwies sich als böswillig und hinterlistig so das der König ihn ins Gefängnis werfen liess und seinen Besitz konfiszierte. Eines Tages erschienen 500 Tai-Krieger aus *Bejrapuri*[550] in Martaban und die vorgeblichen Deserteure baten um Aufnahme in die Armee *Ramaññadesas; Rāmamaṭaiya* stimmte zu und ernannte einen der ihren, *Chî Pòn*, zum Kommandeur. Dermassen verstärkt gelang *Ramaññadesa* die Eroberung von *Tenasserim*[551] und *Tavoy*[552]. Waren die 500 Tais eine >>vom Herrscher Suphan Buris geschickte Fünfte Kolonne<< (*Griswold & na Nagara,1972:46*) ? Möglich, denn nachdem *Ramamataiya* von den erfolgreichen Feldzügen nach Martaban oder Hamsavati[553] (Pegu) zurückgekehrt war, wurde er von *Chi Pon* in dessen Haus eingeladen und dort getötet. *Chi Pon* rief sich zum König aus, wurde jedoch nach nur einer Woche auf dem Thron selbst Opfer eines von Königin *Candamangala* gedungenen Mörders. *Candamangala* entließ *Ai Gam Gong* aus der Haft, machte ihn zum König und heiratete ihn. Da es dem Gemahl aber an Respekt, Dankbarkeit und Zuneigung mangelte, vergiftete sie *Ai Gam Gong* bereits einige Monate später. Die Witwe *Candamangala* bot dann den Thron *Ai Lao*, Herrscher von Thaton und Hamsavati und Sohn *Ramapratisthas*, an. Dieser akzeptierte und erhob seine Halbschwester zur Ersten Königin. Spätestens ab diesem Zeitpunkt konnte von Tribut- oder Bündnispflicht gegenüber Sukhothai keine Rede mehr sein (ราชาธิราช ฉบับหอสมุดแห่งชาติ,*2505:51ff.;Phayre,1883:66f.*).

Die ersten acht Herrscher Ramaññadesas		
Rājādhirāja [ราชาธิราช]	Phayre,1883:290	Harvey,1925:368
1 Magado (1281-1313) chao fa rüa [เจ้าฟ้ารั่ว]	Warêru 1287-1306	Wareru 1287-1296
2 Makatā (*Rāmapratiṣṭha*) Bruder von 1, (1313-1314)	Khun-lau (Ranbyakeit) Bruder von 1 (1306-1310)	Hkun-Law Bruder von 1 (1296-1310)
3 Sèn Müang Min (*Jao Âo*) Neffe von 1,2 (1314-1319)	Dzáu-áu (Theng-mhaing) Neffe von 1,2 (1310-1323)	Saw O Neffe von 1,2 (1310-1324)
4 Jao Chîp (*Rāmamaṭaiya*) Bruder von 3 (1319-1327)	Dzáu-dzip (Randa) (1323-1330)	Saw Zein Bruder von 3 (1324-1331)
5 Chî Pòn (1327)	Dibbân Meng (1330)	Zein Pun (1331)
6 Âi Gam Gòng (1327)	Egânkân (1330)	SawEGang Gaung Neffe von 4 (1331)
7 Bañā Âi Lâo Sohn von 2 (1327-1345)	Khunlao (Binyá-é-láu) Sohn von 2 (1330-1348)	Binnya E Law Sohn von 2 (1331-1353)
8 Bañā Ū Sohn von 4 (1345-1387)	Binyá-ú Sohn von 4 (1348-1385)	Binnya U Sohn von 7 (1353-1385)

---

[550] Zwischen Suphan Buri und Tenasserim gelegen.
[551] Das Gebiet der heutigen Tanintharyi-Division im Südosten des Irrawaddy-Tales in Myanmar.
[552] Das heutige Dawei, eine Hafenstadt im südlichen Myanmar an der Mündung des gleichnamigen Flusses; Hauptstadt der Tanintharyi-Division.
[553] Laut *Phayre,1883:66* verlegte *Rāmamaṭaiya* die Hauptstadt von *Ramaññadesa* von Martaban nach Hamsavati (*Hongsawatoi, Hongsawadi, Hanthawaddy*).

Die politische Geschichte Sukhothais während des Regnums von Lö Thai ist aufgrund der dünnen Quellenlage schwierig zu rekonstruieren; die einzige erhaltene Inschrift aus der Herrschaftszeit Lö Thais ist nach gegenwärtigem Stand der Forschung die bereits weiter oben erwähnte Inskription No. 2. Über die religiöse Historie liegen in diversen Chroniken[554] teils sehr detaillierte Berichte vor. Hierbei spielen die sogenannten *Sinhala Bhikkhu*, Mönche die in Sri Lanka selbst studiert oder von ceylonesischen Mahatheras ausgebildet und die *upasampadā* [อุปสมบท][555] erhalten haben, d.h. nach dortigem Ritus ordiniert wurden. Um 1331 kamen zwölf dieser *bhikkhu* [พระภิกษุ] nach einem Studienaufenthalt mit anschließender Re-Ordination im *Udumbaragiri*-Kloster[556] aus Ceylon nach Martaban zurück. Das *Udumbaragiri*-Kloster war eine Gründung der *Araññavasi* [พระสงฆ์อรัญญวาสี][557], die gleichermaßen gelehrt wie enthaltsam waren und nach den Auseinandersetzungen innerhalb des ceylonesischen Sangha im 11. Jahrhundert als Hüter und Bewahrer des „wahren", d.h. puristisch-traditionellen Buddhismus galten. Unter der Leitung des Mahathera *Anumati*, einst Schüler Mahathera *Kassapas*, Abt des *Udumbaragiri*-Klosters, entstand die erste „ständige Vertretung" der *Araññavasi* in Martaban. Zwei Mönche aus Sukhothai, Mahathera *Anomadassi* und Mahathera *Sumana*, begaben sich nach Martaban zu *Udumbarapuppha-Mahasami*[558], studierten dort 5 Jahre und weitere 5 Jahre in Sukhothai und kehrten dann um 1341/42 nach Martaban zurück. Kurz danach bat König Lö Thai *Udumbarapuppha-Mahasami* um die Entsendung von ordinierten *Sinhala Bhikkhu* und Mahathera *Anomadassi* und Mahathera *Sumana* machten sich auf die Heimreise. *Wat Pa Ma Muang* [วัดป่ามะม่วง][559], einen Kilometer westlich von Sukhothai gelegenen, wurde das neue Domizil von Mahathera *Sumana*, während der Vizekönig Lithai Mahathera *Anomadassi* im *Wat Pa Daeng* [วัดป่าแดง][560] südlich seines Amtssitzes Sri Satchanalai unterbrachte. Die Chroniken berichten noch von dem Fund einer buddhistischen Reliquie durch Mahathera *Sumana* am Fluss Fa Gradan; dortige Anwohnen hatten dem wandernden Mönch von einer von Kaiser Ashoka gestifteten *chedi* samt Reliquie[561] erzählt, die aber nicht mehr auffindbar sein. Nachts hatte *Sumana* einen Traum, in dem der Schutzgeist der verschollenen Reliquie ihm den Weg wies; um 1342/43 präsentierte er den kostbaren Fund in einer goldenen Schüssel dem König. Später folgte Mahathera *Sumana* dann dem Ruf König Kü Nas von Lan Na, auch dort einen Orden der *Sinhala Bhikkhu* zu gründen.

Die weiter oben angeführte Inskription No. 2 auch die Biographie eines Mönches aus Sukhothai namens *Mahathera Srisraddharajaculamuni* (*Cao*) [มหาสีสรธาราชจุฬามุณีสรีรตฺนดนถงกาทีบมหาสามิ(เขา)][562]. Bevor er dem Sangha beitrat bestritt er mit 26 Jahren siegreich ein Elephantenduell, bei dem König Lö Thai Augenzeuge war. Im Alter von 31 wurde er in

---

[554] Namentlich die *Jinakalamali*-Chronik und *tamnan Mūlasāsanā*.
[555] Pali, wörtlich: „sich der asketischen Tradition nähern". Üblicherweise kann eine Ordination zum *bhikkhu* [Sanskrit: भिक्षु *bhikṣu*] oder *bhikkhuni* [Sanskrit: भिक्षुणी *bhikṣuṇī*] [Thai: ภิกษุณี] (buddhistische Nonne) frühestens mit Erreichen des 20. Lebensjahres erfolgen. Davor liegt eine jahrelange Ausbildung des männlichen Novizen *śrāmaṇera* [Thai: สามเณร *samanen*] bzw. der weiblichen Novizin *śrāmaṇerī*.
[556] Südlich von Polonnaruwa [පොළොන්නරුව] auf einem Bergkamm über dem *Mahaweli Ganga* („Großer, sandiger Fluss") gelegen.
[557] Waldmönche, die außerhalb der Städte in *aran* [อรัญญ์], ruhigen Waldgebieten lebten. Innerhalb menschlicher Gemeinschaft lebende Mönche wurden *kamawasi* [พระสงฆ์คามวาสี] genannt.
[558] Mahathera Anumatis neuer, vom König verliehener Titel.
[559] „Tempel im Mango-Hain".
[560] „Tempel im Roten Wald".
[561] Gemäß *Ashokavadana* („Geschichte Ashokas") [Sanskrit: अशोकावदान], eine im 2. Jahrhundert entstandene, glorifizierende Historie des indischen Kaisers Ashoka Maurya, ließ dieser 84.000 *chedis* in vielen Ländern errichten, um dort die gleiche Anzahl von Reliquien des Buddhas zu bewahren. Eine weitere Quelle ist die in Pali verfasste ceylonesische Chronik *Mahāvaṃsa* [මහාවංස], in Thailand als *mahawang* [มหาวงศ์] bekannt.
[562] Kurzform: Srisraddha.

Sukhothai zum Mönch ordiniert um kurze Zeit später über Martaban und Indien nach Ceylon zu reisen. Nach den zehn Jahren des erneuten Studiums erfolgte vermutlich die Re-Ordination zum Sinhala Bikkhu wofür auch der ihm vom ceylonesischen Köni verliehene Titel *Mahasami* [มหาสามี] spricht. In Inskription No. 11[563] findet sich der Hinweis, das er danach via Tenasserim, Bejrapuri, Rachaburi und Ayutthaya nach Sukhothai zurückkehrte (*Griswold & na Nagara,1972:142f.*). Aus Ceylon brachte er drei kostbare Reliquien mit: *Kesadhatu* [พระ เกศธาตุ], ein Haar das sich der historische Buddha selbst ausgezupft hatte, *Givadhatu* [(พระ) ...ธา ตุ], das Stück eines Nackenknochens des Erleuchteten und *Pharipokadhatu* [พระบริโภคธาตุ]; außerdem begleitete ihn eine Anzahl von *kahapati* [คหบดี], vermutlich (Kunst)-Handwerker aus dem Bauwesen, die sich in fünf umliegenden Dörfern niederliessen (*Griswold & na Nagara,1972:130*). Unterdessen war das östlich Fundament des zentralen Heiligtums *Mahadathu* [มหาธาตุ] auf einer Länge von 26 Metern kollabiert, was angesichts der spirituellen Bedeutung als schlechtes Omen für das Regnum Lö Thais gedeutet wurde. Mit Hilfe der ceylonesischen Fachkräfte liess *Mahathera Srisraddha* den sakralen Mittelpunkt Sukhothais restaurieren; im neuen Glanz erstrahlte das Bauwerk alsbald >>schön wie der Berg Kailasa[564]<< (*Griswold & na Nagara,1972:129*). Danach brachte er die Reliquien *Kesadhatu* und *Givadhatu* in den Mahadhatu, möglicherweise auch mit dem Gedanken, das die sakralen Preziosen den vermeintlichen bösen Fluch, der über Lö Thai lag, vertreiben würden.

Als der >>inkompetente Herrscher<< (*Griswold & na Nagara,1973a:72*) Lö Thai vermutlich um 1347 starb, hinterließ ein Land im Chaos: Machtpolitisch auf lokales Niveau gesunken und von innerem Zwist zerrissen und äußerer Instabilität gekennzeichnet.

5.3. *Mahathammaracha* I [พระมหาธรรมราชาที่ 1] auch *Phraya Lithai* [พญาลิไท] (1346/47- 1370/75)

Insgesamt sind bis dato sechs Inskriptionen entdeckt und ausgewertet worden; die Inskriptionen No. 3,5,7,8 und Seite 1 von 2 sind in T(h)ai, No. 4 in Khmer und No. 6 in Pali verfasst. Inskription No. 3 ist auf 1357, No. 4-7 auf 1361 datiert und die beiden restlichen weisen keine Datierung auf. Der persönliche Name des Herrschers lautete Lithai [ฤๅไทย], sein offizieller Titel *Brañā Śrī Suryavaṃśsa Rāma Mahādharmarājādhirāja*. Der Sohn Lö Thais und Enkel Ramkhamhaengs wurde möglicherweise 1323 geboren und 1340 vom Vater als Vizekönig in Sri Satchanalai eingesetzt (*Griswold & na Nagara,1973a:72*); vom Alter her könnte dies zutreffen, mit 16 Jahren hatte man im Verständnis der damaligen Zeit das volle Mannesalter erreicht. Kritiker weisen allerdings daraufhin, dass sich für beide Ereignisse keinerlei gesicherte Informationen aus den vorgenannten Inskriptionen ableiten lassen bzw. ergeben. In Sukhothai galt in Bezug auf die Thronfolgeregelung nicht unbedingt das Prinzip der Primogenitur[565] sondern ein *Pho Müang* [พ่อเมือง]-System in einem patriarchalisch geführten Netzwerk von lokalen Prinzipalitäten, innerhalb dessen die dynastische Abstammung zwar von Relevanz war, aber nicht *ipso facto* die Nachfolge festlegte. Möglicherweise wurde bereits ein *Wang Na* [วังหน้า]-Sytem vor der Ayutthaya- und Bangkok-

---

[563] 1921 von Prinz Damrong auf dem *Khao Gob* [เขากบ] („Froschhügel") im Landkreis *Müang Nakhon Sawan* [อำเภอเมืองนครสวรรค์] der gleichnamigen Provinz entdeckt.
[564] Der Kailash, tibetisch: Kangrinboqê, ist ein seine Umgebung deutlich überragender Berg im Gangdisê-Gebirge, , dem westlichen Teil der Gebirgszüge des Transhimalaya im südlichen Tibet. Seine Spitze hat eine außergewöhnlich symmetrische Form und gleicht einer Pyramide, die ganzjährig mit Schnee bedeckt ist. Durch die besondere Form und Lage wird der Kailash Buddhisten und Hindus als Berg Meru identifiziert, dem Weltenberg im Zentrum des Universums, und gilt daher als heiliger Ort.
[565] *primus* „Erster", *genitus* „geboren": Erstgeborenen-Nachfolgeordnung, bezeichnet fachsprachlich die Ordnung der Erbfolge nach der nur das erstgeborene Kind die Rechtsnachfolge antreten konnte. In Europa wurden Töchter nach dem alten fränkischen Recht *Rex Salica* entweder ganz ausgeschlossen oder ihren Brüdern gegenüber zurückgesetzt.

Periode praktiziert, indem der *Wang Luang* [วังหลวง] (Erste König) bereits zu Lebzeiten einen jüngeren Bruder, Sohn oder auch engen Vertrauten zum *Wang Na* (Zweiten (Vize)-König) ernannte, wobei letzterer im Todesfall als Thronfolger feststand *(M.C. Rajani,1972:268f.)*.

Laut Griswold war Lö Thai plötzlich 1347 verstorben; Lithai, den er offensichtlich als Thronfolger ausgewählt hatte, sei zur Zeit des Ablebens seines Vaters noch in Sri Satchanalai gewesen. Würde Lö Thai Opfer eines Komplottes und wegen seiner offensichtlichen Führungsschwäche liquidiert? Warum war der Sohn nicht am Sterbebett des Vaters, wo er doch auf dem Rücken eines schnellen Pferdes über die gut befestigte Straße, den *'Phra Ruang Highway'*, nur einige Stunden von Sri Satchanalai nach Sukhothai gebraucht hätte? Gab es einen Putschversuch von *Ngua Nam Thom* [งัวน้ำท่วม][566]? Viele Fragen, auf die die Inskriptionen leider nur wenig konkrete Antworten geben. Griswold vermutet, Lithai habe nach der Nachricht vom Tode des Vaters in aller Eile seine Truppen ausgehoben und sei im Mai oder Juni 1347 nach Sukhothai marschiert; dann habe er die Kapitale gewaltsam annektiert, den Usurpator Ngua Nam Thom vertrieben und sei unmittelbar danach von seinen Getreuen und Vasallen mit dem Titel *Sri Suryavarpsa Rama Mahadharmarajadhiraja* (Mahathammaracha) als König eingesetzt worden *(Griswold & na Nagara,1973a:72f.)*. Wer aber war *Ngua Nam Thom?* Der einzige epigraphische Hinweis findet sich in Inskription 45: >> [I/7-12.] Von hier an [...] die Geister der Vorfahren des Hauses von *Phu Pha Kham* [ผาคำ][567] [...] *Phu Khun Chid* [ปู่ขุนจิด][568], *Khun Chod* [ขุนจอด][569], *Phu Braña*[570] Sri [Indradi]tya [ปู่พรญาศ(ริอินทราทิ)ทย], *Phu Braña Pan* [ปู่พรญาบาน][571], *Phu Braña* Ramaracha [ปู่พรญารามราช][572], *Phu Sai Songkram* [ปู่ไสสงคราม][573], *Phu Braña Lötai* [ปู่พรญาเลิไท][574], *Phu Braña Ngua Nam Tham*[575], *Phu Braña Mahathammaracha* [ปู่(พร)ญามหาธรรมราชา][576] *(Griswold & na Nagara, 1969b:75)*. Unwidersprochen blieben die Spekulationen Griswolds in Bezug auf den vermeintlichen Usurpator nicht. >>Es gibt keinen Beweis, das Lö Thai seinen Sohn 1340 zum Vizekönig ernannte. Möglicherweise starb Lö Thai in diesem Jahr. Auch gibt es keinen Beweis, das Ngua Nam Thom den Thron usurpiert hat und seine Erhebung 1347 niedergeschlagen wurde. Möglicherweise war er während des Regnums Lö Thais Vizekönig in Sri Satchanalai und als der König 1340 starb, trat er dessen Nachfolge an [...] während Lithai Vizekönig in Sri Satchanalai wurde. Dann starb Ngua Nam Thom 1347 und Lithai folgte ihm auf dem Thron [...] Falls es einen Vizekönig während des Regnums Lithais gegeben haben sollte [könnte dies] Lithais eigener Sohn, *Pho Lö Thai*, gewesen sein. *Pho Lö Thai* war mit einer Prinzessin aus Nan, Tochter von König *Kham Dan*, verheiratet und die beiden hatten einen Sohn namens *Sai Lüthai*. *Pho Lö Thai* starb vor seinem Vater und Lithai wurde von seinem Enkel beerbt (...) Schließlich, Inskription 45 nennt ihn *Phu Braña*, wie die anderen Könige von Sri Indraditya bis Mahathammaracha Lithai<< *(M.C. Rajani,1972:268f.)*.

Wenngleich die bisherige Geschichtsschreibung Mahathammaracha I. nicht ausdrücklich als Kriegsherr oder Administrator lobend zu erwähnen weiß, so sind seine Leistungen, angesichts der katastrophalen Ausgangssituation, auch auf diesen Gebieten beachtlich. Lithai scheint

---

[566] In den Quellen [งวานำด].
[567] Wohl ein Äquivalent zu *Phu Khao Thong* [ภูเขาทอง], der „Goldene Berg", also der mythische Berg Meru.
[568] Wahrscheinlich der Vater Sri Indradityas.
[569] Wahrscheinlich der Onkel Sri Indradityas.
[570] [ปู่พรญา] „Großvater König", patriarchalischer Königstitel.
[571] Pha Müang.
[572] Ramkhamhaeng.
[573] Unbekannt, möglicherweise ein (früh verstorbener) Sohn Ramkhamhaengs?
[574] Lö Thai.
[575] Ngua Nam Thom.
[576] Lithai (Mahathammaracha I.).

über eine außerordentliche Energie, Integrität und auch Mut verfügt zu haben. Als Staatsmann und Heerführer stand er seinem Großvater Ramkhamhaeng nicht nach, wenngleich seine Gebietsgewinne geringer waren. Immerhin stand Sukhothai am Ende des Regnums seines Vaters kurz vor dem Exitus, da nahezu alle Vasallen und Verbündeten über einen Radius von 50 km hinaus weggebrochen waren; Mahathammarachas erste Aufgabe bestand darin, zunächst um seinen Thron zu kämpfen und dann in weiteren Schritten, seine Domäne wirtschaftlich, militärisch, diplomatisch und politisch zu revitalisieren, um danach sukzessive die abtrünnigen Vasallen wieder an Sukhothai zu binden. Die Allianz mit Lan Na gehörte der Vergangenheit an, denn die Nachfolger König Mengrais hatten sich mittlerweile der Provinz Tak und möglicherweise weiterer Prinzipalitäten in der Umgebung bemächtigt. Einzig Müang Fang und Müang Phitsanoluk waren, wenn nicht als Vasallen, so zumindest als befreundete Verbündete, verblieben. Ramkhamhaengs nördlich und östlich von Uttaradit waren verloren, vermutlich aufgesplittert in lokale Prinzipalitäten, die sich überdies untereinander befehdet haben dürften. Das gleiche Schicksal betraf die vormaligen Territorien entlang des Maenam Ping. Weiter westlich hatte das in Burma gelegene und seit 1287 zu Sukhothai gehörende Rāmannadesa in den 1320er Jahren seine Unabhängigkeit durchgesetzt. Hinzu kam die aggressive Grundhaltung *Ramathibodi I.* von Ayutthaya, welches vom Süden her zunehmend eine nachhaltige Bedrohung für Sukhothai darstellte. Der chinesische Reisende *Wang Dayuan* [汪大渊][577] hat in seinem Werk *Dao Yi Zhi Lue* [岛夷志略][578] vermerkt, das bereits 1349 Sukhothai ein Vasall Ramathibodis geworden sein soll[579]. In jedem Fall kontrollierte Ramathibodi die Gebiete südlich von Nakhon Sawan entweder direkt oder über Lehnsmänner. Die Gebiete der malaiischen Halbinsel, die bereits zu Lebzeiten Ramkhamhaeng lediglich formalen Vasallenstatus hatten, waren unwiderruflich für Sukhothai verloren.

Die administrativ-politische Reorganisation des Reiches war die vordringlichste Aufgabe des Herrschers, denn ohne eine geordnete Verwaltung und ein als gerecht empfundenes Rechtssystem war weder die Stabilität der eigenen Domäne gesichert, noch konnten abtrünnige Vasallen zurückgewonnen werden. Ein wichtiger Bestandteil der Strategie Lithais war die Wiederbelebung des Glanzes der archaischen Hindu-Kulte, ein unverzichtbarer Bestandteil jedes kraftvollen und mythischen königlichen Herrschaftsanspruches. Laut Inskription No. 4 liess der König daher 1349 Bildnisse von Vishnu und Shiva schaffen und diese in den *Wat Pa Ma Muang* bringen, wo Brahmanen und Asketen dauerhaft die archaischen Kulte und Riten zelebrierten. Die 3 Meter hohen Bronzestatuen zählen zu den herausragendsten Kunstwerken der Sukhothai-Periode[580]. Das religiös-spirituelle Zentrum Sukhothai war zweifelsohne der Mahadhatu gegenüber dem Könispalast, dessen Mittelpunkt ein Lotusblütenturm bildete, eine Form der Architektur, die sich *Chedi Song Phum Khao Bin* [เจดีย์ทรงพุ่มข้าวบิณฑ์] nennt. Umgeben war der Lotusblütenturm von acht kleineren Türmen, von denen vier im Tympanon[581] Szenen aus dem Leben des Buddha zeigten; alle Türme hatten Nischen, in den Buddha-Statuen aufgestellt wurden und der ganze Mahadhatu war überreich mit kunstvollen Ornamenten verziert, die einerseits den (vermeintlichen) Wohlstand des Reiches *ad oculus* demonstrieren und für weiteren sorgen sollten. In den wichtigsten Städten liess Mahathammaracha I. Kopien des Lotusblütenturmes anfertigen und aufstellen und dergestalt die Protektion des Königs einerseits und die Loyalität seiner Untertanen und Verbündeten andererseits bildlich manifestieren (*Griswold,1967:18-34*).

---

[577] Chinesischer Reisender (1311–1350) während der Yuan-Dynastie. During 1328–1333 bereiste er ausgiebig das südchinesische Meer und besuchte dabei zahlreiche Orte in Südostasien.
[578] „Beschreibung der Barbaren der Südlichen Inseln"
[579] Vgl. hierzu Ed. Huber, 1909, In: BEFEO, 9:586: >>1349, le Siam septentrional [Sukhothai] se soumit au Lo-hou (Siam méridio-nal)[Lopburi]<<
[580] Vgl. hierzu die Schautafeln 25 und 26 in *Griswold,1967*
[581] Das Tympanon oder Tympanum ist in der Architektur eine Schmuckfläche in Giebeldreiecken oder im Bogenfeld von Portalen.

Aus der Inskription No. 3[582] aus dem Jahre 1357 geht hervor, das es König Lithai zu diesem Zeitpunkt gelungen war, Ordnung und Sicherheit in seinem Kernland wiederherzustellen. Städte am Maenam Piang, von Chiang Tong im Norden bis Nakhon Sawan im Süden hatten sich erneut Sukhothai unterstellt. Fang, Phitsanulok und Sra Luang standen wieder unter völliger Kontrolle. Erfolgreiche Feldzüge folgten 1359 in Phrae und im Tal des Maenam Pa Sak (Nan) 1362. Ab 1370, möglicherweise auch schon früher, erstreckte sich das Reich von Sukhothai im Westen wieder von den Bergen an der Grenze zu Burma bis nach Nong Khai [หนองคาย] im Osten. Wie schwierig sich jedoch die Rückgewinnung verlorener Gebiete gestaltete, verdeutlicht das Beispiel Muang Chum: lediglich 75 km von der Kapitale entfernt gelegen benötigte Sokhothai immerhin zehn Jahre bis zur Wiederherstellung des Vasallenstatus (*Griswold & na Nagara,1973a:76ff.*).

König Mahathammaracha galt als einer der gelehrtesten Herrscher seiner Zeit und die Elogen in Inskription No. 3 enthalten ungewöhnlich viele persönliche Informationen über den Mann, der sein Regnum selbst als gerecht, weise und standhaft schildert. Gerecht durch die konsequente Förderung und das Einhalten des buddhistischen Verhaltenskodexes (I/68f.), wodurch er sich viel *bun* [บุญ][583] erwarb. Weise, durch seine vertieften Kenntnisse der Mathematik (I/68f.) sowie der Astronomie, Geographie, Mechanik und anderer angewandter Wissenschaften (I/76f.). Und standhaft durch seine Kenntnisse in militärischer Strategie und Taktik, insbesondere dem Einsatz der Kriegselephanten sowie persönlichen Mut und Tapferkeit (II/2ff.). Wenn er über seine Kenntnisse im Bereich der Hydraulik spricht, so schildert er die Vorteile für den Einsatz in der Bewässerung. So ließ er Bewässerungsgräben für Farmen im Hoch- und Tiefland, Fischteiche sowie Obst- und Gemüseplantagen anlegen. Und seinen Vasallen erteilt er eine unmißverständliche Lektion: sie haben sich gemäss dem Lehren des Dhamma zu verhalten; sie haben *chedi* und Bodhi-Bäumen ihren Respekt zu bezeugen; sie müssen sich den Mönchen gegenüber demütig, den Verwandten gegenüber herzlich und den Älteren gegenüber ehrerbietig verhalten. Den Untertanen sollen sie freundlich gesinnt sein und die zu leistende Fronarbeit in erträglichen Grenzen halten; sie haben für ausreichene Vorräte an Reis und Salz zu sorgen und im Todesfall das Erbe an die Nachkommen zu übergeben und sich nicht selbst damit zu bereichern (II/37-44). Diejenigen, die diese Regeln befolgten, würden für lange Zeit herrschen; allen anderen phrophezeite er ein schnelles Ende (II/47ff.) (*Griswold & na Nagara, 1973a:86*).

Auch als Literat trat Mahathammaracha I. hervor. Noch als designierter Thronfolger schrieb er in Sri Satchanalai das bereit weiter oben erwähnte Epos Traiphum Phra Ruang, ein Werk, das auch heute noch jedem gebildeten Thai ein Begriff ist. Neben gründlichen Kenntnissen der Pali-Literatur zum Theravada-Buddhismus verfügte der König auch über fundierte Kenntnisse des Sanskrit und der brahmanischen Riten. Mahathammaracha I. war insbesondere auch daran gelegen, möglichst enge Beziehungen zu Ceylon, dem damaligen spirituellen Nabel der buddhistischen Welt, zu unterhalten. So lud er den Autor des Pali-Werkes *Lokappadipasara* und Lehrer der Königin *Setibbinda* von *Muttimanagara*[584], den

---

[582] Der originäre Standort war lange Zeit ein Rätsel, die Inskription (I/8) nennt *Nagara Chum* [นครชุํ], heute *Müang Nakhon Chum* [เมืองนครชุม]. Gelöst wurde es 1922 durch Prinz Damrong bei einem Besuch des Wat Phra That [วัดพระธาตุ], dessen Abt ihm eine nahegelegene Ruine einer alten *wihara* zeigte, die sich nach eingehender Untersuchung als *locus in situ* erwies.

[583] Tham Bun ist ein traditionelles Konzept zum Erwerb religiöser Verdienste im Kontext des Theravada-Buddhismus, das in der buddhistischen Karma-Lehre begründet ist. Karma [Sanskrit: कर्मन्] („Wirken, Tat") bezeichnet ein spirituelles Konzept, nach dem jede Handlung – physisch wie geistig – unweigerlich eine Folge hat. Diese muss nicht unbedingt im aktuellen Leben wirksam werden, sondern kann sich möglicherweise erst in einem der nächsten Leben (Reinkarnation) manifestieren. Eng verbunden mit der Vorstellung der Gültigkeit des Ursache-Wirkungs-Prinzips entscheidet die Summe der guten Taten über die Form und Art der kommenden Wiedergeburten.

[584] Martaban

singhalesischen *Sangharacha* namens *Medharpkara-sailgharaja* (*Udumbara Mahasami*), 1361 nach Sukhothai ein und der König wurde am Mittwoch, den 22. September 1361 zum Mönch ordiniert (*Griswold & na Nagara,1973a:122*). Damit folgte er der Tradition der Könige Sukhothais, die sich seit dem Ende des 13. Jahrhunderts bis zur Mitte des 14.Jahrhunderts in der Etablierung des Theravada-Buddhismus hervorgetan hatten; einerseits durch die Förderung der nach singhalesischem Ritus ordinierten Mönche, unter den sich viele Mon befanden (*Dhani Nivat,1965:5f.*), aber auch durch persönliches Beispiel. Zuvor, etwa im Oktober 1359, hatte er der Inskription No. 8[585] zufolge eine exakte Kopie des 1,8 Meter langen Fussabdruckes des Buddhas vom Mount *Sumanakutaparvata*[586] anfertigen und auf dem *Khao Phra Pada*[587] errichten lassen. Der Fussabdruck kann heute im *Wat Traphang Thong* [วัดตระพังทอง][588] in der Altstadt Sukhothais, nahe dem Ramkhamhaeng-Museum besichtigt werden. Die ursprüngliche Inskription enthält keine besonderen Informationen, allerdings hatte der König diese rund sieben Jahre später durch ein *Post Scriptum* ergänzt. Diesem können wir entnehmen, das sich Mahathammaracha nach seiner mehrmonatigen Zeit als Mönch für die nächsten sieben Jahre nach Phitsanulok begab – warum?

Wie bereits weiter oben erwähnt, näherte sich Müang Bhua nach dem Tod *Chao Pha Nòns* 1349 unter dem Nachfolger *Kar Müang* [การเมือง] wieder Sukhothai an. Lithai und *Kar Müang* verband ein freundschaftliches Verhältniss, was unter anderem durch ein Geschenk von 7 heiligen Reliquien sowie je 20 goldene und silberne Votivtafeln von Sukhothai an Müang Bhua dokumentiert ist. (*Wyatt,1994a:46*) Darüber hinaus war die Hauptfrau und erste Königin Lithais, die 1356 auch den Thronfolger und künftigen König zur Welt bringen sollte, eine Enkelin *Kar Müangs*. Dieser herrschte von 1351-1361 in Nan und Bhua und beanspruchte die Suzeränität über Phrae. Offensichtlich gab es in Phrae eine Revolte, denn laut Inskription No. 9 begab sich Mahathammaracha 1359/60 auf einen Feldzug nach Phrae und blieb dort sieben Monate (*Griswold & na Nagara, 1973b:105*). 1361, während Lithai als Mönch lebte, ereignete sich folgendes: Ein Mann „aus dem Süden" der sich Khun Intha [ขุนอินทามเมืองได้] nannte, kam an den Hof und übergab als Präsent wertvollen Stoff. Als Kar Müang diesen berührte, fiel er tot um; der Überlieferung zufolge soll er mit einem Gift präperiert worden sein. (*Wyatt,1994a:47f.*) Möglicherweise war „der Mann aus dem Süden" ein gedungener Mörder aus Suphanburi oder Ayutthaya. Es liegt auf der Hand, das der überlieferte anschliessende Feldzug Mahathammarachas in Nan der Notwendigkeit geschuldet war, dem Sohn Kar Müangs, Cao Pha Kong [ขาวผากอง], die Thronfolge zu ermöglichen. Dann begab er sich für die Dauer von sieben Jahren nach Phitsanulok und die möglichen Gründe finden sich in zwei Quellen. In *Nidāna Phraputtha Sihing* findet sich folgender Hinweis: >> Dann begab sich der König von *Ayodaya* [Ayutthaya] namens *Ramadhipati* [Ramathibodi] … nach *Dvisakhanagara* ["Zusammenfluss", Song Khwae ergo Phitsanoluk], besetzte die Stadt und ernannte seinen Sohn *Teja* [Paramaracha, der Schweigersohn] zum Statthalter. *Atthakalideyya* [Mahathammaracha I.] bat um Gnade; und als er seinen Treueeid geschworen hatte, übergab ihm Rama[thibodi] *Dvisakha*. *Atthakalideyya* brachte die Statue des Phra Buddha Sihing mit nach *Dvisakha* … Während seines ganzen Lebens herrschte dieser König gerecht; und als er starb fiel *Dvisakhanagara* wieder an Rama[thibodi] zurück<< (*Griswold & na Nagara, 1973b:106*). Die *Jinakalamali*-Chronik ist historisch etwas präziser: >>Zu jener Zeit herrschte

---

[585] Entdeckt 1908 von Prinz Vajiravudh [วชิราวุธ], dem künftigen König *Phra Bat Somdet Phra Poramentharamaha Vajiravudh Phra Mongkut Klao Chao Yu Hua* [พระบาทสมเด็จพระปรเมนทรมหาวชิราวุธ พระมงกุฎเกล้าเจ้าอยู่หัว], kurz Rama VI., anlässlich einer Reise des Prinzen durch das „Reich Phra Ruangs".
[586] Der 2243 hohe Adam's Peak [Singhalesisch: සමනළ කන්ද *Samanaḷa Kanda*] („Schmetterlingsberg") in Sri Lanka, auf dessen Gipfel sich der Sri Pada [Singhalesisch: ශ්‍රී පාදය *Śrī Pādaya*] („Heiliger Fuss") befindet. „Entdeckt" wurde er vermutlich durch König Valagambahu (104-76 v.Chr.) auf der Flucht vor Invasoren aus Südindien.
[587] Etwa 3 km südwestlich von Sukhothai.
[588] „Tempel am Goldenen See".

eine Hungersnot in *Jayanādapura* [Phitsanulok]. Ramadhipati, der König von *Ayojjhā* [Ayutthaya] kam aus Kāmboja [in diesem Kontext Lopburi] and besetzte die Stadt unter dem Vorwand, Reis zu verkaufen. Nachdem er einen seiner hohen Minister namens *Vattiteja* [Paramaracha], den Herrscher *Suvaṇṇabhūmis* [Suphan Buri], zum Statthalter von *Jayanādapura* ernannt hatte, kehrte er nach *Ayojjhapura* [Ayutthaya] zurück. *Dhammaraja* [Mahathammaracha] schickte viele Präsente zu Ramadhipati und bat um *Jayanādapura*; Ramadhipati gab ihm [die Stadt] und *Vattiteja* kehrte nach *Suvaṇṇabhūmi* zurück. *Dhammaraja*, nachdem er seine jüngere Schwester *Mahadevi* zur Statthalterin in Sukhothai und seinen Minister *Tipañña* zum Regenten von *Vajirapakara* [Pali für Kamphaeng Phet] ernannte hatte, begab sich mit der Statue des Phra Buddha Sihing nach *Jayanādapura* ... Nach dem Tod König Ramadhipatis [...] verliess *Vattiteja Suvaṇṇabhūmi* und besetzte das Königreich Kamboja. Dann, nachdem *Dhammaraja* [...] gestorben war, verliess *Vattiteja Ayojjhapura*, nahm *Jayanādapura* und brachte die Statue des Phra Buddha Sihing nach *Ayojjhapura*« (*Griswold & na Nagara,1973b:107*).

Wenngleich beide Quellen die Einnahme Phitsanuloks durch Ramathibodi und dann die Übergabe an seinen Schwiegersohn Paramaracha verzeichen, darf alternativ vermutet werden, das Paramaracha selbst die Initiative ergriffen hatte und die Zeit der Mönchsklausur von Mahathammaracha nutzte, um Phitsanulok zu besetzen. In diesem Fall wäre die Fortführung der militärischen Kampagne 1362 in Nan nach der Sicherung der Thronfolge und ihre Ausdehnung in das Tal des Maenam Pa Sak möglicherweise als Taktik zu sehen, Paramaracha aus Phitsanulok zu vertreiben. In jedem Fall geht aus Inskription No. 8 [IV/4f.] hervor, das Mahathammaracha nach sieben Jahren wieder nach Sukhothai zurückkehrte (*Griswold & na Nagara, 1973b:108*).

In Lan Chang war 1353 Fa Ngum König geworden und hielt den Angriffen Sukhothais auf sein Territorium in den 1360er Jahren stand. Am Hof von Angkor erzogen und ausgebildet war der ambitionierte junge Mann mit einer Prinzessin verheiratete worden. Ganz im Sinne des Khmer-Herrschers nahm er immer wieder Feindseligkeiten gegen Sukhothai auf. Angesichts dieser permanenten Bedrohung entschloß sich Sukhothai, dem gefährlichen Fa Ngum die Hand der Prinzessin *Nang Kaeo Yupha* anzudienen. Offensichtlich trug dieser Schachzug die erwarteten Früchte, denn die Chroniken vermelden fortan vermehrte Akquisitionsbemühungen Fa Ngums an den westlich und nördlichen Ausläufern des Khmer-Reiches[589]. Nachdem er in Roi Et auch der militärischen Macht Ayutthayas erfolgreich getrotzt hatte, lenkte König Ramathibodi ein und überliess ihm seine Tochter *Nang Kaeo Lot Fa* nebst 100 Elephanten sowie reichlich Gold, Silber und Elfenbein (*Simms,1999:36*).

Das „Stillhalteabkommen" zwischen Ramathibodi und Mahathammaracha I. und der damit für beide Seiten probate *modus vivendi* wurde allerdings obsolet, als Ramathibodi starb und sein umtriebiger Schwager nach nur einem Jahr den legitimen Thronfolger Ramesuan vertrieb und sich als Borommaracha I. zum König Ayutthayas weihen liess. Der neue König setzte auf Expansionspolitik in Richtung Norden und attackierte bereits 1371 erstmalig Sukhothai. 1372 eroberte er vermutlich Nagara Svarga, 1373 griff er erfolglos Kamphaeng Phet an, eroberte 1375 Phitsanulok und fügte den Verteidigern Kamphaeng Phets bei einem weiteren, erfolglosen Angriff 1376 schwere Verluste zu. Zu diesem Zeitpunkt lebte Lithai bereits nicht mehr. Ohne epigraphische Beweise kann das Todesjahr Mahathammarachas I. nicht genau rekontruiert werden. Die historische Forschung akzeptiert allgemein den Zeitraum zwischen 1370-1375, also zwischen der Thronbesteigung Paramarachas in Ayutthaya und dessen Einnahme von Phitsanulok (*Griswold & na Nagara,1973b:108*). Mit ihm starb der letzte König eines überwiegend freien und unabhängigen Sukhothai. Seinen drei Nachfolgern kam,

---

[589] Etwa im Gebiet des Isan im heutigen Thailand

zumindest nominell, allesamt der Status eines Vasallen Ayutthayas zu, wobei sein unmittelbarer Nachfolger, Mahathammaracha II., dessen Regentschaft vermutlich auf die Zeit zwischen 1370/75-1398 zu datieren ist, den nachweislichen Versuch unternahm, sich gegen das unvermeidliche Schicksal aufzulehnen.

5.4. *Mahathammaracha II* [พระมหาธรรมราชาที่ 2] auch *Phraya Luethai* [พญาลิไท] (1370/75-1398)

Der dritte Angriff auf Kamphaeng Phet 1378 war schließlich erfolgreich und Mahathammaracha II., der sich den Überlieferungen zufolge während der Kampfhandlungen als tapfer und wehrhaft erwiesen hatte, mußte sich ergeben. Mit dieser Niederlage Sukhothais gerieten auch die Städte entlang des Ping-Flusses unter die unmittelbare Herrschaft Ayutthayas (*Griswold & na Nagara,1968:210f.*). Den Usancen der Zeit folgend ließ Borommaracha den Unterlegenen den Treueeid schwören und setzte ihn danach als seinen Statthalter in Sukhothai ein. Damit endete die Unabhängigkeit Sukhothais – vorerst. Ob der Amtssitz Mahathammaracha II. und seine Kapitale nach Phitsanulok verlegt wurde (*Wood,1924:72*) ist strittig. Unstrittig hingegen ist, das das Territorium des Vasallen Sukhothai nahezu mit dem des vormaligen Königreiches identisch war. In Lan Na war zwischenzeitlich König Kü Na verstorben und dessen Nachfolger und Sohn, Saen Müang Ma, sah sich einer Rebellion seines Onkels *Maha Phrom* gegenüber; als diese scheiterte, flüchtete dieser nach Ayutthaya. Dort allerdings verführte er wohl eine der Frauen König Borommarachas und dieser betrachtete fortan Saen Müang Ma als seinen Verbündeten. Ayutthaya und Lan Na planten 1387/88 eine gemeinsame Militäraktion gegen Sukhothai. Während die Truppen Lan Nas vor den Toren Sukhothais vergeblich auf die Armee Ayutthayas warteten, griff Mahathammaracha II. beherzt an und schlug den Gegner vernichtend[590]. Eine erneute Revolte in Kamphaeng Phet war vermutlich die Ursache dafür, das die Truppen Ayutthayas nicht wie vereinbart in Sukhothai erschienen; zum Glück für Mahathammaracha II., den sein Vasalleneid zwar an Ayutthaya band, aber nicht an Lan Na. Borommaracha attackierte 1388 Kamphaeng Phet, und es gelang ihm, den Aufstand niederzuwerfen, doch diesmal waren die Anstrengungen des Feldzuges zu groß. Auf dem Rückmarsch nach Ayutthaya starb der König dort, wo er die meiste Zeit seines Lebens verbracht hatte: inmitten seiner Soldaten. Bereits einige Tage nach dem Tod des Kriegerkönigs machte sich der einst von ihm entthronte Ramesuan von Lopburi auf, nahm die Kapitale im Handstreich, tötete den Sohn Borommarachas und trat sein zweites Regnum in Ayutthaya an. Vermutlich war der Machtkampf zwischen den verfeindeten Linien der Dynastie weiter eskaliert, so das Ramesuan den Sohn nicht wie üblich zum Statthalter einer Provinz degradierte, sondern exekutieren liess. Ermöglicht wurde der gewaltsame fließende Übergang auch durch die vorangegangenen wiederholten militärischen Fehlschläge bei der Eroberung Kamphaeng Phets, wodurch Borommaracha persönlich und damit *nota bene* die Suphan Buri-Linie deutlich an Macht und Ansehen eingebüßt hatte. Mit Ramesuan übernahm die Lopburi-Linie wieder die Vormachtstellung in Ayutthaya, wenngleich nicht unumstritten. Angesichts der kritischen innenpolitischen Lage kehrte Ramesuan wieder zur Politik der „friedlichen Koexistenz" Ramathibodis mit Sukhothai zurück (*Griswold & na Nagara,1968:213*). Für den Moment konnte Sukhothai bei aller gebotenen Vorsicht zunächst einmal durchatmen.

1958 entdeckten Schatzsucher im Südosten der alten befestigten Stadt Sukhothai eine Inskription, die sie als wertlos erachteten und wegwarfen. Die Inschrift, auf Seite 1 mit 47 Zeilen in der „Sukhothai-Schrift" und Seite 2 mit 45 Zeilen Pali in der Khmer-Schrift verfaßt, konnte aufgrund von Hinweisen aufmerksamer Anwohner später von Mitarbeitern des *Fine*

---

[590] Vgl. hierzu auch Kapitel 5.3.2.

Arts Department geborgen und in das heitige Ramkhamhaeng-Nationalmuseum[591] verbracht werden. Erstellt wurde sie anläßlich der Gründung des Wat Asokaram [วัดอโศการาม][592] im Jahr 1399 und neben den üblichen Hinweisen auf die noblen Spender und den Umfang ihrer Gaben enthält sie einige wichtige Hinweise zur Biographie des Königs und der Situation Sukhothais in den 1390er Jahren. Der Autor der Inschrift war *Kavirajapandita Sri Dharmatrailoka*, der jüngere Bruder[593] der Auftraggeberin, Königin *Tilakaratana (Trailokaratna)*, die in dieser Inschrift *Samtec Brah Rajadebi Sri Culalaksana Arrgaraja(mahesi?) Debadhora (ṇi)* [...] *karatna* [สํเดจพระราชเทพีศรีจุฬาลกกัณฌอรรคราช (มเหสี) เทพธอร (ณี) [...] กรตนี] genannt wird[594]. Königin *Tilakaratana*, mit den fünf Merkmalen der Schönheit[595] ausgestattet, war eine Tochter Lithais und konsequenterweise damit auch eine Halbschwester ihres Ehemannes Mahathammaracha II., mit dem sie zwei gemeinsame Söhne hatte: Sai[596] Lü Thai, der künftige König Mahathammaracha III., und *Asoka*, über den wir außer dem Namen nichts wissen (*Griswold & na Nagara,1969a:52*). In der Reliqienkammer der *chedi* fanden die von der Königin gespendeten Reliquien aus [*Tamba*]*pannipura* in Sri Lanka Aufnahme; *Tilakaratana* stiftete überdies eine Buddha-Statue, eine Versammlungshalle (Wihan) und Mondop, Wohnhäuser für die Mönche, eine Mauer, eine Brücke, eine Straße, Musikinstrumente und verschiedene Bäume, darunter auch einen *Sri Mahabodhi* [ศรีมหาโพธิ], einen Bodhi-Baum. Dann wies sie 50 Familien an, künftig dem Tempel zu dienen und lud den weisen und bekannten *Mahathera Sorabanga* [สอรภังเถร], einen ehemaligen Schüler *Phra Mahabuddhasakors* [พระมหาพุทธสาคอร] ein, als Abt des Tempels zu fungieren (*Griswold & na Nagara,1969a:44ff.*).

Vermutlich wurde Mahathammaracha II. 1352 geboren und sofern die Angaben der Inskription zutreffen, herrschte er im Alter von 38 Jahren, ergo um 1390 herum, über das alte Reichsgebiet des Vaters mit Ausnahme von Nagara Svarga:>>Als er 38 Jahre alt war [...] war sein Reich groß und ungefährdet [...] Die Grenzen dieses verdienstreichen Mannes waren bekannt als: im Osten [...] in Nagaradeyya [อำเภอนครไทย][597]; im südöstlichen Teil [...] Vajjarapūra[598] [Phetchabun]; seine südliche Grenze zog er an einem Ort namens Uyyapabbata[599] an den Gestaden des Flusses Binga [Maenam Ping]; im Südwesten [...] Hemapura [Chieng Tong][600]; und im Westen Takapura [das alte Tak][601]; die wohlrichtete Stadt Lakkhapura[602] am Nebenfluss des Yamuna [Maenam Yom], welcher Rivulet genannt wird, bildete seine Grenze im Nordwesten; und im Norden Itthipatana [?][603]. Als er seine Grenzen gezogen, gab er Freude allen Lebewesen [und wurde in Ehren gehalten ?] von den Menschen und Göttern<<(*Griswold & na Nagara,1969a:51f.*).

---

[591] *Phiphitthaphanthasathan Haeng Chat Ramkhamhaeng* [พิพิธภัณฑสถานแห่งชาติรามคำแหง]
[592] Auch *Wat Salat Dai* [วัดสลัดได]. *Salat dai* steht im Thai für *Euphorbia antiquorum*, ein Wolfsmilchgewächs, mit dem der alte Tempel wohl überwuchert war.
[593] Höchstwahrscheinlich identisch mit *Pā Dharmatrailoka* aus der Inskription No. 9 aus dem Jahr 1406 (III/10); in Inskription No. 49 (1418) *Mahāthera Dharmatrailoka* (I/7f.) genannt. Dort findet sich auch der Hinweis, das es sich um den jüngeren Bruder der Königin handelt.
[594] In Inskription No. 46 wird sie *Saṃtec Braḥ Rājajananī Śrī Dharmatrailokarājamātā Mahātilakaratana Rājanārtha* genannt (I/3).
[595] Schönes Haar, Fleisch, Zähne, Haut und bei guter Gesundheit (II/31).
[596] *Sai* indiziert, das er der vierte Sohn des Vaters war; Mahathammaracha II. dürfte die ersten drei Söhne mit anderen Frauen gezeugt haben.
[597] Der heutige Landkreis *Nakhon Thai* in der Provinz Phitsanulok.
[598] Auch *Bejrapurṇa*.
[599] *Doi Ui*, geographisch noch nicht genau lokalisiert, vermutlich aber zwischen Kamphaeng Phet und Nagara Svarga gelegen.
[600] Ein Flusshafen am Maenam Ping
[601] Etwa 20km flussaufwärts der heutigen Stadt *Tak* gelegen.
[602] Genaue Lokation unbekannt.
[603] Vermutlich die heutige Gemeinde *Tha It* [ท่าอิฐ] im Landkreis Uttaradit der gleichnamigen Provinz.

Die Inskription enthält keinerlei Hinweis auf einen etwaigen Vasallenstatus. Mahathammaracha II. wird als *Samdet Mahathammarachathiracha* [สํเดจมหาธรรมราชาธิบดี] bezeichnet, ein Titel der bis zu diesem Zeitpunkt souveränen Monarchen mit eigenen Vasallen vorbehalten war. Möglicherweise gestattete Ramesuan großzügig die Beibehaltung des Titels im Gegenzug für eine nominelle Anerkennung seiner Vorherrschaft und Unterstützung bei seinem innenpolitischen Machtkampf mit der Suphan Buri-Linie. Ein weiteres Indiz für eine Souveränität Sukhothais *in praxi* liefert ein Vertrag zwischen Nan und Sukhothai, dessen Inhalt und Duktus darauf schliessen lässt, das er zwischen souveränen Reichen geschlossen wurde. Der Herrscher Nans, *Pa Gong* [ผากอง] hatte Mahathammaracha 1376 bei der Verteidigung Kamphaeng Phets zur Seite gestanden. Laut Inskription No. 45, die im *Wat Chang Kam* [วัดเจดีย์เหลี่ยม][604] gefunden wurde, schloss sein Sohn und Nachfolger *Kam Dan* [คำ ดัน] 1393 einen Bündnispakt mit Sukothai, der die gegenseitige Hilfe im Falle eines Angriffes fremder Domänen festschrieb: >>[II/10-13] Egal welche Probleme oder Gefahren mir [Mahathammaracha II] drohen, wird er [Kam Dan] mir mit seinen Truppen beistehen und helfen, diese zu überwinden und zu zerstören [...] Benötige ich viel, wird [er] mit viel geben, benötige ich wenig, wird er mir wenig geben [...][II/13-18] Gefahr für mein Reich wird er [als Gefahr] für sein Reich erachten<< (*Griswold & na Nagara,1969b:97ff.*).

Zu Lebzeiten Ramesuans bestand kaum die Gefahr, das die Bestimmungen des Vertrages zur Anwendung kamen. Als dieser aber 1395 starb und von seinem Sohn Ramaracha beerbt wurde, veränderte sich die Situation grundlegend. Die Nan-Chronik vermerkt bereits für das Jahr 1396/97 das mysteriöse Ableben *Kam Dans*, der >>elf Jahre regiert hatte, als ein Herrscher aus dem Süden namens *Cao Khamtam* nach Nan kam, um die Weihezeremonie für Cao Kam Dan durchzuführen. Während der Zeremonie gossen der Herrscher aus dem Süden und alle anderen geweihtes Wasser über das Haupt Cao Kam Dans. Nach der Zeremonie befielen Cao Kam Dan schwere Kopfschmerzen und nachdem er in seinen Palst zurückgekehrt war, starb er noch in der gleichen Nacht [...] *Cao Khamtam* aus dem Süden floh<<(*Wyatt,1994:49*). Auch wenn die Annahme letztendlich spekulativ ist, so erscheint ein von Ayutthaya aus gesteuertes Mordkomplott gegen den Herrscher Nans im Bereich des Möglichen zu liegen. Der mysteriöse „*Phraya Khun Luang*" aus dem Süden" [พรญาได้ชื่อขุนหลวง] muss schon ein hoher Würdenträger gewesen sein; erstens aufgrund seines Titels *phraya khun* [พรญา ขุน] und zweitens dürfte es einem Gast niederen Ranges kaum gestattet worden sein, an einer Weihezeremonie des Königs aktiv teilzunehmen. Der Sohn Kam Dans, *Sri Canda*, war knapp ein Jahr im Amt als er vom herrschenden Brüderpaar Phraes, *Pana Thera* und *Pana Un Müang*, angegriffen und exekutiert wurde; sein Sohn *Cao Hung* ergriff daraufhin die Flucht und fand Aufnahme in Chaliang. Nach sechs Monaten und zehn Tagen verstarb *Pana Thera*. Nach einem weiteren Jahr eroberte *Cao Hung* mit einer Armee aus Chaliang Nan und schickte den zweiten Usurpator, *Pana Un Müang*, 1398 ins südliche Exil[605] (*Wyatt,1994:49f.*).

Die 1930 zufällig mitten in Sukhothai entdeckte Inskription No. 38 artikuliert den nachhaltigen Wandel der Beziehungen zwischen Ayutthaya und Sukhothai und stellt gleichzeitig ein wichtiges Dokument für die frühe Rechtsgeschichte Südostasiens dar. Gemäß der traditionellen indischen Sicht wird das Universum durch das unveränderliche Naturrecht, niedergelegt in den *Dharmasastra* [धर्मशास्त्र], ein Korpus von Sanskrit-Schriften mit einer differenzierten und hochentwickelten Kodierung rechtlicher Vorschriften und Regelungen[606];

---

[604] „Tempel der Last des Elephanten". Vormals bekannt als *Wat Ku Kham* [วัดกู่คำ] und berühmt wegen seines fünfstöckigen *chedi* im Mon-Stil.
[605] Vermutlich entweder nach Sri Satchanalai oder Sukhothai
[606] Manu [मनु] ist im Hinduismus der Stammvater der Menschen. Dabei werden vierzehn verschiedene Manu unterschieden, die jeweils am Anfang einer neuen Menschheit stehen. Manu gilt als mythischer Verfasser des indischen

diese, aus brahmanischen Traditionen und Tradierungen, hervorgegangene Sammlung, wurde selbst von der frühen britischen Kolonialverwaltung in der Rechtssprechung für die Hindus angewandt. Streitfälle in den frühen Reichen und Domänen Südostasiens wurden häufig auf Basis der *Dharmaśāstra* entschieden, unabhängig von den ad hoc Entscheidungen des Herrschers. Ayutthaya war die einzige Domäne im frühen Südostasien, die ein kodifiziertes Zivilrecht entwickelte und anwendete. Der weiter oben erwähnte Herrscher Wareru von *Ramannadesa* verfügte bereits Ende des späten 13. Jahrhundert über eine *Dhammasattha*, eine Kompilation von Rechtsvorschriften, deren Ursprünge bis in das 12. Jahrhundert der von den Mon besiedelten Gebiete zurückreichen (*Lingat,1973*). Inskription No. 38 vermittelt an diversen Stellen den Eindruck, das zwei der bedeutendsten Säulen der rechtlichen und gesellschaftlichen Organisation Ayutthayas, *sakti na* und *mun nay* [มุนนาย], bereits 1397 existierten, wenn auch vermutlich noch in rudimentärer Form (*Griswold & na Nagara,1969c:111*).

Bereits in der Präambel der Inskription [I/1-4] verkündet Ramaracha die Suzeränität Ayutthayas über Sukhothai und vermutlich benutzte er die Gelegenheit, Mahathammaracha II. den Vasalleneid wiederholen zu lassen. Die folgenden acht Artikel des verkündeten Gesetzes beschäftigen sich, teils sehr detailliert, mit Themen wie flüchtige Sklaven, Entführungen, Raub und Diebstahl etc. (*Griswold & na Nagara,1969c:128ff.*). Die übergeordnete Absicht dieses Ediktes war, neben der Regelung von alltäglichen Situationen, eine Manifestierung des Vasallenstatus Sukhothais und zwar *coram publico*. Aus dem Duktus der Inskription geht hervor, das Ayutthaya Sukhothai bereits als integralen Bestandteil seines Reiches betrachtete und die Einführung rechtlicher Kodifizierungen Ayutthayas ist ein weiteres Indiz dafür. Mahathammaracha II. starb vermutlich 1398.

5.5. *Mahathammaracha* III [พระมหาธรรมราชาที่ 3] auch *Phraya Sai Lü Thai* [พระยาไสลือไทย] (1398-1419)

Mahathammaracha II. hinterließ die Witwe Trailokaratna sowie zwei Söhne: Der eine war Prinz Ashoka, von dem außer seinen Namen nichts weiter überliefert ist; der zweite Sohn, Prinz Sai Lü Thai, folgte als Mahathammaracha III. seinem Vater auf den Thron Sukhothais. Die Witwe und der Thronfolger fühlten sich offensichtlich nicht an den Vasalleneid des verstorbenen Herrrschers gegenüber Ayutthaya gebunden. 1956 entdeckte ein Mitarbeiter des *Fine Arts Departments* in den Ruinen des *Wat Si Phichit Kirati Kanlayaram* [วัดศรีพิจิตรกิรติกัลยาราม][607] die Inskription No. 56, die als „Unabhängigkeitserklärung" Sukhothais bezeichnet wird und die Diskussion über eine tatsächliche oder eher nominelle Suprematie Ayutthayas über Sukhothai zu Beginn des 15. Jahrhunderts befeuerte. >>*Sakarāja 762*, im Jahr des Drachen [สกราช ๗๖๒ นาคนักสตร ergo 1400], *Samdech Phra Rachachanani Sri Thammarachamata Mahatilakaratanarachanartha* [สมเด็จพระราชชนนีศรีธรรมราชาดามหาดิลกรตนราชนารถ], die Königinmutter und *Samdet Mahathammarachathipati Sri Suriyawongsa* [สมเด็จมหาธรรมราชาธิบดีศรีสุริยวงส์][608], ihr Sohn, waren *stark genug*, [ihre Feinde] zu unterwerfen, stolz und unerschrocken die Armee [Sukhothais] kämpfend und marschierend über die Ländereien zahlreicher Herrscher zu führen. [Der Sohn] war erfolgreich und erfreute sich fürderhin der absoluten Souveränität [sic!] als König des Landes Sri Satchanalai-Sukhothai. Gemeinsam zerschlugen sie den Hort ihrer Feinde, dehnten die Grenzen des königlichen Reiches aus [...] um schließlich Nakhon

---

Gesetzbuches *Manusmriti* [मनुस्मृति] (Gesetzbuch des Manu), auch bekannt unter dem Namen *mānavadharmashāstra*. Die darin niedergelegten Verhaltensregeln für die vier Varnas [वर्ण], den Kasten, steuerten die sozialen und politischen Prozesse innerhalb des Subkontinents über einen langen Zeitraum. Die Entstehungszeit liegt zwischen 200 v. Chr und 200 n. Chr.
[607] Auch *Wat Bicitrakirtikalyarama*.
[608] Mahathammaracha III.

Sawan mit seinen 120.000 Flüssen und Seen sowie Phrae einzunehmen.<< *(Griswold & Prasert na Nagara,1968:226)*

Nakhon Sawan, an der Gabelung der Flüsse Ping und Nan gelegen, war geo-strategisch von herausragender Bedeutung und bildete überdies die infrastruktuerelle Voraussetzung für den Handel Sukhothais über diese beiden Wasserstraßen. Solange sich Nakhon Sawan unter dem unmittelbaren Einfluß des Königs von Ayutthaya befand, war die Eigenständigkeit Sukhothais eine Chimäre und letztlich vom guten Willen oder der politischen Schwäche Ramarachas abhängig. Ganz offensichtlich hatte das Auftreten Ramarachas anläßlich seiner Visite Sukhothais 1397 den nachhaltigen Unmut des, aus eigener Sicht, lediglich nominellen Vasallen erregt. Die temporäre, auf den innenpolitischen Machtkämpfen, beruhende Schwäche des südlichen Nachbarn nutzten Mutter und Sohn dann entschlossen aus und nahmen mit Waffengewalt den (über)lebenswichtigen Knotenpunkt. An eine dauerhafte Besetzung war allerdings nicht zu denken; zu lange hatte Nakhon Sawan mittlerweile unter direktem Einfluß Ayutthayas gestanden, zumal überwiegend dem der Suphanburi-Linie. Die dergestalt unverhohlenen und nunmehr öffentlich gemachten Souveränitätsansprüche Sukhothais schwächten zunehmend die Position Ramarachas im besonderen und der Lopburi-Linie im allgemeinen. Der in den Augen Suphan Buris schwächlich und unentschlossen agierende Ramaracha überwarf sich mit seinem höchsten Minister, der mit einiger Sicherheit ein Mann der Suphanburi-Linie gewesen sein dürfte. Vor der drohenden Arretierung setzte sich der in Ungnade gefallene Minister über den Fluß in ein Städtchen namens *Pata Ku Cham* [ปท่ากูจาม] ab, welches heute nicht mehr zu lokalisieren ist. Von dort aus sandte er eine formelle Botschaft an den Prinzen von Suphan Buri, Intharacha, und teilte diesem mit, der Zeitpunkt sei günstig, den Thron Ayutthayas einzunehmen. Die Truppen des abtrünnigen Ministers besetzten alsdann die Hauptstadt und mit Intharacha saß fortan wieder ein Mitglied der Suphan Buri-Linie auf dem Thron Ayutthayas. Ramaracha wurde *Pata Ku Cham* zum Lehen gegeben, da es sich, höchstwahrscheinlich zwischen Ayutthaya und Sukhothai gelegen, ideal zur Überwachung des Ex-Monarchen eignete.

Als nächstes streckte Mahathammaracha III. seine Fühler in Richtung Lan Na aus. Dort war 1401/02 Saen Müang Ma gestorben und hatte zwei Söhne von zwei Frauen hinterlassen. Nachdem mit Sam Fang Kaen der jüngere den Thron bestiegen hatte wandte sich der ältere Bruder *Thao Yi* nach einem gescheiterten Putschversuch hilfesuchend an Sukhothai. Mahathammaracha III. zog mit *Thao Yi* gegen Lan Na, doch nach einigen Anfangserfolgen rückte er wieder ab: mehrere böse Omen schienen sich gegen das Unternehmen verbündet zu haben und ließen einen erfolgreichen Waffengang eher zweifelhaft erscheinen. In Sukhothai angekommen erhielt *Thao Yi* als Kompensation *Müang Chak* [เมืองชาก] zum Lehen und verstarb dort einige Jahre später eines natürlichen Todes im Exil (*Wyatt,1998:72ff.*).

In der Inskription No. 9 finden wir einen letzten Hinweis auf einen souveränen Herrscher Mahathammaracha III., als er 1406 gemeinsam mit der Königinmutter ein Konklave von Beratern und hohen Würdenträgern des Sangha leitet. Autor der Inschrift ist vermutlich das zu diesem Zeitpunkt ranghöchste Mitglied des Sangha, der *Sanghaparinayaka namens Phra Paramakhru Tilokatilaka Tiratanasilagandha Vanavasi Dharrnakitti Sangharaja Mahasvami Chao* [พระปรมครูติโลกติลกกิรัตนสิลคนธวนวาสีธรรมกิตติสังฆราชมหาสวามีเจา]; dieser ist vermutlich identisch mit dem bereits in Kapitel 5.2. erwähnten *Mahathera Anomadassi*. Anlass war entweder die Berufung des *Mahathera Mangalavilasa* [มงคลวิลาสมหาเถร] zum Abt des *Wat Kalyaṇa* oder dessen Verhalten danach. Die genaue Lokation Wat Kalyaṇas ist nicht eindeutig identifiziert. Wahrscheinlich handelte es sich um den *Maharattavanarama* („Grosser Tempel im Roten Wald"), welcher der *Jinakalamali*-Chronik zufolge am Fuß des Berges *Siripabbata* lag.

Siripabbata wiederum ist der Pali-Name für den *Khao Phra Sri* [เขาพระศรี], weniger als 1 km der alten südlichen Befestigungswälle Sri Satchanalais gelegen. *Mahathera Sariputta* und *Mahathera Buddhavaṃsa* erhoben Klage gegen *Mahathera Mangalavilasa* und waren vermutlich bemüht, dessen Ernennung rückgängig zu machen. Allerdings wurde die Klage zurückgewiesen, *Tilokatilaka* zum Obersten Patricharchen des Sangha berufen und *Mahathera Maṅgalavilasa* als Abt des Tempels bestätigt *(Griswold & Prasert na Nagara,1974a:104ff.).*

Die mutige und verwegene Initiative Mahathammaracha III. und der Königinmutter im Jahre 1400 sollte nicht ohne Folgen bleiben. Der Verlust Nagara Svargas sowie die „Unabhängigkeitserklärung" musste beide Linien der Dynastie Ayutthayas zutiefst beschämt haben. Dennoch sollte es insgesamt weitere neun Jahre interner Machtkämpfe bedürfen, bis die Suphan Buri-Fraktion sich wieder des Thrones bemächtigen konnte. Dessen neuer König Intharacha beendete als erste Amtshandlung die Unabhängigkeit Sukhothais. Der genaue Zeitpunkt ist nicht überliefert, aber aus der 1955 in den Ruinen des *Wat Sorasak* [วัดสรศักดิ์] entdeckten Inskription No. 49 geht eindeutig hervor, das Mahathammaracha III. spätestens 1412 wieder zum Vasallen Ayutthayas geworden war. Autor der Inskription und Stifter des Tempels war ein hochrangiger Adeliger der sich *Nai Intha Sorasak* [นายอินท์สอรศัก] nannte und vermutlich der Statthalter Intharachas in Sukhothai war. Mahathammaracha wird in dieser Inschrift nicht mehr als *Samdet Mahathammarachathiracha* bezeichnet, der Titel eines souveränen Königs mit eigenen Vasallen; stattdessen wird er höflich aber nahezu bürokratisch als *Ok-ya Thammaracha* [ออกยาธรรมราชา] oder auch nur als *Chao Phraya* [เจ้าพระยา][609] tituliert. Der eigentliche Anlaß für diese Inschrift, die Gründung von *Wat Sorasak* sowie der Besuch Intharachas, der 1417 Sukhothai in Begleitung von Mutter und Tante mit seiner Anwesenheit beehrte, gerät angesichts des Endes der kurzfristig wiederhergestellten Souveränität Sukhothais zur historischen Marginalie. Über das Schicksal der streitbaren Königinmutter ist nichts bekannt, in der Inskription No. 49 wird sie mit keinem Wort erwähnt. Mahathammaracha III. starb 1419 und um die letzte Thronfolge Sukhothais entbrannte ein familieninterner Machtkampf *(Griswold & Prasert na Nagara,1968:235ff.).*

5.6. *Mahathammaracha* IV [พระมหาธรรมราชาที่ 4] auch *Phraya Borompan* [บรมปาล] auch *Phraya Ban Müang* [พระยาบาลเมือง] auch *Phra Chao Suriyawong* [พระเจ้าสุริยวงศ์] (1419-1438)

Mahathammaracha III. hatte zwei Söhne hinterlassen, *Phraya Ban Müang* [พรญาบาลเมือง] und *Phraya Ram* [พรญาราม], die beide die Thronfolge für sich beanspruchten. König Intharacha reiste von Ayutthaya nach Nagara Svarga, hörte beide Parteien nach ihren jeweiligen Treuebekundungen an und entschied als Suzerän, Phraya Ban Müang als seinen Statthalter in Sukhothai einzusetzen. Über Mahathammaracha IV. ist nicht mehr viel überliefert. Gegen die Rolle des Vasallen lehnte er sich, im Gegensatz zu seinem Vater und Großvater, nicht mehr auf. Aus der Inskription No. 12 geht hervor, das er zumindest bis 1426 in Sukhothai lebte und verwaltete, vermutlich verlegte er seinen Amtssitz kurz darauf nach Phitsanulok. Ob dieses Anlasses ließ er den *Phra Phuttha Chinnarat*[610] [พระพุทธชินราช], eine große, bronzene Statue, gießen. Das Buddha-Bildnis im klassischen Sukhothai-Stil gilt als eines der schönsten in Thailand. Es zeigt den Buddha in der Haltung der Unterwerfung Maras. Einzigartig ist der flammenartige „Heiligenschein" um Kopf und Brustkorb, der nach unten hin an beiden Seiten

---

[609] I/8
[610] *Chinarat:* „Siegreicher König"

in einer Darstellung des *Singh* [สิงห์] ausläuft. Der Löwe[611] wird in buddhistischen Tradierungen häufig in mythologischen Erscheinungsformen dargestellt. Insbesondere in Nordthailand finden diese paarweise als Wächterfiguren vor Tempeln Verwendung. Der mythische Löwe ist einer der zahlreichen Fabelwesen und Bewohner des Himaphan-Waldes [ป่าหิมพานต์]. Die „schneereichen Berge" sind ein mythologisches Waldgebiet an den Hängen des Berges Meru, dem Zentrum des buddhistischen Kosmos. In dem von König Lithai verfassten Epos „Die Drei Welten nach König Ruang" wird der Himaphan-Wald lokalisiert: Im großen Salz-Ozean zwischen den Eisen-Bergen und den sieben Bergketten, die den Berg Meru umgeben, liegen demnach vier Kontinente: im Osten *Pubbavideha*, im Norden *Uttarakuru*, im Westen *Aparagoyana* und im Süden der *Jambu*-Kontinent, in Thai *Chomphuthawip* [ชมพูทวีป], auf dem die Menschen leben. Im Norden des Jambu-Kontinents liegt der Himaphan-Wald in den Himaphan-Bergen. Im Himaphan-Wald leben viele Fabelwesen. Neben den *Singh* gibt es dort Garudas, Nagas, Edelstein-Elephanten und Edelstein-Pferde. Die Beschreibungen der mythologischen Kreaturen im *Trai Phum Phra Ruang* haben Generationen von thailändischen Künstlern zu unterschiedlichsten Darstellungen inspiriert. Auf der Ostseite des *Ubosots* im *Wat Suthat*[612] von Bangkok ist auf einer wunderbaren Wandmalerei die gesamte Reichhaltigkeit der Fabelwesen des Himaphan-Waldes zu bestaunen.

Um die Entstehung *Phra Phuttha Chinnarats* ranken sich zahlreiche Legenden. So soll der König ursprünglich drei Bronzestatuen Buddhas bei namhaften Kunsthandwerkern aus Sri Satchanalai, Chiang Saen und Lamphun in Auftrag gegeben haben. Die ersten beiden Güsse waren auf Anhieb erfolgreich, für die dritte und prächtigste Statue benötigte man jedoch drei Versuche. Ein Brahmane sei beim dritten Versuch aus dem Nichts erschienen und sei unmittelbar nach Fertigstellung wieder verschwunden. Während die beiden ersten Statuen in den *Wat Bowonniwet* [วัดบวรนิเวศวิหาร][613] nach Bangkok gebracht wurden, ziert *Phra Phuttha Chinnarat* bis auf den heutigen Tag *Wat Yai* [วัดใหญ่][614] in Phitsanulok.

Als Mahathammaracha IV. 1438 starb inkorporierte Borommaracha II, der seinerseits Intharacha 1424 auf den Thron Ayutthayas gefolgt war, die „Mörgenröte der Glückseligkeit" ohne weiteres Aufhebens auch formell in das Staatsgebiet Ayutthayas; seinen Sohn Ramesuan, der ihm später als König Ayutthayas nachfolgen sollte bereite sich in Phitsanoluk als Verwalter des einstigen Königreiches Sukhothai im Range eines Vizekönigs auf die kommenden Aufgaben vor *(Griswold & Prasert na Nagara,1968:241f.)*. Als der neue *Upparacha* in Phitsanulok eintraf, flossen blutige Tränen aus den Augen *Phra Phuttha Chinnarats ... (Frankfurter,1909:5)*. Eine praktische Erklärung dieses legendären Phänomens wäre, das Mitglieder der führenden Familien in Sukhothai angesichts ihres politischen und gesellschaftlichen Abstiegs, die Augen des *Phra Phuttha Chinnarat* als eine populäre Form des passiven Widerstandes mit roter Farbe behandelt hatten *(Kasetsiri,1976:133)*.

---

[611] Der reale Löwe wird in Thailand *singtoh* [สิงโต] genannt

[612] Offizieller Name *Wat Suthat Thepwararam Ratchaworamahawihan* [วัดสุทัศนเทพวราราม ราชวรมหาวิหาร]. Mit einer Fläche von etwa 40 ha ist der im Bezirk *Phra Nakhon* [พระนคร] gelegene Wat Suthat einer der größten Tempel von Bangkok. Als touristische Attraktion gilt vor allem *Sao Ching Cha* [เสาชิงช้า], die direkt vor dem Tempel stehende „Große Schaukel".

[613] Heute das Zentrum des *Thammayut-nikai*-Ordens [ธรรมยุติกนิกาย], wörtlich „Die sich strikt an das Dharma halten", ist der klinere der zwei Orden in der Thevada Sangha. Gegründet in der ersten Hälfte des 19. Jahrhunderts vom damaligen Prinzen Mongkut, halten sich die Mönche des *Thammayut-nikai* streng an die ursprünglichen Ordensregeln und Pali-Schriften und lehnen Mystik ab.

[614] Offizieller Name *Wat Phra Si Rattana Mahathat Maha Worawihan* [วัดพระศรีรัตนมหาธาตุ]

5.7. Epilog: Der Historikerstreit um die Inskription No. 1

Aufgabe dieses Buches kann es nicht sein, eine wissenschaftlich detaillierte Darstellung der jeweiligen Positionen in diesem „Historikerstreit" zu liefern. Dafür sind insbesondere die Feinheiten in den linguistischen vergleichenden Analysen des modernen Thai mit der Sukhothai-Schrift derart komplex, das sie sich in voller Gänze nur den Spezialisten erschliessen. Der insbesondere in den 1980er Jahren mit grosser Leidenschaft geführte Diskurs (*Chamberlain,1991*) um die Authenzität der Ramkhamhaeng-Inskription flackerte auch später immer wieder auf, ohne das sich in der Folge tatsächlich veritable neue und eindeutige Erkenntnisse ergeben hätten. Mithin ist die Kontroverse bis auf den heutigen Tag nicht entschieden, wenngleich sie auf der Prioritätenliste des akademischen Lehrbetriebes keinen allzu hohen Stellenwert mehr einnimmt, was sich in späteren Publikationen nicht zuletzt dadurch artikuliert, das ein weniger ideologisch inspirierter als eher wissenschaftlich sachlicher Duktus vorherrscht. Dennoch wird im Rahmen dieses kleinen Exkurses versucht, zumindest im Groben das *pro et contra* der „Traditionalisten" und der „Revisionisten" nachzuzeichnen. Das dies ein durchaus ambitioniertes Unterfangen angesichts der weiter oben bereits erwähnten Komplexität der Thematik darstellt und daher weder Anspruch auf Vollständigkeit noch „Richtigkeit" erheben kann, sei bereits an dieser Stelle eingestanden. Angesichts der unstrittigen Tatsache, das Historiographie zwangsläufig den jeweiligen „Zeitgeist" reflektiert und die Auswahl und Interpretation der Quellen durch den Historiker letztendlich immer eine subjektive sein wird, relativiert sich das Ergebnis der historischen Forschung auf ihre originäre Funktion: „Mit heißem Herz und kühlem Kopf" keine ethisch-moralischen oder philosophisch-politischen Paradigmen zu formulieren sondern seriös die jeweils aktuelle Quellenlage aufzuzeigen und die daraus abgeleiteten Schlußfolgerungen unzweideutig als persönliche Meinung zu kennzeichnen. Politologische Phrasologien wie >>Sukhotai-ismus<< oder Verallgemeinerungen wie Generationen von Historikern hätten sich einer >>aktiven Idealisierung des Sukhothai-Staates aus ideologischen und politischen Motiven>> heraus verschrieben (*Beemer,1999:150*) sind wenig zielführend.

Grundsätzlich geht es um die Frage, ob es sich bei der Inskription No. 1 um eine aus dem Jahr 1292 stammende Inschrift handelt oder um eine konstruierte Legende, die den Revisionisten zufolge entweder von König Rama IV. höchstselbst oder aber in Zusammenarbeit mit einem Stab von Mitarbeitern verfasst worden ist. Südostasiatische Inskriptionen sind selten rein prosaische Ergüsse, Elogen oder fiktive Geschichten, wenngleich sie häufig Elemente der vorgenannten und weiterer Ausdrucksformen beinhalten. Aber ungeachtet der Tatsache, wieviel „barocke Schnörkel" sich in einer Inskription wiederfinden, sie dient immer einem formell-offiziellen Zweck und Anlass. >>Nicht eine einzige von ihnen wurde gefertigt ohne das sie in einen Zusammenhang mit einem besonderen Anlass standen. Ich denke, das man in der gesamten südostasiatischen Epigraphie nicht eine praśasti (Eloge) nennen kann, die ausschließlich verfaßt worden ist, um die Tugenden oder großen Errungenschaften eines Monarchen in Stein zu verewigen; [...] alle bekannten Inschriften in Thai gedenken einer religiösen Gründung [Stiftung] oder eines besonderen Ereignisses (*Coedès,1918:21*). Im Falle der Gründung eines Tempels, der Errichtung eines sakralen oder weltlichen Monumentes, wurde die Inskription auch stets am betreffenden Ort aufgerichtet. Daraus ergibt sich für Funde *in situ*, das der Fundort mit der historischen Lokation des jeweiligen Objektes mit an Sicherheit grenzender Wahrscheinlichkeit identisch ist.

Ein gängiges, politisches Argument der Zweifler ist, das >>für die [Traditionalisten], Thai oder Ausländer, die Inskription 1 die Grundlage des Thai Alphabets und der Thai-Schrift, des Thai Buddhismus, Thai Nationalismus oder der Thai Demokratie bildet [...] und das all dies von der thailändischen Gesellschaft als rational, modern und wünschenwert erachtet wird<<

(*Wright,1995:101f.*). Ein Argument, welches primär auf der Annahme basiert, die Traditionalisten weigerten sich aus patriotisch-nationalistischen Gründen heraus, die vermeintlichen Realitäten zu akzeptieren, ist *ipso facto* kein wissenschaftlicher Beweis. Da hilft diesem Historiker auch nicht der gewählte „diplomatische Notausgang für Helden", indem er die These formuliert, Rama IV. und sein Stab habe gar keine „bewusste Fälschung" beabsichtigt, sondern man sei lediglich bemüht gewesen, >>eine lehrreiche Fabel<< zu kreieren, die vermutlich >>aus in Bangkoker Bibliotheken vorhandenen Werken<< , mündlichen Überlieferungen und >>Quellen aus ruralen Provinzen<< komponiert wurde und demzufolge als >>frühe phantastische Literatur<<, Kompilation lokaler Mythen und >>orakelhafte Phantasien<< wenig historischen Wert besitze (*ebenda:97ff.*). Dagegen spricht folgender Passus in der offiziellen Geschichtsschreibung des Regnums Rama IV.: >>[Prinz Mongkut] machte eine Pilgerreise in den Norden des Landes [...] und kam schließlich nach Sukhothai. Hier, während er herumwanderte, fand er einen steinernen Thronsitz neben den Ruinen des alten Palastes [...] Zusätzlich fand er noch eine steinerne Inskription in Khmer [Mahathammaracha I.] und eine Inskription in alter Tai Schrift [Ramkhamhaeng]<< *(Griswold & Prasert na Nagara,1971d:181f.)*. Der Oberste Patriarch der Sangha und Zeitgenosse König Rama IV. erwähnt in seiner Biographie des Königs lediglich die Entdeckung des *Manangasilabat* und der Inskription No. 4, nicht aber die Inskription No. 1 (*Sangharaja Kromaphraya Pavaresvariyalongkorn,1968:50f.*). Andererseits findet sich in der Biographie Prinz *Vajirañāṇavarorasa* [วชิรญาณวโรรส][615], dem 47. Kind König Mongkuts und >>führenden Intellektuellen seiner Zeit<< (*Reynolds,1979a:XIII*) über seinen Vater der eindeutige Hinweis auf die Entdeckung von Inskription No.1 (*Bradley,1909:7*). Ein weiteres Argument der „Revisionisten" besteht darin, die von Prinz Damrong geprägte lineare Geschichtsauffassung (Sukhothai-Ayutthaya-Bangkok) auf den wachsenden Druck der Kolonialmachte auf Siam zurückzuführen. Seine primäre Absicht sei es gewesen, Frankreich und England eine lange Historie von T(h)ai-Territorien zu präsentieren, deren wachsende Begehrlichkeiten die eigenen imperialen Ambitionen Siams gefährdet hätten (*Winichakul,1994*). Angesichts der realen Kräfteverhältnisse eine etwas naiv anmutende These, denn die westlichen Kolonialmächte waren auch von der langen Historie der Nachbarländer Siams, die allesamt kolonialisiert wurden, wenig beeindruckt.

Lässt die Person und der Charakter König Mongkuts überhaupt den Schluss zu, er habe, aus welchem Grund auch immer, wissentlich falsches Zeugnis abgelegt? Prinz Mongkut war fünf Jahre alt, als sein Vater im Jahre 1809 zum König gekrönt wurde. Nach dessen Tod hätte gemäß der Erbfolge eigentlich er der Thronfolger sein sollen. Der Thronrat präferierte aber seinen einflussreichen, 16 Jahre älteren Halbbruder *Maha Chetsadabodin* und krönte diesen zum König *Phra Bat Somdet Phra Nangklao Chao Yu Hua* [พระบาทสมเด็จพระนั่งเกล้าเจ้าอยู่หัว] (Rama III.). Um Intrigen oder gar einen Bürgerkrieg um die Thronfolge zu verhindern akzeptierte Prinz Mongkut widerspruchslos diese Zurücksetzung und entschied sich, fortan als Mönch zu leben. Im Alter von 20 Jahren wurde Prinz Mongkut im Wat Samorai als *Vajirañano* zum Mönch ordiniert. Nach einem drei Jahre währenden Pali-Studium absolvierte er die Abschlussprüfung mit Auszeichnung und wurde vom König zum Leiter des Pali-Prüfungsgremiums ernannt. Auf seinen zahlreichen Reisen lernte er Land und Leute hautnah kennen und entdeckte neben den Funden in Sukhothai auch den mittlerweile vom Dschungel überwucherten Phra Pathom Chedi in Nakhom Pathom. Später, nachdem er zum Abt des *Wat Bowonniwet Vihara* berufen wurde, gründete er den puristischen Orden der *Thammayut-nikai*.

---

[615] Prinz *Wachirayan* (12.04.1868-02.08.1921), offizieller Titel *Somdet Phramahasamanachao Kromphraya Vajirananavarorasa* [สมเด็จพระมหาสมณเจ้ากรมพระยาวชิรญาณวโรรส], war von 1910-1921 der 10. Oberste Patriarch des Sangha. Der unter dem königlichen Namen geborene Prinz *Manuṣyanāgamānob* [พระองค์เจ้ามนุษยนาคมานพ] („Er, *naga* unter den Menschen") wird vor allem wegen seiner herausragenden Rolle bei der Institutionalisierung des Thevada-Buddhismus gerühmt.

Neben Pali erwarb der Mönchprinz *Vajirañāṇo* auch tiefe Kenntnisse des Sanskrit, Khmer, Latein und Englisch. Dem Tod König Ramas III. 1851 und der Staatsraison war es geschuldet, das er nach 27 Jahren die Mönchsklausur verliess und am 15. Mai 1851 zum König *Phrabat Somdet Phra Chom Klao Chaoyuhua* [พระบาทสมเด็จพระจอมเกล้าเจ้าอยู่หัว] (Rama IV.) gekrönt wurde. Angesichts der weiter oben beschriebenen offziellen und sakralen Bedeutung der Inskriptionen in Sukhothai im allgemeinen und der fast drei Dekaden währenden Zeit als buddhistischer Mönch im besonderen erscheint eine vorsätzliche, wissentliche Irreführung sowohl des eigenen Volkes als auch der internationalen Öffentlichkeit durch einen Mann mit dieser Lebensleistung und Charakters wenig wahrscheinlich.

Ein mögliches Indiz für die Bestätigung der Authenzität der Inskription No. 1 liefert der Fundus der *Jindamani* [จ่นดามณี], Kompilationen von Manuskripten, die als Referenzquellen für die korrekte Orthographie verfasst wurden. Das erste Jindamani wurde vermutlich 1672 vom leitenden königlichen Hofastrologen *Phra Horathibodi* [พระโหราธิบดี] für König Narai von Ayutthaya erstellt. Von besonderem Interesse ist innerhalb dieses Kapitels die Gruppe der sogenanten „ungewöhnlichen Jindamani" [จินดามณี ฉบับความแปลก] im allgemeinen und das Vorwort zu Jindamani JM.NLB/93 im besonderen: >>nachdem er Müang Sri Satchanalai erobert hatte, erfand Phaya Ruang [Ramkhamhaeng] die Tai-Schrift und alle Buchstaben analog zur gesprochenen Sprache. Es ist nicht klar, ob er zu diesem Zeitpunkt nur das Alphabet ausgeklügelt hat und ob die Zusammenstellung den herkömmlichen Konventionen entsprach oder nicht, [aber] die Schüler empfanden das Lesen und Schreiben als äußerst beschwerlich<< (*Penth,1991*). Vergleicht man diese Passage mit IV/9-11[616] der Inskription so ergibt könnte dies ein Indiz für die Authenzität.

Der mittlerweile emeritierte thailändische Kunsthistoriker Piriya Krairiksh [พิริยะ ไกรฤกษ์] hat seine Analyse der Inschrift auf Basis kunstgeschichtlicher und archäologischer Faktoren sowie einer gründlichen linguistischen Analayse vorgenommen. Dabei hat er die seines Erachtens kritischen Punkte in vier Kategorien mit zahlreichen Bespielen geordnet, die nachfolgend beispielhaft aufgeführt sind. In der Kategorie A werden Textstellen aufgeführt, deren Vokabular und inhaltliche Bedeutung inkonsistet mit anderen Sukhothai-Inskriptionen zwischen 1330 (No. 2) und 1417 (No. 49) sind und nicht dem bekannten kulturellen Kontext des 13. und 14. Jahrhundert Sukhothais entsprechen. Beispiel 1 bezieht sich auf den Anfang der Inskription: *Der Name meines Vaters war Sri Indraditya, der Name meiner Mutter war Nang Söng* (I/1). >>เสิง (Soeng) ist vermutlich identisch mit เสิง (Söng), dem nordöstlichen [Lao] Wort für „Morgenröte". Wahrscheinlich hatte der Autor den Hintergedanken, das der Name der Frau *Sri Indradityas*, dessen Name „Herr des Lichts" bedeutet, den ihres Gatten reflektieren sollte<< (*Krairiksh,1991:56*). Beispiel 2 betrifft II/12 und den Terminus Buddhismus: >> พระพุทธศาสนา (phra phutta sasana, Buddhismus) ist keine Redewendung aus Sukhothai, weil in der Epigraphik Sukhothais auf den Buddhismus wie folgt referenziert wird: ศาสนาพระพุทธ[617] (sasana phra phut), die Religion des Buddha. ศาสนาพระพุทธเป็นเจ้า[618] (sasana phra phut pen chao), Religion des Buddha, des Herrn. ศาสนาเป็นเจ้า[619] (sasana pen chao), die Religion des Herrn. ศาสนาพระเป็นเจ้า[620] (sasana phra pen chao), die Religion des Herrn. พุทธศาสนา[621] (phutta sasana), Buddhistische Religion (*ebenda:78*).

---

[616] Vgl. Appendix II mit der vollständigen Übersetzung der Inskription No. 1 ins Deutsche
[617] Inskription No. 3 I/54 und I/57
[618] Inskription No. 3 I/46
[619] Inskription No. 9 I/32; Inskription No. 14 II/14
[620] Inskription No. 3 I/31/43/59; Inskription No. 14 I/37 und II/18
[621] Inskription No. 49 I/4; Inskription No. 69 I/6

In der Kategorie B werden Hinweise der Inskription auf Bauwerke aufgelistet, die vom gegenwärtigen Stand der kunstgeschichtlichen Forschung und Archäologie nicht verifizierbar sind. Beispiel 1 bezieht sich auf II/8 *Rund um die Stadt Sukhothai läuft die dreifache [Schutz]Mauer*: >>Die Ausgrabungen der inneren, mittleren und äußeren Mauer Sukhothais durch das Fine Arts Department haben ergeben, das die innere Mauer zwischen 1237-1438 errichtet wurde. Die innere und äußere Mauer wurden [erst] nach der Ernennung Phra Pi Saosawats zum Gouverneur Sukhothais durch König Naresuan 1592 erbaut<< (*ebenda:77*). Beispiel 2: *In der Mitte des Wat Aranyik gibt es eine große viereckige Versammlungshalle* II/31>>Der Autor von [Inskription] No. 1 (...) geht davon aus, das sich der Tempel der Waldmönche von Sukhothai in den letzten beiden Dekaden des 13. Jahrhunderts auf dem Areal des heutigen Wat Saphan Hin[622] befand. Tatsächlich deutet die Inskription von Wat Traphang Chang Phoek (No. 102) aus dem Jahre 1380 darauf hin, das die Araññika in der Gegend von Khao Phra Bat Noi[623], westlich von Sukhothai, zu lokalisieren waren<< (*ebenda:89*).

Kategorie C listet Beispiele an Vokabular und Inhalten auf, die laut Auffassung des Autors von anderen Sukhothai-Inskriptionen >>ausgeliehen [sic!]<< (*ebenda,1991:54*) worden sind. Beispiel 1: >> Der Name eines älteren Bruders von König Ramkhamhaeng. Ban Muang erscheint nur in [Inskription] No. 1. Allerdings, ein ปู่พระญาบาน (Pu Phraya Ban) wird in Inskription No. 45 I/9 von 1393 als Amtsvorgänger ปู่พระญารามราช (Pu Phraya Ramarāja) aufgeführt. Ein König namens บาล (Bal) wird als Vater König Lithais in Sihiṅgani dāna, einem Epos aus Nordthailand aus der Mitte des 15. Jahrhunderts, erwähnt, allerdings findet sich kein Hinweis auf พระญารามราช (Phraya Ramarāja). Im 1527 abgeschlossenen Jinakālamālinī folgt König บาล (Bāl) König ราม (Ram) auf den Thron Sukhothais. Da [Inskription] No. 45 die einzige Quelle für die Information darstellt, das Phraya Ramarāja Phraya Ban nachfolgte, könnte der Autor der [Inskription] No. 1 darauf Zugriff gehabt haben<< (*ebenda:56*). Beispiel 2: >>Da [der Name] รามคำแหง (Ram Khamhaeng) in der Epigraphik Sukhothais nicht existiert, wäre eine andere mögliche Quelle der Name von พระญาคำแหงพระราม (Phraya Khamhaeng Phra Ram), dem Vater von สมเด็จพระมหาเถระศรีศรัทธา ราชจุฬามุนี (Somdet Phra Mahathera Srisradharajaculamuni), des Autors der Inskription No.2 (I/63/64). พระญาคำแหงพระราม (Phraya Khamhaeng Phra Ram) könnte man als „ Mutiger, schöner König" übersetzen, da ราม gleichermassen die Bedeutung von „schön" und „mittelgroß" hat<< (*ebenda:61*).

Kategorie D listet Vokabul und Inhalte auf, die vergleichbar sind mit speziellen Werken der Ayutthaya- und Bangkok-Periode. Beispiel 1: *Eine Glocke hängt dort über dem Tor; wenn ein Gemeiner der Stadt einen Rechtsstreit hat [...] welche[n] er seinem Herrscher zur Kenntnis bringen möchte, so ist dies nicht schwer; er läutet die Glocke* I/31/32: >>Der Autor von [Inskription] No. 1 hat höchstwahrscheinlich das Beispiel des Tamilenkönigs Elāra[624] von Anurādhapura verwendet, der eine Glocke über seinem Bett hängen hatte, die mittels eines langen Seiles mit der Hall of Judgement verbunden war, so das seine Untertanen sich mit ihren Petitionen an ihn wenden konnten [...] Wenn er den Klang der Glocke hörte, begab er

---

[622] [วัดสะพานหิน] Kloster der Stein-Brücke. In verschiedenen Stein-Inschriften Sukhothais wurde dieser Tempel auch *Wat Aranyik* genannt. Der heutige *Wat Aranyik* [วัดอรัญญิก] und *Wat Saphan Hin* liegen nur etwa 500 Meter voneinander entfernt und waren möglicherweise ursprünglich ein einziger Tempel.
[623] *Wat Khao Phra Bat Noi* [วัดเก้าพระบาทน้อย], außerhalb der Stadtmauern, etwa 2,7 km westlich des Or-Tores gelegen.
[624] Elalan (235 v. Chr. – 161 v. Chr.), auch bekannt als Elara und Élaezha Chola [எல்லாளன், மனு நீதி சோழன் in Tamil], war ein König aus dem Chola Königreich im heutigen Süd-Indien, der Sri Lanka von 205 - 161 v. Chr. von Anuradhapura [අනුරාධපුරය / அனுராதபுரம்] aus regierte und auch als „Elalan der Gerechte" bekannt war. Laut Mahavamsa besiegte Dutugemunu Elalan bei einem Elephantenduell und ließ aus Respekt und Anerkennung ein Denkmal für ihn in Anuradhapura errichten.

sich dorthin und fällte ein Urteil mit königlicher Rechtschaffenheit. Als Quelle für diese Passe muss der Autor [...] die Thai Version des Mahavaṃsa, Die Grosse Chronik Sri Lankas, [die] 1796 aus dem Pali Text übersetzt wurde, benutzt haben (*ebenda:75*). Beispiel 2: *Ist die Regenzeit vorüber, fertigen sie Roben um diese den Mönchen während der Kathin-Zeremonien, die den ganzen Monat über andauern, zu übergeben*. II/13: >>Weder กราน (kran, die äußere Robe der Mönche machen) noch กฐิน (kathin, die Übergabe der äußeren Robe an einen Mönch) wird in der Epigraphik Sukhothais erwähnt. In der Inskription König Lithais ist lediglich von Spenden des Königs am Ende der Kathin-Periode die Rede (No. 4 II/30/31; No. 5 III/8/9). Er erwähnt auch nicht die Prozession zur Übergabe der Roben an die Mönche, die in den Zeilen II/16-II/23 [der Inskription No. 1] ausführlich beschrieben wird. Die Kathin-Prozession [...] wurde im 17. Jahrhundert ein wichtige offizille und formale Feier in Ayutthaya<< (*ebenda:79*).

Letztendlich bietet diese unbestritten gründliche und seriöse Analyse auch „nur" Indizien. Häufige Wierholungen von Termini wie „wahrscheinlich", „vermutlich", „möglicherweise", „wie auch immer" etc. indizieren keine Eindeutigkeit. Der Umstand, das bestimmte Formulierungen nicht in anderen Inskriptionen erscheinen ist kein Beweis für eine spätere Erstellung. Wenn bestimmte Wörter oder Passagen der Inskription mit Begriffen aus dem modernen Thai identisch sind, so sind diese möglicherweise vom klassischen Vorbild stilbildend geprägt worden. Gleiches gilt für Passagen, die sich in späteren literarischen Dokumenten identisch oder vergleichbar wiederfinden. Möglicherweise sind Inhalte, Passagen oder auch nur einzelne Begriffe der Inskription No. 1 auch vor ihrer (Wieder?)Entdeckung bekannt gewesen, beispielsweise durch mündliche Überlieferung.

Michael Vickery wies in diversen Arbeiten auf drei epigraphische Anomalien in Inskription No. 1 hin. Erstens die atypische Stellung der Vokale zu den Konsonanten, >>ein Merkmal, das sich in keiner anderen [...] Schrift Südostasiens zu finden ist" (*Vickery,1991a:13*) und damit auf westliche Einflüsse hindeute.

Die thailändische Schrift besteht aus 44 Konsonantenzeichen:

Konsonant	Romanisierung	Name/Merkwort	Übersetzung	Silbenende	Klasse**
ก	k	go gai [ก ไก่]	Huhn	-k	M
ข	kh	kho khai [ข ไข่]	Ei	-k	H
ฃ	kh	kho khuat [ฃ ขวด]	Flasche	-k	H
ค	kh	kho khwai [ค ควาย]	Wasserbüffel	-k	L
ฅ	kh	kho khon [ฅ คน]	Person	-k	L
ฆ	kh	kho rakhang [ฆ ระฆัง]	Glocke	-k	L
ง	ng	ngo ngu [ง งู]	Schlange	-ng	L
จ	ch	cho chan [จ จาน]	Teller	-t	M

ฉ	ch	cho ching [ฉ ฉิ่ง]	Zimbel	-	H
ช	ch	cho chang [ช ช้าง]	Elefant	-t	L
ซ	s	so so [ซ โซ่]	Kette	-t	L
ฌ	ch	cho (ka)choe [ฌ เฌอ]	Busch	-t	L
ญ	y	yo ying [ญ หญิง]	Frau	-n	L
ฎ	d	do chada [ฎ ชฎา]	Krone, Kopfschmuck	-t	M
ฏ	t	to patak [ฏ ปฏัก]	Speer	-t	M
ฐ	th	tho than [ฐ ฐาน]	Sockel	-t	H
ฑ	th / d	tho montho [ฑ มณโฑ]	Name f aus Ramayana	-t	L
ฒ	th	tho phuthao [ฒ ผู้เฒ่า]	Greis	-t	L
ณ	n	no nen [ณ เณร]	Novize	-n	L
ด	d	do dek [ด เด็ก]	Kind	-t	M
ต	t	to tao [ต เต่า]	Schildkröte	-t	M
ถ	th	tho thung [ถ ถุง]	Beutel	-t	H
ท	th	tho thahan [ท ทหาร]	Soldat	-t	L
ธ	th	tho thong [ธ ธง]	Flagge	-t	L
น	n	no nu [น หนู]	Maus	-n	L
บ	b	bo baimai [บ ใบไม้]	Blatt	-p	M
ป	p	po pla [ป ปลา]	Fisch	-p	M
ผ	ph	pho phueng [ผ ผึ้ง]	Biene	-	H
ฝ	f	fo fa [ฝ ฝา]	Deckel	-	H
พ	ph	pho phan [พ พาน]	Tablett	-p	L

ฟ	f	*fo fan* [ฟ ฟัน]	Zahn	-p	L
ภ	ph	*pho samphao* [ภ สำเภา]	Dschunke	-p	L
ม	m	*mo ma* [ม ม้า]	Pferd	-m	L
ย	y	*yo yak* [ย ยักษ์]	Riese	-j	L
ร	r	*ro ruea* [ร เรือ]	Boot	-n	L
ฤ	rue, ri, roe	*	-	-	-
ฤๅ	rue	*	-	-	-
ล	l	*lo ling* [ล ลิง]	Affe	-n	L
ฦ	lue	*	-	-	-
ฦๅ	lue	*	-	-	-
ว	w	*wo waen* [ว แหวน]	Ring	-w	L
ศ	s	*so sala* [ศ ศาลา]	Pavillon	-t	H
ษ	s	*so ruesi* [ษ ฤๅษี]	Einsiedler	-t	H
ส	s	*so suea* [ส เสือ]	Tiger	-t	H
ห	h	*ho hip* [ห หีบ]	Kiste	-	H
ฬ	l	*lo chula* [ฬ จุฬา]	Drachen	-n	L
อ	[stumm]	*o ang* [อ อ่าง]	Becken	[stumm]	M
ฮ	h	*ho nokhuk* [ฮ นกฮูก]	Eule	-	L

* Diese Zeichen zählen eigentlich zu den Vokalen, werden aber in Wörterbüchern an den hier gezeigten Stellen eingeordnet. Sie dienen zur Darstellung von Lehnwörtern und Namen aus dem Sanskrit und anderen Sprachen, z. B. อังกฤษ für "englisch".

** Klasse des Buchstaben (L: "tiefe" Klasse, M: "mittlere" Klasse, H: "hohe" Klasse). Die Klassifizierung wird zusammen mit weiteren Kriterien benötigt, um die Tonhöhe einer Silbe zu bestimmen.

Die thailändische Schrift kennt 16 "einfache Vokale":
ะ ◌ั า ◌ำ ◌ิ ◌ี ◌ึ ◌ื ◌ุ ◌ู เ โ ใ ไ อ ๅ. Diese können einzeln benutzt oder miteinan-der kombiniert werden.

I*	II	III	I	II	III	I	II	III
อ	o ang	o	—ะ	sara a	A	◌ั—	mai han-akat	a
—ัว	mai han-akat wo waen	ua	—ัวะ	sara ua	Ua	—า	sara a	a
—ำ	sara am	am	—ิ	sara i	I	—ี	sara i	i
—ึ	sara ue	ue	—ื	sara ue	Ue	—ุ	sara u	u
—ู	sara u	u	เ—	sara e	E	เ—ะ	sara e	e
เ—า	sara e...sara a	ao	เ—าะ	sara o	O	เ—ีย	sara e sara i yor yak	ia
เ—ียะ	sara ia	ia	แ—	sara ae	Ae	แ—ะ	sara ae	ae
โ—	sara o	o	โ—ะ	sara o	O	ไ—	sara ai maimuan	ai
ใ—	sara ai maimalai	ai						

* Buchstabe/Buchstabenkombination in Thai ** Name des Buchstabens, offizielle Umschrift des Royal Institutes *** Romanisierung des Buchstaben[625]

Vickery referenziert hier eindeutig auf das große Interesse König Rama IV. an der Epigraphie und seine während der Zeit als Mönch erworbenen profunden Kenntnisse des Pali und Sanskrit, die ihn später auch in die Lage versetzten, die Lehnwörter in der thailändischen Orthographie zu korrigieren und in die komplizierte heutige Schriftform zu bringen. Zweitens stellt er fest, das in keiner anderen Sukhothai-Inskription Vokal-Zeichen zu finden seien. Besonders kritisch für den Linguisten sei aber die komplexe Anwendung der Betonungszeichen (tone markers), die in dieser Form erst wieder in Zeugnissen ab dem 17. Jahrhundert auftauchen[626].

		Die Betonungszeichen und ihre Bedeutungen
◌่	ไม้เอก	mai ek, über Konsonanten der „Hohen Klasse": ergibt tiefen Ton Über Konsonanten der „Mittleren Klasse": ergibt tiefen Ton Über Konsonanten der „Tiefen Klasse": ergibt fallenden Ton
◌้	ไม้โท	mai tho, über Konsonanten der „Hohen Klasse": ergibt fallenden Ton Über Konsonanten der „Mittleren Klasse": ergibt fallenden Ton Über Konsonanten der „Tiefen Klasse": ergibt hohen Ton

---

[625] Das Allgemeine Königlich-Thailändische Umschriftsystem (Royal Thai General System of Transcription, RTGS) ist das offizielle System zur Transkription der thailändischen Schrift in das lateinische Alphabet. Es wird zum Beispiel für Straßenschilder oder Veröffentlichungen der thailändischen Regierung benutzt. Das Königlich-Thailändische Umschrift-System ist unzulänglich für Lernende der thailändischen Sprache: 1. keine Anzeige von Tonhöhen und Tonverläufen und keine Anzeige von kurzen und langen Vokalen.
[626] Eine Diskussion der linguistischen Beiträge Vickerys würde den Rahmen dieser Arbeit sprengen. Vgl. hierzu u.a.: Vickery 1977b;1991a;1991b;1995

_ ้	ไม้ตรี	*mai tri*, über Konsonanten der „Mittleren Klasse": ergibt hohen Ton
_ ๋	ไม้จัตวา	*mai chattawa*, über Konsonanten der „Mittleren Klasse": ergibt steigenden Ton
_ ็	ไม้ไต่คู้	*mai taikhu*, Silbe wird kurz gesprochen, Ton bleibt unverändert
_ ์	ไม้ทัณฑฆาต	*mai thanthakhat*, steht über einem stummen Endkonsonanten

Ein anderer Linguist widerspricht den Thesen Vickerys und argumentiert ü.a., das >>es für einen Fälscher des 19. Jahrhunderts unmöglich gewesen sei, den seit langem obsoleten Konsonanten kho khuat[627] ethymologisch korrekt zu verwenden<< (*Diller,1991*). Abschließend sei noch der wissenschaftliche Test erwähnt, der 1990 vom *Fine Arts Department* durchgeführt wurde und die Authenzität von Inskription No. 1 erwartungsgemäss bestätigt hat; da die Kritiker dieser staatlichen Behörde jedoch *a priori* ideologischen Konservatismus und eine grundsätzlich hagiographische Betrachtungsweise der thailändischen Geschichte unterstellen, negieren sie das Ergebnis dieser Untersuchung.

Last but not least sei noch auf die Besonderheiten bei der Fertigung der Inskription sowie der potenziellen Unzulänglichkeit der Schreiber und Bildhauer verwiesen. >>Wir nehmen an, das es den siamesischen Schreibern, damals wie heute, gestattet war, jede ihnen genehme Form der Orthographie zu wählen und die Bildhauer mussten deren Anweisungen so gut als möglich umsetzen. Einige Schreiber mochten sich 1292 einer fortgeschritteneren Orthographie befleißigt haben als andere, oder aber sie haben bestimmte Wörter schlicht anders betont und ihre orthographische Umsetzung dieser Betonung angepasst<< (*Griswold & Prasert na Nagara,1971d:2194*). Dies könnte eine Erklärung für die unterschiedliche Orthographie auf den Seiten I-III der Inskription sein. Darüber hinaus wäre es fahrlässig zu unterstellen, das den Bildhauern bei der Umsetzung der Vorgaben keine Fehler unterlaufen sind; in zahlreichen anderen Inskription Sukhothais haben die Epigraphen diverse Irrtümer und „Schreibfehler" identifiziert.

Sowohl „Traditionalisten" als auch „Revisionisten" stimmen in einem Punkt überein: es gibt eine Reihe von Punkten in der Inskription No. 1, die als „merkwürdig", „eigenartig", „anomal" oder „einzigartig" bezeichnet werden können. Auch Prinz Naris[628] gestand in einem Brief an Prinz Damrong, datiert auf den 4. August 1939, beim Lesen der Inschrift eine gewisse Perplexität (*Penth,1991*). Daher ist es nicht nur legitim sondern akademisch geradezu geboten, diese Punkte sorgfältig zu analysieren, zu bewerten und die Ergebnisse dann in angemessener Form zu publizieren. Historische Forschung darf keinen Tabus unterworfen sein, wenngleich der Respekt vor religiösen oder kulturellen Besonderheiten stets auch in der gewählten sprachlichen Darstellungsform gewahrt werden sollte. Aber: Ist es wirklich verwunderlich, das wir im 21. Jahrhundert vor einem über 800 Jahre alten Text aus einer historischen Periode stehen, für die keine weiteren schriftlichen Dokumente überliefert sind, und diesen, zumindest teilweise, „merkwürdig", „eigenartig", „anomal" oder „einzigartig" finden? Warum werden Erklärungsmodelle für die Ayutthaya- oder

---

[627] ข

[628] Vollständiger Titel: *Somdet Phrachao Borommawong Thoe Chao Fa Chitcharoen Krom Phraya Naritsara Nuwattiwong* (Prinz *Narisara Nuwattiwong*) [สมเด็จพระเจ้าบรมวงศ์เธอ เจ้าฟ้าจิตรเจริญ กรมพระยานริศรานุวัดติวงศ์]. Der 62. Sohn König Mongkuts und Königin *Phannarai* [พระสัมพันธวงศ์เธอ พระองค์เจ้าพรรณราย] wurde am 28.04.1863 in Bangkok als Prinz zweiten Grades *Chitcharoen* geboren und war der Gründer des Hauses *Chitrabhongse* [ราชสกุลจิตรพงศ์]. Als er am 10.03.1947 in Bangkok starb hinterließ der vormalige Gelehrte, Künstler, Minister und General neun Söhne und Töchter.

Rattanakosin-Periode mit dem Hinweis auf den jeweiligen „Zeitgeist" eher akzeptiert als ein einzigartiges Zeugnis aus einer frühen Epoche mit sehr wenigen Primärquellen? Sind die Besonderheiten der Inschrift nicht eher fesselnd, verblüffend oder faszinierend denn verdächtig, störend oder beschwerlich? Möglicherweise trifft die Annahme zu, das >>der Antrieb für die Auseiandersetzung mit den Problemen um die Authenzität der Ram Khamhaeng Inskription in der Tat nicht grundlegend darin liegen könnte, um Autorenschaft und Entstehungszeit zu ringen, sondern für viele [Autoren] eher davon abhängig ist, ob Inhalt und Datierung mit den Ergebnissen der eigenen Forschung in Übereinstimmung zu bringen ist oder nicht<< (*Wongthes,2003:64*). Die „Revisionisten" haben einige interessante und nachdenkenswerte Indizien zusammengetragen, insbesondere auf dem ebenso komplexen wie umstrittenen Feld der Linguistik. Sie haben es aber bis dato nicht geschafft, einen nachhaltig überzeugenden Korpus an Beweisen *beyond reasonable doubt* vorzulegen. Und so lange dies der Fall ist, bleibt der Autor dieser Zeilen dem bewährten juristischen Grundsatz *in dubio pro reo* treu.

5.8. Conclusio

Mitte des 13. Jahrhunderts vereinigten die ambitionierten *chao Pho Khun Pha Müang Chao Müang Rat* und *Pho Khun Bang Klang Thao* ihre Streitkräfte, besiegten die Khmer-Garnison, erklärten ihre Unabhängigkeit und *Bang Klang Thao* wurde zum ersten König des freien Müang Sukhothai geweiht (*Manich Jumsai,1979:19*). Das Blütezeit erlebte das Reich unter König Ramkhamhaeng dem Großen, das mit Ausnahme von Lan Na und Lawo nahezu das gesamte Gebiet des späteren Siam umfaßte und überdies, zumindest phasenweise, die Malaiische Halbinsel sowie das südliche Burma kontrollierte. Nach dem Tod des großen Königs verlor sein Sohn und Nachfolger Lö Thai sehr schnell nahezu alle Vasallen und eroberten Gebiete und sein Enkel Lithai übernahm 1347 ein schweres Erbe und ein auf Sukhothai, Sri Satchanalai und Phitsanulok reduziertes lokales Fürstentum. Aber Mahathammaracha I. erwies sich in der Folge als kompetenter Staatsmann und mutiger Heerführer. Indem er einige Vasallen mittels Diplomatie wieder in den Orbit Sukhothais brachte und den anhaltenden Widerstand anderer *müang* mit militärischen Mitteln brach, erstreckte sich sein Reich alsbald wieder von Uttaradit im Norden bis nach Nagara Svarga im Süden, vom Tal des Maenam Ping im Westen bis zum Tal des Pa Sak im Osten. Lithais staatsmännische Weitsicht ließ ihn erkennen, daß alle Gebiete weiter südlich *ad infinitum* für Sukhothai verloren waren. Ayutthaya, das neue *power house* der Region, kontrollierte die Gebiete südlich von Nagara Svarga und zwar bis an die Grenzen zu Burma im Westen und Kambodschas im Osten. Der ambitionierte Herrscher und Gründer des Reiches Ramathibodi (U Thong) hatte von seinem Vater Lawo (Lopburi) geerbt und von seinem Schwiegervater Suphan Buri. Die beiden Linien der herrschenden Dynastie in Ayutthaya sollten sich in den kommenden Generationen erbitterte und blutige Machtkämpfe liefern[629]. Das kooperative Verhältnis Lithais und Ramathibodis hatte wenig mit vermeintlich freundschaftlichen Gefühlen füreinander zu tun, sondern war den machtpolitischen Realitäten geschuldet: Ramathibodi wollte freie Hand für weitere Eroberungszüge vor allem im Gebiet der Khmer und Mahathammaracha I. fokussierte sich auf die Revitalisierung und Konsolidierung seiner Domäne. Desgleichen gilt für den *modus vivendi*, den Ramesuan und Mahathammaracha II. für sich gefunden hatten. Und selbst als Ayutthaya den nördlichen Nachbarn militärisch und politisch an Bedeutung längst überrundet hatte, konnte Mahathammaracha III. angesichts der anhaltenden Feindseligkeiten zwischen den beiden dynastischen Linien noch 1400 *con sotto voce* die Unabhängigkeit Sukhothais proklamieren. Erst 1412 war der „letzte politische Frühling" Sukhothais vorbei und das Ende war absehbar.

---

[629] Vgl. hierzu Kapitel 8

Um die Mitte des 14. Jahrhunderts währte die Herausforderung der Khmer-Autorität durch die sich zunehmend organisierenden und entwickelnden Tai-Populationen bereits einhundert Jahre und die Erfolge der frühen Herrscher Sukhothais waren die Voraussetzung und Grundlage für den späteren Aufstieg der „Brüder" im Süden. Mit der Gründung Ayutthayas im Jahre 1351 begann eine Entwicklung, in deren Verlauf die beiden Stadtstaaten von der Kooperation im Rahmen einer eher losen Konföderation bis zum erbitterten Kampf um die Vormachtstellung im vergleichsweise immer noch kleinen Tai-Kosmos alle Nuancen „zwischenstaatlicher" Beziehungen auslebten. Der Widerstand gegen Angkor einigte einerseits und entzweite doch gleichzeitig, da beide die Führungsrolle im Kampf gegen die Khmer beanspruchten. Der Kampf war erfolgreich, denn 20 Jahre später kollabierte die einstige Großmacht und im Rahmen der Rivalität Sukhothais und Ayutthayas fand in beiden Lagern eine notwendige Klärung statt – quasi eine politische, soziale und kulturelle Standortbestimmung, die für den weiteren Verlauf der historischen Entwicklung des künftigen Siam entscheidend wurde. Die Ausgangslage war für beide vergleichbar gewesen. Grundlage der Gemeinschaft bildete ein politisch-kultureller Kontext, der in Form einer universalen Synthese aus hinduistischen und buddhistischen Verhaltensnormen einerseits die Prärogativen des herrschenden Königs theologisch sanktionierte und legitimierte und andererseits die individuelle Akzeptanz einer hierarchisierten Gesellschaftsordnung beförderte. Innerhalb von zwanzig Jahren gelang es Ayutthaya, diesen Wettbewerb zu seinen Gunsten zu entscheiden. Die günstigere geopolitische Lage, eine effektiver organisierte Administration basierend auf einer rigide hierarchisierten Gesellschaft und die größeren ökonomischen Reserven dürften die wichtigsten Ursachen gewesen sein. Sukhothais Probleme wurden angesichts schrumpfenden Einflußgebietes und abfallender Vasallen rasch offenkundig. Da halfen auch die angedrohten Strafen[630], die auf verschiedenen Inskriptionen überliefert sind, wenig; denn angesichts der realen physischen Bedrohung durch die Truppen Ayutthayas relativierte sich die Furcht vor den metaphysischen Strafandrohungen und Ayutthaya konnte analoge Strafen avisieren. Ausgangs des 14. Jahrhunderts relativierte sich der Machtanspruch Sukhothais auf das realpolitisch Machbare. Der Fokus lag auf der Erhaltung des traditionellen Kernlandes mittels persönlicher Bindungen und Beziehungen der Herrscher untereinander; parallel hoben die angedrohten Konsequenzen im Falle der Illoyalität auf die tief verwurzelten, lokalen animistischen Traditionen ab, deren Wirkung und Abschreckung wesentlich größer war; und schließlich wurden konsequent alle realistischen bündnispolitischen Optionen (Lan Na) sowie jede innenpolitische Schwäche, die im wesentlichen ihre Ursachen in den anhaltenden Grabenkämpfen zwischen Suphan Buri und Lopburi hatten, genutzt[631]. Am Ende stand jedoch Ayutthaya als Sieger fest. Kulturelle Kreativität, machtpolitischer und administrativer Pragmatismus sowie eine dynamische Entwicklung von Handel und Wirtschaft bildeten das Fundament einer strikt sozial organisierten Gesellschaft die offenbar den eher „basisdemokratischen" und paternalistischen Strukturen Sukhothais überlegen war und damit den unaufhaltsamen Aufstieg Ayutthayas und den parallelen finalen Niedergang Sukhothais im Ringen der ungleichen Brüder begründeten.

Obwohl zu einem bis dato nicht genau zu bestimmenden Zeitpunkt verlassen und in Ruinen zerfallen, beweist der reichhaltige Fundus an architektonischen und bildhauerischen Hinterlassenschaften des frühen Reiches von Sukhothai und seiner, 450 km nördlich von Bangkok gelegenen, gleichnamigen Hauptstadt, dessen herausragende Bedeutung als prosperierendes buddhistisches Zentrum und Katalysator für das künftige Siam und heutige

---

[630] Die in diesem Zusammenhang oft zitierte Inskription No. 45 droht zunächst mit der animistischen Sanktion: dem Untreuen werde durch die Gemeinschaft der Geister das Genick gebrochen. Und die buddhistische Strafe folgte auf dem Fuße: Alle Hoffnung auf eine noble Wiedergeburt seien dahin und auch die 1000 Gesichter des Buddha nähmen den Missetäter nicht mehr war.
[631] Fast jede Thronfolge bis zum endgültigen Fall Ayutthayas im Jahre 1767 war umstritten

Thailand. Dutzende gewaltige *chedi* und *wihan* in rund 45 Tempelkomplexen dominieren auch heute noch die Landschaft. Die seit Mitte des 19. Jahrhunderts wissenschaftlich ausgewerteten Inskriptionen indizieren gleichsam eine blühende religiöse Gemeinschaft wie auch ein kraftvolles politisches Zentrum. Auch wenn die Inskriptionen selbst lückenhaft sind und nur vereinzelte Schlaglichter auf das Dunkel der Historie Sukhothais werfen, so ergibt sich aus der parallel betriebenen archäologischen, architektonischen und ikonographischen Forschung das Bild eines bedeutenden Bausteines für die frühe Geschichte Thailands.

In den 1930 Jahren hatte sich eine nationalistische Strömung der Aufgabe verschrieben, eine noch frühere „staatliche" Form der kulturellen und nationalen Thai-Identität zu propagieren. Diese politischen Aktivisten postulierten das Reich von Nan Chao[632] in der chinesischen Provinz Yunnan als „prä-Sukhothai" und promovierten lautstark den Gedanken einer linearen Geschichtsauffassung: Nan Chao – Sukhothai – Ayutthaya – Thonburi – Bangkok = Thailand. Diese, historisch unhaltbaren, Thesen verblieben im Kontext der politischen Mythen und wurden seit den 1970er Jahren durch westliche und thailändische Historiker hinlänglich widerlegt (*Kasetsiri, 1976:31f.;Samudavinija,1991:72f.*). Der *mainstream* der heutigen thailändischen Historiographie sieht Müang Sukhothai vom 13.-15. Jahrhundert durch Siamesen/Thais politisch dominiert und geführt, wobei nicht zuletzt die archäologischen und ikonographischen Zeugnisse in der ersten Kapitale beredtes Zeugnis ablegen. Während in der Frühphase noch die Doktrin des Theravada-Buddhismus und die überlieferten brahmanischen Riten und Praktiken die Existenz eines „indianisierten" Fürstentums charakterisierten, verdrängten die kulturellen Wurzeln der Tai nach und nach die indischen Einflüsse; so entwickelte sich sukzessive kein „indianisiertes" Königreich sondern ein siamesischer Stadtstaat, ein >>super müang<< (*Wyatt,1982:59*) oder auch >>Über-Müang<< (*O'Connor,1991:278*), in dessen Gebiet zur Blütezeit sich die Keimzellen der heutigen südostasiatischen Staaten Thailand, Laos und Myanmar entwickelten. Das Regnum Pho Khun Ramkhamhaengs bildet nicht den Höhepunkt sondern manifestiert den Prolog für die Verschmelzung des spirituellen Kosmos des Theravada Buddhismus mit dem zunehmenden Bewußtsein um die gemeinsamen ethnischen und kulturellen Wurzeln: Aus den Tais werden Thais.

Aus kunsthistorischer Perspektive wird weitgehend von der Annahme ausgegangen, das die früheste religiöse Architektur Sukhothais aus einer Arä stammt, die von kultureller und politischer Dominanz der Khmer geprägt war; die Ruinen des *Phra Phai Luang* [พระพายหลวง] und *San Phra Sua Müang* sind eindrucksvolle Belege. Ab dem 14. Jahrhundert ändert sich das Bild und die architektonischen und bildhauerischen Zeugnisse weisen kaum noch Khmer Einflüsse auf. Ursache hierfür mag der nachhaltige singhalesische Einfluß gewesen sein, mit dem die ästhetischen Charakteristika des frühen Khmer-Stils nicht mehr konkurrieren konnten (*Wales,1956:117*). Auch wenn noch vereinzelte Bauwerke im Khmer-Stil bis in das frühe 14. Jahrhundert nachweisbar sind und der singhalesische Einfluss des Theravada Buddhismus ab dem späten 13. Jahrhundert unstrittig ist, so wäre es falsch, die kulturellen Leistungen Sukhothai auf die eines Rezeptors äußerer Einflüsse oder gar eklektischen und assimilierenden Kopisten zu reduzieren; Sukhothai war ein Suchender und Vorläufer jener originären künstlerischen Tradition, die sich in der zweiten Hälfte des 14. Jahrhundert Bahn brechen sollte. Während der ganzen Sukhothai-Periode lassen sich zwei Grundtypen der Architektur nachweisen: Für monumentale Gebäude die Stufenpyramide und für Bauwerke mit Innenraum die Sturz-Architektur („*post-and-lintel*"). Dieses architektonische Kontinuum in weltlichen und sakralen Gebäuden verband das „Alte" mit dem „Neuen" und verhielt sich konträr zur politischen Entwicklung des Reiches: Kunsthistorisch ist das Regnum

---

[632] Vgl. hierzu Kapitel 4.4.

Ramkhamhaeng die formende Periode, die Blütezeit bildete die zweite Hälfte des 14. Jahrhunderts, also die Phase des politischen Niedergangs des Reiches (*Gosling, 1996:242f.*).

7. Anachak Ayutthaya [อาณาจักรอยุธยา] (1351 – 1767)

Ayutthaya[633], die Hauptstadt >>dieses in ganz Asien berühmte[n] und mächtige[n] Reich[es] << (*Kämpfer,1777:4*), liegt im Kernland des heutigen Zentralthailand. Dieses Gebiet erstreckt sich vom Unterlauf des Menam Chao Praya bis in jene Gegenden, die durch die nördlichen Nebenflüsse der „Mutter des Wassers" gespeist werden. Das Menam-Becken präsentiert sich als signifikantes geopolitisches Gebilde, definiert durch die naturgegebene Separation von den benachbarten Regionen: im Westen durch die Berge entlang der burmesischen Grenze; im Osten durch das Korath-Plateau und im Norden durch die Hochebenen, die seit archaischen Zeiten Südostasien von Südchina scheiden. So war lediglich im Süden, über den Golf von Siam und im Südwesten, entlang der Grenze zu den westlichen Provinzen Kambodschas, ein vergleichsweise einfacher Zugang, etwa für feindliche Truppen gegeben. Diese geographische Situation begünstigte eine vergleichsweise eigenständige Entwicklung der Region.

Die zeitweilig intensiven Kontakte zu Ceylon, Burma, China und Indien haben dessen ungeachtet auch das spätere Königreich Ayutthaya nachhaltig geprägt. Ob sich die daraus entwickelnden Einflüsse überwiegend auf die kulturelle und ökonomische Entwicklung beschränkten und demzufolge für die politische Genesis vernachlässigenbar sind (*Kasetsiri, 1976:12*) ist ein Gegenstand dieses Kapitels. Die gleichnamige Kapitale des Reiches bildete rund 400 Jahre lang den politischen, ökonomischen und spirituellen Fixpunkt der siamesischen Welt mit einer bewegten Historie: Bis zur Zerstörung durch die burmesischen Truppen 1767 hatte Ayutthaya den Ruf eines aggressiven, militanten Staates (*Chutintaranond & Than Tun,1995:29*) und sollte während der Phase seiner größten territorialen Ausdehnung 16 müang umfassen (*Kasetsiri,1976:93*). Fünf Dynastien, 33 Könige und 70 Kriege prägten die Entwicklung. Dennoch bleibt der Versuch eines Ayutthaya-zentrischen Ansatzes angesichts der vielen europäischen Überlieferungen und der vergleichsweise wenigen siamesischen Quellen etwas gewagt; doch der Anspruch, die Geschichte Siams vor dem 20. Jahrhundert nicht zur Randnotiz europäischer Kolonialgeschichte degenerieren zu lassen, macht ihn notwendig (*na Pombejran,1984:9*).

Während seiner Blütezeit im 17. Jahrhundert war die Menam-Metropole das Ziel zahlreicher Ausländer mit unterschiedlichen Motivationen und Ambitionen und einige von ihnen haben interessante und aufschlussreiche Berichte hinterlassen. Einer der wenigen deutschsprachigen Besucher der Kapitale war der deutsche Oberchirug im Diensten der holländischen VOC, Engelbert Kämpfer. Engelbert Kämpfer wurde am 16. September 1651 als zweiter Sohn des Pastors Johannes Kemper in Lemgo geboren. Da Deutschland nach dem 30jährigen Krieg noch völlig zerstört war, orientierte sich Kämpfer nach dem Ausland. Für seine Ausbildung wählte er einen im 17. Jahrhundert durchaus üblichen Weg, der dem eines wandernden Handwerksburschen sehr ähnlich war. Er wechselte mehrmals die Schulen. 1667 war er in Hameln, von 1668 - 1670 in Lüneburg, dann besuchte er das Gymnasium in Lübeck. Weitere Stationen waren die Gymnasien von Danzig und Thorn, die Universität in Krakau, wo er Philosophie, Sprachen und Medizin studierte (1674). 1680 (fast 30 Jahre alt) studierte er in Königsberg Medizin und Naturgeschichte. Hinter dem häufigen Schul- und Universitätswechsel stand der barocke Drang nach umfassendem Wissen. 1681 ging Kämpfer nach Schweden, wo er die Akademie in Uppsala besuchte. Er erlangte den Posten eines

---

[633] Für die Stadt Ayutthaya sind von den ausländischen Besuchern vielfältige Formen des Namens überliefert: *Ayodhyā* (Sanskrit), *Ayuthaya, Ayudya, Ayudia, Ayudhya, Hudiá* (Barros), *Iiudia* (J.P. Maffeos), *India* (Mercklein), *Iudia* (Antonio Pigafetta), *Judea* (Cocks), *Judia* (Van Vliet), *Juthia* (de Chaumont, Kämpfer), *Odiaa* (Mendes Pinto), *Odia* (Ramusio, Mercklein), *Odian, Odioa, Schinju-taja, Siam, Si-a-yoo-tha-ya, Si-yo-thi-ya, Sudja, Schudia, Udaya* (malaiischer Name), *Vdiā* (Alfonso Albuquerque), *Yodaya*. Die persische Variante lautete *Shahr Nāv* >>der Name bedeutet Stadt der Boote, die Einheimischen nennen sie Ajaudīā (*O'Kane, 1972:88*)<<

193

Sekretärs bei jener schwedischen Gesandtschaft, die im Auftrage Karls XI. Handelsbeziehungen mit Russland und Persien anknüpfen sollte. Von 1684 - 1685 hielt sich Kämpfer in der Hauptstadt des persischen Reiches auf. Mitte 1684 wurde er als Oberchirurg bei der VOC eingestellt. Im Herbst 1685 reiste er nach Bandar Abbas und fertigte Zeichnungen der Ruinen von Persepolis. Im Sommer 1688 schließlich gelangte[...] er zur Südspitze Indiens; Java betrat er im Oktober 1689. Anstatt eine weitere Beschreibung des bereits gut dargestellten Batavia und seiner Kultur zu verfassen, hielt es Kämpfer für sinnvoller, auf Java, Eidan und Onrust umfangreiches botanisches Material zu sammeln, vermehrt durch Hunderte von Zeichnungen. Schließlich ergab sich die Gelegenheit, die Stelle des Arztes auf der streng überwachten Insel Deshima, Sitz der VOC Faktorei in Japan, zu übernehmen. Am 07. Mai 1690 begann die Fahrt. Zuerst wurde Siam angesteuert. Den Aufenthalt dort nutzte Kämpfer zu intensiven landeskundlichen und historischen Studien. Am 24. September 1690 ankerte das Schiff vor Nagasaki. Den Höhepunkt seines schließlich auf zwei Jahre ausgedehnten Aufenthaltes in Japan bilden die beiden Gesandtschaftsreisen, welche die Geschäftsträger der Holländer einmal im Jahr nach Edo zum dort regierenden Shogun antreten mussten. Kämpfer ist der erste Europäer, dem es gelang, eine genaue Routenaufnahme dieser Strecke anzufertigen und sämtliche ihm wichtigen Ortschaften und Berge einzuzeichnen. Am 31. Oktober 1692 verließ Kämpfer Deshima mit Ziel Batavia. 1693 erreichte er Amsterdam, wo er seine Dissertation fertig stellt, die er während der Reise angefangen hatte. 1694 kehrte er dann nach Lemgo zurück. Nach seiner Rückkehr wurde er Leibarzt beim Grafen zur Lippe in Detmold und unterhielt auf dem Steinhof in Lieme eine eigene Praxis. Im Jahre 1700 heiratete er die 16jährige Maria Sophia Wilstach. Die Ehe jedoch war unglücklich, und Kämpfer starb, entzweit mit seiner Frau, am 02. November 1716, ohne dass er seine Werke hätte veröffentlichen können. Kaempfer verdanken wir eine detaillierte Beschreibung Ayutthayas im 17. Jahrhundert:

>>Diese Stadt stand ehemals an dem westlichen Ufer des großen Flusses Menam [Chao Phraya], von da sie mit einer Insel in diesem Flusse an ihre jetzige Stelle versezt wurde. Diese Insel hat ohngefehr die Figur eines platten Fußes, dessen Ferse nach Westen gekehrt ist, und im Umfange zwei deutsche Meilen[634]. Die Gegend umher ist, soweit man absehen kan, eben, und das Land niedrig und plat. Es ist mit vielen Wassergängen aus dem grossen Flusse durchschnitten, und dadurch in viele Inseln und Kämpe zertheilt[635], so daß man hier ohne Kahn nirgends weit fortkommen kan. Sie ist mit einer Mauer von Baksteinen umgeben, welche an der Süd= und Nordseite vier und ein halb Klafter[636] hoch, schön und eben bedekt ist, an den übrigen aber ganz niedrig und verfallen war. Diese Mauer ist durch viele kleine Pforten durchgebrochen, durch die man an den Flus gelangen kan, ûnd inwendig mit einem hie und da anliegenden Walle oder Erdhaufen, auf welches man Geschüz pflanzen kan, versehen. Nach der Seite hin, wo der Strom hinabfliest, hat sie noch verschiedene kleine Bolwerke und ein großes, welche mit Geschüz besezt waren, um feindliche Schiffe abzuhalten. Wider das Anspülen des Wassers ist sie mit einem schmalen Erdufer umgeben, auf welchem hin und wieder kleine Wohnhütten gebauet sind. Verschiedene breite Graben sind aus dem Strom gerade durch die Stadt gezzogen nach Osten, Westen, Norden und Süden,

---

[634] 1841 wurde die Länge der (deutschen) geographischen Meile von Friedrich Wilhelm Bessel (1784–1846) auf den Wert 7420,44 Meter korrigiert. >>und ungefähr zwei Holländische Meilen [Holländische Meile: 5846 Meter] in dem Umkreis in sich begreifft<< (*Schouten, 1663:277*). >>Judia (...) hat ungefähr 3 holländische Meilen in ihrem Umkreise<< (*Straußen, 1832:55*). >>die Hauptstadt des Königreichs/und die gewöhnliche Bleibstadt des Königs/ist mit Mauern umgeben/und begreifft in sich mehr als drey unsere Meilen [Französische Meile (*Lieu*): 4444 Meter]<< (*Tavernier, 3. Buch, XVIII. Capitel: Von dem Königreich Siam, 1681:186*). Gervaise gibt den Umfang der Insel mit sieben und der Stadt Ayutthaya mit zwei französischen Meilen an (*Gervaise, 1688*).
[635] >>auch läuft rund um die Stadt Wasser von zwei Büchsenschüsse Breite, welches an acht Stellen seinen Abfluß hat (*Straußen,1832:55*)<<
[636] 1 Klafter entspricht etwa 1,83 Meter (vergleichbar dem englischen *fathom*)

so daß man allenthalben in die Stadt hineinschiffen, und an den vornehmsten Häusern und Höfen anlegen kan, weil von diesen wieder viele kleine Canäle in jene Graben abgeleitet sind. Die Gassen in der Stadt sind gleichfals ganz gerade angelegt; die meisten sind ziemlich breit, manche aber auch sehr enge und alle ausnehmend kothig und schmutzig. Verschiedene werden bei hohem Wasser allemal überschwemt. [...]

Die Stadt ist nach ihrer Größe nicht volkreich[637], und in einigen Theilen sehr wenig bewohnt; in dem westliche nemlich wegen der Entfernung, im südlichen wegen des morastigen Grundes, worüber man sich durch überliegende Bretter und schlurdige Brücken forthelfen mus. In diesen Theilen der Stadt findet man hinter den Gassen leere Plätze und große Gärten, in denen man aber die Natur allein Gärtner seyn läst. Allenthalben ist die Erde mit Gras, Büschen und Bäumen ins wilde bewachsen. In die beste Gasse kömt sogleich beim Eintrit in die Stadt, sie krümt sich gerade nach der Richtung der Stadtmauern westwärts. Man sieht in derselben die Häuser des ehemaligen[638] englischen, holländischen und französischen Residentens und des Faulcons[639]. Die mitlere Gasse, welche nordwärts und gerade nach dem königlichen Pallast läuft, ist am meisten bewohnt, und mit Künstlern, Handwerkern, Krämern und Boutiquen stark besezt. In diesen beiden Gassen sieht man über hundert sehr kleine Häuser der Sineser [Chinesen], Hindostaner [Inder und Ceylonesen] und der sogenannten Mohren[640]. Sie sind alle von Steinen, aber ganz auf einerlei Art gebauet, acht Schrit lang, vier Schrit breit; haben zwei Stokwerk, aber nicht mehr als drittehalb klafter Höhe. Sie sind mit platten Dachsteinen gedekt, und mit unförmlich breiten Thüren versehn. Die übrigen Gassen sind sehr wenig bewohnt, und die gemeinen Bürgerhäuser gar schlechte Hütten von Brettern und Bambusrohr [...] Die Mandarine (Räthe und Hofleute) wohnen in Höfen und sehr schlechten Pallästen, deren Boden kothig, die Zimmer schlurdig, und die Gebäude selbst zwar von Kalck und Steinen, aber doch sehr einfältig sind[641]. Die Boutiqen in der Stadt sind niedrig und schlecht [...] Wegen der vieln Wassergraben findet man der Brücken eine große Menge. Die, welche über Hauptgraben gehen, sind von Stein erbauet, mit Brustmauern versehen und sehr schmal (weil man hier keine Karren oder Wagen hat) in der Mitte hoch und achzig Schrit lang. Die Brücken über die kleinern Canäle sind von schlechter Bauart und meist hölzern (*Kämpfer,1777:37ff.*)<<.

Die Aufzeichnungen Kämpfers bezüglich der dünnen Besiedelung werden durch die 1687 gezeichnete "Landkarte Französischer Ingenieure" verifiziert, welche ein Gebiet von ungefähr 800 ha im Südwesten der Stadt als *Quartier Champêtre* („ländliche" Gegend) und ein weiteres mit einer Größe von 1.000 ha auf der östlichen Seite als *Quartier fort Champêtre* („sehr ländliche Gegend") ausweist. (*Baker,2011:40*)

Auch über die königlichen Paläste hat Kämpfer mit dem präzisen Blick des naturwissenschaftlich ausgebildeten Reisenden anschaulich berichtet: >> Es befinden sich in der Stadt drei königliche Palläste. Der neue Pallast, welchen der vorige König [Phra Narai] nordwärts, etwa in der Mitte der Stadt, angelegt hat, schliest einen großen viereckigen Plaz ein, hat verschiedene Abtheilungen und mehrere Gebäude, welche nach sinesischer bauart mit vielfachen und zum theil verguldeten Dächern und Altären ausgeschmükt sind. In= und

---

[637] Laut Peter Heylin lebten im 16. Jahrhundert bereit 400.000 Familien in Ayutthaya (möglicherweise meinte er im ganzen Königreich), allerdings sind die numerischen Angaben seines Werkes generell mit Vorsicht zu geniessen (*Heylin, 1939:677*); von 400.000 Einwohnern spricht auch *Mercklein,1663:450*; Straßen gibt 119.000 Einwohner an (*Straußen, 1832:55*)
[638] Kämpfer traf nach der „Revolution" von 1688 in Ayutthaya ein
[639] Konstantin Phaulkon
[640] Mohren: Historisch (alt- und mittelhochdeutsch) zunächst für die Bewohner Mauretaniens (Mauren) verwendet, später auch als Synonym für Menschen mit dunkler Hautfarbe im allgemeinen, aber auch, insbesondere in Südostasien, für Muslime in besonderen. Laut Heylyn gab es 30.000 arabische Haushalte in der Stadt (*Heylyn, 1939:676*)
[641] Vgl. hiezu auch *Schouten,1663:277,314; Straußen 1832:66*

außerhalb der Mauern findet man lange Ställe, in denen einige hundert Elephanten in langen Reihen aufgepuzt neben einander stehen. [...] Das zweite Schlos wird gemeiniglich der vordere Palast genant. Er liegt am nordöstlichen Ende and gleichsam auf einem Absatze von der Stadt; er schliest auch einen viereckigen Plaz, aber doch von weit kleinerm Umfange, als der erste Pallast, ein. Er war ehmals die Residenz der Könige, und wird jetzt (1690) von einem königlichen Prinzen, der etwa zwanzig Jahre alt ist, bewohnt. Der dritte, und sogenante hinterste Pallast ist noch kleiner; er liegt an der westlichen, meist unbewohnten Seite der Stadt, und wird jetzt auch von einem Prinzen aus königlichem Geblüt bewohnt, welcher des Königs Leibelephanten führt. Er sizt dabei nicht, wie sonst gewöhnlich, auf dem Halse, sondern liegt hinter dem König auf den Lenden des Thiers, und regiert es dann durch verschiedne Zeichen, zu denen er abgerichtet ist. Wegen dieses Bewohners nante man dies Gebäude auch den Pallast des königlichen Elephantenbereiters<< (*Kämpfer,1777:38f.*).

Die Beobachtungen Kämpfers zählen zu den präzisesten, wenngleich auch er nicht in den „innersten" Hof gelangt war. Der Königspalast hatte verschiedene Höfe und waren voneinander durch hohe Mauern getrennt. Nur die allerengsten Vertrauten des Königs hatten Einblick und Zutritt zum „innersten" Hof, wo sich die Privatgemächer des Königs und seiner Frauen befanden. Der „äußere" Hof[642] war großräumig angelegt und umfasste neben *sala luk khun*[643] [ศาลาลูกขุน], der Versammlungshalle für die Staatsbeamten, auch einen großen Platz für Paraden und Rennen. Dieser „äußere" Hof grenzte an den königlichen Tempel *Wat Phra Si Sanphet* [วัดพระศรีสรรเพชญ], den größten und schönsten Tempel in Ayutthaya, der seinerseits ebenfalls von Mauern umgeben war. Im „mittleren" Hof[644] befanden sich unter anderem die Ställe der königlichen Elefanten. Im „inneren" Hof[645] befanden sich *phra thinang* [พระที่นั่ง], die Audienzhalle des Königs, der Bankettsaal, wo auch die besonders geschätzten ausländischen Gesandten unterhalten wurden und Teile der königlichen Residenz. Die ausländischen Gesandten gelangten allenfalls bis zum dritten, den „inneren" Hof (*na Pombejra,2001:12f.*), weshalb in einigen Berichten die Spekulationen über den „Harem" oder „Serail" des Königs ins spekulative Kraut schießen.

Joost Schouten, in Rotterdam geboren und am 11. Juli 1644 wegen homosexueller Handlungen in Batavia[646] hingerichtet, eigentlich hauptberuflich Kaufmann der niederländischen Ostindien-Kompanie[647], trat aber auch als Sprachwissenschaftler, Diplomat,

---

[642] *Khet Phra Racha Than Chan Na* [เขตพระราชฐานชั้นหน้า]
[643] „Haus der Kinder des Herrn"
[644] *Khet Phra Racha Than Chan Klang* [เขตพระราชฐานชั้นกลาง]
[645] *Khet Phra Racha Than Chan Nai* [ขตพระราชฐานชั้นใน]
[646] Das heutige Jakarta. Batavia war der Sitz des Generalgouverneurs, des obersten Befehlshaber der VOC in Asien sowie des *Raad van Indië*.
[647] In der *Vereenigde Geoctroyeerde Oostindische Compagnie*, abgekürzt *VOC, schlossen sich am* am 20. März 1602 niederländische Kaufmannskompanien mit dem Ziel zusammen, die Konkurrenz untereinander auszuschalten. Die VOC erhielt vom niederländischen Staat Hoheitsrechte (Kriegsführung, Festungsbau, Landerwerb) und diverse Handelsmonopole. Sie war eine der größten Handelsunternehmungen des 17. und 18. Jahrhunderts. Die VOC hatte ihren Hauptsitz in Amsterdam und Middelburg, das Hauptquartier der Handelsschifffahrt befand sich in Batavia. Die wirtschaftliche Stärke der VOC beruhte vor allem auf der Kontrolle der Gewürzroute von Hinterindien nach Europa. Das in sechs Kammern (*Kamers*) strukturierte Unternehmen war das erste, das Aktien ausgab. Während zweier Jahrhunderte des in vielen Bereichen monopolisierten Handels hatte die VOC zirka 4700 Schiffe unter Segel, auf denen insgesamt cirka eine Million Menschen befördert wurden. Der Handelswert der nach Europa transportierten Waren betrug im ersten Jahrhundert (1640–1700) 577 Millionen fl. (Florijn) und im zweiten (bis 1795) 1,6 Milliarden fl. Die Konkurrentin der VOC, die Britische Ostindien-Kompanie (*British East India Company, BEIC*), , gegründet 1600 in London, konnte sich nicht gegen die VOC durchsetzen. Lediglich gegen Ende der 17. Jahrhunderts fand sich eine kurze Phase, während derer die *EIC* zu einer ernstzunehmenden Konkurrentin erstarkt war. Nach dem Vierten Englisch-Niederländische Krieg (1780–1784) kam die VOC in finanzielle Schwierigkeiten und wurde 1798 liquidiert.

Mitglied des *Raad van Indië*⁶⁴⁸ und vor allem als Berichterstatter in Erscheinung. In dieser Eigenschaft äußerte er sich, insbesondere von der großen Anzahl von Tempeln und Klöster sowie der geo-strategischen Lage, beeindruckt: >>Die Stadt India [Ayutthaya], als die fürnehmste Hauptstadt des Reiches [...] ist selbst sehr herrlich/voller schönen/und mehr als 300. Tempel und Klöster; welche alle über die massen künstlich erbaut; mit einer grossen Anzahl vergulder Thürme/Pyramiden/und unglaublicher Menge Bilder/aus allerley Stoff/gezieret sind (...) Ja es ist diß eine solche schöne/über alle massen wol gelegene/mit allerley Leibs=nohtdurfft wol versehene/aus allerley Nation sehr volckreiche Stadt; dergleichen irgend in einem Reich/oder Land/durch ganß Indien/kein König/oder Fürst (meines Wissens) besitzet: in Ansehung der guten Gelegenheit/und mächtigen Stärcke; also daß es ein unüberwindlicher Ort/der länger nicht/als nur sechs Monat/von den Feinden kan belagert werden; sintemal die Ergiessung deß Flusses sie von dem Land endlich vetreiben würden/daß sie wol davon abziehen müssten<< (*Schouten, 1663:277f.*).

Voll des Lobes war auch der 1659 in Ulm geborene Christoff Frike (Fryke), der als Barbierchirug⁶⁴⁹ zwischen 1680-1686 an diversen Handelsreisen der VOC teilnahm und dabei auch Ayutthaya besuchte :>> Ich (…) befande (...) daß die Holländer (...) ein schön und starck gebautes Kauff=Hauß / worinnen sie unten ihre Gewölber und Kammern / und oben ihre Wohnungen hatten / besassen / auch daselbsten / zu allen Zeiten ein Ober=Kauffmann neben etlich und 30. Personen sich aufhielte / Die Stadt ist sehr groß / jedoch meist mit niedrigen Häußlein angefüllet / worüber die Thürne an den Tempeln / deren über die 5000. gezehlet werden / in schönster Zierde hervorragen (...) In den Strassen der Stadt befindet sich eine solche Menge Volcks / von allen Theilen der Welt her / daß es bald unmöglich / wo man einen Stein in die Höhe würffe / daß selbiger / wegen der grossen Menge Menschen auf die Erde solte fallen können. Nicht minder wimmelt auch der vorbeyströhmende Fluß Menan von Schiffen und Prauen⁶⁵⁰ / und liget dieser Ort bald wie Rotterdam an der Maase / so werden auch alle Strassen durch gewisse Canäle durchnetzet / daß man bald aller Orten mit kleinen Nachen⁶⁵¹ überfahren muß / absonderlich wann der Fluß / welcher sich zu gewissen Zeiten ergiesset / außlaufft / und das ganze Land überschwemmet und fruchtbar machet. (...) In meiner Alldawesenheit habe ich den König nicht zu Gesicht bekommen (...) so viel ich aber gehöret / so soll er ein junger Herz / etwa von 13. Jahren seyn / und zu seinem Staat stätigs einen weissen Elephanten / neben noch etlich 100. anderen unterhalten. Das land betreffend / ist solches flach und schöneben Feld (...) Und gleichwie das Land herzlich ist / also ist auch die Hauptstadt Siam über alle massen wol gelegen / mit allerhand Nothdurfft wol versehen / von allerhand Nationen über die massen angefüllet / und sehr Volckreich / so / daß ich ihres gleich durch ganz Indien nirgend angetroffen<< (*Frike,1692:242ff.*)

Die Geschichte des Menam-Beckens vor Ayutthaya ist die Historie einzelner Städte und *müang* zwischen Chiang Mai im Norden und dem Golf von Siam im Süden. In diesem >>Paradies für Anthropologen<< (*Hall,1968:5*) ließen sich nach und nach Populationen mit unterschiedlichen ethnischen Wurzeln nieder, die sich insbesondere in der Frühphase eines bemerkenswerten Grades an Autonomie erfreuten *(Sternstein, 1965:106; Rabibhadana,1969)*. Die einzelnen *müang* unterhielten wechselseitige Beziehungen auf politischer und wirtschaftlicher Ebene, aber keine Population war in der Lage, eine nachhaltige Dominanz auszuüben. Erst mit der Gründung Ayutthayas 1351 sollte die Region erstmalig ein

---

⁶⁴⁸ Der sogenannten *Hohen Regierung* gehörten die ranghöchsten Vertreter des kaufmännischen Personals, des Militärs und der Rechtsprechung der VOC in Asien an.
⁶⁴⁹ Auch Wundärzte bzw. beim Militär Feldscher genannt. Die Abgrenzung der Aufgaben des Wundarztes zu denen des Baders, Barbiers und Scherers ist schwierig. Auch ansässige oder wandernde Bader und Barbiere ließen zur Ader und behandelten Knochenbrüche, Verrenkungen, frische Wunden, Zahnschmerzen und allgemeine innere Erkrankungen.
⁶⁵⁰ Segelboote malaiischer Bauart
⁶⁵¹ Bezeichnet ursprünglich einen Einbaum, ein kompaktes, flaches Boot bzw. Kahn für die Binnenschiffahrt

machtpolitisches Epizentrum erhalten. Laut Inskription No. 1 war Ayutthaya zu Zeiten Ramkhamhaengs ein Vasall Sukhothais, doch diese Situation änderte sich grundlegend bereits kurz nach dem Tod des großen Königs. In den Augen Ayutthayas war Sukhothai fortan nicht mehr als ein rivalisierendes *müang* um die Vorherrschaft in einer Region, in der sich Mitte des 6. Jahrhunderts nach dem Zerfall Funans zunächst Dvaravati entwickelt hatte. Geographisch umfaßte Dvaravati das Gebiet des späteren Siam, mit Ausnahme der südlichen Provinzen. Von den vier wichtigsten Städten Dvaravatis lagen Uthong, Nakhon Pathom und Lopburi in zentraler Lage und Lamphun im Norden. Uthong wurde von den Bewohnern bereits im 11. oder 12. Jahrhundert verlassen und Nakhon Pathom hatte bereits bei der Gründung Ayutthayas keinen relevanten politischen Einfluss mehr. Vier Aspekte sind bei der Beurteilung der historischen Rolle Dvaravatis von besonderer Bedeutung:

1. Dvaravati war weder ein mächtiges Reich im Sinne einer dominierenden militärischen Macht, die weite Gebiete von einem zentralen Punkt aus kontrollierte noch ein kulturelles Zentrum mit herausragenden künstlerischen Lesitungen wie Angkor. Dvaravati war ein lockeres Netzwerk von *müang* die auf Basis von temporären Interessen, persönlichen Beziehungen, kulturellen und/oder ethnischen Gemeinsamkeiten sowie familiären Bindungen eher neben- als miteinander existierten.

2. Dvaravati war allerdings ein wichtiges Zentrum der buddhistischen Kultur. Insbesondere aus den religiösen Zentren Nakhom Pathom und Lopburi heraus wurde intensiv die Verbreitung der buddhistischen Lehren im gesamten Menam-Becken forciert. Zahlreiche buddhistische Artefakte in den vorgenannten Zentren liefern die archäologischen Beweise für diese These.

3. Insbesondere die zentrale Region Dvaravatis war von wirtschaftlicher Bedeutung. Das Gebiet zwischen Lopburi und Nakhon Pathom-Uthong-Suphan Buri ist äußerst fruchtbar. Bewässert nicht nur durch den Maenam Chao Phraya sondern zusätzlich durch den *Maenam Lopburi* [แม่น้ำลพบุรี], *Maenam Pa Sak* [แม่น้ำป่าสัก], *Maenam Tha Chin* [แม่น้ำท่าจีน] und *Maenam Mae Klong* [แม่น้ำแม่กลอง] sowie deren zahlreiche Nebenflüsse bedurfte es keiner übermässigen Anstrengungen um die Region zu einem der größten Reisproduzenten zu entwickeln.

4. Last but not least sei auf die günstige geo-strategische Lage verwiesen. Die kommunikativen Hauptschlagadern verliefen von Norden nach Süden. Das in zentraler Mitte gelegene Dvaravati war damit in der Lage als Knotenpunkt die Kommunikation zwischen dem Norden und dem Golf von Siam zu kontrollieren (*Kasetsiri,1976:16ff.*).

Für die Entwicklung Dvaravatis und das spätere Ayutthaya kam zwei *müang* eine herausragende Bedeutung zu. Obwohl räumlich nicht weit von einander entfernt, unterschieden sich Lopburi und Suphan Buri signifikant in ihrer Charakteristik und manifestierten sich in der Warnehmung ihrer Nachbarn in unterschiedlichen Rollen. Lopburi, vermutlich bereits seit dem 6. Jahrhundert ein buddhistisches Zentrum und spiritueller Nabel der Region, war bis zum Beginn des 11. Jahrhunderts unabhängig. Während der Herrschaft Suryavarman I. (1006/1010-1050) ein Außenposten Angkors deuten eigene Tributmissionen nach China 1115 und 1155 *(Coedès,1968:162)* darauf hin, das im Verlauf der ersten Hälfte des 12. Jahrhunderts Lopburi seine Unabhängigkeit vorläufig wiederherstellen konnte. Unter Suryavarman II. (1113-1150) geriet Lopburi aber erneut unter den Einfluß Angkors. Ein chinesischer Zeitzeuge namens Chao Ju-k'uo[652] vermerkt für das Jahr 1225 in seinem Buch

---

[652] Auch Zhao Rukuo [赵汝适], (1170-1231) ein chinesischer Handelsbeamter zur Zeit der Song-Dynastie.

Zhufan zhi [諸蕃志][653], das Lopburi zu den Vasallen Angkors zählte *(ebenda,1968:181)*; dies ist der letzte durch eine Primärquelle belegte Hinweis auf die Suprematie Angkors. Höchstwahrscheinlich hatte Lopburi begünstigt durch den Niedergang von Angkors Mitte des 13. Jahrhunderts seine Unabhängigkeit wiedererlangt und könnte aufgrund seiner zunehmend Bedeutung das Gebiet entlang des östlichen Ufers des Maenam Chao Phraya kontrolliert haben, da es in der Inskription No.1 nicht als Vasall Sukhothais aufgeführt wird. Bis zur Gründung Ayutthayas gibt es keine weiteren Berichte, danach wird die Bedeutung Lopburis schon durch die Zuerkennung des Status als *müang luk luang* [เมืองลูกหลวง][654] auch im neuen Reich dokumentiert.

Während Lopburi als wichtiges Zentrum der buddhistisch-hinduistischen Kultur fungierte verkörperte Suphan Buri westlich des Maenam militärische Stärke und ökonomische Dominanz. Der chinesische Reisende und Kaufmann Wang Ta-Yuan (Wang Dayuan)[655] berichtet von einem Angriff Hsiens[656] in der dritten oder vierten Dekade des 14. Jahrhunderts auf Tan-ma-hsi[657]. An anderer Stelle vermerkt der gleiche Autor: >>Die Menschen [in Hsien, i.e. Suphan Buri] haben sich sehr der Piraterie verschrieben; wann immer es einen Aufstand in einem anderen Land gibt, besteigen sie ihre hundert Dschunken [...] und segeln los und mittels ihrer Schlagkraft sichern sie sich das Gewünschte<< *(Promboon,1971)*. Aber wie konnte das zu diesem Zeitpunkt eher provinzielle Hinterland des Menam-Beckens, dessen Bevölkerung mehrheitlich keine tradierten nautischen Kenntnisse und Fähigkeiten besaß, in den Seehandel eindringen, der traditionell von chinesischen, indischen, arabischen und malaiisch-indonesischen Kaufleuten dominiert wurde? Aller Wahrscheinlichkeit nutzte man die Erfahrungen und Verbindungen der chinesischen Enklaven, zahlenmässig kleine aber für den Handel bedeutende Gruppen von Kaufleuten, die sich entlang der Küste des Golfs von Siam sukzessive angesiedelt hatten. Möglicherweise waren diese bereits vor den Siamesen dort ansässig, welche erst im Verlauf des 13. Jahrhunderts zur dominierenden lokalen Ethnie entwickelten *(Skinner,1957)*. Da der chinesische Kaiser den Aussenhandel seiner Untertanen sehr restriktiv gestaltete, entstanden aus dem Wunsch nach unternehmerischer Freiheit zahlreiche Häfen und Handelsplätze rund um das südchinesische Meer, in denen exilierte chinesische Kaufleute emsig Handel trieben. Diese Plätze entwickelten sich sukzessive und waren schließlich für den gesamten südostasiatischen Raum von signifikanter makroökonomischer Bedeutung. (*Curtin,1984:168*)

Nachdem mit Uthong und Nakhon Pathom zwei wichtige Städte von den Bewohnern im Verlauf des 11. Jahrhunderts aufgegeben worden waren, war es Suphan Buri aufgrund einer nachhaltigen Migration gelungen, einerseits die knappen humanen Resourcen erheblich zu erhöhen und gleichzeitig politisch die hinterlassenen Lücken zu füllen. Zudem scheint es eher zweifelhaft, das der Einfluß Angkors auf Suphan Buri dauerhaft gewesen ist, ein weiterer

---

[653] „Beschreibung der Barbarenländer". Über den chinesischen und arabischen Handel im 12. und 13. Jahrhundert.
[654] Das Konzept der *müang luk luang* („Städte der Kinder des Königs"), wonach in den wichtigsten Städten Prinzen oder andere Verwandte des Herrschers als Statthalter eingesetzt wurden, entsprang zumindest teilweise dem altindischen Verwaltungskonzept. Wie die meisten der „indianisierten" Hauptstäste Südostasiens galt auch Ayutthaya als magisches Zentrum des Reiches, welches in allen Himmelsrichtungen von wichtigen Städten flankiert wurde. In der frühen Phase Ayutthaya waren dies im Norden Lopburi, Phrapadaeng (in der Nähe Bangkoks) im Süden, Nakhon Nayok im Osten und Suphan Buri im Westen *(Heine-Geldern,1956:3f.)*.
[655] [汪大淵] Der erste chinesische Händler der Berichte über Südostasien hinterlassen hat. Geboren wurde er um 1311 in Nanchang (Hongzhou), ein prosperierender Hafen in der Provinz Jiangxi während der Song Dynastie. Er unternahm zwei größere Reisen, wobei ihn die erste zwischen 1328–1333 während des Yuan-Reiches an die Küsten des Südchinesischen Meeres an viele Orte in Südostasien führte, deren Beschreibung er in seinem Bericht *Dao Yi Zhi Lue Guangzheng Xia* [島夷誌略] niederlegte. Eine Übersetzung ins Englische verfasste W.W. Rockhill unter dem Titel „*Description of the Barbarians of the Isles*", T'oung Pao, 1913
[656] Mit Hsien kann zu diesem Zeitpunkt nicht mehr Sukhothai gemeint gewesen sein.
[657] Singapur

Grund für die rasche autonome politische und wirtschaftliche Entwicklung. Die vorteilhafte geographische Lage Suphan Buris tat ein übriges. Weit genug von den seinerzeit noch unbewohnbaren Sumpfgebieten der Küstenregion aber auch nicht zu weit in den nördlichen Bergregionen gelegen, die für die Nassreis-Kultur weniger geeignet waren, wurde die Region um Suphan Buri schon zu einem frühen Zeitpunkt vergleichsweise dicht besiedelt. Auch führten Reise- und damit zwangsläugig auch Handelswege von China zu den Ländern westlich des Indischen Ozeans durch das Gebiet, was für zusätzliche Prosperität sorgte. Aus der Inskription No. 1 geht hervor, das Suphan Buri zur Zeit Ramkhamhaengs für eine kurze Zeit Vasall Sukothais war, aber bereits unter dessen Nachfolger seine Unabhängigkeit wieder erlangte.

Vier wesentliche Faktoren waren also die Voraussetzung für die Geburt des Königreiches von Ayutthaya:

1. Politisch: Der Niedergang Sukhothais im Norden und des Khmer-Imperiums im Osten ließ ein vorübergehendes Machtvakuum im Zentrum des Menam-Beckens entstehen; nun bedurfte es nur noch eines charismatischen und ambitionierten *chao* in der Region, der das strategische Gebot der Stunde verstand und umzusetzen wußte.
2. Strategisch: Die Kombination des religiös-spirituellem Zentrums (Lopburi) mit dem militärischen und wirtschaftlichen *powerhouse* (Suphan Buri).
3. Geographisch: Die günstige geo-strategische Lage, welche sowohl ein ausreichendes Hinterland als auch den maritimen Zugang gewährleistete.
4. Wirtschaftlich: Die Fertilität des Bodens garantierte hohe Erträge bei vergleichsweise geringem Aufwand und durch diverse Handelswege war auch eine Beteiligung am profitablen Fernhandel unmittelbar sichergestellt.

7.1. Ayodhya – Vorläufer von Ayutthaya ?

Unstrittig dürfte sein, das sich der Name des späteren Ayutthaya vom indischen Ayodhya[658] ableitet: „Die Unbezwingbare", „Stadt, in die kein Feind eindringen kann", die „unerschütterliche Festung". Im nordindischen Bundestaat Uttar Pradesh am Fluss Sarayu gelegen gilt sie im archaischen Heldenepos *Ramayana* als Hauptstadt des Protagonisten Rama.

---

[658] [Sanskrit: अयोध्या]

7.1.2. Exkurs: Ramakien [รามเกียรติ์] - Das nationale Epos Thailands

Das *Ramakien*[659] wird auch das thailändische Ramayana genannt. Das Ramayana[660] ist neben dem Mahabarata[661] das bedeutendste und bekannteste hinduistische Epos. Es gibt zahlreiche Versionen des Ramayana, innerhalb und ausserhalb Indiens, und jede >> reflektiert die soziale Herkunft und Ideologie derjenigen, die es adaptiert haben<< (*Richman,2001:4*) Es wird dem hinduistischen Weisen Valmiki[662] zugeschrieben, dem *Ādi Kavi* (Ersten Poeten), der als Begründer der Sanskrit-Literatur gilt. Dieses in Sanskrit verfasste „Original" entstand vermutlich zwischen 200 v.Chr. – 200 n.Chr. (*Hawley and Wulff, 1986:377*) und umfasst 24.00 Verse mit 48.000 Zeilen. Ethisches Hauptthema ist das moralische Verhalten und die Beziehungen der Menschen zueinander, also der sorgende und beschützende Vater, der loyale Diener, der treue Bruder, die perfekte Ehefrau und der ideale König. Neben humanistischen Grundwerten basiert das Werk spirituell auf dem Konzept des Dharma[663]. Der Titel *Ramayana* ist aus den Wörtern *Rāma* und *ayana* (gehen) zusammengesetzt und bedeutet daher „Die Reise des Rama". Das Epos besteht aus 24.000 Versen in sieben Büchern und 500 Canto[664]. Es gibt verschiedene Varianten des Ramayana. Besonders hervorzuheben ist hier das tamilische *Ramavataram (Kamba Ramayanam)* und das *Sri Ranganatha Ramayanam* in drawidischer Sprache; darüber hinaus gibt es jainistische[665] Adaptionen und Variationen mit lokalen Bezügen in Kambodscha, Indonesien, Laos[666], Burma[667], Malaysia und den Phillippinen. Inhalt dieses Kapitels ist die thailändische Form des Ramayana, das Ramakien. Das Epos fand in Thailand in verschiedenen Kunstformen Eingang, neben den literarischen Adaptionen ist es Inhalt umfangreicher Wandgemälde, des Schattenspiels sowie diverser Bearbeitungen für Tanz und Theater, insbesondere des klassischen *Khon*. Der Name Rama war bereits während der Sukhothai-Periode bekannt (*Poolthupya, 2006:270*) und in der Literatur der folgenden Ayutthaya-Periode finden sich immer wieder Referenzierungen auf das Ramayana. Aus der Feder König Taksins stammt eine Version mit 2012 Versen, die allerdings nicht die ganze Geschichte Ramas wiedergeben. Die erste komplette Version schuf 1807 König Rama I., während seine Nachfolger Rama II. - Rama VI. mit eigenen Versen, Dialogen und Liedern das Epos ergänzten bzw. überarbeiteten (*Tanuja, 2014:41*). Nachfolgend eine kurze Zusammenfassung des Epos:

I. Ayutthaya und Lanka
Die Welt vor vielen Jahren war ganz anders. Im Himmel lebten die Götter, während die Erde von Menschen, Dämonen und Affen beherrscht wurde. In den Wäldern lebten weise Eremiten und in den Ozeanen schöne Meerjungfrauen. Der Himmel war voller magischer Kreaturen und hier unten lebten die noblen Schlangen, die *Nagas* [พระนาค]. Da waren zwei schöne Städte. Ayutthaya, auf Geheiss *Phra Idsuans* [พระอิศวร] alias Shivas erbaut, war von Menschen bewohnt und wurde von König *Totsarot* [ทศรถ] alias Dasharatha-(Nemi)[668] regiert. Lanka

---
[659] Der Ruhm des Rama
[660] [Sanskrit: रामायणम्, Rāmāyaṇam]
[661] [Sanskrit: महाभारतम्, Mahābhāratam]
[662] [Sanskrit: वाल्मीकि; Vālmīki]
[663] [Sanskrit: धम्म dhamma]. Es gibt kein einzelnes Wort in den westlichen Sprachen welches diesem Terminus hinlänglich gerecht würde. Im buddhistischen Kontext bedeutet Dharma sowohl das „kosmische Recht und Gesetz" als auch die Lehre Buddhas.
[664] Vom itlienischen *canto* (Gesang), ursprünglich vom lateinischen *canto* (Ich singe). Bezeichnet in der Literatur eine Einheit langer Gedichte, insbesondere von Epen.
[665] Der Jainismus, auch Jinismus [Sanskrit: जैन; *Jaina*] ist eine in Indien beheimatete Religion, die etwa im 6./5. Jahrhundert v. Chr. entstanden ist. Ein historisch fassbarer Gründer ist Mahavira (um 599–527 v. Chr).
[666] Phra Lak Phra Ram [ພະລັກພະລາມ]
[667] Zu der in der Mon Sprache abgefassten Version vgl. Toru Ohno: Salient Features of the Mon Version of the Rama Story (*Abstrakt in englischer Sprache*), Osaka University of Foreign Studies, 1996 (34.2), S.370
[668] [Sanskrit: दशरथ]

wurde in der Mitte einer Insel von *Phra Phrom* [พระพรหม] alias Brahma erbaut und dort herrschte *Totsakan* alias Ravana [ทศกัณฐ์, ทศกรรฐ์][669], der König der Dämonen, der zehn Köpfe und zwanzig Arme hatte. Er galt als unsterblich, weil seine Seele nicht im Körper weilte sondern in einem gläsernen Schrein aufbewahrt wurde. Als *Phra In* [พระอินทร์][670] alias Indra verkleidet verführte er zahlreiche himmlische Wesen und zeugte tausend Kinder mit Frauen und zwei Söhne mit einem weiblichen weissen Elephanten.

II. Rama und Sida

Die zunehmende Macht und Agression der Dämonen bedrohte den Frieden. Die Götter hielten Rat und beschlossen *Narai* [นารายณ์] alias Narayana[671], ein Avatar Vishnus zu reinkarnieren, um das Gleichgewicht wieder herzustellen. Also wurde Narayana als Prinz *Phra Ram* [พระราม] alias Rama [พระรามา] von Ayutthaya wieder geboren. Seine Gemahlin Lakshmi[672] wurde als Prinzessin von Lanka wiedergeboren. Nach der Geburt ausgesetzt wurde sie vom Eremiten *Chanok Jakrawat* [ชนกจักรวรรดิ] alias Janaka[673], einst König von Mithila[674], gefunden; er adoptierte sie, gab ihr den Namen *Sida* [สีดา] alias Sita[675] und kehrte auf den Thron Mithilas zurück. Rama hatte einen jüngeren Bruder, *Phra Lak* [พระลักษมณ์] alias Lakshmana[676] und zwei jüngere Halbbrüder, *Phra Phrot* [พระพรต] alias Bharata[677] und *Phra Satrut* [พระสัตรุด] alias Shatrughna[678]. Alle wurden durch berühmte weise Einsiedler ausgebildet und jeder erhielt von Phra Idsuan drei zerstörerische Waffen. König Totsarot und König Janaka von Mithila verheirateten bald darauf Rama and Sida.

III. Sidas Entführung

Kaiyakesi[679] alias Kaikeyi[680] war die zweite Frau König Totsarots, die Stiefmutter Ramas und die Mutter Phra Phrots. Sie verlngte aufgrund eines alten Versprechens, ihr leiblicher Sohn möge zunächst vor dem Erstgeborenen Rama für 14 Jahre herrschen. Phra Phrot, über die Mutter verärgert, bestieg widerwillig den Thron, schwor aber sich selbst zu töten, falls Rama ihn dann nicht ablöse. Rama machte sich mit Sida und Phra Lak auf, um friedlich in den Wäldern zu leben. In Lanka hörte Totsarot, das Sida schöner sei als Uma[681], die Göttin des Universums, *Surasvati Devi* [สุรัสวดีเทวี] alias Saraswati[682], die Göttin der Liebe und Lakshmi zusammen. Er beschloss, sie zu entführen. Sein Diener *Mariht* [มารีศ] verwandelte sich in einen goldenen Hirsch, den Rama jagte. Dann rief Mareet mit der Stimme Ramas um Hilfe und Phra Lak eilte herbei. Totsarot fing unterdessen die wehrlose Sida und flog mit ihr nach Lanka.

---

[669] In Thai auch bekannt als *Phak* [พักตร์] oder *Totsapan* [ทศพันตร์], der Sohn *Lastians* [ลัสเตียน] und *Ratchadas* [รัชฎา]
[670] Indra [Sanskrit: इन्द्र], in den Veden *Śakra* genannt, ist in der hinduistischen Mythologie der Anführer der *Vedas* (Halbgötter)
[671] [Sanskrit: नारायण Nārāyaṇa] In den Veden die höchste Gottheit
[672] [Sanskrit: लक्ष्मी lakṣmī] Die Gattin Vishnus. Die Göttin der Liebe und des Reichtums. Darüber hinaus die Verköperung der Schönheit
[673] [Sanskrit: जनक]
[674] [Sanskrit: मिथिला mithilā] Im archaischen Indien (heute Nepal) die Hauptstadt des Königreiches Videha
[675] „(Acker)Furche"
[676] [Sanskrit: लक्ष्मण] Gezeugt mit der dritten Ehefrau Sumitra [Sanskrit: सुमित्रा]
[677] [Sanskrit: भरत]
[678] [Sanskrit: शत्रुघ्न]
[679] []
[680] [Sanskrit: कैकेयी]
[681] [Sanskrit: उमा Pārvatī]
[682] [Sanskrit: सरस्वती]

Unterwegs wurden sie von *(Nok) Sadayu* [สดายุ][683], dem König der Vögel und ein Freund Ramas, beobachtet. Sadayu attackierte Totsarot, aber dieser bewarf ihn mit einem magischen Ring und verwundete ihn tödlich. Doch bevor er starb, konnte er Rama noch das Schicksal Sidas mitteilen und ihm den magischen Ring geben. In Lanka angekommen, befahl Totsarot seinen tausend Söhnen, Sida zu bewachen.

IV. Der Weg nach Lanka
Auf dem Weg nach Lanka trafen Rama und Phra Lak den weissen Affen *Hanuman* [หนุมาน][684], gezeugt vom Gott des Windes *Phra Phai* [พระพาย] alias Vayu oder Pavana[685] mit der Prinzessin *Nang Sawaha* alias Anjana[686]. Nang Sawaha war die Halbschwester des grünen Affenkönigs *Pali* [พาลี] alias Vali[687] und des roten Affenkönigs Sukrip [สุครีพ] alias *Sugriva*[688]. Hanuman erbte die magischen Fähigkeiten des Vaters und Shiva machte ihn unbesiegbar, lehrte ihn sich unsichtbar zu machen oder sich zu verwandeln. Auf Bitten der Mutter schloss er sich Rama an. Hanuman mobilisierte Truppen und erhielt dann Sidas magischen Ring und den Auftrag, vorauszueilen und Sida zu benachrichtigen. Nach einigen Kämpfen und amorösen Eskapaden erreichte Hanuman Lanka und kam gerade noch rechtzeitig, um Sidas Suizid zu verhindern. Da Sida es inopportun fand, als Prinzessin von einem Dämon entführt und von einem Affen gerettet zu werden, weigerte sie sich, direkt mit Hanuman zu fliehen. Dieser tötete die tausend Söhne Totsakans und setzte vor seiner Rückkehr Lanka in Brand. Rama setzte die Armee der Affen in Marsch und die Truppen Sugrivas bauten eine Landverbindung nach Lanka. Zuvor musste allerdings Hanuman eine Meerjungfrau und Tochter Totsakans verführen, die auf Anweisung des Vaters zunächst die Fische des Meeres angewiesen hatte, die Bauarbeiten zu verhindern. Aus dieser Verbindung ging später der Knabe *Matchanu* [มัจฉานุ] hervor, der halb Fisch und halb Affe künftig als Palastwächter dienen sollte.

V. Der Traum des Totsakan
Totsakan hatte unterdessen seine Hauptstadt wieder aufgebaut und hatte einen merkwürdigen Traum: Ein weisser Geier aus dem Osten griff einen schwarzen Geier aus dem Westen kommend an. Der schwarze Geier fiel neben einem Dämonen, der eine Öllampe hielt, tot zu Boden. Dann griff das Feuer der Lampe auf den Dämon über und er verbrannte. Totsakan fragte beunruhigt seinen jüngeren Bruder und königlichen Astrologen *Phipek* [พิเภก] alias Vibhishana[689] um Rat. Laut Phipek war der schwarze Geier Totsakan selbst und der weisse Geier Rama, der Lanka vernichten würde. Die einzige Lösung sei die sofortige Freilassung Sidas. Der wütende Totsakan hörte nicht auf den Rat Phipeks sondern konfiszierte dessen Eigentum, versklavte seine Familie und verbannte ihn. Phipek bot sich Rama als Berater an. Totsakan befahl Phibeks Tochter *Nang Benyagai* [นางเบญกาย] sich in die Leiche Sidas zu verwandeln, um Rama zu täuschen. Der badende Rama entdeckte schockiert den im Wasser treibenden „Leichnam", aber Hanuman ordnete die sofortige Verbrennung an und Benyagai nahm wieder ihre eigentliche Gestalt an Rama begnadigte sie und Hanuman zeugte noch einen Sohn mit ihr, halb Affe und halb Dämon. In Lanka angekommen schlug Rama sein

---

[683] Jüngerer Bruder von Sampathi [สัมพาที], dem ältesten Sohn Garudas [Sanskrit: गरुड़]. Er hat den Körper eines Vogels mit grünem Gefieder und das Gesicht des Vaters.
[684] [Sanskrit: हनुमान्] „Der mit den Kinnbacken". Gott der Gelehrsamkeit und Schutzgottheit der Dörfer.
[685] [Sanskrit: वायु, Vāyu, „Wind" „Luft" auch Sanskrit: पवन Pavana, „Reinigender"]
[686] [Sanskrit: अञ्जना]
[687] [Sanskrit: वाली]
[688] [Sanskrit: सुग्रीव]
[689] [Sanskrit: विभीषण]

Lager in den Diamanten-Bergen auf. Er sandte *Ongkot* [องคต] alias Angada[690], einen mächtigen grünen Affen und Neffen Sukrips mit der gleichen Botschaft zu Totsakan, die Phibek bereits phrophezeit hatte. Totsakan griff Ongkot wütend aber erfolglos an.

VI. Die Schlacht beginnt

Die Truppen Totsakans unter dem Kommando seines Bruders *Kumphakan* [กุมภกรรณ][691] alias Kumbhakarna[692] trafen auf die Affenarmee König Sukrips. Der Schlacht endete ohne Sieger. Am nächsten Tag traf Kumphakan auf die von Phra Lak geführte Armee und die Dämonen unterlagen. Aber Ramas Bruder wurde durch einen magischen Speer schwer verwundet und die Besiegten konnten sich in das befestigte Lanka retten. Phipek wusste, das die tödliche Magie des Speeres nur durch einen Zaubertrank aus zwei magischen Kräutern und Wasser aus fünf Flüssen zu überwinden war und das dieser Trank vor Sonnenaufgang verabreicht werden musste. Auf Bitten Hanumas verbarg sich die Sonne lange genug hinter den Wolken, so das dieser genug Zeit hatte die Ingredenzien zu beschaffen und Phra Lak zu retten. In der dritten Schlacht führte Rama selbst seine Armee siegreich ins Feld und tötete Kumphakan. Totsakan übertrug nun das Kommando seinem Sohn *Intarachit* [อินทรชิต] alias Indrajit[693], der als unbesiegbar galt. In der ersten Schlacht griff er mit magischen Pfeilen an, die sich in Schlangen verwandelten. Rama bat König Garuda [ครุฑ][694] um Hilfe, der die Schlangen in den Untergrund zwang und dadurch die Niederlage verhinderte. In einer weiteren Schlacht nahm Intarachit, reitend auf dem vielköpfigen Elephanten *Erawan* [เอราวัณ] alias Airavata, die Gestalt Phra Idsuans an und verwandelte alle seine Krieger in tanzende Engel. Die verblüfften Soldaten Phra Laks wurden durch magische Pfeile getroffen, verloren kollektiv das Bewusstsein und wiederum musste Phipek mit einem Zaubertrank aushelfen. Im dritten Aufeinandertreffen gelang es Phra Lak schließlich, Intarachit zu töten.

VII. Der Kampf zwischen Torsakan und Rama

Totsakan und Rama trafen nun direkt auf dem Schlachtfeld aufeinander. Totsakans Verbündete König *Mulapalam* und dessen Bruder *Sahatsadecha* [สหัสเดชะ] sowie der Neffe *Saeng Athit* [แสงอาทิตย์] waren bereits von Phra Lak und Hanuman getötet worden. Im Kampf mit Rama und Phra Lak wurde Totsakan von einem Pfeil ins Herz getroffen; da aber seine Seele nicht im Körper war, zog er ihn einfach heraus und kehrte nach Lanka zurück. Auch die beiden Elephanten-Söhne Totsakans fielen im Kampf. Totsakan wandte sich an seinen Grossvater, *Malihwaraat* [มาลีวราช] den Gerechten, der auf der Spitze eines Berges im Himmel residierte. Der weise Alte hörte zunächst Totsakan an und danach Rama und Phra Lak. Dann schickte er nach Sida und rief die Götter als Zeugen an. Schließlich wies er Totsakan an, Sida freizulassen. Als der sich weigerte, phrophezeite Malihwaraat ihm den Untergang und Tod. Im Rahmen einer Zeremonie weihte nun Totsakan seinen berühmten Speer und zerstörte alle Bilder der Götter, die auf Seiten Ramas standen. Aber mit Phra Idsuans magischen Augen entging nichts und er sandte Pali um zu intervenieren.

VIII. Niederlage und das Ende Totsakans

Am folgenden Tag traf Totsakans Speer Phra Lak und es war erneut an Phipek, einen magischen Trank zu brauen. Nachdem Rama Totsakans einige Male mit dem Schwert ohne erkennbare Wirkung getroffen hatte, enthüllte ihm Phipek, das dessen Seele vom Einsiedler

---

[690] [Sanskrit: अंगद]
[691] Gezeugt von Lastian oder *Asuraphong* [อสุรพงศ์] mit *Ratchada* [มางรัชฎา]
[692] [Sanskrit: गुग्गुळ]
[693] [इन्द्रजित "Eroberer des Indra" auch *Mēghanāda* (Sanskrit: मेघनाद "Der Donnernde"]
[694] [Sanskrit: गरुड]

Kobut gehütet würde. Hanuman und Ongkot machten sich auf den Weg und gaben vor, die Seiten gewechselt zu haben. Der Hermit brachte beide und die Seele des Dämonen nach Lanka. Hanuman kämpfte tatsächlich gegen seine eigenen Truppen, während Ongkot inzwischen den gläsernen Schrein mit der Seele unbemerkt vertauschte. Als Hanuman Totsakan den Behälter mit seiner Seele zeigte, wusste dieser, das er besiegt war. Da er jedoch den Tod des Kriegers sterben wollte, trat er am folgenden Tag in der Gestalt Indras zum letzten Kampf an. Ein Pfeil Ramas traf ihn tödlich, während Hanuman den gläsernen Schrein mit der Seele zerstörte.

IX. Rama trifft Sida und kehrt heim nach Ayutthaya
Nach den langen Jahren der Trennung zögerte Sida zunächst Rama zu begegnen. Sie rief die Götter als Zeugen an und bestand auf der Feuerprobe um ihre Keuschheit zu beweisen. Pali entzündete ein grosses Feuer und als Sida darüber hinwegging, wuchsen Lotusblüten unter ihren Füssen, um sie zu schützen. Rama ernannte Phipek zum neuen Herrscher von Lanka; nach fast 14 Jahren kehrte er nach Ayutthaya zurück, gerade noch rechtzeitig, den Halbbruder Phra Phrot am Selbstmord zu hindern. Rama wurde zum König von Ayutthaya gekrönt, war aber nicht glücklich als Herrscher und lebte wieder zeitweilig als Einsiedler. Hanuman führte noch einige weitere Scharmützel mit den ehemaligen Verbündeten Totsakans und nahm seine amoröse Beziehung zu Nang Benyagai wieder auf.

X. Sida wird verdammt
Eine entfernte Verwandte Totsakans, ein weiblicher Dämon wollte sich für die Niederlage Lankas retten. In der Gestalt eines jungen Mädchens trat sie in die Dienste Sidas. Eines Tages bat sie Sida unter einem Vorwand, ein Bild Totsakans zu malen. Doch die Tafel war verzaubert und das Bild konnte nicht mehr etfernt werden. Rama fand das Bild, verdächtigte Sida der heimlichen Liebe zum Erzfeind und befahl Phra Lak, sie zu töten. Phra Lak brachte Sida in den Dschungel und liess sie dort frei. Er erlegte einen Hirsch und gab Rama gegenüber das Herz des toten Tieres als das von Sida aus.

XI. *Phra Mongkut* [พระมงกุฎ] und *Phra Lob* [พระลบ]
Sida lebte mit dem Einsiedler Valmiki, wurde schwanger und gebar einen Sohn. Eines Tages ging sie in den Wald, um Essbares zu sammeln. Sie begegnete einer Affenmutter mit zwei kleinen Kindern, die ihr dringend riet, nach Hause zurückzugehen. Der Hermiten war in Meditation versunken und hatte nicht bemerkt, das der Sohn verschwunden war. Kurz vor der Heimkehr Sidas schuf er im Rahmen einer Feuerzeremonie eine exakte Kopie des Kindes. Durch Sida ermuntert kreierte er auf die gleiche Weise einen weiteren Sohn. Die Knaben erhielten die Namen Mongkut alias Kusha[695] und Lob alias Lava[696]. Eines Tages übten sich die Jungen lautstark im Kampf und verärgerten damit Rama. Der schickte ein königliches Pferd mit der Order aus, die lärmenden Übeltäter mögen sich stellen. Doch die Knaben ritten stattdessen vergnügt auf dem Pferd und als Hanuman einschreiten wollte, fesselten sie diesen. Dann sprachen sie eine magische Formel so das lediglich Rama persönlich die Fesseln Hanumans lösen konnte. Rama sandte seine Brüder die beiden dingfest zu machen und nach einem heftigen Kampf wurde Mongkut gefangen während Lob entkommen konnte. Mit Hilfe des magischen Rings der Mutter gelang es Lob seinen Bruder zu befreien. Rama sandte erneut Trupp Soldaten, aber der Kampf blieb ohne Sieger da die abgefeuerten Pfeile beider Seiten sich in Blumen verwandelten. Der verwunderte Rama erfuhr schleißlich, das Sida die Mutter der beiden war. Erfreut, sie noch am Leben zu wissen, ging er zu der Hütte im Wald. Sida verweigerte kategorisch mit Rama nach Ayutthaya zu gehen, aber liess die beiden Söhne mit

---

[695] [Sanskrit: कुश] In der hinduistischen Mythologie auch der König von Kasur (in der Nähe des heutigen Lahore, Pakistan)

[696] [Sanskrit: लव] In der hinduistischen Mythologie auch der Gründer von Lavapuri (das heutige Lahore, Pakistan)

ihm ziehen. Rama liebte Sida jedoch noch immer und fragte Phipek um Rat. Der sagte ihm, er müsse das Königreich für zwölf Monate verlassen, damit Sida ihre Haltung ändere. Rama ging also mit Phra Lak, Hanuman und der Affenarmee Sukrips in die Wälder wo sie im Laufe des Jahres zahlreiche Kämpfe mit den Dämonen führten.

XII. Versöhnung

Die Götter waren ob des anhaltenden mangelnden Einvernehmens zwischen Sida und Rama besorgt und beorderten sie vor ihren Rat. Man ermahnte beide zu bedenken, das sie auf die Erde geschickt worden waren, um Friede und Harmonie wieder herzustellen. Rama gestand seine Eifersucht und die Schuld durch sein voreiliges und jähzorniges Verhalten. Die Götter wiesen daraufhin die beiden an, fortan in Frieden gemeinsam zu leben und damit war die Welt der Menschen wieder im harmonischen Gleichklang. Womit auch der primäre politische und „pädagogische Aspekt" der Geschichte deutlich wird: die Wiederherstellung der alten und gerechten Ordnung und die Erkenntnis, das die Götter (und damit eigentlich die auf Erden Herrschenden) letzten Endes immer rechtens handeln.

Die Gründung Ayutthayas 1351 erfolgte zu einem vergleichsweise späten Zeitpunkt; die frühe Phase der Historie ist noch immer ein nicht entschlüsseltes Mysterium, ein fruchtbarer Boden für zahlreiche Mythen und Legenden, denen die Forschung bislang nur wenige belastbare Fakten gegenüberstellen kann. Dies gilt insbesondere für die Frühgeschichte Ayutthayas, für die es vergleichsweise wenig erhaltene Primärquellen gibt. Hierfür sind im Falle Ayutthayas vier spezifische Ursachen verantwortlich:

1. Die Zerstörung der Hauptstadt 1767 durch die Burmesen, in deren Verlauf die meisten Dokumente ein Opfer der Flammen wurden.

2. Ayutthaya war ein stark zentralisiertes Reich, die meistens Dokumente wurden systematisch in der Hauptstadt archiviert und nur vereinzelt wurden Aufzeichnungen in größeren Städten verschiedener Provinzen entdeckt. Dies gilt im wesentlichen für die Historiographie in der *phongsawadan*-Tradition, *tamnan*-Chroniken wurden in diversen Tempeln im gesamten Reichsgebiet verfasst und bewahrt.

3. Im Gegensatz zu Sukhothai oder Angkor gibt es in Ayutthaya nur vereinzelte in Stein verewigte Inskritionen. Geschrieben wurde überwiegend auf Palmenblätter-Manuskripten oder auf silbernen und goldenen Votivtafeln. Feuer und das schwüle Klima zerstörten sukzessive die meisten papiernen Quellen, die wertvollen Votivtafeln waren häufig begehrte Beute einheimischer Räuber und Diebe - die auch vor Tempelschändungen nicht zurückschreckten - sowie feindlicher Invasoren.

4. In der Frühphase des Menam-Beckens gab es noch keine etablierten Dynastien, deren Chroniken zu verfassen gewesen wären. Kleine *müang* betrieben Kommunalpolitik und erst nach und nach entwickelten sich regionale Ambitionen. Einzig Sukhothai war unter König Ramkhamhaeng eine kurzlebige „Reichsphase" beschieden; dem rapiden Abstieg nach dem Tod des charismatischen Führers fokussierten sich die jeweiligen *müang* einstweilen wieder auf ihren Mikrokosmos.

Das bekannteste Beispiel der zahlreichen mythischen Tradierungen findet sich in der *Saṅkhepa History* [พระราชพงศาวดารสังเขปฉบับสมเด็จกรมพระปรมานุชิต ชิโนรส][697] des Prinzen *Paramanu-*

---

[697] Ins Englische übersetzt und editiert von Wyatt, 1973 „The Abridged Royal Chronicle of Ayudhya of Prince Paramanuchitchinorot"

chitchinorot[698]. Dort steht zu lesen, daß einst ein unglücklicher Mann lebte, dessen Körper mit unzähligen Forunkeln übersät war und deshalb von allen nur *Nai Saen Pom*[699] genannt wurde. Er züchtete Chili und Auberginen auf einem kleinen Feld am Ufer des Flusses von dessen Verkauf er sein bescheidenes Auskommen sicherte. Eine seiner Auberginenpflanzungen befand sich in unmittelbarer Nähe seiner Hütte und so traf es sich, daß *Nai Saen Pom* regelmäßig auf die Pflanzen urinierte. Aufgrund dieser natürlichen Düngung gerieten diese Auberginen besonders prächtig, da, der Überlieferung zufolge, der Urin Nai Saen Poms zusätzlich mit dessen Samen versetzt war. Die Tochter des lokalen Herrschers schickte nun eines Tages eine ihrer Dienerinnen zu *Nai Saen Pom* um dessen wohlschmeckende Früchte zu erwerben. Nach dem genußvollen Verzehr des köstlichen Gemüses stellte sie nach einigen Wochen fest, daß sie in anderen Umständen war. Der erboste Vater ordnete sofort eine Untersuchung an, doch der vermeintliche Beischläfer konnte zunächst nicht ermittelt werden. Die Tochter gebar nach 10 Monaten einen kräftigen und gesunden Sohn, der von der ganzen Familie mit Liebe und Umsicht aufgezogen wurde. Als der Knabe drei Jahre alt war, entschied der Fürst, es sei nun an der Zeit, den Vater des Kindes zu ermitteln. Da sich niemand freiwillig bekannte, wurde entschieden, auf die Hilfe der Götter zu bauen. Der Fürst ordnete an, alle zeugungsfähigen Männer hätten sich an seinem Hofe einzufinden und etwas Essen mitzubringen; wessen Mitbringsel der junge Prinz verzehre, gäbe den Hinweis auf die wahre Identität des Vaters. Weisungsgemäß fanden sich alle Männer zur gebotenen Stunde beim Fürsten ein und der Prinz wurde von seinen Ammen hereingeführt. Sofort lief er auf *Nai Saen Pom* zu, umarmte ihn und verzehrte sogleich dessen mitgebrachten Brocken kalten Reis'. Sofort übergab der entehrte und beschämte Fürst dem Aussätzigen seine Tochter samt Enkel und Nai Saen Pom ruderte mit seiner Familie flußabwärts zu seiner bescheidenen Hütte, in der sie fortan glücklich zu dritt lebten. Alsbald hörte der Gott Indra vom Schicksal *Nai Saen Poms* und entschloß sich einzugreifen. Er nahm die Gestalt eines Affen an und bei der Hütte *Nai Saen Poms* angekommen übergab er diesem eine magische Trommel mit den Worten: Wünschest Du etwas so schlage nur die Trommel und Dein Wunsch werde erfüllt. Indra zog sich zurück und der verdutzte *Nai Saen Pom* rief erfreut aus: Die guten Geister gaben mir diese Trommel und damit Glück und Freude. Und dann rührte er die Trommel und wünschte sich ein ansehnliches Erscheinungsbild; und die Karfunkel verschwanden und sein Körper war vom Aussatz befreit. Voll Freude berichtete er seiner Frau von dem Wunder und diese griff sogleich ebenfalls nach der Trommel. Und mit Blick auf den Knaben wünschte sie sich eine goldene Wiege für ihr Kind. Ihr Wunsch wurde erfüllt und fortan wurde der Knabe *U Thong* genannt. Später schuf Nai Saen Pom dann mit einem weiteren Trommelschlag eine neue Kapitale, die er *müang devanagara*[700] nannte und regierte dort viele Jahre in seinem Reich Śirijaiya Jianśèn als geachteter und berühmter Herrscher (*Wyatt,1973:29ff.*)

---

[698] Offizieller Titel: *Somdet Phra Maha Samana Chao Kromma Phra Paramanuchitchinorot Sisukhotthakhattiyawong*; (Prinz *Paramanuchitchinorot Sisukhotthakhattiyawong*, der Oberste Patriarch) [สมเด็จพระมหาสมณเจ้า กรมพระปรมานุชิตชิโนรส ศรีสุคตขัตติยวงศ์], kurz *Paramanujit* oder *Paramanujita Jinorasa*, wurde am 11.12.1790 als 28. Kind König *Phra Phutthayotfa Chulalokes* (Rama I.) und der Hofdame *Joui* geboren. Er wuchs als Prinz *Wasukri* [พระองค์เจ้า วาสุกรี] im Königspalast auf. Im Alter von 12 Jahren trat er als Novize in den buddhistischen Orden ein, acht Jahre später wurde er im Wat Phra Chetuphon (Wat Pho) zum Mönch ordiniert, bereits 1814 zum Abt bestellt und zwischen 1851-1853 war er der Oberste Patriarch der Sangha; bis zu seinem Lebensende lebte und wirkte er im Wat Pho. Sein Vorgänger als Leiter des Wat Pho, *Somdet Phra Phonnarat*, galt neben seinen ekklesiastischen Pflichten und Aufgaben als führender Historiker der Zeit. *Paramanujit* beherrschte Pali, Khmer und konnte die frühen Tai-Inskriptionen übersetzen. Darüber hinaus war er ein begnadeter Poet. Sein bekanntestes Werk, *Lilit Taleng Phai* [ลิลิตตะเลงพ่าย] (Die besiegten Burmesen), schildert den Siamesisch-Birmanische Krieg von 1593-1600. Im Mittelpunkt steht dabei natürlich der entscheidende Zweikampf zwischen König *Phra Naresuan* und dem burmesischen Kronprinzen, *Minchit Sra*; die Darstellung des Marsches der siamesischen Krieger durch das waldige Gelände benutzt der Dichter, um Fauna und Flora ausgiebig zu schildern.

[699] Der Herr der 100.000 Forunkel

[700] Die Stadt der Engel - also kein Copyright für Bangkok

Sukhothai und Chiang Mai hatten sich wesentlich früher entwickelt. Auch wenn man die Gründung eines *müang* als einen sukzessiven politischen, wirtschaftlichen und sozialen Prozess begreift, stellt sich die Frage, ob Ayutthaya Nachfolgerin einer früheren Besiedelung war und auf deren Grundlagen aufgebaut wurde. Einer der führenden Historiker seiner Zeit, Prinz Damrong, befeuerte 1914 die These von Ayodha als Vorläufer von Ayutthaya: >>Die Stadt Ayodhya wurde von den Khmer gegründet, welche über Lopburi herrschten. Es wurde wegen seiner besonderen Lage am Zusammenfluss dreier Flüssse, dem [Maenam] Pa Sak, dem [Maenam] Lopburi und dem Maenam Chao Phraya ausgewählt. Zur Zeit seiner Gründung war das Land dieser Gegend noch sumpfig und nicht geeignet für eine Kultivierung; so war Ayodhya nur eine kleine Stadt und ein Außenposten Lopburis. Im Laufe der Zeit wurde die Gegend mit fruchtbarem Flussschlamm überschwemmt und Ayodhya wurde zu einem großen Handelsplatz und ein Ort des landwirtschaftlichen Anbaus<< (*Kasetsiri,1976:76*).

Erst nach dem Tode des Gründers U Thong reduzierte sich das Portfolio der Kandidaten für die Königswürde auf zwei Zweige einer Familie. Zuvor bedurfte es weder einer dynastischen Legitimation noch bildete die Herkunft aus einer angesehenen Familie eine *condition sine qua non*. Ein charismatischer und ambitionierter Mann konnte mit militärischer Kompetenz und diplomatischem Geschick jederzeit die Gunst der Stunde nutzen und die Macht eines *müang* an sich reissen. Ein beredtes Zeugnis hierfür findet sich in der *Phongsawadan Nüa*. Derzufolge wurde 1307 ein Mann namens *Phraya Kraek* König in Ayodhya, weil er ein *phumibun* [ผู้มีบุญ][701] gewesen sei. Bereits vor der Geburt *Phraya Kraeks* sei dem damaligen Herrscher prophezeit worden, alsbald werde ein *phumibun* geboren, der seinen Platz einnehmen wurde. Daraufhin odnete der König an, alle schwangeren Frauen und Neugeborenen zu töten[702]. Phraya Kraek sei es jedoch gelungen, dem Massaker zu entkommen. Einer armen Familie entstammend habe Gott Indra persönlich den Heranwachsenden mit den erforderlichen Insignien der künftigen Königswürde ausgestattet. Im Mannesalter soll *phumibun Kraek* dann die Prophezeiung erfüllt, den alten Herrscher zur Flucht gezwungen und dann dessen Platz eingenommen haben. (*Kasetsiri,1971:46*) Die gleiche Chronik verzeichnet eine weitere, etwas bizarr anmutende Episode zur Handhabung der Nachfolgeregelung. Da einst in Ayodhya kein männlicher Nachfolger des verstorbenen Herrschers vorhanden war, kam der *siangrua* Ritus zur Anwendung. Man habe eine

---

[701] *phu* [ผู้] „Mann", *mi* [มี] „haben", *bun* [บุญ] „Meriten", also ein Mann, der sich Meriten erworben hat. *Tham Bun* [ทำบุญ] (Pali: *puññakiriyavatthu*) ist ein traditionelles Konzept zum Erwerb religiöser Verdienste im Theravada-Buddhismus, welches in der buddhistischen Karma-Lehre begründet ist. Karma [कर्मन] bezeichnet ein spirituelles Konzept, demzufolge jede physische wie geistige Handlung eine Folge hat; diese Folge muss nicht unmittelbar, sondern kann sich auch erst in einem zukünftigen Leben manifestieren. Der Begriff *bun* ist die thailändische Übersetzung von des Pali-Wortes *puñña*, welches im „Buddhistischen Wörterbuch" des ersten ordinierten deutschen buddhistischen Mönches *Nyānatiloka Mahāthera* (Anton Walther Florus Gueth, 1878-1957) mit „verdienstvoll" übersetzt wird. Zum Erwerb dieser religiösen Verdienste gibt es viele verschiedene Möglichkeiten, beispielsweise die zehn Lehrsätze *Phra Khantipalos*, die auch an Thailands Schulen gelehrt werden: Geben, Tugendhaftes Leben, Meditation, Ehrerbietung, Hilfsbereitschaft, eigene Verdienste anderen widmen, sich an den Verdiensten anderer erfreuen, Anhören von Dhamma-Vorträgen, Verbreitung des Dhamma und das „Entzerren" seiner eigenen Ansichten *(ditthujukamma)*. „Ströme des Verdienstes" können erworben werden, indem man beispielsweise den Mönchen Kleidung spendet, sie täglich mit Essen zu versorgt, ihnen ein Dach über dem Kopf zur Verfügung stellt oder sie mit Medikamenten versorgt.

[702] Eine frappierende Analogie zur im Matthäus-Evangelium tradierten Bluttat des römischen Klientelkönigs Herodes des Großen in Judäa, der den Kindermord in Betlehem, die Tötung aller männlichen Kleinkinder angeordnet haben soll, um den neugeborenen König Israels, Jesus von Nazareth, zu eliminieren. >>Herodes ... wurde ... sehr zornig und er ließ in Betlehem und der ganzen Umgebung alle Knaben bis zum Alter von zwei Jahren töten, genau der Zeit entsprechend, die er von den Sterndeutern erfahren hatte. Damals erfüllte sich, was durch den Propheten Jeremia gesagt worden ist: Ein Geschrei war in Rama zu hören, lautes Weinen und Klagen: Rahel weinte um ihre Kinder und wollte sich nicht trösten lassen, denn sie waren dahin.<< *(Mt 2,16-18)*. Während die griechische Liturgie 14.000 ermordete Knaben nennt und mittelalterliche Autoren bis zu 144.000 Opfer annahmen, beziffern theologische Historiker aufgrund der anzunehmenden Größe des Ortes Betlehem zu biblischen Zeiten die Anzahl der Opfer auf etwa sechs bis zwanzig erschlagene Kinder.

königliche Barke, beladen mit den royalen Insignien, führerlos flussabwärts treiben lassen; die erste Person, vor dem die Barke zum Halten kam, sei diesem Ritus zufolge zum neuen König ernannt worden, da es sich bei diesem um einen von der Vorsehung bestimmten *phumibun* handeln müsse. In diesem Fall sei die Barke vor einer passierenden Rinderherde zu Stehen gekommen und der sie beaufsichtigende Cowboy konsequenterweise auch zum neuen König ernannt worden. (*Kasetsiri,1971:47*) Unabhängig vom folkloristisch-animistischen Charakter der vorgenannten Tradierungen dürfte unstrittig sein, dass die frühen Herrschaftsformen eher flexible Institutionen waren, innerhalb deren sich unterschiedliche Charaktere auf Basis ihrer Seniorität, des religiösen Hintergrundes oder aber auch nur mittels ihrer Führungsqualitäten durchsetzen konnten.

Die Chroniken geben wenig konkrete Informationen bezüglich der Führer in Ayodhya / Ayutthaya vor der Herrschaft U Thongs. Für das Jahr 1326 vermerkt die bereits erwähnte *Phongsawadan Nüa* die Errichtung einer riesigen Buddha Statue im *Wat Phanan Choeng* [วัดพนัญเชิงวรวิหาร][703]. Gemäß einer lokalen Überlieferung sei zu jener Zeit eine „chinesische Prinzessin" namens *Phra Nang Soi Dok Mak* [พระนางสร้อยดอกหมาก] angereist, um König *Phra Chao Sai Namphoeng* [พระเจ้าสายน้ำผึ้ง] zu ehelichen. Der König habe jedoch die Dame aus dem Reich der Mitte verschmäht, die sich daraufhin erdrosselte. Um die dort gelegene alte Handelsstation *Bang Ka-cha* [บางกะจะ] herum lebten viele Chinesen, die für ihre Landsmännin nach dem Suizid einen Schrein errichteten, der auch heute noch von Thais chinesischer Abstammung sehr verehrt und frequentiert wird. Phra Chao Sai Namphoeng ließ 1334 sozusagen als "spirituelle Wiedergutmachung" an gleicher Stelle eine 19 Meter hohe vergoldete Buddha-Statue in der Haltung der *Unterwerfung des Mara* errichten. Von den Thais *Luang Pho Tho* [หลวงพ่อโต], von den Chinesen *Sam Pao Kong* [ซำปอกง] genannt, zählt sie mit einer Kniespannweite von 20,1 Metern zu den größten alten Buddha-Statuen des Landes. *Luang Pho Tho* gilt als Beschützer des Handels und der Seefahrer.

7.2. Vorbemerkung: Die Königlichen Chroniken von Ayutthaya

Neben den Berichten ausländischer Reisender, Kaufleute, Söldner und Abenteurer aus Persien, China, Japan und Europa zählen die Königlichen Chroniken Ayutthayas zu den wichtigsten (Primär)Quellen. Bekannt sind insgesamt 18 Versionen der *Phra Ratcha Phongsawadan Krung Sri Ayutthaya* [พระราชพงศาวดารกรุงศรีอยุธยา], von denen aber nur sechs vollständig sind und zwei Versionen identische Abschriften darstellen (*Wyatt,1999:14*). Dem amerikanischen Anthropologen Richard D. Cushman, einem der profundesten Kenner und Übersetzer alter siamesischer Texte, verdanken wir eine einzigartige Kompilation. Im Rahmen eines 54-monatigen Stipendiums der *National Endowment for the Humanities* vollendete er zwischen 1978-83 im wesentlichen die Übersetzung von acht der bis dato bekannten Versionen, darunter auch jene von 1807 (*Kao Na*) im Besitz des Britischen Museums, die er dort selbst entdeckt hatte. Im Rahmen einer synoptischen Gegenüberstellung übersetzte Cushman nahezu vollständig nachfolgende Versionen:

A. *Luang Prasœt* Version [พระราชพงสาวดารกรุงเก่า, ฉบับหลวงประเสริฐอักษรนิติ์] (Khurusapha 1963). Zufällig von *Luang Prasœt Aksonit*, dem späteren *Phra Pariyati Dharmadhata*, in einer

---

[703] Der Name *phanaeng choen* stammt aus der Sprache der Khmer und bedeutet „sitzen mit übereinandergelegten Beinen". Dies ist ein Hinweis auf den historischen Buddha, der sich in dieser Pose hinsetzte, um die *Vessantara-Jataka* (Geburtsgeschichte) zu verkünden. Der heutige königliche Tempel 2. Klasse liegt im Südosten der Altstadt von Ayutthaya auf einem kleinen Hügel südöstlich der Mündung des *Pa Sak*-Flusses in den *Maenam Chao Phraya*. Gegenüber auf dem nördlichen Ufer des *Pa Sak* befindet sich *Wat Suwan Dararam* [วัดสุวรรณดารารามราชวรวิหาร] sowie *Fort Phet* [ป้อมเพชร], der letzte erhaltene Teil der alten Stadtbefestigung.

privaten Bibliothek entdeckt und am 19. Januar 1907 der Nationalbibliothek übergeben. Diese Version wurde vermutlich im Auftrag König Narais um 1680 erstellt. Diese Version der Nationalbibliothek wurde mit gelber Tinte auf schwarzem Papier in der traditionellen Art eines „Ziehharmonika-Buches" geschrieben. Nach eingehenden Untersuchungen datierten Wissenschaftler das Buch anhand der Schrift auf die Phase des Niederganges Ayutthayas bis zum Beginn der Rattanakosin-Periode [อาณาจักรรัตนโกสินทร์][704].

B. *Phan Canthanumat* (Khurusapha 1969). Die Version aus dem Jahr 1157 C.S. (1795) - König Rama I. hat diese Version in Auftrag gegeben. Es existieren heute drei Kopien dieses Fragments. In einer Kopie ist vermerkt, dass der König höchstselbst einige kleinere Ergänzungen vorgenommen hat.

C. (Kao Na 1964) Die bereits weiter oben von Cushman entdeckte erwähnte Version des Britischen Museums von 1807.

D. *Sanggitiyavamsa* (Khlang Witthaya 1971) - Eine in Pali verfasste Chronik die von *Phra Phonnarat* zusammengestellt wurde und die allgemeine Geschichte des Buddhismus in Siam behandelt.

E. *Phra Cakkraphatdiphong* (Khurusapha 1961). Die auf Palmenblättern geschriebene Version wird nach ihrem Fundort auch Phetchaburi-Version geannt. Laut Prinz Damrong (*1914/15:4*) die zu seiner Zeit einzig bekannte Version. Möglicherweise eine gekürzte Version von Prinz *Wasukri*[705], dessen Chronik von Ayutthaya in der Nationalbibliothek aufbewahrt wurde und ursprüglich aus aus zwei Teilen bestand - der erste Teil wurde *Mahayuddhakar*, der zweite *Chulayuddakar* genannt. Die Zusammenstellung des späteren Mönchspatriarchen beruhte auf den in Pali geschriebenen Arbeiten *Somdet Phra Wanratnas*.

F. Royal Autograph Version (Odeon Store 1962)

G. Version aus dem Jahr 1145 C.S. (1783) - (Khurusapha 1963). Das Original wurde zu Beginn der Thonburi-Aera[706] geschrieben, weshalb es in der Forschung auch als „Thonburi-Fragment" bezeichnet wird. Bis dato konnte nicht festgestellt werden, aus wievielen Bänden das Original ursprünglich bestanden hat.

K. Eine unbekannte Version, zu der sich auch im Manuskript von Cushman keine Informationen über Herkunft und Entstehungszeitraum finden liessen.

Neben den von Cushman ins Englische übersetzten Versionen gibt es weitere, die noch der Übersetzung harren: Ein Fragment aus dem 15. Jahrhundert, das die Jahre 1438-1444 abdeckt, die C.S. 1136 Version (1774), die *Nok Kaeo* Version (1782) und die Thonburi Chronik (1795). Von der Chronik des holländischen Kaufmannes Van Vliet[707] (1640) sind die

---

[704] Begann 1782 mit der Ernennung Bangkoks zur Hauptstadt
[705] *Somdet Phra Maha Samana Chao Kromma Phra Paramanuchit Chinorot* [สมเด็จพระมหาสมณเจ้ากรมพระปรมานุชิตชิโนรส], auch *Phra Paramanuchit Chinorot, Paramanujit* oder *Paramanujita Jinorasa* (1790-1853)
[706] 1768 machte der neu ernannte König *Taksin Maharat* [ตากสินมหาราช] Thonburi [ธนบุรี] zu seiner Hauptstadt, nachdem die alte Hauptstadt Ayutthaya von den Burmesen zerstört worden war. Heute ist Thonburi einer der 50 Bezirke (Ket) von Bangkok.
[707] Jeremias Van Vliet, in Thailand auch bekannt als Wan Walit [วัน วลิต], wurde 1602 im holländischen Schiedam geboren wo er im Februar 1663 auch verstarb. Wie seine beiden älteren Brüder Eewout und Daniel trat er der *Vereenigde Oostindische Compagnie* (VOC) bei. In seiner Eigenschaft als Direktor des VOC-Handelskontors in Ayutthaya war er ein westlicher Chronist der Geschichte Siams bis 1642. Im April 1642 kehrte er Ayutthaya den Rücken, um den angesehenen Posten des Gouverneurs von Malakka anzutreten. Im April 1645, wurde er zum Ratsmitglied von Ostindien berufen. Kurze

ursprünglichen Manuskripte in thailändischer Sprache verschwunden. Auf Bitten der Angehörigen nach dem unerwarteten frühen Tod Cushmans 1991 übernahm dann Professor Wyatt die Edition und Veröffentlichung dieser bahnbrechenden Arbeit, die 2000 von der *Siam Society* publiziert wurde[708].

7.3. Die erste Uthong-Dynastie (1351–1370)

Als Ramathibodi sich nach dem Tod des Vaters 1344/45 nach Lopburi begab, hat er vermutlich seinem Schwager *Paramaracha* Suphan Buri als Vasall übergeben; 1351 bei seiner Inthronisierung bestätigte er diese Berufung. Möglicherweise hatte aber *Paramaracha* erwartet, als souveräner Herrscher Suphan Buris zu agieren und nicht als Vasall Ramathibodis, so das eine Revolte seinerseits gegen den Suzerän durchaus vorstellbar wäre. Dann ergäbe sich für die weiter oben angeführte Beobachtung des chinesischen Reisenden *Wang Dayuan* für den Mai/Juni 1344/45 >>Hsien unterwarf sich Lo-hu<<[709] auch folgende Interpretation: Wenn Lo-hu Lopburi war und Hsien Suphan Buri, dann wäre dieses statement so zu deuten, das Ramathibodi von Lopburi aus die Erhebung seines Schwagers in Suphan Buri niederschlug (*Griswold und na Nagara, 1973a:75*). Wie auch immer, es bedurfte einer charismatischen Führungspersönlichkeit, die sowohl über diplomatisches Geschick als auch den erforderlichen Machtinstinkt verfügte, um den rivalisierenden Linien von Lopburi und Suphan Buri ihre gemeinsamen Interessen zu verdeutlichen und die dann gebündelten Kräfte hinter sich zu vereinigen.

7.3.1. Somdet Phra Ramathibodi I [สมเด็จพระรามาธิบดีที่ ๑][710] auch Somdet Phra Chao U Thong [สมเด็จพระเจ้าอู่ทอง] (1351-1369)

Dieser Mann wurde schließlich der um 1314 geborene U Thong[711]. Die genaue Herkunft ist obskur und bis dato nicht zweifelsfrei erwiesen. Einer Theorie zufolge soll er Nachkomme eines Herrscherhauses von Chiang Rai - Chiang Saen gewesen sein, andere vermuten, er entstamme der Mon-Khmer Dynastie von Lopburi. Der *mainstream* der Forschung geht von der Annahme aus, das U Thong die Tochter des Regenten von Suphan Buri ehelichte, seine Mutter die Tochter des Herrschers von Lopburi und sein Vater ein einflussreicher Kaufmann chinesischer Ethnizität aus Phetchaburi war (*Wyatt,2002:23*). Stimmt diese Annahme Wyatts, dann bleibt festzuhalten, das der Gründer Ayutthayas damit die drei relevanten politischen und wirtschaftlichen Lokalgrößen vereinigt hatte und mithin über die benötigten Resourcen verfügte, das gesellschaftliche und dynastische Fundament seiner späteren Herrschaft zu legen. Der ambitionierte junge U Thong verfügte damit über ein festes Netzwerk persönlicher Beziehungen, die *conditio sine qua non* für die künftigen Herrschaftsansprüche. Die Schreiber, Rechtsgelehrten, Buchhalter, Chronisten und Astrologen des künftigen Königreiches Ayutthaya rekrutierten sich primär aus der Elite Lopburis und Nakhon Nayoks; Suphan Buri, Ratchaburi und Phetchaburi lieferten die administrative und militärischen

---

Zeit später wurde er jedoch wegen Korruption und unerlaubter privater Transaktionen als Gouverneur in Batavia angeklagt. Im August 1646 befand der Gerichtshof von Batavia Van Vliet in allen Punkten für schuldig. Ihm wurde sein Rang, sein Salär und seine Zugehörigkeit zur VOC aberkannt. Dennoch behielt er seinen Platz im Rat von Ostindien, bis er im Dezember 1646 unter ehrenhaften Umständen nach Holland zurückkehren konnte. Jeremias Van Vliet wurde im Jahre 1652 in seiner Heimatstadt Schiedam zum Bürgermeister (*Burgemeester*) gewählt. Diese Stellung behielt er bis zu seinem Tode.
[708] Bei den nachfolgenden Zitaten aus den diversen Chroniken der Cushman-Synopsis hat sich der Autor zugunsten einer einfacheren Lesart dazu durchgerungen, lediglich die Seitenzahl der Kompilation anzugeben und auf die Aufführung der jeweiligen Chronik(en) zu verzichten. Beispiel: (*RCA,2000:111*). Sollte aus anderen Übersetzungen zitiert werden, so sind diese einzeln ausgewiesen.
[709] Vgl. Kapitel 5.3.
[710] Kurzform *Ramathibodi* I. bzw. *Uthong*
[711] Prinz der goldenen Wiege

Kader; hinzu kam die wirtschaftliche Kompetenz und Dynamik der indischen und chinesischen Kaufleute. Lopburi – Suphan Buri – Phetchaburi, die Zusammenführung der lokalen Eliten mit ihren beschrieben Kernkompetenzen, dieses „frühe siamesische Dreieck" benötigte nun auch einen geographischen Fixpunkt der Macht: die Gründung der Kapitale des künftigen Reiches. 400 Kilometer westlich von Angkor sollte die Geburtsstätte des künftigen Siam entstehen: Ayutthaya. Anschaulich schildert eine der königlichen Chroniken Ayutthayas diese historische Stunde:

<< Der König starb und kein Mitglied der königlichen Familie konnte als sein Nachfolger bestimmt werden. Alle favorisierten daraufhin den Prinzen U Thong, den Sohn des *Choduksethi* [Führer der chinesischen Kaufmannsgilde] als König, das Land zu regieren. Zu dieser Zeit war eine Choleraepidemie ausgebrochen, der eine Menge Menschen zum Opfer fielen. So hinterließ der König Truppen zum Schutze und führte das Volk bei Nacht aus der Stadt, wandte sich gen Süden, um der Pestillenz zu entfliehen. Der ältere Bruder [vermutlich seiner Frau] nahm vorübergehend mit seinen Truppen Quartier in Suphanburi; König Ū Thõng jedoch marschierte mit seinen Truppen einige Tage bis er auf einen großen Fluß stieß, in dessen Mitte sich eine Insel befand [...] So setzte er mit seinen Truppen über und richtete sich auf dieser Insel Dong Sano ein. 712, im Jahr des Tigers, zweites der Dekade, am Freitag, dem sechsten Tag des zunehmenden Mondes im fünften Monat, um 3 narika und 9 bat nach Tagesanbruch, wurde die Hauptstadt Ayutthaya gegründet [d. h., Freitag, den 4. März 1351, kurz nach 9 Uhr morgens]>> *(Frankfurter, 1909).*

Etwas anders als in den westlichen wissenschaftlichen Monographien liest sich eine weitere, durch die Chroniken tradierte Variante der Gründungsgeschichte Ayutthayas sowie der Werdegang U Thongs. In Ayutthaya habe einst ein kleiner Tempel gestanden, in dem sieben Einsiedler lebten, die nicht nur Brüder waren, sondern sich auch wie ein Ei dem anderen glichen, und deren Eltern ebenfalls von gleicher Erscheinung waren. Obwohl Ayutthaya bereits damals von fruchtbaren Feldern umgeben war, konnte außer den sieben Einsiedlern kein Mensch dort leben. Denn einmal im Jahr stieg aus einem stinkenden, die Luft unerträglich verpestenden Morast ein furchterregender Drache. Der neue König sann auf Abhilfe und suchte zu diesem Behufe die sieben Einsiedler auf, um einen Rat einzuholen, wie man sowohl den Drachen als auch sein übelriechendes Refugium loswerden könne. Die Einsiedler antworteten, daß einer Prophezeiung zufolge sieben Brüder in den Sumpf geworfen werden müßten, um die Geister gnädig zu stimmen. Nachdem das gesamte Königreich sieben Jahre erfolglos abgesucht worden war verblieb nur noch eine Möglichkeit: Die sieben Einsiedler stimmten schließlich zu und opferten sich für das zukünftige Wohl der Stadt und des Königreiches. Bevor sie den freiwilligen Opfertod starben erteilten sie dem König und seinen Untertanen noch die folgenden Ratschläge: Um ein langes und gesundes Leben zu führen sei ein tägliches, morgendliches Bad unumgänglich; danach sei der Körper mit Sandelholz [ฝาง][712] abzureiben und schließlich Betel zu kauen. Zeitgenössische Beobachter *(Van Vliet)* bestätigen immerhin, daß diese Ratschläge auch noch im 17. Jahrhundert von den Menschen befolgt wurden. Soviel zur Stadt, wenden wir uns wieder dem Gründer zu.

Als König führte U Thong fortan den Namen Ramathibodi. Ganz Kind seiner Zeit besetzte er die Schlüsselpositionen seines neuen Staates mit Familienmitgliedern; den in der oben zitierten Chronik bereits erwähnten *Pha-ngua*, dem älteren Bruder seiner Frau und jetzigen Königin, ernannte er zum Gouverneur von Suphan Buri dem traditionellen Machtzentrum seiner eigenen Linie. Seinem ältesten Sohn Ramesuan übertrug er die Herrschaft über Lopburi. Ramathibodi selbst residierte in seiner neuen Hauptstadt Ayutthaya – einerseits

---

[712] (Caesulpinia sappan)

räumlich distanziert von den nach wie vor konkurrierenden Zentren seines *müang*, andererseits aufgrund der günstigen Infrastruktur in Schlagdistanz. Der kluge Herrscher baute vor und das zu Recht, wie sich alsbald herausstellen sollte. Den Chroniken zufolge soll Ayutthaya bereits in diesem frühen Stadium über sechszehn Vasallen verfügt haben, namentlich: Malakka, Chawa[713], Tenasserim, Nakhon Sri Thammarat, Tavoy, Martaban, Moulmein, Songkhla, Chantaburi, Phitsanoluk, Sukhothai, Phichai, Sawankhalok, Phichit, Kamphaeng Phet und Nakhon Sawan (*RCA,2000:10f.*). Allerdings ist erwiesen, das sich Sukhothai erst zu einem wesentlich späteren Zeitpunkt dem südlichen Nachbarn unterwarf und Malakka war lediglich eine kleinere chinesische Kolonie und Brückenkopf der chinesen Händler zum Indischen Ozean, bis dort 1402 ein malaiisches Sultanat entstand[714]. Ebenso ist höchst zweifelhaft, das Songkhla zu diesem Zeitpunkt bereits existiert hat. Weder in der *Tamnan müang Nakhon Sri Thammarat*[715] [ตำนานเมืองนครศรีธรรมราช] noch in der *Tamnan phra that müang Nakhon Sri Thammarat*[716] [ตำนานพระธาตุเมืองนครศรีธรรมราช] findet sich ein Hinweis auf Songkhkla; in der 1904 verfassten *Phongsawadan müang Songkhla*[717] [พงศาวดารเมืองสงขลา] wird eine Besiedelung Songkhlas erst ab der Mitte des 18. Jahrhundert erwähnt.

Durch die konsequente Ausweitung seines Netzwerkes persönlicher und verwandtschaftlicher Beziehungen und Kontakte gelang es Ramathibodi, Ayutthaya als neues Reich in der Region zu etablieren, konsolidieren und schließlich zur dominierenden politischen Macht der Region zu führen. Als Erbe Lopburis reichte sein Einfluss auch in die Gebiete östlich des Menam, möglicherweise bis nach Chantaburi und an die Grenze des Khmer-Reiches. Durch seine Heirat brachte er mittels der Suphan Buri Linie weite Teile des nördlichen und westlichen Menambeckens sowie das geo-strategische Zentrum der malaiischen Halbinsel, Nakhon Sri Thammarat unter seine Kontrolle. Grundsätzlich basierte das Ayutthaya Ramathibodis I auf drei Fundamenten: Die physische Arbeitskraft der Landbevölkerung in den westlichen Provinzen (Suphan Buri), die in der Khmer-Aera geformte und ausgebildete administrative Elite im Osten des Reiches (Lopburi) und die in der neuen Hauptstadt konzentrierte wirtschaftliche Macht und Dynamik der Kaufleute chinesischer oder anderer asiatischer Provenienz. Die sich mit dem Reich entwickelnden neuen politischen, wirtschaftlichen und militärischen Eliten arbeiteten über Generationen hinweg primär für die Durchsetzung eigener Interessen; die hieraus zwangsläufig entstehenden Dissonanzen im politischen und gesellschaftlichen Leben Ayutthayas sind unübersehbar. Um so notwendiger war für die Entwicklung des Reiches die integrative Funktion des charismatischen Königs, der die immanenten Friktionen durch diplomatisches Geschick, moralische Integrität und natürliche Autorität auszugleichen verstand. Auf Generationen hinaus stand jedoch bei jedem Thronwechsel die Machtfrage Lopburi oder Suphanburi auf der Tagesordnung und bildete mithin einen permanent schwelenden innenpolitischen Krisenherd. Und so verzeichnen die Chroniken auch konsequenterweise die erste Machtprobe im Rahmen der Nachfolgeregelung nach dem Tode Ramathibodis I.

Eine funktionierende und reibungslose Administration erschien dem ersten König Ayutthayas ebenfalls eine Voraussetzung zu sein, um die neue dynastische Linie und das junge Königreich auf Dauer im siamesischen Kontext zu etablieren. Daher schuf er vier Ministerien,

---

[713] Nicht eindeutig lokalisiert; möglicherweise Johore, ein Sultanat an der Südspitze der malaiischen Halbinsel gelegen. Allerdings wurde das Sultanat erst im frühen 16. Jahrhundert von Sultan Alauddin Riayat Shah II gegründet. Eine weitere Variante wäre Luang Prabang [ຫຼວງພະບາງ], die alte laotische Königsresidenz.
[714] Gegründet von *Paramesvara*, ein von den Chinesen geförderter Hindufürst aus dem alten Srivijaya, der nach Malakka geflüchtet war. 1409 heiratete er die Tochter des Sultans von Pasai (Sultanat im Norden der indonesischen Insel Sumatra) und konvertierte zum Islam. Nach allgemeiner Auffassung begann damit die islamische Geschichte Malayas.
[715] Geschichte Nakhon Sri Thammarats
[716] Geschichte der Reliquien Nakhon Sri Thammarats
[717] Geschichte Songkhlas

in denen die Verwaltung des Reiches bewältigt werden sollte. *Krom Wieng* [กรมเวียง][718] war das Innenministerium und primär für die Belange der Kapitale zuständig, *Krom Phra Khlang* [กรมพระคลัง][719] das Schatzamt, *Krom Wang* [กรมวัง][720] der königliche Haushalt und *Krom Na* [กรมนา][721] für alle landwirtschaftlichen Belange zuständig und überdies dafür verantwortlich war, das jederzeit ausreichende Vorräte für die Versorgung der Kapitale gelagert wurden. Im Bereich der Judikative sorgte Ramathibodi für eine Kodifizierung und Erneuerung der überlieferten Gesetze und Gebräuche, die teilweise bis auf das alte Reich von Nan Chao zurückgingen *(Prinz Chula Chakrabongse,1960:28)*, beispielsweise: Das *Beweisgesetz* (1350/51), das *Gesetz für Verbrechen gegen die Regierung* (1351), das *Gesetz für Ehemann und Ehefrau* (1351), das *Gesetz über die Zulassung von Klagen* (1355), das *Gesetz zur Entführung*[722] (1356), das Gesetz über *Verbrechen gegen das Volk* (1357), das Gesetz *Räuber und Diebe* (1366) und 1359 das Gesetz über *Verschiedene Angelegenheiten (Syamananda,1988:33f.)*.

Außenpolitisch setzte Ramathibodi gleich im ersten Herrschaftsjahr mit zwei militärischen Expeditionen gegen Angkor deutliche und selbstbewußte Signale. Laut einer mythischen Überlieferung soll dort seit 1346 ein König namens *Lampong*[723] regiert haben, der mit dem Makel behaftet war, nicht aus der direkten Herrscherlinie abzustammen. Lampong war der Sohn *Nipean-bats*, der seinerseits ein Sohn *Neay-trasaepaems* war, dem seine Züchtung überaus wohlschmeckender Gurken die Stellung eines königlichen Gärtners eingetragen hatte. Der König hatte seinem Lieblingsgärtner persönlich eine Lanze geschenkt, mit der er potentielle Diebe aus den königlichen Pflanzungen vertreiben sollte. Eines Nachts erschien nun der König unangemeldet im Gurkengarten und *Neay-trasaepaem* tötete den vermeintlichen Dieb versehentlich mit der ihm gegebenen Lanze. Da der König keinen männlichen Erben gezeugt hatte, sollen die Adeligen den ehemaligen Gärtner zum König erhoben haben. Der neue König habe dann konsequenterweise die Tochter des Opfers geehelicht und mit ihr den Vater Lampongs, *Nipean-bat* gezeugt *(Bastian,1866:454; Giteau,1957:119)*.

Der erste Feldzug 1351 unter der Führung Ramesuans, dem Sohn Ramathibodis I., war nicht von Erfolg gekrönt; das 5000 Mann starke Heer Ayutthayas *(RCA,2000:11)* war von den langen und anstrengenden Märschen müde und ausgelaugt, während der Gegner unter der Führung *Sauryoteys* zwar kaum trainiert doch dafür frisch und ausgeruht war. Auf den überraschenden und massiven Angriff der Khmer mit Kavallerie, Kampfelefanten und Fußtruppen waren die Krieger Ramesuans nicht vorbereitet und die Niederlage war schnell besiegelt. Zu allem Unglück wurde auch noch Prinz *Sisavath*, ein Enkel Ramathibodis, auf dem Rücken seines Elefanten kämpfend, tödlich verwundet. Allerdings kam den Kriegern Ayutthayas zugute, daß sich die Khmer mit der reichen Kriegsbeute an Pferden und Elephanten begnügten und von einer weiteren Verfolgung des geschlagenen Heeres Abstand nahmen *(Leclère,1914:200)*.

---

[718] Das heutige Innenministerium *Krasuang Mahatthai* [กระทรวงมหาดไทย]

[719] Das heutige Finanzministerium *Krasuang Kan Khlang* [กระทรวงการคลัง]

[720] Das heutige Ministerium für Palastangelegenheiten [กระทรวงวัง]

[721] Das heutige Landwirtschaftsministerium *Krasuang Kaset Lae Sahakon* [กระทรวงเกษตรและสหกรณ์]

[722] Im wesentlichen ein Verbot des Abwerbens bzw. der erzwungenen Umsiedelung von Arbeitskräften; dies galt nicht für Menschen, die außerhalb des Reichsgebietes, beispielsweise im Rahmen von Kampfhandlungen, gefangen genommen wurden.

[723] Die Forschung weist für den Zeitraum 1336-1353 einen Herrscher namens *Paramathakemaraja* aus; das Regnum *Nipean-bats* wird auf 1405-1409 datiert, das von *Lampong* auf 1409-1416; leider fehlen bei Manich (wie häufig) auch in diesem Fall die genauen Quellenangaben.

Nach der Niederlage seines militärisch offensichtlich weniger begnadeten Sohnes schickte der König seinen Schwager[724] Prinz *Vattitejo*[725], den Filius zu unterstützen. Nach sechszehnmonatiger Belagerung mußte sich Angkor diesmal geschlagen geben; König Lampong war zwischenzeitlich an einer Krankheit gestorben. Sein Bruder, *Srey-Sauryotey* fiel bei der Einnahme Angkors, während ein weiterer Bruder namens *Soryotey* mit *Borom Raja* und *Tamma Sokaraj*, den Söhnen Lampongs, fliehen konnte. Die Einnahme selbst veranschaulicht eindrucksvoll eine Tradierung: >>Man hörte nichts als die Schreie der Einwohner; die Generale und anderen Führer fielen einer nach dem anderen; selbst die Vögel sangen melancholisch in der belagerten Stadt<<. Die Krieger Ayutthayas hatten hölzerne Türme, die höher als die Mauern Angkors gebaut waren, um so leichter die Stadt mit ihren Feuerpfeilen beschießen zu können. Ein Ausfall der Belagerten wurde ebenso zerstreut wie ein eilig in den Provinzen ausgehobenes Entsatzheer für die Hauptstadt. Schließlich hatten die Angreifer den schwächsten Punkt der Verteidigung ausgemacht. Mit mächtigen Rammen sprengten sie das Osttor der Stadt. In der allgemeinen Verwirrung gelang es einigen Khmer-Soldaten und brahmanischen Priestern, die geweihten königlichen Regalien, Schwert und Lanze vor den Eroberern in Sicherheit zu bringen. Die Hauptstadt mit rund 100.000 Einwohnern war nun in den Händen der Eroberer *(Manich Jumsai, 1979:22f.)* und viele von ihnen traf das Schicksal der Versklavung und Deportation nach Ayutthaya *(RCA,2000:11)*. Ramathibodi setzte nun seinen Sohn *Inthaburi* auf den Thron Angkors und hinterließ zu dessen Unterstützung seine Brüder *Baat* und *Pisey* sowie eine Garnison mit einer Stärke von 10.000 Mann. Nach drei Jahren Regentschaft starb *Inthaburi*, sein Nachfolger *Baat* folgte ihm drei Monate später und so gelangte *Pisey* zur unerwarteten Königswürde. Allerdings war der einst geflüchtete *Soryotey* nicht untätig geblieben; in seinem laotischen Exil hatte er eine Armee ausgehoben und begann nach und nach, die umliegenden Provinzen Angkors unter seine Kontrolle zu bringen. Schließlich eroberte er die Kapitale in einem Handstreich zurück und herrschte anschließend als König von 1357-1363. König *Pisey* verschwand während der Kämpfe und seine Spur verliert sich im Dunkeln der Geschichte *(Manich Jumsai, 1979:2)*.

Neben den militärischen Erfolgen wirkte Ramathibodi I. auch als Diplomat. Zwar betrachteten die Kaiser der Ming-Dynastie [明朝][726], die mittlerweile die mongolische Herrschaft im Reich der Mitte abgelöst hatten, Ayutthaya nominell als Vasallen; allerdings gelang der Abschluß von Allianzen und damit *in praxi* der Erhalt einer weitreichenden Souveränität. Die diplomatische Tradition, die einst von König Ramkhamhaeng mit Peking intensiv gepflegt worden war, fand also auch durch die Herrscher Ayutthayas seine Fortsetzung. Während des Regnums Ramathibodos I. wurde Ayutthaya von einer Cholera Epedemie heimgesucht, der auch zwei Söhne des Herrschers, die Prinzen *Käo* und *Thai*, zum Opfer fielen.

1363/64 ließ der Vater die sterblichen Überreste exhumieren und nach erfolgter ritueller Feuerbestattung an Ort und Stelle den Tempel *Wat Pa Käo* errichten; bereit zehn Jahre zuvor hatte der König in unmittelbarer Nähe seiner Residenz *Wat Phutthaisawan* [วัดพุทไธศวรรย์][727] errichten lassen, so das er neben seinen weltlichen Pflichten auch den sakralen hinreichend nachgekommen war *(RCA,2000:11)*. Die häufigen Tempelstiftungen der Herrscher dienten

---

[724] Laut RCA seinen älteren Bruder *Borommaracha* (2000:11)
[725] In den Chroniken findet sich auch der Name Khun Luang Pha-ngua [ขุนหลวงพะงั่ว]; dies ist jedoch kein eigentlicher Name sondern hat lediglich die numerische Bedeutung „ Fünfter Sohn des Vaters".
[726] Die Ming-Dynastie löste die mongolische Fremdherrschaft der Yunnan-Dynastie [元朝] (1279-1368) ab und herrschte danach von 1368-1644 in China. Abgelöst wurde sie durch die Qing-Dynastie [清朝], auch Mandschu-Dynastie [ᡩᠠᡳᠴᡳᠩ ᡤᡠᡵᡠᠨ - *daicing gurun*] genannt, die 1616 von Nurhaci [努爾哈赤] gegründet wurde. 1911 wurde durch die Xinhai-Revolution [辛亥革命] die Herrschaft der Qing-Dynastie beendet und am 1. Januar 1912 die Republik China [中華民國 - *Zhōnghuá Mínguó*] gegründet.
[727] Wat Phutthaisawan liegt am Südufer des *Chao-Phraya*, südlich der Altstadt von Ayutthaya.

aber nicht nur spirituellen Zwecken. Um einen Tempel siedelten sich zwangsläufig sehr schnell Familien an, in der Regel dienten einem Tempel mindestens 25 Familien als *kha phra* [ข้าพระ]⁷²⁸, die befreit von der allgemeinen sechsmonatigen Zwangsarbeit für König und/oder Adel und sämtliche Steuern für die Versorgung des Wat verantwortlich waren. Dadurch enstand ein ständiges Bevölkerungswachstum in und um die Hauptstadt herum, was einerseits die Schatullen des Herrschers füllte und gleichzeitig auch die benötigte *manpower* bereitstellte, um äußeren oder inneren Angriffen unmittelbar begegnen zu können. Dies erklärt nicht zuletzt die häufigen Tempelstiftungen in unmittelbarer Nähe der Residenzen.

7.3.2. Somdet Phra Ramesuan [สมเด็จพระราเมศวร]⁷²⁹ Erstes Regnum (1369-70)

1369 starb Ramathibodi I und sein Sohn Ramesuan eilte aus Lopburi herbei, um das väterliche Erbe anzutreten. Doch die erste Regentschaft des zu diesem Zeitpunkt knapp Dreißigjährigen währte nicht einmal ein Jahr. Der alte Haudegen, Onkel *Khun Luang Pha-ngua* [ขุนหลวงพะงั่ว], vor Angkor einst väterlicher Freund und Waffenbruder, erschien mit einer erklecklichen Streitmacht vor den Toren Ayutthayas. Wenn die allgemeine Annahme zutrifft das Phra Chao U Thong im Alter von 55 Jahren starb, dann dürfte Borommaracha etwa Ende Vierzig bzw. Anfang 50 und der Neffe Ende 20 gewesen sein (*Kasetsiri,1976:109*). Der durch die Seniorität begünstigte Onkel stellte Ramesuan sein Begehr unmißverständlich klar und auf Anraten seiner Minister dankte der junge Herrscher ab; als großer Krieger hatte er sich im Felde nicht erwiesen und seine mangelnde Erfahrung im politischen Ränkespiel beförderte die Entscheidung. Insbesondere die mangelnde militärische Neigung und Eignung wird durch zwei Quellen bestätigt. Chinesische Aufzeichnungen aus der Ming-Dynastie beschreiben Ramesuan als >>furchtsam und wenig kriegerisch<< (*Promboon,1971:158*). Noch harscher fällst das Urteil des holländischen Kaufmannes Van Vliet über *Prae-rhaem mijsoon* (Ramesuan) und dessen erste kurze Amtszeit aus: >>Er war von geringer Weisheit, von grundauf schlecht, grausam und blutdürstig, cholerisch, habsüchtig, gierig, gefräßig und lüstern. Er zögerte nicht, jedermanns Weib zu entehren, die er zwangsweise an seinen Hof bringen ließ. Er ging sorglos und verantwortungslos in Bezug auf die Wohlfahrt des Reiches und des gesellschaftlichen Friedens. Kein Krieger von natur aus, schätzte er seine Soldaten nicht, achtete spirituelle und religiöse Angelegenheit gering und die Armen noch geringer (...) Er wurde lange und überall gesucht und für lange Zeit wußte niemand, wo er Unterschlupf gefunden hatte⁷³⁰<< (*Van Vliet,1640:203*). Die Chroniken Ayutthayas vermerken lediglich lapidar, als man ihm die Ankunft König (sic!) Borommarachas mitteilte, habe er ihn in die Stadt gebeten, den Thron übergeben, dem neuen Herrscher seinen Respekt bekundet und sich wieder nach Lopburi begeben (*RCA,2000:11*). 1370 bestieg demzufolge Pha-ngua den Thron Ayutthayas und nannte sich fortan *Borommarachathirat*.

7.4. Die erste Suphannaphum-Dynastie (1370–1388)

Als Borommarachathirat als Herrscher der ersten Dynastie des Hauses Suphan Buri den Thron bestieg, stellte sich die territoriale Machtlage seines *müang* keinesfalls ungefährdet dar. Zwar hatte sich Ayutthaya inzwischen als neues Zentrum gegenüber Lopburi und Suphan

---

⁷²⁸ Die häufige Übersetzung als „Tempelsklaven" vermittelt das falsche Bild. Die *kha phra* waren nicht mit den den „eigentlichen" Sklaven, den sogenannten *that* [ทาส] vergleichbar. Ganz im Gegenteil. In der Blütezeit Ayutthayas wurden seitens des Hofes regelmässige Kontrollen in den Tempeln durchgeführt, weil sich viele Bauern den hohen Steuern und der mehrmonatigen Zwangsarbeit dadurch zu entziehen suchten, indem sie freiwillig als *kha phra* dienten. Weiteres zur soziologischen Struktur Ayutthayas und den verschiedenen Formen der Sklaverei und Leibeigenschaft im weiteren Verlauf des Buches.
⁷²⁹ Kurzform *Ramesuan*
⁷³⁰ Van Vliets Angaben sind häufig ungenau und grundsätzlich mit Vorsicht zu genießen (vgl. hierzu Giles, Francis H., 1938a/1938b). Alle anderen Chroniken stimmen darin überein, das sich Ramesuan nach Lopburi begeben hat.

Buri etabliert. Ursache hierfür dürfte einerseit das lange Regnum U Thongs gewesen sein, der von der neuen Hauptstadt aus mit diplomatischen Geschick die Vorteile für alle Beteiligten überzeugend vermittelt hatte. Dazu kam die erste Eroberung Angkors 1369. Über Jahrhunderte zuvor galt das Khmer-Reich als das mächtigste und kulturell entwickelste Reich des südostasiatischen Festlandes. In der Inskription II von Sukhothai wurde der Herrscher der Khmer als *phi fa* [ผีฟ้า][731] bezeichnet, was Coedès gar als "Gott" übersetzte (*1924:63f.*). Nach der Niederlage Angkors ändert sich der Duktus in den siamesischen Quellen radikal. Fortan wird der Khmer Regent *Phraya Kambuja* [พระยากัมพูชา] genannt, also mit dem Titel eines Vasallen annonciert. Dieser gewaltige Wandel im Bewußtsein der eigenen Bedeutung, die unmittelbar auf die neue Einheit der beiden Linien mit dem Zentrum Ayutthaya referenziert wurde, schloss eine Rückkehr zu einem fragmentierten, losen Bund kleiner *müang* aus.

Wie in allen „indianisierten" Kapitalen Südostasiens so galt auch Ayutthaya als magisches Zentrum des neuen Reiches, welches, der Form eines *mantra* vergleichbar, von vier weiteren Städten in den jeweiligen Himmelsrichtungen umgeben wurde (*Heine-Geldern,1956:3f.*). Diese Städte waren Lopburi im Norden, Phra Pradaeng [พระประแดง][732] im Süden, Nakhon Nayok [นครนายก] im Osten und Suphan Buri im Westen. Allen vier Städten kam der Status einer *müang luk luang* [เมืองลูกหลวง][733] zu; in der Tat wurden bis zur Mitte des 16. Jahrhunderts diese strategisch, wirtschaftlich und spirituell bedeutenden Städte von den Söhnen des Herrschers respektive in Ermangelung derselben von möglichst nahen Verwandten regiert. Sie waren zu Fuß, auf Pferde- oder Elephantenrücken oder auch per Boot in 2-3 Tagen erreichbar, also einerseits nahe genug, um einfach kontrolliert werden zu können aber auch weit genug entfernt, um den unmittelbaren Machtbereich des Herrschers auszudehnen. Im weiteren Umkreis befanden sich die *müang phraya maha nakhon* [เมืองพระยามหานคร]. Orte wie Khorat, Chantaburi oder Nakhon Sri Thammarat lagen an der Peripherie des Reiches und hatten die Oberhoheit Ayutthayas nominell anerkannt. Der häufige Gebrauch der Wörter *nakhon* oder *nagara* im Städtenamen deutet aber auf eine eher lose Bindung an Ayutthaya hin und die Führer dieser *müang* dürften ihr administratives und wirtschaftliches Tagesgeschäft weitestgehend autonom abgewickelt haben. Die dritte Kategorie bildeten schließlich die *müang prathet sarat* oder auch *pradesa racha*, die tributpflichtigen *müang* an den äußersten Rändern des Einflussgebietes Ayutthayas. Diese hatten definitiv einen autonomen Status und einen eigenen König (*racha*) und kamen ihren Verpflichtungen als Vasall Ayutthayas, abhängig vom jeweils aktuellen Kräfteverhältnis, mehr oder weniger nach. Das diese Gebiete im südlichen Burma, auf der malaiischen Halbinsel oder im Dunstkreis Sukhothais die volle Suzeränität Ayutthayas Ausgangs des 14. Jahrhunderts anerkannt hätten, dürfte eher dem patriotischen Wunschdenken des jeweiligen Chronisten denn der machtpolitischen Realität jener Zeit geschuldet sein.

7.4.1. Somdet Phra Borommarachathirat [สมเด็จพระบรมราชาธิราชที่ ๑][734] (1370-1388)

Ob der Machtwechsel tatsächlich als unblutiger *coup d'etat* über die Bühne ging oder aber zu Beginn der Regentschaft des neuen Herrschers in Teilen des Reiches bürgerkriegsähnliche Zustände geherrscht haben, ist letztendlich nicht von allzu großer Bedeutung; denn es gelang Borommarachathirat in kurzer Zeit, das erst zwanzig Jahre bestehende Reich im Inneren zu befrieden und außenpolitisch zu stabilisieren. *Tjaeu Couloangh Phongh Wo-Ae* wird von Van

---

[731] „Geist des Himmels"
[732] Heute ein Landkreis [อำเภอ พระประแดง] der Provinz Samut Prakan [สมุทรปราการ], südlich von Bangkok gelegen.
[733] „Städte der Söhne des Königs"
[734] auch *Somdet Phra Borommaratchathirat Thi Nueng* [สมเด็จพระบรมราชาธิราชที่ ๑]; *Chao Khunluang Pa-Ngua* [เจ้าขุนหลวงพะงั่ว]; Kurzform: *Boromaracha I*.

Vliet ein positives Zeugnis ausgestellt: >>Der König war weise, eloquent, tiefgläubig, aufgeschlossen gegen die Geistlichen und großzügig gegenüber den Armen. Von Natur aus war er ein Kriegsherr, ein Liebhaber von Waffen, er nahm sich seiner Soldaten und der Gemeinschaft besonders an [....] Während seiner Herrschaft prosperierte [das Reich] sehr und es mangelte dem Land an nichts<< *(Van Vliet,1640:204)*.

Interessanterweise spielte China eine signifikante, wenngleich passive Rolle, bei den Auseinandersetzungen um die Thronbesteigungen in der Frühphase des Reiches. Obgleich sich Peking nie direkt in die inneren Angelegenheiten Ayutthayas einmischte, sind umfangreiche diplomatische Aktivitäten beider Familienzweige überliefert, deren Absicht eindeutig darin bestand, der jeweiligen Linie die Akzeptanz und das Wohlwollen Nanjings [南京]735 zu sichern. 1370 sandte der Ming-Kaiser *Hongwu* [洪武]736 eine Mission nach Ayutthaya, um dort Tributleistungen einzufordern. Borommarachathirat reagierte umgehend und bereits 1371 reiste eine von *Chao Yenku-man* geführte Delegation nach Peking und übergab dort u.a. sechs Elephanten und einige sechsbeinige Schildkröten als Geschenke. *Hongwu* wurde ebenfalls über die Abdankung Ramesuans informiert und die formelle Investitur Borommarachas durch den Kaiser erfolgte 1373. Der König entsandte mindestens eine Delegations jährlich nach China. 1373 waren es insgesamt vier, aber auch die Prinzessin Lopburis, die Witwe U Thongs und Mutter des abgesetzten Ramesuan entsandte zwei Missionen, die allerdings nicht des Kaisers Gnade fanden. Von den drei Expeditionen 1375 wurde eine vom König und die beiden anderen jeweils von Ramracha und Intharacha initiiert *(Proboon,1971:154-162)*. Von allen Ländern Südostasiens nahm Ayutthaya vielleicht die aktivste Rolle innerhalb des klassischen Systems aus Tribut und Handel ein. Ayutthayas Herrscher beschränkten sich nicht auf die Diplomatie sondern bereiteten auch den Handel mit grösseren Mengen an diversen unverarbeiteten Naturprodukten vor, beispielsweise *Sappanwood*, Agarholz (*Aquilaria malaccensis*)737, Pfeffer und Elfenbein (*Promboon,1971*). Die siamesischen Könige realisierten sehr früh die politischen Vorteile aber auch die potenziellen Profite dieser lukrativen Kombination. So war die Liste der Tributgüter Ayutthayas während der Ming-Dynastie die mit Abstand vielfältigste. Sie umfaßte nicht weniger als 44 Handelsgüter und Produkte, während sich namhafte frühe Handelsnationen mit weitaus weniger begnügten: Malakka 26, Bengalen 24, Nord-Sumatra 19, Sri Lanka 17 und Johore 15. (*Grimm,1961:12f.*). Die daraus resultierenden Handelsprivilegien und der Zugriff auf begehrte chinesische Produkte füllten die Schatullen Ayutthayas durch den regen Binnen- und Außenhandel. Die besondere Stellung in der Phalanx der tributpflichtigen Länder verdeutlicht die Tatsache, das Ayutthaya als erstes das standardisierte chinesische Maßsystem für Längeneinheiten und Gewichte erhielt, welches China in der Hoffnung auf internationale Akzeptanz und Verwendung veröffentlichte. (*Promboon,1971:162*).

Neben den diplomatischen Bemühungen zum Reich der Mitte galt außenpolitisch das primäre Augenmerk Sukhothai ohne dabei dem Dauergegner Angkor an der Ostgrenze aus den Augen zu verlieren. Auch in der Außenpolitik zeigt sich ein signifikanter Gegensatz in den Konzeptionen und Prioritäten der beiden konkurrierende Linien. Verzeichnen die Chroniken zu Zeiten Ramathibodis keine nennenswerten militärischen Auseinandersetzungen an der Nordgrenze, so wurde diese friedliche Phase in den Beziehungen zwischen Ayutthaya und

---

735 „Südliche Hauptstadt". Das alte Nanking, heute eine Metropole der Provinz *Jiangsu* am Gelben Meer im Mündungsbereich des *Jangtsekiang* gelegen. Erstmals Hauptstadt wurde Nanjing 229 n. Chr., als *Sūn Quán* (*Zhòngmóu*) [孫權], der Begründer der chinesischen *Wu*-Dynastie [東吳] (222-282 n. Chr.) zur *Zeit der Drei Reiche* [三國], seine Residenz nach *Jianye* [建鄴] verlegte. Der erste Kaiser der Ming-Dynastie, Hongwu, erhob Nanjing 1368 erneut zur Hauptstadt und gab ihr den Namen *Yingtian*. 1421 verlegte Kaiser Yongle die Hauptstadt nach Peking [北京], die „Nördliche Hauptstatd" und gab *Yingtian* erstmals die heutigen Namen Nanjing

736 Persönlicher Name: *Zhu Yuanzhang* [朱元璋]

737 Duftendes Holz, welches in der Medizin und bei der Herstellung von Parfüm Verwendung fand

Sukhothai recht bald obsolet. Im Gegensatz zur Lopburi Fraktion war für den Suphanburi-Zweig der Familie Sukhothai der Hauptgegner. (*Wolters,1966b*). Auch Borommaracha sah in Sukhothai den gefährlichsten Rivalen um die Vorherrschaft im kleinen siamesischen Kosmos; in der Tat war es Sukhothai nach einer Periode der Konsolidierung gelungen, einige der abgefallenen Provinzen wieder unter seine Herrschaft zu bringen. Als Mahathammaracha I. starb, nutzte Borommaracha die Gunst der Stunde. Um 1371 begann er eine Serie von Angriffen auf verschiedene Siedlungen und Städte im Herrschaftsgebiet von Sukhothai. *Nakhon Phangkha* und *Saeng Charao*, beides Satellitenstädte *Müang Chakangraos*, fielen 1372. Die Einnahme *Müang Chakangraos*, des heutigen Kamphaeng Phets, im folgenden Jahr gelang jedoch nicht. Zwar fiel *Phraya Sai Kaeo* bei einem Ausfallangriff, aber dem zweiten Anführer, *Phraya Khamhaeng*, gelang mit einem Großteil seiner Truppen der Rückzug in die befestigte Stadt, so das das primäre Ziel zwar nicht erreicht wurde, aber die Verluste hatte Kamphaeng Phet nachhaltig geschwächt. 1375 wurde Phitsanoluk besetzt, deren Herrscher *Khun Sam Kaeo* gefangengenommen und eine große Anzahl der Einwohner deportiert. 1376 wehrte sich Kamphaeng Phet ein zweites Mal erfolgreich gegen die Invasoren aus Ayutthaya, aber die von Phraya Khamhaeng und *Thao Pha Kong* erlitten schwere Verluste. Da steter Tropfen am Ende auch den härtesten Stein höhlt, war schließlich der dritte Anlauf Borommarachas von Erfolg gekrönt. Nachdem sich die Truppen der Verteidiger, möglicherweise durch Soldaten aus Phitsanoluk unterstützt[738], unter Führung Maha Thammarachas noch einmal standhaft gewehrt hatten, mußten sie schließlich kapitulieren und die siegreichen Krieger Ayutthayas nahmen 1378 als die neuen Herren in Kamphaeng Phet Quartier. 1386 begab sich Borommaracha nach Chiang Mai und befahl den Angriff auf Lampang. Der Angriff wurde abgewehrt, aber dennoch scheint es gelungen zu sein, Mün Nakhon, den Herrscher Lampangs, zu einer formellen Geste der Unterwerfung bewegt zu haben (*RCA,2000:12*). Zwei Jahre später sah sich der alte Haudegen noch einmal genötigt, ins Feld zu ziehen. Diesmal galt es eine Rebellion in Kamphaeng Phet niederzuwerfen. Dieses gelang Borommaracha, doch auf dem Rückmarsch soll der wackere Recke dann gestorben sein wie er gelebt hatte - inmitten seiner Krieger. (*Manich Jumsai, 1996*)

Widersprüchliche Angaben finden sich in den diversen Königlichen Chroniken bezüglich der Gründung von *Wat Maha That* [วัดมหาธาตุ พระนครศรีอยุธยา][739]. Einerseits wird die Gründung König Borommaracha I. sowie dem ehrenwerten Mönch *Mahathera Thammakanlayan* zugeschrieben, welche für die Errichtung der »großen, glohreichen, heiligen Reliquie mit einer Höhe von 1 *sen* und 3 [bzw. 19] *wa*[740]« *(RCA,2000:12)* gewesen sein sollen. Spätere Chroniken verweisen auf Ramesuan als Erbauer und zwar 746 C.S. (1384), nach (s)einem Angriff auf Chiang Mai; dieses Datum ist allerdings problematisch, da der Beginn dessen zweiten Regnums erst für 1388 überliefert ist. Möglichweise wurde aber auch mit dem Bau während der Herrschaft Borommarachas begonnen und die Arbeiten dann unter Ramesuan abgeschlossen.

---

[738] Laut RCA [F] stammte *Maha Thammaracha* aus Phitsanoluk
[739] Der „*Tempel der Großen Reliquie*" befindet sich an der heutigen Kreuzung Chikun Road / Naresuan Road. Einst lag er am Westufer des bedeutenden Kanals *Khlong Pratu Khao Pluak* [คลองประตูข้าวเปลือก]. Dieser Kanal verlief in historischer Zeit durch die Mitte Ayutthayas und verband den alten Lopburi-Fluss im Norden mit dem Maenam Chao Phra im Süden. Zu Beginn des letzten Jahrhunderts wurde der größte Teil des Kanals zugeschüttet; lediglich eine kurze Strecke zwischen dem *Wat Tha Sai* [วัดท่าทราย] und *Wat Wong Khong* [วัดวงษ์ฆ้อง] ist erhalten geblieben.
[740] Entweder 46 oder 78 Meter

7.4.2. Phrabat Somdet Phra Chao Thong Lan [พระบาทสมเด็จพระเจ้าลัน][741] (1388)

Der plötzliche und unerwartet frühe Tod des Kriegerkönigs verhinderte eine geplante und vorbereite Übergabe des Thrones an den erst fünfzehnjährigen[742] Sohn, Thong Lan *(Kasetsiri,1976:110)*. *Pra Thongh t'Jan* war aus Sicht einer Quelle >>ein wenig vielversprechender Prinz<< *(Van Vliet,1640:204)* und der zweite familiäre Disput um die Nachfolge, diesmal zwischen den zwei Cousins, sollte blutig entschieden werden. >>Er regierte sieben Tage und wurde von Phra Ramesuan getötet<< *(Van Vliet,1640:204)*.

7.5. Die zweite Uthong-Dynastie (1388–1409)

Die vorab erwähnten Chroniken Ayutthayas bilden - wie die anderer Völker und Epochen - ein narratives Sammelsurium über Schlachten, Dynastien, Naturkatastrophen und sakrale bzw. spirituelle Ereignisse und Wahrnehmungen. Manche Regni werden dabei als glorreich apostrophiert, Eroberungen, Gesetzgebungen und staatliche Reformen, Tempelstiftungen und weltliche Bautätigkeit hervorgehoben. Doch bedeutet dies nicht *ipso facto*, das auch der sprichwörtliche „kleine Mann" während dieser Phasen prosperierte oder insgesamt die Wirtschaft in voller Blüte gestanden hätte. Andererseits können Perioden, die als weniger ruhmreich tradiert wurden, durchaus von technischem Fortschritt und wirtschaftlichem Aufschwung geprägt sein. Einer der wenigen wissenschaftlich belastbaren Indikatoren für die prä-moderne Ökonomie sind quantitative Angaben im Bereich des Aussenhandels. Politisch war die Lage in Ayutthaya nach dem Tode U Thongs bis zur Thronbesteigung Somdet Phra Intharachathirats 1409 instabil und von Machtkämpfen um die jeweilige Thronfolge gekennzeichnet. Dennoch prosperierte der Aussenhandel in diesen 30 Jahren außerordentlich und leitete das Zeitalter des Kommerzes in Ayutthaya ein. Ayutthaya nahm enthusiastisch die Opportunitäten war, welche das Junktim aus Tributzahlungen und Handelsprivilegien bot: Zwischen 1371-1404 kamen insgesamt 36 Tributmissionen aus Siam und immerhin noch 21 weiter während des Regnums Kaiser Yongles 1405-1433.

Zeitraum	TRIBUTMISSIONEN AUF DEM SEEWEG NACH CHINA				
	Siam	Kambodscha	Champa	Java	Malakka
1369-1399	33	13	25	11	-
1400-1409	11	4	5	8	1
1410-1419	6	3	9	6	8
1420-1429	10	-	9	16	5
1430-1439	4	-	10	5	3
1440-1449	3	-	9	7	2
1450-1459	2	-	3	3	3
1460-1469	1	-	4	3	2
1470-1479	4	-	3	-	1
1480-1489	3	-	3	-	-
1490-1499	3	-	3	2	-
1500-1509	1	-	2	-	2
Reid,1999:87					

Diese Zahlen sind ein eindeutiges Indiz dafür, daß Ayutthaya ungeachtet der fragilen Lage im Inneren in dieser Phase sehr schnell zu einem der führenden Häfen des Ostasienhandels avancierte. Ein weiterer Indikator sind die Handelsbeziehungen zu den Liukiu-Inseln, die eine

---

[741] auch *Prabat Somdet Phra Chao Thong Chan* [พระบาทสมเด็จพระเจ้าทองจันทร์]; Kurzform: *Thong Lan* bzw. *Thong Chan*
[742] Laut Van Vliet war Thong Lan bereits 17 Jahre alt *(1640:204)*

„Frühform der südostasiatischen Freihandelszone" darstellten, da von dort aus, befreit von hochherrschaftlichen Monopolen freier Handel mit allen Umschlagplätzen betrieben wurde, sofern er den erhofften Profit versprach; dies galt auch für die vom chinesischen Hof geächteten Häfen von Pattani [ปัตตานี][743] und Palembang[744].

Handelsfahrten von den Liukiu (Ryūkyū)-Inseln zu Häfen in Südostasien			
Zeitraum	Siam	Pattani	Malakka
1419-1442	29	0	0
1443-1463	- Keine Aufzeichnungen -		
1464-1480	11	0	16
1481-1508	0	2	2
1509-1543	19	9	3
1544-1564	3	0	0
Reid,1999:89			

Für Ryūkyū waren Handelsbeziehungen zu Ayutthaya aus zwei Gründen von Vorteil: Einserseits konnten sie von dort einen Teil der benötigten Produkte für die Tributmissionen nach China beschaffen und andererseits bot der Handel grundsätzlich Aussicht auf Profit; ein offizielles Schreiben vom Hof Shō Hashis [尚巴志], des letzten Königs von Chūzan [中山][745] aus dem Jahr 1425 führte Klage darüber, das Ayutthaya den gewinnträchtigen Handel mit Sappanwood[746] monopolisiert hatte und forderte die Möglichkeit des freien Handels für die Gesandten Ryūkys. Diese boten Seide, Satin und Porzellan aus China sowie Schwerter, Papierfächer und Sulfur aus Japan zum Tausch oder Kauf an (Chonlaworn, 2004:45f.). Ayutthaya lieferte unter anderem Pfeffer, Stoffe aus Persien und Indien sowie „einen roten und weissen Wein der aus duftenden Blumen" hergestellt wurde (Chonlaworn, 2004:49). Beiden Handelspartnern kam dabei das vom kaiserlichen Hof erlassene „Verbot überseeischer Handelsreisen" zwischen 1368-1567 zugute, das den Handel mit chinesischen Waren ausschließlich im Rahmen von offiziellen (Tribut)Missionen gestattete; das sich beide innerhalb des Ming-Tributsystems auf Augenhöhe befanden (Chonlaworn, 2004:48), erleichterte das kaufmännische Tagesgeschäft zusätzlich.

Angesichts der Tatsache, das der „Freihandel" im Verlauf des 15. Jahrhunderts, besonders in der zweiten Hälfte in dem Masse an Bedeutung gewann, wie die Tributmissionen an Bedeutung verloren[747], unterstützen die überlieferten Daten des Handels mit den Ryūkyū-Inseln die These, dass Ayutthaya sich bereits im Verlauf des 15. Jahrhunderts zu einem bedeutenden Handelzentrum Südostasiens entwickelte. Die frühen Kaiser der Ming-Dynastie nahmen offizielle Schreiben nur entgegen, wenn sie entweder in chinesischer oder arabischer Schrift verfasst waren. Die Bedeutung Ayutthayas als überregionaler Handelsplatz wird auch durch die Bitte des kaiserlichen Übersetzungsdienstes an den Pekinger Hof nach Berufung von Übersetzern des Thai und Burmesischen verdeutlicht, während diese erhöhte Aufmerksamkeit den Sprachen Malakkas oder Javas nicht zuteil wurde (Reid,1999:98).

---

[743] Heute Hauptstadt der gleichnamigen Provinz in Südthailand
[744] Heute nach Medan die zweitgrößte Stadt der indonesischen Insel Sumatra
[745] Chūzan („Zentraler Berg") war eines der drei Königreiche, welche die Insel Okinawa im 14. und frühen 15. Jahrhundert kontrollierten. Die Insel war in zahllose Stammesfürstentümer und Kleinkönigreiche aufgeteilt, aus denen sich in den Jahren ab 1314 drei zentrale Königreiche herausbildeten. Diese waren neben Chūzan die Reiche Nanzan und Hokuzan. Chūzan konnte im Jahr 1416 die Kontrolle über Hokuzan und 1429 über Nanzan erringen und einigte so die Insel. Im selben Jahr gründete König Shō Hashi von Chūzan das Königreich Ryūkyū.
[746] Caesalpinia sappan: Eine im tropischen Asien verbreitete Pflanzenart, als Färber- und Heilpflanze begehrt
[747] Zwischen 1503-1619 entsandte Siam durchschnittlich nur noch alle 5,4 Jahre eine Tributmission an den Sohn des Himmels (Promboon,1971).

7.5.1. Somdet Phra Ramesuan [สมเด็จพระรามเมศวร] Zweites Regnum (1388-1395)

Entgegen seines vernichtenden Urteils des jungen Ramesuan kommt Van Vliet im Hinblick auf das zweite Regnum des Herrschers zu einer grundlegend anderen Bewertung: >>Während seinen achtzehnjährigen Exils führte [....] Phra Ramesuan ein einsames Leben ohne Luxus. Wälder, Wiesen, Felder und Haine waren zumeist seine [einzigen] Gefährten, aber die Armut verhalf ihm zur Erkenntnis [....] Als er erfuhr, das Seine Majestät [Borommarachathirat] erkrankt war, sich im Delirium befand und keine Hoffnung auf Besserung mehr bestand [....] versammelte er insgeheim so viele Getreue um sich als er konnte und nachdem der Sohn [Thong Lan] zum König gekrönt war, drang er nächstens heimlich in Ayutthaya ein. Er stürmte den Hof, attackierte den jungen König, töte diesen rasend vor Wut und machte sich im Alter von 51 Jahren erneut zum König [....] er hatte seinen vormaligen Charakter völlig abgelegt und zeigte während seiner zweiten Herrschaft mehr herausragende Qualitäten als jene üblen, die sein vorangegangenes Regnum befleckt hatten. Er erwies sich voller Gnade und Mitleid, war bescheiden, bestrafte ohne Hast aber vergab leicht. Er war weise und umsichtig, mutig im Waffengang, zu Pferd, auf dem Elephanten und zu Fuss. Er spendete viel den Geistlichen [Tempeln, Mönchen] und den Armen, baute neue und setzte baufällige Tempel und Klöster wieder instand. Aufgrund seiner tiefen Gläubigkeit opferte er oft den Göttern [Buddha, möglichweise aich animistischen Geistern], weniger als ein König, eher wie ein Mönch. Von den Adeligen wurde er ebnso geliebt wie vom einfachen Volk . Er [....] starb im Alter von 57 Jahren. Seine zweite Herrschaft war eine gedeihliche<<. *(Van Vliet,1640:204f.).*

In den Beziehungen zu Sukhothai bedeutete der Machtwechsel eine Phase politischen Tauwetters. Eine plausible Erklärung hierfür böte die Annahme direkter verwandtschaftlicher Beziehungen zwischen den Herrschern Sukhothais und Ayutthayas. Da der Vater Ramesuans, U Thong, einst *Mae Luang* aus Kamphaeng Phet[748] gefreit hatte, galt diese als Stiefmutter Ramesuans. Die Verwendung des Begriffes „Stiefmutter" [*Mae Liang* แม่เลี้ยง] ist im Thailändischen eher unüblich und eigentlich nur im amtlichen Sprachgebrauch existent; im Alltag wird eher das Wort „Tante" [*Pa* ป้า] verwendet. So besehen versteht sich die Einordnung Mahathammaracha II., König von Sukhothai und Bruder von *Mae Luang*, als Onkel Ramesuans und bietet eine Erklärung für die vergleichsweise freundschaftlichen Beziehungen zwischen Sukhothai und Ayutthaya in dieser historischen Phase: ein auf Blutsverwandtschaft fußender Pakt zwischen Onkel und Neffe *(Griswald&na Nagara,1970:89ff.).*

Nachdem Borommaracha sich nachhaltig mit dem Rivalen Sukhothai auseinandergesetzt hatte, lag das aussenpolitische Primat unter Ramesuan wieder auf dem „Erzfeind" der Lopburi-Linie, den Khmer. 1388/89 war der Khmer-Herrscher im Rahmen eines Grenzkonfliktes in *Chonburi* [ชลบุรี] und *Chantaburi* [จันทบุรี] eingefallen und hatte dort 6000-7000 Einwohner verschleppt. König Ramesuan sandte daraufhin seine Armee unter dem Kommando *Phraya Chainarongs* nach Angkor. Nach drei Tagen heftiger Kämpfe sah sich der Khmer-Herrscher *Thomma Saok*[749] angesichts der sich abzeichnenden Niederlage auf seinem Elephanten reitend zur Flucht auf bereitstehende Boote genötigt; den Verfolgern gelang es zwar, mittels Schüssen aus Steinschlossbüchsen einige Pulvertöpfe in Brand zu setzen, aber *Thomma Saok* konnte entkommen. Dafür fiel dessen Sohn und designierter Thronfolger in die Hände der Eroberer. Ramesuan beliess 5.000 seiner Soldaten als Besatzungstruppen unter der

---
[748] Die verwitwete Königinmutter des Herrschers von Kamphaeng Phet
[749] 1373–1393

bewährten Führung *Phraya Chainarong* in Kambodscha und kehrte nach Ayutthaya zurück. *(RCA,2000:14).* Einer anderen Version zufolge soll Angkor sieben Monate lang belagert worden sein, bevor bestochene Khmer-Generale, die den Truppen Chainarongs die Tore zur Stadt öffneten. Die geweihten königlichen Regalien fielen in die Hände der Eroberer und Thomma Saok sei auf der Stelle getötet worden. *(Manich Jumsai,1979:24)* Nachdem die Hauptstreitmacht nach Ayutthaya zurückgekehrt war, ist eine Invasion vietnamesischer Truppen in Kambodscha überliefert. Nach anfänglichem Widerstand ergaben sich immer mehr und Ramesuan ordnete die Zwangsumsiedelung von 90.000 Kambodschanern *(Syamananda,1988:35)* nach Ayutthaya an *(RCA,2000:15)*, vermutlich um sie dort für diverse Bauprojekte einsetzen zu können *(Jumsai,1996:25)*.

1390 brach Ramesuan mit seiner Armee nach Chiang Mai auf und nach Ankunft schloss sich, etwa 6 km vom Stadtgraben entfernt, der mit Pallisaden verstärkte Belagerungsring. Die anschließende Kanonade riss eine etwa 10 Meter breite Lücke in der Stadtmauer, woraufhin sich Phaya Saen Müang Ma gezwungen sah, in einem mittels Bogenschuss übermittelten Schreibens um einen siebentägigen Waffenstillstand bat. Ramesuan stimmte zu und Chiang Mai nutzte die Zeit, um die geschlagene Bresche mittels Bambus wieder zu schliessen. Als sich Saen Müang Ma nach Ablauf der Frist immer noch weigerte, sich zu ergeben und Soldaten und Offiziere bei Ramesuan zunehmend darüber klagten, das der benötigte Reis für die Versorgung der Truppe enorm teuer und überdies kaum noch zu beschaffen sei, befahl der König den simultanen Angriff aus drei Himmelsrichtungen. Während Saen Müang Ma die Flucht gelang, geriet sein Sohn *Nak Sang* (Phraya Sam Fang Kaen) in Gefangenschaft. Er wurde Ramesuan vorgeführt, der dem Filius mitteilte, der Wortbruch des Vaters diesen als Herrscher auf Lebzeiten desavouiert habe. Nachdem *Nak Sang* den üblichen Treueeid auf den neuen Suzerän geleistet hatte, ernannte dieser Phraya Sam Fang Kaen zum neuen Herrscher Chiang Mais (Lan Nas). Zuvor befahl Ramesuan noch die Zwangsumsiedelung eines Teiles der Bevölkerung in sein Reich; in Songkhla, Nakhon Sri Thammarat, Chantaburi und Phattalung [พัทลุง] wurde die erzwungene Migration angesichts des chronischen Mangels an menschlichen Arbeitskräften freudig begrüsst. *(RCA,2000:12f.)*

Das sich die Beziehungen zum Reich der Mitte nach wie vor gedeihlich entwickelten, belegt eine aus den Chroniken der Ming-Dynastie überlieferte Episode aus dem Jahr 1404: »Ein fremdes Schiff wurde an die Küste von Fulden getrieben. Untersuchungen ergaben, das es aus Hsian-Lo [Siam] stammte und sich auf einer Reise zu den befreundeten Liukiu-Inseln[750] befand. Die lokalen Beamten beschlagnahmten [den damals geltenden Gepflogenheiten folgend] die mitgeführten Güter und sandten einen Bericht an den Hof des Kaisers. Der Kaiser aber wies sie an: 'Wenn diese beiden Länder freundschaftliche Beziehungen miteinander unterhalten, so ist dies grundsätzlich eine gute Sache. Unglücklicherweise sind diese Menschen in einen Sturm greaten und es ware nur gerecht und angemessen, ihnen Mitleid wiederfahren zu lassen. Wie könnte es rechtens sein, aus diesem Ereignis persönliches Kapital schlagen zu wollen? Die zuständigen Beamten sollen das Schiff reparieren lassen und mit Proviant versehen, alsdann auf günstigen Wind warten und es dann in See stechen lassen'« *(Grimm,1961:6)*. Diese großzügige Regelung ist deshalb erwähnenswert, weil Altruismus nicht als besonders ausgeprägte Charaktereigenschaft des damaligen Kaisers Yongle [永樂][751] überliefert ist und überdies die Liukiu-Inseln, ungeachtet der seit 1372

---

[750] Die japanischen Ryūkyū-Inseln [琉球諸島] im Ostchinesischen Meer. Sie erstrecken sich über eine Länge von 1.200 km zwischen Kyūshū und Taiwan. Zwischen *1429–1879* existierte das von Japan unabhängige Königreich Ryūkyū [琉球王国], welches zwischen dem 15.-19. Jahrhundert den Großteil der Inselkette kontrollierte.

[751] 1360-1424. Der Geburtsname des dritten Kaisers der Ming-Dynastie war Zhū Dì (朱棣). Der Yongle-Kaiser gilt als bedeutendster Herrscher der Ming-Dynastie und zählt zu den herausragenden Kaisern Chinas. In einem Bürgerkrieg stürzte er seinen Neffen Jianwen und übernahm das Amt des Kaisers. Yongle setzte die Zentralisierungspolitik seines Vaters fort, stärkte die Institutionen des Reiches und gründete die neue Hauptstadt Peking. Er verfolgte eine expansive Außenpolitik

geleisteten Tributzahlungen (*Chonlaworn,2004:43*), von China argwöhnisch betrachtet wurden, da dort ansässige Privatiers und *Interlopers*[752] den monopolisierten Handel des Kaiserhofes beeinträchtigten.

Angesichts der wachsenden Bedeutung Ayutthayas im politischen und merkantilen Kontexts Südostasiens stellt sich die Frage nach den Beziehungen zu Korea; die Quellenlage ist schwierig, bzw. einseitig, da sich in den Königlichen Chroniken keinerlei Hinweise finden lassen. Der erste Hinweis in einer koreanischen Chronik auf Siam [*Seomna-gok*] findet sich in der 1451 verfaßten *Goryeosa* (Geschichte Goryeos[753]). Verzeichnet wird der Besuch einer dubiosen siamesischen Delegation im Jahre 1391: >>Das Königreich Xienluohu [Siam] sandte Nai Gong und andere Männer, insgesamt acht, mit einheimischen Waren und einem Brief, in dem es hieß, der König von Xienluohu habe Nai Gong zu seinem Gesandten ernannt, die Leitung eines mit lokalen Gütern beladenen Schiffes mit dem Befehl übertragen, diesem dem König von Goryeo zu übergeben. [Der Brief] trug keinen [Absender] und war nicht gesiegelt und nur mit einem kleinen, runden Stempelsiegel versehen. [Seine Echtheit] konnte nicht geprüft werden. Der Hof bezweifelte jedoch seine Echtheit. Daher kam man zu dem Ergebnis [....] es sei unmöglich an die [Authenzität des Schreibens] zu glauben, aber es sei auch unmöglich, es gänzlich zu ignorieren. Wir können keine Leute zurückweisen, die zu uns kommen, also gewähren wir ihnen gemäß der geltenden Etiquette Gastfreundschaft. Ungeachtet dessen zeigen wir, das man uns nicht täuschen kann, indem wir die [formelle] Annahme des Schreibens verweigern<< (*Cho,2006:10*). Bereits der Titel *Nai* [นาย] lässt starke Zweifel an der Authenzität aufkommen; er war von geringer Provinienz und den untersten Beamtenrängen sowie Kapitänen von Handelsschiffen unterschiedlicher Größen vorbehalten (*Ishii,1992:86*). Die Vermutung liegt nahe, dass es sich bei Nai Gong schlicht um einen im Dienste des Königs stehenden Handelskapitän Ayutthayas handelte, den man keinesfalls mit einer offiziellen Mission eines Botschafters an einen ausländischen Hof betraut hätte. Andererseits vermerkte der koreanische Historiker *An Jeongbok* (1712-1791) in seinem Werk *Dongsagangmok* (Eine grundsätzliche Darstellung der Geschichte des Östlichen Landes): >>Der König von Siam schickte einen Gesandten. Das Land liegt im Südchinesischen Meer. Es hatte [zuvor] keinen Kontakt zu uns<< (*Cho,2006:15*). Möglicherweise war besagter *Nai Gong* aber auch lediglich ein privater Unternehmer der, auf der Suche nach profitablen Opportunitäten, sein eigenes Netzwerk an Handelskontakten zu erweitern suchte.

Wie auch immer, nach der Episode mit *Nai Gong* gab es während der Goryeo-Dynastie keine Versuche, mit Ayutthaya in Kontrakt zu treten. Erst 1394, zwei Jahre nachdem König *Taejo* (1392-1398) die Joseon-Dynastie[754] gegründet hatte, verzeichnen die „Wahrhaftigen Aufzeichnungen der Joseon Dynastie (*Joseon wangjo sillok*): >>Siam schickte einen Untertanen, Nai Zhang Sidao, und insgesamt 20 weitere Männer und übergab als Geschenke

---

und unternahm mehrere groß angelegte Feldzüge gegen die Mongolen. Um seinen Einfluss in Ost- und Südasien zu stärken, ließ er eine große Flotte bauen und beauftragte den Admiral Zheng He mit der Durchführung von diplomatischen Missionen.

[752] Auch die holländische VOC und ihre größte Rivalin, die Britische Ostindien-Kompanie (*British East India Company, BEIC*) sahen ihren lukrativen und monopolisierten Handel mit Südostasien im allgemeinen und Ayutthaya im besonderen ab dem 16. Jahrhundert durch diese „Freibeuterei" gefährdet. Der bekannteste in den Gewässern vor Siam war der Engländer Samual „Siamese" White, den sein Lebensweg mit dem wohl bekanntesten und erfolgreichsten europäischen Abenteurer in der Geschichte Ayutthayas zusammenführen sollte: Konstantin Phaulkon. Vgl. hierzu auch *Collis:1986*

[753] Goryeo, auch Koryŏ [고려] hieß die von Taejo Wang Geon [왕건] (877-943) 918 gegründete Dynastie, die bis zur Ablösung durch die Joseon-Dynastie [조선] 1392 den überwiegenden Teil der koreanischen Halbinsel beherrschte. Das Reich von Goryeo gab dem modernen Korea seinen Namen.

[754] Die Joseon-Dynastie, auch Yi-Dynastie genannt, war ein Herrschergeschlecht, das von 1392 bis zum Ende des Kaiserreichs Korea 1910 mehr als 500 Jahre über Korea herrschte. Die Joseon-Dynastie ging aus dem Umbruch der Staatsorganisation Goryeos hervor, welche durch den Aufbau und die Entwicklung einer vormodernen Gesellschaft geprägt war.

[...] Sappanwood, [...] Agarwood und zwei Aborigines [möglicherweise malaiische Sklaven]<< (*Cho,ebenda*). Unter Leitung des erfahrenen Diplomaten *Bae Hu* sandte König Taejo 1394 eine Delegation nach Ayutthaya, offensichtlich war auf beiden Seiten ein grundsätzliches wirtschaftliches Interesse entstanden (*Cho,2006:19*). Aber das Haupthindernis für eine anhaltende Handelsbeziehungen waren die japanischen Piraten, die seit der Herrschaft König Gongmins (1352-1374) der Goryeo-Dynastie die Route zwischen Nanyang [南洋][755] und Korea heimsuchten. Die japanischen Piraten übten einen derartig nachhaltigen Druck auf den ostasiatischen Handel aus, das im 16. Jahrhundert Handelsschiffe zögerten, überhaupt nach China aufzubrechen. Angesichts der hohen Risikos mag den in Ayutthaya operierenden Händlern bei der Abwägung von Aufwand und Ertrag der Handel mit Korea als nicht besonders lohnenswert erschienen zu sein. So blieben es bei sporadischen Kontakten, die eher inter-kulturell zu bewerten sind und kaum den Charakter ernsthafter politischer oder wirtschaftlicher Beziehungen hatten.

Auch für die Herrschaft Somdet Phra Ramesuans gilt: Kein Regnum ohne Tempelstiftung. Allerdings verzeichnen die Annalen lediglich eine königliche Tempelgründung; die des *Wat Phu Khao Thong* [วัดภูเขาทอง][756] im Jahre 1393 (*RCA,2000:14*).

7.5.2. Somdet Phra Rama Ratchathirat [สมเด็จพระรามราชาธิราช][757] (1395-1409)

Für die Zeit zwischen 1395 – 1424 weisen alle verfügbaren Chroniken Ayutthayas eine auffällige Lücke auf. Der Grund hierfür mag patriotische Pietät gewesen sein – möglicherweise stand Ayutthaya angesichts schwelender innerer Konflikte und immer offener zutage tretende Machtkämpfe zwischen Suphan Buri und Lopburi am Rande eines Bürgerkrieges. Dieses der Nachwelt mitzuteilen widerstrebte offensichtlich den zeitgenössischen Chronisten. Denkbar wäre allerdings auch eine längere innen- und aussenpolitische Atempause, die zu kommentieren den Chronisten nicht lohnenswert erschien. Die Amtszeit und Person *Prae Rhaems* bewertet ein holländischer Bericht knapp und lapidar: >>Im Alter von 21 Jahren wurde er König (...) Er war von geringer Weisheit und begrenztem Urteilsvermögen (...) Es gibt nichts weiter über diesen König zu berichten (...) weil (...) er nur kurze Zeit regierte und nicht besonderes leistete<< (*Van Vliet,1640:205*).

Um 1396 wurde auf einem Feldzug der Herrscher Nans von den Soldaten Ayutthayas getötet. Die Chroniken Nans offerieren eine dramatischere Variante der Ereignisse, derzufolge *Cao Khamtam* im Rahmen einer Wehezeremonie von einem gewissen *Phraya Khun Luang*[758] mittels vergifteten Wassers ermordet worden sein soll[759]. Der Tod *Cao Khamtams* initialisierte Verhandlungen zwischen Nan und Sukhothai mit dem Ziel der Vereinbarung eines gemeinsamen Verteidigungsbündnisses. Um 1400 eroberte Sukhothai unter Mahathammaracha III. Nakhon Sawan und dehnte seinen Einfluß überdies in Richtung Phrae und Nan aus. Als Sukhothai dann auch noch aktiv in die Thronfolgeregelung Lan Nas

---

[755] Wörtlich: „Südlicher Ozean", gemeint ist damit Südostasien. Mit *Xiyang* [西洋] „Westlicher Ozean", wird die westliche Welt, mit *Dongyang* [東洋] „Östlicher Ozean" Japan bezeichnet.
[756] „Goldener Bergtempel". Der Tempel liegt etwa zwei Kilometer westlich vom heutigen Highway 309 nordwestlich der Altstadt von Ayutthaya. Das Wahrzeichen des tempels, den etwa 80 Meter hohen *chedi* ließ der birmanische König Bayinnaung, in Thai *Phra Chao Burengnong* [พระเจ้าบุเรงนอง] genannt, aus Anlass der ersten Eroberung Ayutthayas 1369 errichten. Nachdem König Phra Naresuan 1584 Ayutthaya zurückerobert hatte, ließ den *chedi* im thailändischen Baustil weiter ausbauen und vollenden.
[757] auch *Chao Phraya Ram* [เจ้าพระยาราม]; Kurzform: *Ramracha*
[758] Die Identität des mysteriösen „Khun Luang aus dem Süden" lässt sich nicht mehr ermitteln. Unter den Königen Ayutthayas verweist der Name allenfalls auf Pha-Ngua, dem späteren König Borommaracha I.
[759] Vgl. hierzu Kapitel 5.4. *Mahathammaracha II*

eingriff, sank das Ansehen des Hauses Lopburi im bedrohlichen Maße. 1409 überwarf sich König Ramaracha mit dem *Kalahom*[760] [กลาโหม], *Chao Phraya Maha Senabodi*, woraufhin dieser sich flugs auf die andere Seite des Flusses absetzte und dort, in *Pathakhukam*, einem südlich von Ayutthaya gelegenen, von Cham besiedelten Distrikt, vorübergehend Zuflucht nahm. Dort versammelte er seine Gefolgsleute, forderte Prinz *Nagara-indra* auf, die Nachfolge Ramarachas anzutreten. Der Prinz war ein Neffe des Kriegerkönigs Borommaracha II. und führte als Gouverneur Suphan Buris die dortige Opposition gegen die Lopburi-Linie an. Bald darauf besetzten und plünderten die Truppen des abtrünnigen Kalahom Ayutthaya. Dieser dritte und letzte familiäre Machtkampf um die Thronfolge war wiederum einer zwischen Onkel und Neffe. Phra Intharachathirat war ein Neffe Borommarachas und demzufolge sowohl ein Cousin Ramesuans als auch ein Onkel Phra Rama Ratchathirats. Möglicherweise bewog die Blutsverwandtschaft den gerade inthronisierten König dazu, Gnade gegenüber seinem Vorgänger walten zu lassen. Phra Ramaracha behielt sein Leben und bekam das kurzzeitige Exil *Pathā Khū Čhām* des rebellischen Ministers zum Lehen. Der neue Herrscher entlohnte den Renegaten *Chao Phraya Mahasena*[761] fürstlich. Zunächst ließ er ihm die Ehre zuteil werden, die Tochter einer seiner Konkubinen zur Frau nehmen zu dürfen. Desweiteren schenkte ihm Intharacha goldene Tabletts, Tableaus und Wasserkelche sowie ein geweihtes Schwert.

7.6. Die zweite Suphannaphum-Dynastie (1409-1569)

Zwei Familien, genauer gesagt zwei Zweige eines größeren Clans, dominierten die erste Hälfte der Geschichte Ayutthayas: die U Thong und die Suphan Buri. Diese dynastische Fokussierung bildete einen wesentlichen Faktor für die Gründung des *müang* und den Aufstieg zum Reich. Mit der Zentralisierung der Macht in der neuen Hauptstadt waren potenzielle Begehrlichkeiten ambitionierter *chaos* anderer Clans nachhaltig blockiert. Je mehr entferntere *müang* die Suzeränität Ayutthayas akzeptieren, desto geringer wurden die Chancen, das ein „Außenseiter" ein konkurrierendes Machtzentrum etablieren konnte. Verdeutlicht wird dies unter anderem durch die Gestaltung der Nachfolgeregelung: das Portfolio der Kandidaten reduzierte sich auf Mitglieder der vorgenannten Linien, welche sich jeweils im Rahmen eines komplexen familieninternen Machtkampfes durchsetzen mussten. Sowohl Lopburi als auch Suphan Buri hatten den „Quereinsteiger" U Thong bei der Thronbesteigung unterstützt und am Ende seines langen Regnums meldeten beide Seiten ihre Ansprüche auf die Nachfolge an. U Thong wurde von beiden Fraktionen als diplomatischer Mediator und die neue Hauptstadt als neutrale Zone akzeptiert. Nach dem Tod des charismatischen Führers begann der offene Machtkampf, tagespolitische Opportunitäten und machtpolitische Kabale sorgten 40 Jahre lang für wechselnde Mehrheiten. Erst mit dem Regnum Phra Intharachathirats endete der familieninterne Zwist zugunsten des Hauses Suphan Buri; Phra Rama Ratchathirat war der letzte König der U Thong auf dem Thron Ayutthayas.

7.6.1. Somdet Phra Intharachathirat [สมเด็จพระอินทร์ราชา][762] (1409-1424)

Um 1411 erreichte die Meldung vom Ableben *Maha Thammarachas*, des Herrschers von Phitsanulok Ayutthaya; dieser Tod hatte einige Unruhen in den nördlichen *müang* provoziert und Intharacha begab sich umgehend nach Luang Prabang und nahm dort die Treueschwüre

---

[760] Der damalige Kriegsminister. Aus dem dazugehörende Ministerium, *Samuha Kalahom* [สมุหกลาโหม], welches ursprünglich die primäre Funktion der Überwachung und Sicherung der südlichen Grenzen hatte, erwuchs 1887 unter König Ramna V. das heutige Verteidigungsministerium (MOD), *Krasuang Kalahom* [กระทรวงกลาโหม].

[761] Laut Wyatt ein eher unbrauchbarer, da anachronistischer Titel

[762] Auch *Nakarintharathirat* [สมเด็จพระนครินทราธิราช]; *Somdet Phra Nakhon In* [สมเด็จพระนครอินทร์]; Kurzform: *Intharacha I*.

Phraya Ban Müangs und *Phraya Rams* entgegen. In die Hauptstadt zurückgekehrt berief er Prinz *Ai Phraya* nach Suphan Buri, Prinz *Yi Phraya* nach *Phraek Siracha*[763] [แพรกศรีราชา][764] und Prinz *Sam Phraya*[765] nach *Chainat* [ชัยนาท][766]. Sowohl *Müang San* als auch Chainat waren strategisch bedeutende Städte in unmittelbarer Nähe der Reichsgrenze Sukhothais. Das Intharacha ostentativ seine Söhne dort einsetzte, dokumentiert nachhaltig den Machtzuwachs Ayutthayas im Ringen um die Vorherrschaft im frühen Siam und artikulierte unverhohlen die angestrebte Dominanz *(Kasetsiri,1976:128)*.

Außenpolitisch hatte sich Intharacha bereits in jungen Jahren als „*homo politicus*" erwiesen; über den Tellerrand des politischen Tagesgeschäftes seines *müang* hinausblickend realisierte er, das die Kultivierung guter Beziehungen zum Reich der Mitte von existenzieller Bedeutung war – sowohl für den weiteren Aufstieg Ayutthayas als auch für die persönlichen Ambitionen. Bereits 1374 hatte er eine diplomatische Mission zum chinesischen Kronprinzen gesandt, die nicht verabsäumte, den künftigen Kaiser darauf hinzuweisen, das Intharacha rangmässig sein siamesischer *Counterpart* sei. 1375, 1377 und 1384 soll er persönlich als Leiter der Delegation nach Peking gereist sein, womit er der einzige (künftige) siamesische König wäre, der persönlich am Hofe des Kaisers vorstellig wurde. 1397 und 1403 entsandte er zwei weitere Missionen *(Proboon,1971:162-170)*. Die Beharrlichkeit zahlte sich erstmals 1408 konkret aus, als Intharacha eine persönliche Audienz bei Admiral *Cheng Ho* [鄭和] erhielt, dem Kommandeur der bedeutenden maritimen Expeditionen[767] der Ming-Dynastie *Proboon,1971:75)*.

Dennoch war es auch König Intharacha nicht vergönnt, die peripheren Prinzipalitäten vollständig zu annektieren und dominieren. An den Rändern des *mandala* Ayutthaya exitierten eine Reihe von semi-autonomen *müang*, deren jeweilige *chao* weitgehend unabhängig herrschten. Einerseits akzeptierten sie die formelle Suzeränität Ayutthayas, andererseits knüpften sie ihre eigenen Netzwerke an Allianzen und suchten das Wohlwollen anderer mächtiger Herrscher. Dies stabilisierte nicht nur ihre Herrschaft im Inneren sondern bildete auch eine außenpolitische Option im Falle eines bewaffneten Konfliktes mit Ayutthaya.Zu diesen *müang* zählten Phitsanulok im Norden, Tavoy im Westen sowie Nakhon Sri Thammarat, Pahang and Kedah im Süden. Bestätigt wird dies durch die Überlieferungen von Tomé (de) Pires[768], der Malakka während des Regnums Ramathibodis II. besuchte:

---

[763] Müang San
[764] Im Gebiet des heutigen *Ban Phraek* [บ้านแพรก], des nördlichsten Landkreises der Provinz Ayutthaya.
[765] Wiederum keine persönlichen, sondern numerische Namen nach der Geburtenfolge: Prinz Nummer 1, 2, 3
[766] Im Gebiet der heutigen gleichnamigen Provinz in Zentral-Thailand
[767] *Zhèng Hé*, Geburtsname *Mǎ Sānbǎo* [馬三寶], muslimischer Name *Ḥaǧǧī Maḥmūd Šams* [حجّي محمودشمس], wurde 1371 in Kunyang als Sohn einer muslimischen Familie geboren. 1382) geriet er als elfjähriger Junge in Gefangenschaft der Ming-Truppen, welche zu diesem Zeitpunkt die Provinz Yunnan befriedeten. Mit 13 Jahren wurde er kastriert und kam dann als Diener an den Hof des Prinzen Zhu Di [朱棣], dem späteren Kaiser Yongle [永樂]. 1403 ernannte ihn der neue Kaiser Yongle zum Admiral und befahl, eine riesige Flotte von Schiffen zu bauen, die zwischen 1405-1433 insgesamt 7 maritime Expeditionen durchführte. Fünf dieser langjährigen Reisen leitete er als Admiral bevor er nach dem Tode des Kaisers 1424 Militärkommandant der damaligen Hauptstadt Nanjing wurde. Nach dem Tode Kaiser Hongxis [洪熙] reaktivierte dessen Sohn und Thronfolger Xuande [宣德] die Schatzflotte und *Zhèng Hé* wurde erneut als Admiral eingesetzt. Ziel dieser Reise war die Wiederherstellung friedlicher Beziehungen mit den Königreichen von Malakka und Ayutthaya. Die Berichte über Zheng Hes Tod sind widersprüchlich. Einigen Quellen zufolge soll er noch auf der Heimreise 1433 verschieden sein, andere nennen 1435 als Todesjahr.
[768] Geboren 1468 in Lissabon, gestorben um 1540 in der chinesischen Provinz Jiangsu. Der Sohn des Sohn des Staatsapothekers von König Johann II. von Portugal trat zunächst in die Fußstapfen des Vaters und wurde Apotheker des Thronfolgers, Prinz Alfonso. Danach nahm er zwischen 1512 bis 1515 an einer großen Handelsexpedition zu den Gewürzinseln, den Molukken, Sumatra und Java teil. Für kurze Zeit war er der erste offizielle, dauerhafte Botschafter bzw. Gesandte Portugals am chinesischen Kaiserhof. Ein portugiesischer Freibeuter trieb an den Küsten Chinas sein Unwesen und der Gesandte wurde nebst seinen Mitarbeitern dafür verantwortlich gemacht, festgenommen, gefoltert und für viele Jahre eingekerkert. Schließlich wurde er freigelassen, durfte China aber niemals mehr verlassen. Sein Buch *Suma Orientalis*

>>Pahaao⁷⁶⁹ und Talimgano⁷⁷⁰, Clamtam⁷⁷¹, Say, Patane⁷⁷², Likon⁷⁷³, Martara⁷⁷⁴, Callnansey⁷⁷⁵, Bamchha⁷⁷⁶, Cotinuo⁷⁷⁷, Peperim⁷⁷⁸, Pamgoray⁷⁷⁹ sind alles Häfen, die den Fürsten des Landes Siam gehören, und einige von ihnen sind Könige. Alle haben Dschunken; diese gehören nicht dem König von Siam sondern den Kaufleuten und Fürsten der Region [....] Die Siamesen [Ayutthaya] haben seit 22 Jahren keinen Handel mehr in Malakka betrieben. Sie haben einen Streit, weil die Könige Malakkas den Königen Siams [Ayutthayas] den Treueeid schuldig sind, da letztere sagen, Malakka gehöre zu Siam [Ayutthaya] [....] Vor 22 Jahren verloren sie Malakka, welches sich gegen diese Unterwerfung erhoben hatte. Es wird auch behauptet, Paham [Pahang] habe sich gegen Siam [Ayutthaya] gleichermaßen erhoben [...] Paham, Talimgano, Chantansay, Pattani, Lagou⁷⁸⁰, Maitaram, Calnasey, Banqa⁷⁸¹, Chotomuj⁷⁸², Pepory, Pamgoray und andere Häfen haben Fürsten Königen gleich [...] und viele von ihnen begehren gegen Siam auf *(Pires,1944, vol. I:105-10)*.

Das Hauptaugenmerk Intharachas galt Sukhothai. Damit folgte er dem bekannten Grundmuster in den unterschiedlichen Machtentwürfen der konkurrierenden Herrschaftslinien Ayutthayas. Lopburi war zwischen dem 11. und 13. Jahrhundert immer wieder den An- und Zugriffen der Khmer ausgesetzt. Zeitweilig diente es sogar als kulturelles und administratives Zentrum für die westliche Sphäre des Khmer-Reiches. Ende des 13. Jahrhunderts zeichnete sich dann der sukzessive aber unaufhaltsame Abstieg des einst mächtigen Reiches von Angkor ab und Schritt für Schritt gelang es Lopburi, seine Unabhängigkeit zu erstreiten. Möglicherweise verstand bereits der erste König Ayutthayas, U Thong, sein Regnum als Erbe des zähen Ringens Lopburis mit den Khmer und sah sich ebenso wie später Naresuan verpflichtet, diese Tradition durch militärische Aktivitäten gegen Angkor und dessen Einflusssphäre zu bewahren und fortzuführen. Paradoxerweise versetzten aber gerade diese militärischen Erfolge U Thongs und Ramesuans, da sie die Ostgrenze befriedeten und entsprechende Ressourcen freisetzten, ihre jeweiligen Nachfolger in die Lage, die Auseinandersetzung mit dem südlichen Nachbarn zu intensivieren. Waren also die Herrscher aus der Lopburi-Linie primär auf die Niederwerfung Angkors erpicht, so verfolgten die Könige aus dem Haus Suphan Buri ein anderes Ziel: die Hegemonie innerhalb des Tal des Maenam Chao Praya.

Konsequenterweise fokussierten sich deren diplomatische, politische aber vor allem auch wirtschaftliche und militärische Anstrengungen auf die Unterwerfung Sukhothais. Was der

---

entstand etwa zwischen 1512 und 1515 während seiner großen Handelsexpedition, an der er als Buchhalter teilnahm. Das Buch enthält geographische, anthropologische und pharmazeutische Berichte und Forschungen zu denen von Pires besuchten Orten in Malacca, Sumatra, Java, Molukken und Gewürzinseln. Es gilt bis heute als eines der wichtigsten zeitgenössischen Quellen über die Inseln des indonesischen Kulturraumes.

[769] Pahang, heute das drittgrößte Sultanat Malaysias
[770] Terengganu, heutiger Bundesstaat im Nordosten Malaysias
[771] Kelantan, der heutige Bundesstaat (und Sultanat) Malaysias mit seiner Hauptstadt Kota Bahru wird als wird als Wiege der malaiischen Kultur betrachtet
[772] Pattani
[773] Ligor (Nakhon Si Thammarat)
[774] Südlich der heutigen thailändischen Provinz Chumpon [ชุมพร]
[775] *Bang Kamma Sen*, ein kleiner Küstenort (11° 2' nördlicher Breite)
[776] Im heutigen Landkreis *Bangsaphan* [บางสะพาน] der thailändischen Provinz *Prachuap Khiri Khan* [ประจวบคีรีขันธ์]
[777] Vielleicht die thailändische Insel *Koh Kut* [เกาะกูด] der Provinz Trat [ตราด] ?
[778] Phetchaburi
[779] *Bang Pla Soi* [บางปลาสร้อย] in der heutigen thailändischen Provinz Chonburi [ชลบุรี]
[780] Lakon (Nakhon Si Thammarat)
[781] Bangkok
[782] *Koh Tao Mo* [เกาะเต่าหม้อ], gehört heute zum Landkreis *Sattahip* [อำเภอ สัตหีบ] der Provinz Chonburi

alte Haudegen Borommaracha I. einst begonnen hatte, sollte sein Enkel Intharacha vollenden. 1412 war Sukhothai auf den Status eines Vasallen reduziert und 1417 besuchte Intharacha sogar persönlich seine „Provinz". Nach dem Tode Mahathammaracha III. 1424 entschied der Intharacha die Thronfolge; beide Söhne, *Phraya Ban Müang* und *Phraya Ram*, beanspruchten den Thron für sich. König Intharacha hörte beide Parteien an und entschied als Suzerän, *Phraya Ban Müang* als seinen Statthalter in Sukhothai einzusetzen.

Während die Herrscher Sukhothais immer bemüht waren, sich von ihrer Khmer-Vergangenheit zu lösen und, um die Entwicklung einer eigenen Tai-Identität ringend, sich von den einstigen Herren deutlich zu unterscheiden, hatte Ayutthaya ohne größere Bedenken relativ schnell signifikante Bereiche der Khmer-Kultur assimiliert. Deutliche Anleihen bei der Organisation der administrativen und politischen Institutionen, im Bereich der Künste und des Vokabulars, insbesondere der Sprache bei Hofe, sind nachweisbar. Auch der *devaraja*-Kult, das Prinzip des gottgleichen Königs, wurde von Angkor übernommen wenngleich keine Quelle berichtet, das einer der Königs Ayutthayas jemals für sich den Status einer Gottheit beansprucht hat *(na Pombejra, 1984:16)*. Die politischen und gesellschaftlichen Konzeptionen Ayutthayas sind nachhaltiger von den Khmer denn von Sukhothai oder Pagan determiniert worden *(Tambiah, 1976:90)*.

Nach 15 Jahren Herrschaft verstarb 1424 König Intharacha I. Die Lebensleistung *Prae Naechoons* würdigte Van Vliet wie folgt: >> Er war ein weiser, umsichtiger und gnädiger König. Er war tolerant und stets um das Wohlergehen seiner Soldaten und Untertanen sowie die Wohlfahrt des Reiches bemüht. Er war von weltlicher Art, den Mönchen weniger zugetan. Er liebte Waffen so sehr, das er mehrere Schiffsexpeditionen in fremde Länder entsandte, um dort Waffen zu erwerben. Während der Herrschaft des Königs lasteten innere Kämpfe auf dem Land, aber er versöhnte beide Parteien miteinander [....] Es war eine ersprießliche und keine schwere Zeit unter seiner Herrschaft.<< *(Van Vliet,1640:206)*.

7.6.2. Somdet Phra Borommarachathirat Thi 2 [สมเด็จพระบรมราชาธิราชที่ ๒][783] (1424-1448)

Die Tatsache, das seit dem *coup d'etat* Intharachas der Lopburi-Zweig bei den künftigen Thronfolgen keine eigenen Kandidaten mehr promovieren konnte, bedeutet nicht zwangsläufig, das dies auch die politische Einheit des Reiches garantierte. Nun waren es die einflußreichsten Mitglieder des Suphan Buri-Clans, die sich die Kontrolle über Ayutthaya untereinander streitig machten.Bereits der Kampf um die Nachfolge Intharachas mündete in einem blutigen Familienstreit mit tödlichem Ausgang. Der erstgeborene Prinz *Ai Phraya* [เจ้าอ้ายพระยา] sowie dessen jüngerer Bruder, Prinz *Yi Phraya* [เจ้ายี่พระยา], begehrten beide die Königswürde. Von Suphan Buri aus kommend bezog der Älteste zunächst Quartier im *Pa Ma Phrao* [ป่ามะพร้าว][784] gelegenen *Wat Yai Chai Mongkon* [วัดใหญ่ชัยมงคล], während sein Kontrahent von *Phraek Siracha* kommend im *Wat Chaiyaphum*[785] Unterkunft fand. An der *Saphan Pa Than* [สะพานป่าถ่าน][786] trafen die Kontrahenten in einem Elephantenduell aufeinander. Das Duell endete remis und beide Kombattanten erlagen zeitgleich ihren letalen Schnittverletzungen an Hals und Nacken. Der führende Adel wandte sich an den nächsten Bruder, Prinz *Sam Phraya* [เจ้าสามพระยา] in Chainat, informierte diesen über die Geschehnisse und baten ihn in die Kapitale. Dort wurde dann der drittälteste Filius Intharachas mit dem Titel Somdet Phra

---

[783] Auch Chao Sam Phraya [เจ้าสามพระยา]; Kurzform: Borommaracha II.
[784] „Kokosnuss-Wäldchen"
[785] *Wat Lat* [วัดลาด]
[786] „Brücke am Holzkohlenmarkt"

Borommarachathirat Thi 2 1424 zum achten König Ayutthayas geweiht. Der frischgebackene Herrscher ordnete sogleich die Feuerbestattung der toten Brüder an und ließ am Ort der Kremierung *Wat Ratchaburana*[787] [วัดราชบูรณะ] errichten. Am Ort des Duells ließ er in Gedenken an seine Brüder zwei Monumente errichten: *Chedi Ai Phraya* und *Chedi Yi Phraya*. 1431 fiel der Khmer König *Dharmasoka* (*Thomma Saok*)[788] in die äußeren Provinzen Ayutthayas ein und deportierte eine Anzahl der Einwohner. An der Spitze seiner Armee marschierte Borommaracha II. auf Angkor Thom. Nach siebenmonatiger Belagerung fiel die „Große Stadt", möglicherweise hatten zwei kambodschanische Mönche den Angreifern Informationen über die Verteidigungsanlagen verraten (*Jumsai,1979:25*). Angkor Thom wurde ein weiteres mal geplündert und unter der reichen Kriegsbeute befand sich unter anderem auch zahlreiche Reliquien wie sakrale bronzene Tierdarstellungen und vor allem der *Phra Kaeo Morakot*[789] (*Migot,1960:198*), welche auf königliche Order hin *Wat Phra Si Sanphet*[790] und *Wat Phra Maha That*[791] gestiftet wurden. Vor der Rückkehr in die Hauptstadt hatte der König noch einen seiner Söhne, Prinz Intharacha, mit der Absicht als Statthalter zurückgelassen, Angkor zu einem dauerhaften Vasallen Ayutthayas zu machen. Doch der royale Filius erkrankte und verstarb bald darauf (*Syamananda,1988:36*). Einer anderen Überlieferung zufolge soll er durch, als Emissäre *Ponhea Yats* getarnte, gedungene Mörder erdolcht worden sein (*Giteau,1957:122*). *Ponhea Yat* griff die nun führerlose Kapitale an und eroberte sie in einem Handstreich zurück; die Einwohner Angkors hatten den Angreifern bereitwillig die Tore geöffnet. Den Ruhm des frischen Sieges nutzend ließ sich *Ponhea Yat* zum König krönen und nannte sich fortan *Sorypor*. Damit war die kurze Suzeränität Ayutthayas vorüber und Borommaracha II. unternahm keine weiteren Feldzüge gegen Angkor während seines Regnums. Der neue König *Sorypor* entschied, das der Wiederaufbau der Kapitale einerseits zu kostspielig wäre, andererseits mußte er konzedieren, daß nach den Erfahrungen der jüngeren Vergangenheit und den daraus resultierenden veränderten Kräfteverhältnissen Angkor Thom in Schlagdistanz zu Ayutthaya lag und demzufolge permanent gefährdet war, erneut belagert und besetzt zu werden. Den geo-strategischen Notwendigkeiten gehorchend gab *Sorypor* 1432 Angkor Thom und Angkor Wat auf und überliess die grandiosen Bauwerke der Hochkultur des Khmer-Imperium der Natur; der portugiesische Kapuzinermönch Antonio da Magdalena, der 1586 nach Angkor kam, kommentierte noch die architektonischen Glanzleistungen: >>als so außergewöhnlich, dass man es weder mit einem Stift beschreiben, noch mit einem anderen Monument in der Welt vergleichen kann<< (*Behnke,2009:10*). Danach gerieten die mittlerweile vom Dschungel überwucherten Monumente bis zu ihrer „Wiederentdeckung" durch den französischen Forschungsreisen und Naturalisten Henri Mouhot 1860 in Vergessenheit – *sic transit gloria mundi*! Basan auf der östlichen Seite des Mekong wurde zunächst der neue Herrschersitz, 1434-1505 folgte für kurze Zeit *Krong Chaktomuk*[792], bevor man die Kapitale für die nächsten Jahrhunderte nach *Srey Santhor*, *Pursa*, *Longvek*, *Lavear Em* und *Oudong* verlegt. 1866 nahm

---

[787] Der „Tempel der Königlichen Meriten" liegt am Rande des Zentrums der Altstadt von Ayutthaya, westlich des Flusses Lopburi. Südlich gegenüber befindet sich an der Naresuan-Straße der Wat Mahathat Ayutthaya, beide bilden sozusagen einen Zwillingstempel.

[788] 1429-1431. Andere Quellen datieren seine Regentschaft auf 1373-1398 und nennen Preah Ponhea Yat [ព្រះពញាយ៉ាត], auch *Barom Reachea II* [បរមរាជាទី២] zwischen 1393-1463 als König.

[789] Vgl. hierzu Kapitel 5.7.

[790] Der königliche Tempel auf dem Gelände des alten Königspalastes in Ayutthaya, bevor die Stadt 1767 von den Birmanen vollständig zerstört wurde. Er war der größte und schönste Tempel in Ayutthaya, heute sind nur noch die berühmten drei Pagoden erhalten.

[791] Liegt im Stadtzentrum des alten Ayutthaya an der Chi Kun-Straße und der Naresuan-Straße in der nordöstlichen Ecke des Phra-Ram-Parks.

[792] *Krong Chaktomuk Mongkol Sakal Kampuchea Thipadei Sereythor Inthabot Borei Roth Reach Seima Maha Nokor* [ក្រុងចតុមុខ មង្គលសកលកម្ពុជាធិបតី សេរីឋម៌ ឥន្ទបុរីបុរី រដ្ឋរាជសីមាមហានគរ], das spätere Phnom Penh [ភ្នំពេញ].

die Odyssee ein Ende und unter König *Norodom I.*[793] (1834-1904) wurde Phnom Penh erneut und endgültig Hauptstadt.

Ungeachtet der Übernahme und Assimilierung zahlreicher Elemente aus der Khmer-Kultur veränderten auch die diversen Verlagerungen der Hauptstadt nicht die grundsätzliche Rivalität zwischen den beiden Reichen. In der siamesischen Historiographie wurde in der Folge der Begriff *khon prae pak*[794] geprägt, der die Khmers als besonders hinterhältig und perfide klassifizierte. Mittlerweile hat das dritte nachchristliche Jahrtausend begonnen, und noch immer sind die Vorbehalte zwischen Thais und Kambodschanern deutlich spürbar und artikulieren sich auch bei vergleichsweise sekundären Streitfragen immer wieder in teilweise robusten Auseinandersetzungen. Beispielhaft sei hier nur der *Prasat Preah Vihear* [ប្រាសាទព្រះវិហារ] bzw. *Prasat Phra Wihan* [ปราสาทพระวิหาร] angeführt, ein Hindutempel der Khmer aus dem 10.-12. Jahrhundert. Er steht auf dem 525 Meter hohen Felshügel Pey Tadi in den Dongrek-Bergen, deren Wasserscheide die Grenze zwischen der thailändischen Provinz Si Sa Ket und der kambodschanischen Provinz Preah Vihear bildet. Seit Jahrzehnten steht die Anlage im Mittelpunkt eines teilweise gewaltsamen Grenzkonfliktes.

Was unter Phra Inharacha begonnen wurde, sollte Borommaracha II. vollenden werden. Als mit Mahathammaracha IV. 1438 der letzte (Vasallen)König Sukhothais starb, setzte Borommaracha II. seinen Sohn und designierten Nachfolger, Prinz Ramesuan, als Vizekönig in den nördlichen Domänen Sukhothais mit Amtssitz in Phitsanoluk ein und inkorporierte Sukhothai endgültig und formell in das Staatsgebiet Ayutthayas. Borommaracha II. muß sich seiner Dominanz absolut sicher gewesen sein, denn der Vizekönig soll sich zum Zeitpunkt der Inauguration im zarten Knabenalter von sieben Jahren befunden haben. Die „Morgenröte der Glückseligkeit" war Geschichte. Und *Phra Phuttha Chinnarat* soll blutige Tränen geweint haben ... *(RCA,2000:15).* Die Verlegung des Amtssitzes des Vizekönigs in das nördlichere Phitsanulok artikulierte eindeutig neue Begehrlichkeiten: Lan Na und dessen Kapitale Chiang Mai. 1442 begannen mit einem gescheiterten Feldzug die Kampfhandlungen mit Lan Na, die nahezu ununterbrochen fast ein Jahrhundert währen sollten. Die internen Machtkämpfe zu Beginn der Herrschaft Phra Chao Tilokarachas in Chiang Mai startete Ayutthaya 1444 einen weiteren Feldzug, der aber ebenfalls nicht von Erfolg gekrönt war; die Chroniken verzeichnen aber die Zwangsumsiedelung von 120.000 Menschen aus Lan Na nach Ayutthaya, was ein gewaltiger Zuwachs an menschlicher Arbeitskraft gewesen wäre *(RCA,2000:16).*

Das Urteil Van Vliets über *Prae Borromma raet Jae Thijbo-dij* fällt überwiegend positiv aus: >>Von Natur aus ein Krieger, war er gleichsam weise, beredt, umsichtig, barmherzig und milde. Er nahm sich mit großer Fürsorge seiner Soldaten und Untertanen an. Er war tolerant, baute und renovierte zahlreiche Tempel. Er ließ den Mönchen und Armen viel Hilfe zuteil werden. Er war der mildtätigste König den es in Siam bis dahin gegeben hatte, denn etwa alle 10 – 15 Tage ging Seine Majestät in die Stadt[795] um sich nach dem allgemeinen Wohl zu erkundigen, ob allen Recht zuteil und jedermann geholfen wurde [....] Er hatte ein erfülltes Leben und litt niemals Not. Seinen Untertanen ging es ebenfalls gut<< *(Van Vliet,1640:206f.).*

---

[793] [ប្រាសាទនគរធំ]

[794] *khon* ist ein T(h)ai-Wort für die Khmer, *prae* heißt wechseln, ändern und *pak* entstand aus dem Pali-Wort *batra* und bedeutet Gesicht. Wörtlich übersetzt kommt erhält man die Bedeutung: Die Khmers haben Ihr Gesicht abgewandt; im übertragenen Sinne bedeutet *khon prae pak* die Khmer seien nicht länger vertrauenswürdig.

[795] Wohl kaum, auch wenn der spätere *devaraja*-Kult im 15. Jahrhundert noch nicht völlig ausgeprägt war. Derart patriarchalische Verhaltensweise sind lediglich für die Frühphase Sukhothais überliefert.

Die von Van Vliet erwähnten zahlreichen Tempelstiftungen sind in den Königlichen Chroniken nicht überliefert. Lediglich für das Jahr 1438 wird die Gründung *Wat Maheyongs* [วัดมเหยงคณ์] tradiert. Dort findet sich auch noch der Hinweis auf einen Großbrand 1440, dem der Königspalast zum Opfer fiel (*RCA,2000:15*).

7.6.3. Somdet Phra Borommatrailokkanat [สมเด็จพระบรมไตรโลกนาถ][796] auch Phra Chao Chang Phueak [พระเจ้าช้างเผือก][797] (1448-1488)

1448 - 1463 in Ayutthaya

Trailok wurde 1431 in Ayutthaya geboren, wo er bereits im Alter von sieben Jahren zum designierten Thronerben bestimmt wurde und die ersten fünfzehn Jahre seines Lebens verbrachte. 1446 ging er für zwei Jahre nach Phitsanoluk, der neuen Kapitale müang Sukhothais, um nach dem Tode seines Vater 1448 nach Ayutthaya zurückzukehren und seine vierzigjährige Herrschaft[798] anzutreten. König Borommatrailokanat war der erste Herrscher Ayutthayas, dessen dynastische Wurzeln in beide Herrschaftshäuser reichten. Seine Mutter war eine Tochter Mahathammaracha IV., des letzten (Vasallen)Königs Sukhothais gewesen. In den polygamen Zeiten des alten Siam war der Einfluß des Familienclans mütterlicherseits ganz erheblich, da die Kinder in der Regel im Haushalt der Mutter aufwuchsen und entsprechend erzogen und ausgebildet wurden. Bedenkt man überdies, das Trailok bereits in früher Jugend in beiden Lebensräumen heimisch war und damit auch die kulturellen Differenzen bewußt zur Kenntnis nahm, so erscheint seine Adaption diverser Riten und Gebräuche Sukhothais am Hofe Ayutthayas weniger eine Folge taktischen Kalküls als der Einsicht in die Notwendigkeit, die unterschiedlichen Lebensformen der Brudervölker zu harmonisieren. Auch das *Lilit Yuan Phai* [ลิลิตยวนพ่าย][799] hebt ausdrücklich hervor, daß die genealogischen Voraussetzungen Trailoks ihn zu einem akzeptablen Kandidaten für beide Häuser machte (*Kasetsiri,1976:133*). Dennoch, die integrative Kraft des späteren Königs Borommatrailokanat wurde dem jungen Prinzen bei seiner Ankunft in Phitsanoluk 1446 noch nicht unterstellt. Im Gegenteil, die bereits erwähnte Passage der Königlichen Chroniken über die blutigen Tränen *Phra Phuttha Chinnarats* sind vermutlich als allegorischer Hinweis auf die Ablehnung der neuen Herren zu verstehen. Vermutlich war es jedoch so, daß Mitglieder des Hauses Sukhothai das Bildnis des *Phra Phuttha Chinnarats* mit Blut bemalt hatten, als sichtbaren Ausdruck ihres passiven Widerstandes (*Kasetsiri,1976:145* [Appendix]). Trotz dieses schwierigen Anfanges war die zweijährige Herrschaft Trailoks in Phitsanoluk eine insgesamt friedliche; daß ihn seine Mutter begleitetet hatte, dürfte ganz erheblich dem entspannten Umgang miteinander förderlich gewesen sein. Und wie immer in solchen Situationen lagen unterschiedliche Interessenlagen innerhalb des Sukhothai-Clans vor. Während sich einige Mitglieder ganz unverhohlen dem Prinzen aus Ayutthaya und seiner Mutter andienten, suchten andere wiederum ihr Heil in einer Annäherung an den König von Chiang Mai. In der bereits zitierten Quelle des Yuan Phai findet sich der interessante Hinweis,

---

[796] Kurzform: Trailok(kanat)
[797] „Herr des weißen Elephanten", da ihm ein solcher Albino gehörte
[798] Kein Herrscher in Ayutthaya hat länger regiert als König *Borommatrailokanat*
[799] „Die Niederlage der Yuan" (d.h. der Tais von Lan Na). Eine vermutlich um 1475 entweder in Ayutthaya oder Phitsanoluk entstandene poetische Lebensbeschreibung von König Borommatrailokanat: Das *Yuan Phai* ist neben dem *Lilit Ongkan Chaeng Nam* [ลิลิตโองการแช่งน้ำ] „Königlicher Fluch des Wassers" eines der wenigen erhaltenen Zeugnisse früher siamesischer Literatur der Ayutthaya-Periode, welches beim Fall Ayutthayas 1767 nicht den Flammen zum Opfer fiel. Aufgrund der auffälligen Glorifizierung Borommatrailokanats und der abfälligen Darstellung Tilokarachas vermutete Prinz Dhani Nivat keinen geringeren Autor als Intharacha, den Sohn und Nachfolger Borommatrailokanats (*JSS 59.1.:278*)

König Borommatrailokanat habe über dezidierte Kenntnisse der vedischen Literatur verfügt, beispielsweise des *Tipitaka*[800] oder des *Dasavidha-rājadhamma*[801]. Kannte Trailokkanat gar das *Arthasastra*[802], eine im 3. Jahrhundert vor Christus von Kautiliya verfaßte philosophische Schrift, die man als eine frühe asiatische Variante des Machiavellismus bezeichnen könnte? Die Hauptwerke der vedischen Literatur waren bereits im 12. Jahrhundert durch die Mon nach Siam gelangt und lange vor König Borommatrailokanat sollen verschiedene Herrscher Siams ihre Studien in diversen Gesetzeswerke umgesetzt haben (*Kasetsiri,1976:134*). In jedem Falle stand der *devaraja*-Kult, der den Herrscher mittels brahmanischer Riten seinem Volk unerreichbar entrückte, dem Gesellschaftsbild Ayutthayas erheblich näher als die paternalistische Variante Sukhothais. Die allgemeine Diktion und der Habitus des höfischen Lebens war durch archaische hindusistische Riten und Symbole geprägt. Der König, sein Palast und seine Regalien weisen unverkennbare Assoziationen mit den Hindu-Göttern Indra, Vishnu und Shiva. Die architektonische Struktur des Palastes symbolisierte den Mikrokosmos des Berges Meru, dem Sitz Indras, während die Regalien den Dreizack Shivas und den Diskus Vishnus enthielten (*na Pombejra,1984:16*).

7.6.3.1. Sakdi Na – Das Organigram eines Feudalsystems

Im Gegensatz zu Sukhothai, Lan Na oder anderen *müang* waren das Kerngebiet Ayutthayas seit seiner Gründung durch Ramathibodi I. im Jahre 1351 vergleichsweise gut und zentral organisiert. Dennoch widmete sich König Trailok innenpolitisch zunächst der Erneuerung, Reorganisation und Optimierung der Administration des Reiches, deren teilweise obsolete und anachronistische Strukturen den Erfordernissen des expandierenden Ayutthaya nicht mehr genügten. Parallel hierzu wurde neue Gesetze geschaffen bzw. bestehende erweitert, präzisiert kodifiziert und kompiliert. Grundlage des Rechts im alten Siam war das *Dharmaśāstra*[803], in Thai *Thammasat* [ธรรมศาสตร์], eine archaische vedische Kompilation religiöser und rechtlichen Vorschriften, Verhaltensweisen und Verpflichtungen. Ein Vergleich mit dem *Manu smṛti* (Gesetz des Manu), einem Hauptwerk des hinduistischen *Dharmaśāstra*, hat ergeben, das die dortige Aufteilung des gesamten straf- und zivilrechtlichen Corpus in 18 Kategorien im siamesischen *Thammasat* in gleicher Form mit nahezu identischer Wortwahl übernommen wurde und um 11 weitere Kategorien (Rebellion, Krieg, königliches Eigentum, Steuern) ergänzt wurde (*Masao,1905:29*). Die im wesentlichen sakrale Kompilation wurde vermutlich von den Mon übernommen und sukzessive durch royale Edikte, Urteile und Proklamationen ergänzt; allerdings weder regelmässig noch vollständig und nur dann, wenn nach Meinung der jeweils herrschenden Eliten die royalen Entscheidungen sich in Einklang mit dem „ewigen Recht und den gerechten Pflichten eines Herrschers" befanden (*Lingat,1950*). Daneben wurden auch königliche Dekrete tradiert, die keine Aufnahme in den Corpus des *Thammasat* fanden.

Die wirtschaftliche und bürokratisch-politische Elite zementierte ihre Macht mittels einer streng hierarchisch gegliederten Gesellschaft, an deren Spitze der mit absoluter Macht ausgestattete König stand. Die primäre Funktion der fein granulierten Nomenklatur Ayutthayas bestand – analog zum Vorbild des alten Khmer-Imperiums - darin, möglichst viele personelle Schichten zwischen König und dem führenden Adel einerseits und den

---

[800] In Thai: *Phra Trai Pi Duk Pasa Bali* [พระไตรปิฎกภาษาบาลี] (Die 3 Körbe des Pali-Kanon)
[801] [ทศพิธราชธรรม]
[802] [अर्थशास्त्र] *arthaśāstra*, artha bedeutet Macht, Wohlstand, Zweck; *śāstra* steht für Lehrbuch. Ein Staatsrechtslehrbuch des Alten Indien. Es wurde Anfang des 20. Jahrhunderts vom indischen Wissenschaftler Rudrapatna Shyamashastri (1868–1944) aufgefunden und 1909 veröffentlicht. Es gilt als das bedeutendste Werk der altindischen Staatstheorie und eines der großen Werke der politischen Weltliteratur.
[803] [धर्मशास्त्र]

restlichen Untertanen andererseits zu legen, die zu durchdringen nahezu unmöglich war. Die wirtschaftliche Basis, ja die eigentliche Voraussetzung für eine exponierte Stellung bei Hofe war neben der adeligen Herkunft der Zugriff auf menschliche Arbeitskraft. Fruchtbares Land war im Übermaß vorhanden, knapp waren die humanen Ressourcen es zu bestellen. Im „Gesetz der zivilen Hierarchie[804]" und dem „Gesetz der militärischen und provinziellen Hirarchien[805]", die während der Herrschaft Trailokkanats entstanden (*Wales,1965*), wurde das *sakdi na* [ศักดินา]- System entwickelt, Ränge und Ehrennamen festgelegt und Ministerien und deren Beamte klassifiziert. Die beiden Gesetze sind allerdings nicht in ihrer ursprünglichen Fassung überliefert, die ebenso, wie etwa 90% der alten Gesetzestexte, der birmanischen Brandschatzung 1767 zum Opfer fielen, sondern in einer 1805 entstandenen Kodifizierung, dem sogenannten „Gesetz der drei Siegel", *kotmai tra sam duang* [กฎหมายตราสามดวง]. Im Rahmen einer fast einjährigen Prüfung wurden die erhaltenen Texte nach Entfernung von vermeintlich nicht authentischen Bestandteilen als *chabab luang* [ฉบับหลวง][806] editiert und die erstellten drei Abschriften mußten von den Ministern des Nordens (*Mahathai*), des Südens (*Kalahom*) und der südöstlichen Küstenprovinzen (*Khlang*) gegengezeichnet werden.

Die Ursprünge dieser feudalen Kategorisierung der gesamten Bevölkerung sind nicht mehr eindeutig zu ermitteln. Einer Theorie zufolge hat eine Frühform bereits in Nan Chao existiert. Chinesischen Quellen zufolge habe ein dortiger *Kshatriya*[807] seinen führenden Adeligen je nach Rang unterschiedliche Landschenkungen vermacht. Diese wiederum liessen das land kultivieren und führten an den Herrscher eine Reislandsteuer ab (*Reynolds,1990:70*). Wörtlich übersetzt bedeutet *sakdi na* „Macht" [ศักดิ] über „(Reis)Felder [นา]". Mittels dieses Elementes im *Rabob Chao Khun Mun Nai* [ศักดินาไทย][808] wurden die sozialen Realitäten institutionalisiert und auf Grundlage der subjektiven „Wertigkeitsziffer" (*Wenk,1985*) jedem Individuum ein exakter Platz im komplexen gesellschaftlichen Koordinatensystem Ayutthayas zugewiesen. Grundsätzlich galt: Je mehr *sakdi na*, desto höher der gesellschaftliche Rang. Ursprünglich scheint ein starker Zusammenhang zwischen der dem *sakdi na* analogen Menge an Land und der Kontrolle und Verfügungsgewalt über die für die Kultivierung benötigte Anzahl von Arbeitskräften existiert zu haben. Jedem *phrai* wurde, entsprechend seiner „Wertigkeitsziffer" maximale 25 rai [ไร่][809] Land zugestanden, das Maximum, welches eine einzelne Familie kultivieren konnte; daraus leitete sich ab, das >>ein Herr mit 400 sakdi na 16 Abhängige (...) ein Minister mit 10.000 sakdi na 400 Abhängige kontrollierte (*Wales,1965:50*).<< Die Höhe der „Wertigkeitsziffer" und die damit verbundene Größe des zugebilligten Landbesitzes stand also in direkter Abhängigkeit zu Höhe der jeweils kontrollierten *manpower*. Beamten wurde allerdings auch nach Beendigung ihres aktiven Dienstes 50% ihres erworbenen *sakdi na*-Grades belassen. Da aber bereits im 15. Jahrhundert auch Frauen[810] und Mönche eigene „Wertigkeitsziffern" erhielten, dürfte die ursprüngliche Korrelation sukzessive von sekundärer Bedeutung geworden sein und die primäre Funktion fortan in der numerischen Nomenklatur bestanden haben.

Auch im Bereich der Rechtsprechung spielte die sakdi na eine entscheidende Rolle. Denn schlug beispielsweise ein Rangniederer einen Ranghöheren, so wurde bei der Bemessung des

---

[804] *Phra Aiyakan Thamnaeng Na Phonlarüan* [พระไอยการตำแหน่งนาพลเรือน]
[805] *Phra Aiyakan Thamnaeng Na Thahan Huamuang* [พระไอยการตำแหน่งนาทหารหัวเมือง]
[806] „Königliche Edition"
[807] [กษัตริยา] (kṣatriya, Krieger); im indischen Kastensystem die Bezeichnung für die Mitglieder des zweiten Standes (वर्ण, varṇa), der ursprünglich hauptsächlich aus Kriegern, Fürsten und Königen bestand
[808] Siamesischer Feudalismus
[809] 1.600 m²
[810] Hauptfrauen (*mia yai*) und vom König geschenkte Frauen von *phraya*, *phra* und *luang* erhielten 50% vom *sakdi na* des Mannes; alle Nebenfrauen (*mia noi*) sowie Sklavinnen mit Kindern 25% des Mannes bzw. Herrn (*Srisrudravarna,1993:93*)

Strafmaßes nicht nur die Tat an sich berücksichtigt, sondern die Tatsache, daß der Täter durch diesen Akt der Insubordination das System als Ganzes verletzt hatte. Desweiteren diente der *sakdi na* - Rang als Bemessungsgrundlage bei der Verhängung von Geldstrafen und der Festlegung von Entschädigungen.

Bespiele für *sakdina* – Grade	
Sklave (*that*)	5
Bettler (*waniphok*)	5
„Armer" (*yachok*)	5
Gemeinfreier (*phrai liu*)	10
Gemeinfreier (*phrai rap*)	15
Gemeinfreier (*phrai mi khrua*)	20
Gemeinfreier (*phrai hua ngan*)	25
Handwerker in königlichen Diensten	50
Weibliche Mitarbeiterinnen eines *krom*	100
Asketen ohne Dhamma-Kenntnissen	100
Asketen mit Dhamma-Kenntnissen	200
Mönch Novize (*nen*) ohne Dhamma-Kenntnissen	200
Brahmanen mit śilpaśāstra[811]- Grundkenntnissen	200
Konkubinen/"Milchschwestern" anderer Kinder und Enkel des Königs	200
Mönch Novize (*nen*) mit Dhamma-Kenntnissen	300
Mönch (*phra*) ohne Dhamma-Kenntnissen	400
Brahmanen mit guten śilpaśāstra-Kenntnissen	400
Konkubinen/"Milchschwestern" von Brüdern, Söhnen und Töchtern des Königs	400
Prinzen der 4. Generation (*mom rachawong*)	500
Mönch (*phra*) mit Dhamma-Kenntnissen	600
Gewöhnliche Konkubinen und Hofbedienstete	800
(Ältere) Kammerfrauen	1.000
Konkubine Erster Klasse (*phra sanomek*)	1.000
„Milchschwester" des Königs (*thao worachan*)	1.000
Mönch (*phra khru*) ohne Dhamma-Kenntnissen	1.000
Prinzen der 3. Generation (*mom chao*)	1.500
Mönch (*phra khru*) mit Dhamma-Kenntnissen	2.400
Enkel des Königs aus Verbindungen mit Nebenfrauen ohne *krom*	4.000
Enkel des Königs ohne *krom*	6.000
Söhne des Königs, von Nebenfrauen geboren ohne *krom*	6.000
Jüngere Brüder des Königs, von Nebenfrauen geboren ohne *krom*	7.000
Premierminister (*Akkharamahasenabodi*)	10.000
Enkel des Königs aus Verbindungen mit Nebenfrauen mit *krom*	11.000
Enkel des Königs mit *krom*	15.000
Söhne des Königs, von Nebenfrauen geboren mit *krom*	15.000
Jüngere Brüder des Königs, von Nebenfrauen geboren mit *krom*	15.000
Söhne des Königs ohne *krom*	15.000
Jüngere Brüder des Königs ohne *krom*	20.000
Söhne des Königs mit *krom*	40.000
Vizekönig (*uparacha*)	100.000

---

[811] [शिल्प शास्त्र] „Die Wissenschaft der Künste und des Handwerks" (Hinduistische Ikonographie, Architektur, Bildhauerei etc.)

Die Gruppe der *tha* und der *phrai* [ไพร่] bzw. *lek* [เลก] bildeten das benötigte Reservoir an *Human Resources*. Die größte Gruppe bildeten die *phrai*, die sogenannten „Gemeinfreien" (*Rosenberg,1980:15*), die sich wiederum in drei Gruppen unterteilten:

1. *phrai luang* [ไพร่หลวง]. Diese *phrai* waren Eigentum des Königs. Grundsätzlich konnten alle männlichen „Gemeinfreien" zwischen 18-60 Jahren, die *chai chakan* [ชายฉกรรจ์], zu Frondiensten bzw. Zwangsarbeit, *rachakan* [ราชการ] für den König herangezogen werden. >>On n'y voit presque travailler que les femmes, les hommes étant le plus fouvent employez au service du Roy, de qui ils sont comme les esclaves<< *(de Chaumont, 1686:43f.)*.In Ayutthaya betrug der Frondienst 6 Monate jährlich, 1785 erfolgte eine Reduzierung auf 4 Monate und 1810 auf 3 Monate (*Ishii,1986:173*), bevor die *corvée labour* von König Chulalongkorn (Rama V.) ebenso wie die Sklaverei abgeschafft wurde. *Phrai hua ngan* waren die Vorarbeiter *(foreman)*, *phrai mi khrua* beaufsichtigten Flüchtlingsfamilien, mit *phrai rap* war der „normale" *phrai* gemeint und die *phrai liu* bildeten die unterste Stufe und hatten anderen *phrais* zu dienen.

Der König wiederum unterstellte seine *phrai* den *nai* der jeweiligen *krom*, welche treuhänderisch für den Regenten die Erbringung der geforderten Fron zu organisieren und kontrollieren hatten. Grundsätzlich hatte diese Regelung zwei Vorteile für den Regenten. Erstens stärkten füllten eine große Anzahl *phrai luang* die royalen Schatullen und stärkten dadurch dessen Machtposition. Zweitens konnte der Monarch über eine geschickte Verteilung auf die jeweiligen *krom* für eine *balance of power* sorgen, so daß unter dem leitenden Adel niemand zu mächtig wurde. Das diese Gefahr immer latent vorhanden war, zeigt das Beispiel *Okya Kalahom* [ออกญากลาโหม] *Suriyawongs*, der als Verteidigungsminister 1629 seine dominante Position nutze und als König *Prasat Thong* eine eigene Dynastie begründete. Sechs Monate unbezahlte, harte körperliche Zwangsarbeit beim Kanal-, Straßen-, Palast- oder Tempelbau und die Verpflichtung zur Heerfolge im Kriegsfall führten dazu, das *phrai luang* ständig und jederzeit versuchten, ihrem Schicksal zu entkommen (*Rabibhadana,1969:33*). Grundsätzlich gab es dazu vier Möglichkeiten. Man(n) konnte sich buchstäblich in die Büsche schlagen, eine Option, die trotz harter Strafen für den Delinquenten, häufiger genutzt wurde. Die Chancen standen nicht schlecht, denn es gab noch kein funktionierendes flächendeckendes Melde- bzw. Identifikationssystem im heutigen Sinne, das Land war dünn besiedelt und der Flüchtige einem neuen Herrn in der Regel stets willkommen. Spätestens Ende des 18. Jahrhunderts wurde jedoch diese Möglichkeit wesentlich erschwert. König *Taksin Maharat* [ตากสินมหาราช] [812]

---

[812] *Somdet Phra Chao Krung Thonburi* [สมเด็จพระเจ้ากรุงธนบุรี] („König von Thonburi"). Geboren 1734 in Ayutthaya versammelte er seine Truppen nach der birmanischen Eroberung und Zerstörung Ayutthayas 1767 im Osten des Reiches bei Chantaburi, bildete er eine schlagkräftige Armee und kehrte nach Ayutthaya zurück, um die kleine Besatzungstruppe der Birmanen auszuschalten. Er bestimmte Thonburi am rechten Ufer des Maenam Chao Phraya zur neuen Hauptstadt, wo er am 28. Dezember 1767 zum König gekrönt wurde. Nach und nach machten sich starke Persönlichkeitsveränderungen bei Taksin bemerkbar. Dies führte zu einer Rebellion unter Führung eines *Phraya Sankhaburi* (*Phaya San*), der Taksin zwang, abzudanken und sich als Mönch im *Wat Chaeng* (*Wat Arun*). ordinieren zu lassen. *Phraya Chakri*, der mit den mächtigsten Familien des Landes vernetzt war, kehrte aus Kambodscha zurück und beanspruchte den Thron für sich. Taksin wurde aus dem Tempel geholt, vor ein Gericht gestellt und der Mißhandlung des Mönchspatriarchen schuldig gesprochen. Am 6. April 1782 wurde das Todesurteil an Taksin nach dem alten *kan samret thot duai thon chan* [การสำเร็จโทษด้วยท่อนจันทน์] (*Gesetz zur Hinrichtung von Königspersonen mit Sandelholzkeule*) vollstreckt; man steckte ihn in einen Samtsack und prügelte ihn mit einer Sandelholzkeule zu Tode, da königliches Blut nicht vergossen werden durfte. Am selben Tag bestieg *Chao Phraya Chakri* den Thron als König *Ramathibodi* (später *Phra Phutthayotfa Chulalok* oder Rama I.) und begründete die auch heute noch den König stellende *Chakri-Dynastie*.

verfügte, das allen *phrai* auf dem Handgelenk der Name des *nai* und der Wohnort des *phra*i zu tätowieren sei. Das Dekret sah überdies die Todesstrafe für gefälschte Tattoos vor; dies galt sowohl für *phrais*, die sich absentiert hatten als auch für *nai*, die fälschlicherweise *phrais* als ihr „Eigentum" markierten (*Rabibhadana,1969:57*). Die zweite Möglichkeit bestand darin, den *nai* des jeweiligen *krom* entweder zu bestechen, einen anderen mit den Pflichten zu beauftragen oder die Geburt seiner Kinder nicht anzuzeigen. Ein weiterer Ausweg bestand darin, einem Tempel als Mönch beizutreten. Mönche waren generell von der Fron befreit und die Chance bestand, das der betreffende nach einer längeren Zeit im Tempel behördlicherseits „in Vergessenheit" geriet. Die vierte Möglichkeit bestand darin, sich derart zu verschulden, so das man sich selbst in die Sklaverei verkaufen musste. Wurde der Betreffende von einem Adeligen erworben, so gehörte er fortan zum persönlichen Besitz des neuen Herrn und war von *rachakan* befreit. War der *nai* bereit eine Ablöse von 18-24 Baht zu zahlen, so entfiel ebenfalls die sechs Monate Frondienst (*Rabibhadana,1969:90f.*). Allerdings übertrug sich der Status des *that* auch auf seine Kinder, einschließlich der noch Ungeborenen (*Rabibhadana,1969:34f.*).

2. *phrai som* [ไพร่สม]. Diese waren ihrem Herrn direkt unterstellt und hatten diesem jährlich 2 Monate Frohndienste zu leisten. Die Verpflichtung zum zusätzlichen einmonatigen *rachakan* entfiel, sofern der *nai* bereit war, die Summe von 3 Baht (später 6 Baht) als Ablösesumme an den König zu entrichten (*Rabibhadana,1969:88*). Während die nai aus den ihm zur treuhändlerischen Verwaltung vom Monarchen zugeordneten *phrai luang* nur solange persönlichen Nutzen ziehen konnte, wie er als königlicher Beamter bestallt war, konnte er die zu ihm gehörenden *phrai som* auf seine Nachkommen vererben.

3. *phrai suai* [ไพร่ส่วย]. Im engeren Sinn keine eigene Gruppe, da sich die *phrai suai* aus beiden vorgenannten Gruppen rekrutierten. Diese waren von signifikanter wirtschaftlicher Bedeutung, da sie überwiegend in Regionen beheimatet waren, in denen Rohstoffe wie Zinn, Schwarzpulver, Salpeter, Salz, Bienenwachs oder Teakholz gefördert und veredelt wurden, die besonders wichtig für das Königreich waren (*Rabibhadana,1969:35*). Sie entrichteten nicht die übliche monetäre Steuer *kha rachakan* [ค่าราชการ] sondern den *suai* [ส่วย], eine Naturalabgabe die sie von der königlichen Dienstpflicht befreite. Auch in den peripheren Provinzen wurden häufig ersatzweise Naturalabgaben errichtet, da die Rekrutierung zu zentralen Frondiensten zu umständlich bzw. aufwendig gewesen wäre.

4. *that* [ทาส]. Wie in allen Kulturen standen die Sklaven am untersten Ende der Pyramide. Den niedersten *sakdi na* von 5 hatten allerding auch *waniphok* (Bettler) und *yachok* (Verarmte). Das *phra aiyakan that* [พระไอยการทาส][813] nennt sieben Kategorien, die aber lediglich die Art ihrer Inbesitznahme indizieren. Überwiegend wurden Sklaven im Haushalt und der Landwirtschaft eingesetzt; in der Produktion von Gütern für den Binnenmarkt oder Export spielten sie keine nennenswerte Rolle, dies war eine Domäne der *phrai* (*Feeney,1993:90*). Der Besitzer konnte die achttägige *rachakan* per annum durch eine Zahlung von 1,5 Baht ablösen (*Rabibhadana,1969:90f.*).

---

[813] „Gesetz über die Sklaverei"

Sieben Kategorien von Sklaven gemäß *phra aiyakan that*
Schuldsklaven – *that sin thai* [ทาสสินไถ่]
Im Hause des Herrn geborene Kinder von Sklaven - *luk that* [ลูกทาส]
Kinder, denen der Status der Eltern vererbt wurde
Durch Schenkunk erworbene Sklaven
Durch den Herrn vor Gefahren/Haftstrafe bewahrte Sklaven
In einer Hungersnot unterstützte Sklaven
Im Krieg erbeutete Sklaven – *that chaloei*

(Ishii,1986:174f.)

Für die Gesamtentwicklung des Königreiches hatte *sakdi na* in Verbindung mit den jeweiligen Frondiensten zwei signifikannte Auswirkungen:

1. Ayutthaya erlangte mittels Implementierung und Proliferation der reichsweiten bürokratischen Kontrolle über die vorhandenen humanen Ressourcen einen genuinen Vorteil gegenüber seinen Nachbarn und

2. die unterschiedlichen Interessenlagen, den persönlichen des Adels und den bürokratischen des Königs bzw. des Reiches, über die Kontrolle der *manpower* garantierten systemimmanent eine permanente Dynamik in der gesellschaftlichen Entwicklung.

Das Verhältnis zwischen *nai* und *phrai* war grundsätzlich als eines zwischen Herrn und Knecht/Leibeigener definiert, die englischsprachige Forschung verwendet häufig den Begriff *patron-client relationship*. Die Hauptaufgabe des *nai* bestand darin, die Dienste bzw. Anwesenheit der ihm unterstellten *phrai* jederzeit den übergeordneten Instanzen verfügbar zu machen. Er war zuständig für die Bereitstellung der Arbeitskräfte für den *rachakan* und die Aushebung der wehrfähigen Männer im Kriegsfall. Wurde ein *phrai* eines Vergehens beschuldigt und musste vor Gericht erscheinen, so war sein *nai* dafür verantwortlich, das der Beschuldigte zum angesetzten Termin anwesend war. Um diesen Verpflichtungen gerecht werden zu können, wurde der *nai* auch rechtlich mit weitreichenden Befugnissen ausgestattet. So konnte er im Falle einer Insubordination eigenständig auch schwere körperliche Züchtigungen des Delinquenten anordnen. Wurde ein *phrai* der Befehlsverweigerung oder des mangelnden Respektes schuldig befunden, so drohte ihm eine Geldstrafe, die Inhaftierung oder beides. Der *phrai* konnte auch seine Arbeitskraft nicht ohne Zustimmung seines *nai* bei anderen gegen Entgelt oder Naturalien verdingen. Wurde der *phrai* trotzdem ohne Wissen seines *nai* von einem willigen temporären Dienstherrn beschäftigt, so konnte dieser bei Flucht, Tod oder Verletzung des *phrai* haftbar gemacht und zu Schadensersatzzahlungen verpflichtet werden. Ohne Zustimmung des *nai* durfte der *phrai* auch die nähere Umgebung seines Wohnortes nicht verlassen. Der *nai* wiederum hatte, zumindest nach formaler Rechtslage, auch einige Verpflichtungen gegenüber dem *phrai*. Wenn letzterer selbst einen Rechtsstreit zu führen hatte, so war sein *nai* verpflichtet, ihn zum zuständigen Gericht zu begleiten. Geriet die Familie des *phrai* durch die mehrmonatige Zwangsarbeit bedingte Abwesenheit in existenzielle Nöte, so war der *nai* gehalten, diesen Umstand bei Hof anzuzeigen. Wenn sich finanzielle Engpässe während des *rachakan* des *phrai* einstellten, wurde vom *nai* ein zinsloses Darlehen an den Betroffenen erwartet. Der nai diente auch als Mediator bei Streitfällen unter seinen *phrai* und beschützte seine *phrai* vor anderen *nai*. Da jeder *nai* Polizeigewalt in seinem Bereich besaß, war der *phrai* auf die Protektion seines *nai* angewiesen. Da es überdies strafbar war, bei keinem *nai* registriert zu sein, konnte ein flüchtiger *phrai* nur im unwegsamen Dschungel für längere Zeit unerkannt und unbehelligt leben – sofern er dort ausreichend Nahrung fand, nicht erkrankte (Malaria etc.) oder der dort proliferierenden Fauna zum Opfer fiel. Entschied er sich dazu, in unbewohnten Gegenden ein Stück Land zu kultivieren, so mußte er jederzeit mit dem Verlust seiner Ernte rechnen. Diese stand ihm nur zu, wenn er das zu kultivierende Land gemäß seines *sakdi na*-Ranges offiziell registrieren ließ, was aber ohne die Angabe seines zuständigen *nais* nicht möglich war. Aufgrund des einseitigen Abhängigkeitsverhältnisses musste jedem phrai daran gelegen sein, sich seinem *nai* gewogen zu machen. Da dieser die ihm unterstellten phrai luang treuhändlerisch aber auch unentgeltlich für den Hof zu managen hatte, waren die *nai* jederzeit für „Geschenke" ihrer *phrai* zugänglich. Der französische apostolische Vikar im Gebiet des heutigen Erzbistums Bangkoks, Jean-Baptiste Pallegoix, berichtete noch im 19. Jahrhundert: >>Wenn der nai sie nicht unterdrückt, sondern sie in Frieden ihr täglich Brot verdienen lässt, so machen sie ihm große Mengen an Reis, Früchten, Gemüse und Fisch zum Geschenk<< (*Pallegoix,1854*). Insofern dürfte das zeiweilen propagierte bukolische Bild des Gebens und Nehmens im Rahmen eines patriarchalischen Dienstverhältnisses als idealisiert und nicht realistisch einzustufen sein. Als literarischer Beleg hierfür sei eine Szene im berühmten Epos *Khun Chang Khun Phaen* angeführt, wo der Novize und spätere Held von seinem Mönch vor dem Verlassen des Klosters wie folgt gewarnt wird: >>Willst Du die Robe ablegen um tätowiert zu werden [als phrai]? Mit gekennzeichnetem Handgelenk leidet man stetig, trägt das Joch bis das die Schultern zu brechen drohen. Mag der nai Dich, dann hast Du es besser, denn er wird freundlich sein und Dir keine schweren Arbeiten auferlegen. Wenn er Dich aber nicht mag, wird er Dich aus Boshaftigkeit für alle möglichen schweren Arbeiten heranziehen, Holz sägen [Bäume fällen], Stämme ziehen [....]<< (*Baker & Phongpaichit,2010*).

7.6.3.2. Exkurs: Der Schöne und das Biest – *Khun Chang Khun Phaen* [ขุนช้างขุนแผน]

Die epische Romanze basiert auf einem Volksmärchen welches ursprünglich durch Geschichtenerzähler während der Ayutthaya-Periode mündlich weitergegeben wurde und heute zu den bedeutendsten Kompositionen der thailändischen Literatur zählt. Literaturhistorisch zählt sie zum Genre *sepha* [เสภา][814]. Im Laufe der Jahrhunderte häufig überarbeitet, ergänzt und erweitert entstand sukzessive auch eine schriftliche Fassung, an deren finaler Ausarbeitung König Rama II. und dessen literarischer Salon, zu dem neben König Rama III. auch Prinz *Damrong*[815], Prinz *Mahasak Phonlasep*[816], *Khru Jaeng*[817] und Siams wohl bedeutendster Poet, *Sunthorn Phu* [สุนทรภู่] gehörten, entscheidend beteiligt waren. Im Gegensatz zu den meisten anderen Werken alter siamesischer Prosa, die sich häufig auf die Heldentaten und Abenteuer von Königen, Göttern und Geistern reduzieren, die überdies noch mehrheitlich auf ausländische Vorlagen zurückgreifen[818], entwickelte sich *Khun Phaen Khun Chang* lokal und basiert laut Prinz Damrong auf tatsächlichen historischen Ereignissen während der Herrschaft König Ramathibodi II. [สมเด็จพระเชษฐาธิราช]. Desweiteren weisen die Feldzüge gegen Chiang Mai im letzten Teil der Erzählung deutliche Parallelen zu den in den Chroniken Ayutthayas und Lan Changs beschriebenen der 1560er Jahre auf. Interessanterweise schweift K*hun Phaen* K*hun Chang* durch die komplette soziale Landschaft seiner Protagonisten. Überdies reflektiert die Erzählung, wie alle oral tradierten Epen und Sagen, die sich aus der Interaktion zwischen Erzähler und Publikum entwickeln, neben den

---

[814] Eine Form der poetischen Rezitation, vielleicht vergleichbar mit dem europäischen Troubadour des Mittelalters, in deren Verlauf der Rezitator mittels zweier, kleiner Holzstöcke die Erzählung rhythmisch und dramatisch komponiert
[815] Editierte die moderne Standardversion, welche 1917–1918 durch die Wachirayan Library [หอสมุดแห่งชาติ], die 1905 gegründete Nationalbibliothek, in 3 Bänden veröffentlicht wurde. Die moderne Standardversion umfasst rund 20.000 Zeilen in insgesamt 43 Kapiteln. In der Folge sind ca. 60 weitere Kapitel geschrieben worden, welche bis in die 3. Familiengeneration Khun Phaens reichen. Puristen lehnen diese allerdings aus traditionellen und ästhetischen Motiven heraus ab.
[816] Ein Sohn Rama I. und Cousin Rama II.
[817] Ein Künstler, der neben *sepha* auch noch in anderen Darstellungsformen brilliert haben soll
[818] Der reichhaltige mythologisch-literarische Fundus des alten Indien bildete eine der bevorzugten Quellen

sozio-ökonomischen Rahmenbedingen, politischen und historischen Fakten, spirituellen und religiösen Riten auch die ethisch-moralischen Werte der Gesellschaft zum jeweiligen Zeitpunkt. Von daher bildet *Khun Phaen Khun Chang* vermutlich eine einzigartige Quelle für die sozialen Beziehungen und Verhaltensweisen. Bei genauerer Analyse werden in der komplexen Darstellung die Unterschiede zwischen den Wertevorstellung des Hofes und innerhalb des Volkes deutlich.

Da meiner Kenntnis nach noch immer [2018] – wie bei einem Großteil der siamesischen und thailändischen Literatur - keine komplette Übersetzung ins Deutsche vorliegt[819], an dieser Stelle eine kurze Synopsis, die selbstredend keinen Anspruch auf Vollständigkeit erhebt und zwangsweise auf die Wiedergabe dramatischer Details und Momente der Komik weitgehend verzichten muss:

Phlai-Kaeo [พลายแก้ว] [der spätere Khun Phaen] war gutaussehend aber auch sehr arm. Im zarten Alter von 5 Jahren musste er miterleben, wie sein Vater *Khun Krai* [ขุนไกร], auf Geheiß des Königs[820] exekutiert wurde. Der Knabe und seine Mutter *Nang Thong Prasi* [นางทองประศรี] flohen nach Kanchanaburi [กาญจนบุรี], da der König auch das gesamte Eigentum der Familie konfisziert hatte. Khun Chang andererseits war eher hässlich, barhäuptig von Geburt an, lebte unbekümmert und leichtfertig und in verschwenderischem Reichtum. Bereits in jungen Jahren war er protegiert worden und in die Dienste des Königs getreten. Phlai-Kaeo war der geborene Krieger und mutig wie einst der Vater. In jungen Jahren ging er als Novize zu Meister *Khrua Bun* [ขรัวบุญ] in den Tempel *Wat Som Yai* [วัดส้มใหญ่]. Als der dortige Abt ihm nichts Neues mehr lehren konnte, begab er sich in den Tempel *Wat Palelai* [วัดป่าเลไลยก์วรวิหาร][821] in Suphanburi [สุพรรณบุรี], dem der berühmte Meister *Than Somphan Mie* [ท่านสมภารมี] vorstand. Bei ihm vertiefte Phlai-Kaeo nicht nur seine intellektuellen Fähigkeiten und Kenntnisse, sondern erwarb auch die magische Gabe der „inneren Wege", des *thang nai* [ทางใน]. *Thang nai* verlieh ihm die übernatürliche Fähigkeit sich bei Bedarf unsichtbar zu machen, völlig angstfrei und unverletzbar zu sein. Auch konnte er sich in verschiedene menschliche Formen oder tierische Gestalten verwandeln und Pflanzen zum Leben erwecken, beispielsweise Blätter in Soldaten oder Saatkorn in Bienen verwandeln.

Eines Tages versammelte sich die Dorfgemeinschaft im Tempel um das *Songkran* [สงกรานต์]-Fest zu begehen und zu Ehren des Buddha einige der *Jatakas*[822] zu hören. Da Meister Mi bereits betagt und krank war, bat er Phlai-Kaeo, die Geschichten der Reinkarnationen des Erleuchteten vorzutragen. Unter den Zuhörern befanden sich auch Khun Chang und die schöne 15jährige *Nang Phim Philalai* [นางพิม], in die sich Phlai-Kaeo auf den ersten Blick verliebte. Auch Khun Chang machte deutliche Avancen, woraufhin die Schöne empört nach Hause lief. Im Laufe der Zeit gelang es Phlai-Kaeo, das Vertrauen und die Unterstützung der Gouvernante Nang Pims zu gewinnen, die dann diskrete Rendezvous organisierte. Als Phlai-Kaeo die Robe des Mönches ablegte, verbrachten sie auch die Nächte miteinander. Dies blieb nicht ohne Folgen und Phlai-Kaeo heiratete die werdende Mutter. Khun Chang hatte

---

[819] Eine neuere Übersetzung ins Englische: *The Tale of Khun Chang Khun Phaen. Siam's Great Folk Epic of Love and War*, Translated and edited by Chris Baker and Pasuk Phongpaichit, Silkworm Books, Chiang Mai, 2010

[820] Des Königs von Ayutthaya [*Somdet Phra Panwasa* สมเด็จพระพันวษา]

[821] Ein sehr alter Tempel am Tha Chi Fluss, etwa 4km westlich ausserhalb des alten Suphanburi gelegen. Das Alter der 23 Meter hohen, massiven Buddha Statue, bekannt als *Luang Pho To* [หลวงพ่อโต] , wird von einigen Historikern auf 800 Jahre datiert. Heute ein Königlicher Tempel Dritter Klasse.

[822] [Sanskrit: जातक] [Thai: *chadok* ชาดก]. Im in Thailand praktizierten Theravada-Buddhismus gehören die insgesamt 547 Geschichten der diversen Reinkarnationen vor der finalen Inkarnation des Siddharta zum Pali-Kanon.

inzwischen Kaen Keo, die Tochter Muen Phaeos aus dem Dorf *Rua Yai* [รวทญ]²³ geheiratet. Doch bereits nach einem Jahr erkrankte sie schwer und erlag kurz darauf dem tödlichen Fieber. Nach einer kurzen Zeit der Trauer wandte sich das begehren Khun Changs erneut Nang Pim zu. Als der König von Chiang Mai den tributpflichtigen Vasallen Ayutthayas, *Chiang Tung,* überfiel überredete Khung Chang den König, Phlai-Kaeo den Oberbefehl über die militärische Strafexpediton zu geben. Aufgrund seines ansehnlichen Reichtums hatte Khun Chang bereits *Siprajan* [นางศรีประจัน], die Mutter Nang Phims, auf seine Seite gezogen; beide verbreiteten alsbald die Lüge, Phlai Keo sei im Kampf gefallen und die Mutter zwang die vermeintliche Witwe letztlich, Khun Chang zu ehelichen. Allerdings weigerte diese sich ebenso beharrlich wie erfolgreich, die Ehe zu vollziehen.

Unterdessen befand sich die Truppen Phlai-Kaeos weiterhin auf dem Vormarsch und nahmen das Dorf *Chomtong* [จอมทอง] ein. Da sich die Sieger überaus konziliant verhielten, gaben der Dorfälteste *Saen Khamen* [นายแสนคำแมน] und dessen Frau *Nang Sri Ngoen Yuang* [นางศรีเงินยวง] aus Dankbarkeit Phlai-Kaeo seine Tochter *Nang Lao Tong* [นางลาวทอง] zur Frau. Phlai-Kaeo akzeptierte, nahm Chiang Mai ein, arretierte den dortigen Prinzen und kehrte siegreich heim. Erfreut verlieh ihm der König den Titel Khun Phaen. Khun Phaen machte sich auf dem Weg zu Nang Phim, die ihren Namen inzwischen in *Wanthong* [วันทอง]⁸²⁴ geändert hatte. *Mia yai* [เมียใหญ่]⁸²⁵ und *mia noi* [เมียน้อย]⁸²⁶ gerieten sich naturgemäss in die Haare und der erzürnte Khun Phaen nahm Lao Tong und ging nach Kanchanaburi. Wanthongs Mutter zerrte ihre Tochter daraufhin in das Schlafgemach Khun Changs, der sie gegen ihren Willen und erbitterten Widerstand nahm. Einige Zeit später bedauerte Khun Phaen seine übereilte Reaktion, aber Wanthong liess ihm ausrichten sie sein nun die Frau Khun Changs und Khun Phaen kehrte enttäuscht nach Kanchanaburi zurück.

Eines Tages berief der König Khun Phaen und Khun Chang an den Hof, um ihm als Pagen zu dienen. Nachdem Khun Phaen erfuhr, das Lao Tong in Kanchanaburi schwer erkrankt war, bat er Khun Chang, ihn zu vertreten und beim König zu entschuldigen. Doch Khun Chang behauptete, Khun Phaen sei grundlos desertiert und der König befahl dessen Verbannung ins Hinterland an die Grenze und die Verbringung Lao Tongs in seinen Palast. Eines Tages rettete Khun Phaen während eines Streifzuges durch den Dschungel den Banditenhäuptling *Muen Harn* [หมื่นหาญ], der beinahe von einem wildes Tier aufgespiesst worden wäre. Aus Dankbarkeit gab Muen Harn dem Retter seine Tochter *Bua Klie* [บัวคลี่] zur Frau. Da sich Khun Phaen aber weigerte, an den Raubzügen des Schwiegervaters teilzunehmen plante dieser alsbald dessen Ermordung. Bevor Khun Phaen floh, entnahm er noch der schwangeren Bua Kli den ungeborenen Fötus seines Sohnes und gewann dadurch einen besonders starken Geist, den *Gumarn Tong* [กุมารทอง]⁸²⁷, das sogenannte „Goldene Kind". Alsdann kehrte Khun Phaen heim und brannte mit Wanthong in die nahegelegenen Wälder durch. Nachdem Khun Phaen die von Khun Chang entsandten Verfolger zurückgeschlagen hatte, bezichtigte in dieser beim König des Hochverrats. Der König entsandte Truppen, aber Khun Phaen tötete die Anführer und flüchtete tiefer in den Dschungel. Da dieses dauernde Versteckspiel der mittlerweile hochschwangeren Wanthong zunehmend Probleme bereitete, wandte sich Khun Phaen hilfesuchen an der Gouverneur von Phichit [พิจิตร]; dieser riet ihm sich zu stellen und den König um Gerechtigkeit zu bitten. Der König leitete eine Untersuchung ein und verurteilte Khun Chang zum Tode. Auf Bitte Khun Phaens wurde dieser allerdings begnadigt.

---

⁸²³ „Grosser Zaun"
⁸²⁴ „Der goldene Tag"
⁸²⁵ Hauptfrau
⁸²⁶ Nebenfrau
⁸²⁷ Keine buddhistische Praktik, im westlichen Kulturkreis würde man von „schwarzer Magie" sprechen

Khun Phaen gedacht nun wieder der immer noch gefangenen Lao Tong und forderte vom König die Freilassung. Angesichts dieser inpertinenten Subordination verurteilte der erboste Herrscher Khun Phaen *stante pede* zu 15 Jahren Kerkerhaft. Khun Chang nutzte die Gunste der Stunde und nahm die grüne Witwe wieder zu sich. Wanthong gebar bald darauf einen Sohn, *Phlai Ngam*[828]. Als das Kind etwa neun Jahre alt war, lockte Khun Chang es in den Wald und versuchte es dort zu erschlagen. Doch Phlai Ngam überlebte schwer verletzt, weil Khun Phaen in allerletzter Minute den Schutzgeist *phi hong phrai gumarthong* [ผีโหงพรายกุมารทอง] zu seinem Sohn schickte. Nachdem dieser sich erholt hatte floh er mit Wanthong zu deren Schwiegermutter Nang Thong Prasi nach Kanchanaburi. Als der Junge herangewachsen war, wandte sich die Großmutter an *Cha Muen Sri* [จมื่นศรี], einem Freund Khun Phaens und bat diesen, den jungen Mann bei Hof zu protegieren.

Unterdessen hatte der König von Chiang Mai, *Phra Chao Chiangin* [พระเจ้าเชียงอินทร์] um die Hand *Nang Soitongs* [นางสร้อยทอง], der Tochter des Königs von Lan Chang angehalten. Dieser lehnte ab und um sich zu schützen, gab er Soitong dem König von Ayutthaya. Auf dem Weg nach Ayutthaya wurde sie jedoch von Soldaten Chiang Mais entführt. Für die Führung der fälligen Strafexpedition schlug Muen Sri den jungen Phlai Ngam vor. Auf Bitten Phlai Ngams wurde auch Khun Phaen aus der Haft entlassen. Vater und Sohn führten einen erfolgreichen Feldzug, nahmen Phra Chao Chiangin gefangen und brachten Soitong nach Ayutthaya. Zur Belohnung wurde Khun Phaen vollständig begnadigt und zum Gouverneur von Kanchanaburi ernannt. Phlai Ngam erhielt den Titel *Chamuen Waiworanat* [จมื่นไวยวรนาถ], kurz *Phra Wai* [พระไวย]. Erneut bezichtigte der eifersüchtige Khun Chang seinen Widersacher des Hochverrats und landete im Kerker. Auf Bitten der Mutter erwirkte Phra Wai die Begnadigung. Dann brachte er Wanthong zurück zu Khun Phaen. Khun Chang wandte sich daraufhin erneut an den König. Der König befragte Wanthong mit wem sie zukünftig leben wolle. Als sich Wanthong nicht entscheiden konnte, war der Herrscher dermassen erbost, das er sie zum Tode verurteilte.

Unterdessen verliebte sich Phra Wai auf dem Weg nach Chiang Mai in *Nang Srimala* [นางศรีมาลา], die Tochter des Gouverneurs von Phichit und heiratete sie. Siegreich aus dem Norden zurückgekehrt gab ihm der König nun auch noch *Nang Soifah* [นางสร้อยฟ้า], die Tochter des Königs von Chiang Mai zur Frau – *mia yai* und *mia noi* ... Soifah braute einen Liebestrank, Phra Wai verlor die Sinne und schickte Srimala zurück nach Phichit. Auch der Vater hatte mittlerweile eine weitere Frau. *Nang Kaeo-Kiriya* [นางแก้วกิริยา] wurde von ihrem Erzeuger, dem Gouverneur von Sukhothai an Khun Chang verkauft. Khun Phaen gab ihr die nötige Summe, um sich freizukaufen, nahm sie zur Frau und zeugte einen Sohn namens *Phlai Chumpon* [พลายชุมพล]. Khun Phaen rügte seinen Sohn ob dessen Verhalten gegenüber Srimala, was diesen erzürnte und so gerieten Vater und Sohn in einen langen und erbitterten Streit.

Schliesslich machten sich Khun Phaen und Plai Chumpon als Mon verkleidet auf den Weg nach Ayutthaya, um Phra Wai zu eliminieren. Ungeachtet einer deutlichen Warnung durch den Geist Wanthongs zog Phra Wai ihnen entgegen, wurde geschlagen und berichtete nach seiner Rückkehr dem König das Geschehene. Der König zitierte Khun Phaen an den Hof und im Laufe der Untersuchung konnte Phlai Chumpon nachweisen, das Soifah mit Hilfe des alten Mönches *Thaen Kward* [เถรขวาด] und seines Novizen *Neen Chiu* [เณรจิ๋ว] einen Zaubertrank gebraut hatte, der Phra Wai verhext hatte. Meister und Novize wurden in Haft genommen und

---

[828] *Kamnoet Phlai Ngam (Die Geburt des Phlai Ngam).* Eine komplette Übersetzung dieses Teil des Epos ins Deutsche in: Wenk, 1985:30ff. Der Name bedeutet soviel wie „der schöne Elephant".

Soifah nach Chiang Mai verbannt, wo sie alsbald ein weiteres Kind, *Plai Yong* [พลายยง] zur Welt brachte. Thaen Kward gelang es aufgrund seiner magischen Kräfte aus dem Kerker zu entweichen und schwor Phlai Chumpon Rache. Er verwandelte sich in ein riesiges Krokodil und tötete wahllos Mensch und Vieh auf seinem Weg nach Ayutthaya. Der König entsandte den bewährten Phlai Chumpon um das mysteriöse Ungeheuer zu fangen; dieser erkannte schon bald, das es sich um seinen Todfeind „Krokodil" *Thaen Kward* [จระเข้เถรขวาด] handelte und es gelang ihm schließlich, diesen nach einem langen und harten Kampf zu fangen. Auf die Frage des Königs, warum er so viele Menschen wahllos getötet habe, antwortete Thaen Kward lakonisch: Weil es mir so gefiel. Der König liess diesen Affront nicht ungestraft und verhängte die Todesstrafe. Phlai Chumpon wurde mit dem Titel *Luang Nairit* [หลวงนายฤทธิ์] geadelt und mit einem Haus in der Nähe des Königspalastes beschenkt. Und so lebte denn fortan die Familie des Phra Wai, des Vaters und der Mutter sowie aller Verwandten ein glückliches, sorgenfreies und zufriedenes Leben.

7.6.3.3. Die administrative Neu- bzw. Reorganisation der Reichsverwaltung

Um die einzelnen Provinzen besser und zentralisiert verwalten zu können, wurden zwei große „Superministerien" geschaffen. *Krasuang Mahatthai* [กระทรวงมหาดไทย][829] war für alle zivilen Angelegenheiten [พลเรือน] des Reiches zuständig. Geleitet wurde es vom *Samuha Nayok* [สมุหนายก], einer von zwei *Akkharamahasenabodi* [อัครมหาเสนาบดี][830] des Königs, der später den Titel *Chaophraya Chakri Si-ongkharak* erhielt und mit *sakdi na* 10.000 den höchsten Grad hatte, den ein Nichtmitglied der königlichen Familie erhalten konnte. Dem Leiter der Zivilbehörde waren vier Hauptministerien sowie diverse kleinere *krom* [กรม][831] unterstellt[832]:

⇨ krom müang [กรมเมือง] auch *krom wieng* [กรมเวียง] oder *krom nakhonban* [กรมนครบาล]. Das Hauptstadt-Ministerium unter Leitung des *Phraya Yommarat* [พระยายมราช]. Zuständig für die Belange der Kapitale.

⇨ krom phra khlang [กรมพระคลัง] oder *krom kosathibodi* [กรมโกษาธิบดี][833]. Das Schatz (Finanz) Ministerium unter Leitung des *Phraya S(r)i Thammathirat* [พระยาศรีธรรมาธิราช]. Zuständig für die Finanzen des Reiches und die Verwaltung des königlichen Vermögens.

⇨ krom na [กรมนา] auch *krom phra kasetrathibodi*[834]. Das Landwirtschaftsministerium unter Leitung des *Phraya Phonlathep* [พระยาพลเทพ]. Zu den Aufgaben dieser Behörde zählte auch die Vorhaltung hinreichender Mengen für die Versorgung der Kapitale, insbesondere des Hofes.

⇨ krom wang [กรมวัง] auch *krom thammathikon*. Das Palastministerium unter der Leitung des *Phraya Thammathibodi* [พระยาธรรมาธิบดี], welches für den königlichen Haushalt und Rechtsprechung zuständig war.

---

[829] Innenministerium
[830] „Hauptminister" - eine Frühform des Premierministers (Prime Minister) moderner Prägung
[831] Ministerium
[832] Diese Form der Administration nennt man in Thai *chatusadom* [จตุสดมภ์]
[833] Das heutige *Krasuang Kan Khlang* (MOF) [กระทรวงการคลัง]
[834] Das heutige *Krasuang Kaset Lae Sahakon* (MOAC) [กระทรวงเกษตรและสหกรณ์]. Der Name dieses Ministeriums änderte sich sehr häufig: 1892 *Kasetpanichakarn*, 1898 *Kasettrathikarn*, 1932 *Kasetpanichayakarn*, 1933 *Setthakarn*, 1935 *Kasettrathikarn*, 1952 *Ministry of Agriculture* bis es schließlich 1972 den heute gültigen Namen erhielt.

Neben den Hauptministerien existierten kleinere zivile *krom*, beispielsweise:

⇨ *krom phra thammakan* [กรมพระธรรมการ] Das Ministerium für religiöse Angelegenheite
⇨ *krom busamala* Das Ministerium für Königliche Roben
⇨ *krom phra surasuat* [กรมพระสุรสวด] Das Archivministerium
⇨ *krom phra khotchaban* [กรมพระคชบาล] Das Elephantenministerium
⇨ *krom lom phra rachawang* Das Ministerium der Palastwachen
⇨ Das Ministerium der Hofbrahmanen und -astrologen

Das zweite „Superministerium" was das *Krasuang Kalahom* [กระทรวงกลาโหม] zuständig für alle Belange des militärischer Sektors *thahan* [ทหาร]. Geleitet wurde es vom *Samuha Phra Kalahom* [สมุหพระกลาโหม] der den Titel *Chaophraya Maha Senabodi* [เจ้าพระยามหาเสนาบดี] trug. Diesem unterstanden mehrere Beamte im Rang eines Ministers, die die verschiedenen territorialen militärischen *krom* verwalteten:

⇨ *Phraya Siharatdechovai* (Ayutthaya)
⇨ *Phraya Thainam* (Ayutthaya)
⇨ *Chao Phraya Surasi* (Phitsanulok – müang 1. Klasse)
⇨ *Chao Phraya Sithammarat* (Sri Thammarat – müang 1. Klasse)
⇨ *Phraya Kasetsongkhram* (Sawangkhalok – müang 2. Klasse)
⇨ *Phraya Ramronranong* (Kamphaeng Phet – müang 2. Klasse)
⇨ *Phraya Sithammasokkarat* (Sukhothai – müang 2. Klasse)
⇨ *Phraya Phetcharattanasongkhram* (Phetchabun – müang 2. Klasse)
⇨ *Phraya Chaiyathibodi* (Tenasserim – müang 2. Klasse) [835]

Kleinere Ministerien wurden den größeren *krom* untergeordnet. So waren beispielsweise dem *Mahatthai* mindestens fünf kleinere *krom* nachgeordnet:

Krom	Zuständig	Leiter	sakdi na
Krom Mahatthai Klang	Reichszentrum	Khun Rachanikun	1.000
Krom Mahatthai Fai Nüa	Nördliches Reichsgebiet	Lung Maha Ammat	3.000
Krom Mahatthai Fai Phalamphang	Schwere (Feuer) Waffen	Luang Chasaen	2.400
Krom Mahatthai Tamruat Phuton	Polizei, Patrouillen (?)	Luang Wasuthep	1.000
Krom Mahatthai Tamruat Phuban	Polizei, Patrouillen (?)	Luang Phetluthep	1.000

(*Rabibhadana,1969:78*)

In jedem krom waren grundsätzlich drei Mitglieder des Adels, *khun nang* [ขุนนาง], tätig: *Chao Krom* [เจ้ากรม](Leiter), *Palat Krom* [ปลัดกรม] (Stellvertreter) und der *Samuha Banchi* [สมุห์บัญชี] (Registrator). *Krom* waren wiederum in *kong* [กอง] unterteilt und die *kong* in *mun* [หมู่]. Möglicherweise stand die militärische Hierarchie Pate bei der zivilen Organsisationsstruktur: Grosse *krom* waren die *Divisionen*, kleinere die Regimenter, *kong* die Bataillone und ein *mun* war ein Zug. Für diesen Vergleich spricht auch, das der generelle Begriff für Minister in Thai, *senabodi* [เสนาบดี], ursprünglich General bedeutete. Da das Organigram vorsah, das die *phrai* den *nai* [นาย] untergeordnet waren und *phrai* und *nai* gemeinsam dem *chao krom*, so konnte dieser je nach Opportunität die kostbare Resource Mensch für seine eigenen politischen Ambitionen einsetzen. Die Sicherheit des Königs war also erheblich davon abhängig, zwischen den führenden *khun nang* ein permanentes Gleichgewicht der Kräfte zu kreieren. Die Bestallung von zwei „Superministern", die sich machtpolitisch idealerweise

---
[835] (*Srisrudravarna,1993:92*)

neutralisierten war eine Maßnahme; den Registraren in jedem *krom* kam dabei eine wichtige Rolle zu, denn diese erfassten in einer Stammrolle sämtliche ihrem Ministerium zugeordneten *phrai* und *nai*. Berichtet wurde an den *Phra Surat Sawatdi* (Leitenden Registrar), der seinerseits direkt an den König berichtete und die Stammrolle für das gesamte Reich zu pflegen und aktualisieren hatte. Wie König Chulalongkorn später in einer Rede über die Veränderungen in der Administration ausführte, scheint die genaue Erfassung der Human Resources auch die Hauptaufgabe der beiden Leiter des *Mahathai* und *Kalahom* gewesen zu sein: >>Dem Samuha Kalahom oblag die Leitung aller militärischen krom. Dem Samuha Nayok oblag die Leitung aller zivilen krom. Berücksichtigt man die ursprüngliche Intention bei der Schaffung dieser Positionen, so scheint [beabsichtigt worden zu sein, das] jeweils einer von diesen für alle militärischen Angelegenheiten bzw. für alle zivilen Angelegenheiten verantwortlich und zuständig war. Betrachtet man aber die in den Annalen überlieferten Aufzeichnungen, scheint es so nicht gewesen zu sein. Sie waren eher Registratoren der Populationen innerhalb des zivilen und militärischen Sektors (...) in Zeiten des Krieges wurden beide Gruppierungen gleich behandelt, so das die ursprüngliche Absicht dieser Teilung nicht mehr nachvollziehbar ist<< (*Rabibhadana,1969:25*). Nur wenn dem König die realen Zahlen bekannt waren, konnte er durch entsprechende Verteilungen der Arbeitskräfte in die jeweiligen *krom* für die machterhaltende *balance of power* sorgen. Um eine zu starke Fraternisierung des führenden Adels zu unterbinden, gab es zumindest in gewisssen Phasen ein Verbot des privaten Umgangs der leitenden Beamten untereinander. *Khun nang* mit *sakdi na* 1.600 - 10.000 drohte die Todesstrafe, sofern sie sich zu geheimen Beratungen trafen oder sich in ihren privaten Palästen besuchten. Allen Beamten mit *sakdi na* 600 – 10.000, die von illegalen Aktionen eines Standesgenossen Kenntnis erlangten und diese nicht dem König zur Kenntnis brachten, wurden als Vaterlandsverräter behandelt. Die Verpflichtung zur jährlichen Erneuerung des Treueschwurs auf den König und der Trunk des dazugehörenden geweihten Wassers waren weitere präventive Maßnahmen zur Verhinderung potenzieller Verschwörungen und Umsturzversuche (*Rabibhadana,1969:25*).

Grundsätzlich galt die Institution der Monarchie als sakrosankt, nicht aber *ipso facto* die Person des Herrschers. Die brahmanischen Elemente verliehen der Monarchie eine mystische Aura und einen festen Platz in der kosmischen Ordnung (*Wyatt,1966:16*). Im *kot monthianban* [กฎมณเฑียรบาล][836] gab es zahlreiche Bestimmungen zum Schutz des Königs und seinem Palast wurde eine besondere sakral-spirituelle Funktion konzediert. Verpflichtet aber war der Regent vor allem auf die zehn königlichen Tugenden *Thosaphit Racha Dhamma*:

Die zehn königlichen Tugenden ทศพิธราชธรรม			
Tugend	**Thai**	**Pali**	**Bedeutung**
than	ทาน	*danam*	Wohltätigkeit, Generösität
sin	ศีล	*silam*	Moralisch einwandfreier Charakter
borischak	บริจาค	*pariccagam*	Spenden, Almosen und Geschenke verteilen
atschawa	อาชวะ	*ajjavam*	Rechtschaffenheit, Ehrlichkeit, Integrität
matthawa	มัทวะ	*maddavam*	Freundlichkeit, sanftes Gemüt
tapa	ตปะ	*tapam*	Bescheidenheit, Selbstbeherrschung
akkotha	อักโกธะ	*akkodham*	Sich nicht in Wut und Zorn steigern
awihingsa	อวิหิงสา	*avihisanca*	Friedfertigkeit, kein Unterdrücker

---

[836] Palastgesetz

| khanti | ขันติ | khantinca | Geduld, Tolleranz, Nachsichtigkeit |
| awirotthana | อวิโรธนะ | avirodhanam | Rechtskonformität, Rechtschaffenheit |

Diese zehn königlichen Tugenden waren eng mit dem Konzept des *Chakravartin*[837] verknüpft, den idealen und universellen Herrscher der, den ethisch-moralischen Geboten des *dhamma* folgend, gütig über die Welt herrscht. Durch gerechtes Handeln erlangt dem Pali-Kanon zufolge der Herrscher die Würde des *Chakravartin*. Prinz *Dhani Nivat* hat die entsprechende Passage wie folgt übersetzt: >>Dadurch das Du, lieber Sohn, Dich auf die Regeln [des Dhamma] stützt, sie respektierst und ehrst, ihnen Ehrerbietung erweist, sie heilig hältst, Du selbst ein Pfeiler [des Dhamma] bist (...) und [das Dhamma] Dein Herr und Meister, sollst Du Deinem Volk wahren Schutz und Protektion angedeihen lassen, desgleichen der Armee, desgleichen dem Adel, den Vasallen, Brahmanen (...), den Menschen in Stadt und Land, dem religiösen Stand und den wilden Tieren und Vögeln. Sorge dafür, das in Deinem Reich kein Unrecht gedeiht. Und wer immer in Deinem Reich arm ist, dem sei zu Wohlstand verholfen. Und wenn, lieber Sohn, in Deinem Reich hin und wieder Männer des Glaubens zu Dir kommen und Dich fragen, was Gut und was Böse sei, was ein Verbrechen ist und welche Taten auf lange Sicht Wohl oder Weh zeitigen, sollst Du hören, was diese zu sagen haben, und du sollst sie vom Übel abhalten und auf den Pfad der Tugend führen. Dies, lieber Sohn, sind die genuinen Pflichten eines Herrschers der Welt<< (*Dhani Nivat,1947:96*).

Der Buddhismus als modifizierte Form der brahmanischen Kosmologie verpflichtete den Herrscher und die moralische Autorität seines Amtes auf die ethischen Grundsätze des Pali-Kanon. >>Das brahmanische Konzept des Devaracha, dem König als Gott, wurde dergestalt modifiziert, das der König als Inkarnation des Rechts galt, während die geltenden moralischen Regeln des Buddhismus sicherstellten, das [dessen Regnum] vor dem Hintergrund des Rechts bewertet wurde>> (*Wyatt,1966:16*). Auch der Amtseid des am 13. Oktober 2016 verstorbenen Königs *Bhumibol Adulyadej*[838] implizierte bei dessen Krönung am 5. Mai 1950 das traditionelle Gelöbnis des Monarchen "gerecht zu herrschen, zum Wohl und zur Beglückung des siamesischen Volkes" [„เราจะครองแผ่นดินโดยธรรม เพื่อประโยชน์สุขแห่งมหาชนชาวสยาม"]. Solange das Reich prosperierte und der Regent militärisch erfolgreich war, konnte er sich der Loyalität des Adels und seiner Familie vergleichsweise sicher sein. Dennoch gab es immer wieder royale Dekrete, die alle Untertanen daran erinnerten, das der König gleichsam *Phra Chao Phaen Din* [พระเจ้าแผ่นดิน], „Herr über das Land" und *Phra Chao Chiwit* [พระเจ้าชีวิต], „Herr über das Leben" bzw. *Phra Chao Yu Hua* [พระเจ้าอยู่หัว], der „Herr über unseren Köpfen" und damit aller Untertanen war: >>Nur der König ist der Höchste im Land, weil er gottgleich ist. Er kann den Oberen (phu yai) zum Unteren (phu noi) machen und umgekehrt. Wenn der König einen Befehl erteilt, ist dieser wie eine Axt des Himmels. Wenn diese auf Bäume und Berge niederfährt, können diese nicht standhalten und werden zerstört werden<< (*Rabibhadana,1969:44*). Erfolgte aber ein veritabler und erfolgreicher Angriff von außen, wie beim ersten Fall Ayutthayas nach der birmanischen Invasion 1569, so hieß das Gebot der Stunde häufig: Jeder ist sich selbst der Nächste. Die späteren Könige Ayutthayas erkannten, das eine der Hauptursachen des nationalen Traumas von 1569 in der lockeren und räumlich distanzierten Organisationsform lag, die illoyale, opportunistische, egoistische und verschwörerische Tendenzen in Teilen der Elite beförderte.

---

[837] [จักรวรติ], Pali: *cakkavatti*
[838] Der offizielle Titel lautet: *Phra Bat Somdet Phra Paramintha Maha Bhumibol Adulyadej Mahitalathibet Ramathibodi Chakkrinaruebodin Sayamminthrathirat Borommanatthabophit* [พระบาทสมเด็จพระปรมินทรมหาภูมิพลอดุลยเดช มหิตลาธิเบศรรามาธิบดี จักรีนฤบดินทร สยามินทราธิราช บรมนาถบพิตร]. Im täglichen Sprachgebrauch wird von den Thais auch häufig der Terminus *Nai Luang* [ในหลวง] gebraucht.

Borommatrailokanat schuf 1450 auch die Funktion und den Titel des *Maha Uparacha*[839] [มหา อุปราช] und unternahm damit zumindest den Versuch, die Thronfolge verbindlich zu regeln. Da aber der König nach wie vor allein entschied, wen er zum *Uparacha* und designierten Thronfolger ernannte, wurde die latente Unberechenbarkeit der Thronfolge nicht nachhaltig eleminiert. Hinzu kam, das von wenigen Ausnahmen abgesehen, der *Uparacha in praxi* wenig Mitsprache bei den Entscheidungen des Hofes in Bezug auf die Reichspolitik hatte. Prinz Chula Chakrabongse verglich die Rolle mit der des Vizepräsidenten der USA; formal zweiter Mann im Staat aber in der Regel ohne nennenswerte *powerbase* (*Chula Chakrabongse,1960:33*). Der König ernannte entweder einen seiner Brüder oder Söhne mit der Hauptfrau[840] zum Vizekönig, wobei das Senioritätsprinzip in der Regel Vorrang hatte. Betraut wurde der *Uparacha* mit einem leitenden Posten in der Provinz – üblicherweise als Gouverneur des *müang* Phitsanulok. Er war also *qua definitionem* kein zweiter König – mit einer Ausnahme, die kurioserweise durch den Erfinder dieses Ranges entgegen seiner ursprünglichen Absicht vorgenommen werden mußte. Als Trailok unter dem Druck Chiang Mais seinen Regierungssitz zeitweilig nach Phitsanulok verlegen mußte, ernannte er seinen Sohn zum regierenden König von Ayutthaya. Um die Verwirrung komplett zu machen, wurde ein weiterer Sohn später zum *Uparacha* in Phitsanulok ernannt, der aber wiederum seinem älteren Bruder, dem Uparacha von Ayutthaya, rangmäßig nachgeordnet war[841]. Den Überlieferungen der Königlichen Chroniken zufolge existierte von Beginn an ein systemimmanenter Konflikt zwischen den Institutionen des Königtums und des Uparachas. Das wechselseitige Mißtrauen führte zu permanten Friktionen; der König war in ständiger Sorge, der Uparacha könnte ihm den Thron streitig machen, während dieser, selbst bei loyalem Verhalten, beispielsweise durch Intrigen bei Hof durch die absolute Macht des Herrschers bedroht war. Da der König die dem *Uparacha* gehörenden *phrai som* nicht kontrollieren konnte, bestand für diesen durchaus die Möglichkeit signifikanten Reichtum zu akkumulieren und dadurch eine signifikante Gefolgschaft generieren.

Ein weiterer Quell der Unruhe war der Umstand, das der König häufig einen (älteren) Bruder zum „Vizekönig" ernannte, um dann auf dem Totenbett seinem (ältesten) Sohn als Thronfolger zu bestimmen. Da die Bestimmung des Thronfolgers keine allgemein anerkannte und rechtlich tradierte royale Prärogative war und gleiches auch für das Prinzip der Primogenitur galt, konnte der amtierende Uparacha dies als inakzeptablen Affront betrachten und auch auf die Gefahr eines Bürgerkrieges hin seine Thronrechte geltend machen.

7.6.3.4. 1448 - 1463 Regnum in Ayutthaya

König Borommatrailokanat war bereits zu Beginn seiner Herrschaft auffällig um die Unterstützung der *sangha* bemüht und stand damit in der Tradition seiner Vorgänger, die allesamt Macht und Einfluß des Klerus zu konzedieren hatten. Die Mönche waren die Multiplikatoren der herrschaftlichen Botschaften bis in die kleinsten sozialen Gemeinschaften hinein und der lokale Tempel war das Zentrum des dörflichen Lebens. Einer der

---
[839] „Vizekönig"
[840] Die Polygamie, die erst 1935 per Gesetz illegalisiert wurde, implizierte keineswegs die Gleichstellung aller Ehefrauen. Gelegentlich konnten zwei Schwestern eine gleichrangige Stellung in der hausinternen Hackordnung einnehmen. In Falle des Königs war die Hauptfrau die Königin, die ihrerseits immer der eigenen Dynastie oder aber dem Königshaus eines Vasallenstaates entstammte. Die frühen Königinnen Ayutthayas waren unter ihrem Namen bekannt, dem der Titel *phra* vorgesetzt war. Die übrigen Frauen des Königs bekleideten den Rang einer *chao chom*. Die Kinder der *chao choms* galten, sofern vom König anerkannt, als Mitglieder des Königshauses. Allerdings richtete sich deren dynastischer Rang wiederum nach der vormaligen höfischen Stellung ihrer Erzeuger. Womit denn auch die Ursache für die einst gigantische Anzahl an Mitgliedern des thailändischen Königshauses erklärt wäre; erst mit der gesetzlichen Ächtung der Polygamie im Zuge der Abschaffung der absoluten Monarchie 1932 reduzierten sich die Sprößlinge königlichen Geblüts zwangsläufig auf ein überschaubares Maß.
[841] Diese verwirrende Konstellation blieb eine einmalige Episode

herausragendsten Gelehrten des modernen Thailand, *Phraya Anuman Ratchathon* [พระยาอนุมาน ราชธน][842], beschrieb die Bedeutung des lokalen *Wat* wie folgt: >>Gibt es im eigenen Dorf keinen Tempel, muss man sich unter Schwierigkeiten auf den Weg machen, um anderenorts *bun* [gutes kharma] zu erwerben. Die Mönche des lokalen Tempels, mit Ausnahme des Abtes [หลวงพ่อ], der möglicherweise von auswärts kommt, sind überwiegend Männer des Dorfes, die selbst [zeitweilig] die Robe genommen haben. Der Wat ist der Ort um seinen Wohlstand und seinen Sonntagsstaat zu zeigen und Freude zu haben, ohne, aus Furcht vor *bap* [schlechtes kharma], betrunken zu sein oder sich ungebührlich zu verhalten. Auf dem Grund des Tempels finden Feste, Aufführungen und Tänze statt. Zu diesen Anlässen mag man erstmalig seinem künftigen Ehepartner begegnen. Hat man Kinder und sind diese herangewachsen, so ist der Tempel der Ort, an dem sie Lesen und Schreiben lernen, einen guten Charakter entwickeln und später selbst Mönche werden. Stirbt jemand, so erfolgt die Feuerbestattung im Wat, wo auch die sterblichen Überreste verbleiben. Der Wat steht für alles Gute im Leben des Dorfbewohners, von der Geburt bis zum Tod<< (*Rabibhadana,1969:11*).

Die ebenfalls hierarchisch organisierte *sangha* diente als kommunikatives Bindeglied zwischen König und Volk und konnte entweder systemerhaltend oder destabilisierend wirken. Somit diente die Förderung des Buddhismus nicht nur dem Erwerb religiöser Meriten, sondern war auch den machtpolitischen Opportunitäten des Herrschers geschuldet. Gleich im ersten Jahr seines Regnums stellte Borommatrailokanat einen Teil seines Palastes für den Bau eines neuen Tempels zur Verfügung: *Wat Phra Si Sanphet*, das zukünftige spirituelle Zentrum Ayutthayas. Auch das religiöse Zentrum Sukhothais, *Wat Mahathat*, hatte sich auf dem Gelände des Königspalastes befunden wie auch der bedeutendste Tempel des modernen Thailand, *Wat Phra Kaeo*, zum Königspalast in Bangkok gehört.

Schon Ende der 30er Jahre hatte sich der spätere König Borommatrailokanat mit dem Prinzen *Yudhisthira (Phraya Yuthisathian)* [พระยายุธิษเฐียร] angefreundet. Dieser war nur wenige Jahre älter und wäre wohl selbst zu Königswürden in Sukhothai gelangt, hätte dieses als Königreich fortbestanden; denn er war vermutlich ein Sohn oder Enkel Mahathammarachas IV. und träumte von der Wiedergeburt eines eigenständigen Königreiches Sukhothai. Eines Tages soll *Yudhisthira* den damaligen Prinzen Ramesuan gefragt haben: >>Wenn Du dereinst König sein wirst, welchen Rang gedenkst Du mir zu geben? << Und Ramesuan habe ihm geantwortet: >>Als Vizekönig wirst Du mein halbes Reich regieren.<< (*Notton,1932:112*). Die Antwort muß *Phraya Yuthisathian* zufriedengestellt haben, denn kurz darauf stellte er seine Loyalität dem König Borommaracha II. gegenüber unter Beweis. Tilokaracha war als sechster Sohn seines Vaters 1441 auf den Thron von Chiang Mai gestiegen. Die erzwungene Abdankung Sam Fang Kaens stieß bei einigen Adeligen auf Widerstand und Teile der Nobilität wandten sich hilfesuchend an den König Ayutthayas. Dieser nutzte den willkommenen Vorwand und griff im folgenden Jahr, unterstützt von Prinz Yudhisthira sowie den Gouverneuren von Sukhothai und Kamphaeng Phet, Lan Na an. Ayutthaya erlitt eine schwere Niederlage im Felde und *Yudhisthira* zeichnete sich dadurch aus, daß er den sicheren Abzug Borommarachas ermöglichte, indem er mit seinen Kriegern den Rückzug deckte.

Entgegen seiner vermeintlichen Zusage ernannte Trailok nach seiner Thronbesteigung Prinzen Yudhisthira nicht zum Vizekönig, sondern lediglich zum *Chao Phraya Song Kwae*

---

[842] (1888-1969) Seinen Geburtsnamen *Yong Sathiankoset* [ยง เสฐียรโกเศศ] benutzte der Autodidakt auch noch nach Verleihung des Adelstitels als *nom de plume*. Der führende Linguist, Anthropologe und Etnograph seiner Zeit hinterliess einen reichhaltigen inter-kulturellen litararischen Fundus der Prosa, Biographien, soziologische Studien, kunsthistorische Abhandlungen und zahlreiche Veröffentlichungen zur thailändischen Folklore.Neben seiner Tätigkeit als Universitätsdozent diente er zeitweilig auch der *Siam Society* als Präsident.

[เจ้าพระยาสองแคว], also Gouverneur von Phitsanulok. Verärgert und enttäuscht soll sich *Phraya Yuthisathian* daraufhin an Tilokaracha gewandt und sich diesem als Verbündeten angedient haben, sofern dieser ihm helfe, das Joch Ayutthayas abzuschütteln. Tilokaracha ließ ihm ausrichten, er betrachte ihn fürderhin als seinen Sohn, was in der Sprache der Zeit seine Zustimmung artikulierte *(Notton, 1932:112)*. 1451 führte Tilokaracha, der inzwischen sein Reich durch die Eroberungen von Nan und Phrae arrondiert hatte und dadurch auch in den Besitz der dortigen wertvollen Salzvorkommen gelangt war, seine Truppen vor die Tore Kamphaeng Phets und anschließend nach Sukhothai, dessen Belagerung er aber ergebnislos abbrechen mußte *(RCA,2000:16)*. Möglicherweise hatte Tilokaracha die Nachricht erhalten, der König von Lan Chang bereite einen Angriff auf Chiang Mai vor. Mit den Soldaten Lan Nas sollen dann auch die 10.000 Krieger *Yudhisthiras* sowie eine große Anzahl erbeuteter Sklaven, Elefanten und Pferden in nördlicher Richtung aufgebrochen sein. Während des Rückmarsches sei eine Vorhut von Truppen Sri Satchanalais angegriffen worden *(Jumsai,1967:73)*. *Yudhisthira* habe nahezu 1.000 Mann verloren und Tilokaracha den sofortigen Gegenangriff befohlen, in dessen Verlauf die Bogenschützen Lan Nas mit vergifteten Pfeilen die Krieger Satchanalais zum Rückzug gezwungen hätten *(Notton,1932:113f.)*. Der zu diesem Zeitpunkt loyal zu Ayutthaya stehende Gouverneur Sri Satchanalais war vermutlich ein Mitglied der königlichen Familie Sukhothais *(Wolters/Cowan,1976:134)*. Schließlich erreichten Tilokaracha und *Yudhisthira* unversehrt Chiang Mai. Obwohl die Kampagne wenig erfolgreich verlaufen war, ernannte der König von Lan Na seinen Waffenbruder zum Gouverneur von Phayao. Sukhothai war sowohl für Ayutthaya als auch Lan Na von signifikanter Bedeutung. Einerseits bildete es das Fokus des neuen >>Tai Nationalbewußtseins<< *(Griswold & na Nagara,1976:132)*; viel wichtiger aber war die geostrategische Lage. Die vom südlichen Birma über Chiang Mai zum Golf von Siam verlaufenden Handelsrouten passierten allesamt die nördliche Tiefebene des Chao Phraya-Tales. Die Kontrolle über dieses Gebiet war wirtschaftlich von signifikanter Bedeutung und sollte mittelfristig über die Vorherrschaft im proliferierenden siamesischen Siedlungsgebiet entscheiden.

Die Königlichen Chroniken vermelden für das Jahr 1545 eine verheerende Pockenepedemie mit zahlreichen Todesopfern; der starke Anstieg der Reispreise zwei Jahre später *(RCA,2000:16)* mag seine Ursache darin gehabt haben, das nach der Seuche zeitweilig nicht genügend gesunde Arbeitskräfte zur Verfügung standen, um die benötigten Mengen an Reis zu produzieren. 1455 schickte Ayutthaya ein Expeditionskorps nach Malakka um die dortige Rebellion niederzuwerfen. Zwar war die Kampagne erfolgreich, aber der Sieg von nur kurzer Dauer. Auch wenn die Gegend um Malakka formal bereits zum Reich Ramkhamhaengs gehörte hatte, gab es zu keinem Zeitpunkt eine wirkliche Kontrolle und Herrschaft über diese Region; demzufolge löste sich Malakka alsbald wieder von Ayutthaya *(Syamananda,1988:39)*. 1456 hob Borommatrailokanat erneut eine Armee aus und auf dem Weg nach Chiang Mai schlug er sein Hauptquartier in *Kon* [ขอน][843] auf. Spione hatten dem König versichert, der Zeitpunkt für einen Angriff sei günstig, da die Hauptmacht der Armee Chiang Mais weiter nördlich gebunden sei. Doch die Informationen waren falsch und die Truppen Ayutthayas wurden geschlagen.

1458 (1464) ließ der König 550 Statuen der verschiedenen Manifestationen des Buddha gießen *(Wyatt,1973:36)* und *Wat Chulamani* [วัดจุฬามณี][844] errichten *(RCA,2000:16)*. 1460 revoltierte der vormals loyale Gouverneur von Sri Satchanalai und beteiligte sich im folgenden Jahr an den Feldzügen Tilokarachas gegen Phitsanuluk und der siebentägigen

---
[843] Am Ping-Fluß, vermutlich zwischen Kamphaeng Phet und Nakhon Sawan gelegen
[844] Am östlichen Ufer des *Maenam Nan*, etwa 5 Kilometer südlich der heutigen Provinzhauptstadt Phitsanulok gelegen

Belagerung von Kamphaeng Phet. Prinz Intharacha eilte mit Verstärkung aus Ayutthaya herbei und schlug die Truppen *Phraya Kiats*. Nachdem sich die Niederlage der Truppen Chiang Mais abzeichnete wechselte der flexible Gouverneuer erneut die Seiten und lud *Mün Dong Nagara*, den Gouverneur von Lampang und treuen Gefolgsmann König Tilokarachas, unter dem Vorwand eines Hahnenkampfes mit der Absicht in seinen Palast ein, ihn dort zu liquidieren. *Mün Dong* durchschaute jedoch das Manöver, umstellte mit seinen Männern den Sitz des Gouverneurs, nahm ihn gefangen und brachte ihn nach Chiang Mai. Tilokaracha ließ den Gefangenen vermutlich nach *Müang Hang* (*Wolters/Cowan,1976:137*) bringen und dort exekutieren. Die nunmehr „herrenlose" Provinz Sri Satchanalai erhielt *Mün Dong*. 1462 rebellerte Sukhothai und der dortige Gouverneur organisierte eine Massenemigration nach Nan; Ayutthaya entsandte den Kalahom, der die Bevölkerung wieder nach Sukhothai zurückbrachte, nachdem er die südliche Metropole wieder unter Kontrolle hatte. 1463 scheiterte eine erneute Invasion Lan Nas und König Trailok sah sich zu einem einmaligen Akt in der Geschichte Ayutthayas genötigt.

7.6.3.5. 1463 – 1488 Regnum [พระอินทราชา][845] in Phitsanulok

Angesichts der latenten Bedrohung aus dem Norden entschloß sich der König seinen Amtssitz und damit auch die Kapitale nach Phitsanoluk zu verlegen, während Ayutthaya auf den Status *müang luk luang* reduziert wurde und die nächsten 25 Jahre durch seinen ältesten Sohn, Prinz Borommaracha, den er vorher noch zum „Nebenkönig" mit dem Titel Borommaracha III. ernannt hatte, verwaltet wurde. Die räumliche Verlagerung zeigte zwei Vorteile: Einerseits war sie der geo-strategischen Notwendigkeit geschuldet, die erforderlichen militärischen Ressourcen in Schlagdistanz für die erwarteten künftigen Auseinandersetzungen mit dem wiedererstarkten Lan Na bereit zu halten. Andererseits schmeichelte die Aufwertung Phitsanuloks zur Kapitale dem Stolz des Sukhothai-Clans und beförderte die innenpolitische Stabilität. Wie erwartet griff Tilokaracha 1463 an, diesmal war sein Ziel Sukhothai. Borommatrailokanat und sein jüngerer Sohn, *Phra Intharacha* [พระอินทราชา][846] eilten herbei und die von Intharacha geführten Truppen schlugen zunächst die Armee *Yudhisthiras* und danach die Armee *Mün Dong Nagaras*. Intharacha und *Mün Dong Nagara* fochten ein Elefantenduell, in dessen Verlauf Intharacha in sumpfiges Gelände abgetrieben, von vier feindlichen Kampfelefanten umzingelt und einem Pfeil ins Gesicht getroffen wurde; dennoch gelang ihm die Flucht. Nach weiteren, verlustreichen Gefechten zog sich das Heer Lan Nas schließlich zurück (*RCA,2000:17*).

1465 ließ sich König Trailok in dem von ihm gestifteten Tempel Wat Chulamani zum Mönch ordininiert. Vielleicht erwuchs der Entschluß Borommatrailokanats der schmerzhaften Erkenntnis, den Erzfeind Tilokaracha im Feld nicht entscheidend schlagen zu können. Auch ein Friedensangebot in Form einer Allianz hatte der König Lan Nas zurückgewiesen. Eine auf 1681 datierte Inskription, die vor einer Halle in Phitsanuluk gefunden wurde, beschreibt die Ordination des Königs 1465, wobei ein Botschafter Lan Nas in Begleitung zwölf hochrangiger Mönche *(Wood,1924:89)*, sowie Vertreter Lan Changs und Hamsāvatis[847] anwesend waren und die traditionellen *Acht Requisiten* spendeten: Die Almosenschale, den herkömmlichen Rock, das Übergewand und das Schultertuch, den Gürtel, das Rasiermesser, die Nadel und den Wasserfilter. Auch der König dürfte vor der Ordination in Pali sein Bekenntnis zu den *Drei Juwelen* und Buddhas Formel der *Drei Zufluchten* intoniert haben: >>Ich nehme meine Zuflucht zu Buddha [พุทธังสะระณังคัจฉามิ], ich nehme meine Zuflucht zum

---

[845] Kurzform: Intharacha II.
[846] Kurzform: Intharacha II.
[847] Pegu

dhamma [ธัมมังสะระณังคัจฉามิ], ich nehme meine Zuflucht zur sangha [สังฆังสะระณังคัจฉามิ]<< *(Phya Anuman Rajadhon,1988:40)*. Zusammen mit dem König traten 2.348 Männer in den heiligen Stand, unzweifelhaft eine, wenn nicht die größte Massenordination in der Geschichte Ayutthayas. Der König selbst verblieb acht Monate und fünfzehn Tage in Wat Chulamani; wie lange die anderen 2.348 Männer die Robe trugen bleibt durch die zeitgenössischen Quellen unbeantwortet. Auf Wunsch des Prinzen Intharacha sowie der einflußreichsten Adeligen verließ Borommatrailokanat 1466 das Kloster, kehrte nach Phitsanulok zurück und nahm seine Amtsgeschäfte wieder auf.

Doch auch während seiner achtmonatigen Klausur hatte sich Borommatrailokanat augenscheinlich dem politischen Tagesgeschäft gewidmet. Zunächst hatte er Tilokaracha aufgefordert, ihm eine Provinz für seinen Unterhalt zum Lehen zu geben; dieser wiederum ließ dem königlichen Mönche ausrichten, er halte eine solche Forderung unter Berücksichtigung des gegenwärtigen Standes des Bittstellers für unangemessen. Daraufhin soll sich Borommatrailokanat dann der Dienste eines burmesischen Schamanen, dem magische Kräfte und Fähigkeiten nachgesagt wurden, bedient haben. Im Nordosten Chiang Mais befand sich ein großer Baum[848], dem die Menschen der nördlichen Kapitale goße spirituelle Bedeutung zumaßen *(Wood,1924:90)*. Der Burmese begab sich nach Chiang Mai und erwarb sich bei Hofe sehr schnell das Vertrauen des Königs. Bald darauf fragte Tilokaracha den Schamanen, ob dieser nicht eine Magie kenne, der ihn zu einem großen Feldherrn mache. Der Schamane riet ihm, im Nordosten der Stadt einen großen Palast in Form eines Löwen zu errichten. Um den benötigten Platz zu schaffen mußten die dort stehenden Bäume gefällt werden, so auch der magische *si müang*. Dort wo einst das Heim der Geister war, wurden nun die Latrinen des neuen Palastes gebaut, was den Chroniken *(Wyatt/Wichienkeeo,1995:84f.)* zufolge die vormaligen Bewohner nicht eben erfreute. Diese sollen sich für den an ihnen begangenen Frevel auch dadurch gerächt haben, daß sie die Frau Tilokarachas dazu brachten, den Sohn des Königs als Verschwörer zu diffamieren. Daraufhin wurde der beschuldigte *Bun Rüang* zum Provinzkommandeur degradiert, doch die Geister, bzw. ihr weltliches Medium gaben keine Ruhe und forderten den Kopf des vermeintlichen Umstürzlers. Tilokaracha gab schließlich nach und mußte nach der Hinrichtung entsetzt zur Kenntnis nehmen, daß der Filius doch unschuldig war. Alternativ zu dieser legendenhaften Überlieferung steht die These, das sich bei König Tilokaracha zunehmend geistige Umnachtung bemerkbar machte *(Syamananda,1988:38)*. Nachdem Ayutthaya, die vermeintliche Gunst der innenpolitischen Unruhen in Chiang Mai nutzend, 1474 ein weiteres mal vergeblich versuchte, den nördlichen Rivalen zu besiegen, realisierten beide Seiten das militärische Gleichgewicht und es bagann eine Phase relativer Befriedigung in den Beziehungen, die bis zum Ende des Regnums Trailoks andauern sollte. Unabhängig davon nutzte Chiang Mai die durch seine Spione *(Wyatt/Wichienkeeo,1995:84ff.)* in Ayutthaya und Phitsanuluk gewonnenen Informationen und für diverse militärische Operationen, beispielsweise gegen verschiedene Shan-Staaten. Überliefert ist ein Feldzug Sukhothais gegen Satchanalai im Jahre 1474 und eine im Ergebnis ebenso erfolglose militärische Kampagne Ayutthayas gegen Nan 1486 *(RCA,2000:17)*.

Die siamesischen Chroniken weisen kurioserweise keinerlei Hinweise auf Interaktionen mit dem Reich der Khmer auf. Dort hatte *Noreay Ramathipatei* zunächst seinen Vetter *Ponhea Yat* beerbt. Als König *Noreay* starb, kämpften seine Söhne *Phra Srei* und *Chao Ba Soryotai* nicht nur um die Thronfolge; *Phra Srei* gelang die vorübergehende Rückeroberung von *Korath* [โคราช][849] und *Chantaban*, was Ayutthaya wiederum auf den Plan rief. Beide wurden schließlich gefangen genommen und nach Ayutthaya gebracht. Der jüngste Bruder *Phra*

---

[848] *si müang* (Glück der Stadt)
[849] Abkürzung für den alten Namen der Khmer *Angkor Raj*. Das heutige *Nakhon Ratchasima* [นครราชสีมา] ist die Hauptstadt der gleichnamigen Provinz.

Sreis, *Thommo Reācheā* und der dritte Sohn *Ponhea Yats* hatten sich nach *Baphuon*[850] zurückgezogen und dort die versprengten Reste der Khmer-Truppen erneut vereinigt. Zwischen 1473-1476 kam es wiederholt zu bewaffneten Auseinandersetzungen an deren Ende sich *Thommo Reācheā* zum König erklärte. Als 1484 sein Bruder *Phra* Srei in der Gefangenschaft starb sandte *Thommo Reācheā I* eine diplomatische Mission und da Borommatrailokanat diese als formelle Anerkennung seiner Suzeränität bewertete, wurde der Korpus für die Überführung und Kremation auf heimischen Boden freigegeben. Da man aber dem neuen König der Khmer nicht recht traute wurde vorsichtshalber darauf bestanden, Prinz *Ong*, einen der Söhne *Thommo Reācheās*, als royale Geisel zu behalten *(Jumsai,1979:27f.)*.

In seinen letzten Lebensjahren widmete sich der König primär religiösen Aktivitäten und literarischen Studien zu. 1482 befahl er die Restauration *Wat Yais*, dessen *Phra Phuttha Chinnarat* einst bei seiner Ankunft blutige Tränen geweint haben soll. Sein literarisches Vermächtnis schuf er mit *Maha Chat Kham Luang* [มหาชาติคำหลวง][851], die siamesische Variante der *Vessantara Jataka, Maha Wetsandon Chadok* [มหาเวสสันดรชาดก][852]. Darin wird die letzte Inkarnation des Bodhisattva[853] als Prinz Vessantara geschildert, der alles was er besitzt, selbst seine Kinder, verschenkt und damit die buddhistische Idealvorstellung von Barmherzigkeit und Nächstenliebe prägte.

7.6.3.6. Exkurs: Die Vessantara Jataka [มหาเวสสันดรชาดก]

Prinz Vessantara (der Bodhisattva) [มหาเวสสันดร] war der Sohn von Sañjaya [พระเจ้าสญชัย][854], König von Sivi [เมืองสีพี], und Königin Phusatī [พระนางผุสดี][855], und wurde so genannt, weil seine Mutter die Wehen bekam, als sie in Jetuttara[856] die Vessa-Straße[857] passierte und in einem Haus dieser Straße niederkam. Gleich nach der Geburt begann er zu sprechen. Am gleichen Tag wurde auch ein weißer Elefant namens Paccaya [ปัจจัยนาค] geboren. Er heiratete Maddī [พระ

---

[850] [ប្រាសាទបាពួន] Ein Mitte des 11. Jahrhunderts zu Ehren des Hindu-Gottes Shiva erbauter monumentaler Tempelberg. Ursprünglich Mittelpunkt der Khmer Kapitale *Yasodharapura*, liegt die archäologische Stätte heute in Angkor Thom nahe der Stadt Siem Reap.
[851] "Die Königliche Version der Großen Geburt"
[852] Auch *thet mahachat* [เทศน์มหาชาติ]
[853] [बोधिसत्त्व] Von *bodhi* „„„Erleuchtung" oder „Erwachen" und *sattva* „Wesen", also etwa das „erleuchtete Wesen". Der Theravada-Buddhismus lehrt neben dem Erreichen des *bodhi* mit Hilfe eines Bodhisattva vor allem das Erlangen der Erleuchtung, des Erwachens, durch eigenes Bemühen. Dieses Ideal des *Arhat* (ein praktizierender Buddhist, der Gier, Hass und Verblendung vollständig abgelegt hat), des „Heiligen", der die Überwindung des *samsara* (Bezeichnung für den immerwährenden Zyklus des Seins, den Kreislauf von Werden und Vergehen oder den Kreislauf der Wiedergeburten) aus eigenem Bemühen anstrebt, wird im Mahayana-Buddhismus nicht als vollständige Befreiung verstanden. Der einzige im Theravada bekannte Bodhisattva ist der kommende Buddha Maitreya [พระศรีอริยเมตไตรย]. Sein Kommen ist einigen Quellen zufolge für 3.000, 5.000 bzw. 30.000 Jahre nach dem historischen Buddha (Siddharta Gautama). vorausgesagt. Ein derart „baldiges" Kommen widerspricht jedoch Aussagen im Pali-Kanon. Im *Suttapitaka* (Drei-Korb der Lehrreden) heißt es, Maitreya werde erscheinen, wenn die Menschen (wieder) achtzigtausend Jahre alt werden, was sich nicht plötzlich, sondern über viele Zwischenstufen vollziehen soll. Demnach können die Prognosen für die Ankunft des „Lachenden Buddha" auch als unbestimmte Vorhersagen im Sinne von: „in ferner Zukunft ..." verstanden werden. Zur Zeit des Buddha Gautama soll Maitreya als Bodhisattva-Schüler inkarniert gewesen sein.
[854] Shuddhodana [शुद्धोदन]. Er stammte aus dem Volk der *Shakya* und soll über den alten nordindischen Staat Kapilavastu (heute Nepal) geherrscht haben.
[855] *Sudhammā*, Tochter von *Kikī*, des Königs von Benares. Geboren in *Tāvatimsa*-Himmel, der zweiten von sechs Götterwelten nach hinduistischer Vorstellung, erhielt sie ihren Namen, weil sie am Tage der Geburt nach Sandelholz duftete.
[856] Die Hauptstadt des Reiches
[857] Im Viertel der Kaufleute

นางมัทรี]⁸⁵⁸ im Alter von sechzehn, und ihre Kinder hießen Jāli [ชาลี]⁸⁵⁹ und Kanhajinā [กัณหา]⁸⁶⁰. Zu dieser Zeit gab es eine große Dürreperiode in Kālinga [เมืองกลิงคราษฎร์]⁸⁶¹ und acht Brahmanen kamen von dort nach Vessantara um den weißen Elefanten zu erbitten, der im Rufe stand, Regen erzeugen zu können. Der Prinz erfüllte ihren Wunsch und ob des Verlustes des wertvollen Tieres verlangten die Einwohner von Jetuttara von Sañjaya, dass er den Sohn auf den Vankagiri-Berg [เขาวงกต]⁸⁶² verbannt werden sollte. Prinz Vessantara akzeptierte die Verbannung, bat aber um einen Tag Aufschub für die *Sattasataka*: „Ich werde morgen ein aus siebenhundert Dingen bestehendes Almosen spenden. 700 Elefanten, 700 Pferde, 700 Wagen, 700 Frauen, 700 Kühe, 700 Sklavinnen und 700 Sklaven; sowie mancherlei Arten Speise und Trank, bis zum Branntwein herunter". Den ganzen Tag überströmten aus ganz Jambudīpa⁸⁶³ die Menschen herbei, um in den genuß seiner Spenden zu kommen. Als Vessantara sich von seinen Eltern verabschiedete bestand Maddī darauf, ihn mit seinen beiden Kindern zu begleiten. Sie verließen die Stadt in einer prächtigen Kutsche, gezogen von vier Pferden, aber außerhalb der Stad, baten vier Brahmanen um die Pferde. Danach zogen Engel die Kutsche bis ein Brahmane die Kutsche verlangte. Von da an gingen sie zu Fuß, durch Suvannagiritāla⁸⁶⁴, über den Fluss Kantimārā, bis hinter den Berg Arañjaragiri⁸⁶⁵ und Dunnivittha⁸⁶⁶, bis zu der Stadt ihres Onkels im Königreich Cetī [เชตเมือง]⁸⁶⁷. Die Götter kürzten ihren Weg und die Bäume senkten ihre Zweige damit sie die Früchte essen konnten. 60.000 Krieger kamen um Vessantara zu begrüßen und boten ihm ihr Königreich an, was er jedoch ablehnte. Er verweilte außerhalb der Stadttore und am nächsten Morgen folgten ihnen die Bewohner der Stadt fünfzehn Meilen lang, bis sie den Wald erreichten.

Vessantara und seine Familie gingen weiter nach Gandhamādana⁸⁶⁸, zum Fuß des Berges Vipula⁸⁶⁹ bis zum Fluss Ketumatī⁸⁷⁰, wo ein Förster namens *Phra Pa Jetabud* [พรานป่าเจตบุตร] sie verpflegte. Sie überquerten den Fluss, gingen weiter bis hinter Nālika⁸⁷¹, entlang des Ufers des Sees Mucalinda⁸⁷² und dann entlang eines schmalen Fußpfades bis in den dichten Wald

---

⁸⁵⁸ Auch *Rāhulamātā*, *Bhaddakaccānā* bzw. *Yasodharā* [พระนางพิมพ์ยโสธรา]. Yasodhara war die Tochter des Fürsten *Suppabuddha* und dessen Frau *Pamita* aus dem Volk der Shakya. Im Alter von 16 Jahren wurde sie ihrem Cousin vermählt, dem gleichaltrigen Shakya-Prinzen Siddhartha. Im Alter von 29 Jahren gebar sie den gemeinsamen Sohn *Rahula* [พระราหุล]. Viele Jahre später, als Siddhartha zum historischen Buddha geworden war, trat sie gemeinsam mit ihrer Schwiegermutter *Pajapati*, der Ziehmutter Siddharthas, als *mae chi* [แม่ชี] in den Orden des Buddha ein und wurde schließlich zur *bikkhuni* [ภิกษุณี]
⁸⁵⁹ Rāhula
⁸⁶⁰ *Bhikkhuni Uppalavannā*. Gemäß dem Pali-Kanon eigentlich die Tochter eines Kaufmannes aus Savatthi (*Srāvastī*, zu Lebzeiten des Buddhas unter den 6 grössten Städten Indiens; das heutige Lakhnau im Bundesstaat Uttar Pradesh). Aufgrund ihrer außergewöhnlichen Schönheit warben mächtige und reiche Männer um ihre Hand. Da sie keinen der Bewerber akzeptierte und der Vater der dauernden Absagen überdrüssig wurde, wurde sie auf seinen Vorschlag hin Nonne. Insbesondere in der hohen Kunst der Meditation machte sie derartige Fortschritte, das Buddha sie zu Lebzeiten als die *bikkhuni* mit der größten spirituellen Gabe und Aura erklärte.
⁸⁶¹ Kalinga war ein Königreich im östlichen Mittelindien, das in etwa den Bereich des heutigen Odisha und die nördlichen Teile Andra Pradeshs umfasste.
⁸⁶² Ein Berg im Himavā (Himalaya)
⁸⁶³ Der südliche Kontinent in der buddhistischen Kosmologie
⁸⁶⁴ Ein Berg, etwa 16 km von Jetuttara entfernt
⁸⁶⁵ Eine Bergkette im Majjhimadesa im südlichen Teil Uttarapathas
⁸⁶⁶ Ein Brahmanen-Dorf in Kalinga
⁸⁶⁷ Cetī lag südwestlich von *Kāsī* (Benares), bis 1194 ein unabhängiges Brahmanenreich.
⁸⁶⁸ Mount Gandhamadana. Die höchste Erhebung auf Pamban (Rameswaram Island), eine zwischen dem indischen Festland und Sri Lanka gelegene Insel. In der hinduistischen Kosmologie einer der vier Grenzgebirge, welche die Zentralregion der Welt (*Ravritta*) mit dem Berg Meru umgeben.
⁸⁶⁹ In der hinduistischen Kosmologie das westliche Grenzgebirge der Zentralregion der Welt.
⁸⁷⁰ Ein Fluss im Himalaya
⁸⁷¹ Ein Brahmanendorf in Magadha (ein nordostindisches Königreich des 6. und 5. vorchristlichen Jahrhunderts welches und umfasste in etwa das Gebiet des heutigen Bundesstaates Bihar umfasste), in der Nähe von *Rājagaha* (Rajgir).
⁸⁷² Einer der großen Seen im Himalaya, nördlich von *Nālicapabbata*

nach Vankagiri [ตำบลบ้านทุนนวิฐ]. Dort hatte Vishvakarman[873], auf Anweisung von Sakka[874], bereits zwei Einsiedeleien gebaut, eine für Vessantara und eine für Maddī und die Kinder. Durch Vessantaras Einfluss wurden alle wilden Tiere im Umkreis von drei Meilen zahm. Maddī stand jeden Tag bei Morgengrauen auf um im Wald Wasser zu holen und Wurzeln und Früchte zu sammeln. So vergingen vier Monate. Dann kam von Dunnivittha ein alter Brahmane, Jūjaka [ชูชก][875] genannt, der von seiner jungen Frau Amittatāpanā [อมิตตาดา] geschickt wurde, Sklaven für sie zu finden, weil sie von den neidischen Frauen des Dorfes beim Wasserholen wegen des großen Altersunterschiedes verspottet wurde. Sie sagte Jūjaka, dass es einfach wäre, die Kinder von Vessantara als Sklaven zu bekommen und so traf dieser am späten Abend in Vankagiri ein. In der Nacht hatte Maddī einen Albtraum und verängstigt kam sie zu Vessantara. Dieser wusste um die Bedeutung des Traumes, beruhigte sie aber und schickte sie in den Wald um Nahrung zu suchen. Während ihrer Abwesenheit kam Jūjaka und äußerte seinen Wunsch. Vessantara gab bereitwillig seine beiden Kinder, diese aber rannten fort und versteckten sich in einem Teich. Erst als ihr Vater ihnen sagte, sie sollen mit Jūjaka gehen, kamen sie hervor. Erst spät am Abend kam Maddī zurück, weil die Götter sie in Gestalt wilder Tieren aufgehalten hatten, damit sie nicht das Opfer Vessantaras verhindere. Am nächsten Morgen erschien Sakka höchstselbst in Form eines Brahmanen und verlangte sie. Vessantara gab Maddī dem Brahmanen worauf dieser seine wahre Identität enthüllte, Maddī wieder zurück gab und Vessantara acht Wünsche gewährte. Vessantara bat um folgendes:

- Er möge von seinem Vater wieder aufgenommen werden,
- Er möge niemand den Tod bringen,
- Er möge für alle eine Hilfe sein
- Er möge keine andere Frau begehren,
- Sein Sohn möge lange leben:
- Er möge göttliche Speisen haben,
- Sein Wille zu Geben solle niemals enden,
- Nach seinem Tod möge er im Himmel geboren werden.

In der Zwischenzeit hatte Jūjaka mit den Kindern nach fünfzehn Tagen Marsch Jetuttara erreicht, obwohl er eigentlich nach Kālinga gehen wollte. Sañjaya, der Grossvater, kaufte die Kinder von Jūjaka für einen sehr hohen Preis zuzüglich eines siebenstöckigen Palastes zurück. Jūjaka aber verfiel der Völlerei, woran er schließlich starb und so fiel das ganze Gut wieder an den König zurück. Sañjaya rüstete seine Armee und gab Anweisung eine Straße von Jetuttara nach Vankagiri zu bauen. Sieben Tage später machten sich Sañjaya und Phusatī, von Jāli angeführt, auf den Weg nach Vankagiri. Im Heerestross befand sich auch der weiße Elefant, der mittlerweile von Kālinga zurückgegeben worden war. Die Wiedersehensfreude war groß und Vessantara wurde an Ort und Stelle zum König gekrönt. Nach einem Monat voller Feiern zogen sie wieder nach Jetuttara. An dem Tag, an dem Vessantara die Stadt betrat, ließ er alle Wesen befreien. Am Abend, als darüber nachdachte, was er am nächsten Tag spenden könne, wurde Sakkas Thron heiß und er sandte einen Regen von sieben Arten Kostbarkeiten, bis der Palast bis zur Hüfte und die Stadt knietief davon bedeckt waren. Vessantara war somit in der Lage, bis ans Ende seiner Tage zu spenden und nach seinem Tode wurde er im Tuṣita-Himmel[876] geboren.

---

[873] [विश्वकर्मन्] „der Allschaffende". Im Hinduismus der göttliche Baumeister des Universums und Urvater aller Künste.
[874] [शक्र] Herrscher des Trāyastriṃśa [ดาวดึงส์], des zweiten Himmels in der buddhistischen Kosmologie und Sitz der 33 Götter
[875] Der Brahmane Devadatta, der Schwager Vessantaras

[876] [तुषित] Eine himmlische Welt, in der sich der kommende Buddha Maitreya derzeit befinden soll.

Conclusio

Die Historiographie würdigt gleichsam den Krieger, Staatsmann und Literaten Borommatrailokanat, angesichts der Lebensleistung in den vierzig Jahren seiner Herrschaft sicherlich nicht zu Unrecht. Der holländische Chronist Van Vliet hatte zwar erhebliche Probleme bei der Datierung des Regnums *Prae Boromma Thraeijlock Chanaets*, würdigt aber dennoch dessen Leistungen mit den stereotypen Formulierungen: >>Er war der großzügigste König den Siam jemals hatte, weil seine Majestät von niemanden Tribute, Abgaben oder Geschenke verlangte[877]. Er befestigte die wichtigsten Städte und ließ um sie herum Mauern errichten, wie in Phitsanulok, Sawankhalok, Kamphaeng Phet, Sukhothai etc. Er gründete auch viele Tempel. Er stellte Arbeiter ein, die er täglich bezahlte und beschäftigte keine Sklaven, wie die meisten Könige vor ihm bis auf den heutigen Tag. Seine Majestät lebte ein schaffensreiches Leben, das seinen Vorgängern nicht vergönnt war. Er war gnädig und um die Wohlfahrt seines Volkes und den Frieden des Landes besorgt. Er liebte die Gerechtigkeit und ließ sich ein Richter durch Geschenke bestechen, so ließ er ihn hart bestrafen<<. (*Van Vliet,1640:207*)

Dem Krieger Trailok gelang es im Norden, Ayutthaya gegenüber dem wiedererstarkten Lan Na und dem aufstrebenden Reich Lan Chang zu behaupten. Im Süden war der Verlust von Malakka noch vor dem Eintreffen der Portugiesen zu beklagen. Die militärischen Aktivitäten König Trailoks entsprangen nicht einem etwaigen königlichem Größenwahn, sondern waren die zwangsläufige Folge auf die Herausbildung zweier veritabler Konkurrenten um das Suprematie im siamesischen Kontext (*Wyatt,1998:74*). Nach rund 150 Jahren begannen sich die Ambitionen von Ayutthaya, Lan Na und Lan Chang zunehmend zu „internationalisieren" und eine neue Generation von Regenten blickte über den regionalen Tellerrand hinaus. Um so notwendiger waren die vom König initiierten Reformen in Bezug auf die administrative Neu- bzw. Reorganisation der Reichs- und Provinzverwaltung. Insbesondere in der zweiten Hälfte des 15. Jahrhunderts, mit den permanenten bewaffneten Konflikten vor allem im Norden des Reiches, war es die von Trailok geschaffene effizientere Hierarchie und Verwaltung, die für den ständigen Nachschub an Mensch und Material sorgte und gleichermassen die benötigte *leadership* produzierte und damit den Bestand des Reiches sicherte.

Insbesondere zum Ende seines langen Regnums widmete sich Borommatrailokkanat zahlreichen religiösen und spirituellen Aktivitäten. Er war der erste Herrscher Ayutthayas, der sich zum Mönch ordinieren ließ und damit an die Tradition der Herrscher Sukhothais, namentlich Mahathammaracha I. anknüpfte. Das er die Robe in dem eher unbedeutenden Tempel Wat Chulāmānī nahm, mag taktische Gründe gehabt haben. Eine Ordination im spirituellen Zentrum Sukhothais hätte in Ayutthaya als Affront empfunden werden können. Das ein Mönch aus Ceylon, dem damaligen Nabel der buddhistischen Welt, die Ordinierung leitete, mag als Indiz für den genuinen religiösen Anspruch Trailoks dienen. Möglicherweise war dies ausschlaggebend dafür, das es dem König in der Folge gelang, die *sangha* Sukhothais, und damit die wichtigsten gesellschaftlichen Meinungsbildner und Multiplikatoren (*Kasetsiri,1976:141*) auf seine Seite zu ziehen. Der formalen staatlichen Inkorporation Sukhothais folgte Ausgang des 15. Jahrhunderts auch die zunehmende kulturelle Integration. Im 16. Jahrhundert hieß die Frage nicht mehr Ayutthaya oder Sukhothai, sondern welcher der beiden rivalisierenden Clans die Oberhand gewinnen würde; ergo das Ringen zweier Dynastien um die Suprematie in einem verbindlich definierten und allgemein akzeptierten gemeinsamen geographischen Kontext.

---

[877] Angesichts der mehrmonatigen unentgeltlichen Zwangsarbeit für den König, diverser vorhandener Steuern und die Zwangsabgaben in Verbindung mit den royalen Handelsmonopolen, die auch noch zu Zeiten Van Vliets existent waren, eine opportunistische, bestenfalls auf Naivität beruhende Behauptung.

7.6.4. Lusitania ante portas – Europa entdeckt Südostasien

Die kommunikativen und ökonomischen Hauptschlagadern zwischen dem Europa, Indien und China des 15. Jahrhunderts waren zu Lande die berühmte Seidenstraße und zu Wasser die sogenannte Gewürzstraße. Letztere führte vom Roten Meer bis in das Chinesische Meer, welches bis Malaya von den Chinesen und ab dort von den Arabern beherrscht wurde. Als die Portugiesen sich im 15. Jahrhundert für Asien kommerziell zu interessieren begannen, hatten die Araber den Indischen Ozean unter ihrer Kontrolle und die nördlichen Teile der Seidenstraße abgeschnitten.

Ausgangs des 15. Jahrhunderts war es den Portugiesen gelungen, daß arabische Monopol über die asiatischen Meere zu brechen und es folgte die ethnographische und kartographische Erfassung der indochinesischen Halbinsel. Die Knappheit an Edelmetallen im mittelalterlichen Europa sowie die immense territoriale Präsenz des muslimischen Einflussbereiches paralysierten den Handel und machten den Zugriff auf das kostbare und begehrte asiatische Handelsgut, vor allem Seide, Edelsteine und Gewürze, landseitig schwierig und kostenintensiv. Wer also den Seeweg nach Indien beherrschte konnte den Zwischenhandel ausschalten und dessen enorme, in den mediterranen Handelszentren Byzanz und Venedig generierten, Profite selber realisieren. Die weltpolitisch geschulten Köpfe aus der Seefahrerakademie des Prinzen Heinrich von Portugal[878] hatten das bereits zu einer Zeit realisiert, in der der Blick des übrigen Europa nicht viel weiter ging als bis zu den Kirchtürmen der nächsten Stadt. Die Kleinstaaterei und das provinzielle politische Denken und Handeln im Heiligen Römischen Reich Deutscher Nation war chronischer Natur. Frankreich hatte sich in lang andauernden Fehden mit England erschöpft. In Italien kämpfte jeder gegen jeden, selbst große Seestädte wie Genua, Neapel und Venedig waren in ihrer Schlagkraft wesentlich beeinträchtigt. Spanien wurde lange Zeit durch seinen Kampf gegen die Mauren in Anspruch genommen – lediglich Portugal erfreute sich seit gut 150 Jahren gesicherter Grenzen und geordneter innerer Verhältnisse. Klug und zielstrebig hatte das kleine Land an der Westküste der iberischen Halbinsel die Gunst der historischen Fügung genutzt und sozusagen von *padrão*[879] zu *padrão* ein koloniales Imperium in Westindien aufgebaut: 1419 landeten lusitanische Karavellen auf Madeira, 1427 auf den Azoren und 1456 gingen liefen sie die Kapverdischen Inseln an. 1460, im Todesjahr Heinrich des Seefahrers, erreichten sie Guinea, 1477 bereits den Äquator und Diego Cão[880] führte in mehreren Fahrten seine Schiffe an die Gestade des Kongo sowie entlang der Küsten der heutigen Länder Angola und Namibia.

Als 1487 Bartolomé Diaz[881] das *Kap der Guten Hoffnung* umsegelte, war der fast das ganze 15. Jahrhundert hindurch angestrebte große Wurf gelungen: der Seeweg nach Ostindien konnte im Prinzip als entdeckt und sicher erkundet angesehen werden. Denn nun stand zweifelsfrei fest, daß im Osten des schwarzen Erdteiles Meer war, und kein Festland, wie die Altvorderen immer vermutet hatten. Schleunigst ging man daran, den Bau und die Ausrüstung eines Geschwaders voranzutreiben, das unter den Befehl Vasco da Gamas gestellt wurde. Gegen Abend des 20. Mai 1498 lagen die Schiffe des Admirals auf der Reede von Kalikut:

---

[878] Dom Henrique (1394-1460), obwohl persönlich keine nennenswerten nautischen Erfahrungen habend, *O Navegador*, „Der Navigator" genannt.

[879] *padrão*: Markierungsstein mit dem Wappen der portugiesischen Krone; wurden als sichtbares Zeichen der Inbesitznahme des von den portugiesischen Seefahrern neu entdeckten Landes gesetzt.

[880] Der vermutlich um 1486 verstorbene Diogo Cão stand im Dienste des portugiesischen Königs Johann II. , der die Suche eines Seewegs nach Indien um Afrika herum energisch vorantrieb. Man schreibt dem portugiesischen Entdecker zwei oder drei Reisen entlang der west- und südafrikanischen Küste zu.

[881] (1450-1500). Diaz war der erste Europäer, der die Südspitze Afrikas umsegelte, die er *Cabo Tormentoso* nannte. Diaz nahm auch als einer der Kapitäne an der zweiten Indienexpedition unter dem Kommando von Pedro Álvares Cabral teil, in deren Verlauf 1500 Brasilien für Portugal in Besitz genommen wurde.

der Seeweg nach Ostindien war für Portugal endgültig gewonnen. Da Gama erhielt den honorigen Titel eines *Almirant da India* und das orientalische Empire Portugals, nunmehr als *Estado da India* bezeichnet, nahm zunehmend Gestalt an. Da der westindische Handel seit Jahrhunderten überwiegend in den Händen arabischer Kaufleute gelegen hatte, waren diese alles andere als erfreut über den neuen Konkurrenten. Im *Roteiro de viagem de Vasco da Gama*, dem Reisetagebuch eines einfachen Matrosen im Geschwader des Admirals der auf der „Raphael" fuhr, ist die alte arabische Handelsroute exakt beschrieben: >>Vom selbigen Lande Calicut, das Hochindien heißt, kommen die Gewürze, die im Westen und im Osten und in Portugal gegessen werden und dergleichen in allen Ländern der Welt. Desgleichen kommen von selbiger Stadt viele Edelsteine aller Art. Von eigenen Erzeugnissen gibt es in Calicut nur folgende Gewürze: viel Ingwer und Pfeffer und Zimmet, obwohl dieser nicht so fein ist wie von einer Insel, welche Cillao [Ceylon] heißt. Diese Insel ist von Calicut acht Tagereisen entfernt. All dieser Zimmet geht nach besagter Stadt Calicut oder nach einer Insel, die sie Meleka [Malakka] nennen, von wo die Gewürznelke dann nach Calicut kommt. Von hier hohlen die Schiffe von Mekka die Gewürze und bringen sie nach einer Stadt, die Judea [Dschidda] heißt. Und von der Insel Meleka bis dorthin brauchen sie vor dem Winde fünfzig Tage, weil die Schiffe dieser Länder nicht mit Seitenwind fahren. Und dort laden sie aus und geben dem Großsultan ihren Zoll. Da laden sie die Gewürze dann in kleinere Schiffe um und bringen sie über das Rote Meer nach einem Ort, der nahe am Sinai liegt und Tuus [Suez] heißt. Auch hier bezahlen sie wieder Zoll. Hier laden die Kaufleute selbige Gewürze auf Kamele, die sie für 4 Cruzados je Tier mieten, und bringen sie nach Kairo in zehn Tagen und dort bezahlen sie wieder Zoll. Allda laden sie die Gewürze von neuem in Schiffe, die auf einem Fluß gehen, welcher Nil heißt und der aus dem Lande des Erzpriesters Johannes herniederkommt. Und auf diesem Fluß gehen sie zwei Tage, bis sie zu einem Ort kommen, der Roxete [Rosette, an der westlichen Nilmündung] heißt, und hier zahlen sie wieder Zoll. Und nun lädt man die Lasten abermals auf Kamele und bringt sie in einer Tagesreise nach Alexandria, selbige ist eine Seestadt. Und dorthin kommen die venezianischen und genuesischen Galeeren, die Gewürze abzuholen<<. (*Herrmann,1956:111*)

Den klugen Köpfen am portugiesischen Hofe wurde recht bald bewußt, daß sie zur Erhaltung des status quo dauerhaft eine starke Position in Indien, Malakka und Aden einnehmen mußten, und nicht nur Westafrika, sondern auch den weiten Bogen der ostafrikanischen Küste abzusichern hatten. Für das kleine Portugal dauerhaft ein nicht zu leistender logistischer Kraftakt und so erschien manchen Zeitgenossen in Lissabon die Erkenntnisse des Vasco da Gama als Danaergeschenk. Dennoch wurden unter der Führung Afonso de Albuquerque[882] Goa, Hormuz und Malakka erobert. Unmittelbar nach der Einnahme Malakkas ließ Albuquerque dort ein Fort errichten, welches in den kommenden Jahren den ständig wachsenden Reichtum der neuen Herren beschützte. (*Herrmann,1956:92ff.*)

Bereits ein Jahrhundert vor den Dänen, Holländern und Engländern lieferten portugiesische Händler und Abenteurer die ersten Studien und Berichte als kulturhistorisches Nebenprodukt der merkantilen Penetration Südostasiens. Noch vor den Portugiesen gelangten einige Reisende an die Gestade Siams, jedoch ohne das Landesinnere zu betreten. Unter den ersten Europäern die Südostasien erreichten war der legendäre Marco Polo; und er sollte der erste werden, der einen vergleichsweise detaillierten Bericht verfaßte, oder genauer gesagt: seinem Mitgefangenen Rustichello in den Verließen Genuas diktierte. So weit, so gut. Die Crux

---

[882] Auch *Afonso der Große* genannt (1453-1515). Er schuf die Basis für die portugiesische Expansion in Asian. Dem damaligen Vizekönig Francisco de Almeida (1450-1510) war der ambitioniert Albuquerque suspekt, so das er diesen zeitweilig sogar inhaftierte. Am 3. Februar 1509 gelang es Francisco de Almeida mit 23 portugiesischen Schiffen, in der Seeschlacht von Diu die vereinigte ägyptisch-arabisch-indische Flotte vernichtend zu schlagen. Dieser Sieg begründete die portugiesischen Seeherrschaft im Indischen Ozean, die erst durch das Aufkommen der Niederländer und Engländer im 17. Jahrhundert beendet wurde. 1509 übertrug er die Regierungsgewalt als Gouverneur an Afonso de Albuquerque.

besteht jedoch darin, daß der Nachwelt mittlerweile rund 150 Versionen des Orginals vorliegen, die sich inhaltlich durchaus voneinander abheben. Dies führt immer wieder zu Schwierigkeiten, die geographische Lage der beschriebenen Lokationen exakt zu evaluieren. Desweiteren stellt sich bei Signore Polo immer die grundsätzliche Frage, ob er denn wirklich überall dort gewesen ist, oder ob seine Augenzeugenberichte aus zweiter Hand stammen. Wie dem auch immer war, der weitgereiste Venezolaner erwähnt in seinem abenteuerlichen Reisebericht ein Königreich namens *Locac*, welches sich im äußersten Süden Siams befunden haben könnte und notierte: >>Locac ist sehr groß und reich. Dort lebt ein mächtiger König. Die Einwohner sind Götzenanbeter und sprechen eine fremde Sprache. Sie entrichten keinerlei Tribut, da ihr Land von niemand ohne große Schwierigkeiten erobert werden kann. Wäre dies möglich, so hatte der Großkhan[883] es schon bald unterworfen. In jenem Lande wachsen große Mengen an Rot- und Ebenholz. Sie verfügen über große Goldvorkommen, so groß, das es in der Tat niemand glaubt, der es nicht mit eigenen Augen gesehen. Es gibt Elefanten, Wild, wilde Tiere und Vögel in reicher Zahl. Aus dieser Gegend kommen alle Porzellanmuscheln[884], die in verschiedenen Ländern als Zahlungsmittel dienen. Weiterhin gibt es nichts erwähnenswertes, außer das es sich um ein wildes Land handelt, wohin wenige Reisende gelangen. Auch der König selbst wünscht niemanden dort, so das niemand den genauen Reichtum dieses Landes kennt>> *(Jack-Hinton, 1964)*.

Um 1430 hatte ein Landsmann Polos, Nicolo di Conti[885], Mergui [มะริด][886] angelaufen, wo er die große Anzahl von Elefanten und die Mengen an Sandelholz beeindruckt notierte *(de Campos,1940:2)*. Der bekannte arabische Reisende *Abdur Razzaq*[887] berichtet ebenfalls von Tenasserim [เขตตะนาวศรี] und von Händlern aus *Shahr-i-nao*[888], die ihre Geschäfte über den Hafen Hormuz im Persischen Golf abwickelten. Generell war Mergui ein wichtiger Knotenpunkt in Südostasien. Cesare die Fedrici, ein venezianischer Reisender der 1568 von Malakka nach Pegu segelte, notierte über Mergui: >>This citie (...) belongeth to the kingdom of Sion [Siam], which is situate on a great river's side, which commeth out of the kingdom of Sion, and where this river runneth into the sea there is a village called Mergi, in whose harbour every yeere there lode some ships with verzina, nipa, and beniamin, a few cloves, nutmegs, and maces, which come from the coast of Sion, but the greatest merchandise there is verzin and nypa, which is an excellent wine<< *(Anderson,1890:31)*. Eine der späteren, von Tavernier[889] beschriebenen, Hauptreiserouten nach Siam führte über den gut ausgebauten

---

[883] Kublai Khan
[884] Kaurimuscheln
[885] Der venezianische Kaufmann und Entdeckungsreisende (1395-1469) konvertierte der Form halber zum Islam und heiratete eine Muslimin um seine Reisepläne nach Indien zu realisieren; damals war Christen eine Reise in den Osten versperrt, um das Handelsmonopol mit Indien und China nicht zu gefährden. Danach bereiste er bis 1444 Asien. Er durchquerte den indischen Subkontinent und besuchte 1421 Nord-Sumatra. Burma, Bengalen, Java und Champa waren weitere Stationen. 1444 kehrte Niccolo di Conti nach Venedig zurück, wo Poggio Bracciolini, der Sekretär Papst Eugen IV. seine Reiseberichte, die *Viaggiatore*, niederschrieb.
[886] Von Nicolo di Conti fälschlicherweise als Tenasserim bezeichnet; diese Stadt liegt 37 Meilen stromaufwärts von Mergui. Auf diese häufiger vorkommende Verwechselung wies bereits Nicholas Gervaise: *Histoire Naturelle et Politique du Royaume de Siam*, Paris, 1866:14, hin.
[887] [عبد الرزاق] [Kamal-ud-Din Abd-ur-Razzaq ibn Ishaq Samarqandi, (1413–1482), persischer Chronist und islamischer Gelehrter. Er diente Shāhrukh Mīrzās [میرزا شاهرخ], dem Herrscher der Timuriden-Dynastie, einem sunnitischen Herrscherhaus in Zentral- und Südwestasien, welches von 1370-1507 unter anderem im Gebiet der heutigen Staaten Afghanistan, Iran und Usbekistan regierte. Über seine Zeit als Botschafter im westindischen Calicut (Kozhikode) von 1442-1445 verfaßte er einen 45 Seiten umfassenden Bericht, den er spatter als ein Kapitel in seinem Buch: *Matla-us-Sadain wa Majma-ul-Bahrain* publizierte. Eine englische Übersetzung: „*Narrative of My Voyage into Hindoostan*, and the *Wonders and Remarkable* Peculiarities Which This *Country Presents*" in: "*India in the Fifteenth Century: Being a Collection of Narratives of Voyages to India, in the Century Preceding the Portuguese Discovery of the Cape of Good Hope*", Haykluyt Society, London, 1857
[888] Der arabische Name für Siam
[889] Jean-Baptiste Tavernier, Sohn eines Antwerpener Kaufmanns und Diamantenexperten bereiste in der zweiten Hälfte des 16. Jahrhunderts 40 Jahre lang den Vorderen Orient, Asien und Indien. Einige Diamanten, die Tavernier aus Indien

Hafen an der Mündung des Teneasserim: >>Der kürßest/und beste Weg so die Europeer um sich in dieses Königreich zu verfügen halten können/ist auf Ispahan [Isfahan] zu gehen/von dar auf Ormus [Hormuz], von Ormus auf Surate, von Surate auf Golconda und von Golconda auf Maslipatan [Martaban] alwo man einschiffet/um auf Denouserim [Tenasserim, eigentlich Mergui] zugehen/welches der Meerhafen des Königreichs von Siam ist. Von Denouserim in die Hauptstadt gleichen Namens mit dem Königreich [Ayutthaya]/hat es noch ungefähr fünff und dreyssig Tagreisen[890]/dessen halben Theil man einen Fluß hinauf kommen kan/und den andern Theil auf Wegen oder Elephanten. Der weg ist sowol zu Land als Wasser unbequeum/dieweil zu Lande man allezeit wider die Löwen [sic!] uund Tygerthier zu Wehr stehen muß/und zu Wasser gibt es auf dem Fluß unterschiedliche Wasser=Fälle/daß es also schwär ist/das Schiff hinauf zu bringen/welches man doch mit gewissen Rüstungen zu wegen bringt<< (*Tavernier,3. Buch, XVIII. Capitel: Von dem Königreich Siam,1681:185*).

Signifikante Auswirkung hatte die Entdeckung des Seeweges nach Indien durch Vasco da Gama. Einem Matrosen da Gamas, Alvaro Velho, wird ein überlieferter Bericht (*Roteiro*)[891] zugeschrieben, in dem von einem Königreich *Xarnauz*[892] die Rede ist. Velho notierte, daß der König von *Xarnauz*[893] über 20.000 Mann, 4.000 Pferde und 400 Kampfelefanten verfüge; in Tenasserim zählte der Autor 1.000 Soldaten und immerhin 300 Kriegselefanten. Verwirrend erscheint zunächst die Behauptung Velhos, *Xarnauz* sei ein christliches Königreich. Da Vasco da Gama und seine Begleiter Siam selbst nie betreten haben, war man auf die Berichte von Araber angewiesen. Diese haben den Portugiesen vermutlich richtig berichtet, daß Siam kein islamisches Land war. Da der Buddhismus in Europa des 15. Jahrhunderts nahezu unbekannt war, mag hierin die Erklärung für die ungeprüfte Kolportierung dieses Irrtums liegen.

Nach der Niederlage Angkors hatte sich der Einfluß Siams bis tief in den Süden der malaiischen Halbinsel ausgedehnt. Mergui, das im 12. und 13. Jahrhundert noch zu Burma gehörte, war im 16. Jahrhundert bereits in eine Reihe von Prinzipalitäten zerfallen. Tenasserim[894] und Ligor wurden von siamesischen Vizekönigen regiert, der Herrscher von Keddah folgte den Geboten des Propheten; Pahang, Padang, Trengganu, Kelantan und Malakka waren Siam zeitweilig tributpflichtig. Im Zuge der Eroberung Malakkas durch Albuquerque 1511 festigte Portugal seine geo-strategische Position erheblich. Der wichtigste siamesische Hafen war Mergui, etwa 75 km von Tenasserim entfernt am Golf von Bengalen liegend. Maurice Collice nannte das Mergui jener Tage ein „Kaiserreich des Handels" und hat in seinem faszinierenden Tatsachenroman (*Collis,1996*) das Leben in und um Mergui recht

---

mitgebracht hatte, sollten später berühmt werden: u.a. der *Koh-I-Noor* oder der *Hope*-Diamant, den er der Legende nach aus einer Statue des indischen Gottes Vishnu gebrochen haben soll. Tavernier war seinerzeit der angesehenste Experte für Edelsteine an den europäischen Königshöfen. Sein eigentliches Vermächtnis aber war nicht sein Reichtum - den hatte ein an seinen Unterneh-mungen beteiligter Neffe verschleudert - sondern die Fülle von Fakten, Anekdoten und Legenden, die er der Nachwelt hinterließ.

[890] Hier irrte Tavernier. Die durchschnittliche Reisedauer von Mergui nach Ayutthaya im 17. Jahrhundert betrug laut Aufzeichnungen diverser Reisegruppen zwischen 12-14 Tagen

[891] *Diário da viagem de Vasco da Gama*. Eine englische Übersetzung: E.G. Ravenstein (ed. and trans.)*: A Journal of the First Voyage of Vasco Da Gama, 1497-1499*. Hakluyt Society, London, 1898

[892] Offensichtlich eine sprachliche Adaption des arabischen *shahr-i-nao*

[893] Ramathibodi II (1491-1529)

[894] Mohammed Ibrāhīm, der Schreiber einer persischen Gesandtschaft an den Hof König Narais beschrieb Tenasserim wie folgt:>>Tanāsurī ist eine Stadt mit üppigem Grün und zählt ungefähr 5-6.000 Einwohner. Die Einwohner bestehen aus Siamesen, Indern, Muslimen der hanafitischen und schafitischen Rechtsschule sowie Hindus und Europäern zusammen (*O' Kane, 1972:47*)<<. Laut dem *Burma British Gazeteer* wurde Tenasserim 1373 von den Siamesen gegründet (vol. II, S.402). In den frühen Reiseberichten tauchen verschiedene Namensvariationen auf: *Thenasserim* (Nicolo di Conti), *Tanāsim* (H.M. Elliot), *Tenaçar* (Roterio Vasco da Gama), *Tanaser* (Amerigo Vespucci), *Tarnassari* (Ludovico Varthema), *Tanaçarij* (Alfonso Albuquerque), *Tanaçari, Tanaçary* (Duarte Barbosa), *Taunaçarin* (Mendes Pinto), *Tenasarij* (de Barros), *Tanassarin* (Linschoten), *Taneseri* (Ralph Fitch), *Tonazarin* (Peter Heylyn), *Denouserin* (Tavernier), *Tenarisin* (indischer Name), *Ta-nassu-li-sen* (chinesischer Name), *Tānasarī* (malaiischer Name), *Tenanthari, Tannethaiee, Tanang-sărī, Ta-nen-thă-ri* (burmesische Namen), *Ylinarim* (ceylonesischer Name)

anschaulich geschildert. Bevorzugtes Handelsgut waren Seide und Porzellan aus China, Hölzer, Elefanten, Elfenbein, die Hörner von Büffeln und Rhinozerossen sowie vor allem Baumwolle. Der Binnenhandel favorisierte in beide Richtungen die „Landroute": Zunächst die 50 Meilen von Mergui nach Tenasserim, dann weiter auf dem Fluß bis nach Ban Hué; über den Den-Noi-Paß ging es weiter nach Jalinga und Prachuap Khiri Khan [ประจวบคีรีขันธ์] an der Ostküste der Halbinsel. Von hier aus segelte man bis zur Mündung des Menam Chao Phraya und weiter flußaufwärts bis Ayutthaya. Diese Reise dauerte etwa 10-20 Tage und wurde trotz der Gefahren, die von wilden Tigern und marodierenden Räuberbanden ausgingen, dem alternativen Seeweg um die malaiische Halbinsel herum vorgezogen. Dieser war etwa dreimal so weit und nahm in etwa das sechsfache der Zeit in Anspruch, von den allgegenwärtigen Piraten einmal ganz abgesehen.

1505 landete der in Bologna geborene Ludovico di Varthema[895] in Tenasserim und besuchte auch Pegu, Banghella und Malakka. Tenasserim gehörte seit dem 14. Jahrhundert zu Siam und wurde seit König Borommatrailokanat als Provinz zweiter Klasse geführt. Erst 1767 fiel es nach der Zerstörung Ayutthayas an die Birmanen[896]. Laut di Varthema sei der Vizekönig von Tenasserim sehr reich und mächtig gewesen, allein sein stehendes Herr habe 100.000 Mann gezählt und hundert Kampfelefanten habe er sein eigen genannt. Die Häuser seien aus Stein gebaut, und denen in Portugal vergleichbar. Zahlreiche Gärten lüden zum Lustwandeln ein und Ochsen, Kühe, Schafe und Ziegen seien reichlich vorhanden. In den umliegenden Wäldern hausten Wölfe, Wildkatzen, Hirsche und Wildschweine, in den Lüften sah man Falken, Geier, weiße und farbige Papageien und auch der stolze Pfau schlug sein Rad in Tenasserim. Hahnenkämpfe zählten zu den populärsten Vergnügungen und damals wie heute verlor so mancher Haus, Hof und Freiheit bei den begleitenden Wetten. Gegessen wurde, auf dem Boden sitzend, aus hölzernen Schüsseln und man trank mit Zucker versetztes Wasser (*Guehler,1947:127ff.*). Interessant liest sich auch die Praxis der Defloration bei den Frauen des Vizekönigs und des höheren Adels. Die Herren sollen entweder einem Europäer (meistens Matrosen) oder einem Muselmanen das *jus primae noctis*, das Recht der ersten Nacht, überlassen haben. Auch einer der Gefährten Ludovicos kam dessen Bericht zufolge in den zweifelhaften Genuß, einem Würdenträger Tenasserims diesen Freundschaftsdienst zu erweisen (*Guehler,1947:131*). Nach der Defloration galt die Frau jedoch für jedermann als tabu und Ehebruch zog nicht selten die Todesstrafe nach sich, für beide Beteiligten. Auch zu den Bestattungsriten weis Varthema interessantes zu berichten: Starb der Ehemann, so erfolgte 15 Tage nach seiner Kremation ein großes Bankett. Die Hauptfrau des Verstorbenen trug dabei ihre schönsten Kleider und all ihren Schmuck. Alsdann aß sie soviel Betel, bis sie in einen Zustand der Trance versetzt wurde. Unter dem ohrenbetäubenden Lärm der Musik warf sie sich schließlich mitten in die Flammen, wobei der Rest der Trauergemeinde mit großen Knüppeln auf sie einschlug, um ihre Leiden zu verkürzen (*Guehler,1947:133*).

---

[895] Italienischer Schriftsteller und Entdeckungsreisender (1470-1517), der 1501 von Venedig aus bis 1507 weite Reisen nach Osten und durch Asien unternahm und darüber in seinem 1511 publizierten *Itinerario* ausführlich berichtete. Die erste deutsche Ausgabe erschien 1515 in Augsburg. Das *Itinerar* wurde in die großen Reisesammlungen aufgenommen, die von Huttich und Grynaeus (*Novus orbis regionum ac insularum veteribus incognitarum*, Basel 1532), Ramusio (*Navigationi et viaggi*, Venedig 1550), Temporal (*Description de l'Afrique*, Lyon 1556), Willes (*History of Travayle in the West and East Indies*, London 1577) und Purchas (*Hakluytus Posthumus or Purchas his Pilgrims*, London 1625) kompiliert wurden. Kosmographen wie Franck (*Weltbuch* 1533), Münster (*Cosmographia* 1544) und Sanuto (*Geographia dell' Africa* 1588) benutzten es ebenso für ihre Werke wie die Kartographen Waldseemüller (*Carta marina navigatoria* 1516), Fries (1531), Mercator (1569), Ortelius (1570), Gastaldi (1576) und Hondius (1608). Eine neuere Ausgabe in deutscher Sprache: Ludovico de Varthema: *Reisen im Orient*, eingeleitet, übersetzt und erläutert von Folker Reichert, Jan Thorbecke Verlag, Sigmaringen 1996
[896] Mit dem Vertrag von Yandaboo mußten diese allerdings 1826 an die Engländer abgetreten werden

Eine weitere Expedition führte 1509 Diogo Lopes de Sequeira[897] nach Madagaskar, Ceylon und Malakka, aber ein regelmäßiger Kontakt zwischen Siam und Portugal etablierte sich erst mit der Einnahme Malakkas durch Albuquerque im Jahre 1511. Durch die Eroberung Malakkas gerieten die expansionistischen Anstrengungen der Portugiesen in den unmittelbaren Einflussbereich Ayutthayas. Malakka wurde zwar durch einen malaiischen Sultan regiert, jedoch betrachteten die Siamesen ihn als einen Vasall Ayutthayas. 1489 hatte Ayutthaya eine Rebellion Malakkas niedergeworfen und die vorläufige Suprematie wiederhergestellt. Bereits vor dem Fall Malakkas hatte Albuquerque einen Botschafter an den Hof nach Ayutthaya geschickt: Duarte Fernandes[898], der während seiner Gefangenschaft als Angehöriger der Expedition Sequeiras in Malakka fließend Malaii gelernt hatte. In einer chinesischen Dschunke segelte der Botschafter nach Ayutthaya und Ramathibodi sandte ihm eine Ehreneskorte von 200 Soldaten entgegen. Hunderte von Menschen säumten den Weg zum Königspalast und bestaunten mit einer Mischung aus Neugier und Furcht die kräftigen weißen Männer mit den imposanten Bärten. Auf seinem Thron sitzend empfing Ramathibodi II. in Gegenwart seiner Frauen, Töchter und Hofdamen die portugiesische Gesandtschaft. Duarte Fernandes überreichte ein sehr höflich gehaltenes Schreiben Albuquerques als Stellvertreter des portugiesischen Königs sowie ein prächtig gearbeitetes Schwert, dessen Knauf mit kostbaren Edelsteinen verziert war. König Ramathibodi ließ den Portugiesen äußerste Höflichkeit zuteil werden, plauderte im verbindlichen Ton und erkundigte sich interessiert über Portugal im allgemeinen; anschließend brachte er auch seine Befriedigung darüber zum Ausdruck, daß die Portugiesen den permanent rebellischen Vasallen zur Raison gebracht hatten. Ramathibodi II. entsandte im Nachgang dieses Besuches seinerseits einen siamesischen Gesandten zu Albuquerque nach Malakka und ließ einen Rubinring, ein Schwert, eine Krone, drei goldene Kästchen sowie diverses kostbares Geschmeide überreichen. Der Gegenbesuch war erfolgreich und die Handelsbeziehungen galten nunmehr auch formell als eröffnet (*de Campos,1940:4*); Ramathibodi II. stellte den Portugiesen in Ayutthaya und Nakhon Sri Thammarat (Ligor) sowie in Tenasserim und Mergui Liegenschaften für ihre Handelsposten zur Verfügung. Den katholischen Portugiesen wurde vom toleranten siamesischen König nicht nur die freie Ausübung ihrer Religion und die Eröffnung einer Mission gestattet, sondern Ramathibodi II. persönlich stiftete sogar noch ein recht erkleckliches Sümmchen für den Bau der ersten Kirche in Siam (*Chula Chakrabongse, 1960:36*). >>Deshalb läßt der König einen Jeden, ohne Unterschied, frei nach seinem Gefallen handeln und wandeln, ohne Beschwerde oder Zwang in seiner Gewohnheit oder Gottesdienst <<*(Straußen,1832:70).*

Laut Schouten hätten siamesische Könige den portugiesischen Priestern zeitweilig gar eine monatliche Besoldung ausgelobt (*Schouten,1663:322*). König Narai zeigte die gleiche Toleranz gegenüber der persischen muslimischen Kolonie gegen Ende des 17. Jahrhunderts: >>In Anerkennung geleisteter Dienste hatte der König den Mughals gestattet, [die Feier ta'ziyat[899]] einmal jährlich zu begehen. Der König ließ sogar einen Tempel in der Nähe des Palastes abbauen, um an der gleichen Stelle eine Moschee mit anschließendem Hof zu Ehren des verstorbenen Āqā Mohammed errichten zu lassen. Es wurde ebenfalls vereinbart, dass die königliche Administration die benötigten Utensilien wie Möbel, Speisen, Getränke, Kerzen,

---

[897] Der portugiesische Seefahrer wurde um 1465 in Alandroal geboren und starb 1530 in Portugal. Bereits 1504 war Kommandeur eines Schiffes, dass nach Indien segelte und auch Magellan an Bord hatte. Im Jahr 1509 erkundet er Sumatra, Ternate (Molukken) und Malakka als Leiter einer Expedition zu den Gewürzinseln. 1512 kehrte er gesundheitlich angeschlagen nach Portugal zurück. Von 1518-1522 bekleidete er den Posten des Gouverneurs von Portugiesisch-Indien.
[898] Portugiesischer Diplomat, der als erster Europäer 1511 nach der Einnahme Malakkas diplomatische Beziehungen mit Ayutthaya aufnahm.
[899] Die schiitische Trauerfeier für die Söhne Alis, nach schiitischer Lehre erster Imam und Ehemann Aischas, der Witwe des Phrophten Mohammed, der 661 in Kufa ermordet wurde. Dessen Söhne, Hasan und Hussein, fanden unter der Herrschaft des „teuflischen Kalifen" Yazid ebenfalls den Märtyrertod, letzterer in Kerbela

Öllampen nebst einer bestimmten Summe Geldes zur Verfügung stellt (*O'Kane,1972:77*)<<. Diese generelle Toleranz in Glaubensfragen ist durch einen französischen Chronisten auch noch Ende des 18. Jahrhunderts bezeugt worden: >>*ils tolerent tous les cultes religieux* (*Turpin,1771,I:43*)<<.

Im Jahre 1511 entsandte Albuquerque erneut eine Gesandtschaft unter der Leitung António de Miranda de Azevedo nach Ayutthaya. Ein Mitglied dieser Mission, Manoel Fragoso verblieb zwei Jahre mit dem Auftrag in Siam, einen grundlegenden Bericht[900] über die Chancen von Handel und Wandel, Sitten und Gebräuche des Landes sowie die exakte geographische Lage der wichtigsten Häfen zu erstellen. Über diese Mission ist wenig überliefert, außer der Tatsache, daß wohl sechs oder sieben Portugiesen daran teilnahmen und die Liste der Geschenke recht umfangreich war. Azevedo und seine Männer wurden gut bewirtet, mit allerlei Ehrungen bedacht und die Siamesen zeigten ihnen viele Städte. Als man die freundschaftlichen Beziehungen der beiden Länder vertieft und verifiziert hatte, kehrte Fragoso und sein Gefolge, begleitet von eine Reihe siamesischer Diplomaten und einem Brief Ramathibodis II. an den portugiesischen König, im Januar 1514 nach Malakka zurück (*de Albuquerque,1968,Band 3:156-172*). Der Stadtkommandant Ruy de Brito empfing die Vertreter Ayutthayas mit allen Ehren und die Batterien feuerten Salut. Die ihnen angeboten Häuser lehnten die Gäste jedoch dankend ab und blieben lieber auf ihren Dschunken, wo sie von den Portugiesen verproviantiert wurden (*Smith,Ronald B.,1964:13f.*). Zwiespältig und widersprüchlich erscheint die Haltung des Portugiesen zu Siam. Während König Manuel am 6. Juni 1513 an Papst Leo X. schrieb: >> Der König von Siam [ist] der mächtigste im Orient bezogen auf sein Staatsgebiet und die Population (*Smith, Ronald B.,1964:13*) << behauptete Ruy de Brito am 6. Januar 1514 in einem Brief an Albuquerque: >> sie [die Siamesen] sind keine Leute die wir benötigen; der Frieden ist vorteilhafter für sie als für uns (*Smith, Ronald B.,1964:14*) <<.

Etwa zum gleichen Zeitpunkt wie Miranda de Azavedo sammelte Duarte Barbosa[901], der zwischen 1500 und 1516 in Indien lebte, Material für ein Buch über die Länder und Reiche Südostasiens. Obwohl er persönlich nie nach Malakka oder gar bis nach Siam kam, gelang es ihm durch die Auswertung und Zusammenstellung der Augenzeugenberichte von Mitgliedern aus dem Dunstkreis Albuquerques einige interessante Details über Siam zusammenzutragen. Den frühesten ausführlichen Bericht, entstanden zwischen 1512 und 1515, der unter anderem auch die erste europäische Beschreibung Malaysias enthielt, lieferte Tomé Pires. Der gelernte Apotheker war vermutlich Anfang 40 als er sich nach Indien einschiffte, wo er 1511 eintraf. Nach achtmonatigem Aufenthalt segelte er im Sommer 1512 nach Malakka, wo er als Schreiber und Buchhalter der portugiesischen Kolonie tätig wurde. 1516, also kurz nach der Fertigstellung seiner *Suma Oriental* wurde Pires als Botschafter an den Hof Pekings entsandt. Zu großem Reichtum und Ansehen gelangt starb Tomé Pires etwa siebzigjährig um 1540 herum. Den größten Teil seiner *Suma Oriental* schrieb Tomé Pires in Malakka, begonnen und beendet hat er den für König Manuel bestimmten Bericht in Indien. Die stilistische Armut der Darstellung ist der Tatsache geschuldet, das das Hauptaugenmerk des Berichtes auf der Evaluierung der ökonomischen Opportunitäten lag. Pires war beileibe kein Romancier, aber ein genauer Beobachter; und so liegt denn auch der historische Wert seines Berichtes vor allem in der Glaubwürdigkeit und wenn er im Vorwort schreibt >> *nos q^a tudo pasamos espememtamos & vemos*[902] << so verifiziert sich diese Aussage (*Suma Oriental,1944:326*) im

---

[900] Das bis dato noch nicht publizierte Original liegt vermutlich im *Torre do Tombo* (Portugiesisches Nationalarchiv) in Lissabon
[901] Im 1518 erschienenen *Livro de Duarte Barbosa*. Eine Übersetzung ins Englische findet sich in: *Duarte Barbosa, Mansel Longworth Dames, "The Book of Duarte Barbosa: An Account of the Countries Bordering on the Indian Ocean and Their Inhabitants", Asian Educational Services, 1989*
[902] „ und wir haben hier alles selbst erlebt, erfahren und gesehen"

Laufe der geschilderten Ereignisse und erwähnten Lokationen. Über Siam vermerkt Tomé Pires im dritten Buch der *Suma Oriental*: >>Das Königreich Siam ist heidnisch. Die Menschen und in gewissem Grade auch die Sprache erinnern an Pegu. Sie gelten als besonnenes Volk. Die Kaufleute verstehen ihr Geschäft. Es sind große, dunkelhäutige Menschen [...] Das Königreich wird gerecht regiert. Der König hält sich immer in der Stadt *Dodiaa*[903] auf. Er ist ein Jäger. Er ist sehr formell im Umgang mit Fremden; gegenüber seinen Untertanen gebärdet er sich ungezwungener. Er hat viele Frauen, mehr als 500 [...] [Die Siamesen] können ihre Geheimnisse für sich bewahren. Sie sind sehr zurückhaltend. Sie sprechen mit wohlerzogener Bescheidenheit. Die bedeutendsten Männer sind dem König besonders ergeben. Ihre Botschafter führen ihre Weisungen gewissenhaft aus [...] Die *mouros*[904] leben in den Hafenstädten. Sie gehorchen ihren eigenen Herren und bekriegen die Siamesen ständig [...] Es gibt viel Reis in Siam, viel gesalzenen Fisch, *oraquas*[905], Gemüse und bis zu 30 Dschunken pro Jahr fahren mit diesen waren nach Malakka. Aus Siam kommen (Gummi)Lack, Harz, Rotholz, Blei, Kupfer, Silber, Gold, Elfenbein [...] Man sagt, die Haupthandelsware von Malakka nach Siam seien männliche und weibliche Sklaven [...] weißes Sandelholz, Pfeffer, Quecksilber, Zinnober, Opium, Gewürznelken, Muskat, Musselinas [...] Wollstoffe, Rosenwasser, Teppiche, Brokat [...] weiße Kaurimuscheln, Wachs, Kampfer ... Sie handeln mit *çumda & palimbaão*[906] und anderen Inseln [...] mit *camboJa & champar & cauçhi*[907] [...] und mit *brema*[908] [...] *Rey pchayoa*[909] bedeutet Herr über alles und nach dem König ist der *aJa capemtit*[910] der Vizekönig für den Landesteil nach Pegu und Kambodscha hin und führt Krieg mit Burma undf Jangoma. Dieser *aJa capemtit* gebietet über viele Krieger. In seinem Land herrscht er wie ein König. Der zweite Vizekönig ist der von *loguor*[911] und wird *poyohya*[912] genannt. Er ist Gouverneur des Gebietes zwischen *pahãm*[913] und Ayutthaya. Pahang, *talimgano*[914], Chantansay, *patane*[915], Ligor, Maitaram, Calnãsey, Banqa, Chotomuj, Pepory, Pamgoray und alle anderen Häfen haben Herren die wie Könige herrschen, manche von ihnen sind Araber, manche Heiden ... Ein weiterer ist *vya chacotay*[916]. Er ist Vizekönig von Tenasserim, Trang und Keddah [....] Ein weiterer ist *o paraa*[917]. Er ist der Sekretär des Königs. Alles geht durch seine Hände und durch die des *comqusa*[918], des Schatzmeisters; und man sagt beide [...] hätten großen Einfluß auf den König von Siam<<

Zwischen 1518-1519 leitete Duarte de Coelho[919] die dritte portugiesische Mission an den Hof Ayutthayas. Coelho war von Dom Aleixo de Menezes für diese Aufgabe ausgewählt worden, weil er im Rufe stand *saber mui bem as cousas de Sião*[920] zu sein. Für Duarte Coelho war es die dritte Reise nach *Sião* ; er hatte bereits Antonio de Miranda begleitet und als ein Sturm ihn

---

[903] Ayutthaya
[904] Araber
[905] Arrak
[906] Sunda und Palembang
[907] Kambodscha, Vietnam und Cochinchina
[908] Burma
[909] König Phrachao (gemeint ist Ramathibodi II.)
[910] Vermutlich *Okya Kamphaeng Phet*, der Gouverneur von Kamphaeng Phet
[911] Ligor
[912] Vermutlich *Phra Okya* was dem Titel des Generalgouverneurs entspräche
[913] Pahang
[914] Trengganu
[915] Pattani
[916] *Okya Sukhothai*, der Gouverneur von Sukhothai
[917] Der Uparacha
[918] Phra Klang
[919] (1485-1554)
[920] Von großer Kenntnis in den Angelegenheiten Siams

von der Expedition Fernão Peres de Andrades trennte und daran hinderte, das ursprüngliche Ziel China zu erreichen, segelte er stattdessen den Menam Chao Phraya stromaufwärts. Der Zweck der dritten Reise war die Bestätigung des durch Antonio do Miranda verhandelten Friedenspaktes und im Gegenzug für die Lieferung der begehrten *pün fai* [ปืนไฟ], den portugiesischen Feuerwaffen und der passenden Munition garantierte Ramathibodi II. das Recht zur Gründung einer permanenten Handelsniederlassung in Ayutthaya, spezielle ökonomische Privilegien und die Religionsfreiheit. Darüber hinaus sollten Händler aus Ayutthaya sich in Malakka niederlassen. Nach der portugiesischen Eroberung hatten viele muslimische Kaufleute die Stadt verlassen, was sich nachteilig auf die Wirtschaftsleistung der Region auswirkte. Der zeitgenössische Historiker João de Barros (1496-1570) schrieb dazu in seinen *Décadas da Ásia*[921]: >>Die eigentliche Aufgabe dieser Mission bestand darin, den Frieden zu bestätigen, welchen Antonio de Miranda und er mit dem König geschlossen hatten und den König zu bitten, einige seiner Untertanen nach Malakka zu schicken und dort anzusiedeln [....] um die Araber in Malakka loszuwerden [...] und den Handel wieder in die eigenen Hände zu bekommen [...] die sich zu Herren für einen großen Teil des Seehandels in ganz Asien entwickelt hatten<< (*Smith, Ronald B.,1964:19*). Über den Adel berichtet Barros: >>[Die Adeligen] trainieren ständig für den Krieg. Ihre Verdienste werden in einem Buch, in Form einer Chronik notiert, welche dem König vorgetragen wird. Sie verfügen über ihr Land nur aufgrund des königlichen Zuspruches und finden ihr Auskommen durch die erwirtschafteten Erträge<< (*Smith, Ronald B. ,1964:97).*

Der Abschluß des Friedens- und Handelsvertrages zwischen Portugal und Siam war zugleich der erste Vertrag dieser Art, den ein siamesischer König mit einem europäischen Land schloß. *Feitorias*[922] in Ayutthaya, Ligor, Pattani, Tenasserim und Mergui wurden eröffnet und insbesondere die an der Westküste gelegenen hatten wirtschaftsstrategische Bedeutung, denn sie bildeten die Basis zur Kontrolle des Handels im Golf von Bengalen. Die *feitorias* prosperierten außerordentlich[923] und nachdem Ayutthaya die Portugiesen über fünf Jahre hinweg aufmerksam beobachtet hatten, gelangte Phra Ramathibodi II. zu der Überzeugung, dass die Ambitionen der Fremden eher kommerzieller denn territorialer Natur waren. Das der König sogar die Errichtung eines mit einem Kreuz geschmückten *padrão* in Ayutthaya gestattete (*Syamananda,1988:43*), lag sicherlich daran, dass ihm der symbolische Charakter dieser Maßnahme unbekannt gewesen sein dürfte.

Angesichts der spannungsreichen Beziehungen Siams zu Chiang Mais, Pegu, Ava und den Khmer im Gebiet des heutigen Kambodscha war man in Ayutthaya sehr daran interessiert, stets modernstes militärisches Equipment von den Portugiesen zu erwerben. Da diese nicht nur die gewünschten Waffen lieferten, sondern überdies die siamesische Armee in moderner westlicher Taktik und Strategie ausbildeten und vereinzelt sogar als aktive Verbündete an Kämpfen teilnahmen, erfreuten sie sich einer wohlwollenden Protektion des Königs bei ihren wirtschaftlichen Aktivitäten. João de Barros überlieferte uns die Geschichte Domingo de Seixas, der zwischen 1517-1540 in Siam lebte und sich im Kampf gegen Bergstämme im Norden derartige Meriten erwarb, dass König Phra Chairacha ihn und seine 16 Gefährten vor der Rückkehr in die Heimat generös belohnte. Laut Fernão Mendez Pinto zeichneten sich 120 portugiesische Soldaten bei einem Feldzug Phra Chairachas gegen das burmesische Pegu im Jahr 1538 aus. Nach einem weiteren Feldzug gegen die Burmesen in *Müang Chiang Kran* 1540 schenkte der König den Söldnern ein Areal zwischen dem Chao Praya und dem

---

[921] (1496-1570) Eine „moderne" Ausgabe in 14 Bänden erschien von 1778 bis 1788 in Lissabon als *Da Asia de João de Barros, dos feitos que os Portuguezes fizeram no descubrimento e conquista dos mares e terras do Oriente.*
[922] Warenhäuser
[923] In der von Manoel Falcao 1516 in Pattani gegründeten *feitoria* hatten sich bereits 1638 über 300 handeltreibende Portugiesen niedergelassen

westlichen Kanal, wo sich in der Folge das *müban potuget*[924] entwickelte. Schließlich unterrichteten die europäischen Söldner ihre Verbündeten auch noch in der Herstellung von Musketen und dem Giessen von Kanonen, nicht ohne jedoch – laut Pinto – dem burmesischen „Erzfeinden" den gleichen Dienst zu erweisen (*van der Cruysse,2002:10*).

Parallel zu den wirtschaftlichen Aktivitäten versuchten die Portugiesen ebenso engagiert wie erfolglos, den gewaltigen Raum zwischen dem Kap der Guten Hoffnung und Japan[925] zu christianisieren. Das sie dieses Ziel durchaus ernsthaft verfolgten belegt die Aussage von Luís Vaz de Camões[926]: >>Sie kommen um die Gebote des Herrn zu verkünden und neue Sitten und Bräuche und einen neuen König [sic!] einzuführen<< (*van der Cruysse,2002:11*). Der von Ignatius von Loyola 1534 gegründete und von Papst Paul III. Farnese 1540 anerkannte Orden der Jesuiten war im gesamten *Estado da India* äußerst rege, in Siam jedoch waren es anfänglich primär die Dominikaner, welche die Lehre Christi zu verbreiten suchten (*Biermann,1931*). Mitte des 16. Jahrhunderts reisten von Malakka kommend die *padres* Jerónimo da Cruz und Sebastião do Couto nach Ayutthaya. Sie lernten die Sprache des Landes und begannen mit ihrer Missionsarbeit. Die ansässigen Muslime, eifersüchtig auf die neue theologische Konkurrenz blickend und angesichts der zunehmenden portugiesischen Dominanz um ihre wirtschaftlichen Erbhöfe fürchtend, beschlossen, sich der lästigen Wettbewerber zu entledigen. Eine Lanze beendete kurz nach seiner Ankunft das Leben Jerónimo da Cruz' und im Februar 1569 nutzten die Muselmanen die Gunst der Stunde[927] und massakrierten drei weitere Gefährten des Missionars. Die unsichere Gesamtlage in Siam veranlasste die portugiesischen Dominikaner schließlich um 1575 das Land zu verlassen. Auch die ihnen 1582 nachfolgenden spanischen Franziskaner verließen bereits zwei Jahre später wieder Siam (*Lemmens,1929:109*). Der erste portugiesische Jesuit in Siam war Balthazar de Seiqueira, der 1606 nach Siam kam, nachdem er erste Erfahrungen im buddhistischen Kulturkreis zuvor im Königreich Pegu gesammelt hatte (*Anderson,1890:37*). Insgesamt waren jedoch die Missionierungsversuche nicht von Erfolg gekrönt und die *padres* scheinen sich wohl eher um die eigenen Landsleute gekümmert zu haben, denn um die „ungläubigen" Landeskinder (*van der Cruysse,2002:14*). Ähnlich wie die französischen Jesuiten Ende des 17. Jahrhunderts mussten auch die portugiesischen Dominikaner erkennen, dass die Siamesen weitestgehend und hartnäckig den Geboten des Gautamas folgten und sich als resistent gegenüber den christlichen Konvertierungsbemühungen erwiesen.

Betrachtet man die anfänglichen Erfolge Portugals in Südostasien bis zur Mitte des 16. Jahrhunderts, namentlich zwischen 1498 und 1515, so stellt sich die Frage nach den Ursachen des Niedergangs der portugiesischen Hegemonie ab der zweiten Hälfte des 16. Jahrhunderts. Zu Beginn des 16. Jahrhunderts hatten sich die zentrale Organisation, die politische Einheit des Mutterlandes im Vergleich zu den europäischen Wettbewerbern, die bessere Bewaffnung, die mit Abstand besten nautischen Kenntnisse sowie die leidenschaftliche Fokussierung auf den merkantilen Erfolg als das tragende Fundament beim Aufbau der portugiesischen Hegemonie in Südostasien erwiesen. Vielleicht spielte anfänglich ein gewisses Überraschungsmoment eine zusätzliche Rolle. Doch mit der 1580 erzwungenen und bis 1640

---

[924] „das portugiesische Dorf"
[925] Laut dem *Ius Patronatus*, eines vom Papst vermittelten Abkommens zwischen Spanien und Portugal, lag die exklusive Autorität in allen religiösen Angelegenheiten für dieses Gebiet bei den Portugiesen
[926] (1524/25-1579/1580) Portugiesischer Nationaldichter der seinen Ruhm vor allem mit den *Lusiaden* (*Os Lusíadas*) begründete. Dieses, vom humanistischen Geist der Renaissance inspirierte Werk, schildert, angelehnt an Homers Odyssee, in Versform die idealisierte Geschichte Portugals von ihren Anfängen bis zur Zeit von Camões, vor allem die portugiesischen Entdeckungen und Eroberungen in Asien. Luís de Camões: *Os Lusíadas – die Lusiaden*. Zweisprachig. Aus dem Portugiesischen von Hans Joachim Schaeffer, bearbeitet und mit einem Nachwort versehen von Rafael Arnold. Elfenbein Verlag, Berlin 2010
[927] Belagerung Ayutthayas durch die Burmesen

währenden Union mit Spanien[928] scheint Portugal nicht nur sein imperiales Streben, sondern auch einen Teil seiner Seele aufgegeben zu haben. Was als merkantiler Kreuzzug so erfolgreich begonnen hatte, endete in einer konfessionell-ethischen Paralyse. So beklagt Jaime Cortesão in blumigem Stil, daß die erschöpften Hände die Flamme nicht mehr hätten zum Lodern bringen können, mit der man dereinst die Welt erleuchtet habe (*Cortesão,1983:59f.*).

Auch die einstige maritime Überlegenheit der Portugiesen hatte sich relativiert: Ab der zweiten Hälfte des 16. Jahrhunderts waren die meisten Schiffe in Südostasien robuster konstruiert sowie schwerer bewaffnet und armiert; auch die herausragenden nautischen Kenntnisse waren kein europäisches oder gar portugiesisches Privileg mehr - japanische und chinesische Seefahrer hatten viel dazugelernt (*Bassett,1963:186*). Den sozialen und gesellschaftlichen Abstieg der portugiesischen Kolonie in Siam Ende des 17. Jahrhunderts beschreibt ein Augenzeuge: >> [Die Portugiesen] hatten eine Kolonie [in Ayutthaya] mit sieben- bis achthundert Familien[929] gegründet. Die meisten von ihnen litten unter entsetzlicher Armut, da sie es eher vorzogen Hungers zu sterben denn für ihr Auskommen zu arbeiten. (*Gervaise,1998:46*)<<. Ein ähnlich düsteres Bild zeichnete Turpin seiner *Histoire civile et naturelle du Royaume de Siam,* der den Portugiesen *unsi sono* eine angeborene Faulheit, der eigentlichen Ursache ihrer augenscheinlichen Armut, unterstellt: >>Plusieurs peuples de l' Europe y ont des colonies, & ce surent le Portugais qui en donnerent le premier exemple ; y comme ils sont le plus anciens de tous les étrangers, ils y sont aussi les plus indigens. Plusieurs villages habités par un millier de leurs familles, y offrent le spectacle de la plus affreuse pauvreté. Leur paresse naturelle, [sic !] fomentée par le vice du climat, les êmpeche de profiter des avantages d'un pays où ils ont porté leur vices, sans en prendre les vertus (*Turpin,1771,I:9f.*).

7.6.5. Somdet Phra Borommaracha Thirat III [สมเด็จพระบรมราชาธิราชที่ 3] (1488/90-1491)

Die Quellenlage für das kurze Regnum des Sohnes König Trailoks ist extrem dünn. Die königlichen Chroniken erwähnen lediglich einen erfolgreichen Feldzug gegen das aufständische Tavoy [ทวาย][930] 1488 (*RCA,2000:18*). Tavoys überlieferte Geschichte beginnt 707 in Kaleinaung, etwa 60 km weiter nördlich gelegen, eine erste dynastische Linie wird um 754 in Thagara erwähnt. Im 10. Jahrhundert herrschten in der Region einige Prinzen aus *Müang Tak* und ab 1350 beanspruchte Ayutthaya die Suzeränität. Das etwa 10 km südlich gelegene und auf 1417 datierte befestigte Mokti erhielt 1432 eine bronzene Glocke, gespendet von einem siamesischen Adeligen namens *Wikara Orada (Moore,2013:22)*. Tavoy stand über Jahrhunderte hinweg im Fokus der Begehrlichkeiten Ayutthayas sowie diverser birmanischer Dynastien. Ab dem 15. Jahrhundert der Hauptlieferant Malakkas für Reis, importierte Ayutthaya von dort vor allem diverse Luxusgüter und indische (Baum)Wollstoffe. Die Kontrolle über Tavoy und Tenasserim war die Voraussetzung für den direkten Zugang zum lukrativen Fernhandel am Golf von Bengalen und dem Indischen Ozean (*Wyatt,1984:86*).

---

[928] Die Iberische Union (União Ibérica) vereinigte das Königreich Portugal mit dem Königreich Spanien. 1580 starb mit Heinrich I. der letzte König aus dem Hause Avis ohne Nachkommen. Der spanische Habsburger König Philipp II. konnte einen Erbanspruch geltend machen. Durch den anschliessenden Restaurationskrieg (*Guerra da Restauração*) von 1640-1668 erkämpfte sich Portugal seine Unabhängigkeit Er endete am 13. Februar 1668 mit dem Abschluss des Friedens von Lissabon.
[928] Englische Quellen nennen 300-400 in Ayutthaya ansässige portugiesische Familien Mitte des 17. Jahrhunderts (*Anderson,1890:92*)
[929] Englische Quellen nennen 300-400 in Ayutthaya ansässige portugiesische Familien Mitte des 17. Jahrhunderts (*Anderson,1890:92*)
[930] Im 15. Jahrhundert und auch später wieder Hauptstadt eines selbstständigen kleinen Reiches, das aber immer wieder von Birma oder Siam beansprucht wurde. Das heutige Dawei liegt im südlichen Myanmar an der Mündung des gleichnamigen Flusses und ist die Hauptstadt der Tanintharyi-Division.

Überliefert ist ferner, das Intharacha II. zu Beginn seiner Herrschaft *Phichai* [พิชัย] mit Mauern befestigen ließ (*RCA,2000:18*).

Van Vliet notierte über *Prae Inthaeraetsiae* wie folgt: >> [Er] war nicht annähernd so barmherzig wie der Vater, war von Natur aus weder ein Krieger noch ein Gelehrter. Er lebte eher ein lustvolles denn ein spirituelles Leben. Große Freude hatte er am Segeln, an der Jagd, auf dem Pferderücken und bei Elephantenkämpfen. Häufig begab er sich [in seinem Reich] auf Reisen. Dies war sehr teuer für den Adel, da nach siamesischer Sitte der Adel den König, sobald dieser seinen Palast verließ, mit großem Aufwand zu begleiten hatte. Dies war der Grund dafür, das Seine Majestät insgeheim von seiner Familie gehaßt wurde, aber vom gemeinen Volk sehr geliebt und bewundert wurde [....] Der König ließ viele Städte befestigen, Zerstörtes wieder instand setzen und renovierte aufwendig den Königspalast. Dafür erhielt er reichliche Zuwendungen seitens des Adels, weniger von den Dorfgemeinschaften [....] Seine Majestät unternahm eine Vergnügungsreise nach Chong Chalung[931], wo er, sehr zur Freude des Adels, plötzlich und unerwartet verstarb. Sein Regnum war kein gedeihliches sondern ein beschwerliches << (*Van Vliet,1640:208*).

Jeremias van Vliet

Einer der bedeutendsten westlichen Zeit- und Augenzeugen für das Königreich Ayutthaya ist der Holländer Jeremias van Vliet. Als einer von fünf Söhnen wurde er 1602 in Schiedam, einem Dorf westlich von Rotterdam gelegen, als Sohn Eeuwout Hybrechts Van Vliet und seiner Frau, Martige Carnelisd geboren. Neben Jeremias traten auch dessen Brüder Eeuwert und Daniël van Vliet in den Dienst der *Vereenigde Oostindische Compagnie*. Im Mai 1628 ging Van Vliet an Bord der *'t Wapen van Rotterdam* und im Februar des folgenden Jahres erreichte der 27jährige Kaufmannsgehilfe Batavia. Er verbrachte drei Jahre in Hirado[932], der japanischen Niederlassung der Gesellschaft und bevor er im April 1633 nach Batavia zurückkehrte und dort zum *onderkoopman*[933] promoviert wurde. Kurz nach seiner Rückkehr nach Batavia wurde er zum ersten Mal nach Siam beordert und diente in der Niederlassung Ayutthaya unter Joost van Schouten[934]. Letzterer hielt sich überwiegend in Batavia auf und so war es im wesentlichen Van Vliet, der die Geschicke der Gesellschaft in Ayutthaya leitete. Offensichtlich zufrieden mit dessen Leistungen wurde Jeremias van Vliet am 23. Juli 1636 zum *koopman*[935] befördert. Unzufrieden, da er wohl insgeheim auf eine Ernennung zum *opperkoopman*[936] spekuliert hatte, reiste er nach Batavia um Antonio van Diemen[937], dem Generalgouverneur sein Anliegen vorzutragen. In dessen Abwesenheit übergab er dem

---
[931] Bis dato nicht lokalisiert
[932] Eine Küstenstadt in der heutigen Präfektur Nagasaki auf der Insel Kyūshū
[933] Unterkaufmann, *sub-merchant*
[934] Auch Justus Schouten. Der Kaufmann im Dienst der VOC trat neben seinen merkantilen Aktivitäten auch als Linguist, Diplomat, Berichterstatter und Mitglied des *Raad van Indië* in Erscheinung. Trotz seiner unbestrittenen Verdienste für die *Compagnie* wurde er am 11. Juli 1644 in Batavia hingerichtet. Schouten wurde 1644 auf frischer Tat bei homosexuellen Handlungen mit einem französischen Korporal überrascht, was in den Augen der niederländischen Calvinisten ein Sakrileg darstellte. Da er keinen Versuch unternahm, die Tat zu leugnen oder einer Anklage zu entkommen, und aus freiem Willen bekannte, bereits in Siam der gleichen Neigung gefrönt zu haben, wurde er zum Tod auf dem Scheiterhaufen verurteilt und sein gesamter Besitz konfisziert.
[935] Kaufmann, *merchant*
[936] Oberkaufmann, *cape-merchant*
[937] (1593-1645) Ab dem 1. Januar 1636 Generalgouverneur von *Nederlands-Indië* (Niederländisch-Ostindien oder *Insulinde*). Er schloß einen vorteilhaften Handelsvertrag mit dem Sultanat von Ternate (Molukken), führte einen erfolgreichen Feldzug gegen den Herrscher Ambon (Molukken), bemächtigte sich der portugiesischen Niederlassungen in Ceylon und Malakka, zwang den Vizekönig von Goa und den König von Fars (zentrale Südprovinz des heutigen Iran) zum Frieden und initiierte den holländischen Handel in Tongking (der nördlichste Teil von Vietnam). Im August 1642 schickte er eine Expedition unter der Leitung Abel Janszoon Tasmans auf die Suche nach dem „Großen Land im Süden". Tasman war der erste Europäer, der Neuseeland und das heutige Tasmanien sah, dem er den Namen *Anthoonij van Diemenslandt* gab.

Generaldirektor der Gesellschaft, Philips Lucasz einen ersten Bericht über Siam, der seine Kompetenz dokumentieren sollte. Dieser erste Bericht[938] sollte erstmalig 1692 posthum in Leiden publiziert werden. Auf die Gesellschaft erzielte die *Beschryving* wohl die beabsichtigte Wirkung und nunmehr zum *opperkoopman* befördert kehrte Van Vliet am 17. August 1638 nach Siam zurück. Während seines weiteren Aufenthaltes in Siam produzierte Jeremias van Vliet weitere zeitgenössische Berichte. So entstand im Februar 1640 eine Chronologie des Dynastie Ayutthayas[939], die vom Generalgouverneur mit Dank entgegengenommen wurde. Ende des gleichen Jahres entstand der dritte große Bericht[940], den van Vliet vermutlich im Mai 1641 in Batavia übergab. Am 23. September kam van Vliet ein letztes Mal nach Siam[941]. Im gleichen Jahr brachte er vier holländische Kinder in die Niederlassung nach Ayutthaya, die sich dort mit der Sprache und den Sitten Siams vertraut machen sollten. Van Vliet selbst war der Sprache des Landes mächtig und lebte mit einer Siamesin zusammen, die ihm drei Kinder gebar (*Wyatt,1975:4*). Ungeachtet dessen heiratete er am 28. Mai 1642 in Batavia Catharina Sweers. Am 6. September wurde er als Nachfolger Johan de Twists[942] zum Gouverneur Malakkas berufen. Nachdem ihn sein Untergebener Dirck Snoeck des Betruges an der Gesellschaft angeklagt hatte, verloren beide Kontrahenten am 20. Oktober ihre Posten. Am 11. Dezember übernahm Jeremias Van Vliet das Kommando über die heimreisende holländische Flotte, die im August des folgenden Jahres sicher den Heimathafen erreichte. Van Vliet diente seiner Heimatstadt in der Folge als Stadtrat und verstarb im Februar 1663.

Bis zu seiner Absetzung gestaltete sich der berufliche Werdegang van Vliets äußerst erfolgreich, was seine rasch aufeinanderfolgenden Beförderungen dokumentieren. Er hat es vermutlich in besonderer Weise verstanden, die Gegebenheiten seines Gastlandes zu erfassen und sein Verhalten entsprechend auszurichten. Diplomatisches Geschick und sprachliche Kenntnisse erlaubten ihm sowohl den erfolgreichen Verkehr auf dem tückischen Parkett der siamesischen Hofetikette als auch die erfolgreiche Gestaltung des Tagesgeschäftes. Seine kolpotierte Empathie befähigte ihn als einen der wenigen Europäer, zeitnah die komplexen Strömungen und Mechanismen bei Hofe zu erkennen und für die Interessen der VOC aber auch für die persönliche Vorteilsnahme zu nutzen. Besonders wertvoll erscheint seine Darstellung der Usurpation des Throns durch Prasatthong; seine siamesischen Informanten haben definitiv zu dieser Zeit in Ayutthaya gelebt und waren möglicherweise gar „Augenzeugen" der geschilderten Ereignisse (*na Pombejra,2001:5*). Zu der weltmännischen Gewandtheit gesellte sich bei Van Vliet ein produktiver, nach Wissen strebender Geist, der sich in einer Form eines *studium generale* seines Gastlandes artikulierte: Geschichte, Bebauung der Hauptstadt, Geographie, Administration, Rechtswesen, Hofzeremonien, auswärtige Beziehungen, königlicher Haushalt, militärische Organisation, religiöse Angelegenheiten, die Hierarchien der Beamten, Erbrecht, Hochzeiten, Bildung und natürlich

---

[938] *Beschryving van het Koningryk Siam, Mitagaders Het verhaal van den oorsprong, onderscheyd, Politijke Regering,, d'Ecclesiastique, en costuymelijke Huyshoudinge van d'Edelen en Borgerlijke Lieden: Als mede den loop der Negotie, en andere remarquable saakenb des Koningrijks Siam.* Ins Englische übersetzt von L.F. van Ravenswaay: *Translation of Jeremias Van Vliet`s Despription of the Kingdom of Siam*, in JSS 7.1. (1910)

[939] *Historiael Verhael der Sieckte ande Doot van Pra Interra Tsia 22en Coninck in Siam & den Regherende Pra Onghsry*. Ins Englische übersetzt von Leonard Anday in David K. Wyatt (ed.): *The Short History of the Kings of Siam*, The Siam Society, Bangkok 1975

[940] Zunächst durch Abraham de Wicquefort ins Französische übertragen und 1663 in Paris als *Relations historiqve de la maladie et de la mort de Pra-Inter-Va-Tsia-Thiant-Siangh Pheevgk, ou du grand & juste Roy de l`Elefant blanc, & des revolutions rrivées (sic.) au Royaume de Siam, jusqu`à l`advénement à la Couronne de Pra Ongly, qui y regne aujourd`hui* ... in Thomas Herberts *Relation de Voyage de Perse et des Indes orientales* veröffentlicht. Eine Übersetzung ins Englische: *Van Vliet`s Historical Account of Siam in the 17th Century*, in: JSS 30.2. (1938)

[941] Zur Diskussion um Dauer und Zeitpunkt der Aufenthalte van Vliets in Siam siehe auch Francis H. Giles: *A Critical Account of van Vliet`s Historical Account of Siam in the 17th Century*, Teile 1-6 in: JSS 30.2 (1938), S.158ff.

[942] Geburtsjahr unbekannt, verstorben 1643 in Batavia

der Handel, alle Bereiche gesellschaftlichen Lebens stiessen auf das neugierige Interesse des vielseitig begabten Chronisten. Berücksichtigt man die Umstände, unter denen Jeremias Van Vliet seine veritablen Informationen über ein Land zusammentrug, dessen exotische Sprache und gänzlich andere Welt uns auch noch im 3. nachchristlichen Jahrtausend gleichermaßen faszinierend wie fremdartig erscheint, so gebührt ihm zweifelsfrei ein Platz unter den relevantesten europäischen Zeitzeugen Ayutthayas im 17. Jahrhundert.

7.6.6. Somdet Phra Ramathibodi Thi Song [สมเด็จพระรามาธิบดีที่ ๒][943] (1491-1529)

Das 16. Jahrhunderts sah ein erheblich verändertes Bild in Südostasien. In Siam war der schwelende innere Konflikt zwischen den konkurrierenden Familien Lopburi und Suphan Buri zugunsten der letzteren entschieden. Die birmanische Domäne sollte unter den ersten Königen der Taungu-Dynastie wieder konsolidiert und zusammengeführt werden. Der Fernhandel im Südchinesischen Meer und Indischen Ozean prosperierte wie nie zuvor als zwangsläufiges Ergebnis der zunehmenden europäischen, muslimischen und chinesischen maritimen Aktivitäten. Und schließlich schuf die Proliferation moderner Waffen, insbesondere Kanonen und Musketen aus europäischer Produktion, sowie die zunehmende Anzahl europäischer Söldner, die neben dem (waffen)technischen know-how auch die modernen Strategien und Taktiken der Kriegsführung vermittelten, eine veränderte machtpolitische Gemengelage.

Alsbald nahm die Taungu-Dynastie[944] jene Rolle ein, die Lan Na während des 15. Jahrhunderts inne hatte: die des Hauptwidersachers Ayutthayas (*Thompson,1964:22*). Die von Mingyinyo [မင်းကြီးညို] (1459-1530) 1510 gegründete Dynastie beherrschte zwischen 1530 und 1752 wesentliche Teile des heutigen Myanmar, das sogenannte *Zweite Birmanische Reich;* alternative Bezeichnungen lauten nach der jeweiligen Hauptstadt Königreich Taungu (1486–1539), Pegu (1539–1599) oder Ava (1599–1752). 1527 hatten die Shan Ava erobert und viele Bewohner emigrierten daraufhin in südlicher Richtung nach Taungu. Dabei handelte es sich um kein Reich im klassischen Sinn, sondern um ein *mandala*, ein Netzwerk von Loyalitäten ohne feststehende Grenzen oder gesamtstaatliche Institutionen, das auf persönliche Abhängigkeitsverhältnisse zum jeweiligen Herrscher basierte. Die traditionellen Fürstentümer und Königreiche blieben bestehen, genossen weitreichende Autonomie in inneren Angelegenheiten und waren zu Tributzahlungen und Heerfolge verpflichtet. Sie wurden von *bayin* (häufig enge Verwandte des Hochkönigs) oder von einheimischen Fürsten regiert, die dem jeweiligen Taungu-König den Vasalleneid geschworen hatten. 1986 veröffentlichte der Thai-Historiker *Nidhi Eoseewong* [นิธิ เอียวศรีวงศ์] eine strukturelle Analyse[945] der Ursachen des permanenten birmanisch-siamesischen *stand-off.* Darin formulierte er die These, das die Bewahrung der politischen Stabilität, territorialen Integrität und Einheit der birmanischen Staaten im Irrawaddy-Becken und Salween-Tal oberste Priorität bei den birmanischen Herrschern hatte und zwar aufgrund der großen kulturellen Vielfalt der dort ansässigen Ethnien mit unterschiedlichen Sprachen und eigener Historie. Die zahlreichen, auf Autonomie bedachten kleineren Fürstentümer, hatten sich immer wieder starke ausländische Verbündete gesucht, was letztendlich der Hauptgrund für den Niedergang der frühen birmanischen Imperiums war. Ohne die Unterstützung und das einvernehmliche Miteinander mit den Herrschern im Salween-Tal, konnte keine birmanische Zentralgewalt, weder im Zentrum noch im Süden des Irrawaddy-Beckens überleben. Ayutthaya stellte die gefährlichste Bedrohung

---

[943] auch Chettathirat [เชษฐาธิราช]; Kurzform: Ramathibodi II.
[944] In Thai: *Rachawong Tongu* [ราชวงศ์ตองอู]
[945] *Kanmueang Thai Samai Phrachao Krung Thonburi* [การเมืองไทยสมัยพระเจ้ากรุงธนบุรี] „Die Politik der Thai während der Herrschaft König Taksins"

dar, weil es als externe Resource sowohl die rebellischen Mon unterstützte, als auch zeitweilig die in Lan Na beheimateten Shan. Sobald sich ein neues, zentrales birmanisches Machtzentrum entwickelte, war dieses umgehend bemüht, den Einfluß Ayutthayas zu neutralisieren, damit dieses nicht als Rückzugsgebiet revoltierender Fraktionen genutzt werden konnte (*Surakiat,2006:6*). Ergänzend hierzu steht die Vermutung, das eine mangelhafte Administration der birmanischen Beamten die Ursache für die Rebellionen der Mon und Shan gewesen seien, die dann die Protektion Ayutthayas gesucht hätten. (*Koenig,1990:15ff.*) Eine weitere Ursache lag in der ökonomischen Rivalität, insbesondere in der frühen Periode der Taungu-Dynastie. Beiden Seiten ging es um die Kontrolle der wirtschaftliche wichtigen Häfen entlang der Tenasserim-Küste, insbesondere Tavoy, Mergui und Tenasserim, die an den, die südostasiatische Habinsel kreuzenden Handelsrouten lagen, welche den Golf von Martaban mit dem Golf von Siam verbanden (*Lieberman,1984:28ff.*). Einem ideologischen Erklärungsansatz zufolge war das Konzept des universellen Monarchen, des *cakrarvatin*, die Hauptursache der traditionellen Auseinandersetzungen. Die Vorstellung des *cakravartin* galt sowohl in Siam als auch in Burma und als das alte Reich der Mon Mitte des 16. Jahrhunderts in die birmanische Domäne inkorporiert wurde, begannen sich die imginären *Jambudvīpa*[946] der Herrscher zu überlappen und die daraus resultierenden Friktionen provozierten immer wieder bewaffnete Auseinandersetzungen. (*Chutintaranond,1990*)

Wie wichtig die Vorstellung und der Anspruch des Königs als universeller Herrscher war, verdeutlicht auch eine von Van Vliet tradierte Legende während der Herrschaft Ramathibodis II.; die „siamesische Version" in *Tamnan Phra Maha Müang Nakhon Sri Thammaracha* [ตำนานพระหมณ์เมืองนครศรีธรรมราช] bezieht sich auf das Regnum Ramathibodi I.: >>Zur Zeit Phrachao Ramathibodis [II.] lebte auch ein König in Ramaradt[947] an der Koromandelküste[948] den der gleiche Titel und Name zierte. Der König war aus tiefstem Herzen davon überzeugt, das ihm allein die höchste Würde, Ehre und das größte Reich auf Erden zu eigen sei. Als er erfuhr, das der siamesische König ebenfalls seinen Namen und Titel führte, ärgerte er sich sehr und sprach mit todernster Miene: ‚Unter dem Himmel bin ich allein dieser Ehre würdig und wer immer wünscht, mir diese zu rauben, den werde ich töten'. Dann nahm er einen verzauberten Speer, warf ihn mit aller Kraft und sprach: ‚Flieg und töte den König von Siam'. Der Speer fiel in Siam direkt vor die Füße des auf dem Thron sitzenden Königs, der gerade eine Audienz gewährte. Der König stieg vom Thron, nahm den Speer und fand daran eine Nachricht in brahmanischer Schrift[949] folgenden Inhalts: ‚Die Götter haben keinen Zweiten wie mich unter dem Himmel geschaffen. Da Du aber, König von Siam, meinen Namen genommen, bin ich verärgert und sandte diesen Speer, Dich zu töten'. Der siamesische König heftete folgende Nachricht an den Speer: ‚Die Götter haben Dich zum Größten in Deinem Land gemacht und mich in dem meinen. Wenn Du glaubst, größer zu sein als ich, wähle einen Platz, an dem wir miteinander kämpfen können. Der Sieger wird in der Tat der Größte und der Bezwungene der Untertan des anderen sein' und warf ihn ebenfalls mit großer Kraft zurück [...] Der König in Ramaradt [...] war erstaunt, das sein Zauber nicht gewirkt hatte [...] doch konnte er sich zum Kampf mit siamesischen König nicht entschliessen [...] Stattdessen ließ er eine große Holzfigur in Form eines Vogels schnitzen, die er und seine Brahmanen und Hexenmeister mit

---

[946] (Sanskrit: *Rosenapfelbaumkontinent*) Bezeichnet im Hinduismus einen Kontinent der irdischen Welt.
[947] Benares, auch *Varanasi* oder *Kashi* genannt, im heutigen indischen Bundesstaat Uttar Pradesh.
[948] Die südöstliche Küste der indischen Halbinsel genannt. Allgemein wird angenommen, dass der Name vom tamillischen *Chola Mandal* abgeleitet ist; *mandalam* bedeutet „Region" und die *Chola* waren eine südindische Dynastie, deren Blütezeit vom 9.-13. Jahrhundert währte.
[949] Devanagari. Indische Schrift, die zur Schreibung von Sanskrit und einigen modernen indischen Sprachen wie Hindi und Marathi verwendet wird. Sie geht auf die sehr viel ältere Brahmi-Schrift zurück, die ab dem 3. vorchristlichen Jahrhundert belegt ist. In Indien belegt ist. Die älteste überlieferte Inschrift in Devanagari ist aus dem 7. Jahrhundert, seit dem 11. Jahrhundert ist sie die vorherrschende Schrift Indiens.

Zaubersprüchen belegten [...] Er wählte vier seiner tapferen Krieger aus und befahl ihnen, mit der verzauberten Figur nach Siam zu reisen und dort den König zu töten. Am Hofe des Königs angelangt, versetzten sie mittels Zauberei die Wachen in tiefen Schlaf [...] Schließlich gelangte einer von ihnen in das Schlafgemach des Königs [...] Doch als er eintrat, war er urplötzlich gelähmt und konnte sich weder vorwärts noch rückwärts bewegen. Der zweite und dritte Krieger folgte ihm und ihnen widerfuhr das gleiche. Der vierte zog das Schwert, um den schlafenden König zu töten, aber als er zum Schlag ausholte, blieb er mit erhobenen Arm wie angewurzelt stehen und konnte sich nicht von der Stelle bewegen. Als der Köng am nächsten Morgen erwachte, war er überrascht, einen Fremden in dieser Position und drei weitere an der Eingangstür seines Schlafgemaches vorzufinden [...] Nachdem die vier den Schutzgeistern der Kapitale am Pratu Chai [ประตูไชย][950] ihren Respekt erwiesen hatten, löste sich die Starre und sie gestanden, das der König [von Ramaradt] sie geschickt und wie und warum sie an den Hof gekommen waren [...] Seine Majestät schickte sie mit einem Brief folgenden Inhalts zurück: ‚Wenn Du männlichen Mutes bist [...] dann komme und kämpfe mit mir. Der Bezwungene soll Untertan des anderen sein'. Der König in Ramaradt [...] sandte [jedoch wiederum nur] vier tapfere Soldaten, die ausgezeichnete Barbiere waren, mit einer verschlossenen Truhe und einem Brief voller Komplimente an den König von Siam: ‚Laß uns Brüder sein [...] Wenn Du die Truhe erhältst, öffne sie'. Der König befahl, die Truhe zu öffnen [...] der verzauberte Geist eines Mannes sprang mit einer Pistole in der Hand heraus und drohte, den König zu erschiessen, doch [...] die Erscheinung kollabierte zuvor [...] Der verärgerte König sprach: ‚Der König von Ramaradt benimmt sich wie ein zaghaftes Weib, weil er lieber teuflische Tricks aushecht als sich mit Waffen zu schlagen'. Für die kommenden ein bis zwei Jahre herrschte Ruhe zwischen den beiden Königen, während die Barbiere ihrem Gewerbe bei Volk und Adel nachgingen [...] schließlich drang ihr guter Ruf an die Ohren des Königs [...] er ließ die Barbiere zu sich rufen [...] einer von ihnen beabsichtigte, die Kehle des Königs durchzuschneiden. Aber bei dem Versuch überfiel ihn ein derartiges Zittern, das ihn sämtliche Kräfte verliessen [...] er gestand, das alle vier Barbiere vom König in Ramaradt gesandt worden waren, Seine Majestät zu töten. Der König von Siam [...] schickte sie mit folgender Nachricht zurück: ‚Die Götter haben mich [...] zum Herrscher über meine Untertanen bestimmt. Warum versuchst Du durch Verrat, Zauberei und teuflische Tricks mich von ihnen zu trennen und meine Untertanen ihres Königs zu berauben? Bist du königlichen Geblüts, komm und kämpfe mit mit mir; bist Du aber ein engherziges Weib, bleib in deinem Land'[...] [Der König von Ramaradt] kam zu der Einsicht, das seine Majestät entweder ein übernatürliches Wesen war oder außerordentliches Fortune besaß und in ihm reifte letztlich der Wunsch nach einen dauerhaften Frieden und einer engen Allianz [...] Er sandte zwei Brahmanen mit einer freundschaftlichen Note zum König von Siam [...] und bat darum, ihn als Bruder zu akzeptieren. Auch wies er die Brahmanen an, das *schoppen* oder *schongelen*[951] in Siam bekannt zu machen. Der siamesische König akzeptierte [...] zwischen beiden Königen entstand eine Freundschaft [...] die alle zwei bis drei Jahre mit einem, auf goldenem Tableau, geritzten Schreiben erneuert wurde (*Van Vliet,1640:209-212*).

---

[950] Das Haupttor an der Südseite der Hauptstatdt
[951] „Schaukeln". Heute ist die „Große Schaukel" *Sao Ching Cha* [เสาชิงช้า] vor dem *Wat Suthat* (offizieller Name: *Wat Suthat Thepwararam Ratchaworamahawihan* - วัดสุทัศนเทพวราราม ราชวรมหาวิหาร) im Bezirk Phra Nakhon [พระนคร] eine der touristischen Hauptattraktionen Bangkoks. Die Schaukel-Zeremonie *Phithi Triyampawai* [พิธีตรียัมปวาย], im Volksmund *Lo Ching Cha* [โล้ชิงช้า] („Hin und Her") ist die traditionelle Feier zum brahmanische Neujahr und dauerte früher zehn Tage. Nach einem alten hinduistischen Epos schickte Brahma, nachdem er die Welt erschaffen hatte, Shiva auf die Erde, um nach dem Rechten zu sehen. Als Shiva zur Erde herabstieg, wickelten sich große *Nagas* [พญานาค] (mythische Riesenschlangen) um zwei Berge, um die Erde zu stabilisieren. Als Shiva die Erde fest verankert fand, feierten die Nagas im Meer. Die Schaukel-Zeremonie soll diese Geschichte symbolisieren. Ein eindrucksvoller Augenzeugenbericht aus den 1930er Jahren liefert *Wales,1931:238-247*.

Es entsprach den Gepflogenheiten jener Zeit, das alle Herrscher in Asien Monopole im Fernhandel besassen. Kein Händler konnte Waren umschlagen, bevor nicht der jeweilige Regent seinen eigenen Bedarf zu seinen Bedingungen gedeckt hatte; und niemand durfte Güter von anderen Kaufleuten erwerben, bevor nicht die Vorratslager des Königs „leergekauft" waren, wobei auch hier die Preise von royaler Seite fixiert und nicht Gegenstand von Verhandlungen waren. Die Handelsmonopole der Krone, insbesondere im Bereich des profitablen Außenhandels, füllten die Schatullen des Königs und festigten dessen Position gegenüber der adeligen Elite. Sie waren von Vorteil für die Hauptstadt zu Lasten der ruralen Produzenten und makroökonomisch bevorteilten sie Reiche mit Handelsplätzen an den Küsten gegenüber reinen Binnenländern wie Lan Na und Lan Chang. Der rasante Anstieg des Fernhandels im 15. und 16. Jahrhunderts war einer der Hauptursachen für den unaufhaltsamen Aufstieg Ayutthayas. Die ständig steigenden Einnahmen vergrößerten den wirtschaftlichen Vorsprung gegenüber den Nachbarreichen, schufen dadurch die Voraussetzung für immer größere Handelsvolumen und die wachsenden Marktanteile steigerten zwangsläufig wiederum die Profite.

Aus diesem ständig sprudelnden Born schöpfte König Ramathibodi II. auch die benötigten Mittel, die ihn in die lage versetzten, Ausgang des 15. Jahrhunderts zahlreiche öffentliche und sakrale Bauwerke in Auftrag zu geben. Zwischen 1500-1503 ließ er für *Wat Phra Si Sanphet* eine gewaltige Buddha-Statue gießen. Die Höhe betrug insgesamt 16 Meter, das Gesicht des Erleuchteten war 2 Meter lang und 1,50 Meter breit und die Brustbreite ist mit 5,50 Meter überliefert. Für den Guss wurden 63,6 Tonnen Bronze benötigt, die anschließend mit 343,2 Kilogramm reinen Goldes überzogen wurden. Im gleichen Tempel hatte der damals 21 Jahre alte König bereits 1492 zwei *stupas* errichten lassen, in denen die Asche seiner beiden Vorgänger bewahrt wurde. (*RCA,2000:18f.*) 1767 fiel die gewaltige Statue den birmanischen Eroberern zum Opfer, welche das kostbare Gold einschmolzen und dabei *Phra Si Sanphet* irreparabel zerstörten. (*Syamananda,1988:41*) König *Phra Phutthayotfa Chulalok* (Rama I.) ließ die zerstörten Überreste nach Bangkok bringen und in einem eigens zu diesem Zweck errichteten *chedi* im *Wat Pho* [วัดโพธิ์] einmauern. Die etwa 45 m hohe *chedi* wurde anschließend mit grünen Kacheln verkleidet. Der König gab ihm zur Einweihung den Namen *Phra Maha Chedi Si Sanphetchayadayan* [พระมหาเจดีย์ศรีสรรเพชญดาญาณ]. Im östlichen Wihan *Wat Phos* befindet sich die um 1500 von Ramathibodi in Auftrag gegebene stehende Buddha-Statue, *Phra Phuttha Lokanat* [พระพุทธโลกนาถ][952].

1507 erfolgte ein erneuter Einfall Lan Nas in die Provinz Sukhothai. Die Gegenoffensive endete mit der Einnahme Phraes 1508. 1515 wurde sogar das lediglich 80 km von Chiang Mai entfernt liegende Lampang erobert; die Sieger verzichteten auf eine dauerhafte Annektion und kehrten stattdessen mit reicher Kriegsbeute heim. Die latente Gefahr aus dem Norden veranlaßte Ramathibodi 1518 zu einer umfassenden Heeresreform. Die grundsätzlich bestehende Wehrpflicht aller wehrtauglichen Männer zwischen 18-60 Jahren wurde nunmehr mittels einer reichsweiten Wehrerfassung professionell erweitert. Nur wer an seiner statt mindestens drei wehrfähige Söhne stellen konnte, wurde von der Wehrpflicht befreit. Nach einer zweijährigen „Grundausbildung" deren Inhalte sich auf die speziellen Anforderungen in den jeweiligen „Waffengattungen" richteten und verbindlich in einer „Abhandlung über die siegreiche Kriegsführung" niedergelegt waren; dieses Kompendium enthielt außerdem eine Auflistung möglicher Kriegsgründe und –ursachen sowie die grundlegende Unterweisung in militärischer Strategie und Taktik. (*Wyatt,1998:88*) Die ausgebildeten Krieger wurden in zwei Kategorien unterteilt. Alle die im Umkreis der Hauptstadt oder größerer Städte lebten, waren abwechselnd und zeitweilig im aktiven Dienst. Die Untertanen in dern peripheren Provinzen

---

[952] "Retter der Welt"

des Reiches bildeten die Reserve, die im Kriegsfall sofort einberufen werden konnte; diese hatten allerdings einen Obulus an die Staatskasse für den nicht zu leistenden aktiven Dienst zu entrichten. Darüber hinaus war jede Stadt verpflichtet, Mobilisationsübungen durchzuführen um danach in gemeinsamen Manövern die Wehrkraft zu erhalten. (RCA,2000:19; Syamananda,1988:40f.)

Die nächste Aufgabe des Königs bestand darin, die Infrastruktur des Reiches den veränderten politischen, wirtschaftlichen und militärischen Erfordernissen anzupassen. In diesem Zusammenhang entstanden neue Wasserwege und bestehende Kanäle wurden erweitert. *Khlong Samrong* [คลองสำโรง] und *Khlong Thap Nang* [คลองทับนาง], die den Maenam Chao Phraya mit dem *Maenam Bang Pakong* [แม่น้ำบางปะกง] in der Provinz *Chachoengsao* [ฉะเชิงเทรา] verbanden, wurden zunächst gesäubert und danach vertieft und erweitert, um auch größeren Booten die Passage zu ermöglichen. 1524 fand offensichtlich eine Rebellion statt, wenngleich die Chronik kryptisch formulieren: >>Menschen hinterließen anonyme Nachrichten. Zu dieser Zeit ließ der König zahlreiche Angehörige des Adels hinrichten<<. (RCA,2000:19) 1525 wurde Ayutthaya von einer Dürre und einem Erdbeben heimgesucht, was eine signifikante Verteuerung des Grundnahrungsmittels Reis im Jahr darauf zur Folge hatte. Diverse in den Chroniken beschriebene böse Omen mögen den König bewogen haben, seine Nachfolge zu ordnen und 1526 schickte er seinen Sohn und designierten Thronfolger, Prinz *No Phutthangkun* [หน่อพุทธางกูร] bzw. *Athittayawong* [อาทิตยวงศ์] als *Uparacha* nach Phitsanulok. Als drei Jahre später ein Omen in Gestalt des weißleuchtenden Bogens *Phra Ins* [พระอินทร์] den nächtlichen Himmel von Südwesten kommend nach Nordwesten hin querte, endete das Leben und Regnum Ramathibodis II. im Alter von 57 Jahren, welches Van Vliet wie folgt zu würdigen wußte: >>er wagte sich unbewaffnet mitten unter seine Feinde. Viele Prinzen und Könige wie die von Pattani, Kedah, Perak[953], etc. kamen zu ihm und fielen vor ihm nieder. Sie unterwarfen sich freiwillig seiner Herrschaft [...] Er war von Natur aus ein Krieger, von großer Weisheit und Voraussicht, barmherzig, und war besorgt um das Wohlergehen seiner Soldaten, Untertanen und der Mönche. Er erwies den Brahmanen viele Wohltaten und sanierte viele Städte, Tempel und Klöster, sowie Wohnhäuser für Mönche und Bedürftige, und zahlte dies aus eigenem Vermögen [...] Er renovierte auch den Königspalast [...] Seine Majestät war ein großer Freund fremder Nationen und entsandte diverse Missionen, um diese ins Land zu locken. Er mochte die Fremden und erwies ihnen Freundschaft und große Dienste. Um jedermann vor Ärger und Verdruss zu bewahren, zuviel bezahlen zu müssen oder betrogen zu werden, erließ er Regularien, die er nicht verletzt sehen wollte. Die Beamten folgten den Bestimmungen mit solcher Achtsamkeit, das jeder Ausländer bei seiner Abreise zufrieden das Land verließ. Auch wollte er keine Bettler in den Straßen sehen, sondern erwartete, das jede Familie arme Angehörige unterstützte [...] Während der Regentschaft Seiner Majestät gab es keine Diebstähle und jeden, der sich treulos verhielt, erwartete ein grausamer Tod [...] Er gab dem Königreich Frieden [...] die Gesellschaft prosperierte und das Land war fruchtbar. Traurigkeit und Kummer waren unbekannt [...] in vielerlei Hinsicht glich er Salomo[954]<< (Van Vliet,1640:212f.)

---

[953] Der heutige Bundesstaat Perak liegt an der Westküste der Malaiischen Halbinsel an der Straße von Malakka. Im dem im Süden Peraks gelegenen Kinta-Tal (*Sungai Kinta*) wurden 1884 die größten Zinnvorkommen der Erde entdeckt.
[954] König *Salomo* bzw. *Salomon* [שְׁלֹמֹה *Šalomoh*] war, der Bibel zufolge, im 10. Jahrhundert v. Chr. Herrscher des vereinigten Königreichs Israel. Er gilt als Erbauer des ersten Tempels in Jerusalem und als dritter König Israels nach Saul und David. Er öffnete das Reich gegenüber anderen Kulturen und Religionen, was ihm bei anderen Völkern ein großes Ansehen verschaffte und in der Forschung zeitweilig als „salomonische Aufklärung" bezeichnet wurde. Van Vliets Vergleich referenziert vermutlich auf die tradierte sprichwörtliche Weisheit und Gerechtigkeit des Herrschers, die sich vor allem in dem „Salomonischen Urteil" (1. Buch der Könige 3,16-28) artikulierte.

7.6.7. Somdet Phra Borommarachathirat Thi Si [สมเด็จพระบรมราชาธิราชที่ ๔]⁹⁵⁵ (1529-1533)

Mit dem 27 Jahre alten Sohn Ramathibodis II., *Noophout thae Coun*, bestieg der zwölfte König Ayutthayas 1529 als Borommaracha IV. den Thron. >>Er wollte den Namen phra nicht annehmen, weil dieser seiner Meinung nach den Göttern und nicht den Menschen gebühre. So wurde er No Phutthangkun genannt. Zu Beginn seiner Regentschaft war der König sehr gnädig, aber die Güte Seiner Majestät wurde mißbraucht, insbesondere von den Adeligen. Jedermann glaubte sich nach dem Tod seines Vaters von der Unterordnung befreit und müsse dem Sohn nicht mehr gehorchen oder die königlichen Ehren erweisen. Als Seine Majestät dieses realisierte, änderte er seinen bisherigen Charakter und regierte fortan mit strenger Hand. Er war ein Kriegerkönig von großer Weisheit und Besonnenheit, beflissen und tolerant. Er war besonders darauf bedacht, alle Positionen der Judikative mit frommen Männern zu besetzen. Er war ein großer Feind schlechter Richter und bestrafte diese mit dem Tode. Während seiner Herrschaft und seines ganzen Lebens blieb er standhaft, so das ihn weder Rückschläge entmutigen noch das Wohlergehen [übermäßig] erfreute. Er bevorzugte niemanden, sondern erwies armen und reichen, weltlichen und geistlichen [Untertanen] die gleiche Gunst. Seine Befehle wurden wortwörtlich umgesetzt und wer immer (aufgrund persönlicher Interessen) auch nur die kleinste Kleinigkeit nicht beachtete oder sich gar ungehorsam zeigte, wurde als Krimineller bestraft [...] Er hatte eine Affinition [...] zu fremden Nationen und achtete sorgsam darauf, das diese gut behandelt wurden. Häufig kämpfte er mit Lan Chang und Pegu und blieb am Ende seines Lebens siegreich. Er begab sich persönlich an der Spitze einer großen Armee an die Grenzen Pegus und eroberte eine Stadt namens Choulock⁹⁵⁶. Auf dem Rückweg erkrankte er an Pocken und starb nach fünfjähriger Regenschaft⁹⁵⁷<<. (*Van Vliet,1640:213f.*) Vor seinem Tod 1533 hatte Borommaracha IV. zu Ehren des Vaters noch eine *stupa* im Wat Phra Si Sanphet errichten, in der die Asche des toten Königs bewahrt wurde (*Syamananda,1988:45*).

Der Tradition folgend besetzte auch König Borommaracha IV. den Posten im strategisch wichtigen Phitsanulok mit einem engen Verwandten, seinem Halbbruder Prinz *Phra Chairacha* [พระไชยราชา]. In Schlagdistanz zu den nördlichen Rivalen Lan Na und Lan Chang sollten, konnten und mussten sich die designierten Thronfolger früh bewähren und auf kommende, höhere Aufgaben vorbereiten. Lan Na bereitete in dieser Phase jedoch keine Schwierigkeiten; die Politik Ramathibodis II. bestätigend, wurden Botschafter mit dem Auftrag nach Chiang Mai gesandt, einen Friedensvertrag zu verhandeln (*Wyatt,1998:89*). Anders stellte sich die Situation in Lan Chang dar.

Zwischen 1501, dem Beginn des Regnums König *Visunharat Thipaths*⁹⁵⁸ (1465-1520) bis zum Tode König *Sulinyavongsas* [พระเจ้า สุธิยะวົງສາ หัมມะธาຕุ]⁹⁵⁹ (1618-1690/95) war Lan Chang ein starkes und vereintes *mandala*, dessen Zerfall und Niedergang im 18. Jahrhundert nicht vorhersehbar war. Der massive birmanische Druck, insbesondere ab der zweiten Hälfte des 16. Jahrhunderts, war nur eine der Ursachen. Nachhaltige Veränderungen der Migration, die wachsende ökonomische Bedeutung des Fernhandels sowie die Einführung neuer Technologien im Bereich der Wirtschaft und des Militärs, sollten sukzessive die *balance of power* in Südostasien zum Nachteil Lan Changs verändern. Die Implikationen dieser

---
⁹⁵⁵ Auch No Phutthangkun [หน่อพุทธางกูร]: Kurzform: Borommaracha IV.
⁹⁵⁶ Bis dato nicht lokalisiert
⁹⁵⁷ RCA,2000:20
⁹⁵⁸ Offizieller Thronname: *Somdet Brhat-Anya Chao Visunha Rajadipati Pada Sri Sadhana Kanayudha*
⁹⁵⁹ Offizieller Thronname: *Samdach Brhat Chao Suriyalinga Varman Dharmika Raja Parama Payitra Prasidhadhiraja Sri Sadhana Kanayudha*; in Thailand bekannt als *Phra Chao Suriyawongsa Thammikarat* [พระเจ้า สุริยวงศาธรรมิกราช]

Veränderungen wurden von der herrschenden Elite, wenn überhaupt, zu spät realisiert. *Visunharat Thipath* war der siebente Sohn von König *Sai Tia Kaphut*[960] (1415-1481) und wurde 1480 zum Gouverneur von *Vieng Chan*[961] ernannt. 1491 ernannte ihn sein Bruder, König *La Sen Thai Puvanart*[962] (1462-1495) zum Leitenden Minister mit dem Titel *Phya Sena Mueang* und gab ihm den Regentennamen *Visun* (Blitz). Zwischen 1495 und 1497 war der ambitionierte *Visun* Regent für seinen jüngeren Neffen *Somphu*[963] (1486-1501), den er 1500 entthronte um sich im folgenden Jahr selbst zum König krönen zu lassen. Der Tod *Somphus* fand unter merkwürdigen Umständen statt, so das einige Überlieferungen davon ausgehen, das *Visun* den Rivalen töten ließ (*Stuart-Fox,1998:69*). Bereits zu Beginn seiner Herrschaft war *Visunharat Thipath* darauf bedacht, seine Stellung zweifach zu legitimieren: Einerseits durch seine „göttliche Abstammung", wobei er sich auf den Schöpfungsmythos *Nithan Khun Borom* [ນິທານ ຂຸນບູຮົມ][964] berief, und andererseits mittels tiefer Hingabe zum Buddhismus, der sich besonders deutlich in seiner kulthaften Verehrung des *Phra Bang* [ພະ ບາງ / พระบาง][965] artikulierte. Bei aller Wertschätzung Ayutthayas und ungeachtet seines Bemühens um freundschaftliche Beziehungen zum „südwestlichen Brudervolk", erkannte der König die Notwendigkeit, die Unabhängigkeit Lan Changs nach außen zu sichern und die Einheit im Innern zu befördern. Der Phra Bang-Kult diente neben der Legitimation des Regenten möglicherweise auch dazu, eine spezifische laotische Identität zu befördern, welche Lan Chang von seinen siamesischen Nachbarn unterschied (*Wyatt,1998:84*).

Wie in der *Nithan Khun Borom* überliefert, hatten bereits die Vorgänger *Visuns, Suvanna Ban Lang*[966] (1479-1485) sowie dessen Bruder *La Sen Thai Puvanart*, mit der Reorganisation des Reiches nach dem Kriegen mit Vietnam begonnen; diese hatten 1478 zunächst *Thong Hay Hin* [ທົ່ງໄຫຫີນ][967] und danach Luang Prabang erobert. Die immer komplexer werdende Administration des Reiches wurde leitenden Beamten mit spezifischen Zuständigkeiten übertragen, beispielsweise Armee, Zensus, religiöse Angelegenheiten, Justiz, innere Sicherheit, öffentliche Bauten, Finanzen, Handel, Außenpolitik, Handel, Steuern und Spionage. Über eine klare und strenge Hirarchie berichten der italienische Jesuitenpater Giovanni-Maria Leria[968] und der holländische VOC-Kaufmann Gerrit van Wuysthoff[969]

---

[960] Offizieller Thronname: *Somdet Brhat-Anya Chao Sanaka Chakrapati Raja Phen-Phaeo Bhaya Jayadiya Kabuddha*. In Thai: พระเจ้าไชยจักรพรรดิแผ่นแผ้ว

[961] *Vientiane* [ວຽງຈັນ]

[962] Offizieller Thronname: *Somdet Brhat-Anya Chao Lankasena Daya Buvananatha Raja Sri Sadhana Kanayudha*. In Thai: พระเจ้าหล้าแสนไทไตรภูวนาถ

[963] Offizieller Thronname *Somdet Brhat-Anya Chao Jumbuya Raja Sri Sadhana Kanayudha*

[964] Khun Borom Ratchathirat [ขุนบรมราชาธิราช] ist eine legendäre Figur der Tai-Völker Südostasiens, der insbesondere von den Laoten als ihr göttlicher Stammvater angesehen wird. Die von ihm handelnde Legende heißt in Laos und Thailand *Nithan Khun Borom* [นิทาน ขุนบรม], die „„Legende von Khun Borom".

[965] „Königliches Buddhabildnis, das Leiden auflöst"; das wichtigste buddhistische Bildnis in Laos. Es befindet sich seit dem 14. Jahrhundert in der Stadt Luang Prabang, die nach dieser Statue benannt ist. Die Statue ist 83cm hoch und stellt einen stehenden Buddha dar, dessen Handflächen nach vorne weisen. Sie besteht aus mit Blattgold überzogener Bronze und soll gemäß der Überlieferung ursprünglich zwischen dem 1. und 9. Jahrhundert in Ceylon gegossen worden sein. Phra Bang wurde lange als Symbol für den rechtmäßigen Regenten des Landes angesehen, denn nur eine lobenswerte und gerechte Herrscher verdiente es, das Bildnis beschützen zu dürfen.

[966] Offizieller Thronname: *Somdet Brhat-Anya Chao Suvarna Panya Lankara Raja Sri Sadhana Kanayudha*

[967] „Ebene der Tonkrüge". In der heutigen laotischen Provinz Xieng Khouang [ຊຽງຂວາງ] befinden sich mehrere Hundert Steinkrüge in der Größe von einem halben bis zu drei Metern. Obwohl die Krüge nicht aus Ton (sondern Stein) bestehen und sich auch nicht in einer zusammenhängenden Ebene befinden, hat sich diese Bezeichnung durchgesetzt. Das Alter der Krüge wird auf 1500 bis 2000 Jahre geschätzt und ihr Gewicht beträgt bis zu 6000 Kilogramm.

[968] Ein kurzer Bericht wurde in Giovanni Filippo de Marinis Kompendium über die Arbeit der Jesuitenpater in Asien veröffentlicht: *Delle missioni de' padri della Compagnia di Giesù nella provincia del Giappone, e particolarmente di quella di Tumkino*. Libri cinque. Tinassi, Roma. 1663

[969] 1641 unternahm Wuysthoff im Auftrag der kambodschanischen Faktorei der VOC eine Erkundungsfahrt von der seinerzeitigen Hauptstadt Kambodschas, Lovek, nach Vientiane. Die VOC wollte erfahren, wie profitabel der Handel mit Lan

(Stuart-Fox,2008).: alle Beamten, von den engsten Beratern des Königs aus dem *Senam Luang* („Hoher Rat") abwärts erhielten Ränge und Titel die ihrer jeweiligen Stellung in der Nomenklatur entsprachen. Die Region um die Kapitale unterstand direkt dem Hof und war in Bezirke und Kreise unterteilt, die ihrerseits wieder von Beamten verwaltet wurden, die auch für die Erstellung der geforderten Berichte zuständig und verantwortlich waren. Die wichtigsten *müang* auf dem Khorat-Plateau wurden von Verwandten *Visuns* geleitet, was allerdings nicht immer die Loyalität garantierte, wie vereinzelte Rebellionen beweisen. Dennoch war Lan Chang 1520, als König Visunharat Thipath[970] starb, so stabil und mächtig wie nie zuvor in seiner Geschichte. (*Stuart-Fox,1998:73*)

Der neunzehnjahrige Sohn und Thronfolger *Pho Thisarath* I.[971] (1505-1548) war ein tiefgläubiger Buddhist. Seine Ausbildung erhielt er im vom Vater erbauten Tempel *Wat Visun Maha Viharn* in Sawa[972]. 1523 entsandte er eine Delegation nach Chiang Mai um einerseits Kopien des Pali-Kanons Tipiṭaka zu erbitten und die dort ansässigen Mönche zu einem großen Konzil nach Luang Prabang einzuladen. Der oberste Mönchspatriarch, *Maha Sichan Tho*, ordinierte den jungen Regenten 1525 zum Mönch. Möglicherweise entwickelte *Pho Thisarath* in jener Zeit den orthodoxen Fundamentalismus, der ihn 1527 dazu veranlaßte, animistische Praktiken und Riten per royales Dekret als unnützen Aberglauben verbieten zu lassen; Geisterschreine wurden auf seine Anordnung hin zerstört und Altäre von Götzen in die Flüsse geworfen. Auch wenn es gelang, die blutigen und extremsten spiritistischen Rituale schließlich zu unterbinden, existierten animistische Praktiken auch weiterhin parallel zur offiziellen und allgemein akzeptierten „Staatsreligion" des Theravada-Buddhismus. Auch im Thailand der heutigen Zeit haben gläubige Buddhisten keine spirituellen Probleme damit, „vorsichtshalber" auch ein gutes Einvernehmen mit der Welt der Geister zu pflegen und den zahlreichen *phi*, die Inhalt des nachfolgenden Exkurses sind, zu opfern. 1539 unternahm der König eine Pilgerreise nach *That Phanom* [ธาตุพนม] und ließ auf dem dortigen Tempelgelände des heutigen *Wat Phra That Phanom* [วัดพระธาตุพนม][973] neue Gebäude errichten und stiftete Land sowie Leibeigene zu dessen Erhalt. (*Stuart-Fox,1998:74*)

Während sich König *Visun* und dessen Vorgänger stets um ein kooperatives Verhätnis mit den benachbarten Reichen bemüht waren und die Phase des friedlichen Nebeneinanders dazu nutzten, nahezu unbemerkt an wirtschaftlicher und politischer Stärke zu gewinnen, betrachtete sich der Filius bereits als gleichwertiger Herrscher und Konkurrent um die Suzeränität in der Region. Er residierte überwiegend in Vientiane statt in Luang Prabang, welches über bessere Kommunikationswege mit Kambodscha, Vietnam, Lan Na und Ayutthaya verfügte und aufgrund der anhaltenden südlichen Migration in das fruchtbare zentrale Mekong-Tal zum neuen Nabel Lan Changs mutierte. Der Niedergang des Khmer-Reiches im 15. Jahrhundert beförderte die laotische Proliferation über das Khorat-Plateau bis in das Tal des Mekong. Unabhängig von seiner pietistischen Grundhaltung war der König gewaltbereit und

---

Chang sein könnte und Wuysthoof sollte eruieren, inwieweit der Mekong als Handelsweg in das Inland Südostasiens geeignet sei. Zur Gründung einer Faktorei in Vientiane kam es aufgrund der kaum vorhandenen Infrastruktur nicht. Van Wuysthoff, der als einer der ersten Europäer das Gebiet des heutigen Laos besucht hatte, verfasste ein Reisetagebuch, das ins Französische übersetzt wurde und noch Jahrhunderte später als Reiseführer diente: *Voyage de Van Wusthof au Laos et ce qui s'y est passé jusqu'en 1644*. Royal Netherlands Embassy, Vientiane, 2006

[970] Voller Thronname: *Somdet Brhat-Anya Chao Visunha Rajadipati Pada Sri Sadhana Kanayudha*. In Thai: พระเจ้าวิชุลราช

[971] Voller Thronname: *Somdet Brhat-Anya Budhisara Maha Dharmikadasa Lankanakuna Maharaja Adipati Chakrapati Bhumina Narindra Raja Sri Sadhana Kanayudha*. In Thai: พระเจ้าโพธิศาลราช

[972] Auch Xieng Thong (Luang Prabang)

[973] Eine der bedeutendsten und am meisten verehrten buddhistischen Tempelanlagen im Isan, dem Nordosten Thailands. Gelegen im südöstlichsten Zipfel der heutigen Provinz *Nakhon Phanom* [นครพนม] erstreckt sich die weitläufige Anlage um einen etwa 900 n. Chr. erbauten *chedi*, im Isan *that* [ธาตุ] („Reliquie") genannt, der im Lauf der Jahrhunderte mehrfach restauriert und umgestaltet wurde. In seinem Inneren soll sich ein Schlüsselbein des historischen Buddha befinden.

konsequent, wenn es um den Erhalt der eigenen Macht ging. So benötigten königliche Truppen zwei Jahre, um zwischen 1532-33 eine Rebellion des notorisch um seine Unabhängigkeit ringenden *Müang Phuan* [เมืองพวน] niederzuringen. Um dieses Ziel zu erreichen, wurde 1533 sogar eine Allianz mit dem Rivalen Vietnam geschlossen. (*Nguyen Thê Anh,1990:92*)

Seine zahlreichen diplomatischen Aktivitäten ergänzte *Pho Thisarath* durch eine geschickte äußere und innere Heiratspolitik. 1533 ehelichte er in Chiang Mai *Yudhi Karma Devi* (*Yot Kam Tip*), eine Tochter *Phra Muang Ket Klaos*, König von Lan Na und erhob sie zur Königin *Brhat Nang Nhot-Kham*. Des weiteren eine Prinzessin aus Ayutthaya, die vermutlich um 1550 von einem Mitglied des Adels namens *Phaya Sri Sadharmatilaka* ermordet wurde. Es folgten eine Tochter von Prinz *Kuvanadeva* (*Khua-Thepha*), eine Dame namens *Nang Kong Soi*, dann *Nang Keng*, eine Nichte von Prinz *Kama Setthadhananga* (*Kham Chat Tha Nang*) und schließlich etwa 1534 *Nang Pak Thuoi Luang*. Als der König 1548, sieben Tage nach einem Unfall mit einem Elefanten in Vientiane starb, hinterließ er neben *Chao Fa Chaya Setha Varman*, der ihm als *Sai Setthathirath I.* [เจ้าฟ้าเชษฐา] auf dem Thron folgen sollte, drei weitere Söhne und vier Töchter[974].

7.6.8. Exkurs: Das Reich der Geister und ihre Behausungen

Die lange Tradition der friedlichen Koexistenz von buddhistischem *mainstream* und lokalen animistischen Traditionen beweisen bereits die eifernden Einlassungen des muslimischen und damit monotheistischen Skribenten einer persischen Gesandtschaft im 17. Jahrhundert. Für die Menschen in Ayutthaya aber auch in anderen Teilen Südostasiens war der spirituelle Dualismus hingegen völlig unproblematisch: >>Aber die Siamesen [...] sind die schlimmsten unter ihnen [Animisten, Polytheisten] und noch verlorener in ihren sinnlosen Praktiken als alle anderen. Tatsächlich folgen sie keiner festen Doktrin, sondern nehmen in ihrem Glauben alles auf, was ihnen angenehm ist [...] Sie sind nicht einmal wie andere Götzenanbeter, die ein bestimmtes Abbild mit einer einheitlichen Darstellungsform verehren. In Siam macht sich jeder seinen Götzen aus [...] Holz oder Schlamm, stellt diesen an einen bestimmten Ort und betet ihn an [...] Die Siamesen verehren Sonne, Wasser, Feuer, alles, auch vom Fabelfisch der den Mond an den Himmel stellt und dann durch den Himmel schwebt. Sie glauben ebenfalls, daß bestimmte Land- oder Seetiere Götter seien<< (*O'Kane,1972:114*). Die Vermutung liegt nahe, das genau diese duale Akzeptanz und Praxis von animistischen Ritualen und buddhistischer Ethik in Siam zu einem Zeitpunkt Religionsfreiheit hervorbrachte, als im kulturhistorisch vermeintlich überlegenen Europa Katholiken und Protestanten einander abschlachteten; die Jünger Jesu hätten von den Siamesen lernen sollen und können, denn selbige: >>halten dafür / man könne auch/bey unterschiedenen Religionen/gutes thun/ und den Himmel damit verdienen: Item/ es seyen dem höchsten Gott allerhand Gottesdienste angenehm; fürnemlich aber derjenige / welchen sie halten und pflegen<< (*Schouten,1663:311*).

Geister in ihren verschiedenen Inkarnationen sind in Thailand grundsätzlich unter dem Sammelbegriff *phi* [ผี] bekannt. Die Bedeutung des Begriffes *phi* hat sich im Laufe der Jahrhunderte fundamental verändert. Auf der berühmten Inskription #1 aus dem Sukhothai des 13. Jahrhunderts wird auf den König der Khmer als *phi fa* [ผีฟ้า] referenziert, wörtlich übersetzt „himmlischer Geist". Tatsächlich bedeutete *phi fa* zu jener Zeit aber "göttlicher

---

[974] *Brhat Chao Fa Lankarnakaya (Phra Lan Chang), Chao Fa Dharuva (Tharua), Chao Fa Brhat Asena (Phya Asena), Chao Fa Nying Kaeva Kumari (Keo Kumane), Chao Fa Nying Taen Kam Lao, Chao Fa Nying Kamagayi (Kham Khai)* und *Chao Fa Nying Dharmagayi (Tham Khai)*, die zwischen 1596-1602 Regentin für den Sohn ihres Gatten *Brhat Varapitra (Vorapita)*, König *Thammikarath Voruvonsa II.* war.

König". Dieser Terminus wurde allmählich durch die Termini *thep* [เทพ]⁹⁷⁵ oder *thevada* [เทวดา]⁹⁷⁶ ersetzt. Nach und nach wurde der Begriff *thevada* mit den guten, beschützenden und glückbringenden Geistern oder himmlischen Wesen gleichgesetzt, während der Terminus *phi* zum Synonym für böse Geister und Teufel degenerierte. Jedoch gilt auch hier: keine Regel ohne Ausnahme. War eine verschriebene Medizin erfolgreich bei der Heilung einer Krankheit, so heisst es in Thai, die Rezeptur sei *phi bok* [ผีบอก], also von einem Geist verraten worden, um der Genesung noch den gewünschten mystischen Effekt zu geben. Und dann gibt es noch jene Geister, die zwischen Gut und Böse pendeln, also halb *phi* und halb *thevada* sind: die *chao phi* [เจ้าผี].

Diese chao phi herrschen über die anderen Geister innerhalb ihrer Domäne und werden von den Gläubigen als *chao pho* [เจ้าพ่อ] oder *chao mae* [เจ้าแม่] angesprochen; die Anbetenden bezeichnen sich dann selbst als *lug chang* [ลูกช้าง], als Elephantenkalb. In den alten Zeiten Siams zerstörten wandernde Herden wilder Elephanten immer wieder Teile der Ernten; die Bauern sahen in dem Leitbullen den chao phi und bezeichneten sich dann als Kind der Elephanten, um diesen zu besänftigen. Je nach den geographischen Eigenschaften seiner Domäne firmiert der chao phi auch unter anderen Namen: *chao pa* [เจ้าป่า]⁹⁷⁷, *chao khao* [เจ้าเขา]⁹⁷⁸, *chao thung*⁹⁷⁹, *chao tha*⁹⁸⁰ oder, sehr häufig, *chao thi*⁹⁸¹. Der Volksglaube besagt, das die *chaos* in der Regel zwischen 12 – 14 Uhr Mittags unterwegs sind und das Wanderer dann besser eine Pause einlegen sollten, um ihnen nicht zu begegnen (*Phraya Anuman Ratchathon*⁹⁸²,*1954:155ff*). Die nachfolgende Auswahl an diversen übernatürlichen Erscheinungen ist lediglich ein Querschnitt des thailändischen Geister-Kosmos und ebenso unvollständig wie die aufgeführten Einteilungen in bestimmte Spezies⁹⁸³.

Klassifizierung von Geistern:
- ▶ **Nang Mai** [นางไม้], Baumgeister
- ▶ **Phi Am** [ผีอำ], Geister die Albträume verursachen
- ▶ **Phi Ba** [ผีบ้า], verrückte Geister
- ▶ **Phi Ban** [ผีบ้าน], Haus- bzw. Dorfgeister
- ▶ **Phi Kam**, Geister der Vorfahren
- ▶ **Phi Na**, Feldgeister
- ▶ **Phi Ka** [ผีกะ], frauenbesitzender Geist
- ▶ **Phi Muang** [ผีเมือง], Geister einer bestimmten geographischen Region
- ▶ **Phi Na** [ผีนา], Geister des Reisfeldes
- ▶ **Phi Pa** [ผีป่า], Waldgeister, Jäger lassen oft Teile ihrer Beute als Opfergabe zurück
- ▶ **Phi Ya Ta Yai** [ผีปู่ย่าตายาย], ber Generationen hinweg verehrte Schutzgeister des Dorfes
- ▶ **Phi Thammaschat** [ผีธรรมชาติ], Naturgeister im allgemeinen

---

[975] aus dem Sanskrit *deva* [देव]
[976] aus dem Sanskrit *devatā*, wörtlich übersetzt „Der Scheinende"
[977] Der Herr des Waldes
[978] Der Herr des Berges
[979] Der Herr des Ebene
[980] Der Herr der Anlegestelle
[981] Der Herr dieses Ortes
[982] [พระยาอนุมานราชธน] war der verliehene Adelstitel von Yong Sathiankoset [อง เสฐียรโกเศศ] der vom 14.12.1888 – 12.07. 1969 lebte. Der Autodidakt galt als einer der führenden Linguisten, Anthropologen und Ethnographen seiner Zeit. Sein primäres Interesse galt der populären Kultur und hier vor allem dem siamesischen Geisterkosmos. Unter seinem Familiennamen Sathiankoset veröffentlichte er auch diverse Romane.
[983] Die (wissenschaftliche) Literatur zu diesem Themenkomplex ist sehr umfangreich. Beispielsweise seien hier nur angeführt: *Holt, 2009 - Davis,1984 - Terwiel,1970*

Einzelne Geister:

- **Mae Nak** [แม่นาก], eigentlich *Mae Nak Phra Khanong* [แม่นากพระโขนง], der vielleicht bekannteste Geist Thailands, in unzähligen Büchern, Comics und Filmen verewigt. Auch heute glauben noch viele Thais, das die Geschichte von Nang Nak auf tatsächlichen Begebenheiten während der Herrschaft Rama IV. beruht. Mae Nak war eine schöne junge Frau, die mit ihrem Mann *Mak* [นายมาก] am *Phra Khanong* - Kanal [พระโขนง] in Bangkok lebte. Während ihrer Schwangerschaft wird Mak zum Militär eingezogen und im Krieg verwundet. Als sich Mak im Lazarett von seiner schweren Verwundung erholt, sterben Mutter und Kind bei der Geburt. Doch als er geheilt heimkehrt, erwarten ihn Weib und Kind bereits ungeduldig. Nachbarn, die Mak warnen, er lebe mit einem Geist zusammen, werden allesamt nacheinander umgebracht. Als Mae Nak eines Tages bei der Zubereitung von *nam phrik* [น้ำพริก]⁹⁸⁴ unachtsam ist und ein Stück Limone fallen lässt, erkennt Mak den Geist. Entsetzt flieht er noch in derselben Nacht, wird verfolgt, versteckt sich zunächst hinter einem speziellen Busch⁹⁸⁵ und flieht schliesslich auf das Tempelgelände des *Wat Mahabut* [วัดมหาบุศย์]⁹⁸⁶. Da sie die Nachbarn für die Flucht ihres geliebten Mannes verantwortlich machte, terrorisierte Mae Nak diese in penetranter Art und Weise, bis ihr Geist von einem „Exorzisten" gefangen wurde. Dieser sperrte die dame in ein irdenes Fass und warf dieses in den Kanal. Es gibt unterschiedliche Versionen, wie Mae Nak wieder auf freien Fuss gelangte: Eine besagt, ein älteres Ehepaar habe das Fass entdeckt und neugierig geöffnet, in einer weiteren wird sie von zwei Fischern befreit. Doch die Freiheit war von kurzer Dauer. Der berühmte und ehrwürdige Mönch *Somdet Phra Phutthachan (To Phrommarangsi)* [สมเด็จพระพุฒาจารย์ (โตพรหมรังสี)], Kurzform *Somdet To* [สมเด็จโต]⁹⁸⁷ verbannte den Geist Mae Naks mittels Pali in den *occipito frontalis*⁹⁸⁸ und umwickelte das Ganze mit einem seiner Hüftbänder. Der Legende zufolge soll sich justament dieses Hüftband im Besitz der königlichen Familie befinden. In einer alternative Version versprach Somdet To ihr die Wiedervereinigung mit Mak im nächsten Leben, worauf sich Mae Nak freiwillig von ihrer Existenz als Geist trennte.

- **Chao Kam Nai Wen** [เจ้ากรรมนายเวร], ein Rachegeist, der Menschen für ihre begangenen Sünden straft
- **Phi Kamot** [ผีโขมด], harmloser Geist, der in Wäldern dort anzutreffen ist, wo Frauen ums Leben gekommen sind
- **Phi Kie** [ผีขี้], Geist der Exkremente
- **Phi Kang Kaw** oder **Phi Duut Lueat** [ผีดูดเลือด], blutsaugender Geist, Vampir
- **Phi Krahang** [ผีกระหัง], ein männlicher Geist, der bei Nacht fliegen kann. Dabei benutzt er zwei grosse *kradong* [กระด้ง]⁹⁸⁹ und reitet auf einem *sak tam khao* [สากตำข้าว]⁹⁹⁰
- **Phi Krasue** (ผีกระสือ], mitternächtlicher weiblicher Geist, inkarniert durch den Kopf einer

---

⁹⁸⁴ Scharfe Sauce aus getrockneten Chili-Schoten, Knoblauch, Scharlotten, Limonensaft sowie Fisch oder Garnelenpaste. Wird zu vielen Gerichten gereicht
⁹⁸⁵ *Blumea balsamifera* [หนาด]. Eine 1-4 Meter hohe Heilpflanze, deren Blätter einerseits zur Heilung von Infektionen und Magenbeschwerden verwendet wurden. Andererseits fürchteten sich die Geister vor den klebrigen Blättern, so das die Pflanze dem flüchtenden Ehemann zumindest eine Atempause verschafften.
⁹⁸⁶ In diesem, ursprünglich 1762 erbauten und im Osten des Zentrums von Bangkok gelegenen Tempel, befindet sich noch heute ein stark frequentierter Schrein der Mae Nak
⁹⁸⁷ 1788-1872; Buddhist Era 2331-2415, war einer der berühmtesten und geachtesten Mönche während der Rattanakosin Periode. Geboren in der Provinz Kamphaeng Phet, möglicherweise als Sohn König Rama I. Nach seinen Studien bei verschiedenen Meistern wurde er der Lehrer des künftigen Königs Rama IV. während dessen Zeit als Mönch. Landesweite Berühmtheit wurde ihm wegen des poetischen Stils seiner buddhistischen Lehrreden zuteil.
⁹⁸⁸ Muskelgewebe im Bereich der Stirn
⁹⁸⁹ Runde Körbe, die zum manuellen Windsichten des Reis (die Trennung von Korn und Spreu) benutzt werden
⁹⁹⁰ Langer, hölzerner Stößl der zum Mahlen des Reiskorns benötigt wird

Frau um deren Hals ihre Eingeweide hängen. Illuminiert durch *ignis fatuus*, ein Irrlicht, halten sich *phi krasues* häufig in der Nähe von *phi krahangs* auf

- **Mae Sue** [แม่ซื้อ], eine schützende Gottheit oder rein weiblicher, kindlicher Geist
- **Nang Ta-khian** [นางตะเคียน], ein Baumgeist [นางไม้][991], der auf dem *Ta-khian* Baum [ตะเคียน][992] lebt
- **Nang Tani** [นางตานี], eine junge Frau, die in Vollmondnächten in wild wachsenden Bananenpflanzungen ihr Unwesen treibt
- **Phi Am** [ผีอำ] sitzt nachts auf der Brust oder Leber des schlafenden Menschen, der sich dann weder bewegen noch andersweitig bemerkbar machen kann
- **Phi Hua Khat** [ผีหัวขาด], ein männlicher Geist, der seinen Kopf unter dem Arm trägt
- **Phi Phrai** [ผีพราย], Geist einer Frau, die schwanger vor der Geburt stirbt oder ein weiblicher Wassergeist (Nymphe)
- **Phi Phong** [ผีโพง], ein böser männlicher Geist, der in dunklen und unterirdischen Stätten haust und übel riecht
- **Phi Pop** [ผีปอบ], ein böser weiblicher Geist, der sich von menschlichen Eingeweiden ernährt
- **Phi Song Nang** [ผีสองนาง], weiblicher Geist, der junge Männer zunächst anlockt und dann angreift bzw. tötet
- **Phi Tai Hong** [ผีตายโหง], Geist eines Menschen, der eines unnatürlichen und/oder grausamen Todes starb
- **Tai Thong Klom** (ผีตายทั้งกลม), der Rachegeist schwangerer Frauen, die während der Geburt gestorben sind, nachdem sie vorher von ihrem Liebhaber verlassen worden sind
- **Phi Thale** [ผีทะเล][993], ein Geist des Meeres, der sich in verschiedenen Erscheinungen manifestiert, beispielsweise im Sankt-Elms-Feuer[994]
- **Preta** [เปรต], ein extrem grosser, sehr dünner und hungriger Geist mit Nadelöhr-ähnlichen Mündern der vorzugsweise Eltern zu seinen Opfern zählt
- **Phi Dip Chin** [ผีดิบจีน], ein mit ausgestreckten Armen hüpfender Vampir oder Zombie aus den chinesischen Überlieferungen, im klassischen Kostüm der *Qing*-Dynastie[995], der ein Blatt Papier vor dem Gesicht hat. Von der in Thailand lebenden chinesischen Gemeinde übernommen[996].
- **Phi Kong Koi** [ผีกองกอย], ein im Wald lebender, kinderfressender, einbeiniger Vampir
- **Kuman Thong** [กุมารทอง], inkarniert durch kleine Kinder, von einem Zauberer/Geist versklavt, üblicherweise in alter siamesischer Tracht und dem klassischen Haarknoten
- **Rak-Yom** [รัก-ยม], inkarniert durch zwei kleine Buben, ähnlich dem **Kuman Thong**
- **Phi Tabo** [ผีตาโบ๋], ein blinder Geist mit tiefliegenden Augenhöhlen
- **Phi Ka** [ผีกะ], ein gefrässiger, gieriger Geist
- **Phi Tai Ha** [ผีตายห่า], Geist eines durch Unfall verstorbenen Menschen, ähnlich dem **Phi Tai Hong**
- **Phi Ma Bong** [ผีม้าบ้อง], weiblicher Geist aus dem Norden Thailands, vergleichbar dem

---

[991] Die Baumgeister werden unter dem Sammelbegriff *Nang Mai* geführt

[992] Die Mähr, dieser Baum würde wegen seiner spirituellen Bedeutung nicht gefällt, ist nicht mehr haltbar. Der bis zu 45 Meter hohe *Hopea odorata* ist mittlerweile wegen seines kostbaren Holzes in seinem natürlichen Bestand gefährdet. Gegen die globalisierte Profitgier sind selbst die Geister machtlos!

[993] Auch Slang für „schwere Jungs" oder „böse Buben"

[994] Ein Elmsfeuer (*Sankt-Elms-Feuer*, *Eliasfeuer*) ist eine seltene, durch elektrische Ladungen hervorgerufene Lichterscheinung ("Elektrometeore"). Es ist nach dem heiliggesprochenen Bischof Erasmus von Antiochia (ca. 240–303, italienisch *Elmo*) benannt, den die Seeleute anrufen, wenn sie durch einen Sturm in Not geraten.

[995] Herrschte in China von 1644 - 1912

[996] In China *jiangshi* oder *chiang-shih* [殭屍]

philippischen *Tikbalang* oder dem schottischen *Kelpie*
- **Pu Som Fao Sap** [ปู่โสมเฝ้าทรัพย์], Geist der Schätze bewacht, inkarniert durch einen ehrwürdigen, alten Mann
- **Phi Pu Thao** [ผีปู่เฒ่า], ein als uralter Mann inkarnierter Geist
- **Phi Lang Kluang** [ผีหลังกลวง], Geist aus Südthailand, mit einer riesigen Wunde auf dem Rücken
- **Phi Thuai Khaeo** [ผีถ้วยแก้ว], etwa der Geist des Gläserrückens[997]
- **Phi Pluak** [ผีปลวก], der Geist der Termiten
- **Suea Saming** [เสือสมิง], weiblicher oder männlicher Geist, der sich in einen Tiger verwandelt hat[998]
- **Khwai Thanu** [ควายธนู], auch bekannt als **Wua Thanu** [วัวธนู], ein magischer (Wasser) Büffel oder Ochse
- **Hun Phayon** [หุ่นพยนต์], manifestiert sich in verschiedenen humanen und nichtmenschlichen Erscheinungsformen
- **Phi Ngu** [ผีงู], auch bekannt als **Phrai Ngu** [พรายงู] oder **Ngueak Ngu** [เงือกงู], ein Schlangengeist, der als Schlange, als Mensch oder als Kombination aus beiden erscheint
- **Phi Maphrao** [ผีมะพร้าว], der in der Krone der Palme lebende Kokosnuss-Geist
- **Phi Khamod** [ผีโขมด], ein Geist, der Reisende in die Irre führt und sich in Form eines roten Sterns manifestiert
- **Phi Sing** [ผีสิงห์], Hexe, dem **Phi Krasue** ähnlich
- **Phi Lok** [ผีลอก], ein wandernder Geist, der an wechselnden Orten sein Unwesen treibt
- **Phi Poang Kang**, tritt als schwarzer Affe in Erscheinung und saugt am grossen Zeh schlafender Menschen
- **Phi Ha** [ผีห่า], Geist eines an einer epidemischen Krankheit (Malaria, Cholera) verstorbenen Menschen, der diese Infektionen auch verbreiten kann
- **Phi Thuk Khun**, die Lebenskraft eines lebendigen Menschen, die den Körper einmal wöchentlich verlassen muss um eine astrale Reise anzutreten

War im alten Siam jemand vom Geist oder Teufel besessen und begab sich zum lokalen Exorzisten oder Geisterdoktor, dem *moh phi* [หมอผี], im Nordosten Thailands auch *moh thevada* [หมอเทวดา], so musste er sich auf eine schmerzhafte Prozedur gefasst machen. Der Geisterdoktor traktierte den Patienten mit seinem magischen Messer, *miet moh* [มีดหมอ], einem angespitzen Elephantenzahn oder mit seiner magischen Rute, wobei der Besessene nach jedem Schlag oder Stoss stellvertretend für den Geist ausrufen muss: „*Ich fürchte Dich* [den Exorzisten] *und werde jetzt verschwinden. Bitte quäle mich nicht länger*" (Phraya Anuman Ratchathon,1954:166). Die Prozedur wiederholte sich so lange, bis der Geisterdoktor sicher war, das der böse Geist vor seinen magischen Kräften kapituliert und durch ein *pratu lom* [ประตูลม][999] eines Fusses das Weite gesucht hatte.

Um ein gutes und harmonisches Einvernehmen mit dem chao thi zu gewährleisten, wird diesem an jedem bewohnten Ort in Thailand ein Geisterhaus, das *san phra phum* [ศาลพระภูมิ] errichtet; häufig findet man das *san phra phum* in Dörfern auf dem Gelände des lokalen Tempels. In grösseren Gemeinden oder Großstädten gibt es mehrere, beispielsweise für den Stadtteil, einen Strassenzug oder eine Wohnanlage. Geisterhäuser für kommerzielle Objekte

---

[997] Spiritistische Methode, mit der versucht wird, mittels eines umgedrehten Trinkglases und eines Buchstabenkreises Kontakt zu den Seelen Verstorbener aufzunehmen
[998] Gestaltwandler, vergleichbar mit dem Werwolf oder dem bei den nordamerikanischen Indianern bekannten *Skin-Walker*
[999] Wörtlich: Windtür; Gemeint sind die Stellen zwischen den Zehen

werden *phra chai mongkon* [พระชัยมงคล] genannt; vor dem eigenen Haus errichtet man häufig zwei Geisterhäuschen, das *san theparak* [ศาลเทพารักษ์] und das *san chao thi* [ศาลเจ้าที่]. Beide stehen nebeneinander, wobei das erstgenannte höher sein muss und das komplette Ensemble darf nicht vom Schatten des Hauses erfasst werden. Eine weitere Variante ist das *san ta yai* [ศาลตายาย]. Dieser Schrein für „Großvater und Großmutter" befindet sich hinter dem Haus und ehrt das Andenken jener Generationen, die zuvor an dieser Stelle gelebt, geliebt und gearbeitet haben. Die Tradition der Geisterhäuschen ist der allgegenwärtige und sichtbare Ausdruck für die friedliche Koexistenz von Buddhismus und den tradierten animistischen Riten in Thailand.

Der Standort des *san phra phum* ist von grosser Wichtigkeit. Daher wird ein brahmanischer Priester, gelegentlich auch ein buddhistischer Mönch, damit beauftragt, den besten Platz zu ermitteln. Dabei sind eine ganze Reihe von Vorgaben zu beachten, welche diese Spezialisten bei der Errichtung eines neuen Geisterhauses in dicht besiedelten Gebieten vor recht komplexe Aufgaben stellen kann:

- ☐ Vor einem Baum gilt als wünschenswert, hinter einem Baum ist Tabu
- ☐ Möglichst links vom Haupteingang (des Dorfes, des Tempels, des Wohnblocks etc.)
- ☐ Sind in den umliegenden Gebäuden bereits Buddha-Zimmer vorhanden, so ist ein kosmisches Koordinatensystem zu erstellen
- ☐ Der Schatten der umliegenden Häuser darf nicht auf das Geisterhaus fallen
- ☐ Das Geisterhaus darf nicht auf eine Toilette oder befahrene Strasse weisen
- ☐ Es sollte möglichst nach Norden oder Nordosten ausgerichtet sein

Der Brahmane ermittelt mittels astrologischer Kenntnisse den günstigsten Zeitpunkt für die Errichtung. Denn neben den Anwohnern, deren Freunde und Familien, den lokalen Honoratioren sind natürlich vor allem die spirituellen Wesen zu laden: Engel, Geister, Hausgeister, Nagas [พญานาค][1000], Schutzgeister und die Geister der Ahnen. Mittwoch und Donnerstag gelten grundsätzlich als gute Tage und zwar am 2., 4., 5., 9. oder 11. Tages des abnehmenden oder zunehmenden Mondes. Am festgelegten Tag beginnt das Prozedere um exakt 05:52.32 mit einem reichhaltigem Frühstück. Dann führt der Brahmane das Ritual der Inbesitznahme des Landes durch, indem er Mutter Erde, *Phra Mae Thorani* [พระแม่ธรณี], seinen Respekt erweist. Diese purifiziert im Gegenzug das Land. In dem vorher ausgehobenen Raum für das Fundament plaziert der Brahmane neun Glücksblätter und neun Blumen oder Blüten. Bevor er neun Holzpflöcke von etwa 30 cm Länge als weiteren Schutz vor bösen Geistern in den Boden treibt, rezitiert er 108 mal eine magische Formel. Die Blätter und Holzpflöcke stammen von folgenden Gewächsen:

- Indischer Goldregen (*Cassia fistula*) [ราชพฤกษ์ หรือ คูน] symbolisiert Stärke
- Jackfruchtbaum (*Artocarpus heterophyllus*) [ทุเรียน] symbolisiert Reichtum
- Apfelblütenbaum (*Cassia javanica*) [ชัยพฤกษ์] symbolisiert Glück und Erfolg
- Indischer Korallenbaum (*Erythrina variegata*) [ทองหลางลาย] symbolisiert Geld und Gold
- Bambus (*Bambuseae*) [ไม้ไผ่] symbolisiert Freude und Zufriedenheit
- Kalamona (*Cassia Kalamona*) [ประกายไม้ไทย] symbolisiert Stärke und Stabilität
- Teak (*Tectona grandis*) [ไม้สัก] symbolisiert Ansehen
- Siamesisches Rosenholz (*Dalbergia cochinchinensis*) [ไม้พะยูง] symbolisiert Wohlstand

---

[1000] [Sanskrit: नाग *nāga*] bezeichnet in der hinduistischen und buddhistischen Mythologie Schlangenwesen oder eine Schlangengottheit.

- Tembusu (*Fagraea fragrans*) [กันเกรา] oder [มันปลา] symbolisiert Schutz vor Schaden und Gefahr

Eine Matrix mit geometrischen Figuren und neun Schmucksteine, welche die astrologischen Planeten symbolisieren, werden ebenfalls beigegeben. Üblicherweise opfern die Be- bzw. Anwohner je nach individuellem sozialen Status Gold-, Silber- oder Kupfermünzen. Als letztes wird ein *Yantra*[1001] aus Kupfer oder Silber in das Fundament gelegt. Dann kann das Geisterhaus errichtet werden. Steht die Wohnstätte, wird eine Figur des Phra Phum in das Haus gestellt; dieser hält in der rechten Hand ein doppelseitiges Schwert um die Dämonen zu bekämpfen und in der linken ein Buch, indem er die künftigen Geburten, Todesfälle und Hochzeiten „seiner Gemeinde" verzeichnet. Danach erfolgt eine komplette Möblierung, in neuerer Zeit sogar mit TV und Stereoanlagen im Miniaturformat. Als Gesellschafter dienen verschiedene Figuren von Tieren oder auch klassischen Thai-Tänzern. Nachdem das *san phra phum* vollständig ausgestattet ist, wird das Haus mit Blumengirlanden geschmückt, Räucherstäbchen entzündet und Speisen und Getränke auf einem Tisch als Opfergabe dargeboten. Mit der abschließenden Bitte des Brahmanen, die Geister mögen nunmehr ihre neue Wohnstatt in Besitz nehmen, endet die Zeremonie. Wenn irgendwann ein neues Geisterhaus errichtet werden soll oder muss, so wird man zunächst bemüht sein, das neue neben dem alten zu errichten. Ist dieses in Einzelfällen nicht möglich, so bedarf es einer weiteren Zeremonie durch einen Brahmanen oder buddhistischen Mönch. Erst danach tritt das Geisterhaus seine Reise zu einem speziellen Platz, wo es auf einer Art Friedhof mit anderen seine letzte Ruhestätte findet.

Da die Geister in der Vorstellung der Thais allgegenwärtig sind, halten sie sich nicht nur in den Geisterhäuschen auf. Bestimmte Bäume, Friedhöfe in Tempelnähe, Berge und Wälder dienen ihnen ebenso als Wohnstatt, wie markante geographische bzw. topographische Orte. Ein bekanntes Beispiel ist die *Phi Pan Nam Range* [ทิวเขาผีปันน้ำ][1002], die Bergkette, die den Mekong von der Wasserscheide des Menam Chao Phraya trennt. Ein weiteres die *Phimaen-Höhle* [ถ้ำผีแมน] (Spirit Cave) in der Provinz *Mae Hong Son* [แม่ฮ่องสอน] in Nordthailand.

7.6.9. Somdet Phra Ratsadathirat [สมเด็จพระรัษฎาธิราช][1003] (1533 - 1534)

Der frühe Tod Borommarachas IV. führte erneut zu einer gewaltsamen Auseinandersetzung um die Thronfolge: >>Der Sohn von No Phutthangkun folgte seinem Vater auf den Thron als er fünf Jahre alt war. Er wurde Woraratsadathirat [*Woo-Rhae Rassae Thae Thieraya*] genannt. Aus Mangel an einem qualifizierteren Bewerber wurde dieses Kind zum König gekrönt, da der verstorbene König weder einen Bruder noch ältere Söhne hatte. Er lebte nicht länger als fünf Monate. Er wurde von seinem Cousin ermordet<<. (*Van Vliet,1640:214f.*) In einer der Königlichen Chroniken hatte der Knabe lediglich >>einen Unfall<< (*RCA,2000[A]*), in anderen >>verstarb er plötzlich<< (*RCA,2000[B,C,D,E]*), doch vieles deutet darauf hin, das der Kinderkönig *Ratsada* von seinem Onkel, der an der Spitze seiner Truppen aus Phitsanulok herbeieilte, exekutiert wurde. (*RCA,2000[F]:20; Syamananda,1988:45; Wyatt,1998:89*) Die Geschichte wiederholte sich, denn 45 Jahre zuvor hatte auch König Ramesuan sein zweites Regnum erst antreten können, nachdem er den Sohn und designierten Thronfolger Borommarachas I., Thong Chan, hingerichtet hatte. Was aus historischer Sicht als grausamer

---

[1001] [Sanskrit: यन्त्र von *yam* „stützen" oder „(er)halten"] sind rituelle Diagramme, die zur Meditation verwendet werden bzw. initiatorische Funktion erfüllen.
[1002] "Die Berge der Geister trennen die Wasser"
[1003] Kurzform: *Ratsada*

Kindermord erscheinen mag, war, auch wenn es zynisch klingt, möglicherweise den Erfordernissen der Staatsräson geschuldet. Angesichts der wachsenden Bedrohung durch die Birmanen im Westen und Lan Chang im Nordosten war ein fünf Jahre altes Kind nicht in der Lage, die notwendigen Entscheidungen und Vorkehrungen für die Sicherheit des Reiches zu treffen. Stattdessen wären vermutlich einander bekämpfende Fraktionen des Adels als „Berater" und „Vormünder" auf den Plan getreten, was ausländischen Invasoren oder inländischen Abenteurern Tür und Tor geöffnet hätte.

7.6.10. Brennpunkt Birma – Der Aufstieg der ersten Taungu-Dynastie

Als benachbarte Reiche hatten Siam und Burma nicht nur eine lange gemeinsame Grenze sondern auch eine wechselseitige Historie. Während des ersten Taungu-Reiches [ราชวงศ์ตองอู] Mitte des 16. Jahrhunderts und des frühen Konbaung-Reiches [ราชวงศ์คองบอง] von der Mitte des 18.-19. Jahrhunderts haben beide Länder zahlreiche Kriege gegeneinander geführt. Diese bewaffneten Auseinandersetzungen waren von prägender Kraft für das Wachstum und die Entwicklung sowohl der Kombattanten als auch benachbarter *mandalas* in Südostasien. Zwischen dem 14.-15. Jahrhundert erfolgten die meisten militärischen Operationen Birmas entlang der Nord-Süd Linie des Irrawaddy. Diese lokalen Scharmützel waren die unmittelbare Folge der politischen Realität im birmanischen Kulturkreis. Zwischen 1300-1530, nach dem Niedergang Pagans und vor dem Aufstieg Taungus, gab es kein dominierendes Machtzentrum und infolge des Machtvakuums erfolgte eine politische Fragmentierung in kleine Fürstentümer und „Stadtstaaten". Grundsätzlich sind vier, sich mehr oder weniger unterscheidende, geopolitische und ethnische Zonen auszumachen, welche sich, je nach tagespolitischer Opportunität entweder ignorierten, brutal bekämpften oder verbündeten; diese einzelnen Zonen waren aber ebenfalls weder geographisch noch politisch ein einheitliches *mandala*, sondern in sich nachhaltig fragmentiert. Diese vier Zonen waren das Einflussgebiet der Shan, *Upper Burma* [พม่าบน], Arakan [อะระกัน][1004] und *Lower Burma* [พม่าตอนล่าง] (*Lieberman, 2003:123ff.*).

König *Mingyi Swa Saw Ke* [မင်းကြီး စွာစော်ကဲ] von Ava (1368–1401) gelang es zumindest zeitweilig, eine kommissarische Kontrolle über einige *mandala* in Zentral-Birma auszuüben. Den Usancen der Zeit folgend setzte *Mingyi Tarabya Swasawke* seine Verwandten und loyalen Offiziere als Statthalten in den größeren Städten ein. Während seiner Herrschaft vergrößerte er sein Herr und steigerte die Kampfkraft seiner Truppen; dergestaltig war er in der Lage, diverse Angriffe König *Razadarits* [ရာဇာဓိရာဇ်][1005] von Pegu (1385–1423) zu überstehen. Vom Herrscher *Myaungmyas*[1006] unterstützt konnte Ava eine erfolgreiche Invasion *Lower Burmas* starten, ohne hierbei auf nennenswerten Widerstand zu stossen. Während des Regnums *Mohnyin Thados*[1007] (1426–1440) verlor Ava allerdings wieder die Kontrolle über diese Gebiete. Ursache hierfür waren die zahlreichen bewaffneten Konflikte mit den Shan sowie Yunnan. Während des gesamten 15. Jahrhunderts sah sich Ava immer wieder genötigt, Rebellionen in *Toungdwingyi*[1008], Prome[1009] und Taungu niederzuschlagen.

[1004] Auch *Mrauk U* (wörtlich: „Affenei"). Die Fürsten des Reiches von Arakan herrschten zwischen 1429–1785 einige Male über Ava und Teile Bengalens. Ab 1690 zerrütteten Thronstreitigkeiten das Land, bis es 1784 durch die Armee des sechsten Königs der Konbaung-Dynastie, *Bodawpaya (Maung Shwe Waing)* erobert wurde. Heute ist Arakan der Rakhaing-Staat, eine der 14 Verwaltungseinheiten Myanmars.
[1005] In Thai: [พระเจ้าราชาธิราช]
[1006] Stadt in der heutigen *Irawadi*-Division (*Ayeyarwady*-Division) Myanmars im Delta des Irrawaddy an der Küste des Golfs von Bengalen.
[1007] Auch *Mohnyin Mintaya*
[1008] Etwa 25 km östlich von *Minbu* in der heutigen *Magwe*-Division Myanmars
[1009] Das heutige *Pyay* in der *Bago*-Division Myanmars

Bis zum Ende des 15. Jahrhunderts beschränkten sich militärische Auseinandersetzungen auf lokale Rivalitäten mit gelegentlicher Beteiligung von Verbündeten auf Seiten der Mon, Shan und Arakaner.

Die erste Taungu-Dynastie (1485–1599) stellte vier Könige: *Mingyinyo*[1010] [မင်းကြီးညို] (1485–1531); dessen Sohn *Tabinshwehti*[1011] [တပင်ရွှေထီး], (1531–1550); *Bayinnaung Kyawhtin Nawrahta*[1012] [ဘုရင့်နောင် ကျော်ထင်နော်ရထာ], Schiegersohn *Tabinshwehtis*, (1551–1581) und *Nanda Bayin*[1013] [နန္ဒဘုရင်], der Sohn Bayinnaungs (1581–1599). Bereits in der Frühphase rebellierten die Regenten Taungus häufig gegen Ava, wobei sie sich gelegentlich mit Pegu verbündeten. Ende des 15. Jahrhunderts nahmen Macht und Einfluss Taungus in der Region immer mehr zu. Die zahlreichen Überfälle der Shan, die den Norden Birmas dominierten, auf Ava und *Upper Burma*, erleichterten König *Mingyinyo* die Konsolidation Taungus. (*Lieberman,2003:125*) 1485 ließ *Mingyinyo* seinen Onkel, den früheren Herrscher liquidieren, krönte sich selbst zum König *Mahathirizeiyathura* und gründete danach eine neue Stadt namens *Myawaddy*[1014]. *Minkhaung II* [ဘုရင် မင်းခေါင်], zwischen 1480-1501 König von Ava, versuchte angesichts der neuen Lage, *Mingyinyo* als Verbündeten Avas zu gewinnen indem er diesen offiziell als Herrscher Taungus anerkannte. 1491/92 starb König *Dhammazedi* [ဓမ္မစေတီ] von Pegu (1471-1492) und *Binnya Ran II.* [ဘုရင် ဗညားရံ] (1492–1526) wurde sein Nachfolger. Die Phase der Thronfolge nutzte *Mingyinyo* um einige periphere Siedlungen im Gebiet der Mon zu überfallen und die neue Stadt *Dwarawaddy*[1015] zu gründen. Als die Mon Truppen im Gegenzug *Dwarawaddy* belagerten, soll *Mingyinyo* persönlich seine Armee auf einem Kampfelephanten in die siegreiche Schlacht geführt haben. Der Sieg über die Mon steigerten Macht und Ansehen Taungus und der beunruhigte König von Ava beeilte sich, *Mingyinyo* als souveränen Königmit eine, weißen Schirm und den fünf königlichen Regalien auszustatten. *Mingyinyo* eroberte unterdessen *Yamethin*[1016] und brachte zahlreiche Kriegsgefangene als kostbare Arbeitskräfte nach Taungu.

Bei der Thronbesteigung Narapati II.[1017] [ရှင်နန်ကျော်ရှင်နရပတိ] (1502–1527) befand sich Ava bereits in einem kritischen Zustand, Der Shan-Herrscher *Mohnyin* [မိုးညှင်းစော] von *Mohnyin Salon*[1018] hatte in den nördlichen Grenzgebieten kräftig geplündert und gebrandschatzt. 1502 versuchte *Shwenankyawshin Narapati* sich die Loyalität *Mingyinyos* durch die Einheirat in die königliche Familie Avas und der fruchtbaren Region um *Yamethin* als Mitgift zu sichern; *Mingyinyo* verpflichtete sich gegenüber Ava zu keinerlei verbindlichen Zusagen und erhielt sich damit seine absolute politische Autonomie. Die von Ava daraufhin entsandte Strafexpedition wurde von den Truppen Taungus besiegt. 1504 schloß *Mingyinyo* mit *Hsinbyu Thado Minsaw* [သတိုးမင်းစော], zwischen 1482-1526 König von Prome, ein Bündnis und überfiel gemeinsam die südlichen Gebiete Avas um *Sale*[1019], *Singu*[1020] und Pagan. 1510 gründete *Mingyinyo* nordwestlich von Dwarawaddy die Stadt *Ketumati*. Durch

---
[1010] In Thai: [พระเจ้าเมงจีโย], auch *Mahathirizeiyathura*
[1011] In Thai: [พระเจ้าตะเบ็งชะเวตี้], auch *Mintayashwehti*
[1012] In Thai: [พระเจ้าบุเรงนองกะยอดินนรธา], auch *Thiritribawanaditara Pandita Thudhammayaza*
[1013] In Thai: [พระเจ้านันทบุเรง], auch *Ngasudayaka*
[1014] Das Gebiet der *Karen* im Osten Myanmars an der Grenze zum thailändischen *Mae Sot* [แม่สอด]
[1015] Das heutige Thandwe im Rakhine-Staat im westlichen Myanmar (früher Arakan genannt).
[1016] Im heutigen *Yamethin* Distrikt der *Mandalay*-Division Myanmars.
[1017] Auch *Shwenankyawshin Narapati*
[1018] Im heutigen *Mohnyin*-Distrikt des *Kachin*-Staates im nördlichen Myanmar
[1019] Eine kleine Stadt in Zentral-Myanmar, in der heilige alte Reliquien in den *Shinpin-Sarkyo* und *Mann* Pagoden bewahrt werden
[1020] Stadt in der *Mandalay* Region in Zentral-Myanmar

die anhaltende Migration hatte sich Taungu um 1526/27 zu einer Stadt mit einer zahlreichen Bevölkerung entwickelt, während Ava etwa im gleichen Zeitraum komplett unter die Herrschaft *Mohnyin Salons* geriet. In Erwartung eines Angriffs der Shan ließ *Mingyinyo* die Stadtmauern und Schutzgräben ausbessern, verstärken und vertiefen. Darüber hinaus griff er präventiv alle Siedlungen der Mon in der Peripherie an und erhöhte seine Wehrkraft durch die eroberten Kriegsgefangenen, Elephanten und Pferde. Schließlich ließ er alle Siedlungen und Wasservorkommen zwischen dem südlichen Ava und Taungu zerstören bzw. unbrauchbar machen. Der Erfolg sollte dem umsichtigen König Recht geben: Der Sohn *Mohnyins* griff Taungu häufiger an, doch keiner der zahlreichen Versuche war von Erfolg gekrönt. (*Cocks,2013:62ff.; Phayre,1883*)

Der Aufstieg der ersten Taungu-Dynastie war im wesentlichen den Auswirkungen der Shan-Invasionen und dem parallelen Niedergang Avas geschuldet. Innerhalb einer Generation gelang Taungu der machtpolitische Quantensprung von einer lokalen Prinzipalität zu einer regionalen Kraft. Die ersten Könige dieser Dynastie waren primär ambitionierte und kompetente *warlords*, deren militärische Erfolge das Einflussgebiet schnell und umfangreich erweiterten. Allerdings fehlte diesen „Soldatenkönigen" die Erfahrung und das Wissen, um den Anforderungen der komplexen Administration eines permanent expandierenden Reiches gerecht zu werden. Folgerichtig überlebte das erste Taungu-Reich auch lediglich vier Generationen. Ab der Mitte des 16. Jahrhunderts bis zum Beginn des 17. Jahrhunderts sollten sich Ayutthaya and Pegu ständig befehden. Die Kriege zwischen beiden Reichen artikulieren aus drei Perspektiven eine neue Intensität und Qualität:

1. Geographisch: Die Invasion Ayutthayas von 1548 war vermutlich die erste Kampagne in der Militärgeschichte Birmas, in deren Verlauf ein birmanischer Herrscher die archaische natürliche Verteidigungslinie, den Salween, überquerte, der seit dem Königreich von Bagan (849–1287) als östliche Reichsgrenze betrachtet wurde. (*Koenig,1990:14*)

2. Ethnologisch: Die Armeen waren erheblich größer, umfaßten neben den klassischen Fusstruppen mittlerweile auch diverse Spezialeinheiten mit besonderer Ausbildung und Bewaffnung und setzten sich aus diversen Ethnien zusammen. Neben birmanischen Kriegern zogen auch größere Kontingente von Shan und Mon gen Ayutthaya. Neben der numerischen Verstärkung des birmanischen Heeres waren Shan und Mon für die Armee *Bayinnaungs* auch wegen ihrer Vertrautheit mit den geographischen Gegebenheiten des oberen und unteren Tales des Chao Phraya besonders wertvoll.

3. Militärtechnik und –taktik: Europäische Söldner und die neueste Waffentechnologie, insbesondere Musketen und Kanonen, waren in den Armeen beider Seiten vertreten und unverzichtbar. *Bayinnaung* hatte bereits innerhalb Birmas diesen Technologievorsprung für die systematische Eroberungen der benachbarten Fürstentümer genutzt. (*Lieberman,1980: 211f.*) Fernão Mendes Pinto[1021] gibt die Anzahl portugiesischer Söldner mit 700 an, wenngleich die Zahl, wie viele seiner Angaben im *Peregrinação*, übertrieben scheinen. Die birmanische Chronik *U Kala Mahayazawingyi* beziffert die Anzahl der portugiesischen Söldner auf Seiten *Tabinswehtis* während der Invasion von 1548 auf 100, während Ayutthaya lediglich 50 unter dem Kommando Diogo Pereiras zur Verfügung standen. *Tabinshwehti* soll

---

[1021] (c.1509-1583), portugiesischer Seefahrer und Entdecker. Im Zuge seiner Reisen besuchte er den u.a. China, Indien und Japan. Seine Abenteuer wurden durch die postume Veröffentlichung seiner Memoiren *Pilgerreise* (*Peregrinação*) im Jahr 1614 bekannt (*Merkwürdige Reisen im fernsten Asien 1537–1558*. Edition Erdmann, 2001). Der Wahrheitsgehalt des episch gestalteten Werkes ist schwierig zu beurteilen und umstritten. Der Reisebericht umfasst in literarischer Form eine historische Quelle für asiatisches Leben im 16. Jahrhundert sowie Kritik am Kolonialismus. Die Entlarvung des Kolonialismus als Ausbeutung unter dem Vorwand religiöser Motive ist ebenso mutig wie ungewöhnlich für das Zeitalter der Inquisation, weshalb Fernão Mendes Pinto seine Sicht der Dinge mittels literarischer Allegorien ausdrücken mußte.

überdies versucht haben, mittels Bestechung Diogo Pereira zum Überlaufen zu bewegen, was dieser aber abgelehnt habe. Überliefert ist ebenfalls eine Zahl von 180 gefallenen portugiesischen Söldnern während der Kampfhandlungen von 1548. Die birmanischen Feldherren adaptierten die europäischen Kanonentechnik und entwickelten eine eigene südostasiatische Belagerungsstrategie. Während im mittelalterlichen Europa die Artillerie bei Belagerungen die Funktion hatte, Breschen in die Verteidigungsmauern und Befestigungsanlagen zu schlagen um die anschließende Erstürmung durch die Infantrie vorzubereiten, montierten die burmanischen Strategen die Kanonen auf Belagerungstürme, um dann aus erhöhter Position Kannonaden in die belagerte Stadt zu feuern (*Lieberman,1980:211*).

Die Serie der siamesisch-birmanischen Kriege war eine Voraussetzung für den raschen Aufstieg Taungus. In der Historiographie bewaffneter Konflikte kann grundsätzlich zwischen drei verschiedenen Ansätzen unterschieden werden (*Griess1988:27*). Zunächst die klassische oder puristische Darstellung, in der jedes strategische und taktische Detail einer Schlacht minutiös aufgeführt wird. Eine andere Form nutzt Schlachten und Feldzüge um die ihnen zugrunde liegenden taktischen und strategischen Prinzipien zu studieren und diese dann didaktisch in Militärtheorien abzuleiten[1022]. Eine moderne Variante versteht Militärgeschichte zugleich als Sozialgeschichte und versucht, die Wechselbeziehungen zwischen dem militärischen Komplex und der Zivilgesellschaft in den Vordergrund zu rücken. Nahezu alle Studien thailändischer und burmesischer Militärhistoriker fallen in die erste und zweite Kategorie. Diese Arbeiten berücksichtigen den historischen Kontext bestenfalls unzureichend und vernachlässigen den sozio-politischen *background* der Zivilgesellschaft indem sie sich auf taktisch-strategische Aspekte fokussieren. Wenngleich diese Arbeiten unbestritten ihren eigenen historischen Wert besitzen, sollte die künftige Forschung ihr Hauptaugenmerk auf die komplexen gesellschaftlichen, wirtschaftlichen, politischen, ethnischen und religiös-spirituellen Rahmenbedingungen richten, innerhalb derer sich bewaffnete Konflikte entwickeln. Da für jeden seriösen Historiker die jeweilige (Primär)Quellenlage die Mutter aller weiteren Überlegungen ist, wäre es auch für das grundlegende Verständnis der siamesisch-birmanischen Kriege hilfreich, wenn mehr birmanische Chroniken außer der bekannten *Hmannan Mahayazawindawgyi*[1023] in westliche Sprachen übersetzt und publiziert würden : *U Kala Mahayazawingyi, Mahayazawinthit, Konbaungset Mahayazawindawgyi, Toungoo Yazawin, Moattama Yazawin, Zatadawbon Yazawin, Rajadhirij Ayeidawbon, Hanthawaddy Hsinbyumyahsin Ayeidawbon, Nyaungyan Mintaya Ayeidawbon,Alaungphaya Ayeidawbon* etc.

7.6.11. Phrabat Somdet Phra Chairachathirat [พระบาทสมเด็จพระไชยราชาธิราช][1024] (1534-1547)

Für das zwölfjährige Regnum Chairachas verzeichnen die Chroniken vier Hauptaktivitäten: die Verbesserung der Flussschiffahrt, die Verkündung des Ordal[1025]-Gesetzes, die Interventionen in Chiang Mai und den ersten Krieg mit Birma.

[1022] Beispielsweise das unvollendete Hauptwerk *Vom Kriege* des preussischen Generals Carl Philipp Gottlieb von Clausewitz (1780-1831).
[1023] Die Glas-Palast-Chronik wurde 1829 von König *Bagyidaw* (auch *Sagaing Min*) (regierte 1819–1837) in Auftrag gegeben und ist eine Chronik der birmanischen Herrscher. Der Name des Werkes bezieht sich auf den Glaspalast, in dem das Werk geschrieben wurde. Die Chronik ist mit zahlreichen mythischen Motiven durchsetzt, beruht auf anderen birmanischen Chroniken, gilt aber nach wie vor als die bedeutendste.
[1024] Kurzform: *Chairacha*
[1025] Vom lateinischen *ordalium*. Ein Gottesurteil, ist eine vermeintlich durch ein übernatürliches Zeichen herbeigeführte Entscheidung in einem Rechtsstreit. Dabei liegt die Vorstellung zugrunde, Gott greife in den Rechtsfindungsprozessen ein, um den Sieg der Gerechtigkeit zu garantieren.

Auf Geheiß des Königs wurde ein Kanal gegraben, um die Fahrtzeit der Schiffe auf dem Menam Chao Phraya vom Golf von Siam nach Ayutthaya zu verringern. Dieser etwa drei Kilometer lange Kanal kürzte eine 15 Kilometer lange Schleife des Flusses ab. Er beginnt gegenüber der heutigen *Thammasat*-Universität[1026] und führt in einem leichten Bogen in Nord-Süd-Richtung bis kurz hinter den *Wat Arun*. Im Laufe der Jahrhunderte hat der Chao Phraya seinen Lauf geändert und der ehemalige Kanal wurde zum 200 Meter breiten Fluss. Heute heißen diese Abschnitte *Khlong Bangkok Noi* [คลองบางกอกน้อย][1027] und *Khlong Bangkok Yai* [คลองบางกอกใหญ่][1028].

Ein tragender Rechtsgrundsatz im Siam des 17. Jahrhunderts war jener der Vergeltung. Floh ein Angeklagter oder bereits Verurteilter, so wurden statt seiner dessen Eltern, Geschwister, sonstige Verwandte, ja sogar engere Freunde festgenommen und solange festgesetzt, bis sich der Flüchtige den Behörden stellte. Die Folter galt als legitimes und legales Mittel der „Wahrheitsfindung" (*Schouten,1663:292*); insbesondere dann, wenn trotz vorhandener Indizien der vermeintlich Schuldige nicht gestehen wollte. In diesen Fällen traktierte man weibliche Angeklagte mit einer Art von engen Schnürschuhen, während den Männern die Füße in offenes Feuer gehalten wurden. Konnte auf diese Art und Weise kein Geständnis erreicht werden, so hatte die Judikative alternative Methoden der „Wahrheitsfindung" in >>zweiffelhafftigen Gerichtshändeln<<: >>welches vor den Richtern/und allem Volck frey öffentlich geschiht. Mit der Untertauchung ins Wasser geht es also zu: Zween Stecken werden in den Grund deß Wassers gesteckt / daran sie [Kläger und Beklagter] sich zugleich herunterlassen; welcher nun am längsten darunter bleiben und ausdauren kan/der gewinnt den process: wer aber hierinnen das wenigste vermag / verlieret ihn. Also verhält es sich auch mit den anderen Urtheilen; wer mit Eintauchung der Hände/in das heisse Oel/ sich weniger verbrennt; wer mit vier oder fünf Schritten durch ein glühendes feuer (da demselbigen zu beiden Seiten/von einem Mann/die Schultern niedergedruckt werden) unversehrt wandeln kan/ der erhält abermals das Recht. Die mit zauberischen Teufels=Zeichen beschworne Reis=Klumpen aber werden mit vielen Ceremonien/ den beeden Parteyen / von ihren Pfaffen zu essen gegeben; wer sie nun / ohne Wiedergebung/und Ausspeyung/ verschlucken kan/ der gewinnt seine Rechtssache; dann wird einem solchen Obsieger von den Richtern ein günstiges / und schleiniges Urtheil ertheilt; und mit grossem Triumph von seinen Freunden nach Haus begleitet: hingegen der fälschliche Bekläger/ oder Verläugner des Verbrechens / in Criminal=sachen nach Gebühr abgestrafft; aber in Civil=sachen zu einer Geldstraffe/oder Gefängniß/verurtheilet<< (*Schouten,1663:293f.*) Wurde dem König ein unklarer Fall zur Entscheidung vorgetragen, verfügte dieser gelegentlich auch die Tigerprobe; beide Parteien wurden mit einem Tiger für eine gewisse Zeit eingesperrt. Der Überlebende war der Schuldlose.

Zu einer ersten ernsthaften Auseinandersetzung mit dem birmanischen Nachbarn kam es 1538. Nach *Tabinshwehtis* Eroberungen in der Mon-Region flüchteten die Mon vor den birmanischen Invasoren nach *Chiang Krai* (*Gyaing*)[1029], einer westlichen Grenzstadt Ayutthayas, die seit der Zeit König Ramkhamhaengs zum Territorium der Tai gehörte. Da *Tabinshwehti* die wertvollen Arbeitskräfte nicht verlieren wollte, besetzte er die Stadt. Eine größere Armee aus Ayutthaya drängte die Invasoren jedoch umgehend wieder zurück (*RCA,2000:20; Syamananda,1988:45*); in den birmanischen Chroniken findet sich kein

---

[1026] *Mahawitthayalai Thammasat* [มหาวิทยาลัยธรรมศาสตร์] „Universität der Rechtswissenschaft" oder der „Moral- und Sittenlehre"
[1027] Bangkok-Noi-Kanal - *Kleiner Kanal am Dorf der Olivenbäume*
[1028] Bangkok-Yai-Kanal - *Großer Kanal am Dorf der Olivenbäume*. Gelegentlich auch *Khlong Chak Phra* [คลองจักพระ]
[1029] Auch Chiang Kran; im heutigen *Mawlamyaing*-Distrikt Myanmars.

Hinweis auf dieses Ereignis. Ihnen zufolge begann die erste Aggression mit dem Angriff der Truppen Ayutthayas auf das damals zu Pegu gehörende Tavoy (*Chutintaranond,1990:151*).

Ebenfalls 1538 schlugen die Truppen Ayutthayas eine Rebellion Kamphaeng Phets nieder und der Anführer des Aufstandes, *Phra Narai*, wurde hingerichtet (*RCA,2000:20*). Im Zuge der internen Unruhen um die Thronfolge in Chiang Mai soll Chairacha noch im gleichen Jahr seine Truppen vor die Kapitale Lan Nas geführt haben. Dort wurde er jedoch freundschaftlich von Phra Nang Chiraprabha Mahathewi empfangen und nachdem diese ihm glaubhaft die Loyalität Chiang Mais zugesichert hatte, zogen sich die Truppen Ayutthayas kampflos zurück (*Syamananda,1988:45*). Laotischen Quellen zufolge soll der Rückzug durch die Entsendung von Hilfstruppen aus Lan Chang verursacht worden sein; dieses hätte wiederum einen Einfall siamesischer Truppen in Lan Chang zur Folge gehabt, der aber abgewehrt werden konnte (*Stuart-Fox,1998:75*); allerdings findet sich dafür keinerlei Bestätigung in den Chroniken Ayutthayas. In den frühen 1540er Jahren wurde das schwächelnde Chiang Mai zunächst vier Monate lang von Shan-Truppen erfolglos belagert; 1545 nahm König Chairacha zunächst Lampang und Lamphun ein um sich dann angesichts des wachsenden laotischen Einflusses Chiang Mai zuzuwenden; allerdings wurde er von der durch Truppen Lan Changs verstärkten Armee Lan Nas vernichtend geschlagen und mußte sich nach schweren Verlusten zurückziehen. Eine starke Fraktion des Adels bot daraufhin *Setthathirath* [ເສຖາທິຣາດ], dem Sohn *Pho Tisaraths*, den Thron Chiang Mais an. Als *Pho Tisarath* an der Spitze eines großen Heeres in die Hauptstadt Lan Nas einzog und seinen Sohn zum König krönen ließ, befand sich Lan Chang auf dem Höhepunkt seiner Macht. Doch diese Blütezeit sollte nicht von langer Dauer sein. Die Nutzniesser der, durch eine erhöhte Mobilität der Bevölkerung begünstigten, zunehmenden Migrationen sowie der nachhaltigen Veränderungen im ökonomischen Kontext der Region waren Ayutthaya, Vietnam und Birma. Die fruchtbaren und wasserreichen Ebenen entlang des Chao Phraya und Irrawaddy konnten erheblich mehr Menschen ernähren als das Flachland entlang des Mekong oder die dünnen Böden des Khorat-Plateaus.

Die Königlichen Chroniken verweisen noch auf den Bau des *Wat Chi Chiang Sai*[1030] sowie einen mehrtägigen Großbrand in der Hauptstadt, der verheerende Schäden[1031] angerichtet haben soll (*RCA,2000:20f.*). Einen letzter Versuch König Chairacha das „abtrünnige" Chiang Mai wieder unter die Kontrolle Ayutthayas zu bringen, scheiterte 1547 und 1548, auf dem Rückmarsch in seine Hauptstadt, verstarb er, vermutlich noch vor Erreichen des 50. Lebensjahres. Das Regnum *Prae Tsieyaia Raetjaes* bewertete van Vliet wie folgt: >>der König wurde gekrönt (als er 35 Jahre alt war) mit der Zustimmung des gesamten Adels. Dieser König war barmherzig, weise und religiös. Er führte oft Krieg mit Kambodscha [sic!] und war dabei siegreich. In seiner Herrschaft war er nachsichtig und standhaft. Er liebte die Gerechtigkeit und strafte nicht vorschnell, sondern liess alle Missetaten gründlich untersuchen. Schmeichlern und Intriganten schenkte er kein Gehör. Dem Klerus und den Armen ließ er viel gutes zuteil werden. Er baute und restaurierte viele Tempel und Wohnbereiche der Mönche. Unter anderen ließ Seine Majestät den großen und fabelhaften Wat Chi Chiang Sai errichten [...] der König war beliebt und vertraut mit jedermann. Er schaffte in seinem Land die betrügerische Praxis falscher Gewichte und Maße ab. Reis und alle anderen Lebensmittel konnten nur noch nach [geeichten] Maßen verkauft werden. Seine Majestät erlebte eine fruchtbare und glückliche Zeit [...] [und schuf] eine reiche und wohlhabende Gesellschaft<< (*Van Vliet,1640:215*).

[1030] Der Wat existiert nicht mehr. Historiker vermuten jedoch, das die im Geschichtspark Ayutthaya zu besichtigenden Überreste des *Wihan Klaep* [วิหารแกลบ] einst Bestandtteil der Tempelanlage waren.

[1031] Die Chroniken Ayutthayas widersprechen sich hier: Es werden sowohl 10.050 als auch 100.050 zerstörte Gebäude (*RCA,2000:21*) genannnt, wobei beide Angaben übertrieben sein dürften.

7.6.12. Somdet Phra Chao Yot Fa [สมเด็จพระเจ้ายอดฟ้า][1032] (1547-1548)

Der König hinterließ zwei Söhne, den elfjährigen Phra Chao Yot Fa und seinen fünfjährigen Bruder, *Phra Srisin* [พระศรีสิน]. *Phra Thianrach*a [พระเทียรราชา], der jüngere Halbbruder Chairachas und als Uparacha eigentlich designierter Thronfolger, fürchtete um sein Leben und nahm nach der Kremation des Königs Zuflucht als Mönch im *Wat Rachapraditsathan* [วัดราชประดิษฐาน]: >>Bliebe ich jetzt ohne Robe, so liefe ich sicherlich Gefahr, mein Leben zu verlieren, da ich nichts wüßte, auf das ich mich verlassen könnte. Augenscheinlich bietet nur die heilige Lehre des Buddha und die orangefarbene Robe [...] die Möglichkeit, der Gefahr und dem [drohenden] Schicksal zu entgehen<< (*RCA,2000:21*). Für den minderjährige König, der von der >>Versammlung der buddhistischen Mönche, Brahmanen, leitenden Ministern, Poeten, Weisen, Gelehrten und Astrologen eingeladen, das Reich zu regieren, die königlichen Traditionen zu achten und die glorreiche Dynastie der Sonne weiterzuführen<< (*ebenda*). Yot Fa leitete die ambitionierte ehemalige Konkubine und Königinmutter als Regentin *Mae Yu Hua Sri Sudachan* [แม่อยู่หัวศรีสุดาจันทร์][1033] die Staatsgeschäfte. >>Der Sohn des verstorbenen Chaiyaracha [...] war ein vielversprechender junger Prinz. Jedermann glaubte, er werde in jeder Hinsicht nach seinem Vater geraten, da sein Charakter und sein alltägliches Gebaren darauf schließen ließen. Er liebte es ungemein zu jagen, auf dem Pferd durch Wälder, Wiesen und Felder zu streifen, Elefantenkämpfe, die Handhabung von Waffen und alle anderen Tugenden eines Kriegers<< (*Van Vliet,1640:216*).

Kurz nach der Krönung Yot Fas verliebte sich die Regentin in den Wächter des äußeren Palast-Tempels, *Phanbut Si Thep* [พันบุตรศรีเทพ], möglicherweise ein Verwandter (*Syamananda,1988:46*). Sie beförderte ihn umgehend zum *Khun Chinnarat* [ขุนชินราช], Wächter des inneren Palast-Tempels und war bald darauf in anderen Umständen. Wenn Mitglieder des Adels wie *Chao Phraya Mahasena* [เจ้าพระยามหาเสนา] es wagten, Kritik an ihrem Verhalten und der unverhohlenen Protektion ihres Liebhabers zu üben, ließ sie diese liquidieren. Nachdem *Sudachan* 1547 eine Tochter zur Welt gebracht hatte, erhob sie den Tempelwächter zum Kommandeur der Palastgarde und gab ihm den Titel *Khun Worawongsa* [ขุนวรวงศาธิราช]. Möglicherweise durchschaute selbst der noch minderjährige Knabe die Absichten der Regentin und begann, mit Teilen des zunehmend aufbegehrenden Adels zu konspirieren. Ob der junge Prinz im Juni 1548 nun vergiftet wurde (*Wyatt,1998:91*), mittels Gift und Magie >>zur größten Bestürzung seiner Untertanen>> (*Van Vliet,1640:216*) ermordet oder aber im *Wat Khok Phraya* [วัดโคกพระยา][1034] hingerichtet wurde (*RCA,2000:23*) ist letztendlich unerheblich. Der Weg war frei für *Khun Worawongsa*, welcher den mittlerweile siebenjährigen *Phra Srisin* verschont hatte, um als dessen Regent eingesetzt werden zu können. Der Usurpator berief kurz nach seiner Ernennung seinen Bruder *Nai Chan*, zum *Maha Uparacha* und schickte ihn in der Hoffnung nach Phitsanulok, damit auch die unruhigen nördlichen Provinzen des Reiches unter seine Kontrolle zu bringen (*RCA,2000:22f.*).

7.6.13. Khun Worawongsathirat [ขุนวรวงศาธิราช][1035] (1548)

Mittlerweile hatten sich jedoch zwei Oppositionsgruppen innerhalb des Adels gebildet. Eine

---

[1032] Auch *Phra Kaeo Fa* [พระแก้วฟ้า]; Kurzform: *Yot Fa*
[1033] Auch *Thao Si Sudachan* [ท้าวศรีสุดาจันทร์]
[1034] „Tempel auf dem Hügel der Adeligen"
[1035] Kurzform: *Khun Worawongsa*

nördliche, die von Phitsanulok aus konspirativ in den nördlichen Städte und Provinzen wirkte und dort auf offene Ohren stieß. Eine weitere Gruppe operierte unter der Leitung von *Khun Phirenthorathep* [ขุนพิเรนทรเทพ][1036], *Khun Inthorathep*, *Mün Rachasena* [หมื่นราชเสน่หา] und *Luang Si Yot* in der Kapitale. Nachdem die Verschwörer Phra Thianracha im *Wat Rachapraditsathan* aufgesucht und seine Zustimmung für den geplanten Coup eingeholt hatten, war das Ende der nur 42 Tage währenden Regentschaft des Usurpators in Sicht. In Phitsanulok schoß einer der Verschwörer, *Maha Rachasaneha*, den Uparacha *Nai Chan* von seinem Elephanten, während in der Hauptstadt Khun Worawongsa, Mae Sudachan, die gemeinsame Tochter und Prinz Srisin eine königliche Barke bestiegen und den *Sa Bua* - Kanal [คลองสระบัว][1037] entlang fuhren, weil dort angeblich ein weißer Elephant gesichtet worden waren. Mittlerweile wurde die Gruppe der Putschisten durch *Phraya Phichai* [พระยาพิชัย] und *Phraya Sawankhalok* [พระยาสวรรคโลก] verstärkt, die in Ayutthaya eingetroffen waren. Die royale Barke wurde eingekreist und Khun Worawongsa, Mae Sudachan sowie die gemeinsame Tochter an Ort und Stelle exekutiert. Srisins Leben wurde verschont und der junge Prinz fortan der Kuratel des Onkels unterstellt *(RCA,2000 :26f.)*. Dieser bestieg dann nach seinem kurzen klösterlichen Exil im Juli 1548 im Alter von 42 Jahren (*Van Vliet,1640 :217*) als sechzehnter König mit dem Titel Somdet Phra Maha Chakkraphat den Thron Ayutthayas.

7.6.14. Somdet Phra Maha Chakkraphat [สมเด็จพระมหาจักรพรรดิ][1038] (1548-1569)

Maha Chakkraphat hatte mit seiner Frau, *Somdet Phra Sri Suriyothai* [สมเด็จพระศรีสุริโยทัย][1039] vier Kinder : die Prinzen *Phra Ramesuan* [พระราเมศวร], der designierte Thronfolger, und *Phra Mahinthrathirat* [พระมหินทราธิราช] sowie die Töchter Prinzessin *Phra Wisutkasat* [พระวิสุทธิกษัตรีย์][1040], *Phra Thepkasatri* [พระเทพกษัตรี] und *Phra Boromdilok* [พระบรมดิลก]. Traditionell belohnte der König seine loyalen Verbündeten unmittelbar nach der Krönung. Der Anführer der Rebellion, *Khun Phirenthorathep*, wurde zum Prinzen mit dem alten Sukhothai-Titel *Maha Thammaracha* erhoben, erhielt neben zahlreichen goldenen Preziosen auch die älteste Tochter Chakkrapaths zur Frau und wurde Gouverneur von Phitsanulok; diese hohe Ehrung wurde auch dadurch ermöglicht, das Phirenthorathep von der alten Sukhothai-Dynastie abstammte und seine Mutter mit König Chairacha verwandt war. *Khun Inthorathep* wurde zum *Chao Phraya* in Nakhon Sri Thammarat befördert und erhielt die Tochter einer königlichen Konkubine zur Frau. *Luang Si Yot* erhielt den Titel *Chao Phraya Maha Senabodi* und aus *Mün Rachasena* wurde *Chao Phraya Maha Thep*. *Maha Rachasaneha* erhielt den Titel *Chao Phraya Phakdinuchit* und die vormaligen *Phraya*s von Phichai und Sawankhalok durften sich fortan *Chao Phraya* nennen *(RCA,2000:26f.)*.

Von der vermeintlich destabilen innenpolitischen Lage wollte *Tabinshwehti* profitieren und er rüstete zu seinem letzten Feldzug, dem (Ersten) Siamesisch-Birmanische Krieg 1548-1549 [สงครามพม่า-สยาม พ.ศ. 2091-2092][1041]. Ein weiterer Grund für den Angriff war Vergeltung für den Angriff Ayutthayas auf Tavoy während des Feldzuges von Tabinshwehti gegen Arakan. Tabinshwehti hatte daraufhin unmittelbar dem Herrscher von Martaban befohlen, Tavoy

---

[1036] Der spätere König *Somdet Phra Maha Thammarachathirat*
[1037] Heute ist der *Khlong Sa Bua Floating Market* mit seinem angeschlossenen Elephanten-Dorf eine touristische Attraktion.
[1038] Auch *Phra Thianracha* [พระเทียรราชา]; Kurzform: *Maha Chakkraphat*
[1039] Suriyothai [สุริโยทัย] bedeutet „Morgendämmerung"; *Suriya* leitet sich vom Sanskrit-Wort *surya* सूर्य (Sonne), *Uthai* von *udaya* उदय (aufgehen, steigen) ab.
[1040] Auch *Phra Sawatdirat* [พระสวัสดิราชชิดา]
[1041] In Thailand auch „Krieg, der zum Verlust von Königin Suriyothai führte" [สงครามคราวเสียสมเด็จพระสุริโยไท] oder „Tabinshwehtis Krieg" [สงครามพระเจ้าตะเบ็งชเวตี้] genannt.

zurückzuerobern und danach Tenasserim, den westlichen Hafen Ayutthayas einzunehmen (*Lieberman,1984:222f.*). Die Truppen Tabinshwehtis wählten den Weg über den Drei-Pagoden-Pass [1042]. Von Martaban aus wurde der Salween überquert und über *Moulmein*[1043] und *Taungpaboun* erreichte man *Kanchanaburi* [กาญจนบุรี], welches aber bereits vorher evakuiert worden war (*Rajanubhab,2001:18*); vom *Drei*-Pagoden-Pass aus konnte eine Armee Ayutthaya innerhalb von 15 Tagesmärschen erreichen (*Rajanubhab,2001:34*). König Chakkrapath hatte jedoch den Hauptteil seiner Armee in Suphan Buri versammelt. Die Birmannen drangen weiter ostwärts vor und hatten aufgrund ihrer gewaltigen numerischen Überlegenheit keine Probleme unterwegs *Ban Thuan*, *Kaphan Tru* und *Chorakhe Sam Phan* zu nehmen. Nach *U Thong*, *Don Rakhang* und *Nong Sarai* erreichten die Birmanen Suphan Buri; da die Verteidiger der Übermacht nicht standhalten konnten, wurde der Rückzug nach Ayutthaya befohlen. Die nachsetzenden Birmanen überquerten den Menam bei *Phong Phaeng* und kampierten schließlich nördlich von Ayutthaya auf der *Lumphli* [ลุมพลี][1044]-Ebene. Mit 122.000 Kriegern[1045] (*Lieberman,2003a:222*) belagerte die Birmanen rund einen Monat lang vergeblich das stark befestigte Ayutthaya. Während eines überraschenden Ausfallan-griffs geriet König Chakkraphat bei einem Elephantenduell mit dem Prinzen von Prome in eine lebensgefährliche Situation. Die ihn, in der Unform des Uparacha, begleitende Königin Suriyothai und Tochter Phra Boromdilok drängten ihre Elephanten zwischen die Kombattan-ten und wurden durch Lanzenstiche tödlich verletzt. Während der gerettete König seine Truppen sammelte, drängten die Prinzen Ramesuan und Mahin die Kampfelephanten der Birmanen zurück. Im Gedenken an diese Tat ließ König Chakkraphat 1548 am Ufer des Chao Phraya den *Phra Chedi Si Suriyothai* [พระเจดีย์ศรีสุริโยทัย] errichten, der sich heute auf dem Gelände des *Wat Suan Luang Sop Sawan* [วัดสวนหลวงสบสวรรค์], am Ort der Kremation der Königin, befindet. Nordwestlich von Ayutthaya, unweit des *Wat Phu Khao Thong* befindet sich ein Gedenkpark, der *Queen Suriyothai Memorial Park* [พระราชานุสาวรีย์สมเด็จพระสุริโยทัย]. Hier kann, inmitten von Grünflächen und Teichen, eine große und eindrucksvolle Statue besichtigt werden, welche die Königin auf ihrem Kriegselefanten sitzend, darstellt. Königin Sirikit[1046] finanzierte 2001 das von Prinz *Chatrichalerm Yukol* [หม่อมเจ้าชาตรีเฉลิม ยุคล][1047] inszenierte Heldenepos *Suriyothai* [สุริโยทัย], das auch in einer, allerdings stark gekürzten, englischsprachigen Version als *„The Legend of Suriyothai"* in westlichen Kinos lief.

Die immer knapper werdenden Vorräte der Belagerer führte zu Diskussionen unter den birmanischen Herrführern. Schließlich verständigte man sich auf die Aussage *Thado Dhamma Yazas I.*, zwischen 1550-51 König von Prome, das ein Angriff auf Ayutthaya nur dann erfolgsversprechend sei, wenn zuvor Kamphaeng Phet, Sukhothai und Phitsanulok erobert würden, um dann als Nachschubbasen für eine längere Belagerung zu dienen (*Nai Tien,1908:10*). Der Birmanen begannen sich in Richtung Tak zurückzuziehen. Bei der Verfolgung gerieten Maha Thammaracha und Prinz Ramesuan in einen Hinterhalt des burmesischen Generals Burengnong, konnten dann aber im Austausch für zwei besonders kräftige Kriegselephanten wieder ausgelöst werden (*Syamananda,1988:48*). König Tabinshwehti, der zuvor ein überwiegend diszipliniertes Leben geführt hatte, lernte durch einen jungen portugiesischen Söldner die berauschende Wirkung des Weines kennen und bedauerlicherweise auch übermäßig zu schätzen; er degenerierte zum Alkoholiker und

---

[1042] *Dan Chedi Sam Ong* [ด่านเจดีย์สามองค์] *„Zollhaus der Drei Chedis";* in Birma die *Daraik* - Route

[1043] Das heutige Mawlamyaing im Mon-Staat und der wichtigste Handels- und Warenumschlagplatz im südöstlichen Myanmar.

[1044] Der heutige Gemeinde Lumphli [ตำบลลุมพลี] liegt im Landkreis *Phra Nakhon Si Ayutthaya* [อำเภอพระนครศรีอยุธยา]

[1045] Laut *RCA,2000:27* waren es 30.000 Mann, 300 Elephanten und 1000-3000 Mann Kavallerie

[1046] Offizieller Titel: *Somdet Phra Nangchao Sirikit Phra Borommarachininat* [สมเด็จพระนางเจ้าสิริกิติ์พระบรมราชินีนาถ]

[1047] Rufname: *Than Mui*

übertrug die Tagesgeschäfte seinem Schwager Bayinnaung[1048]. Statt weitere Feldzüge zu planen vergnügte sich der König auf Jagdausflügen und häufigen Gelagen, wobei er auch vor den verheirateten Frauen des Adels nicht Halt machte. Bayinnaung wurde gebeten, den Thron zu übernehmen, weigerte sich aber; den portugiesischen Söldner ließ er jedoch auszahlen und schickte ihn auf die Heimreise (*Harvey,1925:160f.*) *Smim Htaw*[1049], ein ehemaliger Mönch und Sohn König *Binnya Ran* II.[1050], begann Anfang 1550 eine Rebellion im Gebiet der Region um *Yangon (Rangun)*. König Tabinshwehti befahl Bayinnaung, den Aufstand niederzuwerfen und begab sich laut burmesischen Quellen auf einen Jagdausflug in das Irrawaddy-Delta. Unglücklicherweise hatte er *Smim Sawhtut*, dem Mon-Gouverneur von Sittaung, die Organisation überlassen. Dieser wartete geduldig bis zum 34. Geburtstag des Königs und ließ ihn dann am 30. April 1516 köpfen. Der Tod Tabinshwetis stürzte Birma in eine schwere Krise, denn in der Folge erklärten sich alle Gouverneure der einzelnen Provinzen für unabhängig und sein Nachfolger Bayinnaung benötigte vier Jahre für die Wiederrichtung von Tabinshwehtis Reich; 1551 eroberte er Taungu und Prome, Pegu, Martaban und Bassein folgten 1552 und 1555 Ava. Nach einem Jahr der Regeneration wandte er sich gen Norden und führte 1557 dort eine Operation gegen die Shan und eroberte 1558 die Hauptstadt von Lan Na, Chiang Mai.

In Kambodscha war es *Ang Chan* nach achtjährigem Exil in Ayutthaya (*Jumsai,1996:28*) und einem langen Bürgerkrieg gelungen, die Truppen *Ney Kans* in seiner Hochburg *Samrong-Preykonor* entscheidend zu schlagen und den Rivalen zu töten. Angesichts der birmanischen Bedrohungslage unternahm der neue Herrscher 1549 einen Beutezug nach *Prachinburi* [ปราจีนบุรี] und verschleppte die dort ansässige Bevölkerung nach Lovek[1051]. Die Antwort Maha Chakkraphats erfolgte 1551. Über Battambang marschierte eine 50.000 Mann starke Armee, verstärkt durch die von Banteay Meanchey herbeisegelnde Marine, nach Lovek (*Jumsai,1996:30*) und Ang Chan sah sich angesichts der Übermacht genötigt, die Prinzen *Sutho* und *Suthan* als royale Geiseln neben der üblichen Kriegsbeute nach Ayutthaya ziehen zu lassen. Prinz *Suthan*, den Chakkrapath zum Gouverneur von Sawankhalok ernannt hatte, unterlag in einem weiteren Feldzug 1556 gegen ein durch vietnamesische Verbände verstärktes Heer aus Lovek, in dessen Verlauf er in einer Bataille auch sein Leben einbüßte (*RCA,2000:30f.*).

Auch die Beziehungen zu Lan Chang hatten sich verschlechtert. König Setthathirat hatte 1563 seine Hauptstadt aus strategischen Gründen von Luang Prabang nach Vientiane verlegt und dort umgehend begonnen, die neue Kapitale mit Steinmauern zu sichern. Dann bot er Ayutthaya eine Allianz an, indem er eine Ehe mit Prinzessin Thepkasatri vorschlug. Unter dem Vorwand, diese sei krank, schickte Maha Chakkrapath statt dessen die rangniedere jüngere Schwester, Prinzessin *Kaeo Fa* [แก้วฟ้า] nach Vientiane, was Setthathirat verständlicherweise als Affront auffasste und (*RCA,2000:50*).

Nach der ersten birmanischen Invasion setzten umfangreiche Befestigungsarbeiten im ganzen Reichsgebiet ein. Die Verteigungsanlagen in Suphan Buri, Lopburi und Nakhon Nayok wurden demontiert, da diese Städte bei künftigen birmanischen Invasionen nicht zu halten waren und dem Gegner nicht als gut ausgebaute Nachschubbasen dienen sollten. Das Fort von

---

[1048] In den portugiesischen Quellen *Braginoco* genannt
[1049] Zwischen 1550-1552 der letzte König der Hanthawaddy-Dynastie (Pegu)
[1050] (1469–1526) Zwischen 1492-1526 König von Hanthawaddy
[1051] König Ang Chan I. hatte Lovek (*Longvek*) zur neuen Hauptstadt bestimmt. Das zwischen Phnom Penh und dem Tonle Sap gelegene Terrain war leichter zu verteidigen und 1533 wurde dort ein neuer Königspalast errichtet.

Phra Pradaeng [พระประแดง]¹⁰⁵²wurde verstärkt, da es von strategischer Bedeutung für die seeseitige Kommunikation mit der Marine war. Die 200 Jahre alten Lehmmauern der Hauptstadt wurden durch Steinmauern ersetzt und Forts im europäischen Design errichtet. Im Norden wurde ein weiterer, äußerer Wassergraben, der spätere Mahanak-Kanal [คลองมหานาค], gezogen um einen direkten Artilleriebeschuß zu verhindern. Als äußerer Verteidigungsring dienten die nunmehr befestigten Städte *Saraburi* [สระบุรี]¹⁰⁵³, *Chachoengsao* [ฉะเชิงเทรา]¹⁰⁵⁴, *Nonthaburi* [นนทบุรี]¹⁰⁵⁵, *Samut Sakhon* [สมุทรสาคร]¹⁰⁵⁶ und *Nakhon Chaisi* [นครปฐม]¹⁰⁵⁷. Die Wehrerfassung der diensttauglichen Männer wurde aktualisiert, Waffen- und Munitionsdepots angelegt. Die Flotte wurde um viele Schiffe neuerer Bauart erweitert und um die dreihundert wilde Elephanten eingefangen, gezähmt und als Kampfelephanten ausgebildet; da sich darunter auch sieben „weiße Elephanten" befanden, wurde der König im Volk auch erfurchtsvoll *Phra Chao Chang Püak* [พระเจ้าช้างเผือก] „Herr der Weißen Elephanten" genannt (*Syamananda,1988:49*) und dieses verband damit die Hoffnung auf einen glücklichen Verlauf des weiteren Regnums. Stattdessen sah sich der König genötigt, 1561 eine Rebellion Srisins, den er nach der Liquidierung des Usurpators Khun Worawongsa adotiert hatte, niederzuschlagen. Dieser hatte sich zunächst nach als Mönch in einen Tempel begeben und war danach in *Müang Mot Daeng* [เมืองมดแดง] untergetaucht. Dort konspirierte er mit einem Adeligen namens *Phraya Sri Rachadecho* und dem Abt des *Wat Pa Kaeo*. Nachdem ein Angriff auf den Königspalast gescheitert war, wurden alle drei Verschwörer hingerichtet (*RCA,2000:31*).

1563 herrschte *Bayinnaung* über die östlichen und westlichen Shan-Territorien und wandte sich erneut Ayutthaya zu. Im Gegensatz zur ersten Invasion 1548 über die südliche Route marschierten das birmanische Heer über Martaban auf der nördlichen *Rahaeng*- oder *Dan Mae Lamao* [ด่านแม่ละเมา]¹⁰⁵⁸- Route zunächst nach Müang Tak [เมืองตาก]. Diese alte Route, die Martaban mit dem oberen Tal des Maenam Chao Phraya verband führte über *Taphu*, Myawaddy und den *Maenam Moei* [แม่น้ำเมย] und vom *Maenam Ping* zum Dorf *Rahaeng* [ระแหง] (*Damrong Rajanubhab,2001:15ff.*). Von Tak aus ergaben sich zwei Optionen: Nördlich über Lampang, Chiang Mai, Chiang Rai und Chiang Saen oder südlich entlang des Maenam Ping nach Kamphaeng Phet (*Sunait,1994:207ff.*). Bayinnaung wählte sowohl 1563 als auch 1568 die südliche Variante. Den Erkenntnissen der gescheiterten Invasion von 1548 folgend brachte er zunächst die nördlichen Stützpunkte Ayutthayas, Sukhothai, Phitsanulok, Sawankhalok und Kamphaeng Phet unter seine Kontrolle. Mit diesen logistischen Basen konnte die enorme birmanische Streitmacht langfristig ausreichend mit Truppen, Lebensmitteln, Waffen, Elephanten und Pferden versorgt warden. Dadurch wurde einerseits eine lange Belagerung ermöglicht und gleichzeitig die Nachschublinien Ayutthayas blockiert. Insbesondere Chiang Mai lieferte große Mengen an Material über den Maenam Ping nach Kamphaeng Phet und war damit eine der wichtigsten Voraussetzungen für die Eroberung Ayutthayas in 1563 und 1568. (*Surikat,2005:82f.*) Cesar Frederici, ein venezianischer Kaufmann, der Pegu zur Zeit König Bayinnaungs besuchte hatte, notierte: >>Sion *(Siam)* was

---

¹⁰⁵² In der heutigen Provinz *Samut Prakan* [สมุทรปราการ] („Bollwerk der Küste") an der Mündung des Chao Phraya in den Golf von Siam gelegen. 1814/15 ließ König Rama II. dort das Fort *Pom Phlaeng Faifa* [ป้อมแผลงไฟฟ้า] an einer Flussbiegung errichten. Zwischen 1820-1830 wurde das Fort weiter ausgebaut und enthielt nach seiner Fertigstellung etwa 200 Kanonen.
¹⁰⁵³ Etwa 110 km von Bangkok entfernt in der gleichnamigen Provinz gelegen.
¹⁰⁵⁴ Etwa 100 km östlich von Bangkok in der gleichnamigen Provinz gelegen. Ungeachtet des offiziellen Names nennen die Einheimischen ihre Stadt *Paed Riu* [แปดริ้ว] („Acht Streifen").
¹⁰⁵⁵ Etwa 20 km nördlich von Bangkok gelegen.
¹⁰⁵⁶ Unmittelbar südöstlich der Hauptstadt Bangkok gelegen.
¹⁰⁵⁷ Das heutige *Nakhon Pathom* [นครปฐม] liegt etwa 50 km westlich der Hauptstadt Bangkok.
¹⁰⁵⁸ (*Mae Lamao* Zollstation)Im Landkreis Mae Sot der Provinz Tak

the Imperiall seat, and a great Citie, but in the yeere of our Lord God 1567, it was taken by the King of Pegu, which King made a voyage or came by land foure moneths journey with an Armie of men through his land, and the number of his Armie was a million and foure hundredth thousand men of Warre: when he came to the Citie, hee gave assault to it, and besieged it one and twentie monehts before he could winne it, with great losse of his people, this I knew, for that I was in Pegu sixe moneths after his departure<< (*Frederici,1581*). Die von Frederike kolpotierte zahlenmäßige Stärke des birmanischen Invasionsheeres sind definitive zu hoch und eher als allegorisches Bild eines mächtigen Herrschers mit einer vergleichsweise mächtigen Streitmacht für das Südostasien des 16. Jahrhunderts zu verstehen: >>es gibt keinen mächtigeren oder stärkeren König auf Erden als diesen König von Pegu, der sechsundzwanzig gekrönte Häupter zu seinen Vasallen zählt. Er kann gegen seine Feinde ein Heer von 1,5 Millionen Männern ins Feld führen [...] Der König von Pegu hat keine Macht auf See, aber an Land übertrifft er in Bezug auf Menschen, Ländereien, Gold und Silber bei weitem die Macht des großen Türken[1059] an Reichtum und Stärke<<. (*Frederici,1905:125*) *Bayinnaung* schickte 1563 *in realitas* 600.000 Fusstruppen, unterstützt von einer 20.000 Mann starken Kavallerie und 1568 vermutlich 546.000 Fusstruppen sowie 53.000 Kavallerie. (*Lieberman,2003a:222f.*). Laut *Nidana Ramadipati Katha*[1060] betrug die Truppenstärke 1563 ohne die Hilfstruppen Chiang Mais 900.000 Mann mit 500 Kampfelefanten und 4.000 Pferden (*Charney,2003:203*). Die gleiche Chronik schildert anschaulich das Ende der Kampagne 1563: >>Und der Lärm der Artillerie und der Musketenschüsse hallte wie donnerndes Echo, Lücken entstanden in den Mauern wo immer ein Treffer sein Ziel fand. Die oberen Befestigungen wurden mit Feuerwaffen in Brand gesetzt; und unter dem Schutz von mit Planken verstärkten Brustwehren legten Soldaten Minen unter die Wälle, welche diese absacken ließen und weitere Lücken rissen [...] [Schließlich] drang die Hauptstreitmacht mit Elephanten und Kavallerie durch die so entstandenen Breschen in die Stadt ein<< (*Shorto, o.J.:94f.*). In den siamesischen Annalen wird die Stärke der Armee Tabinshwehtis auf 300.000 Fusstruppen, 700 Elephanten und 3.000 Mann Kavallerie beziffert (*RCA,2000:31*).

Nachdem Ayutthaya die Bitte *Bayinnaungs* um die Überlassung zweier weißer Elephanten brüsk zurückgewiesen hatte, erfolgte im November 1563 die Kriegserklärung. >>Die Ursach deßjenigen Kriegs war diese: Es hatte der König von Siam zween weisse Elephanten; da nun die von Pegu solches erfahren/welche denselbigen Thieren eine sonderbare Heiligkeit zuschreiben/ haben sie durch eine Gesandschafft solche Elephanten von dem Siamesischen König begehren lassen / mit dem Beding / er solte soviel dafür fordern/als er wolte; [...] Der König von Siam war auf keine Weis und Weg zu bereden; sondern schlug ihnen den Vorkauff rund ab. Darauf wurde der König von Pegu dermassen ergrimmet/daß er eine grausame Kriegsmacht zusammen-führte/ den König von Siam schlug/und nicht nur allein die Elephanten hinwegnahm; sondern ihm auch das ganze Reich zinßbar machte/und allen Adel entweder aus dem Land verjagte/oder gar tödete: Etliche führte er auch mit sich gefangen/samt einem unaussprächlichen Schaz/und sehr großem Reichthum<< (*Schouten,1663:328f.*).

Ob die Forderung der Birmanen dem Bemühen um eine freundschaftliche Beziehung der beiden Nachbarn geschuldet war oder nur den gewünschten *casus belli* für die ohnehin

---

[1059] [سليمان] Süleyman I., genannt „der Prächtige" und später „der Gesetzgebende" [قانونى] (1494/96-1566) regierte von 1520 bis 1566 als zehnter Sultan das Osmanische Reich. Während der mehr als vierzigjährigen Herrschaftszeit Süleymans erreichte die geographische Ausdehnung und Macht des Osmanischen Imperiums ihren Höhepunkt.

[1060] Eine Mon-Chronik. Übersetzt von Harry Leonard Shorto (1919–1995), einem britischen Philologen und Linguisten, der sich auf die Sprache und Kultur der Mon und Khmer spezialisiert hatte. Die Arbeit wurde jedoch nicht publiziert und wird daher häufig zitiert als: *Unpublished typescript translation of pp. 34-44, 61-264 of Phra Candakanto, ed. Nidana Ramadhipati-katha (or as on binding Rajawamsa Dhammaceti Mahapitakadhara). Pak Lat, Siam, 1912.* Im Rahmen dieses Buches als: „*Shorto,o.J.*"

geplante Invasion provozieren sollte, ist unter den Historikern beider Länder nach wie vor umstritten. In jedem Fall erwiesen sich die vorgenommenen Erweiterungen und Verbesserungen der Befestigungsanlangen Ayutthayas als ebenso unzureichend wie die Massnahmen der engsten Berater des Königs, *Phra Ramesuan*, *Phraya Chakri* und *Phra Sunthon Songkhram* [พระสุนทรสงคราม]. So wurden die Wassengräben mittels eines Netwerkes von verbundenen Rattan- und Bambusmatten innerhalb eines Tages überwunden (*RCA,2000:47*). Erschwerend kam hinzu, das sich der ambitionierte Maha Thammaracha als Verräter entpuppte; angesichts des offensichtlichen Kräfteverhältnisses wechselte er mit 50.000 Kriegern aus Phitsanulok, Sawankhalok, Sukhothai, Phichai und Phichit, die als Reservetruppen der Kapitale dienen sollten, opportunistisch die Seiten und unterstellte sich dem Kommando *Bayinnaungs*. Maha Chakkrapath blieb nichts anderes übrig, als die vergleichsweise ehrenhafte Kapitulation. Ayutthaya wurde nicht geplündert, aber statt der ursprünglich zwei forderten und erhielten die Birmanen vier der kostbaren weißen Elephanten sowie Prinz Ramesuan als royale Geisel (*RCA,2000:48*). Wie instabil die Lage Ayutthayas gegen Ende der Belagerung Anfang 1564 war, verdeutlicht auch der gescheiterte Umsturzversuch Pattanis. Maha Chakkrapath hatte das zur Heerfolge verpflichtete Pattani aufgefordert, 200 Boote zur Unterstützung der eigenen Flotte zu senden. In Ayutthaya angekommen, realisierte Sultan Ismail Shah die Gunst der Stunde und versuchte stattdessen, den Königspalast zu stürmen. Auf der königlichen Barke Si Sakkalat gelang König Chakkrapat die Flucht auf die nahe Insel *Maha Pram*[1061], während die loyale Stadtbevölkerung unter Führung einiger beherzter Palast-Offiziere die Angreifer in die Flucht schlagen konnte (*RCA,2000:49*).

Wie wichtig die Hafenstädte Tavoy, Mergui and Tenasserim im Süden der Malaiischen Halbinsel waren, verdeutlichen auch die auferlegten Kapitulationsbedingungen der Birmanen 1548 verlangte Tabinshwehti einen jährlichen Tribut von 30 Kriegselephanten, 300 Tikal Silber und die Einkünfte von Tenasserim. Die gleichen Forderungen stellte *Bayinnaung* nach seinem Sieg 1564. Darüber hinaus modernisierte er die Verwaltung der Handelsplätze Ye[1062], Tavoy, Tenasserim and Mergui. Ergänzend dazu wurden Armeeeinheiten zur Bewachung der Häfen abkommandiert und speziell ausgebildete Beamte für die Betreuung der ankommenden Handelsschiffe und Gesandtschaften dorthin befohlen (*Surikat,2005:91*). Nach der demütigenden Niederlage besann sich Maha Chakkrapath wieder auf seinen potenziellen Verbündeten Setthathirat und bot diesem nunmehr die Hand Prinzessin Thepkasatris an. Unter der Führung von Phraya Maen machte sich die Prinzessin 1565 mit ihrem Hofstaat und je 500 männlichen und weiblichen Sklaven auf den langen Weg nach Chiang Mai. Der Renegat Maha Thammaracha, der seine eigenen Ambitionen durch die drohende Allianz zwischen Lan Chang und Ayutthaya gefährdet sah, verriet die Route an die Birmanen, die den Zug vor Erreichen des Ziels in einen Hinterhalt lockten und die Prinzessin samt überlebenden Gefolge nach Pegu entführten. König Setthathirat griff daraufhin Maha Thammaracha in Phitsanulok an, mußte sich jedoch wieder zurückziehen, nachdem dessen Armee durch birmanische Hilfstruppen verstärkt worden war. Im Gegenzug wurde Vientiane belagert, doch aufgrund der zermürbenden Guerilla-Taktik der Verteidiger zogen sich die Birmanen im Sommer 1565 zurück (*RCA,2000:51*). Aus Resignation, Scham oder Trauer darüber, das er dem Treiben seines einstigen *Protegés* Maha Thammaracha keinen Einhalt gebieten konnte, nahm König Chakkrapath erneut die Robe und ernannte Prinz Mahin zum Regenten (*RCA,2000:56*).

Im Oktober 1568 holte König *Bayinnaung* zum dritten und entscheiden Schlag gegen Ayutthaya aus. Mit einer gewaltigen multi-ethnischen Armee, bestehend aus Birmanen, Mon,

---

[1061] Die heutige Gemeinde *Samphao Lom* [ตำบลเกาะพลับพลา] im Landkreis *Phra Nakhon Si Ayutthaya* [อำเภอพระนครศรีอยุธยา]
[1062] Im heutigen *Mawlamyine*-Distrikt im Mon-Staat Myanmars

Shan, Lü, Lao und Kriegern Lan Nas mit einer Stärke von 900.000-1.000.000 Mann (*RCA,2000:60*) gelangte er über den Melamao-Pass in nur zwei Monaten nach Ayutthaya, wo zusätzlich noch die Truppen des abtrünnigen Maha Thammaracha zu ihm stießen. >>the king of Pegu besieging this Towne [Ayutthaya], Anno 1567, with an army of 900.000 men, was forced to raise his siege: leaving behind him in the waters, all his Souldiers, except 70.000 onely<< (*Heylyn,1939:676*). Der König verließ angesichts der erneuten Belagerung seiner Kapitale sein spirituelles Refugium und übernahm auf Drängen des Adels erneut die Staatsgeschäfte. Allerdings verzeichnen die Chroniken Ayutthayas einen geringen Enthusiasmus zur Verteidigung der Kapitale, die dadurch nur bedingt abwehrbereit war. Maha Chakkrapath hatte befohle.: >>die Truppen in den umliegenden Städten in der Hauptstadt zusammenzuziehen, aber es kam nur ein Teil aus den vier nächst gelegenen Distrikten. Jene die nicht in die Hauptstadt kamen, kampierten in zunehmenden Maße in den umliegenden Wäldern. Zusätzlich kamen keinerlei Truppen aus den kleineren Städten, auch sie blieben größtenteils in den Wäldern; lediglich die Herrscher der Städte kamen, begleitet von ihren persönlichen Schutztruppen, in die Kapitale<< (*RCA,2000:60*). Im Januar 1564[1063] starb im Alter von 65 Jahren (*Syamananda,1988:51*) Somdet Phra Maha Chakkraphat, vermutlich körperlich, geistig und seelisch erschöpft. Laut Van Vliet hatte *Prae theen Nae Rhae tsiae* (*Phra Thianracha*[1064]) im Alter von 42 Jahren den Thron Ayutthayas bestiegen: >>Er war ein gnadenreicher König, sehr belesen und zeigte größeres Interesse an der Verbesserung der Gesetze und der Förderung des Buddhismus denn an den säkularen Staatsgeschäften. Die Justiz handelte gerecht in seiner Zeit. Er war sehr wohltätig, insbesondere den Brahmanen, Mönchen und den Armen gegenüber. Er ließ mehr Tempel als Forts in seinem Reich renovieren, denn er war kein Krieger von Natur aus<< (*Van Vliet,1640:217*). Der holländische Chronist bietet auch eine unterhaltsame Darstellung der Ursachen für das illoyale Verhalten Maha Thammarachas: >>Der König hatte seine Tochter [Phra Wisutkasat] mit Okya Phistsanukok [Maha Thammaracha] verheiratet, aber das Paar hatte wenig gemeinsam, so das es häufig zu Streit und Auseinandersetzungen kam. Schließlich schlug Phitsanulok während einer dieser Auseinandersetzungen seiner Frau auf den Kopf und diese begann zu bluten. Die Gattin wischte das Blut mit einem Taschentuch ab und schickte dieses in einer goldenen Tasse zusammen mit einem Beschwerdebrief an ihren Vater, den König, nach Ayutthaya [...] Aufgrund dieser Vorfälle war der König über seinen Schwiegersohn Okya Phistsanukok sehr verärgert. Er rief seine Armee zusammen und schickte diese mit dem Befehl nach Phitsanulok, den Okya zu töten. Okya Phitsanukok [...] floh nach Pegu. Der König von Pegu [...] behandelte ihn gut. Phitsanulok [...] flehte dann den König Pegus an, er möge Krieg mit Ayutthaya führen<< (*ebenda:218*). Eine ähnliche Geschichte ist auch über den Sohn König Nandabayins von Pegu überliefert (*Harvey,1925*).

7.6.15. Somdet Phra Mahintharathirat [สมเด็จพระมหินทราธิราช][1065] (1569)

Der Adel hatte sich bereits bei der Ernennung Phra Mahins zum zeitweiligen Regenten besorgt gezeigt, da man ihn >>für einen sorglosen jungen Prinzen [hielt] von dem man sich wenig versprach<< (*Van Vliet,1640:218*). Zum Nachteil Ayutthayas sollten sich diese Vorbehalte als berechtigt herausstellen. Die Verteidiger wehrten zunächst immer wieder die Angriffe der übermächtigen Belagerer in der Hoffnung ab, die Stadt bis zum Eintreffen der durch die Regenzeit verursachten Flut des Maenam Chao Phraya halten zu können; da die birmanischen Truppen sich in dem tiefer gelegenen Gelände um die Stadt verschanzt hatten, würden deren Stellungen mit Einsetzen des Hochwassers geflutet werden. Eine burmesische

---

[1063] Laut burmesischen Quellen starb König Chakkrapath am 16. April 1569 (*Than Tun,1995:91*)
[1064] [พระเฑียรราชา]
[1065] auch *Phra Mahin* [พระมหินทร์]; Kurzform: *Mahin*

Chronik verzeichnet zu diesem Zeitpunkt bereits 10.000 Gefallene auf birmanischer Seite (*Nai Tien,1908:65*). Der junge König zeigte indes wenig Interesse an den täglichen Lagebesprechungen, vergrub sich in seinem Palast und überließ die Kriegsführung ausschließlich dem kompetenten Phraya Ram(ronarong) [พระยาราม[รณรงค์] (*RCA,2000:63*). Als der führungsschwache Mahin auch den letzten, kompetenten Kommandeur aufgrund der Zusage *Bayinnaungs*, er werde nach dessen Auslieferung seine Truppen zurückziehen, opferte, (*RCA,2000:67*) hatte er selbst den Schwanengesang der Kapitale und seiner eigenen Dynastie angestimmt. Daran änderte auch ein letzter Hilfeversuch Lan Changs nicht, dessen Entsatzheer bei *Saraburi* [สระบุรี][1066] von Maha Thammaracha in einen Hinterhalt gelockt und aufgerieben wurde (*RCA,2000:70f.*). Phraya Chakri, in den burmesischen Chroniken *Aukbya Setki*, der 1563 bei der ersten Eroberung Ayutthaya als Geisel nach Pegu geschickt worden war, hatte mittlerweile ebenfalls die Seiten gewechselt. Unter dem Vorwand, aus dem birmanischen Zwangsexil geflohen zu sein, gelangte er in die Stadt und alsbald auch in die Nähe des Königs. Zunächst intrigierte er gegen den Halbbruder Mahins, *Phra Sri Saowarat*, unter dem Vorwand des angeblichen Hochverrates. Mahin, der sich kaum um die Kriegsführung kümmerte, war dennoch verärgert über die eigenmächtigen Entscheidungen des Halbbruders: >>Ob es schwere Kämpfe oder leichte Gefechte sind, nie informiert er Uns sondern handelt wie es ihm beliebt<< (*RCA,2000:70*) und ordnete die Exekution des Prinzen im *Wat Phra Ram* [วัดพระราม][1067] an. Nachdem Phraya Chakri noch dafür sorgte, das kampferprobte Einheiten von strategisch wichtigen Punkten abgezogen und durch unerfahrene Rekruten aus der Zivilbevölkerung ersetzte, gelang den Birmanen, die aus allen Himmelsrichtungen gleichzeitig angriffen der entscheidende Durchbruch un dam 30. August 1569 fiel Ayutthaya (*RCA,2000:73*). Hätte man noch einen Monat länger standgehalten, wären die Birmanen aufgrund des nahenden Monsun genötigt gewesen, die Belagerung abzubrechen; dies dokumentiert schon die Tatsache, das *Bayinnaung* während der Regenzeit in Ayutthaya verblieb und erst danach den Rückmarsch nach Ayutthaya befahl (*Nai Tien,1908:67*). Zuvor ordnete er an, das nicht mehr als 10.000 Einwohner in Ayutthaya verbleiben durften, alle anderen wurden nach Birma zwangsumgesiedelt. Die meisten wurden in der Landwirtschaft eingesetzt, einige wurden als Sklaven auf den bengalischen Märkten verkauft. Siamesen dienten auch in den Armeen Burmas und waren ob ihrer Tapferkeit und Loyalität geschätzt; zeitweilig wurden sie sogar mit der Bewachung des Königspalastes sowie dem Schutz der Hauptstadt betraut. Die Kunsthandwerker wurden nahezu ausnahmslos in den Königspalast verbracht. Neben dem Sklavenaufstand 1565 gab es mindestens drei weitere, die jedoch allesamt schnell niedergeschlagen wurden. Die Siamesen assimilierten sich schnell und wurden durch Einheirat häufig schon binnen zweier Generationen in Burma heimisch. Es wäre jedoch anachronistisch und unangemessen, diese zuvor zwangsdeportierten Männer und Frauen *per se* als „vaterlandslose Kreaturen" zu brandmarken (*Than Tun,1995:105*); die bewusste Perzeption nationaler und ethnischer Einheit, *kwampenthai* [ความเป็นไทย], war noch nicht erwachsen.

Auch die künftigen Führer wählte der Eroberer persönlich aus; die ausgewählten 100 *mün* und *khun* wurden *Phraya Nakhon Sri Thammarat* [พระยานครศรีธรรมราช], *Phra Sri Akkharat* [พระศรีอรรคราช], *Khun Kasetrathibodi*, *Khun Rakmonthian* und *Mün Narinseni* unterstellt. Danach weihte er den 54jährigen Maha Thammaracha als birmanischen Vasall zum neuen König von Ayutthaya und verlieh ihm den Titel *Somdet Phrachao Sanphet Thi* I [สมเด็จพระเจ้าสรรเพชญ์ที่ ๑][1068] (*RCA,2000:73f.*). Der entthronte Mahin >>war der am wenigsten intelligenteste,

---

[1066] Etwa 110 km nördlich von Bangkok in der gleichnamigen Provinz gelegen.
[1067] „Tempel des Heiligen Rama". Inmitten der Altstadt von Ayutthaya östlich des Wat Phra Si Sanphet und und südöstlich des alten Palastes *Wang Luang* [วังหลวง] gelegen. Dieser wird auch als *Phra Ratchawang Boran* [พระราชวังโบราณ] bezeichnet.
[1068] In den burmesischen Chroniken *Sawbwa Thaungkyi* (*Oya Damayaza*, Gouverneur von *Peikthalauk*) genannt.

unbedachteste und unfähigste König den das Königreich Siam je gehabt hatte. Er hatte keinerlei Wissen in politischen und spirituellen Angelegenheiten. Während seines Regnums verschlechterte sich alles [...] Er beschäftigte sich (in der Sprache des Dichters ausgedrückt) mit nichts anderem als Bacchus und Venus [Wein, Weib und Gesang] was ihm und seinen Untertanen zu großem Schaden gereichte [...] Der siamesische König war dermaßen nachlässig, das er noch einem Hahnenkampf zusah, während die Peguaner bereits den Palast eingenommen hatten<< (*Van Vliet,1640:220ff.*) Trotz der augenscheinlichen Inkompetenz entschied *Bayinnaung* am Ende der Regenzeit, Mahin nach Pegu zu exilieren. Begleitet von seinen Konkubinen und den engsten Vertrauten gelangte der Troß über Kamphaeng Phet nach *Khraeng*, als Mahin erkrankte. Trotz der Bemühungen von elf Ärzten verschied Mahin nach ca. 2-3 Wochen und wurde an Ort und Stelle eingeäschert. Die sterblichen Überreste sowie die die Entourage und Regalien des toten Monarchen wurden von einer Eskorte nach Ayutthaya gebracht. Zusammengefaßt darf vermutet werden, das die unmittelbaren Ursachen für den erneuten Fall Ayutthayas der Verrat Phraya Chakris, die Unfähigkeit König Mahins und die fortgesetzte Illoyalität Maha Thammarachas waren (*Syamananda,1988:52*). Der Danziger Gottard Artus[1069], der in niederländischen Diensten nach Indien gereist war, bestätigte diese These wie folgt: >>im Jahr 1568. hat ihn [Chakkraphat] der König von Pegu mit Krieg angegriffen/ etlich hundert tausend Mann zusammgeführt/ und ihn in seinem Reich überzogen; und endlich nach zweyjähriger Belagerung/ in welcher er funfzig tausend Mann verlohren/ die königliche Haubtstadt durch Verrätheren[1070] einbekommen<< (*Schouten,1663:328*).

7.7. Die Sukhothai-Dynastie (1569–1629)

So erfolgreich die militärischen Operationen *Bayinnaungs* auch verliefen, für eine gesicherte territorial Integrität mangelte es an der parallelen Entwicklung und Ausbildung überregionaler administrativer Strukturen (*Lieberman,1984:32*). Wie auch sein Vorgänger verbrachte *Bayinnaung* den größten Teil seines Regnums auf dem Schlachtfeld oder mit der Planung und Vorbereitung von militärischen Operationen; die Entwicklung einer reichsweiten institutionellen Bürokratie blieb dabei auf der Strecke. Stattdessen proklamierte er stolz die Göße seines Reiches, indem er die zwanzig Toren seines Königspalastes symbolisch nach seinen Vasallen benannte: Zinme [Chiang Mai], Ohnbaung [Hsipaw], Mohnyin, Mogaung, Tavoy, Kalei, Mone, Nyaungshwe, Thayawaddy, Theinni, Tanintharyi [Tenasserim], Ayutthaya, Martaban, Pagan, Bassein, Thayekhettaya, Ava, Toungoo, Linzin [Lan Chang] und Dala. Dennoch galt Bayinnaungs *mandala* auch bei seinen Nachfolgern als das ideale Modell des birmanischen Empires, insbesondere für die ersten Regenten der Konbaung-Dynastie im ausgehenden 18. Jahrhundert (*Surarikat,2006:20*). Daraus resultierte, das während der ersten Taungu-Dynastie auch in Birma das Systems der *patron-vassal relationship* den politischen Alltag bestimmte und die Loyalität der Statthalter und Vasallen von der Stärke und dem Charisma des jeweiligen Königs abhängig war. Die Taungu-Könige verfügten lediglich im Bereich des Kerngebietes um die Hauptstadt Pegu über die unmittelbare und absolute Kontrolle. In wichtigsten Provinzen wie Ava, Prome, Taungu, Martaban and Chiang Mai herrschten Statthalter, die allesamt ranghohe Mitglieder der königlichen Familie waren; diese trugen den Titel *bayin*, was soviel wie König oder Herrscher bedeutete. Ihnen wurde als sichtbares Zeichen der Würde ihres Amtes der Besitz der fünf königlichen Regalien gewährt und regierten aufgrund der gewährten Prärogativen *in praxi* nahezu autonom; hinzu kam, das in der Kapitale weder effektive Kontrollmechanismen der *bayin* existierten noch ein veritables Interesse daran bestand, diese zu entwickeln. Gebiete von

---

[1069] *Historia Indiae orientalis*, Sumptibus Wilhelmi, Lutzenkirch. Colonia Agrippinae, 1608
[1070] Vgl. hierzu auch: *Hall,1968:268*

geringerer Bedeutung oder kleinere Städte wurden rangniederen Prinzen oder loyalen Mitgliedern des Adels als Apanage überlassen, die den Titel *myosa* trugen - Herrscher der Stadt. In tributpflichtigen Reichen wie Ayutthaya, Lan Chang und einigen Shan-Staaten überließ Pegu im Regelfall der lokalen Dynastie, wobei auch die Erbfolge respektiert wurde sofern die vereinbarten Tributzahlungen geleistet und die angeforderte Heerfolge erbracht wurde (*Lieberman,1984:Kapitel 1*).

Die Macht des Königs und seiner Dynastie beruhte im wesentlichen auf vier Faktoren: die durch die spirituelle Überhöhung *de facto* Unantastbarkeit der Monarchie; die absolute Macht des Regenten über die gesellschaftliche und soziale Stellung seiner Untertanen, auch des leitenden Adels; die Kontrolle über die wertvolle Resource Mensch und die Erträge des Landes sowie die royalen Handelsprivilegien und Monopole welche die Schatullen des Monarchens beständig füllten (*na Pombejra,1984:15*). Warum kam es dennoch nach fast über 200 Jahren kontinuierlicher Entwicklung und nachhaltigen judikativen, militärischen, bürokratischen und institutionellen Reformen während des Regnums König Trailoks zum vorläufigen Kollaps nach drei birmanischen Invasionen? Das Hauptproblem bestand innenpolitisch weiterhin darin, das die Institution der Monarchie als solche nicht in Frage gestellt wurde, sehr wohl aber die Person des Herrschers. Die persönliche Macht des Königs war *in realitas* nur so lange vorhanden, wie es ihm gelang, sein auf persönliche Loyalität und Abhängigkeit beruhendes Netzwerk intakt zu halten. Wie das Beispiel des illoyalen Maha Thammarachas verdeutlicht, lag aber genau in dieser vermeintlichen Stärke die systemimmanente Crux. Die latente Instabilität des Hofes wurden durch eine Reihe von Faktoren permanent befeuert: Erstens die wechselnde Loyalitäten der führenden Clans untereinander; zweitens das permanente Ringen zwischen König und Adel um die Verfügungsgewalt über die Arbeitskräfte; *last but not least* die Ambitionen jenes Teils des Adels, der nicht zur unmittelbar protektierten Entourage zählte. Außenpolitisch kam es innerhalb des siamesischen Kosmos ebenfalls zu wechselnden Koalitionen und Konstellationen, das Bewußtsein um eine gemeinsame Tai-Identität war weder in Ayutthaya, Lan Chang noch Lan Na so ausgeprägt, das es die opportunistischen Erwägungen der Tagespolitik nachhaltig beinflußt hätte. Anstatt sich gemeinsam gegen die birmanischen Eroberer zu stellen, suchte jeder Regent einen eigenen Weg, seine Dynastie an der Macht zu halten, sei es auch als Vasall Pegus.

Die drei birmanischen Invasionen hatten Tod und Verwüstung hinterlassen, weite Landstriche Ayutthayas waren entvölkert und verlassene Siedlungen alsbald wieder vom Dschungel überwuchert. Neben den wirtschaftlichen und demographischen Schäden waren das Selbstverständnis und Vertrauen in die royalen Institutionen nachhaltig erschüttert und die Menschen blickten von Sorgen erfüllt in eine ungewisse Zukunft. Für die Befreiung Ayutthayas von der birmanischen Okkupation und die Wiederherstellung der nationalen Unabhängigkeit und territorialen Integrität bedurfte es eines charismatischen Führers vom Schlage eines Ramkhamhaeng oder U Thong. Maha Thammaracha, der als birmanischer Vasall und durch Verrat auf den Thron Ayutthayas gelangt war, konnte dies nicht sein. Aber er hatte den künftigen König und Befreier bereits gezeugt.

7.7.1. Somdet Phra Maha Thammarachathirat [สมเด็จ พระมหาธรรมราชาธิราช][1071] (1569-1590)

Somdet Phra Maha Thammarachathirat hatte mit Königin *Phra Wisutkasat* [วิสุทธิกษัตรีย์][1072] drei Kinder: Prinz Naret, wegen seiner dunklen Hautfarbe auch *Phra Ong Dam* [พระองค์ดำ], der

---

[1071] Auch *Sanphet Thi* I [สรรเพชญ์ที่ 1] Kurzform: *Maha Thammaracha*.
[1072] Gebore *Sawatdirat* [สวัสดิราช]

"Schwarze Prinz" genannt, wurde 1555 im Chan-Palast in Phitsanulok geboren. Sein jüngerer Bruder, Phra Ekathotsarot, auch *Phra Ong Khao* [พระองค์ขาว], der "Weiße Prinz". 1554 oder früher wurde die ältere Schwester der beiden geboren und erhielt den Namen *Phra Suphankanlaya* [พระสุพรรณกัลยา]. Nach der zweiten birmanischen Invasion 1564 waren beide Brüder unter den royalen Geiseln, die *Bayinnaung* nach Pegu begleiten mußten. Dort nutzte insbesondere Phra Ong Dam das acht Jahre während Exil, um sich mit den Sitten und Gebräuchen sowie der Sprache des Landes eingehend vertraut zu machen, den Charakter der einflußreichsten birmanischen Höflinge, Beamten und Heeresführern zu studieren und die neuesten militärischen Strategien und Taktiken ebenso zu erlernen wie die Techniken der birmanischen Kampfkünste. Als Maha Thammarachathirat nach seiner Inthronisation als sichtbaren Ausdruck seiner Loyalität König *Bayinnaung* seine Tochter Prinzessin Suphankanlaya zur Frau gab, durften die beiden Brüder Pegu verlassen und nach Ayutthaya zurückkehren. Traditionell wurde der Erstgeborene *Phra Naret* als Uparacha nach Phitsanulok geschickt.

In Folge der birmanischen Eroberung erfolgten zwei wesentliche Veränderungen in Ayutthaya. In der Gesetzgebung wurde das birmanische *dhammathat* [ဓမ္မသတ်] auf den existierenden siamesischen Korpus aufgesetzt. Erstmalig wird die Existenz eines birmanischen *dhammathat* in einer Inskription Pegus aus dem 13. Jahrhundert erwähnt, wobei aber einige *dhammasatthas* bereits im Laufe des ersten nachchristlichen Jahrtausends entstanden sein dürften. Bekannt sind neun umfangreichere Kompilationen wie das *Manu Dhammathat* und *Dhammavisala Dhammathat* Pagans, das *Wareru Dhammathat* (1270), *Pasedha* (1468), *Dhammathat Kyaw* (1581) sowie die später entstandenen *Pyanchi Dhammathats* (1614) der zweiten Taungu-Dynastie und das *Myingun Dhammathat* (1650) der Konbaung-Dynastie. Ebenso wie die zweite Neuerung, die burmesische Zeitrechnung, blieben die birmanischen *dhammathat* Teil der siamesischen Rechtssprechung bis zur Bangkok-Periode. Die birmanische Zeitrechnung, die "Kleine Zeitrechnung", in Thailand *Chulasakarat* (C.S.) [จุลศักราช] (จ.ศ. *Choso*), ersetzte die bis dahin gültige "Große Zeitrechnung", in Thailand Mahasakarat (M.S.). Die Mahasakarat beginnt mit einem Schaka[1073]-König, der am 17. März 78 n. Chr. nach einem Sieg in Ujjayin[1074] in Indien die Herrschaft antrat, d.h. 0 Saka entspricht 78 n. Chr. Die birmanische Chulasakarat beginnt 639 n. Chr. als der buddhistische Patriarch *Buppasoranhan* in Birma das Jahr 1 ausrief, nachdem er die Robe abgelegt und den Königsthron erobert hatte. Für eine Umrechnung in den Gregorianischen Kalender wird 638 zur Jahreszahl des C.S. addiert; Bezugspunkt ist der 21./22. März 638 AD. Allerdings ist zu beachten, dass der erste Tag eines neuen C.S.-Jahres nicht auf den 1. Januar fällt, sondern auf den ersten Tag des abnehmenden Mondes im April. Im Jahr 1889 AD (2431 BE) wurde von König Chulalongkorn (Rama V) der Gregorianische Kalender (*Suriyakati*-Kalender) eingeführt. Am 1.4.1782 AD begann das Jahr 1 *Ratanakosinsok* (R.S.); *Rattanakosin* [รัตนโกสินทร์][1075] ist der Name für das ursprüngliche Gebiet der 1782 neu gegründeten Hauptstadt Bangkok, das historisches Zentrum der heutigen Metropole. König *Vajiravudh*[1076] schaffte nur 23 Jahre später den Kalender seines Vaters wieder ab und ersetzte ihn durch die

---

[1073] Nach Herodot wurden die Skythen von den Persern *Saken* genannt. Ein genaues Datum des ersten historisch gesicherten Auftretens von Saken im Osten ist umstritten, jedoch lässt sich aus dem 3. Jahrhundert v. Chr. die Präsenz der Saken in West-China, später im legendären Königreich von Hotan (1.–11. Jahrhundert n. Chr.), nachweisen. Chinesische Überlieferungen bezeichnen die Saken als *Sai* oder *Schaka*. Indische Historiker sehen den eigentlichen Beginn der Saken-Ära ab 79 n. Chr., nachdem die Kuschmanen die Indo-Parther unterworfen und nach Osten übergegriffen hatten. Die Saken wurden erneut verdrängt und zogen weiter nach Zentralindien.
[1074] Im heutigen indischen Bundesstatt Madhya Pradesh.
[1075] Abgeleitet vom Sanskrit-Wort *ratnakosindra* (Das Juwel Indras)
[1076] Offizieller Thronname: Thronname *Phra Bat Somdet Phra Poramentharamaha Vajiravudh Phra Mongkut Klao Chao Yu Hua* [พระบาทสมเด็จพระปรเมนทรมหาวชิราวุธฯ พระมงกุฎเกล้าเจ้าอยู่หัว]

auch heute noch gültige Zeitrechnung der *Buddhasakarat* (BE) [พุทธศักราช], die mit Buddhas Tod im Jahre 543 v. Chr. einsetzt. Während der ersten Amtszeit Feldmarschalls *Plaek Phibunsongkhram* [แปลกพิบูลสงคราม] als Ministerpräsident wurde am 1. Januar 1941 auch der westliche Kalender parallel zur buddhistischen Zeitrechnung eingeführt.

Tage	Westlicher Kalender	Thai	Pali	Sanskrit
29	März-April	Chittra (จิตร)	Citta	Caitra
30	April-Mai	Wisakha (วิสาข)	Visakha	Vaisākha
29 (30)	Mai-Juni	Chettha (เชษฐ)	Jeṭṭha	Jyēṣṭha ज्येष्ठ
30	Juni-Juli	Asanha (อาสาฬห)	Āsāḷha	Āsādha
29	Juli-August	Sawana (สาวน)	Sāvaṇa	Śrāvaṇa श्रावण
30	August-September	Phatthrabot (ภัทรบท)	Poṭṭhapāda	Bhaadrapad भाद्रपद
29	September-Oktober	Atsawayut (อัศวยุช)	Assayuja	Asvina अश्विन्
30	Oktober-November	Kattika (กัตติกา)	Kattikā	Kārtika कार्तिक
29	November-Dezember	Mikkhasira (มิคสิร)	Māgasira	Mārgaśīrṣa
30	Dezember-Januar	Putsa (ปุสส)	Phussa	Pauṣa पौष
29	Januar-Februar	Makha (มาฆ)	Māgha	Māgha
30	Februar-März	Phakkhun (ผัคคุณ)	Phagguṇa	Phālguna

Während der Regentschaft Maha Thammarachas fielen Armeen des Khmer-Königs mehrfach in Ayutthaya ein. 1570 gelangte eine 30.000 Mannn starke Armee aus Longvek über Nakhon Nayok bis vor die Tore der Kapitale. Angesichts der geringen Anzahl der Verteidiger, der durch die lange Belagerung durch die Birmanen Schäden an den Schutzwällen und der fehlenden Kanonen, die größtenteils nach der Niederlage demontiert und als Kriegsbeute nach Pegu verbracht wurden, entschloß sich der König auf Drängen seiner Berater zunächst zur Flucht. Zuvor konnte aber eine Verschwörung *Phra[ya]Phetcharats* [พระ(ยา)เพชรรัต], dem Gouverneuer Phet[cha]buris, aufgedeckt werden, der geplant hatte, mit seinen Truppen den flüchtenden Troß des Königs auf dem Weg nach Phitsanulok in einen Hinterhalt zu locken. Auf Anraten *Khun Thep Arachuns* verblieb der Hof einstweilen in Ayutthaya und als der Kommandant der Khmer-Vorhut, *Phra Campathirat*, vom Nacken seines vorrückenden Elephanten geschossen wurde, beschlossen die Angreifer den geordneten Rückzug. Allerdings verschleppten sie einen großen Teil der Bewohner der Provinzen Nakhon Nayok, Chantaburi, *Rayong* [ระยอง] und *Chachoengsao* [ฉะเชิงเทรา] (*RCA,2000:77f.*). 1575 erfolgte die nächste Invasion, diesmal mit einer starken Flotte. Zwar blieben die Khmer-Verbände bei den Kämpfen vor *Nonthaburi* siegreich und nahmen Kurs auf Ayutthaya; allerdings gerieten sie in ein Sperrfeuer der Kanonen von Fort *Nai Kai* [ป้อมในไก่][1077] und erlitten dabei schwere Verluste. Erneut konnte der Angriff auf die Kapitale abgewehrt werden und wie bereits 1570 wurden auch diesmal systematisch eine größerer Teil der arbeitsfähigen Bevölkerung nach Longvek gebracht, diesmal wurden die Provinzen Suphan Buri, Nakhon Chaisi, Rachahaburi und *Sakhonburi* [สาครบุรี][1078] heimgesucht. Aus *Phra Padaeng* [พระประแดง] nahmen die Khmer zwei wertvolle Reliqien mit, die während des Regnums Ramathibodis II. entdeckt worden waren. (*ebenda:78f.*) Mit 30.000 Mann und maritimer Unterstützung erfolgte 1578 der nächste Angriff. Nachdem die Khmer drei Tage lang vergeblich Phetchaburi belagert hatten,

---

[1077] Pom Phet (Das Diamanten-Fort), eines der 16 Forts entlang der Stadtmauer von Ayutthaya. Am Ostufer des Nai Kai-Kanals [คลองในไก่], direkt am Zusammenfluß des Maenam Pa Sak und des Maenam Chao Phraya gelegen
[1078] Gegründet 1548 wurde die Stadt 1704 in *Maha Chai* [มหาชัย] umbenannt; im heutigen Landkreis *Müang Samut Sakhon* [เมืองสมุทรสาคร] der Provinz Samut Sakhon gelegen.

setzte sich deren Kommandeur, *Phraya Cicantu,* den Zorn seines Herrschers fürchtend, vorsichtshalber nach Ayutthaya ab. Dort war er zwar sicher, aber mit der von Maha Thammaracha ausgelobten Apanage nicht zufrieden und bereitete deshalb seine Flucht vor. Als er mit seiner Familie auf einer chinesischen Dschunke den Chao Phraya flußabwärts segelte, traf er auf Phra Naresuan, der gerade von Phitsanulok gekommen war, um dem Vater Bericht zu erstatten. Die anschließende Bataille endete remis und *Phraya Cicantu* gelang es zu entkommen. *(ebenda:79f.)* 1582 gelang einem 70.000 Mann starken Khmer-Heer im vierten Anlauf die Erstürmung Phetchaburis. Nach acht Tagen Belagerung waren sich die Kommandeure der Verteidiger, *Phra Sri Surinlüchai,* der Gouverneur Phetburis sowie die von Maha Thammarat zu seiner Unterstützung geschickten *Müang Yasothon Ratchathani* und *Müang Thep Ratchathani,* uneins über die Strategie und die mangelnde Koordination führte dazu, das die Angreifer schließlich mit Leitern über die Stadtmauer eindringen konnten. Ihre mangelnde Kooperationsbereitschaft büßten die drei Heerführer mit dem eigenen Leben. Nachdem die überlebenden Einwohner Phetburis zusammengetrieben worden waren, zogen sich die Khmer wieder nach Longvek zurück. *(ebenda:84)* Die wiederholten Angriffe der Khmer hatten allerdings auch positive Auswirkungen: Die Kapitale fiel nicht und bewies zunehmend die innere Stabilität der Herrschaft Maha Thammarachas *(Chutintaranond,1995:4).* Darüber hinaus erwachte wieder das Selbstbewußtsein und Vetrauen in die eigene Stärke. Die diversen Invasionen dienten auch als Vorwand, die Hauptstadt nach und nach zu befestigen und mit schweren Waffen zu bestücken, ohne den unmittelbaren Argwohn Pegus zu wecken. 1580 befahl Maha Thammaracha die Vorverlegung der Stadtmauer an das Ufer des Chao Phraya und verband sie mit Fort *Phet* [ป้อมเพชร]und Fort *Maha Chai* [ป้อมมหาชัย]. *(RCA,2000:82)* Parallel dazu sorgte Phra Naresuan von Phitsanulok dafür, das auch die nördlichen Städte des Reiches wieder befestigt und auf die kommenden Auseinandersetzungen vorbereitet wurden. Der „Schwarze Prinz", der bereits mit 16 Jahren zum Statthalter der nördlichen Provinzen ernannt worden war, trainierte aber auch persönlich kleine Gruppen jüngerer Männer in den klassischen siamesischen und birmanischen Kampftechniken, die sich als Partisanenverbände wie die „Wilden Tiger" oder „Wachsame Katzen" mit ihren Guerillataktiken alsbald bewähren sollten. *(Syamananda,1988:54).*

1578 verstarb *Phra Nang Visuddhadevi* [พระนางวิสุทธิเทวี], die nach dem Tod König Mekutis noch einmal die Regentschaft in Chiang Mai übernommen hatte. *Bayinnaung Kyawhtin Nawrahta* [ဘုရင့်နောင် ကျော်ထင်နော်ရထာ][1079], stets auf die Vergrößerung seines Reiches bedacht, setzte seinen Sohn Prinz *Nawrahta Minsaw* [နောရထာ မင်းစော][1080] [พระเจ้าสาวถีนรตรามังซอ ศรีมังสรธาช่อ] als Statthalter in Lan Na ein. In Lan Chang war nach dem Tode König Setthathiraths, der sich 1571 und 1572 gegen birmanische Einfälle zur Wehr gesetzt hatte, ein Streit um die Thronfolge entbrannt. *Phraya Saen Surin (Sen Soulintha)* hatte die Reste der geschlagenen Armee nach Vientiane zurückgeführt, wo ein Teil des Adels den fünfjährigen Sohn Setthathirats, *No Koe Kuman*[1081], favorisierte. Da der Prinz auch der Sohn einer seiner Töchter war, wäre der Großvater aufgrund des Kindesalters vermutlich ohnehin zum Regenten bestellt worden. Doch Phraya Saen Surins Ambition waren weitreichender und unmittelbarer. Der Sohn des Dorfältesten von Nong Khai [หนองคาย] war nicht königlichen Geblüts, aber aufgrund seiner Loyalität und Kompetenz durch die Protektion Setthathirats

---

[1079] Wörtlich: *älterer Bruder des Königs.* In Thai: *Burengnong Kayodin Noratha* [บุเรงนองกะยอดินนรธา]

[1080] Formeller Titel: *Anawrahta Minsaw;* in den Quellen auch als *Nawrahta Saw* und *Tharrawaddy Min* geführt. In Thai: [พระเจ้าสาวถีนรตรามังซอศรีมังสรธาช่อ]. Geboren 1551/52 als *Min Tha Sit* [မင်းသားစစ်] herrschte er zwischen 1579-1607/08 als erster König birmanischer Abstammung in Lan Na. Der Regent zeichnete sich überdies als Poet aus *(Ni Ni Myint,2004:22). Selected Writings of Ni Ni Myint.* Yangon: Myanmar Historical Commission.

[1081] Offizieller Titel: *Somdet Brhat Vora Ratana Dharmapasuta Sethakassa Atsamachandra Suvarna Samudhi Khakharattanasara Raja Bupati*

vom königlichen Pagen immer weiter aufgestiegen. Einer seiner Offiziere tötete *Phraya Nakhon*, den Anführer der „*No Koe Kuman*-Fraktion" und *Saen Surin* proklamierte sich selbst zum König *Phra Nga Sen Sulintara Lusai* [พระยาแสนสุรินทร์ลือชัย]¹⁰⁸². Der etablierte Adel akzeptierte den Parvenue nicht und zog sich samt Gefolge in die südlichen Provinzen *Roi Et* [ร้อยเอ็ด]¹⁰⁸³ und *Champasak* [จําปาสัก]¹⁰⁸⁴ zurück. Im Zuge der Thronwirren scheiterte zwar eine erste Militäraktion Pegus, als aber *Bayinnaung* ein weiteres Mal selbst das Kommando übernahm, sah sich Lan Changs König genötigt, Vientiane zu verlassen und zur bewährten Guerilla-Taktik zurückzukehren. 1575 wurde *Phra Nga Sen Sulintara Lusai* verraten, gefangengenommen und nach Pegu exiliert. Das kriegsmüde Lan Chang akzeptierte die Rückkehr und Inthronisations des jüngeren Bruders Setthathirats als Voravongse I. [ພະເຈົ້າ ຊີວອະວົງສາທິຣາດ]¹⁰⁸⁵, der seit 1565 als Geisel in Birma gelebt hatte. Die Errichtung einer birmanischen Garnison sollte für die Sicherheit des Vasallen sorgen. 1579 sammelte ein charismatischer Mönch, der eine verblüffende Ähnlichkeit mit König Setthathirat aufwies, ein Heer von Unzufriedenen um sich und marschierte gen Vientiane. König Voravongse war gezwungen zu fliehen und ertrank mit seiner ganzen Familie, als sein Boot auf dem Mekong in Höhe des *Kaeng Chane*-Passes kenterte. Der Aufstand wurde danach von birmanischen Truppen schnell niedergeschlagen und Saen Surin wurde von *Bayinnaung* erneut zum König ernannt. Als er 1581 starb bestimmte er seinen Sohn, *Nakhon Noi* [พระยานครน้อย]¹⁰⁸⁶, zum Nachfolger; dieser wurde aber nach kurzer Zeit von revoltierenden Adel zum Rücktritt gezwungen und ins birmanische Exil geschickt und es folgte ein Interregnum von 1582-1591 (*Stuart-Fox,1998:83ff.*).

Am 10. Oktober 1581 verstarb der große Kriegerkönig Bayinnaung Kyawhtin Nawrahta nach langer, schwerer Krankheit. Noch heute wird er in Thailand respektvoll *Phra Chao Chanae Sip Thip* [พระเจ้าชนะสิบทิศ]¹⁰⁸⁷, der „Eroberer in zehn Richtungen", genannt. Nachfolger wurde sein Sohn 46 Jahre alter Sohn Nanda Bayin [နန္ဒဘုရင်]¹⁰⁸⁸ [พระเจ้านันทบุเรง], der mit der Aufgabe, das Imperium seines Vaters zu sichern, offensichtlich von Beginn an überfordert war. Zwischen 1584 und 1593 war er für insgesamt fünf desaströse militärische Kampagnen gegen Siam verantwortlich, die nachhaltig zum Niedergang der ersten Taungu-Dynastie beitrugen. Ab 1593 befanden sich seine Truppen reichsweit in der Defensive, bis sich Nanda 1599 den vereinten Armeen Taungus und Arakans ergeben mußte. Im Jahr daruf wurde er von *Natshinnaung* [နတ်သျှင်နောင်]¹⁰⁸⁹ [นัตชินหน่อง] ermordet, der seinen Zeitgenossen nicht nur als talentierter Musiker und Poet galt, sondern auch als befähigter militärischer Führer anerkannt war. Als rebellischer Gouverneur der Taungu-Provinz verbündete er sich später mit den Portugiesen und wurde 1613 hingerichtet.

Bereits 1582-83 gab es die ersten Aufstände in den Shan-Staaten *Sanda*¹⁰⁹⁰ und

---

¹⁰⁸² Offizieller Titel: *Somdet Brhat-Anya Chao Sumangala Ayala Budhisana Raja Sri Sadhana Kanayudha*
¹⁰⁸³ Heutige thailändische Provinz im Isan. Der Name Roi Et bedeutet „101" und stellt einen überhöhenden Hinweis auf die ursprünglichen elf Vorstädte der gleichnamigen Provinzhauptstadt dar.
¹⁰⁸⁴ Die heutige laotische Provinz liegt im Südwesten des Landes und grenzt an Thailand und Kambodscha.
1085 Offizieller Titel: *Somdet Brhat-Anya Chao Brhatasena Vara Varman Raja Sri Sadhana Kanayudha*. In Thailand: พระเจ้าศรีวรวงษาธิราช
¹⁰⁸⁶ Offizieller Titel: *Somdet Brhat Chao Negara Raja Sri Sadhana Kanayudha*
¹⁰⁸⁷ „Verantwortlich" hierfür zeichnet ein Roman des thailändischen Autors Chot Phraephan [โชติแพร่พันธุ์] mit dem Titel *Phu Chanae Sip Thit* [ผู้ชนะสิบทิศ].
¹⁰⁸⁸ In Thai: *Phra Chao Nanda Bayin* [พระเจ้านันทบุเรง]
¹⁰⁸⁹ In Thai: [นัตชินหน่อง]. Enkel Bayinnaungs und der älteste Sohn Minye Thihathus [မင်းရဲ သီဟသူ], des Vizekönigs von Taungu.
¹⁰⁹⁰ Der heutige „Autonome Bezirk Dehong der Dai und Jingpo" [德宏傣族景颇族自治州] im Westen der chinesischen Provinz Yunnan.

Thaungthut[1091]. Nanda schickte zwei Armeen mit ingesamt 16.000 Mann, 1.400 Pferden und 100 Elephanten unter dem Kommando *Thado Dhamma Yazas* II. [သတိုးဓမ္မရာဇာ][1092] von Prome und *Nawrahta Minsaws* von Lan Na, die nach fünfmonatiger Belagerung *Sanda* einnehmen konnten. Schwieriger gestaltete sich die Rebellion des Prinzen von *Kung* [မိုးကုတ်ကုံ][1093] in Ava 1583. Nanda Bayin entsandte beauftrage daher seinen Uparacha sowie Prinz *Sangkhathat* von Taungu und Phra Naresuan die Rebellion niederzuschlagen. Nachdem die beiden birmanischen Herrführer mit Frontalangriffen gescheitert waren, gelang es den Truppen Ayutthayas mittels eines Ablenkungsmanövers, die Stadt zu nehmen. (*RCA,2000:85f.*) Das Kommando hätte eigentlich dem Statthalter in Ava, einem Onkel Nandas zugestanden, der zudem mit dessen Schwester verheiratet war; doch ungeachtet der familiären Verbindungen hatte dieser geheime Missionen nach Prome, Taungu und Chiang Mai geschickt, um dort parallele Aufstände zu entfachen. Sein Ziel war nicht der Thron von Pegu sondern eine unabhängige Herrschaft in *Upper Burma*. 1584 rebellierte er offen gegen den Neffen in Pegu und dieser beauftragte die Regenten von Prome, Taungu, Chiang Mai, Lan Chang und Ayutthaya, ihre Armeen in Marsch zu setzen. Phra Naresuan verließ zunächst weisungsgemäß im Februar 1584 Phitsanulok, wenngleich die überlieferten Angaben zur Heeresstärke von 100.000 Mann, 1.500 Pferden und 800 Kampfelephanten (*RCA,2000:87*) übertrieben sein dürften. Phra Naresuan beabsichtigte allerdings nicht, die Armee Ayutthayas für die internen birmanischen Machtkämpfe zu opfern und verzögerte bewußt den Marsch. Als er schließlich im Mai 1584 Ava erreichte, war die Rebellion bereits von Nanda Bayin und den übrigen Vasallen beendet worden. König Nanda durchschaute die Absichten Phra Naresuans und beauftragte Mingyi Swa [မင်းကြီးစွာ][1094], den er zur Sicherung der Hauptstadt zurückgelassen hatte, den illoyalen Vasallen zu eliminieren. Der Kronprinz befahl daraufhin *Phraya Kiat* [พระยาเกียรติ] und *Phraya Ram* [พระยาราม], zwei Anführer der Mon, den siamesischen Thronfolger in einen Hinterhalt zu locken. Die beiden Mon weihten aber den berühmten Mönch *Mahathera Khan Chong* [พระมหาเถรคันฉ่อง] ein und dieser arrangierte eine Audienz bei Phra Naresuan. Nachdem dieser dergestalt von dem Mordkomplott Nanda Bayins erfahren hatte, welches nach zeitgenössischer Ansicht auch einen klaren Verstoß gegen *thotsapit ratchadamma*[1095] darstellte, verkündete der siamesische Kronprinz am 3. Mai 1584 in Kräng [แครง] die Unabhängigkeit des Königreiches Ayutthaya: >>Da der König von Pegu die vertrauensvolle Freundschaft und königlichen Traditionen nicht beachtet und [das Prinzip der] Harmonie sowie [gemeinsame] Werte verworfen hat, hinterlistig geplant hat, Unglück über Uns zu bringen, die Hauptstadt und große königliche Residenz von Ayutthaya und Hongsawadi [Pegu] sollen von diesem Tage an kein gemeinsames goldenes Reich, sondern von nun an völlig getrennt voneinander sein<<. (*RCA,2000:88*) Danach machte sich Phra Naresuan in Begleitung von Mahathera Khan Chong sowie den beiden Mon-Fürsten und deren Gefolgschaft auf den Heimweg, nicht ohne unterwegs eine größere Anzahl von arbeitsfähigen Shan den Usancen der Zeit folgend zu exilieren. Nanda Bayin ließ den Tross durch seine Truppen verfolgen und am Satong-Fluss [แม่น้ำสะโตง] holten die Birmanen die Nachhut unter Führung Phra Naresuans ein. Den siamesischen Chroniken zufolge schoß Phra Naresuan persönlich den Kommandeur der birmanischen Vorhut, *Surakamma*, auf der gegenüberliegenden Seite des Flusses mit einer portugiesischen Muskete von seinem Elephanten. Diese Episode des „Königliche Schuss über den Satong" [พระแสงปืนข้ามแม่น้ำสะโตง] (*Phra Säng Pün Kham Maenam Satong*) kennt noch heute jedes Schulkind in Thailand; in den

---

[1091] Das heutige Baoshan [保山市], eine bezirksfreie Stadt in der chinesischen Provinz Yunnan.
[1092] In Thai: [ตะโดธรรมราชาที่๒]
[1093] Mong Kung, Mongkung, Mongkaung oder auch Möngkung. Etwa 100 km östlich von Mandalay gelegen im heutigen Distrikt Loilem des Shan-Staates von Myanmar.
[1094] In Thai: *Minyekyawswa* oder auch *Minchit Sra* [มังกะยอชวา].
[1095] Die 10 aufrichtigen Pflichten der Herrschaft.

birmanischen Quellen findet sich lediglich der Hinweis, das der tödliche Schuss auf den *Mahauparaza* von einem der potugiesischen Söldner Ayutthayas abgefeuert worden sei. (*Surikat,2005:86*) In jedem Fall kehrten die Verfolger auf Befehl des Uparachas nach Pegu zurück und Phra Naresuan erreichte über Kanchaburi ohne weitere Zwischenfälle Ayutthaya, wo der ehrenwerte Mönch *Mahathera Khan Chong* die Leitung des Wat Maha That übernahm und dessen Angehörige sich im Bereich des *Wat Nok* [วัดนก][1096] niederliessen. *Phraya Kiat* und *Phraya Ram* erhielten umfangreiche Landschenkungen in der Gegend um den *Wat Khun Saen* [วัดขุนแสน][1097] und dem Dorf *Khamin* [ขมิ้น][1098] herum. (*RCA,2000:90*)

1583 ließ Naresuan in Erwartung der birmanischen Reaktion phrophylaktisch alle größeren nördlichen Städte einschließlich Phitsanulok evakuieren und alle Wehrdörfer sowie die Befestigungsanlagen der größeren Städte wurden demontiert. Dann marschierte er gen Kamphaeng Phet; bei *Mae Raka* [แม่ระกา] stellte er die Truppen *Nanthasus* und *Racha Songkhrams* und zog nach siegreichem Kampf weiter nach *Chiang Thong*[1099]. Kurz darauf rebellierten die Phrayas von Phichai und Sawankhalok und nach drei Tagen Belagerung überwanden Naresuas Truppen die Mauern Sawankhaloks und die beiden Aufrührer wurden exekutiert. Nachdem Ayutthaya das Bündnisangebot Longveks positiv beschieden hatte, wurde ein kleineres birmanisches Expeditionskops unter dem Kommando des Onkels von Nanda Bayin, des Fürsten von Pathein [ပုသိမ်မြို့] (Bassein)[1100] und des Regenten Lan Nas, Nawrahta Minsaw, geschlagen. 1586 führte Nanda Bayin persönlich seine Armee ein weiteres Mal über den Drei-Pagoden-Pass und Ayutthaya sah sich im Januar 1587 der vierten birmanischen Belagerung gegenüber. Die Kapitale hielt einer fünfmonatigen Belagerung stand und Phra Naresuan zeichnete sich bei der Durchführung diverser Ausfälle und Kommandounternehmen aus. Letzten Ende zwangen Krankheiten und die knappen Vorräte die Belagerer zum Rückzug nach Pegu. (*RCA,2000:96ff.*)

Während der birmanischen Invasion war der Herrscher Longveks, König *Sattha*[1101], mit einer 10.000 Mann starken Armee in die östlichen Gebiete Ayutthayas eingefallen, hatte Prachinburi erorbert und konnte bis Nakhon Nayok vordringen. Dort wurden die Khmer von einem 5.000 Mann starken Herr unter dem Kommando *Phraya Si Sainarongs* und *Phraya Si Racha Dechos* gestellt und geschlagen; auf Anweisung Phra Naresuans verblieben die siamesischen Truppen in der Region, um im Falle weiterer Angriffe schnell reagieren zu können (*Jumsai,1996:35*). Nachdem sich die Truppen Pegus zurückgezogen hatten, folgte die Antwort Ayutthayas *stante pede* (*RCA,2000:118*). Während des bis Ende 1587 währenden Feldzuges gegen die Khmer konnten zwar zunächst Battambang[1102] und Pursat[1103] eingenommen werden, aber auch die Truppen Ayutthayas mussten sich wegen der knappen Vorräte wieder zurückziehen.

1590 starb Maha Thammarachathirat im Alter von 76 Jahren und Prinz Naresuan bestieg als Somdet Phra Naresuan Maharacha oder Sanphet II. den Thron Ayutthayas. Die historische Rolle Maha Thammarachas ist bis heute unter den Historikern strittig. War er der opportunistische und machthungrige Despot, der zunächst schamlos mit den Birmanen konspirierte, um später offen die Seiten zu wechseln und damit seine persönlichen

---

[1096] Am südwestlichen Ende des Wat Maha That gelegen.
[1097] An der heutigen *U-Thong* Road, westlich des *Hua Ro* - Marktes gelegen.
[1098] Ebenfalls in der Nähe des *Hua Ro* - Marktes liegt dort heute der *Wat Khamin* [วัดขมิ้น].
[1099] Alter Name Luang Prabangs
[1100] Hafenstadt in der heutigen Irawadi-Division Myanmars.
[1101] *Chey Chettha I.* [ជ័យជេដ្ឋា] (1576–1594)
[1102] Stadt in der heutigen gleichnamigen kambodschanischen Provinz gelegen
[1103] Stadt in der heutigen gleichnamigen südwestlichen kambodschanischen Provinz gelegen

Ambitionen promovierte? Oder der weitsichtige „Realpolitiker", der die Inkompetenz Mahins erkannte und realisierte, das unter dessen Führung die Birmanen nicht zu bezwingen waren? Für letztere These spricht, das er seinem Thronfolger offensichtlich seit Beginn der 1580er Jahre freie Hand in allen politischen und militärischen Fragen gelassen hatte, wobei dieser sich des Vertrauens stets als würdig erwiesen hatte. In vergleichbaren Situationen wurden ambitionierte Prinzen häufiger wegen realer oder vorgeschobener Insubordination durch den Regenten inhaftiert, exiliert oder gar exekutiert; selbst der unentschlossene Mahin hatte seinen Bruder wegen angeblicher Mißachtung der royalen Prärogativen hinrichten lassen. Möglicherweise war Maha Thammaracha nie geneigt, eine birmanische Suzeränität auf Dauer zu akzeptieren und sah in Phra Naresuan die Persönlichkeit, welche die Unabhängigkeit des Reiches wiederherstellen konnte. Dies wird auch in der Chronik Van Vliets deutlich, der in seinen fünf Seiten bezüglich des Regnums König *Prae Maehae d Harma Raetsinaes* diesem lediglich ein kurzes Kapitel widmet und sich danach auf die frühe Biographie des Thronfolgers fokussiert: >>Er war ein gnädiger König und äußerst fleißig. Seine Majestät vergrößerte die Stadt Ayutthaya [...] und ließ um sie herum eine Steinmauer errichten. Auch ließ er fünf hohe Türme am Königspalast errichten. Er lebte in prosperierender Zeit, in der das verwüstete Land wieder zu wachsen und blühen begann. Die Bevölkerung, die durch die Kriege mit Pegu arg dezimiert und verarmt worden war, nahm wieder zu und erholte sich. Er war ein Kriegerkönig, aber er respektierte die Stärke Pegus, nicht weil er sie fürchtete sondern ob der Tatsache, das sein Reich arm an Einwohnern war und viele Stätten zerstört waren<< (*Van Vliet,1640:223*).

7.7.2. Somdet Phra Naresuan Maharacha [สมเด็จพระนเรศวรมหาราช][1104] (1590-1605)

Res dura et regni novitas me talia cogunt. Moliri, et late fines custode tueri[1105]

Als erste Amtshandlung ernannte der 35jährige Monarch seinen Bruder Ekathotsarot zum Vizekönig mit allen royalen Befugnissen. 1590 führte der birmanische Kronprinz Minchit Sra ein weiteres Invasionsheer über den Drei-Pagoden-Pass nach Siam. Phra Naresuan entschied sich diesmal, einer weiteren Belagerung durch einen Überraschungsangriff vorzubeugen. Der birmanische Tross bewegte sich wenig gesichert auf feindlichem Gebiet, darauf spekulierend, das er Gegner vollauf mit der Sicherung und Befestigung der Kapitale beschäftigt sei. In der Nähe von Kanchanaburi geriet Minchit Sra unvorbereitet in einen Hinterhalt und wurden vernichtend geschlagen; nachdem er die Reste seiner verstreuten Truppen gesammelt hatte, gab er den Befehl zum Rückzug (*RCA,2000:124ff.*).

In 1592 befahl Nanda Bayin einen weitern Angriff auf Ayutthaya, deren Heeresstärke er auf maximal 25% der birmanischen Truppen einschätzte. Im Dezember 1592 verliessen 26 Brigaden mit 240.000 Mann, 20.000 Mann Kavallerie und 1.500 Kriegselephanten Pegu; der birmanische Heeresverband wurde durch eine weitere Brigade aus Chiang Mai unterstützt (*Nai Tien,1908:49*). Unter dem Kommando des Kronprinzen Minchit Sra, sowie *Natshinnaung* von Prome und *Nawrahta Minsaw* aus Lan Na wurde der Drei-Pagoden-Pass passiert und Suphan Buri ohne Zwischenfälle erreicht. Phra Naresuan, der sich gerade für einen Feldzug gegen die Khmer rüstete, sah sich gezwungen, seine Pläne zu ändern und ließ seine Armee in der Nähe von *Nong Sarai* [หนองสาหร่าย][1106] kampieren. Dort kam es den siamesischen Annalen zufolge am 18. Januar 1593 zum legendären *Songkram Yuddhahatthi*

[1104] Auch *Somdet Phra Sanphet Thi* II [สมเด็จพระสรรเพชญ์ที่ ๒]; Kurzform: *Phra Naresuan*
[1105] Vergil (70 v. Chr. - 19 n. Chr.), eigentlich Publius Vergilius Maro, römischer Epiker. „Hierzu zwingt mich die Not und die Jugend des geschaffenen Reiches, seine weiten Grenzen zu schützen, mit bewaffneter Wehr".
[1106] Im heutigen Landkreis *S(r)i Prachan* [อำเภอศรีประจันต์] der Provinz Suphan Buri, nordwestlich der gleichnamigen Provinzhauptstadt gelegen.

[สงครามยุทธหัตถี], dem Elephantenduell zwischen Phra Naresuan und Minchit Sra[1107], dessen Körperkraft wie folgt tradiert wurde: >>Es wird gesagt, der [burmesische] Prinz sei so stark gewesen, das sein Elephantenstock 30 *kātīs*[1108] gewogen habe [...] dieser berühmte Stock befindet sich noch heute in der Schatzkammer des siamesischen Königs (*O'Kane,1972:91*)<<. Während der Schlacht rannten die durch die Brunft erhitzten Elephanten Naresuans *Chao Phraya Prap Hongsawadi* [เจ้าพระยาปราบหงสาวดี][1109] und Ekathotsarots *Chaophraya Prap Traichak* mitten in die birmanischen Einheiten. Diese hatten zur Tarnung verschiedene Kampfelephanten als die des Kronprinzen verkleidet; Phra Naresuan erkannte jedoch an den Ehrenzeichen den im Schatten eines Baumes verweilenden Minchit Sra und forderte diesen zum Duell: >>Was treibt mein älterer königlicher Bruder dort im Schatten des Baumes? Komm heraus und laß' uns ein Elephantenduell zur Ehre unserer Königreiche bestreiten. Zukünftig wird es keine Könige mehr geben, die sich auf Elephanten duellieren<<. Der so geforderte attackierte und ein Hieb mit der Lanze spaltete den Helm Phra Naresuans. Schließlich gelang dem König mit dem *ngao* [ง้าว][1110] namens *Chao Phraya Saen Phonlaphai* [พระยาแสนพลพ่าย][1111] der lethale Streich gegen den Kronprinzen. Zur gleichen Zeit focht auch Ekathotsarot ein Elephantenduell und tötete seinen Widersacher *Mangcacharo*. Nach dem Befehl zum Rückzug durch die überlebenden birmanischen Kommandeure setzten die Krieger Ayutthayas den flüchtenden Feinden nach; allein im Bereich um *Taphang Tru* (*Phang Tru*) [หนองพังตรุ] sollen 20.000 Leichen gezählt worden sein (*RCA,2000:130f.*). Laut einer burmesischen Quelle soll Phra Naresuans explizite Anweisung gewesen sein: >>Macht keine Gefangenen<< (*Tun Aung Chain,2005:41*).

Insgesamt sind mindestens 10 verschiedene Berichte dieses Duells überliefert: >>One battle, ten versions (*Terwiel,2013:20*)<<. Eine portugiesische Quelle verlegt den Ort etwa 2km vor die Stadttore und behauptet, der Kronprinz sein von portugiesischen Söldnern durch einen Pistolenschuss tödlich verwundet worden (*Bocarro, 1876:118ff.*). Eine persische Quelle liefert ein weiteres wages Indiz für diese Darstellung: >>Der Sohn des Gouverneurs [Phra Naresuan] entschied sich eine Feuerwaffe unter dem Elephantenstock zu plazieren (*O'Kane,1972:92*)<<. >>He sent [...] his owne Sonne, twice; which did much harme to the Siamites, and received no little themselves; never returning without losse of halfe of their Armie, and of his owne Son, in the last invasion slaine with a shot.<<(*Purchas:1617:567*)[1112] Eine weiter zeitnahe europäische Quelle bestätigt wiederum (teilweise) die siamesische Version: >>Lange Zeit stritten beide mit bewundernswerter Tapferkeit, bis schliesslich das Können des Prinzen sich dem des Königs geschlagen geben musste und er fiel, von einem Pfeil durchbohrt und beendete damit die Hoffnungen seiner Dynastie<<(*MacGregor,1926:110*). Last but not least findet sich keinerlei Erwähnung eines Duells in der burmesischen Chronik *Hmannan Maha Yazawindawgyi* [မှန်နန်း မဟာ ရာဇဝင်တော်ကြီး][1113]. Die Annalen verzeichnen lediglich, die beiden Armeen seien entweder am 29. Dezember 1592 oder am 8. Januar 1593 aufeinander getroffen und der birmanische Kronprinz durch einen Schuss lethal verwundet worden

---

[1107] Dieses Ereignisses wird noch heute in Thailand zelebriert und zwar am 18. Januar dem *Wan Kong Tap Thai* [วันกองทัพไทย], dem *Royal Thai Armed Forces Day*.
[1108] ca. 18 kg
[1109] „Chao Phraya, der Bago besiegte".
[1110] Sensenartige Hellebarde oder Spiess.
[1111] „Chao Phraya besiegt 100.000 Soldaten".
[1112] Wenig glaubwürdige, wenngleich zeitnahe Sekundärquelle. Samuel Purchas (1577-1626) war ein englischer Geistlicher und Herausgeber von Reiseliteratur; er kompilierte Berichte von Abenteurern, Kaufleuten und Forschungsreisenden, war aber nicht selbst „vor Ort".
[1113] In Englisch "*Glass Palace Chronicle*". Die erste offizielle Chronik der Konbaung-Dynastie [ကုန်းဘောင်ဆက်တော်], zwischen 1829-1832 durch die *Royal Historical Commission* kompiliert. Zusammengetragen wurden auf Weisung König *Bodawpayas* [ဘိုးတော်ဘုရား] diverse Chroniken, kokale Tradierungen, Inskriptionen sowie verschiedene poetische Werke.

(*Hmannan Maha Yazawin Vol 3,2003:94*). Der Leichnam Minchit Sras ist anschließend zunächst mit Quecksilber präperiert und dann in einen Sarg aus dem Holz eines Mango-Baumes gelegt worden. Nachdem die verbliebenen Heerführer sich angesichts des gefallenen Thronfolgers zum Abbruch der Kampfhandlungen entschlossen hatten, erreichte die geschlagene Armee Pegu im März 1593, wo die sterblichen Überreste feierlich kremiert wurden (*Nai Tien,1908:51*).

In memoriam des legendären Elephantenduells soll Phra Naresuan an Ort und Stelle eine Chedi errichtet haben, welcher aber im Laufe der Zeit in Vergessenheit geriet und nach und nach überwuchert wurde. Erst 1913 wurde das Monument mit einer quadratischen Basis von 10 *wah* (20 Meter) und einer Höhe von sechs *wah* (12 Meter) nach jahrzentelanger Suche von Prinz Damrong wiederentdeckt. Das heute als *Don Chedi* Monument (พระบรมราชานุสรณ์ดอนเจดีย์) bekannte Bauwerk umfaßt die auf Initiative der Royal Thai Army über der historischen *Chedi* erbaute schneeweiße Pagode sowie ein Denkmal, welches in einer feierlichen Zeremonie am 15. Januar 1959 von König Bhumipol enthüllt wurde (*Symananda,1988:58*). Der thailändische Historiker Piriya Krairiksh vermutet allerdings, dass sich Prinz Damrong geirrt hat, und dass die historische *Chedi* Königs Naresuans der *Chedi Phu Khao Thong* (เจดีย์ภูเขาทอง) nördlich von Ayutthaya ist (*Krairiksh,1992*).

Nach Ansicht des Königs hatten sich während der Schlacht einige der Offiziere Ayutthayas der Insubordination schuldig gemacht. *Phraya Srisainarong* hatte auf eigene Initiative hin angegriffen und schwere Verluste erlitten. *Phraya Chakri* [พระยาจักรี], *Phraya Khlang* [พระยาคลัง], *Phraya Thep-orajun*, *Phraya Phichai Songkhram* [พระยาพิชัยสงคราม] und *Phraya Ramkhamhaeng* [พระยารามคำแหง] waren beim Vorstoß Phra Naresuans zögerlich und zu langsam nachgerückt. Der erzürnte Monarch entschied zunächst die Vorgenannten nach Ablauf von 3 Tagen hinzurichten. Nach einer Intervention *Somdet Phra Wannarats* [สมเด็จพระวันรัต], der dem *Wat Pa Kaeo*[1114] vorstand, sowie 25 weiterer hochrangiger Mönche begnadigte der König die Delinquenten unter der Bedingung, das sie die verlorenen Domänen Tavoy und Tenasserim zurückeroberten. Mit jeweils 50.000 Mann nahm 1593 *Phraya Chakri* Tenasserim und *Phraya Khlang* Tavoy (*RCA,2000:132*). Weniger glimpflich kamen laut Jacques de Coutre[1115] jene 800 Männer davon, die Phra Naresuan angeblich auf einem Scheiterhaufen verbrennen ließ, weil sie nicht an der Schlacht von Nong Sarai teilgenommen hatten (*van der Cruysse,2002 :22*). Die birmanische Gefahr schien aus Sicht des Königs nunmehr gebannt: >>Die Armee Hongsawadis hat ihre Stärke verloren und auch wenn sie noch einmal vorrücken sollte, so fürchten wir sie nicht mehr<< (*ebenda:133*). Er ernannte *Chao Phraya Chaiyabun* [เจ้าพระยาไชยบูรณ์] zum Gouverneur in Phitsanulok, *Phra Sri Saowarat* [พระศรีเสาวราช] in Sukhothai, *Phra Ong Thong* [พระองค์ทอง] in Phichai und *Luang Cha* [หลวงชา] in Sawankhalok und ordnete die Befestigung und Repopulation der verwaisten Provinzen an. Danach wandte er sich im Mai 1593 wieder dem Khmer-Reich zu. Der dortige König Sattha hatte sich in Erwartung einer siamesischen Invasion bereits 1590 eine Gesandtschaft nach Manila gesandt und den dortigen spanischen Gouverneur Don Luys Dasmariñas[1116] um Hilfe ersucht. Der portugiesische Emissär Diogo Veloso[1117] erhielt jedoch einen abschlägigen Bescheid, da

---

[1114] Der Name *Wat Pa Kaeos* änderte sich häufig: *Wat Yai Chai Mongkhon*, *Wat Chao Phraya Thai* und *Wat Yai Chaya Mongkhin*. Er liegt in der heutigen Gemeinde *Phai Ling* (ไผ่ลิง) im Landkreis *Phra Nakhon Si Ayutthaya* (อำเภอพระนครศรีอยุธยา).

[1115] Jacques de Coutre (alias Jacobus van de Koutere, Jaques do Couto) war ein flämischer Edelsteinhändler aus Brügge der Ende des 17. Jahrhunderts nahezu eine Dekade in Südostasien verbrachte und eine in Spanisch verfaßte Biographie hinterließ. Vgl. hierzu: Peter Borschberg (ed.): *Security, Trade and Society in 17th-Century Southeast Asia: The Memoirs and Memorials of Jacques de Coutre*, Singapore, NUS Press, 2013

[1116] Luis Pérez Dasmariñas war von 1593-1596 der neunte spanische Gouverneur der Phillippinen.

[1117] Auch Diego Belloso

Dasmariñas sich gerade für eine Expedition gegen die Molukken rüstete. Veloso entschied sich in der Hoffnung, nach einem erfolgreichen Feldzug die gewünschte Unterstützung zu erhalten, in Manila die Rückkehr des Gouverneurs abzuwarten; dieser wurde allerdings von der chinesischen Besatzung seines Schiffes massakriert und Veloso kehrte unverrichteter Dinge nach Longvek zurück. Ayutthaya hatte inzwischen vier Armeen in Marsch gesetzt. Die erste marschierte von Khorat aus in Richtung Siem Reap[1118] und Kampong Svay[1119]. Vom Süden aus näherten sich Verbände aus Ligor, Phattalung (พัทลุง), Songkhla (สงขลา) und Chaiya (ไชยา) dem Tonle Bassak[1120]. Aus östlicher Richtung bewegte sich ein weiterer Heertroß von Chantaburi aus nach Banteay Meas und die Hauptarmee kam über Nakhon Nayok, Chachoengsao [ฉะเชิงเทรา] und Prachin Buri [ปราจีนบุรี] und nahm unter Führung Phra Naresuans nacheinander Battambang, Pursat und Babaur ein. Im Juli 1594 fiel schließlich auch die Hauptstadt Longvek. König *Chey Chettha* (*Phra-Unkar Langara*) gelang es mit zwei Söhnen zu entkommen und floh nach Vientiane, wo er 1596 im Exil verstarb. (*Jumsai,1996:36ff.*) Laut den Königlichen Chroniken Ayutthayas wurde König *Chey Chettha* allerdings gefangengenommen und kurz darauf auf Befehl Phra Naresuans in Longvek öffentlich hingerichtet. (*RCA,2000:153*)

Nach seinem erfolgreichen Feldzug gegen *Chey Chettha* verließen die Siamesen Longvek 1595 mit Prinz Soryopor sowie zahlreichen Mitgliedern des Hofes und 90.000 Einwohner. Da die Kriegsbeute nicht komplett auf dem Landweg nach Ayutthaya verbracht werden konnte, wurde sie auf verschiedene Dschunken geladen. Auch einige Portugiesen und Spanier, unter ihnen Blaz Ruyz de Hernan Gonzales[1121], Pantaleon Carnero und Antonio Machado, wurden an Bord gebracht. Den dreien gelang es mit Hilfe der meuternden chinesischen Besatzung die siamesischen Wächter zu töten und die Dschunke mit der reichen Ladung nach Manila zu segeln. Phra Naresuan erwartete derweil in Ayutthaya die Ankunft des Schiffes. Unter den bereits in die Hauptstadt verbrachten gefangenen Portugiesen befand sich auch Diego Belloso, der im Vorfeld als Gesandter König Satthas in Manila tätig war. Besagter Diego Belloso bot dem König an, in Manila persönlich den Verbleib und das Schicksal der Dschunke zu eruieren; des weiteren wolle er für die Herstellung freundschaftlicher Beziehungen werben, Handelsbeziehungen knüpfen und diverse europäische Handelsgüter für den König erwerben. Naresuan stimmte zu und überlies Diego Belloso zwei Elefanten als Geschenk für den Gouverneur in Manila sowie eine hinreichende Menge Elfenbein und Edelhölzer, deren Verkauf die Expedition mit den erforderlichen Mitteln ausstatten würden. In Manila angekommen übergab Belloso dem Gouverneur Don Luys Dasmariñas die Elefanten und informierte ihn über die wünsche Naresuans. Allerdings traf er auch die vorgenannten Blaz Ruyz de Hernan Gonzales, Pantaleon Carnero und Antonio Machado in Manila und gemeinsam überzeugten sie den Gouverneur, eine Flotte gegen die Siamesen in Kambodscha zu entsenden. Ihrem Argument, der Sieg werde ein leichtes sein und danach hätte Spanien mit Kambodscha endlich einen Fuß in der Tür zum Herzstück Südostasiens mochte sich Don Luys Dasmariñas nicht verschließen; und so verließen zu Beginn des Jahres 1596 drei Schiffe mit 120 Spaniern, einigen japanischen Söldnern sowie einigen Fillipinos Manila in Richtung Kambodscha. König Naresuan wurde keiner Antwort gewürdigt und dessen Angebot zu friedlichem Handel und Wandel mit einem einseitigen kriegerischen Akt beantwortet. Als die kleinen Armada schließlich den Mekong hinauf nach Chardamoukh gesegelt war, mußte sie feststellen, das sich die lokale Nobilität bereits gegen die siamesische Bersatzungsarmee erhoben hatte und einer der ihren, Anacaparan zum König ernannt worden war (*de Morga,1970:78ff.*). Diese Begebenheit bildet lediglich einen aus einer ganzen Reihe von

---
[1118] Die Hauptstadt der heutigen gleichnamigen Provinz in Kambodscha.
[1119] Distrikt in der heutigen kambodschanischen Provinz Kampong Thom.
[1120] Der Bassac River ist ein Nebenfluss des Tonlé Sap und des Mekong.
[1121] Auch Blas Ruiz de Fernán González, der erste Europäer, der das Gebiet des heutigen Laos betrat.

peinlichen Versuchen Spaniens, im Kernland Südostasiens zu signifikanten Einfluß zu gelangen.

Bei einer mörderischen Auseinandersetzung der Spanier und Portugiesen in Kambodscha untereinander, bei dem die Anhänger Moro Ocuña Lacasamanas siegreich blieben und unter anderen die auch uns bereits bekannten Blaz Ruyz de Hernan Gonzales und Diego Belloso töteten, gelang einer kleinen Gruppe unter Führung von Joan de Mendoçar die Flucht nach Siam. Die dort ansässigen Portugiesen hatten wiederum bei Auseinandersetzungen mit den Siamesen einen Diener des Königs getötet. Dieses überließ daraufhin einige der Delinquenten den Flammen und untersagte dem Rest, Ayutthaya bis auf weiteres zu verlassen. Joan de Mendoçar, offensichtlich enttäuscht durch die geringe Wertschätzung seiner Person bei Hofe und den geringen Profit, den der Verkauf seiner Waren in Ayutthaya erzielte, erklärte sich bereit, heimlich zwölf der Fluchtwilligen an Bord zu nehmen. König Naresuan, erbost darüber, daß Joan de Mendoçar ohne königliches Plazet die Hauptstadt verlassen und darüber hinaus noch die Flüchtigen an Bord genommen hatte, schickte vierzig seiner kleinen Schiffe auf den Menam, den Undankbaren entweder zu fangen oder zu töten. Die nachfolgenden Kämpfe sollen mehr als eine Woche gedauert haben, mit immer wieder neuen Angriffen bei Tag und Nacht. Schließlich gelang Joan de Mendoçar und den Seinen doch noch die Flucht in den Golf von Siam. Die Verluste waren auf beiden Seiten erheblich und während die verbliebenen Soldaten Ayutthayas wieder den Menam zurücksegelten setzten die überlebenden Europäer mit ihrem stark ramponierten Schiff witterungsbedingt Kurs auf Cochinchina (*de Morga, 1970:244ff.*).

Chey Chettha I. war mittlerweile in Lan Chang gestorben und hatte keinen Thronfolger hinterlassen, der das zerrissene Khmer-Reich hätte einigen können. Die Nobilität erinnerte sich aber des Bruders Prinz Soryopor, der durch die Truppen Naresuans gefangengenommen und anschließend nach Ayutthaya exiliert worden war. Man entsandte eine diplomatische Mission zu Naresuan und bat um die Freilassung des Prinzen, da nur er die Chance böte, das Land zu einen und zu befrieden.König Naresuan gewährte dem Prinzen die Freiheit und eine Leibgarde von 6.000 Mann (*de Morga,1970:278f.*) mit deren Hilfe er sich schnell die Akzeptanz in den Kernprovinzen verschaffte. Nachdem er den Thron bestiegen hatte, gelang dem neuen Herrscher auch die vorläufige Befriedung der äußeren Provinzen.

7.7.3. Exkurs: Siam und Spanien – Una mirabilia grande y rica a maravilla

นกน้อยทำรังแต่พอตัว[1122]

Ursprünglich waren die Vorstellungen der Spanier und Portugiesen über Asien zur Zeit des Mittelalters nahezu identisch. Während der Renaissance, der großen europäische Kulturepoche des 15. und 16. Jahrhunderts, waren sie aufgrund ihrer nautischen Fähigkeiten in der privilegierten Situation, als erste europäische Nationen reale Informationen über diese bis dato terra incognita zu erhalten. Nachdem sich die Portugiesen 1511 in Malakka etabliert hatten, folgte die spanische Inbesitznahme der Phillippinen 1565. Dennoch sollten sich die Ambitionen der iberischen Nachbarn in der Folge nachhaltig unterscheiden; während die Lusitanier Ausgang des 16. Jahrhunderts das Primat nach wie vor auf den Handel legten, ging es Madrid in erster Linie um territoriale Expansion und politischen Einfluß in der Region. Dennoch bleibt festzuhalten, das die Perzeption Südostasiens als „östliches El Dorado" und exotischer Hort der Wunder und des sagenhaften Reichtums, in der Literatur als *mirabilia* bezeichnet, in beiden Ländern stark ausgeprägt war. Während der Renaissance entwickelte

---

[1122] Thailändisches Sprichwort. Wörtlich: Kleine Vögel bauen ein kleines Nest (Man soll nicht über seine Verhältnisse leben).

sich in Europa der Wunsch, neue Länder zu „entdecken" und die dort vermuteten Schätze befeuerten die Phantasie von Monarchen und Abenteurern gleichermaßen. Überdies hatte man auf der Iberischen Halbinsel sowohl die notwendigen nautischen Kenntnisse und Fähigkeiten erworben als auch die technischen Vorausetzungen geschaffen, hochseetüchtige Schiffe für längere Reisen zu bauen und war damit nicht mehr auf die Zusammenarbeit mit den arabischen und chinesischen Händlern angewiesen.

Trotz zunehmender Berichte von Reisenden über die Region fiel es den Zeitgenossen offensichtlich schwer, sich dem traditionellen kognitiven Bezugssystem zu entziehen, wie eine offensichtlich völlig aberwitzige Kolportage des Chronisten der ersten Weltumsegelung[1123] bezüglich Siams belegt: >>An den Flußufern im Königreich Siam (so wurde uns mitgeteilt) leben große Vögel die kein dort abgelegtes totes Tier fressen, solange nicht ein anderer Vogel kommt und dessen Herz verzehrt; erst danach fressen sie den Rest<< (*Pigafetta,1994;144*). Mitte des 16. Jahrhunderts begann der langsame aber unaufhaltsame Abstieg Portugals in Südostasien, was zu Teilen auch der zunehmenden Bedeutung der brasilianischen Kolonie geschuldet war[1124]. Zu diesem Zeitpunkt waren die Interessen Spaniens und Portugals in Südostasien höchst unterschiedlich. Einerseits unterhielten beide Handelsbeziehungen, innerhalb derer sie aber je nach tagespolitischer Opportunität einander befehdeten oder kooperierten. Den Spaniern war Siam nahezu unbekannt, was umgekehrt ebenso der Fall war. Der spanische König Karl V. und Kaiser des Heiligen Römischen Reiches Deutscher Nation verfolgte das Konzept der Universalmonarchie; dem Kaiser kam danach Vorrang vor allen übrigen Königen zu, was einerseits zu permanenten bewaffneten Konflikten in Europa führte und andererseits den ideologischen Impetus für das expansive Vordringen der Kastilier in Amerika bildete und in dem legendären Satz des Kaisers gipfelte: In meinem Reich geht die Sonne niemals unter. Da Südostasien unter diesen Auspizien von sekundärer Bedeutung war, veräußerte Karl V. auch die „Rechte" der spanischen Krone auf die Molukken an die Portugiesen und erkannte damit indirekt die Hegemonie des iberischen Bruders in der Region an. Ein weiterer Beleg ist der 1529 geschlossene Vertrag von Saragossa (*Tratado de Zaragoza*), der im wesentlichen die Bestimmungen des 1494 geschlossenen Vertrages von Tordesillas (*Tratado de Tordesillas*)[1125] bestätigte.

[1123] Antonio Pigafetta (* um 1480, † nach 1534 in Vicenza) war ein italienischer Entdeckungsreisender und Schriftsteller, der vor allem als Chronist der ersten Weltumsegelung unter Fernão de Magalhães (1480-1521) bekannt wurde (*Primo viaggio intorno al globo terracqueo ossia Ragguaglio della navigazione alle Indie orientali per la via d'occidente fatta dal cavaliere Antonio Pigafetta (...) sulla squadra del capitano Magaglianes negli anni 1519-1522*).

[1124] Entsandt vom Portugiesischen König Dom Manuel I, genannt „der Glückliche" (*O Venturoso*), machte sich Pedro Álvares Cabral von Lissabon aus auf den Weg nach Indien und folgte dem von Bartholomeo Dias und Vasco da Gama entdeckten Seeweg vorbei am Kap der guten Hoffnung in Afrika. Allerdings wurde seine Flotte von der Strömung und ungünstigen Winden nach Westen abgetrieben. Am 1. Mai 1500 setzte Cabral schließlich an Land und hielt eine katholische Messe ab, an einer Stelle, die heute als die Stadt Porto Seguro im Bundesstaat Bahia bekannt ist. Dabei stellte er ein eisernes Kreuz auf, und es kam zu einem ersten Kontakt mit den indianischen Ureinwohnern. Zur Sicherung und Besiedlung der Gebiete entschloß sich der portugiesische König Dom João III. 1531 das Land in von Ost nach West verlaufende 250 km breite Erblehen einzuteilen (*Capitanias Hereditárias*). Die große Entfernung zu Portugal und die Attacken der Indianerstämme stellten die portugiesischen Siedler aber vor große Probleme und führten dazu, daß einig *Capitanias* nie besiedelt wurden und andere nach kurzer Zeit wieder aufgegeben wurden. Nach dem gescheiterten Versuch, Brasilien mit Hilfe dieser Erblehen zu besiedeln, änderte 1549 der portugiesische König seine Strategie und beschloß, eine zentrale Verwaltung mit einem Generalgouverneur einzuführen und ernannte Tomé de Souza zum ersten Regenten der Kolonie.

[1125] Der Vertrag von Tordesillas wurde auf Initiative Papst Alexander VI. zwischen den damals domonierenden Seemächten Spanien und Portugal geschlossen. Er sollte eine bewaffnete Konfrontation zwischen den Konkurrenten verhindern, indem er die Welt in eine portugiesische und eine spanische Hälfte aufteilte. Im Mai 1493 legte der Papst Alexander VI. (Rodrigo Borgia) in seiner Bulle *Inter caetera divinae* eine Trennlinie fest, die ca. 480 km westlich der Kapverdischen Inseln in Nord-Süd-Richtung von Pol zu Pol durch den Atlantischen Ozean verlief. Alle Territorien, die westlich dieser bei etwa 38° West verlaufenden Linie lagen (Amerika), wurden den Spaniern zugesprochen, alle Gebiete östlich davon (Afrika und Asien) fielen an die Portugiesen. In zähen Verhandlungen gelang es den Portugiesen die Demarkationslinie auf ca. 1770 km westlich der Kapverdischen Inseln zu verschieben. Diese neue Grenzlinie entsprach einer Länge von 46° 37′ West und erlaubten den Portugiesen später, die östlich dieser Linie gelegenen Gebiete Brasiliens zu kolonialisieren. Der Vertrag von Tordesillas wurde am 7. Juni 1494 abgeschlossen und sehr zügig am 2. Juli von Spanien und am 5. September von Portugal ratifiziert.

Die zwischen den Monarchen geschlossenen Vereinbarungen hielten jedoch nicht die Abenteurer und Glücksritter beider Länder davon ab, frei von patriotischen Verpflichtungen ihre persönlichen Ambitionen zu verfolgen. Nachdem zuvor das kartographische Material sowohl im portugiesischen *Casa da Índia* („Indienhaus') als auch im spanischen *Casa de Contratación* („Handelshaus")[1126] über Dekaden wie ein Augapfel gehütet worden war, zeichneten und publizierten 1529 Diogo Ribeiro und Pero Reinel im Auftrag Karl V. die erste Weltkarte, welche die Lokationen Amerika und Asien nach damaligen Kenntnisstand seriös darstellte; damit wurde die bis dato bekannte Welt für einen größeren Kreis faßbarer und veränderte zwangsläufig die bisherige Kognition. 1544 weilte der Galizier Pero Díaz (Pedro Díez) einige Wochen in Pattani; der möglicherweise erste Spanier im siamesischen Hegemonialbereich berichtet von den Tributleistungen Pattanis in Form der *bunga mas* (*Bougas,1994:12ff.*). Im malaiischen Sprachraum wurde ein Teil des Tributes an Ayutthaya *bunga mas dan perak* [ต้นไม้เงินต้นไม้ทอง][1127] genannt und bestand aus zwei kleinen, aus Silber und Gold gefertigten Bäumen[1128], die eine Höhe bis zu einem Meter hatten (*Andaya,1982:65*). Diese Tradition der *dok mai thong* [ดอกไม้ทอง] endete erst 1909, als die Engländer die Kontrolle über weite Teile der nördlichen malaiischen Staaten übernahmen.

Ein weiterer Abenteurer aus Galizier, Diogo Soares, stieg gar zum Heerführer und Vertrauten des birmanischen Königs Tabinshweti auf, wurde aber später von einer aufgebrachten Volksmenge gesteinigt (*Reid,1999:171ff.*). 1542 brach der in Laredo geborene García del Escalante Alvarado mit der Villaboso-Expedition[1129] auf und verfaßte nach seiner Rückkehr im August 1548 in Lissabon einen Bericht. Dort berichtete er, das die Bewohner der „Stadt" Siam, also vermutlich Ayutthaya, >>arbeitswillig, weiß und bärtetragend [sic!] seien, gewandet in Seide und Stoffen, beinahe wie wir<< (*Rodao,2007:12*) seien. Desweiteren berichtet er von den Einschränkungen der Bewegungs- bzw. Reisefreiheit aus Furcht vor Populationsverlusten sowie den Handel mit Gold und Silber. João Ribeiro Gaio, von 1576-1601 Bischof von Malakka, träumte angesichts der kürzlich geschlossenen Iberischen Union von einer Renaissance des lusitanischen Imperiums und verstieg sich in seinem Buch *Roteiro das cousas do Achem*[1130] gar zu der Behauptung, Siam könne mit rund 1.000 Soldaten erobert werden, da seine Bewohner nicht kriegerischer Natur seien (*ebenda:13*). Ab 1580 ging die spanische Krone dazu über, auch in Gebieten unter formeller portugiesischer Jurisdiktion, die royalen Handelsprivilegien sukzessive aufzugeben und auf eigenes Risiko operierende Kaufleute mit Reise- bzw. Handelsbriefen (*providos das viagens*) auszustatten und Patente für Handelskapitäne (*capitães das viagens*) auszuloben. Unabhängig davon lag das Primat Spaniens aber weiter auf politischem Gebiet und König Philipp II. bewilligte in zwei Schreiben 1589/91 an Duarte de Menezes[1131] die Forderung König Nandabayins nach maritimer Unterstützung gegen Ayutthaya, um eine mögliche birmanische Allianz mit Aceh[1132] zu verhindern (*ebenda:14*). 1586 verfaßte die *Real Audiencia*[1133] in Manila ein

---

[1126] Vollständig *Casa y Audiencia de Indias*
[1127] بوغا مس [Die goldenen und silbernen Blumen]
[1128] Die Form des Tributes wird auch durch den Bericht des Holländers Jakob von Neck bestätigt (*Schouten,1663:327*; *de la Loubère,1691:251*)
[1129] Ruy López de Villalobos (um 1500-1555) führte diese Expedition im Auftrag Don Antonio de Mendoza y Pachecos, des ersten Vizekönig von Neuspanien, nach Ostindien auf der Suche nach neuen Handelsrouten.
[1130] Jorge M. dos Santos Alves und Pierre-Yves Manguin: *O Roteiro das Cousas do Achem" de D. João Ribeiro Gaio. Um olhar português sobre o Norte de Samatra em finais do século XVI.* Comissão Nacional para as comemorações dos descobrimentos portugueses, 1997
[1131] Vizekönig in Goa
[1132] Sultanat im Norden Sumatras. Als die Portugiesen 1511 Malakka einnahmen, wichen viele muslimische Händler auf andere Häfen aus und das Sultanat von Aceh (*Keurajeuën Acèh Darussalam*, دارالسلام اچيه كاورجاون) entwickelte sich zu einer bedeutenden Handelsmacht. Um Unterstützung gegen die vordringenden Portugiesen zu erhalten, wurden 1566 Gesandte nach Istanbul geschickt und Aceh wurde zum Protektorat des osmanischen Reiches.

Memorandum für Philipp II., in dem auch Siam als ein feindliches Reich in unmittelbarer Nähe der philippinischen Domäne bezeichnet wird. 1587 übermittelte Gouverneur Santiago de Vera nach dem Besuch einer japanischen Gesandtschaft die vermeintliche Möglichkeit nach Madrid, mittels eines japanischen Sölnerheeres eine militärische Expedition gegen Brunei, Siam oder die Molukken zu führen. Der Bericht des Jesuiten Alonso Sánchez, der von Philipp II. beauftragt worden war, einen Situationsbericht über Asien zu verfassen, befaßte sich weniger mit kulturellen, ethnologischen oder linguistischen Themen, sondern fokussierte sich auf Asien als koloniales und missionarisches Objekt der Begierde. Sein Glaubensbruder, der Augustinermönch Juan Gonzáles de Mendoza, stößt in seinem 1586 verfaßten Buch[1134] in das gleiche Horn und porträtiert Siam als >>Mutter aller Götzenanbeter<< mit expansionistischer Religion und überwiegend feiger Bevölkerung, wenngleich mit bedeutendem Handel. Im gleichen Jahr berichtet Gouverneur Vera nach Madrid die Entsendung von Gesandten nach Ayutthaya: >>mir ist zur Kenntnis gelangt, das [Phra Naresuan] Kontakt zu uns sucht und um freundschaftliche Beziehungen bemüht ist. Ich habe ein Schiff mit Geschenken [...] im Namen Eurer Majestät geschickt und ihm unseren Wunsch nach Handelsbeziehungen übermittelt<< (*ebenda:15f.*).

Auch Ausgang des 16. Jahrhunderts konnte die spanische Krone Ayutthaya noch immer nicht einordnen. Weder eine Großmacht Asiens noch eine lokale Petitesse, weder ein muslimer Erzfeind noch der erwünschte untertänige Verbündete. Einerseits kaum vergleichbar mit China und Japan, andererseits aufgrund des Handelsvolumens wichtiger als beispielsweise Aceh, Brunei oder die Molukken. Der 1598 geschlossene Vetrag zwischen der philippinischen Kolonie und Ayutthaya basierte hauptsächlich auf bilateralen regionalen wirtschaftlichen Interessen, welche die noch immer verschwommene Perzeption Siams überlagerten. Erstens hatte sich Südostasien aus Sicht der Iberer bislang nicht als das erhoffte „östliche El Dorado" erwiesen; allerdings war das ökonomische Interesse ungebrochen und die Phantasie auf den schnellen Reichtum wurde noch zunehmend befeuert, als Madrid begann, private Handelsunternehmungen aus der Staatsschatulle zu subventionieren. Zweitens war man bei den Ureinwohnern Amerikas auf vergleichsweise geringen Widerstand gestoßen, was fälschlicherweise unisono auf die südostasiatische Situation projeziert wurde. Drittens verfolgten Kaufleute, Söldner, Abenteurer und Glücksritter, unabhängig von nationaler oder konfessioneller Zugehörigkeit ihre persönlichen Ambitionen. Viertens war die Elite in vielen Reichen der Region ebenso multiethnisch wie multikonfessionell, da die Herrscher häufig Ausländern mehr vertrauten als dem einheimischen Adel und damit einen gesellschaftlichen Aufstieg ermöglichten, der in Europa undenkbar gewesen wäre. Und fünftens war die europäische Präsenz und damit auch die potenzielle Konkurrenz Ende des 16. Jahrhunderts noch vergleichsweise gering. Die iberischen Missionare reduzierten allerdings ob der obstinaten Weigerung der Einheimischen zum christlichen Glauben zu konvertieren recht bald ihre Bemühungen und fokussierten sich auf die philippinische Domäne.

[1133] Wörtlich „Königliche Audienz" - Das höchste Justizorgan und Apellationsgericht in Spanien, von König *Enrique de Trastámara* 1369 eingerichtet. Unter Philipp II. wurde das Audienzenwesen in den spanischen und europäischen Besitzungen der Krone deutlich ausgeweitet. Im Kolonialreich erfüllten die Audienzen neben der Rechtsprechung und Rechtspflege auch die Funktion, die Suzeränität des Monarchen gegenüber den lokalen Vizekönigen bzw. Generalgouverneuren deutlich zu machen. Die Audienzen bestanden anfänglich aus vier Richtern (*oidores*) und einem Staatsanwalt (*fiscal*), denen der jeweilige Vizekönig oder Gouverneur vorstand. Über den Audienzen stand nur der *Real y Supremo Consejo de Indias* (Indienrat) als oberste Kolonialbehörde, der allerdings nur in Einzelfällen als übergeordnetes Berufungsgericht angerufen werden konnte.
[1134] *Historia de las cosas más notables, ritos y costumbres del gran reyno de la China.* Eine neuere deutsche Übersetzung liefert M. Griessler (Hrsg): *Die Geschichte der höchst bemerkenswerten Dinge und Sitten im chinesischen Königreich des Juan Gonzales de Mendoza. Beitrag zur Kulturgeschichte des ming-zeitlichen China.* Thorbecke, Sigmaringen 1992.

Der Siamesisch-Birmanische Krieg von 1593–1600 [สงครามพม่า-สยาม พ.ศ. 2091][1135]

Das große Karthago führte drei Kriege. Nach dem ersten war es noch mächtig.
Nach dem zweiten war es noch bewohnbar.
Nach dem dritten war es nicht mehr aufzufinden[1136].

Ein erster Versuch Ayutthaya, Pegu zu erobern, nußte nach dreimonatiger Belagerung 1595 abgebrochen warden, da die Vorräte der Angreifer zu Ende gingen, die üblichen Begleiterscheinungen der Regenzeit einsetzten (*RCA,2000:179*) und überdies eine größere Armee mit Truppen aus Pyay (Prome) [ပြည်], Taungu und Ava [အင်းဝဒေသ] den Eingeschlossenen zu Hilfe kam. Angesichts der augenscheinlichen Schwäche Nanda Bayins rebellierten in der Folge die Gouverneure von Pyay, Taungu und Rakhine [ရခိုင်ပြည်နယ်][1137]. Zuvor sollen auf Anweisung Nanda Bayins noch eine größere Anzahl seiner Offiziere, die er der Konspiration verdächtigte, samt ihren Frauen und Kindern öffentlich verbrannt worden sein. Der venezianische Juwelenhändler Gasparo Balbi[1138], der als Augenzeuge in Pegu weilte, artikulierte >>großes Mitleid und eine große Trauer [darüber], daß kleine Kinder, die keinerlei Schuld trugen, ein derartiges Martyrium zu erleiden hatten<< (*Phayre,1883:120*). Auch Lan Na und Lan Chang nutzten die Gunst der Stunde und sagten sich von Pegu los. König *Nokeo Koumane* von Lan Chang entschied sich durch das Gebiet Lan Nas hindurch nach Pegu zu marschieren, um die dortigen laotischen Kriegsgefangenen zu befreien. Ein Bruder Nanda Bayins, *Noratra Mangsosri* [นรธาเมงสอ][1139], der als Statthalter in Lan Na fungierte, unterwarf sich angesichts der erwarteten Invasion Ayutthaya, woraufhin ihm Phra Naresuan auch prompt die erhofften Hilfstruppen schickte, welche Lan Na vor dem erwarteten Einmarsch der Laoten schützten.

Angesichts des erodierenden Taungu-Reiches nutzten sowohl Arakan als auch Ayutthaya die Unruhen und expandierten im Gebiet der Mon. 1598–99 verbündeten sich König *Minyazagyi* von Arakan (1593-1612) und der Herrscher Taungus, ein Halbbrunder Nanda Bayins, und eroberten mit der Unterstützung des portugiesischen Söldnerführers Filipe de Brito[1140] Pegu. Nanda Bayin wurde gefangengenommen und nach Taungu gebracht, während die Sieger auch die Kontrolle in Syriam[1141] übernahmen, nachdem dort der Prinz von Taungu, *Meng Khamaung*, eingerückt war (*Phayre,1883:122*). Die Kontrolle über *Syriam* war ein bedeutender Baustein in den Plänen *Minyazagyis*, die eine nachhaltige militärische, politische und wirtschaftliche Expansion seines Reiches zum Ziel hatten. Die Hauptstadt Arakans, *Mrauk-U*, war ein durchaus wichtiger und leicht zu verteidigender Hafen; aber Pegu war seit langer Zeit der Nabel des birmanischen Kommerzes und die geographische Lage S*yriams* erlaubte den neuen Machthabern einerseits die Kontrolle über den Handel Pegus und andererseits war der Naturhafen in *Syriam* bestens geeignet, den internationalen Seehandel Arakans zu promovieren. Geostrategisch diente das um das portugiesische Fort Santiago

---

[1135] In Thailand auch สงครามสยามรุกรานพม่า (Siamesische Invasion Burmas) genannt.
[1136] Berthold Brecht (1898-1956)
[1137] Der heutige Rakhaing-Staat st eine der 15 Verwaltungseinheiten von Myanmar und wird urch das bis zu 3053 m hohe Arakan-Gebirge vom mittleren Irrawaddy getrennt.
[1138] Bereiste zwischen 1579-1588 Indien und Asien und publizierte 1590 seinen Bericht *Viaggi Dell'Indie Orientali, di Gasparo Balbi, Gioielliero Venetiano. Apresso Camillo Borgominieri, In Venetia MDXC*. Eine englische Übersetzung: Balbi, Gasparo (1610). Notes: Reproduction of Original from Goldsmiths' Library, University of London (ed.)
[1139] Auch *Phra Chao Chiang Mai* [พระเจ้าเชียงใหม่]
[1140] Filipe de Brito e Nicote (1566-1613) war ein portugiesischer Abenteuer, Händler und Söldnerkommandant. Als *Nga Zinkar* herrschte er kurzzeitig zwischen 1605-1613 als König im birmanischen *mandala Syriam*. 1613 eroberte König Anaukpetlun (1578-1628) von Ava nach langer Belagerung Syriam; de Brito wurde zunächst grausam gefoltert, bevor man ihn pfählte und seinen aufgespießt Kopf dem Volk präsentierte. Der Herrscher von Martaban ließ den Sohn de Britos, obwohl mit seiner Tochter verheiratet und damit im Range eines Prinzen, ebenfalls ermorden.
[1141] Das heutige Thanlyin, gegenüber Yangon auf der anderen Seite des Bago-Flusses gelegen.

(*Dijk,2006:10*) befestigte *Syriam* als Ausgangspunkt für die weitere südliche Expansion auf der Malaiischen Halbinsel [ภาบสมุทรมลายุ] in Richtung der konkurrierenden siamesischen Handelszentren Tavoy und Tenasserim. (*Charney,1998:51*)

Angesicht der inneren Unruhen innerhalb der birmanischen Domäne entschied sich König Naresuan für einen erneuten Angriff auf Pegu 1599 und verbündete sich mit Arakan[1142]. Noch bevor die Truppen Ayutthayas Pegu besetzten, hatte König *Minye Thihathu* II.[1143] von Taungu, der angesichts der zahlreichen militärischen Erfolge Ayutthayas um seine eigene Souveränität zu fürchten begann, Nanda Bayin in Gewahrsam genommen und nach Taungu gebracht, wo er ihn möglicherweise kurz darauf diskret beseitigen ließ (*Phayre,1883:123*). Als Phra Naresuan die Übergabe forderte und *Minye Thihathu* diese verweigerte, war der *casus belli* gegeben. Naresuan belagerte Taungu und als seine Armee in die Stadt eindrang, floh *Minye Thihathu* nach *Pyinmana*[1144]. 1606 verbündete sich *Minye Thihathu* mit *Nyaungyan Min*[1145] von Taungu, dessen Armeen in Ava standen, mit dem Ziel, die Siamesen wieder aus Birma zu vertreiben. Insgesamt waren die Feldzüge gegen Pegu und Taungu zwischen 1595-1600 schon deshalb außergewöhnlich, weil weder vor noch nach Phra Naresuan ein König Ayutthayas persönlich seine Armee auf birmanisches Gebiet geführt hat.

Das die zahlreichen Feldzüge aber auch nachhaltige negative Auswirkungen auf die Versorgungslage der Zivilbevölkerung hatte, wird ebenso anschaulich wie dramatisch von Peter Heylyn in dessen Traktat Miskrokosmos aus dem Jahr 1621 geschildert : >>Während der inneren Unruhen [civill discords], drang der König von Siam gewaltsam in Pegu ein: [er ließ] das Getreide, die Weiden und Früchte verbrennen; Männer, Frauen und Kinder töten, und nachdem er seine Wut abreagiert hatte, kehrte er heim. Die Vernichtung dieser Früchte der Erde war der Prolog für eine unerträgliche Hungersnot, der alle Einwohner dieses [einst] blühenden Reiches zum Opfer fielen, ausgenommen jene, welche die Vorratslager in der Stadt Pegu am Leben erhielten, anno 1598. Die Väter verschlangen ihre Kinder, die Schwächeren wurden die Beute der Stärkeren, welche nicht nur die fleischlichen Teile [des Körpers] sondern ebenso die Inneren verschlangen. Sie brachen sogar die Schädel der von Ihnen Erschlagenen auf, um das Gehirn auszusaugen<< (*Heylyn,1939:676*). Allerdings ist zweifelhaft, ob diese rüde Form des Kannibalismus in einem Land des buddhistischen Kulturkreises tatsächlich flächendeckend stattgefunden hat oder ob es sich um Einzelfälle gehandelt hat, die der englische Theologe absichtlich oder unbewußt verallgemeinert hat. Der Jesuit Francis Fernandes, der sich 1599 in Martaban aufhielt, beschrieb die dortige Situation wie folgt: >> Martavan, das ein großes Königreich ist, aber nun durch die Kriege mit den Siamesen in einem ähnlich desolaten Zustand ist wie Pegu. Rund 200.000 Einwohner halten sich in den Wäldern und Bergen auf. Der König [Banyà-dalá] hat nur zwei bis drei befestigte Städte, die den Siamesen nicht standhalten können<< (*Pimenta et al,2004:187*).

Ermöglicht wurde die siamesische Invasion durch den sukzessiven Niedergang des ersten Taungu-Reiches im späten 16. Jahrhundert. Sowohl Arakan als auch Ayutthayas. Sowohl Arakan als auch Ayutthaya nutzten die inneren Turbulenzen zum Ende des Regnums Nandabayins und erweiterten ihr Territorrium in der Mon Region. 1598–99 schmiedeten der König von Arakan und ein Halbbruder Nandabayins ein Komplott und eroberten Pegu, nahmen Nandabayin gefangen und verbrachten ihn nach Taungu. Dann übernahm Arakan die Kontrolle über Syriam1146, wobei der portugiesische Söldnerkommandant Filipe de

---

[1142] Der heutige Rakhaing-Staat in Myanmar.
[1143] (ca. 1550-1609 – regierte 1597 to 1609)
[1144] Naypyidaw ist seit 2005 die Hauptstadt von Myanmar, etwa 300 km nördlich von Rangun gelegen.
[1145] (1555-1605 – regierte 1599-1605)
[1146] Das heutige Thanlyin, gegenüber Yangon auf der anderen Seite des Bago-Flusses gelegen.

Brito1147 eine veritable Rolle spielte. Die Kontrolle über Syriam war ein wichtiger Bestandteil der Strategie Minyazagyis1148,seine militärische, politische und wirtschaftliche Macht auszubauen. Arakans Hauptstadt Mrauk-U war zwar ein wichtiger und leicht zu verteidigender Hafen, aber das ökonomische Zentrum des internationalen Handels war Pegu. Durch die geo-strategische Lage Syriams war es nun einerseits möglich, den Handel Pegus zu kontrollieren sowie mit dem Naturhafen Syriams zusätzliche merkantile Opportunitäten zu generieren. Vom Brückenkopf Syriam aus plante Minyazagyi Arakans Machtstellung nicht nur im birmanischen Raum, sondern auch weiter südlich auf der Malaiischen Halbinsel [คาบสมุทรมลายู] auf Kosten der Handelskonkurrenten Tavoy und Tenasserim auszubauen. (Charney,1998:51)

Innenpolitisch begann König Naresuan die Administration des Reiches wieder stärker zu zentralisieren, um möglichen Rebellionen der lokalen *chao* vorzubeugen. Den Prinzen königlichen Geblüts blieben zwar nach wie vor die wichtigsten Gouverneursposten vorbehalten, allerdings wurde ihnen der Status des Vizekönigs nicht länger zugestanden. Der spätere König Prasat Thong ging sogar so weit, alle Provinzgouverneure den größten Teil des Jahres als "Dauergäste" in der Kapitale zu beherbergen. (*na Pombejra,1984:19*).

Jacques de Coutre, der von seinen 10 Jahren in Asien 1595 auch 8 Monate in Siam verbracht hatte, verdanken wir einige Einblicke in die seltenen Momente des Privatlebens Phra Naresuans. So beschreibt er einen Ausritt des Königs mit dessen Bruder Ekathotsarot: >>Seine Leibwächter marschierten in Zweierreihe vorneweg. Der König folgte auf einem Elephanten und war nahezu nackt; lediglich ein kleines Stück Stoff bedeckte den Genitalbereich. Er trug auf seinem Kopf eine Mitra wie unsere Bischöffe [...] ganz aus Gold und mit zahlreichen Edelsteinen und Juwelen besetzt. Er leitete seinen Elephanten mit der Hilfe zweier goldener Haken, die er in den Händen hielt [...] Sein Bruder [Ekathotsarot] folgte ihm auf einem anderen Elephanten, tief gebeugt, mit über dem Kopf verschränkten Händen [...] Um die beiden herum liefen Trompeter, Hornisten und Trommler [...] Dann waren da vier große Sonnenschirme, allesamt Zeichen königlichen Ranges. Dies alles ging in absoluter Stille vor sich und wir trafen niemanden in den Straßen an [...] Die Menschen wurden gewarnt bevor [der König] den Palast verließ und welchen Weg er nehmen würde. Zu diesem Zeitpunkt war keine Seele in den Straßen zu sehen, nicht einmal ein Hund. Man konnte die Hunde nicht einmal bellen hören, weil sowohl Hund als auch Herr dafür auf die grausamste Art der Welt getötet worden wären<< (*van der Cruysse,2002 :262*). Interessant ist auch die Beschreibung der königlichen Elephantenställe: >>Es gab zahlreiche Elephanten, von denen zwei besonders geschätzt und umsorgt wurden. Alle hatten Seidenkissen, auf denen sie [...] schliefen. Sie können sich vorstellen, dass diese Kissen 6 Ellen lang und noch breiter waren. Angekettet waren die Tiere mit einer vergoldeten Kette so schwer und dick wie die vor großen Toren [...] Jeder Elephant nannte sechs große goldene Becken sein eigen [...] Einer beinhaltete Öl mit dem sie eingerieben wurden, ein weiterer Wasser, mit dem man sie besprenkelte. Die anderen vier wurden für Futter und Trinkwasser sowie als Urinal und Abort benutzt. Die Tiere waren dergestalt dressiert, dass sie sich zum Urinieren und Stuhlgang von den Kissen erhoben. Die Mahuts schoben dann ihrerseits sofort die jeweiligen Becken in die benötigte Position. Die Räume waren stets parfümiert und von Räucherwerk angenehm

---

[1147] Filipe de Brito e Nicote (1566-1613) war ein portugiesischer Abenteurer, Händler und Söldnerkommandant. Als *Nga Zinkar* herrschte er kurzzeitig zwischen 1605-1613 als König im birmanischen *mandala* Syriam. 1613 eroberte König Anaukpetlun (1578-1628) von Ava nach langer Belagerung Syriam; de Brito wurde zunächst grausam gefoltert, bevor man ihn pfählte und seinen aufgespießt Kopf dem Volk präsentierte. Der Herrscher von Martaban ließ den Sohn de Britos, obwohl mit seiner Tochter verheiratet und damit im Range eines Prinzen, ebenfalls ermorden.
[1148] (1593–1612)

durchweht. In dieser Form lebten sie sehr vornehm und ich hätte es nicht geglaubt, hätte ich es nicht mit eigenen Augen gesehen (*van der Cruysse, 2002 :27*)<<.

Sofern diese pittoreske Beschreibung der Realität entsprach, hat es sich bei diesen Tieren offensichtlich um die sogenannten „weißen" Elefanten gehandelt, die sich in ganz Südostasien hoher Verehrung erfreuten (*Schouten,1663:303f.*). Einzigartig ist die Schilderung des Begräbnisses jenes Elephanten, auf dessen Rücken Phra Naresuan am 18. Januar 1593 den burmesischen Kronprinzen im Duell besiegt und damit die Schlacht von *Nong Sarai* zu seinen Gunsten entschieden hatte: >>Am Tage seines Todes war der König vor Trauer erschüttert; er sagte sogar, sein Vater sei gerade verstorben. Er befahl dem Volk und der Nobilität seines Reiches dem Elephanten zu huldigen. Zu diesem Behufe brachte man den Kadaver aus der Stadt auf die gegenüberliegende Seite des Flusses und legte ihn vor einem Tempel nieder. Man weidete das Tier aus und bedeckte die Innereien mit unzähligen Blumen und Rosen. Die geöffnete Bauchdecke wurde mittels vier goldener Stangen wieder angehoben und vier gelbgekleidete Mönche nahmen ihre Position ein. Zahlreiche Kerzen wurden angezündet [...] Schließlich baute man um die ganze Szenerie eine hölzerne Gallerie, welches bemalt und vergoldet wurde [...] Mittlerweile breitete sich der Verwesungsgeruch bereits einige hundert Meter weit aus [...] Schließlich kamen die Noblen hinzu und huldigten kniend dem Elephanten. Diese barbarischen Handlungen dauerten acht volle Tage und Nächte an, inmitten ununterbrochener Tänze und einer infernalischen Kakophonie aus Glocken, Trommeln und Pfannen sowie anderer Instrumente, die der Pandora zur Ehre gereicht hätten. Viele der Männer waren als Tiger, Teufel oder Schimmel verkleidet. Die Pferdemaskeraden waren aus Papier gefertigt und man sah auch hölzerne und gelb bemalte Vögel [...] Alle Mönche ließen sich auf einem dieser Vögel nieder, die so groß wie Pferde waren. Es wurden zahlreiche bemalte, versiegelte Behälter voll mit Lebensmitteln gebracht; diese Barbaren meinten, der Elephant würde auch im nächsten Leben das Essen benötigen. Nachdem acht Tage vergangen waren, bedeckten die Mönche den Kadaver mit Holzscheiten. Der König kam, ging dreimal um den Elephanten herum, entzündete den Scheiterhaufen und ordnete an, das nach der Kremation die Asche in goldenen Vasen zu sammeln sei. Diese Urnen wurden dann zwischen denen seiner Eltern und anderen Vorfahren aufgestellt. Zwei Mahuts des Elephanten traten alsdann vor den König und erklärten, dass nachdem ihr Herr, der Elephant, nunmehr tot sei, wünschten sie ihm nachzufolgen, um ihm auch weiter dienen zu können. Der König dankte ihnen aufrichtig erfreut, zog sein Schwert, hieb sie entzwei und ließ sie mit vielen Ehren ebenfalls verbrennen [...] So endete die barbarische Zeremonie für den Elefanten (*van der Cruysse,2002:28*)<<. Das de Coutre trotz seines mehrmonatigen Aufenthaltes am Hofe Ayutthayas die sakrale Verehrung königlicher Elephanten nicht erfasst hatte, sei ihm nachgesehen. Immerhin verdanken wir ihm eine einzigartige und anschauliche Schilderung eines kulturhistorisch bedeutenden Ereignisses. Ein holländischer Zeitzeuge hatte die signifikante Bedeutung, insbesondere der „weißen", also Albino-Elefanten, wie folgt beschrieben: >>Diese Nation ist der gänzlichen Meinung / neben der Fürstlichen und herrlichen Würdigkleit/ereigne sich auch etwas Göttliches an diesen Thieren; von denen sie sehr viel Fabuln zu erzehlen wissen/mit Vermeldung, daß sie dieselbigen nicht nur allein um ihrer weissen Farbe willen in hohen Ehren halten; sondern auch wegen dero übernatürlichen Verstand / indem sie ihnen solchen Königlichen Pracht/und Tracramenten [Behandlung] / höchlich belieben lassen<< (*Schouten,1663:304*). Bei den von Coutre erwähnten hölzernen Vögeln dürfte es sich vermutlich um *kinnari* [กินรี][1149] gehandelt haben, niedere göttliche

---

[1149] In der thailändischen Literatur bereits im *Trai Phum Phra Ruang* (ไตรภูมิพระร่วง „Die Drei Welten nach König Ruang") aus dem 14. Jahrhundert erwähnt. Sie leben zusammen mit vielen anderen Fabelwesen im Himaphan-Wald (ป่าหิมพานต์) , welcher sich an den Hängen des Berg Meru (เขาพระสุเมรุ) befindet, der zentralen Achse des buddhistischen Weltbildes. In der thailändischen Kunst gibt es zahllose Darstellungen der Kinnari, wobei der untere Teil ihrer Körper der eines *hong* (หงส์),

Wesen, jeweils zur Hälfte Frau und Vogel, deren künstlerische Darstellung an weniger restriktive Vorschriften gebunden war, wie die Statuen des Buddha.

Das die Reunifizierung Ayutthayas nur einem Kriegerkönig und keinem Schöngeist auf dem Thron gelingen konnte, lag auf der Hand. Während die siamesischen Annalen von Elogen epischen Ausmasses bezüglich der Lebensleistung Phra Naresuans überquellen und die gelegentliche „harte Hand" des Monarchen in innen- und außenpolitischen Fragen nicht problematisieren, zeichnet Van Vliet ein ungewöhnlich scharfes, ja grausames Charakterbild *Prae Naerith Raetsia Thieraijs*: >>Die Ruderer Phra Narets machten einen Fehler beim Anlegen [der Königsbarke auf dem Weg zur Krönung] [...] Nach der Krönung, ließ er alle Ruderer seines Bootes sowie alle Ruderer der überigen Boote (rund 1.600 Männer) lebendig an Ort und Stelle verbrennen [...] Viele Berichte und noch lebende Augenzeugen besagen, das während [...] seiner Herrschaft mehr als 80.000 Menschen durch ihn getötet worden sind, dabei nicht die Opfer seiner Kriege eingeschlossen [...] Er ließ des öfteren, auch Adeligen, schon bei kleinsten Fehlern den Betreffenden Stücke aus dem Leib schneiden und zwang sie, ihr eigenes Fleisch vor seinen Augen zu verzehren. Andere zwang er, ihre eigenen Fäkalien zu essen [...] Der Adel lebte in großer Furcht vor Seiner Majestät. Wurden sie zu ihm gerufen, so ordneten sie ihr Haus so als ob sie in den Tod gingen, weil sie in beständiger Furcht lebten, nicht mehr zurückzukehren<< (*Van Vliet,1640:128ff.*) Warum der holländische Chronist selbst auf die üblichen unverbindlichen Lobpreisungen verzichtet und lediglich die zuvorkommende Behandlung der ausländischen Gesandten und Gäste hervorhebt, bleibt ebenso unverständlich wie die mangelnde Würdigung der militärischen Leistungen Phra Naresuans. Möglicherweise war es ein opportunistischer Schachzug, um sich König Prasat Thong, dem Gründer der zu seiner Zeit herrschenden Dynastie, gewogen zu machen.

Der große Kriegerkönig Somdet Phra Naresuan Maharat starb wie er gelebt hatte: inmitten seiner Armee während eines Feldzuges gegen Ava 1605. Dort hatte sich *Anaukpetlun* [အနောက်ဘက်လွန်]1150 selbst zum König gekrönt und einen Feldzug gegen die Shan begonnen. Nachdem er *Muang Nai* eingenommen hatte, war *Hsenwi* [သိန္နီ]1151 das nächste Ziel seiner Eroberungspläne (*RCA,2000:192*). Laut Prinz Damrong, führten König Naresuan und sein Bruder Somdet Phra Ekathotsarot ihre Truppen zunächst von Ayutthaya nach Chiang Mai, wo sie mit weiteren 200.000 Kriegern Lan Nas verstärkt wurde. Dann teilte der König die Streitmacht in zwei Armeen auf, beauftragte Ekathotsarot nach Muang Fang [เมืองฝาง]1152 zu marschieren, während der von ihm geführte Teil das Gebiet um *Müang Hang Luang* [เมืองห้าง หลง] 1153 erreichte. Für diese Route spricht der geeignete Salween-Übergang bei *Ta Sarng*1154. Dort befiel Phra Naresuan plötzlich eine schwere Krankheit, an deren Folgen er am 25. April 1505, vermutlich in der Nähe von *Thung Kaeo* [ทุ่งแก้ว], verstarb. Einer neueren Theorie zufolge habe es der sterbende König bis nach *Wiang Haen* [เวียงแหง]1155 geschafft, wo er schließlich den Blattern erlegen sei. Dagegen spricht allerdings die geographische Lage: Vom einem angenommenen Basislager in Wiang Haen aus gab es zwar die Option einer kürzeren Route, indem man bei *Ta Phar Leng* (*Ta Hpa Deng*) via *Muang Kyawt* den Salween überquerte. Allerdings war diese Route aufgrund des unwegsamen Geländes und des schwer erreichbaren Flussufers für leichter bewaffnete Fusstruppen geeignet, nicht aber für den

---

eines mythischen Schwans ist, wodurch sie in der Lage sein sollen, zwischen der menschlichen Welt und den Fabel-Welten hin und her zu fliegen.

[1150] In Thai: *Phra Chao Anophetlun* [พระเจ้าอโนเพตลุน] Geboren 1578 in Prome; von 1606 -1628 Herrscher des Königreichs Ava.

[1151] Im heutigen Lashio Distrikt im Shan-Staat von Myanmar gelegen.

[1152] Heutiger Landkreis im Norden der Provinz Chiang Mai.

[1153] Am *Nam Hang*, einem Nebenfluss des Salween gelegen.

[1154] Der birmanische Name bedeutet „Elephanten-Kreuzung", die Furt trug den Namen *Ta Hsalar*

[1155] Im heutigen gleichnamigen Landkreis im Norden der Provinz Chiang Mai.

schweren Transport einer ganzen Armee inklusive Elephanten und Kanonen (*Hsen,2009:20*). Von den Shan wird Phra Naresuan bis auf den heutigen Tag als Freund und Verbündeter im Ringen um die Unabhängigkeit von den birmanischen Stadtstaaten verehrt. Aus ihrer Sicht starb er bei *Mong Ton*[1156] im heutigen *Mong Hsat* Distrikt des Shan-Staates von Myanmar, als er dem Prinzen von Hsenwi, *Chao Kham Kai Noi*, zu Hilfe kam, mit dem er seit seiner Jugend und dem gemeinsamen birmanischen Zwangsexil befreundet war. Auf seinem Kinn hatten sich septische Pusteln gebildet, so das eine Marschpause eingelegt werden mußte. Als sich der Gesundheitszustand zunehmend verschlechterte, schickte Phra Naresuan Boten zu seinem Bruder. Drei Tage verbrachte dieser am Krankenlager des sterbenden Königs. Nordöstlich von *Hui Auw* und etwa 1,5 km südlich von *Naa Kong Mu*, am Ostufer des *Nam Hang* unweit einem Ort namens *Wan Auang Long* in der *Daen Lao Range* [ทิวเขาแดนลาว], einer Gebirgskette in den Shan-Bergen, die sich vom östlichen Myanmar bis zum Norden Thailands erstreckt, wurden laut den Shan-Überlieferungen die sterblichen Überreste Phra Naresuans kremiert und seine Asche in einer *stupa* beigesetzt. Das die Kremation nicht unmittelbar an Ort und Stelle erfolgte, sondern ein Stück weiter in Richtung Ava, hing mit der Vorstellung der Shan zusammen, das die Kremation immer ein Stück weiter voraus erfolgen mußte; dadurch marschierte selbst der Tote noch vorwärts und war zu keiner Zeit zurückgewichen (*ebenda:20*). Noch heute gilt den Einheimischen dieser Ort als heilig und sicherer Hort in Zeiten der Gefahr.

7.7.4. Somdet Phra Ekathotsarot [สมเด็จพระเอกาทศรถ][1157] (1605-1610/11)

Das hervorstechendste innenpolitische Problem in Ayutthaya war das der Thronfolge. Es gibt zwei Hauptursachen für die vielen Streitigkeiten in der Thronfolge Ayutthayas im 17. und 18. Jahrhundert: Ersten entwickelte sich die Administration des Reiches zunehmend „Ayutthayazentrisch"; während in den vorhergehenden Jahrhunderten die hochrangigen Prinzen und *chao* die wichtigsten Provinzen vor Ort verwaltet hatten, waren sie nunmehr in der Hauptstadt ansässig. Und der Hauptherd möglicher Konflikte lag immer dort, wo der König und dessen Familie sowie die Nobilität aufeinandertrafen – sei es in Ayutthaya (1628/29, 1643, 1656, 1657) oder in Lopburi (1688). Zweitens war entweder die Thronfolge nicht eindeutig geregelt oder aber diese Regelungen waren nicht hinreichend anerkannt: Mißbrauch und Unregelmäßigkeiten beispielsweise bei der *sakdi* führten zu Futterneid und Existenzängsten innerhalb der grossen Clans einerseits und zu Spannungen innerhalb der Königsfamilie andererseits (*na Pombejra, 1984:99*). Unter den zeitgenössischen europäischen Chronisten gab es, vereinfacht gesagt, zwei unterschiedliche Interpretationen der formalen Thronfolgeregelung: Während manche dem Bruder oder auch Halbbruder des Königs den primären Anspruch zuwiesen, sahen andere im ältesten Sohn des Königs den legitimen Nachfolger. Tatsache aber ist, dass es keine eindeutige gesetzliche Regelung gab, selbst der Phra Maha Upparat ist „lediglich" einer der möglichen Kandidaten. So erkannte denn auch im Falle Prasatthongs der Holländer Schouten, daß >>das Zepter gelegentlich durch die mächtigste und beim Volk angesehenste Familie usurpiert (*Schouten, 1935:100*)<< werde und la Loubère schrieb 40 Jahre später angesichts der erneuten Usurpation des Thrones durch Phra Phetracha, das >>die Seite gewinnt, welche die meiste Macht hat (*la Loubère, 1693:191*)<<.

Der neue Regent, der praktisch gemeinsam mit Phra Naresuan Ayutthaya reunifiziert hatte, hatte ein ausgedehntes und starkes Königreich zu führen. Diesmal war die Thronfolge unumstritten, der Nukleus des Reiches und dessen Elite loyal und stabil und auch die durch die vormaligen birmanischen Invasion reduzierte Population wurde durch tausende

---

[1156] Auch *Möngtung* oder *Maington*
[1157] Auch *Somdet Phrachao Sanphet Thi III* [สมเด็จพระเจ้าสรรเพชญ์ที่ ๓]; Kurzform: Ekathotsarot [เอกาทศรถ]

Immigranten, Flüchtlinge und Kriegsgefangene aus den Gebieten der Khmer und Mon deutlich aufgestockt. Neben seinen politischen und vor allem militärischen Fähigkeiten hatte Phra Naresuan auch ein Gespür für die Zusammenhänge und Auswirkungen einer regionalen *balance of power* auf die wirtschaftliche Entwicklung bewiesen. Der internationale Handel mit China, Japan, Portugal, den spanischen Philippinen und den Ryūkyū-Inseln florierte und durch die Rückgewinnung von Tavoy und Tenasserim prosperierte fortan auch der Handel im Golf von Bengalen. Birma war in interne Machtkämpfe verstrickt und stellte keine unmittelbare Gefahr mehr dar und auch das Khmer-Reich befand sich in einem zerrütteten Zustand. Ayutthaya hatte sich erneut zu einem regionalpolitischen Schwergewicht in Südostasien entwickelt.

Verglichen mit der Lage in Lower Burma, wo de Brito und die portugiesischen Söldner nachhaltigen Einfluss ausüben konnten, war die Situation in der Region Upper Burma weniger stark von bewaffneten Konflikten und den damit einhergehenden Aushebungen geprägt. Auch die geographische Lage begünstigte den nördlichen Teil Birmas im Vergleich zu den zentralen Zentren wie beispielsweise Taungu. Upper Burma verfügte über ausreichende humane Resourcen, um in den fruchtbaren Landstrichen durch ausgeklügelte Bewässerungssysteme ertragreiche Ernten zu generieren und schuf damit die Voraussetzungen für die angestrebte territoriale und ökonomische Expansion. König Nyaungyan Min [ညောင်ရံမင်း]][1158], der von 1597-1606 als Gründer der reanimierten Taungu-Dynastie herrschte, erkannte die Gunst der Stunde, etablierte sein Machtzentrum in Ava und während seines Regnums gewann er nach und nach die Kontrolle über Upper Burma und die umliegenden Shan Domänen wie Mohnyin [မိုးညှင်း]][1159], Mogaung [မိုးကောင်း]][1160], Bhamo [ဗန်းမော်]][1161], Hsipaw [သီပေါ]][1162], Mong Mit [မိုးမိတ်]][1163], Nyaungshwe [ညောင်ရွှေ]][1164] und Theinni. Des weiteren plante er die gewaltige *manpower* dieser *mandalas* für weitere Expansionen mit dem Ziel, auch die Kontrolle über die verbleibenden Stadtstaaten in Zentralbirma und den Küstenregionen zu erlangen; nach seinem plötzlichen Tod 1606 (*Lieberman,1984:46ff*) war es an Anaukpetlun, die Vision von der Reunifizierung Birmas zu realisieren. Obwohl der Gegner in Verbindung mit dem portugiesisch dominierten Syriam über mehr Feuerwaffen und Söldner verfügte, gelang es dem neuen König, zwischen 1606-1610 einen permanenten Druck auf Prome und Taungu auszuüben.

Erstaunlicherweise geben die Chroniken Ayutthayas vergleichsweise wenig konkrete Informationen über den Verlauf der Regentschaft Somdet Phra Ekathotsarots. Nach der Kremierung des Bruders hatte sich die Armee über Chiang Mai und Kamphaeng Phet wieder nach Ayutthaya begeben, wo die Krönung des neuen Regenten in Anwesenheit von 10.000 Mönchen, denen Ekathotsarot allesamt die acht Requisiten[1165] des buddhistischen Mönches gespendet haben soll (*RCA,2000:200*), mit den tradierten sakralen Riten vorgenommen

---

[1158] In Thai: [พระเจ้านยองยาน]. Eine Darstellung seines Regnums bietet die im 18. Jahrhundert entstandene Chronik *Nyaungyan Mintaya Ayedawbon* [ညောင်ရံမင်း မင်းတရား အရေးတော်ပုံ].

[1159] Die ehemalige Shan-Domäne lag im Gebiet des heutigen Kachin-Staates [ကချင်ပြည်နယ်], der nördlichsten Verwaltungseinheit in Myanmar.

[1160] Ebenfalls im Gebiet des heutigen Kachin-Staates.

[1161] dito

[1162] Auch *Thibaw*, im Gebiet des heutigen Shan-Staates in Myanmar.

[1163] Auch *Momeik*, im Gebiet des heutigen Shan-Staates in Myanmar.

[1164] Auch *Nyaung Shwe*, liegt im Shan-Staat ca. 15 km südlich von *Shwe-nyaung* an einem Kanal nördlich des Inle-Sees.

[1165] *Tempora mutantur* ... auch das Leben der Mönche hat sich verändert. Neben den acht „klassischen" Requisiten des buddhistischen Mönches: Almosenschale, herkömmlicher Rock, Übergewand, Schultertuch, Gürtel, Rasiermesser, Nadel und den Wasserfilter ist mittlerweile auch die Nutzung und der Besitz von modernen Toilettenartikeln, Büchern, Brillen, Sandalen gestattet und im Zeitalter digitaler Kommunikation ist der Gebrauch von Smartphones, Computern und die Nutzung des Internets mittlerweile Alltag ... *nos et mutamur in illis*.

wurde. Da das Reich territorial saturiert war, fokussierte sich das Regnum auf die Festigung der politischen Organisation und auf die Außenbeziehungen. Ekathotsarot sandte als erster König Thailands 1608 eine Gesandtschaft zu *Maurits van Oranje* [1567-1625] in den Haag[1166]. Dies war der Beginn einer mehr als 160 Jahre währenden Beziehung mit der Niederländische Ostindien-Kompanie (VOC). So fand die Erfindung des deutsch-holländischen Brillenmachers Hans Lipperhey (1570-1619), der das erste, sogenannte Galilei-Fernrohr erfunden hatte, auch sehr schnell ihren Weg nach Siam und die Mission schuf die Grundlagen für den 1617 geschlossenen Vertrag zwischen Holland und Siam.

7.7.5. Exkurs: Siam und Holland

Der beste Glaube ist bares Geld[1167].

>>Je ne vois point de gens que le Siamois doivent craindre davantage que les Holandois, ilss ne sont pas encore à la verité ouvertement declarez leurs ennemis, mais le bruit court dans le pays qu'il y a long-temps qu'ils ont cherchent le pretexte, & qu'ils n'autoient pas manqué de surprendre la Ville de Bankoc, qui est, comme je l'ay dit ailleurs, la clef principale du Royaume de Siam, s'ils en eussent pû trouver l'occasion<< *(Gervaise,1688:318).* Die Haupthandelspartner Hollands waren im 16. Jahrhundert die Länder Europas und Nordafrikas. Erst in den 80er Jahren wurden die merkantilen Aktivitäten verstärkt auf den südamerikanischen Raum ausgeweitet, der Handel mit den asiatischen Ländern wurde durch die Portugiesen und Spanier dominiert. Der Niedergang der portugiesischen Suprematie in Hinterindien in der zweiten Hälfte des 16. Jahrhunderts sowie der Sieg der verbündeten holländischen und englischen Flotte gegen die als unbesiegbar geltende spanische Armada 1588 ermöglichte auch den nördlichen europäischen Ländern den direkten Zugang nach Südostasien. Das ökonomische Gebot der Stunde lautete fortan, das kostbare und profitable Handelsgut direkt beim Produzenten zu erwerben. Dies war jedoch leichter gesagt als getan, denn die navigatorischen Kenntnisse für den Seeweg um das *Kap der Guten Hoffnung* fehlten den Holländern. Zwischen 1594 und 1612 gab es zahlreiche Expeditionen mit dem Ziel, einen alternativen Weg – die Nord-Ost-Passage – zu finden.[1168] Dies änderte sich, als Holland die benötigten Informationen durch nautische Spionage beschaffte. Bereits 1592 hatten tatendurstige Händler in Amsterdam die Herren Cornelis und Frederik de Houtman nach Lissabon entsandt um die besagten Kenntnisse der maritimen Routen nach Ostindien „in Erfahrung zu bringen". Ihre Mission wurde nach ihrer Rückkehr 1594 als Erfolg gewertet und in der Folge konstituierte sich die *Compagnie van Verre,*[1169] ein Vorläufer der späteren VOC (*van der Cruysse,2002:34).* Als wahrer Meister seines Faches erwies sich ein gewisser Jan Huyghen Van Linschoten[1170]. Als Siebzehnjähriger war er im schicksalsträchtigen Jahr 1580 nach Lissabon gekommen, wo er als Sekretär eines Priesters angestellt wurde, der seinerseits dem Erzbischoff von Goa zugeordnet war. Sechs Jahre lebte Van Linschoten an der Westküste Indiens und sammelte Informationen über Land und Leute, Flora und Fauna sowie Bodenschätze und wirtschaftliche Entwicklung. Vor allem aber gelang es ihm nach und nach das eifersüchtig gehütete Geheimnis der Portugiesen zu lüften – nautische Details über die Seewege nach Hinterindien. Sein Landsmann Dirk Gerritszoon Pomp[1171], der zweimal als

---

[1166] Das heutige Den Haag
[1167] Holländisches Sprichwort
[1168] Die Entdeckung des Seeweges zwischen Sibirien und Alaska hindurch war dem dänischen Kapitän Vitus Bering vorbehalten.
[1169] Gesellschaft für Fernhandel
[1170] (1563-1611). Vgl. hierzu: *The Voyage of John Huyghen van Linschoten to the East Indies*, Elibron Classics, 2001 (Replica of 1885 edition by the Hakluyt Society, London).
[1171] Alias Dirck China (1544–1608)

Kanonier auf portugiesischen Schiffen nach China und Japan gereist war, ergänzte mit seinen Beobachtungen die Erkenntnisse Van Linschotens. Die Ergebnisse der jahrelangen Spionage wurden in einem Werk von enzyklopädischem Ausmaß[1172] 1596 in Amsterdam veröffentlicht und bildeten die theoretische Basis für das künftige holländische Engagement in Südostasien. Begehrt waren die Flamen und Niederländer, die sich als Kaufleute, Missionare oder Kanoniere schon vorher zahlreich bei den Portugiesen und Spaniern verdingt hatten, selbst bei den Jesuiten: *da mihi Belgas*[1173] wurde zum geflügelten Wort (*van der Cruysse, 2002:22f*). Der unternehmerische Elan der Portugiesen in Asien während des 16. Jahrhunderts nötigt dem Betrachter auch aus der Distanz von 400 Jahren durchaus Respekt ab; nahezu atemberaubend aber war die Geschwindigkeit und die Kühnheit, mit der die calvenistischen Parvenues das *Estado da India* zerlegten. 1580 war es den Vereinigten Niederländischen Provinzen gelungen, ihre Unabhängigkeit von Philipp II. durchzusetzen. Und hatte der König noch 1585 Order gegeben, alle holländischen Schiffe in den Häfen der malaiischen Halbinsel festzusetzen oder zu beschlagnahmen, so bedurfte er bereits drei Jahre später eben dieser holländischen Handelsschiffe, um Getreide nach Spanien und Portugal zu verbringen, wo nach Missernten Hungersnöte drohten.

1596 erreichte eine Gruppe von Kaufleuten unter der Führung Cornelis de Houtmans[1174] Java und es gelang ihnen, trotz anhaltender Widerstände der bereits etablierten Portugiesen, mit dem König von Bantam einen Vertrag über den Ankauf von Gewürzen zu schließen (*Blankwaardt, 1926/27*). Im November 1601 landete Jakob van Neck in Pattani[1175] und er erhielt die Genehmigung zur Errichtung einer Handelsniederlassung sowie Vergünstigungen für den Handel mit Pfeffer. Am 20 März 1602 hatten sich in Amsterdam die Vertreter von sechs in Asien operierenden Handelsgesellschaften unter Vermittlung des *stadtholders* nach schwierigen Verhandlungen auf die Gründung der *Verenigde Oost-Indische Compagnie* (VOC) verständigt. Die Gründung der VOC erfolgte aus Gründen nüchternen politischen und wirtschaftlichen Kalküls: Interner Wettbewerb würde für alle Beteiligten unvermeidlich geringere Profite bedeuten und die anhaltenden bewaffneten Auseinandersetzungen mit den Portugiesen konnten von keiner Gesellschaft alleine gestemmt werden. Darüber hinaus hatte der neue große Rivale im Asienhandel, England, bereits Ende 1600 die *English East India Company* mit dem Ziel gegründet, des holländische Monopol auf den lukrativen Gewürzhandel in Asien zu brechen. Angesichts der unstrittigen merkantilen und maritimen Resourcen Englands war die Bündelung und Koordination der eigenen Kräfte und Mittel unumgänglich.

Daniel van der Leck, der Manager der Gesellschaft in Pattani machte 1603 eine erste Informationsreise nach Ayutthaya und Admiral Wijbrant van Waerwyck traf in Pattani einen Botschafter Phra Naresuans, der ihm mitteilte, dass Ayutthaya einmal im Jahr eine diplomatische Mission an den chinesischen Hof entsende. Van Waerwyck gedachte einen Vertreter der VOC mitzuschicken und ersuchte in einem Schreiben an Phra Naresuan um dessen Zustimmung. Im Juni 1604 wurde Cornelis Speckx mit besagtem Schreiben nach Ayutthaya gesandt, dort auch freundlich aufgenommen, doch die kriegerischen Auseinandersetzungen mit den Birmanen, der Tod von Phra Naresuan und die Thronbesteigung seines Bruders Ekathotsarot verzögerten die Mission immer wieder, so das Speckx schließlich 1606 nach Pattani zurückbeordert wurde. Eine zweite Delegation der

---

[1172] *Itinerario, voyage ofte schipvaert van Jan Huyghen Van Linschoten naer Oost ofte Portugaels Indien*
[1173] Schicke mir Männer aus den Niederlanden
[1174] (1565-1599). Vgl. hierzu: Arij Blonk, *Cornelis de Houtman en het begin onzer zeevaart op Indië* (1565-1599). V.A. Kramers, 1938
[1175] Pattani verfügte über einen gut ausgebauten Hafen und ein hohes Handelsvolumen an Pfeffer: des weiteren galt es neben Singora (Songkhla) und Ligor (Nakhon Sri Thammarat) als wichtigster Umschlagplatz für den Kupfer- und Porzellanhandel mit China und Japan

Herren Jacques van de Perre und Willem Tonnemann erreichte Ayutthaya Ende 1606. Die Beziehungen zum Hof gestalteten sich bis zu jenem Zeitpunkt exzellent, als die beiden Holländer von König Ekathotsarot einige goldene Betelboxen, *sirih pinang*, als Präsent forderten. Da *sirih pinang* jedoch ausschließlich dem siamesischen Hochadel zustanden, betrachtete der König dies als Beleidigung. Die beiden tumben Gesandten wurden eiligst abberufen, ihr Vorgesetzter Sprinckel hatte ein Entschuldigungsschreiben zu verfassen und diverse Präsente an den König machten den peinlichen Zwischenfall alsbald vergessen. Trotz des vorangegangenen diplomatischen Fauxpas und anhaltender portugiesischer und spanischer Kabalen verhielt sich König Ekathotsarot weiterhin wohlwollend, denn im Februar 1608 gestattete er der VOC die Eröffnung einer Niederlassung in Ayutthaya (*van der Cruysse, 2002:44*) und die erste diplomatische Mission, die Siam überhaupt nach Europa entsandte, führte im Dezember 1607 von Bantam aus nach Holland. Allerdings wäre diese diplomatische Mission beinahe schon im Ansatz gescheitert. Am 16. Dezember 1607 schrieb Gabriel Towerson aus Bantam einen Brief an die *English East India Company*: >>16 Männer aus Siam, von denen vier einen höheren Rang innehatten, waren von ihrem König auf eine diplomatische Mission zum König von Holland [sic!] geschickt worden und führten als Geschenk Rubine und andere Edelsteine mit sich […] Auf meine Nachfragen [bezüglich des künftigen Handels] reagierten sie sehr verärgert und erklärten, ihr König sein ein großer Herrscher und benötige nichts, was die Holländer zu bieten hätten; sollten sich letztere allerdings entschließen, wie andere Länder in Siam Handel treiben zu wollen, so werde man ihnen die gleichen Freiheiten wie den Portugiesen einräumen; sie gingen nach Holland um das Land kennenzulernen, insbesondere Gebäude, Stadtanlagen und den Schiffbau und wenn man überhaupt etwas benötige, so seien es Schiffsbauer, Zimmerleute und andere Handwerker; offensichtlich hatten die holländischen Händler den Siamesen zugesichert, der König von Holland werde ihren Wünschen Rechnung tragen. Aber bei ihrer Ankunft in Bantam machte ihnen der Admiral [Cornelis Matelieff] wenig Hoffnungen, war sehr verärgert über die Zusagen [des sie begleitenden Cornelis Speckx] und so ist noch nicht entschieden, ob er die Mission nach Holland bringt oder selber König spielend, die ganze Gesellschaft samt ihrer Präsente zurück nach Siam schickt<< (*RRSFC,I:1f.*).

Auf einer am 21. Dezember einberufenen Beratung entschied Admiral Matelieff schließlich, zwei der ranghöchsten Siamesen und ihre Bediensteten nach Holland zu bringen und am 11. September 1608 wurde die siamesische Delegation in Den Haag vom Prinzen von Oranien empfangen. Die diplomatische Offensive der Holländer erregte nachhaltiges Aufsehen am portugiesischen Hof. So äußerte der König von Portugal in einem Schreiben an seinen Vizekönig in Indien vom 4. Januar 1608 seine Befürchtungen: >>dieser König von Siam [Ekathotsarot] ist einer der bedeutendsten in der Region, sowohl in Bezug auf die Anzahl seiner Untertanen als auch auf seinen Reichtum und wenn die Rebellen [die Holländer] dort die [europäische] Kriegskunst und Artillerietechnik einführen, was sie Unserem Verständnis nach gewillt zu tun sind, dann wird ein irreparabler Schaden entstehen <<(*RRSFC,I:3*).

Die gewährte „Audienz" mit dem *Stadholder*, den die siamesischen Diplomaten nach wie vor für den König von Holland hielten, verlief unproblematisch: >>er [Admiral Matelieff] hatte zwei Männer des Königs von Siam mitgebracht, die feststellen sollten ob die Holländer lediglich Piraten seien, wie von den Portugiesen behauptet, oder ob sie Städte und Siedlungen hätten […] Ihr Dolmetscher war ein junger Holländer [Evert Dircksz ?] der sechs Jahre dort verbracht hatte um die Sprache zu lernen und durch den sie Seiner Exzellenz zu verstehen gaben, sie seien von ihrem König geschickt worden um das Land zu besuchen, die Freundschaft ihres Königs anzubieten und dessen Geschenke zu übergeben, als da waren: zwei Piken mit Damaszener Klingen, zwei Wurfspieße aus Rattan, zwei Arkebusen […], zwei Kanonen […] mit denen sie Elephanten töten […], zwei Schwerter in goldgetriebenen

Scheiden, zwei Fächer und zwei Kistchen. In einem dieser hölzernen Kistchen, versiegelt und mit Stoff überzogen, befand sich ein weiteres Kistchen aus Elfenbein in dem sich der dreiviertel Ellen lange Brief des siamesischen Königs an Seine Exzellenz befand, der auf Blattgold geschrieben war[1176] [...] Das andere Kistchen war aus Gold [...] in ihm befanden sich wiederum zwei hölzerne, mit Perlen verzierte Kistchen; darin wiederum befanden sich ein schwerer, massiver Goldring mit acht Rubinen und einem geschliffenen Diamanten verziert sowie in einem weiteren goldenen Kistchen ein Ring mit einem Rubin von der Größe eines männlichen Daumennagels [...] Sie [die siamesischen Botschafter] waren einfache Leute und sagten der König von Siam könne 300.000 Männer und 2.000 Elefanten ins Feld schicken und unterhielte aktive Beziehungen mit dem chinesischen König, welcher der mächtigste von allen sei [...] Die Holländer hoffen, durch den siamesischen König Zugang nach China zu finden<< (*Pelliot,1936:223ff.*).

Das harmonische Treffen und die erfolgreiche siamesische Mission endete nach siebzehnmonatigem Aufenthalt mit der Abreise am 30. Januar 1610; den verschiedenen Spekulationen, warum keine der beiden Botschafter jemals nach Ayutthaya zurückkehrten, soll an dieser Stelle nicht weiter nachgegangen werden. Das beiderseitige Interesse an diplomatischen und wirtschaftlichen Beziehungen hatte höchst unterschiedliche Gründe: Für die Könige Siams, die bestrebt waren, wie Cornelis van Neijenrode in einem Schreiben vom 2.9.1612 in Bezug auf König Song Tham bestätigt: >>möglichst alle Länder nach Siam zu ziehen <<(*RRSFC,I:9*), ging es primär um den Prestige- und indirekten Machtgewinn. Durch das Bündnis mit einer weiteren europäischen Nation wurde die Position Ayutthayas gegenüber Vasallen und Nachbarstaaten gefestigt, die Könige von Ligor[1177], Sangora[1178], Pattani, Kambodscha und Lan Chang waren in Bezug auf ihre Loyalität eher unsichere Kantonisten; und ein zusätzlicher wirtschaftlicher und militärischer know-how Träger *en passent* zusätzlich gewonnen. Für die nüchternen calvenistischen Kaufleute[1179] der Vereinigten Provinzen war Siam lediglich als Türöffner für die angestrebten wirtschaftlichen Beziehungen zu China von Interesse; den ausschließlichen Handel mit Siam erachteten sie als wenig profitabel. Das Angebot König Song Thams, auch in Mergui ein *godown*[1180] zu eröffnen (*RRSFC,I:12*) nahmen sie daher nicht wahr. Dafür wurde die Niederlassung in Ayutthaya 1612 erweitert und es folgte die Eröffnung weiterer Handelsposten in Kedah, Junkceylon, Ligor und Singora[1181]. Doch die ursprünglichen skeptischen Annahmen in bezug auf die Profitabilität des Handels mit Siam bestätigten sich alsbald. Während die VOC europäische Waffentechnologie und Produkte importierte, traten ihre *store ships* mit fast leeren Bäuchen die Heimreise an, da die in Siam produzierten Waren in Europa überwiegend nicht gewinnbringend zu veräußern waren. Die Eröffnung eines *godowns* im japanischen Hirado besserte die Situation kurzfristig; Hirschleder (als Teil der Ausrüstung der Samurai) und getrocknete Rochen waren in Japan begehrt und in Siam in Übermaß vorhanden, ebenso wie Sandelholz; hinzu kam der Reis für den Handel mit Java. Allerdings minderten die

---

[1176] Da der Brief König Ekathotsarots auf Blattgold geschrieben war, darf davon ausgegangen werden, dass es sich um eine offizielle diplomatische Mission gehandelt hat.
[1177] Das heutige Nakhon Si Thammarat
[1178] Das heutige Songkhla
[1179] >>le seul interest du commerce (...) car comme les Siamois leur avoient toûjours donné plus de sujer de se loüer que de sse plaindre de leur conduit, il n'y a cu que le gain qu'ils ont esperé tirer du poivre qui croist aujourd'hui daqns les Terres de Siam en une fort grande abondance, qui aitr pû les porter à les trahir & à chercher les moyens de les perdres<< (*Gervaise,1688:319*)
[1180] Lagerhaus, Handelsposten
[1181] Songkhla, lag in beständiger Fehde mit einem anderen Vasallen Ayutthayas, Pattani. Anfang des 18. Jahrhunderts beschrieb der schottische Kapitän Alexander Hamilton die Stadt wie folgt: >>Singora stands on the side of a large river. It yields some tin, elephants' teeth, agala-wood and coarse gold, but the inhabitants meet with so great discouragements in digging for tin that there is very little to be procured: and what is manufactured is bought up by the Dutch factory at Ligor.<< (*Smithies,1997:149*)

Transportkosten und japanischen Zölle die Profite nachhaltig und die VOC entschloß sich 1621 zur zeitweiligen Schließung ihrer Niederlassungen in Siam und Kambodscha, sowie weiterer Handelsposten im malaiischen Archipel. *Heren XVII*[1182] versprach sich vorerst mehr Profite durch den Ensatz der *frijburgers*, ehemalige Kaufleute der VOC welche nunmehr von Batavia aus auf eigene Rechnung und Risiko handelten; ansonsten sollte lediglich ein Schiff pro Jahr nach Siam geschickt werden *(ten Brummelhuis,1987:14)*.

Die Holländer unterstellten den Portugiesen wiederholt intrigantes Verhalten und unseriöses Geschäftsgebaren; die Portugiesen klagten ihrerseits, die Holländer würden: >>sie mit allen Mitteln durch ihre lebhaften skorpionartigen Reden verunglimpfen und verletzen<< *(Anderson,1890:67)*. Die Portugiesen veranlaßten schließlich eine diplomatische Mission des Vizekönig von Goa. Doch diese Initiative erwies sich als eher kontraproduktiv, denn der König von Siam erweiterte sogar noch die Privilegien der Holländer. Als Gegenleistung stellten die Oranier König Song Tham die angeforderten Fachkräfte zur Verfügung und alsbald traten Schiffsbauer, Zimmerleute, Emailleure und andere Spezialisten und (Kunst)Handwerker in den königlichen Dienst. Die begehrten Feuerwaffen wurden ebenfalls geliefert und spielten beispielsweise bei der Niederschlagung einer Revolte in Luang Prabang eine signifikante Rolle *(Blankwaardt, 1926/27:249)*. Im Feldzug gegen den Khmer-Herrscher *Chey Chettha II.* [ជ័យជេដ្ឋាទី២][1183] im Jahr 1620 entsandte der holländische Generalgouverneur Jan Pieterszoon Coen von Batavia zwei Kriegsschiffe, bemannt mit holländischen Kanonieren, zur Unterstützung der Siamesen, wenngleich die generellen Anweisungen des geschäftsführenden Direktoriums der VOC in Holland ein Verbot der unmittelbaren politischen und militärischen Intervention inkludierte *(ten Brummelhuis,1987:14)*.

Der 1617 zum neuen Direktor berufene Cornelis van Neijenrode[1184] begründete eine Tradition leitender Angestellter der VOC, schriftliche Berichte zu verfassen, welche, zu Nutz und Frommen der Historiker, die Primärquellenlage des 17. Jahrhunderts signifikant bereichern. Das Werk Neijenrodes, *Vertoog van de gelegenheid des koningrijks Siam*[1185], artikuliert gleichermaßen Naivität, Offenheit und den Willen zur Beobachtung und der Autor mag und kann sein ehrliches Erstaunen über das Gesehene kaum verbergen. So vermerkt er verblüfft, dass die siamesischen „Heiden" sehr tolerant gegenüber Andersgläubigen seien, ihre Kinder selten schlügen und diese sich dennoch manierlich verhielten, sich die Menschen dreimal täglich wuschen[1186] oder Männer und Frauen, die einander vorher nie gesehen oder miteinander gesprochen hatten, heirateten. >>Essen, Kleidung und sonstige Bedürfnisse werden großzügig und reichlich von allen, Klein und Groß, zur Verfügung gestellt und sie kümmern sich mit großer Sorgfalt um ihre Lehrer und Priester (und tun mehr für diese als wir für die unserigen) und wir nehmen mit großem Erstaunen zur Kenntnis, welch große Liebe und Zuneigung diese Heiden füreinander empfinden<< *(ten Brummelhuis,1987:16)*.

[1182] "Die 17 Herren". Die VOC bestand aus sechs sogenannten Kammern (*Kamers*) in den Hafenstädten Amsterdam, Delft, Rotterdam, Enkhuizen, Middelburg und Hoorn. Diese entsandten die Deligierten in die *Heren XVII* (geschäftsführendes Direktorium).

[1183] 1576 geboren, herrschte von 1618 bis zu seinem Tod 1628 von Oudong [오복녕] aus, etwa 40 km nordwestlich des heutigen Phnom Penh gelegen.

[1184] Cornelis van Neijenrode lebte zwei Jahre in Siam und Pattani, fünf Jahre in Ligor (Nakhorn Sri Thammarat) und anschließend 10 Jahre in Hikado, dem japanischen Sitz der VOC

[1185] Bericht über das Königreich Siam. Geschrieben vermutlich um 1621, jedoch erst im 19. Jahrhundert wurde der erste holländische Bericht über Siam publiziert

[1186] Siehe auch *de la Loubère,1691:85*. Im Vergleich zu den reinlichen Asiaten waren die Europäer des Mittelalters ausgemachte Ferkel, man puderte sich anstatt zu baden.

Mit dem Eintreffen des englischen Kaufmannes William Adams erwuchs sowohl den Portugiesen als auch den Holländern ein neuer Wettbewerber. Selbstbewußt überreichte Adams ein Schreiben „Seiner Majestät, des Königs von England, Irland, Schottland und Frankreichs" und die etablierten Holländer Portugiesen und Japaner mußten alsbald realisieren, daß ihnen ein weiterer veritabler Konkurrent im Ringen um die vergleichsweise bescheidenen Profite erwachsen war. Die anfänglichen Animositäten der Konkurrenten wichen jedoch alsbald der nüchternen kaufmännischen Analyse, daß das begrenzte Potenzial des siamesischen Binnenmarktes schwere Konflikte nicht lohne. Obwohl der Handel zwischen der VOC und Siam bis in die 30er Jahre eher limitiert war, war der Status der Holländer wesentlich etablierter als der der ausländischen Wettbewerber. Portugiesen und Spanier, die in den 20er Jahren noch zu den örtlichen Honoratioren gezählt hatten, waren der Piraterie und des Raubes[1187] angeklagt und saßen in Haft. Die Engländer hatten ihren Handelsposten 1623 geschlossen[1188] und sollten erst in den 60er Jahren zurückkehren und 1630 hatte König Prasatthong die Japaner aus Ayutthaya vertrieben. Selbst der Franzose François Henri Turpin (1709–1799) hebt in seiner *Histoire civile et naturelle du Royaume de Siam*[1189] den wirtschaftlichen Pragmatismus und die exponierte Stellung der calvinistischen Konkurrenten hervor: >>Les Hollandois flexibles, & toujours préparés à recevoir lews impressions de ceux qui peuvent les enrichir, sont les seuls Européens qui aient élevé des établissements sur des sondemens solides. Tout leur convient, lorsque tout leur est utile. La simplicité des mœurs leur attire la confiance d' une nation qui croit avoir droit de se désier de tous ceux qui vivent plongés dans le luxe. Ce n' est pas qu' on y voie quelquefois abonder d' autre étrangers, sur-tout des François aventuriers qui vont exalter leurs talens & leur courage dans ce royaume<< (*Turpin,1771,I :11*).

1632 verbesserte sich die wirtschaftliche Situation der VOC aufgrund der generierten Gewinne im Japanhandel. Der Generalgouverneur entsandte Antonij Caen nach Ayutthaya mit der Aufgabe, ein Exportmonopol für Hirschleder und Sandelholz sowie eine jährliche Reislieferung für Batavia auszuhandeln; gleichzeitig sollte er noch das gestörte Verhältnis der Gesellschaft zum, Siam tributpflichtigen und mit den Portugiesen verbündeten, Königreich Pattani begradigen *(Smith, G.V.,1977:23ff.)*. Von der Königin Pattanis wurde Caen zwar höflich empfangen und zuvorkommend behandelt, doch er erhielt kaum die Möglichkeit, sein eigentliches Anliegen vorzutragen; folgerichtig gelangte er schnell zu der Überzeugung, dass seine Mission in Pattani gescheitert war und reiste ergebnislos weiter nach Ayutthaya, wo er am 14. September 1632 eintraf. Der Ablauf der Mission Caens ist überliefert und die nachfolgende Schilderung erlaubt einen tiefen Einblick in das Geschäftsgebaren am Hof Ayutthayas und die verschiedenen Glieder der Wertschöpfungskette. Am 1. Oktober wurde Caen eine Audienz bei König Prasatthong und dessen *phraklang* gewährt. Am äußeren Palast angekommen vergingen zwei Stunden, bevor der Delegation Zutritt gewährt wurde. Innen wartete man eine weitere Stunde in einer Audienzhalle, bevor man Caen und seine siamesischen Begleiter aufforderte, sich zum inneren Palast zu bewegen; wieder schloß sich eine längere Wartezeit an, bevor er aufgefordert wurde, die 300 Schritte zum königlichen Thron in gebückter Haltung zurückzulegen, während seine siamesischen Begleiter die gleiche Strecke auf allen vieren zurücklegten. König Prasat Thong erschien in einem vergoldeten Fenster und gab Anweisung, das (längst bekannte) und in einem komplizierten Verfahren

---

[1187] 1624 und 1628 hatten sie an der Mündung des Menam Chao Phraya mehrere Schiffe und Dschunken geentert und geplündert; eine der Dschunken gehörte König Song Tham.

[1188] Neben den unzureichen Margen aus dem Handel mit Siam waren auch die Geschäfte im Japanhandel hinter den Erwartungen der Company zurückgeblieben (*Anderson,1890:64*); die bewaffneten Auseinandersetzungen zwischen Engländern und Holländern zwischen 1618-1620 taten ein übriges.

[1189] „Zivil- und Naturgeschichte des Königreichs Siam".

mehrfach übersetzte[1190] Schreiben des Generalgouverneurs zu verlesen. Danach pflegte der König den zeitgemäßen diplomatischen *smalltalk* und erkundigte sich nach der Gesundheit des Generalgouverneurs, dem Verlauf der Reise und weiterer Angelegenheiten von untergeordneter Bedeutung. Nachdem Caen die Fragen beantwortet hatte, bedeutet ihm der König, der *phraklang* werde sich seiner Angelegenheiten annehmen und zog die Vorhänge zu. Am 3. Oktober wurde Caen zum *phraklang* gerufen, der ihm mitteilte, der König habe eine Charter von 500 Einheiten bewilligt (Caen hatte 1000 Einheiten erbeten). Caen verwies noch einmal auf die geleisteten Dienste der VOC für Siam und wiederholte seine Forderung nach einem Exportmonopol für Hirschleder und Sandelholz. Der *phraklang* artikulierte einige höfische Komplimente und schloss das Fenster, durch das auch er mit Kaufmann kommuniziert hatte. Caen wandte sich erstaunt an den *shahbandar*[1191] der ihm erklärte, dass es hierzulande nicht üblich sei, einen sofortigen Bescheid zu geben oder zu erhalten. Einige Tage später teilte ihm der *shahbandar* mit, eine Charter von 100 Einheiten Reis sei genehmigt. Am nächsten Abend erfolgte die Freigabe einer Charter für weitere 200 Einheiten – allerdings müsse diese zunächst dem *phraklang* vorgelegt werden, bevor sie durch *okya Rabbetsick*[1192] geprüft und von *okphra Chula* gestempelt würde; dann würde der *shahbandar* die offizielle Charter zurückbringen. Damit war die Kleiderordnung höfischer Korruption klar vorgegeben, aber der unerfahrene Caen verstand nicht, woraufhin ihm der *shahbandar* die grundlegenden Voraussetzungen für einen erfolgreichen Handel in Siam erklärte. Caen weigerte sich unter Verweis auf die bereits entstandenen Kosten weitere Präsente an die vorgenannten Offiziellen auszuloben und erhielt die klassische Lektion: >>Wir ließen die Angelegenheit für einige Tage ruhen, und warteten ab, ob sie von ihrem begierigen und bettlerischen Verlangen Abstand nehmen würden, aber ohne Erfolg. Sie verhielten sich dermaßen geschickt, dass, obwohl man sehen konnte, wie sie sich die Bälle zuspielten, wir daran nichts zu ändern vermögen; denn wenn wir uns beim *phraklang* beschweren lacht dieser uns aus und schließt das Fenster; okya Rabbetsick, der ja eigentlich zuständig ist, schickt uns gleich wieder weg, okphra Chula gibt vor, von der ganzen Angelegenheit nichts zu wissen. 'Wenden wir uns an okluang Chiut (der an der Wurzel des ganzen Übels sitzt) spielt er uns den Pilatus vor und wäscht seine Hände in Unschuld. [...] Also wischen wir uns den Mund ab, wohlwissend, nichts gegessen zu haben<< *(Tiele&Heeres,II:219-228).*

Offensichtlich war Caen nicht der geeignete Mann für diese Aufgabe, denn er war nicht lernfähig. Einem gewieften Kaufmann wie Tavernier waren die Usancen des Handels in Südostasien und vor allem die Erwartungshaltungen der jeweiligen Nomenklatur hinlänglich bekannt: >>das Vornehmste und erste Fundament einer Handlungs Compagnie sey das es an Gelt nicht mangle [...] Aber es ist noch ein anders nicht weniger nothwendiges zu mercken/das ist sich gleich anfangs bey den Königen und den hohen Beamten der Landen da man etwas handele wil angenehm zu machen/um ihre Wohlgewogenheit zuerlangen [...] den ausser dem ist der allgemeinen Gewohnheit und in ganß Asien zu wider vor einigen Fürsten noch großen Herren mit lähren Händen zu erscheinen/ dieselben sehen gar gern wan man ihnen gibt/und haltens für ein Schmach wann ein Fremder sie begrüßt und nichts anerbeitet<< *(Tavernier, 3. Buch, III. Capitel: Anmerckungen über die orientalischen Handlungen in Indien und/was dabey für Betrug vorgehen kann, 1681:70).*

[1190] Das Standardverfahren lief wie folgt ab: das Schreiben in holländischer Sprache wurde ins Portugiesische übersetzt, selbiges ins Malaiische und nach dem Malaiischen erfolgte schließlich die Übersetzung ins T(h)ai. Das es bei diesem babylonischen Sprachgewirr nicht selten zu unbeabsichtigten und auch geplanten Missverständnissen kam, liegt in der Natur der Sache.
[1191] Eigentlich steht der Titel des *shahbandars* für den des Hafenmeisters; entweder handelt es sich um ein überliefertes Missverständnis oder der Hafenmeister hatte Caen auch als Übersetzer gedient
[1192] Offensichtlich ein falsch transkribierter siamesischer Name

Deshalb nutzte es dem naiven Caen auch nichts, daß er anlässlich seiner letzten Audienz beim König nochmals sein Begehr vortrug; da er der Landessprache nicht mächtig war, bemerkte er die bewusst falsche Übersetzung seiner Einlassungen nicht. Die Übersetzer schienen größere Angst vor dem *phraklang* und den übrigen *khunnang* zu haben als vor dem König. Als Caen sich dem Protokoll gehorchend auch vom *phraklang* verabschiedete, fragte er auch diesen noch einmal, warum man den Wünschen der VOC nicht entsprochen habe; der *phhraklang* ließ ihn wissen, die Gesellschaft sei in zu großer Eile und das sich die Dinge sicherlich zum besten wenden würden, kämen im kommenden Jahr der neue Brief und die neuen Geschenke des Prinzen von Oranien.
\

1633 gelang es Joost Schouten[1193] ein einjähriges Monopol für den Handel mit Fellen und Häuten zu erlangen. Als Pattani sich erhob und die Unabhängigkeit von Siam forderte, sandten die Holländer acht Schiffe um den landseitigen Angriff der siamesischen Truppen seeseitig zu unterstützen. Da sich Pattani 1634 erneut unterwarf, scheint die gemeinsame Militäraktiondie gewünschte Wirkung erzielt zu haben. Ermutigt durch die letzten Ereignisse bauten Schouten die Fabrikation in Ayutthaya wieder auf und war ab 1636 wieder im Geschäft. Gijsbert Heeck, Chirurgus im Dienst der VOC, beschrieb ausführlich die neue Faktorei der Gesellschaft anlässlich seines Besuches in Ayutthaya 1656: >>Die Residenz liegt einen Musketenschuß südlich der Stadt Ayutthaya, direkt gegenüber den Quartieren der Portugiesen und Japaner. Es ist ein starkes und vorzügliches Gebäude, recht groß und hoch, mit luftigen Obergeschossen und großräumigen, bemerkenswerten Lagerräumen unten. Sie hat zwei weiße Steinfassaden, mit vielen Öffnungen für Türen und Fenster, von denen die meisten durch Gitter gesichert sind. Die Wände sind komplett gemauert und mit gutem Kalk verputzt. Die Holzelemente sind Teak, gut geglättet und sehr haltbar [...] Im Innern sieht es wie folgt aus: im Erdgeschoß verläuft ein breiter Korridor durch das ganze Gebäude, mit Lagerräumen zu beiden Seiten. Eine Doppeltreppe mit ungefähr zwanzig Stufen führt in den Speiseraum im ersten Stock. Auf beiden Seiten des Esszimmers befinden sich weitere Räume; zur rechten jene, in denen die Direktoren residierten und zur linken jene der Angestellten. Im vorderen Bereich liegen die Quartiere der Unterkaufleute und der Ersten Assistenten, wobei jedes Zimmer entsprechend dem Rang und der Stellung des Bewohners möbliert ist. Unten, hinter dem Hauptgebäude, liegen verschiedene gemauerte Unterkünfte [...] entlang des Kanals, die von Assistenten, dem Arzt, Diener, Koch, Trompeter, den Kunsthandwerkern und Zimmerleuten, zwei Schmieden sowie einigen Seeleuten, unter denen sich ein Buchbinder, ein Bäcker und ein Stallknecht befanden, bewohnt werden. Die gesamte Anlage ist von einem rechteckigen Zaun aus Bambus umgeben. Dagegen lehnen sich die zuvor beschriebenen Unterkünfte, aus Stein erbaute Gebäude wie Lebensmittelladen, Küche und Gefängnis sowie ein Stall aus Bambus mit Platz für ungefähr acht Pferde. Auf der anderen Seiten liegen ein oder zwei kleinere Ställe, einer für Schafe und einer für Ziegen, Hühner, Gänse, Enten, Tauben und Kraniche, von denen fünf oder sechs herumliefen. Es waren zehn oder zwölf Pferde in den Ställen, welche von den Herren für Ausritte während der Trockenzeit benutzt werden. Der ganze Komplex ist von einem Graben umgeben, mit einem Tor und einer breiten Brücke und entlang des Grabens verlaufen Geländer und Anlegestellen, die für Barken und andere Schiffe geeignet sind, um dort anzulegen und Ware zu laden oder gelöscht zu werden. Hinter der Residenz liegt ein weiteres Lagerhaus, wo Reis und Planken gelagert werden, welches ungefähr die Größe des flussabwärts gelegenen Lagerhauses *Amsterdam* hat. Das Dach der Residenz ist mit siamesischen Schindeln gedeckt, das der Ställe und der anderen

---

[1193] Joost Schouten (*in Rotterdam - 1644). Leitender Kaufmann in Diensten der VOC, der 1628 als Botschafter des Prinzen von Oranien zu König Prasatthong entsandt wurde. Danach verbrachte er einige Jahre in Japan und kehrte im Februar 1634 als Leiter der *lodge* in Ayutthaya nach Siam zurück. In den folgenden zehn Jahren pendelte er ständig zwischen Batavia und Ayutthaya. In Batavia wurde er 1644 wegen fortgesetzter Sodomie hingerichtet und sein Leichnam anschließend verbrannt. Der Bericht Schoutens über Siam entstand 1636. Vgl. Hierzu: Charles Ralph Boxer, *A True Description of the Mighty Kingdoms of Japan and Siam by François Caron and Joost Schouten*, 1935

Gebäude mit atap[1194]. Wenn man sich vom Fluß her nähert sieht man auf der rechten Seite (...) einen schön gemauerten Pavillon, welches aufgrund der vielen Fenster, die sich nach allen Seiten hin öffnen lassen, leicht und luftig erscheint; dieses hat innen ein *troktafel* [eine Art Billardtisch] welches der Freizeitgestaltung der unteren Ränge dient. Im Zaun ist ein kleines Bambustor eingebaut, das zu einer über den Graben liegenden Planke führt, über die man in den Garten der Gesellschaft gelangt. Der Garten ist klein und weist einige Granatapfel-, Orangen- und Zitronenbäume auf. Als ich in sah, war er verwildert und unbearbeitet. Es standen auch noch zwei Pyramiden darin, unter welchen der letzte Direktor, Herr Crayer, und einige Kinder von Herrn Rijk begraben lagen. Neben dem Garten lag der holländische Friedhof, wo alle, egal ob arm oder reich, ohne Unterschied begraben lagen. Links von der Residenz, in einer Ecke neben dem Stall, führte eine andere Tür mit einer breiten Brücke zum Haus von Jau Soet[1195]. Sie hat sich oft als sehr hilfreich für die Angestellten der Gesellschaft beim siamesischen Handel erwiesen, hat dabei mit der Zeit große Erfahrungen gesammelt und versorgt die Gesellschaft noch immer mit Wachs und anderen Waren, die diese im Laufe des Jahres benötigt. Als Anerkennung für ihre geleisteten Dienste und weil der König mehrfach ihr privat erworbenes Vermögen konfisziert hatte, lässt sie jederzeit die Hintertüre geöffnet [d.h., es wurde ihr gestattet] um nötigenfalls ihre Habe schnell auf den sicheren Grund der Gesellschaft bringen zu können; sie schaut auch regelmäßig auf ein Schwätzchen vorbei<< *(ten Brummelhuis,1987:25,28).*

Joost Schouten war ein gerngesehener und mithin häufiger Gast am königlichen Hofe, begehrter Ratgeber diverser Minister und konnte daher zwangsläufig den Einfluß seiner Gesellschaft erheblich vergrößern; auch nach seiner Abreise änderte sich an dieser Situation zunächst nichts. 1656 wurde Somdet Phra Narai neuer König in Siam und um 1661 begann sich die exponierte Stellung der Holländer zu relativieren. Zu dieser Zeit befand sich die Republik der Vereinigten Niederlande im Krieg mit Portugal. Im Golf von Tonkin kaperte ein holländisches Schiff eine unter portugiesischer Flagge segelnde Dschunke. Unglücklicherweise hatte die Dschunke Waren geladen, die dem König gehörten und Narai forderte entsprechend verstimmt einen angemessenen Schadenersatz. Die Geschäfte der Holländer liefen jedoch mittlerweile sehr schlecht, es waren kaum Einkünfte zu erzielen. Zu „verdanken" hatten sie diese Trendwende dem kometenhaften Aufstieg eines griechischen Abenteurers namens Konstantin Phaulkon, der zu höchsten Ministerwürden am Hofe Narais gelangt, seine Stellung dazu nutzte, primär seine eigenen, und zu diesem Behufe die französischen Interessen zu protegieren. Da die Fabrik der Holländer zu allem Übel seit einiger Zeit auch noch von bewaffneten Chinesen belagert wurde, entschloss sich der leitende Kaufmann Poolvoet, in einem Moment der Unaufmerksamkeit mit allen Angestellten und Waren die Stadt zu verlassen und dann an geeigneter Stelle vorübergehend den Menam zu blockieren. Da sich diese Blockade nachhaltig negativ auf den Handel mit China und Japan auswirken konnte, empfing König Narai Pieter de Bitter, der namens und im Auftrag des Generalgouverneurs Jan Maetsuycker die Verhandlungen führte und schließlich die holländischen Forderungen nicht nur durchsetzte sondern auch in einem am 22. August 1664 signierten Vertrag offiziell festschreiben ließ. Dieser Vertrag garantierte der VOC einige weitreichende Privilegien: generelle Handelsfreiheit im gesamten Königreich sofern die festgesetzten Gebühren und Abgaben entrichtet wurden; ein Monopol auf den Handel mit Fellen und Häuten, die vor allem in Japan garantierte Profite generierten; diplomatischen Status für die Angestellten der Gesellschaft; ein Beschäftigungsverbot für Chinesen auf

---

[1194] Blätter der Nipapalme (*Nypa fruticans*).
[1195] Jau Soet war die Ehefrau diverser Herren der VOC: Van Meerwijck, Van Vliet und Van Muijden

siamesischen Schiffen und Dschunken[1196]; abschließend verpflichtet sich der König den Holländern jährlich 10.000 *pecul*[1197] an Sandelholz kostenlos zur Verfügung zu stellen (*Anderson,1890:99f.*). Im Gegenzug erhielt König Narai die geforderte Entschädigung für die drei Jahre zuvor gekaperte Dschunke. Am 14.11.1688 wurde dieser Vertrag um eine für die Holländer vorteilhafte Klausel erweitert: ihnen wurde das Monopol für den Handel mit Zinn eingeräumt, mit Ausnahme jener Mengen, die der König von Siam für sich selbst benötigte. Dieser Vertrag kann mit Recht als genuiner Vorläufer des *Bowring-Treaty* betrachtet werden, welcher den Engländern 1855 weitreichende Handelsprivilegien einräumen sollte.

Es folgten einige fette Jahre für die *Dutch East India Company*, auch wenn das gelieferte Zinn gelegentlich mit Blei gestreckt wurde und nicht selten unterschiedliche Auffassungen die Einkaufskonditionen betreffend deutlich wurden. Doch allmählich relativierten sich die Privilegien der Holländer und man sah sich erneut in einem harten Wettbewerb mit den englischen Kaufleuten. Die Ereignisse im Zusammenhang mit dem Tod König Narais und der „Revolution von 1688" wirkten sich nicht eben förderlich auf Handel und Wandel aus. Einem erhaltenen Brief der Kaufleute Johannes Keyts und Pieter van der Hoorn können wir entnehmen, daß der Rebell und künftige König Phetracha sich offensichtlich hilfesuchend an die Holländer gewandt hatte, was diese jedoch höflich mit dem Verweis auf mögliche diplomatische Komplikationen mit Frankreich abgelehnt hätten *(Blankwaardt 1926/27:255)*. Erstaunlicherweise erwies sich die vorgebliche Weigerung bei der Mitwirkung am *coup d'etats* Phetrachas nicht hinderlich für die künftige Entwicklung des Handels zwischen Siam und Holland. Der neue König bestätigte alle existierenden Verträge und bis in die erste Dekade des 18. Jahrhunderts sollte der Rubel, bzw. Gulden rollen. Schenkt man allerdings dem Bericht Taverniers Glauben[1198], so galt die tägliche Sorge der Angestellten der VOC dem Hunger und der Malaria: >>Für alle Lebens=Mittel haben sie nur ein wenig Reis/der offt nicht gut ist/und sie haltens für eine köstliche Mahlzeit wann sie Wochentlich ein oder zwey Fischlein eines Fingers lang haben können. Derowegen in denen drey Jahren so die Compagnie [VOC] gemeinlich sie verbindlich macht daselbsten zu bleiben/bekommen dieselben ein gelbes Angesicht und gelbe Augen und verliehren hernach nimmermehr diese Farb<< (*Tavernier, 3. Buch, III. Capitel: Anmerckungen über die orientalische Handlungen in Indien und/was dabey für Betrug vorgehen kann,1681:65*)

1705 beschwerte sich dann jedoch der leitende Kaufmann der Gesellschaft in Ayutthaya, Gideon Tant, daß sich der Ankauf von Holz und Zinn zunehmend schwieriger gestalte und die vertragliche Zusage des freien Handels zur inhaltsleeren Phrase degeneriert sei. Die Schwierigkeiten der *Dutch East India Company* lagen aber wohl nicht allein in der mangelnden Zuverlässigkeit der siamesischen Offiziellen; Korruption in den eigenen Reihen bereitete der honorigen Handelsgesellschaft zunehmend Schwierigkeiten. Die folgenden Jahre verzeichnet die Gesellschaft den eigenen Aufzeichnungen zufolge fast durchgehend Verluste, obgleich der schottische Kapitän Hamilton, der Ayutthaya 1718 besucht hatte, den Holländern gute Geschäfte bescheinigte: >>Der siamesische Markt nimmt nur wenige europäische waren ab; dennoch macht der holländische Leiter hier sehr gute Geschäfte<< (*Smithies,1997:156*). Lediglich die relative Abhängigkeit Batavias von den Reislieferungen aus Siam sowie längerfristige geostrategische Erwägungen ließen die Holländer noch einstweilen verharren. Als es jedoch 1741 zum Kampf zwischen holländischen Matrosen und Siamesen kam,

---

[1196] Auch hier ging es um den Japanhandel. Die siamesischen Matrosen und Kapitäne waren überwiegend Binnenschiffer, die für lange Fahrten über offene See nicht geeignet waren; deshalb wurden für die Handelsfahrten nach Japan erfahrene Chinesen angeheuert. Durch den Ausschluß dieser Spezialisten war Siam auf die europäisch bemannten Schiffe angewiesen.

[1197] 1 picul = 100 catties; 1 catty = 1,3 englische Pfund (*Smith,G.V.,1977:134f.*). In Japan galt: 40 picol = 1 Pfund (*Carons & Schouten,1663:122*)

[1198] Neben vielen interessanten Informationen enthält der Reisebericht eine seitenlange Litanei über die vermeintliche politische, wirtschaftliche und moralische Verderbtheit der Holländer und ist in diesem Punkt mit Vorsicht zu geniessen

verlagerte die *Dutch East India Company* ihre Warenbestände in Ayutthaya und Ligor nach Batavia und ließ zur „Bewachung" der zurückgelassenen Gebäude und der Fahne lediglich zwei Mitarbeiter in Siam zurück. In den folgenden Jahren beschränkte sich der Handelsverkehr auf das Anlanden weniger Schiffe pro Jahr und einer kurzen geschäftlichen Renaissance in den 1750er Jahren setzte die burmesische Invasion 1760 ein abruptes Ende. 1767 suchten die Burmesen Siam erneut heim und brannten Ayutthaya nieder. Acht Tage lang hielt die Fabrik der Holländer der Belagerung der Birmanen stand bevor sie fiel und anschließend geschleift wurde.

Zwar bot Batavia in der Folge dem General und späteren König Taksin noch einmal seine Unterstützung bei der staatlichen Reorganisation Siams an; dennoch gibt es in den nächsten 100 Jahren kaum nennenswerte Kontakte zwischen den beiden Ländern. 1862 ratifizierte der Generalgouverneur von Holländisch Ostindien, Alexander Loudon in Bangkok einen Handelsvertrag, der zwei Jahre zuvor von König Mongkut im wesentlichen ausgehandelt worden war. Der Handelsumfang hielt sich aber auch nach Abschluss dieses Vertrages in überschaubaren Grenzen. Auf Wunsch König Chulalongkorns entsandte Holland Homan van der Heide sowie zehn weite Fachleute nach Siam, um dort eine Bewässerungssystem für die „Reiskammer" des Landes im Tal des Menam Chao Phraya zu entwickeln. Der Handel zwischen beiden Nationen zog an und König Chulalongkorn besuchte Holland während seiner Europareise. In den 1920er Jahren nahmen die beiden Länder schließlich diplomatische Beziehungen auf.

7.7.6. Exkurs: Siam und Japan

生き恥かくより 死ぬがまし *Ikihaji kaku yori, shinu ga mashi*[1199]

König Ekhatotsarot unterhielt besonders enge Beziehungen zum japanischen Tokugawa-Shogunat[1200] und dessen Gründer, Tokugawa Ieyasu[1201], als dessen Resultat die siamesischen Häfen zu den ausgesuchten südostasiatischen Handelsplätzen zählten, welche die mit einem roten Siegel des Shoguns patentierten bewaffneten japanischen Handelsschiffe, die sogenannten Rotsiegel-Schiffe[1202], anlaufen durften. Die erste japanische Mission in das Gebiet des späteren Siam war vermutlich jene des Prinzen *Taka-oka*, einem Sohn des Kaisers *Heijō-tennō*[1203]. Auf einer spirituell motivierten Reise nach Indien verstarb der Prinz 880 (*Kiichi Gunji, 1941:354*) im Gebiet von Lavo[1204]. Einer frühen koreanischen Quelle, *Kō-ryō-sa*[1205], zufolge, entsandte der König von *Sien Lo Hok Kok*[1206] im Jahre 1388 eine achtköpfige diplomatische Mission unter Leitung *Nai Kungs* nach Korea, um dort Tributzahlungen zu entrichten. Die Delegation verbrachte jedoch zunächst ein Jahr in Japan, bevor sie zu ihrer finalen Destination, Korea weitersegelte (*Ishii, 1971:161*). Das *Thae-jo Sil-rok*[1207] berichtet Ausgangs des 14. Jahrhunderts von einer zwanzigköpfigen Delegation Ayutthayas unter

---

[1199] Japanisches Sprichwort: Besser zu sterben, als in Schande zu leben.
[1200] Das *Tokugawa bakufu* (徳川幕府) war ein feudales Militärregime, welches in der sogenannten Edo-Zeit (1603–1868) mit eiserner Faust über weite Teile Japans herrschte. Zur Absicherung ihrer Macht verfügten das Shogunat die *sakoku* (鎖国) genannte Abschließung Japans, eine Isolationspolitik, die von den 1630er Jahren bis zur erzwungenen Öffnung des Landes durch den amerikanische Admiral Matthew Calbraith Perry im Jahre 1853 Bestand hatte.
[1201] (徳川 家康) 1543-1616)
[1202] (朱印船) *Shuinsen*
[1203] *Heizei-tennō* [平城天皇] (774-824) war von 806-809 der 51. *Tennō* von Japan.
[1204] Laut Klichi Gunji ist mit Lavo das siamesische Lopburi gemeint und nicht der gleichnamige Vorläufer der Stadt Singapur.
[1205] Eine der offiziellen Chroniken der Kō-ryō-Dynastie (918-1392), die um 1451 niedergeschrieben wurde.
[1206] Siam
[1207] Chronologie der Herrschaft des Kaisers *Sil-rok*, ein Kapitel des *Ri-jo Sil-rok*, der Chronologie der Ri-Dynastie, welche zwischen 1392-1910 über das vereinte Korea herrschte

Leitung eines gewissen *Nai Zhang Si Dao* an den Hof der neugegründeten Dynastie; die Siamesen hätten dem koreanischen König Tribut in Form von Edelhölzern entrichtet (*Ishii,1988:3*). Im folgenden Jahrhundert treiben die japanischen *wakō* [和光], von der Profession her sowohl freie Händler als auch Piraten, gleichermaßen Handel und Unwesen an den Küsten Mittel- und Südchinas. Als um die Mitte des 16. Jahrhunderts der Ming-Hof in Peking den freien Handel immer stärker unterdrückte, verbündeten sich viele der chinesischen Händler mit den *wakō* und verlegten ihren gemeinsamen Aktionsraum nach Südostasien (*Kiyoshi Inoue, 1993:166f.*). Die Shogunate von *Toyotomi Hidéyoshi* [豊臣 秀吉][1208] and vor allem *Tokugawa Ieyasu* [徳川 家康][1209] förderten ganz bewußt den Außenhandel und um die Mitte des 17. Jahrhunderts war Siam zum bedeutendsten Handelspartner Japans aufgestiegen und die japanische Kolonie in Ayutthaya zählte mehr als 1.000 Einwohner (*Kiichi Gunji,1941:351*). Laut Gunji Kiichi fällt der Aufbau der japanischen Kolonie in das Ende der Tenshō-Periode zwischen 1573-1591 (*Theeravit Khien,1988:19*). Mehr als 20 japanische Handelshäuser in Kyoto, Nara, Osaka, Sakai und Nagasaki entsandten zu Beginn des 17. Jahrhunderts ihre Schiffe nach Siam (*Theeravit Khien,1988:22*). Die zunehmende ökonomische Bedeutung Siams für den japanischen Außenhandel wird auch durch die Anzahl der *goshuinjō* [御朱印][1210] verifiziert: Zwischen 1604-1616 worden insgesamt 195 *goshuinjō* für 19 verschiedene Länder ausgestellt, von denen alleine 36 auf Siam entfielen. Noch vor dem *Sakoku-rei* [鎖国令][1211] im Jahre 1635 wurden 20 *goshuinjō* für europäische Kaufleute mit Zielhafen Ayutthaya ausgestellt (*Ishii,1971:162*). Für den Handel mit Ligor und Pattani wurden bereits 1592 entsprechende *goshuinjō* ausgestellt (*Theeravit Khien,1988:24*). Das steigende Handelsvolumen zwischen Siam und Japan ging zu Lasten Chinas und ein großer Anteil am vormaligen Import aus China fiel nun auf japanische Waren (*Skinner,1957:9*).

Die ersten japanischen Söldner und Händler in Siam, waren Angehörige des römisch-katholischen Glaubens und vor den Repressionen des Shoguns Ieyasu geflohen (*na Pombejra, 1984:77*). Spätestens seit Phra Naresuans ist die Anwesenheit japanischer Söldner in Ayutthaya belegt. Die siamesischen Chroniken berichten von 500 Japanern unter dem Kommando eines *Okya Senaphimuk* [ออกญาเสนาภิมุข], die in der Armee Phra Naresuans gegen den birmanischen Kronprinzen gekämpft hatten. In der militärischen Nomenklatura *phra aiyakan tamnaeng na thahan hua muang* [พระไอยการตำแหน่งนาทหารหัวเมือง] ist dieser Titel für den Führer der japanischen Söldner mit *sakdi na* 1.000 verzeichnet (*na Pombejra,1984:127*). 1636 waren 500-600 japanische Söldner in Siam (*Schouten,1663:284*). Während des ersten Drittels des 17. Jahrhunderts befanden sich die Länder und Reiche Asiens in einer Phase der Neubesinnung; der zunehmende Einfluß der europäischen Goßmächte schuf nicht nur neue Chancen, sondern barg auch bis dato unbekannte Risiken in sich. Vor diesem Hintergrund erklärt sich das bilaterale Interesse Japans und Siam nach politischen und wirtschaftlichen Beziehungen, was durch ein offenkundiges, wechselseitiges Hoffieren in dieser Phase dokumentiert wird. Ungeachtet der beiderseitigen Ambitionen lassen Teile des Schriftverkehrs eine teils frappierende Ignoranz in Bezug auf die Kenntnisse der Bedingungen

---

[1208] 1537-1598. Japanischer Feldherr und Politiker, der entscheidend zur Einigung des neuzeitlichen Japans beitrug (auch bezeichnet als der zweite der „Drei Reichseiniger"). Er übernahm das Amt als General nach der Ermordung von *Oda Nobunaga*, führte die Einigung Japans herbei und wurde von *Tokugawa Ieyasu* abgelöst, der die *Tokugawa*-Dynastie der Shōgune begründete.
[1209] 1543-1616. Begründer des *Tokugawa*-Shogunats in Japan und gilt nach *Oda Nobunaga* und *Toyotomi Hideyoshi* als der Dritte der „Drei Reichseiniger" des feudalen Japans.
[1210] Offizielle Handelspässe für den Handel außerhalb Japans, die pro Tonnage beantragt werden mußten
[1211] Die selbstgewählte Isolation Japans vor den europäischen Einflüssen. Japanern war es nicht mehr gestattet, das Land zu verlassen und den zu diesem Zeitpunkt bereits im Ausland lebenden Japanern wurde die Wiedereinreise in ihr Heimatland verweigert. Der Außenhandel wurde ausschließlich über den Hafen von Nagasaki abgewickelt und außer chinesischen Schiffen (*Tōsen*) war es offiziell lediglich den Holländern gestattet, einmal jährlich Nagasaki anzulaufen. 1638 folgte ein Dekret, indem sogar der Bau von größeren Schiffen untersagt wurde, die für den überseeischen Handel geeignet waren.

im Lande des Anderen erkennen. So schrieb Shoguns Tokugawa Ieyasu an den siamesischen König:>>Möget ihr Eure Gesundheit auch im kalten Herbst bewahren<< und unterstellt damit das Vorhandensein von vier Jahreszeiten auch in Siam. Der Hof in Ayutthaya annoncierte wiederum den Shogun als >>König von Japan<< ; der Kaiser mit seinem Hof in Edo war dort offensichtlich nicht bekannt *(Theeravit Khien,1988:24)*

Die Aufnahme diplomatischer Beziehungen war bereits 1606 durch den Shogun Tokugawa Iyéyasu initiiert worden, der von Fernando Miguel und Jakobe Quanaranaka *(Theeravit Khien,1988:24)* eine Botschaft an König Ekathotsarot richtete, in der er um die Zusendung von Musketen und Pulver bat und als Geschenke eine Rüstung sowie einen Satz Schwerter beifügte. Offensichtlich ließ sich König Ekathotsarot mit der Antwort sehr viel Zeit, so daß der Shogun zwei Jahre später *Honda Masazumi* [本多 正純][1212] einen weiteren Brief vergleichbaren Inhalts schreiben ließ, der offensichtlich von Erfolg gekrönt war. Denn einem Schreiben Shogun Tokugawa Iyéyasus an den König in Ayutthaya aus dem Jahre 1610 entnehmen wir den Dank für die Erfüllung seiner Bitte: >> Ich bin äußerst erfreut ... daß Ihr mir großzügigerweise die lang ersehnten Musketen und [das] Pulver senden wollt ... Diese wünsche ich mir mehr als Goldbrokat<< *(Satow,1885:145)*. Offensichtlich bildete die Erfüllung dieses Wunsches auch die Grundlage für die zukünftigen Handelsbeziehungen, denn der Shogun schrieb weiterhin: >> Wenn von nun an Kaufleute zwischen Eurem ... und Unserem ... Land verkehren, werden sich freundschaftliche Beziehungen zwischen unseren friedliebenden Ländern und reichen Nationen entwickeln, vergleichbar jenen benachbarter Länder<< *(Nakamura-Kōya,1939:81)*. Der erste Brief des siamesischen Hofes schrieb 1615 Okya Phraklang an *Matsudaira Chikuzen no Kami*; Edo wurde in Kenntnis gesetzt, daß die in Siam lebenden Japaner gut behandelt würden und die geltenden Gesetze achteten. Rein vorsorglich wies Ayutthaya jedoch darauf hin, daß Japan darauf achten solle, nur ehrliche Menschen nach Siam reisen zu lassen *(Theeravit Khien,1988:27)*. 1616 entsandte Ayutthaya eine diplomatische Gesandtschaft nach Japan, der 1621 eine weitere folgte; 18 der ca. 70 Mitglieder starken, von *Khun Phichit Sombat* und *Khun Prasert* geleiteten Delegation, die am 11. Oktober in Edo eintraf, empfing der Shogun zu einer Audienz; der Japaner *Gonroku* diente als Übersetzer. Im August 1623. Die dritte Mission überbrachte durch *Luang Thong Samut* und *Khun Sassadi* zunächst in Nagasaki einen Brief sowie Geschenke des siamesischen Königs und wurde durch den amtierenden Shogun im Fushimi-Palast am 24. September zu einem Empfang geladen. *(Satow,1885:156ff.)* Es folgte die vierte Gesandtschaft, die 1626 mit *Khun Racha Sithipon* sowie dem Übersetzer *Vathi Vachana* in Edo eintraf *(Satow, 1885:163ff.)* und nachdem König Song Tham im April 1628 starb, entsandte sein Sohn und Nachfolger Chettathirat 1629 die Botschafter *Luang Sakon Decha*, *Khun Sawat* und *Khun Yothamat*; die Diplomaten überbrachten die Neuigkeiten und wurden am 16. November im Rahmen einer Feierlichkeit vom Shogun nach Siam verabschiedet *(Satow,1885:167ff.)*. Verschiedene Aktionen der japanischen Kolonie, so zum Beispiel die Belagerung Sri Saowapkaks in seinem eigenen Palast 1610 oder die Gewalttätigkeiten Okkhun Yamadas in Nakhon Sri Thammarat, bevor er die Provinz in Richtung Kambodscha verließ, hatten das Verhältnis so belastet, daß sich Prasat Thong entschloß, die Japaner nach und nach zu vertreiben, was ihm um 1623 herum wohl auch vorläufig gelungen war. Die anwesenden Japaner beunruhigten die Siamesen nicht zuletzt durch ihr martialisches Gebaren: >> Mit ihren Waffen aus Eisen, ihrer Unerschrockenheit und ihren scharfen Schwertern ... wundert es nicht, daß [ihr Verhalten] aus siamesischer und europäischer Sicht rücksichtslos und wild erschien << *(Theeravit Khien,1988:38)*. Mitte der 30er Jahre änderte sich die Haltung Prasat Thongs erneut und 70-80 Japaner ließen sich erneut in Ayutthaya nieder. Während der

---

[1212] (1566-1637) Samurai in der frühen Edo-Periode der dem Tokugawa-Clan diente. Für seine Verdienste wurde er später zum *daimyo* [大名] („Grosser Name", Fürst) ernannt und einer der ersten rōjū [老中] („Ältester", eines der höchsten Ämter in der Verwaltung des Tokugawa-Shogunats).

bewaffneten Auseinandersetzungen zwischen Siam und Portugal[1213] spielten einige dieser Japaner eine wichtige Rolle. Die Portugiesen hatten Mergui blockiert um den siamesischen Handel empfindlich zu schwächen. Acht japanische Söldner kamen über Land auf ihren Kriegselefanten von Ayutthaya, in ihrem Gefolge ein siamesischer Kampfverband, der wiederum in japanische Uniformen gekleidet war. Jeder Elefant trug zwei Geschütze; mit diesen Geschützen eröffneten die japanischen Krieger das Feuer und zwangen die portugiesischen Schiffe, die Blockade abzubrechen (*Anderson,1890:88*). Im Mai 1635 wurde eine siamesische Delegation unter Leitung *Okkhun Sri Phakdi* nach Japan geschickt; die Mission wurde jedoch ein kompletter Fehlschlag, da die Japaner sich weigerten, den Gesandten zu empfangen.

Die Gründe für die Stagnation in den politischen Beziehungen sind verschiedener Natur. Zum einen widersprach die Handlungsweise Prasat Thongs, der nicht nur den Thron Ayutthayas usurpiert, sondern zudem zwei Könige sowie weitere Mitglieder der königlichen Familie hatte meucheln lassen, zutiefst der japanischen Perzeption der Monarchie und der damit verbundenen Rolle der königlichen Familie. Desweiteren blieben die Holländer, denen die erfolgreichen japanischen Händler schon seit längerem ein Dorn im Auge waren, nicht untätig und proliferierten aktiv ein negatives Image des leidigen Konkurrenten. Nachdem sich die Holländer das Vertrauen des Königs erworben hatten, stellt denn auch der holländische Chronist zufrieden fest: >> Die Gesellschaft [*Dutch East India Company*] erfreute sich der großen Freundschaft des Königs und erfreute sich zunehmend höherer Ehren und einer größeren Reputation als die übrigen europäischen Nationen ... die [*Dutch East India Company*] erhielt 1633 die Genehmigung, die Fabrik wieder zu errichten und den Handel mit Japan wieder aufzunehmen. Diese Absichten gründeten sich auf der Tatsache, daß der König die Japaner vertrieben hatte<< (*Van Vliet,1975:54f.*). Diese kaum verhohlene Genugtuung über den Niedergang des Wettbewerbers wird verständlich verdeutlicht man sich die folgende Einlassung des gleichen Zeitgenossen, der feststellt, die *Dutch East India Company]* habe im Handel mit Japan >>unglaubliche Profite<< (*Van Vliet,1975:56*) erzielen können. Und schließlich dürfte das Schicksal seiner Landsleute in Siam, insbesondere in den 20er Jahren, den Shogun ebenfalls nicht unbeeindruckt gelassen haben, wenngleich die japanischen Migranten, ähnlich wie die chinesischen, von der Regierung des Heimatlandes als wenig beachtenswert betrachtet wurden und sich daher keinerlei Protektion oder Fürsorge erfreuen konnten (*Theeravit Khien,1988:37*).

Weit weniger problematisch gestalteten sich die Handelsbeziehungen zwischen den beiden Ländern. Bereits 1612 hatte das erste Schiff aus Siam in Nagasaki festgemacht (*Ishii, 1971:163*) und dem Kapitän würde eine Audienz beim ehemaligen Shogun Tokugawa Iyeyasu auf dessen Burg *Sumpu* [駿府城][1214] gewährt.

Auch während der Dauer des *Sakoku* gingen die merkantilen Beziehungen zwischen Siam und Japan weiter. Zwischen 1647-1700 landeten nicht weniger als 130 Schiffe aus Ayutthaya in Nagasaki an. 1715 allerdings limitierte ein weiteres Edikt den Handel auf ein Schiff pro Jahr (*Ishii, 1971:164*). Obwohl seit 1656 keine offiziellen diplomatischen Beziehungen mehr zwischen beiden Ländern bestanden, erfreute sich Siam in den Handelsbeziehungen der gleichen Privilegien wie China. Während des Tokugawa-Shogunats perzepierte das offizielle Japan die Ausländer[1215] in drei Kategorieren: Chinesen [唐人] (*To-jin*), katholische Europäer

---

[1213] 1632-1633
[1214] Befindet sich in der Stadt Shizuoka, deren alter Name in Sumpu war; Regierungssitz der Provinz *Suruga* (駿河府中). Die Burg ist vor allem bekannt als Ruhesitz von Tokugawa Ieyasu.
[1215] Das japanische Wort *gaijin* [外人] „Mensch von außerhalb", „Außenseiter") ist eine im Unterschied zum formellen *gaikokujin* [外国人] („Mensch aus dem Ausland") mit negativen Konnotationen belastete Bezeichnung für Nichtjapaner,

wie die Spanier und Portugiesen [南蛮人][1216](*Nanban-jin*) und die protestantischen Holländer (*kōmōi-jin*[1217]). Mit dem Begriff *tōsen* [東泉] wurden primär chinesische Schiffe bezeichnet, aber auch die Boote aus verschiedenen Gegenden Südostasiens, die man unter dem Oberbegriff *okuminato* [先週] (innere Häfen) subsumierte. Eine weitere Klassifizierung definierte Schiffe aus Kiangsu und Chekiang als *kuchibune* [口船] (Maulschiffe), Tonnagen aus Fukien, Kwangtung und Kwangsi als *naka-okubune* [中先船] (mittel-innere Schiffe) und die Dschunken aus Tongking, Kambodscha, Malakka, Pattani, Batavia, Songkhla, Nakhon Si Thammarat und Ayutthaya liefen unter *okubune* [先船] (innere Schiffe). In diesem System galten also Schiffe aus Siam, deren Besatzung ohnehin zumindest zu 90% aus Chinesen bestand, als *tōsen*, also chinesische Schiffe (*Ishii,1971:165*). Alle siamesischen Dschunken wurden auch unter dem Oberbegriff *senra-sen* zusammengefaßt, wobei die royalen Kommissionen als *senra-yakata shidashi no fune* galten und die Tonnagen der chinesischen Offiziellen als *senra tōjin yakunin* geführt wurden (*Ishii,1988:6*). Aber auch die *tōsen* wurden zwischen 1644-1724 genauestens examiniert und die so gewonnenen Informationen an die Zentralregierung in Edo weitergeleitet. Ein exemplarischer Bericht unter den fast 2.500 in jener Zeit liest sich wie folgt: >>Unser Schiff ist eine Dschunke unter königlicher Kommission mit 67 Leuten an Bord, 65 Chinesen und 2 Siamesen. Am ersten Tag des sechsten Mondmonats diesen Jahres setzten wir Segel in Richtung Pak Nam[1218] und warteten auf günstigen Wind. Am 18. Tag verließen wir die Flußmündung und segelten auf das Meer hinaus. Es folgten uns keine Schiffe aus Siam. Wir hörten, daß eine siamesische Dschunke, welche letztes Jahr auf dem Weg nach Japan war [...] nach Nanao in Kwangtung abgetrieben wurde und nicht [nach Siam] zurückkehren konnte. Dieses Schiff könnte dieses Jahr nach Japan kommen. Auf unserer Reise gab es keine besonderen Vorkommnisse. Wir kamen hier heute an, ohne zuvor einen anderen Hafen in Japan angelaufen zu haben. Der Kapitän Hsö Tse-Kuan war hier im letzten Jahr als Buchhalter auf Schiff Nummer 82. Unser Schiff ist das gleiche, welches diesen Hafen letztes Jahr als Schiff Nummer 100 besucht hat. In Siam herrscht Frieden. Nichts ungewöhnliches ist passiert im ganzen Königreich und den Vasallenstaaten. Ein holländisches Schiff verließ den Hafen vor uns. Es könnte bald hier eintreffen. Das ist alles, was wir berichten können<< (*Ishii,1971:167f.*).

Zu Beginn des 17. Jahrhunderts tobte in Japan ein erbitterter Krieg zwischen den Familien Tokugawa und *Toyotomi* [豊臣氏][1219]. Schließlich wurden die Toyotomis im entscheidenden Winterfeldzug von Osaka im Jahre 1614 vernichtend geschlagen[1220]. Nicht wenige der enttäuschten und besiegten lokalen *warlords* nutzten die sich ihnen bietende Chance, in Siam ihr militärisches Wissen in den Dienst des Königs zu stellen. Im Zuge dieser „Söldner-Migration" gelangte auch der wohl berühmteste Japaner Siams des 17. Jahrhunderts, Yamada

---

besonders westliche Ausländer, die inzwischen von den Medien vermieden wird und auch in der Alltagssprache im Schwinden begriffen ist.

[1216] *Nanban* bedeutet "südliche Barbaren" und *jin* „Person, Mensch".

[1217] "Rotschöpfe" oder „Rot-Barbaren"

[1218] „Wassermund". Die Mündung des Menam Chao Praya in den Golf von Siam.

[1219] Eine japanische Familie unadliger Herkunft. Der Klan wurde offiziell 1596 gegründet, als *Hashiba Hideyoshi* [豊臣 秀吉] vom *Tennō* den Familiennamen Toyotomi empfing, da er zu einem der treuesten Generäle *Oda Nobunagas* [織田 信長] aufgestiegen war, obwohl er aus einer Samurai-Familie bäuerlicher Herkunft stammte. Hideyoshi hatte versucht, den Titel *Shōgun* zu bekommen, was ihm jedoch wegen seiner niedrigen Herkunft verwehrt blieb. Er erhielt stattdessen 1585 das Amt des *kampaku* [関白], des kaiserlichen Regenten. 1591 trat er zu Gunsten seines Neffen *Miyoshi Nobuyoshis* von diesem Amt zurück, der, während er den Aufstieg seines Onkels folgte, seinen Namen erst in *Hashiba Hidetsugu*, dann in *Toyotomi Hidetsugu* [豊臣 秀次] änderte. Der Klan verlor 1615 seine Macht als mit dem Tod *Toyotomi Hideyoris* [豊臣 秀頼], des Sohns und Erben Hideyoshis, bei der Belagerung von Osaka die Linie erlosch.

[1220] Die Belagerung von Osaka [大坂の役] (*Ōsaka no eki*) war eine Serie von Schlachten, die das Tokugawa-Shōgunat gegen den Toyotomi-Klan führte. Unterteilt in zwei Phasen (Winterfeldzug und Sommerfeldzug) zwischen 1614-1615 setzte die Belagerung dem letzten größeren bewaffneten Widerstand gegen die Errichtung des Shōgunats ein Ende.

Nagamasa [山田長政][1221], im Alter von 28 Jahren 1617/18 nach Ayuthhaya (*Nakamura-Kōya,1939:85*); der junge Mann sollte sich in wenigen Jahren bis zum Führer *Nipponmachis*[1222] emporarbeiten und in der siamesischen Innenpolitik eine tragende Rolle spielen. Ein weiterer sozialer Aufsteiger war *Tsuda Matazaemon*, ein Kaufmann aus Nagasaki, der sich während der Keichō [慶長]-Aera[1223] in Siam aufhielt und zum Dank für seine Hilfe bei der Abwehr einer birmanischen Invasion eine siamesische Prinzessin zur Frau erhielt (*Kanichi Asakawa,1909:1; Polenghi, 2009:40*).

Bereits anläßlich der zweiten diplomatischen Mission Siams 1621 hatte König Song Tham dem Shogun Tokugawa mitgeteilt, daß er das älteste Mitglied der japanischen Kolonie Ayutthayas zu deren offiziellen Leiter mit dem Rang eines *Khun Chaijasan* ernannt habe. Seine Aufgabe sei es, den Handel mit Japan zu steuern und für die Unterbringung der neuen Mitglieder der Kolonie zu sorgen. Etwa zur gleichen Zeit schreibt der bereits erwähnte Yamada Nagamasa in einem Brief an den Shogun, daß ein gewisser Yamada Nizayémon in die gehobene Administration Siams Aufnahme gefunden habe (*Kiichi Gunji,1941:556*). Yamada Nagamasa selbst wurde 1626 zum *senaphimuk raja montri* [เสนาภิมุขราชามนตรี] ernannt und zählte damit zur politischen Elite des Königreiches. Der Beförderung Yamada Nagamasas war die Ernennung der japanischen Söldner zur Leibwache König Song Thams vorausgegangen. Nachdem die japanischen Elitesoldaten und ihr Führer jahrelang ein signifikanter strategischer Faktor in den Machtkämpfen am Hofe Ayutthayas waren, erfolgte schließlich unter der Herrschaft Prasat Thongs der Niedergang des japanischen Einflusses. Das Yamada Nagamasa anstelle des *okphra* gar den Titel des *okya* führen durfte, unterstreicht seine herausragende Rolle bei den Auseinandersetzungen um die Thronfolge 1628/29 (*na Pombejra,1984:127*). Yamada Nagamasa wurde in Ligor vergiftet, wo er als Provinzgouverneur kaltgestellt worden war. Seine revoltierenden Soldaten wurden zweimal geschlagen und flohen nach Kambodscha und die übrigen Nachbarländer. Lediglich acht Krieger unter Führung Kidani-Kyuzayes blieben als Statthalter der einst imposanten japanischen Enklave in Ayutthaya zurück. Nach den leidlichen Erfahrungen mit Yamada Nagamasa suchte der König künftigen japanischen Unruhen dadurch zu begegnen, indem er anstatt eines mächtigeen *okya* drei *nai* zu Führern der japanischen Kolonie berief (*na Pombejra,1984:78*). Dies war bereits der Schwanengesang für die Söhne Nippons und die kleine Kolonie mußte alsbald das vorläufige Ende der vormals veritablen Präsenz Japans im Reich des weißen Elephanten erleben (*Nakamura-Kōya,1939:93*). Die wirtschaftlichen Nutznießer waren diesmal neben den Holländern die Chinesen (*Nunn,1922:78ff.*), denen rund 100 Jahre zuvor ein ähnliches Schicksal durch die damals aufstrebenden Japaner beschieden worden war. Unter den späteren Königen Fa Chai und Phra Narai dem Großen wurden erneute Versuche unternommen, die diplomatischen Beziehungen zwischen beiden Ländern zu reanimieren. Die vorläufig letzte der allesamt erfolglosen Missionen erreichte Japan 1656 (*Kiichi Gunji,1941:356*). Erst am 26. September 1887 kam es zum Abschluß einer Freundschaftserklärung und damit zur Wiederaufnahme offizieller diplomatischer Beziehungen.

Während seines Regnums etablierte König Ekathotsarot die sogenannten *krom asa*s («Freiwilligenregimenter»), in denen er die ausländischen Söldner nach ethnischen Gesichtspunkten sammelte : die Mon im *krom asa Mon*, Vietnamesen im *krom asa Cham*, die japanischen Samurai im *krom asa Yipun* und die holländischen und portugiesischen Arkebusiere im *krom asa Maen Puen*. Doch auch die stattliche Anzahl der ausländischen Elitesoldaten konnte nicht verhindern, das sich Lan Na bereits unmittelbar nach der

---

[1221] In Thai: [ยะมะดะ นะงะมะซะ]
[1222] „Japan-Stadt". Name der japanischen Kolonie in Ayutthaya.
[1223] 1596-1614

Inthronisation des neuen Herrschers von Ayutthaya lossagte. Das Hauptaugenmerk des Königs galt der Konsolidierung und Optimierung des royalen Fiskus. Zu diesem Zweck verfügte Ekathotsarot die Erhöhung bestehender Abgaben bzw. die Einführung neuer Steuern. Auf den Handel in Geschäften und Märkten wurde eine Abgabe von 10% erhoben und künftig konnten anstelle des manuell zu erbringenden jährlichen Arbeitsdienstes für die Krone alternativ auch ein entsprechender Geldbetrag entrichtet werden (*RCA,2000:207*). Ob dieser Fokussierung auf die pekuniären Aspekte der Reichsverwaltung stand er insbesonders bei den europäischen Zeitzeugen >>in dem Ruf ein habgieriger Mensch zu sein<< (*Wood,1924:158*). Im gleichen Tenor äußert sich auch Van Vliet über *Prae Anoet Tsiae Thieraij Praerha Mij Zoon*: >>der neue Herrscher war ein guter König von großer Weisheit und Urteilsvermögen, aber wenig kriegrisch [...] er war nicht bsonders gläubig, schätzte die Mönche nicht besonders, führte aber ein bescheidenes Leben. Seine Majetät fand großen Gefallen an der Jagd, an Ausritten und Elephantenkämpfen, segelte gerne von einem Ort zum anderen etc. Er war Fremden und ausländischen Nationen besonders gewogen [...] Er hatte viele königliche Vorzüge aber war habgieriger als alle seine Vorgänger. Er war ausschließlich an Wegen interessiert, sein Vermögen zu mehren. Zu diesem Behufe erließ er viele repressive Verordnungen. Er verlangte, das alle Domänen und Städte der siamesischen Krone ihre Sklaven auflisteten ; danach führte er eine Volkszählung in diesen Gebieten durch[1224] [...] Besaß jemand mehr Sklaven als die von ihm gemeldeten, fielen diese dem König zu, so das dergestalt Seine Majestät in den Besitz vieler Sklaven gelangte, die einen großen Teil des siamesischen Reichtums, Glanzes und Ansehens bilden. Er ließ [sogar die einzelnen] Obstbäume seines Reiches zählen und erhob darauf eine Steuer [...] Wann immer der König eine bauliche Maßnahme oder Restauration verfügt, sind die leitenden Minister genötigt, aus ihrem Budget Beiträge zu leisten. Diese Subventionen gehen selten zu ihren Lasten sondern sie beauftragen ihre Untergebenen, soviel als möglich einzutreiben [...] Der Schweiß der Armen und der Ausländer wird benötigt, so das König und Adel als Errichter und Bewahrer prachtvoller Bauwerke memoriert werden. Das ist der Hauptgrund für die große Verärgerung unter den Ausländern. Jedermann versucht sich seinen Teil wo auch immer zu holen. Derjenige, der etwas von der siamesischen Verwaltung versteht wird nicht überrascht sein, da die Gesetze darauf basieren und alles legitimieren. Diese belastenden, durch den König eingeführten Sitten und Gebräuche, wirken nicht nur bis in unsere Zeit hinein, sondern werden täglich schlimmer [...] Zu keiner Zeit prosperierte sein Regnum und es war, im Gegenteil, eine Zeit anhaltender Unruhen<< (*Van Vliet,1640:233ff.*). Offensichtlich ist die europäische Darstellung Ekathotsarots als habgieriger Monarch darauf zurückzuführen, das der König sich «erdreistete», den Profit der Kaufleute und Händler sowie den Reichtum des einheimischen Adels zugunsten der Staatskasse zu schmälern. Der Vorwurf der Habgier relativiert sich auch vor dem Hintergrund der zahlreichen und kostspieligen militärischen Auseinandersetzungen während des Regnums Phra Naresuans und jedem staatsmännisch und langfristig denkenden Herrscher mußte daran gelegen sein, zunächst wieder die Schatullen zu füllen und damit das Reich und die eigene Dynastie zu stabilisieren. Der von Van Vliet ob seiner religiösen Meriten so gelobte Nachfolger Song Tham wäre ohne die von Ekathotsarot geschaffenen monetären Voraussetzungen kaum in der Lage gewesen, die zahlreichen Investitionen in sakrale Bauten und Tempelrenovierungen vorzunehmen.

Mit der Königin hatte Ekathotsarot zwei Söhne, *Chao Fa Suthat* (เจ้าฟ้าสุทัศน์) und *Chao Fa Si Saowaphak* (เจ้าฟ้าศรีเสาวภาคย์) gezeugt; letzterer hatte durch Blutgeschwüre ein Auge verloren, was als ungünstiges Omen gedeutet wurde (*RCA,2000:207*). Dazu kamen noch mindestens zwei weitere mit seinen Konkubinen, namentlich *Phra Thong* (พระทอง), *Phra Si Sin* (พระศรีศิลป์)

[1224] Keinesfalls eine Innovation König Ekathotsarots.

und/oder *Phra Intharacha* (พระอินทราชา)[1225]. Als ältester Sohn war Prinz *Suthat* [สุทัศน์] der designierte Thronfolger, doch durch eine Intrige *Phra Nai Wais* (*Wood,1924:159*) fiel er beim König wegen vermeintlicher Insubordination in Ungnade. Laut den Königlichen Chroniken hat sich der Prinz aus Furcht vor der erwarteten Rache des Vaters selbst vergiftet (*RCA,2000:207*). Gemäß Peter Williamson Floris, der 1611 in Ayutthaya war, hat jedoch König Ekathotsarot >>auf dem Totenbett liegend die Tötung seines Sohnes veranlaßt>> (*Astley,1745:Chapter XIV*) und zwar unter dem Einfluß des mächtigen >>Jockrommewaye[1226]<< (*Floris,1934:56*). Auch eine französische Chronik berichtet: >> der König verhängte die Todesstrafe über seinen unschuldigen Sohn<< (*Turpin,1771*). Besagter *Jockrommewaye* hat vermutlich für diese Intrige mit seinem Leben bezahlt, denn die 280 japanischen Soldner des *chao* besetzten den Palast Ekathotsarots und forderten ihrerseits die Auslieferung von vier Ministern, die sie für den Tod ihres Herrn verantwortlich machten (*Floris,1934:56f*), der vermutlich auf Anweisung Ekathotsarots hingerichtet worden war. Hinzu kamen der Unmut darüber, daß, den geltenden Landessitten entsprechend, siamesische Adelige und Beamte wiederholt japanische Händler trotz bestehender Handelsvereinbarungen betrogen hatten. Erst als Song Tham geschworen hatte, die ansässigen Japaner nicht zu behelligen, setzten ihn die japanischen Söldner wieder auf freien Fuß; sicherheitshalber nahmen sie aber den *Phra Sangharaja* [พระสังฆราช], den Obersten Mönchspatriarchen, als Geisel und ließen ihn erst an der Mündung des Maenam Chao Phraya wieder frei. Möglicherweise war die Ursache eine geistige Umnachtung, die den «weißen König», wie er von den Europäern genannt wurde, gegen Ende seines Regnums überfallen haben mag (*Wood,1924:159f.; Chula Chakrabongse,1960*). Auch über das Ableben König Ekathotsarots ist wenig überliefert. Die Königlichen Chroniken verweisen lediglich lakonisch auf eine schwere Krankheit, welcher der Regent 1610 erlegen sei (*RCA,2000:207*), andere Quellen deuten auf einen Zeitraum zwischen dem 20. Oktober 1610 und dem 19. November 1611 hin. (*G.V. Smith,1977:153f.*)

7.7.7. Somdet Phra Si Saowaphak [สมเด็จพระศรีเสาวภาคย์][1227] (1610-1611) [?]

Nachdem dem Tod König Ekathotsarots wird die weitere Entwicklung Ayutthayas im 17. Jahrhundert durch zwei wesentliche Faktoren determiniert: Erstens durch die ungleichmäßige Entwicklung staatlicher Organisation und deren Institutionen und zweitens durch die zunehmenden Einflüsse diverser europäischer Mächte. Diese beiden Faktoren sollten in Tateinheit die Situation in Ayutthaya derart verschärfen, das sie 1688 in einer Art von «nationalem Befreiungsschlag» mit der sogenannten «Siamesischen» oder auch «Glohreichen Revolution» eskalierte. Grundsätzlich war nahezu jede Thronfolge im 17. und 18. Jahrhundert entweder umstritten oder irregulär. Das Phra Naresuan im Beisein seines Bruders 650 km von der Hauptstadt entfernt starb und dennoch die Thronfolge Ekathotsarots nie zur Disposition stand, war dem Legat des grossen Kriegerkönigs geschuldet und sollte eine Ausnahme bleiben.

Si Saowaphak wird von einigen Historikern als „Phantomkönig" betrachtet, da sich die wenigen überlieferten Informationen seiner Herrschaft sich ausschließlich in den siamesischen Chroniken finden; kein ausländischer Chronist erwähnt das Regnum des einäugigen Monarchen, in deren Darstellungen folgte Song Tham unmittelbar auf König Ekathotsarot. Gemäß den Königlichen Chroniken Ayutthayas stand das kurze Regnum des jüngeren Bruders Prinz Suthats unter schlechten Vorzeichen. Angesichts der offensichtlichen

---
[1225] Beide Namen werden in unterschiedlichen Quellen als Prinzentitel des späteren Königs Song Tham genannt.
[1226] Vermutlich *Chao Krom Nai Wai*
[1227] Auch Phrabat Somdet Phra Sanphet Thi IV [พระบาทสมเด็จพระสรรเพชญที่ ๔]; Kurzform: Si Saowaphak

Inkompetenz des unerfahrenen Regenten, beschloß der leitende Adel zu handeln. Man schickte eine Delegation zu Phra Si Sin, der mittlerweile als gelehrter Mönch unter dem Namen *Phra Phimon Tham Ananta Pricha* [พระพิมลธรรมอนันตปริชา] in einem Tempel lebte. Gemeinsam mit *Chao Mün Sri Saorak* [จหมื่นศรีสรรักษ์] konspirierte und rebellierte er gegen den Halbbruder. Als die Aufständischen in den Königspalast eindrangen, soll Si Saowaphak seinen loyalen Hofstaat lediglich lakonisch aufgefordert haben: >>Auch wenn meine Zeit gekommen ist, macht keinen weiteren Ärger<< (*RCA,2000:208*). Das kolportierte Phlegma des Regenten bewahrte ihn nicht vor der klassischen Exekution. Im Beisein von 100 Mönchen wurde er mit einer, royalen Hinrichtungen vorbehaltenen, Sandelholzkeule erschlagen und im *Wat Kok Phraya* [วัดโคกพระยา] kremiert. Damit war der Weg frei für den vormaligen Mönch und Sohn einer Konkubine, der 1611 als Somdet Phra Chao Song Tham seine Herrschaft antrat.

7.7.8. Exkurs: Siam und Dänemark

Aus Schaden wird man klug, aber selten reich[1228].

Auch zwischen Dänemark und Siam entwickelten sich bereits im 16. und 17. Jahrhundert Handelsbeziehungen. Ausgangspunkt hierfür waren die dänischen Kolonien an der Ostküste Indiens, die zu Beginn des 17. Jahrhunderts begannen, mit den siamesischen Domänen entlang des Golfs von Bengalen zu handeln. Zu dieser Zeit herrschte in Dänemark König Christian IV. (1588-1648), der wie viele andere europäische Potentaten jener Tage im überseeischen Handel einen steten Quell des Mammon sah, sowohl für die Privatschatulle als auch das staatliche Portfolio. So wurde infolge der zunehmenden merkantilen Aktivitäten 1616 die Dänische Ostindien Gesellschaft[1229] gegründet, die mit Unterbrechungen und wechselnden Firmierungen bis zu ihrer Auflösung 1843 auch im südostasiatischen Handel tätig war. Kurioserweise waren es zwei holländische Kaufleute, Jan de Willum und Herman Rosenkrantz, welche die Gründung der Gesellschaft initiierten. Als Starthilfe wurde ihnen ein zwölfjähriges Monopol auf den dänischen Handel in China, Japan und Südostasien gewährt, wobei das Startkapital von 190.000 dänischen Talern recht bescheiden ausfiel.

1617 besuchte ein weiterer holländischer Kaufmann, der in Diensten des ceylonesischen Königs Seranat von Kandy stehende Marcelin de Boushouwer in Kopenhagen König Christian IV. und bat um dessen Unterstützung im Kampf gegen die Feinde seines Herrn; selbstredend stellte er als Ausgleich entsprechende Handelsprivilegien in Aussicht. Die Mission war erfolgreich und der dänische König entsandte zwei Kriegsschiffe[1230], zwei Handelsschiffe[1231] und einen kleinen Segler[1232], der als „Aufklärer" unter dem Kommando Roland Crappés diente, nach Ceylon. Nach einer langen und gefahrvollen Reise endlich in Ceylon angelandet, mußte der Befehlshaber der dänischen Flottille, Admiral Gjeddes Tommerup zu seinem Erstaunen zur Kenntnis nehmen, daß sich die Lage verändert hatte und der König von Kandy kein Interesse mehr an der dänischen Präsenz im Lande zeigte. Allerdings gelang es dem quirligen Roland Crappé recht bald, einen alternativen Stützpunkt für zukünftige dänische Handelsaktivitäten zu akquirieren. In Tranquebar[1233] errichteten die Dänen das Fort *Dansborg* und der agile Kaufmann wurde zum ersten dänischen Gouverneur der kleinen Enklave an der ostindischen Küste ernannt. Tranquebar diente in der Folge als

---

[1228] Dänisches Sprichwort
[1229] *Dans Ostindisk Kompagni*
[1230] Die *Elefanten* und die *David*
[1231] Die *Kristian* und die *Kjøbenhavn*
[1232] Die *Øresund*
[1233] Das heutige Tharangambadi an der Koromandelküste (die südöstliche Küste der indischen Halbinsel) im südindischen Bundesstaat Tamil Nadu.

Basislager für weitere koloniale Erwerbungen, beispielsweise die sogenannte *Lodge of Srampore* und Frederiksnagor. Das aus sieben größeren und dreizehn kleineren Inseln bestehende Archipel der Nikobaren wurde ebenfalls okkupiert.

Das es den Dänen spätestens zu Beginn des 17. Jahrhunderts gelungen war, sich als Handelspartner Siams zu etablieren, veranschaulicht ein erhaltenes Schreiben des Gouverneurs[1234] von Tenasserim, datiert auf den 10. Dezember 1621: >>Das folgende königliche Dekret ist der großen Stadt Tranauwasri[1235] zugeeignet. Es wird hiermit bestimmt, wenn fremde Kaufleute den Hafen von Tranauwasri anlaufen um zu handeln, und hernach die Stadt entweder seewärts oder über Land zur Hauptstadt Thawarawadi Sri Ayutthaya wieder verlassen, daß ihnen alle notwendige Hilfe zuteil werden soll. Zwischen Athimalas[1236] und Tranauwasri gilt die alte Tradition, wonach Kaufleute aus Athimalas sich im Herrschaftsgebiet der großen Stadt Tranauwasri frei bewegen dürfen. Nun wünscht der *reth*[1237] von Athimalas, in Anbetracht unserer gemeinsamen Interessen, freundschaftliche Bande zu knüpfen und hat daher Kapitän Karabes[1238] mit einem Schiff in den Hafen der großen Stadt Tranauwasri geschickt. Kapitän Karabes aus Athimalas und seine Soldaten werden als Gäste bewirtet und erhalten die Erlaubnis, ihre Geschäfte nach eigenem Gutdünken zu führen. Die Gebühren und Abgaben, die üblicherweise seit alters her in Übereinstimmung mit den Traditionen erhoben werden, sind für Kapitän Karabes gesenkt worden, um die Freundschaft mit dem reth von Athimalas auszubauen<< (*Seidenfaden&Dhani Nivat,1939:6*).

Im Hafen von Tenasserim wurden fortan dänische Feuerwaffen gegen siamesische Elefanten gehandelt, welche die Dänen wiederum in Tranqebar mit Gewinn veräußern konnten. Nach und nach geland den Dänen mit ihren *godowns* in Dansborg und Frederiksnagor substantielle Margen zu generieren, was postwendend den Widerstand der Holländer provozierte; in den von den Niederländern dominierten Märkten konnte die „Dänische Ostindien Gesellschaft" fortan keinen nennenswerten Handel mehr treiben. Zu allem Überfluß zwang der 30jährige Krieg in Europa[1239] Dänemark zur Konzentration aller wirtschaftlichen Kräfte und entzog somit die dringend benötigten Mittel zum Schutz seiner asiatischen Handelsinteressen. Die moribunde Handelsgesellschaft war alsbald genötigt, die ihr gewährten exklusiven Privilegien wieder abzutreten und die gewährten staatlichen Subsidien zurückzuführen. Aus den insolventen Rudimenten der *Dans Ostindik Kompagni* ging zwar 1670 noch einmal eine Nachfolgegesellschaft hervor; deren Engagement und Gewicht fiel jedoch sehr bescheiden aus und stand in keiner Relation zu den einstigen visionären asiatischen Ambitionen Dänemarks (*van der Cruysse, 2002:58f.*).

Aufgrund politischer Überlegungen entschloß sich Dänemark Mitte des 19. Jahrhunderts seine kolonialen Aktivitäten in Siam aufzugeben. Das Herzstück seiner Besitzungen, Tranquebar, wurde im Februar 1845 für 125.000£ an die *British East India Company* verkauft. Die Stützpunkte entlang der indischen Goldküste, immerhin die wirtschaftlich ertragreichsten, gingen für lächerliche 10.000£ in britischen Besitz über. Schließlich gab Dänemark 1848 als letztes auch die Nikobaren auf und es waren wiederum die Engländer, die 1869 dort die Nachfolge antraten.

[1234] Der vollständigen Titel: *Okya Chaiyathibodi Srironarongalüchai Aphaiphiriyaba-rakromaphabu*
[1235] Tenasserim oder Mergui
[1236] Dänemark
[1237] Gemeint ist der König von Dänemark
[1238] Roland Crappé
[1239] 1618-1648

7.7.9. Somdet Phra Chao Song Tham [สมเด็จพระเจ้าทรงธรรม][1240] (1610/1611-1628)

Gleich nach der Machtergreifung Song Thams, welche >>selbst für Thai Verhältnisse<< (*na Pombejra,1984:121*) obskur erschien, hatte der König seinen Getreuen Chao Mün Sri Saorak zum *Uparacha* erhoben; allerdings konnte sich dieser nicht lange an dieser hohen Ehrung erfreuen, denn bereits nach sieben Tagen im Amt und Würden erkrankte der frischgebackene Vizekönig und verstarb drei Tage später. (*RCA,2000:208*). Es gab zwei Hauptursachen für die häufigen Streitigkeiten um die Thronfolge Ayutthayas im 17. und 18. Jahrhundert: Erstens entwickelte sich die Administration des Reiches zunehmend „Ayutthaya-zentrisch"; während in den vorhergehenden Jahrhunderten die hochrangigen Prinzen und *chao* die wichtigsten Provinzen vor Ort verwaltet hatten, waren sie nunmehr in der Hauptstadt ansässig. Und der Hauptherd möglicher Konflikte lag immer dort, wo der König und dessen Familie sowie die Nobilität aufeinandertrafen – sei es in Ayutthaya (1628/29, 1643, 1656, 1657) oder in Lop Buri (1688). Zweitens war entweder die Thronfolge nicht eindeutig geregelt oder die Regelungen wurden nicht *a priori* akzeptiert, um Mißbrauch und Unregelmäßigkeiten auszuschließen (*na Pombejra,1984:99*). Während manche dem Bruder oder auch Halbbruder des Königs den primären Anspruch zuwiesen, sahen andere im ältesten Sohn des Königs den legitimen Nachfolger; unabhängig davon spielte auch das Lebensalter, die außen- und innenpolitische Situation des Reiches aber auch religiöse bzw. spirituelle Erwägungen eine Rolle. Tatsache ist, daß es keine eindeutige gesetzliche Regelung wie beispielsweise die der Primogenitur gab. Auch der „Vizekönig" galt zwar formal als designierter Thronfolger, *in realitas* war der Uparacha aber „lediglich" ein potenzieller Kandidat. Daraus resultierten der Aufstieg und Niedergang diverser Dynastien Ayutthayas, da >>das Zepter gelegentlich durch die mächtigste und beim Volk angesehenste Familie usurpiert<< (*Schouten,1935:100*) wurde und la Loubère notierte vierzig Jahre später angesichts der erneuten Usurpation des Thrones durch Phra Phetracha lakonisch, das >> die Seite gewinnt, welche die meiste Macht hat<< (*la Loubère,1693:191*).

>>Die Gesetze / und Gewonheiten deß Reichs schreiben zwar in der Succession zur Cron eine sonderbare / jedoch aber eine beständige Ordnung vor; daß nemlich bey Absterben deß Königs sein ältester Bruder erben; wofern es ihm aber an dem Bruder mangelte / alsdann sein ältester Sohn/in die regierung treten soll; und ferner dessen Bruder/so lang als noch einer oder der andere im Leben ist: Endlich aber sollen in gleicher Ordnung / alle Söhne des ältesten Bruders/der nechst zuvor regirt hat / einander succedirn [nachfolgen]; also daß die Töchter zu der Königlichen Cron nicht gelassen werden; und auf solche Weise der alte Königliche Stamm schwerlich allerdings abgehen kan. Aber diese nach ihren weltlichen Gesetzen rechtmässige Art und Weis /wird selten so gar beobachtet; sondern diejenigen succedirn vielfältig / welche im Königlichen Geschlecht entweder die mächtigsten; oder denen man am günstigsten ist: Gleichwie auch der jetztregirende König gethan/welcher sein Reich vollkömmlich zu befestigen/die andern Competitores [Mitbewerber] und Herren von Geblüt/mit all ihrem Anhang getödtet; damit er nemlich unverhindert regiren / und die Cron dermaleins seinem Bruder/oder Kindern/mit gutem Frieden hinterlassen möchte<< (*Schouten,1663:288f.*)

Im Frühjahr 1612 verbreitete der nach Lan Chang geflohene hochrangige Prinz *Chao Fa Tanan* das Gerücht, der König sei von den rebellischen Japanern erschossen worden. Die vermeintliche Gunst der Stunde nutzend kampierte der König Lan Changs nach einem Tagesmarsch in Lopburi, wo er allerdings erfuhr, daß selbiger sich bester Gesundheit erfreute. Voravongsa II. bot daraufhin an, die Japaner zu vertreiben, was der mißtrauische Song Tham

---

[1240] Auch Phra Intharacha [พระอินทราชา]; Kurzform: Songtham

ablehnte und statt dessen seine Truppen mobilisierte, woraufhin sich die Armee Lan Changs wieder auf den Heimweg machte *(na Pombejra,1984:123)*. Der Vorstoss Lan Changs verwundert angesichts der turbulenten Situation im eigenen Haus. Nach dem frühen Tod König Nokeo Koumanes [พระเจ้าหน่อแก้วกุมาร] 1596 gelangte der jüngste Sohn der Schwester Setthathiraths, *Voravongsa (Thammikarath)* [พระเจ้าวรวงศาธิราช (ท้าวธรรมิกราช)], auf den laotischen Thron. Da der neue Herrscher erst dreizehn Lenze zählte, wurde *Phra Vorapita*, durch den birmanischen Suzerän zum Regenten bestellt. Aber Pegu war weit und verlor zunehmend an Bedeutung und Lan Chang entschloss sich, aktiv in die Auseinandersetzungen um die Thronfolge in Lan Na einzugreifen. Zwar waren die Truppen zunächst erfolgreich, aber die versuchte Einnahme von Phayao, Fang und vor allem Chiang Mais mißlangen *(Wyatt,1998:129)*. Die gegenseitigen Schuldzuweisungen nach der gescheiterten Militärexpedition führten in Vientiane schließlich zum Bürgerkrieg zwischen den Anhängern *Phra Vorapitas* und des mittlerweile achtzehnjährigen Monarchen. Ein laotische Chronik beschreibt die Zustände: >>Müang [Viang] Chan war voll von Lanzen und Schwertern. Verwandte kämpften vier Monate lang gegeneinander und es gab viele Tote<< *(Stuart-Fox,1998:86)*. Schließlich gelang es nach einer Intervention der angesehensten Mönche des Landes, *Phra Vorapita* zur Aufgabe und Anerkennung seines Sohnes als Regenten zu bewegen.

Immerhin gelang es Song Tham zunächst auch die birmanischen Begehrlichkeiten abzuwehren. 1613/14 erfolgte ein Angriff auf Tavoy und Tenasserim >>von Land- und Seeseite aus. Dieser wurde allerdings von den Siamesen erfolgreich abgewehrt, die durch 4 portugiesische Gallionen unter dem Kommando Christopher Rebellos, die mit jeweils 40 portugiesischen Söldnern und 70 Sklaven bemannt waren, unterstützt wurden<< *(Anderson,1890:39)*. Nach einem erneuten Angriff 1622 konnten die Birmanen Tavoy und zwischen 1622-26 auch die Shan-Domänen Kengtung und Sipsongpanna erobern. Zwar hatte Song Tham noch eine Armee in Marsch gesetzt, doch als diese *Singkhon*[1241] erreicht hatte und die Nachricht erhielt, das Tavoy bereits genommen sei, befahl der König den Rückzug und überliess den Birmanen kampflos den wichtigen Handelshafen *(RCA,2000:209)*.

Berichte der englischen Handelsgesellschaft, wonach Chiang Mai 1617 wieder unter siamesischer Hoheit gestanden haben soll *(Anderson,1890:62)* sind nicht zutreffend. Unter König Anaukpetlun gelang es den Birmanen 1614 auch in Lan Na die Oberhand zu gewinnen. Die Chroniken von Chiang Mai überliefern die folgende Situation: >>1614/15 rebellelierte Nakhón [Lampang] gegen König Nòng Phak Wun Min Taya [...] Die Birmanen kamen, ihn zu holen; und sie ernannten den Sohn des Phraya Chiang Sæn zum *wun*[1242] und sie gaben ihm Elephanten und Lampang. Prinz Phawa Min Taya war fortan dem Phraya Chiang Sæn sehr gewogen und ernannte ihn zum „Prinz Albino-Krähe", gab ihm eine goldene howdah[1243] mit einem roten Dach, das vergoldet war. Fürderhin waren alle offiziellen Angelegenheiten zunächst dem König in Pegu [zur Entscheidung] vorzulegen<< *(Wyatt & Wichienkeeo,1998:130)*.

Im Khmer-Reich hatte Chey Chettha II. (Ponhea Nhom) 1618 als Nachfolger Barom Reacheas IV. (Srei Soriyopear) den Thron in Oudong bestiegen und 1623 die vietnamesische Prinzessin Nguyễn Thị Ngọc Vạn aus dem *Nguyễn*-Klan[1244] geehelicht. Im Gegenzug

---

[1241] Der *Dan Sing Khon* [ด่านสิงขร], ein auf 245 Meter Höhe gelegener Pass durch die Tenasserimkette [ภูเขาตะนาวศรี], die natürliche Grenze zwischen dem südlichen Myanmar im Westen und dem Osten Thailands.
[1242] Ein birmanischer Titel für Minister, aber auch Gouverneuere bzw. Vizekönige.
[1243] Vom arabischen *hawdaj* [هودج], wörtlich „Bett, das vom Kamel getragen wird". Gemeint ist die mit einem Baldachin überspannte Sänfte auf dem Elephantenrücken, die dem bequemeren Reisen hochrangiger Persönlichkeiten diente.
[1244] Beherrschte ab Mitte des 16. Jahrhunderts Zentral- und Südvietnam.

gestattete der König dem Vater Nguyễn Phúc Nguyên, einem *warlord*, der zwischen 1613-1635 von Phú Xuân[1245] aus über die südlichen Provinzen Vietnams herrschte, sich in der Region um *Prey Nokor*[1246] anzusiedeln, woraus sich das spätere *Sài Gòn* und heutige Ho Chi Minh City (*Thành phố Hồ Chí Minh*) entwickelte. Dies war der Beginn einer gewaltigen vietnamesischen Migration jenseits der von Lê Thánh Tông[1247] 1471 geschaffenen Grenze. Die ständig wachsenden Einwanderungswellen überwältigten schließlich das Reich Chey Chetthas und sorgten für eine schleichende „Vietnamisierung" des Mekong Deltas, bevor es schließlich in den 1690er Jahren auch offiziell als Bestandteil des vietnamesischen Reiches eingefordert wurde. Zugute kam den Vietnamesen die Schwächung Kambodschas durch die ebenso erfolg- wie verlustreichen Kämpfe mit Ayutthaya um die Widergewinnung der Unabhängigkeit. >>Seine Majestät [König Song Tham] baute die ersten Kriegsschiffe und Galeeren, die vor seiner Herrschaft in Siam unbekannt waren. Er führte zwei schwierige Kriege mit Lan Chang und Kambodscha, aber unglücklicherweise schloß er nach diversen Niederlagen Frieden mit dem König von Lan Chang und wandte sich mit zwei mächtigen Armeen gen Kambodscha. Er schickte eine übers Wassers und führte die andere über Land. Nachdem seine Armada sich einige Zeit in kambodschanischen Gewässern aufgehalten hatte, drehte sie ergebnislos ab. Nachdem sich die Flotte zurückgezogen hatte, waren die Kambodschaner in der Lage, die zweite Armee in einen Hinterhalt zu locken. Mit bestochenen Führern wurde die Armee in eine Falle geführt, angegriffen und in die Flucht geschlagen. Seine Majestät verlor seinen Bruder und 4[000] seiner 5[000] Männer. Der König Kambodschas erbeutete 450 Pferde, 250 lebende Elephanten und machte 700 Gefangene<< (*Van Vliet,1645:236*).

Nach den für die Siamesen traumatischen Ereignissen mit den revoltierenden japanischen Söldnern zum Ende des Regnums Ekathotsarots war die Loyalität dieser Elitekämpfer *conditio sine qua non* für den Machterhalt jedes Regenten auf dem Thron Ayutthayas. Angesichts der häufigen, je nach tagespolitischer Opportunität, wechselnden höfischen Gemengelage kein einfaches Unterfangen. Insgesamt wurden die japanischen Siedler während des Regnums Song Thams sowohl vom König als auch dessen Beamten insgesamt wohlwollend behandelt (*Theeravit,1998*). Das die Söhne Nippons ihrerseits König Song Tham und auch Prasat Thong nach dessen Usurpation des Thrones loyal dienten, war überwiegend dem Charisma des in Japan durch ein 1707 erschienenes Buch von Tenjiku Tokubei [天竺徳兵衛][1248] zu höchster Popularität gelangten Abenteurers, Yamada Nagamasa zu verdanken. Der anonyme Autor des *Yamadashi-Kōbōki* beschreibt ein Gespräch zwischen dem zu diesem Zeitpunkt mittlerweile arrivierten Yamada Nagamasa [ยามาดะนางามาซะ] und einem japanischen Kaufmann, dessen Schiff 1626 in einen schweren Sturm geraten war und sich vom offenen Meer in den Maenam Chao Phraya rettete. Der Kaufmann machte notgedrungen in der Nähe des Palastes von Yamada Nagamasa fest und wurde vom, dem Händler bis zu diesen Zeitpunkt unbekannten, Hausherrn empfangen. In der Folge entwickelte sich der folgende, durch Yamada Nagamasa begonnene, überlieferte Dialog: >>„Kennst Du mich?" – „Nein, mein Herr, ich kenne Euch nicht „, sagte ich. Er [Yamada Nagamasa] sprach meine eigene Sprache [japanisch], was ich einigermaßen merkwürdig fand. [Yamada Nagamasa] sagte dann: „Ich war Japaner. Ich lebte im Dorf Manomachi wie Du und mein

---

[1245] Das heutige Huế.
[1246] „Dorf im Wald"
[1247] (1442-1497) In der vietnamesischen Historiographie einer der bedeutendsten Kaiser des Landes, dessen Regnum von 1460-1497 währte.
[1248] 1612-1692. Japanischer Abenteurer und Schriftsteller des frühen 17. Jahrhunderts, der kommerzielle Aktivitäten in Siam und *Magadha* (Indien) an Bord japanischer Rotsiegelschiffe verfolgte. Nach seiner Rückkehr nach Japan und dem Beginn des *Sakoku* schrieb Tokubei ein Essay mit dem Titel *Tenjiku Tōkai Monogatari* (*Erzählungen von Reisen nach Indien*) über seine Abenteuer in fremden Ländern, das in Japan sehr populär wurde. Er wird manchmal als der Marco Polo Japans bezeichnet.

Name war Yamada-Nizayémon. Eines bestimmten Jahrs und Monats geriet mein Schiff in einen Sturm und trieb hilflos umher, bis ich schließlich dieses Land erreichte, genau wie Du heute. Der (...) König dieses Landes, der in Feindschaft mit einem seiner Nachbarstaaten [Ligor] lebte, bat uns, die japanische Kolonie, ihm zu helfen. Wir stimmten zu. Wir sahen, daß die Truppen dieses Landes nicht so geübt und diszipliniert waren wie die japanischen Soldaten und wir machten dem König einige taktische Vorschläge, die ihn auch seine Beamten erfreuten. Ich wurde zum Befehlshaber der Truppen ernannt, griff den Feind an, den ich besiegte. Ich gewann jede Schlacht, die wir fochten und alle Leute bewunderten mich. Der König hatte eine Tochter, die er mir zur Frau gab [...] Ich fühle, jetzt da ich Dich sehe, so viel Heimweh in mir und denke oft an meine Verwandten<< (*Nakamura-Kōya*, 1939:88).

Geboren wurde Nagamasa 1590 in *Sunpu*[1249] als Sohn *Tsunokuniya-Kyuzaemons* und er fungierte in jungen Jahren als einer der Sänftenträger *Okubo Tadasukes*, des damaligen *daimyo* von Numazu. Um 1612 hat er vermutlich Japan verlassen und gelangte über Formosa[1250] nach Ayutthaya. Dort bildete sich zu Beginn des 16. Jahrhunderts eine geduldete Kolonie japanischer Exilanten, eine heterogene Gruppe von Händlern, christlichen Konvertiten und und arbeitslosen *Rōnin* [浪人][1251], die vor der Verfolgung durch *Toyotomi Hideyoshi* und Tokugawa Ieyasu nach der Schlacht von Sekigahara [関ヶ原の戦い][1252] aus Japan geflohen waren. Senrakoku Fudo-gunki, ein japanischer Chronist des 17. Jahrhunderts, berichtete: >>Von den Jahren der Ära Gen'na (1615–1624) über die Jahre von Kan'ei (1624–1644), gingen die Rōnin oder Krieger, die ihre Herren nach den Niederlagen in der Schlacht von Osaka (1614–1615) oder früher in der Schlacht von Sekigahara (1600), wie auch die besiegten Christen des Shimabara-Aufstand[1253] in großer Zahl nach Siam, um sich dort anzusiedeln<<[1254]. So wird die Größe der japanischen Kolonie in Ayutthaya im frühen 17. Jahrhunderts auf 800 Siedler geschätzt (*Theeravit,1988:20*) und hat sich in den 1620er Jahren vermutlich auf 1.500 gesteigert (*Kasetsiri & Wright,2007:153*), darunter laut dem Bericht eines portugiesischen Jesuiten 600 Soldaten (*Cardim,1645:175*). Das Oberhaupt der *Nihonmachi* wurde von den Siedlern selbst gewählt und lediglich vom König bestätigt, eine Strategie, die nachhaltig zur allgemeinen Befriedung der Situation beigetragen haben dürfte (*Vu Duc Liem,2011:7*). Etwa um 1620/21 war es Nagamasa gelungen, zum Oberhaupt des *muban yipun* [หมู่บ้านญี่ปุ่น], des „japanischen Dorfes" aufzusteigen. Dieses erstreckte sich etwa einen Kilometer entlang des südöstlichen Ufers des Maenam Chao Phraya und reichte etwa 500 Meter ins Landesinnere. Die ursprüngliche Ansiedlung war von drei Kanälen umgeben und umfaßte lediglich einige Warenlager. 1622, 1630 und 1633 wurde die japanische Enklave von einer Feuersbrunst heimgesucht, bevor sie 1767 im Zuge der birmanischen Eroberung Ayutthayas vollends zerstört wurde. (*Polenghi,2009:71*) 1621

[1249] Das heutige Numazu (-shi) [沼津市], eine Hafenstadt in der Präfektur Shizuoka [静岡県] auf der Insel Honshū [本州].
[1250] Der alte Name Taiwans, abgeleitet vom portugiesischen *Ilha Formosa* („Schöne Insel")
[1251] Wörtlich: „Wellenmann", literarisch: „umherwandernder Mensch", gemeint sind herrenlose Samurai. Ein Samurai konnte herrenlos werden, wenn sein Herr starb, dieser vom Shogun seines Amtes enthoben wurde oder wenn er bei seinem Herrn in Ungnade fiel und verstoßen wurde.
[1252] Im heutigen Landkreis *Fuwa* der Präfektur *Gifu*. Durch den Sieg in dieser Schlacht gelang es dem Haus Tokugawa seine Vormachtstellung in Japan zu festigen. Damit endete die sogenannte Sengoku-Zeit [戦国時代] (*„Zeit der gegeneinander kriegführenden Länder"*) und die Edo-Zeit [江戸時代], d.h. die Epoche der Herrschaft der Tokugawa Shogune, benannt nach der Hauptstadt Edo (das heutige Tokio).
[1253] Die *Shimabara-Rebellion* [島原の乱] war ein Aufstand japanischer Bauern, darunter viele Angehörige der christlichen Minorität, in der Frühzeit des Tokugawa-Shogunats 1637-38. Ursprünglich wurde die Erhebung durch die übermäßige Steuerlast ausgelöst, erst im Laufe der Kämpfe traten religiöse Aspekte in den Vordergrund. 23.000 Bauern und herrenlosen Samurai erhoben sich in der Provinz Hizen und schlugen unter Führung *Amakusa Shirōs* [天草 四郎] (alias *Masuda Tokisada* [益田 時貞]) im Dezember 1637 ein aus 3.000 Samurai bestehendes Heer des Gouverneurs. Im März 1938 sahen sich die an der Festung Hara 30.000 verschanzten Rebellen mit 200.000 Soldaten des Shoguns konfrontiert. Nach dem Fall von Hara am 15. April enthaupteten die Sieger rund 37.000 Rebellen und Sympathisanten.
[1254] Zitiert nach zitiert von Uchida Ginzō: *Kinsei no Nihon* (Early Modern Japan), Tōkyō, Fuzanbō, 1919

avisierte er im Auftrag Song Thams eine siamesische Mission in einem Schreiben an die Mitglieder des Ältestenrates des Shoguns, *Honda Masazumi* und *Doi Toshikatsu*. Nach zwölf weiteren Jahren in Siam reiste Yamada Nagamasa 1624 am Bord eines seiner Schiffe nach Japan, wo er in Nagasaki eine Ladung siamesischer Hirschhäute verkaufte. Er blieb drei Jahre in Japan und versuchte vergeblich, eine der begehrten Lizenzen als Rotsiegel-Schiff zu erlangen. 1626 spendete Nagamasa das Bild eines seiner Kriegsschiffe einem Tempel seiner Heimatstadt Shizuoka; es zeigt ein Schiff mit westlicher Takelage, 18 Kanonen und Soldaten mit der Kleidung und Bewaffnung der Samurai. 1629 kehrte Yamada in Begleitung einer weiteren diplomatischen Mission erneut nach Japan zurück. Acht Jahre hatte er benötigt, um seinen Name auch bei den führenden Kreisen bekannt zu machen; den siamesischen Gesandten gegenüber annoncierten die Vertrauten des Shogun nunmehr den Namen *Okya Senaphimuks* mit den Ehrentiteln „Der Ehrenwerte" und „Seine Exzellenz", wenngleich er wohl nie vom Shogun persönlich empfangen wurde (*Iwamoto,2007:76ff*.). Insbesondere die erfolgreichen Handelsaktivitäten Nagamasas erregten den Neid der europäischen Konkurrenten. Joost Schouten, der Leiter der VOC Niederlassung in Ayutthaya, schrieb 1629 an den holländischen Gouverneuer von Batavia: >>Beinahe alle zwei Jahre kommen ein bis zwei japanische Schiffe nach Ayutthaya, die zum Schutz vor Piraten vom Kriegsschiff des opra [okphra] – des Oberhauptes der japanischen Residenten – begleitet werden. Aufgrund der Thronfolge des gegenwärtigen Königs hat der opra seinen Reichtum und seine Macht erheblich gesteigert, und zwar in dem Ausmaße, das er ein Schiff mit einer Tonnage von 1,000 piculs [ca. 56.8 Tonnen] Sappan Wood und 500,000 Hirschhäute dieses Jahr nach Japan schicken will, entweder mit eigenem Kapital oder gemeinsam mit seinen Kollegen. Sollte er mit dieser Reise erfolgreich sein, werden die Japaner nicht nur [jetzt] den Handel übernehmen, sondern alle künftigen Anstrengungem unserer Gesellschaft, den Handel mit Siam wieder aufzunehmen, werden vergeblich sein (*Nagazumi,1999:96*). Nagamasa ist heute in seiner Heimatstadt im Gebiet von Otani begraben. Einige wenige Reste des japanischen Viertels in Ayutthuya sind heute neben einer Statue Yamada Nagamasas in siamesischer Uniform dort zu besichtigen.

Angesichts der außenpolitischen Fehlschläge und den territorialen Verlusten an Birma, Lan Na und Kambodscha ist es nicht weiter verwunderlich, das sich die Chroniken Ayutthayas ausführlicher mit den religiös-spirituellen Aspekten der Herrschaft Song Thams beschäftigen. Eine herausragende Bedeutung kommt hierbei dem Fund eines Fußabdruckes des historischen Buddha zu. Zu Beginn seiner Herrschaft hatte König Songtham eine Gruppe von Mönchen nach Ceylon gesandt, um dem dortigen Fußabdrucke Buddhas, *Phra Phutthabat* [พระพุทธบาท], die Ehre zu erweisen[1255]. Ein Jäger namens *Pran Bun* [พรานบุญ] entdeckte zufällig während eines Streifzuges eine größere Vertiefung in dem felsigen Gelände auf dem *Suwanna Banphot* – Hügel [เขาสุวรรณบรรพต]. Nachdem er aus der mit Wasser gefüllten Vertiefung getrunken hatte, soll er von einer langwierigen Hauterkrankung geheilt worden sein. Als dies bekannt wurde, schickte Song Tham eine Delegation von Fachleuten an Ort und Stelle, die kurz darauf dem erfreuten Monarchen die Vollständigkeit der vorhandenen Merkmale und damit die Authenzität des etwa 52 cm breiten, 180 cm langen und 27 cm tiefen Fussabdruckes bestätigten. Nach vierjähriger Bauzeit in unwegsamen Gelände entstand 1624 ein Tempelkomplex mit sakralen Gebäuden und Wohnbereichen der Mönche; zusätzlich wurde eine 20 Meter breite Schneise durch die Wildnis bis zum Pa Sak-Fluss geschlagen, an dessen Ostufer eine Bootsanlegestelle errichtet wurde (*RCA,2000:209f.*). *Wat Phra Phutthabat* [วัดพระ พุทธบาท][1256] (Großer königlicher Tempel mit dem Fußabdruck des Buddha) liegt etwa 28

[1255] Die Fußabdrücke des Gautama gelten Buddhisten als Zeichen und Beweis für die verschiedenen Aufenthaltsorte des Erleuchteten.
[1256] Offizieller Name: *Wat Phra Phutthabat Ratchaworamahaviharn* [วัดพระพุทธบาทราชวรมหาวิหาร]

Kilometer nördlich der Stadt *Saraburi* [สระบุรี] in der Gemeinde *Khun Khlon* [ขุนโขลน] im Landkreis Phra Phutthabat. Nachdem 1765 ein neuer Mondop über dem Fußabdruck errichtet worden war, ist dieser nur zwei Jahre später bei der birmanischen Invasion Ayutthayas stark zerstört und geplündert worden. Der heute den Fußabdruck umgebende Mondop stammt noch aus dem ausgehenden 18. Jahrhundert, Ubosot und Viharn sind dagegen neueren Datums und im Stil der Rattanakosin-Periode gehalten. Neben dem Fußabdruck ist die zum Mondop auf den Satchaphanthakhiri [สัจจพันธ์คีรี]-Hügel hinaufführende Treppe interessant. Sie ist derjenigen Himmelsleiter nachempfunden, die der historische Buddha bei seiner Rückkehr benutzt hat und aus drei parallele Treppen aus Gold, Silber und Kristall[1257] bestand. Buddhistische Pilger erweisen der heiligen Stätte im Rahmen eines jährlichen Festivals im Februar und März ihre Referenz. Auch im Bereich der Literatur trat Song Tham als Förderer in Erscheinung. So veranlaßte er eine Überarbeitung des während des Regnums König Trailoks entstandenen *mahaschati chadok* [มหาชาติชาดก][1258], indem er die Pali Passagen vom Thai Text separieren ließ. Des weiteren ließ er zur Förderung des Buddhismus eine komplette Tipitaka-Edition erstellen (*RCA,2000:210*).

Der König, von seinen Zeitgenossen als überwiegend verbindlich und lebensfroh sowie seinen Untertanen wohlwollend zugetan geschildert, wurde zum Ende seiner Herrschaft unerträglich übellaunig. Selbst die einflußreichsten Würdenträger wagten sich kaum mehr in die Nähe des Herrschers, um die dringenden Staatsgeschäfte zu erörtern. Als sich der Gesundheitszustand Song Thams derart verschlechterte, daß eine Genesung nicht mehr wahrscheinlich schien, suchte der König den Rat *Okya Sri Worawongs* [ออกญาศรีวรวงศ์]; und Unterstützung benötigte der sterbende Monarch dringend, plante er doch anstelle seines Bruders einen seiner Söhne als seinen Nachfolger auf den Thron zu setzen. Dieses Ansinnen war bei Hof umstritten, da sich der mächtige Adel in zwei Fraktionen gespalten hatte. Diplomatisch geschickt berief der sterbende Song Tham eine Versammlung bei Hofe ein und bat die geladenen Würdenträger um deren Meinung. Einige verwiesen auf die legitimen Rechte des Bruders Sri Sin, die sich bereits aus dessen Seniorität ergäben.[1259] Ob besagter Prinz Sri Sin, der zu diesem Zeitpunkt als ordinierter Mönch in einem Kloster lebte, überhaupt von einem „potenziellen Kandidatur" unterrichtet war, ist unklar (*Syamananda,1988:67*). Die Mehrzahl der versammelten Noblen hatte aber durchaus realisiert, das der ambitionierte Okya Sri Worawong den juvenilen Sohn des Herrschers präferierte und erging sich in der unverbindlichen Phrase, beide Prinzen seien für die Nachfolge gleichermaßen geeignet, man werde jede Entscheidung des Königs als die richtige akzeptieren.

Dergestalt ermutigt nominierte der König seinen Sohn, den erst 15jährigen Chetta als Thronfolger und beauftragte Okya Sri Worawong, seine Entscheidung erst nach dem Ableben publik zu machen (*Van Vliet,1640:237*). Okya Sriworawong sorgte nun dafür, daß fortan niemand außer ihm direkten Zugang zum König hatte und die anderen Minister hatten fürderhin die königlichen Weisungen und Informationen ausschließlich durch seine Person zu empfangen. Song Tham nahm jedoch nach wie vor Anstoß am anhaltenden Widerstand einiger Minister; insbesondere beunruhigte ihn, daß sich Okya Kalahom[1260] weiterhin auch öffentlich auf die Seite des königlichen Bruders stellte. Daher beauftragte der König seinen Vertrauten, mit *Okya Senaphimuk*[1261], dem Kommandierenden der japanischen Söldnertruppe

---

[1257] Vgl. hierzu Clarence Aasen: *Architecture of Siam - A Cultural History and Interpretation*. Oxford University Press, Oxford, 1998.
[1258] Die *Maha Wetsandon Chadok* [มหาเวสสันดรชาดก] oder Vessantara Jataka.
[1259] *Okya Kalahom, Okya Kien, Okphra Thainam, Okphra Sri Saowarat, Okphra Chula* und *Okluang Tham-trai-lok*.
[1260] Zuständig für die Infanterie und die Kampf-Elephanten, der Kriegsminister.
[1261] Der vollständige Titel lautete: *senaphimuk raja montri*. *Sena* steht für Truppen - *phimuk* heißt Häuptling, Führer - *raja* bedeutet (auch) Wächter und *montri* ist das thailändische Wort für Ehre.

in Ayutthaya Kontakt aufzunehmen und ihn für die Pläne seines Herrn zu gewinnen. Wie immer war Okya Sri Worawong erfolgreich und der japanische General[1262] ließ als sichtbares Zeichen seines Einverständnisse heimlich einen großen Teil seiner Truppen im und um den Königspalast Quartier nehmen. Desweiteren entsandte Okya Sri Worawong noch weitere 4.000 siamesische Soldaten in den Königspalast und hielt weitere 10.000 außerhalb Ayutthayas in Bereitschaft.

Nach dem Ableben des Königs rief Okya Sri Worawong weisungsgemäß die leitenden Beamten und Mitglieder des Adels in den Königspalast. Dort eröffnete er den versammelten Würdenträgern, daß der König eine Stunde zuvor verstorben war und verkündete die letzte Weisung des Herrschers, die seinen Sohn als Nachfolger auf den Thron bestimmte. Mit dem sicheren Gespür für beeindruckende Inszenierungen präsentierte Okya Sriworawong alsdann den 15jährigen Chetta: und zwar bereits im vollen Ornat auf dem Thron sitzend. Selbstverständlich ließ Okya Sriworawong nicht unerwähnt, daß der sterbende König ihn beauftragt habe, dem noch jungen zukünftigen Herrscher beratend beiseite zu stehen. Angesichts des perfekt organisierten *fait accompli* und der beeindruckenden Militärpräsenz blieb den versammelten Würdenträgern nichts anderes übrig, als dem neuen König zu huldigen.

Neben dem künftigen König hinterließ der am 12. Dezember 1628 (*na Pombejra,1984:121*) nach einer einen Monat und sechzehn Tage dauernden Agonie verstorbene (*RCA,2000:210*) König Songtham mindestens acht weitere Söhne sowie acht Töchter, die meisten noch im >>zarten Kindesalter<< (*Van Vliet,1938:98*). Drei davon zeugte er mit der Königin: Phra Chetthathirat [พระเชษฐาธิราช][1263], Phra Phan Pi Sri Sin [พระพันปีศรีสิน] und Phra Athittayawong [พระอาทิตยวงศ์]. Was folgte, war ein langer und blutiger Kampf um die eigentliche Thronfolge, an deren Ende der mächtige Okya Sri Worawong und spätere König Prasat Thong als Sieger hervorging, dessen Dynastie bis 1688 über Siam herrschen sollte.

7.7.10. Exkurs: Britannia hoists the sails - Siam und England

Tastes salty – must be British[1264].

Da das 17. Jahrhundert für Siam eine Phase relativen äußeren Friedens brachte, hatten die Könige mehr Zeit und Mittel, sich dem Handel zu widmen. Nach den zahlreichen militärischen Konflikten des 16. Jahrhunderts nahmen sowohl der Außenhandel insgesamt, als auch der königliche Seehandel im besonderen, zu (*na Pombejra,1984:37*); dies steigerte naturgemäss das Interesse des jeweiligen Herrschers, den Warenfluß und die Preisgestaltung insbesondere für jene Produkte zu steuern, an denen die ausländischen Händler Interesse bekundeten.

>>Thailand and England are very old friends who share a long history of friendship and alliance, along with the occasional quarrel resulting from misunderstanding and pride on one side or the other<< (*Jumsai,2000:1*). Diese Beziehungen haben, durch die indirekten Einflüsse der englischen Politik, auch zur Erhaltung der staatlichen Unabhängigkeit Siams, beigetragen. Zum einen haben die geopolitischen Interessen Englands eine Ausweitung der kolonialen Expansion Frankreichs westlich des Menam Chao Phrayas zunächst behindert und

---

[1262] Vgl. hierzu H. Caroll Parish: *The Myth of Yamada Nagamasa and its Effect on Thai-Japanese Relations*, in: JSS XLVII.2. (1959), S. 159ff.
[1263] Auch *Phra Chetthakuman* [พระเชษฐกุมาร] «Chetta, das Kind».
[1264] Britisches Sprichwort

1896 abrupt beendet. Die Franzosen sahen sich in der Folge genötigt, die territoriale Integrität und staatliche Unabhängigkeit Siams, zumindest für den Bereich der Zentralebene um den Maenam Chao Phraya, zu akzeptieren. Desweiteren haben die englischen *merchant-adventurers*, insbesondere im 17. Jahrhundert, wesentlich zur Entwicklung des Königreiches beigetragen und zwar sowohl durch die Promotion des Handels als auch in der Förderung der technologischen Entwicklung.

Im Gegensatz zu den vom missionarischem Eifer und machtpolitischen Ambitionen beseelten Franzosen waren die Engländer ausschließlich am Handel interessiert und ein nicht geringer Teil der von Manich Jumsai konzedierten Missverständnisse beruhte auf einem grundsätzlichen Problem: Die *Company* wollte aus Gründen der Profitmaximierung die Handelsware nicht beim König, sondern direkt bei den Erzeugern kaufen; der König hatte jedoch auf die profitabelsten Produkte ein Handelsmonopol und diese Situation führte zwangsläufig zu grundlegenden Interessenkonflikten. Grundsätzlich kann der englische Handel in Siam in zwei Perioden eingeteilt werden. Die erste Phase zwischen 1611-1623 verlief überwiegend friedlich, wenngleich die privaten Geschäfte diverser Angestellter nachhaltig zu Lasten der *Company* gingen und schließlich in der zeitweiligen Schließung der Niederlassung in Ayutthaya kulminierten. Die zweite Periode dauerte mit Unterbrechungen von 1661-1686 und verlief äußerst turbulent. Am Ende stand erneut die Auflösung der siamesischen Handelsposten, die Kriegserklärung Englands an Siam 1687 und der Tod König Narais 1688. In den Wirren der „Revolution" von 1688 eliminierte Phra Phetracha nicht nur den griechischen Parvenue Konstantin Phaulkon sondern gleichzeitig auch den zeitweilig enormen französischen Einfluß in Ayutthaya. Die sich anschließende zeitweilige und selbstgewählte Isolation Siams brachte naturgemäß auch die merkantilen Aktivitäten der *East India Company* zum Erliegen.

Das britische Empire trat zu Beginn des 17. Jahrhunderts, nicht nur in Südostasien, mit breiter Brust in den kolonialen Ring; gestärkt durch ihr an Arroganz grenzendes unerschütterliches Selbstbewusstsein, das *Magna Carta Libertatum*[1265] und *Habeas Corpus Act*[1266] die einzige Demokratie Europas mit dem ersten parlamentarischen System garantierten und die bürgerlichen Freiheiten den Impetus für das angestrebte globale britische Primat bildeten. Geflissentlich übersah man hierbei den Schacher um Parlamentssitze, massive Korruption auch an höchster Stelle oder die Sklaverei im eigenen Land. Im Gegensatz zu den katholischen Konkurrenten trieb die Engländer kein religiöses Sendungsbewusstsein in die neuen Welten, man kam schlicht des schnöden Mammons wegen. Sie sonnten sich selbstverliebt im Glanz ihrer vermeintlichen Überlegenheit, ihrer tadellosen Manieren, ihrer stets korrekten Kleidung in allen klimatischen Lagen, ihrer Marine, ihres Monarchen und in der Überzeugung, daß Gott ein Engländer sein musste (*Morson, o.J.:iii*). Laut Turpin hatte diese Haltung der Engländer und ihre mangelnde Fügsamkeit die Generierung von langfristig werthaltigen Beziehungen zum Hof in Ayutthaya verhindert und letztendlich ihr siamesisches Engagement zum Scheitern verurteilt: >>L'Angleterre y jetta les fondemens d'un établissement; mais la fierté de ce peuple jaloux de son indépendance, ne put plier sous le joug d'un despote qui ne met point de bornes dans sa puissance. Leur indocilité leur attirades

---

[1265] „Die Große Urkunde der Freiheiten" – die 1215 von König John Lackland (Jean Plantagenêt) konzedierte Vereinbarung mit dem revoltierenden englischen Adel gilt als die wichtigste Quelle des englischen Verfassungsrechts. Basierend auf der bereits 1100 proklamierte *Charter of Liberties* König Henry I. verbriefte die Magna Carta grundlegende politische Freiheiten des Adels gegenüber dem englischen König.
[1266] Latein: „Du sollst den Körper haben" - die einleitenden Worte von Haftbefehlen im Mittelalter. 1679 sah sich König Charles II. gezwungen, den *Habeas Corpus Amendment Act* zu unterzeichnen, der die royale Willkür einschränkte; Inhaftierte mussten nun innerhalb von drei Tagen einem Richter vorgeführt werden und durften unter keinen Umständen außer Landes gebracht werden. Um dem *Habeas Corpus Act* größeres Gewicht zu verleihen, drohten Beamten für den Fall der Zuwiderhandlung empfindliche Geldstrafen.

disgraces, & ils furent contraints d'abandonner un pays où ils auroient voulu élever un thróne à la liberté<< (*Turpin, 1771, I :10*).

Hinzu kam ein offensichtlich kollektiver Hang zum Alkohol, so daß den Söhnen Albions mehr als jeder anderen Nation das Image sinnesfreudiger Trunkenbolde anhaftete (*Morson,o.J.:8; Jumsai,2000:13*), wobei ihnen auch andere menschliche Laster nicht fremd zu sein schienen: >>Das Spielen scheint während dieser Periode in hoher Gunst bei einigen Angestellten der Gesellschaft gestanden zu haben [...] im folgenden Jahr wurde eine Regelung erlassen, wonach alle im Spiel gewonnenen Beträge, sofern man der Spieler habhaft wurde, den Armen gespendet werden mußten und die Betroffenen von der Tafel der Gesellschaft verwiesen wurden, was bedeutete, das man sie als unpassende Gesellschaft für Männer mit Reputation betrachtete. Dieses Laster war beileibe nicht die einzige menschliche Schwäche jener Tage, wie die reichlichen Hinweise auf Unzüchtigkeit, unaussprechliche Krankheiten, Trunkenheit und uneheliche Kinder bekunden<< (*Anderson,1890:78f.*).

Die ersten englischen Versuche über See nach Indien zu gelangen waren mit der Suche nach der Nord-West Passage verbunden. 1497 rüstete König Heinrich VII. zwei Schiffe unter dem Kommando John Cabots aus, die zwar die Passage nicht fanden, aber auf der Rückreise Neufundland und Nordamerika anliefen. Cabots Sohn Sebastian erhielt 1497 das Plazet Edward VI. für eine weitere Expedition mit dem Ziel >>Länder und Inseln zu entdecken, die den Engländern bis dato unbekannt sind<< (*Birdwood, 1897:215*). 1553 scheiterten Sir Hugh Willoughby und Richard Chancelor, wobei ersterer den Tod in Lappland fand. Martin Frobisher versuchte 1576 und 1577 die Nord-West Passage zu entdecken[1267], John Davis unternahm drei weitere Versuche zwischen 1585-1587[1268] und George Wymouth scheiterte 1602. Es folgten die erfolglosen Reisen des Henry Hudson 1607,1608 und 1609, William Baffins vergebliche Suche zwischen 1612-1616 und Vancouvers gescheiterte Missionen zwischen 1791-1795. Erst nachdem weitere Entdecker wie Parry, Ross und Franklin ebenfalls gescheitert waren, gelang es Maclure schließlich 1850 die so lange gesuchte Nord-West Passage zu finden.

Bereits im 16. Jahrhundert hatte die *Turkey and Levant Company* Kaufleute von Aleppo nach Bagdad und weiter an den Persischen Golf entsandt. In Agra, Lahore und Malakka hatte man indische Waren erworben und durch die erzielten Profite wurden Begehrlichkeiten im Hinblick auf den Direkthandel mit Indien und Südostasien geweckt. 1577 war Sir Francis Drake durch die Magellan-Strasse gesegelt und hatte auf der Heimreise das Kap der Guten Hoffnung umrundet. Während dieser ersten Weltumsegelung enes englischen Kapitäns gelang es Drake mit dem Herrscher von Ternate, einer molukkischen Insel, eine Handelsvereinbarung zu treffen und damit den ersten kommerziellen Direkthandel zwischen England und Ostindien zu realisieren. Der erste *Englishman* in Indien war vermutlich 1579 Thomas Stephens, dessen Briefe an seinen Vater in England großen Enthusiasmus für ein weiteres kommerzielles Engagement in Ostindien hervorriefen. 1583 schließlich gelangten drei englische *merchant-adventurers* auf der Überlandroute nach Inden: James Newberry, der sich schließlich als Händler in Goa niederließ; Leedes, der in die Dienste des Großmoguls trat; und Ralph Fitch, der erste *Englishman* in Siam, jener Fitch den Jan Huyghen Van Linschoten 1584 aus den Klauen der portugiesischen Inquisition in Goa befreit hatte[1269] und dessen Reise nach Aleppo auf der *Tygre* ihm gar posthumen literarischen Ruhm eintrug[1270].

[1267] Im Auftrag der *Company of Cathay*.
[1268] Für eine Londoner Gesellschaft namens *Fellowship of the Discovery of the North West Passage*.
[1269] Er überzeugte ihn, pro forma seinem protestantischen Glauben abzuschwören.
[1270] Kein geringerer als Shakespeare ließ eine der Hexen im *Macbeth* sagen:>> A sailor's wife had chestnuts in her lap [...] Her husband's to Aleppo gone, master o' the Tiger [...] Though his bark cannot be lost, Yet it shall be tempest-tossed [...] Here I have a pilot's thumb, Wreck'd as homeward he did come<<(1. Akt, 3. Szene)

Fitch sollte nach acht langen Jahren und vielen Reisen in Asien, die ihn unter anderem nach Siam Ceylon, Bengalen, Pegu, Malakka und Chiang Mai führten, als einziger der drei 1591 nach England zurückkehren (*Birdwood, 1897:215f.*).

1592 kaperten englische Freibeuter die *Madre de Dios*, ein großes portugiesisches Handelsschiff welches nicht nur schwer mit den Schätzen des Orients beladen war, sondern überdies in einem mitgeführten Register fein säuberlich die komplette Verwaltungsstruktur und den Handelsumfang der Portugiesen in Ostindien aufgelistet hatte. Nachdem die umfangreiche Prise nach Dartmouth verbracht worden war, bemächtigten sich die Befürworter einer englischen Handelsgesellschaft in Ostindien eben jenes Registers und die daraus gewonnenen Erkenntnisse bildeten die Grundlage für ein entsprechendes, von Foulke Grevil verfasstes, Memorandum welches Königin Elisabeth I. 1599 übergeben wurde. 1599 erhöhten die Holländer, die mittlerweile den Gewürzhandel monopolisiert hatten, den Preis für Pfeffer erheblich. Unter dem Vorsitz des Bürgermeisters kamen daraufhin die Londoner Kaufleute am 22. September in der *Founder's Hall* zusammen und beschlossen eine Gesellschaft zur Etablierung des Direkthandels mit Indien zu gründen. Am 31. Dezember 1600 wurde die *English East India Company* unter dem Titel *The Governor and Merchants of London trading to the East* in die *Royal Charter* aufgenommen (*Birdwood,1897:216*). Die erste Reise der *Company* führte 1602 unter dem Kommando Sir James Lancasters auf seinem Flagschiff *Red Dragon* zunächst nach Aceh. Dort traf Lancaster auch eine siamesische Delegation, die dem einflussreichen Sultan ihre Aufwartung machte. Ermutigt durch diese Begegnung segelte Lancaster entlang der Südküste Siams bis nach Kedah. Die siebte Reise der *Company* brachte 1612 auf der *Globe* vier Kaufleute nach Ayutthaya: Lucas Antheuniss (holländischer Abstammung), Adam Denton, Thomas Driver und Thomas Samuel, die Gründer der englischen Niederlassung in der siamesischen Kapitale. Bereits einen Monat nach ihrem Eintreffen wurde Antheuniss eine Audienz bei König Songtham gewährt; er überreichte ein Schreiben König James I. an Song Tham und als Gegenleistung für die Einhaltung des korrekten protokollarischen Procedere erhielten die Männer nicht nur eine goldene Tasse sondern das Recht, eine Niederlassung in Ayutthaya zu begründen und Handel zu betreiben (*RRSFC,I:13f.*). Ihre Erfahrungen im Umgang mit den burmesischen Herrschern kam den Vertretern der *Company* nun in Siam zugute (*Morson,o.J.:19*) und die Geschäftstätigkeit lief für die Newcomer insgesamt gut an (*RRSFC,I:15*). Im Juli 1613 traf Kapitän Thomas Best in Achin zwei siamesische Botschafter mit einem Schreiben König Songthams an James I., in dem der englische König ermutigt wurde, weitere Schiffe zu senden (*RRSFC,I:18*). Laut einem Schreiben Peter Floris' vom 2. Oktober 1613 hatte die *Company* bereits ein weiteres *warehose* in Pattani eröffnet (*RRSFC,I:23*). Ebenfalls 1613 brachen Driver und Samuel als klassische *box wallahs*[1271] zu einer zweimonatigen Reise per Boot und Elephant nach Chiang Mai auf; ihr Auftrag lautete die mitgeführten Baumwollwaren zu verkaufen und anschließend Edelsteine, Farbstoffe und Harze für den englischen Markt und Tierfelle für den japanischen Handel zu erwerben. Da Thomas Driver einige Monate später mit 29 Pfund Gold nach Ayutthaya zurückkehrte, darf die Reise wohl als merkantil erfolgreich eingestuft werden (*Morson, o.J.:20f.*).

Doch bereits im Juli 1614 berichtet John Gourney[1272] von Pattani aus, daß aufgrund der Feindseligkeiten mit Siam der König von Pegu die Verbindungen mit Laos und Chiang Mai unterbrochen habe und man sich besser in Richtung Kambodscha orientiere (*RRSFC,I:27*). Die Geschäfte mit Pattani liefen nicht nur schleppend an, auch in Pattani schmälerten die Aufwendungen für Bestechungsgelder sowie die 4% Provision für die Königin »threescore yeeres of age, tall and full of Maiestie; in all the Indies we had seene few like her«

[1271] Mit dem Zusatz *wallah* wurden alle Leute bezeichnet, die sich mit Handel beschäftigten.
[1272] Der leitende Kaufmann der 9. Reise der *Company*.

(*Anderson,1890:52*) den generierten Profit *(RRSFC,I:26)*. Doch bereits im April 1615 verzeichnete die Company steigende Gewinne und es wurde beschlossen, Thomas Brockedon zur Unterstützung Adam Dentons in Pattani zu belassen *(RRSFC,I:33)*. Auch der Hof in Ayutthaya wollte weiterhin mit üppigen Geschenken bei Laune gehalten werden. So entnehmen wir einem Schreiben des im japanischen Firando stationierten Kaufmanns Richard Cocks vom 25. November 1614: >>I did think to have sent these Elephant teeth which are left to Siam, but I am persuaded to the contrary, and therefore will keep them and send so much money in place [...] I send one thousand two hndred and fifty pound sterling [in] Specie, with 4 Chests cloth Cambaie ... and such like, with 5 balls duttis [dhoti] and ten corge and some hundred pounds sterling in Japanese Armour, pikes, cattans, boes and Arrows and other Trifles to give away in presents to the King of Siam and others as the custom is<< (*RRSFC, I:30*).

Einen detaillierten Ablauf mit den „speziellen Usancen" im siamesischen Handel schildert das Journal einer Reise von Edmund Sayers, die ihn zwischen 1615-1617 auf der *Sea Adventure* von Firando, Japan nach Siam und zurück führte:

>>THUSDAY 10TH JANUARY 1616. This day in the morning we Entered into the River of Siam [Menam Chao Phraya] [...]
WEDNESDAY 11TH JANUARY 1616. This day we came to Bangkok [...] Then presently came from the Governor 4 of his gentlemen, and told Us we must come to the King, and then presently cam to him and gave him a present [...] A present given to 4 of his chief gentlemen or Courtiers of the town of Bangkok [...]
20[TH JANUARY 1616]. This day we delivered the King's present to the amral[1273] and he did appoint Us to Come to himself the next Day.
21[TH JANUARY 1616]. This Day we delivered our present to Obackaloone [Ok Phra Kalahom], amral of all strangers.
22[TH JANUARY 1616]. This day we delivered the present to Oprachaloone [Ok Phra Kalahom] and to Oprechedecke [Ok Phra Chodük] which took it very kindly and promised to do for me as for his brother.
23[TH JANUARY 1616]. This Day Captain Adams gave a present to the King [...]
24[TH JANUARY 1616]. This Day we gave a present to the 4 overseers under the Governor and the two amralles [...] and [...] Captain Adams gave a present to Oprechadecke [Ok Phra Chodük] [...]
27[TH JANUARY 1616]. This Day Oprechedecke came to look uupon our money for the King [...]
30[TH JANUARY 1616]. This Day I went to Opra Chalawes [...] and then we went to the King's warehouse and carried him a present [...]
31[TH JANUARY 1616]. This day I went to Oprachalone [Ok Phra Kalahom] and gave him a present [...]
5[TH FEBRUARY 1616]. This day we give a bribe to Okprasöth [...]
18[TH FEBRUARY 1616]. This day I gave a present to one that went and measured the junk [...]
25[TH FEBRUARY 1616]. This day I give a present to Obarkalone [Ok Phra Kalahom] (*RRSFC, I:46ff.*).

Während die Geschäfte in Siam ob der anhaltenden Auseinandersetzungen mit Pegu 1615/16 eher schleppend verliefen (*RRSFC,I:57*), erwies sich der Handel mit Kambodscha,

---

[1273] okya kalahom

beispielsweise mit rotem Garn, als zunehmend profitabel (*RRSFC, I:59*). Hingegen bot der Handel mit Pegu, zumindest im 17. Jahrhundert weniger Aussicht auf satte Profite: >>Auß Pegu kann man/wie anderswo vermelt/andres nichts bringen als Gummi Lacque und Rubinen welche allein in diesem Theil der Indien gefunden werden/der Rubine seind wenig schöne/ und gehen durch so viele Hände/daß ein Kauffman schwerlich sein Rechnung dabey finden kan. Es seind auch sehr wenig Waaren für selbiges Land dienlich/den ausser den Specereyen so die Holländer dahin schicken/ist nichts verkäufflichs als gesponnene Baumwollen roth gefärbt [...] daraus die Leute der Lands Tuch zu ihrer Kleidung machen [...] Und wann der Kauffman auf den gesponnenen Baumwollen in Pegu cento pro cento gewinnen könnte/ wusste er nichts wider herauß zu bringen. Weil aber das Land kupfferreich/wann zugelassen wurde/dessen [...] heraus zuführen/were 10. pro cento Gewinn darauff/aber es ist solches sehr schwärlich und selten zuerlangen<< (*Tavernier, 3. Buch, III. Capitel: Anmerckungen über die orientalische Handlungen in Indien und/was dabey für Betrug vorgehen kann, 1681:65*)

Neben dem angestrebten Anteil am südostasiatischen Gewürzhandel war der Import und Verkauf indischer Baumwollstoffe auf den siamesischen Markt ein, allerdings begrenzter, Weg Gewinne im Handel mit Siam zu erzielen. Von weitaus größerem Interesse war englisches Eisen, insbesondere in verarbeiteter Form wie Feuerwaffen. Die reichen Zinnvorkommen im Südwesten Siams standen angesichts der heimischen Förderung in Cornish zunächst nicht allzu hoch im Kurs. Aber Siam wurde auch von den Engländern als Tür zum japanischen Kupfer- und Porzellanexport und vor allem zum El Dorado Asien, China, angesehen; die hohe Zeit der Häfen von Hongkong und Singapur war noch nicht angebrochen.

Die *English East India Company* etablierte sich zunehmend im Asienhandel und war mittlerweile zu einer ernstzunehmenden Konkurrenz vor allem für die VOC avanciert. Dies lief in einigen Märkten auf einen Verdrängungswettbewerb hinaus und es wurde zunehmend mit härteren Bandagen um Marktanteile, Privilegien und Profite gerungen: >>So lang der Engelländer Handlung floriert haben dieselben ihr möglichstes gethan, den Holländern zu schaden. Den wann sie eine Party [...] zu Macassar[1274] erkaufft; schickten sie derselben in alle Orte da die Holländer pflegten zu verkauffen gaben solche in sehr wohlfeillem Preis und zuweilen mit Verlust/und verderbten/hiermit den Holländern die [...] Handlung. Den es ist eine angeordnete Gewohnheit in Indien/daß der erste welcher den Preis einer Waar stelt/zwinget die andern nach seinem Exempel in gleichem Preis das Jahr über zu verkauffen<< (*Tavernier, 3. Buch, III. Capitel: Anmerckungen über die orientalische Handlungen in Indien und/was dabey für Betrug vorgehen kann,1681:65*)

Zu Beginn der 1620er Jahre verschlechterte sich die wirtschaftliche Lage der Company in Siam nachhaltig. Neben den geringen Margen und dem limitierten verwertbaren Produktportfolio des siamesischen Marktes verschärfte auch der bewaffnete Konflikt zwischen VOC und der EIC die ohnehin angespannte ökonomische Situation. Sowohl Ayutthaya als auch Pattani produzierte Verluste und >>sie waren mehr schuldig als sie in der Kasse hatten [...] es wäre gut gewesen, sie schon vor langer Zeit zu liquidieren<< (*Anderson, 1890:83*). Konsequenterweise teilte Richard Fursland am 27. August 1622 den Direktoren der Gesellschaft mit, daß nach Verkauf des Lagerbestandes die Operationen in Ayutthaya und Pattani aufgelöst würden, was 1623 der Fall war. Allerdings weigerte sich König Song Tham zunächst, die englischen Kaufleute abreisen zu lassen, bevor sein Brief an den englischen König durch James I. beantwortet worden war; in diesem hatte er England noch einmal seine aufrichtige Freundschaft bekundet und der *Company* landesweit jedes gewünschte Handelsprivileg offeriert (*Anderson,1890:84*). Hinter diesen generösen Zugeständnissen stand

---

[1274] Das heutige *Cape Town* (Kapstadt) in Südafrika.

die klare politische Erkenntnis Song Thams, daß er die Engländer als Gegengewicht zu den Holländern und Portugiesen benötigte, um in keine unmittelbare Abhängigkeit einer europäischen Macht zu gelangen. Dieses Motiv der „siamesischen balance of power" ist durchgehend seit dem späten 16. Jahrhundert als gestaltendes Element der Außenpolitik Ayutthayas nachweisbar. Die Weitsicht dieser Handlungsweise sollte sich bereits 1632/33 beweisen, als es zu kriegerischen Handlungen zwischen Siam und den Portugiesen kam.

7.7.11. Somdet Phra Chetthathirat [สมเด็จพระเชษฐาธิราช][1275] (1628 - 1629)

> *Du weist, dass Königsmord und Blutschuld dich beflecken,*
> *Drum schencket man aus Gold dir Gießgeschirr und Becken*[1276].

Die wichtigste Primärquelle für die Unruhen 1628-1629 bildet Van Vliets *Historical Account of Siam*. (*na Pombejra,1984:133*) Vor der Inthronisation waren die Ansprüche sowohl Phra Si Sins als auch Phra Chetthathirats jeweils von einer Fraktion einflußreicher *khunnang* unterstützt worden, wobei diejenigen, die den jüngeren Bruder Song Thams favorisierten überwiegend der militärischen Nomenklatura angehörten (*van Vliet,1938:38;96ff.*). Der Konflikt zwischen Onkel unnd Neffe kann als exemplarischer politischer Konflikt der Ayutthaya-Periode angesehen werden. Da keine eindeutige Regelung der Thronfolge existierte, darf lediglich vermutet werden, daß die Entscheidung über den eigenen Nachfolger eine königliche Prärogative darstellte (*Akin,1969:64f.*). Möglichweise war dies der Hauptgrund dafür, dass die oppositionellen Protagonisten unmittelbar nach Verlautbarung der Entscheidung Song Thams auf Geheiß Okya Sri Worawongs verhaftet wurden. Man warf sie ins Gefängnis und ihr gesamter Besitz wurde zur Plünderung freigegeben. Von den fünf leitenden Adeligen, die sich für Prinz Sri Sin und gegen Prinz Chetta ausgesprochen hatten, wurden drei, namentlich *Okya Kalahom* [ออกญากลาโหม], *Okphra Thainam* [ออกพระท้ายน้ำ][1277] und *Okluang Tham-trai-lok* [ออกหลวงธรรมไตรโลก][1278], noch am gleichen Tag auf Geheiß Okya Sri Worawongs vor dem *Tha Chang*-Tor in Stücke gehauen und anschließenden die Köpfe an den belebtesten Plätzen der Stadt öffentlich zur Schau gestellt. Auch *Okphra Sri Naowarat* [ออกพระสรีเนาวรัตน์][1279] und *Okphra Chula Rachamontri*[1280] hatten bereits den Tode vor Augen, als sie gefesselt an das Stadttor geführt wurden. Lediglich dem beherzten Eingreifen Yamada Nagamasa verdankten sie ihr Leben. Okya Sriworawong nutzte die Gunst der Stunde zu einer blutigen Säuberungsaktion der obersten Nomenklatur Ayutthayas. Weitere Würdenträger wurden exekutiert, exiliert, inhaftiert und einigen, die ihm noch nützlich sein konnten, schenkte der gewiefte Taktiker die Freiheit. Am folgenden Tag wurden die überlebende Entourage in den Königspalast bestellt, wo der 15jährige Knabe Chettathirat nach der Weihe als neuer König Phra Ong Chettathirat ihren Treueid entgegennahm, der traditionell durch das Trinken geweihten Wassers besiegelt wurde. Einen Tag später begnadigte der junge Herrscher einige Adelige, die einst der Bannstrahl des Vaters getroffen hatte; diese generöse Geste trug ihm vorläufig eine gewisse Reputation unter den Noblen ein. (*Van Vliet,1640:262ff.*)

Bei der Neubesetzung der vakanten Ministerposten hatte Okya Sri Worawong wenig Schwierigkeiten, beim juvenilen König die Personen seines Vertrauens durchzusetzen. Er selbst wurde der neue *Okya Kalahom Sri Worawong (Suriyawong)* [ออกญากลาโหมสุริยวงศ์], wobei

---
[1275] auch Phra Chetthakuman [พระเชษฐกุมาร]; Kurzform: Chetthathirat
[1276] Andreas Gryphius (1616-1664), deutscher Dichter und Dramatiker des Barock.
[1277] Der General der Kavallerie
[1278] Vermutlich Leitender Adeliger im *krom kalahom* mit *sakdina* 3.000
[1279] Vermutlich Leitender Adeliger im *krom tha kwha* (Hafenbehörde) mit *sakdina* 2.400
[1280] Vermutlich Leitender Adeliger in der „Muslimischen Abteilung" im *krom tha kwha* (Hafenbehörde) mit *sakdina* 1.400. In der heutigen Zeit ist dieser Titel dem geistlichen Oberhaupt der thailändischen Muslime vorbehalten.

sein Bruder unmittelbar seine vakante Position besetzte. Als nächstes galt es, sich des jüngeren Bruder Song Thams, Phra Si Sins, zu entledigen. Laut den siamesischen Chroniken hat sich der düpierte Si Sin nach Phetchaburi begeben und dort versucht, seine Anhänger zu formieren, um dann gegen Ayutthaya zu marschieren. Seine Widersacher waren jedoch schneller und eine eilig nach Phetchaburi entsandte Armee nahm den Aufrührer fest und brachte ihn nach Ayutthaya, wo er kurz darauf im *Wat Phramen Khok Phraya* exekutiert wurde. Die Einwohner des mit ihm verbündeten Phetchaburi wurden zur Bestrafung als Grasschneider für die königlichen Elephanten eingesetzt und zu Leibeigenen der Krone erklärt. (*RCA,2000:210f.*)

Etwas abenteuerlicher liest sich die Überlieferung Van Vliets. Derzufolge hatte sich Si Sin aus Furcht um sein Leben zum Mönch weihen lassen und unter dem Schutz der Robe mehrfach und beharrlich geweigert, im Königspalast zu erscheinen. Dies erweckte den Argwohn Okya Kalahoms, der schließlich Yamada Nagamasa beauftragte, den Prinzen in weltlicher Kleidung in den Palast zu locken, denn solange dieser den Ornat eines Mönches trug, würde es niemand wagen, Hand an ihn zu legen. Nagamasa begab sich zu Phra Si Sin und gab vor, mit Hilfe der japanischen Truppe für die legitime Thronfolge sorgen zu wollen. Als Mann der Tat solle sich der Prinz wie einer der ihrigen kleiden, um so das Vertrauen der Soldaten zu gewinnen. Phra Sri Sin fiel auf diese List herein und bar seiner Robe wurde er arretiert und *stante pede* zum Tode verurteilt. König Chettathirat ordnete an, den rebellischen Onkel nach Phetburi zu verbringen, wo er in einem tiefen, trockenen Brunnen durch tägliche Verringerung der Verpflegungsrationen langsam verhungern sollte. Diese alternative Form der royalen Exekution hatte im Vergleich zum Erschlagen mit der Sandelholzkeule noch den Vorteil, das das Tabu des Berührens von Mitgliedern der königlichen Famile nicht verletzt wurde.[1281] Der Brunnen wurde bewacht und dreimal täglich der Zustand des royalen Delinquenten reportiert. Ein naher Verwandter des Prinzen, *Okluang Mongkhon* [ออกหลวงมงคลรัต นราชมนตรี][1282] verließ in Begleitung seines Bruders heimlich Ayutthaya, begab sich nach Phetburi und bat dort den lokalen Klerus um Unterstützung bei der Befreiung des Todeskandidaten. Da der Brunnen gut bewacht wurde, beschloß man in sicherer Entfernung einen weiteren Brunnen auszuheben und von dort einen Querstollen bis zum Verließ des Prinzen vorzutreiben. Kurz vor dem Durchbruch tötete Okluang Mongkhon eigenhändig einen seiner Sklaven, drang endgültig zum Prinzen vor, befreite den mittlerweile stark Geschwächten und legte an seiner statt die Leiche des Sklaven in den Brunnen. Die Wachen ließen sich täuschen, füllten den Brunnen wieder mit Wasser und meldeten Vollzug nach Ayutthaya, wo Okya Kalahom die Nachricht vermutlich gleichsam erleichtert und erfreut zur Kenntnis nahm. (*Van Vliet,1640:268ff.*)

Unter der sorgfältigen Pflege und Obhut kam der geschundene Prinz jedoch recht schnell wieder zu Kräften und Okya Mongkhon, dem der Ruf eines tapferen und klugen Kriegers vorauseilte, soll es gelungen sein, in der näheren Umgebung Phetchaburis binnen kurzer Zeit eine Streitmacht von 20.000 Mann auszuheben. Der zwischenzeitlich vollständig genesene Phra Si Sin wurde in Phetchaburi „zum König proklamiert" und es gelang ihm, immer mehr Städte auf seine Seite zu ziehen. Okya Kalahom realisierte umgehend die Gefahr, die von dem zunehmend populärer werdenden potenziellen Thronforger ausging. Als erstes ließ er alle Zufahrtswege nach Phetchaburi blockieren, um einem möglichen Flächenbrand vorzubeugen. Alsdann setzte er den bewährten General Yamada mit seinen 700 japanischen

---

[1281] Erst König Chulalongkorn (Rama V) hob, nachdem seine Lieblingsfrau bei einem Bootsausflug ertrunken war das jahrhundertelang gültige Gesetz auf, wonach auf die Berührung von Mitgliedern der königlichen Familie die Todesstrafe stand. Ausnahmen muß es aber auch vorher schon gegeben haben, den es ist kaum anzunehmen, dass sich der König beispielsweise selbst die Haare geschnitten hat.
[1282] Vermutlich der Leiter der Steuerbehörde in der Kapitale mit *sakdina* 2.400

Söldnern sowie 20.000 Mann unter dem Kommando *Okya Capheijns*[1283] in Richtung Phetchaburi in Marsch. Durch eine List gewannen die Truppen Chettas die erste Schlacht und der Prinz sah sich gezwungen, den Rückzug in Richtung Ligor anzutreten. Eine weitere Schlacht ging für Sri Sin ebenfalls verloren und der Prinz geriet erneut in Gefangenschaft. Nach Ayutthaya gebracht wurde er erneut zum Tode verurteilt. Vor dem jungen König stehend soll er furchtlos eine stolze Rede gehalten haben: >>Ich stehe hier vor Dir als Dein Onkel und legitimer Thronfolger des Königreiches und bin dennoch nur ein entehrter und besiegter Prinz, der den sicheren Tod vor Augen hat, weil es den Göttern gefiel, ihn mit Unglück zu strafen. Dennoch, der mutige Mann haßt weder das Leben noch fürchtet er den Tod; denn der Tod ist lediglich die Tür mit der man den Laden schließt, wo die Unbilden des Lebens gehandelt werden. Ich fürchte den Tod nicht, wenngleich angesichts der familiären Beziehung zu Eurer Majestät mein Schicksal besonders bitter erscheint. Dennoch gebe ich euch als Euer Freund den folgenden Rat: Wollt ihr Ansehen für Euch und Eure Minister erlangen, so handelt nicht fahrlässig, vermeidet Ausschweifungen aller Art und laßt Gerechtigkeit walten. Eure Tugendhaftigkeit sei wie ein undurchdringliches Bollwerk, eine nie versiegende Quelle, ein ewig flammendes Feuer, eine unbesiegbare Armee und ein Führer, der sich nie verirrt. Als wahrer Beweis Deiner königlichen Gesinnung diene Deine Ehrfurcht den Göttern gegenüber, wodurch Du auch der Ehre Deines Vaterhauses genügest. Sei Deinen Freunden ein wahrer Freund, bereichere ihr Dasein und sie werden Dir mit Freuden dienen, während die Unlauteren sich abwenden werden. Es ist das große Privileg eines Königs, für seine Güte geliebt und seine Gesetze gefürchtet zu werden. Abschließend bitte ich Eure Majestät, aus meinem Schicksal Eure Lehren zu ziehen. Ich bin bereit, mein Schicksal, welches ich weder vorhersehen noch verhindern konnte, anzunehmen. Ich sähe meinem Tod sogar freudig entgegen, diente er nur Eurem persönlichen oder dem Wohl des Landes. Aber ich bin sicher, daß Euch alsbald ein ähnliches Schicksal wie mir beschieden sein wird. Will Eure Majestät diesem Schicksal entgehen, so rate ich Euch dringend: Nehmt Euch in Acht vor Okya Kalahom! Er ist durchtrieben und ein Verräter von Jugend auf und ward dafür häufig vom verstorbenen König bestraft. Er wird sich Euer Vertrauen erschleichen, Euch danach der Krone berauben und schließlich Euch und alle anderen von königlichem Blute töten, um sich am Ende selbst die Krone aufs Haupt zu setzen (*Van Vliet,1975:106f.*)<<

Auch der flammende Appell des todgeweihten Prinzen bewirkte kein Umdenken bei seinem Neffen und König Chettathirat ordnete, auf Anraten Okya Kalahoms hin, die sofortige Exekution des Onkels an, Sri Sin wurde in den Tempel Wat Khok Phraya [วัดโคกพระยา] gebracht, wo man ihn auf roten Stoff niederlegte. Dann trieb der Henker ein Stück Sandelholz durch seinen Magen und der Prinz verblutete. Diese von Van Vliet überlieferte Form der Hinrichtung steht allerdings im Widerspruch zu den Bestimmungen des weiter oben bereits erwähnten „Palast-Gesetzes" *Kot Monthianban* [กฎมณเฑียรบาล], demzufolge Mitglieder der Königsfamilie nur mittels Schlägen mit einer aus Sandelholz gefertigten Keule auf den Nacken exekutiert werden durften. (*Chula Chakrabongse,1960:35*) Der einstige Verbündete des Prinzen Okya Mongkhon befand sich unterdessen auf der Flucht. Von seinen Häschern zunehmend in die Enge getrieben, kehrte er eines Nachts nach Ayutthaya, um seinerseits Okya Kalahom zu eliminieren. Der Plan scheiterte jedoch, da der Kalahom just an diesem Abend bis spät in die Nacht am Hofe des Königs weilte. Okya Mongkhon entschloß sich daher, mit seiner Hauptfrau sowie eine seiner Konkubinen nach *Prasop Sakaekrang* [ประสบ สะแกกรัง]][1284] zu flüchten. Eines Tages, Okluang Mongkhon befand sich gerade auf der Jagd, erschienen Beamte der Distriktverwaltung in seinem Versteck und nahmen die beiden Frauen mit. Daraufhin stellte sich Okluang Mongkhon und forderte die Beamten auf, ihn nach

---

[1283] Gemeint ist *Okya Kamphaeng Phet* [ออกญากำแพงเพชร]
[1284] An der Grenze zu Pegu

Ayutthaya auszuliefern. Da dem Kampfgefährten Si Sins immer noch der Ruf des Kriegers mit übernatürlichen Kräften vorauseilte legte man ihn in Ketten. Prosaisch berichtet der holländische Chronist, der Gefangene habe die Ketten gesprengt wie morsche Taue und seinen Häschern zugerufen: >>Würde ich meine Kraft und meine Stärke unter Beweis stellen wollen, könnte ich einige von Euch töten. Aber ich wünsche zu sterben. So bringt mich denn nach Ayutthaya, wo der Tyrann und Prinzenmörder Okya Kalahom schon lange nach meinem Blut dürstet<< (*Van Vliet,1975:109*). Beeindruckt vom ungebrochenen Mut seines Gegenspielers schickte König Chettathirat nach Okya Kalahom. Dieser habe Okluang Mongkhon einen hohen Ministerposten und volle Rehabilitation unter der Voraussetzung angeboten, das er den Treueeid auf den König leiste. Die Antwort sei allerdings ebenso eindeutig wie negativ ausgefallen: >>Der König, mein Herr, ist nicht mehr, und der unrechtmäßige König, von dem Ihr hier sprecht und Ihr selbst Okya Kalahom, habt den rechtmäßigen Thronfolger ermordet. Daher ziehe ich es vor, eher zu sterben als Mördern und Tyrannen zu dienen. Ich leiste den Eid also nicht, da ich euch nicht als meine Herren anerkenne<< (*van Vliet,1975:109*).

Die Exekution erfolgte, eines Kriegers würdig, diesmal durch das Schwert des Henkers. König Chetta, nunmehr seines vermeintlich letzten ernsthaften Konkurrenten entledigt, soll sich fortan dem *dolce vita* ergeben haben - *Venus, vina, musica*[1285] anstelle der drögen Routine der Staatsgeschäfte, um die sich ausschließlich Okya Kalahom kümmerte. Dieser wiederum ließ keine Sitzung des Ministerrates verstreichen, ohne auf die Unzulänglichkeiten des jungen Monarchen hinzuweisen und ein düsteres Bild von der Zukunft des Königreiches zu zeichnen. Da er der einzige war, der derartige Gedanken offen aussprechen konnte, erwarb er sich im Sinne seines durchdachten Ränkespiels zunehmend eine Reputation als altruistischer Wächter des Reiches. Die Übernahme der kompletten Staatsgeschäfte verliehen Okya Kalahom nicht nur die Aura und Autorität des hohen Amtes, sondern verschaffte ihm vor allem die Möglichkeit, sukzessive alle wichtigen Portfolios mit Ministern seines Vertrauens zu besetzen, eine der Voraussetzungen für die geplante Usurpation des Thrones (*Van Vliet,1640:273f.*).

Kurze später verlor Okya Kalahom einen nahen Verwandten[1286] und die Dauer der Trauerfeierlichkeiten von drei Tagen, die Tatsache das fast alle Minister ständig präsent waren und der beispiellose Pomp und Aufwand der Zeremonien artikulierten bereits unverhohlen das Selbstverständnis Okya Kalahoms. *Okya Phraklang* [ออกญาพระคลัง][1287], ein enger Vertrauter Okya Kalahoms, war für die Zeit der Trauerfeierlichkeiten an den Königshof abkommandiert worden, um dort die Stimmungslage des Königs zu beobachten und zu berichten. König Chetta, den der Umstand, das nahezu alle Minister seit Tagen nicht bei Hofe erschienen waren, sehr verärgerte, machte in seiner jugendlichen Unerfahrenheit den verhängnisvollen Fehler, in dessen Gegenwart seinem Unmut Luft zu machen: >>Ich war bis jetzt der Auffassung, Siam habe nur einen König und dachte weiterhin, daß ich der einzige und legitim gekrönte König bin, dem alle Untertanen, gleich welchen Ranges, Respekt und Gehorsam schulden. Aber ich sehe, daß ich nur den Titel führe, während Okya Kalahom der wahre König ist, denn alle Minister halten sich zu seiner Verfügung anstatt mir zu dienen. Aber ich werde das nicht mehr hinnehmen. Ich werde Okya Kalahom und seine Komplizen eines Besseren belehren und ich werde vor allem verhindern, daß er noch einmal einen öffentlichen Auftritt wie den jetzigen inszenieren kann>>. (*Van Vliet, 1975:117*)

[1285] „Wein, Weib und Gesang"
[1286] Die Quellenlage ist uneinheitlich: Mutter, Bruder oder Vater
[1287] Der Außenminister und Verwalter der Königlichen Magazine

Chettas Worten folgten Taten: Er versetzte die umliegenden Truppen und seine Leibgarde in Alarmbereitschaft und wies *Khun Maha Montri* [คุณมหามนตรี][1288] an, Okya Kalahom festzunehmen und nach Ayutthaya zu bringen. Dieser wurde aber umgehend von einem weiteren Vertrauten, *Chao Muen Sanphet Phakdi*[1289], gewarnt und rief die bei der Kremation anwesenden Minister zusammen. Diesen teilte er mit, daß der König sehr verärgert über ihre Abwesenheit sein und bot alsdann an, sich persönlich zu opfern, um den Zorn des Königs zu besänftigen. Gleichzeitig dachte er jedoch laut darüber nach, was davon zu halten sei, wenn der König selbst ihn, seinen erklärten Favoriten, mit dem Tode bedrohe. Was oder wer solle ihn fürderhin davon abhalten, sein tyrannisches Naturell an den übrigen Ministern abzureagieren? (*RCA,2000:211*) Wer schützte künftig die Familien der Betroffenen? Und vielleicht noch wichtiger: wer ihren Besitz? Und war der König schließlich des weisen Rates der Noblen beraubt, welche Folgen hätte das für das Königreich: soziale Unruhen, Chaos, Bürgerkrieg, Revolution - am Ende gar der Untergang Ayutthayas? Eloquent zeichnete Okya Kalahom ein apokalyptisches Bild und dokumentierte seine Führungsstärke zusätzlich daher, das er *Khun Maha Montri* und die ihn begleitenden Truppen durch seine eigenen entwaffnen und festnehmen liess. Beeindruckt versicherten die Anwesenden dem Kalahom ihre Gefolgschaft und nachdem sein Führungsanspruch nachhaltig bestätigt worden war, konnte er die Anwesenden davon überzeugen, heimzukehren, die Familienmitglieder und Sklaven zu bewaffnen um sich danach an einem vereinbarten Treffpunkt erneut zu sammeln, den Palast zu stürmen und den König gefangen zu nehmen. Okya Phraklang wurde beauftragt, sich unter dem Vorwand, er wolle um Begnadigung bitten, an den Hof zu begeben, um dort die Stimmung, Stärke und Bewaffnung der als königstreu geltenden Palastgarde zu eruieren. Okya Kalahom sammelte die Truppen, unter ihnen auch Teile der königlichen Armee sowie die gefürchteten japanischen Söldner und marschierte zum Königspalast. Bereits der erste Angriff war so wuchtig, daß die Verteidiger wichen und als Okya Phraklang noch für die Öffnung des Haupttores sorgte, hielt lediglich die Leibgarde des Königs tapfer kämpfend bis zum Morgengrauen der Übermacht des Feindes stand (*Van Vliet,1640:282f.*). Laut den siamesischen Chroniken hat König Chettathirat seine Truppen allerdings angewiesen, keinen Widerstand zu leisten und war mit seinen engsten Vertrauten in einer königlichen Barke geflohen. Am frühen Morgen des folgenden Tages wurden die Flüchtenden allerdings bei *Pa Mok Noi*[1290] eingeholt und in Gewahrsam genommen (*RCA,2000:213*).

Okya Kalahom hatte sich nach der Flucht des Königs als erstes den Thronschatzes bemächtigt und die menschliche Seele kennend, begann er in populistischer Manier sogleich, Teile der Beute unter seinen begeisterten und dankbaren Mitstreitern auszuloben. Dem vorgeführten Chettathirat eröffneten die versammelten Noblen, daß er nicht mehr würdig sei, das Reich zu regieren, da er in der Stunde der Gefahr geflohen sei und damit das Vaterland in Stich gelassen habe. Okya Kalahom wandte sich zunächst formell gegen das verhängte Todesurteil, „beugte" sich dann aber schließlich dem Willen der Mehrheit. Der junge König soll daraufhin zunächst die anwesenden Würdenträger abfällig als Verräter und Rebellen bezeichnet haben um sich dann direkt an den Kalahom zu wenden: >>Du wurdest geboren dieses Königreich zu vernichten. Du hast meinen Vater vergiftet und auch meinen Onkel auf dem Gewissen. Nun wirst Du also auch mein königliches Blut vergießen. Du bist die Geißel Siams und ich bete zu Buddha, daß mein Tod gerächt werde und Dir das gleiche widerfahre, was Du mir und anderen zuvor angetan<<. (*Van Vliet,1975:123*) Auf Geheiß Okya Kalahoms wurde dann die Mutter Chettathirats, *Phra Ong Amararit* [พระองค์อัมฤทธิ์] vorgeführt und man warf ihr vor, einen verkommenen Sohn geboren und aufgezogen zu haben. Falls sie allerdings

---

[1288] Der zuständige Minister für die „Polizei".
[1289] Ein leitender Beamter im Korps der Königlichen Pagen mit *sakdina* 1.000.
[1290] Möglicherweise im Gebiet des heutigen *Pa Mok* [อำเภอป่าโมก], des südlichsten Landkreises der Proving *Ang Thong* [อ่างทอง]; die dortige Gegend wurde früher *Pa Mok Noi* genannt.

Abbitte leiste und das Todesurteil gegen ihren Sohn bestätige, wolle man ihr Leben schonen. Ruhig und gefaßt habe sie wie folgt geantwortet: >>Der König wird, obwohl noch jung an Jahren, sterben und Ihr wart es, Okya Kalahom, der dem toten König den schlechten und perfiden Rat gab, die legitime Thronfolge entgegen den Gesetzen unseres Landes zu ändern. Da es Eure Grausamkeit und Machtgier ist, die zum Ende meines Sohnes führen, sterbe ich lieber als das ich fürderhin meinen Unterhalt aus Euren blutigen Händen empfange. Auch die Furcht vor dem Tod läßt mich meinen Sohn nicht leugnen. Ich habe nicht lange gelebt, aber doch lange genug, um die Härten des Lebens am eigenen Leibe zu erfahren. Ich gab einst meinem Sohn das Leben und ich werde das meinige mit dem seinen beenden<<. (*Van Vliet,1975:124*) Das Angelegenheit endete traditionell blutig im Wat Khok Phraya mit dem roten Tuch und dem Keil aus Sandelholz. Die siamesischen Chroniken weisen Chetthathirat allerdings eine „Mitschuld" an seinem späteren Schicksal zu; seine ungeduldige Reaktion und die *coram publico* erfolgte Ankündigung, Okya Kalahom eliminieren zu wollen, habe diesem erst den Vorwand für seine kommenden Taten geliefert (*na Pombejra,1984:140*). Eine erneute Säuberungswelle folgte und während einige ehedem angesehene Mitglieder der Nomenklatur Leib und Leben ließen, soll es sogar einigen besonders willfährigen Sklaven gelungen sein, veritable Stellungen bei Hofe zu ergattern.

Nach der erneuten Vakanz dienten der verbliebene Hofstaat Okya Kalahom den Thron Ayutthayas an, was dieser aber taktisch klug zurückwies (*RCA,2000:213*). Dem gewieften Strategen war klar, das solange mit Phra Athittayawong ein letzter legitimer Thronfolger vorhanden war, dieser seine Ansprüche mit zunehmenden Alter auch vermutlich anmelden würde; überdies hätte eine etwaige Opposition stets eine nachhaltige personelle Alternative, mit der sie ihre eigenen Interessen durchsetzen konnte. Mit Zustimmung des einflußreichen Okya Senaphimuks, der die neuerliche Kabale Okya Kalahoms vermutlich durchschaute, beschloß man Phra Athittayawong zum König zu krönen, gleichzeitig jedoch angesichts des jugendlichen Alters Okya Kalahom zu dessen Vormund zu bestimmen. Das Drama neigte sich dem Ende zu und der Vorhang ging auf zum dritten und letzten Akt.

7.7.12. Somdet Phra Athittayawong [สมเด็จพระอาทิตยวงศ์][1291] (1629)

ยิงปืนนัดเดียวได้นกสองตัว[1292]

Das letzte Hindernis für die Ambitionen des Kalahon war ein neunjähriger Knabe, der bis dato eigentlich lieber mit den Schafen und Ziegen am Hofe gespielt hatte (*na Pombejra,1984:147*) und nun zum 25. König Ayutthayas geweiht wurde. Dennoch konnte er noch nicht den letzten, entscheidenden Schritt in Richtung Thronbesteigung machen, solange mit Okya Kamphaeng Phet und Yamada Nagamasa noch zwei mächtige und einflußreiche Figuren im Spiel waren. Insbesondere das Verhältnis zu ersterem war stark belastet. Van Vliet zufolge habe dieser vor dem Sturz Chetthathirats Okya Kalahom als seinen Sohn adoptiert und diesem damit den lang ersehnten dynastischen *background* verschafft (*Van Vliet,1640:283*). Dafür sei ihm vom Adoptivsohn die Thronfolge versprochen worden, doch bereits kurz nach der Hinrichtung Chettas unter dem Hinweis, daß aus taktischen Gründen ein Sohn Song Thams gekrönt werden müsse, zurückgenommen worden. Der eitle und machtbewußte Minister habe sich düpiert gefühlt und Okya Kalahom mußte den potenziellen Hort anhaltenden Ressentiments eliminieren, wollte er sein finales Ziel erreichen. Zu diesem Zweck habe er intrigiert und die Begehrlichkeiten des Adoptivvaters auf den Thron König

---

[1291] Kurzform: Athittayawong
[1292] Thailändisches Sprichwort. Wörtlich: „Mit einem Schuss zwei Vögel erlegen", entspricht etwa dem deutschen „Zwei Fliegen mit einer Klappe schlagen".

Athittayawong hinterbracht; als Zeugen diente sein bewährter Adlatus Okya Phrakhlang. Gemeinsam hätten sie dem Knabenkönig eingeredet, daß Okya Kamphaeng Phet alle Söhne Song Thams hasse, da sie seinen eigenen Plänen im Wege stünden und das er nicht eher ruhen würde, bis er auf dem Thron Ayutthayas säße. Der verängstigte Athittayawong habe daraufhin dessen sofortiger Inhaftierung zugestimmt, während sich Okya Kalahom bei einem Besuch empört und baß erstaunt gezeigt habe, den väterlichen Freund hinter Gittern zu sehen. Er habe zugesagt, binnen kurzer Zeit für die Entlassung Sorge tragen zu wollen und Wort gehalten: Zwei Stunden vor Sonnenuntergang sei Okya Kamphaeng Phet aus dem Kerker durch das Tha Chang - Tor an das Flußufer geführt und dort im Beisein des Adoptivsohnes hingerichtet worden. Anschließend sei der Leichnam an einer Galgenkonstruktion aufgehängt als weithin sichtbares Zeichen seines vermeintlichen Verrates an König und Reich öffentlich ausgestellt worden (*Van Vliet,1640:289ff.*).

Okya Senaphimuk sei zu diesem Zeitpunkt nicht in der Hauptstadt und nach seiner Rückkehr ob der Nachrichten verärgert gewesen. Nachdem er zunächst für eine ordentliche Bestattung des Delinquenten gesorgt habe, verabsäumte er in der Folge nicht, seinen Mißmut über die Ereignisse auch öffentlich zu bekunden. 700 loyale japanische Elitesöldner auf Seiten des Generals hätten Okya Kalahom einstweilen dazu gezwungen, diese *coram publico* artikulierten Mißfallensbekundungen hinzunehmen. Yamada Nagamasa weigerte sich überdies, in den kommenden Tagen und Wochen bei Hof zu erscheinen und soll sogar die Tore seines Anwesens geschlossen haben, um Okya Kalahom nicht empfangen zu müssen. Unwesentlich später legte die *Pearl*, ein Schiff der *Dutch East India Company* unter dem Kommando Sebald Wondereers, in Ayutthaya an. Okya Kalahom habe diese Gelegenheit dazu genutzt, das Gerücht zu verbreiten, der verärgerte General habe sich mit dem Holländer verbündet und plane den Sturm des Palastes und den Sturz Athittayawongs. Die Folge sei eine Panik unter den Adeligen gewesen, die ihre Untergebenen zu bewaffnen begannen. König Athittayawong sei ebenfalls beunruhigt gewesen und habe Okya Senaphimuk an den Hof zitiert. Seine zunehmende Isolierung realisierend habe sich Nagamasa dann doch entschlossen, Okya Kalahom in seinem Haus zu empfangen. Dort sei es diesem gelungen, den alten Recken seiner Zuneigung glaubhaft zu machen und auf seine Seite zu ziehen. Auf seine Intiative bestellte König Athittayawong alle Gouverneure der Provinzen nach Ayutthaya, um als Zeichen seines Herrschaftsanspruches deren Treueide erneut zu empfangen. Angesichts eines schwelenden Aufstandes in Pattani habe Okya Kalahom darauf spekuliert, daß der dortige Gouverneur *Okya Ligor*[1293] nicht kommen konnte, wolle er nicht Gefahr laufen, die Kontrolle über seine Provinz zu verlieren. Okya Kalahom habe dann den abwesenden Gouverneur als potenziellen Rebell diskreditiert und empfohlen, Okya Senaphimuk nach Ligor zu entsenden, um den vermeintlichen Rebellen festzunehmen und zwecks Bestrafung nach Ayutthaya zu überführen. Yamada Nagamasa habe die Intrige durchschaut und sich zunächst beharrlich gegen seine Entsendung gewehrt. Daraufhin sei es Okya Kalahom gelungen, beim König die Berufung Okya Senaphimuks zum neuen Gouverneur Ligors durchzusetzen und angesichts dieser honorigen Promotion habe der General schließlich eingewilligt, nicht zuletzt auch deshalb, weil neben dem neuen Titel auch eine entsprechende Vorabbesoldung in Form von Gold, Silber und Edelsteinen zugesagt worden sei (*Van Vliet,1640:292ff.*).

Ein weiterer Grund für das Einlenken des Generals mag in der zunehmenden Müdigkeit bestanden haben, mit der er die nicht enden wollenden Intrigen bei Hofe zur Kenntnis nahm; so gesehen gewann dann auch die Position des Gouverneurs einer eigenständigen Provinz mit *de facto* unabhängigen Status an Attraktivität (*Kiichi Gunji, 1941:346*). Nachdem der General und neue Gouverneur sowie vor allem der Großteil der japanischen Söldner die Kapitale

---
[1293] Auch *Okya Nakhon* genannt

verlassen hatten, suggerierte Okya Kalahom der versammelten Noblesse wiederholt, daß Athittayawong von Natur aus schlecht sei und überdies auch zu keinerlei Hoffnung Anlaß gebe; es verstoße auch gegen alle überlieferten Sitten und Gebräuche, die Geschicke des Königreiches in die Hände eines unbedarften Knaben zu legen. Als beratender Vormund sei er mit der ihm durch die Noblen übertragenen Verantwortung überfordert. Er schlage daher vor, Athittayawong noch einmal in einen Tempel zu schicken, wo der Knabe unter der Anleitung der weisen Mönche das notwendige Wissen und die erhoffte Charakterstärke erwerben könne. Bis dahin solle einer der Minister mit dem Titel eines (Parallel)Königs ein Interregnum führen. Habe Athittayawong dann schließlich die erforderliche Reife erlangt, solle man ihn wieder auf den Thron Ayutthayas setzen. Nachdem er die Zustimmung erhalten hatte, habe er sich in den ersten Tagen seiner Amtsführung demütig gezeigt und dergestalt auch die letzten Widerstände innerhalb der Nomenklatur überwunden. Seinem Argument, daß die Existenz zweier Könige potenziell die Gefahr der Spaltung des Reiches und des Bürgerkrieges beinhalte, konnte und wollte sich die Mehrheit des Adels nicht mehr verschließen. Der Knabenkönig Athittayawong sei aus dem Tempel geholt und mittels einer List seiner Robe entledigt worden. Sehr prosaisch überliefert der holländische Chronist die vermeintlich letzten Worte des juvenilen Todeskandidaten: >>Warum muß ich sterben, da ich noch nicht einmal elf Jahre alt bin? Habt ihr noch nicht genug Blut vergossen - das meines Onkels, meines Bruders und meiner Mutter – und könnt ihr nicht die Krone nehmen, ohne mich gleich zu töten? Laßt den regieren, den ihr vorgesehen habt und laßt mich am Leben << (*Van Vliet,1975:136*). Danach erfolgte im Wat Phraya das „Standardprogramm bei strittigen Thronfolgen": Rotes Tuch, Sandelholzkeil und Brunnenwurf. Ein Kind war 36 Tage lang König von Ayutthaya gewesen und Okya Kalahom war am Ziel. Kurz nach dem zweiten Kindermord bestieg er als *Somdet Phra Chao Prasat Thong* den Thron Ayutthayas.

Lediglich die siamesischen Überlieferungen vermerken, Phra Athittayawong sei nicht unmittelbar exekutiert worden, sondern habe bis 1633 im Königspalast gelebt. Nachdem er sich dort einmal unvorsichtigerweise niedergesetzt hatte und den unter ihm herannahenden König nicht bemerkt habe, sei er, da seine Füße über dem Kopf des Königs baumelten, für diesen ungeheuerlichen Affront vom Hofe verstoßen worden sein. 1637 habe er erfolglos mit über 200 Gefolgsleuten rebelliert und sein daraufhin exekutiert worden (*RCA,2000:217;221*). Da keine europäische Quelle diese Angaben verifiziert, ist davon auszugehen, daß Athityawong bereits im September 1629 (*Wyatt,1998:106*), nur fünf Wochen nach der Hinrichtung seines Bruders Chetthathirat das gleiche Schicksal am selben Ort erfuhr.

7.8. Die Prasat Thong-Dynastie (1629–1688)

7.8.1. Exkurs: Die Asienfahrt des Johann Jakob Mercklein

Wer an der Küste bleibt, kann keine neuen Ozeane entdecken[1294]

In die Regentschaft des neuen Königs Prasatthong fällt auch die neunjährige Asienreise Johann Jakob Merckleins, des ersten Deutschen, der einen schriftlichen Bericht über Siam hinterließ. Der Arzt und Chrirug aus dem fränkischen Windsheim war 24 Jahre alt, als er als Unterbarbierer[1295] bei der *Niederländisch-Ostindischen Kompagnie* anheuerte; die Gründe hierfür sind nicht genau überliefert, jedoch dürfte die allgemein schlechte Lage in Deutschland ausgangs des Dreißigjährigen Krieges eine nicht unerhebliche Rolle gespielt haben. Johann Jakob Merckleins Reise beginnt im November 1644 in Amsterdam. Zwischen

---
[1294] Magellan (1480 - 1521)
[1295] Einfacher Schiffsarzt

Dover und Calais geht die Reise zu den Kanarischen Inseln (Januar 1645) und weiter zum Kap der Guten Hoffnung in den indischen Ozean. Mitte Mai 1645 liegt Java in Sicht und am Ende des Monats wird Batavia angelaufen. Batavia wird auch in den folgenden Jahren der Ausgangspunkt für die vielen Fahrten in den Gewässern Asiens sein. Von Juni bis September des gleichen Jahres lautet das Reiseziel Sumatra, von Januar 1646 bis Juli 1648 verbringt Merklein nahezu drei Jahre an Land in Batavia. Gegen Ende des Jahres segelt er nach Malakka, Keddah und Bengalen. Inzwischen zum Oberbarbierer avanciert führt ihn eine Reise zwischen Januar und Juni 1649 nach Persien und Ceylon und im August legte er erneut in Bengalen an. Im folgenden März geht es wiederum nach Persien, im Juni zu den Nikobaren und im September erstmals nach Siam. Im Februar 1651 erreicht er Sumatra und Ende März kehrt Merklein nach Batavia zurück. Die nächste große Reise führt ihn zwischen Mai und September 1651 nach Siam und Japan. Anläßlich seines Besuches in Ayutthaya notierte er in seinem Reisebericht wie folgt:

>>Den 2. Juny sind wir glücklich vor den Fluß des Königreichs Siam gekommen/und den 3. hineingesegelt/ bis an das Dorff Pantiophia, sonsten Bontempia genannt / und daselbst geanckert. Den 8. dito bin ich mit etlichen Wahren, und 30. Kistlein Jappanischen Gelds in einer Barken/nach der Königlichen Haubtstadt India, oder Odia, gesandt worden/ und den 10. daselbsten angekommen. Den 16. dito bin ich mit einer andern Barken/ mit Hirschhäuten beladen/ wiederum abgefahren/ und den 20. bey Bontempia ans Schiff gekommen: So folgten auch täglich mehr Barken/mit Ladung für die Schiffe nach. Als nun unsere Schiffe mit Hirschhäuten/Rochefellen/ Borbori/Sappanholtz/Cocosöle/Calimbacq/Gummilacca, und andern mehr Wahren/beladen gewest/sind wir den 4. July wieder abgesegelt. Siam ligt auf 13 bis 16. Grad latitud. Sept. und 150. Gr. Longit. von Battavia 300. Meilen. Ist ein mächtiges/und Volckreiches Königreich/ dessen Haubtstadt/ Odia, liegt an einem Schiffreichen Fluß/ 28. Meil vom Meer. Diese Stadt ist groß und Volckreich/ dann etliche schreiben/ sie begreiffe bis in die 400000. Seelen in sich / welches ich ehe mehr als weniger zu seyn glaube; dann die Stadt und Fluß wimmelt stätig von Leuten/Barken/Nachen, und Schelchen; haben aber wenig grosse Schiffe. Des Königs Palast / welcher auf der einen Seite der Stadt ligt / ist auch mächtig groß / mit viel Thürnen, (welche alle auswendig verguldt) geziert/ also daß er wie ein Goldberg anzusehen. Landwerts hinein/ gibt es grosse Wälder / darinnen sehr viel Elephanten/ Hirschen/ und anderes Wild/sich aufhalten; dann der König stätig bey seinem Palast/ 3. oder 400. zahme Elephanten hält; und wan er will/ kan er ihrer noch mehr bekommen. So werden auch jährlich viel tausend Stuck Hirschhäute von Holländern und Chinesen aus dem Land geführt. Dieser König hat auch ein weissen Elephanten/ vor welchem sich alle anderen Elephanten biegen/ und ihme Reverenz thun/als der in hohem Werth gehalten wird. Die Religion der Siamer betreffend/so sind sie Heiden/und die Abgöttischten; die ich noch jemals gesehen: Denn ihre Tempel, derer sie sehr viel im Land haben, sind in- und auswendig schön ausgeschnitten, und verguldt, und voll Bilder. Ich hab in einem Tempel/derer sie sehr viel im Land haben/seyn in=und auswendig schön ausgeschnitten/und verguldt/ und voll Bilder. Ich habe in […] Odia, in einem Tempel über 500. Bilder gesehen/ die von Fuß auf ganzt verguldt waren: Zwischen der Stadt/ und Holländischen Haus/ ist ein Tempel/ welchen man etliche Meilen weit sehen kan; darinnen befindt sich ein sitzendes Bild/ welches bey nahe oben anstösst/ dessen kleinster Finger einer ist dicker/als ein zimlicher Man um seinen Leib / und ist gantz und gar dick verguldt. Sonsten seyn die Innwohner von Statur und Farb/wie die Peguaner/ und Quinamer. Die Holländische Compagn. hat ausser dem Begriff der Stadt/ ein wenig den Fluß herabwerts/ ein schön und stark=gebautes Kauffhaus/darinnen sie unten ihre Gewölber/ und oben ihre Wohnungen haben; und residirt darinnen ein Oberkauffmann, mit 20. bis in 30. Personen / die Wahren zu kauffen/ zu packen, und den Fluß hinab zu bringen/ und kommen jährlich dahin 6. oder 8.

bisweilen auch 10. oder mehr Holländische Schiffe. Soviel von Siam, wir kehren zu unserer Reise *(Mercklein,1663:449ff.).<<*

Besagte Reise findet ihre Fortsetzung und Merklein erreicht im August 1651 Nagasaki. Es folgen noch zwei weitere Reisen: Vom April bis August 1652 an die Koromandelküste und von Oktober bis Dezember 1652 ein weiteres und letztes Mal nach Bengalen. Nach der letzten Indienfahrt faßte Merklein den Entschluß zur Rückkehr. >>Demnach bin ich nun eine so geraume Zeit in India/ und anderer Orten/ ausserhalb meinem lieben Vatterland, mich aufgehalten, und der gnädige Gott unterdessen demselbigen den edlen und langerwünschten Frieden endlich beschert hatte[1296]; bekam ich ein sonderlich Verlangen/ wiederum dasselbe zu besuchen/ ein ruhig Leben zu führen/ des lieben Friedens/ und Exercitii der wahren Evangelischen Religion zu geniessen/ und beyzuwohnen <<*(Mercklein,1663:472).*

Im Februar 1653 gelangt der Heimkehrer nach Kap Horn, im Mai werden die Azoren gesichtet und im August legt man im Hafen von Kopenhagen an. Am 8. November 1653 läuft der mittlerweile dreiunddreißigjährige Johann Jakom Merklein nach neunjähriger Ostasienfahrt, auf der er nach eigenen Angaben 17.887 nautische Meilen *(Merklein 1930[1672]:126)* zurückgelegt und vierzehnmal den Äquator überquert hat, wieder in den Hafen von Amsterdam ein und notiert erleichtert den Schlußsatz seines faszinierenden Berichtes: >>Dafür haben wir nun allerseits nochmal Gott höchlich zu dancken/ und um fernern Segen zu bitten; den verleihe uns Gott/ um Jesu Christi willen/ Amen<< *(Mercklein, 1663:502).* In seine fränkische Heimat zurückgekehrt heiratete Johann Jakon Merklein zwei Mal und zeugte mit beiden Frauen 15 Kinder. Als geachtetes Mitglied des Äußeren Rates seiner Heimatgemeinde starb der Weltfahrer und erste deutsche Chronist Siams am 3. September 1700 im Alter von 80 Jahren in Windshagen.

7.8.2. Somdet Phra Chao Prasat Thong [สมเด็จพระเจ้าปราสาททอง] (1629-1656)

หน้าเนื้อใจเสือ[1297]

>>Hieraus entsteht eine Streitfrage, ob es besser sei, geliebt oder gefürchtet zu werden. Ich antworte, daß beides gut ist; da aber schwer ist, beides mit einander zu verbinden, so ist es viel sichrer, gefürchtet zu werden, als geliebt, wenn ja eines von beiden fehlen soll. Denn man kann im Allgemeinen von den Menschen sagen, daß sie undankbar, wankelmüthig, verstellt, feig in der Gefahr, begierig auf Gewinn sind: so lange du ihnen wohlthust, sind sie dir ganz ergeben, wollen Gut und Blut für dich lassen, ihr eignes Leben aufopfern, das Leben ihrer Kinder (…), so lange die Gefahr entfernt ist; kommt sie aber näher, so empören sie sich. Der Fürst, der sich auf ihre Worte verlassen und keine andren Zurüstungen gemacht hat, geht zu Grunde (…) Die Menschen machen sich weniger daraus, den zu beleidigen, der sich beliebt macht, als den, der gefürchtet wird; denn die Zuneigung der Menschen beruhet auf einem Bande der Dankbarkeit, das wegen der schlechten Beschaffenheit der menschlichen Natur abreißt, sobald der Eigennutz damit in Streit geräth: die Furcht aber vor Züchtigung läßt niemals nach << *(Niccolò Machiavelli, Der Fürst).*

Die Usurpation Prasat Thongs kam weder plötzlich noch überraschend und selbst die in der Retrospektive abscheulich anmutenden Hinrichtungen der beiden Kinderkönige relativieren sich angesichts der machtpolitischen Usancen der Zeit. Es war ein langsamer und allmählicher Prozess dessen Erfolg auf der sorgfältigen Orchestrierung der Ereignisse und den passenden

---
[1296] 1648 wurde durch den Frieden zu Münster und Osnabrück der Dreißigjährige Krieg beendet
[1297] Thailändisches Sprichwort. Wörtlich: Das Gesicht eines Hirschen und das Herz eines Tigers (Wolf im Schafspelz)

Partituren der Akteure beruhte. Seine Position als *kalahom* und die >>Herrschaft und Kontrolle über die manpower welche ihm diese Position verschaffte<< (*Wyatt,1998:106*) waren die Operationsbasis für Prasat Thongs Eroberungspläne, seine physische und psychische Stärke die flankierenden Attribute. Fokussiert auf sein Endziel behinderte keinerlei Gewissensbisse seine strukturierten Aktionen und er nutzte konsequent die jeweilige Position bei Hofe, um systematisch sowohl die benötigte Zustimmung und Unterstützung zu generieren als auch unerbittlich alle Hindernisse und Personen aus dem Weg zu räumen, die seinem *endgame* im Wege standen. Besonders dienlich waren ihm seine offensichtliches Verständnis für die menschliche Psyche im allgemeinen und er beherrschte meisterhaft die Klaviatur einer Kakophonie aus Angst, Verunsicherung und dem Versprechen auf Belohnung für jene, die ihm willig folgten und ergeben dienten.

Die frühe Biographie des Usurpators basiert zu großen Teilen auf den Überlieferungen Van Vliets, in den siamesischen Chroniken finden sich nur rudimentäre Informationen. Grundsätzlich gibt es zwei verschiedene Versionen über die Herkunft Prasat Thongs. Laut Van Vliet war er der Sohn Okya Sri Thammathirats [ออกญาศรีธรรมาธิราช], einem älteren Bruder der Mutter des späteren König Song Tham. Die Mutter war eine der Frauen König Ekathotsarots und hatte um 1600 den Knaben geboren (*Giles,1938a:163*). Der Version Prinz Damrongs zufolge hatte Ekathotsarot einen Ausflug zum königlichen Sommrpalst Bang Pa-in [พระราชวังบางปะอิน] unternommen. Der Bruder Phra Naresuans geriet in ein Unwetter und das Boot des Prinzen kenterte. Der Weiße Prinz konnte sich schwimmend ans Ufer retten und fand bei einem Bauern vorübergehenden Schutz vor dem Unwetter. Dieser hatte eine schöne Tochter und aus der zufälligen Liaison erwuchs *Phra Ong Lai* [พระองค์ไลย] (*Tri Amatayakul,1973:48*). Möglicherweise haben beide Versionen ihre Berechtigung; der spätere König Prasat Thong ließ zu Ehren der Mutter zwei Tempel errichten. Wat Chumphon Nikayaram [วัดชุมพลนิกายาราม][1298] in Bang Pa-in (für die leibliche Mutter?) und Wat Chaiwatthanaram [วัดไชยวัฒนาราม][1299] (für die Stiefmutter, der Frau Okya Sri Thamathirats und der leiblichen Mutter Song Thams?) (*Giles,1938a:163*).

Der junge Phra Ong Lai erwies sich als durchaus begabt, mutig und ambitioniert. (*Tri Amatayakul,1973:49*) Bei diversen Vergnügungen, die durchaus ausschweifenden Charakter annehmen konnten, war er stets in vorderster Front anzutreffen. Erzogen wurde er im *Wat Rakhang* [วัดระฆัง][1300], einem Tempel in dem vorzugsweise Mitglieder der königlichen Familie oder die Söhne des Hochadels die Robe nahmen. Auch Phra Ong Lai, der mit 13 Jahren zum *Hum Phrae* [หุ้มแพร][1301] und im Alter von 16 Jahren zum *Chamün Sri Sorasak* [จมื่นศรีสรรักษ์][1302] avancierte (*Tri Amatayakul ,1973:48*), schloß sich den Rebellen an und betrat damit erstmals die Bühne der höfischen Kabalen und politischen Intrigen, wenn zunächst auch noch als

---

[1298] Am Maenam Chao Phraya unweit des Bahnhofes in Bang Pa-in gelegen.
[1299] Am Westufer des Maenam Chao Phraya, südwestlich der Altstadt von Ayutthaya im heutigen Geschichtspark Ayutthaya gelegen. Hauptattraktion ist der zentrale, 35 Meter hohe Prang im Khmer-Stil [พระปรางค์ประธาน], der, von vier kleineren Prangs umgeben, auf einer quadratischen Plattform steht. Die zentrale Plattform ist von acht *chedi* umgeben und bildet den *Meru Thit Meru Rai* [เมรุทิศเมรุราย], wobei die *chedi* durch einen quadratischen Kreuzgang, dem *Phra Rabieng* verbunden sind. Nördlich und südlich des *Ubosot* (Ordinationshalle) standen zwei *chedi* mit „12 eingerückten Ecken", in denen möglicherweise die Asche der Mutter König Prasat Thongs bewahrt wurde. Das gesamte Ensemble ist von einer dreifachen Ziegelmauer eingefasst. Nach der totalen Zerstörung der Alten Hauptstadt *Krung Kao* [กรุงเก่า] durch die Birmanen im Jahr 1767 wurde der zerstörte und geplünderte Tempel aufgegeben. Zwischen 1987-92 erfolgte die Restaurierung durch das *Fine Arts Department*.
[1300] Offizieller Name: *Wat Rakhang Kositaram Woramahaviharn* [วัดระฆังโฆสิตารามวรมหาวิหาร], gelegen im Herzen der Altstadt von Bangkok.
[1301] Leiter einer Gruppe der königlichen Pagen, den *Mahatlek*.
[1302] Es gab vier *chamün*, Leiter des königlichen Pagencorps, jeweils mit 1.000 sakdina bestallt: *Sanphet Phakdi, Si Saowarak, Wai Woranat* und *Samö Chairat*.

Statist. Nach diesen ersten Promotionen wird ein liederlicher Lebenswandel kolpotiert; so soll er sich des öfteren betrunken haben, in Raufereien verwickelt gewesen und sogar an Diebstählen und Einbrüchen beteiligt gewesen sein. Immer wieder sah sich König Song Tham genötigt, disziplinarische Maßnahmen zu ergreifen. Mehrfach landete Chamün Sri Sorasak im Kerker und der König höchstselbst habe ihn mit einigen kräftigen Streichen des Breitschwertes auf den Kopf gezüchtigt. Obwohl intuitiv immer auf der Seite der jeweiligen siegreichen Fraktion der Entourage stehend, brachte seine überlieferte hemmungslose und genußsüchtige Lebensweise den Sanguiniker immer wieder in Schwierigkeiten. Lediglich die allgegenwärtige Protektion der Mutter des Königs verhinderte ein frühes Ende.

Mit 18 Jahren beging Sri Sorasak eine Verfehlung, die ihn leicht den Kopf hätte kosten können. Anläßlich der bevorstehenden sakralen Zeremonie des „Ersten Pflügens"[1303] hatten die angesehenen brahmanischen Hofastrologen geweissagt, der König müsse diesmal die Zeremonie durch einen seiner Minister durchführen lassen, wolle er nicht Gefahr laufen, daß Ende seiner Dynastie heraufzubeschwören. Zunächst wurde der Hoflieferant für diese Aufgabe ausgewählt; unglücklicherweise verstarb dieser jedoch plötzlich und unerwartet kurz vor dem Anpflügen. Da die Hofastrologen nach kurzer Beratung übereinstimmend erklärten, daß dem Ersatzmann unausweichlich das gleiche Schicksal drohe, entschloß man sich die Durchführung der Zeremonie einem rangniederen Minister zu übertragen. Die Wahl traf schließlich *Okya Kieo Khao* [ออกญาเกี่ยวข้าว][1304], der die letzten Tage allein in einem Haus vor den Toren der Stadt verbringen mußte. Am besagten Feiertag führte man *Okya Kieo Khao* in den Königspalast. Dort wurden ihm die königlichen Roben angelegt und acht Männer trugen ihn in einer Sänfte in Pyramidenform zum Feld. Während der Zeremonie genoß der „Erntekönig" (*Paddy King*) die gleiche Behandlung wie der eigentliche Herrscher. Während letzterer an diesem Tag seinen Palast nicht verließ, fanden inszenierte Scheinkämpfe zwischen den Wächtern des „Erntekönigs" und Teilen des Publikums statt. „Siegten" die Männer der „Erntekönigs" so war dies als gutes Omen für eine prächtige Ernte zu werten; ergriffen sie die „Flucht", so waren Mißernten und Hungersnöte zu befürchten. Während der „Kämpfe" galt die Person *Okya Kieo Khaos* und seine Leibgarde als sakrosankt. Obwohl es sich nach allgemeinen Verständnis um Schaukämpfe handelte, kochten doch insbesondere auf Seiten der sonst weniger Privilegierten gelegentlich Emotionen hoch, die zuweilen in Aggressionen mit letalen Folgen kulminierten. Am Ende des Tages sah das Protokoll die Rückkehr des „Erntekönigs" in den Palast vor, wo er die königlichen Gewänder zurückgab und fortan wieder seinen regulären gesellschaftlichen Rang einnahm.

1618 erschien der achtzehnjährige Chamün Sri Sorasak in Begleitung seines Bruders und einiger Untergebener auf dem „Schlachtfeld". Auf ihren Kampfelefanten sitzend griffen sie den Zug an, so daß die Leibgarde *Okya Kieo Khaos* sich mit Steinwürfen zu erwehren suchte. Als der Bruder Sri Sorasaks von einem Stein verletzt wurde, griff dieser mit dem blanken Schwert den „Erntekönig" an. Diesem gelang im Schutz der standhaften Leibgarde die Flucht – und damit trug Sri Sorasak für die erwarteten Mißernten die Verantwortung; ganz abgesehen davon, hatte er den nominellen König angegriffen, auch wenn dieser sich nur für einen Tag im Glanz der royalen Privilegien sonnen durfte. *Okya Kieo Khaos* erstattete Song Tham sogleich Bericht, woraufhin dieser Sri Sorasak an den Hof bestellte. Angesichts seines ellenlangen Registers an früheren Verfehlungen zog dieser es vor, zunächst bei Mönchen in einem nahegelegenen Kloster unterzutauchen. Der König ließ daraufhin verlautbaren, er werde den (Stief)Vater Sri Sorasaks exekutieren lassen, sollte sich dieser nicht umgehend wie befohlen bei Hof einfinden. Daraufhin verließ Sri Sorasak den schützenden Tempel, wurde vom König gezüchtigt und danach in schweres Eisen gelegt. Fünf Monate saß er dieses Mal

---

[1303] Siehe hierzu den Exkurs im folgenden Kapitel
[1304] *Kieo Khao* bedeutet „Reisernte"

ein, bis sich schließlich die Witwe[1305] Naresuans des Großen seiner erbarmte und erfolgreich um seine Begnadigung ersuchte. Fortan war Sri Sorasak den Mitgliedern des herrschenden Königshauses feindlich gesinnt, wobei sich seine Abneigung insbesondere auf Prinz Sri Sin kaprizierte. Sri Sorasak lud vier seiner engsten Vertrauten[1306] zu einer privaten Feier in sein Haus und nach einem zünftigen Gelage, in dessen Verlauf die Männer Blutsbrüderschaft geschlossen haben sollen, beschloß man, zu einem späteren Zeitpunkt gemeinsam den Prinzen zu ermorden. Vier Tage nach der folgenschweren Feier flog das geplante Komplott aber auf, da ein Bediensteter Sri Sorasaks gelauscht und das Gehörte dem König hinterbracht hatte. Zur Rede gestellt leugnete der Verschwörer wie gewohnt beharrlich, aber Song Tham holte mit seinem kurzen japanischen Säbel aus, um Sri Sorasak zu köpfen. Allerdings verfing sich der Säbel in einer herabhängenden Kordel und Sri Sorasak gelang eine kurze Fluch, wurde aber noch innerhalb des Palastes gestellt und landete erneut im Kerker (*Van Vliet,1640:274ff.*).

Drei Jahre später hob Song Tham zwei Armeen gegen Kambodscha aus. Über den *Uparacha* bat der Gefangene den König, er möge ihm die Möglichkeit geben, auf dem Schlachtfeld seine Ehre wiederherzustellen und durch Tapferkeit vor dem Feind Abbitte für seine Verfehlungen zu leisten. Der König begnadigte das Quintett und Sri Sorasak und seine Komplizen erhielten die Order, ihren Dienst bei der Flotte zu versehen. Obwohl der Feldzug scheiterte, zeichnete sich Sri Sorasak durch Mut und Tatkraft aus und Song Tham übte ein weiteres Mal Nachsicht und promovierte Sri Sorasak nach dessen Rückkehr nach Ayutthaya *Sompa Moon*[1307]. Zum Dank verführte der frischgebackene *Sompa Moon* eine der Frauen Sri Sins, was eigentlich erneut die Todesstrafe hätte nach sich ziehen sollen. Es war wiederum die Mutter des Königs, die für die Umwandlung der Todesstrafe in eine lebenslange Haft sorgte. Die folgenden Jahre soll sich der Delinquent ungewohnt vorbildlich geführt haben, so das sich der König unter dem Einfluß seiner Entourage erneut genötigt sah, ein weiteres Mal ein royales Pardon zu gewähren und überdies den vermeintlich Geläuterten mit dem Titel des *Okya Kalahom Sri Worawong (Suriyawong)* auszustatten. (*Van Vliet,1640:278*).

7.8.3. Die Zeremonie des Ersten Pflügens

ทำมีได้ดีทำชั่วได้ชั่ว[1308]

Die königliche Pflugzeremonie *Phra Rat Cha Phithi Charot Phra Nangkhan Raek Na Khwan* [พระราชพิธีจรดพระนังคัลแรกนาขวัญ] - der weniger formelle und gebräuchlichere Ausdruck ist *Raek Na Khwan* [แรกนาขวัญ] - hat archaische Ursprünge[1309], geht auf vorbuddhistische, brahmanischen Rituale zurück und ist in den Annalen bereits für die Sukhothai-Periode überliefert. Während die klassische *Raek Na Khwan* Zeremonie hinduistischen Ursprungs ist, hat sich in Siam eine lokale Variante mit buddhistischer Zeremonie entwickelt: *Phuetcha Mongkhon* [พืชมงคล] bedeutet wörtlich übersetzt etwa "Gedeihliche Aussaat", der offizielle Terminus lautet „Ernte(dank)fest". Die analoge königliche Zeremonie trägt die formelle Bezeichnung *Phra Ratcha Phithi Phuetcha Mongkhon* [พระราชพิธีพืชมงคล]. König *Mongkut*[1310] (Rama IV) vereinigte die buddhistischen und hinduistischen Rituale in einer gemeinsamen königlichen Zeremonie die *Phra Ratcha Phithi Phuetcha Mongkhon Charot Phra Nangkhan Raek Na Khwan* genannt

---

[1305] Bei Van Vliet *Tjau Croa Maha-dijtjan*, möglicherweise *Chao Khrua Maha-dichan*
[1306] *Okluang Phibun (Okya Khorat)*, und möglicherweise *Khun Sisap Khan (Okphra Chularachamontri)*, *Khun Phra Aphaiwong (Okya Phitsanulok)* und *Okmun Chong (Nai Changwang)*, der spätere *Okya Phraklang*.
[1307] Nicht identifizierbarer Titel bzw. Rang
[1308] Thailändisches Sprichwort. Gute Taten, gute Folgen - Böse Taten, böse Folgen. Entspricht in etwa: Wie die Saat, so die Ernte.
[1309] In China wurde diese Zeremonie bereits vor 5000 Jahren durchgeführt
[1310] Phra Bat Somdet Phra Poramenthra Maha Mongkut Phra Chom Klao Chao Yu Hua [พระบาทสมเด็จพระปรเมนทรมหามงกุฎ พระจอมเกล้าเจ้าอยู่หัว]

wird [พระราชพิธีพืชมงคลจรดพระนังคัลแรกนาขวัญ]. In Bangkok findet zunächst der buddhistische Teil der Zeremonie im Königspalast[1311] statt, dann folgt der hinduistische Teil auf dem *Sanam Luang* [สนามหลวง][1312], das Pflügen des „königlichen Gartens". Abhängig vom Stand des Mondes berechnen Brahmanen jährlich den jeweiligen Zeitpunkt, meistens findet das Fest zu Beginn des Monats Mai statt. Im Jahre 1920 wurde die Zeremonie von König *Prajadhipok*[1313] zunächst abgeschafft, aber König *Bhumibol Adulyadej*[1314] führte sie im Jahre 1960 wieder ein und nahm während seines Regnums entweder selbst teil oder delegierte die royale Präsenz an seinen Sohn, den damaligen Prinzen *Maha Vajiralongkorn* [มหาวชิราลงกรณ์]. Seit 1957 ist der Tag der königlichen Pflugzeremonie, *Wan Phuetcha Mongkhon* [วันพืชมงคล], offizieller Feiertag im Königreich.

Der günstigste Termin wird jährlich von den Brahmanen durch die Deutung astrologischer Konstellationen, *horasat* [โหราศาสตร์], ermittelt. Sehr deutlich wird der brahmanische Einfluss auf das höfische Leben und seine Zeremonien und Rituale im alten Siam in einer Quelle mit dem Titel *Roang Nang Nabamasa*[1315]. Vermutlich war die Autorin Nabamasa Tochter eines hohen Brahmanen am Hofe Sukhothais. Über das königliche Pflugzeremoniell in Sukhothai findet sich folgende Darstellung: >> Die Brahmanen kamen zusammen [...] und brachten die Bilder der Götter in die Halle der Zeremonie [...] Der König kleidete sich wie ein Inder (*yaṅ deśa*) und schloss sich der Prozession auf dem Pferderücken [sitzend] an. Die Königin, die Prinzen und die Damen des Harems die vom König auserwählt worden waren, folgten in ihren Gefährten [...] *Òk Ñā Baladeva*[1316], als Prinz gekleidet [...] schloß sich der Prozession an, die Brahmanen gingen ihm, auf Muschelhörner blasend, voran und verstreuten Getreidekörner. Angekommen [...] wurden die Ochsen des Königs [d.h. die heiligen Ochsen] herausgeführt und unter das Joch des Goldenen Pfluges gebracht. Der *Braḥ Mahā Rajā Grū* übergibt Pflug und Treibstock an den *Òk Ñā Baladeva*, welcher dem König seine Ehrerbietung erweist und als erster zu pflügen beginnt. Dann pflügt *Braḥ Śrī Mahosath*, Vater der *Nāṅ* Nabamaśa [der vermutlichen Autorin dieses Berichtes], im Stil der Brahmanen in Weiss gewandet, mit dem Silbernen Pflug, gefolgt von *Braḥ Vāḍhaneh Śreṣṭhī*, als Gemeiner gekleidet, der mit dem mit rotem Stoff verzierten Pflug pflügt. Des Königs Astrologen schlagen den Siegesgong und spielen auf Musikinstrumenten. Der *Baladev* und die anderen pflügen von links nach rechts. Die Brahmanen führen den Pflug, blasen die Muschelhörner, streuen Getreidekörner und Blumen und schlagen die [...] Trommeln. Khun Paripūrṇa Dhăññā, der oberste Verwalter der königlichen Güter folgte und säte die Saat in die Furchen. Das Ereignis wird mit Tanz und akrobatischen Darbietungen [...] gefeiert. Die Ochsen werden ausgeschirrt und erhalten fünf Speisen, woraus die brahmanischen Astrologen die Omen ableiten. Zur gleichen Zeit weist die Königin ihre Dienerin an, süssen Haferbrei vor dem König aufzutischen und die Diener des Königs verteilen diesen sodann unter die Gesellschaft >> (*Wales, 1931:259*) Sofern dieser Bericht authentisch ist und den Tatsachen entspricht bleibt festzuhalten, das der König

---

[1311] Phra Borom Maha Ratcha Wang [พระบรมมหาราชวัง]

[1312] Öffentliche, ca. 1,2 km² grosse Freifläche vor dem Königspalast und dem Wat Phra Kaeo [วัดพระแก้ว] gelegen. Ursprünglich war der Platz offiziell bekannt als *Thung Phra Men* [ทุ่งพระเมรุ], als der Platz für royale Feuerbestattungen. Die letzte Feuerbestattung fand 2012 für die einzige Tochter König Vajiravudhs (Rama VI), offizieller Titel *Phra Bat Somdet Phra Poramentharamaha Vajiravudh Phra Mongkut Klao Chao Yu Hua* [พระบาทสมเด็จพระปรเมนทรมหาวชิราวุธ พระมงกุฎเกล้าเจ้าอยู่หัว], Prinzessin Bejaratana Rachasuda [เพชรรัตนราชสุดา], dort statt. 1855 änderte König Mongkut dann den Namen in Thong Sanam Luang.

[1313] *Phra Bat Somdet Phra Poramintharamaha Prajadhipok Phra Pok Klao Chao Yu Hua* [พระบาทสมเด็จพระปมินทรมหา ประชาธิปก พระปกเกล้าเจ้าอยู่หัว]

[1314] Formell: *Phrabat Somdet Phra Chao Yu Hua* [พระบาทสมเด็จพระเจ้าอยู่หัว], in Dokumenten mit rechtlichem Charakter: *Phrabat Somdet Phra Paraminthara Maha Bhumibol Adulyadej* [พระบาทสมเด็จพระปรมินทรมหาภูมิพลอดุลยเดช] und im alltäglichen Sprachgebrauch: *Phumiphon Adunyadet* [ภูมิพลอดุลยเดช]

[1315] Die Geschichte der (Hof)Dame Nabamasa

[1316] Der heutige Landwirtschaftsminister. Der Titel *Òk Ñā* wurde später durch die Titel *Phraya* bzw. *Chao Phraya* ersetzt.

während der Zeremonie keinen Stellvertreter, den sogenannten „temporären König" ernannt hat und während der Zeremonie persönlich anwesend war.

In der Ayutthaya-Periode nahmen weder der König noch die Königin an der Pflugzeremonie teil. Stattdessen berief der König einen „temporären König" für insgesamt drei Tage. Chao Phraya >>*Cănda Kumāra* [der Titel des temporären Königs] [...] erweist dem König seinen Respekt [...] Der König übergibt ihm das Staatsschwert (*braḥ kharga*) und tritt damit seine Prärogative ab ... Braḥyā Cănda Kumāra [...] steigt auf den Rücken des Elephanten, als ware er der König [...] und für drei Tage unterhält er die teilnehmenden Beamten und Höflinge<< (*Wales, 1931:257f.*). Offensichtlich gab es in Ayutthaya auch eine „temporäre Königin", wie eine andere Quelle berichtet: >>*Braḥ Inda Kumāra*[1317] repräsentiert den König und *Nañ Devī*[1318] verkörpert die Königin. Sie fahren [...] mit dem Boot, beide tragen Kronen. Zu Land warden sie in silbernen Sänften befördert; königliche Symbole werden in der Prozession mitgeführt; [...] mit Stöcken bewaffnete Adelige schreiten voraus und verschaffen den Sänften Platz. *Braḥ Inda Kumāra* schirrt die Ochsen an und *Braḥyā Baladeba* führt sie fort. *Nañ Devī* trägt den Korb mit den Reiskörnern und sät aus. Nachdem der Pflug dreimal die Runde gemacht hat werden die Ochsen ausgeschirrt und erhalten drei Sorten Reis, drei Arten von Hülsenfrüchten und drei verschiedene Gräser zum Fressen. Je nach Verzehr werden dann Vorhersagen getätigt<< (*Wales,1931:258*) Das jede Arbeit ihren Preis hat, galt auch am Hof Ayutthayas und so wurde dem „temporären König" während seiner „Amtszeit" ein profitables Privileg gewährt: >>die Agenten und Diener des *Braḥ Inda Kumāra* waren berechtigt, von allen Märkten und Fährbooten Steuern zu erheben<< (*Wales 1931:258*).

König *Chulalongkorn*[1319] (Rama V) erkannte sowohl den praktischen Nutzen der Pflugzeremonie als auch das psychologische Moment der rituellen Handlung: >>Der Nutzen, das der König (oder einer seiner Stellverteter) selbst pflügt besteht darin, Vorbild zu sein und das Volk zu bewegen, fleissig das Land zu bestellen [...] Die rituellen Elemente [...] wurden dem simplen Akt des Pflügens beigegeben, weil die Menschen sich vor Katastrophen wie Dürren, Hochwasser und Insektenbefall und wünschen, sich einer reichhaltigen Ernte zu vergewissern. Auch möchten sie die Zukunft schon im voraus erfahren, auf das sie sich gegen ihre Ängste zu behelfen wissen und alles nach ihren Wünschen ausrichten können<<. (*Wales,1931:263*)

In der heutigen Zeit besteht die Zeremonie des Ersten Pflügens aus zwei Teilen: Die sogenannte *Cultivating Ceremony* (*Phraraj Pithi Peuj Mongkol*) und der eigentlichen Pflugzeremonie. Nachdem in früherer Zeit noch der Landwirtschaftsminister als *Phraya Raek Na* [พระยาแรกนา][1320] fungierte, wird diese Aufgabe seit einigen Jahren vom *Permanent Secretary of the Ministry of Agriculture and Cooperatives* wahrgenommen. Unterstützt wird er durch vier ledige Beamtinnen aus seinem Ministerium, welche dem Herrn der Ernte als *Nang Thepi*[1321] assistieren. Die *Cultivating Ceremony* ist eine buddhistische Zeremonie, welche nachmittags am Tag vor der königlichen Pflugzeremonie stattfindet. Durch sie erhofft man sich traditionell einen guten Ertrag bei der kommenden Ernte. Vierzig verschiedene Sorten Reis, die man aus dem königlichen Versuchsfeld des *Chitralada*-Palastes [พระตำหนักจิตรลดา

[1317] Eine alternative Bezeichnung für den „temporären König".
[1318] Vermutlich eine der arrivierten Hofdamen.
[1319] [พระบาทสมเด็จพระปรมินทรมหาจุฬาลงกรณ์ พระจุลจอมเกล้าเจ้าอยู่หัว] Phra Bat Somdet Phra Poraminthra Maha Chulalongkorn Phra Chunla Chom Klao Chao Yu Hua
[1320] Herr der Ernte
[1321] Himmlische Jungfern

รไหฐาน]¹³²² bezieht, werden gesegnet. Der geweihte Reis wird dann aufgeteilt. Ein Teil ist für die Aussaat während der Pflugzeremonie bestimmt, der andere wird in kleine Tüten verpackt und an Farmer in den einzelnen Provinzen verteilt. Dieser Ritus wird durch den König (oder einem Stellvertreter) überwacht und findet im Wat Phra Käo statt. Der König giesst geweihtes Wasser über die Hände und salbt die Stirn des *Phraya Raek Na*. Den vier *Nang Thepi* werden ähnliche Segnungen durch die Hand des Königs zuteil. Dann erhält der Herr der Ernte das Staatsschwert, den Ring mit den neun Edelsteinen sowie den königlichen Treibstock für die Zeremonie. Während der *Cultivation Ceremony* findet auch die Prozession mit *Phra Gandhara Rat* [พระคันธาราราษฎร์]¹³²³ statt. Diese Buddha Statue zeigt einen bittenden erhobenen rechten Arm mit halb geöffneter Hand, während die linke Hand versucht, den erflehten Regen aufzufangen. Der Ablauf der Pflugzeremonie am folgenden Tag ist nahezu identisch mit dem im alten Siam praktizierten Ritualen. Der Herr der Ernte wählt vorab als Kleidung eines von drei unterschiedlich langen *pha nungs* [ผ้านุ่ง] aus: wählt er das längste Kleidungsstück, gibt es wenig Regen, das kürzeste steht für sehr viel Regen und die mittlere Länge verheisst eine durchschnittliche Regenmenge. Es erfolgt das Pflügen wie vorab beschrieben durch den *Phraya Raek Na*, währen die vier *Nang Thepi die Saat* in die Furchen streuen. Nach der Pflicht folgt dann für die indischen Pflugochsen die Kür: aus sieben verschieden gefüllten Futtertrögen dürfen sie ihre Lieblingsmahlzeit wählen; Reis, Mais, (grüne) Bohnen, Sesamkörner, frisches Gras, Wasser und Reisschnaps. Die Wahl der Ochsen prophezeit dann den Ernteerfolg sowie die Menge des vorhandenen Saatgutes für die kommende Saison. Nachdem schlussendlich die Absperrungen entfernt werden, stürmen hunderte von Bauern und Schaulustigen in der Hoffnung das Feld, einige der geweihten Körner zu ergattern. Diese werden entweder unter das eigene Saatgut gemischt, was den individuellen Ernteertrag steigern soll oder aber als Glücksbringer aufbewahrt. Um die Bedeutung der Landwirtschaft für das Königreich zu unterstreichen wird seit 1966 der Tag der *Cultivation Ceremony* als *Farmers Day*, also „Tag des Bauern" gefeiert.

Grundsätzlich charakterisierte sich das Regnum Prasat Thongs durch fünf Maßnahmen, welche die persönliche Macht des Königs konsolidieren und den dynastischen Anspruch seiner Familie festigen sollten:

1. Durch Heirat verband er die eigene Familie mit der weiblichen Linie der Familie König Song Thams.
2. Potenzielle Machtansprüche diverser Mitglieder der königlichen Familie ersteckte er im Keim durch Exekutionen.
3. Eine rigorose Kontrolle des Adels und der leitenden Beamten sollte etwaige Verschwörungen der *khun nang* gegen ihn verhindern.
4. Prasat Thong investierte nachhaltig in die „Öffentlichkeitsarbeit", den Bau oder die Renovierung von religiösen Bauwerken und Denkmälern und die Ausrichtung opulenter Zeremonien und Festivitäten.
5. Konsequente Bekämpfung der Unabhängigkeitsbestrebungen diverser Vasallenstaaten (Ligor, Pattani, Songhkla) um die eigene, usurpierte Herrschaft zu rechtfertigen. (*na Pombejra,1984:158f.*)

Unmittelbar nach seiner Inthronisierung beabsichtigte Prasat Thong seine Herrschaft durch eine Ehe mit der ältesten Tochter der Schwester Song Thams dynastisch aufzuwerten; auch

---
¹³²² Die Residenz des Königspaares. Nach dem tragischen Tod des älteren Bruders, König Ananda Mahidol, formell: Phra Bat Somdet Phra Poramentharamaha Ananda Mahidol Phra Atthama Ramathibodindara [พระบาทสมเด็จพระปรเมนทรมหาอานันทมหิดล พระอัฐมรามาธิบดินทร] am 09.06.1946 im Grand Palace zogen König Bhumibol Adulyadej und Königin Sirikit in die ehemalige Residenz Rama VI.
¹³²³ Etwa: Den Regen herunterrufen

die Verheiratung seines Bruders mit der zweitältesten Tochter diente diesem Zweck. Der Usurpator erhob standesbewußt sowohl die Schwester seiner ersten Frau als auch deren Mutter, Gemeine von Geburt, in den Adelsstand da sie >>zu nobel seien, anderen gegeben zu werden *(la Loubère,1693:101)*<<, da seine Familie nun die königliche sei. Der König, der mittlerweile vier Hauptfrauen sein eigen nannte, begehrte überdies die Mutter Athittayawongs, die er zu seiner Konkubine machen wollte. Zeitgenössischen Quellen zufolge soll sie zu den schönsten Frauen des Reiches gezählt und sich standhaft geweigert haben, dem Wunsch des Usurpatorss zu entsprechen. Als sie schließlich zwangsweise vorgeführt wurde, habe sie diesen Affront wie folgt kommentiert: >>Der König mein Herr ist nicht mehr und auch mein Sohn ist tot. Ich bin des Lebens müde und nicht wert, beide zu überleben. Aber solange Leben in mir ist, wird mein Körper keusch bleiben und nicht dem Tyrannen zur Lust gereichen<<. *(Van Vliet,1910:136)* Ob dieser ungewohnten Insubordination geriet Prasat Thong in Rage und soll die Besagte sogleich vor die Tore der Stadt an das Flußufer geführt und in Stücke gehauen haben. Alle jüngeren Konkubinen des hingerichteten Vorgängers übernahm er anschließend in seinen „Harem", einigen betagteren Damen soll er ein bescheidenes Gnadenbrot gewährt haben. In der Folge werden grauenvolle Hinrichtungen kolpotiert und mittels dieser Terrorherrschaft gelang es ihm binnen kurzer Zeit, jeden Widerstand in der Kapitale zu eliminieren. Im April 1633 ist folgende Dialog zwischen Prasat Thong und einigen Adeligen überliefert: >>Welchen Arrack haltet ihr Leute für den besseren, alten Arrack oder den neu destillierten? [...]) Wir haben noch zwei Flaschen Arrack des großen Königs. Ist es besser Sie zu bewahren oder auszugießen? [gemeint sind zwei weitere Söhne Song Thams] [...] Es ist besser, den alten Arrack auszugießen, so das seine Stärke nicht die Flaschen sprengt und niemand ihn trinken und sich an ihm berauschen kann<<. *(Van Vliet,1640:310)* Die beiden Prinzen wurden genauso im Wat Phraya Khok hingerichtet wie kurz darauf drei weitere Prinzen und eine ehemalige Konkubine Song Thams, deren Zusammenkunft dem pathologisch mißtrauischen Prasat Thong von einem Höfling hinterbracht worden war. Im März 1635 ordnete der König dann auch noch die Exekutierung des letzten überlebenden Prinzen der alten Dynastie an; zwar begnadigte er diesen, aber mittels verabreichter Gifte verlor dieser das Augenlicht, sein Gehör und sukzessive den Verstand, so daß er für eine etwaige Thronfolge ausschied *(Van Vliet,1940:311f.)*.

Nach den Säuberungem richtete sich das primäre Augenmerk des Usurpators zwischen 1629-1644 auf die Stabilisierung seiner Herrschaft und die Kontrolle der *khun nang*. Bis zu diesem Zeitpunkt waren die Provinzgouverneure ein- oder zweimal jährlich bei Hof, um über die allgemeine Lage zu berichten; die Gouverneure der weniger bedeutenden und weiter entfernten Provinzen waren sogar nur alle drei Jahre gehalten, in Ayutthaya zu erscheinen. Prast Thong ordnete an, daß mit Ausnahme der Gouverneure von Tenasserim (Mergui) und Ligor *(van Vliet,1910:59ff.)*, deren Häfen eine ökonomische und strategische Signifikanz zukam und die Anwesenheit des Gouverneurs für das Tagesgeschäft unverzichtbar machten, die Gouverneure lediglich in Ausnahmefällen „ihre" Provinzen aufsuchen durften, die ihrerseits von nachrangigen Beamten[1324] kommissarisch geleitet wurden. In den Archiven der V.O.C. finden sich Hinweise auf den Austausch von kompletten Kronräten unter Prasat Thong *(na Pombejra,1984:101)*.

Aus heute nicht mehr bekannten Gründen galt es als böses Omen, daß neue buddhistische Millenium mit dem *khan* [ขาล], dem Jahr des Tigers zu beginnen. Da das auslaufende Millenium mit dem *kun* [กุน][1325], dem Jahr des Schweins begonnen hatte, ließ Prasatthong nach ausführlichen Beratungen mit den Hofbrahmanen das letzte Jahr des Milleniums

---

[1324] *phu rang*
[1325] Vgl. hierzu Appendix VI

(1638/39) ebenfalls zum Jahr des Schweins erklären. Ein nachgebildeter Mount Meru wurde vor der *Chakkrawat Phachayon*-Halle errichtet und auf dem Höhepunkt der Veranstaltung bestieg der weißgekleidete König die Konstruktion und strich die alte Ära symbolisch aus einem goldenen Tableau (*na Pombejra,1984:199*), wodurch das böse Omen abgewendet wurde. (*Frankfurter,1907:99ff.*) Angesichts des herannahenden Ende des ersten buddhistischen Jahrtausends (*chulasakkarat*)[1326] und dem Herannahen des befürchteten Kaliyuga[1327] nahmen die Aktivitäten Prasatthongs zum Erwerb religiöser Meriten noch weiter zu. In einem Brief vom 12. Oktober 1637 vermerkt van Vliet, daß der König rund 120 Tempel in der Umgebung Ayutthayas renovieren lasse, wobei er Wat Phra Si Sanphet besondere Aufmerksamkeit widme. Ergebnis dieser gewaltigen baulichen Anstrengungen war eine dramatische Verknappung von Bauholz in ganz Siam (*na Pombejra,1984:197*). Auch die Holländer wurden unter dem Hinweis, alle *khun nang* und auch einige der arabischen Händler hätten dies bereits getan, aufgefordert, sich an den erheblichen Kosten zu beteiligen. Van Vliet antwortete auf das königliche Begehr neben einer kleineren Sachspende mit dem Hinweis, daß die holländische Religion nicht vorsehe, Tempel oder Statuen zu verehren, sondern nur den Allmächtigen, um dessen Auskommen man sich jedoch keinerlei Sorgen mache (*na Pombejra,1984:198*). Die Spendenforderungen verärgerten die profitorientierten Niederländer und Generalgouverneur van Diemen und sein Konzil fanden wenig freundliche Worte für Prasat Thong, der: >>voller Laster, habgierig, hochmütig, tyrannisch und ein großer Säufer<< (*na Pombejra,1984:195*) sei. In einem Schreiben vom August 1638 an den König beklagt van Diemen die >>sklavischen Gesetze<< (*na Pombejra,1984:196*) Siams und erwähnt ostentativ die militärischen Erfolge der VOC. Tatsächlich floß aber auch ein Großteil der Einnahmen des Königs wieder in den Bau bzw. Erhalt von Tempeln<< (*Schouten,1663:287*), wobei sich die *Aranyawasi* [คณะอรัญญวาสี], die Waldmönche, im Wat Chai Watthanaram der besonderen Protektion des Monarchen erfreuten (*na Pombejra,1984:94*). >>Mir hat selbst einer ihrer obersten Priester gesagt und Rechnung gezeigt, daß jährlich über zwanzig Tonnen Goldes zum Unterhalte der Götter, Tempel und dergleichen, von den Einwohnern geopfert werde, ohne dasjenige gerechnet, was der König noch dazu verwende<<. (*Straußen 1832:64*) Das sich die Beziehung zwischen Herrscher und Klerus nicht auf die protokollarische Routine diverser Zeremonien reduzierte, beweist auch ein royales Dekret, welches auf Wunsch der Sangha bei Todesstrafe die Jagd auf Tiere untersagte; eine Maßnahme, die den Japanhandel der holländischen V.O.C. mit Häuten und Fellen nachhaltig bedrohte (*na Pombejra,1984:93*). >>[...] Hirschen und Rehen, welche jährlich zu Tausenden, nur um ihrer Häute willen, gefangen werden, wie denn von solchen jährlich mehr als drei Mal hunderttausend Stücke durch verschiedene Nationen aus Siam nach China ausgeführt werden, so daß auch der Handel der [holländischen] Ostindischen Compagnie auf Japan mehrentheils darin besteht<<. (*Straußen 1832:55f*)

Davon abgesehen war Prasat Thong durchaus bewußt, das eine prosperierende Wirtschaft eine der Voraussetzungen für den inneren Frieden bildete. Flüchtlinge und Emigranten waren ihm ebenso wie seinen Vorgängern durchaus willkommen, denn dadurch erhöhte sich die Anzahl der wehr- und arbeitsfähigen Bevölkerung. >>Im 17. Jahrhundert waren den Königen

---

[1326] [จุลศักราช] Vgl. hierzu Appendix VI

[1327] [กลียุค] wörtlich: Zeitalter des Kali (hinduistischer Dämon des Streites und der Sorge); die Bezeichnung für das letzte von vier Weltaltern in der hinduistischen Kosmologie. Das Satya Yuga [सत्य युग], auch Krita Yuga [कृत युग] genannt, ist das erste und vollkommenste, das Dharma wird in diesem Zeitalter zur Gänze verwirklicht. Das Treta Yuga [त्रेता युग] ist das zweite Weltalter, das Dharma wird in diesem Zeitalter nur noch zu drei Vierteln verwirklicht. Im dritten Weltalter Dvapara Yuga [द्वापर युग] wird das Dharma nur noch zur Hälfte verwirklicht. Kaliyuga gilt als das Zeitalter des Verfall und Verderbens und währt 1200 × 360 = 432.000 Jahre. Was nach dem Ende des Kali Yuga folgt ist umstritten. In der buddhistischen Lehre erscheint am Ende eines schwarzen Zeitalters ein neuer Buddha, der erneut die erleuchteten Lehren verkündet, woraufhin ein neues Zeitalter der Wahrheit (*satya yuga*) anbricht.

Ayutthayas zusätzliche Resourcen an menschlicher Arbeitskraft stets willkommen: Mon und andere Flüchtliche wurden in das *nai-phrai* System inkorporiert, während Kriegsgefangene zu Leibeigenen [*that*] gemacht wurden<< (*la Loubère, 1693:78f.*). Die bemerkenswerteste Migration des 17. Jahrhunderts dürfte 1633/34 durch die Talaing[1328] stattgefunden haben, die nach einer gescheiterten Rebellion gegen König Thalun auf siamesisches Gebiet flohen. König Thalun, beunruhigt über diesen Exodus an *Human Resources*, entsandte eine Mission nach Ayutthaya, welche die Auslieferung der Talaing forderte. König Prasat Thong lehnte dieses ab, stellte den neuen Untertanen gutes Land zur Verfügung und gestattete ihnen, ihre *nai* aus den eigenen Reihen zu benennen (*na Pombejra,1984:77*). Die Schatullen des Monarchen füllten sich zunehmend, nicht zuletzt aufgrund des königlichen Monopols auf Sappanwood, Zinn, Blei, Salpeter und Gold. >>Die Siamer sind treffliche Handelsleute, die klug genug sind, ihren Unterhalt sehr reichlich zu gewinnen<<. *(Straußen 1832:57)* Das einzig bekannte Handelsmonopol des 17. Jahrhunderts in privater Hand war das des Persers Aga Muhammad, eines Vorfahren der auch heute noch einflußreichen Bunnag-Familie, auf *Eaglewood*[1329]. (*na Pombejra,1984:39*) Da der Wohlstand des überwiegenden Teil des Adels auf den Erträgen ihrer Güter, die wiederum von ihren *phrai* und *that* bearbeitet wurden, und weniger auf Einkünfte durch Handel (*na Pombejra,1984:51*) beruhte, war nur eine Minderheit der *khun nang* im Außenhandel aktiv, wobei hier wiederum Chinesen und Araber dominierten. Einige, bis zum *Okya Phraklang* promovierte Händler wie *Chaophraya Kosathibodi* (*Lek*), der in dieser Funktion fast zwei Jahrzehnte wirkte, brachten es zu riesigen Vermögen, beispielsweise durch Anteile am gewinnträchtigen Zinnhandel Ligors. (*na Pombejra 1984:52*) Das Einkommen des Königs lag einer holländische Quelle zufolge bei 2.000 catties[1330] Silber oder 100.000 Real/8. (*Schouten,1663:287*). Eine andere Quelle verzeichnet erheblich größere Einnahmen: >>Das jährliche Einkommen des Königs ist zwanzigtausend Gatti, Siamesisches Silber, welches über vier und zwanzig Tonnen Goldes beträgt. Davon gibt er aber jährlich nicht mehr als fünfzehn Tonnen aus, das Uebrige behält er in seinem Schatze<<. *(Straußen 1832:64)* Zu den Einkünften des Königs zählte auch eine Reissteuer, zeitgenössischen Berichten zufolge die größte Einnahmequelle der Krone (*Schouten,1633:99*). Diese wurde dergestalt erhoben, das einerseits jeder einzelne Pflug besteuert wurde und überdies der zehnte, achte oder siebte Teil der Ernte, abhängig von der Fruchtbarkeit der bebauten Felder, an den Herrscher abzuführen war. (*Van Vliet,1638:121*). Grundlage war ein Gesetz aus dem Jahre 1360 welches gemäß Prinz Dhani Nivat besagte, daß >>alles Land dem König gehört, der seinen Untertanen gnädigst gestattet, darin zu siedeln <<. Steuern aus weiter entfernten Provinzen wurden jedoch nicht immer entrichtet oder aber erreichten die königlichen Schatullen nicht in voller Höhe (*na Pombejra,1984:33*). >>Das Einkommen des Königs von Siam besteht meistentheils in Pachten, Zollen, Licenten von Gütern so aus= und eingeführt werden, ingleichen von Einkünften der Fischerei und des Handels mit Lebensmitteln, von welchen Allen Zoll und Erlaubnisgeld bezahlt werden muß<<. *(Straußen 1832:63)* >>Überdies ist der König Erbe eines jeden, welcher in seinen Diensten stand oder sonst einer Bedienung im Lande gehabt hat; doch bekommen die Frau und die Kinder des Verstorbenen den dritten Theil des hinterlassenen Vermögens. Ebenso nimmt der König von den fremden Kaufleuten, die hier sterben, zwei Drittel ihrer gesamten Verlassenschaft<<. *(Straußen 1832:64)*

Obgleich Prasat Thong bei den Europäern grundsätzlich als ein >>Liebhaber fremder Nationen<< (*Schouten,1663:299*) galt und neben dem späteren König Narai mehr

---

[1328] Die Mon [มอญ]. Ein Volk, das traditionell hauptsächlich im östlichen Myanmar und im angrenzenden Gebiet von Thailand (Kanchanaburi) im Mündungsgebiet des Sittang und des Saluen siedelt. Die Mon gehören zu den ältesten bekannten Bewohnern im Süden Birmas sowie Teilen Thailands (zentral und nördlich).

[1329] Aquilaria malaccensis

[1330] 1,2 Tonnen

wirtschaftliche, diplomatische und politische Kontakte pflegte als alle anderen Herrscher Ayutthayas vor oder nach ihm (*na Pombejra,1984:10*), gestalteten sich einige Beziehungen zunehmend schwieriger. Die Probleme Ayutthayas mit den Spaniern und Portugiesen, zu jener Zeit unter der Krone Habsburgs vereint, rührten noch aus der Herrschaft König Song Thams her (*Van Vliet,1975:89*). Die portugiesische Parteinahme für Malakka, welches seinerseits die Erhebung Pattanis gegen Ayutthaya unterstützte, trug nicht eben zur Besserung der Beziehungen bei und beförderte nahezu zwangsläufig die Hinwendung Siams zu den Holländern. 1631 ließ der König alle Portugiesen verhaften und einkerkern (*Schouten,1663:323*); nach zwei Jahren Haft wurden die Inhaftierten allerdings wieder freigelassen und mit einem Schreiben Prasat Thongs an die Gouverneure von Manila und Malakka ausgestattet, welches die Wiederbelebung der Handelsbeziehungen anbot. (*Schouten,1663:324*) Ursprünglich hatte die VOC Ayutthaya als eher unbedeutenden Handelsplatz in ihrer globalen Strategie betrachtet; eine Verknappung des Reis' in Batavia in den 1630er Jahren sowie die immensen Ressourcen Siams an Fellen, Häuten und Sappanwood, die Grundlage für den lukrativen Japanhandel der VOC, hatten jedoch sukzessive zu einer wachsenden Bedeutung Siams für die Holländer geführt. (*na Pombejra 1984:162*) Andererseits war Prasat Thong besonders am europäischen Technologietransfer interessiert, um den Handel der Krone zu befördern. Vor diesem Hintergrund beauftragte er 1653[1331] holländische Zimmerleute, ein Boot europäischer Art zu bauen (*Schouten,1663:108f*).

Dennoch war auch das Verhältnis zu den Holländern zeitweilig von atmosspärischen Störungen gekennzeichnet. Angesichts der antizipierten Kalamitäten in Zusammenhang mit Chulasakkarat 1000 erlag Prasat Thong in dieser Phase häufiger dem Alkohol, was ihn noch unberechenbarer als üblich machte (*Van Vliet,1910:20f.*). Anläßlich eines Picknicks von VOC Angestellten am 10. Dezemder 1636 betranken sich Joost Lourensen und Daniel Jacobsen und gerieten anschließend mit einigen *Diener* des *fai na* in Streit, da sie sich offensichtlich despektierlich gegenüber einigen Mönchen verhalten hatten. Der aufgebrachte König verurteilte daraufhin alle Holländer zum Tode. Erst nachdem Van Vliet einige einflußreichste *khun nang* mit Geschenken für sich gewann, führte deren Fürsprache zu einer Begnadigung. Allerdings wurden sie gezwungen eine Erklärung zu unterschreiben, derzufolge sie sich unter die Jurisdiktion *Okya Phraklangs* begaben und verpflichtet wurden, künftig den siamesischen Gesetzen und Sitten zu entsprechen. (*G.V. Smith,1977:28*) Dieser für alle Beteiligten peinliche Vorfall bildete jedoch nicht den Schlußpunkt, sondern den Auftakt turbulenter bilateraler Beziehungen. Obwohl die gewährten Handelsprivilegien jährlich das Privatvermögen des Herrschers um 5.000 *florijn*[1332] mehrten, sollte es in naher Zukunft zu weiteren Spannungen kommen.

Exportgüter (Auswahl) während des Regnums Prasat Thongs (1 picul = 60,48 kg)	
Ware	Exportvolumen
Blei	2.000-3.000 piculs
Zinn	1.500-2.000 piculs
Sapanwood	30.000-40.000 piculs
Elfenbein	50-60 piculs
Ager Holz	60-70 piculs

[1331] Möglicherweise spielten dabei angesichts des Aufstandes in der Provinz Songkhla im gleichen Jahr nicht zuletzt militärische Überlegungen eine Rolle.
[1332] Die Stadt Florenz begann mit der Produktion des *Fiorino* 1252 und endete 1533. Die Münze bestand aus 3,54 Gramm Feingold. Der *Fiorino* wurde zum Vorbild für zahlreiche europäische, auch des niederländischen Goldgulden.

Gitta gomma (Gummi)	10-120 piculs
Schwarzes Zuckerrohr	3.000-4.000 piculs
Kambodschanische Nüsse	600-800 piculs
Hirschhäute	120.000-130.000 Stück
Rehhäute	35.000-40.000 Stück
Büffelhäute	200-300 Stück
Büffelhörner	2.000-3.000 Stück
Rhinozeroshörner	200-300 Stück
Kokosnussöl	1.500-2.000 Töpfe
Kuhbutter	150-2.000 Töpfe
Flüssiges Indigo (Farbstoff)	5.000-6.000 Töpfe
Teakholz Pfosten	400-500 Stück
Teakholz Bretter	800-1.000 Stück
Vögelhäute	3.000-4.000 Stück
Coyang Salz	1.500-2.000 piculs

(Van Vliet, 2005:170f.)

Chiang Mai, das seine Unabhängigkeit erklärt hatte, war 1632 vollständig vom birmanischen König *Min Taya Thalun* [พระเจ้าทาฤน][1333] erobert worden, der den amtierenden König aus Nan, *Phra Chao Sri Song Müang* [พระเจ้าศรีสองเมือง] nach Pegu bringen ließ und *Phraya Luang Thippanet* [พระยาหลวงทิพเนตร], den Sohn *Phraya Chiang Saens* [พระยาเชียงแสน], als birmanischen Vasall einsetzte. (*Wyatt & Wichienkeeo,1998:131*) Laut Van Vliet waren die Regenten Nans und Chiang Mais Brüder, standen allerdings auf Kriegsfuß miteinander. Angesichts des Kräfteverhältnisses habe sich der Herrscher Nans mit zahlreichen Untertanen nach Lopburi und damit unter den Schutz Ayutthayas begeben. Möglicherweise auf Betreiben Chiang Mais (*Giles,1938a:200*) verließen später etwa 500 Lawa Lopburi wieder, um sich in Lan Na anzusiedeln. Prasat Thong, der die Gefahr eines vereinten Militärschlages von Lan Na und Ava antizipierte, entschloß sich zu einem putativen Erstschlag: Mit 90.000 Kriegern, Artillerie und Kampfelephanten marschierte er in Lan Na ein. Phraya Luang Thippanet ergriff kampflos die Flucht und die 9.000 Mann starke Vorhut Ayutthayas unter dem Kommando *Chao Phraya Phitsanuloks* [เจ้าพระยาพิษณุโลก] nahm „ersatzweise" das Chiang Mai tributpflichtige *Lycoon Lauw*[1334] ein, dessen Regent kurz nach der Gefangennahme verstarb. Mit 10.000 Kriegsgefangenen kehrte Prasat Thong nach Ayutthaya zurück; von den Überlebenden Lawa, die sich nach Lan Na abgesetzt hatten, ließ er die Männer grausam hinrichten, die Frauen und Kinder wurden aufgrund einer Bitte der Mönche begnadigt und entgingen damit der geplanten Verbrennung. (*Van Vliet,1640:308ff.*)

Zu Beginn der 1630er Jahre erhob sich Pattani[1335] gegen Ayutthaya. Die vier südlichen Provinzen Pattani, Narathiwat [นราธิวาส], Yala [ยะลา] and Satun [สตูล], heute kollektiv als Südthailand bezeichnet, haben ihren historischen Ursprung im Reich von *Langkasuka* [อาณาจักรลังกาสุกะ][1336]. Das Gebiet war möglicherweise schon in prähistorischer Zeit bewohnt, die

---
[1333] In Thai auch Phra Chao Siri Suddhodhammaracha MahathibodiThalun Min [พระเจ้าสิริสุธรรมราชามหาธิบดีตลุนมิน]
[1334] Entweder Lampang, früher häufig als Nakhon bezeichnet. Oder, wie Giles vermutet, ein befestigter Ort namens *Müang* oder *Nakhon Law*, der sich im heutigen Landkreis *Chiang Kham* [เชียงคำ] in der nördlichen Provinz Phayao [พะเยา] befunden haben soll (*Giles,1938a:201*)
[1335] Der Name leitet sich von *Petani* ab, was im *Bahasa Malaysia* (Malaysisch) „Bauer" bedeutet.
[1336] Der Name leitet sich aus dem Sanskrit ab: *langkha* bedeutet „prächtig, strahlend, schön" und *sukkha* steht für „Seeligkeit, Glückseeligkeit". Das hinduistisch-buddhistische *mandala* zählt neben dem alten Kedah zu den frühesten zu den frühesten „Reichsgründungen" auf der Malaiischen Halbinsel.

ältesten Spuren menschlicher Besiedelung wurden von Archäologen im heutigen Landkreis Yarang [อำเภอยะรัง] entdeckt. Langkasukas Entstehung wird auf das erste Jahrhundert n.Chr. datiert. Um 200 erreichten die brahmanischen Lehren die Region Langkasuka, die im 7. Jahrhundert unter den Einfluss Srivijayas geriet, einer buddhistischen Thalassokratie mit dem Zentrum Sumatra, dessen regionale Suprematie vom Ende des 7. bis zum Ende des 13. Jahrhunderts währte. Dies führte zu einer Proliferation des Buddhismus, was aber die spätere Islamisierung nicht verhinderte. Laut *Tarikh al-Fatani*, die früheste Chronik der Geschichte Pattanis, erkrankte König *Paya Tu Naqpa* so schwer, das keiner der Ärzte in seinem Reich ihn kurieren konnte. Ein in der der arabischen Heilkunde bewanderter muslimischer Prediger versprach *Paya Tu Naqpa* zu heilen, sofern dieser zum Islam konvertiere. Der König willigt ein, gesundete und gemäß seiner Zusage nahm er den Titel Sultan *Ismail Syah Zillullah fi al-Alam* an. Die muslimisch orientierte Historiographie datiert den Beginn des Sultanats auf 1457.

Im 15. Jahrhundert fand eine größere Einwanderungswelle nach Pattani statt, angelockt vom profitablen (Fern)Handel der arabischen und chinesischen Kaufleute. Laut Tome Pires wurde Pattani bereits Ausgang des 14. Jahrhunderts gegründet; er bezieht sich dabei auf die Heirat eines siamesischen Herrschers mit der Tochter eines Adeligen am Hofe Pattanis. Aus dieser Ehe sei ein gewisser *Tamagi* hervorgegangen, der wiederum später zum Herrscher *Temaseks*[1337] avancierte, welches unter siamesischer Oberhoheit stand. *Tamagi* selbst wurde von *Parameswara*, einem Prinzen aus Palembang ermordet, der sich daraufhin zum "Lord of the Strait" ausrief und 1398 das malaiische Malakka gründen sollte. Das Pattani bereits vor der Gründung Malakkas existierte bestätigt auch der Portugiese Godinho de Eredia in seinem 1613 publizierten *Declaracan de Mala e India Meridional*: >>Es muß festgestellt warden, das die Ostküste von Ujontana [Malaiische Halbinsel] vor anderen [Gebieten] und der westlichen Küste besiedelt wurde; daher beziehen sich die historischen Überlieferungen darauf, das die Malayos Pattane und Pam [Palemban] vor der Gründung Malakkas besiedelten. Zu dieser Zeit regierte der Herrscher von Pam über Sycapura [Singapur] und über den König von Pattane, der Hauptstadt der Malayos<<[1338]. Wenngleich Ayutthaya nach dem Niedergang Sukhothais die Rolle des Suzerän übernommen hatte, wird Pattani in einer Auflistung der Vasallen im „Palastgesetz" Ayutthayas aus dem 15. Jahrhundert nicht explizit erwähnt:

ยกระบัตรแต่ได้ถวายดอกไม้ทองเงินทั้งนั้น๒๐เมืองคือ [insgesamt senden 20 müang die goldenen und silbernen Blumen (gemeint sind die *bunga mas perak*) an den König, wie:] เมืองนครหลวง [Nakhon Luang][1339] เมืองศรีสัตนาคณหุต [Sri Sattanakkanahut][1340] เมืองเชียงใหม่ [Chiang Mai] เมืองตองอู [Thong U][1341] เมืองเชียงไกร [Chiang Krai] เมืองเชียงกราน [Chiang Kran] เมืองเชียงแสน [Chiang Saen] เมืองเชียงรุ้ง [Chiang Rung] เมืองเชียงราย [Chiang Rai] เมืองแสนหวี [Hsenwi][1342] เมืองเขมราช [Khemarat][1343] เมืองแพร่ [Phrae] เมืองน่าน [Nan] เมืองใต้ทอง [Tai Thong] เมืองโคตรบอง [Khotrabong][1344] เมืองเรวแกว [Reo Kaeo][1345] ๑๖ เมืองนี้ฝ่ายเหนือ เมืองฝ่ายใต้ [diese 16 im Norden; und im Süden] เมืองอุยองตะหนะ [Ujong Tanah][1346] เมือ

[1337] Alter Name für Singapur; Malaysisch für „Seestadt, Stadt am Meer".
[1338] Zitiert nach Mohammed Zamberi A. Malek: Umat Islam Patani Sejarah dan Politik, Shah Alam: Hizbi Publications, 1993:19.
[1339] Angkor
[1340] Luang Prabang, bis 1560 die Hauptstadt von Lan Chang.
[1341] Vermutlich Taungu in Birma; möglicherweise Tang Au, eine alte Stadt am Mekong, 25 km nördlich von Chiang Saen.
[1342] Shan-Staat in Birma.
[1343] Ken Tung in den Shan-Gebieten Birmas.
[1344] Vermutlich Nakhon Phanom
[1345] Unklar. Vielleicht eine Stadt in der heutigen Isan-Provinz Ubon Ratchathani [อุบลราชธานี]; möglicherweise auch ein Hinweis auf die Ryūkyū-Inseln.
[1346] Johor(e). Der südlichste Bundesstaat des heutigen Malaysia.

งมลากา [Malakka] เมืองมลายู [Malayu]¹³⁴⁷ เมืองวรวารี [Varavari]¹³⁴⁸ ๔เมืองเข้ากันเ๒๐เมืองถวายดอกไม้ทองเงิน [vier müang; insgesamt 20 müang die goldene und silberne Blumen schicken] [...] พญามหานครแต่ ได้ถือน้ำพระพัทเมืองคือ [Es gibt acht Herrscher großer Städte, welche lediglich das „Wasser der Loyalität" zu bringen haben, wie:] เมืองพิศณุโลก [Phitsanulok] เมืองสัชนาลัย [Satchanalai] เมืองศุโขไท [Sukhothai] เมืองกำแพงเพช [Kamphaeng Phet] เมืองนกรสรีธรรมราช [Nakhon Sri Thammarat] เมืองนกรราช สีมา [Nakhon Ratchasima] เมืองตนาวศรี [Tenasserim] เมืองทวาย [Tavoy]<< (*Wyatt,1994b:82f.*)

Mit den Portugiesen, die sich 1511 Malakkas bemächtigt hatten, trat ein potenzieller Verbündeter Pattanis gegen die Ansprüche Ayutthayas auf die regionale Bühne. Ab 1516 gab es in Pattani eine portugiesische Handelsniederlassung, in der Folge ließen sich japanische, chinesische, indische, persische und arabische Händler dort nieder. 1517 kam eine portugiesische Mission unter Führung Duarte Coelhos zu einer Audienz bei Sultan Ismail Syah; das Resultat der Verhandlung war die Gewährung von Handelsrechten und -privilegien für die Portugiesen, die ihrerseits eine Bündnisverpflichtung im Falle einer militärischen Intervention Ayutthayas eingingen. Das Alleinstellungsmerkmal der Lusitanier währte nicht lange, denn die VOC gründete 1602 eine Faktorei und 1611 folgte die englische Konkurrenz. Der sich zunehmend verschärfende Wettbewerb führte 1619 in der Bucht vor Pattani zu einem kurzen Seegefecht zwischen holländischen und englischen Kriegsschiffen, in dem die Engländer die Oberhand behielten. In Pattani regierten sowohl Sultane [سلطان] als auch Sultanas [سلطانة]. 1630 herrschte Sultana *Ratu Ungu* [ราชาอุง]¹³⁴⁹ in Pattani, die willensstarke Witwe des vormaligen Königs von Pahang¹³⁵⁰. Sie lehnte den ihr vom Usurpator Prasat Thong verliehenen Titel einer *Phra Nang Chao-Yang* bzw. *Raja Nang Cayam* ab und nahm ostentativ den Titel *Paduka Syah Alam* an. Dies bedeutete den Bruch mit Ayutthaya und die Regentin unterstrich ihre Unabhängigkeitsansprüche zusätzlich durch die Weigerung, die traditionellen *bunga mas perak* zu senden. Als Ratu Ungu 1631 ihre Armee nach Ligor schickte erklärte Ayutthaya den Krieg. Den siamesischen Truppen gelang die Rückeroberung des wichtigen Handelspostens während die Armee Pattanis den Fehler beging, im Nachgang der Schlacht zwei holländische Handelsschiffe zu kapern. Die bis dahin neutralen niederländischen Beobachter schlossen daraufhin ein Bündnis mit Ayutthaya. Vermeintlich gestärkt durch die Bündniszusage der Holländer marschierte 1634 eine 30.000 bzw. 60.000 Mann starke Armee Ayutthayas gegen Pattani (*Van Vliet,1640:313*), die allerdings die durch die portugiesischen Söldner verstärkten Verteidiger nicht bezwingen konnte. Zwar kolpotiert ein holländischer Chronist, die Holländer hätten sich mit 6 Schiffen an der Niederwerfung einer Erhebung in Pattani 1634 beteiligt, woraufhin Prasat Thong künftig >>die Niederländer über die Portugiesen<< gehalten hätte (*Schouten,1663:299f.*). *In realitas* lichtete zwar am 14. Mai 1634 die kleine Flotte unter dem Kommando von Claes Bruijn die Anker; als sie aber endlich am 2. Juni in Pattani einlief, war die Schlacht bereits verloren und die Truppen Ayutthayas auf dem Rückmarsch. (*Giles,1938a:197*) Überdies erwies sich der Tiefgang der holländischen Schiffe als ungeeignet, um in den Hafen Pattanis einzudringen (*na Pombejra,1984:178*). Prasat Thong ließ einen der siamesischen Kommandeure köpfen, einige andere öffentlich bloßstellen und anschließend einkerkern und auch die Beziehungen zu den Holländern, die bis auf weiteres unter Hausarrest standen, waren vorerst stark angespannt.

1636 hatte sich Ayutthaya zunächst entschlossen, eine weitere militärische Expedition gegen den rebellischen Vasall im Süden zu führen; diplomatisch geschickt hatte er zuvor mit den

---

[1347] Möglicherweise ein Gebiet im Westen des heutigen Johor.
[1348] Möglicherweise die alte Königsstadt Muar im Gebiet von Johor.
[1349] Malaysisch für „Lila Königin".
[1350] Heute der drittgrößte Bundesstaat Malaysias.

Herrschern von Aceh[1351] und Arakan[1352] freundschaftliche Beziehungen geknüpft; dies war erforderlich, um einem möglichen Angriff auf Mergui und Tenasserim aus dieser Richtung vorzubeugen. Das der geplante Feldzug letztendlich nicht zustande kam, ist im wesentlichen auf zwei Gründe zurückzuführen. Zunachst hatte der *opperhoofd* der VOC entschieden, sich nicht an lokalen bewaffneten Konflikten zu beteiligen. Entscheidend war aber vermutlich der Sultan von Kedah, *Rijalluddin Muhammed Syah* (1619-1652), der erfolgreich zwischen Ayutthaya und *Ratu Kuning*[1353], die mittlerweile ihrer 1635 verstorbenen Mutter auf den Thron Pattanis gefolgt war, vermittelte. Aufgrund des ausgehandelten Kompromisses sandte Pattani im August des gleichen Jahres einen Legaten mit den symbolischen *bunga mas* nach Ayutthaya und konnte somit die bevorstehende Invasion abwenden (*Giles,1938a:198f.*). Ratu Kuning akzeptierte den siamesischen Titel *Phra Nang Chao-Yang* bzw. *Raja Nang Cayam* und erst nach der Zerstörung Ayutthayas durch die Birmanen 1767 erklärte sich Pattani, ebenso wie Ligor, *Phatthalung* [พัทลุง] and *Songkhla* [สงขลา] (*Singora*) erneut für unabhängig.

Nachdem neben Pattani auch Ligor rebellierte, war es Prasat Thong gelungen, Yamada Nagamasa und seine Elitetruppen in die südliche Provinz zu entsenden; damit konnte er einerseits den Aufstand des Vasallen beenden und gewann gleichzeitig freie Hand für die Finalisierung seines Masterplanes in der Kapitale. Das frühere Ligor und heutige Nakhon Si Thammarat existiert vermutlich seit mindestens 1.500 Jahren und taucht in diversen historischen Dokumenten und Chroniken unter verschiedenen Namen auf: *Tan Ma Ling*, *Lochac, Si Thammarat, Siri Tham Nakhon, Nakhon Ton Phra, Ligor* und *Tambralinga*[1354]. Der Ursprung lag im alten Tambralinga [อาณาจักรตามพรลิงค์], das bereits im frühen 7. Jahrhundert den chinesischen Kaisern der Tang-Dynastie tributpflichtig war. Jahrhundertelang unter dem Einfluß Srivijayas stehend konnte das malaiische Reich Ende des 12. Jahrhunderts seine Souveränität wieder erlangen und erlebte um 13. bis zum Beginn des 14. Jahrhunderts seine Blütezeit. Der zunehmende Warenaustausch mit Handelsplätzen im südlichen Indien und Ceylon führte auch vermehrt zu Mischehen zwischen den hinduistischen Händlern und den Einheimischen, wobei das Gebiet um das heutige *Hat Sai Kaeo* [หาดทรายแก้ว][1355] eines der frühen merkantilen Zentren bildete. Als Vasall wird es sowohl 1292 in der Inskription Nr. 1 in Sukhothai als auch im Palastgesetz Konig Trailoks 1468 erwähnt; ab dem Ende des 14. Jahrhunderts taucht in den siamesischen Chroniken zunehmend der Name *Anachak Negara Sri Thammarat* [อาณาจักรนครศรีธรรมราช] auf. Unter Phra Naresuan avancierte die Region zur Provinz Erster Klasse (*müang ek*) [เมืองเอก].

Yamada Nagamasa hatte Ayutthaya im August oder September 1629 verlassen und im January 1630 seinen Auftrag erfüllt; die Rebellion war niedergeschlagen und der neue Statthalter hatte sich in Ligor mit seinen 300 Samurai sowie 3000-4000 siamesischen Truppen niedergelassen. (*Polenghi,2009:57*) Der General erlag allerdings alsbald seinen Verletzungen; laut der offiziellen japanischen Kompilation *Tsūkō ichiran*[1356] wurde Okya Senaphimuk von einer Prinzessin namens *Chantra* [จันทรา] auf Geheiß Prasat Thongs vergiftet (*Giles,1938a:213*). Dies wiederum rief dessen Sohn und Nachfolger *O-In* auf den Plan. Er lockte Prinzessin Chantra unter dem Vorwand sich ergeben zu wollen mit ihren 300 Soldaten

---

[1351] Das heutige indonesische Aceh Darussalam [دارالسلام اچيه] im Norden Sumatras.
[1352] Im Gebiet des heutigen Rakhaing-Staates in Myanmar.
[1353] „Die gelbe Königin", die von 1635-1688 in Pattani herrschte.
[1354] Der Name leitet sich aus dem Sanskrit ab: *tambra* steht für „rot", *linga* bedeutet sowohl „Shiva" als auch „Phallus".
[1355] In der heutigen Provinz *Phuket* [ภูเก็ต] im dortigen *Sirinat National Park* [อุทยานแห่งชาติสิรินาถ] gelegen. Der 90 km² große Nationalpark weist neben *Hat Sai Kaeo* noch drei weitere große Strände auf: *Hat Nai Thon, Hat Nai Yang* und den längsten Strand Phukets *Hat Mai Khao*.
[1356] Eine 1853 unter Leitung des obersten außenpolitischen Beraters des Shogun, *Daigaku-no-kami Hayashi Akira*, erstellte Kompilation, welche in 350 Bänden die Beziehungem Japans zu ausländischen Mächten zwischen 1556-1825 protokolliert.

in sein Lager, umzingelte sie und ließ die komplette Truppe niederhauen. Die Nachricht soll für eine Panik in Ayutthaya gesorgt habe, das Gerücht habe die Runde gemacht, O-In sei mit 300.000 Mann unterwegs in die Kapitale (*Giles,1938a:214*). Laut Van Vliet hatte Prasat Thong in der Nacht vom 26. Oktober 1632 den Befehl gegeben, das japanische Dorf in Ayutthaya in Brand zu setzen und überdies mit Kanonen zu beschießen. Die überlebenden Japaner flüchteten sich auf eines ihrer Schiffe und kämpften sich den Weg bis ins offene Meer frei. (*Van Vliet,1640:306*) Gemäß *Tsūkō ichiran* hatte die japanische Kolonie Ayutthaya im Januar oder Februar 1633 aus Furcht vor Repressionen verlassen. In Ligor angekommen mußten sie jedoch feststellen, das Pattani die zugesagten 3.000 Krieger nicht zu O-In geschickt hatte; daraufhin gingen nicht nur die Bewohner Ligors mehrheitlich von der Fahne, sondern auch ein Großteil der Samurai kehrte nach Japan zurück. Mit einem guten Dutzend seiner engsten Vertrauten flüchtete er nach Kambodscha. Im dortigen Bürgerkrieg habe er auf seiten des Königs gefochten und sei bei dessen Niederlage gefallen (*Giles,1938a:213*). Erstaunlicherweise ließen sich mit Zustimmung des Königs einige Zeit später wieder 70-80 Japaner in Ayutthaya nieder, die sich fortan auch einer respektvollen Behandlung erfreuten. Die offizellen diplomatischen Missionen des Usurpators 1635, 1637 und 1639 scheiterten allerdings allesamt; der Shogun weigerte sich schlicht, die Gesandten auch nur zu empfangen. Damit endete das Kapitel des nachhaltigen politischen und militärischen Einflusses der japanischen Kolonie in Ayutthaya. Auf dem Höhepunkt seiner Macht zwischen 1628-1630 spielte Yamada Nagamasa eine entscheidende Rolle bei den inneren Turbulenzen. In der militärischen Nomenklatura *(phra aiyakan tamnaeng na thahan hua muang)* ist der Titel für den Führer der japanischen Söldner mit okphra und *sakdi na* 1.000 verzeichnet. Das der General anstelle des *Ok-phra* den Titel des *Ok-ya* führen durfte, unterstreicht seine herausragende Rolle bei den Auseinandersetzungen um die Thronfolge. *(na Pombejra 1984:127)*

>>Im Jahr 1648 hatte der König von Ava mit Hülfe der Langander [Lan Chang] die Siamer überfallen [...] ehe [...] der König selbst in aller Eile, im Anfang des Februars, ihm mit mehr als zwanzigtausend Mann entgegenzog. Er lagerte sich ungefähr eine halbe Meile von seinem Feinde, und so sahen sie einander beinahe drei Monate als böse Hunde an, ohne daß einer dem andern viel Schaden und Abbruch gethan hätte, bis der König von Ava [...] [dem] die Hungersnot auf den Hals kam, aufbrechen mußte, wozu freilich auch noch der Umstand mitwirkte, daß sich sein Volk sehr verlief und heimkehrte, auch der größte Theil der Langander sich diesem Krieg entzog. Zum Beistand und Hülfe der Siamer hatten die von Patang [Pattani] zehntausend Mann gesandt, die aber zu spät eintrafen [...] Zur Beihülfe [...] wurden in aller Eile zweitausend Fahrzeuge von dem Volke erpreßt, die die Krieger, die Bagage (...) führen mußten. Auf Befehl des Königs wurden zur Ergänzung der Armee noch mehr als fünfzigtausend Mann von den Einwohnern ausgehoben, welche [...] vom König nichts weiter als Reis erhielten, für alles übrige aber selbst sorgen mußten [...] dagegen ist alle Beute, welche sie im Kriege machen, ihr Eigenthum <<. *(Straußen,1832:59-64)*

Insgesamt zeugte Prasat Thong mindestens sieben Söhne und eine Tochter, wobei der Name der Mutter des Erstgeborenen, *Chao Fa Chai* [เจ้าฟ้าไชย] nicht überliefert ist ; eine Tochter Song Thams, *Phra Racha Thewi Sirikanlayani* [พระราชเทวีศิริกัลยาณี], gebar ihm den zweiten Sohn, *Phra Narai* [พระนาราย] und die Tochter *Phra Racha Kanlayani* [พระราชกัลยาณี]. Als Prasat Thong 1656 schwer erkrankte und das nahende Ende realisierte, ernannte er drei Tage vor seinem Ableben den ältesten Sohn Chao Fa Chai zu seinem Nachfolger. Seinen jüngeren Bruder *Si Suthammaracha* [ศรีสุธรรมราชา] hatte er, entgegen den Darstellungen in holländischen Quellen, die einen *fai na* häufiger erwähnen, nie zum Vizekönig ernannt. Die königlichen Chroniken

Ayutthayas verweisen darauf, daß Si Suthammaracha nicht im *wang na* [วังหน้า][1357] logieren durfte, sondern in einer Residenz in der Nähe des *Wat Suthawat*; anscheinend residierte Prasat Thong während seiner Aufenthalte in Ayutthaya selbt im Vorderen Palast. Möglicherweise haben die holländischen Chronisten den Titel *fai na* benutzt, um den vermeintlich zweitmächtigsten Mann Siams zu annoncieren (*na Pombejra,1984:46*). Das Prasat Thong seinen Bruder als ungeeignet für die Nachfolge betrachtete, artikulierte er bereits zu Beginn seines Regnums mit deutlichen Worten: >>Dieser jüngere Bruder von Uns ist plump und grobschlächtig und läßt keinerlei Schamgefühl erkennen. Es wäre daher nicht möglich, ihn zum Vizekönig zu ernennen, so dass er das Königreich jenseits Unserer heiligen Augen und Ohren schütze. Er ist daher lediglich ein Mann des Adels namens Phra Si Suthammaracha und hat seine Residenz am Rande des Tempels der Reinen Residenz zu errichten<< (*RCA,2000:215*). Das die Wahl Prasat Thongs auf dem Totenbett auf seinen ältesten Sohn Chao Fa Chai fiel, wenngleich *Chao Fa Narai* und legitimer Sohn einer Mutter aus königlicher Linie aus dynastischer Sicht stärkere Ansprüche geltend machen konnte und überdies den Bruder überging, sollte dem royalen Filius nicht zum Vorteil gereichen.

7.8.4. Somdet Chao Fa Chai [สมเด็จเจ้าฟ้าไชย][1358] (7.-8. August 1656)

Der übergangene Prinz Narai wollte den von Prasat Thong bestimmten Thronfolger nicht akzeptieren und verbündete sich mit seinem Onkel, der als Bruder des Königs ebenfalls eigene Ambitionen hegte und mit seinen Truppen nach Ayutthaya marschierte. Die Chroniken Ayutthayas verzeichnen ein angeblich neunmonatiges Regnum Somdet Chao Fa Chais (RCA, 2000:226), Syamananda >>etwa ein Jahr<<. (*Syamananda, 1988:71*) Die Chroniken offerieren zwei unterschiedliche Darstellungen der Ereignisse. Version 1 besagt, Narai habe seinen jüngeren Halbbruder auf geheimen Wegen aus dem Königspalast bis zum Tor am *Crystal Pond* geführt. Die *ponds* (Wasserreservoirs) des Königspalastes wurden durch den im Westen verlaufenden *Khlong (Pak) Tho* gespeist. Um diesen zu regulieren, gab es zwei Schleusentore; das *Udom Khongkharat* Tor regulierte die Zufuhr durch den *Mae Khongkha* Fluss und speiste den Wassergraben rund um den *Banyong Ratanat Maha Prasat*. Das zweite Tor namens *Cholachat Thawara Sakhon* regulierte den Zufluss vom *Crystal Pond* in den Königspalast, und an dieser Stelle soll der Thronfolger Phra Si Suthammaracha und seinen Männern in die Arme gefallen sein. Version 2 besagt, das Phra Si Suthammaracha den Königspalast mit seinen Soldaten gestürmt und Somdet Chao Fa Chai dort festgenommen habe. Wie auch immer, es folgte das traditionelle Standardprogramm für royale Exekutionen im *Wat Khok Phraya* [วัดโคกพระยา]. Und dieses >>Verbrechen, welches eine Schande für die königliche Familie Prasat Thongs konstituierte [...] sollte sich drei Monate später wiederholen<< (*Syamanda, 1988:73*) und abrupt die kürzeste Amtszeit eines Königs von Ayutthaya beenden.

Wat Khok Phraya [วัดโคกพระยา][1359] wurde in der frühen Ayutthaya-Periode zwischen 1350-1488 errichtet und liegt im Norden der Stadt in der Gemeinde *Lumphli* [ฉุ่มพลี] zwischen *Wat Takrai* [วัดตะไกร][1360] und *Wat Hatsadawat* [วัดหัสดาวาส][1361]. Der Name Lumphli könnte seinen Ursprung darin haben, das in dieser Gegend eine royale Zeremonie namens *Phra Ratcha Phithi Tat Mai Khom Nam* [พระราชพิธีตัดไม้ข่มนาม][1362] häufiger stattfand, bevor man in die Schlacht zog. *Lum* [ฉุ่ม]

[1357] Der „Vordere Palast" (Front Palace) war der Amts- und Wohnsitz des Vizekönigs. Offizieller Titel: พระราชวังบวรสถานมงคล.
[1358] Auch Somdet Phra Chao Sanphet Thi V [สมเด็จพระเจ้าสรรเพชญ์ที่ ๕]; Kurzform: Phra Chai
[1359] „Tempel auf dem Hügel der Noblen"
[1360] "Scherentempel"
[1361] Der ursprüngliche Name war *Wat Chang* [วัดช้าง], der „Elephantentempel"
[1362] Schwierig zu übersetzen, etwa: „das Holz fällen, welches man vorher den Namen des Feindes gegeben hatte".

steht für Flachland bzw. tiefe Ebene, während *pli* [พลี] mit Tribut, Opfer, Anbetung übersetzt werden kann. In den Königlichen Chroniken Ayutthayas finden sich zahlreiche Hinweise das die Gegend um Lumphli über einen längeren Zeitraum hinweg als Ort dieser Zeremonie zu lokalisieren ist. (*RCA, 2000:98f.;123;141;155;168*) In Prinz Damrong Rajanubhabs Kompilation "Unsere Kriege mit den Birmanen" findet sich ein Beitrag *Phraya Sombati Parihars*, der die o.a. Zeremonie detailliert beschreint: >> 'Phraratcha [พระราช][1363], wissen Sie, entspricht dem birmanischen daw, phithi [พิธี] bedeutet Zeremonie, tat [ตัด] heisst schneiden oder hacken, mai [ไม้] steht für Holz, khom [ข่ม] hat die Bedeutung von niederhalten oder unterdrücken und nam [นาม] bedeutet Name. Gemaess den alten Regeln und Gebräuchen der Kriegsführung muss, bevor eine Armee die Hauptstadt des Reiches verlässt um auf die Truppen des Gegners zu treffen, eine Zeremonie zelebriert werden um den Erfolg zu garantieren und diese Zeremonie ist unter dem Namen Phithi Tat Mai Khom Nam bekannt, d.h. "das Holz fällen, welchem man vorher den Namen des Feindes gegeben hat". Zunächst wird eine behelfsmässige Hütte mit sechs Pfählen errichtet, die von einer Art Veranda umgeben ist. Die Hütte ist von einem Bambusgitter[zaun] mit rautenförmigen Öffnungen umringt. Am Gitter entlang werden drei-, fünf- oder siebenstufige Papierschirme (Birmanisch: hti) fixiert. Junge Bananenstrünke und Zuckerrohrstängel werden in einiger Entfernung voneinander gepflanzt. Dann sammelt eine Person, die mit magischen Gevierten, der Pali-Schrift und numerischen Konfigurationen[1364] ebenso vertraut ist wie mit [spirituellen] Beschwörungsformeln, Erde unter drei Brücken, drei [Schiffs]Anlegestellen und drei Friedhöfen. Die so gesammelte Erde wird angefeuchtet und zu einem Abbild des Feindes geformt. Der Name des Feindes wird auf ein Blatt Papier geschrieben, der Meister zeichnet dann seine magischen Gevierte über den Namen, was einen vernichtenden Effekt auf den Feind hat. Das Papier wird dann in der Brust des Abbildes aus Erde gesteckt, welches mit der üblichen Kleidung des Feindes ausgestattet wird. Junge Bananen[baum]stämme und die Setzlinge eines Baumes, dem der Name des Feindes gegeben wurde, werden herbeigebracht und drei aufeinanderfolgende Tage lang in der Hütte aufbewahrt und in jeder Nacht werden Beschwörungsformeln über sie gebeugt gesprochen und intoniert. Danach wird die Erdfigur in einen Bananen[baum]stamm gelegt und an drei Stellen mit einem geweihten Baumwollfaden zugebunden. Eine Grube wird ausgehoben und der Bananen[baum]stamm und Setzlinge des Baumes, denen der Name des Feindes gegeben wurde, werden zusammen in der Grube gepflanzt. Sobald dieses erfolgt ist, betreten gegen 3 Uhr nachmittags Brahmanen des Hofes (Birmanisch: punna) die Hütte, setzen dort ein Fass mit Wasser für die Weihe und Beschwörung auf den Boden und spannen zum gleichen Zweck Baumwollfäden um den Bananen[baum]stamm und die Setzlinge des Baumes mit dem Namen des Feindes. Die Brahmanen bitten dann himmlische Wesen wie Shiva, Krishna, Ganesha und so weiter, aus ihren himmlischen Wohnstätten herabzusteigen um die Verehrung [der Versammelten] zu empfangen und ihre Hilfe bei der Durchführung der Zeremonie zu gewähren. Wenn der glückverheissende Moment nahe ist, beauftragt der König einige Würdenträger, für gewöhnlich die Kommandeure des Expeditionsheeres, die Zeremonie an seiner statt durchzuführen. Der König überreicht seinen Beauftragten den mit neun Edelsteinen besetzten Fingerring Seiner Majestät und das royale Schwert. Die Beauftragten Seiner Majestät begeben sich zu der Hütte und im glücksverheissenden Moment ziehen sie das königliche Schwert aus der Scheide, machen drei langsame, bedächtige Schritte vorwärts und fällen den Bananenbaum und die Setzlinge mit drei Streichen. Dabei achten sie darauf, dass die Schwerthiebe die Erdfigur und das darin befindliche Papier mit dem Namen des Gegners zerstören. Danach treten sie dreimal auf den Bananenbaum und die Setzlinge mit dem Namen

---

[1363] „König, königlich"
[1364] Vermutlich sind mathematische Kenntnisse für astrologische Berechnungen gemeint, was auf Brahmanen hindeuten würde.

des Feindes. Sobald sie damit wie beschrieben fertig sind, drehen sie sich um und gehen, ohne sich noch einmal umzublicken, zum Palast zurück. Bevor sie sich zum König begeben, übergeben sie dessen Dienern den Ring und das Schwert. Dann informieren sie ihn 'Möge es Eurer Majestät gefallen, den Feind zu unterwerfen, wir waren gänzlich erfolgreich, wie von Eurer Majestät gewünscht'. Dergestalt endet die Zeremonie<<. *(Damrong Rajanubhab, 2001:363f.)*

7.8.5. Phra Si Suthammaracha [พระศรีสุธรรมราชา][1365] (8.8. – 26.10. 1656)

Nach der Thronbesteigung bedankte sich der neue König bei seinem Neffen für die Unterstützung und ernannte ihn zum Vizekönig. Der neue Herrscher war offensichtlich mit einer ausgeprägten Libido gesegnet *(Syamanda, 1988:73)*, die den Königlichen Chroniken zufolge auch vor der eigenen Verwandtschaft keinen Halt machte: >> Si Suthammarachas [...] heilige Augen erblickten die jüngere Schwester [...] Narais [Phra Racha Kanlayani] und sahen, das seine königliche Nichte einen Leib von grossen Liebreiz hatte [...] und sein Herz [...] ward liebestoll voll von Verlangen und Begierde [...] Also rief er sie zu sich in seine Gemächer [...] Die königliche Dame ging nicht einmal nach oben sondern floh nach unten in ihre Residenz, wo sie die Angelegenheiten ihren Zofen erzählte. Diese baten sie wiederum sich in einem Bücherschrank zu verbergen, den sie unter dem Vorwand hinaustrugen, sie sollten Bücher in den Königspalast bringen<<. Vorerst in Sicherheit wandte sich Phra Racha Kanlayani mit der Bitte an ihren älteren Bruder, sie vor den sexuellen Belästigungen ihres Onkels zu schützen. Der Vizekönig >>war ausserordentlich bekümmert und verletzt [...] und sagte deshalb: 'Ach, unser Onkel. Wir dachten, das nachdem unser königlicher Vater in den Himmel gegangen war und nur noch unser Onkel da war, es wäre so als sei unser Vater noch am Leben und [der Onkel] fortan unsere Dynastie schützen würde. Ist es anständig, das er sich derartig aufführt? Seine Majestät ist bar jeder Scham, die ihn vom Sündigen abhalten würde. Wie will er gerecht das königliche Vermögen verwalten? Die Mönche, ehrenwerten Brahmanen, Untertanen, himmlischen Bewohner und Diener des Reiches werden fürwahr durch ihn verstört. Wir können ihn so nicht weitermachen lassen. Da Seine Majestät uns nun einen Anlass gegeben hat, werden wir der Sache nachgehen. Wir werden unser Glück versuchen und unsere bisher erworbenen Meriten zu unserem Schutz walten lassen<< *(RCA, 2000:228)* Offensichtlich hatte Phrai Narai auf eine solche Gelegenheit gewartet, denn er zögerte nicht, sofort seine wichtigsten Gefolgsleute um sich zu versammeln und nachdem er sich deren Loyalität noch einmal versichert hatte, legte er ihnen seinen Plan vor. Alle seine Krieger sollten spezielle Kopftücher als Erkennungszeichen tragen und er liess 100 Soldaten als Leibwache vor seinem Palast[1366] aufziehen. Nachdem er sich mittels diverser spiritueller Riten für die kommenden Ereignisse gerüstet hatte, bestieg er seinen Kriegselephanten *Mongkhon* [มงคล], wobei ihm *Phra Thep* und *Khun Phra Si* als Bodyguard bzw. Mahout dienten. Sein jüngerer Bruder bestieg seinen Elephanten namens *Kraphat Thong* [กระพัดทอง] und auf dem Weg zum Königspalast schlossen sich dem Tross noch vierzig japanische Samurai unter dem Kommando von *Phraya Sena Phimuk* und *Phraya Chaiya* an. Die anschliessenden Kampfhandlungen dauerten von späten Abend bis in den frühen Morgen, mit signifikanten Verlusten auf beiden Seiten, ohne das einer der Kontrahenten einen entscheidenden Schlag setzen konnte. Dann befahl Phra Narai drei grosse Kanonen auf dem

---

[1365] Auch Somdet Phrachao Sanphet Thi VII [สมเด็จพระเจ้าสรรเพชญ์ที่ ๗]; Kurzform: Phra Si Suthammaracha
[1366] Der Palast des Uparachas war seit 1577 der *Chandra Kasem* Palast [พระราชวังจันทรเกษม], etwa: „Palast des Glücklichen Mondes". Der Name änderte sich im Laufe der Jahre mehrfach. Aus *Wang Mai* [วังใหม่] „Neuer Palast" wurde zunächst *Wang Chan* [วังจันทน์] und schliesslich *Wang Na* [วังหน้า] „Vorderer Palast" mit dem offiziellen Titel: พระราชวัง บวรสถานมงคล.

Platz vor dem *Wang Luang* [วังหลวง]¹³⁶⁷ zu platzieren und liess diese in den Palast schiessen. Im weitern Verlauf wurden Phra Si Suthammaracha am Arm und Phra Narai durch Musketenkugeln am Fuss verletzt. Schliesslich zogen sich die Truppen des Königs zurück und verschanzten sich erneut im Palast. Während die Truppen Narais dabei waren, das Fronttor mit Rammen zu bearbeiten, erreichte sie die Nachricht, das sich der König bereits in den *Wang Lang* [วังหลัง]¹³⁶⁸ zurückgezogen habe, wo er sich schliesslich ergeben musste. Phra Si Suthammaracha ereilte noch am gleichen Tag nach einer Herrschaft von nur >>zwei Monaten und zwanzig Tagen<< (*RCA, 2000:230f.*) das gleiche Schicksal wie seinen Vorgänger, seine Gefolgsleute wurden allesamt verbrannt.

7.8.6 Somdet Phra Narai Maharat [สมเด็จพระนารายณ์มหาราช]¹³⁶⁹ (1656-1688)

Den Namen Narai verdankte der König dem Umstand, das bei seiner Geburt 1632 die anwesende Entourage auf den ersten Blick den Eindruck hatte, der Prinz sei mit vier Armen geboren worden. (*RCA, 2000:217*) Obwohl sie Prasat Thong kurz darauf mitteilten, das sie offensichtlich einer kollektiven Wahrnehmensstörung erlegen waren, gab dieser dem Neugeborenen den Namen Narai [นารายณ์]. Dieser leitet sich aus dem Sanskrit-Wort Narayana [नारायण] ab und bedeutet wörtlich „ewiger Mann", „Menschensohn" oder auch „der aus dem Wasser Kommende". Narayana wird im Hinduismus vor allem mit Vishnu oder dessen Avatar Krishna gleichgesetzt, gelegentlich auch mit Brahma. Die hinduistische Ikonographie stellt *Narayana* (Vishnu) häufig mit vier Armen dar. Im Epos Mahabharata berichtet der Weise Markandeya über eine große Flut, welche am Ende der Zeiten das gesamte Universum vernichtet hat. In der Wasserwüste trifft er auf ein Kind, auf dem Blatt eines Baumes liegend, das sich ihm als Narayana offenbart: ‚In alten Zeiten rief ich die Wasser beim Namen Nara und da die Gewässer immer mein ayana waren, meine Heimstätte, darum wurde ich Narayana genannt (der im Wasser zuhause ist). O bester der Wiedergeborenen, ich bin Narayana, der Ursprung aller Dinge, der Ewige, der Unveränderliche'. Das göttliche Kind tröstet Markandeya und kündigt eine neue Schöpfung an. Einige Jahre später stand der junge Prinz während eines starken Unwetters neben einem langen Pfahl, in den der Blitz einschlug. Während Phra Narai unverletzt blieb, fiel die neben ihm stehende Amme in Ohnmacht. (*Syamananda, 1988:71*)

Bereits neun Tage nach seiner Geburt starb die Mutter, *Phra Racha Thewi* [พระราชเทวี] und der Knabe wurde einer Amme namens *Dusit* [ดุสิต] übergeben, die er wie seine Mutter liebte. Ihr eigentlicher Name war *Bua* [บัว], aber da sie in der Nähe des *Wat Dusit* [วัดดุสิต]¹³⁷⁰ am Khaosan

---

¹³⁶⁷ Er wird auch als *Phra Ratchawang Boran* [พระราชวังโบราณ] „Alter Palast" bezeichnet, um ihn vom Grossen Palast, *Phra Boran Maha Ratcha Wang*[พระบรมมหาราชวัง], in Bangkok zu unterscheiden. Der Wang Luang diente kurze Zeit nach seiner Zerstörung 1767 durch die Birmanen als Modell für den Aufbau des Palastes in Bangkok. Nach dem Tod seines Bruders, König Ananda Mahidol *(Rama VIII.)* 1946 beschloss König Bhumibol Adulyadej *(Rama IX.)* die Verlegung der Residenz in den Chitralada-Palast: *Phra Tamnak Chit(tra)lada Rahothan* [พระหนักจิตรลดารโหฐาน] .
¹³⁶⁸ Der „Hintere Palast" war ursprünglich ein Pavillion, in einem Garten ausserhalb des Königspalastes gelegen. Da sich die Könige dort gelegentlich aufhielten nannte man das Gebiet auch *Suwan Luang* [สวนหลวง], „Königlicher Garten". Erstmalige Erwähnung in den Chroniken findet der Palast 1565, als König Chakkraphat (1548-1569) zugunsten seines Sohnes, des Prinzen Mahin abdankte und fortan dort als Privatmann residierte (RCA, 2000:51). In der Folge diente der *Wang Lang* häufiger als Residenz für die Zweit- oder Drittgeborenen Söhne des Herrschers. Letztmalige Erwähnung findet der Hintere Palast während des Regnums König Phetrachas, danach scheint er als royale Wohnstatt aufgegeben worden zu sein. Auf der Karte Jacques Nicolas Bellins (1703-1772; französischer Kartograph, Ingenieur-Geograph, Hydrograph der Marine) aus dem Jahre 1751 ist an der Stelle des Wang Lang eine Pagode eingezeichnet.
¹³⁶⁹ Auch Somdet Phra Ramathibodi Thi III [สมเด็จพระรามาธิบดีที่ ๓]; Kurzform: Phra Narai
¹³⁷⁰ Der Name Wat Dusit leitet sich aus dem Sanskrit-Wort tush ab, welches in etwa "dort wo alle Wünsche erfüllt werden" bedeutet. Referenziert wird auf den "Tushita-Himmel", eine himmlische Welt, in der sich der kommende Buddha Maitreya [พระศรีอริยเมตไตรย] derzeit befinden soll. Maitreya [मैत्रेय] gilt im Buddhismus als der Buddha der Zukunft und der große

Kanal wohnte, war sie allgemein als *Chao Mae Wat Dusit* [เจ้าแม่วัดดุสิต] bekannt. Dusit hatte zwei Söhne, die später wichtige Positionen in Ayutthaya bekleiden sollten : Lek, der spätere Phra Khlang, Chao Phraya Kosathibodi und Pan, Kosa Pan oder Phra Wisut Sunthon, der spätere Erste Botschafter Phra Narais in Versailles. Phetracha, der künftige Leiter des Königlichen Elephantenkorps, war ein weiterer Milchbruder Phra Narais, allerdings bei einer anderen Amme. (Manich Jumsai, 1988b:217) Der junge Prinz zeichnete sich durch eine rasche Auffassungsgabe aus, die den ihn unterrichtenden Mönchen die Arbeit wesentlich erleichterte. Insbesondere erwarb er umfangreiche Kenntnisse des Sanskrit und Pali, sozusagen das Latein und Altgriechische Asiens, und verfügte über einen umfangreichen literarischen Background. Er war selbst als Schriftsteller tätig und verfasste neben zahlreichen didaktischen Traktaten auch poetische Werke. Seine lebenslange Passion für die Elephantenjagd, wobei die Tiere lediglich eingefangen und nicht erlegt wurden, liess ihn auch im literarischen Genre des *chan klom chang* [ฉันท์กล่อมช้าง] brillieren. Neben einem Traktat über die Elephantenjagd verfasste er auch einige der heute noch in Thailand gesungenen Schlaflieder für Elephanten, welche, insbesondere die weissen Elephanten, nach der Gefangennahme beruhigen sollten. Ein bekanntes Elephantenlied in Thailand lautet wie folgt:

ช้าง ช้าง ช้าง ช้าง ช้าง
Elephant, Elephant, Elephant, Elephant, Elephant,
น้องเคยเห็นช้างหรือเปล่า
Hast Du jemals einen Elephanten gesehen oder etwa nicht?
ช้างมันตัวโตไม่เบา
Der Elephant ist riesengross
จมูกยาวๆ เรียกว่างวง
Mit einer langen Nase die man Rüssel nennt
มีเขี้ยวใต้งวงเรียกว่างา
Er hat Hauer unter dem Rüssel die man Stosszähne nennt
มีหูมีตาหางยาว
hat Augen, Ohren und einen langen Schwanz.

Phra Narai förderte auch andere Autoren, so unter anderen den legendären Sri Pat, und sein Regnum wird auch als das goldene Zeitalter der thailändischen Poesie bezeichnet.

7.8.6.1 Exkurs: Sri Prat [ศรีปราชญ์][1371], der dunkle Poet Ayutthayas

Vermutlich lebte der grösste Poet des Königreiches von Ayutthaya von 1655-1687. In seinem kurzen Leben schrieb er neben unzähligen Versen zwei größere Werke, die uns überliefert sind: Das *Anirut Khamchan* [อนิรุทธคำฉันท์][1372] und das *Kamsuan Sri Prat* [กำสรวลศรีปราชญ์][1373] oder auch *Kamsuan Samut* [กำสรวลสมุทร]. Hauptthema des *Kamsuan Sri Prat* ist die Reise des Poeten in das von König Narai angeordnete Exil nach Nakhon Si Thammarat. Nachdem Sri Prat zu Beginn die Schönheiten der Tempel und Paläste Ayutthayas lobpreist, wendet er sich alsbald

---

kommende Weltlehrer. Der Name ist wahrscheinlich vom Sanskrit-Wort *maitri* [मैत्री] abgeleitet, das mit universale Liebe, Güte, Freundschaft oder Freundlichkeit übersetzt werden kann. Sein Kommen ist einigen Quellen zufolge für 3.000, 5.000 bzw. 30.000 Jahre nach Buddha Shakyamuni, dem historischen Buddha (Siddhartha Gautama), vorausgesagt. Von verschiedenen buddhistischen Gelehrten, Weisen und Heiligen wird erzählt, sie hätten eine Reise nach Tushita unternommen, um sich dort von Maitreya unterrichten zu lassen. So sollen z. B. einige tantrische Lehren auf Maitreya zurückgehen, die sie einem dieser „Besucher" erklärt habe.

[1371] auch *Si Prat, Sriprachya* oder *Sripratch*
[1372] Die Geschichte von Anirut
[1373] Das Leiden des Sri Prat

dem erotischen Leitmotiv der Handlung zu: die Beziehung zu seiner Geliebten und seine mit der erzwungenen Trennung verbundenen Leiden. Mittels ideomatischer Redewendungen und Wortspielereien verknüpft er geo-kulturelle Stationen und Aspekte der Reise mit den anatomischen Reizen seiner Geliebten. Die expliziten sexuellen Referenzierungen verknüpfen den Körper mit der vorbeiziehenden Landschaft und kreieren dadurch den dramatischen Rhythmus (*Fuhrmann:2009,272f.*). In einem anderen *nirat* [นิราศ][1374], dem *Khlong Thawathotsamat* [โคลงทวาทศมาส][1375], welches den Ablauf der zwölf Monate eines Jahres zum Thema hat, findet sich eine ähnliche Technik:

ถึงเดือนหกฝนตกจากฟากฟ้า Der sechste Monat bricht an und bringt den himmlischen Regen
พี่คิดถึงดอกไม้ของนาง Ich denke an Deine schönen Knospen, Liebste
คิดถึงยามรกอนรนรมย In diesem Monat teilen wir Liebe und Freude
เจบระบมใกล้ท้องทแนบนาง Bis Dein weicher Nabel den Schmerz fühlt
สยฟ้ารองเหมอนเสยงพโหยหารัก Wenn der Donner brüllt bin ich voll rastloser Begierde
เจบกลางใจดงจะขาดคว่ำ Mein Herz schmerzt, als würde es herausgerissen
ดวงเดอนบอกขาวฤดไถนากาลงจะเรมแลว Der Monat bringt das neue Pflügen
อกพแหงแตกระแหงแตนำตานอง Mein Herz verwelkt und Tränen füllen meine Augen[1376]

Im *Anirut Khamchan* geht es um die siamesische Variante einer Episode aus der hinduistischen Mythologie; ob diese nun auf dem *Vishnu Purana*[1377] oder auf dem *Harivamsa Parva* oder auf beiden beruht (*Phromsuthirak, 1979:46ff.*), soll an dieser Stelle nicht weiter erörtert werden. Aniruddha[1378], der Enkel Krishnas[1379] und ein Avatar Vishnus[1380], streifte auf der Jagd nach Elephanten durch die Wälder. Während einer Ruhepause schlief er ein und wurde nach Sonitpura verschleppt, wo der Riesen-Gott Bana[1381] herrschte, dessen Stieftochter Usha den Jüngling begehrte. Bei Tagesanbruch wurde Aniruddha zurück in den Wald bebracht. Doch Usha vermisste ihren Liebhaber und sandte eine ihrer Dienerinnen, ihn zu suchen. Inzwischen hatte Bana allerdings von der Liebesnacht erfahren und sandte erzürnt eine Armee aus, um Aniruddha zu fangen. Aniruddha wurde gestellt und gefesselt, konnte

---

[1374] Das nirat ist eine in der thailändischen Literatur beliebte lyrische Gattung, die sich in etwa mit "Abschiedsdichtung" übersetzen lässt. Der Kern der Dichtung ist eine Reisebeschreibung, wesentlich ist aber die Sehnsucht nach der abwesenden Geliebten. Der Dichter beschreibt seine Reise durch Landschaften, Städte und Dörfer, unterbricht doch aber regelmäßig seine Beschreibung, um seine Gefühle für und Gedanken an die zurückgelassene Geliebte auszudrücken. Klassische Vertreter dieser Gattung sind Sri Prat und Sunthorn Phu (1786–1855). Phus erster nirat stammt vermutlich aus dem Jahr 1807 und beschreibt eine Reise nach *Mueang Klaeng* [เมืองแกลง], einer Stadt zwischen seiner Heimatstadt *Rayong* [ระยอง] und Chanthaburi. Da die nirats gewöhnlich in einen realen Kontext eingebettet sind, stellen sie eine Quelle für die Geschichte Siams im frühen 19. Jahrhundert dar.
[1375] Entstanden im 15. Jahrhundert zur Zeit der Herrschaft König *Somdet Phra Ramesuan Boromma Trailokkanat Bophits*. Einige Historiker schreiben das Werk der Gemeinschaftsarbeit von vier königlichen Hofpoeten zu, andere Quellen insistieren auf *Phra Yaowarat* [พระเยาวราช], einem Sohn des Königs, als Autor.
[1376] *Chitkasem,1972:144.*
[1377] Das *Harivamsha* [हरिवंश] ist ein bedeutendes Werk der Sanskrit-Literatur, das um Christi Geburt niedergeschrieben wurde und aus 16.374 Versen besteht. Das erste Buch (Harivamsha Parva) beschreibt die Entstehung des Universums, die legendäre Geschichte der Könige der Sonnen- und Monddynastie bis hin zur Geburt Krishnas. Das zweite Buch (Vishnu Parva) erzählt die Geschichte Krishnas bis hin zu den Ereignissen, die kurz vor Beginn des Mahabharatas stattfanden. Das dritte Buch (Bhavishya Parva) enthält zwei unterschiedliche Schöpfungstheorien, Hymnen an Shiva und Vishnu und eine Beschreibung des Kali-Yuga.
[1378] [Sanskrit: अनिरुद्ध] „Der Unaufhaltsame"
[1379] [Sanskrit: कृष्ण] die achte Inkarnation des Gottes Vishnu
[1380] [Sanskrit: विष्णु] Ursprünglich eine vedische Gottheit ist Vishnu ist Teil der *trimurti*, der hinduistischen Konzeption der „drei Gestalten". Diese besteht aus drei Aspekten des Göttlichen, die mit den fundamentalen Prinzipien bzw. Kräften des Kosmos in Verbindung stehen: Für die Schöpfung steht Brahma, für die Erhaltung Vishnu und für die Zerstörung Shiva
[1381] Auch Banasura, eine Gottheit mit 1000 Armen, diente Shiva und herrschte in seiner Hauptstadt Sonitpura, das heutige Tezpur in Assam.

aber mit Hilfe seines Onkels Narai fliehen. Letzlich besiegte Aniruddha den Riesen im Kampf und machte ihn zu seinem Torwächter und lebte fortan glücklich und zufrieden als König des Reiches.

Die Biographie des Poeten ist ebenso kurz wie turbulent. Gezeugt wurde er von *Phraya Horatibodi*, dem königlichen Hofpoeten und Astrologen, mit einer dunkelhäutigen Sklavin. Die von der Mutter vererbte dunkle Hautfarbe sollte ihm zeitlebens Spott und Verachtung einbringen; bis auf den heutigen Tag gilt eine dunkle Hautfarbe in Thailand als unattraktiv, da sie als Zeichen niederen Standes gilt (wohlhabende oder besser ausgebildete Menschen müssen nicht in der Sonne schuften und haben daher einen helleren Teint). Als junger Mann diente er gemeinsam mit *Luang Sorasak*, dem späteren „Tigerkönig" als königlicher Page am Hofe Narais. Als Sri Prat eine königliche Anerkennung erhielt, stichelte *Luang Sorasak*: „Warum ehrte der König diesen widerlich dunklen Kerl?" worauf er die Antwort erhielt: „Dunkel nur von aussen, aber golden von innen". Das schriftstellerische Talent des Knaben trat schon im Alter von neun Jahren deutlich zu Tage. Der ebenfalls dichtende König Narai kam bei einem Vers nicht recht voran und so bat er seinen Hofpoeten Horatibodi um Rat und Hilfe. Es handelte sich um einen Vierzeiler für eine geschätzte Konkubine und die ersten beiden Zeilen lauteten[1382]: „Was erlaubte sich, die Wange der Dame zu berühren, so das diese erbleichte? War es ein Moskito, eine Schnake, eine Fliege oder eine Mücke, die sich diese Freiheit nahm?" *Phraya Horatibodi* beschloss, die Angelegenheit zu überschlafen und als er sich am nächsten Morgen ans Werk machen wollte, fand er den Vers bereits vollendet: „ Wo es selbst einer menschlichen Hand schwerfiele, sie zu berühren – wer oder was sollte es wagen, den frischen Teint der Dame zu verdunkeln?" Unbewusst hatte sich der Knabe eines Tabubruches schuldig gemacht, denn niemand durfte ohne vorherige Zustimmung des Königs sich mit dessen Elaboraten beschäftigen. Doch als der Vater dem Herrscher gestand, wer für die perfekte Ergänzung des Verses verantwortlich war, berief Narai den Knaben sofort als Page an den Hof. Angesichts des Temperamentes seines Sohnes nahm Phraya Horatibodi dem König noch vor Dienstantritt das Versprechen ab, seinen Sohn im Falle einer künftigen *lèse-majesté* nicht hinrichten zu lassen, sondern stattdessen lediglich zu verbannen.

Im Laufe der Jahre wuchs der junge Mann dem König aufgrund seines dichterischen Genius' und frischen Geistes mehr und mehr ans Herz. Anlässlich eines Jagdausfluges in den Dschungel stiess die Gesellschaft eines Tages auf eine Herde von wild und laut kopulierenden Affen. Der König fragte seine Entourage, was der Lärm zu bedeuten habe; es wagte ihm aber niemand zu antworten, da das Thema Sexualität in Gegenwart des Königs absolut Tabu war. Als der König erneut fragte, antworte ihm der Poet: „Es ist nicht an mir, Eurer Majestät mitzuteilen, das es sich um eine Herde Affen handelt". Der König fragte weiter, was diese denn so geräuschvoll trieben und erhielt die Antwort: „Eure Ohren werden nie vernehmen Majestät, das diese äusserst leidenschaftlich kopulieren". Dem König gefielen diese Antworten ausserordentlich und er verlieh ihm den Titel „Sri Prat, der Weise". Doch ungeachtet seiner geistigen Meriten brachte ihn seine stark ausgeprägte Libido und die häufige Missachtung der Hofetikette immer wieder in Schwierigkeiten. Selbst vor Prinzessin *Sudawadi*[1383], der Tochter des Königs, konnte er seine scharfe Zunge nicht im Zaum halten.

Anlässlich des Loi Krathong Festes geriet er zum wiederholten Male mit einer älteren Konkubine aneinander, die bei Hofe sehr gut vernetzt war. Als die Hofdame ihr Floss für das Lichterfest präsentierte, verstieg sich Sri Prat zu der Bemerkung: *„Das Floss ist sehr schön. Wäre die Dame, die es ihr eigen nennt, etwas jünger, würde ich um ihre Hand anhalten".* Erbost erwiderte die Konkubine: *„Armes Häschen das vom Mond träumt, wie schwachsinnig.*

[1382] Der Versuch der wörtlichen Übersetzung vermag nicht annähernd, den poetischen Klang des Originals wiederzugeben
[1383] [ศุดาวดี] Auch Prinzessin Yothathep genannt, die einzige Tochter König Narais, gezeugt mit der Konkubine *Kasattri*.

Erkennt nicht, wie niedrig sein Rang ist. Wie ein Pfau, der meint über die Wolken schauen zu können. Weiss nicht im geringsten, wo sein Platz ist, der Lump!". Sri Prat war nie um eine Antwort verlegen: *"Der Hase mag wohl vom Mond träumen, der ausserhalb seiner Reichweite liegt. Wir beide aber, werte Dame, befinden uns hier auf der Erde und können es treiben wie die Karnickel in der Paarungszeit"*. Diese animalische Allegorie traf nicht das Gusto des versammelten Hofstaates und der ebenfalls erboste König verurteilte Sri Prat, zur Strafe einen verschlammten Kanal freizuschaufeln. Als die betagte Konkubine feixend an dem schwitzenden Poeten vorbeiging, bewarf dieser sie „versehentlich" mit einer Schaufel voller Unrat. Das Mass war nun voll und da er einst dem Vater versprochen hatte, den Sohn nicht zu richten, verbannte Narai ihn nach Nakhon Si Thammarat.

Aber auch das erzwungene Exil im Süden des Reiches vermochten die libidinösen Irrungen und Wirrungen Sri Pats nicht zu verhindern. Alsbald pflegte er in gewohnter Manier erotische Beziehungen zu den Damen im Palast des Gouverneurs. Als dem Gouverneur *Chadet* zu Ohren kam, auch seine Gattin *Orathai* [อรทัย] habe eine Affäre mit dem Dichter, verhängte er ohne Wissen des Königs die Todesstrafe. Am Morgen des 21. Juli 1687 wurde er zum Richtplatz an den Strand gebracht. Der *phetchkat* [เพ็ชฌฆาต][1384] erwartete ihn bereits nur mit einem *phanung* [ผ้านุ่ง] und mit der roten *pa deng* [ผ้าแดงพันศีรษะ][1385] bekleidet und dem rituellen Richtschwert in der Hand. Dem Delinquenten wurde als letzter Wunsch das Privileg gewährt, ein allerletztes Poem in den Sand zu schreiben. Die letzten Worte des grossen Poeten lauteten: >>Ich rufe die Erde als Zeugen an, auch ich bin ein Mann von Stand und Ehre, er befahl meine Hinrichtung, ich beging kein Verbrechen, ich machte nicht falsches, mag sein Schwert es ihm heimzahlen<<. *(Jumsai,1992:167f.)* Dann begann der Scharfrichter den *ram dab* [รำดาบ], der traditionelle rituelle Tanz vor der Hinrichtung. Im Rhythmus der Musik hob er erst den einen Fuss, dann den anderen; das Schwert wechselte von einer Hand zur anderen und nach einem präzisen Hieb rollte der Kopf Sri Prats in den Sand. Für den Gouverneur *Chadet* sollte dieser letzte Vers Sri Prats zur finalen Prophezeiung werden. Er wurde vom König nach Ayutthaya zitiert und dort wegen Insubordination ebenfalls hingerichtet.

>>Im Jahr 1018, einem Jahr des Affen[1386], am 8. der Dekade, einem Donnerstag, dem zweiten Tag des abnehmenden Mondes im 12. Monat um 2 Uhr am Nachmittag<< *(RCA, 2000:232)*, ergo am 26. Oktober 1656 bestieg Phra Narai als 30. König Ayutthayas den Thron. Wie bei seiner Geburt berichten die Chroniken ein aussergewöhnliches Ereignis während der Inthronisierung im Königspalast gegen acht Uhr abends: >>reines, weisses, heiliges, wohlriechendes Wasser regnete von der Decke<<. *(RCA, 2000:232)* Die erste Amtshandlung des neuen Monarchen war eine populistische, der 25jährige, im Bewusstsein seiner seiner noch fragilen Macht, proklamierte für den Zeitraum von drei Jahren Steuerfreiheit für alle seine Untertanen. *(RCA, 2000:233)* Genau aus den gleichen Gründen ehelichte er unmittelbar nach der Thronbesteigung seine Schwester Si Chulalok. Was in der Retrospektive vordergründig als profaner Inzest erscheint, hatte seine Ursache in der normativen Kraft der *raison d'État*. Wie La Loubère treffend feststellte war sie >>seine Frau und seine Schwester,

---

[1384] Scharfrichter
[1385] Gesichtsmaske
[1386] Die Zwölf Erdzweige (地支), auch Zwölf Zweige (十二支) genannt, ist ein altes chinesisches Nummerierungssystem. Die zwölf Erdzweige sind ein nicht nur für den Kalender verwendetes altes Nummerierungssystem im gesamten CJKV-Kulturkreis (China, Japan, Korea, Vietnam). Da jedem Erdzweig neben der Nummer auch noch ein Tier zugeordnet ist, besteht eine 1:1-Beziehung zwischen Erdzweig und Tierzeichen. Im Westen werden diese Tierzeichen häufig mit den Tierkreiszeichen der westlichen Astrologie gleichgesetzt; tatsächlich aber haben die beiden Bezeichnungen nichts miteinander zu tun. Die chinesischen Erdzweige (Tierzeichen) werden ebenfalls für die Bezeichnung der Jahre in einem Zwölf-Jahre-Zyklus verwendet. 1. 子, *zǐ*: Ratte (鼠, *shǔ*) 2. 丑, *chǒu*: Büffel (牛, *niú*) 3. 寅, *yín*: Tiger (虎, *hǔ*) 4. 卯, *mǎo*: Hase (兔, *tù*) 5. 辰, *chén*: Drache (龍, *lóng*) 6. 巳, *sì*: Schlange (蛇, *shé*) 7. 午, *wǔ*: Pferd (馬, *mǎ*) 8. 未, *wèi*: Schaf (羊, *yáng*) 9. 申, *shēn*: Affe (猴, *hóu*) 10. 酉, *yǒu*: Hahn (鷄, *jī*) 11. 戌, *xū*: Hund (狗, *gǒu*) 12. 亥, *hài*: Schwein (猪, *zhū*)

genannt Nang Achamahisii<<. *(1693:101)* „Achamahisii" war allerdings kein persönlicher Name, sondern der Titel *Somdet Phra Akkhara Mahesi* [สมเด็จพระอัครมเหสี], was indiziert, das sie die Hauptfrau des Königs wurde und auch die einzige bleiben sollte, die während seines Regnums diesen Status bei Hofe innehatte. Durch die Ehe mit der Tochter seines Vorgängers festigte Phra Narai im gültigen Kontext seiner Zeit seine dynastische Legitimation. Die Königin brachte vor ihrem frühen Tod 1680 nur eine Tochter zur Welt, Prinzessin Kromluang Yotathep, die später im Rahmen der Ereignisse von 1688 noch eine wichtige Rolle spielen sollte. Bedauerlicherweise gibt es lediglich Phantasiegemälde oder allegorische Darstellungen, aber kein Portrait, welches die physische Erscheinung des Königs *in realitas* darstellt; Beobachtungen von Augenzeugen sind hingegen vorhanden. So beschreibt André Deslandes-Boureau Ende 1680 den achtundvierzigjährigen Monarchen wie folgt : >>Der König ist von mittlerer Grösse, weder weiss noch schwarz, ungefähr vierzig Jahre alt, hat ein breites, angenehmes Gesicht mit hoher Stirn, trägt keinen Bart und hat eine breite, flache Nase, die sich etwas bewegt, wenn er spricht. Seine Lippen sind sehr dick<<. *(Launay, 1920 I:106)* Einige Jahre später notierte Gervaise, der König habe >>eher hohe Schultern, ein längliches Gesicht mit bräunlichem Teint, helle, lebendige Augen die eine Menge Intelligenz verraten und in seinem ganzen Habitus ist liegt eine gewisse Erhabenheit und Majestät, gepaart mit grosser Sanftmut und Güte<<. *(1688:246)*

Bereits zu Beginn seines Regnums hatte der junge König ein etwas distanziertes Verhältnis zur Institution der Sangha, was sicherlich die absurden Phantasien der französischen Missionare in Bezug auf eine mögliche Konvertierung befeuert haben dürfte. >>Da gab es sogar einen sancrat[1387] vor einiger Zeit, der sich die Freiheit herausnahm, ihm voller Stolz mitzuteilen, das seine Untertanen gegen ihn aufmurrten und das sie seine Bestrafungen nicht verdienten. Der König hörte sich diese mildtätige Vorhaltung bereitwillig an, aber einige Tage später sandte er dem sancarat einen dieser grossen und böswilligen Affen, welche die Siamesen so fürchten, mit der ausdrücklichen Order, bis auf weiteres selbigen gut zu füttern und ihn in seinem Haus alles tun zu lassen, was diesem gefiel. Er [Phra Sangharacha] musste diesen grossen Affen annehmen. Aber sobald dieser im Haus war begann er, fürchterlichen Schaden anzurichten. Er begann eine Menge des feinen Porzellans zu zerschlagen und nagte an den teuersten Teppichen : er biss einige Leute und griff andere an, bis es der sancarat nach einiger Zeit nicht mehr ertragen konnte und sich in grosser Verzweiflung mit der untertänigen Bitte an Seine Majestät wandte, ihn von diesem bösartigen Gast zu befreien. Der König antwortete mit einem Lächeln, 'Was ist denn das ? Sie können nicht die läppischen Unannehmlichkeiten eines Affen in Ihrem Hause drei oder vier Tage erdulden und dennoch erwarten Sie von mir, das ich die Anmassungen meiner Untertanen ein Leben lang toleriere, die tausend mal schwerer zu ertragen sind als der boshafteste Affe<<. Nach der verbalen Peitsche folgte taktisch klug das Zuckerbrot an den desavouierten Sangharacha: >> 'Gehen Sie nun', fuhr er fort, 'da ich weiss wie man die Bösen straft können Sie versichert sein, das ich es noch besser verstehe, die Guten zu belohnen<<. *(Gervaise, 1688:190f.) Se non è vero, e molto ben trovato*[1388]... Turpins Darstellung weist daraufhin, das Phra Narai einen Grundgedanken Macchiavellis: >>Jemand, der es darauf anlegt, in allen Dingen moralisch gut zu handeln, muß unter einem Haufen, der sich nicht daran kehrt, zu Grunde gehen<<. *(Macchiavelli, 1824:174f.)* verinnerlicht hatte und attestierte dem König >>Ambitionen auf die Macht und getrieben von der Unruhe seines Geistes [...] Sein gefährdeter Thron [...] bedurfte einer energischen Hand um seine Position zu festigen und seine ersten Eroberungen waren seine Untertanen. >>Les semences des guerres intestines surent étouffées dans les sang de rebelles.Humaine par penchant, & sévere par politique, il

---

[1387] Heute der Titel des Obersten Mönchpatriarchen mit dem Titel: *Somdej Phra Sangharacha* [สมเด็จพระสังฆราชา]. Damals trug jeder Leiter der vier königlichen Tempel in Autthaya den Titel Phra Sangharacha.
[1388] „Wenn es nicht wahr ist, ist es doch gut erfunden". Giordano Bruno (1548-1600), italienischer Philosoph.

comprit qu'il falloit être toujours armé du glaive, pour contenir dans le devoir des peuple prêts à rompre le frein de l'obéissance, s'ils ne sont arrêtés par la crainte.<<. *(Turpin, 1771 :58)*

Die Feldzüge gegen Lan Na und Birma

1660 überfielen die Chinesen die birmanische Kapitale Ava um dort den letzten Herrscher der Ming-Dynastie, Zhu Youlang[1389], gefangenzunehmen. Die Mon in Martaban ersuchten daraufhin Phra Narai um Unterstützung. 1661 sandte der König zwei Armeen unter dem Kommando Chao Phraya Kosatibodis (Lek) und Phraya Sihara Decho nach Birma, wo die Siamesen einige Schlachten im Verlauf eines insgesamt unübersichtlich verlaufenden Feldzuges zu ihren Gunsten entscheiden konnten. Allerding drangen die Birmanen 1663 über den Drei-Pagoden-Pass bis nach Siam vor, bis sie bei Sai Yok ['ไทรโยค'][1390] gestellt und vernichtend geschlagen wurden. Im Gegenzug führte der König sein 60.000 Mann starkes Heer wieder gegen Birma, eroberte Martaban, Syriam, Rangoon, Hongsawadi und belagerte schliesslich 1664 Pagan *(RCA, 2000:256ff.)*. Nachdem viel Feinde "getötet oder verwundet waren und zahlreiche Kriegsgefangene gemacht wurden" (Damrong Rajanubhab, 2001) zogen sich die Truppen Ayutthayas aus Mangel an Nahrung *(RCA, 2000:282)* wieder zurück. Auch wenn Phra Narai nicht den entscheidenden Schlag gegen den „Erzfeind" landen konnte bleibt festzustellen, das er nicht wie einige seiner Vorgänger wartete, bis die Birmanen an die Tore Ayutthayas klopften, sondern proaktiv die latente Gefahr einer erneuten Invasion für die Dauer seines kompletten Regnums abwendete.

Die parallelen Ereignisse in Lan Na hängen ursächlich mit den birmanischen Expeditionen 1662-64 zusammen. Phraya Saen Luang, der Herrscher in Chiang Mai, erkannte in dem siamesisch-birmanischen Konflikt seine Chance, sich sowohl des birmanischen Joches zu entledigen als auch einen künftigen Vasallenstatus gegenüber Ayutthaya zu vermeiden, wenn er beide gegeneinander ausspielte. Deshalb schickte er seinen Beauftragten, *Saen Surin Maitri* mit einem Brief nach Ayutthaya und bat in demütiger Form im Duktus der Zeit um militärischen Beistand: >>Chinesische Kommunen mobilisieren ihre Truppen um Chiang Mai zu umzingeln und einzunehmen. Da es Phraya Saen Luang und allen Einwohnern Chiang Mais nicht gelungen ist, eine sichere Heimstatt und Zuflucht zu finden, haben sie deshalb deas Orakel im Tempel des Heiligen Sihing Buddha befragt [...] der Heilige Sihing Buddha hat sein Gesicht der Himmlischen Haupstadt zugewandt [...] Wir suchen den Beistand [...] des Heiligen Herrschers der Albino Elephanten als unsere Zuflucht und bitten, als königliches Geschenk, um Elephanten, Pferde, Gefolgsleute und Soldaten, ausgerüstet mit Waffen aller Art, die helfen sollen, Chiang Mai zu verteidigen [...] welches dann [...] Vasall an der Grenze der Heiligen Hauptstadt wird<<. *(RCA, 2000:250)* Phra Narai wiederum sah darin die Möglichkeit, diesen wichtigen Vasallen der Birmanen unter seine Vorherrschaft zu bringen und damit sein Reich und seine persönliche Position weiter zu festigen; dies war zwingend notwendig, denn im Inneren gährte es noch immer, was beispielsweise die Rebellion von Phra Ram und Phra Goldie in Phetburi beweist, die mit 300 Gefolgsleuten den König auf der Durchreise gefangennehmen wollten. *(RCA, 2000:269)* Während der erstem Kampagne war es gelungen Lampang und einige kleine Städte unter Kontrolle zu bringen *(RCA, 2000:251f.)*, 1662 erfolgte die zweite Expedition mit dem Ziel Chiang Mai. Während sich Phra Narai auf eine vierzehntägige Schiffreise nach Phitsanulok begeben hatte, um dort einem dreitägigen Fest zu Ehren Buddhas beizuwohnen, erreichte ihn die Nachricht >>wir sind mit unserer

---

[1389] Der Yongli Kaiser [永曆] (1623-1662); herrschte von 1646-1662 und war der vierte und letzte Kaiser der Südlichen Ming Dynastie.
[1390] Gelegen im heutigen Nationalpark Sai Yok [อุทยานแห่งชาติไทรโยค] in der Provinz Kanchanaburi [กาญจนบุรี].

Armee bis in die Gegend um den Gong des Sieges1391 vorgerückt, als Saen Surin Maitri, der uns [nach Chiang Mai] führen sollte, floh<<. (*RCA, 2000:251*) Offensichtlich hatte Phraya Saen Luang Nachricht vom Rückzug der siamesischen Armee aus Birma erhalten und erneut die Fronten gewechselt. (*Syamananda, 1988:71*) Zwar gelang eine temporäre Annektion Lan Nas 1663 (*RCA, 2000:291ff.*), aber die humanen und monetären Resourcen Ayutthayas reichten nicht aus, einen dauerhaften Anschluss zu erzwingen, so das Lan Na erneut unter birmanische Kontrolle geriet.

Die jahrelangen militärischen Unternehmungen lehrten selbst die zuvor von König Prasat Thong reichlich gefüllten Schatullen des Monarchen erheblich und sein dreijähriges Steuergeschenk an die Untertanen war wenig hilfreich, die Finanzen des Reiches wieder ins Lot zu bringen. Zudem erschwerte der Verlust an Menschenleben, sprich Arbeitskräften, die angespannte Lage zusätzlich. 1662 führte der Phra Khlang zunächst ein neues Steuersystem ein, welches den freien Handel beschnitt; kurz darauf wurde das royale Handelsmonopol auf alle Exporte proklamiert, ungeachtet des Privileges der VOC mit Hirschhäuten und –fellen, welches 1634 erstmalig gewährt und 1645 und 1647 erneuert worden war. Die neuen Regelungen sollten neben dem erhöhten Steueraufkommen auch dazu beitragen, sowohl den Handel insgesamt unter nationaler Kontrolle zu halten als auch die natürlichen Resources des Landes pfleglich zu behandeln. Im wesentlichen sahen die Bestimmungen vor:

1. Einheimischen war es ab sofort untersagt, Exportgüter direkt an ausländische Kaufleute zu veräussern, insbesondere Tierfelle und –häute, Sandalwood, Elfenbein etc. Stattdessen mussten diese an das Königliche Warenlager geliefert werden, welches auch die Preise selbst fixierte. Wollte ein ausländischer Händler diese Produkte für den Export erwerben, musste er diese im Königlichen Warenlager kaufen.
2. Für den Export von Reis bedurfte es einer besonderen Ausfuhrgenehmigung.
3. Alle anderen Produkte (die weniger oder gar nicht für den Export geeignet waren) durften direkt mit den ausländischen Kaufleuten gehandelt werden.

Verständlicherweise führte dies zu wachsendem Unmut unter den europäischen Handelsgesellschaften, der sich 1661 erstmals öffentlich äusserte. Die Holländer kaperten im Golf von Tonking ein Schiff, welches zwar unter portugiesischer Flagge segelte, aber Waren des Königs beförderte. Die Stimmung der Holländer verschlechterte sich weiter, als die Engländer im gleichen Jahr ihr *godown* in Ayutthaya wieder eröffneten, was zwangsläufig zu Lasten der eigenen Profite gehen musste. Schliesslich warfen sie den siamesischen Behörden vor, nicht ausreichend für den Schutz ihrer Schiffe vor den anhaltenden Attacken chinesischer Piraten zu sorgen. 1663 beschloss Johan Maetsuyker[1392], Generalgouverneur von Niederländisch-Indien[1393], die Schliessung des holländischen Handelspostens und einige Monate später blockierte eine holländische Flotte das Delta des Menam Chao Phraya. In Ermangelung einer eigenen Flotte sah sich Phra Narai gezwungen, am 22. August 1644 zwei Verträge zu unterschreiben, in denen er die holländischen Forderungen nachgab:

1. Ayutthaya und die VOC unterhalten künftig freundschaftliche Beziehungen.
2. Den Holländern war in Siam der freie Handel ohne Restriktionen wieder gestattet, wobei sie allerdings der üblichen Steuerpraxis unterlagen.

[1391] Lokation bis dato nicht bekannt
[1392] (1606-1678), von 1653 bis zu seinem Tod Generalgouverneur von Niederländisch-Indien in Batavia.
[1393] *Nederlands-Indië*, indonesisch *Hindia-Belanda*, auch bekannt als *Niederländisch-Ostindien* oder *Insulinde*, war der unter holländischer Herrschaft stehende Vorläufer der Republik Indonesien.

3. Ayuthhaya verpflichtete sich, keine Chinesen auf seinen Schiffen zu beschäftigen[1394]. Wurde ein Chinese auf einem siamesischen Schiff entdeckt, konnten die Holländer es konfiszieren.
4. Der Export von Hirschhäuten und –fellen wurde wieder holländisches Monopol.
5. Für den Fall, das ein Angestellter der VOC ein kapitales Verbrechen beging, unterlag er nicht der siamesischen Jurisdiktion: der Täter war der dem Leiter der hiesigen VOC zu übergeben, der diesen nach holländischen Recht zu bestrafen hatte. (*Syamananda, 1988:72f.*)

Insbesondere der letzte Punkt war gleichbedeutend mit der Aufgabe der territorialen Integrität Siams und spätestens zu diesem Zeitpunkt dürfte bei Phra Narai die Erkenntnis vorhanden gewesen sein, das die Schaffung und Aufrechterhaltung eines kräftemässigen Gleichgewichts zwischen den europäischen Handelsgesellschaften angesichts der ungenierten „Kanonenbootdiplomatie" der VOC zur *conditio sine qua non* wurde. Die Situation verschärfte sich noch einmal gegen Ende der 1670er Jahre, als sich Pattani und Songkhla im offenen Aufruhr gegen Ayuthhaya befanden. Phra Narai bot der VOC die Übernahme Pattanis an, was diese ablehnte: darüber hinaus ging einer der holländischen Kaufleute nach Songkhla, wo er den rebellischen Gouverneuer dabei unterstützte, die Stadt gegen die siamesischen Truppen zu befestigen. Nicht zuletzt war der kometenhafte Aufstieg der Franzosen im kommenden Jahrzehnt diesen Ereignissen geschuldet.

7.8.6.2 Siam und Malaysia

Wenn Elefanten streiten, werden die zermalmt, die sich zwischen ihren Füßen befinden[1395].

Die Malaien in Siam erfuhren ihre größte Bedeutung als >>*bons Soldats*<< (*de Chaumont,1686:128*) i.e. furchtlose Söldner 1656, als sie erheblichen Anteil an König Narais Thronbesteigung *hatten (Gervaise,1988:28f.)*. Diese Furchtlosigkeit bestätigt auch Turpin, der sich gleichsam befremdet und beeindruckt von den Malaiien zeigt; er schildert sie als wildes und grausames Volk, mit unruhigem und niederträchtigem Charakter, die für alle Diebereien und Morde in Siam verantwortlich seien und plündern und rauben wollten, ohne dafür zur Verantwortung gezogen zu werden. Dabei seien sie äußerst mutig und stürben lieber als das sie sich vom Feind das Leben schenken liessen: >>Le Malaïs ce sont joints à plusieurs peuple voisins pour y former des établissemens. C'est une peuple turbulent & ferocé, qui entraîné par l'agitation de son esprit, fomente les rebellions pour acquérir le droit de piller avec impunité. L'expérience que l'on faire de leure caractere inquiet & pervers, fair qu'on leur impute tous les larcins & les assassinats commis dans le pays. Leur courage leur fair envisager les dangers & la mort sans pálir, & ils aiment mieux périr les armes à la main, que d'être redevables de la vie à un ennemi qui fait pardonner<< (*Turpin, 1771, 1:7*). In die gleiche Richtung gehen die Beobachtungen und das Urteil des Chevalier de Chaumont: >>les Malais qui sont en tres-grand nombre dans ce Royaume-là sont tres-méchans & grands voleurs<< (*de Chaumont,1686:131)*. Während des 13. Jahrhunderts begannen einige Prinzen sowie ihr Gefolge aus der Tai-Prinzipalität Phetburi im südlichen Teil des südostasiatischen Halbinsel Wälder zu roden, Reisfelder anzulegen und sich in organisierter Form anzusiedeln. In der Folge orientierten sich die Tais weiter nach Süden und besiedelten auch Räume, in denen

---

[1394] Die Siamesen selber hatten zu diesem Zeitpunkt keine eigene Flotte und nur sehr wenige ausgebildete Matrosen und kaum Navigatoren und heuerten zu diesem Zweck chinesische Seeleute an. Hinzu kam, das der Vertragsterminus „Chinesen" auch Japaner und Vietnamesen inkludierte. Die Holländer versuchten mit dieser Bestimmung, den siamesischen Export mit eigenen Schiffen zu verhindern oder zumindest stark einzuschränken.
[1395] Malaiisches Sprichwort

bereits Malaii-sprechende Populationen heimisch waren. In einer der frühen Chroniken[1396] werden als frühe Siedlungsgebiete Kelantan, Pattani, Keddah und Pahang genannt. Ligor oder Nakhon Si Thammarat (*Wyatt,1975a*) wurde zur südlichen Kapitale Ayutthayas, von wo aus die malaiischen Vasallenstaaten geführt wurden. Demzufolge kam Ligor schon in früher Zeit eine herausragende Bedeutung bei der Kontrolle und Leitung der nördlichen Staaten in Malaya. Die Gründe hierfür lagen einerseits in der für Siam strategisch günstigen Lage und andererseits in der ökonomischen Stärke des südlichen Zentrums. Bereits Mitte des 13. Jahrhunderts hatte sich Ligor zum maritimen Stützpunkt Sukhothais entwickelt und rund einhundert Jahre später akzeptierte es offiziell seinen Vasallenstatus gegenüber Ayutthaya (*Andaya, 1982:63*). Zu diesem Zeitpunkt hatte sich Ayutthaya bereits als Suzerän in weiten Teilen der malaiischen Halbinsel etabliert. Die hegemonialen Ambitionen Ayutthayas initiierte eine langwierige Rivalität mit Malakka bzw. seinem Nachfolger, dem Königreich Johore um die Vorherrschaft im südlichen Teil der Halbinsel. Zwar hatte Malakka zeitweilig zumindest formal seine Rolle als Vasall Ayutthayas akzeptiert; dennoch wurde es zunehmend argwöhnisch vom großen Nachbarn beäugt, der seinen eigenen Anspruch als einer der führenden Häfen Asiens nicht durch einen weiteren potenziellen Rivalen gefährden wollte. Um 1455/56 herum entsandte Ayutthaya eine militärische Expedition in Richtung Malakkas. Allerdings erlitten die Siamesen eine Niederlage und bis zur Herrschaft Sultans Mahmud Syahs sind keine weiteren bewaffneten Konflikte überliefert. Dieser überfiel schließlich Kelantan, ein Vasall Ayutthayas und raubte dort drei Prinzessinnen, die er als menschliche Kriegsbeute nach Malakka brachte. Da Ayutthaya in der zweiten Hälfte des 15. Jahrhunderts primär im Norden mit Sukhothai und Lan Na beschäftigt war, oblag zunehmend Ligor die Aufgabe, im Falle der Insubordination Vergeltung zu üben. Eine weitere Chronik, die *Serajah Melayu*, notiert denn auch militärische Operationen Ligors in den nordöstlichen Gebieten um 1509, also kurz vor dem Eintreffen der ersten Portugiesen (*Andaya,1982:64*). Während der zweiten Hälfte des 16. Jahrhunderts verschob sich das Machtgefüge auf dem Isthmus zugunsten Johores; Ayutthaya erlitt schwere Niederlagen gegen die Armeen Burmas und hatte sich überdies wiederholter Invasionen aus Kambodscha zu erwehren.

Ein starkes Ayutthaya bot insbesondere den kleineren malaiischen Vasallen die notwendige Protektion vor den größeren malaiischen Königreichen, z.B. Johore. Andererseits hatte dieses auch seinen Preis. Denn ein starkes Ayutthaya war nicht gewillt, Insubordinationen seiner Vasallen oder gar Angriffe durch seine traditionellen Gegner – Laos, Burma, Kambodscha und Vietnam – hinzunehmen. Dies bedeutete aber wiederum für die Vasallenstaaten, daß sie zum Zeichen ihrer Loyalität Männer, Waffen, Geld und Lebensmittel für die militärischen Operationen des Suzeräns bereitzustellen hatten. Die Stärke in den Beziehungen zwischen Siam und den malaiischen Staaten lag darin begründet, dass, ungeachtet der teilweise hohen und harten eingeforderten Tributleistungen, die malaiischen Herrscher nie als Provinzgouverneure zweiten Ranges behandelt wurden. Sie führten ihre Prinzipalität oder Königreich überwiegend eigenständig und wurden auch mit jenem höfischen Respekt behandelt, wie er sonst nur bei souveränen Herrschern üblich war. Solange sie ihren Tribut entrichteten und ihre Loyalität unter Beweis stellten, war Ayutthaya bereit, seine Interventionen in das politische Tagesgeschäft auf ein Minimum zu reduzieren. Von den malaiischen Herrschern wurde Ayutthaya wie das China früherer Jahrhunderte perzepiert: wie ein mächtiger Geist, den zu beschwichtigen erforderlich war, wollte man in seiner eigenen Welt in Harmonie leben (*Andaya, 1982:67*).

Während des 17. Jahrhunderts stellte sich die Situation in den einzelnen malaiischen Königreichen unterschiedlich dar. Der *Raja* von Keddah beispielsweise befand sich in

---

[1396] Die Ligor-Chronik, von der drei Versionen aus dem 19. Jahrhundert existieren. Vermutlich im 17. und 18. Jahrhundert entstanden wurde diese Chronik vermutlich mehrfach überarbeitet und adaptiert.

permanenten Auseinandersetzungen mit den mächtigen Rivalen der Region, Malakka und Aceh. Mitte des 17. Jahrhunderts zwang eine Konfrontation mit den Holländern Kedah, den Schutz Siams zu suchen und die üblichen *bunga mas* wurden nach Ayutthaya gesandt. Fortan betrachtete Siam Kedah als seinen Vasallen; der *Raja* von Kedah allerdings verstand es, einen gewissen Grad von Unabhängigkeit zu wahren, indem er geschickt wechselnde Unterstützung bei den Holländern oder Siamesen suchte und so beide auf relative Distanz halten konnte (*Bonney, 1971:18ff*). 1709/10 operierten die Armeen Ayutthayas im nördlichen Teil der malaiischen Halbinsel und verbreiteten dabei soviel Schrecken, daß sich das im Westen gelegene Sultanat Perak ebenfalls hilfesuchend an die Holländer wandte. Die siamesischen Truppen rückten in Terengganu ein; primäres Ziel dieser Operation war jedoch nicht die Unterwerfung Terengganus, sondern die Zerstörung der Piratennester entlang der Küste. König Borommakots Truppen brachten 1712 Pattani wieder auf Kurs, aber Kedah leistete lediglich ein unverbindliches Lippenbekenntnis die Akzeptanz siamesischer Suzeränität betreffend. (*Syuki, 1985:XIV*) Als die Holländer an Einfluß verloren hatten wandte sich Keddah Ende des 18. Jahrhunderts an die neue Kolonialmacht England. Das Überlassen der Häfen von Kuala 1772 und Penang 1785 sowie die Übergabe Wellesleys 1800 sind nicht als klassisches Leasinggeschäft mit immobilen Werten zu verstehen, sondern als politisches Handlungsmuster im Ringen um die größtmögliche Souveränität zwischen Siam, Burma und den wachsenden europäischen Begehrlichkeiten (*Thongchai Winichakul, 1994:86*).

Ähnliche Strategien wurden von Perak, Kelantan und Trengganu verfolgt (*Mills, 1966:150ff*.), wobei Perak sogar so weit ging, den Engländern das ganze Königreich für die Zusage anzubieten, Perak im Falle einer siamesischen Invasion zu schützen (*Hall, 1974:13ff.*). Die Engländer erwiesen sich häufig als ignorant in der Kenntnis des tributären Systems in Südostasien; die ihnen bekannten Politikmuster kannten nichts entsprechendes. Und so nahmen sie in der Folge häufig die Angebote der *rajas* an, stellten sich aber gegen die damit verbundenen Forderungen taub (*Thongchai Winichakul, 1994:87*). Als 1630 Prasat Thong den Thron Ayutthayas usurpierte, nutzte Pattani die vermeintliche Gunst der Stunde und griff Ligor und Phattalung an. Ayutthaya konnte nicht unmittelbar reagieren, da es zunächst mit Kambodscha, Burma und der japanischen Kolonie in der Hauptstadt beschäftigt war. 1634 sandte Prasat Thong dann 30.000 Mann nach Pattani, deren Armee durch 5.000 Krieger aus Johore und Pahang sowie 50 Schiffe verstärkt wurde. Nach anfänglichen Mißerfolgen entsandte Ayutthaya ein weiteres Heer und nachdem *raja* Ungu von Pattani gestorben war, suchte sein Nachfolger eine friedliche Lösung. Prasat Thong nahm schließlich das Friedensangebot *raja* Kunings an, erhielt die *bunga mas* und verlieh seinerseits dem malaiischen Herrscher den Titel des *phra chao*. Am Beispiel Pattanis wird exemplarisch das Dilemma der nördlichen malaiischen Staaten deutlich. Die Beziehungen zum Suzerän Ayutthaya waren niemals statisch und permanenten Anpassungen an die tagespolitischen Opportunitäten unterworfen. Allerdings bleibt festzustellen, daß es den nördlichen Staaten bis zum 17. Jahrhundert nicht vergönnt war, ihre staatlichen Angelegenheiten mit gleichen Selbstbewußtsein oder vergleichbarer Unabhängigkeit zu gestalten, wie ihre südlichen Nachbarn, beispielsweise Johore (*Andaya, 1982:68*).

7.8.6.3. La Compagnie française pour le commerce des Indes orientales[1397]

Wer großen Seehandel aufbringen und behaupten will,
muß die Mittel besitzen, ihn zu verteidigen[1398].

[1397] Kurzform: *Compagnie des Indes Orientales*. Die Französische Ostindienkompanie

[1398] Friedrich List (1789 - 1846 Freitod), Volkswirtschaftler und Politiker, Professor in Tübingen und Gründer des Deutschen Handels- und Gewerbevereins.

1604 gewährte König Henri IV.[1399] einer Gruppe von Kaufleuten aus Dieppe, Rouen und St. Malo das Monopol für den Handel mit Süd- und Südostasien. Der geringe Erfolg veranlasste Kardinal Richelieu[1400] 1642 zur Errichtung von Handelsposten auf Madagaskar, aber der Handel stagnierte weiterhin. Die unwirtlichen Küsten, der anhaltende Widerstand der indigenen Bevölkerung sowie die limitierten Resources der Insel erschwerten die merkantilen Aktivitäten ungemein. Aussenminister Colbert[1401] unternahm schliesslich einen dritten Versuch und gründete 1644 die *Compagnie des Indes Orientales*[1402]. Die neue Gesellschaft absorbierte die verbliebenen Vermögenswerte ihrer Vorgänger und beschränkte sich zu Beginn ihrer Geschäftstätigkeit auf das Chartern von englischen und holländischen Schiffen. Obwohl umgangreiche Privilegien für die Dauer von 50 Jahren gewährt wurden, wie das Monopol auf den Handel, das Besitzrecht auf eroberte Gebiete, das Recht zur Ausrüstung von Handels- und Kriegsschiffen und zur Aufstellung eigener Truppen, das Recht zum Schlagen eigener Münzen sowie eine eigene Gerichtsbarkeit., konnten nur wenige private Investoren gewonnen werden; das Kapital kam zu grossen Teilen aus der Schatulle des Königs sowie „öffentlichen Mitteln": so sah sich Ludwig XIV. bereits 1665 zu einer Order veranlasst, welche die Bürgermeister und Magistrate der grösseren Städte verpflichtete, die Bevölkerung direkt anzusprechen und zu Subskriptionen zu bewegen. *In realitas* handelte es sich dabei nicht um Aktienerwerb im eigentlichen Sinne, sondern um „Zwangsdarlehen" für das royale Prestigeprojekt, für das im Stammkapital von 15.000.000 Livre generiert werden musste. (*van der Cruysse, 2002:101*) Das Motto der Gesellschaft, *florebo quocumque ferar*[1403], entbehrte angesichts der unterschiedlichen Interessenlagen nicht einer gewissen Komik; während der König weiter auf einer Kolonisation der *Île Dauphine*[1404] insistierte, forderten die verbliebenen privaten *shareholder* vehement eine primär merkantile Ausrichtung mit dem Schwerpunkt Südasien. 1667 erhielt Colbert ein Memorandum, in der in aller Deutlichkeit die kritische finanzielle Situation der Gesellschaft dargelegt und erneut die Forderung erhoben wurde, sich nun endlich um den Asienhandel zu kümmern, anstatt >>eine grosse, primitive Insel zu kultivieren<< (*van der Cruysse, 2002:105f.*) Im Dezember 1685 fand dann im *Palais des Tuileries* (Tuilerienpalast) die entscheidende Aktionärsversammlung statt, die mit zwei wesentlichen Entscheidungen endete: Das Madagaskar-Projekt wurde mit Zustimmung des Monarchen und Hauptaktionärs prinzipiell für gescheitert erklärt[1405] und den privaten Investoren klipp und klar mitgeteilt: Pay up amd shut up! (*van der Cruysse, 2002:106f.*); konsequenterweise erhielt dann auch das vom Ludwig XIV. neu ernannte Direktorium eine eher bürokratische Struktur und Ausrichtung. Angesichts der desaströsen Entwicklung sollte der frustierte *Roi-Soleil*[1406] lamentieren : >>Die Gesellschaft ist in der öffentlichen Meinung in meinem gesamten Königreich kompromittiert<< (*ebenda, 2002:108*). 1666 wurde ein

---

[1399] Heinrich IV. von Navarra (*Henri le Grand*), 1553-1610) war von 1572 an als Heinrich III. König von Navarra und von 1589 bis zu seiner Ermordung am 14. Mai 1610 in Paris als Heinrich IV. König von Frankreich. In seiner gascognischen Heimat nannte man ihn in der Landessprache lo nòstre bon rei Enric („Unser guter König Heinrich").

[1400] Armand-Jean du Plessis, Premier Duc de Richelieu (1585-1642), kurz Kardinal Richelieu, war ein französischer Aristokrat, Kirchenfürst und Staatsmann. Von 1624 bis zu seinem Tod war er unter König Ludwig XIII. als *Erster Minister* die bestimmende politische Figur in der französischen Politik.

[1401] Jean-Baptiste Colbert, Marquis de Seignelay (1619-1683) war ein französischer Staatsmann und der Begründer des Merkantilismus (Colbertismus). Er kann zur vorklassischen Ökonomie gezählt werden. Unter dem „Sonnenkönig" Ludwig XIV. war er erfolgreicher Finanzminister. Er sanierte den Staatshaushalt, um die sehr hohen Aufwendungen vor allem für den König selbst, den Hofstaat, das Militär und dessen Kriegszüge zu finanzieren. Colbert schuf die Basis der französischen Wirtschafts- und Kolonialpolitik.

[1402] Eine reich bebilderte mit allgemeinverständlicher Einführung liefern Philippe Haudrère / Gérard Le Bouëdec: *Les compagnies des Indes*. Ouest-France, Rennes 1999

[1403] Ich gedeihe, wohin immer ich gebracht werde

[1404] Alter Name Madagaskars

[1405] Madagaskar wurde 1674 dann komplett aufgegeben, lediglich ein kleiner Handelsposten auf der *Île Bourbon* (*Île de la Réunion*, „„Insel der Zusammenkunft") wurde beibehalten.

[1406] Sonnenkönig

Handelsposten in Surat[1407] eröffnet, wo es Sire de la Boullaye Le Gouz[1408] und Flamand Beber gelang, von *Muhammad Aurangzeb Alamgir* [اورنگزیب][1409] das gleiche Handelsprivileg zu erhalten, wie die bereits etablierten Holländer und Franzosen: >>obtinrent un firman par lequel cet empereur accordait aux Français de la ville de Surat les mêmes droits que ceux dont y jouissaient les Anglais et les Hollandais<<(*Weber, 1997*). Die 1669 in Masulipatam[1410] errichtete Handelsniederlassung war bereits 1671 wieder bankrott. 1673 erfolgte die Gründung des *godowns* in Pondichéry[1411]. Nach dem Tod des Aussenministers wurde die Gesellschaft verstaatlicht und der Sohn Colberts[1412] übernahm die Leitung. Der Handel mit Indien wurde allerdings kurz danach nahezu eliminiert, da es de Louvois[1413] gelang, ein Importverbot für bedruckte Stoffe aus Indien durchzusetzen. (*Smithies, 1998:6f.*)

Der nach dem Tode François Barons 1683 zum Generaldirektor berufene François Martin[1414] verlegte das *headquarter* 1686 nach Pondicherry. Nach dem Sturz Phaulkons musste sich das französische Truppenkontingent des Bangkoker Forts unter Leitung des unfähigen Generals Desfarges nach Pondicherry flüchten, welches ebenfalls als Operationsbasis für die erfolglose Duquesne-Guiton[1415] Expedition diente. Der praxisorientierte Martin suchte in der Folge nach neuen profitablen Lokationen und schickte seinem Schwiegerson Deslandes-Boureau nach Bengalien[1416]. 1693 verkaufte der König Maharathas[1417] ohne Wissen der Franzosen Pondichery an die Holländer und Martin wurde als Gefangener nach Batavia gebracht. 1699 kehrte er nach dem Frieden von Rijswijk[1418] zurück, versuchte den Handel zu revitalisieren und zum Schutz vor künftigen Angriffen begann er mit dem Bau von Fort Louis, welches 1706 in Betrieb genommen wurde. Das fünfeckige, von einem Wassergraben umgebene Bollwerk hielt bis zu seiner Zerstörung durch englische Truppen 1761[1419] diversen Angriffen stand. Am 31. Dezember 1706, kanpp vier Monate nach Beendigung der Bauarbeiten, verstarb François Martin im Alter von 72 Jahren.

[1407] Surat liegt am Golf von Khambhat nahe der Mündung des Tapti im Südosten des indischen Bundesstaats Gujarat.
[1408] François de La Boullaye Le Gouz (1610-1668/69) war ein französischer Aristokrat und Weltreisender.
[1409] Der Großmogul von Indien von seiner Machtergreifung am 31. Juli 1658 bis zu seinem Tod im Jahr 1707.
[1410] Im Gebiet von Madras an der Koromandelküste, die südöstliche Küste der indischen Halbinsel. Historisch bezeichnet Koromandelküste die Küste zwischen Point Calmere (auch Cape Calimere oder Kodikkarai) in der Nähe des Flussdeltas der Kaveri nach Norden bis zur Mündung des Krishna. Heute teilen sich die Bundesstaaten Tamil Nadu, Andhra Pradesh und das Unionsterritorium Puducherry die Koromandelküste.
[1411] Das heutige Puducherry liegt an der Küste des Golfs von Bengalen 135 Kilometer südlich von Chennai (Madras). Die Stadt kam 1673 unter französische Herrschaft und blieb bis 1954 die Hauptstadt Französisch-Indiens.
[1412] Jean-Baptiste Antoine Colbert, Marquis de Seignelay (1651-1690) war französischer Marineminister und Minister des königlichen Hauses.
[1413] François Michel Le Tellier, Marquis de Louvois (1641-1691) war ein französischer Staatsmann und unter Ludwig XIV. Kriegsminister (1666–1691).
[1414] François Martin (1634-1706) war der erste französische Generalgouverneur von Pondicherry. Als Beauftragter der Französischen Ostindienkompanie baute er den 1672 von einem indischen Fürsten erworben Fischerort trotz mehrfacher Bedrohung zu einem starken französischen Stützpunkt in Indien aus.
[1415] Abraham de Belleba de Duquesne-Guiton (1648- 1724) war ein französischer Admiral und Generalgouverneur der Inseln über dem Winde, des nördlichen Teils der Kleinen Antillen.
[1416] Die Grenzen Bengalens sind nicht genau definiert. Im heutigen Sprachgebrauch wird darunter meist das bengalische Sprachgebiet verstanden, das die indischen Bundesstaaten Westbengalen und Tripura, sowie Bangladesch umfasst. Historisch (zur Zeit der britischen Kolonialherrschaft) wurden auch angrenzende Teile von Bihar, Jharkhand und Odisha zu Bengalen gezählt.
[1417] Rajaram Raje Bhosale, (1670-1700). Von 1689 bis zu seinem Tod der dritte *Chhatrapati* (छत्रपती) Maharathas.
[1418] Der Frieden von Rijswijk ist das Vertragswerk aus dem Jahre 1697, durch das der Pfälzische Erbfolgekrieg beendet wurde. Das Vertragswerk umfasst die Einzelverträge zwischen den ehemaligen Kriegsparteien, so auch den Vertrag zwischen Frankreich und den Niederlanden vom 20. September 1697, der u.a. die Rückgabe von Pondichéry an Frankreich beinhaltete.
[1419] *The British Magazine or Monthly Repository for Gentlemen and Ladies - Volume 2, Payne & Cropley, London, 1761:375*

Wirtschaftliche Erfolge waren eher rar, wenngleich einem Brief Deslandes zufolge zumindest die Reise nach *Jonselon*[1420] 1680-81 als profitabel erwies: >>die Reise war sehr ertragreich durch das von der Insel mitgebrachte Zinn, welches dort in grosser Menger produziert wurde, als es noch eine grosse Bevölkerung gab. Die Pocken, welche vor einigen Jahren hier ausgebrochen sind [...] kostete viele Menschenleben und der vormals lebhafte Handel mit Kedah und Perak wurde eingestellt<< (*Smithies, 1998:20*). 1682 beschwerte sich Deslandes in einem weiteren Brief über die wenig befriedigende Behandlung der Gesellschaft seitens des Königs und des *barcalon*[1421]: >>die Engländer und Holländer, die schon lange im Königreich sind und eine grosse Menge Handel getrieben haben, werden bevorzugt<<(*ebenda, 1998:22*). Die Gesellschaft geriet zunehmend in Schieflage: 1683 verzeichnete Martin, das nicht genügend Geld vorhanden sei, um Waren für den weiteren Handel einzukaufen und das das Schiff Vautour dringend der Reparatur bedürfe. (*ebenda, 1998:23f.*). Nach einem Besuch Monseigneur François Pallus[1422] im Mai 1683 scheint sich die Situation aber zugunsten der Franzosen geändert zu haben: >>Seit seinem Besuch beim König und der Übergabe des Schreibens unseres Königs, hat sich die Haltung des Hofes grundlegend zu Gunsten unserer Nation gewandelt. Sieur Dealandes [...] konnte ein Abkommen mit dem Minister [Phra Khlang] schliessen, welches vorsieht, die gesamte Pfefferproduktion des Königreiches zu einem festgesetzten Preis an unsere Gesellschaft zu liefern, das wir berechtigt sind, frei und direkt Waren von den Handelsschiffen aus China und Japan zu erwerben und das der Transport unserer Waren nach Siam auf den Schiffen des Königs frachtfrei erfolgt [... Nachdem] Sieur Deslandes hörte, das der Direktor der holländischen Gesellschaft Junk Ceylon gefordert habe, forderte er das gleiche vom Minister für die [französische] Gesellschaft [...] Das Ergebnis war das erwartete: Der König von Siam verweigerte sowohl dem Einen als auch dem Anderen die Insel um keinerlei Eifersucht aufkommen zu lassen<< (*ebenda, 1998:24*). Das „kleine Geschenke" die Freundschaft bzw. das Wohlwollen der siamesischen Nomenklatur erhalten, verdeutlicht eine von Martin geschilderte Begebenheit aus dem Jahr 1684: >> Es gab da in der Lodge [Surat] einen Löwen [...] den ein portugiesischer Gentleman als Geschenk hinterlassen hatte: in der Lodge wusste niemand etwas mit ihm anzufangen und er erwies sich sogar als finanzielle Belastung: man entschied sich, ihn auf der *Saint-Louis* nach Siam zu verfrachten [...] Der Löwe, den wir dem König von Siam geschickt hatten, wurde dort mit Freuden empfangen: zum Ausgleich schickte seine Majestät ein Geschenk von Gold und Silberwaren aus Manila und Japan im Wert von 3.000 Rupees[1423]<<(*ebenda, 1998:29f.*).

7.8.6.4. Ad asia: *La Société des Missions Etrangères de Paris* (MEP) und die *Societas Jesu* (SJ)[1424]

Wir sind auf einer Mission: Zur Bildung der Erde sind wir berufen.[1425]

[1420] Auch *Joncelang*, üblicherweise *Junk Ceylon* genannt, das heutige Phuket [เกาะภูเก็ต].
[1421] Zuweilen auch *Berguelang*. Gemeint ist der Phra Khlang.
[1422] (1626–1684) Bischof von Heliopolis und Apostolischer Vikar (Titularbischof, der die volle Jurisdiktion über das Gebiet des Apostolischen Vikariates besitzt) von Tonkin, Laos sowie fünf Provinzen im südwestlichen China.
[1423] Die Geschichte des Rupee reicht zurück bis in das 6. vorchristliche Jahrhundert und zählt neben dem chinesischen *wen* und lydischen *Stater* zu den ältesten Münzen der Welt. Das Wort "*rūpiye*" lässt sich auf das Sanskrit-Wort "*rūpa*"zurückführen, welches "geschmiedetes Silber oder Silbermünze" bedeutet. *Sher Shah Suri* führte während seines Regnums 1540-1545 neben einer neuen zivilen und militärischen Administration auch eine Silbermünze mit einem Gewicht von 178 grains (1 grain = 64,79891 mg., 1 Gramm = 15,43236 grain) ein, die er *rupiya* nannte. Die Silbermünze blieb während der Mogul-Periode, Maratha-Aera und in British India im Umlauf.
[1424] Gesellschaft des Pariser Missionsseminars. Seit ihrer Gründung hat die Gemeinschaft mehr als 4.500 Missionare nach Asien entsandt. Heute zählt sie noch 257 Mitglieder (Stand 2012).
[1425] Novalis, eigentlich Georg Philipp Friedrich von Hardenberg (1772-1801), war ein deutscher Schriftsteller der Frühromantik und Philosoph.

Im Vertrag von Tortesillas hatte Papst Alexander VI. 1494 alle missionarischen Arbeiten in Asien Portugal zuerkannt, doch angesichts des lusitanischen Niedergangs und der zunehmenden Popularität des Protestantismus in Europa entschloss sich „Seine Allerchristlichste Majestät" Ludwig XIV, die überseeische Missionsarbeit zu befördern. Im Gegensatz zu den Portugiesen, Holländern und Engländern, deren primäres wenn nicht gar einziges Interesse dem ökonomischen Handelspotenzial Ayutthayas galt, waren die Franzosen in Siam Missionare. Während sich die den Kaufleuten folgenden portugiesischen Dominikaner in Siam eifrig um die Konvertierung der ansässigen Mischlinge, Japaner, Chinesen und Vietnamesen mühten, jedoch in Richtung der Siamesen kaum Anstrengungen unternahmen, war die französische Perspektive eine völlig andere und definitiv die Hauptursache für den, nach brilliantem Beginn und kurzer Prosperität, erfolgten diplomatischen Supergau.

Die missionarischen Bemühungen begannen zu Beginn des 17. Jahrhunderts, wobei zwei Orden eine dominierende Rolle in Siam spielen sollten: Die Gesellschaft Jesu (*Societas Jesu*, Ordenskürzel: SJ)[1426] und die noch junge Gesellschaft des Pariser Missionsseminars (MEP). Obwohl die ersten Jesuiten in Siam überwiegend Portugiesen waren, befanden sich schon einige Franzosen unter ihnen; die Bischöfe und Vikare der MEP sowie die Jesuiten und Mathematiker im Gefolge der französischen Gesandtschaften kamen erst einige Jahrzehnte später. Der erste Superior der 1656 neu eröffneten Mission in Siam war der Sizilianer Fr Tomaso Valguarnera (1608-1677), der vor dem Ordensbeitritt ein Ingennieursstudium absolviert hatte. Mit dem zweckgebundenen Legat des portugiesischen Handelskapitäns Sebastião André gründete Valguarnera 1670 das *Collegio San Salvador*. Sein 1658 verfasster kurzer Bericht dokumentiert einen klares Verständnis der feudalen Kleiderordnung Ayutthayas: >>Einzig der König ist ein freier Mann, alle seine Untertanen seine Sklaven, vom niedersten zum nächsthöheren, vom grossen zum grösseren und von diesem bis zum König<< (*van der Cruysse, 2002:119f.*).

Auf dem missionarischen Werk des Jesuiten Alexandre de Rhodes (1591/93-1660) aufbauend, gründeten 1659 François Pallu und Pierre Lambert de la Motte (1624–1679) die *Société des Missions Etrangères de Paris*. Ziel war die Gewinnung und Ausbildung von Geistlichen und Laien für die Missionierung von Indochina. Das Stammhaus des Pariser Missionsseminars entstand im Jahr 1663 in der Rue du Bac, wo es sich noch heute befindet. 1658 wurde François Pallu zum Bischof von Heliopolis (Baalbeck)[1427] und Apostolischen Vikar von Tonkin ernannt; Pierre Lambert de la Motte wurde Titularbischof von Bérythe (Beirut) für das Gebiet zwischen Kambodscha und Kiangsi. 1660 brach de la Motte in Begleitung von François Dedier und Jacques de Bourges[1428] nach Asien auf, wobei letzterer in seinem Reisebericht der bevorstenden Mission mit Respekt begegnete: >>Unsere Aufgabe ist die Konvertierung eines Reiches, welches an Grösse Europa übertragt und von dem uns berichtet wurde, das es insgesamt 200 Millionen Seelen beherbergt, die angrenzenden, sehr beträchtlichen Königreiche nicht eingerechnet. Unser Herr Jesus Christus setzt für die Eroberung [Missionierung] dieser grossen Länder auf den Eifer der Franzosen<< (*de Bourges, 1660:11f.*) Für die Überlandroute von Tennasserim nach *Pipili*[1429], etwa 160 km Luftlinie, benötigte die Gruppe volle 6 Wochen, was angesichts der geschilderten Reisestrapazen nicht weiter verwundert: >>Unsere [Ochsen]karren dienten als Herberge bei der Nacht, und da wir

---

[1426] Katholischen Ordensgemeinschaft, am 15. August 1534 von einem Freundeskreis um Ignatius von Loyola gegründet. eben den drei Grundgeboten, Armut, Ehelosigkeit und Gehorsam, verpflichten sich die Ordensangehörigen auch zu besonderem Gehorsam gegenüber dem Papst.
[1427] Die „Sonnenstadt", eine altägyptische Stadt in Unterägypten nordöstlich des heutigen Kairo.
[1428] (ca. 1630-1714)
[1429] Vermutlich Phetchaburi

oft mitten im Wasser kampierten, kann man sich den harten Kampf mit den Blutegeln vorstellen [...] Wir litten auch unter den wilden Bestien, die uns bei Tag das Fürchten lehrten und gegen die wir uns bei Nacht zu erwehren hatten. Um uns zu verteidigen bauten wir jeden Abend eine Wagenburg, indem wir unsere Karren in Form eines Kreises oder Dreiecks gruppierten; die Zugochsen und unser Gepäck kamen in die Mitte. Oft mussten wir unser Camp noch mit einer Art Dornenhecke verstärken; aber nie verstummte das Geräusch der umherstreifenden Löwen, Wildschweine, Rhinozerosse und vor allem der grausamen Tiger, welche [...] die Ochsen in Angst und Schrecken versetzten [...] Wir feuerten unsere Arkebusen[1430] und unterhielten Feuer die ganze Nacht hindurch um sie auf Distanz zu halten. Jeder von uns hatte im Wechsel Wache zu halten [...] Auch bei Tage wurden wir nicht vom Kampf mit den wilden Tieren verschont. Man trifft sehr häufig auf Elephanten im Königreich Siam, die uns permanent in Alarmbereitschaft versetzten, da diese Kreaturen sich vor nichts fürchten<< (*de Bourges, 1660:135f.*)

Die Ankunft der französischen Missionare sorgte für einige Unruhe in der portugiesischen Kolonie, wo Jesuiten, Dominikaner und Franziskaner bereits ihre Kirchen und Klöster errichtet hatten. In der Folge verhielten sich diese derart feindselig, das de la Motte und seine Mitstreiten gar um ihr Leben fürchteten. Die vietnamesischen Konvertiten, die unweit des Muban Portuget lebten, kamen ihnen zu Hilfe und errichteten überdies in ihrer Gemeinde eine bescheidene Residenz und eine kleine Kapelle am Flussufer. Besonders verbittert war Monseigneur Lambert über die Tatsache, das die Jesuiten einige der ortsansässigen >>Cochin-Chinesen<< getauft hatten, ohne das diese auch nur die geringste Kenntnis des christlichen Glaubens hatten; laut deren Aussage waren sie ohne vorherige Unterweisung unmittelbar auf ihren Wunsch hin getauft worden. Im Juli 1663 sandte de la Motte ein Schreiben an den Papst, indem er die Abberufung und den Austausch aller ansässigen Missionare forderte. (*van der Cruysse, 2002:152*). Am 27. Januar traf das zweite Team der MEP, bestehend aus Bischof François Pallu, den Priestern Louis Chevreuil, Pierre Brindeau, Antoine Hainques und Louis Laneau, der die Funktion des 1662 verstorbenen Ignace Cotolendi, Bischof von Mettelopolis, übernahm. Nach einer kurzen Tauperiode im Kalten Krieg der katholischen Orden, sah sich Bischof Pallu genötigt, sich die „klerikale Kleiderordnung" zwischen den Apostolischen Vikaren und den ordinierten Missionaren der diversen Orden vom Papst *expressis verbis* bestätigen zu lassen. Am 13. September 1669 signierte Papst Clemens IX.[1431] die *Speculatores* und bestimmte wie folgt: 1. Alle ordinierten Priester hatten künftig im Gebiet der Apostolischen Vikare diesen ihre Bestallung vorzulegen, bevor sie ihr Amt ausüben konnten; 2. Priester durften keine neuen Kirchen mehr errichten, sofern bereits welche im Bereich der Diözese vorhanden waren; 3. Als Abgesandte des heiligen Stuhles fungierten die Apostolischen Vikare in ihren Diözesen bei Konflikten der diversen Orden untereinander als Richter und 4. Alle Katecheten[1432] waren den Vikaren nachgeordnet und hatten diesen einen Eid des Gehorsams zu leisten. Damit hatte Monseigneur Pallu den internen Machtkampf zugunsten der Apostolischen Vikare entschieden und in Begleitung von sechs Priestern ging er am 11. April 1670 in Port-Louis and Bord der Phénix; im Gepäck hatte er neben der *Speculatores* ein Schreiben des Papstes und des Königs an Somdet Phra Narai. (*van der Cruysse, 2002:158*) Nach einer dreijährigen Reise traf er am 17. Mai 1763 nach achtjähriger Abwesenheit wieder in Ayutthaya ein.

Inzwischen hatte der rigide Mystizismus de la Mottes in Siam für nachhaltige Frustration auch innerhalb der eigenen Organisation gesorgt. Er unterzog sich und seine Mitbrüder

---

[1430] Mit Hakenbüchse und Arkebuse wird eine vielfältige Familie von Vorderladern des 15. und 16. Jahrhunderts bezeichnet. Diese finden sich in Europa und Asien mit Luntenschloss und einem Kaliber von etwa 18-25 Millimetern.
[1431] Bürgerlicher Name Giulio Rospigliosi, geboren 1600, war von 1667-1669 Papst.
[1432] Religionslehrer, teilweise auch Laien, die im kirchlichen Auftrag Religionsunterricht erteilen.

ausgedehnter Fastenzeiten, was die ohnehin, durch klimatische und hygienische Umstände bedingte, angegriffene Gesundheit der Missionare weiter schwächte. In einem fatalistischen, beinahe suizidalen Diktus gehaltenen Schreiben an Pallu im Oktober 1666 lamentiert er: >>Ich habe meinen Sarg vorbereitet und er steht in meinem Schlafgemach, bedeckt mit einem schwarzen Tuch. Ich empfinde diesen Anblick als nützliche Mahnung<<. (*Pallu, 1668:131*) Insbesondere die merkantilen Aktivitäten der Jesuiten riefen den umtriebigen Monseigneur auf den Plan. Diese rechtfertigten ihre Handelsaktivitäten mit dem Hinweis mit den geringen Subsidien aus der Heimat, die nicht ausreichten, um die Mission dauerhaft zu unterhalten. Weiterhin beriefen sie sich auf ein Urteil Gregor XIII[1433]., der 1580 den Jesuiten in Macao die Teilnahme am profitablen Sino-japanischen Seidenhandel mit der Begründung gestattet hatte, sie betreiben ihn aus reiner Notwendigkeit und nicht aus Profitgier. Die Gegenspieler der Jesuiten zitierten wiederum die *Ex debito pastoralis* Papst Urban VIII[1434]. von 1633, welche klerikalen Handel grundsäzlich verbot. (*Chappoulie I, 1943:155*) Wechselseitige Verbalinjurien und eine Flut von Memoranden in Richtung des Heiligen Stuhles schaukelten sich derart hoch, das sich 1670 gar Portugiesen und konvertierte Vietnamesen in bewaffneten Booten gegenüberstanden.

Schon das lächerliche Kompetenzgerangel der verschiedenen katholischen Orden untereinander, sowie das Ausleben persönlicher Animositäten *coram publico* war nicht dazu angetan, die indigene Bevölkerung zu überzeugen, von den traditionell vermittelten Werten und Lehren des Buddha abzurücken. Schon die willkürliche Kategorisierung der „Barbaren" durch den spanischen Jesuiten José da Costa dokumentiert hinreichend eine einseitige Geisteshaltung, die ihren Ursprung in der diametral entgegengesetzten kulturellen DNA der kolonialen und klerikalen Eliten Europas hatte. In seinem 1588 erschienen Traktat *De procuranda Indorum conversione*[1435] unterscheidet der Autor zwischen drei Barbarenkategorien, wobei er den Gesellschaften aus dem asiatischen Raum (Erste Kategorie) eine stabilen Regierungsapparat, eine öffentliche Gesetzgebung, eine anerkannte Gerichtsbarkeit und eine funktionierende Wirtschaft attestiert. Zudem lebten sie in befestigten Städten und pflegten eine anerkannte Schriftkultur. Wie lässt es sich erklären, dass jene Völker, die weder als wild, unterwürfig und minderwertig dargestellt werden in der Logik des Jesuitenpaters dennoch „Barbaren" sind? >>Dreh- und Angelpunkt bildet hierbei die Vernunft. Gemäß der Vorstellung Acostas ist die Vernunft eine christliche Kategorie: Außerhalb des Christentums sei ein richtiger Umgang mit der ratio nicht darstellbar und dementsprechend eine Menschwerdung nicht möglich<<. (*Schader: o.J.:10*) Zwar war beispielsweise Jacques de Bourges von der religiösen Toleranz der Siamesen sichtlich beeindruckt: >>Ich glaube nicht, das es ein anderes Land auf der Welt mit mehr [verschiedenen] Religionen gibt und wo ihre Ausübung mehr erlaubt ist als in Siam<< (*Smithies, 1998:12*). Weniger beeindruckt zeigte sich Martin, der im April 1677 schrieb: >>Französische Missionare konvertieren erfolgreich in Tonkin und Cochinchina. Die Dinge sind anders in Siam. Dies ist der Dummheit der Siamesen geschuldet, einem brutalen Volk, dem man die Mysterien des christlichen Glaubens nicht näherbringen kann <<(*ebenda, 1998:13*). Im Januar 1680 relativierte der gleiche Autor angesichts gewährter Handelsprivilegien seine arrogante Sicht erheblich: >>Seit die französischen Missionare in Siam angekommen sind, haben sie dermassen das Wohlwollen des Königs erworben, das dieser beschlossen hat, Botschafter nach Frankreich zu schicken, um dem König [Ludwig XIV.] seine Freundschaft und dessen Untertanen komplette Handelsfreiheit in seinem Reich anzubieten<<(*ebenda, 1998:15*). Was den meisten Europäern unverständlich blieb, ist der Gedanke, das es „verschiedene Wahrheiten" gibt und diese zu respektieren sind. Rund

---

[1433] Bürgerlicher Name Ugo Boncompagni, geboren 1502 ,war 1572-1585 Papst.
[1434] Bürgerlicher Name Maffeo Barberini, geboren 1568,war von 1623-1644 Papst.
[1435] "Über die erfolgreiche Konvertierung der Inder"

einhundert Jahre später lebte der von der heutigen Historikergeneration oft zu Unrecht gescholtene Friedrich der Grosse genau dieses Prinzip: „Die Religionen Müsen alle Tolleriret werden und Mus der Fiscal nuhr das Auge darauf haben, das keine der andern abrug Tuhe, den hier mus ein jeder nach seiner Fasson Selich werden." Der Duc de Sully erteilte seinen Landsleuten einen ähnlichen Ratschlag: >>*plût a Dieu ... que vous fussiez si prudent que de laisser à chacun gagner Paradis comme il l'entend*<< (*de Béthune, 1725*). Genau dieses Prinzip ist eines der wesentlichen Merkmale buddhistischer Toleranz, die aber keineswegs mit einem Hang zum Proselytismus[1436] oder gar der Apostasie[1437] verwechselt werden darf. Der aktuelle Papst Franziskus erteilt dem Proselytismus ebenfalls eine deutliche Absage: >>„Proselytismus ist eine Riesendummheit, er hat gar keinen Sinn. Man muss sich kennenlernen, sich zuhören und das Wissen um die Welt um uns vermehren [...] Die Welt ist durchzogen von Straßen, die uns voneinander entfernen oder die uns näher zusammenbringen, aber das Entscheidende ist, dass sie uns zum Guten hinführen [...] Jeder von uns hat seine Sicht des Guten und auch des Bösen. Wir müssen ihn dazu anregen, sich auf das zuzubewegen, was er als das Gute erkannt hat... Das würde schon genügen, um die Welt zu verbessern [...] Die Liebe zum Anderen, die unser Herr gepredigt hat, ist kein Proselytismus, sondern Liebe. Liebe zum Nächsten, ein Sauerteig, der auch dem Gemeinwohl dient."[1438]<< Sir John Bowring, der am 18. April 1855 den *Treaty of Friendship and Commerce between Her Majesty and the Kings of Siam*[1439] für die Engländer aushandelte, zitierte in seinem zweibändigen Memoiren den damaligen König Rama IV[1440]. wie folgt: >>Wenn [Ihr] Gott unser aller Vater ist, warum hat er dann seinen Willen nicht den östlichen und westlichen Ländern gleichsam zukommen lassen? [...] Wenn Wunder die Konvertierung Ihrer Vorfahren bewirkt haben, warum wirkten diese Wunder nicht auf uns? [...] Wie sollen wir wissen, ob Ihre Bücher die Wahrheit enthalten? Sie versichern uns dies und wir versichern Ihnen, das unsere Bücher die Wahrheit enthalten; und warum glauben Sie uns nicht, wenn Sie erwarten, das wir Ihnen glauben?<<. (*Bowring, 1857 I:337*) Und weiter: >>wir können [beide] nicht sagen, wer von uns Recht hat; aber ich werde zu meinem Gott beten, Sie zu segnen und Sie müssen zu Ihrem Gott beten, das er mich segnet; und dergestalt wird Segen auf uns beide niederkommen<<. (*Bowring, 1857 I:349*)

>>Sie sang das alte Entsagungslied, Das Eiapopeia vom Himmel, Womit man einlullt, wenn es greint, Das Volk, den großen Lümmel. Ich kenne die Weise, ich kenne den Text, Ich kenn auch die Herren Verfasser; Ich weiß, sie tranken heimlich Wein Und predigten öffentlich Wasser<< Die zornigen Zeilen aus Heinrich Heines *Deutschland. Ein Wintermärchen* mögen im übertragenen Sinn den Opportunismus und die Kabalen der katholischen Orden in Siam

---

[1436] Proselytismus (griechisch: προσέρχομαι *prosérchomai*, „hinzukommen") bezeichnete ursprünglich die Hinwendung anderer Völker zum Judentum. In heutiger Zeit ist es in der Religion bzw. Mission eine negative Bezeichnung für das Abwerben von Gläubigen aus anderen Konfessionen, Kirchen und Glaubensgemeinschaften, die zum Eintritt in die eigene Konfession oder kirchliche Gemeinschaft bewegt werden sollen.
[1437] Apostasie (griechisch: ἀποστασία *apostasia* „Abfall" bzw. ἀφίσταμαι *aphistamai* „abfallen", „wegtreten") bezeichnet in der Theologie die Abwendung von einer Religionszugehörigkeit durch einen förmlichen Akt (beispielsweise Kirchenaustritt oder Übertritt zu einem anderen Bekenntnis, die Konversion). Jemand, der Apostasie vollführt, ist ein Apostat.
[1438] Interview mit Eugenio Scalfari. In: *La Repubblica* vom 1. Oktober 2013
[1439] Der Bowring-Vertrag (*Bowring Treaty*) in Thai: [หนังสือสัญญาทางพระราชไมตรีประเทศอังกฤษแลประเทศสยาม], öffnete Siam für den modernen Welthandel und ersetzte den 1826 geschlossenen Burney-Vertrag (*Burney Treaty*), in Thai: [สนธิสัญญาเบอร์นี], benannt nach dem Gesandten der Britischen Ostindienkompanie, Henry Burney (1792–1845).
[1440] Offizieller Titel: Phra Bat Somdet Phra Poramentra Maha Mongkut Phra Chom Klao Chao Yu Hua [พระบาทสมเด็จพระปรเมนทรมหามงกุฎ พระจอมเกล้าเจ้าอยู่หัว], geboren 1804, von 1851-1868 der vierte König der Chakri-Dynastie. Er gab sich selbst den Namen Phra Chom Klao [พระบาทสมเด็จ พระจอมเกล้าเจ้าอยู่หัว]. Vor seiner Thronbesteigung war Mongkut buddhistischer Mönch und begründete den Thammayut-Orden. Auch später noch beschäftigte er sich mit Religionen, Wissenschaft und Geschichte. Mongkuts Herrschaft gilt in vielen Darstellungen der thailändischen Geschichte als Beginn der Modernisierung des Landes. Er schloss eine Reihe wichtiger Verträge mit westlichen Staaten und auch der offizielle Beginn deutsch-thailändischer Beziehungen fällt in seine Amtszeit.

treffend geisseln, die Buddhisten liessen den hehren Worten auch entsprechende Taten folgen. 1665 verzeichnet das Missionsjournal, das, nachdem König Narai in Erfahrung gebracht hatte, die MEP wünsche jungen Einheimischen Allgemeinwissen zu vermitteln und wolle diese in der christlichen Lehre unterweisen, >>dieser 10 seiner Untertanen zwecks Unterweisung zum Haus der Missionare schickte und sicherte diesen überdies zu, das diese [anschliessend] frei und überall ihren Glauben verkünden könnten, ausser innerhalb des Königspalastes<< (*van der Cruysse, 2002:165*) 1665 schenkte Phra Narai der MEP ein Grundstück in *Ban Plahet* am Ostufer in der Nähe des Wohnviertels der Cochin-Chinesen, damit diese dort eine Kirche errichten konnten; damit nicht genug, der Herrscher stellte den Missionaren sogar die erforderlichen Baumaterialen zur Verfügung. 1667/68 suchte die *Chao Fa*[1441] *Apaithot*, der ältere der beiden Halbbrüder Narais, die Hilfe der Missionare. Gelähmt an Händen und Füssen wäre er ohne Behinderung ein aussichtsreicher Kandidat für die Thronfolge gewesen. Während der behinderte Prinz augenscheinlich auf ein Wunder hoffte und begann, unter Anleitung der Priester mehrmals täglich christliche Gebete zu rezitieren, beobachtete der König die Situation wohl eher argwöhnisch: er selbst hatte offiziell bis dato keinen männlichen Erben gezeugt und seine einzige Tochter mit *chao fa*-Rang, *Kromluang Yothathep* [กรมหลวงโยธาเทพ][1442], war für die Nachfolge nicht vorgesehen. Die spätere Frau Phetrachas und Königin wurde dennoch von den Franzosen als >>la Princesse Reine (*na Pombejra,1984:49*)<< tituliert. Da Phra Narai seinen Halbbrüdern insgesamt grundsätzlich misstraute, schien „der designierte Uparacha" ein wenig beneidenswertes Dasein gehabt zu haben und: >>führte ein obskures und monotones Dasein in einem kleinen Palast der Hauptstadt, wo er sehr zurückgezogen lebte. Ihm ist nicht gestattet, bei Hof zu erscheinen und wann immer er dorthin zitiert wurde, gab er vor zu stammeln und präsentierte sich bewusst verwirrt, vermutlich weil er fürchtete, der König, der ihm immer misstraute und ihn nie mochte, würde dafür sorgen, das er nie wieder etwas zu seinen Gunsten unternehmen könne<<. (*Gervaise, 1680:180*) Da weder die christlichen Gebete noch vermutlich angewandte westliche Heilpraktiken und Arzneien die Krankheit Apaithots nachhaltig zu kurieren wussten, blieb der Prinz behindert und bei seinem buddhistischen Glauben. 1674 zeigte sich der König erneut generös. Im Rahmen der jährlich stattfindenen Wasserprozession *kathin nam* [กฐินน้ำ] zum Ende der Regenzeit am sogenannten *wan ok phansa* [วันออกพรรษา][1443] 1674 >>gab Seine Majestät den Ruderern den Befehl, von der sonst üblichen Route abzuweichen, um stattdessen flussaufwärts zu fahren [...] Er näherte sich dem Platz, wo das Haus der Franzosen liegt und dort, eine Weile verharrend und sorgfältig das Gebäude und den Grund betrachtend [...], entschied er, das sie [MEP] nicht genügend Land hätten and vermachte ihnen an Ort und Stelle ein weiteres Grundstück in der Nähe[1444] und erklärte, er wünsche das dort eine Kirche errichtet werde, die eines Tages die erste Kathedrale seines Reiches sein solle<<. (*van der Cruysse, 2002:177*) In der Tat nahm das Projekt in den

---

[1441] Der Titel *Chao Fa* [เจ้าฟ้า] „himmlische(r) Prinz/Prinzessin") ist den Kindern eines Königs mit seiner Königin vorbehalten.
[1442] Prinzessin *Somdet Chao Fa Sudawadi* [สมเด็จเจ้าฟ้าสุดาวดี] (1656-1735) war das einzige Kind von König Narai mit seiner Konkubine Suriyong Ratsami.
[1443] Die Klausurzeit *phansa* dauert drei Monate an und beginnt Anfang August mit dem Feiertag *khao phansa* [เข้าพรรษา] eingeleitet. In den drei Monaten des phansa ziehen sich die Mönche in ihre jeweiligen Tempel zurück und widmen sich intensiv der Meditation. Während dieser Zeit dürfen sich die Mönche maximal für fünf Tage pro Monat und nur mit Genehmigung des jeweiligen Abtes von ihrem Wat entfernen. Der historische Grund dieser Klauser wärend der Monsunzeit geht auf die Zeit des historischen Buddha zurück. Dieser hatte angeregt, dass die damals noch überwiegend wandernden Mönche für drei Monate an einem Ort verweilen sollten, da während der Regenzeit die Natur regeneriert und auf den Feldern die junge Saat sprießt. Um nun die Schößlinge nicht zu zertreten, legte der Buddha fest, dass die Mönche während der Regenzeit außer in Ausnahmefällen im gleichen Tempel verweilen sollten. Am letzten Wochenende des Oktobers findet *wan ok phansa* statt und am darauf die Kathin-Zeremonie, in Thai *thot kathin* [ทอดกฐิน], wo den Mönchen u.a. neue Roben gespendet werden.
[1444] Genau jenes Areal der Cochin-Chinesen, welche vor Jahren die Franzosen auf der Flucht vor den Portugiesen in ihre Gemeinschaft aufgenommen hatten; jetzt mussten sie ihre Behausungen kurzfristig abbrechen und sich an anderer Stelle niederlassen. Undank ist der Welt Lohn (2. Korinther 12,11-18).

insgesamt zehn Jahren Bautätigkeit eine imposante Grösse an; da Phra Narai erneut die Baumaterialien stellte, spielten die Kosten keine Rolle. 1684 vermerkte Konstantin Phaulkon angesichts der Grösse des Gotteshause in einem Brief an Innozenz XI[1445]. sarkastisch: >>Aber wenn es dann fertig ist, weiss ich nicht, wo ich die [ganzen] Christen finden soll, es zu füllen<<. (*Chappoulie I, 1943:318*)

Das die besonderer Protektion der französischen Missionare bei den Vertretern der anderen Nationen Befremden und Befürchtungen hervorrief, liegt auf der Hand. Die Holläder, überdies im Krieg mit Frankreich, sahen in den Vertretern des Heiligen Stuhles lediglich die sakral getarnte Vorhut einer bevorstehenden Invasion von Händlern, Diplomaten und Soldaten des Sonnenkönigs. Die persischen Muslime, seit längerem am Hof Ayutthayas etabliert, mögen insgeheim die Hoffnung gehegt haben, Narai und sein Reich der *Umma* [أمة][1446] zuzuführen, warteten auf eine günstige Gelegenheit zum Gegenschlag. Und auch die Engländer, Portugiesen uns Japaner hatten den Eindruck, dass die MEP nicht nur den Ruhm Gottes sondern auch den Ludwig XIV. mehren wollten. (*Dhiravat, 1984:323*)

7.8.6.5. Exkurs: Die Perser in Siam

Wer einen Pfau braucht, muß die Mühe einer Reise nach Indien auf sich nehmen.[1447]

Die exponierte Stellung der persischen Migranten am Hofe Ayutthayas basierte ursächlich auf die geopolitischen Veränderungen in Südostasien zu Beginn des 16. Jahrhunderts. Ma Huan, der in der ersten Hälfte des 15. Jahrhunderts als Sekretär den berühmten Admiral der Ming Dynastie, Cheng Ho, auf seinen Explorationen im Indischen Ozean begleitete, besuchte auch Siam *(*Hsien-lo*)* und berichtet von 500-600 ausländischen Familien, die in Ayutthaya *(*Yu-ti-ya*)* ansässig seien, ohne jedoch explizit eine persische Präsenz zu erwähnen (*Ma Huan, 1997:106*). Aber bereits 1442 berichtet ʿAbd al-Razzāq Samarqandi[1448] in seinem Bericht *Matla-us-Sadain wa Majma-ul-Bahrain*[1449] von engen Beziehungen zwischen dem Handelsposten von Hormuz und *Šahr-e Nāv*, einem Synonym für Ayutthaya, in anderen arabischen Quellen des 15. Jahrhunderts auch *Šahr Nawā* genannt. (*Browne, 1952 III:397f.*)

Nach dem Verlust ihres tributpflichtigen Vasallen Malakka an die Portugiesen 1511 war Ayutthaya gezwungen, alternative Lokationen für den Handel im westlichen Teil des Indischen Ozeans zu generieren. In den 1460er Jahren gelang die Übernahme Tenasserims, 1480 folgte Mergui (*Sunait, 1999*), und damit war der direkte Zugang zum Golf von Begalen und dem künftigen indischen Mogulreich[1450] gesichert. Während des 16. Jahrhunderts nahm, insbesondere in Nordindien, der Einfluss der Mogule[1451] ständig zu und zu Beginn des 17. Jahrhunderts hatten die neuen Herren die völlige Kontrolle über Bengalen und Orissa[1452] und damit zum Bengalischen Golf. Eine besondere Stellung nahm auch das südindische

---

[1445] Bürgerlicher Name: Benedetto Odescalchi, geboren 1611, war von 1676-1689 Papst.
[1446] Im engeren Sinne wird der Begriff für die religiös fundierte Gemeinschaft der Muslime verwendet.
[1447] Persisches Sprichwort
[1448] Kamal-ud-Din Abd-ur-Razzaq ibn Ishaq Samarqandi [کمال‌الدین عبدالرزاق بن اسحاق سمرقندی] (1413-1482), islamischer Gelehrter und Chronist.
[1449] [مطلع السعدین ومجمع البحرین] („Der Aufstieg der zwei glücklichen Konstellationen und der Zusammenfluss zweier Ozeane")
[1450] Das Mogulreich war ein von 1526 bis 1858 auf dem indischen Subkontinent bestehender Staat. Das Kernland des Reiches lag in der nordindischen Indus-Ganges-Ebene um die Städte Delhi, Agra und Lahore. Auf dem Höhepunkt seiner Macht im 17. Jahrhundert umfasste das Mogulreich fast den gesamten Subkontinent und Teile des heutigen Afghanistans.
[1451] Die muslimischen Herrscher werden als Mogul, Großmogul oder Mogulkaiser bezeichnet. In der „Staats-" und Hofsprache Persisch, das die ursprüngliche Muttersprache der Moguln – das Tschagataische, eine ostürkische Sprache – ablöste, lautet der Herrschertitel *pādšāh* [پادشاه]. Er ist dem königlichen Titel Schah übergeordnet und dem eines Kaisers vergleichbar.
[1452] Das heutige Odisha, indischer Bundestaates im Osten Mittelindiens.

Königreich von Dekkan der Qotb-Shahi Dynastie aka Sultanat von Golkonda[1453] [سلطنت قطب شاهى][1454] ein *(Sherwani, 1974)*, welches das Erbe des Bahmani-Sultanats [بهمانى سلطانت][1455] angetreten hatte. Die Herrscher der Qotb-Shahi Dynastie gehörten der *aš-Šī'a al-Iṯnā 'ašarīya* [الشيعة الإثنا عشرية], der Zwölfer-Schia[1456], an und verfügten über politische Kontakte zur Safawiden-Dynastie [صفويان][1457] in Persien. Das Sultanat war eine regionale Handelsmacht und erhielt regen Zulauf von persischen Schiiten einerseits und von Schiiten aus Nordindien, die den Repressionen der sunnitischen[1458] Mogule ausgesetzt waren. Bereits in der zweiten Hälfte des 16. Jahrhunderts gab es intensive Handelsbeziehungen zwischen dem Haupthafen des Sultanats, Masulipatnam[1459] und Tenasserim *(Shah Manzur Alam, 1959)*.

Vermutlich haben sich die ersten Perser in Siam in Tenasserim und Mergui angesiedelt. *(Subrahmanyam, 1992)*. Nachgewiesen ist die Präsenz von Persern in Pegu und Malakka für das frühe 16. Jahrhundert *(Ferrier, 1986:423)*. In der Kapitale Ayutthaya selbst war deren Anzahl noch zu Beginn des 18. Jahrhunderts sehr überschaubar *(Caron and Schouten, 1663:134)*. Vor der Regentschaft König Narais hatten sich ungefähr 30 Perser in Siam niedergelassen; die Aussicht auf gute Profite im Handel hatte sie nach Ayutthaya gebracht [...] Zum Zeitpunkt der Thronbesteigung Phra Narais war die persische Kolonie bereits auf 100 Mitglieder angewachsen *(O'Kane, 1972:94f.)*<<. Die zunehmende, wenn auch vergleichsweise geringe, Migration hatte eine Reihe von Ursachen: Die zunehmende politische Instabilität des Sultanats von Golkonda, die Ausweitung des Fernhandels während des Regnums des Safawidenherrschers Schah 'Abbās II. [عباس][1460] und den wachsenden Ostasienhandel Siams, insbesondere mit Japan *(Nagazumi, 1999)*. Dadurch entwickelte sich Ayutthaya zu einem führenden Handelsplatz Südostasiens, was naturgemäss das Interesse und die daraus resultierende Zuwanderung von Menschen verschiedener Ethnien beförderte.

Die persische *community* erlebte insbesondere zu Beginn der Herrschaft Phra Narais einen signifikanten Aufschwung, da dieser nicht nur aktiv den Handel protegierte, sondern darüber hinaus auch an kulturellen Kontakten interessiert war. >>Sobald König Narai die Macht übernommen hatte, berief er Abdu'r-Razzaq Gilani [عبد الرزاق] zum Premierminister [*phraklang*]. Abdu'r-Razzaq [Okya Phichit] wurde der Berater des Königs und avancierte zum Günstling des Hofes. Aber dieser Perser erwies sich als charakterlos, ungebildet und bösartig. Die Privilegien seiner Stellung missbrauchend, beförderte er zu jeder Zeit Verschlagenheit, Unmoral und die Unterdrückung der Schwachen. Nach mehreren Jahren excessiven Trinkens war sein Geist verwirrt [...] Er führte stets eine Feuerwaffe mit sich und jeden, der das Pech hatte, ihm zum falschen Zeitpunkt über den Weg zu laufen, stieß er zur Seite und schoß auf ihn [...] der König verbat dem Minister schließlich, sein bösartiges Verhalten fortzusetzen.

[1453] Eine alte Festungs- und Ruinenstadt westlich von Hyderabad im Bundesstaat Telangana, Indien. Im Zeitraum von 1512 bis 1687 war sie Hauptstadt des gleichnamigen Sultanats.
[1454] (1512-1687)
[1455] (1347-1525)
[1456] Schiitische Gruppierung, die im frühen 10. Jahrhundert im Irak entstanden ist und nach deren Lehre es zwölf Imame gibt; der letzte von ihnen soll in der Verborgenheit leben, aber am Ende der Zeiten zurückkehren, um in Gerechtigkeit zu herrschen. Begrifflich grenzt man sie damit insbesondere von den Siebener-Schiiten ab, die mit 10 Prozent aller Schiiten die zweitgrößte Gruppe neben weiteren kleinen schiitischen Glaubensrichtungen bilden. Die Zwölferschiiten bilden mit 85 % Anteil die überwältigende Mehrheit der Schiiten, weshalb man sie häufig auch nur ganz allgemein als *die Schiiten* bezeichnet.
[1457] Eine aus Ardabil stammende Herrscherdynastie, die von 1501 bis 1722 regierte und den schiitischen Islam als Staatsreligion etablierte.
[1458] Die Sunniten bilden die größte Glaubensrichtung im Islam. Sie stellen einen Zweig des Islams dar, der dem von Abu Bakr gegründeten Kalifat entstammt. Sie werden als ahl as-sunna wal-dschamā'a [أهل السنة والجماعة] (Volk der Tradition und der Einheit) bezeichnet, was darauf hinweisen soll, dass die Sunniten vereinigt sind. Die Bezeichnung Sunniten stammt von dem Wort Sunna [سنة] (Die Tradition des Propheten des Islam, Mohammed).
[1459] Das heutige Machilipatnam im indischen Bundesstaat Andhra Pradesh.
[1460] (1642-66)

Die königlichen Warnungen blieben jedoch wirkungslos und schlussendlich war der König maßlos verärgert. Der Minister wurde eingesperrt und verstarb kurz darauf im Kerker (*O' Kane,1972:97*)<<. Die bewusste Protektion der persischen und chinesischen Kaufleute vor allem in den 1660er Jahren war der Notwendigkeit geschuldet, ein veritables Gegengewicht zu den monopolistischen Ambitionen der VOC aufzubauen. (*Baker & Phongpaichit, 2017:126*) Der um 1650 vom Persischen Golf eingewanderte Aqa Muhammad Astarabadi (*Marcinkowski, 2005:66*) stieg innerhalb der persischen Enklave sehr schnell auf und trat, möglicherweise bereits 1660 (*Wyatt, 1999b:93*) die Nachfolge Abdu'r-Razzaqs an. >>Seine Taten und Werke verdeutlichen seinen noblen Charakter. Er besaß liebenswerte Manieren und die vorzügliche Integrität eines gebildeten Mannes aus Astarābād [...] Weise und loyal und ein Mann mit praktischen Fähigkeiten, erworben in der Schule der Erfahrung, ließ er sich ursprünglich in Siam nieder, um Handel zu treiben. Nachdem er die Sprache und die Sitten des Landes erlernt hatte [...] wurde er Minister und der favorisierte Berater des Königs. In der Tat war er ein einfühlsamer Mann mit viel Talent und gebildet in Geschichte und bewandert in den Sprachen. Er arbeitete für den Wohlstand und die Ordnung des Staates mit all seinen Fähigkeiten [...] Er hatte umfangreiche Erfahrungen im politischen Tagesgeschäft und den Regierungsangelegenheiten sowie [...] [in der Ausrichtung] gesellschaftlicher Ereignisse. Sein großes Wissen bemühte er in jeder erdenklichen Weise um den König mit den bedeutenden Männern des Auslands vertraut zu machen und unterwies ihn [...] in der Verwaltung des Haushaltes und der Städte. Besonders interessierte sich [König Narai] für seine Lektionen über moralische Verirrungen, Ungerechtigkeit und Tyrannei (*O' Kane,1972:98*)<<.

Auch für die persönliche Sicherheit seines Dienstherrn sorgte der umsichtige *Okphra Sinaowarat* und warb nach Vorbild der aus japanischen Samurai bestehenden Leibwache König Prasat Thongs >>200 persische Söldner für 12-20 tūmān[1461] pro Kopf an. Die königliche Administration stellte jedem Soldaten ein eigenes Haus, zwei Bedienstete und ein Pferd samt Sattel zur Verfügung; hinzu kam das Futter für die Pferde und die eigene Verpflegung. Einmal jährlich erhielten die Perser zusätzlich einen Satz Kleidung sowie weitere Dinge des persönlichen Bedarfs. Mangelnde persönliche Integrität und neiderfüllte Intrigen aufgrund unterschiedlicher Besoldung führten jedoch alsbald dazu, dass Āqā Mohammed bei Hof desavouiert wurde. König Narai ordnete schließlich eine einheitliche Besoldung von 12 tūmān an und ließ die Lippen des vorübergehend in Ungnade gefallenen *phraklang* für einen Tag zusammennähen<<. (*O' Kane, 1972:100f.*)<<. Aufgrund seiner exponierten Stellung hatte er diverse Einkommensquellen, die profitabelste war wohl sein Monopol auf den Verkauf von Agarwood[1462], für dreissig Jahre das margenträchtigste Exportprodukt Ayutthayas. (*Nibhatsukit, o.J.:110*) >>Mit dem Tod Āqā Mohammed Astarābādīs [1679] schlich sich große Unordnung in die Administration des Landes ein und das etablierte Procedere geriet ins Wanken. Der [anschließende] Machtwechsel hatte seine Ursachen in den Fehlern der Perser, ihrer Scheinheiligkeit sowie völligen Uneinigkeit (*O' Kane,1972:58*). Die Söhne Āqā Mohammeds [*Chû Chî* und *Chû Kîâ*] erwiesen sich als ignorant, unfähig und rücksichtslos. Nach dem Tode des Vaters [...] gerieten sie auf die schiefe Bahn. Insgeheim trafen sie sich mit dem Bruder des Königs und gaben ihm Beweise ihrer Freundschaft. Dieses Verhalten erweckte naturgemäß das Misstrauen des Königs, der einen geplanten Umsturz zugunsten seines Bruders annehmen mochte [...] der König entzog den Söhnen Āqā Mohammeds die hohen Titel. Letztendlich war der König so verärgert, daß

[1461] 1 *tūmān* = £3, 6 shilling
[1462] Auch *Aloeswood* oder *Eaglewood* (*Lignum aquila*) genannt, ein duftendes, harzhaltiges Holz, welches zur Herstellung von Weihrauch und Parfum benutzt wird. In Thai: *Mai Krishna* (ไม้กฤษณา(

er sie [...] auf eine Insel[1463] verbannen ließ (*O' Kane, 1972:60*)<<. Ungeachtet dieser negativen Einzelbeispiele wurde die generelle kooperative Grundhaltung der persischen Enklave von den Herrschern Ayutthayas geschätzt. In Bezug auf seine Ernährung, Kleidung und architektonischen Präferenzen sollen die kulturellen Einflüsse der Muselmanen insbesondere bei Phra Narai deutlich sichtbar gewesen sein. *(Subrahmanyam, 1992:349)*. Die persischen Schiiten zählten ob ihrer Loyalität zu den engsten Beratern des Königs, denen er mehr vertraute, als dem eigenen Adel oder gar den Vertretern der diversen europäischen Handelsgesellschaften *(Reid, 1993:190; na Pombejra, 2001:176ff.)*. Das sich die religiöse Toleranz nicht auf die Christen beschränkte, dokumentiert der Report Guy Tachards (1688), das der buddhistische Monarch in den 1680er Jahren diverse *ta'zia*[1464] Prozessionen in Ayutthaya nicht nur geduldet, sondern sogar gesponsert hat.

Kulturelle und merkantile Kontakte zwischen Persien und Südostasien lassen sich schon für die prä-islamische Periode nachweisen und gewannen während des Sasanidenreiches[1465] und der frühen islamischen Periode an Bedeutung *(Colless, 1969)*. Offizielle diplomatische Aktivitäten und Kontakte entwickelte sich allerdings erst während der Safawiden Dynastie. 1682 sandte der König einen gewissen *Haji Salim Mazandarani* als Gesandten an den Hof Safi II. [شاه صفی] bzw. Suleiman I. [شاه سلیمان][1466] *(Wyatt, 1999b:90; O'Kane, 1972:19)*; 1685 erfolgte der Gegenbesuch einer persischen Gesandtschaft, die zunächst einige Zeit in Narais Refugium in Lopburi mit Elephanten- und Tigerjagden verbrachte und danach den Herrscher nach Ayutthaya begleitete, wo sie bis zu einer abschliessenden Audienz am 18. Januar 1687 verweilten und schliesslich am 14. Mai 1688 wieder in Bandar Abbas [بندر عباس][1467] eintrafen. Es folgten weitere siamesische Gesandtschaften in 1669 *(RRSFC II:92-98)*, 1680-81 *(Hutchinson, 1990:127f.)*, 1683 *(Du Mans,1890:339)* und möglicherweise eine weitere 1684 nach *Bāġ-e Sa'dābād* *(Kaempfer, 1940:199)*.

Der kurze Höhenflug des "griechischen Falken" Konstantinos Gerakis und die Annektion des Sultanats von Golkonda durch das Mogulreich 1687 bedeutete das Ende der zeitweiligen Dominanz des persischen Einflusses in Ayutthaya, wenngleich Engelbert Kaempfer nach seinem Besuch Ayutthayas 1690 feststellte, das >>die persische Sprache [immer noch] die *lingua franca* unter den Muslimen Siams<< sei (1940:135). 1722 fiel Isfahan nach längerer Belagerung durch aufständische sunnitische Afghanen und das Ende der Safawiden bedeutete auch die einstweilige Kappung der merkantilen und kulturellen Beziehungen mit Siam.

[1463] Vermutlich nach Koh Chang [เกาะช้าง] *(Kaempfer, 1777:51)*, eine Insel in der heutigen Provinz Trat in der Ostregion von Zentral-Thailand. Koh Chang heißt „Elefanteninsel", was auf die natürliche Form der Insel zurückzuführen ist.
[1464] Aschura [عاشوراء], wird der zehnte Tag des Monats Muharram genannt, des ersten Monats im islamischen Kalender. Dieser Tag ist für alle gläubigen Muslime auf der ganzen Welt bedeutsam und wird unterschiedlich gefeiert. An diesem Tag gedenken die Schiiten des Todes des für sie dritten Imams Husain in der Schlacht von Kerbela. Er gilt als Märtyrer, dessen Ermordung sowohl für Schiiten und Aleviten als auch generell in der Geschichte des Islams ein besonderes Ereignis darstellt, dessen sie mit verschiedenen Trauerfeiern gedenken. Husain war der Sohn von Ali ibn Abi Talib (dem ersten Imam der Schiiten) und Enkel des Propheten Mohammed.
[1465] Das zweite persische Großreich des Altertums. Das Reich erstreckte sich in der Spätantike ungefähr über die Gebiete der heutigen Staaten Iran, Irak, Aserbaidschan, Turkmenistan, Pakistan und Afghanistan sowie einige Randgebiete. Es existierte zwischen dem Ende des Partherreichs und der arabischen Eroberung Persiens, also von 224 bzw. 226 bis zur Schlacht von Nehawend im Jahr 642 beziehungsweise bis zum Tod des letzten Großkönigs Yazdegerd III. im Jahr 651.
[1466] Geboren 1647 in Isfahan, von 1666-1694 Schah von Persien.
[1467] Heute Hauptstadt der Provinz Hormozgan im Süden des Iran am Persischen Golf und eines der Hauptquartiere der iranischen Marine.

7.8.6.6. Ein Falke spreizt die Flügel – Der Aufstieg des Konstantinos Gerakis

ช้างเผือกไม่ได้เกิดในกรุง[1468]

Die abenteuerliche Vita des Konstantinos Gerakis[1469], dessen Wirken in Siam gleichermassen >>mit Rosenwasser gesprenkelte Hagiographien als auch mit Vitiol geschriebene Schmähreden<< (*van der Cruysse, 2002:193*) provozierte, beginnt mit dessen Geburt 1647/48 im Dorf Argostoli (Αργοστόλι) auf der griechischen Insel Kefalonia.[1470] Die Insel stand zu diesem Zeitpunkt unter venetianischer Herrschaft. Der Vater war Venetianer und betrieb möglicherweise eine Taverne (*Smithies, 1997b:65*), die Mutter entstammte einer angesehenen Familie Kefalonias, die leitende Beamte in der Verwaltung der Insel stellte (*Tachard, 1688:160*). Trotz des hohen Ansehens war die wirtschaftliche Situation der Eltern eher bescheiden, so dass der Knabe im Alter von 10 Jahren beschloss, als Moses auf einem englischen Handelsschiff anzuheuern. 1672 diente er in der Flotte von Prinz Ruprecht[1471], die gegen die Holländer kämpfte. Weitere Reisen führten in nach Indien und Bantam[1472], wo er schliesslich eine untergeordnete Funktion bei der *English East India Company* (*EIC*) erhielt. Dort wurde am 29. Mai 1678 mit reichlich Alkohol und einem Feuerwerk der Geburtstag des englischen Königs[1473] gefeiert und nur der Geistesgegenwart des Matrosen Phaulkon[1474] war es zu verdanken, das nicht das gesamte Kontor abbrannte. Nachdem er 250£ Belohnung erhalten hatte, quittierte er seinen Dienst und Bantam und segelte nach Ayutthaya. Dort machte er die Bekanntschaft von Richard Burnaby sowie der Gebrüder George und Samuel White[1475], damals noch allesamt in Diensten der EIC. Mit finanzieller Unterstützung von Burnaby und seinen 250£ kaufte Phaulkon ein kleines Schiff und schickte eine gemischte Ladung nach Achin[1476]. Das Schiff ging mit Mann und Maus am Eingang der Straße von Malakka[1477] unter und es war wiederum Burnaby, der Phaulkon erneut unter die Armee griff. Der von ihm aus England importierten englischen Stoffe liessen sich in Ayutthaya nicht verkaufen: er bot Phaulkon an, die Ware auf einer chinesischen Dschunke nach Japan zu bringen und dort in seinem Auftrag gegen Gewinnbeteiligung zu verkaufen. Das Geschäft war derart profitabel, das der geschäftstüchtige Levantiner von seinem Anteil erneut ein Handelsschiff kaufen konnte, was allerdings nach einem heftigen Sturm an der malaiischen Küste strandete. Phaulkon rettete sich mit knapper Not schwimmend ans Ufer: dort erwartete ihn allerdings eine Rotte malaiischer Banditen, die ihn, einschliesslich seiner Kleidung, Komplett ausraubte und der nackte Phaulkon musste sich bis zur Niederlassung der VOC in Ligor[1478] durchschlagen. Dort erbarmten sich die Holländer seiner, kleideten ihn ein und der mittellose Grieche kehrte nach Ayutthaya zurück. (*Hutchinson, 1990:9f.*)

[1468] Altes thailändisches Sprichwort: „Ein weisser Elephant wird nicht in der Hauptstadt geboren" bedeutet im übertragenen Sinne, das grundsätzlich jeder Mensch besonderes zu leisten und mit den Aufgaben zu wachsen vermag.
[1469] Gerakis (γεράκι) bedeutet in Neugriechisch "Falke".
[1470] Die größte der Ionischen Inseln liegt am Ausgang des Golfs von Patras und ist heute Teil der Präfektur Kefallinia.
[1471] Ruprecht von der Pfalz, Duke of Cumberland (1619-1682) genannt „der Kavalier" (*Rupert the Cavalier*) war Prinz von der Pfalz aus dem Hause der Wittelsbacher sowie seit 1644 Duke of Cumberland und Earl of Holderness. Er war Generalissimus aller englischen Armeen und leitete später als Lord High Admiral die königliche Flotte.
[1472] Das heutige Banten, eine indonesische Provinz im Westen der Insel Java.
[1473] Charles II, auch *The Merry Monarch* genannt (1630-1685)
[1474] Aus dem griechischen Falken Gerakis war der englische „Falcon" bzw. Phaulkon geworden.
[1475] Der berühmt-berüchtigte *Siamese White*. Vgl. hierzu die spannende Biographie: Maurice Collis, SIAMESE WHITE, AVA Publishing House, Bangkok 1986
[1476] Das heutige Aceh, eine indonesische Provinz an der Nordwestspitze der Insel Sumatra.
[1477] Meerenge zwischen der malaiischen Halbinsel und der Insel Sumatra, seit altersher zwingende Durchfahrt für die Handelsschifffahrt von Indien nach China.
[1478] Das heutige Nakhon Si Thammarat (นครศรีธรรมราช), früher auch als *Tambralinga* bekannt.

Erneut halfen ihm die emglischen Geschäftspartner und Phaulkon setzte alles auf eine Karte. Die ihm geliehenen 250£ übergab er dem *Barcalon*[1479], wohl wissend das dieser >>neben seinen vielen herausragenden Qualitäten eine Schwäche hätte, nämlich die, [persönlichen] Reichtum anzuhäufen; er war einem Geschenk nie abgeneigt und die Übergabe eines solchen war der sichere Türöffner<<. (*Hutchinson, 1990:10*) Der clevere Phaulkon hatte keine Gegenleistung gefordert, denn er hatte in Windeseile die Mechanik der Nomenklatura erfasst und das höfische Prozedere verinnerlicht: >>Fakt ist, das Phaulkon Siam zu seiner Heimat machte. Er lernte die extrem schwierige Sprache, einschliesslich der noch komplizierteren Hofsprache, die berühmte, aus dem Khmer stammende *rajasab*[1480] innerhalb von zwei Jahren. Seine einzigartige Intelligenz, Wendigkeit, Sorgfalt, seine Kenntnisse der Welt im allgemeinen und des Handels im besonderen, machten ihn alsbald zu einem wertvollen Berater für Narai höchstselbst<<. (*Sioris, 1998:10*) Der zunehmend selbsbewusst auftretende Newcomer scheute sich auch nicht, Mitglieder des französischen Adels in ihre Schranken zu weisen, sofern sie auf ihre Abstammung pochten: >>[Ausländische] Adelstitel und Rang zählen nichts in diesem Land: und zu mir, ich habe weder einen Rang noch bin ich von edler Geburt, ich bin ein Nichts!<<. (*van der Cruysse, 2002:196*) 1680 bewährte sich Phaulkon erneut. Schiffe unter königlicher Flagge liefen des öfteren Persien an, um dort Handel zu treiben. Dieser Handel wurde von der persischen Enklave in Ayutthaya abgewickelt, wobei ein Grossteil des erzielten Profites in deren Taschen wanderte. Der Phra Khlang, der üblicherweise selbst an diesen Unternehmungen beteiligt war, beauftragte Phaulkon mit der Durchführung der nächsten Charter und dieser erzielte einen doppelt so hohen Ertrag wie die Perser vor ihm. Der zu überwindende Widerstand der persischen *community* war, ungeachtet des Todes Āqā Mohammeds 1679, noch immer erheblich, aber die *bottom line* zugunsten der royalen Schatulle gab den Ausschlag. Der Phra Khlang pries in der Folge die Leistungen seines Protegés dergestalt, das das Interesse des Königs an dem Griechen geweckt wurde und er die ersehnte Audienz erhielt. (*Hutchinson, 1990:12*) Phaulkon war auf den Punkt vorbereitet und konnte aufgrund seiner Sprachkenntnisse direkt und ohne Dolmetscher mit dem Herrscher kommunizieren, wobei es ihm auch gelang, sein mitunter durchbrechendes, mediterranes Temperament unter Kontrolle zu halten. Das er, bei aller Loyalität und kaufmännischer Seriösität dem König gegenüber, mit zunehmenden Einfluss auch die Mehrung seines privaten Vermögens nicht aus den Augen verlor, bestätigt er in einen Brief an Samuel Potts[1481] vom 16. Juni 1682: >>Meine privaten Geschäfte sind durchaus beachtlich, neben dem grossen Handel, den ich im Auftrag Seiner Majestät leite, meinem grossen Herrn<<. (*RRSFC II, 1915:67*)

[1479] Gemeint ist der *Phra Khlang, Chao Phraya Kosathibodi (Lek)* [เจ้าพระยาโกษาธิบดี(เล็ก)], der „Handels- Finanz- und Aussenminister" in Personalunion, der vor allem für die ausländischen Kaufleute der Ansprechpartner war. Möglicherweise fand der erste Kontakt mit dem *Phya Phiphat Kosa* [พระยาพิพัฒน์โกษา] statt, dem Phra Klang unterstellt und für alle Angelegenheiten des Hafens zuständig. Die siamesischen Adelstitel *bandasak* [บรรดาศักดิ์] wurden nur an Männer verliehen und konnten nicht vererbt werden. Der den jeweiligen Rang anzeigende Titel ging stets mit der Vergabe eines Ehrennamens *ratchathinnanam* [ราชทินนาม] einher, der dann anstelle des bürgerlichen Namens getragen wurde, zum Beispiel „Phraya [Rang] Kosathibodi [Ehrenname]". Die Ehrennamen waren nicht in jedem Fall einmalig, sondern oft mit dem jeweils ausgefüllten Amt verbunden. Nach dem Tod oder der Beförderung des vormaligen Namensträgers konnte derselbe Ehrenname erneut vergeben werden. Zur Unterscheidung wird in Geschichtsbüchern daher oft der bürgerliche Name in Klammern hinter den Titel und Ehrennamen gesetzt, zum Beispiel „Phraya Kosathibodi (Lek)" und „Phraya Kosathibodi an)". Mit dem Ende der absoluten Monarchie 1932 wurden die Titel nicht mehr vergeben und die bisherigen Träger verloren *de jure* jegliche Privilegien.
[1480] [ราชาศัพท์] Die Hofsprache existiert auch heute noch, verliert aber zunehmend Bedeutung. Die hohe Akzeptanz der Monarchie durch die grosse Mehrheit der Thailänder sowie die veränderten Anforderungen an die *Royals* im Zeitalter der digitalen Kommunikation verleihen der *rachasab* zunehmend einen eher traditionellen Charakter.
[1481] Der Leiter der EIC in Ayutthaya, dem man umfangreiche Unterschlagungen vorwarf, welche ursächlich für die prekäre finanzielle Lage der Niederlassung gewesen sein sollen: nach einem Brand schloss die EIC 1684 das godown und verliess Siam zum zweiten Mal.

Nachdem er das Fundament für seine künftige gesellschaftliche Karriere gelegt und wirtschaftlich auf sicheren Beinen stand, heiratete er im Mai 1682, im Alter von 34 Jahren, die 16-jährige Maria Guyomar de Pinha[1482], die katholische Tochter eines Portugiesen und einer Japanerin. (*van der Cruysse, 2002:225*) Zwar war Phaulkon im katholischen Glauben erzogen worden und aufgewachsen, konvertierte dann allerdings zum Protestantismus während seiner Zeit auf englischen Schiffen und der EIC. (*Smithies, 1998:11*) Die strenggläubige Maria bestand auf einer erneuten Konvertierung zum katholischen Glauben, was für den praxisorientierten Buhlen kein Problem darstellte. Seine mittlerweile entwickelten Kontakte zu den diversen Vertretern des französischen Klerus sowie der Jesuiten leisteten ihm dabei gute Dienste. Bevor die Nachwelt voreilig den Stab über den „gottlosen Opportununisten" bricht, sei daran erinnert, das im katholischen Lager Ayutthayas heftige Grabenkämpfe die Tagespolitik dominierten und 1618-1648 in Mitteleuropa bei den Kämpfen zwischen Kaiser und Katholischer Liga einerseits und Protestantischer Union andererseits ganze Landstriche durch Hungersnöte und Seuchen verwüstet und entvölkert wurden - gloria in excelsis deo! Phra Narai beauftragte Monsieur Constance mit einer Inspektionsreise zu den Wehranlagen entlang der Reichsgrenzen, um die dortigen Fortifikationen nach europäischem Vorbild zu modernisieren. Zwar hatte Phaulkon keine Ingenieursausbildung oder praktische Erfahrungen im Festungsbau, aber mit der ihm eigenen Improvisationsfähigkeit adaptierte er die gemachten Erfahrungen während seiner Dienstzeit unter Prinz Ruprecht sowie das Gesehene auf seinen zahlreichen Reisen. Den daraus von ihm erstellten Bericht legte er zur Prüfung seinen englischen Geschäftspartnern vor. Diese hatten sich mittlerweile von der EIC losgelöst und als *Interloper*[1483] nachhaltig in Siam etabliert. Zu Beginn der 1680er Jahre ware Burnaby zum Gouverneur von Mergui ernannt worden und Samual White bekleidete die Funktion des *shahbandar*[1484] [شاهبندر] in Mergui und Tenasserim; diese Personalentscheidungen sollten wenig später fatale Konsequenzen zeitigen. Der überarbeitete Bericht wurde von Phra Narai ohne Änderungswünsche durchgewunken und der König ordnete umgehend die Umsetzung der vorgeschlagenen Modifikationen an. (*Hutchinson, 1990:13*)

Der unaufhaltsame Aufstieg des umtriebigen Parvenues zog naturgemäss den Widerstand der etablierten Platzhirsche nach sich. Da waren die Perser, die den lukrativen Handel mit ihrem Heimatland auf Kosten des Königs zurecht bedroht sahen; die Holländer fürchteten um ihre Privilegien, die sie nicht zuletzt aufgrund ihrer langen Präsenz in Siam erworben hatten; die Vertreter der EIC waren ebenfalls enttäuscht, das ihr ehemaliger Angestellter dem Herrscher loyaler verbunden war als seinem ehemaligen Brötchengeber. Claude de Forbin, der im Dezember 1686 Siam verlassen hatte, berichtet in seinen Memoiren von einem feuchtfröhlichen Abend im Januar 1687 in Madraspatan; Elihu Yale, der Präsident des Rates der East India Company in Madras verkündete zu vorgerückter Stunde *coram publico*, er ließe Phaulkon öffentlich hängen, bekäme er ihn einmal in die Finger (*Forbin,1730,I:238*). Und last but not least war auch die siamesische Nomenklatura und die buddhistische Sangha zunehmend beunruhigt. Erstere befürchteten den Verlust ihrer Pfründe und letzteren missfiel das Ausmass der religiösen Toleranz, insbesondere in Richtung der katholischen Missionare. Doch so lange die Sonne des Monarchen auf seinem engsten Berater schien, machte der sich das Motto Suetons zu eigen: *Oderint, dum metuant*[1485]! Im Juli 1683 übernahm Phaulkon faktisch die Position des *Phra Khlang* (Schatz- und Handelsminister), auch wenn er klugerweise einen, von ihm abhängigen, siamesischen Adeligen pro forma den Titel überliess.

[1482] Auch Marie Guimar oder Madame Constance genannt.
[1483] Vormals in Diensten der VOC, EIC oder Compagnie des Indes Orientales stehende Handelskapitäne verliessen die Handelsgesellschaften und arbeiteten fortan auf eigene Rechnung, wobei einige unter ihnen auch als Freibeuter und Piraten tätig waren; die Interloper befanden sich de facto im Krieg mit ihren ehemaligen Dienstherren.
[1484] Persischer Begriff für „Hafenmeister". Verantwortlich für das Eintreiben der Steuern der einlaufenden Schiffe.
[1485] Mögen sie hassen, wenn sie nur fürchten!

Bald darauf übernahm er auch die Führung des *Mahatthai*[1486] [มหาดไทย], welches die Leitung der gesamten Zivilverwaltung innehatte. (*van der Cruysse, 2002:236*). Der König hatte seine Verdienste mittlerweile mit der Verleihung des Adelstitels *Chao Phraya Wichayen* [เจ้าพระยาวิชาเยนทร์] gewürdigt. Der Falke war gelandet.

1685-1688 Ayutthaya – Paris – Ayutthaya. Die hohe Zeit der Diplomatie

Die Jahre 1685-1688 markieren in den Annalen Ayutthayas die Blütezeit siamesicher Diplomatie. Während sich die Chaumont-Mission noch um die südlichen Küsten Afrikas quälte, erreichte eine potugiesische Mission des Vizekönigs von Goa unter Leitung Pero Vaz de Siqueiras Ayutthaya. Im Mai erhielten die Portugiesen die gewünschte Audienz im Sommerpalast in Lopburi. Zwar erhielten die Portugiesen die üblichen Zusagen für den freien Handel, die Forderungen nach extraterritorialer Gerichtsbarkeit sowie die Einmischung in die innerkatholischen Differenzen und Machtspiele lehnte Phra Narai jedoch ab. Am 23. Juni des gleichen Jahres verliessen die Portugiesen und im kommenden Jahr sandte Ayutthaya drei Botschafter auf der *Nossa Senhora dos Milagros* nach Portugal. Nachdem man Goa verlassen hatte, sank das Schiff im April 1686 vor Cape Agulhas. Einder der Botschafter, Ok-khun Chamnan überlebte den Schiffbruch und seine anschliessende Odyssee ist Gegenstand des nachfolgenden Exkurses.

7.8.6.7 Exkurs: Die horribile Odyssee des Ok-Khun Chamnan [ออกขุนชำนาญใจจง] 1686

Afflavit Deus et dissipati sunt.[1487]

Ende März 1684 brachen die drei Botschafter (*Tachard 1689:301*), sechs weitere Würdenträger sowie eine grosse Anzahl von Bediensteten mit einer königlichen Fregatte, kommandiert von einem portugiesischen Kapitän, in Richtung Goa auf[1488]. Der nachfolgende, auszugsweise zitierte Augenzeugenbericht des *Ok-khun Chamnan Chaichong* wurde vom französischen Jesuiten-Pater Guy Tachard während der Überfahrt der zweiten diplomatischen Mission Ayutthayas nach Frankreich aufgezeichnet[1489].

>> Die Reise [nach Goa] war lang, schwierig und voller Missgeschicke, welche den Misserfolg und [das kommende] Unglück [...] vorausahnen liess. Obwohl Goa nicht weit entfernt von Siam liegt, benötigten wir doch mehr als fünf Monate für die Reise. Letzlich, sei es durch die Inkompetenz des Kapitäns und seiner Offiziere oder durch die Unbillen des Wetters, hatte die portugiesische Flotte Indien bereits verlassen, als wir dort eintrafen. Festzustellen, das sich dadurch unsere Abreise aus Indien und folglich auch unsere Rückkehr nach Siam um ein volles Jahr verzögern würde, stellte für uns eine ernsthafte Unannehmlichkeit dar [...] Wir verbrachten nahezu elf Monate in Goa und erwarteten die

---

[1486] Das heutige Innenministerium, *Krasuang Mahatthai* [กระทรวงมหาดไทย]
[1487] „Gott blies und sie wurden in alle Winde zerstreut". (Inschrift auf einer englischen Münze zum Gedenken an die siegreiche Seeschlacht gegen die spanische Armada)
[1488] Es entsprach der siamesischen Sitte auf überseeischen diplomatischen Missionen stets drei Botschafter zu entsenden. Dies waren nach Rang und Alter hierarchisch abgestuft der *ratchathut, uppathut* und *tritut* (*Smithies, 1999:13*)
[1489] Die generelle Glaubwürdigkeit von Guy Tachard darf mit recht in Zweifel gezogen werden. Lang ist die Liste derer, die ihn als Lügner oder Schwindler bezeichneten, unter ihnen Landsleute und Glaubensbrüder wie Vachet oder der Generaldirektor der Französischen Ostindien Gesellschaft (*Compagnie française pour le commerce des Indes orientales*) Claude Céberet du Boullay (1647–1702). Glücklicherweise befinden sich im *Algemeen Rijksarchief* der VOC zwei Quellen, die den Bericht Tachards grundsätzlich verifizieren. Vgl. hierzu *Smithies, 1999:61ff*.

Rückkehr der portugiesischen Flotte aus Europa [...] Endlich bestiegen[1490] wir ein Schiff des portugiesischen Königs mit einer Besatzung von 150 Mann und 30 Kanonen [...] Am 27. April [1686] liefen wir unglücklicherweise vor *Kap Agulhas*[1491] auf Grund [...] Der Kapitän und sein Steuermann (Navigator) hielten es für das *Kap der Guten Hoffnung* [...] Also [...] folgten sie dem Kurs noch 2-3 Stunden nach Sonnenuntergang und dachten, sie hätten das gesehene Land nun umrundet. Nun wurde die Richtung verändert und ein etwas nördlicherer Kurs gesteuert ... niemand bemerkte die Gefahr die vor uns lag [...] Ich war der erste, der das [nahende] Land bemerkte [...] Das Schiff rammte drei Mal die Felsen ... Ich bekleidete mich mit einem zweiten Gewand und auf einigen zusammengebundenen Planken versuchte ich, schwimmend das Land zu erreichen. Der 2. Botschafter, der stärkste der drei und beste Schwimmer, war bereits im Wasser. Er schwamm vor mir und trug den an einem Säbel gebundenen Brief unseres Königs. Dergestalt erreichten wir beide fast gleichzeitig das Ufer [...] Es gab weitere Siamesen denen es gelungen war [dem Untergang] zu entkommen [...] Einige der Portugiesen hatten vorsorglich einige Musketen und Pulver gerettet, welche entweder zur Verteidigung gegen die *Kaffirs*[1492] oder zur Erlegung von Wild dienen konnten. Diese Musketen waren uns von grosser Hilfe bei der Entzündung von Feuern [...] um unsere nasse Kleidung zu trocknen [...] Am zweiten Tag nach unserem Schiffbruch, einem Sonntag, brachen alle gemeinsam auf. Der Kapitän und seine Offiziere sagten uns, wir seien nicht weiter als 20 leagues[1493] vom Kap der Guten Hoffnung entfernt, wo die Holländer eine grössere Siedlung unterhielten, die wir in 1-2 Tagen erreichen könnten [...] Gegen 4 Uhr nachmittags erreichten wir ein grosses Wasserreservoir [...] wir fanden einige Krabben die wir rösteten und aßen [...] Am folgenden Tag machten wir uns nach Sonnenaufgang auf den Weg [...] Die Portugiesen gingen voraus da wir genötigt waren anzuhalten, weil der 1. Botschafter sehr schwach und apathisch war ... Die Portugiesen wollten nicht weiter auf uns warten [...] Der 1. Botschafter rief angesichts dieser traurigen Neuigkeit die Siamesen zusammen [...] Er sagte, er sei zu schwach und krank um den Portugiesen zu folgen und er hielte es für ratsam, das jene in guter Verfassung sich beeilen sollten, sie [die Portugiesen] einzuholen [...] Diese Trennung machte uns sehr traurig, war aber notwendig [...] Wie schnell wir auch immer marschierten, wir erreichten sie [die Portugiesen] auf einem hohen Hügel erst gegen 10 Uhr abends [...] Unser Hunger war so groß, das wir das umliegende trockene Gras entflammten, um Eidechsen und Schlangen aufzuspüren [...] Der folgende Tag war der fünfte unseres Marsches [...] Wir gingen ohne Rast bis zum Mittag, als wir in grösserer Entfernung einige Leute auf einem Hügel sahen [...] Wir näherten uns diesen mit unvorstellbarer Freude [...] um bald darauf tief enttäuscht zu sein. Die Leute [...] waren drei oder vier *Hottentots*[1494] [...] wir waren verängstigt, sahen wir uns doch bereits von diesen Barbaren gnadenlos massakriert ... doch als wir uns ihnen genähert hatten, ergriffen sie die Initiative und machten uns Zeichen, ihnen zu folgen [...] wir erreichten ein Dorf mit etwa vierzig Hütten, welches vielleicht 400-500 Einwohner hatte [...] Keiner von uns [Siamesen] hatte Tabak oder

---

[1490] Laut Tachards Niederschrift am 27. Januar 1686; jedoch sind einige Daten in seinem Bericht nachweislich falsch und von daher seien auch die nachfolgenden nur unter Vorbehalt genannt
[1491] „Das Kap der Nadeln" der südlichste Punkt Afrikas und etwa 170km Luftlinie vom heutigen Kapstadt entfernt, wo die VOC 1652 eine Niederlassung gegründet hatte. Cape Agulhas war bei allen Seefahrern über Jahrhunderte hinweg gefürchtet und ein riesiger Schiffsfriedhof, bis schliesslich 1848 der Leuchtturm *Arniston* gebaut wurde.
[1492] Bis zum Ende der Apartheid gebräuchliche rassistische und abwertende Bezeichnung für die schwarzen Südafrikaner. Der Begriff leitet sich vermutlich aus dem arabischen Kafir ab, was soviel wie „Ungläubiger" bedeutet
[1493] Eine Fehleinschätzung mit fatalen Folgen. Ein *league* entsprach damals in etwa 4km, d.h. also 80 km. Luftlinie waren es bereits 170km und die Schiffbrüchigen hatten zusätzlich unwegsames Gelände zu überwinden.
[1494] Man geht heute davon aus, dass die holländische Bezeichnung *Hottentot* seit ihrer Einführung hauptsächlich abwertend und diskriminierend verwendet wurde. Die sogenannten Hottentotten waren eine Sammelbezeichnung für die in Südafrika und Namibia lebende Völkerfamilie der Khoi Khoi, zu der die *Nama*, die *Korana* und *Baster* gehörten.

Patacas[1495] [um Essen von den Eingeborenen zu kaufen], die einzige Währung die sie kannten [...] Nur der [portugiesische] 1. Steuermann hatte welche und gab vier für einen Ochsen [...] [allerdings teilte er das Fleisch] nur mit einigen seiner Landsleute und besten Freunde [...] [Im Tausch gegen einigen goldenen Zierrat erhielten die Siamesen] ein Viertel eines Hammels ... wir verschlangen ihn halb roh [...] Ich hatte bemerkt, das die Portugiesen nach dem Kauf den Ochsen gehäutet und die Haut weggeworfen hatten [...] wir fanden diese glücklicherweise, rösteten sie über dem Feuer. Es gereichte uns zu zwei Mahlzeiten [...] Ein *Hottentot*, war von den goldenen Knöpfen meines Gewandes fasziniert [...] Ich erwartete zumindest ein Schaf [im Tausch] aber er brachte mir lediglich eine Schale Milch, mit der ich mich zufrieden geben musste [...] Wir verbrachten die Nacht an diesem Ort [...] Die Barbaren taten nichts anderes als die ganze Nacht lärmend um ihre Hütten zu tanzen [...] Wir brachen morgens auf [...] kampierten an einem kleinen Fluss und hielten abwechselnd die Nacht über Wache, weil wir einen Angriff der *Kaffirs* befürchteten [...] Am folgenden Tag, dem neunten unseres Marsches, kamen wir an den Fuß eines hohen Berges welcher nur unter außergewöhnlichen Schwierigkeiten überquert werden konnte [...] Vom Gipfel aus sahen wir [...] einige Blumen. Wir rannten zu der Stelle und begannen, die am wenigsten bittersten gierig zu verschlingen [...] [Einige Tage später] bemerkte ich [...] eine sehr dünne aber recht lange Schlange. Sie war nicht dicker als mein Daumen, aber so lang wie mein Arm [...] Ich tötete sie mit einem Hieb meines Dolches. Wir legten sie aufs Feuer [...] und verspeisten sie zur Gänze, samt Haut, Kopf und Knochen [...] Gegen Morgen kam dichter Nebel auf [...] wir waren kaum 1 km marschiert, als ein sehr unangenehmer Wind auffrischte, der stärkste, den ich je in meinem Leben erlebt habe. Und abgesehen von seiner extremen Kälte und das er direkt von vorn kam, wütete er so stark, das wir keinen Fuß mehr vor den anderen setzen konnten [...] Gegen 2 Uhr nachmittags brachte der Wind einen durchnässenden Regen, den bis zum Abend anhielt [...] Noch nie war mir eine Nacht so lang vorgekommen [...] Aber wir Siamesen waren noch mehr überrascht und traurig als wir bemerkten, das sie [die Portugiesen] nicht länger da waren [...] es war nicht möglich, auch nur einen von ihnen, noch die Route zu finden, die sie genommen hatten [...] Gegen mittag erreichten wir sehr erschöpft und müde die Gestade eines Flusses, der etwa 20 Meter breit und 2,5 Meter tief war [...] Wir versuchten ihn zu queren, aber die Strömung war so stark, das sie uns mitgerissen hätte [...] In der Hoffnung die Portugiesen zu finden, folgten wir am nächsten Tag dem Lauf des Flusses [...] einer unsere Leute fand [...] ein Feuersteinschloss mit einem vollen Pulverhorn [...] Wir machten sofort ein Feuer und angesichts der Tatsache, das meine Schuhe [...] nutzlos geworden waren[1496] [...] riss ich sie auseinander und nachdem wir sie lange geröstet hatten, verspeisten wir sie mit grossem Appetit [...] Danach versuchten wir den Hut eines unserer Diener zu essen, nachdem wir ihn geröstet hatten; aber wir waren nicht in der Lage, diesen zu verdauen [...] [Man beschliesst aufgrund des Hungers zu der kleinen Insel zurückzukehren, wo man Tage zuvor frisches Wasser und Nahrung gefunden hatte] Nachdem wir dort sechs Nächte verbracht hatten, liessen wir mit grossem Bedauern die Muscheln und das frische Wasser hinter uns [...] da wir noch immer keine Neuigkeiten von den Portugiesen hatten [...] [Die Gruppe trifft erneut auf Eingeborene] sie machten Gebärden mit der Hand, streckten 6 Finger aus und riefen so laut sie konnten „Holland, Hollanda!". Sie zeigten uns mit Gebärden die Richtung an und bedeuteten uns, ihnen zu folgen [...] Der Pfad war sehr unwegsam [...] Von den fünfzehn von uns die übrig waren, konnten sieben am folgenden Tag wegen Erschöpfung nicht mehr weitergehen [...] wir mussten die Schwächsten mit einigen getrockneten Muscheln zurücklassen [...] Während der kommenden Tage lebten wir überwiegend von getrockneten Muscheln [...] Ein grüner Frosch [...] erschien uns ebenso

---

[1495] Eine Silbermünze mit einem Durchmesser von 38mm, im 17. Jahrhundert ein weit verbreitetes Zahlungsmittel in Amerika und Asien. Auch bekannt als *real de a ocho*, *Spanischer Dollar* oder *Piece of Eight*
[1496] Die Füsse waren stark geschwollen und voller Eiter

wohlschmeckend [...] die Grashüpfer waren nicht annähernd so delikat [...] das Insekt, welches uns am schmackhaftesten erschien war eine Art grosser, schwarzer Fliege oder Engerling [...] wir fanden unterwegs eine Menge von ihnen im Kot von Elephanten [...] wir rösteten sie lediglich über Feuer und fanden sie köstlich [...] Endlich, am 31. Tag unserer Reise Überland nach dem unglücklichen Schiffbruch [...] sahen wir [...] zwei Holländer [und die zwei Eingeborenen, die vier Tage zuvor vorausgegangen waren] die Holländer gaben uns zu essen und ein wenig Wein zu trinken [...] wir stiegen alle auf die Karren, welche uns in die holländische Siedlung brachten, die etwa 4 km vom Fuß des Berges entfernt lag [...] wir verbrachten dort die Nacht auf Stroh schlafend [...] auf unsere Bitte hin sandten die Holländer einen Karren mit Lebensmitteln zu den sieben Siamesen, die wir zurücklassen mussten [...] wir stiegen auf zwei andere Karren, die uns zu einer weiteren holländischen Niederlassung brachten, welche ca. 20-25 km entfernt lag [...] Der Gouverneur persönlich erwartete uns [...] er wies seinen Sekretät an, uns zu unserer Unterkunft zu bringen [...] in der sich auch in Fülle die Dinge befanden, die man zum täglichen Leben benötigt. In der Tat führte er sehr genau Buch über alle Kosten, die wir verursachten und sandte [die Rechnung] an die Beamten unseres Herrn und Königs, welche alle anfallenden Aufwendungen gemäss seiner Kostennote zurückerstatteten [...] Die Portugiesen waren acht Tage vor uns am Kap eingetroffen und hatten noch grösseres Leid als wir erfahren [...] sie hatten 50-60 Leute verloren, ohne die zu zählen, die bereits [vor der Trennung] gestorben waren [...] wir blieben fast vier Monate am Kap der Guten Hoffnung, warteten auf ein holländisches Schiff, das uns nach Batavia[1497] bringen sollte [...] Das erlittene Elend hatte uns dermassen leidend gemacht, das wir mehr als zwei Monate benötigten, um wieder zu Kräften zu kommen [...] ein Schiff der VOC [...] brachte uns alle nach Batavia [...] wir kamen dort im November an [...] im Juni [1687] setzten wir Segel in Richtung Siam, wo wir im September eintrafen [...] Unser Herr und König empfing uns mit Zeichen des Wohlwollens und grosser Freundlichkeit. Er gab uns Kleidung und Geld und gab uns zu verstehen, das er uns nicht vergessen würde, wenn sich die Gelegenheit böte, unser Schicksal zu verbessern<< (*Smithies, 1999*).

Nach den überstandenen Strapazen bildete Ok-khun Chamnan gemeinsam mit Ok-khun Wiset Puban [ออกขุนวิเศษภูบาล] und Ok-muen Pipith Raja [ออกหมื่นพิพิธราชา] eine diplomatische Mission, die begleitet von Guy Tachard und Simon de la Loubère am 3. Januar 1688 an Bord der *Gaillard* ging. Nach einem kurzen Aufenthalt in Paris mit einer Audienz bei Ludwig XIV. trafen sie Papst Alexander VIII.[1498] am 5. Januar 1689 in Rom. Der berühmte Maler Carlo Maratta[1499] hielt die Szene in einem Gemälde für die Nachwelt fest. Im Februar 1689 traf die Gesandtschaft erneut in Paris ein, wo anlässlich einer weiteren Audienz der von Céberet[1500] 1687 ausgehandelte Handelsvertrag ratifiziert wurde. Zwei Wochen später wurde vertraglich vereinbart, François d'Alesso, Marquis d'Eragny[1501] zum Leiter der Palastwache in Ayutthaya and Inspekteur der französischen Truppen in Siam zu ernennen. Die Gesandtschaft trat 1690 auf einem französischen Schiffsverband die Heimreise an, doch ungünstige Winde stoppten die Weiterreise in Balassor[1502] und das diplomatische Chor musste die letzte Etappe nach Ayutthaya auf dem Landweg zurücklegen. (*Smithies, 1999:7ff.*)

[1497] Das heutige Jakarta
[1498] (1610-1691), bürgerlicher Namen Pietro Vito Ottoboni, war von 1689 bis 1691 Papst.
[1499] Carlo Maratta (1625-1713) auch bekannt als Carlo Maratti, war der Hauptmeister der klassizistischen Strömung des römischen Hochbarock, an dessen Anfang Raffael, danach Annibale Carracci und schliesslich sein Lehrer Andrea Sacchi standen.
[1500] Claude Céberet du Boullay (1647–1702)
[1501] (? - 1691)
[1502] Das heutige Baleswar liegt an der indischen Ostküste am Fluss Burhabalanga und ist Hauptstadt des gleichnamigen Verwaltungsdistrikts im Bundesstaat Odisha.

7.8.6.8. „Une ambassade brillante" - Die „glorreiche Mission" des Chevalier de Chaumont[1503] (Oktober – Dezember 1685)

Hochmut ists, wodurch die Engel fielen,
Woran der Höllengeist den Menschen faßt.[1504]

Am 3. März 1685 setzten im Hafen von Brest die *Oiseau* und *Maligne* die Segel nit Kurs auf Siam, wobei auf dem Hauptschiff *Oiseau* 209 Menschen auf engstem Raum für Monate zusammengepfercht waren. Die offizielle Gesandtschaft umfasste neben dem Botschafter Chevalier de Chaumont dessen persönlichen Beichtvater, Abbé de Jully, den Marinegeistlichen M. Le Dot, drei französische Missionare der MEP, Frs Bénigne Vachet[1505], Jean Basset[1506] und Manuel sowie die sechs Jesuiten und Mathematiker mit finaler Destination China: Jean de Fontaney[1507] (Leiter), Joachim Bouvet[1508], Jean-François Gerbillon[1509], Louis-Daniel Lecomte[1510], Guy Tachard[1511] und Claude de Visdelou[1512]. Als

---

[1503] Alexandre II de Chaumont, geboren 1640 in Paris und am 28. Januar 1710 ebenda verstorben. Der Sohn von Alexandre I de Chaumont und dessen Frau Isabelle du Bois-des-Coeurs diente zunächst als französischer Marineoffizier, bevor er zum ersten französischen Gesandten am Hofe Ayutthayan promoviert wurde. 1671erfolgte zunächst seine Ernennung zum Schiffskapitän und 1672 zum Major der französischen Marine in der Levante. Chaumont verfasste einen Bericht über seine Erlebnisse in Siam: *Relation de l'ambassade de Monsieur le chevalier de Chaumont à la Cour du Roy de Siam, avec ce qui s'est passé de plus remarquable durant son voyage*. Paris: Arnoult Seneuse und Daniel Horthemels, 1686

[1504] Friedrich Schiller, Die Jungfrau von Orleans, Prolog

[1505] (1641-1720) Nach seinen Aktivitäten in Siam war Bénigne *Vachet* missionarisch vor allem in Afrika, namentlich Algerien, tätig und beendete seine klerikale Tätigleit auf der Insel La Réunion. Nach Frankreich zurückgekehrt verstarb er am 19. Januar 1720 in Paris.

[1506] Basset wurde um das Jahr 1662 in Lyon geboren. Am 12. Oktober 1677 trat er in das berühmte Priesterseminar Saint-Sulpice ein. 1684 schloß er sich dem Pariser Missionsseminar an und reiste 1685 nach Ayutthaya. Basset wurde im August 1686 in Ayutthaya (Juthia), der Königsstadt, zum Priester geweiht. Ab 1689 wirkte Basset als Missionar in den südostchinesischen Provinzen Guangdong, Jiangxi, Fujian (Fuklen) und Zhejiang (Tchekiang). 1692 bis 1693 war er Provikar von Jiangxi, 1701 ging er auf Vorschlag von Artus de Lionne MEP (1655 - 1713), Apostolischer Vikar der chinesischen Provinz Sichuan (Sezuan), als Provikar in eben diese Provinz. Basset kam zusammen mit La Baluère am 06. April 1702 in der Provinzhauptstadt Chengdu (Tchentou) an. Dort unterrichteten sie einige junge Christen in Latein: wegen des Ritenstreits mussten die Missionare 1707 die Provinz verlassen. Basset verfaßte einen kleinen Katechismus, übersetzte das Neue Testament vom Matthäusevangelium bis zum Hebräerbrief und begann eine Übersetzung des berühmten Katechismus von Claude Fleury aus dem Jahre 1679. In der Übersetzung des Neuen Testaments sah Basset ein wichtiges Mittel, um die Evangelisierung voranzubringen, über deren prekäre Erfolglosigkeit er in seinem 1702 geschriebenen Bericht *Avis sur la Mission de Chine* beklagte. Ende 1707 starb er an einer plötzlich auftretenden Krankheit.

[1507] (1643–1710) Jean de Fontaney unterrichtete zunächst Mathematik und Astronomie am *College Louis le Grand*. Die traditionsreiche Schule ging 1564 von den Jesuiten als Stipendiatenheim gegründeten *Collège de Clermont* hervor und war früher auch als Jesuitenkolleg von Paris bekannt. Heute eine renommierte Eliteschule im Quartier Latin in Paris, welche ein Lycée sowie vorbereitende Klassen für die Aufnahmeprüfungen der *Grandes Écoles* umfasst. 1688 erreichte er China, und wurde in Peking von Kaiser *Kangxi* (康熙) empfangen. 1702 kehrte de Fontaney nach Europa zurück und war bis zu seinem Tod als Rektor des *Collège Royal Henry-Le-Grand* in La Flèche tätig.

[1508] Joachim Bouvet (白晋 oder 白進) geboren am 18.06.1656, verstorben am 28.06.1730 in Peking, war neben seiner langjährigen Missionstätigkeit in China auch einer der führenden Köpfe der „Figuristen-Bewegung"; diese war eine intellektuelle Strömung unter den Jesuiten in Asien, welche vom Ende des 17. bis zum Beginn des 18. Jahrhunderts existierte und deren Anhänger das *I Ching* als prophetisches Buch betrachteten, welches auch die Mysterien des Christentums beinhalte. Das I Ging bzw. Yì Jīng (易經 / 易经, „Buch der Wandlungen" oder „Klassiker der Wandlungen") ist eine Sammlung von Strichzeichnungen und zugeordneten Sprüchen. Es ist der älteste der klassischen chinesischen Texte. Seine legendäre Entstehungsgeschichte wird traditionell bis in das 3. Jahrtausend v. Chr. zurückgeführt.

[1509] Geboren am 5. Juni 1654 in Verdun, gestorben am 27. März 1707 in Peking. Der begnadete Linguist verfasste neben seinen klerikalen Aufgaben im Reich der Mitte diverse Schriften über mathematische und philosophische Themen sowie eine Reisebeschreibung und eine Wortkunde der Tatarei (Historische Bezeichnung für Zentralasien, Nordasien und Teile Osteuropas).

[1510] (1655–1728) Lecomte kehrte bereits 1691 als Prokurator der Jesuiten nach Frankreich zurück. Seine 1696 in Paris erschienene Schrift *Nouveau mémoire sur l'état présent de la Chine* befeuerte die Debatte im sogenannten Ritenstreit. Der Ritenstreit, auch Akkomodationsstreit genannt, war eine von etwa 1610 bis 1744 dauernde Auseinandersetzung über die Art und Weise christlicher Mission in China und Indien.

[1511] Pater Tachard, geboren 1651 in Marthon bei Angoulême, verstorben 1712 in Chandernagar, Indien war ein Missionar, Mathematiker und Diamantenschmuggler *(Smithies, 1998:9)*.

„Co-Adjutant" des Botschafters fungierte der vormalige Libertin und Travestit François-Timoléon, Abbé de Choisy[1513]. Neben den Geistlichen war auch noch ein gewisser Abbé François de Langlade du Chaila[1514] an Bord, der nach Siam ohne konkrete Aufgabe oder Befugnisse reiste. Ein früher Kulturtourist, der einerseits gerne reiste und möglicherweise vor Ort erkunden wollte, ob sich Opportunitäten für sein persönliches Fortkommen ergäben. (*Smithies, 2006:211*) An Bord herrschte ein strenges pietistisches Reglement und der klerikale Eifer der Gesandtschaft verwandelte die *Oiseau* bald in ein "schwimmendes Kloster": >>Der Gottesdienst wird hier wie in Notre Dame versehen. Es wird gesungen und gepredigt, und wenn wir unseren Geistlichen glauben dürfen, würden sie gar vier Mal am Tag predigen. Sie möchten [für die Missionsarbeit in Siam] so viel wie möglich trainieren, aber unsere arme Besatzung kann nicht mehr<<. (*van der Cruysse, 2002:288*) Die lange Reise verlief ohne groessere Komplikationen und die Gesandtschaft erreichte nach 6 Monaten und drei Wochen über das Kap der Guten Hoffnung (31. Mai) und Batavia (18. August) am 23. September die Mündung des Menam Chao Phraya. Der erste Eindruck Claude de Forbins[1515], der am 10. Dezember zum General und Admiral der siamesischen Streitkräfte berufen werden sollte, klingt ernüchtert: >>Wir gingen in unserem Beiboot an Land und sahen drei oder vier Kerle

---

[1512] Visdelou widmete sich neben seiner kirchlichen Arbeit intensiv der Erforschung der chinesischen Sprache und Literatur. Anders als die Mehrheit der Jesuiten war er im Ritenstreit stets gegen die Vermischung indischer bzw. chinesischer Bräuche mit dem Christentum. In dieser Angelegenheit stand er auf der Seite von Kardinal Charles Thomas Maillard de Tournon und dessen Nachfolgern und lieferte ihnen zum Großteil die wissenschaftlichen Argumente, die gegen dieses Vorhaben sprachen. In Anerkennung dieser Verdienste wurde Visdelou am 2. Februar 1709 zum Titularbischof von *Claudiopolis* (die heutige türkische Provinz Bolu in der Nähe von Ankara) und Apostolischen Vikar von *Kweichow* (贵州省 *Guìzhōu Shěng*, eine Provinz im Südwesten Chinas) ernannt. Am 7. Februar 1709 wurde er durch Charles Maillard de Tournon zum Bischof geweiht. Aufgrund der Widerstände, die die Jesuiten in China ihm entgegenbrachten, ging er später nach Pondicherry, Indien und schloss sich 1709 den Kapuzinern an, in deren Mission er auch am 11. November 1737 im Alter von 81 Jahren verstarb.

[1513] (2. Oktober 1644 - 2. Oktober 1724) Wurde als Sohn eines Hausangestellten des Herzogs von Orléans geboren. Seine Mutter stand Anna von Österreich nahe und wurde oft von König Ludwig XIV. als Unterhalterin an den Hof gerufen. Bis zu seinem achtzehnten Lebensjahr trug er wegen eines Spleens seiner Mutter Mädchenkleidung, die er danach für kurze gegen Kostüme der Männer tauschte. Madame de Lafayette gab ihm den wohl nicht ganz ernstgemeinten Rat, wieder auf Frauenkleider umzusteigen, wie auch tat. Er schlüpfte beim Publikum bei Hofe mit seinen höchst extravaganten Aufmachungen, bis er vom Herzog de Montausier öffentlich dafür getadelt wurde. Noch als Kind wurde François-Timoléon Geistlicher und musste sich später auf seine Pfründe bei Sainte-Seine in Burgund zurückziehen, als ihm infolge seines extravaganten Lebensstils das Geld ausging. Unter seinen neuen Nachbarn befand sich mit dem Baron Bussy ein verwandter Geist. Im Gefolge des Kardinals von Bouillon reiste er 1676 nach Rom. Als er anschließend schwer erkrankte, wandte er sich unvermittelt der Religion zu. Als Abbé de Choisy begleitete er Chevalier de Chaumont 1685 nach Siam, wo dieser als Gesandter von Ludwig XIV. am Hofe von König Narai wirken sollte. Er wurde ordiniert und wurde wiederholt befördert, so 1689 zum Prior in Saint-Benoît-du-Sault. Bereits 1687 hatte ihn die *Académie Française* aufgenommen.

[1514] Für eine kritische Biographie vgl. Poujolm, 1986

[1515] (6. August 1656 in Gardanne - 4. März 1733 im Schloss Saint Marcel bei Marseille) war ein französischer Admiral. Claude de Forbin wurde im Dorf Gardanne in der Provence geboren; seine Familie stammte aus Marseille und geht auf das 14. Jahrhundert zurück. Er ist heute der bekannteste Vertreter der Familie Gradanne (?). Er verließ das Elternhaus in sehr jungen Jahren, was auf einen eigenwilligen Charakter schließen lässt. Auf Anraten eines Onkels trat er in die Marine ein und diente während einer ersten Schlacht 1675. Nachdem er sich für kurze Zeit bei den Musketieren verdingt und den Chevalier de Gourdon in einem Duell getötet hatte, wurde er von der Volksversammlung in Aix zum Tode verurteilt, später begnadigt. Unter den Namen seines Bruders ging er erneut zur Marine und diente unter dem Kommando des Grafen d'Estrées in Nordamerika sowie 1683 unter Duquesne in Algier, sich stets durch hervorragenden Mut auszeichnend. Nach seiner Rückkehr aus Siam diente Forbin unter Jean Bart im Krieg gegen England, wo sie einen Konvoi eskortierten. Als Bart und Forbin von stärkeren Kräften angegriffen wurden, opferten sie ihre Stellung, um den Konvoi entkommen zu lassen und wurden nach Plymouth in Gefangenschaft gebracht. Nach elf Tagen konnten sie entfliehen und gingen auf einem kleinen Boot über den Ärmelkanal nach Frankreich zurück. 1691 kämpfte Forbin als Kapitän eines Schiffes in der Nordsee, 1693 vor Lagos, 1695 im Mittelmeer und vor Konstantinopel sowie 1697 bei der Belagerung von Barcelona. Nach weiteren Episoden im Spanischen Erbfolgekrieg 1703/04 attackierte er im Juni 1706 einen englischen Konvoi und nahm sieben Schiffe. 1707 wurde er Konteradmiral (*Chef d'Escadre*). In der Schlacht am Cap Lézard half er Duguay-Trouin bei der Vernichtung des englischen Konvois aus 80 Schiffen nach Portugal, wobei 60 Kaufleute gefangen und vier Linienschiffe als Prise genommen wurden, ein Schiff wurde zerstört. 1708 führte er Prinz James Francis Edward Stuart nach Schottland, um den Thron von England zurückzuerobern, ein Versuch, der fehlschlug, da er schlecht vorbereitet war. Im Januar 1715 verließ Forbin die Marine und starb am 4. März 1733 in Saint-Marcel nahe Marseille. Sein Sekretär verfasste 1730 seine Memoiren. Forbin galt als einer der besten Kapitäne Frankreichs.

auf dem blanken Boden sitzend [...] wiederkäuend wie die Ochsen, ohne Schuhe, Strümpfe oder Hüte, oder irgendetwas um die Bloesse ihrer Körper zu verhüllen, ausser einem kleinen Stück Stoff. Ihr Haus sah genauso ämlich aus wie seine Bewohner, denn ich sah keine Stühle, noch irgendein anderes Mobiliar darin [...] die Ärmlickeit des ganzen Landes, die, wohin man auch geht, überall sichtbar ist<<. (*Smithies, 1996:45f.*) Die Laune der Franzosen besserte sich, als sich ihre Mägen mit den gelieferten Mengen an frischem Obst, Gemüse, Hühnern, Enten und Schweinen füllten. Noch am Tag der Ankunft begab sich Fr Vachet in Begleitung des obskuren Monsieur Véret, einem Pariser Juwelier und designiertem Nachfolger Deslandes als Leiter des CIO godowns in Ayutthaya, als „diplomatische Vorhut" nach Ayutthaya und wurde dort trotz vorgerückter Stunde (22.00 Uhr) noch vom König empfangen. Auf der *Oiseau* traf inzwischen der Apostolische Vikar Monsignore Laneau ein und die Hoffnungen de Chaumonts erhielten einen ersten Dämpfer: >> Ich informierte ihn [Laneau] darüber, das die Aufgabe meiner Mission sich aus dem herleite, was dem König mitgeteilt worden sei: das der König von Siam grosse Neigung verspüre ein Christ zu werden und wenn der König ihm einen Botschafter schickte [...] es keinen Zweifel daran gäbe, er fest entschlossen sei diesen Glauben anzunehmen, was wiederum das primäre Ziel meiner Mission sei und der König allergroessten Wert auf die erfolgreiche Erledigung dieser wichtigen Angelegenheit lege. Er [Laneau] war überrascht, das die Konvertierung des Königs von Siam als derart leicht dargestellt worden sei und teilte mir mit, das die Dinge längst nicht so weit fortgeschritten seien, wie unterstellt<<. (*van der Cruysse, 2002:312*) Der weltmännische Abbé de Choisy erfasste die Situation umgehend: >>Die Konvertierung des Königs von Siam kann nicht unmittelbar erfolgen. Er unterstützt unseren Glauben, er mag die Missionare, er hat Kirchen bauen lassen, aber er ist immer noch weit davon entfernt, sich taufen zu lassen<<. (*de Choisy, 1687:144*) Der überraschte Laneau besuchte am nächsten Tag Phaulkon, der ihn laut dem Bericht Guy Tachards rundheraus fragte: >>Constance, extrem überrascht von dieser Neuigkeit, sagte ‚Wer ist denn die Person, welche den König von Frankreich getäuscht hat?' [...] ‚Seit Ihro Gnaden hier sind, haben Sie auch nur das kleinste Anzeichen bei meinem Herrn, dem König, gesehen, [...] aus dem sich auch nur die kleinste Möglichkeit seiner Konvertierung ableiten liesse?' ‚Ich wüsste keine zu nennen' antwortete der Bischof ‚und ich bin sehr überrascht, das sich Leute gefunden haben, die der Allerchristlichsten Majestät eine derartige Versicherung gegeben haben'.<<(*van der Cruysse, 2002:313*) Somit musste eigentlich allen Beteiligten klar sein, das noch bevor der Botschafter an Land gegangen war, das Hauptziel seiner Mission gescheitert war. Dennoch war das Feuer des missionarischen Eifers in Tateinheit mit religiöser Intoleranz bei den meisten Missionaren noch nicht erloschen: >>Welchen Schmerz [...] haben wir gefühlt, als wir alle die Plätze sahen, die dem Teufelskult geweiht [sic!] und eine grosse Anzahl Geistlicher, die nur damit beschäftigt waren, Götzenbilder aus Lehm oder Metall anzubeten! Wie beklagten wir doch die Ignoranz und Blindheit dieser armen Menschen! Wann wird es sein, so fragten wir uns, das wir erleben, das all diese Pagoden zu Tempeln des wahren Gottes konvertiert werden und all diese Jünger Satans [buddhistische Mönche] die Funktionen von Priestern Jesus Christus' übernehmen?<< (*Bouvet, 1963:98*) Ein Brief des portugiesischen Jesuiten Fr. Manuel Soares, den er zwei Monate nach Ankunft seiner franzöischen Kollegen an seinen Generaloberen schrieb, mag aber ein Indiz für den nachlassenden Enthusiasmus sein: >>Die französischen Priester sind selten zu Hause. Sie gehen oft fort, nicht um Seelen zu konvertieren, sondern um Besuche zu machen und sich mit säkularen Dingen zu beschäftigen, insbesondere silberne Objekte und chinesisches Porzellan zu finden und zu kaufen, um diese als Präsente nach Frankreich zu schicken<<. (*van der Cruysse, 2002:315*)

Nach einer 5 Tage dauernden Bootsreise auf dem Menam Chao Phraya erreichte die Gesandtschaft schliesslich am 12. Oktober 1685 Ayutthaya. Am folgenden Tag suchte Phaulkon den Botschafter auf, wobei Bischof Laneau als Übersetzer diente: >>Chevalier de Chaumont nannte die Konvertierung des Königs das primäre Ziel seiner Mission. Mr Constance brachte seine Überraschung zum Ausdruck und teilte dem Botschafter mit [...] das er keine Wahrscheinlichkeit sähe, dieses Ansinnen vorzutragen; das der Köig der Religion seiner Vorfahren sehr verbunden sei und er sehr überrascht wäre von einem Vorschlag, auf den er nicht vorbereitet sei. Er beschwor den Botschafter, das Thema nicht anzusprechen, da es zum gegenwärtigen Zeitpunkt für Unruhe sorgen würde und zu nichts Gutem führte. Der Botschafter antwortete, er werde darüber nachdenken, aber er hätte die grössten Schwierigkeiten den bedeutendsten wenn nicht einzigen Grund seiner Reise zu negieren<<. (*Tachard, 1688*)

Die folgenden Tage standen ganz im Zeichen intensiver Verhandlungen bezüglich des diplomatischen Protokolls in Vorbereitung der Audienz. Nach langem Hin und Her wurde de Chaumont ein Stuhl bewilligt, so dass dieser nicht genoetigt war, entweder zu stehen oder sich auf den Boden zu setzen. Das Prozedere der Übergabe des Schreibens Ludwig XIV. an Phra Narai war lange strittig, denn wie Forbin erkannte, bestand >>der sichtbarste Ausdruck ihrer Grösse und Souveränität darin, immer in höherer Position zu sein als jene, die vor ihnen erschienen; und das ist auch der Grund dafür, dass sie niemals einem Botschafter eine Audienz anders gewährt haben als durch ein hohes Fenster in der Empfangshalle, so das der Botschafter nicht die Hand des Königs erreichen konnte<<. (*Forbin, 1770:50*) Schliesslich wurde der Vorschlag akzeptiert, den Brief auf einem goldenen Teller zu legen, an dessen Unterseite eine etwa 1 Meter lange goldene Stange fixiert wurde, was dem Botschafter ermöglichte, das Dokument auf Fensterhöhe zu heben.

Am 18. Oktober 1685 wurde der Chevalier de Chaumont schliesslich von König Narai empfangen und nach den üblichen diplomatischen Schnörkeln kam der Gesandte des Sonnenkönigs angeblich recht bald und deutlich zum eigentlichen Ansinnen seines Besuches: >>Il reffent tant d'illustres effets de l'estime que vous avez pour luy, & il veut bien y répondre de tout son pouvoir, dans ce deffein il est prest de traiter avec VôTRE MAJESTÉ, de vous envoyer de ses sujets pour entretenir & augmenter le commerce, de vous donner tout les marques d'une amitié sincere, & de commencer une union entre les deux Couronnes autant célèbre dans la posterité, que vos Estats sont éloignés des fiens par le vastes mers qui les séparent. Mais rien ne l'affermira tant en cette résolution & ne vous unira plus étroitement ensemble que de vivre dans les sentiments d'une même créance. Et c'est particuliérement, SIRE, ce que le Roy mon Maître, ce prince si sage & si éclairé, qui n'a jamais donné que de bons conseils aux Rois ses alliez m' a commandé de vous représenter de sa part. Il vous conjure, comme le plus sincere de vos amis & par l'interest qu'il prend déja à vôtre veritable gloire, de considerer que cette suprême Majesté dont vous étes révêtu sur la Terre, ne peut venir que du vray Dieu, c'est à-dire d'un Dieu tout puissant, éternel, infini, tel que les Chrêtiens le reconnoissent, qui seul fait regnet les Rois & regle la fortune de tous les peuples, soûmettez vos grandeurs à ce Dieu qui gouverne le Ciel & la Terre ; C'est une chose, SIRE, beaucoup plus raisonable que de les rapporter aux autres divinitez qu'on adore dans cet Orient & dont vôtre Majesté qui a tant de lumiéres & de pénétration ne peut manquer de voir l'impuissance. Mais elle le conoîtra plus clairement encore, si elle veut bien entendre durant quelque temps les Evêques & les Missionaires qui sont icy. La plus agréable nouvelle, SIRE, que je puisse porter au Roy mon Maître, est celle, que VÔTRE MAJESTÉ, persuadée de la verité, se fasse instruire dans la Religion Chrêtienne, c'est ce qui luy donnera plus d'admiration & d'estime pour VÔTRE MAJESTÉ, c'est ce qui excitera ses Sujets à venir avec plus, d'empressement & de confiance dans vos Etats ; & enfin c'est ce qui achevera de conmbler de gloire VÔTRE MAJESTÉ ; puisque par ce moyen elle l'affeure d'un bon-heur éternel dans le Ciel, après avoir regné avec autant de prosperité qu'elle fait sur la terre<< (*de Chaumont,1686:60ff.*).

Da der Chevalier die Rede in Französisch vortrug, war es unumgänglich, daß >>diese Tirade von Monsieur Constans übersetzt werden musste<< (*de Chaumont,1686:63*). Das diese dann, trotz eindeutiger Warnungen im Vorfeld, mit brüskierenden Inhalt und arrogantem Duktus vom >>Botschafter des mächtigsten Königs der Welt<<(*de Chaumont,1686:48*) vorgetragen wurde, dokumentiert eine nahezu pathologische Negation der Realität. Phaulkon, der nicht nur mit der Landessprache, sondern vor allem auch mit dem komplexen Hofprotokoll Ayutthayas intim vertraut war, hat die Rede weder wort- oder auch nur sinngemäß übersetzt. Eine derart plumpe Verletzung der „protokollarischen Kleiderordnung" und fast beleidigende Aufforderung, den Lehren des Gautamas zu entsagen und zum Christentum zu konvertieren, wäre nicht nur auf das Unverständnis Phra Narais gestossen. Dieser Vortrag hätte ausgereicht, nicht nur den Höhenflug des Levantiners, sondern auch das zeitweilig signifikante Intermezzo französischen Einflusses schon zu diesem Zeitpunkt abrupt zu beenden. Überdies erlaubte sich de Chaumont bei der Übergabe des Schreibens einen weiteren *fauxpas*: Er ging auf den Thron zu und präsentierte, seinen Arm leicht anhebend, dem König das Schreiben. Phaulkon, auf allen vieren hinter ihm, rief ‚Heben Sie es hoch, heben sie es hoch' aber der Botschafter bewegte seinen Arm keinen Zentimeter mehr. Der König nahm die List lächelnd zur Kenntnis, erhob sich von seinem Thron, beugte sich herab und nahm den Brief entgegen. *(Tachard, 1688:171)* Ein wesentliches Merkmal der Diplomatie des 17. Jahrhunderts war, das die Form und das protokollarische Prozedere wichtiger schienen, als die Inhalte und Ergebnisse. Da ausser dem Mgr Laneau niemand mitbekommen hatte, das Phaulkon die Rede des Botschafters weder wort- noch sinngemäss wiedergegeben hatte (van der Cruysse, 2002:330), verlief der Rest der insgesamt einstündigen Audienz in Harmonie.

Angesichts des mangelnden Respektes fällt das generelle Urteil de Chaumonts über König Narai dann überraschend positiv aus: >>Le Roy est âgé d'environ cinquante ans, bien-fait, mais quelques peu bazané comme le sont ceux de ce païs-là, ayant le visage assez guay; ses inclinations sont toutes Royales, ils est courageux, grand politique gouvernant par luy-même, magnifique, liberal, aimant les beaux Arts, en un mot un Monarque qui a sçû par le force de son genie s'affranchit de diverses coûtumes qu'il a trouvées en usage en son Royaume pour emprunter des païs étrangers, sur tout de ceux d'Europe, ce qu'il a crû plus digne de contribuer à la Gloire & à felicité de son Regne<< (*de Chaumont,1686:66f.*). Der von Phaulkon bewusst inszenierte Pomp hinterliess bei den Franzosen offensichtlich den gewünschten Eindruck : >>Ich habe noch nie ein solches Spektakel erlebt und kam mir vor wie der Papst persönlich<<. (*Choisy, 1687:160*) Offensichtlich hatten die 1000 Soldaten, 300 Pferde und 80 Elephanten in den ersten beiden Vorhöfen des Königspalastes ihre Wirkung nicht verfehlt. Am nächsten Tag wurde dem König der Inhalt des Schreibens übersetzt. Ludwig XIV. hatte die eigentliche Aufgabe seiner Gesandtschaft diplomatisch verklausuliert : >>Wir sind äusserst erfreut unsere Dankbarkeit darüber zum Ausdruck zu bringen, das Ihr weiterhin den Schutz des Bischofs und der übrigen apostolischen Missionare gewährt, deren Aufgabe die Unterweisung Eurer Untertanung in der christlichen Lehre ist; und unsere besondere Wertschätzung Eurer Person macht es für Uns ungeheuer wünschenswert, das Ihr höchstselbst ihnen zuhören möget, um von Ihnen die wahren Lehren und heiligen Mysterien zu lernen [...] die heilige Religion in der man das Wissen um den wahren Gott findet<<. *(Tachard, 1686:204)* Phra Narai verstand es jedoch, zwischen den Zeilen zu lesen : >>Ich sehe klar und deutlich, das der König von Frankreich mich zum Christen machen möchte<<. *(Choisy, 1687:168)* Folgerichtig sorgte die Nachricht von der bevorstehenden Ankunft der persischen Gesandtschaft für einige Unruhe im apostolischen Lager, da man die Möglichkeit einer Konvertierung Phra Narais zum Islam als im Bereich des Möglichen erachtete. Das dies ebenso ausgeschlossen war wie eine Konvertierung zum Christentum verdeutlicht die Äusserung Phra Narais, als ihm Phaulkon mitteile, der Botschafter Muhammad Husain Beg[1516] wolle auch einen Koran überreichen : >>Ich bin sicher, selbst wenn ich keiner Religion angehörte, würde ich kein Muslim werden<<. (*Tachard, 1686*) Der König und sein Hofstaat verliessen Ayutthaya am 08. November in Richtung seines präferierten Palastes in Lopburi, wo die französischen Gesandten am 17. November ebenfals eintrafen.

7.8.6.9. Exkurs: Lopburi – Die bevorzugte Residenz König Narais

Louveau, [...] est tune Ville qui est, [...]
dans le Royaume de Siam ce que Versailles est en France.[1517]

Das um 468 n.Chr. gegründete (*Damrong Rajanubhab, 1908:3*) Lopburi sei für Siam, was Versailles für Frankreich sei, so ein zeitgenössisches Urteil aus berufenem Munde (*Gervaise, 1998:35*). König Narai war von Lopburi dermaßen angetan, daß er zwischen acht und neun Monate (*O' Kane, 1972:54, de Chaumont, 1686:82*) des Jahres dort verbrachte; der Name Lopburis fand gar Berücksichtigung in seinem königlichen Titel: *Somdet Phra Chao Yu Hua Muang Lopburi* (*Giblin, 1908:9*). Durch einen Graben , der auf Anordnung des Königs ausgehoben worden war, hatte sich die Entfernung zu Wasser zwischen Ayutthaya und Lopburi auf ca. 50 km reduziert[1518]. König Narai verließ seine Residenz, >>qui est une maison de plaisance<< (*de Chaumont, 1686:82*), nur selten und bei besonderen, zeremoniellen Anlässen und das aus guten Gründen, wie uns diverse Zeitzeugen mitteilen (*Smithies, 1997*). Die Luft war rein und relativ klar, die Stadt selbst sauber und gepflegt und durch schöne Gebäude, Gärten und Wege gekennzeichnet. Aufgrund der dichten Bevölkerung waren die Lebensmittel teurer als in anderen Gegenden Siams und während der Trockenzeit war es für den Gemeinen gelegentlich schwierig, genügend frisches und vor allem sauberes Wasser zu beschaffen. Spezielle, mit integrierter Filter- bzw. Klärfunktion konstruierte irdene Vorratsfässer konnten hier nur bedingt Abhilfe schaffen.

>>Der Durchmesser der Stadt beträgt ungefähr 1 *farsakh*[1519] (*O' Kane,1972:54*)<<. Der Königspalast *Phra Narai Ratchaniwet* [พระนารายณ์ราชนิเวศน์][1520] war der Stadt zugewandt und bestand aus drei Höfen. Im ersten Hof befanden sich ein kleines Gebäude und zwei Zellen; Landesverräter wurde dort der Prozeß gemacht und bis zur Verkündung des Urteils wurden sie in den Zellen inhaftiert. Im linken Teil dieses Hofes befand sich ein großer Wassertank, der den ganzen Palast mit Wasser versorgte. Nachdem sich verschiedene Ausländer und die besten einheimischen Techniker und Ingenieure zehn Jahre vergeblich gemüht hatten, gelang es einem Italiener und einem Franzosen, die offenbar über profundere hydraulische Kenntnisse verfügten, eine funktionierende Anlage zu planen und zu realisieren. Da der König der Wasserversorgung seines Palastes großen Wert beimaß, steht zu vermuten, daß die Entlohnung erklecklich gewesen sein dürfte. Desweiteren fand sich im ersten Hof eine Gartenanlage, der durch einen Kreuzgang in vier gleich große Flächen geteilt war. Zahlreiche Springbrunnen sorgten für eine frische und lebendige Atmosphäre. Ein kleiner Hain leitete schließlich in den zweiten Hof über, der ungleich prächtiger ausfiel.

[1516] Eigentlich Administrator in der *Khassa*, welche die royalen Einnahmen verwaltete. Der Botschafter sah seine Heimat nicht wieder, da er 19. Dezember 1685 trotz der gemeinschaftlichen Bemühungen eines siamesischen und chinesischen Arztes verstarb. (*Alam & Subrahmanyam, 2007:165*)
[1517] „Lopburi ist im Königreich Siam das, was Versailles in Frankreich ist". Nicolas Gervaise (1662-1729)
[1518] 20 französische Meilen (*de Chaumont,1686:82*)
[1519] ca. 4 Meilen
[1520] kurz *Wang Narai* [วังนารายณ์]

Das Eingangstor wurde durch zwei quadratische Pavillons flankiert, in denen jeweils vier Elefanten zweiten Ranges untergebracht waren. Die Wände waren weißgetüncht und mit zahlreichen Skulpturen, geschmackvollen maurischen Motiven verziert. An religiösen Feiertagen wurden in den zahlreichen Nischen kostbares chinesisches Porzellan ausgestellt. Das Hauptgebäude des zweiten Hofes sah zu seiner Rechten wiederum zwei Pavillons, in denen die Elefanten ersten Grades äußerst komfortabel logierten. Zur Linken befand sich ein weiteres ansehnliches Gebäude, auf dessen Dach, ähnlich wie in Ayutthaya, das Zeichen der Königswürde gesetzt war. An einem Fenster dieses Gebäudes, das höher und breiter war als die übrigen, empfing der König die Botschafter benachbarter Prinzipalitäten; diese lagen während der gesamten Audienz mit gesenktem Kopf auf dem Boden. Eine bevorzugte Behandlung widerfuhr den diplomatischen Vertretern Chinas und anderer, z.B. europäischer Reiche, die in ein besonderes Audienzzimmer geführt wurden. Diese Kammer war nicht größer als 20m² und an den Wänden hingen französische Spiegel; die Decken waren mit Goldrosetten geschmückt, die überdies mit chinesischem Kristall äußerst kunstvoll ornamentiert waren. Am Ende des Raumes stand der Eindrucksvolle Thron, hinter dem sich eine geheime Kammer mit einer Treppe befand, mittels welcher der König unbesehen auf dem Thron Platz nehmen konnte. Da niemand diese Kammer sehen oder betreten durfte, nicht einmal der zu diesem Zeitpunkt einflußreiche und wohlgelittene französische Gesandte, wurde hinter vorgehaltener Hand gemutmaßt, die besagte Kammer diene auch der Prinzessin als Wohnstätte (*Gervaise, 1998:36f.*).

Einige Schritte weiter führte ein kleiner Weg hinab in den dritten Hof, indem sich die Privatgemächer des Königs befanden. Das Hauptgebäude war mit lazierten goldfarbenen Kacheln gedeckt und durch die Effekte des reflektierenden Sonnenlichtes jeden Besucher zu beeindrucken wußte. Um das Haus verlief eine großzügige Veranda, die ihrerseits durch eine Art von Brustwehr gesichert war. An den vier Ecken des Wohntraktes befand sich jeweils ein großer Wassertank der von einem Baldachin überspannt wurde; in dessen Schutz geruhte seine Majestät ein kühles und erfrischendes Bad zu nehmen, wann immer es konvenierte. Eines dieser Bassins befand sich in der Nähe einer künstlich angelegten und mit wohlriechenden Blumen und Pflanzen dekorierten Grotte, deren klarer Quell die vier Tanks an den Ecken des Hauses mit frischem Wasser speiste. Nur den königlichen Pagen und einigen ausgewählten Adeligen war es gestattet, die Wohnräume des Königs zu betreten. Die Mehrzahl der Höflinge lag bäuchlings auf den großen Teppichen, die während der Audienzen auf der Veranda ausgebreitet wurden. Die niedersten Chargen lagen kopfüber auf ihren Binsenmatten teilweise mehr als hundert Schritte von jenem Fenster entfernt, an dem der König für gewöhnlich Hof hielt. Zur Vorderseite des Gebäudes hin lagen die Unterkünfte der Pagen, Palastwachen und der engsten Vertrauten des Königs. Hinter den Privatgemächern befanden sich in Form einer langgezogenen Galerie die Gemächer der Frauen, die sich über die gesamte Rückfront des Hofes erstreckten. Selbst den Kindern der königlichen Familie war der Zutritt untersagt, lediglich der König selbst sowie einige handverlesene Eunuchen durften sich dort aufhalten. In unmittelbarer Nähe des Haupthauses lag ein Blumenbeet mit den kostbarsten und seltensten Blumen Südostasiens, vom König persönlich gehegt und gepflegt. Unmittelbar dahinter erstreckte sich ein großer Garten mit Orangen- und Zitronenbäumen sowie anderen einheimischen Gehölzen. Die dichte Bepflanzung sorgte selbst um die Mittagszeit für ausreichend Schatten und angenehme Kühle. Die Spazierwege waren von Mauern in Ellbogenhöhe gesäumt und Laternen aus vergoldetem Kupfer sorgten bei Anwesenheit des Königs für ausreichende Beleuchtung. Auf kleinen Opfertischen würden aromatische Hölzer entzündet und dadurch die Luft parfümiert. Zusätzlich zu diesen

Annehmlichkeit >>besitzt [der König] ein kleines Haus namens *Talee Poussone*[1521] etwa 1 league[1522] außerhalb von Lopburi gelegen (*de la Loubère, 1986:21*)<<. Angesichts dieser Lebensbedingungen verwundert es nicht, daß König Narai das von ihm geschaffene Kleinod angemessen zu befestigen wünschte und daher den französischen Architekten de la Marre beauftragte, entsprechende Fortifikationen zu planen (*Tachard, 1981:198*). Der „Umzug" Phra Narais von Ayutthaya nach Lopburi etwa in der Mitte seines Regnums wirft Paralellen zu Ludwig XIV. auf, der das umgebaute Jagdhaus in Versailles dem intriganten Hof in Paris vorzog. Beide Könige waren leidenschaftliche Jäger, und während der Sonnenkönig auf Hirsch und Wildschwein ging, jagte Narai Tiger und Elefanten in den Wäldern Lopburis (*na Pombejra, 2001:35*). Seine Nachfolger jedoch residierten allesamt in Ayutthaya und die kurze Phase Lopburis als Hauptstadt Siams, die im Jahre 1657 begonnen hatte, war im Juli 1688 zu Ende (*Damrong Rajanubhab,1908:6*).

Da es Phaulkon gelungen war, sämtliche diplomatischen Aktivitäten an sich zu ziehen und in seinem Sinn zu steuern, gestaltete sich der restliche Aufenthalt der französischen Gesandten bis zu ihrer Abreise mehr oder weniger als Aktivurlaub. Ausflüge auf Elephantenrücken, Elephantenkämpfe, Kämpfe zwischen Tigern und Elephanten, Jagd auf Tiger, Wildschweine und Hirsche, das Einfangen und Zähmen wilder Elephanten, chinesische Opern, siamesisches Tanztheater, Tempelbesuche, Bootsausflüge, Lichterfeste und Feuerwerke, die Festivitäten nahmen kein Ende. Da Phra Narai keine grossen Berührungsängste gegenüber seinen Gästen verspürte, bekamen diese auch Eindrücke vom Tagesablauf des Monarchen mit. In der ihm eigenen, zeitweilig kurzweiligen Diktion, schildert der weltgewandte >>boudoir abbé<< (*na Pombejra,2001:29*) die Mittagspause des Königs: >>Nach dem er zu Mittag gespeist hatte, zog er sich in seine Gemächer zurück, ließ sich auf seine Kissen nieder und schlief, während ein siamesischer Page ihm aus den Annalen seiner Vorfahren vorlas. Der Vorleser begann mit recht lauter Stimme, und senkte nach und nach seine Stimme, und sobald Seine Majestät zu schnarchen begann, beendete er seine Lesung und zog sich zurück. Aber gegen vier Uhr kehrte er von alleine zurück und nahm mit durchdringender Stimme seine Lesung wieder auf, so das dem König gar nichts anderes übrig blieb, als aufzuwachen<<. (*Choisy, 1993:185*) Unterdessen hatte Phaulkon in dem bis dato kaum in Erscheinung getretenen Guy de Tachard einen Verbündeten und Bruder im Geiste gefunden und für sich gewinnen können. Mit seinem Projekt, Bangkok den Franzosen zu übergeben, sofern diese entsprechende Militärkontingente dort stationieren und die Geldmittel für eine, europäischen Standards entsprechende, Modernisierung des Forts bereitstellen würden, war sowohl bei Chaumont als auch Choisy auf Widerstand gestossen : >>Constance schlug vor, unserem König die Stadt Bangkok, welche in der Tat der Schlüssel zum Königreich ist, unter der Voraussetzung zu übergeben, das Truppen, Ingenieure und Geld geschickt würde. Der Chevalier de Chaumont und ich selbst hielten dies für nicht durchführbar<<. (*Smithies, 1997a:195*) Phaulkon, der sehr wohl um den sich ständig verschlechternden Gesundheitszustand des Königs einerseits als auch den wachsenden Unmut innerhalb des siamesischen Adels und der buddhistischen Sangha andererseits wusste, sah sich genötigt, alternative Kommunikationswege zu suchen. Eine starke Militärpräsenz Frankreichs in Siam hätte sowohl sein persönliches Sekuritätsbedürfnis befriedigt, als auch das englische und holländische Gefahrenpotenzial neutralisiert. Über die Pläne der Engländer war er vermutlich bestens informiert, befanden sich doch laut dem französischen Jesuitenpater Pêre d'Orleans von den 120 in Siam lebenden Engländern nicht weniger als zwanzig in seinen Diensten. (*Morson, o.J.:15*) Choisy schien die Absichten Phaulkons zu durchschauen: >>vermutlich wünscht er sich die französischen Truppen nur, um nach dem Tod seines Herrn, den er alsbald erwartete, selber König zu werden, Er war stolz, grausam, gnadenlos und von ungeheurer Ambition. Er förderte die

---

[1521] Thale Chup Son [ทะเลชุบศร] „Reicher See"

[1522] 1 league = 4.8 km

christliche Religion weil es ihm dienlich sein konnte und ich habe ihm in keiner Angelegenheit getraut, die nicht zu seinem eigenen Vorteil gereicht hätte<<. (*Smithies, 1997a:197*)

Nun schlug die Stunde Tachards, der sich damit brüstete, über gute Kontake zu den einflussreichen Mitgliedern der Entourage des Sonnenkönigs, Père Lachaise[1523] und Madame de Maintenon[1524] zu verfügen und versicherte Chao Phraya Wichayen: >>das wir [Chaumont und Choisy] kein Ansehen bei Hofe genossen, womit er gar nicht so Unrecht hatte, und sollte er [Phaulkon] wünschen sich an Fr de La Chaize zu wenden, so würde dieser dafür Sorge tragen, das seine Bemühungen Früchte trügen<<. (*Smithies, 1997a:196*) Der Zeitpunkt der Abreise der Gesandtschaft rückte näher und in der Nacht vom 10. auf den 11. Dezember beobachtete Phra Narai in Gegenwart von sechs Jesuiten eine Mondfinsternis, deren Immersion und Emersion die apostolischen Mathematiker mit beeindruckender Präzision im Vorfeld berechnet hatten. Auf Bitten des Königs ordnete de Chaumont den Verbleib de La Mares und de Forbins in Ayutthaya an. Ersterer sollte die Rekonstruktion und Modernisierung des Bangkoker Forts in erwartung der französischen Truppen leiten und letzterer wurde mit dem Titel *Okphra Sakdisongkhram* zum Oberkommandeur der siamesischen Armee ernannt. >>Banckock steht am Fluss Menan, sechs Meilen vor der See. Sie ist ein wichtiger Platz und Haupt=Schlüssel des Königreichs. Sie bedecket die Passage des Flusses mit einem Fort auf der anderen Seite. Sowohl die Stadt als auch die Fortresse sind mit gegossenen Canonen wohl versehen / aber bisher schlecht befestiget gewesen: Dannenhero hat sie Mr. de la Mare, ein Französischer Ingenieur, laut Befehl des Königes vor einigen Jahren fortificiren müssen<< (*Gottschling, 1714:4*) Am 12. Dezember erhielt de Chaumont seine Abschiedsaudienz in Lopburi und vier Tage späster ging man an Bord der *Oiseau* und *Maligne*. Nachdem die letzten Nachzügler eingetroffen waren setzte man am 22. Dezember um 01.00 Uhr die Segel. Mit an Bord war eine tickende Zeitbombe: Guy de Tachard hatte geheime Instruktionen und ein ebenfalls geheimes Schreiben an Ludwig XIV. bei sich und war bereit, willens und fähig, die normalen diplomatischen Kanäle ausser Acht zu lassen und über den „kurzen Dienstweg" bei Père Lachaise für eine stärkere, vor allem militärische Präsenz Frankreichs zu werben. Der Falke konnte einstweilen mit der Entwicklung zufrieden sein.

Zusammengefasst lässt sich sagen, das die erste französische Gesandtschaft ursprünglich drei Ziele verfolgte: die Siamesen zu beeindrucken, die Konvertierung König Narais zum Katholizismus und die Verbesserung der existierenden Handelsbeziehungen. Am Ende der Chaumont-Choisy Expedition stand ein schlechterer Handelsvertrag als der bereits von Deslandes vorher ausgehandelte, weder der König noch einer seiner Untertanen konvertierte und die Vereinbarungen über die Sonderrechte von Katholiken in Siam wurden von Phaulkon zu keiner Zeit öffentlich kommuniziert. Das am Ende der umtriebige Levantiner als Sündenbock für das diplomatische Desaster herhalten musste, mag der offensichtlichen Eigensicherung der Herren Gesandten geschuldet sein: >>der Chevalier de Chaumont war nichtsdestotrotz mit der Art und Weise, wie er [Phaulkon] die Verhandlungen der einzelnen Punkte, welche der Etablierung unseres Landes im Königreich Siam dienen sollte, führte [unzufrieden] und, in Bezug auf den Handel, ist ebenfalls sicher, das der von Sieur Deslandes ausgehandelte Vertrag viel vorteilhafter war, als das, was die Botschafter erhielten […] Es darf als gesichert gelten, das der Chevalier de Chaumont wenig erfreut über das Verhalten von

---

[1523] François d'Aix, Seigneur de La Chaise (25. August 1624 - 20. Januar 1709) war ein französischer Jesuit. 1675, nach dem Tod des Paters Ferrier, wählte Ludwig XIV. ihn zum Beichtvater. Über die Jahre konnte er sich einen herrschenden Einfluss auf den König verschaffen und die Verteilung der kirchlichen Pfründe ganz in seine Hand bekommen. Zahlreiche politische Akteure suchten seinen Rat, um Zugang zum Sonnenkönig zu erlangen.
[1524] Françoise d'Aubigné, Marquise de Maintenon (27. November 1635 - 15. April 1719). Die letzte Mätresse und in morganatischer Ehe die zweite Gemahlin von Ludwig XIV.

Mr Constance Phaulkon das Land verliess<< (*Smithies, 1998:37ff.*). Dafür rächte sich der gescheiterte Diplomat mit von ihm publizierten Zeichnungen von der Übergabe des Schreibens Ludwigs des XIV. an Phra Narai. Da de Chaumont sich geweigert hatte, den Brief über seinen Kopf zu heben, war der König entgegen des höfischen Protokolls gezwungen, sich zum Botschafter hinabzubeugen, während Phaulkon wie alle anwesenden Nicht-Franzosen den Vorgang am Boden liegend verfolgen mussten; damit sollte öffentlichkeitswirksam die servile Attitüde des griechischen Adlatus dem Symbol des ungebeugten und stolzen Vertreters des Sonnenkönigs gegenübergestellt werden (*Hutchinson, 1985:104*) Als Treppenwitz der Geschichte mag gelten, das justament am Tag der Audienz in Ayutthaya, innerhalb derer der französische Gesandte forsch im Namen religiöser Toleranz Sonderrechte für die katholischen Missionare in Siam einforderte, Seine Allerchristliche Majestät Louis XIV. in Fontainebleau das *Édit de Nantes* [1525] aufhob.

7.8.6.10. Die siamesische Gesandtschaft nach Frankreich Januar 1686 – Februar 1687

น้ำขึ้นให้รีบตัก[1526]

Mit an Bord war im Dezember 1685 die siamesische Gesandtschaft gegangen: die drei Botschafter, acht Mitglieder des Adels, vier Sekretäre und 20 Diener. Nach dem eher blamablen Auftritt der mit der Aufgabe offensichtlich überforderten Phichai Walit und Phichit Maitri im Rahmen der ersten siamesischen diplomatischen Mission, hatten Phra Narai und Chao Phraya Wichayen diesmal für eine adäquate Personalauswahl gesorgt, die auch de Chaumont zu Lobeshymnen veranlasste: >>Wir hatten drei Botschafter bei uns, welche zu den beachtlichsten Personen Siams zählten [...] Der erste, namens Ocppra Visut Jurithora[1527], ist ein Bruder des kürzlich verstorbenen Barcalon[1528], ein Mann von Geist und Verstand [...] Der zweite der Botschafter trägt den Namen Ocluang Calaya Rayomaytry Ockkhun Arucha Rarsa[1529], ist sehr alt und es mangelt ihm nicht an Weisheit [...] Der dritte, namens Ockhun Jurin Ocman Viset Ppubaan[1530] ist etwa 25-30 Jahre alt und sein Vater ist der Sohn des Botschafters der Anfang 1986 mit der *Nossa Senhora dos Milagros* unterging[1531]. Dieser

---

[1525] Das Edikt von Nantes gewährte den calvinistischen Protestanten (Hugenotten) im katholischen Frankreich religiöse Toleranz und volle Bürgerrechte, fixierte andererseits aber den Katholizismus als Staatsreligion. Damit setzte es vorübergehend einen Schlusspunkt hinter das Zeitalter der Religionskriege zwischen Hugenotten, Katholiken und dem Königtum (Hugenottenkriege). Am 18. Oktober 1685 widerrief König Ludwig XIV. das Edikt insgesamt im Edikt von Fontainebleau, *Édit de Fontainebleau*. Damit wurden die französischen Protestanten aller religiösen und bürgerlichen Rechte beraubt. Innerhalb weniger Monate flohen Hunderttausende, vor allem in die calvinistischen Gebiete der Niederlande, die calvinistischen Kantone der Schweiz und nach Preußen.
[1526] Altes siamesisches Sprichwort, wörtlich: Wenn das Wasser steigt, fülle die Fässer. Meint: Das Eisen schmieden, so lange es heiss ist.
[1527] Ok Phra Wisut Sunthon [ออกพระวิสุทธิสุนทร], der spätere *Chao Phraya Kosathibodi* [เจ้าพระยาโกษาธิบดี], kurz *Kosa Pan* [โกษาปาน], (vor 1650-1700), der Erste Botschafter, in Thai: *ratchathut* [ราชทูต]. Kosa Pan war der jüngere Bruder des Phra Khlang Lek [เหล็ก] und ein Neffe König Ekathotsarots (1605-1610). Es wird angenommen, dass Kosa Pan und sein Bruder Michbrüder des späteren Königs waren, und sich deshalb besonderer Gunstbezeugungen erfreuten. Zu den späten Nachkommen Kosa Pans zählt auch der Begründer der Chakri-Dynastie, König *Phra Phutthayotfa Chulalok (Rama I.)* [พระบาทสมเด็จ พระพุทธยอดฟ้าจุฬาโลก] (1782-1809).
[1528] *Phra Chao Kosathibodi (Lek)* [พระเจ้าโกษาธิบดี (เหล็ก)] († 1683)
[1529] Okluang Kanyala Ratchamaitri, der Zweite Botschafter, in Thai: *uppathut* [อุปทูต], ein erfahrener Diplomat mit orientalischer Weisheit ausgestattet; von Narai auch deshalb ausgesucht, weil er ehemaliger Botschafter in China eruieren sollte, ob der Hof von Versailles mit der Grandeur des Hofes in Peking vergleichbar war.
[1530] Ok-khun Sisawan Wacha, der Dritte Botschafter, in Thai: *trithut* [ตรีทูต]
[1531] Vgl. hierzu den *Exkurs: Die horrible Odyssee des Ok-Khun Chamnan* weiter oben

Sohn war bereits Botschafter am Hof des Grossmoguls Aurangzeb[1532]. Die drei Herren sind äusserst liebenswürdig, konziliant, freundlich und haben ein ausgeglichenes Wesen. Sie notieren selbst die kleinste Kleinigkeit die sie sehen<< . (*Smithies, 1997a:126*) Diese absolute Akribie beobachtete auch der Sekretär der persischen Gesandtschaft bei Hofe in Ayutthaya: >>Die Gruppe der Übersetzer und Schreiber bei Hofe verfassen Protokolle und Berichte, welche, unabhängig von der Bedeutung, jede Einlassung wortwörtlich wiedergeben. Diese Berichte werden dann dem König übergeben. Die Siamesen sind sehr penibel und nichts finden sie verachtenswerter als Lügen. Sie sind so auf die Wahrheit bedacht, das selbst die kleinste Veränderung bei der Darstellung eines Geschehens als durchtriebene Lüge empfunden wird<<. (*O' Kane,1972:52*) Auch das Urteil des deutschen Schiffsarztes Engelbert Kaempfer fällt vergleichsweise positiv aus: >>Peja Prah' Klam (die Fremden pflegen gemeiniglich Berclam zu fagen) der Reichskanzler und Direktor aller auswärtigen Gefchäfte. Er war ein fehr wohlgebildeter, anfehnlicher Man, deffen gleichen ich unter diefer fchwarzen Art Menfchen, (die allefehr klein find, und wie halbe Meerkatzen ausfehn,) nicht mehr gefunden habe. Er bewies auch einen fehr gefchwinden Verftand und eine lebhafte Munterkeit in allen feinen Handlungen. Er war vor wenigen Jahren als Gefandter in Frankreich gewefen, und wufte uns von der Verfaffung diefes Landes, den Gegenden, Feftungen u. f. w. die er gefehenhatte, viel zu erzählen. Auch fein Audienzfaal war mit den Portraiten der königlich französifchen Familie und europäifchen Landcharten reichlich behangen. Die übrige Auszierung aber machten blos Staub und Spinwebe<<. (*Kaempfer, 1777:32f.*)

Nach einer unspektakulären, knapp sechs Monate währenden, Heimreise erreichten die beiden Schiffe am 18. Juni 1686 den Hafen von Brest. Allerdings hatte die „Pyramide", das vergoldete Behältnis in dem das Schreiben Phra Narais an Ludwig XIV. bewahrt wurde, Schaden genommen und musste durch Kunsthandwerker wieder instand gesetzt werden. Da die Reparatur und der Transport der „Pyramide" sowie der zahlreichen Gastgeschenke nach Versailles einige Zeit in Anspruch nehmen würde, entschieden die Gastgeber sich für eine längere Route auf dem Weg in die Hauptstadt.Nachdem man Brest verlassen am 9. Juli verlassen hatte, erreichte man am 10. Quimper[1533]; am 13. machte das bretonische Parlament in Vannes[1534] den Gästen die Honneurs; in Pontchâteau[1535] war man zu Gast beim Duc de Coislin[1536]; am 15. des Monats erreichte der Tross Nantes am rechten Ufer der Loire: zwei Tage später nahmen die siamesischen Gesanten bei Ancenis[1537] ein Bad in der Loire, was sie zum Erstaunen der Franzosen[1538] mit grosser Freude am folgenden Tag bei Ingrandes wiederholten; am 18. Juli wurde Angers[1539] erreicht, am 19. Saumur[1540] und am 20. hielt der Tross in Langeais[1541]; nach Amboise[1542] am 21. verbrachte man die Nacht am 23. Juli in Blois; das zwischen 1519-1539 erbaute unter König Franz I. Jagd- und Renaissanceschloss in

---

[1532] Muhammad Aurangzeb Alamgir [اورنگزیب] (1618-1707), mit vollem Namen *Abū 'l-Muẓaffar Muḥyi-'d-Dīn Muḥammad Aurangzeb Bahādur-e 'Ālamğīr Pādišāh-e Ġāzī*, war als Sohn Shah Jahans und dessen Lieblingsfrau Mumtaz Mahal der Großmogul von Indien von seiner Machtergreifung am 31. Juli 1658 bis zu seinem Tod im Jahr 1707.
[1533] Die heutige Präfektur (Hauptstadt) des Départements Finistère, am Zusammenfluss von Jet, Steïr und Odet gelegen.
[1534] Vannes liegt etwas nördlich der Küste des Golfs von Morbihan und ist heute die Hauptstadt des Départements Morbihan.
[1535] Gemeinde im heutigen Département Loire-Atlantique in der Region Pays de la Loire; sie gehört zum Arrondissement Saint-Nazaire und zum Kanton Pontchâteau.
[1536] Armand de Camboust, duc de Coislin (1635-1702)
[1537] Eine Gemeinde etwa auf halber Strecke zwischen Angers und Nantes gelegen.
[1538] Im Gegensatz zu den sehr auf persönliche Hygiene bedachten Siamesen waren insbesondere die Adeligen im Europa des 17. Jahrhunderts ausgemachte Ferkel: man zog es vor, sich täglich zu pudern anstatt regelmässig zu waschen.
[1539] Hauptstadt des heutigen Départements Maine-et-Loire in der Region Pays de la Loire. Angers war die Hauptstadt der früheren Provinz Anjou.
[1540] Stadt an der unteren Loire, im 16. Jahrhundert der geistige Mittelpunkt der Hugenotten.
[1541] Die heutige Gemeinde in der Region Centre-Val de Loire im Département Indre-et-Loire.
[1542] Ca. 20 km östlich von Tours gelegen und Hauptort (*chef-lieu*) des gleichnamigen Kantons.

Chambord[1543] beeindruckte die Gesandten am nächsten Tag dergestalt, das sie um Kopien der Baupläne baten; in Orléans am 25. war der Empfang eher dürftig, wobei die Botschafter drei Tage später mit einem Besuch der beeindruckenden Wälder und Gärten des Schlosses in Fontainebleau[1544] hinreichend entschädigt wurden; einen Tag später wurde in Vincennes[1545] übernachtet: am nächsten Tag trafen die Gesandten bei einem Besuch des Schlosses von Vincennes den einflussreichen Beichtvater Ludwigs XIV., Fr de La Chaize. Da die „Pyramide" sowie die zahlreichen Gastgeschenke noch nicht eingetroffen waren, wurden die drei Botschafter für die nächsten 12 Tage unter dem Schutz der königlichen Schweizer Garde im Château Berny einquartiert, knappe 10 km von Paris entfernt. (*Smithies, 1990:15ff.*) Hier unterlief Kosa Pan, dem aufgrund seiner Eloquenz der Spitzname *ratchathut lin thong* [ราชทูตลิ้นทอง] oder auch *nakkanthut lin thong* [นักการทูตลิ้นทอง], Diplomat mit der goldenen Zunge, vorauseilte, der einzige *fauxpas* seiner Reise. Der Bretonin Madame de Seignelay[1546] machte er zunächst das artige Kompliment, er habe die gesamte Bretagne durchquert, doch keine Bretonin sei ihr an Schönheit auch nur im Entferntesten nahe gekommen; der Nachsatz allerdings, ihre Schönheit wäre noch um ein Vielfaches grösser, würde sie sich wie die Frauen seines Landes, nämlich halbnackt, kleiden, sorgte bei den anwesenden Herren für ausgelassene Heiterkeit, während die Dame vor Scham errötete. (*Vachet, 1865:183*)

Am 12. August traf die Gesandtschaft schliesslich in Paris ein, aber der schlechte Gesundheitszustand des Königs[1547] verzögerte die Audienz erneut. Stattdessen nahmen die Botschafter an der Messe zu Maria Himmelfahrt (*L'Assomption de Marie*) in der Kathedrale von Notre-Dame de Paris teil. Die gotische Architektur sowie die Klänge der Orgel beeindruckte Kosa Pan und sein Gefolge, die liturgischen Inhalte eher weniger : >>Eure Majestät brauchen keine Apostasie zu befürchten : wir bleiben dem Glauben unseres Königs, unseres Landes und unserer Vorfahren treu. [...] Das wir keinen Gott als solchen, sondern lediglich einen Lehrer[1548] verehren, erscheint ihnen als Zeichen des Heidentums; dennoch bin ich, urteilend nachdem was ich hier gesehen habe, weit davon entfernt zu glauben, das ihre Götter den Gläubigen, seien es Priester oder Laien, sie zu grösserer Tugend anleiten<<. (*Smithies, 1990:42*) Im allgemeinen gaben sich die Gäste bewusst äusserst konziliant : >>Die Franzosen denken, sie seien die stärkste Macht der Welt : wenn es sie erfreut, dies wiederholt zu hören, nehmen wir dadurch keinen Schaden<< (*Smithies, 1990:43*) In Fragen des Glaubens waren sie aber bei allem *pak wan* [ปากหวาน][1549] konsequent, wie beispielsweise gegenüber dem Duc de la Feuillade[1550]: >>Was über eine unbekannte Religion gesagt wird, erscheint zunächst lächerlich für denjenigen, der diese nicht kennt und einem anderen Glauben angehört, da es nur natürlich ist, die Religion, die man angenommen hat oder in die man hineingeboren wurde, für die bessere zu halten und es bedarf Zeit, einander ganz zu verstehen [...] anderenfalls erschienen die augenscheinlichsten Wahrheiten ohne Substanz und fern der

---

[1543] Im heutigen Kanton Bracieux im Arrondissement Blois im Département Loir-et-Cher in der Region Centre-Val de Loire gelegen.
[1544] Im heutigen Département Seine-et-Marne in der Region Île-de-France, etwa 55 km südlich von Paris gelegen. Schloss Fontainebleau, erbaut im 16. Jahrhundert, war Königsresidenz seit Franz I. und beherbergt eine bedeutende Renaissance-Ausstattung.
[1545] Im Großraum Paris, südöstlich des Zentrums im Marne-Tal gelegen.
[1546] Gattin Jean-Baptiste Antoine Colberts, Marquis de Seignelay.
[1547] 1686 hatte sich Ludwig XIV. einer Fistel-Operation unterziehen müssen und litt in der Folge unter Fieberschüben.
[1548] Buddha ist kein Gott und der Buddhismus streng genommen auch keine Religion. Buddha verstand sich als Lehrer, der durch langes Suchen und auch anfängliches Irren schliesslich den Weg ins Nirvana gefunden hat und damit den ewigen Kreislauf der Wiedergeburt beendete. Seine Lehren basieren auf seinen eigenen Erfahrungen und sie beinhalten für den Suchenden einen Leitfaden für eine persönliche Erlösungslehre.
[1549] Wörtlich: Süsser Mund, vergleichbar mit dem deutschen „Süßholz raspeln"
[1550] Louis d'Aubusson duc de la Feuillade (1673-1725) war ein hochrangiger französischer Militär, zuletzt Marschall von Frankreich (maréchal de France). Während des Spanischen Erbfolgekrieges spielte er eine wichtige Rolle.

Realität<<. (*Smithies, ebenda*) *Fortiter in re, suaviter in modo*[1551]! Das Fieber des Königs ging zurück und die lang erwartete Audienz wurde auf den 1. September terminiert.

Wie gewohnt notierten die Sekretäre und Botschafter äusserst penibel die an sich ereignisarme Audienz. >>Im Hof des Palastes standen 1000 Mann Schweizer und Französischer Garde [...] Man geleitete uns in einen Raum [...] wo die Botschafter auf den Beginn ihrer Audienz warten. Man offerierte uns ein Frustück, welches wir jedoch ablehnten, baten lediglich um eine Möglichkeit uns zu waschen, eine eigentlich normale Bitte, die dennoch Anlass zum Erstaunen zu geben schien; man kann nicht behaupten, das diese Handlung häufig von unseren Gastgebern vorgenommen wird [sic!] Wir stiegen die grosse Treppe unter dem Wirbel von 36 Trommeln und dem Schall von 24 Trompeten empor [...] Als wir seine Majestät am Ende der Gallerie erblickten, machten wir drei *tha wai bangkhom*[1552], die gleichen wie für Eure Majestät höchstselbst. Wir machten das ganze noch einmal in der Mitte der Gallerie, die von 1.500 Personen gesäumt wurde [...] Der silberne Thron Seiner Majetät steht erhöht auf einem neunstufigen Podest, die Stufen mit einem goldfarbenen Teppich bedeckt. Ein noch wertvollerer Teppich bedeckte den Boden des Podiums, silberne, 2,80 Meter hohe Leuchter flankierten die Stufen [...] unsere Diener, die sich niedergeworfen hatten und in dieser Position verharrten, wagten nicht, den König direkt anzublicken, bis dieser sagte 'Ihr seid zu weit gereist, als das ihr mich nicht schauen dürftet'. Als wir das Podest erreichten, wiederholten wir unsere drei *tha wai bangkhom* [...] Ich hielt meine Rede [...] welche von Priester von Lionne übersetzt wurde [...] Ich nahm das Schreiben Eurer Majestät vom Dritten Botschafter entgegen, und bestieg das Podium, um es dem französischen König zu überreichen, mit dem Zweiten und Dritten Botschafter jeweils eine Stufe unter mir. Seine Majestät erhob sich und nahm das Schreiben stehend und barhäuptig entgegen [...] und erkundigte sich nach dem allgemeinen Befinden Eurer Majestät [...][und fuhr fort] 'wenn ihr Exzellenzen etwas wünscht, tragt es nur vor, ihr werdet erhört werden'<< (*Smithies, 1990:44ff.*) Unter mehrmaligen *tha wai bangkhom* zogen sich die Botschafter zurück, die königliche Audienz war damit beendet, nicht jedoch der Arbeitstag der Gesandten. Nach einem oppulenten Mittagsmahl folgten Audienzen beim *Dauphin*[1553], dem seine Gattin einen Tag zuvor den dritten Sohn[1554] geboren hatte, bei den Söhnen des Prinzen, Louis[1555] und Philipp[1556] sowie dem neugeborenen Charles und schliesslich beim Bruder des Königs[1557]. >>So hatten wir nach sieben Audienzen und sieben Unterredungen an diesem Tag unsere Pflicht erfüllt<<. (*Smithies, 1990:48*) Unter den Gastgeschenken befand sich auch >>zwei gusseiserne Kanonen, 1,80 Meter lang, kaltgeschmiedet, mit Silber verziert, auf Lafetten montiert, made in Siam<<. Wegen der oppulenten Silberschläge als zu luxuriös für militärische Zwecke betrachtet, wurden die Kanonen in das königliche Depot verbracht.

[1551] Hart in der Sache, verbindlich in der Form (Claudio Aquaviva, italienischer Jesuitengeneral, 1543-1615)

[1552] Die siamesische Variante des chinesischen Kotau, ein ehrerbietiger Gruß der in Thailand noch heute gekrönten Häuptern vorbehalten ist. Dabei wirft sich der Grüßende in gebührendem Abstand vor und unter dem zu Begrüßenden dreimal nieder und berührt dabei dreimal mit der Stirn den Boden, wobei die Handflächen aneinandergelegt sind. Nach der Vollführung des *tha wai bangkhom* verbleibt der Grüßende häufig in kniender oder sitzender Körperhaltung.

[1553] Louis, Dauphin von Frankreich, genannt *Monseigneur* oder *Le Grand Dauphin*; (1661-1711) war der Sohn von König Ludwig XIV. (1638–1715) und dessen Gattin Maria Theresia von Österreich (1638–1683). Louis war das einzige legitim geborene Kind Ludwigs XIV., welches das Erwachsenenalter erreichte. Er starb gut vier Jahre vor seinem Vater und konnte daher die französische Thronfolge nicht antreten.

[1554] Charles (1686-1714), der Herzog von Berry

[1555] (1682-1712) Herzog von Burgund

[1556] (1683-1746) Philipp, Herzog von Anjou, auch Felipe V., war von 1700 bis 1746 König von Spanien und bis 1713 auch König von Sardinien, Sizilien und Neapel. Er war der erste spanische Herrscher aus dem Hause Bourbon.

[1557] Philippe I. de Bourbon, duc d'Orléans (1640-1701). Prinz von Frankreich und Navarra, Herzog von Anjou (1640–1668), Herzog von Orléans, Chartres und Valois sowie Pair von Frankreich (1660), Herzog von Nemours und Pair von Frankreich (1672), Herzog von Montpensier und Pair von Frankreich (1695), Dauphin von Auvergne und Fürst von Dombes (1693–1701), Herzog von Beaupréau und Châtellerault, Fürst von Joinville und La Roche-sur-Yon, Marquis von Mézières, Graf von Eu und Saint-Fargeau sowie Baron von Beaujolais.

Am 13. Juli 1789 erbeuteten die Revolutionäre beim Sturm auf das royale Arsenal auch diese beiden Kanonen und setzten diese am kommenden Tag beim Sturm auf die Bastille ein. Das sein Gastgeschenk eines Tages mithelfen würde, die Dynastie der Bourbonen zu stürzen, wäre Phra Narai nie in den Sinn gekommen (*van der Cruysse, 2002 :373f.*)

Der offizielle Teil der Mission war mit der Übergabe des Schreibens im Rahmen der Audienz beendet und ähnlich wie ihre französischen Kollegen in Lopburi ein Jahr zuvor, absolvierten die Gesandten in den kommenden Monaten ein umfangreiches Besichtigungsprogramm mit diversen Formen des zeitgenössischen Entertainements. Sie sahen Theateraufführungen mit Stücken von Molière, Corneille und Racine, hörten Opern von Lully, besuchten das Palais du Luxembourg, das Collège Jésuite Louis-le-Grand, die Kartäuser und die MEP, die Bastille und das Pariser Arsenal, das Observatorium Giovanni Domenico Cassinis, den Louvre, die Akademie der Schönen Künste im Palais-Royal und Manufakturen für die Herstellung von Gobelins. Ihr Weg führte die Diplomaten auch nach Monmarte, Meudon, St. Cyr, St. Germain, zur Baustelle des Aquaeduktes von Maintenon und natürlich immer wieder Versailles. (*Smithies, 1990:51f.*) Doch der politische Aspekt der Mission ging auch trotz der touristischen Dauerbeschallung nicht völlig unter, wie ein überlieferter Dialog zwischen dem Prinzen, Monsieur le Duc und Kosa Pan im Palais Condé andeutet : >>Der Prinz antwortete, da er [Kosa Pan] die französische Armee so sehr schätze, es doch wünschenswert wäre, Siam wäre nicht so weit entfernt, so das man Truppen leichter dorthin schicke könne, wenn es die Situation erfordere. Der Botschafter antwortete, Gott habe bereits ein Wunder bewirkt, indem er, ungeachtet der grossen Entfernung, zwei Könige in enger Freundschaft verbunden habe und er könne sicherlich ein weiteres bewirken, was den Transport von Truppen anbelange<<. (*van der Cruysse, 2002 :376*) Der umsichtige und aufmerksame Erste Botschafter mag bereits zu diesem Zeitpunkt eine Vorahnung der künftigen Entwicklung gehabt haben.

Nicht der Herr im Himmel, sondern der umtriebige Fr Tachard arbeitete, versehen mit den geheimen Instruktionen Phaulkons, unermüdlich an der Realisierung einer militärischen Präsenz Frankreichs in Ayutthaya. Die Anweisungen des Falken waren von ebenso klarer wie konspirativer Diktion : >>Sechzig oder siebzig, äusserst befähigte Personen in der Erledigung unterschiedlicher Aufgaben, sollten auf die Schiffe des Königs gebracht werden [...] und wenn der Vater General [Jesuitengeneral] einige Mitglieder der Geselschaft darunter haben möchte, so müssen diese wie Laien gekleidet sein und nicht einmal ihre Mitreisenden dürfen sie kennen. Ich werde [...] ihnen beträchtliche Vorteile im Königreich Siam verschaffen, wie, sie zu Gouverneuren von Provinzen, Städten und Forts machen; ihnen das Kommando über die Land- und Seestreitkräfte übertragen; sie im Palast und die Verwaltung des Reiches einführen; ihnen sogar die Verantwortung für das königliche Schatzamt übertragen und sie als Berater in meinen Verhandlungen und allen Angelegenheiten einsetzen [...] Und damit Erfolg sich schnell und unfehlbar einstellt, muss dem König [Louis XIV.] verständlich gemacht werden, das Singor [Songkhla] sofort eingenommen werden muss [...] denn wenn diese Feste steht, haben wir nichts mehr zu befürchten<<. (*van der Cruysse, 2002 :377*) Dieses Angebot ging weit über das persönliche Sekuritätsbedürfnis Phaulkons hinaus, es war nichts anderes als die *carte blanche* für eine sukzessive Kolonialisierung Siams. Guy Tachards Lobbyarbeit trug offensichtlich schneller Früchte als erwartet, wie die zunehmende Frequenz des Briefverkehrs zwischen dem Marquis de Seignelay und dem Hafendirektor von Brest dokumentiert: >>[11. September 1686] Seine Majestät wünscht im Januar des kommenden Jahres einige Schiffe nach Siam zu schicken [...] Sorgen Sie dafür, das sich die Abreise dieser Schiffe auf keinen Fall verzögert [15. Oktober] Bezüglich ihrer äusseren Erscheinung hat Seine Majestät befohlen, das alle gleich gekleidet sein sollen, ich werde umgehend Hosen, Strümpfe und Hüte für 500 Mann schicken [28. Dezember] Ich schicke ihnen auch eine Order für 160 Kanonen, die der König von Siam angefordert hat [und schliesslich am 4. Januar

1687] Ich habe in Nantes die sofortige Anfertigung von 800 Paar Schuhen für die nach Siam gehenden Soldaten befohlen [...] Sie müssen unverzüglich tausend Werkzeuge aller Art anfertigen, geeignet für Erd- und Schanzarbeiten und die Fortifikation. Und da manche der Waffen die sie besagten Soldaten mitgeben werden im Laufe der Zeit unbrauchbar werden, wünscht der König 300 Musketen, 200 eiserne Spiesse und 50 Hellebarden an Bord der Transportschiffe zu bringen. Desweiteren zeige ich Ihnen heute an, als Ballast 2000 Kanonenkugeln zu laden. Hinzu fügen Sie 2000 Sprengkörper und 20.000 [Einheiten] Schiesspulver für die Kanonen und 5.000 für die Musketen<< (*van der Cruysse, 2002:378f.*) *The game was afoot ...*

7.8.6.11. "La mission impossible" – Die la Loubère-Céberet Gesandtschaft nach Ayutthaya (März-Dezember 1687)

Ignorantia iuris nocet[1558]

Normalerweise hätte das Scheitern der ersten Gesandtschaft das Ende des "Projektes Siam" bedeutet. Die Entschlossenheit, der Enthusiasmus Fr Guy Tachards war es, der die Entsendung einer weiteren Mission nach Ayutthaya erst möglich machte. (*Vongsuravatana, 1994:99*) Das das Engagement >>Saint Tachards<< nicht ganz selbstlos und für reinen Gotteslohn erfolgte, verdeutlicht die Tatsache, das er auf eigene Rechnung Handel trieb und am Ende der CIO 450.000 *Livres*, etwa 2,5 Millionen € nach heutiger Währung, schuldete. (*Smithies, 1994:176*) In einem unveröffentlichten Teil seiner Memoiren zeichnet Bénigne Vachet ein düsteres Bild seines Glaubensbruders: >>es bedürfte schwärzerer Tinte als der meinen um das wahre Portrait Fr Tachards zu zeichnen. Sagte ich, er war ein Mann der Kirche, eine ganze Reihe von Zeugen würde sich erheben um zu sagen, er sei dieses glohreichen Namens nicht würdig. Nenne ich ihn einen Jesuiten, so würde ich der Gesellschaft Unrecht tun, die ihn immer noch in ihren Reihen erleiden muss nach all den Anschuldigungen, die gegen ihn erhoben worden sind. Wenn jemals ein Mensch völlig von Dummheit durchdrungen war, ist es Fr Tachard. Ehre, Gewissen und Glaube waren lediglich schwache Hindernisse bei der Gestaltung seiner eigenen Pläne, wie verderblich sie auch immer sein mögen. [...] Hörten wir auf die Kapuziner [...] die zweimal nach Frankreich kamen um sich über ihn zu beschweren [...] so hörten wir, beurteilt nach seinen Taten, sei er kein Christ. Wenn der Patriarch von Antiochia, der Kardinal de Tournon und der Päpstliche Legat in Asien in ihren Memoiren die Wahrheit schreiben, war er ein Götzenanbeter und abscheulich abergläubisch. Glauben wir den Franzosen in Diensten der CIO, unter denen er gelebt hat, würden wir erfahren, das er ihrer Ansicht nach der verabscheuungswürdigste und verderblichste aller Männer ist<< (*Smithies, 1994:177f.*) Wie auch immer es um den Charakter des rührigen Jesuiten bestellt gewesen sein mag, er war erfolgreich, denn: <<König hat La Loubère auserkoren nach Siam zu reisen [...] und einen Handelsvertrag abzuschliessen. Er wird nicht den Titel eines Botschafters haben. Sebret [Céberet], einer der Direktoren der Compagnie des Indes Orientales (CIO), wird ihn dorthin begleiten; beide haben den Titel eines ausserordentlichen Gesandten >>. (*Dangeau, Band 2:7*) Der niedere Rang der Protagonisten der zweiten Gesandtschaft so wie die Tatsache, das beide ihre Instruktionen erst zu einem Zeitpunkt erhielten, als die militärischen Vorbereitungen bereits wesentlich vorangeschritten waren, sind dem konspirativen Charakter der gesamten Mission geschuldet. Simon de la Loubère[1559] war bei Hofe wenig bekannt, obwohl er eine Karriere als

---

[1558] Unkenntnis schützt nicht vor Strafe.
[1559] (21. April 1642 – 26. März 1729) Nach der Publikation seiner Memoiren *Du Royaume de Siam* 1691 wurde er zum Mitglied <u>Académie française</u> ernannt. Er war mit Gottfried Wilhelm (von) Leibniz befreundet, mit dem er ausgiebig über philosophische Themen und mathematische Probleme diskutierte.

Diplomat vorzuweisen hatte. Die Wahl Claude Céberet du Boullays[1560] dürfte auch davon beeinflusst gewesen sein, das dieser eine Verwandte Madame de Maintenons geheiratet hatte, der morganatischen Gattin Ludwig XIV. Als Leiter der Mission erhielt de la Loubère am 18. Januar seine ersten Instruktionen: >>die wichtigste [Aufgabe] [...] ist die Etablierung des katholischen Glaubens im Königreich Siam [...] [und] ohne Verzögerung die Sprache des Landes zu lernen, mögliche Streitigkeiten des Königs von Siam mit seinen Nachbarn zu eruieren, den [Umfang] der ihm zur Verfügung stehenden Land- und Seetruppen sowie die Art und Weise seiner üblichen Kriegsführung zu erkunden, [Informationen zu sammeln über] die Anzahl und die Art der Fortifikation seiner Befestigungen, welcher Art die Einkünfte des Monarchen sind, wie gross die Macht über seine Untertanen ist, ob diese frei oder Sklaven sind, und generell alles, was die Regierung und Administration betrifft, sowohl spirituell als auch politisch<<. (*van der Cruysse, 2002:386f.*) Frische Weisungen vom 25. Januar verdeutlichen, das das von Tachard in Versailles im Geheimen vorgetragene Angebot Phaulkons von Ludwig XIV. akzeptiert worden war und im Falle einer siamesischen Weigerung: >>hat seine Majestät beschlossen [...] Bangkok anzugreifen und sich seiner durch Waffengewalt zu bemächtigen<< (*van der Cruysse, 2002:387*) Die Franzosen hatten an dem von Phaulkon ursprünglich offerierten Songkhla kein Interesse; Mergui und vor allem Bangkok war für sie von besonderer geostrategischer Bedeutung: >>qu'on regardoit comme les deux boulevards de royaume, l'un sur le golfe de Bengale, et & l'autre sur le golfe de Siam<< (*Turpin, 1771 II:88*)

Desclouzeaux, dem unermüdlich rackernden Hafenmeister von Brest war es inzwischen gelungen, die benötigten Schiffe für den Konvoi zusammenzustellen: *Le Gaillard* (52 Kanonen, 600 Tonnen), *L'oiseau* (46 Kanonen, 600 Tonnen), *La Loire* (24 Kanonen, 500 Tonnen), *La Normande* (300 Tonnen), *Le Dromadaire (500* Tonnen) und die kürzlich aufgebrache *Maligne* (150 Tonnen). Als am 1. Mai die Segel gesetzt wurden befanden sich insgesamt 1.361 Personen an Bord der sechs Boote. Unter ihnen die drei siamesischen Botschafter, deren erfolgreiche Mission damit beendet war. Aufgrund der totalen Überfüllung der Schiffe in Tateinheit mit grosser Hitze, schlechtem Wasser und schlechter Verpflegung grassierten alsbald Fieber, Skorbut und die Ruhr an Bord. Im Laufe der Reise verstarben an den Folgen 144 der ursprünglich 636 Soldaten und Offiziere, 26 Besatzungsmitglieder sowie einer der Jesuiten, Fr Rochette; die Zahl erhöhte sich noch, nachdem am 27. September die *Oiseau*, am 6. Oktober die *Gaillard, Loire* und *Dromedaire* und schliesslich Ende November auch die *Normande* Siam erreicht hatten. Unmittelbar nach Ankunft der *Oiseau* trafen sich Tachard und Phaulkon und besprachen den Nachmittag und die ganze Nacht hindurch den Ablauf der Ereignisse in Versailles, aber auch die zwei turbulenten Ereignisse, die sich zwischenzeitlich in Siam ereignet hatten.

7.8.6.12. Der Makkassar[1561]-Aufstand (August-September 1686)

Quis ullam pro beneficiis deberi putat gratiam[1562]?

>>Vor einigen Jahren hatte ſich ein Prinz aus der kőniglichen Familie von Macaſſar mit einigen ſeiner Landesleute nach Siam geflüchtet, wo ihnen der Kőnig dicht neben dem Camp der Malayen*) einen Plaz zur Wohnung anwies, und ihnen eigenthűmlich einräumte. Dieſer Prinz faßte nach einiger Zeit den Entſchlus mit Hűlfe der benachbarten Malayen, ſeiner mohammedaniſchen Religionsverwandten, die Hauptſtadt zu überfallen, und ſich auf

---

[1560] (1647–1702) Zunächst einer der 12 Direktoren der CIO wurde er späater zum Hafenmeister von Dünkirchen ernannt, wo er auch verstarb.
[1561] Makassar (ehemals Ujung Pandang) im Gebiet der heutigen indonesischen Insel Sulawesi.
[1562] Wer glaubt, daß für Wohltaten irgendein Dank geschuldet wird? (Lateinisches Sprichwort)

den Thron zu fchwingen. Allein diefer Anfchlag wurde zu früh verrathen, und nun der Prinz, weil er zu ftolz war, nach Hofe zu kommen und Abbitte zu thun, mit feinem ganzen Anhange bis auf feinen Sohn von acht Jahren ausgerottet. Ein harter Kampf gieng vorher, in welchem fich die Macaffarier verzweifelt wehrten, und noch viele Siamer neben fich tödteten. Die Malayen bequemten fich zur Abbitte, und wurden von dem zu leutfeligen König ohne alle Strafe begnadigt. Dies gefchahe 1637<<. (*Kaempfer,1777:31*)

Der ansonsten zuverlässige deutsche Chronist irrte sich hier um 49 Jahre. Die Revolte der Makassaren gilt vielen Historikern als erste Anomalie (die zweite war das Mergui Massaker 1687) in dem bis dato vergleichsweise ruhigen Verlauf des Regnums Phra Narais zwischen der La Loubère/Céberet Mission 1687 und dem finalen *coup d'état* im Mai 1688. Der Aufstand schien Ayutthaya nahezu unvorbereitet getroffen zu haben; bis dato hatten in der kosmopolitischen Metropole am Menam Menschen zahlreicher Nationen und unterschiedlicher Ethnien in ihren eigenen Ansiedelungen (Camps) ohne grössere Probleme mit- bzw. nebeneinander gelebt und ihr Auskommen gefunden. Die einzige Ausnahme bildeten die muslimischen Makassaren, eine Ethnie aus dem Süden Sulawesis, dem alten Celebes. Sie hatten das Sultanat von Gowa mit der Kapitale Makassar gegründet, das spätere Ujung Pandang. Die eng verwandten Völker der indigenen Makassaren und einsiedelnden Buginesen spielten bei der Entstehung Makassars die Hauptrolle. Mit ihren seegängigen Schiffen, den Pinisis, kontrollierten sie die Meerenge der Straße von Makassar. Ihre Handelsrouten erstreckten sich von den Aru-Inseln südwestlich von Neuguinea bis Nordaustralien, wo sie Seegurken, Muscheln, Vogelnester und Perlmutt gegen Messer und Salz bei den Aborigines tauschten. Etwa im 13. Jahrhundert bildete sich in der Region um die Flussmündung Tallo das kleine Königreich Tallo der hier siedelnden Makassaren und Buginesen. Im südlichen Gebiet um die Flussmündung Jeneberang war bereits das überwiegend makassarische Königreich Gowa entstanden. Zunächst war Tallo unter Kontrolle des nördlich gelegenen Siang, einem Königreich im heutigen Regierungsbezirk Pangkajene. Anfang des 16. Jahrhunderts vereinigten sich unter der Führung von König *Gowa IX. Karaeng Tumapa'risi' Kallonna* die beiden Königreiche Tallo und Gowa zum Zwillingskönigreich Gowa-Tallo, mit Zentrum an der Flussmündung Jeneberang. Die benachbarten Königreiche Siang und Bone wurden bekriegt und besiegt, und der König ließ die größte Festung des Königreichs im Stadtzentrum Somba Opu, die zweitwichtigste Festung in Ujung Pandang, einem Ort mit vielen *Pandan*gewächsen zwischen den beiden Flüssen, und weitere Festungen aus Lehm erbauen und sie zur Verteidigung mit Geschützen versehen. Mit seiner Genehmigung ließen sich dort muslimische Malaien mit ihrem Schiffsführer (malaiisch *Nakhoda*) Bonang nieder, und unter seinem Schutz wurde der portugiesische Handelsposten 1532 gegründet. (*Reid, 1988:128*) König Tallo VI., *Karaeng Matoayya* genannt Sultan *Abdullah Awalul Islam*, trat am 22. September 1605 als erster König während seiner Amtszeit zum Islam über. Ihm folgte König Gowa XIV. Sultan *Alauddin*. Unter der Herrschaft dieser zwei Könige entwickelte sich das Reich zum führenden Handelszentrum des östlichen Archipels. Beide Herrscher verfolgten eine Politik des freien Handels (*mare liberum*) und erlaubten allen dort engagierten europäischen Handelsmächten Niederlassungen zu errichten. 1603 folgte dem bereits etablierten portugiesischen Handelsposten die Gründung des holländischen, 1613 des englischen, 1615 des spanischen, 1618 des dänischen und des chinesischen godowns (*Cummings, 2007: Kapitel III-IV*), Da das Reich Gowa-Tallo beziehungsweise Makassar nautisch auf der direkten Route von Europa zu den Molukken liegt und zugleich die letzte Zwischenstation dorthin war, galt es in jener Zeit als strategischer Schlüssel zu den wirtschaftlich so interessanten und wichtigen Gewürzinseln. Das mächtige Makassar war der Vereinigte Ostindische Kompanie (VOC) ein Dorn im Auge, um das Monopol des Gewürzhandels zu erlangen. Die Feindseligkeiten zwischen den beiden Parteien hatten bereits in 1616 begonnen, als 15 holländische Seeleute bei einem Massaker durch Makassaren ihr

Leben auf dem Schiff *De Eendracht* verloren hatten, als Vergeltung für die Geiselnahme der adeligen Makassaren auf dem Schiff *Enkhuisen* in 1615 seitens der VOC. 1633 verhängte die VOC eine Seeblockade (1. VOC-Expedition) gegen Makassar, nachdem es ihren Antrag auf das Handelsmonopol zu Lasten anderer europäischen Händler abgelehnt hatte. Die Blockade wurde aber durch die überlegene Seemacht des Königreichs durchbrochen. Darauffolgend wurde am 26. Juni 1637 ein Friedensvertrag zwischen Sultan Alauddin und Generalgouverneur Antonio van Diemen geschlossen. Während des bestehenden Friedensvertrages griff 1666 eine aus 21 Schiffen bestehende Flotte mit 600 Seetruppen (3. VOC-Expedition) unter der Führung von Cornelis Speelman gemeinsam mit ihren Verbündeten aus Buton und Ternate gleichzeitig see- und landseitig an, womit der langwierigste Krieg der VOC in ihrer Geschichte begann.Nach langen Kämpfen, bei denen die Festung Panakkukang gestürmt und die Festung Ujung Pandang von der VOC eingenommen worden war und Makassar große Verluste erlitten hatte, unterschrieb König Gowa XVI Sultan Hasanuddin am 18. November 1667 den für Makassar sehr nachteiligen Vertrag von Bongaja, der unter anderem die Ausweisung ihrer langjährigen Handelspartner, Portugiesen und Briten, verlangte und wesentliche Einschränkungen ihrer freien Handelspolitik verhängte. (*Marlay, 1991:381f.*) Sultan Hasanuddin kämpfte noch weiterhin gegen die VOC zwecks Aufrechterhaltung seiner Handelspolitik, doch am 24. Juni 1669 übernahm die VOC nach einem dreijährigen Krieg endgültig die Kontrolle über die Stadt. Makassaren, die nicht unter der niederländischen Kolonialmacht leben wollten, hatten die Stadt verlassen, um anderswo ein freies Leben zu erlangen.

Diese große Umsiedlung im 17. Jahrhundert ist bekannt als die bugische oder makassarische Diaspora und in deren Gefolge gelangten auch die künftigen Rebellen, vermutlich unter der Führung eines Sohnes von Hasanuddin nach Siam und ersuchten König Narai, sich dort niederlassen zu dürfen. Dieser gewährte ihnen nicht nur Asyl, sondern stellte ihnen auch ein entsprechendes Stück Land zur Verfügung. La Mare[1563] hat einen sehr ausführlichen Bericht über die kommenden Ereignisse verfasst: >>Diese Siedlung befand sich direkt am Ufer des grossen Flusses Menam und teilweise an einem kleinen, Cachon[1564] genannt. Ihnen wurde ganz bewusst dieser Platz in der Nähe der Malaiien zugewiesen, da diese die gleiche Religion haben, Mohammedaner sind, und dort bereits einige Moscheen errichtet worden waren; es mangelte ihnen nicht an aller Art von Gefallen und tröstenden Zuspruchs angesichts des von ihnen erlittenen Unglücks. Aber der Prinz hatte schon bald darauf vergessen, was er seinem Wohltäter schuldig war<<. (*Tachard, 1689:106[82]*) >>Bereits fünf Jahre zuvor[1565] plante er einen Coup gegen den König von Siam, ihn zu töten, und statt seiner den jüngeren Bruder[1566] auf den Throm zu setzen.Die Verschwörung wurde glücklicherweise rechtzeitig entdeckt und der grosszügige Monarch begnadigte nicht nur seinen Bruder, sondern sogar den Makkassar-Prinz und alle seine Komplizen. Dieser Exzess an Wohlwollen hätte für ein ewiges Bedauern in der Seele dieses undankbaren Mannes sorgen müssen; aber weit davon entfernt, sein Verbrechen zu bereuen, beteiligte er sich an einem erneuten Umsturzversuch, ermutigt durch die Prinzen von Champa, die ebenfalls Zuflucht in Siam gefunden hatten und beschlossen hatten, den jüngeren Bruder des Königs an seiner statt zu krönen. Der Coup sollte am 15.August stattfinden [...] Sie planten ebenfalls, alle im Königreich Siam lebenden Christen, Adeligen und Heiden vor die Wahl zu stellen, entweder zum Islam zu konvertieren oder zu sterben. Es ist ebenfalls wichtig zu wissen, das es sich hierbei um insgesamt drei Prinzen aus

---

[1563] Vgl. Hierzu Tachard, 1689, Livre Troiseme, S. 98-126
[1564] Bis dato nicht lokalisiert
[1565] Das wäre 1682 gewesen; allerdings ist diese Angabe La Mares mit Vorsicht zu geniessen, sie wird durch keine andere zeitgenössische Quelle bestätigt.
[1566] Entweder *Chao Fa Noi* oder *Chao Fa Apithot*

Champa handelte, Söhne des letzten Königs[1567],die aus Furcht vor ihrem älteren Bruder hier Zuflucht gesucht hatten.Von diesen drei Brüdern diente einer im Königspalast und war nicht an der Verschwörung beteiligt, die beiden anderen privatisierten<<.(*Tachard, 1689:107f.[83f.]*)

Der im Palast in Lopburi tätige Cham Prinz übergab einen Brief der Verschwörer ungeöffnet an Phaulkon, weil diese sich in seinen Augen verdächtig gemacht hatten; das Dokument enthielt die Einzelheiten des geplanten Umsturzes. >>Sobald er das Schreiben durchgelesen hatte, rannte der Minister zum König um diesen zu warnen, was in der Hauptstadt im Gange war. [...] 3.000 Mann wurden daraufhin zum Schutz des Königspalastes in Ayutthaya abkommandiert. Da man befürchtete, die Verschwörer könnten sich der Festung in Bangkok bemächtigen, wurde der Chevalier de Forbin dorthin entsandt. Seine verbleibende, 5.000 Mann zählende Garde, wurde im Lopburi Palast stationiert und weitere Truppen besetzten die Zufahrtswege zum Palast sowie die umliegenden Wälle<<. (*Tachard, 1689:110[86]*) Die 300 Malaiien, die bislang nicht in die Umsturzpläne eingeweiht worden waren >>teilten dem Prinz unisono mit, das sie nicht an dieser Aktion teilnehmen würden [...] und das sie lieber ihr Leben verlören als den König von Siam zu verraten, der sie mit soviel Freundlichkeit in seinem Reich aufgenommen und stets nachhaltig unterstützt hatte, seitdem sie dort lebten [...] Nach dieser Ankündigung flohen die Malaiien in alle Richtungen. Der mohammedanische Priester [...] war sich sicher, das einige dieser Leute die Konspiration anzeigen würden und die Verschwörung damit gescheitert war. Er entschied sich daher, den geplanten Coup persönlich beim Gouverneur der Stadt anzuzeigen, um dadurch pardoniert zu werden [...] Alle Malaiien traten gemeinsam an und erbaten eine royale Begnadigung, die ihnen auch gewährt wurde. Die Makassaren hingegen wollten sich nicht unterwerfen und hatten beschlossen zu sterben. Ihr Prinz wurde mehrmals aufgefordert, beim König zu erscheinen und Rechenschaft über sein Verhalten abzulegen, weigerte sich aber beharrlich mit dem Hinweis, er sei an der Verschwörung nicht beteiligt gewesen, dieser Aufforderung nachzukommen<<. (*Tachard, 1689:111f.[87f.]*)

5.400 Mann standen am 24.September für den Angriff bereit. Kapitän Udall, erst kürzlich mit der *Herbert* eingelaufen, wurde in die Operation eingebunde. Ok-luang Mahamontri hatte die Aufgabe, mit seinen 1.500 Soldaten die erste Angriffswelle zu leiten; die Aufgabe Ok-phra Chulas bestand darin, mit seinen 1.000 Mann den Makassaren den Rückzug abzuschneiden. Auf 60 Barken und 22 Galeeren warteten weitere 1.000 Mann vor dem Camp der Makassaren. Das Signal zum Angriff erfolgte um 04.30 Uhr, wobei Ok-luang Mahamontri in der ersten Angriffswelle fiel. Um 05.30 Uhr griff Kapitän Coates vom Fluss aus an und fiel ebenfalls. Die Makassaren verliessen das Camp und Véret führte 20 Franzosen als Verstärkung herbei. Insgesamt fanden sechs Europäer den Tod: Udall, Coates, de Rouen, der Angestellte Milon, ein französischer Trompeter und ein Hufschmied. Ok-phra Jumbarat griff mit 400 Mann an, Phaulkon führte 2.200 weitere ins Feld. (*Tachard, 1689:122ff.[98ff.]*) >>Man steckte die Häuser, in denen Aufständische vermutet wurden, in Brand; die meisten warteten, bis die Häuser zur Hälfte niedergebrannt waren, um sie dann, Amok laufend zu verlassen, indem sie sich mit Lanze und Dolch[1568] in den Händen in die dichtesten Haufen

---

[1567] Das einst bedeutende Reich von Champa lag in Agonie, erdrückt von den ständig vorrückenden Vietnamesen. Viele Chams entsagten dem Hinduismus und konvertierten aus Verzweiflung zum Islam. Der letzte „freie König" Champas dürfte ein gewisser *Po Saut* gewesen sein; der ab 1696 regierende *Po Saktirai da putih* (*Po Saktiraydapith*) war bereits ein annamitischer Vasall.
[1568] Der gefürchtete Kris, malaiisch *Keris*, ein asymmetrischer Dolch. In der malaiischen Kultur hat der Kris eine spirituelle Bedeutung. Manchen dieser Dolche wird eine Seele oder Eigenleben nachgesagt, so soll beispielsweise der Kris *Taming Sari*, der sich der Sage nach im Besitz des mythischen malaysischen Nationalhelden *Hang Tuah* befand, seinen Besitzer in der Schlacht unbesiegbar gemacht haben. Es gibt zahlreiche Legenden um besonders blutdürstige Dolche, die ihre Besitzer zu Amokläufern machten.

unserer Soldaten warfen, kämpfend bis sie tot zu Boden fielen [...] Der Prinz selber, durch einen Musketenschuss an der rechten Schulter verletzt und durch ein Haus verdeckt, trat mit seiner Lanze in der Hand hervor und rannte direkt auf Monsieur Constance zu, der wiederum seine Lanze gegen ihn richtete. Der Prinz sah das, stoppte [...] drehte sich plötzlich und warf sich auf einen englischen Kapitän, der sich etwas weiter links von ihm befand. Ein Franzose, der neben Monsieur Constance stand, feuerte mit einer Muskete und traf ihn tödlich. Schliesslich wurden alle Makassaren getötet<<. *(Tachard, 1689:122ff.[98ff.])* 42 Tote wurden gefunden. Nur 17 Siamesen kamen insgesamt ums Leben; 10 im direkten Kampf, der Rest erlag später den Verletzungen, die durch vergiftete Blasrohrpfeile herbeigeführt worden waren. Der Angriff endete gegen vier Uhr nachmittags. >>Die 22 [Makassaren], welche sich in die Moschee geflüchtet hatten, ergaben sich ohne weiteren Kampf. 33 Verwundete wurden gefangen genommen. Einer der Söhne des Prinzen, etwa zwölf Jahre alt, ergab sich aus freien Stücken. Monsieur Constance befahl einem in königlichen Diensten stehenden Christen aus Konstantinopel sich um ihn zu kümmern.Mit einem seiner Brüder wurde er nach Frankreich gebracht<<. *(Tachard, 1689:128f.[104f.])* Dort wurden sie am 3. Februar 1688 getauft und traten der französischen Marine bei. Der ältere der beiden beging Selbstmord indem er sich selber erstach. Vom jüngeren wurde berichtet >>er habe die Farbe, das Aussehen und die Manieren eines ungehobelten Schwarzen. Nie zuvor hatten die Jesuiten einen derart schlechten Fang gemacht wie mit diesen beiden Makassaren-Prinzen.Sie waren eine Schande für das menschliche Geschlecht<<. *(Delandes-Boureau, 1756:29f.)*

Es folgte das blutige Finale, wenngleich die europäischen Berichte Unterschiede aufweisen. Laut La Mare >>wurden vier Makassaren gefoltert und dann den Tigern überlassen. *(Tachard, 1689:131[107])* Le Blanc zufolge wurden alle überlebenden Makassaren verbrannt und zwar im Dorf der Malaiien, um ein Exempel zu statuieren und so künftige Rebellen abzuschrecken. *(1692,I:29f.)* >>Der König und Phaulkon hatten einen schweren Schock erlitten: der Tag war zu blutig ausgegangen. Jene Rebellen, die [...] lebend gefangen wurden, konnten nicht verschont werden. Ihre unerbittliche Haltung machten sie zu gefährlich. Sterben mussten sie und zwar grausam [...] An Pfähle gebunden, überliess man sie den Tigern. Die ausgehungerten Bestien wurden so angebunden, das sie zunächst nur die Extremitäten ihrer Opfer erreichen konnten. Nachdem sie deren Hände und Füsse gefressen hatten, wurden die Ketten nach und nach gelockert, so das die Opfer lebend Stück für Stück zerrissen wurden << *(Collis, 1996:134)* Bedauerlicherweise zeigen sich die die Königlichen Chroniken Ayutthayas bezüglich dieser Ereignisse extrem diskret, der Aufstand der Makassaren wird mit keinem Wort erwähnt!

Phaulkon, der durch konsequentes Handeln und persönlichen Mut nachhaltigen Schaden vom Königreich abwenden konnte, durfte sich berechtigt als Sieger dieser Konfrontation fühlen. Auch wenn dieser Aufstand ein singuläres Ereignisses einer ausländischen, in Ayutthaya ansässigen, Kolonie während des Regnums Phra Narais bleiben sollte und der rücksichtslose Kampfgeist der Makassaren, zumindest teilweise ihrem mulimischen Glaubenseifer in Tateinheit mit unbestreitbaren Opiumkonsum *(Tachard,1689:129[105])* geschuldet war, auch wenn *law and order* kurz darauf wieder völlig hergestellt wurden, so gab dieser exzessive und plötzliche Ausbruch von Gewalt durchaus Anlass zur Besorgnis. Insbesondere Bischof Laneau sah in der Revolte einen dunklen Vorboten einer sich anbahnenden tiefergreifenden Krise. *(Smithies,2002:91)* Das die Vernutung Fr de Bèzes, der Aufstand sei lediglich eine Strategie Phetrachas gewesen, den König gegen seine beiden Halbbrüder auszuspielen *(Hutchinson,1990:58)* bestenfalls ein Teilaspekt eines zunehmend sich komplexer gestaltenden Szenarios darstellte, sollten kurz darauf die Ereignisse in Mergui nachhaltig verdeutlichen.

7.8.6.13. Das Massaker von Mergui (Der „siamesisch-englische Krieg" 1687)

Das Alte stürzt, es ändert sich die Zeit,
Und neues Leben blüht aus den Ruinen.[1569]

Nachdem die siamesischen Operationen der East India Company zum ersten Mal geschlossen worden waren, hatten sich die merkantilen Aktivitäten der Engländer u.a. nach Kambodscha verlagert. 1659 griffen die Vietnamesen Kambodscha an und plünderten auch die dortigen englischen und holländischen Handelshäuser. Den Kaufleuten selbst gelang nach Zahlung eines Bestechungsgeldes die Flucht nach Siam, wo sie überaus freundlich aufgenommen wurden und mit Nahrung und Kleidung versorgt wurden (*Anderson,1890:89*). 1662 nahm die Company ihre Geschäfte in Ayutthaya wieder auf, nachdem man Chancen und Risiken zuvor nüchtern abgewägt hatte: >>The Moors supply Siam with goods, which they send "vid Tenanassere, but they carry them 40, dayes by land, and pay severall customes, and are at about $50^{pto.}$ and charges more then y^e [the] goods y^t [that] goe by shipping soe y^t if we used y^t Trade, wee shall quickly beate y^m [them] out; The Dutch, it is true lade many shipps from thence, but y^e most of them carry provisions for Malacca and Batavia<< (*Anderson,1890:96*). Laut einem Schreiben der *Company* aus Bantam vom 13. August 1659 soll der explizite Wunsch König Narais der Wiederaufnahme der unmittelbaren Handelsbeziehungen vorausgegangen sein (*Anderson,1890:90*). Dem Wunsch Phra Narais wurde entsprochen und unter dem Kommando Richard Bladewells brachte die *Hopewell* die Kaufleute John South, Thomas Cotes und William Andrews im Juni 1661 nach Ayutthaya (*Anderson,1890:90f.*). Mitte Dezember 1674 legte die *Return* in Siam an und die Herren Simon Delboe, Harmon Gibbon, Benjamin Sanger, Fyteke Nedham und William Ramsden wurden freundlich empfangen. Um die günstigen Monsunwinde zu nutzen, mußte umgehend Handelsware beschafft werden. Zu diesem Zweck borgten die *box wallahs* eine signifikante Summe Geld vom König. Genau diese Schulden sollten wesentlich zum späteren Ruin der siamesischen Niederlassung beitragen (*Anderson,1890:114*). Doch zunächst einmal genossen die Engländer die gewünschten und vom *phra klang* bestätigten Privilegien: >>The King hath granted to y^e [the] English chiefe to buy, & sell in this Kingdome of Syam, to buy Tynn, Lead, Tutenage, Copp[e]^r, Elephants teeth, & all other sorts of comoditys y^t [that] are not p'hibited. The King hath commanded that there bee no let […] And y^e [the] English chiefe if he please to buy Tynn, Lead, Tutenage, & Copp[e]^r or any such commoditys w[hi]^{ch} are not phibited, he doth not ord[e]^r to hind[e]^r. And if ye English chiefe shall ask a Tarra to buy Elephants teeth, Rhinoceros hornes, he send to buy according to y^t Tarra w[hi]^{ch} he hath obtained. And if y^e[the] English chiefe shall ask a tarra to buy Elephants teeth, Rhinoceros hornes, he send to buy according to y^t[your] Tarra w[hi]^{ch} he hath obtained. This Tarra was dated, Saterday, this month, the 7th of y^e[the] wane of y^e[the] Moon, in y^e[the] yeare 167^4/$_5$<< (*Anderson,1890:117*).

Bereits ein Jahr später, im Dezember 1675, geht aus einem von Gibbon, Ramsden und Sayer signierten Schreiben an das Londoner Direktorium hervor, daß die Company in Siam nicht nur dem starken Konkurrenzdruck der etablierten Holländer ausgesetzt war, sondern überdies auch noch an chronischer finanzieller Unterdeckung litt: >>The Surratt men desired little but Tinn, and if this ffactory were well stored w[i]th money to buy it up at the best seasons it might as well turne to yo[u]^r Hon[ou]^{rs} advantage as to othe^{rs} wee speake w[i]th submission but wee verily believe that the well managm[en]^t of this affair will double the benefit […] the Dutch have here a nobel ffactory the Government laudable and their trade intire, may wee imitatewherein they are deserving and yo[u]^r Hou[no]^{rs} shall have the credit as well as the advantage the place for o[u]^r present residence is unfit for trade but the King hath giving leave

---
[1569] Friedrich Schiller, Wilhelm Tell IV.2

to choose of ground and promised to furnish as w[i]^th materials to erect a ffactory [...] this king was pleased to give us credit for 40 cattee of silver 300 Bahh[1570] of Tinn 1000 pec[u]^ll of Sappan wood [...] wee were forced to runn up 40 catt[ie]^s more in dept to supply the charge of the ffactory [...] if we build no mony for the ground on ye greatest charge will be the first settling in house-keeping and petty expenses w[hi]^ch in a little time will be inconsiderable<< (*Anderson, 1890:122f.*).

König Narai reagierte auf die offenkundigen wirtschaftlichen Probleme der Engländer und gewährte der Company 1678 das Handelsmonopol für Pfeffer in Pattani. Doch scheinen die Probleme der Company zumindest teilweise hausgemacht; im August 1678 werden in einem internen Schreiben aus Bantam den Geschäftsträgern in Ayutthaya, Gibbon und Sayer, unseriöse und illegale Geschäftspraktiken unterstellt (*Anderson,1890:140*). Eine angeordnete Revision durch Mr. Burnaby im September 1678 ergab, daß sich die Geschäfte der Gesellschaft insgesamt in einem beklagenswerten Zustand befanden und überdies keine ordnungsgemäße Buchführung praktiziert wurde (*Anderson,1890:142*). Dafür verantwortlich war wohl in erster Linie Samuel Potts, der 1674 in Ayutthaya eingetroffen war. Burnaby freundete sich mit dem aufstrebenden Phaulkon an und erregte damit den Neid Potts', einem Protegé Lord Berkelys. Potts sah in dem nun mächtigen *phraklang* immer noch den griechischen Kabinendiener, als der Phaulkon einst nach Siam gelangt war. Als sich Potts vollends mit Phaulkon wegen der Begleichung offener Schulden überwarf, forderte ihn der *phraklang* auf, die Niederlassung der Company zu liquidieren. Die Reaktion von Potts und die sich daran anschließenden Kalamitäten schildert Kapitän Hamilton[1571], der rund 36 Jahre später in Ayutthaya weilte: >>One Mr Potts happened to be the chief of the English factory at that time, who by his extravagant luxury had rioted away a great part of his masters' goods and money, and had run his own credit out the doors. He then began to form projects how to clear accounts with his masters and creditors without putting anything in their pockets. The first was on 500 chests of Japanese copper, which his masters had in specie in Siam, and they were brought into account of profit and loss, for so much eaten up by the white ants [sic!] [...] But that small article of 2.500 pounds went but a small way towards clearing of his accounts. So after supper one night as they were merrily carousing, the factory was set on fire, and that balanced all other accounts. Mr Potts alleged to the king that his subjects the Siamese had done that mischief, and expected the king to be accountable for losses and damages sustained by the Company and their servants. The king, on the other hand, proffered to prove that Mr Potts and his drunken companions had done it, and that he expected the Company should be accountable to his subjects for the loss they had sustained by the fire, which had burnt several houses that lay near the factory. However, the Company adhered to the just complaints of their honest servants, and thought that the king's refusal to make good their demands was a sufficient piece of ground to build their war on. However, the Company, considering that a war bring them no advantage, thought it enough to bully the Siamese, but never declared a war. In the year 1685 [1686] the Company sent two ships to the Bar of Siam. One was the Herbert of 800 tons, the other the Prudent Mary of 400 to frighten the Siamese<< (*Smithies,1997:158ff.*).

[1570] Falls die siamesische Gewichtseinheit Baht gemeint war:1 Baht = 15 Gramm
[1571] Einen nicht unerheblichen Teil seiner (zum Teil völlig falschen) Informationen, insbesondere über die Ereignisse von 1688 und die involvierten Franzosen, erhielt Hamilton offensichtlich von Joseph Bashpool, dem englischen Sekretär Phaulkons. Dieser überlebte, im Gegensatz zu seinem früheren Herrn, zwar diese turbulente Phase in der Geschichte Ayutthayas, hatte aber als ehemaliger enger Vertrauter Phaulkons zunächst eine schwere Zeit. Demzufolge war er insbesondere auf Phra Phetracha nicht gut zu sprechen und stellte dem schottischen Besucher eine verzerrte historische Retrospektive dar. Die Schilderung im Zusammenhang mit der Brandstiftung sind jedoch glaubwürdig, weil die massiven Unterschlagungen durch den Schriftverkehr der *Company* bestätigt werden.

Im Juni 1687 erschienen zwei englische Kriegsschiffe, die Fregatte *Curtana* unter dem Kommando Captain Weltden und die Schaluppe *James*, vor Mergui. Bereits am 25. April hatte die EIC eine Kompensation in Hoehe von 65.000£ von Koenig Narai gefordert und im Falle der Weigerung angedroht, den Hafen von Mergui zu blockieren und siamesische Schiffe aufzubringen.: >>(which much troubles us), to comand us to take any of your Ma[jes]ties or subjects shipps or goodes by way of reprisall (till full satisfaction bee made) on acc[oun]t of above 65000£ Sterl.[ing] w[hit]ch is upwards of rup[ee]s 500000 damage done them and their Serv[an]ts and the inhabitants of y[our]s place. An acc[oun]t whereof wee have ordered to bee remitted to the honr[a]ble Constant Faulcon (your cheife Minister of State) and therefore in obedience to their hou[norable] Comands wee have now sent too shipps of warr to stop up your M[ajes]ties Fort of Mergin and to secure all the shipps in said Fort<< (*Anderson, 1890:331*). Wesentlichen verantwortlich dafür war der Engländer Samuel "Siamese" White, Bruder von George White und ein langjähriger Vertrauter und Geschäftspartner Phaulkons. Dieser hatte ihn 1684 als Nachfolger Burnabys zum Gouverneur von Mergui ernannt. Der gierige Shabandar hielt sich aufgrund der Protektion Phaulkons für sakrosankt und betätigte sich, neben seinem legalen Handelsaktivitäten unter siamesischer Flagge auch als Pirat, wobei er auch Schiffe unter englischer Jurisdiktion bei seinen Kaperfahrten nicht verschonte. Die Aufgabe des Leiters des englischen Expeditionskorps Weltden war es denn auch, Samual White nach Madras, dem südostasiatischen *headquarter* der Gesellschaft zu bringen, um dort zu den gegen ihn erhobenen Vorwürfen Stellung zu nehmen. White fürchtete jedoch, wegen Piraterie danach vor ein englisches Gericht gestellt zu werden und versuchte vergeblich, die englischen Kapitäne für sich einzunehmen: zu diesem Zweck ging er auch mehrmals an Bord der englischen Kriegsschiffe, was die Siamesen annehmen liess, der ungeliebte und korrupte White wolle, um seine eigene Haut zu retten, Mergui den Engländern übergeben. In seinem Buch *Siamese Whit*e schildert Collis die Eskalation eines auf diversen Missverständnissen beruhenden Konfliktes, der schliesslich in einem Blutbad enden sollte:

>><Wir schrieben den 14. Juli. Die *Curtana* lag nun etwa zwei Wochen vor Mergui. Die Ereignisse hatten eine beständige Zuspitzung erfahren und solten an diesem Tag ihren Höhepunkt erreichen. [...] Die Provinz Tenasserim [...] wurde von einem siebenköpfigen, von Ayutthaya ernannten, Rat verwaltet. Neben White und Burnaby waren dies fünf Mandarine [siamesische Adelige], von denen drei in der Stadt ihren Wohnsitz hatten. Tatsächlich [jedoch], soweit uns bekannt ist, funktionierte der Rat nicht als Gesamtorgan. White und Burnaby agierten in ihren Geschäftsbereichen unkontrolliert. [...] Die Mandarine haben, obwohl sie sicherlich über Whites Aktivitäten umfänglich unterrichtet wurden [...] niemals versucht offenen Widerstand zu leisten oder mit ihrer numerischen Mehrheit Druck auszuüben. Der Hafen, die Schiffe, die Beschlagnahmungen in der Bay, das waren seine Angelegenheiten. Darüber hinaus war er Phaulkons Protegé. Sie hatten kein Mandat sich einzumischen. Aber mit der Ankunft der *Curtana* veränderte sich die Lage. Zunächst einmal nahm das Ansehen Whites erheblichen Schaden. Der mächtige Shābandar [...] wurde nun durch ein Kriegsschiff seiner eigenen Nation gezwungen, nach Madras zu gehen und sich dort dem Gericht zu stellen. Es war also nicht mehr länger notwendig, ihn zu fürchten. [...] Oder aber war es [gerade deshalb] notwendig, ihn zu fürchten, aber aus anderen Gründen. Die Curtana war nicht nur gekommen, um ihn abzuholen, sondern auch um Schadensersatz vom Hof in Ayutthaya für die durch ihn entstandenen Verluste zu fordern. Die Mandarine waren erfahren genug zu wissen, das der König niemals irgendwelche Zahlungen leisten würde [...][Ergo] kamen sie zu dem Schluss, das White Mergui am Weltden übergeben würde. Auch wenn dieser die *Curtana* angriffe und vertriebe, würde ihn das nicht in den Augen des Königs rehabilitieren, der niemals die durch die Übergabe der Rechnung entstandene Peinlichkeit verzeihen würde und überdies noch allen Grund hätte, mit englischen Revancheaktionen zu

rechnen. Aber wenn White Mergui den Engländern [kampflos] übergäbe, würden ihm seine Landsleute vergeben. [...] Die Vorbereitungen [die White in der Tat traf] um Weltden zu überwältigen, hielten sie für eine Täuschung. [...] Da sein [Weltdens] Schiff mitten in einem so starken Hafen des Feindes wie Mergui vor Anker lag, musste er sich doch von Beginn an sicher gewesen sein, das White auf seiner Seite stand [...] Das Trinkgelage[1572] am 12. Juli [...] konnte ihrer Aufmerksamkeit nicht entgangen sein. Zweifelsohne feierten die beiden [Weltden und Phaulkon] bereits im Vorfeld die Übergabe Merguis [...] Aufgrund dieser Annahmen trafen die Mandarine ihre Vorbereitungen. So lethargisch und ängstlich sie auch waren, so hatten sie genau wie jeder andere auch eine starke Abneigung gegen ausländische Dominanz. Die von Phaulkons eingeführte Strategie, Europäern auf [leitende] Positionen in der Administration einzusetzen, war schon immer unpopulär gewesen. [...] Als nun der Verrat an ihrem Vaterland durch die Ausländer unmittelbar bevorzustehen schien, war die Empörung gross, und weil sie so lange unterdrückt worden war, artikulierte sie sich um so tödlicher. [...] An diesem schicksalsträchtigen Tag begab sich Weltden zum Haus von White [um dort] zu Abend zu essen. Vergleichsweise früh, um 21.00 Uhr, verabschiedete sich Weltden. [...] White entschied sich den Gast noch bis hinunter an den Kai zu begleiten [...] Es war eine dunkle Nacht, durch die Wolken des Monsuns bedeckt war der Mond nicht sichtbar. Aus unerklärlichen Gründen waren die [ansonsten stets vorhandenen] Fackelträger nicht zu sehen [...] Als White und Weltden den Kai erreichten [...] hörten sie plötzlich einen Schrei und das Trippeln von nackten Füssen, als eine grosse Anzahl Eingeborener, Siamesen, Birmanen, ein Gesindel von roher Gesinnung, aus dem angrenzenden Lagerhaus hervorstürzte, in welchem sie sich versteckt hatten und sich mit dem Schwert in der Hand auf die Engländer warfen. Einer von ihnen traf Weltden mit einem gewaltigen Hieb auf den Kof, so das dieser bewusstlos zu Boden fiel [...] White, der diesen Angriff nicht einordnen konnte, rannte sofort zurück zu seinem Haus, wo er eine Horde am Eingangstor sah, eine bedrohliche Bagage, und realisierend, das etwas aussergewöhnliches im Gange war, rannte er sofort in Richtung Weltdens Schiff. Er sprang an Bord und wies den diensthabenden Seemann John Cogshill an, ohne Verzögerung abzulegen. [...][Der verletzte Weltden hatte es mittlerweile ebenfalls auf abenteuerlichen Umwegen und viel Glück bis zur *Curtana* geschafft] und wurde halbtot an Bord gezogen. White, der mittlerweile realisierte, das seine Pläne[1573] null und nichtig geworden waren, und durch einen unabhängigen Aufstand gegen alle Engländer verhindert wurden, entschied das die sicherste Variante der Rückzug auf die *Resolution*[1574] war. Er hatte schon immer seine Fregatte als schwimmende Protektion gegen eine aufgebrachte Menschenmasse betrachtet. [...] Deshalb entschloss er sich, zur Südspitze von Pataw Island zu segeln [...] Aber dort angekommen, sah er zwei grosse Boote mit Bewaffneten und befahl Cogshill in die Mangroven zu steuern. Dort verbargen sich, in der Ferne eine furiose Kanonade vernehmend[1575] [...] Nach zwei oder drei Stunden frischte es von Südwest mit mächtigem Getöse kräftig auf. Im Schutze der Sturmböen schlich man sich aus den Mangroven [...] und sahen als erstes Whites Haus und die Werft in Flammen stehen [...] Ein Stück weiter sahen sie die *James*, qualmend, mit gekappten Mast [...] Schliesslich sahen sie die *Resolution* [...] und wurden sofort an Bord genommen. [...] Gegen Mitternacht erschien Captain Gosling [...] mit einem schauderhaften Bericht [...] Alle Engländer an Land wurden dem Vernehmen nach massakriert [...] Nach einer kurzen Diskussion wurde

---

[1572] Skurilerweise trafen man sich diverse Male an Bord der englischen Kriegsschiffe bzw. in Whites Haus um zu speisen und ausgiebig zu trinken. Angesichts der Order Weltdens, White gegen seinen Willen nach Madras zu verbringen, ist dieses einvernehmliche Miteinander entweder einer grenzenlosen Naivität oder Arroganz der Protagonisten geschuldet.

[1573] Vermutlich bestanden diese darin, die Siamesen gegen Weltden so aufzubringen, das diese die Engländer selber angegriffen hätten. White hätte sich passiv verhalten und im Nachgang gegenüber Phra Narai seine Loyalität gegenüber seinem Gastland bekunden können; den Engländern hätte er weisgemacht, der Angriff sei unvorsehbar und daher von ihm nicht zu verhindern gewesen. Die ambitionierte taktische Gleichung mit zwei Unbekannten ging nicht auf.

[1574] Whites Schiff

[1575] Die Kanonade galt der *Curtana* und der *James*.

entschieden, das Schiff [*Resolution*] in Sicherheit zu bringen. Sie war nicht in dem Zustand, das sie einem Angriff hätte standhalten können [...] diverse Kanonenlafetten waren nicht mehr manövrierfähig und keine der Kanonen war feuerbereit [...] man entkam mit knapper Not den Brandschiffen[1576] [...] Nicht weniger als 60 Engländer[1577] wurden in Mergui in der Nacht des Massakers getötet. Burnaby wurde in seinem Haus niedergemetzelt [...] Mary Leslie and ihre Kinder und mit ihnen alle anderen englischen Frauen und Kinder in Mergui wurden verschont [...] So viel zum Massaker in Mergui. Die Mandarine hatten auf ihre Art zugeschlagen und die Engländer hatten zu gehen. Im kommenden Jahr sollten sie wieder zuschlagen und das Land von den Franzosen befreien<<. (*Collis, 1996:226-238*)

Noch ein Jahr zuvor hatte der neue König James II. Phaulkon in einem persönlichen Schreiben seiner „Freundschaft" versichert. 1687 erklärten die Engländer Siam den Krieg, Ayutthaya antwortete mit einer Kriegserklärung an die EIC (*Morson, o.J.:43f.*) Beide Seiten unternahmen allerdings in der Folge keine direkten Kampfhandlungen. Am Ende stand die Ausweisung der Engländer aus Siam, wobei die entstandene Lücke durch die Vertreibung der offiziellen *box wallahs* der Company zunehmend durch die freischaffenden *Interlopers* ausgefüllt wurde. Erst zu Beginn des 19. Jahrhunderts, nachdem die Engländer einige Teile Birmas unter ihre Kontrolle gebracht hatten, erwachte der englisch-siamesische Handel wieder langsam zum Leben. In Mergui wurde anstelle Samuel Whites der Franzose Chevalier de Beauregard[1578] von König Narai zum neuen Gouverneur ernannt. Nach der Revolution von 1688 diente Beauregard bei der Nachhut unter de Bruant. Am 24. Juni mussten die Franzosen die Festung Mergui aufgeben. Beauregard und Bruant konnten unter Beschuss entkommen, wohingegen viele andere den Tod fanden. In Tavoy wurde Beauregard schließlich zusammen mit vier Soldaten und dem Jesuiten Pierre d'Espagnac gefasst, als sie sich auf dem Markt mit Proviant versorgen wollten. Die Gefangenen wurden möglicherweise in die Sklaverei verschleppt. (*Anderson, 1890*)

7.8.6.14. Ein siamesischer Tiger zeigt die Krallen ...

Der Ziellose erleidet sein Schicksal,
der Zielbewusste gestaltet es.[1579]

Fr Tachard und Chao Phraya Wichayen hatten sich auf halben Weg zwischen Ayutthaya und Lopburi getroffen und am Ende einer langen Nacht fertigte Phaulkon ein ausführliches Memorandum an, welches er sofort dem König übermittelte. Dieser lies es seinem Kronrat vorlesen, der anschliessend den französischen Forderungen in Bezug auf Bangkok und Mergui zustimmte – allerdings nicht einstimmig. Laut Bèze wagte *Okphra Phetracha* [ออกพระ เพทราชา][1580] den offenen Widerspruch: >>Im Kronrat positionierte er sich leidenschaftlich gegen eine Zustimmung zu den französischen Forderungen in Bezug auf die beiden Befestigungen [...] er verwies auf das Schicksal jedes orientalischen Herrschers der die Stationierung europäischer Truppen in seinem Land gestattet hatte – zunächst die Portugiesen und dann die Holländer – nur um von ihnen ausgeplündert zu werden und auf das Niveau von

---

[1576] 100 *Saldmandgilias* (*Anderson, 1890:344*)
[1577] Laut einem Bericht des Headquarters der EIC in Madras an London waren die Verluste deutlich höher und Phaulkon wurde verdächtigt, hinter den Kulissen die Fäden gezogen zu haben: >>Phaulkon, they said, "is much suspected to have been [the] occasion of [the] villany, and that he has continued it at Syam to the murdering of all [the] Englishmen they saye amount not to less than 200 souls<< (*Anderson, 1890:348*)
[1578] (ca. 1665–1692)
[1579] Immanuel Kant
[1580] In den europäischen Quellen auch *Bedraja*, *P'etraja*, *Petraja* oder *Petratcha* genannt, geboren 1632 in *Ban Plu Luang* in der Provinz Suphan Buri und als Nachfolger Phra Narais und 30. König Ayutthayas dortselbst 1703 verstorben

Sklaven erniedrigt zu werden [...] 'Niemals werde ich meine Zustimmung zu einer Politik mit derart fatalen Konsequenzen für Eure Majestät geben'. Der König interpretierte diesen Ausbruch als spontanen Ausdruck der Loyalität und entschuldigte ihn daher<< (*Bèze, 1947:67f.*) Ohnmächtig mussten die Gesandten mit ansehen, wie Fr Tachard an ihnen vorbei die Entwicklung im Sinne Phaulkons vorantrieb. Eingepfercht auf den engen Schiffen mit zahlreichen Kranken konnten sie aufgrund der Weisung Ludwig XIV. nicht vor den Truppen an Land gehen; diesen aber verweigeret Phaulkon den Zutritt, solange ihm nicht vertraglich cie Befehlsgewalt über selbige übertragen wurde. Angesichts der Inhalte des fünfzehn Artikel umfassenden Vertrages verwundert es nicht, das sich nachhaltiges Unbehagen bei den Gesandten breit machte. Die Regeln der französischen Militärpräsenz in Siam sahen zwar u.a. vor, das Phra Narai die Hälfte der französischen Truppen zu seiner persönlichen Verfügung anfordern konnte (beispielsweise als persönliche Leibgarde, für Strafexpeditionen gegen aufständische Vasallen, Ausbildung und Unterweisung der siamesischen Truppen etc), die französischen Kommandeure ihm unterstellt waren und die Pläne der Fortifikationen an ihn zu übergeben waren. Artikel 1 sah jedoch vor, das die Truppen grundsätzlich dem Befehl Phaulkons unterstanden, sofern dessen Order nicht den Weisungen Ludwig XIV. widersprachen; damit hatte der Falke das französische Kontingent zu seiner Verfügung und vorerst sein wachsendes Sekuritätsbedürfnis saturiert. Ein desillusionierter Céberet motierte in seinem *Jounal*: >>Mr Constance wünschte uns jeglicher Hoffnung zu berauben mit ihm iregnd etwas verhandeln zu können [...] und er betrachtete uns als Personen die nach aussen hin eine Rolle hatten, die [Tachard] aufgrund seines kirchlichen Amtes öffentlich nicht ausfüllen konnte, aber was die Verhandlungen anbelangte, würde er ausschliesslich mit Fr Tachard sprechen<<. (*Jacq-Hergoualc'h, 1992:f.13*) Tatsächlich war die Situation Phaulkons immer noch delikat: >>Abhängig davon , einem Despoten, dessen Gunst er errungen hatte, zu Gefallen zu sein und gezwungen, eine Fraktion eifersüchtiger Mandarine, die ihm heimlich seinen Einfluss neideten, in Schach zu halten, umzingelt von Ausländern die er gleichermassen zu bändigen als auch zu befriedigen hatte, lavierte er zwischen verschiedenen Glaubensrichtungen, rivalisierenden Interessen und unerbittlichem Hass und schaffte es nur aufgrund seiner erstaunlichen Fähigkeiten und Niederträchtigkeit, seine bröckelnde Autorität und immer schwächer werdende privilegierte Stellung [vorerst] zu sichern<<. (*Lanier, 1883:120*) Auch der Kaufmann Véret erfasste die Situation Phaulkons und zeichnet ein rares Portrait: >>Er kann mehr von ihnen bekommen, als sie von ihm, und jeden Tag läuft er Gefahr, sein Leben, sein Vermögen, seine Frau und seine Kinder zu verlieren, und dies muss früher oder später passieren, sofern er keine Protektion findet [...] Er ist ein Mann mittlerer Grösse, eher gutaussehend für einen Mann seines Landes [sic!], ungefähr 35 oder 36 Jahre alt, von grosser Vitalität und einem angenehmen Äusseren, aber ich bezweifele, das sich darunter das gleiche verbirgt, jeden Tag unternimmt er tausend Anstrengungen, die allesamt erfolglos bleiben. Er ist ehrgeizig, liebt Geld, Rache, Schmeichler und Menschen, die vor ihm kriechen. Hat er dies alles, ist er der umgänglichste Mensch der Erde<<. (*van der Cruysse, 2002:404f.*)

Nachdem die Bedingungen Phaulkons erfüllt worden waren, empfing der kränkelnde Phra Narai die Gesandten schliesslich am 2. November 1687 zu einer zweistündigen Audienz. Das überreichte Schreiben und die Rede La Loubères war im wesentlichen eine Wiederholung der Statements der Chaumont/Choisy Mission, weshalb der König nach den üblichen protokollarischen Floskeln und Standardfragen zum Allgemeinbefinden seines royalen *Counterparts* unter Hinweis auf seine „Erkältung" den Vorhang zog und sein Fenster schloss. (*Smithies, 2002:47*) Am 5. November brach der Hof nach Lopburi auf, wohin ihm die Gesandten am 10. November folgten. Dennoch wollte sich, ungeachtet des umfangreichen Animationsprogrammes, bei den Gästen nicht die Leichtigkeit des Seins einstellen; zu Recht hatten sie das Gefühl, am Nasenring durch die Manege Phaulkons geführt zu werden. Dieser war in seinem Element, hatte er doch den Abschluss des gewünschten Handelsvertrages an die Bedingung geknüpft, für seine Bemühungen Aktien im Werte von 300.000 Livre zu erhalten, was ihn zu einem der grössten Anteilseigner der IOC machte. Er wies an, die jährliche Rendite in Höhe von 10% an seinen Pariser Agenten auszuzahlen und forderte bereits im Januar 1688 die Aufnahme in das zehnköpfige Direktorium der Gesellschaft. Offensichtlich befanden sich die Vorbereitungem für sein geplantes *endgame* im vollen Gange. (*van der Cruysse, 2002:415*) Céberets Aufgabe war mit dem Abschluss des Handelsvertrages in Ayutthaya erfüllt und das Direktorium der CIO wies ihn an, die merkantilen Opportunitäten in Mergui persönlich zu eruieren. Er traf dort über Tenasserim kommend am Neujahrstag 1688 ein, schaute sich zwei Tage lang um, verfasste einen positiven Bericht und ging am 3. Januar gemeinsam mit de Forbin an Bord der *Présidente* mit Ziel Pondichéry, wo sie später von der *Oiseau* aufgenommen werden sollten. Vorher hatte er noch Gouverneur Beauregard informiert, dass die Ankunft 120 französischer Soldaten unter dem Kommando von du Bruant unmittelbar bevorstand. Im gleichen Jahr ernannte Phra Narai auch noch Jean Rival zun Gouverneur of Bangkhli[1581](*Mackay, 2016*) der mit seinen 35 Mann und 4 Offizieren die siamesischen Schiffe beim Kampf gegen die Piraten unterstützen sollte. Nachdem Céberet Ayutthaya verlassen hatte, setzte La Loubère alles daran, der diplomatischen Kommödie ein schnelles Ende zu bereiten. Diverse Male wies er auf seinen vermeintlich angegriffenen Gesundheitszustand hin, bis Chao Phraya Wichayen widerwillig die ersehnte, wenn auch sehr kurze (*Smithies, 2002:62*), Abschiedsaudienz am 23. Dezember bei Phra Narai arrangierte. Am Tag darauf erhielt Fr Tachard, mittlerweile zum Botschafter Narais in Frankreich ernannt, sein zweistündiges royales *farewell*. Am 3. Januar begab sich der Jesuit in Begleitung Ok-khun Phipits, Ok-khun Chamnans, Ok-khun Wisets sowie fünf ausgewählter Söhne siamesischer Adeliger, die am *Lycée Louis-le-Grand* studieren sollten, im letzten Moment an Bord der *Oiseau*. (*van der Cruysse, 2002:420*) Verständlicherweise war die Atmossphäre an Bord während der siebenmonatigen Überfahrt extrem angespannt und der erst kürzlich ordinierte Abbé de Choisy hatte seine liebe Müh' und Not, auf La Loubère und Tachard mässigend einzuwirken. Als die *Oiseau* im Juli 1688 Brest erreichte, notierte der Hafenmeister Desclouzeaux: >>Mr. Céberet ist letzten Samstag nach Lorient aufgebrochen und setzt seine Reise fort. Mr de La Loubère verliess uns am Dienstag Abend um sich an den Hof zu begeben. Fr Tachard reiste einen Tag später ab, Mittwoch. Aber in allen Unterhaltungen die ich mit den Herren geführt habe, habe ich den Eindruck gewonnen, das sie wenig Gefallen aneinander gefunden haben<<. (*Jacq-Hergoualc'h, 1987 :74*) Hätten die Herren gewusst, das zum Zeitpunkt ihrer Ankunft in Frankreich König Narai bereits gestorben und Mr Constance gefoltert und hingerichtet worden war und das französische Kontingent im Bangkoker Fort von siamesischen Truppen belagert wurde, wären vermutlich nicht im Februar 1688 weitere 200 Soldaten unter dem Kommando Mr de l'Estrilles auf der *Oriflamme* nach Ayutthaya geschickt worden. Auch hätte man den Einlassungen de Forbins in Versailles mehr Beachtung schenken können. Dieser hatte zunächst in der ihm eigenen direkten Art gegenüber Ludwig XIV. das totale Scheitern des Missionierungsversuches erklärt: >>'Nun', sprach der König, ,gibt es viele Christen im Königreich Siam? Und denkt der König ernsthaft daran den christlichen Glauben anzunehmen?'. ,Sire', sagte ich zu ihm,'dieser König hat niemals daran gedacht, noch hätte sich irgendein Sterblicher getraut, ihm dieses vorzuschlagen'. [...] Der König fragte mich [...] ob sie [Missionare] viele zum Christentum bekehrt hätten. ,Nicht eine einzige Seele', antwortete ich<<. (*Smithies, 1997b:166f.*) Gegenüber Seignelay artikulierte er die aus seiner Sicht sinnlose Entsendung französischer Truppen nach Ayutthaya: >>Truppen dorthin zu schicken, war absolut unnötig [...] das Fort in Bangkok betreffend, es wird in französischer Hand bleiben solange der König von Siam und Mr Constance am Leben sind; aber wenn einer der beiden sterben sollte, werden die

---

[1581] Das heutige Phang-nga (พังงา) eine Provinz an der Andamanenseeküste, auf auf der westlichen Seite der malaiischen Halbinsel gelegen.

Siamesen [...] es nicht versäumen, unsere Truppen zu verjagen<<. (*Smithies, 1997b:168*) Doch die deutlichen Worte verhallten auf den Fluren Versailles und die horribilen Nachrichten aus Ayutthaya erreichten Paris erst mehr als ein Jahr später. Dem Denkmuster des 17. Jahrhunderts folgend war der Erfolg jedoch unausweichlich, sofern Missionare, Diplomaten, Kaufleute und das Militär in konzertierter Aktion vorgingen, denn: >>aujourd'huy en France Dieu & Cesar n'ont plus que le même interest<<. (*Tachard, 1689:Epistre Au Roy*)

7.8.6.15. Die Situation am siamesischen Hof (3+1 = 0)

Die Unordnung der Gesellschaft kommt
von der Unordnung in der Familie[1582].

>>Während der letzten vier oder fünf Jahre hatte die Gesundheit des Königs aufgrund eines asthmatischen Hustens Schaden genommen und Anfang Februar verschlechterte sie sich erneut<<. (*Hutchinson, 1990:72*) Der sechsundfünfzigjährige Monarch konnte nicht verhindern, das zumindest insgeheim über die Nachfolge nicht nur eifrig spekuliert wurde, sondern potenzielle Kandidaten sich selbst ins Schaufenster stellten oder aber durch einflussreiche Kreise bei Hofe in Position gebracht wurden. Phra Narai hatte keinen Sohn gezeugt und traditionell wäre einer seiner beiden jüngeren Halbbrüder, Chao Fa Apaithot [เจ้าฟ้า อภัยทศ (เจ้าฟ้าใหญ่)] oder Chao Fa Noi [เจ้าฟ้าน้อย], als designierter Nachfolger bestimmt worden. Aber schon die Tatsache, das Phra Narai zu Lebzeiten keinen Uparacha (Vizekönig) bestimmt hatte, deutet darauf hin, das er beide für ungeeignet hielt. Die Angaben in den Königlichen Chroniken Ayutthayas dazu sind eher verwirrend: Der König >>hatte einen heiligen königlichen Sohn [sic!] der den heiligen Namen Chao Fa Noi trug. Nach der Zeremonie der Tonsur gab ihm der König den heiligen Namen [...] Chao Fa Apaithot<<. (*RCA, 2000:303*) Die europäischen Quellen, insbesondere die Memoiren des Jesuiten Bèze, sind dankenswerterweise wesentlich informativer: >>Der ältere der beiden [Chao Fa Apaithot] war körperbehindert, krummbeinig und sehr unsicher auf den Beinen; er erging sich häufig in leidenschaftlichen Gefühlsausbrüchen und war alkoholabhängig. Seine Deformationen hatte der König in jungen Jahren ertragen und ihn in seiner Nähe aufwachsen lassen. Dem jungen Prinzen wurde vieles nachgesehen, aber auf die Dauer waren seine Wutausbrüche eine zu grosse Belastung für die Geduld des Königs. [Nach einem Zwischenfalls bei einer gemeinsamen Elephantenjagd] wurde der Prinz zunächst unter Hausarrest im Königspalast in Ayutthaya gestellt; doch er durfte sich auf dem Gelände des Palastes frei bewegen und [schliesslich] sogar die Stadt betreten. Dem Wunsch des Prinzen nach Unterweisung im christlichen Glauben entsprach der König bereitswillig, der hoffte, das dadurch seine bösartigen Passionen gezähmt würden [...] aber sein Naturell war zu rastlos, als das er zur Ruhe gekommen wäre, und dann gab es noch jene, die ihn sämtlicher Wertschätzung des Königs berauben wollten; aus irgendwelchen Gründen wurde er beschuldigt, sich an der Verschwörung der Malaiien [Makassaren] gegen den König beteiligt zu haben und von da an stand er unter strengem Hausarrest im Königspalast<<. (*Hutchinson, 1990:52f.*) Das Interesse des Hofes galt nun vermehrt Chao Fa Noi, der nach dem Fall des älteren Bruders zunächst als aussichtsreichster Kandidat galt: >>hatte er doch die hellere Hautfarbe, die in Siam sehr bewundert wird; er war, zur Freude des Hofes und des gemeinen Volkes, umgänglich und hatte gute Manieren. Der König [...] hegte den Gedanken ihn zu seinem Nachfolger zu bestimmen, den älteren Bruder von der Thronfolge auszuschliessen [...] und den Prinzen mit seiner einzigen Tochter zu vermählen. <<. (*Hutchinson, 1990:53f.*) Laut Bèzes Bericht scheiterte die

---

[1582] Angela Merici (1474 - 1540), italienische Ordensgründerin, Stifterin und erste Äbtissin der Ursulinen (1535).

Hochzeit an einer Affäre Chao Fa Nois mit einer Mätresse des Königs, einer Schwester Phetrachas. Phra Narai wollte ihn den Tigern überlassen, doch begnadigte ihn schliesslich. Die anschliessende Auspeitschung jedoch, wurde von Phra Pi und Phetracha persönlich mit solcher Brutalität durchgeführt, das der halbtote Prinz fortan als ein stotterndes und geistesverwirrtes menschliches Wrack ein trauriges Dasein fristete. Damit waren beide Halbbrüder dauerhaft von der Thronfolge ausgeschlossen und Phetracha, der >>Anführer der Nationalisten<< (*Chula Chakrabongse, 1960:63*) hatte nur noch einen ernsthaften Rivalen zu eliminieren.

Phra Pi(ya) [พระปีย์(ยะ)], auch Mom Pi [หม่อมปีย์][1583] genannt, war als Sohn Ok-khun Kraisitthisaks schon im Knabenalter als *mahatlek*[1584] [มหาดเล็ก] an den Hof gekommen und wurde von einer Schwester Phra Narais gemeinsam mit dessen Tochter, Prinzessin Sudawadi [สุดาวดี][1585], aufgezogen. Er >>wuchs in bescheidenen Verhältnissen in einem kleinen Dorf flussaufwärts von Lopburi auf. Gemeinsam mit mehreren anderen Kindern wurde er in den Palast gebracht, dem Usus der Zeit folgend, demzufolge der Herrscher einige Kinder als Geschenk unter der Bedingung akzeptierte, das die Eltern sie erst im Erwachsenenalter wiedersehen durften [...] er verlor alsbald alle Erinnerung an seine niedere Abstammung und nahm das Erscheinungsbild und die Manieren eines wohlerzogenen, aus gutem Hause stammenden, Jünglings an und wurde ein idealer Höfling. Schärfe und Brillianz des Verstandes waren bei ihm weniger auffällig, doch glich er dieses durch sein sonniges Gemüt, seine ausgeglichenes Wesen und seine guten Manieren, insbesondere seine Bereitschaft dem König zu schmeicheln, aus [...] schon bald konnte der König nicht mehr auf ihn verzichten: im Palast, auf der Jagd, im königlichen Gefolge, Phra Pi war immer an der Seite des Königs, seine Augen stets ihn in dem Bemühen fixiert, dessen Befehle zu antizipieren. Der König pflegte zu sagen: 'Phra Pi erspart mir das Reden, er nimmt mir das Wort aus dem Mund'. Aufgrund dieser grossen Symphathie adoptierte er seinen jungen Favoriten. Nachdem die beiden Halbbrüder in Ungnade gefallen waren [...] erwog der König Phra Pi über eine Vermählung mit der Prinzessin [Yothathep] zu seinem Nachfolger zu ernennen. Als er dieser allerdings seinen Plan mitteilte, wollte die Prinzessin davon nichts wissen und verwies darauf, das ihr Stolz eine Verbindung mit einem Mann derart niederer Herkunft nicht zulasse [...] von da an hielt der König sie auf Distanz und wies sie an, in Ayutthaya[1586] zu bleiben<< (*Hutchinson, 1990:57f.*) Der ambitionierte Mom Pi hatte sich inzwischen den Unmut diverser einflussreicher Mitglieder des Adels zugezogen, deren angebotene Töchter er allesamt verschmäht hatte. >>Seine stark nachlassende Popularität blieb auch dem König nicht verborgen. Der König fand noch immer Gefallen an seinem *phu pen tirak* [ผู้เป็นที่รัก], dem geliebten Favoriten, allerdings gab er sein Vorhaben, ihn als Nachfolger zu installieren völlig auf, da dieser mittlerweile bei Gross und Klein an Respekt verloren hatte – ein Hindernis, welches nicht mehr zu überwinden war; darüber hinaus liebte er seine Tochter noch immer zu sehr, um ihr die Krone vorzuenthalten, trotz ihrer Weigerung, diese mit Phra Pi zu teilen.<< (*Hutchinson, 1990:59*) In den Augen der französischen Zeitzeugen war Yothathep oder >>la Princesse Reine<< (*na Pombejra,1984:49*) sehr grausam, hatte einen nicht geringen politischen Einfluss, verurteilte die xenophile Politik ihres Vaters und hasste Phaulkon, was sie zunehmend in das Lager Phetrachas abdriften liess. So notierte Céberet: >>gäbe er [Phaulkon] uns was wir fordern, würde sich das ganze Königreich erheben, und tausend Kabalen würden ersonnen; das wäre die Stunde seiner Gegner, die zahlreich sind, zu denen

---

[1583] In den französischen Quellen auch als *"Prapy"* oder *"Pra Pit"* bezeichnet.
[1584] Königlicher Page
[1585] Ihr späterer vollständiger Titel lautete: *Somdet Chao Fa Sudawadi Krom Luang Yothathep* [สมเด็จเจ้าฟ้าสุดาวดีกรมหลวงโยธาเทพ], kurz: *Yothathep*. Ihre Mutter war Prinzessin *Suriyong Ratsami* [สมเด็จเจ้าฟ้าศรีสุริยงรัศมี].
[1586] Phra Narai „floh" wann immer möglich aus Ayutthaya in seinen geliebten Sommerpalast in Lopburi.

auch die königliche Prinzessin zählt, die voller Hochmut und unglaublichen Stolzes ist<<. (*van der Cruysse, 2000:434*)

Ok-phra Phetrachas Taktik war voll aufgegangen. Ohne das man ihm eine direkte Beteiligung an oder gar die Planung der völligen Kompromittierung der beiden Halbbrüder sowie des Adoptivsohnes Narais nachweisen konnte, dem er die Krone versprach, hatte er drei veritable Aspiranten auf die Thronfolge derart nachhaltig desavouiert, das er nun den entscheidenden Schlag vorbereiten konnte: die Vernichtung Chao Phraya Wichayens. Dieses Unterfangen hatte einige Aussicht auf Erfolg, denn Phra Phetracha erfreute sich der Wertschätzung des Königs, stand in diskreter Verbindung zur Schlüsselfigur einer dynastisch legitimierten Thronfolge, Kromluang Yothathep und die Tatsache, das sowohl seine Tochter als auch die Schwester zu den Konkubinen Phra Narais zählten, dürfte sein Anliegen eher befördert haben. Hinzu kam, das die Mehrheit des siamesischen Hofadels es Phaulkon nachvollziehbar sehr verübelten, das er ihre Handelsaktivitäten zugunsten steigender Profite der Krone eingeschränkt hatte. (*Anonymus I, 2004:9*) Die entscheidende Komponente kam jedoch der buddhistischen *Sangha* zu, um deren Gunst er ebenso eifrig wie überzeugend buhlte. Nachdem die Halbschwester und Gattin Phra Narais verstorben war, nahm ein Teil der Entourage dem Gebot der Tradition folgend die Robe, um dadurch einerseits dem König ihre aufrichtige Trauer zu beweisen und andererseits die daraus resultierenden spirituellen Meriten zu erwerben. Unter den *buat phra* [บวชพระ]¹⁵⁸⁷, den „Mönchen auf Zeit" befanden sich auch Mom Pit und Phra Phethracha. Im Gegensatz zu Mom Pit, dessen Gesellschaft der König alsbald so sehr vermisste, das er sein *phu pen tirak* aufforderte, die Robe abzulegen und in den Palast zurückzukehren, verspürte Phra Narai offensichtlich keine grosse Sehnsucht nach Phra Phetracha. Während dieser vergeblich auf ein Zeichen des Königs wartete, blieb er jedoch nicht untätig und vermittelte der *Sangha*, das er eigentlich dem weltlichen Treiben entsagen wolle und nunmehr seine Berufung im Leben als buddhistischer Mönch gefunden habe. Le Blanc fand bei seiner Bewertung sehr deutliche Worte: >>die geringste seiner Sorgen war während seiner Klausur der Erwerb von Meriten [...] er gedachte dort eher Gefolgsleute um sich zu scharen und die Wertschätzung der talapoins¹⁵⁸⁸ zu sichern, die beim Volk in hohem Ansehen standen. Er knüpfte enge Verbindung mit den wichtigsten unter ihnen, und besonders mit dem *sankharat*¹⁵⁸⁹<<. (*van der Cruysse, 2002:437*) Dies schien Phra Phetracha vollends gelungen zu sein, denn alsbald sangen die bei Hofe versammelten Mönche das Hohelied auf den vormaligen Befehlshaber des Royalen Elephantenkorps und der König rief ihn kurz darauf aus dem Tempel zurück. Taktisch geschickt lehnte er aber die ihm angebotene Position des Phra Khlang unter dem Verweis auf seinem Wunsch nach einem kontemplativen Lebensstil ab, wohlwissend, das dieser Posten lediglich auf dem Papier existierte und die Macht allein in den Händen des ihm verhassten Levantiners lag. Fortan trug er nur noch ockerfarbene *pha nung* [ผ้านุ่ง]¹⁵⁹⁰, so dass seine Kleidung farblich den Roben der

---

[1587] Noch heute gilt, vor allem in den ruralen Gebieten Thailand das traditionelle Gebot, das jeder Mann zumindest einmal in seinem Leben (zeitweilig) in ein Kloster eintreten sollte, wobei ein Verbleib während der drei Monate der Regenzeit, *nüng pansa* [หนึ่งพรรษา] genannt, als besonders segensreich gilt.

[1588] Falsche französische Bezeichnung für die buddhistischen Mönche, die in Thai entweder einfach als *phra* [พระ], oder *bikkhu* [ภิกษุ] bzw. *phra bikkhu sangha* [พระภิกษุสงฆ์] bezeichnet werden. Ethymologisch leitet sich der Terminus talapoin vermutlich aus dem birmanischen *talapo* ab, den die Portugiesen dann zu *talapāo* korrumpiert haben. Möglicherweise geht er auch auf das Wort *talapat* [ตาลปัตร] zurück, welches in Thai auf eine bestimmte Palmenart referenziert, aus deren Blätter die Fächer für die Mönche gefertigt wurden. Der Vorsteher eines Tempels trägt häufig den Titel *luang pho* [หลวงพ่อ] vor seinem Namen, die bedeutendsten unter ihnen werden *phra arijatschao* [พระอริยเจ้า] genannt.

[1589] Der Oberste Mönchspatriarch (*Sangharacha*) in Siam (Thailand), *Somdet Phra Sangkharat* [สมเด็จพระสังฆราช].

[1590] Bestandteil der traditionellen siamesischen Kleidung, in Thai *chut thai phra ratcha niyom* [ชุดไทยพระราชนิยม] genannt, wobei das rockähnliche *pha nung* eher den Damen vorbehalten war. Die maskuline, hosenähnliche Variante wird *chong kraben* [โจงกระเบน] genannt. Das klassische Outfit wurde durch eine Hemdbluse und ein Brust- bzw. Hüfttuch *sabai* [สไบ] komplettiert.

Mönche sehr ähnlich war. *(Hutchinson, 1990:62)* Man kann sich sehr gut vorstellen, wie die Mönche auf ihren *bin tabat* [บิณฑบาต], den täglichen Almosenrunden, landesweit gegen die als bedrohlich wahrgenommene militärische Präsenz der Franzosen agitierten, während die Gläubigen die *bat* [บาต], die sogenannten Bettelschalen, der Bikkhus mit Reis, Gemüse, Fisch und Obst füllten. Das unehrenhafte Verhalten von Teilen des französischen Truppenkontingentes im Fort Bangkok, wo schlechtbezahlte und undisziplinierte Soldaten auf den Strassen bettelten, Reisende ausraubten und die einheimischen Frauen sexuell belästigten *(na Pombejra, 1984:430)* goss ebenso Öl auf die patriotische Flamme, wie die, bewusst in Umlauf gesetzten, Gerüchte eines bevorstehenden Putsches im April. Im Februar 1689 verschlechterten sich der Gesundheitszustand des Königs aufgrund anhaltender und schwerer Asthmaanfälle derart, das mit seinem baldigen Ableben zu rechnen war. Die Zeit schien reif und Phetracha, der siamesische Tiger, fletschte die Zähne: >>Hier sind wir Gefangene und um unseren Unglück noch die Krone aufzusetzen, gibt es niemanden, der uns befreien könnte. Der König ist krank und bestimmt nicht mehr selbst, die Prinzen ungeeignet, ihm auf den Thron zu folgen. Was mich anbelangt, so habe ich nicht die Ehre, das königliches Blut in meinen Adern fliesst. Aber ich habe königliche Milch getrunken und das Herz eines Siamesen<<. *(Deslandes-Boureau, 1756:29f.)*

7.8.6.16. Wenn ein Schwan singt ...

Schaue nach dem einen Blatte, hänge meine Hoffnung dran;
Spielt der Wind mit meinem Blatte, zittr' ich, was ich zittern kann[1591]

Mit der Mär einer angeblich bevorstehenden Verschwörung der beiden Prinzen, deren erste Opfer Mom Pit, Mr Constance und er selbst werden sollten, versuchte Phetracha Phaulkon in Sicherheit zu wiegen, nachdem er die königliche Erlaubnis zur Versammlung von Truppen in Lopburi erhalten hatte. >>Der junge Mann [Mom Pit] ist so überzeugt, das ich ihn zum König machen werde, das er sich völlig meinem Kommando unterstellt hat. [...] Und Ihr? [...] Wenn Ihr auf unserer Seite seid, mir die Unterstützung Eurer Autorität gewährt, sei es auch nur stillschweigend; stellt Ihr es mir anheim, die Truppen zu versammeln, die ich in der Lage bin, auszuheben? Falls ja, darauf gebe ich Euch mein Wort, werde ich hier in Lopburi so viele Männer bereitstellen wie es bedarf, die Krone auf den Kopf zu setzen, der es verdient [...] Und warum nicht auf den Euren? Alles was ihr tun müsstet wäre glaubhaft zu machen, das ihr zum Buddhismus übergetreten seid. Was mich anbelangt, so schwöre ich Ruhe und Frieden in einem Tempel zu finden, sobald ich sehe das das Land gesichert und die sterblichen Überreste des Königs mit dem ihnen gebührenden Respekt beigesetzt worden sind<<. *(Hutchinson, 1990:74)* Der Falke, >>ein Man von großem Verstande, sehr schönem Aeußern, und einer vorzüglich angenehmen Beredsamkeit<< *(Kämpfer,1777:25)*, war zwar emotional durch den frühen und unerwarteten Tod seines Sohnes John (Signor Juan) angeschlagen, durchschaute aber das Manöver sofort. Ein Zwischenfall im Königspalast hatte ihn zuvor bereits in höchste Alarmbereitschaft versetzt. Chao Phraya Wichayen hatte einige Mönche und Novizen gezwungen, die Tempel zu verlassen, da diese nicht die geforderten Kenntnisse erworben hatten und die Robe nur deshalb genommen hatten, um dem sechsmonatigen Frondienst für

---

Mitglieder des Hochadels trugen bei offiziellen Anlässen respektive bei Hofe eine spezielle Kleidung, *Khrui Khun Nang* [ครุยขุนนาง] genannt. Diese umfasste zusätzlich noch die Kopfbedeckung *lomphok* (ลอมพอก) und einen, häufig golddurchwirkten, Umhang namens *khrui krong thong* [ครุยกรองทอง]. Das heutige formale thailändische Outfit wird *chut thai phra ratcha niyom* [ชุดไทยพระราชนิยม] genannt, wobei die maskuline Variante *suea phraratchathan* [เสื้อพระราชทาน] standardmässig als *ratcha pataen* [ราชปะแตน] getragen wird: eine Jacke im Nehru-Stil mit 5 Knöpfen, das hosenähnliche *chong kraben* [โจงกระเบน], knielange Strümpfe *tung tao* [ถุงเท้า] und die passenden Schuhe *rong tao humson* [รองเท้าหุ้มส้น].
[1591] Franz Schubert (1797–1828)

den König zu entgehen. Die *Sangha* war darüber sehr aufgebracht, denn sie betrachteten dies als veritablen Eingriff in ihre Prärogative. Der Sohn Phetrachas, Luang Sorasak[1592], beschloss mit dem Sturm und Drang des jugendlichen Eiferers auf eigene Faust zu handeln: >>Dieser verfluchte Ausländer. Dieser Schurke erfreut sich aussergewöhnlicher Wertschätzung. Egal wieviel er auch immer falsch macht, der König bekundet stets sein heiliges Mitleid mit ihm und bestraft ihn nicht. Nun werde ich diesen Schuft bestrafen, nur dieses eine Mal [...] Luang Sorasak [...] schlug ihm ins Gesicht und zwei Zähne aus. Dann flüchtete er nach Hause, wo er ein Boot bestieg und sich nach Ayutthaya flüchtete<< (*RCA,2000:304*) Zwar hatte der König zunächst die Verhaftung der >>spitzbübischen Feige<< (*RCA,2000:305*) angeordnet, im Endeffekt aber der hofinternen Lobby und dem Druck der Sangha nachgegeben und die Insubordination nachträglich pardoniert. Die Uhr tickte und der Falke beschloss, *stante pede* zu handeln.

General Desfarges war in Bangkok dabei, die Modernisierung und Befestigung des Forts[1593] voranzutreiben, wobei insbesondere die personalintensiven Erdarbeiten permanent obstruiert wurden. Phetracha und seinen Gefolgsleuten war es gelungen, einige der verantwortlichen siamesischen Offiziere für ihre Sache zu gewinnen. Diese setzten daraufhin die aus der Schatulle des Königs entlohnten Arbeiter in anderen Projekten ein und sabotierten auf diese Art den Fortgang der Arbeiten. (*Anonymus I, 2004:18*) Nachdem Desfarges dem Hof mitgeteilt hatte, das von den 1.500 vom König gestellten Arbeitern weniger als 800 auf den Baustellen waren, ordnete der König an, die Verantwortlichen mit Säbelhieben auf Kopf und Nacken zu bestrafen, >>*On leur coupe avec un sabre la peau de la teste de haut en bas jusqu'au crâne*<<. Die vom König gesandten Vollstrecker wurden allerdings von Desfarges wieder weggeschickt, bevor sie die Befehle des Herrschers ausführen konnten. >>der General behinderte die Entdeckung der Wahrheit ebenso wie die frühe Fertigstellung der Fortifikationen. Deshalb war das Fort nicht in der Lage einem Angriff standzuhalten<<.

[1592] Die Königlichen Chroniken Ayutthayas sind in dieser Frage widersprüchlich, da sie an einigen Stellen auch König Narai als „heimlichen" Erzeuger ausweisen (*RCA, 2000:300f.*). Nach der Thronbesteigung Phetrachas wurde Sorasak Uparat (Vizekönig). Gleichzeitig platzierte sein Vater aber zwei seiner Söhne mit königlichem Rang an die Spitze der Verwaltung. Sorasak war damit unzufrieden und ließ die königlichen Rivalen binnen eines Jahres umbringen, ebenso Prinz Apaithot. Er unterwarf die aufständischen Provinzen Nakhon Ratchasima und Nakhon Si Thammarat und stoppte eine neue Rebellion in Nakhon Ratchasima, als ein Mönch namens *Bun Khwang* etwa ein Jahr standhielt und behauptete, Narais Bruder zu sein. >>Jm leztern Jahre wagte ein Pfaffe aus Peju, der den ſiamiſchen Hof ſehr gut kante, und ehmals zu Judja in Verhaft geſeſſen hatte, einen ähnlichen Anſchlag. Er gab ſich auf dem platten Lande für des ohnlångſt verſtorbnen Königs älteſten (von Petratja erſchlagnen) Bruder und alſo rechtmäßigen Reichserben aus. Er war ſo glüklich, in kurzer Zeit auf 10,000 Man (aber meiſtens nur vom unbewehrten Pöbel) zuſammenzubringen; und als er erfuhr, der Kronprinz würde ſich an einem gewiſſen Orte mit ſeinem Hofſtaat einfinden, um ſich zu divertiren, verbarg er ſich in der Gegend im Walde, wo er glaubte, ſie recht vortheilhaft überfallen zu können. Denn, dacht er, ſogleich in der erſten Verwirrung in die Stadt zu dringen, und den König mit ſeiner Familie aus dem Wege zu räumen. Allein die Sache nahm einen andern Ausgang; der Prinz erfuhr die Gegenwart und Abſicht der Verſchwornen, ließ ihnen ſein Silbergeräthe zur Beute, und flüchtete mit Schrecken in die Stadt zum Könige. Dieſer brachte ſogleich 12,000 Man zuſammen und ſchikte ſie dem ungeordneten Haufen, der ſchon auf die Stadt zueilte, entgegen. Dieſer unvermuthete Zuſtand brachte ihm ein ſolches Schrecken bei, daß er ſogleich voller Verwirrung und Eil ſich mit der Flucht rettete. Daher wurden auch nur hundert von dieſen Feinden getödtet, und drei hundert gefangen genommen, denen der Sieger die Fusſohlen verbrennen ließ, und ſie dadurch außer Stand ſezte, zu entwiſchen. Einige Tage hernach fand man auch den aufrühriſchen Pfaffen unter einem Baume im Walde ſchlafen, wo er nur einen Knaben bei ſich hatte. Er wurde daher mit leichter Mühe nach der Stadt gebracht, und daſelbſt mit Hals und Bruſt an einen Pfahlgeſchloſſen. Nachdem er verſchiedene Tage hier zum öffentlichen Schauſpiel geſtanden hatte, wurde ihm, da er noch lebte, der Bauch aufgeſchnitten, und die Hunde herzugelaſſen, um die Gedärme herauszureißen und zu verſchlingen<<. (*Kaempfer,1777:31f.*) Phetracha hatte nach seiner Thronbesteigung zwei weitere Söhne, die von Narais Schwester und Tochter geboren wurden: Prinz Phra Khwan (* 1691) und Trat Noi (* 1694). Mit deren zunehmendem Alter fürchtete Sorasak mehr und mehr um seine Thronfolge. Als sein Vater 1703 erkrankte, ließ Sorasak kurzerhand Phra Khwan umbringen. Nachdem Phetracha davon erfuhr, erklärte er noch auf seinem Totenbett den Prinzen Phichai Surin als seinen Nachfolger. Dieser wollte aber nicht das gleiche Schicksal wie viele Brüder des Sorasak erleiden und trat seine Ansprüche nicht an. Sorasak wurde 1703 als König Suriyenthrathibodi gekrönt, starb aber bereits 1709. Sein populärer Name „Tigerkönig" deutet auf seine Blutrünstigkeit hin, die er bei der Verfolgung seiner Ziele über lange Jahre zeigte.

[1593] Vijaiprasit Fort [ป้อมวิไชยประสิทธิ์], das spätere Fort König Taksins.

443

(*Hutchinson, 1990:78*) Ein französischer Zeitzeuge charakterisierte Desfarges wenig schmeichelhaft: >>eitel und engstirnig, unentschlossen, mimosenhaft, krisenanfällig, ohne richtige Freunde und klare Gedanken, schwankte zwischen extremer Leichtgläubigkeit und extremen Argwohn, sehr egoistisch und schien Geld mehr zu mögen als redlich war<<. (*Lanier, 1883:92*) Mr Constance hatte Desfarges nach Lopburi beordert, wo dieser am 31. März auch gleich eine Audienz erhielt und der König, laut Vertrag immerhin sein Vorgesetzter, ihn ersuchte, >>so viel Männer als er entbehren konnte zu schicken<<. Nachdem Desfarges nach einem Gespräch mit Phaulkon dessen Plan zugestimmt hatte, die vom König angeforderten französischen Truppen unmittelbar in Marsch zu setzen und absolutes Stillschweigen zu bewahren, bat er noch um einen schriftlichen Befehl des Königs zwecks Eigensicherung, was ihm umgehend gewährt wurde. Doch Desfarges hielt keine der Zusagen ein. Es dauerte geschlagene zwei Wochen bis er mit 90 bzw. 105 (La Touche) Mann endlich in Ayutthaya eintraf, aber sich nicht, wie befohlen, nach Lopburi begab. Ausserdem war er indiskret, so dass nicht nur der Zivilist Véret bereits nach kurzer Zeit Kenntnis von dem geplanten Manöver hatte. >>Das Gerücht ging um, das die Franzosen konspirierten um sich Siams zu bemächtigen: sogar die Marktfrauen in Ayutthaya wussten Bescheid und rannten weg, wenn sie Desfarges sahen<<. (*na Pombejra, 1984:439*) Warum der zwielichtige Pfeffersack gemeinsam mit dem Abbé de Lionne mit allen Mitteln versuchte, Desfarges von der Weiterreise nach Lopburi abzubringen, liegt auf der Hand. Véret >>ein geschworener Feind von M. de Constance, da dieser nur zu gut Bescheid wusste über die Unregelmässigkeiten in der Administration des godowns, dachte das keine günstigere Gelegenheit käme, sein Mütchen zu kühlen und sich selbst vor der Schande zu bewahren [erführen] die Shareholder der Ostindien Gesellschaft von der irregulären Geschäftsführung<<. (*Anonymus I, 2004:9*) Fakt ist, das er den General dahingehend falsch informierte, dass der König mittlerweile gestorben sei und er jeden Tag eine Order aus Versailles erwarte, die das Ende des französischen Engagements beinhalte. Aufgrund eines Vorschlages des Bischofs entsandte Desfarges zwar noch den Leutnant der Infantrie, Le Roy als „Kundschafter" nach Lopburi, aber auch dessen Bericht, das der König am Leben sei, keine siamesischen Truppen zu sehen waren und in Lopburi selbst absolute Ruhe herrschte, konnte Desfarges nicht mehr umstimmen. Seine lauwarme Begründung, er wolle durch sein Erscheinen nicht zur weiteren Aufheizung der Atmossphäre beitragen, krönte er mit dem lapidaren Hinweis >>er verbliebe noch für ein oder zwei Tage in Ayutthaya und für den Fall, das Constance sich mit Frau und Familie nach Bangkok zurückziehen wolle, werde er ihn persönlich ins dortige Fort eskortieren [...] nicht einmal erwog er, ob seine Desertion Constances nicht auch die Desavouierung der Ehre, Interessen und sogar der Religion Frankreichs inpliziere<<. (*Hutchinson, 1990:83f.*) Phra Narai trafen diese Nachrichten völlig unvorbereitet und konsterniert kommentierte er: >>'Was! Der französische General verlässt Uns in der Stunde der grössten Not, der, wie Du [Phaulkon] mir mehrfach versichert hast, den Befehl seines Königs hat, mir jede benötigte Unterstützung zu gewähren<<. (*Anonymus I, 2004:14*) Während der fahnenflüchtige General sich unverzüglich auf den Weg in sein vermeintlich sicheres Fort machte, wurde die Situation für Paulkon immer enger. Zu lange hatte er auf die Franzosen gesetzt, jetzt noch den Engländer zu Hilfe zu rufen, die ihn schon beim Makassarenaufstand unterstützt hatten, blieb keine Zeit mehr. Phetracha hatte Augen und Ohren im gesamten Königreich, die Mönche rührten weiterhin täglich die Buschtrommel, die Protagonisten bei Hofe überboten sich gegenseitig bei der Kreation von *fake news* und den daraus resultierenden Kabalen und die Agonie Phra Narais schuf ein temporäres Machtvakuum, welches für Chao Phraya Wichayen zunehmend bedrohlicher wurde. Die Beute war waidwund geschlagen und der Tiger setzte zum Sprung an.

7.8.6.17. A la guerre comme à la guerre ...

Dann und wann ein kleiner Aufstand ist sehr zu empfehlen[1594].

Mit der Unterstützung seines agilen Sohnes Ok-luang Sorasak versammelte Phetracha seine Gefolgsleute. Die ihn unterstützenden *khunnang* hatten ihre *that* und *phrai* aufgeboten und zu Milizen formiert, die in Tempeln rund um Lopburi stationiert wurden. In den Chroniken Ayutthayas ist folgender Dialog zwischen dem Sohn Phetrachas und einem gewissen *Phattaba*[1595] überliefert, vermutlich der Name des Sangharachas von Lop Buri: >>'Wird Eure Heiligkeit sich uns anschliessen oder nicht?' [...] 'Wenn Euer Gnaden sich wirklich bereits entschlossen haben , Massnahmen zu ergreifen, wird der Diener des heiligen Gottes [Buddha] helfen, einen Plan zu entwickeln. Seid dessen unbesorgt'<<. (*RCA, 2000:312*) Ok-khun Kraisitthisak, der Vater Mom Pits, brachte rund 14.000 Mann auf (*Anonymus II, 2004:125*), laut La Touche gelang es Phetracha aber innerhalb weniger Tage 70.000-80.000 Anhänger mobilisieren. Fr Le Blanc schätzte die militärische Schlagkraft dieses, in aller Eile zusammengewürfelten Haufens von Landarbeitern und Leibeigenem, arrogant als gering ein: >>Hundert entschlossene Männer hätten diesen Abschaum von Sklaven und Eingeborenen, die zum ersten Mal in ihrem Leben bewaffnet wurden, zerstreut<<. (*Le Blanc, 1692 I:143*) Die kommenden Ereignisse ahnend, schickte Phaulkon seine Frau und den Sohn Jorge vorsorglich in das japanische Dorf[1596]. Sein Plan, den König doch noch umzustimmen, einen seiner Halbbrüder zum Nachfolger auszurufen, war gescheitert. Am 10. Mai teilte Phra Narai dem versammelten Kronrat mit, das er >>die Krone seiner Tochter unter der Voraussetzung vererbe, das sie bis zur Beendigung der Feierlichkeiten der Beisetzung der sterblichen royalen Überreste dem gemeinsamen Ratschlag von Okya Wichayen, Opra Pit und Opra Pitracha zu folgen habe. Danach stand es ihr frei zu entscheiden, mit welchem der beiden Prinzen sie fürderhin den Thron teilen wolle<< (*Hutchinson, 1990:86*) Nachdem Mom Pit erkannte, das die Versprechungen Phetrachas, ihm zur Krome zu verhelfen, nichts als Schall und Rauch waren, drang er bis zum König vor und unterrichtete diesen von den Vorbereitungen des geplanten coup d'etats. Nachdem der herbeigerufene Phaulkon die Anschuldigungen Mom Pits bestätigte, befahl Phra Narai Phetracha, sich am nächsten Morgen bei Hofe einzufinden. Dieser dachte natürlich nicht im Traum daran, sondern suchte umgehend den Rat des Sangharachas von Lopburi und seiner engsten Vertrauten. Man beschloss, nicht mehr den bevorstehenden Tod Phra Narais abzuwarten, sondern am nächsten Morgen, den 18. Mai, 1688, proaktiv loszuschlagen. Am Tag darauf wurden mit Hilfe der Mönche die Massen durch bewusste Fehlinformationen „auf Betriebstemperatur" gebracht: >>Der kranke König hat die Staatsgeschäfte Pra Pitracha übertragen und Oya Vichaiyen seines Amtes enthoben; der König hält ihn für schuldig, das Königreich an die Ausländer verraten zu haben; der Verräter trotzt nun seiner Majestät in dem er sich an die Macht klammert, die er so schändlich gebraucht hat: um ihn zur Besinnung zu bringen ist Pra Pitracha dazu gezwungen, im Auftrag des Königs zu den Waffen zu greifen: die Pflicht jedes treuen Untertan ist es, sich diesem Führer anzuschliessen<<. (*Hutchinson, 1990:87f.*) Eine dreiste Aneinanderreihung von Lügen, sofern man den europäischen Quellen Glauben schenkt, die den gewünschten Effekt hatte und bei Thronfolgestreitigkeiten galt auch in Ayutthaya wie bei allen bewaffneten Auseinandersetzungen das Motto: *Bello amoreque omnia fieri ius fasque est*[1597]. Die Königlichen Chroniken Ayutthayas vermitteln jedoch ein differenzierteres Bild. Geschildert wird zunächst eine Szene im Königspalast, wonach der König Phetracha mit den Worten >>Kommt und versucht dieses rote Pferd zu reiten und lasst uns sehen, ob ihr dazu in der

---

[1594] Thomas Jefferson (1743 - 1826), Dritter Präsident der USA
[1595] Auch *Phrataba* und *Saming* genannt
[1596] Die Frau Phaulkons war mütterlicherseits Halbjapanerin
[1597] Im Krieg und in der Liebe ist alles erlaubt.

Lage seid<< (*RCA, 2000:308*) aufgefordert haben soll, den *kanam* zu besteigen. Der Prozessionsthron des Königs >>*kanam* ist auch bekannt als das , königliche Reitpferd'. Er ist aus vergoldetem Holz gefertigt und hat auf allen vier Seiten Vorhänge aus Goldbrokat. Der Thron ist auf einem Wagen befestigt, wobei Wagen und Lenker vollständig von Tuchbahnen verhüllt sind<<. (*O' Kane, 1972:55f.*) Nachdem dieser unerkannt eine Runde auf dem königlichen Gefährt absolviert hatte, kommentierte Phra Narai mit einem Lächeln: >>All [...] diese Strolche haben angenommen, Wir seien es gewesen<<. (*RCA, 2000:309*) Ist diese Allegorie schon richtungsweisend, werden die Chroniken in der Folge eindeutig: >>Als nun Seine Majestät mit seiner [...] Krankheit niederkam, erliess er eine Order, in der er kundtat, er sei erfreut sagen zu können, das Phra Phetracha eine bedeutende Persönlichkeit sei und er zu dessen Gunsten darauf verzichte, [künftig] die Geschicke des Königreiches zu lenken, den Adel zu leiten und alle Diener in königlichen Diensten zu befehligen [...] Deshalb wurde eine königliche Proklamation verlautbart, in der es dem König gefiel, Phetracha an seiner statt mit den königlichen Aufgaben zu betrauen<<. (*RCA, 2000:309ff.*)

Ob nun mit oder ohne royales Plazet, der Tross setzte sich, vermutlich am 18. Mai 1688, von patriotischer Euphorie beflügelt in Richtung Königspalast in Bewegung. >>An der Spitze der Truppen, getragen auf den Schultern von sechs Männern, war der sankharat von Lopburi zu finden [...] Dieser talapoin forderte jedermann mittels Worten und Gesten auf, sich ihm anzuschliessen. Er erreichte eine kleine Seitentür des Palastes, welche ihm von Verbündeten innerhalb des Palastes geöffnet wurde, und alle stürzten hinein<< (*Le Blanc, 1692 I:143ff.*) Phaulkon, dessen >>Treue zum König grösser war als seine Furcht vor dem Tod<<, (*de la Touche, o.J.:313*) rannte in Begleitung von Beauchamp, Mr de Fretreville und dem jüngeren Sohn General Desfarges' zum Königspalast, den er durch eine Seitentür betrat. Dort standen sie im zweiten Vorhof Phetracha und seinen mit Säbeln bewaffneten Gefolgsleuten gegenüber. Doch angesichts der numerischen Unterlegenheit konnte sich keiner der Franzosen zu einer Initiative durchringen, so das Phaulkon schliesslich diese indigniert aufforderte: >>legen Sie ihre Waffen nieder; Sie haben zu lange gezaudert, die Gelegnheit ist vertan<<. (*Anonymus I, 2004:15*) Die Franzosen wurden festgenommen und Phetracha führte Phaulkon auf den Balkon des Palastes, vermutlich um die draussen versammelten und bewaffneten Engländern und Portugiesen zu täuschen. Danach ordnete er an, das Mr Constance die Fusssohlen zu verbrennen seien, damit er nicht fliehen könne und liess ihn vorerst einkerkern. Die vermeintliche Gnadenfrist sollte sich allerdings als wenig human erweisen, da der Falke in der Folge nahezu täglich grausamen Folterungen durch Phra Sorasak unterzogen wurde. Das erste Opfer Phra Phetrachas wurde Mom Pi, der nach der Flucht seines Vaters auch von seinen Gefolgsleuten verlassen wurde. In Panik flüchtete er sich in das Schlafgemach des Königs, der ihm dort offensichtlich bereitwillig „Asyl" gewährte, da dieser laut Leutnat de Saint-Vandrille auf Weisung Phetrachas mittlerweile selbst in seinem eigenen Palast unter Hausarrest stand. (*de Saint-Vandrille, o.J:41*) Da die Privaträume des Herrschers tabu waren, postierte Phra Phetracha vor den Türen Wachposten, die geduldig auf ihre Chance lauerten. Als Phra Pi zwei Tage darauf bei Nacht dem Ruf der Natur folgend die Bettkammer des Königs verliess, wurde er ergriffen und Phetracha befahl ihn umgehend zu enthaupten, um danach den Leichnam vor dem Palast auszustellen. (*de Saint-Vandrille, o.J:42*) Den Kopf des einstigen *phu pen tirak* Phra Narais warf er Phaulkon mit den Worten >>Hier hast Du Deinen König<< (*Vollant des Verquains, 1691:59*) vor die verbrannten Füsse. Laut den Königlichen Chroniken verliess Mom Pi das Schlafgemach um sich zu waschen und wurde dann von einem Gefolgsmann Phetrachas, *Khun Phiphit Raksa*, von der Veranda gestossen und danach getötet. Seine Majestät habe den Schrei gehört und noch ausgerufen: >>Wer? Warum den Kleinen?<< (*RCA, 2000:309f.*) Jetzt musste sich Phetracha nur noch der beiden Halbbrüder des Königs entledigen, eine etwas delikatere

Aufgabe, da ungeachtet ihrer persönlichen Defizite königliches Blut in ihren Adern floss. Im neu zusammengesetzten „Kronrat" war das Wort Phetrachas bereits jetzt Gesetz und nachdem er dort verkündet hatte, der König persönlich habe ihn gebeten, eine Thronfolge der beiden mit allen Mitteln zu verhindern, wurde das Todesurteil über Chao Fa Noi und Chao Fa Apaithot gefällt. >>Phetracha liess noch am selbern Tag den älteren mit nackter Gewalt aus dem Palast in Ayutthaya, den dieser nie verlassen wollte, welch hehre Versprechungen ihm auch immer gemacht wurden, entfernen und brachte ihn nach Lopburi, wo er den jüngeren bereits gefangen hielt [...] Dann übergab er sie einer siebenköpfigen Abteilung aus engsten Vertrauten unter Leitung seines Sohnes [...] welche die beiden zur einem Tempel zwischen Lopburi und Thale Chupson brachten [...] jeden in einem violetten Samtsack steckten [und] mit Sandelholzkeulen [zu Tode prügelten, gemäss] der siamesischen Tradition, wonach königliches Blut niemals den Boden berühren darf<<. (*Anonymus I, 2004:25*)

Phetracha liess kurz darauf alle Christen in Lopburi in Ketten legen und sparte dabei weder jene französischen Offiziere, die Phaulkon zum Palast begleitet hatten und bei seiner Festnahme anwesend waren, noch die Kommandeure der beiden Kompanien aus siamesisch-portugiesischen Mischlingen aus. Nach einigen Tagen in Haft gelang einigen von ihnen die Flucht in Richtung Bangkok. Allerdings wurden sie bereits kurz vor Ayutthaya wieder von einem 500 Mann starken Suchtrupp eingefangen. Zur Bestrafung wurden sie unbekleidet an die Schwaenze ihrer Pferde festgebunden und dann durch die Dornenbüsche geschleift und mit Rattanstöcken derart schwer geprügelt, so das der Ingenieur de Bressy darauf seinen Verletzungen erlag. (*Anonymus I, 2004:16*) Die abweichende Darstellung Kosa Pans in einem Brief 1693 an M. de Brisacier[1598] kling wenig glaubhaft: >>Die Siamesen [...] die dachten, es seien Engländer die zur Partei Phaulkons gehörten, überwältigten und arretierten sie [...] und brachten sie zurück nach Lopburi. Sobald sie ihren Irrtum erkannten, lösten sie die Fesseln [...] und verpflegten sie. Es ist wahr, das einer der Ingenieure, dem man dicht auf den Fersen war, sich der Gefangennahme länger als die anderen entziehen konnte. Als er schliesslich am Ende seiner Kräfte rastete, fiel er ohnmächtig um und verstarb trotz der eingeleiteten Hilfsmassnahmen<< (*Hutchinson 1935:72f.*) Phra Phetracha sandte den frischgebackenen Phra Klang, Kosa Pan, zu Desfarges nach Bangkok und forderte diesen am 25. Mai im Namen des Königs auf, in Lopburi zu erscheinen. Zuvor hatte er bereits den Abbé de Lionne[1599] massiv unter Druck gesetzt und ihm mitgeteilt, wenn Desfarges nicht in Lopburi erschiene, fuehle er sich durch ihn und alle anderen französischen Missionare derart beleidigt, das >>er sie vor die Mündungen seiner Kanonen spannen liesse<<. (*van der Cruysse, 2002:448*) Der naive General, dem offensichtlich Hoffnungen auf die Nachfolge Phaulkons gemacht wurden, machte sich in Begleitung seines ältesten Sohnes weisungsgemäss auf den Weg, doch seine Verunsicherung nahm stündlich zu, als sich immer mehr siamesische Boote um ihn versammelten. >>M. Desfarges war kaum in Lopburi angekommen [2. Juni], als er sich von vielen bewaffneten Männern umringt sah und begann, seine exzessive Leichtgläubigkeit zu bereuen<<. (*Anonymus I, 2004:19*) Nachdem Phetracha den Franzosen einem kurzen Verhör unterzogen hatte, teilte er ihm mit, das es im Interesse des Königs läge, dass dieser mit all seinen Truppen nach Lopburi käme, um von dort aus die laotischen Feinde zu bekämpfen. Desfarges solle sofort seinem Vertreter in Bangkok und dem Kommandanten in Mergui den Befehl zum Abmarsch erteilen. Selbst der naive General erkannte die Absicht Phetrachas, die Franzosen aus ihren befestigten Stellungen zu locken, um sie dann im offenen Gelände mit ihrer numerischen Überlegenheit zu eliminieren. Er teilte Phetracha mit, das nach französischer Dienstvorschrift ein abwesender Kommandeur keine Befehle erteilen könne, aber er wolle gerne persönlich in Bangkok und Mergui die entsprechenden Ordres erteilen. Zum Beweis seiner lauteren Absichten wolle er Phetracha seine beiden Söhne als Geiseln

---
[1598] Leiter der MEP in Paris von 1681-1736
[1599] (1655–1713)

überlassen. Phetracha lehnte zunächst ab, diktierte einen Brief an den Kommandanten in Mergui mit der Aufforderung, nach Lopburi zu kommen. Da der Duktus des Schreibens und die Tatsache, das er zwar gesiegelt, aber nicht von Desfarges unterschrieben war, erkennen liessen, das dieser unter Zwang verfasst worden war, wurde er schlicht ignoriert. >>So gelang es M. Desfarges, der nichts getan und alles versprochen hatte, wie gewünscht in seine Feste zurückzukehren, seine Söhne, die Offiziere und alle Christen der Unbarmherzigkeit dieser Leute aussetzend, sobald sie realisierten, das er nicht daran dachte, seinen gegebenen Zusagen nachzukommen<<. (*Anonymus I, 2004:20*) Das die Gefangenen für die Unentschlossenheit Desfarges' schwer zu büssen hatten, vermerkte auch der „neutrale" deutsche Chirurgus in Diensten der VOC: >>Alle andern Franzosen, die sich damals in Siam befanden mussten die unbesonnenen die sich damals in Siam befanden mussten die unbesonnenen Aufführung ihres Generals sehr hart mit einem langwierigen und äußerst unangenehmen Gefängnis büßen. Auch der Metropolitanbischof, Louis, [...] war unter dieser Zahl begriffen. Sein Palast vor der Stadt wurde geplündert, und er selbst nebst den übrigen Vätern der Geselschaft Jesu, (deren, denke ich, sieben oder acht waren), wurden in [...] Verhaft gebracht>>. (*Kämpfer,1777:29*) Noch deutlicher sind die Briefe Bischof Laneaus aus dem Mai und November 1689, der sich unter ihnen befand. >>welch eine gute Schule ist das Leiden! [...] es war Gott der uns in seiner unendlichen Liebe aus unseren Häusern vertrieben, uns allen Besitzes beraubt, ins Gefängnis geworfen hat und uns diese Erniedrigungen erleiden lässt[1600] [...] *Omnia excelsa tua et fluctus tui super transierunt*[1601] [...] aber wir leben noch; die Erfahrung lehrte uns, das man auch von gesalzenen Fisch und Reis allein existieren kann. [...] Ich wurde an einem anderen Platz gebracht, in ein kleines Haus, wo ich zur Ruhe kam, während unsere armen Brüder wie Galeerensklaven gehalten werden. Ich war nur die ersten Monate in Ketten [...] Dank der Vorsehung hat M. Paumard[1602] den verstorbenen König mit Medizin versorgt, weshalb er einige Mandarine kannte, die ihn vor dem Kerker bewahrten und ihm völlige Bewegungsfreiheit bewilligten; er ist der einzige, der für fünfzig oder sechzig klerikale Gefangene, Schüler, Laien, zahlreiche Soldaten des Königs und der Gesellschaft und andere Menschen sowie für einige Engländer Essen beschafft; denn es wird ihnen ansonsten kein Körnchen Reis gegeben. M. Paumard versorgt sie mit den ihm gegebenen Spendengeldern mit Reis und Fisch [...] und füttert sie alle [...] einige Portugiesen, Holländer, Armenier, und Muslime spenden oder haben gespendet, aber mit der Zeit schwindet ihre Wohltätigkeit. Nur Fr. Maldonado der, selber arm, und seit langem nichts mehr aus Macao erhalten habend, setzt seine Spenden fort<< (*Smithies, 2004:177ff.*)

Während die Gefangenen in den Verliessen Hunger und Durst litten, gingen auch im Bangkoker Fort die Vorräte an Reis und Salz zu Neige. Ein passierendes chinesisches Handelsschiff wurde angehalten und ein französischer Offizier ging in Begleitung von vier Soldaten an Bord, um die benötigten Vorräte einzukaufen. Der Kapitän verweigerte aber jeden Handel, worauf ihn die französischen Festungskanonen unter Beschuss nahmen. Während der auf der anderen Seite des Menams weilende Ok-luang Kanlaya Ratchamaitri sich eilig auf den Weg nach Lopburi machte, um Phetracha die Nachricht von der „Kriegserklärung" der Franzosen zu überbringen, beratschlagten diese, wie sie den erwarteten Angriff der siamesischen Truppen am besten abwehren könnten. Auf Vorschlag des Leitenden Ingenieurs gab man das Fort westlich des Menam auf und nachdem die dortigen Kanonen unbrauchbar gemacht worden waren, wurden die restliche Munition und dort gelagerte Lebensmittel auf die gegenüberliegende Flussseite in die westliche Festung verbracht. Danach begann eine dreitägige Kanonade des verlassenen Forts, was jedoch die

---

[1600] Gemeint waren natürlich die neuen Herren Ayutthayas.
[1601] Alle, die mich hassen, flüstern miteinander über mich und denken sich Böses gegen mich aus.
[1602] Etienne Paumard (1640-1690), Missionar mit medizinischem Wissen, diente gegen Ende des Regnums als einer der Ärzte Phra Narais.

Siamesen nicht davon abhielt, immer wieder mit dem Neuaufbau zu beginnen. Desfarges entsandte deshalb einen Stosstrupp über den Fluss, der aber zurückgeworfen wurde und auf französischer Seite diverse Tote und zwei Verletzte[1603] kostete. (*de Saint-Vandrille, o.J:44*) >>Es ist kaum möglich zu ermessen, welchen Mut die Siamesen aus dieser Begegnung schöpften, denen es allmählich dämmerte, das die Franzosen doch nicht so unbesiegbar waren, wie sie vorher geglaubt hatten<<. (*Anonymus I, 2004:22*) Um den Franzosen die Möglichkeit zu nehmen, durch Verstärkungen aus dem Mutterland das Blatt doch noch zu ihren Gunsten zu wenden, wurde der Fluss an drei Stellen durch Pfähle blockiert und von der Mündung in den Golf von Siam bis etwa 2 km südlich vor Bangkok wurden sieben Forts mit insgesamt 180 Kanonen errichtet, von denen die Holländer einen guten Teil inklusive der Munition stellten. Unter dem Kommando von M. Saint-Cry schickte Desfarges ein Boot in Richtung Koromandelküste, um die dortigen headquarter der europäischen Handelsgesellschaften über die dramatischen Entwicklungen zu informieren, aber bereits kurz hinter Bangkok wurde es von siamesischen Booten abgefangen. Der Kapitän zog es vor, der Inhaftierung dadurch zu entgehen, das er das Munitionsdepot zur Explosion brachte, als der Gegner sein Schiff enterte. Er selbst, die 22 Mitglieder seiner Besatzung sowie 200-500[1604] siamesische Soldaten kamen dabei ums Leben.

In den kommenden Monaten begnügten sich Belagerer und Belagerte in Bangkok mit gelegentlichen Kanonaden auf die gegnerische Feste. Als der König im Sterben lag, entschloss sich Phetracha zu einem Kompromiss. Ob seine Berater ihn überzeugt hatten, das ein Krieg mit Frankreich auf lange Sicht nicht gewonnen werden könne oder er selbst zu der Erkenntnis gelangte, das sein Hauptaugenmerk auf die Etablierung und Stabilisierung seiner neuen dynastischen Linie zu richten sei, liess er Desfarges mitteilen >>sein Vorgänger habe es gefallen und seine Gründe gehabt Ausländer ins Land zu holen und er habe seine, keine in seinem zu dulden. Nichtsdestotrotz sei er angesichts der engen Verbindung zwischen dem König von Frankreich und dem verstorbenen König bereit, den Franzosen die benötigten Mittel für ihren Abzug zur Verfügung zu stellen<<. (*Anonymus I, 2004:26*) Doch es sollte des Austausches vieler Noten in den kommenden Monaten bedürfen, bevor die nunmehr ungeliebten Gäste das Land verlassen sollten.

Der exakte Zeitpunkt des Todes von Phra Narai sowie die genauen Ursachen bzw. Umstände seines Todes sind nicht eindeutig geklärt. De Bèze datierte ihn auf den 10. Juli 1688, die Königlichen Chroniken auf den 11. Juli 1688 (*RCA, 2000*). Laut Kämpfer starb der König am 11. Juli 1689 im Alter von 55 Jahren im 32. Jahr seiner Regentschaft an Wassersucht (*Kämpfer,1777:30*). Diverse Gerüchte um eine bewusste Unterlassung von Hilfeleistungen bis hin zu Mordtheorien kamen alsbald auf. So berichtet Martin in seinen Memoiren: >>Wir haben eindeutige Informationen, das die Holländer stark in die Unruhen involviert waren, insbesondere ein gewisser Daniel[1605][...] aus Sedan stammend, und von Beruf Chirurg, ein überzeugter Häretiker und erklärter Feind des katholischen Glaubens und der Franzosen. Die gleiche Quelle versichert unter Berufung auf Zeugenaussagen, das der Medizin des Königs Gift beigemischt worden ist, welches sein Ableben sehr beschleunigt hat<<. (*Rival o.J.:170*) Eine detaillierte Verschwörungstheorie liefert ein Schreiben von Jean Rival[1606]: >>Ok-khun Rot[1607] erklärte uns [...] der holländische Kapitän[1608] und Daniel Mocoluan[1609] kamen nachts

---

[1603] Die Verlustzahlen variieren in den verschiedenen Berichten zwischen 2-8 Toten.
[1604] Der Zwischenfall wird in diversen Berichten überliefert, allerdings variieren die Angaben über die Höhe der Verluste.
[1605] Daniel Brouchebourdes, französischer Schiffsarzt in Diensten der holländischen VOC, als Protestant ein Opfer der revozierten Ediktes von Nantes.
[1606] Der vormalige Gouverneur von Takua(Pa) [ตะกั่ว(ป่า)], im Gebiet des heutigen Landkreises der Provinz Phang-nga [พังงา].
[1607] Rival vermerkt lediglich, das besagter >>Oc Coun<< aus Ligor stammte.
[1608] Johan Keijts, der Leiter der VOC in Ayutthaya
[1609] Daniel Brouchebourdes

449

in das Haus von Ok-pra Pecheracha und schlossen sich in einem Raum zusammen ein [...][gemeinsam mit] Ok-luang Sarasy, Sohn von Ok-pra Pecheracha und auch Ok-meun Sri Meun Chaya[1610] hielten sie gemeinsam Rat. Ok-pra Pecheracha fragte den holländischen Kapitän, 'Wie gehen wir Sache an?' Der holländische Kapitän sprach zu Daniel, der als sein Dolmetscher diente, 'Sie müssen dem König ein langsam wirkendes Gift verabreichen, und Daniel wird es herstellen[1611], und Ok-meun Sri Meun Chaya, der sich ständig in der Nähe des Königs befindet, wird es dem König geben, und wenn der König unter dem Einfluss des Giftes steht, muss Ok-meun Sri Meun Chaya Euch das [vorher von ihm gestohlene] Siegel des Königs geben. [...] und wenn Ihr seht, das der König sehr krank ist, können Sie Ok-pra Py mitteilen, nun sei der Moment gekommen, die 100 in Bangkok stehenden Franzosen zu schicken [...] und wenn die Franzosen sich auf halben Weg nach Lopburi befinden, müsst Ihr 2000 Mann im Hinterhalt versteckt haben und [...] die Franzosen töten. [...] Tötet noch am gleichen Tag Ok-pra Py [...] Wenn Ihr den Palast und alles andere Notwendige unter Kontrolle habt, sendet Männer Eures Vertrauen zu den Brüdern des Königs [...] und lasst sie vor Euren Augen umbringen [...] Dann tötet alle Franzosen, Missionare und Christen[1612] die sich in Lopburi befinden und sendet Mitglieder Eurer Familie nach Siam[1613], alle Missionare in Banplaet[1614], und die Portugiesen und alle Christen mit Ausnahme der kleinen Kinder zu töten und alle Malaiien und Muslime und schickt auch Leute um die in Bangkok lebenden zu töten[...], Ok-pra Pecharacha fragte den holländischen Kapitän, 'Was machen wir mit den Franzosen in Tenasserim?' Der holländische Kapitän antwortete, '[...] bereitet ein Festmahl für den Gouverneur von Mergui vor, ladet die bedeutenden französischen Offiziere dazu ein. Dann tötet gleichzeitig alle in Mergui lebenden Franzosen und alle Christen in Tenasserim und Mergui [...] [Phetracha wies auf die Gefahr einer Vergeltung durch weitere französische Schiffe hin] Der holländische Kapitän antwortete das er Ok-pra Pecheracha ein Schreiben [des Inhalts] zukommen lasse, das sofern der König von Frankreich Schiffe senden und euch [die Siamesen] angreifen sollte 'werden wir diese niederbrennen und versenken'<<. (*Rival o.J.:171ff.*) Die Behauptungen Rivals werden durch eine weitere Quelle verifiziert: >>mysteriöse Gespräche; er [Keijts] riet ihm [Phetracha] den König zu vergiften, das königliche Siegel in seine Hände zu bringen, insgeheim Truppen um sich zu sammeln, die Franzosen aus Bangkok und Mergui zu locken and sie dann abzuschlachten<<. (*Lanier, 1883:158*) Zumindest scheinen die Holländer Kenntnisse von den Plänen Phetrachas gehabt zu haben. (*Anderson, 1890:382f.*) Ein Dokument aus dem Nachlass des *Indian Office* der EIC aud dem Januar 1689 lässt sogar auf eine direkte Beteiligung am *coup d'etat* schliessen. (*RRSFC V:23-30*) Auch die Aussage Phra Phetrachas, in einem Bericht der Niederlassung der VOC in Batavia erwähnt, er beabsichtige nichts mehr mit den Europäern zu tun haben zu wollen, ausser den Holländern (*RRSFC V:86-92.*), mag als Indiz gelten. Eine zeitgenössische Quelle konstatiert: >>Mir ist kein anderes Volk gegenwärtig, welches die Siamesen mehr fürchten sollten als die Holländer. Sie sind bis dato noch keine offenen Feinde, aber es gehen Gerüchte um im Land, das sie seit langem einen Vorwand suchen, und sie hätten sicherlich schon Bangkok in einem Überraschungsangriff eingenommen [...] den Schlüssel zum Königreich Siam, wenn sie die Möglichkeit gehabt hätten [...] ils avoient resolu dans leurs premiers Officiers, ils avoient resolu dans leur Conseil d'aller à la premier mousson enlever secrettement Monsieur Constance comme le seul homme qu'ils croyoient capable de traverser leurs desseins[1615]<<. (*Gervaise, 1688:318f.*)

[1610] Bisher nicht identifiziert
[1611] Daniel Brouchebourdes war einer der Leibärzte Phra Narais.
[1612] Er kann nur hier Katholiken gemeint haben, denn ansonsten wäre der Protestant Keijts Opfer seiner eigenen Verschwörung gewesen.
[1613] Ayutthaya
[1614] Das Quartier der Missionare der MEP und Standort der St. Joseph-Kirche.
[1615] Eine geplante Entführung Phaulkons durch die Holländer wird allerdings durch keine weitere zeitgenössische Quelle verifiziert.

Weniger blutrünstig aber dennoch äusserst interessant ist die Darstellung der Variante E[1616] der Königlichen Chroniken Ayutthayas: Der König sagte: >>'Diese Strolche, Vater und Kind[1617], planen eine Rebellion, und beabsichtigen, sich unseres Vermögens zu bemächtigen'. Dann erteilte er eine königliche Order, das seine neben ihm liegenden heiligen Waffen geladen werden und liess Phraya Phet Racha und Phraya Surasak vorführen. Beide erschienen wie befohlen und standen am heiligen Eingang [zum Schlafgemach] Seine Majestät [...] König Narai legte sich nieder und streckte seine heiligen Hände aus um seine heilige Waffe zu greifen, und hob diese leicht an. Seine Majestät wollte aufstehen, aber schaffte es nicht mehr, legte sich wieder zurück und schloss die heiligen Augen [für immer]<<. (*RCA, 2000:310*) Nach dieser Darstellung wäre es dem sterbenden König beinahe noch gelungen, seine beiden Nachfolger persönlich zu eliminieren und dadurch auch die Etablierung der letzten Dynastie Ayutthayas, der Ban Phlu Luang-Dynastie (1688–1767), zu verhindern.

7.8.6.18 *Vae Victis*

Heut auf dem Thron und morgen im Kot[1618].

Es gibt eine ganze Reihe von europäischen Quellen, welche die letzten Stunden des vormaligen Chao Phraya Wichayens mehr oder weniger detailliert schildern. Aber keiner der Autoren war bei der Hinrichtung zugegen (*Anonymus II, 2004:124*), deswegen bleibt es der subjektiven Einschätzung überlassen, welche Version den Tatsachen entspricht oder zumindest nahe kommt. >>Der Höfling kam zu ihm zur festgelegten Stunde und und half ihm auf auf den Rücken eines Elephanten zu dem Platz ausserhalb der Stadt dem Pitracha für seine Exekution bestimmt hatte. Abgestiegen, fiel Constanc auf die Knie – so informierte uns der Höfling – und beklagte sich bei Gott in dessen Gegenwart er sich alsbald befinden würde – das er, unschuldig der Verbrechen die ihm Pitracha zur Last lege, sterben würde; das alle seine Taten nur der Mehrung der Grösses des Königs dienen sollten [...] Dann bat er den Höfling inständig, sich um seine Frau und seinen Sohn zu kümmern, ebenso um die armen Christen die ohne triftigen Grund verfolgt würden. Er übergab dem Höfling den Michaelsorden[1619] und bat ihn, diesen solange für seinen Sohn zu bewahren, bis dieser ein Alter erreicht habe, in dem er selber auf dieses Zeichen der Wertschätzung des französischen Königs für seinen Vater achten könne<<. (*Hutchinson, 1990:100f.*) >>[Man brachte] den unglücklichen Faulcon außer der Stadt an den ordentlichen Gerichtsplaz, wo man ihm, ob er sich gleich sträubte, den Kopf abhieb, und den Leichnam in zwei Stücken zertrente. Man bedeckte diese zwar mit ein wenig Erde, aber die Hunde wühlten sich noch dieselbe Nacht wieder auf, und verzehrten den ganzen Körper bis auf die Knochen [...] [Seine Frau und der überlebende Sohn] müssen jetzt vor den Thüren das Brot betteln [...] und Niemand wagt es, für die Elenden ein Fürwort einzulegen<< (*Kämpfer,1777:27ff.*). >>Dergestalt war das Ende dieses Abenteurers , der in dem Streben seinen Reichtum zu erwerben, zu mehren und zu sichern, aus Notwendigkeit Siamese geworden war, Franzose aus Berechnung, Christ als Absicherung, Holländer, Engländer oder Portugiese wenn es die Situation erforderte und der,

---

[1616] Vgl. hierzu Kapitel 7.2.
[1617] Gemeint sind Phra Phetracha und sein Sohn Sorasak, die laut dieser Darstellung gerade dabei waren, Mom Pi zu massakrieren, der sich aber in das Schlafgemach des Königs flüchten konnte.
[1618] Pierre Corneille, französischer Dramatiker (1606 - 1684)
[1619] Der *Ordre de Saint-Michel* (Michaelsorden) ist ein französischer Ritterorden. Die Ritter trugen eine goldene Halskette aus mit Knoten verbundenen Muscheln, an dem ein den Drachenbezwinger Michael zeigendes Medaillon hing. Wegen der zahlenmäßigen Ausweitung und auch der zunehmenden Öffnung für den niederen Adel und das Bürgertum erlitt der Orden, insbesondere gegenüber dem *L'ordre de la Toison d'or* (Orden vom Goldenen Vlies) und dem *Most Noble Order of the Garter* (Hosenbandorden) einen erheblichen Prestigeverlust. Sein Insignium nannte man nunmehr spöttisch „le collier à toutes bêtes" („Allerweltskette"). König Louis-Philippe schaffte ihn 1830 schließlich endgültig ab.

bis zum Tag seines finalen Falles, nie aufgehört hatte, ein Grieche zu sein<< (*Lanier, 1883:163*)

Im Mai 1682 hatte Phaulkon die damals erst 16 Jahre alte Maria Guyomar de Pinha geheiratet: ihr Vater war ein gewisser Phanick, halb Japaner, halb Bengale und die Mutter, Ursula Yamada, halb japanisch und halb portugiesisch, eine strenggläubige Katholikin. Maria gebar zwei Söhne, von denen der ältere bereits im Kindesalter kurz vor dem *coup d'etat* verstarb und lebte ein eher ruhiges, gottgefälliges Leben. Die Wirren des Umsturzes überlebte sie mit ihrem Sohn, allerdings war sie nach ihrer Festnahme anhaltenden Folterungen und Erniedrigungen, insbesondere durch Sorasak, den Sohn Phetrachas ausgesetzt. Dies bestätigt u.a. ein Zeugnis La Touches: >>Mme Constance blieben diese Grausamkeiten nicht erspart, denn nach dem Tod ihres Ehemannes wurde ihr ganzes Eigentum beschlagnahmt. Sie wurde eingesperrt und sehr grausam gefoltert, damit sie offenbare, wo sich die ganzen Edelsteine und Juwelen ihres Mannes befanden<< (*Challe, 1998:314*) Nachdem sie ihren Peinigern die gewünschten Informationen geliefert hatte, konnte sie sich etwas freier bewegen und plante ihre Flucht in das französische Fort am Menam Chao Phraya. In ihrem Besitz befanden sich immerhin zwei Briefe Ludwig XIV., der die ganze Familie Phaulkon unter seinen Schutz stellte, sobald sie sich unter französischer Flagge befanden. Ein anonymer, in der Bibliotheque Nationale in Paris entdeckter Bericht (BN. Ms Fr.6106) schildert recht detailliert das perfide Spiel Desfarges' mit der Schutzsuchenden, deren Schmuck ihm treuhändlerisch übergeben worden war und den er nun für sich zu behalten gedachte:

>>Madame Constance wartete nur auf einen geeigneten Moment den Fängen von Phetrachas Sohn zu entkommen [...] Sie dachte, wenn sie einen Weg fände nach Bangkok zu entkommen [...] wäre sie ohne Zweifel gerettet, um so mehr, als sie mit zwei Briefen ausgestattet war, in denen Seine Majestät [Louis XIV.] ihren verstorbenen Mann und seine Familie unter seine königliche Protektion gestellt hatte [...] Sieur du Lar [...] auf den M de Constance zu Lebzeiten grosse Stücke hielt [...] versprach Mme de Constance sie nach Bangkok zu bringen oder mit ihr zu sterben [...] Aber M. Desfarges sagte, das die Ankunft dieser Dame nur den Gang der Dinge verzögern würde und ihn möglicherweise in eine Lage brächten, die Feindseligkeiten [mit den Siamesen] wieder aufzunehmen, als auch ihre Juwelen zurückzugeben, welche er an sich gebracht hatte [...] Am folgenden Tag schickte er Sieur Verret den Barcalon[1620] aufzusuchen [...] und ihm mitzuteilen, das Mme de Constance bei uns Zuflucht gesucht habe und ihn zu fragen, wie nun zu verfahren sei. Der Barcalon antwortete, das dies keine grosse Sache sei und der König [Phetracha] [...] würde ihm die Erlaubnis erteilen, sie mitzunehmen, vorausgesetzt das er seinerseits die Juwelen herausgeben würde, die, wie sie unter der Folter gestanden habe, von ihr nach Bangkok gesandt wurden und eine Auflistung der Preziosen habe er vorliegen. Es sei an dieser Stelle angemerkt, dass Mme de Constance angesichts der Arretierung ihres Mannes im Königspalast beschlossen hatte, ihre Juwelen im Werte von 25-30.000 ecus[1621] in Sicherheit zu bringen [...] Unterdessen wuchs der Groll M. Desfarges [...] in dem Masse in dem er realisierte, das er sie nicht mitnehmen konnte, ohne ihr zurückzugeben, was er an sich gebracht hatte, noch sie in die Hände der Siamesen geben konnte, ohne dafür als der Schuldige dazustehen. Daher berief er einen Kriegsrat ein [...] [in dem er behauptete] Seine Siamesische Majestät [...] wolle sie wieder zurück haben, anderenfalls werde er den ausgehandelten Vertrag [siehe weiter unten] annulieren, die Kampfhandlungen intensiver denn zuvor wieder aufnehmen und alle Christen in Siam vernichten [...] nur Sieur de La Roche du Vige und der ältere Sohn von M. Desfarges wollten nicht lieber sterben als sie auszuliefern [...] in der Tat stimmt es ... das der neue

---

[1620] Kosa Pan, der frisch gebackene Phra Khlang
[1621] Etwa 50.000 US$ nach heutiger Kaufkraft

König [Phetracha] zugestimmt hatte, das er [Desfarges] sie mitnehmen könne, sogar mit all ihrem Vermögen, anstatt die Feindseligkeiten erneut aufzunehmen, wohlwissend das wir mit Proviant und allem Notwendigen versorgt waren und unsere Garnison durch mehrere Europäer verstärkt worden war [...] und wir demzufolge besser als je zuvor vorbereitet waren, den Kampf fortzusetzen und einen lang anhaltenden und starken Widerstand zu leisten. Er wusste auch, dass sein Volk begann, kriegsmüde zu warden und uns nur noch loswerden wollte [...][Desfarges] fand auch den zweiten [von ihm einberufenen] Kriegsrat nicht weniger entschlossen als den ersten. Jedermann blieb bei seiner ursprünglichen Meinung. Dies liess M. Desfarges erneut vor Ärger in die Luft gehen und aus dem Rat rennend, drohte er allen, er würde ihnen noch zeigen, wer der Herr sei [...] Sieur Verret [...] bewegte [schliesslich] Mme de Constances Mutter dazu an M. Desfarges zu schreiben und ihn anzuflehen, er möge doch Mitleid mit ihrem fortgeschrittenen Alter haben und sie nicht länger leiden lassen, [...] und ihre Tochter sofort zurückschicken [...] M. Desfarges, der nur auf einen solchen Brief von der Mutter der Dame gewartet hatte, um dem Hof [in Versailles] etwas vorlegen zu können, was seine Handlungen rechtfertigte, verhandelte umgehend einen kurzen Vertrag mit dem Barcalon. [Mme Constance] wurde fürderhin völlige Religionsfreiheit zugestanden, das Recht so oft zu heiraten wie sie wollte und das sie, bezüglich des Vermögens ihres verstorbenen Ehemannes, auch keine weiteren Repressalien zu fürchten habe[1622]. Nachdem beide Parteien unterschrieben hatten [...] liess er ihr mitteilen, das sie unverzüglich [...] das Fort zu verlassen habe [...] Die Dame, hingerissen von Empörung und Verzweifelung sich selbst beraubt und verschachert zu sehen, sagte das sie vom General nichts anderes erwartet habe, da er schon in verräterischer Art und Weise ihren Mann im Stich gelassen hätte [...] Trotz zweier Kriegsräte lieferte M. Desfarges sie auf seine persönliche Verantwortung ihren Feinden aus [...] wie in einem Triumphzug wurde sie weggeführt und nach Ayutthaya gebracht>> (Smithies, 2001:111ff.)

Madame Constance lebte bis zum Tode Phra Phetrachas 1703 unter sklavenähnlichen Bedingungen, als sein Nachfolger und Sohn Phra Chao Suea [พระเจ้าเสือ][1623] das Interesse an der mittlerweile 37jährigen verlor und sie freiliess. Maria startete einen Prozess gegen die *Compagnie des Indes Orientales* (welche zwischen 1708-1713 schrittweise liquidiert wurde) um zumindest einen Teil jener 300,000 livres zu erhalten, die Phaulkon durch Ceberet 1687 in die Gesellschaft „eingelegt" hatte. Die Angelegenheit zog sich über Jahre hin, bis ihr schliesslich eine jährliche Pension in Höhe von 3.000 livres (*Lanier, 1883:196*) zugesprochen wurde. Ihren Schmuck hat sie allerdings nie wieder gesehen. Der überlebende Sohn Phaulkons ging zunächst nach Indien und kehrte später nach Siam zurück, wo er 1754 verstarb. Neben seiner Witwe hinterliess er einen Sohn und mehrere Töchter. Die Witwe wurde später als Gefangene der Birmanen nach Pegu gebracht, wo sie nach einiger Zeit den portugiesischen Mulatten *Jeanchi* aus Macao ehelichte. Deren gemeinsamer Sohn wiederum, John Falcon [sic!] heiratete eine Portugiesin in Siam, ging nach Burma, kehrte wieder nach Siam zurück, wo sich dann seine Spur endgültig im Dunkeln der Geschichte verliert. Es liegt also durchaus im Bereich des Möglichen, das noch heute direkte Nachfahren des Konstantin Gerakis in Thailand oder Myanmar leben. (*Sioris, 1998:56f.*) Desfarges verliess Pondichery im März 1690 in Richtung Frankreich, aber verstarb an Bord der *Oriflamme* während der Überfahrt. (Lach, 1996:426)

Bei der Bewertung der Rolle, des Charakters und des Menschen Kontantin Gerakis flossen und fliessen stets politisches Kalkül, nationale Vorbehalte, spirituelle Ansichten und nicht

---

[1622] Selbstredend war dieser „Vertrag" eine Farce und nicht einmal das Papier wert, auf dem er geschrieben war.
[1623] *Sanphet VIII* [สมเด็จพระสรรเพชญ์ที่ 8] oder auch *Suriyenthrathibodi* [สมเด็จพระสุริเยนทราธิบดี]

zuletzt persönliche Symphatien und Aversionen ein. Daher bietet das Studium der Primär- und Sekundärliteratur ein buntes Kaleidoskop der umstrittenen Persönlichkeit Phaulkons, dessen Spektrum alle Varianten, vom *J'accuse* bis zum *Te laudamus*, aufweist. So beschäftigte das Schicksal des Levantiners selbst den deutschen Lyriker Matthias Claudius rund einhundert Jahre später: >>Beim Konstantin Phaulkon fällt es sehr in die Augen, dass man zu seinem Unglück gross werden kann<<. (*Claudius, 2015:124*) Auch der Philosoph Gottfried Wilhelm Leibniz, der im Briefverkehr mit den Jesuiten in China zwischen 1689-1714 stand, hatte Kenntnis von den Vorgängen in Siam. (*Leibniz, 2006:579f.*)

>>Die Siamesen entbehren der Intelligenz und jeglicher praktischen Fähigkeiten. Da sie kaum einmal auch nur die einfachste Sache mit der Aussicht auf Erfolg angehen, ist der König vorsichtig und setzt selten großes Vertrauen auf seine Untertanen. Als Āqā Mo-hammed starb, benötigte der König ausländische Hilfe. Diese Situation nützte ein schlechter Europäer aus und füllte das entstandene Vakuum aus. In sehr kurzer Zeit lernte der Christ die Sprache, Gebräuche und Gesetze Siams und erwarb sich in den Augen des Königs eine täglich wachsende Reputation [...] dem Europäer war es gelungen dem Charakter des Königs negativ zu beeinflussen und die königliche Wankelmütigkeit zu befördern (*O' Kane,1972:59*)<<. >>Ein Man von großem Verstande, sehr schönem Aeußern, und einer vorzüglich angenehmen Beredsamkeit<< (*Kämpfer,1777:25*); >>Er erwarb sich in diesem Lande durch seinen Witz, durch sein gefälliges einschmeichelndes Wesen und angenehmes Betragen eine Menge Freunde<<. (*Des Essarts, 1781:283ff.*); >>Eben diese Verbindung mit einem Schurken [Phaulkon], der nicht nur das Triebrad zur Niedermetzelung vieler Engländer in Mergui (1687) scheint gewesen zu seyn, sondern der, im Einverständnis mit den Jesuiten, den Thronfolger zu ermorden und sich als Vormund eines schwächlichen Königs der Gewalt zu bemächtigen gedachte, wurde dass Grab der Jesuiten-Mission<< (*MNGEMB, 1840:37f.*); >>Aber die schlauen Machinationen der Jesuiten und die Verschwörung des Betrügers Phaulkon, gegen den König, der an der Wassersucht krank darnieder lag, und nach dessen Tode die Französische Partei das Königliche Haus in dem rechtmässigen Thronerben ermorden, einen schwachen Adoptiv-Sohn als Nachfolger ausrufen, den Minister Phaulkon selbst aber zur Besteigung des Throns verhelfen sollte, wurde der Gegenpartei zu früh verrathen, und der Abenteurer mit seinem ganzen Anhange [...] gestürzt und grausam zu Tode gemartert<< (*Ritter, 1834:1193*); >>Phaulkon [...] war bereits mit Annehmung des Heidenthums erster Minister in Siam geworden [...] Die Holländer waren noch glüklich, einen abscheulichen Aufruhr wider den König in Siam anzustiften, worin derselbe nebst seinem ersten Minister ermordet ward<< (*Wernich, 1762:96*); >>Phaulkon gouvernoit despotiquement le peuple & le roi<< (*Raynal, 1773:43*); >>Phaulkon wird sich, nach allem was wir gesehen, als übler Kerl erweisen, weshalb wir empfehlen, ihm nicht zu vetrauen<< (*RRSFC II:399*); >>Er ist für alle Widrigkeiten der Gesellschaft [EIC] verantwortlich<< (*RRSFC II:278*).

Die historische Rolle des Levantiners ist ebenso umstritten wie sein Charakter. Auch hier reicht das Spektrum der Aussagen vom europäischen Abenteurer, der Siam den Franzosen auf dem Silbertablett servierte, um seine eigenen Ambitionen zu saturieren bis hin zum loyalen Diener Phra Narais, der alles zum Wohl der Krone getan und die Europäer gegeneinander ausgespielt habe, und dadurch Ayutthaya auf die Weltkarte der Politik brachte. >>die Tatsache, das der damals mächtigste Herrscher Europas eine Gesandtschaft nach Ayuthia, zu einem fremden und fernen Land in Asien schickte, um die Freundschaft mit dem König von Siam zu kultivieren, konnte nicht ohne politische Konsequenzen bleiben. Zumindest war es ein sichtbarer Ausdruck der starken freundschaftlichen Empfindungen welche der ‚Allerchristlichste König' für den nicht-christlichen König Narai hegte (*Luang Sitsayamkan, 1967:94*) [...] Der Hang des Königs, den Wünschen der Ausländer, insbesondere der

Franzosen, zu entsprechen, und seine Überzeugung, der ehemalige Seemann sei der einzige, durch den dies vermittelt werden könne, liess ihn den Phaulkon zu dem machen, was er später wurde<<. (*Luang Sitsayamkan, 1967:34*) Phaulkon hat stets reklamiert, das seine Promotion der Franzosen im wesentlichen der Notwendigkeit geschuldet war, eine *balance of power* zwischen den diversen europäischen Vertretern aufrecht zu halten. Die Memoiren des späterem Phra Khlang und vormaligen Botschafters, Kosa Pan, bestätigen die Einschätzung Chao Phraya Wichayens: >>Wir hielten an[1624] um uns in Bantam[1625] zu verproviantieren, wo der holländische Gouverneur, wie ich zu meinem Bedauern berichten muss, den König eingekerkert hat [...] Sein Vater ist ebenfalls eingesperrt [...] und sein Bruder [...] in Batavia. Eure Majestät werden wahrgenommen haben, das, sobald die Holländer Zugang zu und dann die Kontrolle über einen Ort erlangt haben, sie niemand anderen mehr hinein lassen; die Ratschlag Eurer gegenwärtigen Berater, in den Franzosen ein Gegengewicht zu den Einmischungen der Holländer zu suchen, da die Engländer nur am Handel und am Trunk interessiert zu sein scheinen, geht auch auf das zurück, was wir hier gesehen haben<<. (*Smithies, 1990:10*) Allerdings warnte Kosa Pan an anderer Stelle seines Berichtes auch vor dem Falken: >>Eure Majestät, ich fürchte mich vor den Intrigen Chao Phya Vichayen, Mr. Constance, hat bei den Franzosen falsche Hoffnungen bezüglich des Interesses Eurer Majestät an der christlichen Religion geweckt, die zu einer Meinungsänderung geführt hätten, und das wiederum führt zu einer ständigen Priorisierung des Themas in immer kürzeren Abständen. Ich antwortete, das Eure Majestät gegenwärtig mit dem Glauben unseren Landes zufrieden sei, aber interessiert seien, mehr über den aller anderen zu erfahren<< (*Smithies, 1990:74f.*) Die kritische traditionell-konservative Sicht thailändischer Historiker lässt sich wie folgt zusammenfassen: 1. Phaulkon hat die Rede de Chaumonts bewusst falsch übersetzt und wiedergegeben und sich damit dem König gegenüber illoyal verhalten; 2. Die Promotion der Franzosen erfolgte nicht um eine *balance of power* zwischen den europäischen Interessen herzustellen, sondern um eine Konvertierung Phra Narais zum katholischen Glauben zu befördern; 3. Phra Phetrachas war gezwungen zu handeln, um die Unabhängigkeit Siams zu bewahren; 4. zu Phaulkons Gunsten wird angeführt, das er bis zum Schluss beim König geblieben sei und keiner der diversen Möglichkeiten zur Flucht genutzt habe. (*Wan Waithayakon*[1626], *1991*) Dieser finale Beweis seiner Loyalität, mit den für ihn lethalen Konsequenzen, nötigte selbst seinen Kritikern posthumen Respekt ab: >>Le ministre, dont l'ambition et les intrigues avaient déchaîné tous ces maux, racheta pour l'héroïsme de ses derniers jours les erreurs et l'orgueil de son omnipotence passée<<. (*Lanier, 1883:163*) Vor diesem Hintergrund beginnt das Fazit Sir Bowrings mit einer richtigen Einschätzung und endet mit einer unzutreffenden Schlussfolgerung: >>The position of Phaulkon must have been somewhat embarassing. It is obious throughout that he had determined to serve to masters, and his management ended by disappointing the one and sacrificing the other; he himself being the victim in the general overthrow of the schemes, political and religious<<. (*Bowring, 1857 II:70*) Den Aufstieg Phaulkons wie den Phra Phetrachas begünstigten die gleichen Faktoren und menschlichen Verhaltensweisen: >>Wenn ein Volk verunsichert ist, bedarf es nur eines ambitionierten Mannes, um sie auf die Seite des Umsturzes zu ziehen [...] Die Menschen waren naiv genug zu glauben, da sein Herrscherwechsel gleichbedeutend sei mit dem Einherhalten besserer Lebensbedingungen<<. (*Turpin, 1771*) Abschliessend seien noch die bemerkenswerten Ausführungen König Mongkuts (Rama IV.) zitiert, der in seinen kurzen Notizen zur Geschichte Siams mitteilt >>König Narai, der herausragendste Herrscher Siams,

---

[1624] Während der Überfahrt der siamesischen Gesandtschaft nach Paris.
[1625] Das heutige Bantem, Hafenstadt im äussersten Westen der indonesischen Insel Java mit einem geschützten Hafen an der Mündung des Banten River gelegen, der es kleineren Schiffen ermöglichte, ins Innere der Insel zu segeln.
[1626] Prinz Wan Waithayakon (1891-1976), offizieller Titel: Phrachao Worawongthoe Phra-ongchao Wan Waithayakon Krommamuen Narathip Phongpraphan (พระเจ้าวรวงศ์เธอพระองค์เจ้าวรรณไวทยากรกรมหมื่นนราธิปพงศ์ประพันธ์) war ein thailändischer Diplomat, Philologe und Rechtswissenschaftler. Er gilt als Gründungsvater der philologischen Kritik in Thailand.

[...] war äusserst zufrieden mit den Diensten Constantines [...] Viele siamesische Offiziere und Minister des Königs waren auf seinen Einfluss eifersüchtig und tuschelten hinter vorgehaltener Hand von ihm als einem geheimen Verschwörer. Nach einiger Zeit wurde er beschuldigt, den König zu einem Besuch in die von ihm errichtete Kirche verleiten zu wollen; dort habe er zwischen den Wänden eine Menge Pulver verborgen, welches auf sein Zeichen hin zur Explosion gebracht werden sollte und dergestalt sollte der König ermordet werden. Aufgrund dieser schwerwiegenden Anschuldigung wurde er auf persönliche Order des Königs hingerichtet. (Das ist die traditionelle Version; die überlieferten Chroniken bestätigen, das er in seiner Sänfte gemeuchelt wurde, dem König stets treu ergeben, auf Geheiss eines rebellischen Prinzen, der annahm, das er mit seinen ruchlosen Plänen gegen den Thron keinen Erfolg haben würde, solange Constantine lebte<< (*Bowring II [Appendix A], 1857:345f.*)

Laut einem thailändischen Historiker >>ist allgemein bekannt, das [am Tag der Exekution Phaulkons] ein Meteorit sehr schnell am Himmel auftauchte und ebenso schnell wieder verschwand. Der Aufstieg und Fall des Constantine Phaulkon könnte dazu passend als kometenhaft bezeichnet werden<<. (*Syamananda, 1988:82*) >>So endete die weltliche Karriere eines der bedeutendsten europäischen Abenteurers in Fernost. In seinem kurzen Leben von nur 40 Jahren schaffte Phaulkon den Aufstieg vom Kabinenjungen auf einem kleinen Schiff zum Chao P'ya von Siam, eines Grafen von Frankreich, von Königen und Päpsten als Freund bezeichnet und mit dem Schicksal eines mächtigen Königreiches betraut zu werden. Seinem Namen gerecht werdend, schoss er hoch hinaus, und man muss zugestehen, das er ein grosser Mann war, der noble Ziele verfolgte. Es wurde nie bewiesen, das er beabsichtigte Siam unter französische Kontrolle zu bringen, wobei seine Politik unzweifelhaft eine war, welche, im Laufe der Zeit, dazu hätte führen können<< (*Wood, 1924:213*)

7.8.6.19 La fête est finie

Nach wochenlangen Verhandlungen und diversen Noten kam schliesslich eine Einigung bezüglich des „ehrenvollen Abzuges" der französischen Truppen aus Bangkok zustande. Der König von Siam kreditierte den Ankauf und die Verproviantierung von zwei Transportschiffen, welche gross genug waren, sowohl die Truppen und Zivilisten als auch deren persönliche Habe zu transportieren. Phetracha stellte auch die notwendige Besatzung der Schiffe und gestattete die Bewaffnung mit Bordkanonen. Weitere Bestandteile des Vertrages waren:

1. Der Bischof von Metellopolis mit all seinen Missionaren sowie Sieur Véret verbleiben als „lebendes Pfand" in Siam, bis zum Wiedereintreffen der Schiffe und der Rückgabe der von Phaulkon in die Gesellschaft „eingelegten" 300.000 livres.

2. Die Franzosen entfernen ihr komplettes, aus Frankreich mitgebrachtes, Waffenarsenal einschliesslich der dazu gehörenden Munition, sowie ihre komplette persönliche Habe und erhaltem im Gegenzug Proviant für ein Jahr.

3. Die Soldaten verlassen das Fort unter Trommelschlag, komplett bewaffnet und in Uniform, das Eigentum des Königs von Frankreich mit sich führend.

4. Die Mission und alle Christen behalten das Privileg der freien Relionsausübung.

5. Den Jesuiten wird anheimgestellt, das Land zu verlassen oder in Siam mit den gleichen Vorrechten und Privilegion zu bleiben, die ihnen der verstorbene König garantiert hatte.

6. Das godown der Gesellschaft behält seine vormals zugestandenen Privilegien und freier Handel für die Gesellschaft als Ganzes und ihre Angestellten im Einzelnen wird garantiert.

7. Um die Einhaltung des Vertrages zu sichern, stellen beide Seiten Geiseln. Auf siamesischer Seite hohe Würdenträger des Reiches, auf französischer Seite Beauchamps, Chevalier Desfarges[1627] und Sieur Véret. Der Austausch soll an der letzten Zollstation am Paknam des Menam erfolgen, wenn alle Vertragsinhalte wie niedergelegt von beiden Seiten erfüllt worden sind.

Die Franzosen brachen die Vereinbarungen dahingehend, das die drei designierten Geiseln Sieur de Beauchamp, Chevalier Desfarges und Sieur Véret, unter dem Vorwand, dort nur speisen zu wollen, an Bord des grossen französischen Schiffes gingen und sich fortan weigerten, es wieder zu verlassen. Nach massiven Drohungen Kosa Pans, er werde die Schiffe der Franzosen an der Weiterfahrt hindern, alle Christen in Siam den Tigern zum Frass vorzuwerfen, Madame Constance erneut versklaven und ihren Sohn am Bug eines Schiffes aufknüpfen, gestattete der General zwar dem Gouverneur von Ayutthaya von Bord zu gehen, hinderte aber die beiden anderen, den *uppathut* Ok-luang Kanlaya Rachamaitri sowie den Gouverneur des *Tabanque*[1628] am Paknam, daran, das Schiff zu verlassen. >>Dergestalt waren wir genötigt, die Gestade Siams mit unseren beiden Geiseln zu verlassen und, sechs Kanonen und Waren im Wert von über 6.000 livres zurücklassend, zehn oder zwölf Franzosen dem traurigen Schicksal zu überlassen, das ihrer harrte.<< (*Anonymus I, 2004:34*)

Da die Nachrichten von der dramatischen Entwicklung in Siam Versailles erst über ein Jahr später erreichten, war die dritte diplomatische Gesandtschaft Siams unter Leitung des „Ausserordentlichen Botschafters des Königs von Siam" Guy Tachard und begleitet von Okkhun Chamnan wie geplant im Januar 1688 im Vatikan angekommen, wo sie eine Audienz bei Papst Innozenz XI. erhielten und ihm den Brief Phra Narais übergaben. Im Februar 1689 trafen sie in Versailles Louis XIV. und das von Céberet 1687 ausgehandelte Handelsabkommen wurde ratifiziert. Zwei Wochen später wurde in einem weiteren Abkommen François d'Alesso, Marquis d'Eragny, zum Kapitän der Palastwache Ayutthayas und Inspekteur der französischen Truppen in Siam ernannt.

7.8.6.20 *Conclusio*

> *Die Größe eines „Fortschritts" bemisst sich nach der Masse dessen,*
> *was ihm alles geopfert werden musste*[1629].

>>Der damalige König von Siam war unstreitig der aufgeklärteste Mann seiner Nation<<. (*Des Essarts, 1781:287*) >>wären da nicht die heftigen Widerstände seiner Untertanen gewesen, gegen alles Gute, was er ihnen hätte angedeihen lassen können. Dickköpfig präferierten sie das Althergebrachte anstelle sinnvoller Neuerungen<<. (*Turpin, 1771*) Die Ziele Phra Narais, mit Hilfe der japanischen Kolonie, der Malaiien, Pattanis und möglicherweise der persischen Muslime an die Macht gekommen, (*Smith, 1977:35*) waren zu

---

[1627] Der jüngere Sohn des Generals; der ältere trug den Titel Marquis Desfarges.
[1628] Das Zollhaus am Paknam. Die Bezeichnung *Tabanque* ist eine Korruption des malaiischen Wortes *tabean*.
[1629] Friedrich Wilhelm Nietzsche (1844 - 1900)

Beginn seiner Herrschaft territorialer Natur. Die erste Dekade seines Regnums befand er sich im Krieg mit Lan Na und den Birmanen, wobei er 1662 sogar Martaban, Rangun, Pegu und die umliegenden Gebiete erobern konnte. Doch die Feldzüge hatten die royalen Schatullen geleert und auch der Verlust an wertvoller *manpower* beeinflusste die wirtschaftliche Entwicklung negativ, womit sich auch erklären liesse, warum die Feldzüge gegen Lan Chang primär der Akquisition frischer Arbeitskräfte dienten (*na Pombejra,1984:73*). Wie dringend diese benötigt wurden, verdeutlichen auch die zwischen 1684-1686 auf Geheiss des Königs landesweit durchgeführten Prüfungen in den Tempeln, wo die Kenntnisse der Mönche in Pali und dem buddhistischen Kanon überprüft wurden; am Ende mußten tausende Mönche die Robe niederlegen, ins weltliche Leben zurückkehren und standen fortan wieder der royalen *corvée labour* zur Verfügung (*la Loubère,1693:115*). 1662 implementierte der damalige persische Phra Khlang eine Neuordnung des internationalen Handels und es wurde ein royales Monopol auf den Fernhandel proklamiert. Dies hatte zur Folge, das fortan alle Exportgüter zuerst an die Krone verkauft werden mussten, ungeachtet des vormalig garantierten Monopols der Holländer auf den Handel mit Fellen und Häuten. Die Preise legte der Phra Khlang fest, so das eine stattliche Marge bei jedem Fernhandel für den König abfiel. Unter der Herrschaft König Narais erreichte der königliche Binnenhandel in Ayutthaya seinen Höhepunkt (*na Pombejra,1984:37*). Darüber hinaus war dem „ambitionierten Handelskönig" an der Intensivierung sowohl des nördlichen Handels mit China und Japan als auch des Seehandels im Indischen Ozean besonders gelegen (*na Pombejra,1984:41*), da er damit begonnen hatte, eigene Handelsschiffe nach Japan zu schicken. Auch mit Geldgeschäften wusste der König sein Vermögen zu mehren: Die königliche Administration gewährte ausländischen Kaufleuten Kredite, wobei der Zinssatz 2% pro Monat betrug (*Anderson,1890:104*). Für die geschäftstüchtigen und loyalen *Moors*[1630] , die mit den Chinesen zu den wohlhabendsten Kaufleuten Ayutthayas zählten, liess Narai sogar Moscheen errichten und finanzierte die religiösen Festivitäten der Muselmanen (*na Pombejra,1984:81*). Mit der wachsenden Wirtschaft un dem steigenden Wohlstand stabilisierte Phra Narai seine Herrschaft nach innen und aussen, allerdings prosperierte der Adel des Reiches nicht gleichermassen und die ungleiche Verteilung weckte naturgemäss Begehrlichkeiten. Hinzu kam eine Verschärfung des Wettbewerbs durch den aktiven Fernhandel des Königs und der von ihm geduldeten *Interloper*, was dazu führte, das in den 1680er Jahren weder die englischen, französischen, dänischen noch die holländischen Handelsgesellschaftn mit ihren teils beträchtlichen *overheads* profitabel waren und teilweise mehrfach in existenzielle Nöte gerieten. Die allgegenwärtige Korruption, die in ganz Asien kein Problem sondern eine Institution darstellte, trug ebenfalls ihr Scherflein zum wachsenden Unmut unter den europäischen Kaufleuten dabei. Hinzu kamen die Aktivitäten der lokalen japanischen, malaiischen, portugiesischen und persischen Kolonie, deren langjähriges know-how der lokalen Usancen, Kontakte zu den Entscheidungsträgern und vor allem der Sprache einen schnelleren und direkteren Zugriff auf merkantile Opportunitäten ermöglichte.

Nachdem die wirtschaftliche Situation stabilisiert war, war Phra Narai bemüht, den diplomatischen Horizont Siams neu zu definieren (*na Pombejra,1984:10*). Innenpolitisch lag sein Primat darauf, den politischen Einfluß seiner Halbbrüder einzuschränken, was langfristig wesentlich zum Untergang seiner Dynastie beitragen sollte. Keiner der Prinzen war stark genug, dem nächsten Usurpator, Phra Phetracha zu widerstehen (*na Pombejra, 1984:10*). So berief der König auch keinen *Uparacha;* in der Tat scheint er während seiner Aufenthalte in

---

[1630] *Mouros* im Portugiesischen, *Mooren* im Holländischen, *Moors* im Englischen; in diesem Zusammenhang sind indische, persische, türkische und arabische Muslime gemeint, von denen die meisten als Händler ihr Auskommen in Süd- und Südostasien fanden. In der siamesischen Innenpolitik hatten Perser großen Einfluß und stellten vor dem kometenhaften Aufstieg Konstantin Phaulkons den *phra klang*.

Ayutthaya selbt im Vorderen Palast [วังหน้า]¹⁶³¹ residiert zu haben (*na Pombejra,1984:46*). Phra Narai reagierte schnell und gnadenlos auf jedwede Form der Insubordination, unabhängig von gesellschaftlicher Stellung oder familiären Status' des Delinquenten. Der mächtige *Phra Khlang Chao Phraya Kosathibodi (Lek)* [เจ้าพระยาโกษาธิบดีเหล็ก], immerhin langjähriger leitender Minister, wurde 1683 gepfählt, nachdem er die Annahme einer Bestechung gestanden hatte (*na Pombejra, 1984:102*). Auch die Söhne des großen Persers Aga Muhammad erbten zwar zunächst wie zugesagt das Amt des Vaters, doch durch Dummheit, Unreife oder wie de Bèze schrieb >>durch den Wein der Rücksichtslosigkeit vergiftet<< (*Hutchinson, 1968:13ff.*) verloren sie Amt und Würden und die so wichtige Gunst des Königs. Bei der Errichtung sakraler und weltlicher Bauten hielt sich der Herrscher im Vergleich zu seinen Vorgängern sichtbar zurück. Bemerkenswert ist lediglich die Einführung europäischer Elemente in die siamesische Architektur wärend seiner Amtszeit (*Mc Gill,1977, I:54ff.*). Vielleicht lag die Ursache in den diversen Kampagnen im Territorium der Mon und Lao in den 1660er Jahren, die einem Bericht holländischer Kaufleute zufolge zu >>zu leeren königlichen Schatullen<< (*na Pombejra, 1984:29*) geführt hatten. Der kurze „siamesische Frühling" der Franzosen, der mit einem totalen Desaster und anschliessender Vertreibung durch König Phetracha endete, sei laut einem der ihrigen der eigenen Inkompetenz geschuldet gewesen. Nach gewohnt brillianten Beginn und kurzer Prosperität, hätten sich seine Landsleute als unfähig erwiesen und seien der Eitelkeit, selbst in Siam herrschen zu wollen, erlegen. Daher werde, so Turpin in seiner *Histoire de civile et naturelle du Royaume de Siam*, das Schicksal der Franzosen ebenso unbeständig sein wie deren Charakter: >>Les François, dont le début est toujours brilliant, y éprouverent une prospérité passagere; mais incapables de se conduire eux-mêmes, ils fuccomberent à la vanité de vouloir gouverner ; & censeurs enjoués des usages étrangers, ils eurent le ridicule de se proposer pour autant de modeles. Ce vice national humilioit la fierté des Siamois attachés, jusqu'à l'opiniâtreré, à toutes leurs coutumes ; & la fortune des François fut aussie inconstante que leur caractere (*Turpin, 1771,I :10f.*)<<. Auch scheint Ayutthaya während der Regentschaft Phra Narais von Naturkatasstrophen groesseren Ausmasses verschont geblieben zu sein. Lediglich in drei *tōsen fūsetsusho*¹⁶³² wird von einer Flut berichtet, die Siam 1680 heimgesucht habe und als deren Folge die Preise für Zucker überdurchschnittlich gestiegen sei. Für das Jahr 1682 notierte ein Beobachter eine Hungersnot und Pockenepedemie, die >>unter Jung und Alt<< (*Yoneo Ishii, 1971:169f*) ihren Tribut forderte.

Herauszuheben ist die nahezu unlimitierte Toleranz des Königs in religiösen Fragen, er gestattete nicht nur Katholiken, Protestanten, Hindus und Muslimen gleichermassen die freie Ausübung und Verbreitung ihres Glaubens sondern erwies sich überdies wiederholt als generöser Sponsor beim Bau diverser Sakralbauten und Festivitäten der verschiedenen Konfessionen. Wenn insbesondere die Jesuiten dies als Zeichen der Abwendung des Herrschers vom buddhistischen Glauben deuteten, so dokumentiert dies hinlänglich ein kulturhistorisches Kommunikationsgefälle und die mangelnde Empathie der Franzosen, die selbst klare Ansagen Phra Narais nicht verstanden oder verstehen wollten: >>Ich werde nicht einfach einer Religion entsagen, die in meinem Königreich ununterbrochen seit 2229 Jahren praktiziert wird<<. (*Turpin, 1771:54*) Das Ende des Herrschers war von Dramatik, Einsamkeit und Schmerzen gekennzeichnet. Er starb – oder „wurde gestorben" – im vollen Bewusstsein des persönlichen Machtverlustes an den >>schlauen Mandarin, [ein] Hypokrit und Usurpator [der] mysteriöse Besprechungen [mit dem Vertreter der VOC führte und von diesen instruiert wurde], den König zu vergiften, sich der königlichen Siegel zu bemächtigen, insgeheim Truppen zusammenzuziehen, die Franzosen aus Bangkok und Mergui heraus zu

---

¹⁶³¹ Traditioneller Sitz des Vizekönigs, offizieller Name: พระราชวัง บวรสถานมงคล. Der König residierte im „Hinteren Palast", dem *phra racha wang luang* [พระราชวังหลวง].
¹⁶³² Ein Befragungsprotokoll einlaufender Schiffe aus der Zeit des *Sakoku*.

locken und sie dann abzuschlachten<<. (*Lanier, 1883:158*) Die Revolution bedeutete auch das Ende seiner Dynastie, da Phetracha nicht zögerte, sowohl den Stiefsohn als auch die beiden Brüder Narais umgehend zu exekutieren. Wäre es dem neuen Herrscher lediglich um die Ausschaltung des lästigen und vormals so einflussreichen Ausländers Phaulkon gegangen, wäre diese Gewaltorgie kaum vonnöten gewesen.

Phra Narais erste Avancen in Richtung der Franzosen datieren bereits auf die Zeit vor dem rasanten Aufstieg Phaulkons. Die diversen Gesandtschaften des Königs nach Persien, China und dem indischen Golkonda waren möglicherweise dem Wunsch geschuldet, sein Reich auf die Weltkarte zu bringen. Die den Europäern gewährten Handelsprivilegien gingen einher mit einem nachhaltigen Technologietransfer, sowohl im zivilen wie auch militärischen Bereich. Die Revolution von 1688 wurde unstritig durch xenophobe Tendenzen befeuert, insbesondere durch die populistische Agitation Phetrachas, die sich taktisch geschickt auf die Sangha und den niederen und mittleren Adel fokussierte. Die den *coup d'etat* planende Elite um Phetracha ging es schlicht und ergreifend um die Machtfrage, politisch und persönlich. Sie befürchteten nicht wirklich einen signifikanten Einfluss des christlichen Glaubens auf die künftige Entwicklung des Reiches, war es den frei wirken dürfenden Missionaren im Laufe des Säkulums doch lediglich gelungen, eine Handvoll Siamesen zu konvertieren. Was sie nachhaltig beunruhigte war der Versuch einiger Individuen, das kulturelle, politische und wirtschaftliche Koordinatensystem der Gesellschaft nachhaltig zu verschieben. Aus der Sicht Phetrachas, ursprünglich aus dem kleinen Dorf *Phlu Luang* in Suphanburi stammend, missbrauchten der König und sein oberster Berater ihre Macht und protegierten über Gebühr einzelne Personen und Gruppen, denen man unterstellte, kein dauerhaftes Engagement oder Interesse am Reich zu haben. >>Für die Menschen stellte sich die Situation so dar, das der mächtigste Minister des Königs ein Grieche war, mit einer japanischen Christin verheiratet und im europäischen Stil und Ambiente lebend, umgeben von französischen Priestern und englischen Kaufleuten<<. (*Wyatt, 1984:116*) Einige mögen auch die Befürchtung gehabt haben, das sich Ayutthaya zu sehr in das turbulente Fahrwasser der globalen Machtinteressen und des internationalen Handels begeben hatte, mit daraus resultierenden, unübersehbaren und vor allem, nicht mehr kontrollierbaren Konsequenzen. Man wollte schlicht Herr im eigenen Haus bleiben und fühlte sich wesentlich wohler, wenn die Angelegenheiten des Reiches auf überschaubarer Ebene zu handhaben waren. Die kulturelle DNA Ayutthaya bestand traditionell aus drei Nukleotiden: Monarchie, buddhistischer Glaube und Vaterland und auch angesichts der Möglichkeit, international an Bedeutung zu verlieren, galt fortan:

กระต่ายหมายจันทร์[1633]!

Mit dem Tod Narais endete auch der kurze „Französische Frühling" in Ayutthaya und bis zum Regnum König Mongkuts dominierte eine latente, teilweise an Xenophobie grenzende Furcht vor ausländischen Einflüssen die Aussenpolitik Ayutthayas, welche sich in einer Form siamesischen *sakokus* manifestierte. König Narai erwies sich bereits zu Beginn seines Regnums als Kosmopolit und zeigte sich sehr interessiert an auswärtigen Kontakten und Ideen. China, Indien, Japan, Persien, Holland, England, Portugal, Spanien, Frankreich – sie alle hatten ihren Platz und ihre Rolle in Ayutthya. Birmanen, Annamiten, Chinesen, Malaiien, Portugiesen, Engländer, Franzosen, Ceylonesen, Inder, Japaner, Holländer und noch einige Nationen mehr bevölkerten die Kapitale des Reiches. Menschen aus unterschiedlichen ethnischen und kulturellen Teilen der Welt bereicherten die Kultur des Gastlandes, vitalisierten nachhaltig den Handel, neue zivile und militärische Technologien hielten Einzug und wurden adaptiert. Allerdings waren die führenden Kreise des Adels immer auf der Hut,

---

[1633] Altes thailändisches Sprichwort. Wörtlich: „Der Hase träumt vom Mond". Vergleichbar mit dem deutschen Sprichwort: „Schuster bleib bei deinen Leisten".

denn die gemachten Erfahrungen mit den Japanern, Makassern und europäischen Mächten machten deutlich, das sobald diese einen zu grossen Fuss in der Tür hatten, es für die Siamesen gefährlich wurde. *(Terwiel, 1989:137)* In Anbetracht seiner Lebensleistung gilt die posthume Erhöhung des Königs mit dem Titel „der Grosse" in Thailand als allgemein anerkannt *(Syamananda, 1988:83)* und hebt ihn damit auf eine Ebene mit den anderen Titanen der siamesischen Geschichte: Pho Khun Ramkhamhaeng, Phra Naresuan, Somdet Phra Chao Taksin und Rama V. der Grosse.

8. Epilog

Wenn sich die Welt zerstört, so fängt es so an:
Menschen werden zuerst treulos gegen die Heimat, treulos gegen die Vorfahren,
treulos gegen das Vaterland. Sie werden dann treulos gegen die guten Sitten,
gegen den Nächsten, gegen das Weib und gegen das Kind[1634].

Der kritische Leser mag sich am Ende des Kapitels über das Königreich Ayutthaya die Frage stellen, ob der der Autor möglicherweise nicht zu „europazentriert" bei der Auswahl der von ihm verwendeten Quellen vorgegangen ist. Dazu drei Gedanken:

▶ Im April 1967 wüteten die Birmanen bei ihrer finalen Eroberung in der einstigen Metropole am Menam Chao Phraya derartig, das die Hauptstadt bis auf die Grundmauern zerstört und selbst die Sakralbauten nicht ausgenommen wurden. Auch nahezu alle schriftlichen Aufzeichnungen gingen in den Flammen verloren, die aber möglicherweise im Laufe der Zeit, zumindest teilweise, ohnehin Opfer des schwülen subtropischen Klimas geworden wären. Kopien einiger Chroniken und Dokumente, die glücklicherweise an verschiedenen Orten ausserhalb der Hauptstadt geborgen werden konnten, wurden primär zu Beginn der Rattanakosin-Periode „wiederhergestellt".

▶ Diese Dokumente und die erhaltenen Versionen der Königlichen Chroniken Ayutthayas sind die wichtigsten siamesischen Primärquellen dieser Periode. Doch erstens sind die Chroniken , wie weiter oben bereits mehrfach erwähnt, in Bezug auf einige Ereignisse sehr diskret und teilweise widersprechen sich die verschiedenen Versionen in einigen Punkten. Hinzu kommt, das selbst der Vater der thailändischen Geschichtswissenschaften, Prinz Damrong Rajanubhab, in einem Vorwort zu einer von ihm editierten klassischen Quelle einräumen musste: >>Nachdem wir die Manuskripte mit früheren Versionen verglichen haben, haben wir die Unterschiede bemerkt, aber die behalten, welche uns stimmiger als die originale Version erschien [sic!]<<. *(van der Cruysse, 2002:78)* Dennoch war der Autor bemüht, wann immer sinnhaftig und substantiell begründet, die Chroniken Ayutthayas in die Darstellung der Ereignisse ihrer Bedeutung angemessen einzubeziehen.

▶ Selbstverständlich sind auch die Berichte und Aussagen in den europäischen Quellen zu hinterfragen und quellenkritisch zu analysieren. Dennoch steht das Urteil des anerkannten thailändischen Historikers und Ayutthaya-Experten Dhiravat na Pombejra: >>Europäische Zeugnisse, mit wie vielen Makeln auch immer behaftet, sind als Primärquelle noch immer valider, als, sagen wir, die siamesischen königlichen Annalen, von denen die meisten über ein Jahrhundert nach dem Niedergang der Prasat Thong-Dynastie kompiliert wurden.<< *(na Pombejra, 1984:9)*

[1634] Peter Rosegger (1843-1918), österreichischer Volksschriftsteller und Erzähler.

Bei meinem letzten Besuch in Ayutthaya im Juni 2017 machte ich am späten Nachmittag nach einem langen, heissen Tag in und auf den Ruinen Rast bei den bekannten drei Pagoden des *Wat Phra Si Sanphet* [วัดพระศรีสรรเพชญ์][1635], um dort, den Sonnenuntergang geniessend, ein wenig melancholisch über das dramatische Ende des „Venedigs von Asien" zu reflektieren und las noch einmal das bekannte Poem *Angkarn Kalayanapongs* [อังคาร กัลยาณพงศ์][1636], *Ayuthaya Wipayok*[1637]:

หายอยุธยาทั่วฟ้าสูญสวรรค์
Ayuthaya ist am ganzen Himmel nicht zu sehen, ist aus dem Firmament entschwunden,
เป็นป่าช้าศิลปอันค่าไร้
ein Friedhof der Künste, von unschätzbarem Wert,
นฤมิตเพื่อท้าฝันทิพยโลก
geschaffen in der Hoffnung auf das Erstehen einer göttlichen Welt,
เหลือกากปฏิกูลไว้ ว่าแล้งมนุษยธรรม ฯ
Nur noch Reste, Schutt ist geblieben, Zeugnis gebend vom Mangel humaner Ideale.
โอ้ศรีอโยธยา เป็นป่าช้าท่าฝังฝัน
O Sri Ayodhya, Du bist ein Friedhof, dem begrabenen Traum die Stirne bietend.
อมตศิลปมหัศจรรย์ มิ่งขวัญฟ้า มาจมดิน ฯ
Wundersames Kunstwerk der Ewigkeit, glückverheissender Geist der Himmel, du wurdest von der Erde verschüttet.
ปราสาทราชฐานแก้ว แหลกลาญแล้วยังเจ็บดิ้น
Racha Than Kaeo Palast[1638], obwohl zu Staub gemahlen, windest Du Dich noch immer in Agonie.
น้ำตาบ่รินริน ร่ำเรื่องไว้ในจิตรกรรม ฯ
Deine Tränen strömen und fliessen, weinen die Geschichte in einem Bild.
ศรีสรรเพชญ์อเนจอนาถ วินาศสุนทรีย์ที่เลิศล้ำ
Si Sanphet, mitleiderregend, zerstört, die grösste Schönheit,
พม่ากลับมาตัฆ่าซ้ำ ให้สูญสิ้นวิญญาณไทย ฯ
Die Birmanen erwachten zum Leben um wieder zu töten, bis sie die Thai-Seele ausgelöscht hatten.
วูบถวิลแต่ศิลปะ ราชบูรณะมหาธาตุยิ่งใหญ่
Ein schmerzliches Verlangen nach dieser Kunst flackert auf, Gosser Ratburana Mahathat[1639].
ขโมยปล้นชาติไทยไป ขยี้ย่อยยับกับจี้ตีน ฯ
Das Volk der Thai beraubt, ausgeplündert, dann unter den Sohlen ihrer Füsse zertreten.
กนกทิพย์เครือวัลย์ทอง ต้องมือสัตว์ซึ่งแล้งศีล
Die göttlichen *khruea wan thong* Muster, berührt von den Händen dieser Bestien ohne Ethik.
ธรรมระยำทำลายปืน ขุดฆ่าสิ้นทุกดวงใจ ฯ

[1635] Der königliche Tempel auf dem Gelände des alten Königspalastes. Der Wat Phra Si Sanphet war Tempel der königlichen Familie und besäss als solcher keinen *Sanghawat* [เขตสังฆาวาส], also keinen Wohnbereich für Mönche. Der Wat wurde ausschliesslich für königliche Zeremonien benutzt.
[1636] (1926- 2012) Thailändischer Dichter und Maler. 1989 wurde er zum Nationalkünstler Thailands ernannt.
[1637] „Der Niedergang Ayutthayas". Eine hilfreiche Übersetzung ins Englische bietet Arnika Fuhrmann: The Dream of a Contemporary Ayuthaya: Angkhan Kalayanaphong's Poetics of Dissent, Aesthetic Nationalism, and Thai Literary Modernity. In: OE 48, 2009.
[1638] Königspalast
[1639] *Wat Ratchaburana* [วัดราชบูรณะ พระนครศรีอยุธยา], auch Wat Ratburana genannt, liegt am Rande des Zentrums der Altstadt von Ayutthaya, westlich des Flusses. Südlich gegenüber befindet sich an der Naresuan-Straße der *Wat Mahathat Ayutthaya* [วัดมหาธาตุ พระนครศรีอยุธยา], beide bilden sozusagen einen Zwillingstempel.

Zerbrochen das Dharma, bis zum Grund zerstört, darauf herumgeklettert, jede Seele findend und tötend.

ปรางค์เจดีย์โบสถ์วิหาร ดิรัจฉานต๊ือรื้อกันใหญ่
Prangs, Chedis, Bots, und Wihans, diese dumpfen Bestien zerstörten alles.

เอาอิฐหินดินไป กินสิ้นโคตรโฉดเขลานักๆ
Nahmen die Ziegel und die Erde, alles vertilgend, hirnloser Abschaum.

พญาไทไถนจึ้งเหลือง ฟูเฟื่องเรืองโลกอัปปลักษณ์
Der Patriarch, ein gelber Waran, unter dem die Welt der Unglücklichen prosperierte,

เจ็บแสบแก่เกียรติศักดิ์ อันสูงส่งเป็นผงธุลี ฯ
Tief in seiner Würde verletzt, einst so hoch und nunmehr nur noch Staub.

อยุธยายิ่งฟ้า นมหาสถาน ปัจจุบันปานกะกากขี้
Ayuthaya, höher als die Sphären der Himmel, nun nur noch Schutt.

ของเดนสัตว์ปรุพี ที่ครองเมืองเฟื่องเดชา ฯ
Relikte jener Bestien welche die Erde beherrschen, gedeihend in ihrer Stärke.

แววชัยวัฒนาราม งดงามดั่งสวรรค์ชั้นฟ้า ฯ
Der Glanz Chai Wathanarams[1640], schön wie ein Teil der Himmel.

มากมายหมู่หมากา แร้งแกล้งกลุ้มมารุมกิน ฯ
Diese Meute von Hunden und Krähen, diese düsteren Krähen, versammelt es zu vertilgen.

มหาชัยปราชัยสัตว์ สารพัดพินาศฉิบหายสิ้น
Mahachai[1641], geschändet von diesen Bestien, alles völlig zerstört.

กรุงแก้วเปื้อยจมดิน หมิ่นว่าสูญคระกูลไทย ฯ
Die kostbare Stadt in Trümmern, von der Erde verschüttet, verletzt, was das Verschwinden der Thais betraf.

เศษอิฐปูนสะอึกสะอื้น จะรื้อฟื้นมิ่งขวัญไฉน
Die Reste von Stein und Mörtel weinten, wie kann der Geist wieder erweckt werden?

แห้งแล้งมนุษยธรรมใน สกลโลกนี้บ่มีจริง ฯ
Das Ende der menschlichen Werte, die in dieser Welt nicht mehr wirklich vorhanden sind.

สิ้นศิลปอยุธยา ทั่วดินฟ้าอัปยศยิ่ง
Das Ende der Kunst in Ayuthaya, geschändet auf der Erde und in den Himmeln.

เหลือแต่ชาตุแท้ลิง สิงสู่สยามงามหน้าเอย ฯ \
Zurück blieben nur Spuren und Behausungen der Affen, im schönen Siam, das seine innere Schönheit verloren hatte.

Nach einiger Zeit kam ich mit einigen jüngeren, thailändischen Studenten ins Gespräch, die mich nach einem anregenden Gedankenaustausch fragten, worin denn der *farang* die Ursache für den Untergang von Anachak Ayutthaya sähe. Unwillkürlich kam mir ein Zitat Renans in den Sinn: >>*Le jour où la France coupa la tête à son Roy, elle commit un suicide*<<[1642]. Auf die Situation in Siam im 18. Jahrhundert bezogen und übertragen bedeutet dies, das aufgrund der Tatsache, dass die letzten drei Dynastien allesamt durch Usurpatoren gegründet wurden, die ihrerseits eine ganze Reihe von legitimen, teilweise noch im Kindesalter befindlichen, Thronfolger exekutieren ließen und dadurch einen wesentlichen Bestandteil der siamesischen kulturellen DNA verletzten. Zwar galt die Institution der Monarchie als sakrosankt und nicht notwendigerweise die Person des einzelnen Herrschers; solange der sich allerdings an die

---

[1640] *Wat Chai Watthanaram* [วัดไชยวัฒนาราม], liegt auf dem Westufer des Mae Nam Chao Phraya (*Chao-Phraya-Fluss*), südwestlich der Altstadt von Ayutthaya.
[1641] Wat Mahachai [วัดมหาชัย]
[1642] Ernest Renan (1823-1891). französischer Schriftsteller, Historiker, Archäologe, Religionswissenschaftler und Orientalist und Mitglied der Académie française. „Der Tag, an dem Frankreich seinem König den Kopf abschnitt, beging es Selbstmord".

Regeln der siamesischen Trinität Buddha, Dhamma und Sangha hielt und der gängigen Vorstellung des Chakravartin entsprach, galt er eigentlich als unantastbar. „Der das Rad des Gesetzes in Bewegung setzt" degenerierte jedoch zunehmend, spätestens seit Beginn des 17. Jahrhunderts zum Spielball ambitionierter Mitglieder der weltlichen und sakralen Elite. Wenn aber ein elementarer Pfeiler der kulturellen Identität wegbricht, relativiert sich in der Folge parallel dazu zwangsläufig das komplexe ethisch-moralische Diagramm der Gesellschaft und damit einhergehend auch das soziale und wirtschaftliche Organigramm. Universalhistorisch betrachtet sind untergegangene Kulturen, Gesellschaften, Staaten und Reiche häufig die zwangsläufige Folge eines zunehmenden Identitätsverlustes gewesen, an dessen Ende das vitale „Wir" einem dekadenten „Ich" gewichen war. Möglicherweise wäre Ayutthaya der Zerstörung entgangen, wären die Gebote des Sutta Pitaka, dem Korb der Lehrsätze und zweiten Korb des Pali-Kanons nicht nur gepredigt, sondern auch gelebt worden:

Dhammapada, der Wahrheitspfad:

21 (Vers)
Unsterblich macht der Ernst; der Leichtsinn führt zum Tod.
Die Ernsten sterben nicht; Leichtsinn'ge sind wie tot.
22
Verständ'ge haben dies erkannt in ernstem Streben;
Mit Ernst genießen sie der Edlen Glückserleben.
23
Wer die Versenkung übt mit Eifer allezeit,
Erreicht Nirvana einst, die höchste Seligkeit.
24
Wer eifrig, achtsam, rein, in guter Tat erprobt
Und nach der Lehre lebt, der Ernste wird gelobt.
25
Mit Ernst und Eifer schafft der Weise, wohl gezähmt,
Für sich ein Eiland, das die Flut nicht überschwemmt.
26
Unwissend Volk gibt sich dem Leichtsinn töricht hin;
Der Weise wahrt den Ernst als köstlichsten Gewinn.
27
Dem Leichtsinn fröhnet nicht, an Liebeslust erfreut!
Wer ernst Versenkung übt, erlangt Glückseligkeit.
28
Gelang es ihm mit Ernst, den Leichtsinn zu besiegen,
So hat der Weise schon der Weisheit Turm bestiegen.
Und schaut, selbst ohne Sorg', auf die besorgte Menge,
Als säh' von hohem Berg im Tal er das Gedränge.
29
Bei Leichtgesinnten ernst, wachsam, wo andre faul,
Der Weise schlägt sie, wie das Rennpferd schlägt den Gaul.
30
Durch Ernst kam Indra zu dem höchsten Götter-Adel.
Den Ernsten lobt man stets, den Leichtsinn'gen trifft Tadel
31
Der Ernste sieht den Leichtsinn als gefährlich an,
Die Fesseln brennt er ab und geht des Feuers Bahn.
32

Der ernste Mönch, der die Gefahr des Leichtsinns sah,
Ist sicher vor dem Fall und dem Nirvana nah.

Doch gelegentlich bedarf es der Ruinen, um wieder den Blick auf den Himmel freizugeben. Und auch Siam sollte sich aus den rauchenden Trümmern Ayutthayas erheben und unter der Führung von *Phra Chao Taksin* [พระเจ้าตากสิน][1643] und dessen General *Thong Duang* (*Chao Phraya Chakri*)[1644] die Grundlagen dessen legen, was wir heute als Thailand kennen. Ein langer Weg, eine faszinierende Geschichte, die aber an anderer Stelle erzählt werden muss. Unsere Reise endet jetzt und hier und der Autor dankt allen, die sich die Zeit nahmen, ihn auf diesem langen Marsch zu begleiten. In diesen Sinne, bleiben Sie neugierig: โชคดีครับ.

[1643] Der spätere Reichseiniger und König Taksin der Grosse [ตากสินมหาราช], nicht zu verwechseln mit dem ehemaligen Premierminister Thaksin Shinawatra [ทักษิณ ชินวัตร].
[1644] Der spätere *Phra Phutthayotfa Chulalok* [พระบาทสมเด็จ พระพุทธยอดฟ้าจุฬาโลก] oder Rama I, der Begründer der heute noch amtierenden Chakri-Dynastie (seit dem 1.12.2016 König *Maha Vajiralongkorn Bodindradebayavarangkun* [มหาวชิราลงกรณ บดินทรเทพยวรางกูร] als Rama X.)

Appendix I: *Samanasak* – Die Ränge der Mönche in der thailändischen Sangha

Stand: Beschlüsse des *Mahatherasamakhom (Rat der Ältesten)* vom 27.02.1998
(Voraussetzung für die Verleihung der kursiv gesetzten Ränge sind nachgewiesene Studien und bestandene Prüfungen mit dem Schwerpunkt Pali)

Somdetphraratchakhana

1. Somdet Phrasangkharatchao
2. Somdet Phrasangkharat
3. Somdet Phraratchakhana chan suphannabat

Phraratchakhana

4. Phraratchakhana chaokhanarong chan hiranyabat
5. Phraratchakhana chaokhanarong chan sanyabat
6. Phraratchakhana chan tham
7. Phraratchakhana chan thep
8. Phraratchakhana chan raj
9. Phraratchakhana chan saman
—Phraratchakhana palat khwa - palat sai
—Phraratchakhana rongchaokhana phak
—Phraratchakhana chaokhana changwat
—Phraratchakhana rongchaokhana changwat
—*Phraratchakhana chan saman parian fai wiphatsana thura (vipassana dhura)*
—*Phraratchakhana chan saman parian po. tho. 9-8-7-6-5-4-3*
—*Phraratchakhana chan saman thiapparian fai wiphatsana thura (vipassana dhura)*
—*Phraratchakhana chan saman thiapparian*
—Phraratchakhana chan samanyok fai wiphatsana thura (*vipassana dhura*)
—Phraratchakhana chan samanyok

Phrakhrusanyabat

10. Phrakhrusanyabat chaokhana changwat
11. Phrakhrusanyabat rongchaokhana changwat
12. Phrakhrusanyabat chaoawat phra aram luang chan-ek
13. Phrakhrusanyabat chaokhana amphoe chan-phiset
14. Phrakhrupalat khong somdet phraratchakhana
15. *Phrapariantham 9 prayok*
16. Phrakhrusanyabat chaoawat phra aram luang chan-tho
17. Phrakhrusanyabat chaokhana amphoe chan-ek
18. Phrakhrusanyabat chaoawat phra aram luang chan-tri
19. Phrakhrusanyabat chaokhana amphoe chan-tho
20. Phrakhrusanyabat rongchaoawat phra aram luang chan-ek
21. Phrakhrusanyabat rongchaoawat phra aram luang chan-tho
22. Phrakhrusanyabat rongchaoawat phra aram luang chan-tri
23. Phrakhrusanyabat phuchuai chaoawat phra aram luang chan-phiset
24. Phrakhrusanyabat phuchuai chaoawat phra aram luang chan-ek fai wiphatsana thura (*vipassana dhura*)

25. Phrakhrusanyabat phuchuai chaoawat phra aram luang chan-ek
26. Phrakhrupalat khong phraratchakhanarong chan hiranyabat
27. Phrakhrupalat khong phraratchakhanarong chan sanyabat
28. Phrakhruthananukrom chan-ek khong somdet phrasangkharat
29. *Phrapariantham 8 prayok*
30. Phrakhrusanyabat phuchuai chaoawat phra aram luang chan-tho (or the equivalent)
31. *Phrapariantham 7 prayok*
32. Phrakhrupalat khong phraratchakhana chan tham
33. Phrakhruthananukrom chan-tho khong somdet phra sangkharat (phrakhru parit)
34. Phrakhrusanyabat rongchaokhana amphoe chan-ek
35. Phrakhrusanyabat rongchaokhana amphoe chan-tho
36. Phrakhrusanyabat chaokhana tambon chan-ek fai wiphatsana thura (*vipassana dhura*)
37. Phrakhrusanyabat chaokhana tambon chan-ek
38. Phrakhrusanyabat chaokhana tambon chan-tho
39. Phrakhrusanyabat chaokhana tambon chan-tri
40. Phrakhrusanyabat chaoawat watrat chan-ek
41. Phrakhrusanyabat chaoawat watrat chan-tho fai wiphatsana thura (*vipassana dhura*)
42. Phrakhrusanyabat chaoawat watrat chan-tho
43. Phrakhrusanyabat chaoawat watrat chan-tri
44. Phrakhrusanyabat rongchaoawat watrat
45. Phrakhrusanyabat phuchuai chaoawat watrat
46. *Phrapariantham 6 prayok*
47. *Phrapariantham 5 prayok*
48. Phrakhrupalat khong phraratchakhana chan thep
49. Phrakhrupalat khong phraratchakhana chan thep
50. Phrakhru winaithon
51. Phrakhru thammathon
52. Phrakhru khusuat
53. *Phrapariantham 4 prayok*
54. Phrapalat khong phraratchakhana chan saman
55. *Phrapariantham 3 prayok*
56. Phrakhru rongkhusuat
57. Phrakhru sangkharak
58. Phrakhru samu
59. Phrakhru baithika
60. Phra samu
61. Phra baithika
62. Phra phithikam

Appendix II: Inskription No. 1 – Die Ramkhamhaeng Inskription

Seite 1

1.28 พ่อกูชื่อศรีอินทราทิตยแม่กูชื่อนางเสืองพี่กูชื่อบานเมือง
Der Name meines Vaters war Sri Indraditya, der Name meiner Mutter war Nang Suöng, der Name meines ältesten Bruders war Baan Müang

1.29 ตูพี่น้องท้องดยวห้าคนผู้ชายสามผู้ญิงโสงพี่เผือ
Wir waren fünf aus dem gleichen Mutterleib, drei Knaben und zwei Mädchen

1.30 ผู้อ้ายตายจากเผือตยมแต่ญงงเลกเมื่อกูขึ้นได้
Mein ältester Bruder starb im Kindesalter. Als ich

1.31 สิบเก้าเข้าขุนสามชนเจ้าเมืองฉอดมาท่เมืองตากพ่อกูไปรบ
19 Jahre alt war überfiel Khun Sam Chon, der Herrscher Muang Chods[1645], Muang Tak. Mein Vater griff

1.32 ขุนสามชนหววซ้ายขุนสามชนขบบมาหววขวาขุนสาม
Auf der linken Seite an; Khun Sam Chon wandte sich nach rechts. Khun Saam

1.33 ชนเกลื่อนเข้าไพร่ฟ้าหน้าใสพ่อกูหนีญ่ายพายแจน
Chon befahl seinen Truppen den Angriff. Die Untertanen meines Vaters flohen schnell. Besiegt liefen sie in Konfusion auseinander.

1.34 กูบ่หนีขี่ช้างเบกพลฺฺูขบบเข้าก่อนพ่อกูกู่
Ich floh nicht. Ich bestieg meinen Elephanten und griff an, bevor mein Vater es tun konnte. Ich bestritt

1.35 ช้างด้วยขุนสามชนตนกูพุ่งช้างขุนสามชนตวขี่
ein Elephantenduell mit Khun Sam Chon. Ich kämpfte mit Khun Saam Chons Elephanten,

1.36 มาสเมืองแพ้ขุนสามชนพ่ายหนีพ่อกูจึ่งขึ้นชื่กู
der den Namen Mas Muang trug. Besiegt floh Khun Sam Chon. Dann gab mir mein Vater den Namen

1.37 ชื่พระรามคํแหงเพื่อกูพุงช้างขุนสามชนเมื่อ
Phra Ramkhamhaeng, da ich mit Khun Saam Chons Elephanten gekämpft hatte. Während

1.38 ชว่วพ่อกูกูบไรอแก่พ่อกูบไรอแก่แม่กูได้ตวว
Mein Vater lebte, diente ich meinem Vater und meiner Mutter. Wenn ich

1.39 เนื้ออววปลากูเอามาแก่พ่อกูได้หมากสมหมากหวาน
einen Hirschen erlegte oder einen Fisch fing, brachte ich diese meinem Vater. Wenn ich etwas Saures oder eine süsse Frucht bekam,

1.40 อนนใดกินอร่อยกินดีกูเอามาแก่พ่อกูไปตี
welche köstlich und bekömmlich war, brachte ich diese meinem Vater. Ging ich auf die Jagd

1.41 หนงงวงช้างได้กูเอามาแก่พ่อกูไปท่บ้านท่เมือง
Elephanten, entweder mit dem Lederlasso oder indem ich sie in ein Gatter trieb, brachte ich diese meinem Vater. Überfiel ich ein Dorf oder eine Stadt

1.42 ได้ช้างได้งวงได้นางได้เงือนได้ทองกูเอา
und dort Elephanten, Männer, Frauen, Silber oder Gold erbeutete, übergab ich diese

1.43 มาเวนแก่พ่อกูพ่อกูตายญงงพี่กูพร่ำไรอแก่พี่
an meinen Vater. Als mein Vater starb, lebte mein älterer Bruder noch und ich diente ihm

---

[1645] In der heutigen Provinz *Tak*, vermutlich in der Nähe von oder *Mae Sot* [แม่สอด] selber

1.44 ภู่ผู่งงบเรอแก่พ่อกูพี่กูตายจึงได้เมืองแก่กูทงง
wie ich meinem Vater gedient hatte. Als mein älterer Bruder starb fiel das Königreich mir zu

1.45 กัลเมื่อชั่วพ่อขุนรามคํแหงเมืองมูกโขไทนี้ดีในน้ำ
Zu Zeiten König Ramkhamhaengs ging es dem Reich Sukhothai gut. In den Flüssen

1.46 มีปลาในนามีเข้าเจ้าเมืองบ่เอาจกอบในไพร่ลู่ทางเพื่อน
gab es Fische, auf den Feldern stand der Reis. Der König erhob keine Abgaben von seinen Untertanen: frei konnten sie

1.47 จูงวววไปค้าขี่ม้าไปขายใครจกกใคร่ค้าช้างค้าใคร
ihr Vieh handeln oder ihre Pferde verkaufen; wer immer mit Elephanten handeln will, kann es tun;

1.48 จกกใคร่ค้าม้าค้าใครจกกใคร่ค้าเงือนคำทองค้าไพร่ฝ้าหน้าใส
Wer immer mit Pferden handeln will, kann es tun; wer immer mit Silber und Gold handeln will, kann es tun; Wenn ein Gemeiner,

1.49 ลูกเจ้าลูกขุนผู้ใดแล้ล้ตยหายก่วายาวเรือนพ่เชื้อ
(Hof)Beamter oder Prinz stirbt, geht das Haus des verstorbenen Vaters,

1.50 เสื้อคำมนนช้างขูลูกเมียยเยียเข้าไพร่ฝ้าข้าไทป่า
seine domestizierten Elephanten, Frauen, Kinder, Reisspeicher, Reis, Leibeigenen und Pflanzungen

1.51 หมากป่าพูลพ่เชื้ออมนนไว้แก่ลูกมนนสิ้นไพร่ฝ้า
von Areca und Betel in voller Gänze an seine Söhne über. Wenn Gemeine,

1.52 ลูกเจ้าลูกขุนผี้แล้ผิดแผกแสกว้างกนนสวนดู
(Hof)Beamte oder Prinzen streiten, untersucht [der König] den Fall

1.53 แท้แล้จี่งแล่งความแก่ขาด้วยซื่บ่เข้าผู้ลกกมกก
Um die Wahrheit ans Licht zu bringen und urteilt dann gerecht für alle. Er macht sich nicht gemein mit Dieben und gewährt denjenigen keine Gunst

1.54 ผู้ซ่อนเหนเข้าท่านบ่ใคร่พีนเหนสีนท่านบ่ใคร่เดือด
die (gestohlene Waren) verbergen. Wenn er den Reis des Anderen sieht, so begehrt er ihn nicht; wenn er den Reichtum des Anderen sieht, so bricht kein Ärger darüber in ihm aus.

1.28 คนใดขี่ช้างมาหาพาเมืองมาสู่ช่อยเหนืออเฟือ
Wer einen Elephanten reitet und zu ihm kommt und ihn um Schutz für sein Land bittet, ist seiner

1.55 กู้มนนบ่มีช้างบ่มีม้าบ่มีปัววบ่มีนางบ่มีเงือน
großzügigen Hilfe sicher. Wer keine Elephanten, keine Pferde, Keine Männer, keine Frauen, kein Silber,

1.56 บ่มีทองให้แก่มนนช่อยมนนตวงเปนบ้านเปนเมือง
kein Gold besitzt, erhält dieses von ihm und er hilft, dessen Reich wieder aufzubauen.

1.57 ได้ข้าเสือกข้าเสออหววพุ่งหววรบมิ่ต๊บ่ฆ่าบ่ตี ในปากปู
Wenn er Feinde oder ihre Anführer gefangennahm, tötete oder schlug er sie nicht. ปากปู
ดมีกตึงอนนฉิ่งแขวนไว้หันนไพร่ฝ้าหน้า
Eine Glocke hängt dort über dem Tor; wenn ein Gemeiner

1.58 ปกกลางบ้านกลางเมืองมีถ้อยมีความเจบท้อง
in der Stadt einen Rechtsstreit hat, im Inneren geplagt wird

1.59 ข้องใจมนนจกกก่ลาวเถิงเจ้าเถิงขุนบ่ไร้ไปลนน
von Zweifeln welche er seinem Herrscher zur Kenntnis bringen möchte, so ist dies nicht schwer; er läutet die Glocke

1.60 กดิงอนนท่านแขวนไว้พ่อขุนรามคํแหงเจ้าเมืองได้

469

Welcher der Herrscher der König dort aufgehängt hatte; Pho Khun Ramkhamhaeng, der König,

Seite 2

2.01 ญินรยก(ก XI)เมอถามสวนความแก่นนด้วยชี้ไฟ่ริใน
 hört den Ruf, kommt und untersucht unparteiisch den Fall. Die einfachen Menschen in
2.02 เมืองสุกไขไทนี้ จึงชลำงป่าหมากป่าพูลทั่ววเมือง
 diesem Land Sukhothai preisen ihn dafür. Sie pflanzen Arekapalmen-Wäldchen in der ganzen Stadt;
2.03 นี้ทุกแห่งป่าพร้าวก่หลายในเมืองนี้ป่าลาง
 es gibt viele Arten von Kokosnuss-Palmen Pflanzungen
2.04 ก่หลายในเมืองนี้หมากม่วงก่หลายในเมืองนี้
 in dieser Stadt, auch sehr viele Mango-Bäume in dieser Stadt,
2.05 หมากขามก่หลายในเมืองนี้ใครสางได้ไว้แก่มนน
 und auch viele Tamarind[1646]-Bäume in dieser Stadt. Wer sie pflanzt, hat sie zu eigen.
2.06 กลางเมืองสุกไขไทนี้มีน้ำตรพงงไพยสีใสกินดี
 In der Stadtmitte von Sukhothai ist das Wasser des Phoy Teiches klar und gut zu trinken
2.07 ...ถุ่งกินน้ำไขงเมืออแล้งรอบเมืองสุกไขไทนี้ตรี
 wie das Wasser des Mekong in der Trockenzeit. Rund um die Stadt Sukhothai läuft die dreifache
2.08 บูรได้สามพนศีรอย่วาคนในเมืองสุกไขไทนี้
 [Schutz]Mauer mit einer Länge von 3.400 wa[1647]. Die Menschen dieser Stadt Sukhothai
2.09 มกกทานมุทรงสีลมกกโอยทานพ่บุรรามค์แหง
 pflegen wohltätig zu sein. Sie halten gewöhnliche die Regeln ein und spenden. Pho Khun Ramkhamhaeng,
2.10 เจ้าเมืองสุกไขไทนี้ทงงชาวแม่ชาวเจ้าท่วยป่ววท่วยนาง
 der Herrscher dieser Stadt Sukhothai, als auch die Prinzen und Prinzessinnen, Männer und Frauen,
2.11 ลูกเจ้าลูกขุนทงงชีนทงงหลายทงงผู้ชายผู้ญิง
 und Prinzen und (Hof)beamten, allesamt, Männer wie Frauen,
2.12 ฝุงท่วยมิสรธาในพระพุทธสาสนาทรงสีลเมืออพรนษา
 sind gläubige Buddhisten und alle befolgen die Vorschriften während Khao Phansa bzw. Ok Phansa[1648].
2.13 ทุกคนเมืออโอกพรนษากรานกินเดือนฉี่งจึ่ง
 Ist die Regenzeit vorüber, fertigen sie Roben um diese den Mönchen während der Kathin-Zeremonien[1649], die den ganzen Monat über andauern[1650], zu übergeben.

[1646] *Tamarindus indica.* Tamarinde lässt sich geschmacklich in zwei Gruppen einteilen. Die süße Tamarinde hat ein bräunliches Fruchtfleisch, die saure Tamarinde mit einem fast schwarzen Fruchtmark ist von Konsistenz und Farbe der Rosine ähnlich.
[1647] Entspricht 6,8 km
[1648] Die traditionelle Rückzugszeit der buddhistischen Mönche während der Regenzeit. Sie dauert drei Monate des Lunisolarkalender, etwa von Juli bis Oktober. Irreführend ist die Bezeichnung „buddhistische Fastenzeit", weil *Khao Pansa* weder mit dem moslemischen Ramadan noch der christlichen Fastenzeit zu vergleichen ist. Im alten Siam wanderten die meisten Mönche von Dorf zu Dorf um die Lehre des Gautama zu verbreiten. Während der Regenzeit sprießt auf den Feldern die junge Saat. Um nun die zarten Schößlinge nicht versehentlich zu zertreten, legte bereits Buddha fest, dass die Mönche während der Regenzeit nur in Ausnahmefällen wandern oder reisen dürfen.
[1649] *Thot Kathin* [ทอดกฐิน].

2.14 แล้วเมืออกรานกถินมีพันปี่ยยมีพนมากมี
Die Kathin-Gaben bestehen aus Bergen von Kauri-Muscheln[1651], *Bergen von Betel,*
2.15 พันดอกไม้มีหมอนฉ่งหมอนโนนบริพารกถินโอย
Bergen von Blumen, Polstern und Kissen, die Kathin-Gaben
2.16 ทานแต่ปีแต่ฉับล้านไปสุดฌุดคกถินถึ
die jedes Jahr gegeben warden, belaufen sich auf zwei Millionen[1652]. *Jeder geht zum Aranyika*[1653] *um den Rezitationen des Kathin-Festes zu lauschen.*
2.17 อไรญิกฟุ้นเมืออจกกเข้ามาวยงกนนแฉ่อไรญิก
Auf ihrem Heimweg in die Stadt, prozessieren alle gemeinsam den ganzen Weg vom Aranyika, bis sie
2.18 ฟุ้นเท้หววลานดืบงศักถองด้วยศักถองศยงพาดสยงพืน
offenes Gelände erreichen. Wiederholt schlagen sie die Trommeln, spielen auf Xylophonen und Flöten
2.19 สยงเถือนสยงฃบบไครจกกมกกเหลนเหลนไครจกก
beten und tanzen. Wer spielen möchte, spielt; wer
2.20 มกกหววหววไครจกกมกกเลื่อนเลื่อนเมือง
lachen möchte, lacht; wer beten möchte, betet. Diese Stadt
2.21 สุไขไทนี้มีสี่ปากปูตหวงทียนญอมคนสยดคนนน
Sukhothai hat vier Haupt [Stadt] Tore. Dichtgedrängte Menschenmassen
2.22 เจ้ามาดูท่านเผาทยนท่านเหลนไฟเมืองสุไขไทนี้
passieren sie um den König zu sehen, der Kerzen und ein Feuerwerk entzündet. Diese Stadt Sukhothai
2.23 มีถุ่งงจกกแตกกถางเมืองสุไขไทนี้มี่พีหารมี
ist zum Bersten gefüllt. In der Mitte dieser Stadt Sukhothai steht ein Tempel[1654], *in welchem*
2.24 พระพุทธรูบทองมีพระอฏฐารสมีพระพุทธรูบ
sich die alte Buddha-Statue befindet. Da sind Statuen des Buddha, Attharasa[1655].
2.25 มีพระพุทธรูบอนนไห่ญมีพระพุทธรูบอนน
Dort gibt es große Statuen des Buddha und
2.26 รามมีพีหารอนนไห่ญมีพีหารอนนรามมีปู่
es gibt mittelgroße; es gibt große Versammlungsräume[1656] *und mittelgroße.*
2.27 ครูนิสไสยมุคมีเถรมีมหาเถรเบื้องตวนนตก
Es gibt Mönche, Nissayamuttas[1657], *Theras*[1658] *und Mahatheras*[1659]. *Westlich*

[1650] In der heutigen Zeit findet die Kathin-Zeremonien in vielen Tempeln am Ende der Regenzeit nur noch einige Tage oder ausschließlich am letzten Tag statt. Da einst ein Krokodil sich dadurch Meriten erwarb, indem es schwimmend einer Kathin-Prozession folgte, wird in den meisten Tempeln zum Abschluss der Feierlichkeiten eine Fahne mit einem Krokodilsymbol gehisst.
[1651] Eine historische, überwiegend vormünzliche Form von Primitivgeld. Kaurigeld zirkulierte in Afrika, Afghanistan, Südostasien, China und Melanesien. Die Kauriwährung wurde in Siam bis 1881 anerkannt.
[1652] Vermutlich 2 Millionen Kaurimuscheln, der Gesamtwert der geleisteten Spenden
[1653] *Wat Aranyik*, auch *Wat Araññika* [วัดอรัญญิก] „Kloster der Waldmönche". Heute Teil des Geschichtsparks Sukhothai [อุทยานประวัติศาสตร์สุโขทัย], etwa 3,5 Kilometer außerhalb der Alten Stadt [*Mueang Kao* เมืองเก่า] von Sukhothai gelegen.
[1654] Es gab ca. ein Dutzend Waldtempel im Waldgebiet westlich von Sukhothais. Möglicherweise handelt es sich bei dem in dieser Inschrift erwähnten Tempel um den etwa 2,5km Luftlinie vom ehemaligem Westtor entfernt gelegenen *Wat Saphan Hin* [วัดสะพานหิน], dem „Kloster der Stein-Brücke".
[1655] *Phra Attharot* [พระอัฏฐารส] *Attharasa* bedeutet in Pali 18; vermutlich war König Ramkhamhaeng der Meinung, dass die Staue 18 Ellen hoch (8,3 Meter) sei, *in realitas* hat sie eine Höhe von etwa 12,5 Metern.
[1656] *Vihāra* in Pali und Sanskrit meinte in der ursprünglichen Wortbedeutung „Wohnsitz" oder „Zuflucht"; in Thai *Wihan* oder *Viharn* [วิหาร], bezeichnet den grossen Versammlungsraum in einem buddhistischen Tempel
[1657] Mönche, die seit mindestens 5 Jahre ordiniert waren
[1658] [เถระ] Mönche, die seit mindestens 10 Jahre ordiniert waren

2.28   เมืองสุโขไทนี้มีอรญิกพ่ขุนรามคำแหงกทำ
       dieser Stadt Sukhothai liegt Wat Aranyik, welchen Pho Khun Ramkhamhaeng
2.29   โอยทานแก่มหาเถรสงฆราชปราชญ์รยนจบบีดกไตร
       dem Mahathera, dem Sangharaja[1660] gab, ein Weiser, der das Studium der Tripitaka[1661] vollständig abgeschlossen hat,
2.30   หลวกกว่าปู่ครูในเมืองนี้ทุกคนลุกแก่เมืองสิรธรรมราช
       der weiser ist als jeder andere Mönch im Königreich und von Nakhon Sri Thammarat hierher gekommen ist.
2.31   มาในกลางอรญิกมีพิหารอนนญี่งมนน
       In der Mitte des Wat Aranyik gibt es eine große viereckige Versammlungshalle,
2.32   ใหญ่สูงงามแก่กีมีพระอฏฐารสอนนฉึ่งลุกอียน
       hoch und sehr schön und eine stehende Attharasa-Statue.
2.33   เบื้องตวนนโอกเมืองสุโขไทนี้มีพิหารมีปู่ครู
       Im Osten dieser Stadt Sukhothai gibt es Tempel und Mönche.
2.34   มีเลหลวงมีป่าหมากป่าพูลมีไร่มีนามีถิ่นถ้าน
       Dort gibt es einen großen See. Dort gibt es Areca- und Betelpflanzungen. Dort gibt es Plantagen und Reisfelder. Es gibt bewohnte Gebiete,
2.35   มีบ้านใหญ่บ้านเลกมีป่าม่วงมีป่าขามดูงามฦงงแก้ลงแก่ง
       große und kleine Dörfer, Mango- und Tamarind Wäldchen, so schön als seien sie geplant [angelegt worden].

Seite 3

3.01   เบื้องตีนนอนเมืองสุโขไทนี้มีตลาดปสาน
^   Im Norden dieser Stadt Sukhothai gibt es großflächige Märkte.
3.02   มีพระอจนมีปราสาทมีป่าหมากพร้าวป่าหมาก
       Dort steht die Achana-Statue[1662]. Dort ist der prasat[1663], dort befinden sich Wäldchen mit verschiedenen Arten von Kokosnuss-Palmen.
3.03   ถางมีไร่มีนามีถิ่นถ้านมีบ้านใหญ่บ้านเลกเบื้อง
       Dort gibt es Pflanzungen und Reisfelder, Wohngebiete, große und kleine Dörfer.
3.04   หววนอนเมืองสุโขไทนี้มีกุฎีพิหารปู่ครู
       Im Süden dieser Stadt Sukhothai gibt es Tempel, Unterkünfte der Mönche und Mönche.
3.05   อยู่มีสรีดภงสมีป่าพร้าวป่าลางมีป่าม่วงป่าขาม
       Dort gibt es einen Bach. Dort befinden sich Wäldchen mit verschiedenen Arten von Kokosnuss-Palmen, Wäldchen mit Mango- und Tamarind-Bäumen.

[1659] [มหาเถระ] ehrwürdige, ältere Mönche

[1660] [พระสังฆราช] Damals entweder der ranghöchste Mönch der Waldmönche oder der ganzen *Sangha* im Königreich Sukhothai , heute trägt der Oberste Mönchspatriarch des buddhistischen Mönchsordens in Thailand diesen Titel

[1661] Das Pali Wort *Tipitaka* bedeutet in der wörtlichen Übersetzung „Drei Körbe". Der *Tipitaka* mit dem Kommentar (*Atthakathā*), bilden die gesamte Schriftensammlung des Theravāda Buddhismus (*Theravāda* [เถรวาท] bedeutet „Lehre der Alten, Schule der Ältesten": die älteste noch existierende Schultradition des Buddhismus. Er führt seine Abstammung auf jene *Sangha* zurück, die zu den ersten Anhängern des Buddha gehörte). Im Einzelnen sind dies das *Vinaya-Pitaka* oder die Sammlung der Ordenszucht, *Sutta-Pitaka* oder die Sammlung der Lehrreden und das *Abhidhamma-Pitaka* oder die Philosophische Sammlung. In Thai *phra traipiduk* [พระไตรปิฎก]

[1662] Phra Achana („Jener, der sich nicht fürchtet"), eine ca. 15 Meter hohe Buddha-Statue aus dem 13. Jahrhundert im *Wat Si Chum* [วัดศรีชุม] „Tempel des Bodhi-Baumes"]

[1663] Primär ein Tempelturm der Angkor-Baukunst. Das Sanskrit Wort *prāsāda* [प्रासाद] bedeutet „mehrstöckiges Gebäude" und bezeichnet das Hauptgebäude eines Tempels oder Palastes. In Khmer wandelte sich der terminus zu prasat [ប្រាសាទ] und weiter in Thai zu [ปราสาท].

3.06 มีน้ำโคกมีพระขพุงผีเทพดาในเขาอนนนัน
Es gibt dort Gebirgsbäche und Phra Khapung, den göttlichen Geist des Berges,

3.07 เปนใหญ่กว่าทุกผีในเมืองนี้ขุนผู้ใดถีเมือง
der mächtiger ist als alle anderen Geister im Königreich. Wer auch immer herrscht

3.08 สุโขไทนี้แล้ให้วดีพีลถูกเมืองนี้ท่ยงเมือง
in diesem Königreich Sukhothai, ehrt ihn aufrichtig mit den geeigneten Opfergaben, [und] dieses Königreich von Dauer, diesem Königreich

3.09 นี่ดีผีให้วบ่ดีพีลบ่ถูกผีในเขาอนนบ่คุ้มบ่
wird gedeihen; ehrt man ihn aber nicht aufrichtig, oder macht nicht die geeigneten Opfergaben, wird der Geist des Berges [den Herrscher] weder beschützen noch

3.10 เกรงเมืองนี้หาย๑๒๑๔สกปีมโรงพ่ขุนรามคํ
respektieren und er sein Königreich wird verloren sein. In 1214 saka[1664], im Jahr des Drachen [1292], Pho Khun Ramkhamhaeng,

3.11 แหงเจ้าเมืองศรีสชชนนาไลสุโขไทนี้ปลูกไม้ตาน
König dieses Reiches von Si Satchanalai[1665]-Sukhothai pflanzte diese Zuckerpalmen.

3.12 นี่ได้สิบสี่เข้าจึ่งให้ช่างฟนนขดารหีนถู้งงห่วาง
14 Jahre später [ergo A.D. 1305-06] befahl er seinen Handwerkern eine Steinplatte zu behauen und sie in die Mitte

3.13 กลางไม้ตานนี้วนนเดือนดบบเดือนโอกแปดวนนวนน
dieses Zuckerpalmen-Wäldchens zu verbringen. Am Tag des Neumondes, dem achten Tag des zunehmenden Mondes, am

3.14 เดือนเตมเดือนบ้างแปดวนนฝูงปู่ครูเถรมหาเถร
Tag des Vollmondes und am achten Tag des abnehmenden Mondes, nimmt eine Gruppe von Mönchen, Theras und Mahatheras

3.15 ขึ้นณ่งงเหนือขดารหีนสูดธรรมแก่อุบาสกฝูง
auf dieser Steinplatte Platz und predigt die Lehren des Dharma den Laien zu verkünden, welche alle

3.16 ท่วยจําสีลผีใช่วนนสูดธรรมพ่ขุนรามคําแหง
die Regeln befolgen. An Tagen, an denen die Lehren des Dharma dort nicht verkündet werden, kommt Pho Khun Ramkhamhaeng,

3.17 เจ้าเมืองศรีสชชนนาไลสุโขไทขึ้นณ่งงเหนือขดาน
König dieses Landes von Satchanalai-Sukhothai, nimmt auf dieser Steinplatte Platz

3.18 หีนให้ฝูงท่วยลูกเจ้าลูกขุนฝูงท่วยถีบ้านถี
und lässt die versammelten Prinzen, Adeligen und Gemeinen schwören, ihrem Land zu dienen[1666].

3.19 เมืองคนนวนนเดือนดบบเดือนเตมท่านแต่งช้างเผือก
Am Tag des Neumonds und am Tag des Vollmonds schmückt der König den weissen Elephanten

3.20 กรพดดลยางทียนญ่อมทองงา...ขวาชีรูจาครี
namens Ruchagari mit Bändern und Troddeln und Gold für seine Stoßzähne.

3.21 พ่ขุนรามคําแหงขึ้นขี่ไปนบพระ...อรญญิกแล้ว
Pho Khun Ramkhamhaeng besteigt ihn und reitet zum Wat Aranyik um dort Phra ...[?] seinen Respekt zu erweisen; dann

---

[1664] Der altindische, hinduistische Kalender. Die Jahre werden fortlaufend nach der Saka-Ära (AS) gezählt. Diese Zählung knüpft an die alte Ära an, die vollendete Jahre zählt und bereits von indischen Astronomen mit der Epoche (1. Chaitra 0 AS) 15. März 78 n. Chr. oder Tag 1749621 julianischer Zählung benutzt wurde.

[1665] *Thesaban Müang* [เทศบาลเมืองศรีสัชนาลัย], etwa 50 km nördlich von Sukhothai gelegen

[1666] Mit anderen Worten: An Tagen ohne religiöse Handlungen hielt der König an diesem Orte Hof

3.22 เข้ามาจาริกอนนฉึ่งมีในเมืองชลยงสถาบกไว้
kehrt er zurück. Es gibt eine Inschrift in der Stadt Chalieng[1667], angebracht
3.23 ด้วยพระศีรรตนธาตุจาริกอนนฉึ่งมีในถ้ำชี่ถ้ำ
im Phra Sri Ratanathat[1668]; es gibt eine Inschrift in der Höhle, genannt
3.24 พระรามอยู่ฝงสํพายจาริกอนนฉึ่งมีในถ้ำ
Phra Ram Höhle[1669] an den Gestaden des Flusses Samphai; und es gibt eine Inschrift in
3.25 รตนธารในกลวงป่าตานนี้มีมาลาสองอนนอนฉึ่งชี่
der Ratanathan Höhle[1670]. In der Mitte des Zuckerpalmen-Wäldchens stehen zwei Pavilions, einer namens
3.26 ษาลาพระมาสอนนฉึ่งชี่พุทธษาลาขดารหีนนี้ชี่
Sala Phra Masa[1671], einer namens Buddha Sala[1672]. Die Steinplatte trägt den Namen
3.27 มนงงษีลาบาตรสถาบกไว้หื้นฉึ่งทงงหลายเหน
Manangsilabat[1673]. Sie wurde hier errichtet, so das jederman sie sehen kann.

Seite 4

4.01 พ่อขุนรามคํแหงลูกพ่อขุนษิรอินทราทีตยเปน
Pho Khun Phra Ramkhamhaeng, Sohn des Pho Khun Indraditya, ist
4.02 ขุนในเมืองษิรสชชนาไลสุโขไททงมากาวลาว
der Herrscher dieses Landes Si Satchanalai-Sukhothai, aller Ma[1674], Kao[1675], Lao[1676],
4.03 แล้ไทเมืองไต้หล้าฟ้าฎ...ไทชาวอูชาวของมาออก
und Tai der südlichen Länder unter dem Himmelszelt[1677] ... Tai der U[1678] und des Mekong sind ihm Untertan.
4.04 ๑๒๐๗สกปีกุรให้ขุดเอาพระธาตุออกทงงหลาย
1207 saka, im Jahr des Wildschweins[1679] [A.D. 1285/1287], ließ er die heiligen Reliquien[1680] auszugraben, damit jeder diese
4.05 เหนกทําบูชาบํเรอแก่พระธาตุได้เดือนหกวนนฉึ่ง
sehen konnte. Er huldigte diesen heiligen Reliquien einen Monat und sechs Tage, dann
4.06 เอาลงฝงงในกลางเมืองษิรสชชนาไลก่พระเจ
liess er sie in der Mitte der Stadt Si Satchanalai vergraben und errichtete eine chedi[1681]
4.07 ดีเหนือหกเข้าจึ่งแล้วตํงงผาลอํมพระ

[1667] [*jalyaṅ*] Alter Name für *Si Satchanalai* [ศรีสัชนาลัย]
[1668] *Wat Phra Sri Rattana Mahathat* [วัดพระศรีรัตนมหาธาตุ]
[1669] Die heutige *Chao Ram Cave* im *Si Satchanalai National Park*
[1670] Möglicherweise *Sri Ratnathāt*, heute *Wat Phra Prang*, an einer Biegung des *Maenam Yom-* Flusses [แม่น้ำยม] gelegen
[1671] Pavillon der Goldenen Staue
[1672] Pavillon der Buddha Statue
[1673] Auch der Name einer politischen Partei. Die Seri-Manangkhasila-Partei [*Phak Seri Manangkhasila* พรรคเสรีมนังคศิลา] war von 1955 bis 1957 aktiv. Sie wurde vom damaligen Ministerpräsidenten *Plaek Phibunsongkhram* [แปลก พิบูลสงคราม] (*Phibun*) gegründet und vertrat die Interessen der einflussreichsten Militärs.
[1674] Möglicherweise zwischen Sukhothai und Nan, in Gegend um Phrae gelegen
[1675] Im oberen Nan Valley gelegen
[1676] Luang Prabang [Lao: ຫຼວງພະບາງ] wörtlich: „Königliche Buddha Statue"] und weitere Gebiete im heutigen Laos
[1677] Entweder die Tai aus dem südlichen Yunan (China) oder die non-Lao Tais im Gebiet des heutigen Laos
[1678] Möglicherweise die Tai aus dem U-Tal nördlich von Luang Prabang
[1679] Hier irrte der Skribent. *Saka* 1207 war ein „Jahr des Hahns" und nicht ein „Jahr des Wildschweins"
[1680] Laut Griswold, 1967:10 die Beigaben der Grundsteinlegung bei der Errichtung des ursprünglichen Khmer-Tempels in *Si Satchanalai*
[1681] *Wat Chang Lom* [วัดช้างล้อม] im heutigen *Si Satchanalai Historical Park* [อุทยานประวัติศาสตร์ศรีสัชนาลัย]

darüber. Dieser war nach sechs Jahren fertiggestellt. Er liess eine Steinmauer rund um

4.08 มหาธาตุสามเข้าจึงแล้วเมื่อก่อนลายสือไทนี้บ่

Phra Mahathat errichten. Diese war nach drei Jahren fertiggestellt. Vor dieser Zeit gab es keine Tai-Schrift

4.09 มีเ๑๒๐๕สกปีมแมพ่ขุนรามคำแหงหาใคร่ใจ

1205 saka, im Jahr der Ziege [A.D. 1283], setzte Pho Khun Ramkhamhaeng all seinen Verstand

4.10 ในใจแล่ใส่ลายสือไทนี้ลายสือไทนี้จึ่งมีเพื่อ

und sein Herz daran, die Tai-Schrift zu schaffen. Also gibt es die Tai-Schrift weil

4.11 ขุนผู้นั้นนใส่ไว้พ่อขุนรามคำแหงนั้นนหา

dieser Herrscher sie erschaffen hat. Pho Khun Ramkhamhaeng

4.12 เปนท้าวเปนพรญาแก่ไทยทงหลายหาปน

ist Herr und König aller Tai,

4.13 ครูอาจารยสงสอนไทยทงหลายให้รู้

er ist der Herr und Lehrer, der alle Tai darin unterweist

4.14 บุญธรรมมแทแคคนอนนมีในเมืองไทดวย

was gute Taten und die Lehren des Dharma sind. Unter den Männern in Müang Tai[1682]

4.15 รู้ดวยหลวกกดวยแก่ลวดวยหานดวยแคะ

findet sich nicht einer, der ihm an Wissen und Intelligenz, Tapferkeit und Mut, Tatendrang

4.16 ดวยแรงหาคนจกกเเสมอมิได้อาจปราบฝุ่งขา

und Stärke ebenbürtig wäre. Er kann eine ganze Schar von

4.17 กมีเมืองกว้างช้างหลายปราบเบื้องตวนนออก

Feinden mit großen Städten und vielen Elephanten unterwerfen. Er unterwarf im Osten

4.18 รอดสรลวงสองแควแตวสบบาจายสคาเท้าฝงขอ'

Sra Luang[1683], Song Khwae[1684], Lumbachai[1685], Sakha[1686] bis an die Gestade des Mekong,

4.19 เถิงวยงจนนวยงคำเปนทีแล้วเบื้งหวว

bis Wiangchan[1687], Wiangkham[1688] als Grenze; im Süden

4.20 นอนรอดคนทีพระแพรกสุพรณณภูม

bis nach Khonti[1689], Phra Bang[1690], Phraek[1691], Suphanaphum[1692]

4.21 ราชบุรีเพชบุรีศรีธรรมมราชฝงงทเล

Ratchaburi, Phetchaburi, Si Thammarat[1693], die Küste des Meeres und

4.22 สมุทรเปนทีแล้วเบื่องตวนนตกรอดเมือง

[1682] Tai-Land
[1683] Alter Name für *Phichit* [สรลวง]
[1684] Alter Name für *Phitsanulok* [พิษณุโลก]
[1685] Das heutige *Lom Kao* [หล่มก่า], der nördlichste Distrikt der Provinz Phetchabun [เพชรบูรณ์]
[1686] *Pa Sak* Tal [ป่าสัก] in der Provinz Phetchabun
[1687] Das heutige *Vientiane* [Thai: เวียงจันทน์ :Lao ວຽງຈັນ], die Hauptstadt von Laos
[1688] *Mae Sai*[แม่สาย] Distrikt in der Provinz Chiang Rai [เชียงราย]
[1689] Möglicherweise 25 km südöstlich der heutigen Stadt *Kamphaeng Phet* [กำแพงเพชร] am Ping-Fluss [แม่น้ำปิง] gelegen
[1690] *Nagara Svarga* - Provinz *Nakhon Sawan* [นครสวรรค์]
[1691] Das alte *Jayanada*, die heutige Provinz *Chainat* [ชัยนาท]
[1692] *Suphan Buri* [สุพรรณบุรี]
[1693] *Nakhon Si Thammarat* [นครศรีธรรมราช]

	den Ozean als Grenze[1694]; im Westen bis nach Müang
4.23	ฉอดเมือง ... นหงศาพดิสมุทรเป็น
	Chod, Müang ...[1695], Hongsawati[1696], das Meer
4.24	แดนเบื้องตีนนอนรอดเมืองแพลเมือง
	als Grenze; im Norden bis nach Müang Phrae
4.25	ม่านเมืองน ... เมืองพลาววพันฝงของ
	Müang Man, Müang N...[1697], Müang Phlua[1698], bis jenseits der Gestade des Mekong
4.26	เมืองชวาเปนทีแล้วปลูกล้ยงฝูงลูกบ้าน
	Müang Chawa[1699] als Grenze. Er sorgt dafür, das jeder seiner Untertanen in den Dörfern
4.27	ลูกเมืองนนชอบด้วยธรรมทุกคน
	und Städten aufrichtig nach den Geboten des Dharma lebt.

[1694] Gemeint sind die Andamanensee im Westen und der Golf von Bengalen im Osten
[1695] Vermutlich *Martaban*, das heutige *Mottama* in Myanmar
[1696] *Hongsawadi*, das alte Pegu und heutige Bago in Myanmar
[1697] Vermutlich im Gebiet der heutigen Provinz *Nan* [น่าน]
[1698] Vermutlich ein Gebiet am Oberlauf des Nan-Flusses [แม่น้ำน่าน]
[1699] Wie *Chiang Tong* ein alter Name für *Luang Prabang*

Appendix III: Der thailändische Wat [วัด] [Khmer: វត្ត *vott*] [Lao: ວັດ, *vat*]

Ein Wat, ist in Thailand, Laos und Kambodscha ein von einer Mauer umgebener Gebäudekomplex, der hauptsächlich aber nicht ausschließlich religiösen Zwecken dient. Der Begriff *Wat* leitet sich sowohl vom Pali-Wort *āvāsa* (Aufenthaltsort, Wohnstätte) als auch vom Sanskrit-Wort *avasatha* (Dorf, Schule, Haus). Die deutsche Übersetzung „buddhistisches Kloster" ist irreführend, da ein *Wat* gleichermaßen Ordensangehörigen und Laien dient und zugänglich ist und neben dem primär spirituellen Charakter auch soziale Funktionen hat, indem er als kommunaler Versammlungsort oder Schule für mittellose Kinder dient. Die termini „Tempel" oder „Tempelanlage" sind zutreffender und werden daher in diesem Buch verwendet. In nahezu jedem laotischen, kambodschanischen oder thailändischen Dorf fungiert ein *Wat* als kommunikativer und räumlicher Mittelpunkt des spirituellen und kulturellen, Lebens; größere Städte beherbergen zahlreiche *Wat*, die Hauptstadt Bangkok zählt mehr als 400, in ganz Thailand gibt es über 30.000 Wat. Vor allen im ländlichen Thailand ist der Wat religiöses Zentrum und Grundschule, Klinik und Homoeopathiezentrum, Treffpunkt und Gemeinschaftszentrum, Altersheim und kurzfristige Unterkunft für Gäste. Einige Wat kümmern sich durchaus erfolgreich um die Behandlung von Drogensüchtigen, wie zum Beispiel *Wat Tham Krabok* [วัดถ้ำกระบอก] (Tempel der Bambushöhle, im Landkreis *Phra Phutthabat* [พระพุทธบาท] in der Provinz Saraburi [สระบุรี]; andere dienen als Hospiz für AIDS-Kranke wie *Wat Phra Baht Nam Phu* in Lopburi.

Die Architektur

Die Architektur des *Wat* hat eine wechselvolle Historie; oft zeigen sich in Anlage und Stil große Unterschiede, doch liegt allen eine gemeinsame Struktur zugrunde. Ein *Wat* besteht bis auf wenige Ausnahmen aus zwei unterschiedlichen Teilen, dem *Phutthawat* [เขตพุทธาวาส] und dem *Sanghawat* [เขตสังฆาวาส]. *Phutthawat* ist der dem Buddha geweihte Bereich, der verschiedenen Gebäuden besteht, die von einer *Kamphaeng Kaeo* [กำแพงแก้ว] („Juwelenmauer") umgeben werden. In einigen Tempeln gibt es zusätzlich zu der äußeren Mauer eine „innere" *Kamphaeng Kaeo*, welche in der Regel ein Gebäude mit besonderer sakraler Bedeutung umgibt.

▶ *chedi* [พระเจดีย์]: ein meist glockenförmige, nach oben spitz zulaufender Turm, manchmal begehbar und mit Blattgold überzogen
▶ *prang* [พระปรางค์]: die thailändische Adaption der Khmer-Tempeltürme des Reiches von Angkor, oft vorhanden in Tempeln aus der Sukhothai- und Ayutthaya-Periode
▶ *bot* [โบสถ์] auch *ubosot* [พระอุโบสถ]: Gebetshalle und heiligster Bezirk des *Wat*, in dem die Mönche ihre Zeremonien abhalten; der geweihte Bereich wird durch Grenzsteine, die *bai sema* [ใบเสมา] markiert
▶ *wihan* [พระวิหาร]: Versammlungsraum für Mönche und Gläubige
▶ *ho trai* [หอไตร]: Die Bibliothek des Tempels; hier wird kanonische Schriftsammlung des Theravada-Buddhismus, der *Tipiṭaka (Drei-Korb)*, der Pali-Kanon verwahrt
▶ *mondop* [พระมณฑป]: besondere Bauform der Bibliothel als kubische Variante:
▶ *sala* [ศาลา]: ein offener Pavillion, als Platz zum Verweilen und schattiger Treffpunkt für Besucher
▶ *sala kan prian* [ศาลาการเปรียญ]: große, offene Halle, in der die Laien Predigten hören oder ihrem täglichen religiösen Unterricht beiwohnen können, wörtlich: Halle, in der Mönche für ihre Prüfungen studieren

▶ *ho rakhang* [หอระฆัง]: Glockenturm, weckt die Mönche und ruft sie zu den morgendlichen und abend-lichen Zeremonien zusammen
▶ *phra rabieng* [พระระเบียง]: eine nach innen offene Galerie, oft das sakrale Zentrum umgebend
▶*chofas* [ช่อฟ้า]: wörtlich „*Himmelsbüschel*" sind die charakteristischen architektonischen Verzierungene auf Dächern von buddhistischen Gebäuden angebracht sind. Sie sind aus Hartholz geschnitzt und ähneln schlanken, graziös geschwungenen Fingern, welche in den Himmel zeigen. Jeder *chofah* wird in einer speziellen Zeremonie oben am Dachfirst angebracht. Der chofah ist meist ein hoch stilisiertes Bildnis des Garuda [ช่อฟ้าปากครุฑ *Garudaschnabel chofah*], in Nordthailand werden auch andere Fabeltiere als chofah abgebildet. Vereinzelt werden zusätzlich kleine Glöckchen als Windspiel appliziert.

Der *Sanghawat* ist der Wohnbereich der Mönche. Auch er ist von einer Mauer gegen die weltliche Umgebung abgeschirmt. Hier befinden sich:

▶*kuti* [กุฎิ]: die Mönche leben in einzelnen Häusern, das größte ist dabei dem Abt vorbehalten

Ein *Sanghawat* kann auch einen Glockenturm oder auch eine Predigthalle beinhalten.

Die Klassifizierung

Es gibt nur 100 königliche Tempel [พระอารามหลวง] in Thailand. Ihr vollständiger Name enthält meistens folgende Silben: *Ratcha Wora Maha Wihan* [ราชวรมหาวิหาร], *Ratcha Wora Wihan* [ราชวรวิหาร], *Wora Maha Wihan* [วรมหาวิหาร] oder auch *Wora Wihan* [วรวิหาร]. Diese werden wiederum in drei Klassen unterteilt:

- Königlicher Tempel der Sonderklasse
- *Wat Phra Kaeo* [วัดพระแก้ว] (Tempel des Smaragd-Buddha). Der offiziell lautende *Wat Phra Sri Rattana Satsadaram* [วัดพระศรีรัตนศาสดาราม] ist der Tempel des Königs im alten Königspalast im Bezirk *Phra Nakhon* [พระนคร] der Hauptstadt Bangkok.

- Königliche Tempel Erster Klasse [พระอารามหลวง ชั้นเอก]
- Renovierung durch den König
- Neubau durch den König
- Beherbergen eine buddhistische Reliquie, *maha that* [มหาธาตุ] oder *phra that* [พระธาตุ]
- Sind mindestens 50 Jahre alt

- *Wat Pho* [วัดโพธิ์], offizieller Name: *Wat Phra Chettuphon Wimon Mangkhalaram Ratchaworamahawihan* [วัดพระเชตุพนวิมลมังคลารามราชวรมหาวิหาร]. Im Zentrum der historischen Altstadt von Bangkok, unmittelbar südlich des Königspalastes gelegen. Der Name Wat Pho, nach seinem historischen Namen *Wat Photharam* [วัดโพธาราม], hat sich im täglichen Sprachgebrauch durchgesetzt und referenziert auf den *Mahabodhi*-Tempel im indischen Bodhgaya, dem Ort der Erleuchtung des historischen Buddha, etwa 96 km von Patna entfernt. *Wat Photharam* wird bereits in den königlichen Chroniken Ayutthayas während der Regentschaft *Somdet Phra Phetrachas* [สมเด็จพระเพทราชา] erwähnt, so das seine Gründung bereits im 17. Jahrhundert erfolgte. Zwischen 1789-1791 ließ König Rama I. den Tempel erweitern und restaurieren und gab ihm auch den heutigen offiziellen Namen. Im Ubosot befindet sich sich *Phra Phuttha Thewa Patimakon* [พระพุทธเทวปฏิมากร], eine sitzende Buddha-

Statue im Ayutthaya-Stil, in deren Sockel Sockel wurden die sterblichen Überreste von König Rama I. beigesetzt wurden. Die *Kamphaeng Kaeo* rund um den *Ubosot* zeigt an seiner Außenseite 152 quadratische Reliefs mit Motiven aus dem Ramakien, die von König Rama III. in Auftrag gegeben wurden. Die touristische Hauptattraktion ist heute die berühmte 46 Meter lange und 15 Meter hohe vergoldete liegenden Buddha-Statue *Phra Buddha Saiyas* [พระ พุทธไสยาส] mit herrlichen Perlmutt-Einlegearbeit auf den Fußsohlen. Weithin sichtbar ist *Phra Maha Chedi Si Ratchakan* [พระมหาเจดีย์สี่รัชกาล], eine Gruppe von vier *chedi*, jeder 42 Meter hoch und mit verschiedenfarbigen Mosaiken aus Kacheln bedeckt.

• *Wat Mahathat* [วัดมหาธาตุ], offizieller Name: *Wat Mahathat Yuwaratrangsarit Ratcha Wora Maha Viharn* [วัดมหาธาตุ ยุวราชรังสฤษฎิ์ ราชวรมหาวิหาร]. Wat Mahathat liegt nördlich des *Phra Borom Maha Ratchawang* [พระบรมมหาราชวัง *Grand Palace*] in der Altstadt von Bangkok, zentral am *Sanam Luang* [สนามหลวง]. Auf dem Gelände befindet sich die buddhistische Universität *Maha Chulalongkorn Ratchawitthayalai (MCU)* [มหาจุฬาลงกรณราชวิทยาลัย]. Wat Mahathat bestand bereits vor der Gründung Bangkoks 1782, der historische Name des lautete *Wat Salak* [วัดสลัก] *(Gemeißelter Tempel)*. Der jüngere Bruder Kömig Rama I., *Boworn Maha Surasinghanat* [กรม พระราชวังบวรมหาสุรสิงหนาท] begann 1783 gleichzeitig mit der Neukonstruktion des *Wang Na* [วังหน้า] (Vorderer Palast, die Residenz des Vizekönigs) die alte Tempelanlage umzubauen; Der neue Tempel war nach Osten hin ausgerichtet, die *kuti* der Mönche wurden im hinteren Teil des *Wat Salak* errichtet. Als die Umbauarbeiten abgeschlossen waren, verlieh der *Uparat* dem Kloster den Namen *Wat Nibbanarama* (Tempel des Nirvana). *Wat Nibbanarama* wurde als Zentrum des 9. Buddhistischen Konzils auserwählt, dazu wurde der Tempel erneut umbenannt in *Wat Phra Si Sanphet* (วัดพระศรีสรรเพชญ). Das Konzil wurde am 12. November 1788 eröffnet, dauerte fünf Monate und es nahmen 218 Mönche sowie 32 buddhistische Gelehrte unter der Leitung des Somdet Phrasangkharat [สมเด็จพระสังฆราช], des Obersten Mönchspatriarchen daran teil. Im Jahr 1804 beschloss König Rama I. im Tempel die Abschlussprüfung zur Erlangung des Doktortitels in Pali abzuhalten. Aus diesem Grund wurde der Name des Tempels noch einmal geändert. Der neue Name lautete *Wat Si Rattana Mahathat* [*Tempel der Heiligen Juwelenbesetzten Großen Reliquie* วัดพระศรีรัตนมหาธาตุราชวรมหาวิหาร], da alle historischen Hauptstädte Siams einen Tempel dieses Namens hatten, in dem der Oberste Patriarch residierte.

• *Wat Suthat* [วัดสุทัศ], offizieller Name: *Wat Suthat Thepwararam Ratchaworamahawihan* [วัดสุ ทัศนเทพวราราม ราชวรมหาวิหาร]. Ebenfalls im Herzen der Altstadt von Bangkok, an der *Bamrung Mueang Road*, gelegen, zählt die Tempelanlage mit einer Fläche von etwa 40 ha zu den größten in der Hauptstadt. Rama I. hatte im Februar 1807 auf dem Gelände, das neben einem brahmanischen Monument mit Namen *Sao Ching Cha* lag, den Bau eines Tempels befohlen, der eine 8 Meter hohe bronzene Buddha-Statue aus Sukhothai beherbergen sollte. Im folgenden Jahr erreichte die Barke mit der gewaltigen Statue Bangkok und wurde in einer feierlichen Prozession zur Tempelbaustelle gebracht. Dort wurde im Rahmen einer siebentägigen Feier als Zentrum des neuen Wihan installiert. Der Name *Wat Suthat Thepwararam* bezieht sich auf die göttliche Stadt des Gottes Indra im *Tavatimsa*-Himmel. Da Rama I. noch im Jahre 1809 verstarb, konnte der Gründer der Chakri-Dynastie die Fertigstellung des Tempels nicht mehr miterleben. Das alte brahmanische Monument *Sao Ching Cha* [เสาชิงช้า] (Große Schaukel) ist in heutiger Zeit eine der touristischen Attraktionen der Hauptstadt. Die Schaukel-Zeremonie war ursprünglich eine Sonnen-Zeremonie, weshalb die Schaukel auch so ausgerichtet wurde, dass entlang des Laufes der Sonne, von Ost nach West, geschaukelt werden konnte. Hintergrund war die brahmanische Überlieferung, das Gott

Shiva einmal im Jahr 10 Tage lang die Erde besuche. Da Shiva ein heiterer Gott ist, liebt er es, unterhalten zu werden. Dazu diente neben Prozessionen die Schaukel-Zeremonie mit akrobatischen Einlagen. Die Schaukel-Zeremonie wurde mit Unterbrechungen bis 1935 durchgeführt, aber anschließend aufgrund einiger schwerer Unfälle endgültig aufgegeben.

- *Wat Bowon* [วัดบวร], offizieller Name: *Wat Bowonniwet Vihara* [วัดบวรนิเวศวิหาร]. Im Nordosten der Altstadt gelegen ist Wat Bowon das spirituelle Zentrum des *Thammayut-nikai-* [ธรรมยุติกนิกาย] Ordens. *Dhammayutika-nikāya*, wörtlich „Die sich strikt an das Dharma halten", ist der kleinere der zwei Orden in der Sangha Thailands. Die Thammayut-Gemeinschaft wurde in der ersten Hälfte des 19. Jahrhunderts von Prinz Mongkut gegründet, als dieser selbst noch Mönch war. Die Mönche der *Thammayut-nikai* halten sich streng an die ursprünglichen Ordensregeln und den Text des Pali-Kanons und lehnen Mystik ab. Spiritueller Mittelpunkt des Tempels ist *Phra Bhuddha Chinasi* [พระพุทธชินสีห์], eine 1357 im Sukhothai-Stil gefertigte Buddha-Statue. Der spätere König Rama IV. trat Wat Borom 1836 als Mönch bei und diente dort später lange Jahre als Abt. Ursprünglich gab es auf dem Gelände des heutigen Wat Bowon zwei verschiedene Tempel: im Westen lag *Wat Mai* und im Osten *Wat Rangsee Suddhawas*, getrennt durch einen Kanal. Erst während der Regentschaft König Rama VII. wurden beide Tempel in einer gemeinsamen Anlage zusammengeführt.

- *Wat Ratchapradit* [วัดราชประดิษฐ์], offizieller Name: *Wat Ratchapradit Sathit Mahasimaram Ratcha Wora Maha Viharn* [วัดราชประดิษฐ์ สถิตมหาสีมาราม ราชวรวิหาร]. Einer der kleineren Tempel Bangkoks; liegt an der *Ratchini Road*, nördlich des *Wang Saranrom* [วังสราญรมย์], der ursprünglich als Alterssitz Rama IV. gebaut worden war. König Mongkut ließ *Wat Ratchapradit* 1864 für die Mönche der Thammayut-Gemeinschaft errichten.

- *Wat Ratchabophit* [วัดราชบพิธ], offizieller Name: *Wat Ratchabophit Sathit-Mahasimaram Ratcha Wora Maha Viharn* [วัดราชบพิธสถิตมหาสีมารามราชวรวิหาร]. Ein weiterer Tempel in der Altstadt Bangkoks. 1869 von Rama V. errichtet, lud der König nach einer Bauzeit von 20 Jahren Mönche der Thammayut-Gemeinschaft ein, sich hier niederzulassen. Später wurde Wat Ratchabophit die Residenz des Prinz-Patriarchen *Somdet Phrasangkharatchao Krommaluang Chinaworasiriwat* [สมเด็จพระสังฆราชเจ้า กรมหลวง ชินวรสิริวัฒน์] alias *Momchao Phuchong* [หม่อมเจ้าภุชงค์] (1921-1937). Zu den Sehenswürdigkeiten zählen der *Phra Chedi* [พระเจดีย์], glocken-förmige im Sri-Lanka-Stil, mit orangefarbenen Kacheln bedeckt. Die Spitze bildet eine goldene Kugel, in der sich eine Reliquie des Buddha befinden soll. Im Innern ist der Phra Ubosot in vergoldeter italienischer Gotik gehalten, die Ideen zu dieser Ausgestaltung hat der König von seinen Besuchen in Europa mitgebracht. Die drei Meter hohen Flügel der Eingangstüren sind mit Perlmutt-Einlegearbeiten verziert. Der westliche Teil des Wat Ratchabophit wird von einem Königlichen Friedhof [สุสานหลวง] eingenommen. Hier befinden sich zahlreiche, teils fremdartig anmutende Mausoleen. Hier wurden Mitglieder der königlichen Familie beigesetzt, aber auch Mitglieder verdienstvoller Familien, wie zum Beispiel der *Bunnags* [สกุลบุนนาค].

- *Wat Benchamabophit* [วัดเบญจมบพิตร], offizieller Name: *Wat Benchamabophit Dusitwanaram Ratchawo-rawihan* [วัดเบญจมบพิตร ดุสิตวนาราม ราชวรวิหาร], der „Tempel der fünf Prinzen". Im Bezirk Dusit [ดุสิต] der Haupt-stadt gelegen ist er auch unter dem Namen „Marmor-Tempel" bekannt. Gebaut wurde er auf dem Gelände eines alten Tempels namens *Wat Läm* [วัดแหลม]. 1827, während des Regnums Rama III., revoltierte *Anuvong*, zwischen 1805-1828 König des laotischen Königreiches Vientiane. Nachdem er im Handstreich Khorat genommen hatte, gab er vor, als nächstes Bangkok einnehmen zu wollen. König Rama III. setzte eine Armee in

Richtung Khorat in Marsch, während in Bangkok Vorbereitungen zur Verteidigung getroffen wurden. Die Verteidigungstruppen unter dem Kommando von Prinz *Krom Phra Bibith Bhogabhubendra* schlugen ihr Hauptquartier auf dem Gelände des *Wat Läm* auf. Innerhalb weniger Tage jedoch konnten Anuwongs Truppen nahe Khorat besiegt und die Rebellion zerschlagen werden. Aus Dankbarkeit gegenüber *Wat Läm* ließ Prinz Bibith diesen restaurieren, und zusammen mit vier seiner Brüder errichtete er fünf *chedis*. Spirituelles Zentrum ist *Phra Buddha Chinnarat* [พระพุทธชินราช (จำลอง)], eine Kopie der gleichnamigen Statue des *Wat Phra Si Rattana Mahathat Maha Worawihan* [วัดพระศรีรัตนมหาธาตุ] in Phitsanoluk. Die Statue wurde aus 2,5 Tonnen Bronze gegossen, die Spannweite in Kniehöhe beträgt 1,90 Meter und nimmt die sogenannte indische oder heroische Pose (*virasana*) ein, wobei das rechte Bein über das linke gelegt wird. Die linke Hand liegt mit der Handfläche nach oben im Schoß, die rechte Hand liegt auf dem rechten Knie, die Finger zeigen nach unten. Diese Handhaltung symbolisiert die Niederlage des Dämonen *Mara* [มาร]. Die sterblichen Überreste König Rama V. wurden auf dessen Wunsch im Marmor-Sockel *Phra Buddha Chinnarats* besetzt.

• *Wat Phra Sri Mahathat* [วัดพระศรีมหาธาตุ], offizieller Name: *Wat Phra Sri Mahathat Wora Maha Wihan* [วัดพระศรีมหาธาตุวรมหาวิหาร]. Gelegen an der verkehrsreichen *Thanon Phahonyothin* [ถนนพหลโยธิน] im Bangkoker Stadtteil *Bang Khen* [บางเขน]. Der Tempel wurde 1941 von Feldmarschall *Plaek Phibunsongkhram* [แปลก พิบูลสงคราม], dem damaligen Premierminister Thailands gegründet, um an die Einführung der konstitutuionellen Monarchie zu erinnern. Sein ursprünglicher Name war daher *Wat Prachathipatai* [วัดประชาธิปไตย] (Tempel der Demokratie). Am 30. Juni 1942 wurde der Name in *Wat Phra Sri Mahathat Wora Maha Viharn* geändert, nachdem Reliquien des Buddha, Ableger des heiligen Mahabodhi-Baums aus Bodhyaga sowie Erde von sakralen Orten aus Indien in den *chedi* des Tempels gebracht wurden. Ganz in der Nähe des Tempels befindet sich auch *Anusawari Phithak Ratthathammanun* [อนุสาวรีย์พิทักษ์รัฐธรรมนูญ], das „Denkmals zur Verteidigung der Verfassung". Das *Lak Si*-Denkmal dient der Erinnerung an 17 gefallene Soldaten, die während des erfolglosen bewaffneten Aufstand des Prinzen *Boworadet* [พระวรวงศ์เธอ พระองค์เจ้าบวรเดช] gegen die Militärregierung von General *Phraya Phahon Phonphayuhasena* [พระยาพหลพลพยุหเสนา] im Oktober 1933 starben.

• *Wat Arun* [วัด อรุณ], offizieller Name: *Wat Arun Ratchawararam Ratchaworamahaviharn* [วัดอรุณราชวรารามราชวรมหาวิหาร]. Gelegen am westlichen Ufer des Maenam Chao Phraya im *Bangkok Yai* [บางกอกใหญ่]. Der „*Tempel der Morgenröte*" wurde bereits während der Ayutthaya-Periode errichtet und hieß ursprünglich *Wat Makok* [วัดมะกอก] (Oliven-Tempel). König *Taksin Maharat* [ตากสินมหาราช] änderte den Namen in in *Wat Chaeng* [วัดแจ้ง]; bevor er in den *Wat Phra Kaeo* verbracht wurde, war hier auch der berühmte *Phra Phuttha Maha Mani Ratana Patimakorn* [พระพุทธมหามณีรัตนปฏิมากร], das spirituelle Nationalheiligtum Thailands, beheimatet. Ihren heutigen Namen erhielt die Tempelanlage von König Rama IV. Den Mittelpunkt vom Wat Arun bildet *Phra Prang* [พระปรางค์], wie der zentrale Prang ehrfurchtsvoll genannt wird. Vier steile Treppen an den vier Seiten verbinden insgesamt vier Ebenen, auf denen *Phra Prang* umrundet werden kann.

• *Wat Ratcha-orot* [วัดราชโอรส] offizieller Name: *Wat Ratcha Orasaram Ratcha Wora Maha Wihan* [วัดราชโอรสารามราชวรวิหาร]. Im Bangkoker Stadtteil *Chom Thong* [จอมทอง] am westlichen Ufer des *Sanam Chai*-Kanal gelegen wurde auch dieser Tempel bereits in der Ayutthaya-Periode erbaut, damals hieß er noch *Wat Chom Thong*. Als im Jahr im Jahre 1819 der neue

König Bagyidaw den burmesischen Thron bestieg, kamen Gerüchte auf, die Burmesen planten eine neue Attacke. Vorsorglich beorderte König Rama II. eine Armee unter dem Kommando Prinz *Maha Chetsadabodins* [มหาเจษฎาบดินทร์] nach Ratchaburi an die Grenze. Der Legende nach erreichte der Prinz in der ersten Nacht *Wat Chom Thong*, wo er übernachtete. Der Abt des Tempels hatte einen günstigen Zeitpunkt errechnet, um eine alte brahmanische Zeremonie auszuführen, die *Khon Tawan* („Segnen der Krieger am Vorabend des Krieges") genannt wurde. Der Prinz gelobte, sollte er siegreich aus dem Krieg zurückkommen, würde er den Tempel renovieren. Prinz *Maha Chetsadabodin* hielt die Stellung an der Grenze bis zum Beginn der Regenzeit, die Burmesen erschienen aber nicht. Obwohl kein Kampf stattgefunden hatte, fühlte er sich an sein Gelübde gebunden und begann damit, *Wat Chom Thong* zu renovieren. Später erhielt der Tempel von König Rama II. folgerichtig einen neuen Namen: *Wat Ratcha-orot* - Tempel des Königssohnes.

- Königliche Tempel Zweiter Klasse (พระอารามหลวง ชั้นโท) – alle in Bangkok
- Neubau durch ein Kind des Königs
- Neubau durch *khun nang* [ขุนนาง] (Adelige), denen ein königlicher Titel verliehen wurde

- *Wat Chana Songkhram* [วัดชนะสงคราม], offizieller Name: *Wat Chana Songkhram Raja Woramahaviharn* [วัดชนะสงครามราชวรมหาวิหาร] (Tempel des Sieges im Krieg)
- *Wat Makut* [วัดมกุฎ], offizieller Name: *Wat Makut Kasattriyaram Ratchaworawihan* [วัดมกุฎกษัตริยาราม ราชวรวิหาร] (Tempel der Königlichen Krone)
- *Wat Ratchaburana Ratchaworawihan* [วัดราชบูรณราชวรวิหาร], ehemaliger Name: *Wat Liab* [วัดเลียบ] (nach dem Erbauer, dem chinesischen Kaufmann Liab)
- *Wat Ratchathiwat* [วัดราชาธิวาสวิหาร], offizieller Name: *Wat Ratchathiwat Wihan Ratchaworawihan* [วัดราชาธิวาส วิหารราชวรวิหาร], ehemaliger Name: *Wat Samorai* [วัดสมอราย] (Ankerstein-Tempel)
- *Wat Boromniwat* วัดบรมนิวาศ], offizieller Name: *Wat Boromniwat Ratworawihan* [วัดบรมนิวาสราชวรวิหาร]
- *Wat S(r)aket* [วัดสระเกศ], offizieller Name: *Wat Saket Ratcha Wora Maha Wihan* [วัดสระเกศราชวรมหาวิหาร] (Tem-pel des Goldenen Berges)
- *Wat Somanat Wihan* [วัดโสมนัสวิหาร], offizieller Name: Wat Somanat Ratcha Wora Wihan [วัดโสมนัสราชวรวิหาร]. Rama IV. widmete den Tempel seiner Frau *Somdet Phra Nang Chao Somanat Wathanawadi* [สมเด็จพระนางเจ้าโสมนัสวัฒนาวดี], die gleich zu Beginn seines Regnums gestorben war
- *Wat Thepsirin* [วัดเทพศิริน], offizieller Name: *Wat Thepsirintrawat Ratchaworawihan* [วัดเทพศิรินทราวาส ราชวรวิหาร]
- *Wat Bophitphimuk* [วัดบพิตรพิมุข], offizieller Name: *Wat Bophitphimuk Worawiharn* [วัดบพิตรพิมุขวรวิหาร]
- *Wat Pathum Khongka* [วัดปทุมคงคา], offizieller Name: *Wat Pathum Khongka Ratchaworawihan* [วัดปทุม คงคาราชวรวิหาร]
- *Wat Chakkrawat* [วัดจักรวรรดิ], offizieller Name: *Wat Chakkrawat Ratchawat Woramahawihan* [วัดจักรวรรดิ ราชาวาสวรมหาวิหาร], auch *Wat Sam Pluem* [วัดสามปลื้ม]
- *Wat Prayurawong* [วัดประยุรวงศ์], offizieller Name: *Wat Prayurawongsawasworawihan* [วัดประยุรวงศาวาสวรวิหาร], auch *Wat Prayoon*
- *Wat Traimit* [วัดไตรมิตร], offizieller Name: *Wat Traimit Withayaram Worawihan* [วัดไตรมิตรวิทยารามวรวิหาร] (Tempel des Goldenen Buddha), ehemaliger Name: *Wat Sam Chin* (Tempel der drei Chinesen)

- *Wat Kalayanamit* [วัดกัลยาณมิตร], offizieller Name: *Wat Kalayanamit Woramahawihan* [วัดกัลยาณมิตรวรมหาวิหาร]
- *Wat Moli Lok Ya Ram* [วัดโมลีโลกยาราม], offizieller Name: *Wat Moli Lok Ya Ram Ratchaworawihan* [วัดโมลีโลก ยารามราชวรวิหาร]
- *Wat Hong Ratanaram* [วัดหงส์รัตนาราม], offizieller Name: *Wat Hong Ratanaram Ratchworawihan* [วัดหงส์ รัตนารามราชวรวิหาร]
- *Wat Ratchasitharam* [วัดราชสิทธาราม], offizieller Name: *Wat Ratchasitharam Ratchworawihan* [วัดราชสิทธาราม ราชวรวิหาร], auch *Wat Plab* [วัดพลับ]
- *Wat Chayaprukmala* [วัดชัยพฤกษมาลา], offizieller Name: *Wat Chayaprukmala Ratchaworawihan* [วัดชัยพฤกษมาลาราชวรวิหาร]
- *Wat Phichaiyat* [วัดพิชยญาต], offizieller Name: *Wat Phichaiyatikaram Worawihan* [วัดพิชยญาติการามวรวิหาร]
- *Wat Anongkharam* [วัดอนงคาราม], offizieller Name: *Wat Anongkharam Worawihan* [วัดอนงคารามวรวิหาร]
- *Wat Rakhang* [วัดระฆัง], offizieller Name: *Wat Rakhang Kositaram Woramahaviharn* [วัดระฆังโฆสิตาราม วรมหาวิหาร]
- *Wat Suwannaram* [วัดสุวรรณาราม], offizieller Name: *Wat Suwannaram Ratchaworawihan* [วัดสุวรรณาราม ราชวรวิหาร]

- Königliche Tempel Dritter Klasse (พระอารามหลวง ชั้นตรี)
- Neubau durch Verwandte des Königs ab dem 2. Grad oder von *khun nang* niederen Ranges

- *Wat Raad* [วัดราษฎร์]

„Laien-Tempel", von Gläubigen erbaut bzw. gestiftet, die weder dem Adel noch der Königsfamilie angehören. Einen Wat zu erbauen und ihn zu unterhalten, sei es alleine oder gemeinsam in einer Gemeinde, ist ein wichtiger Bestandteil des buddhistischen Lebens und nimmt einen hohen Stellenwert im *tham bun* [ทำบุญ] ein, dem traditionelles Konzept zum Erwerb religiöser Meriten im Theravada-Buddhismus. Der historische Buddha lehrte, das die Errichtung von *uddesikachetiya* (Erinnerungsstücke und Nachbildungen) den Erwerb großer religiöser Verdienste bedeute.

- *Samnak Song* [สำนักสงฆ์]

Alle weiteren buddhistische Zentren, die keine offizielle Registrierung beim *Sangha* besitzen. Darüber hinaus hat ein *Samnak Song* keinen *Ubosot*, d.h. es können in diesen Tempelanlagen keine Mönche geweiht werden.

Festlichkeiten

Ein typischer *Wat* ist soziales Zentrum und als solches auch Veranstaltungsort von Festlichkeiten. Bei den thailändischen *Ngaan Wat* oder Tempelfesten kann ausgelassene Stimmung herrschen. Sie finden regelmäßig an besonderen Tagen statt, etwa am Jahrestag von Buddhas Geburt, Erleuchtung und Tod *wisaka bucha* [วันวิสาขบูชา] oder am Jahrestag der ersten Predigt Buddhas zu den 1250 Mönchen im *Weluwan*-Wald, *makha bucha* [วันมาฆบูชา] genannt. Es werden open-air Vorstellungen geboten, Kino- und Theatervorführungen, aber auch Pop- oder Rockkonzerte mit lokal oder landesweit bekannten Künstlern; zuweilen wird auch ein gesponsertes Feuerwerk abgebrannt. Eine weitere typische Festlichkeit ist die *pithifangsop* [พิธีฝังศพ], die Verbrennungszeremonie, die in Thailand sowohl Grund zur Freude als auch Trauer bietet und deshalb, insbesondere in ländlichen Gegenden häufig eine lebhafte Prozession mit Musikkapelle vom Heim des oder der Verstorbenen zum Wat beinhaltet.

Appendix IV Siamesische Maße und Gewichte

Siamesische Längenmaße		
Einheit	Thai	Metrisches Äquivalent
Krabiat	กระเบียด	25/48 cm
Nio	นิ้ว	25/12 cm
Khüp	คืบ	25 cm
Sok	ศอก	50 cm
Wa	วา	2 Meter
Sen	เส้น	40 Meter
Yot	โยชน์	16 km

Siamesische Flächenmaße		
Einheit	Thai	Metrisches Äquivalent
Tarang Wa	ตารางวา	4 m²
Ngan	งาน	400 m²
Rai	ไร่	1600 m²

Siamesische Raummaße		
Einheit	Thai	Metrisches Äquivalent
Yip mü	หยิบมือ	7,8125 ml
Kam mü	กำมือ	31,25 ml
Fai mü	ฟายมือ	125 ml
Thanan	ทะนาน	1 l
Thang	ถัง	20 l
Kwian	เกวียน	2,000 l

Siamesische Gewichtseinheiten		
Einheit	Thai	Metrisches Äquivalent
Salüng	สลึง	3,75 gr.
Bath	บาท	15 gr.
Tamlüng	ตำลึง	60 gr.
Khit		100 gr.
Kaddi		600 gr.
Chang	ชั่ง	1,2 kg
Hap	หาบ	60 kg

Siamesische Mengeneinheiten		
Einheit	Thai	Metrisches Äquivalent
Hon	โหล	1 Dutzend
Gurut		12 Dutzend (Gros)

Siamesische Reisgewichte		
Einheit		Metrisches Äquivalent
Pikul / Hap		60 kg
Koyan	16 Pikul	968 kg ungeschälter Reis
Koyan	22 Pikul	1330 kg Frachtreis
Kwian	23 Pikul	1391 kg weißer Reis
Kwian eines Reismüllers	82 Körbe mit 40 Pfund	1488 kg

Siamesische Goldgewichte		
Einheit	Thai	Metrisches Äquivalent
Salüng	สลึง	3,75 gr.
Bath	บาท	15,16 gr.
Tamlüng	ตำลึง	60,04 gr.

Appendix V Thailändische Zeitrechnung und Kalendarien

Zeitrechnungen bzw. Datierungem in Siam			
Ära (ศักราช)	Kurzform	Thai	Vom Jahr 0 u.Zr.
Phutta Sakarat- Buddhist Era	Ph. S. - B. E.	พุทธศักราช - พ.ศ.	-543/544
Cula Sakarat	C.S.	จุลศักราช - จ.ศ	+ 638
Maha Sakarat	M.S.	มหาศักราช - ม.ศ.	+ 78
Rattanakosin Sakarat	R.S.	รัตนโกสินทรศก - ร.ศ.	+ 1781

Thailändische Zwölfjahreszyklen mit Beginn des Songkran (สงกรานต์)		Monatsnamen des Sonnen-Kalenders (ปฏิทินสุริยคติไทย)		
Tierzeichen	Thai	Monat	Thai	Kurzform
Ratte	ชวด (鼠)	Januar	มกราคม	ม.ค.
Ochse	ฉลู (牛)	Februar	กุมภาพันธ์	ก.พ.
Tiger	ขาล (虎)	März	มีนาคม	มี.ค.
Hase	เถาะ (兔)	April	เมษายน	เม.ย.
Drachen	มะโรง (龍)	Mai	พฤษภาคม	พ.ค.
Schlange	มะเส็ง (蛇)	Juni	มิถุนายน	มิ.ย.
Pferd	มะเมีย (馬)	Juli	กรกฎาคม	ก.ค.
Ziege	มะแม (羊)	August	สิงหาคม	ส.ค.
Affe	วอก (猴)	September	กันยายน	ก.ย.
Hahn	ระกา (雞)	Oktober	ตุลาคม	ต.ค.
Hund	จอ (狗)	November	พฤศจิกายน	พ.ย.
Schwein	กุน (豬)	Dezember	ธันวาคม	ธ.ค.

Wochentage des Sonnen-Kalenders (ปฏิทินสุริยคติไทย)			
Wochentag	Thai	Farbe	Planet
Sonntag	วันอาทิตย์	rot	Sonne
Montag	วันจันทร์	gelb	Mond
Dienstag	วันอังคาร	rosa	Mars
Mittwoch	วันพุธ	grün	Merkur
Donnerstag	วันพฤหัสบดี	orange	Jupiter
Freitag	วันศุกร์	blau	Venus
Samstag	วันเสาร์	purpur	Saturn

Appendix VI Birmanische Herrscher und Shan Saophas 1312-1628

Pinya Dynastie	1312-1365	
(Ta-see-shin)* Thihathu	1312-1322	Der jüngste der legendären „Drei Shan-Brüder"
Uzana	1312-1342	Sohn von Thihathu und Min Saw Oo - Dankte 1342 ab
(Ngar-See-Shin)** Kyaw Swa	1342-1350	Sohn von Thihathu und Min Saw Oo - Jüngerer Bruder Uzanas
(Lay-See Shin)*** Kyaw Swa	1350-1359	Sohn von Ngar-See-Shin
(Maw-par) Narathu	1359-1364	Von den Mao-Shan abgesetzt und deportiert
Uzana Pyaung	1364	Ältester Sohn Ngar-See-Shins – Von Thadoe Min Phya ermordet

* König 1 weißer Elephant ** König 5 weiße Elephanten *** König 4 weiße Elephanten

Sagaing Dynastie	1315-1363	
Athingkaya Saw Yun	1315-1322	Sohn Thihathus und der „Königin des Nordpalastes"
Taraphya Gyi	1322-1336	Sohn der „Königin des Nordpalastes" und Athingkayas von Myin Saing
Shwe Tong Tet	1336-1339	Sohn Taraphya Gyis – setze den Vater ab und wurde von dessen loyalen Dienern ermordet
Kya Swa	1339-1349	Sohn Athingkaya Saw Yuns und Enkel (Ta-see-shin) Thihathus
Shin-byu-shin Nawratha Min Ye	1349	Jüngerer Bruder Kya Swas und Enkel (Ta-see-shin) Thihathus
Shin-byu-shin Taraphya	1349-1352	Bruder Shin-byu-shin Nawratha Min Yes und Enkel (Ta-see-shin) Thihathus
Min Pyok	1352-1364	Schwiegersohn Athingkaya Saw Yuns

1. Ava Dynastie	1364-1421	
Thadoe Min Phya (Yahula)	1364-1367	Sohn von Thadoe Sin Htein und Soe Min Godawgyi
Min Gyi Swa Saw Ke	1367-1400	Sohn Min Shin Saws, Enkel Kyaw Swas (König Pegu)
Sin Byu Shin Taraphya	1400-1401	Sohn Min Gyi Swa Saw Kes – von Nga Nok San ermordet
Min Khong I.	1401-1421	Sohn Min Gyi Swa Saw Kes

2. Ava Dynastie	1421-1468	
Sinbyushin Thihathu	1421-1425	Sohn Min Khongs I. und Shin Mi Noks (Shan Prinzessin)
Min Hla Nge	1425-	Sohn Sinbyushin Thihathus – vergiftet von Shin Bo Me
Kalay Kyae Tong Nyo	1425-1426	Sohn Sin Byu Shin Taraphyas
Monyhin Mintra	1426-1439	Urenkel (Ngar-See-Shin) Kyaw Swas
Minye Kyaw Swa	1439-1442	Sohn Min Khongs I. und Shin Mi Noks (Shan Prinzessin)
Narapati	1442-1468	Sohn Monyhin Mintras

3. Ava Dynastie	1476-1544	
Pye Song Min Thihathu	1476-1480	Sohn Narapatis
Min Khong II.	1480-1501	Sohn Pye Song Min Thihathus
Shwe Nan Kyaw Shin Narapati	1501-1526	Sohn Min Khongs II.
Hso Han Pha (Tho Han Bwa)	1526-1542	Sohn Sao Luang Muang Yangs (MonyhinSa-long) – ermordet von Mingyi-Yannaung
Sao Khun Muang (Hsipaw)	1542-1545	
Sao Hso Kaw Fah (Mobye Narapati)	1545-1551	Sohn Sao Khun Muangs
Sithu Kyaw Htin (Sagaing)	1551-1555	
Thadoe Min Saw	1555-1583	Bruder und Schwiegersohn Bayint Naungs
Min Let Ya	1583	Sohn Tabinshwetis
Min Ye Kyaw Swa		Sohn Nanda Bayins
Minye Nanda Meik (Nyaung Yan)	1594-1602	Jüngster Sohn Bayint Naungs – Gründer Nyaung Yan-Dynastie
Mahadhama Raza (Anok Phet Lun Mintra)	1605-1628	Sohn Nyaung Yans (Maha Uparazar Thakin Lat)

BIBLIOGRAPHIE

Zeitschriften, Magazine und Periodika

American Antiquity **(AmA)**
American Historical Review **(AHR)**
Artibus Asia **(AA)**
Asia Major **(AM)**
Asian Perspectives **(AP)**
Bulletin de l'École Française dÈxtrême-Orient **(BEFEO)**
Bulletin of Burma Resaerch **(SOASB)**
Bulletin of the Indo-Pacific Prehistory Association **(BIPPA)**
Bulletin of the School for Oriental and African Studies **(BSOAS)**
Contributions to Asian Studies **(CAS)**
Cultural Nippon **(CN)**
Current Anthropology **(CA)**
École Française dÈxtrême-Orient **(EFEO)**
Far Eastern Quarterly **(FEQ)**
France-Asie **(FA)**
Journal Asiatique **(JA)**
Journal of Archaeological Science **(JAS)**
Journal of Archaeology, Silpakorn University **(JoA)**
Journal of Asian History **(JoAH)**
Journal of Asian Studies **(JA)**
Journal of Humanities and Social Science **(IOSR-JHSS)**
Journal of the American Oriental Society **(JAOS)**
Journal of the Asiatic Society of Bengal **(JASB)**
Journal of the Burma Research Society **(JBRS)**
Journal of the Economic and Social History of the Orient **(JSEHO)**
Journal of the Indonesia Circle **(JIC)**
Journal of the Polynesian Society **(JPS)**
Journal of the Royal Asiatic Society **(JRAS)**
The Journal of the Royal Institute of Thailand **(JRIT)**
Journal of the Malaysian Branch of the Royal Asiatic Society **(JRASMB)**
Journal of Southeast Asian Archaeology **(JSEAA)**
Journal of Southeast Asian History **(JSEAH)**
Journal of Southeast Asian Studies **(JSEAS)**
Journal of the Siam Society **(JSS)**
Modern Quaternary Research in Southeast Asia **(MQRSEA)**
Muang Boran Journal **(MBJ)**
Oriens Extremus **(OE)**
Pacific Affairs **(PA)**
Revue des Arts Asiatiques **(RAA)**
Silpākon
Southeast Asian Earth Science **(SEAES)**
Spafa Digest **(SD)**
Tonan Ajia Kenkyu **(TAK)**

คำสอนพระยามังราย ภาคปริวรรต, ลำดับที่ 11. ภาควิชาสังคมวิทยาและมานุษยวิทยา คณะ สังคมศาสตร์ มหาวิทยาลัยเชียงใหม่, 2519.
[Kamson Phraya Mangrai, Pakpriwat, Lamdab ti 11. Pakwichasangkomwitaya lae Manutwitaya Kanasangkomsat Mahawitaya Lai Chiang Mai, 1976]

ประชากิจกรจักร์ ประยา, 2516. พงศาวดารโยนก. สำนักพิมพ์คลังวิทยา [Phraya Phrachagidgorachak, 1973. Phongsawadan Yonok, Sam Nak Pim Khlangwitthaya]

ประเสริฐ ณ นคร, ปริวรรต, 2514. มังรายสาสตร์, พิมพ์เป็นอนุสรณ์งานพระราชทานเพลิงศพ หลวงโหตรกิตยานุพัทธ์, (อาสา โหตระกิตย์) 4 เมษายน [Prasert na Nagara. Mengrai Sasath, Pim Pen Anuson Ngan Phra Ratchathan Ploengsop Luang Thorakit Yanupat, (Asa Hothrakith) 4 Mesayun [April] 1971]

สมุดตราช ประเพณี 6 ประการ, 2524. ศูนย์ส่งเสริมและศึกษาวัฒนธรรมลานนาไทย วิทยาลัยครูเชียงใหม่ (อัดสำเนา) [Samuttharat Phra Peni 6 Phrakan, Sunsongsoem lae Süksa Wattana Tham Lan Na Tai, Withayalaikhru Chiang Mai, 1981 (Adsamnao)]

RECORDS OF THE RELATIONS BETWEEN SIAM AND FOREIGN COUNTRIES IN THE 17TH CENTURY. Copied from papers preserved at the India Office. Printed by order of the Council of the Vajirañāṇa National Library. Volume I. 1607-1632, Bangkok 1915 (zitiert als RRSFC I)

RECORDS OF THE RELATIONS BETWEEN SIAM AND FOREIGN COUNTRIES IN THE 17TH CENTURY. Copied from papers preserved at the India Office. Printed by order of the Council of the Vajirañāṇa National Library. Volume II. 1634-1680, Bangkok 1916 (zitiert als RRSFC II)

RECORDS OF THE RELATIONS BETWEEN SIAM AND FOREIGN COUNTRIES IN THE 17TH CENTURY. Copied from papers preserved at the India Office. Printed by order of the Council of the Vajirañāṇa National Library. Volume III. 1680-1685, Bangkok 1916 (zitiert als RRSFC III)

RECORDS OF THE RELATIONS BETWEEN SIAM AND FOREIGN COUNTRIES IN THE 17TH CENTURY. Copied from papers preserved at the India Office. Printed by order of the Council of the Vajirañāṇa National Library. Volume IV. 1686-1687, Bangkok 1920 (zitiert als RRSFC IV)

RECORDS OF THE RELATIONS BETWEEN SIAM AND FOREIGN COUNTRIES IN THE 17TH CENTURY. Copied from papers preserved at the India Office. Printed by order of the Council of the Vajirañāṇa National Library. Volume V. 1688-1700, Bangkok 1921 (zitiert als RRSFC V)

Hmannan Maha Yazawin [မှန်နန်း မဟာ ရာဇဝင်တော်ကြီး] *(in burmesischer Sprache). Band 1–3.* Kompiliert durch die Royal Historical Commission of Burma *1832. Ministry of Information, Yangon, 2003 (ed.)*

[Datum der Erstausgabe]

Adams, William Henry Davenport, 1881. IN THE FAR EAST: A Narrative of Exploration and Adventure in Cochin-China, Cambodia, Laos, and Siam. Thomas Nelson and Sons, London

Alam, Muzaffar & Subrahmanyam, Sanjay, 2007. INDO-PERSIAN TRAVELS IN THE AGE OF DISCOVERIES, 1400-1800. Cambridge University Press, Cambridge

Allen, J./Golson, J./Jones R., (ed.), 1977. SUNDA AND SAHUL. Prehistoric Studies in Southeast Asia, Melanesia and Australia. Academic Press, London et al.

Andaya, Barbara & Leonard Y, 1982. A HISTORY OF MALAYSIA. St. Martin`s Press, New York

Andaya, Leonard Y., 1999. AYUTTHAYA AND THE PERSIAN AND INDIAN MUSLIM CONNECTION. In: Breazeale (ed.) 1999:119-136.

Anderson, Douglas D., 1990. LANG RONGRIEN ROCKSHELTER: A PLEISTOCENE, EARLY HOLOCENE ARCHAEOLOGICAL SITE FROM KRABI, SOUTHWESTERN THAILAND. University Museum Monograph 71, University of Pennsylvania, Museum of Archaeology and Anthropology

Anderson, John, 1890. ENGLISH INTERCOURSE WITH SIAM IN THE SEVENTEENTH CENTURY. London: Kegan Paul, Trench, Trübner, & Co.

Anonymus I. RELATION OF THE PRINCIPAL CIRCUMSTANCES WHICH OCCURRED IN THE REVOLUTION IN THE KINGDOM OF SIAM. Bibliothèque nationale, Paris, Ms Fr. (ff. 1r-70r). In: Smithies, 2004:5-35

Anonymus II. SUCCINCT ACOUNT OF WHAT OCCURRED IN THE KINGDOM OF SIAM IN THE YEAR 1688. Archives Nationales, Paris, Col. C 1 24 (ff. 130-139). In: Smithies, 2004:5-124-134

Astley, Thomas, 1745. New General Collection of Voyages and Travels (Edited by John Green). Volume I, London

Aubertin, John James, 1892. WANDERINGS & WONDERINGS. India, Burma, Kashmir, Ceylon, Singapore, Java, Siam, Japan, Manila, Formosa, Korea, China, Cambodia, Australia, New Zealand, Alaska, The States. Kegan Paul, Trench, Trübner & Co., Ltd., London

Aung Thwin, 1976. THE NATURE OF STATE AND SOCIETY IN PAGAN; An Institutional History of 12th and 13th Century Burma. PH D Thesis, University of Michigan, Ann Arbor
_____1979. THE ROLE OF SASANA REFORMS IN BURMESE HISTORY: ECONOMIC DIMENSIONS OF A RELIGIOUS PURIFICATION. In: JA, 38:671-688
_____1981. JAMBUDIPA: CLASSICAL BURMA`S CAMELOT. In: CAS, 16:38-61
_____1982. PHROPHECIES, OMENS, AND DIALOGUE: TOOLS OF THE TRADE IN BURMESE HISTORIOGRAPHY. In: Wyatt, David K. and Woodside, A.: MORAL ORDER AND THE QUESTION OF CHANGE. Essays on Southeast Asian Thought, S. 78-103
_____1984. HIERARCHY AND ORDER IN PRE-COLONIAL BURMA. In: JSEAS, 15:224-232
_____1985. PAGAN: THE ORIGINS OF MODERN BURMA. University of Hawaii Press, Honolulu

Austin, Robert F., 1983. A HISTORICAL GAZETEER OF SOUTHEAST ASIA (Preliminary Edition). University of Missouri-Columbia, Department of Geography, (*Monograph #4 - Institute of Mathematical Geography*) Columbia, Missouri, USA

Aymonier, Etienne, 1901. LE CAMBODGE t. II: LES PROVINCES SIAMOISES. Ernest Leroux, Paris

Bacon, George Blagdon, 1892. SIAM: THE LAND OF THE WHITE ELEPHANT. As It Was and Is. Charles Scribner's Sons, New York

Bacus, Elisabeth A. / Glover, Ian & Pigott, Vincent C., 2006. UNCOVERING SOUTHEAST ASIA'S PAST: Selected Papers from the 10th International Conference of the European Association of the Southeast Asian Archaeologists, London, British Museum, Sept. 14-17, 2004. NUS Press

Baker, Chris, 2011. BEFORE AYUTTHAYA FELL: ECONOMIC LIFE IN AN INDUSTROUS SOCIETY. Markets and Production in the City of Ayutthaya before 1767: Translation and Analysis of Part of the *Description of Ayutthaya*. In: JSS,99:38-71

Baker, Chris / van der Kraan, Alfons (eds.), 20005. Van Vliet's Siam. Silkworm Books, Chiang Mai

Baker, Chris / Phongpaichit, Pasuk (eds. and translators), 2010. THE TALE OF KHUN CHANG KHUN PHAEN. Siam's Great Folk Epic of Love and War. Silkworm Books, Chiang Mai

_____2017. A HISTORY OF AYUTTHAYA: Siam in the Early Modern World. Cambridge University Press

Baptiste, Pierre and Thierry Zéphir, eds. 2009. *Dvāvaratī : aux sources du bouddhisme en Thaïlande*. Exhibition catalogue. Paris: Réunion des musées nationaux.

Barr, S. / MacDonald, A / Haile, N. & Reynolds, P.1976. PALEOMAGNETISM AND THE AGE OF THE LAMPANG BASALT (NORTHERN THAILAND) AND THE AGE OF THE UNDERLYING PEBBLE TOOLS. In: Journal of the Geological Society of Thailand, 2:1-10

Barrau, Jaques, 1965. L'HUMIDE ET LE SEC. In: JPS, 74:329-346

Barth, A., 1885. INSCRIPTIONS SANSCRITES DU CAMBODGE. In: Académie des Inscriptions et Belles-Lettres. Notices et extraits des manuscrits de la Bibliothèqe du roi et autres bibliothès. S. 1-180, Paris

Bassenne, Marthe, 1995. [1912] IN LAOS AND SIAM. White Lotus Co., Ltd. Bangkok

Bassett, D.K., 1963. EUROPEAN INFLUENCE IN SOUTH-EAST ASIA, c. 1500-1630. In: JSEAH, 4

Bastian, Adolf, 1865. ON SOME SIAMESE INSCRIPTIONS. In: JASB, 34.1.
_____1866. Die Geschichte der Indochinesen: **aus einheimischen Quellen**. Verlag von Otto Wigand, Leipzig (Truebner & Co., London)
_____1867. Reisen in Siam im Jahre 1863. Die Voelker des oestlichen Asien. Dritter Band, Hermann Costenoble, Jena

Bayard, Donn T., 1971. NON NOK THA: THE 1968 EXCAVATION. A Summary of the Evidence, Studies in Prehistoric Anthropology, vol. 4, University of Otago, Department of Anthropology, New Zealand
_____1973. EXCAVATIONS AT NON NOK THA, NORTHEAST THAILAND. In: AP, 13:109-143
_____1979. THE CHRONOLOGY OF PREHISTORIC METALLURGY IN NORTH-EAST THAILAND: SILĀBHŪMI OR SAMRDDHABHŪMI?. In: Smith R.B./Watson, W.(eds.): EARLY SOUTHEAST ASIA, S. 15-32
_____1980. THE ROOTS OF INDOCHINESE CIVILISATION: RECENT DEVELOPEMENTS IN THE PREHISTORY OF SOUTHEAST ASIA. In: PA, 53:89-114
_____1980b. THE PA MONG AECHAEOLOGICAL SURVEY PROGRAMME, 1973-1975. University of Otago Studies in Prehistoric Anthropology, Vol. 13, Dunedin, New Zealand
_____1984a. SOUTHEAST ASIAN ARCHAEOLOGY AT THE XV PACIFIC SCIENCE CONGRESS. The Origins of Agriculture, Metallurgy, and the State in Mainland Southeast Asia. University of Otago Studies in Prehistoric Anthropology, 16, Dunedin, New Zealand
_____1984b. RANK AND WEALTH AT NON NOK THA: THE MORTUARY EVIDENCE. In: SOUTHEAST ASIAN ARCHAEOLOGY AT THE XV PACIFIC SCIENCE CONGRESS, S. 87-123
_____1984c. A TENTATIVE REGIONAL PHASE CHRONOLOGY FOR NORTHEAST THAILAND. In: SOUTHEAST ASIAN ARCHAEOLOGY AT THE XV PACIFIC SCIENCE CONGRESS, S. 161-169
_____1984d. SOME QUESTIONS ON HIGHAM'S REVISION OF THE MAINLAND SOUTHEAST ASIAN SEQUENCE. In: South-East Asian Studies Newsletter 14: S, 5-8

Bayard, D.T./Charoenwongsa, P./Rutnin, S., 1986. EXCAVATIONS AT NON CHAI, NORTHEASTERN THAI-LAND. In. *AP*, 25/1:13-62

Beal, Samuel, 1884. SI-YU-KI. BUDDHIST RECORDS OF THE WESTERN WORLD. Translated from the Chinese of Hiuen Tsiang. Band 2, Trubner and Co., London

Behnke, Alison, 2009. *ANGKOR WAT*. UNEARTHING ANCIENT WORLDS. Twenty-First Century Books, Minneapolis

Bellina, B., und I. Glover, 2004. THE ARCHAEOLOGY OF EARLY CONTACT WITH INDIA AND THE MEDITERRANEAN WORLD, FROM THE FOURTH CENTURY BC TO THE FOURTH CENTURY AD. In: Glover, I. und P. Bellwood, 2004

Bergaigne, A., 1893. INSCRIPTIONS SANSCRITES DU CAMPA. In: Académie des Inscriptions et Belles-Lettres. Notices et extraits des manuscrits de la Bibliothèqe du roi et autres bibliothès. S. 293-588, Paris

Bernazik, Hugo Adolf, 1951. THE SPIRIT OF THE YELLOW LEAVES. Robert Hale Ltd., London
_____**1954.** DIE GEISTER DER GELBEN BLÄTTER. Forschungsreisen in Hinterindien. C. Bertelsmann Verlag

Besso, Salvatore, 1914. SIAM AND CHINA. Simpkin, Marshall, Hamilton, Kent & Co., Ltd., London

Best, Thomas, 1614. THE VOYAGE OF THOMAS BEST. Sir William Forrester (Ed.), Hakluyt Society, London, 1934

Bèze, Claude de, 1947. MÉMOIRE DU PÈRE DE BÈZE SUR LA VIE DE CONSTANCE PHAULKON, PREMIER MINISTRE DU ROI DE SIAM, PHRA NARAI, ET SA TRISTE FIN: Suivi de lettres et de documents d'archives de Constance Phaulkon. Publ. avec des notes par Jean Drans [et] Henri Bernard, Presses salésiennes, Tokio

Biermann, Benno, 1931. DIE MISSIONEN DER PORTUGIESISCHEN DOMINIKANER IN HINTERINDIEN. In: Zeitschrift für Missionswissenschaften, 21, S. 305-327

Birdwood, George, 1897. THE ENGLISH IN INDIA BEFORE THE EAST INDIA COMPANY. In: Journal of the Society of Arts, 7. Februar 1897, S. 192-226

Blackmore, M., 1960. THE RISE OF NAN-CHAO IN YUNNAN. In: JSEAH, 1

Blankwaardt, W., 1926/27. NOTES UPON THE RELATION BETWEEN HOLLAND AND SIAM. In: JSS, 20.3.

Bock, Carl, 1885. IM REICHE DES WEISSEN ELEPHANTEN. Ferdinand Hirt & Sohn, Leipzig (Besondere Beachtung verdient der Anhang I, Seiten 294-303, in dem ein anonymer Insider des siamesischen Hofes wertvolle Hinweise zur Genealogie der königlichen Familie gibt)

Bocarro, Antonio, 1876. DECADA 13 DA HISTORIA DA INDIA. Academia das Sciencias, Lisboa

Boeles, J.J., 1963. SECOND EXPEDITION TO THE MLABRI (KHON PA), NORTH OF THAILAND. In: JSS, 51.2:157-160
_____**1964.** THE KING OF ŚRI DVĀRAVATĪ AND HIS REGALIA. In: JSS, 52.1:99-114
_____**1969.** U T`ONG ET SON IMPORTANCE POUR L`HISTOIRE DE LA THAÏLANDE. In: Krom Sinlapakon, Band 9, Nr.1, Bangkok

Boisselier, Jean, 1961. UN FRAGMENT INSCRIT DE ROUE DE LA LOI DE LOP`BURI. In: AA, 24:3-4
_____**1963.** LA STATUAIRE DU CHAMPA. Recherches sur le cultes et l`iconographie. Publications de l`Ecole Française d`Èxtrême-Orient 54, Paris
_____**1965.** RÉCENTES RECHERCHES ARCHÉOLOGIQUES EN THAÏÏLANDE. II. Rapport préliminaire de mission 1965 (26 julliet-28 novembre). In: AA, 12 :125-174
_____**1968.** L'ART DE DVĀRAVATĪ. Silpakorn. 11.6:34–56

_____1969. RECHERCHES ARCHÉOLOGIQUES EN THAÏÏLANDE. II. Rapport sommaire de la Mission 1965 (26 julliet-28 novembre). In: AA, 20 :47-98
_____1969. TRAVAUX DE LA MISSION ARCHÉOLOGIQUES FRANÇAISE EN THAÏÏLANDE (julliet-novembre 1966). In: AA, 25 :27-90
_____1978. LA RECONSTRUCTION DE PHRA PATHOM CHEDI: Quelques précisions sur le site de Nakhon Pathom. Fondation de France, Paris

Bonney, R., 1971. KEDAH 1771-1821. The Search for Security and Independence. Oxford University Press, London

Borell, Brigitte, 2008. THE EARLY BYZANTINE LAMP FROM PONG TUK. In: JSS, 96:1-24

Boserup, Ester, 1965. THE CONDITION OF AGRICULTURAL GROWTH. George Allen and Unwin, London

Bougas, Wayne A., 1994. THE KINGDOM OF PATANI. Between Thai and Malay Mandala. Universiti Kebang-saan Malaysia, Selangor

Bourke, W. W., 1905. SOME ARCHAEOLOGICAL NOTES ON MONTON PHUKET. In: JSS, 2:49-62

Bouvet, Joachim, 1963. VOYAGE DE SIAM. J.C. Gatty (ed.), E.J. Brill, Leiden

Bowring, Sir John, 1857. THE KINGDOM AND PEOPLE OF SIAM. Parker and Sons, 2 volumes, London

Boxer, C.R., 1953. SOUTH CHINA IN THE SIXTEENTH CENTURY. BEING THE NARRATIVES OF GALEOTE PEREIRA, FR. GASPAR DA CRUZ O.P., FR. MARTÍN DE RADA O.E.S.A. (1550-1575). Hakluyt Society, London

Bradley, Cornelius Beach, 1909. THE OLDEST KNOWN WRITING IN SIAMESE; THE INSCRIPTION OF PHRA RAM KHAMHAENG OF SUKHOTHAI, 1293 A.D. In: JSS,6.1.:1-72

Bradley, John, 1876. A NARRATIVE OF TRAVEL AND SPORT IN BURMAH, SIAM AND THE MALAY PENINSULA. Samuel Tinsley, Strand

Breazeale, Kennon (ed.), 1999. FROM JAPAN TO ARABIA: Ayutthaya's Maritime Relations with Asia. Toyota Thailand Foundation and the Foundation for the Promotion of Social Sciences and Humanities, Textbooks Project, Bangkok

Beemer, Bryce B. 1999. CONSTRUCTING THE IDEAL STATE. THE IDEA OF SUKHOTHAI IN THAI HISTORY, 1833-1957. MA Thesis, University of Hawaii at Manoa. Manoa.

Briggs, Lawrence Palmer, 1951. THE ANCIENT KHMER EMPIRE. Transaction of the American Philosophical Society, n.s.41.1., Philadelphia

Bronson, Bennet, 1977. THE EARLIEST FARMING: DEMOGRAPHY AS CAUSE AND CONSEQUENCE. In: Reed, Charles A.: ORIGINS OF AGRICULTURE, S. 23-48
_____1979. THE LATE PREHISTORY AND EARLY HISTORY OF CENTRAL THAILAND WITH SPECIAL REFERENCE TO CHANSEN. In: Smith R.B./Watson, W.(eds.): EARLY SOUTHEAST ASIA, S. 315-336

Bronson, Bennet, und Dales, G.F., 1972. EXCAVATIONS AT CHANSEN, THAILAND, 1968, 1969: A Peliminary Report. In: AP, 15:13-46

Brown, Robert L., 1996. THE DVĀRAVATĪ WHEELS OF THE LAW AND THE INDIANIZATION OF SOUTH EAST ASIA. E.J. Brill, Leiden, New York, Köln

Brown, C.C. (tr.), 1952. THE MALAY ANNALS. In: JRASMB 25, Pts. II-III, S. 5-276.

Buls, Charles, 1994. SIAMESE SKETCHES. [1901] White Lotus Co., Ltd. Bangkok

Busakorn, Lailert, 1972. THE BAN PHLU LUANG DYNASTY 1688-1767: A STUDY OF THE THAI MONARCHY DURING THE CLOSING YEARS OF THE AYUTTHAYA PERIOD. PhD Thesis, University of London, S.O.A.S.

Caddy, Florence, 1837. To SIAM AND MALAYA IN THE DUKE OF SUTHERLAND'S YACHT 'Sans peur' (1889). Hurst & Blackett, Ltd., London

Campell, John Gordon Drummond, 1902. SIAM IN THE TWENTIETH CENTURY. Being the Experiences and Impressions of a British Official. Edward Arnold, London

Cardim, Antonio Francisco, 1645. Relation de ce qui s'est passé depuis quelques années, iusques à l'an 1644 au Japon, à la Cochinchina, au Malabar, en l'isle de Ceilan, & en plusieurs autres isles & royaumes de l'Orient compris sous le nom des provinces du Iapon & du Malabar, de la compagnie de Iesus. M. & J. Henvalt, Paris

Carletti, Francesco, 1978. REISE UM DIE WELT 1594. Erlebnisse eines Florentiner Kaufmann. (Ragionamenti del mio viaggio intorno al mono), Horst Erdmann Verlag, Tübingen und Basel

Caron, François & Schouten, Jobst, 1663. WAHRHAFTIGE BESCHREIBUNGEN MÄCHTIGEN KÖNIGREICHE/JAPPAN UND SIAM. Benebenst noch vielen andern/zu beeden Königreichen gehörigen/Sachen; welche im Vorbericht zu finden. Alles aus dem Niederländischen übersetzt/und mit Kupferblättern geziert. Denen noch beygefüget Johann Jakob Merckleins Ost=Indianische Reise/welche er im Jahr 1644 löblich angenommen/und im Jahr 1653 glücklich vollendet. Mit Röm. Kais. Majest. Freyheit. Nürnberg, In Verlegung Michael und Joh. Friederich Endters

Carr, Richard J., 1999. WYNDEDANSE. A Royal Chronicle of 17th Century Siam, Xlibris Corporation

Céberet, Claude. JOURNAL DU VOYAGE DE SIAM et côte de Coromandel FAIT PAR LE SIEUR CEBERET envoyé extraordinaire du roi vers le roi de Siam pendant les années 1687 et 1688. In: Jacq-Hergoualc'h, Michel, 1992. ÉTUDE HITORIQUE ET CRITIQUE DU JOURNAL DU VOYAGE DE SIAM DE CLAUDE CÉBERET. L'Harmattan, Paris

Ceram, C.W., 1955. ENGE SCHLUCHT UND SCHWARZER BERG. Entdeckung des Hethiter-Reiches. Deutsche Buch-Gemeinschaft, Berlin und Darmstadt

Chaiwat Khamchoo & E. Bruce Reynolds, 1988. THAI-JAPANESE RELATIONS IN HISTORICAL PERSPECTIVE. Innomedia Co., Ltd. Press, Bangkok

Claessen, H.J.M. & Skalnik, P., 1978. THE EARLY STATE: MODELS AND REALITY. In: Claessen, H.J.M. & Skalnik, P.: THE EARLY STATE. Mouton, The Hague, S. 637-650
_____**1981.** THE STUDY OF THE STATE. Mouton, The Hague

Chakravarti, Adhir, 1982. ROYAL SUCCESSION IN ANCIENT CAMBODIA. The Asiatic Society Monograph Series, Vol. XXVII, Calcutta

Chakrabarti, Dilip K., 1977. DISTRIBUTION OF IRON ORES AND THE ARCHAEOLOGICAL EVIDENCE OF EARLY IRON IN INDIA. In: Journal of the Economic and Social History of the Orient 20, 2:166-184

Challe, Robert, 1998. [ed. J. Popin & F. Deloffre] JOURNAL DU VOYAGE DES INDES ORIENTALES. Librairie Droz, S.A., 11, rue Massot, Genève

Chamberlain, James F. (ed.), 1991. THE RAMKHAMHAENG CONTROVERSY: SELECTED PAPERS (Foreword by H.R.H. Princess Galyani Vadhana). The Siam Society, Bangkok

Chandler, David, 1983. A HISTORY OF CAMBODIA. Westview Press, Boulder

Chandruang, Kumut, 1996. MY BOYHOOD IN SIAM. Sangdad Publications, Bangkok

Chapman, E.C. & Gehan Wijeyewardene, 1993. PATTERNS AND ILLUSIONS. Thai History and Thought, Institute of Southeast Asian Studies, Singapore

Chappoulie, Henri, 1943-48. AUX ORIGINES D'UNE ÉGLISE. Rome et les Missions d'Indochine au XVIIe siècle. 2 tome, Bloud & Gay, Paris

Charney, Michael W., 1994. THE 1598–99 SIEGE OF PEGU AND THE EXPANSION OF ARAKANESE IMPERIAL POWER INTO LOWER BURMA. In: JoAH, 28.1
_____2003. A REASSESSMENT OF HYPERBOLIC MILITARY STATISTICS IN SOME EARLY MODERN BURMESE TEXTS. In: Journal of the Economic and Social History of the Orient, 46.2

Charoenwongsa, P. und Bronson, B. (eds.),1988. PREHISTORIC STUDIES: THE STONE AND METAL AGES IN THAILAND. The Thai Antiquity Working Group; Bangkok

Chavannes, Edouard, 1894. MÉMOIRE COMPOSÉ À L'ÉPOQUE DE LA GRANDE DYNASTIE T'ANG SUR LE RELIGIEAUX ÉMINENTS QUI ALLÈRENT CHERCHER LA LOI DANS LE PAYS D'OCCIDENT PAR L'TSING. Ernest Leroux, Paris

Child, Jacob T., 1892. THE PEARL OF ASIA. Reminiscences of the Court of a Supreme Monarch; or, Five Years in Siam. Donohue, Henneberry & Company, Chikago

Chitakasem, Manas, 1972. THE EMERGENCE AND DEVELOPMENT OF THE NIRAT GENRE IN THAI POETRY. In: JSS 60.2.

Cho, Hung-Guk, 2006. SIAMESE-KOREAN RELATIONS IN THE LATE FOURTEENTH CENTURY. In: JSS, 94:9-25

Chonlaworn, Piyada, 2004. RELATIONS BETWEEN AYUTTHAYA AND RYUKYU. In: JSS, 92:43-63

Chula Chakrabongse, Prinz, 1960. LORDS OF LIFE. A HISTORY OF THE KINGS OF THAILAND. D.K. Books, Bangkok

Chutintaranond, Sunait, 1990. CAKRAVARTIN: THE IDEOLOGY OF TRADITIONAL WARFARE IN SIAM AND BURMA,1548-1605. Ph.D. Dissertation, Cornell University, Ithaca, New York

Chutintaranond, Sunait und Than Tun, 1995. ON BOTH SIDES OF THE TENASSERIM RANGE: History of Siamese Burmese Relations. Asian Studies Monographs No. 050, Chulalongkorn University Phyathai, Bangkok

Clark, D.L., 1972. MODELS IN ARCHAEOLOGY. Methuen, London

Claudius, Matthias, 2015. GEDICHTE UND PROSA. Jazzybee Verlag Jürgen Beck, Altenmünster

Clifford, Hugh, 1990. [1904] FURTHER INDIA. BEING THE STORY OF EXPLORATION FROM THE EARLIEST TIMES IN BURMA, MALAYA, SIAM, AND INDO-CHINA. White Lotus Co., Ltd. Bangkok

Cocks, S. W., 2013. [1910] A SHORT HISTORY OF BURMA. London: Forgotten Books, London

Coedès, George, 1906. LA STÈLE DE TÀ PROHM. In: BEFEO, 6
_____1918. NOTES CRITIQUES SUR L'INSCRIPTION DE RAMA KHAMHENG. In: JSS, 12.1.:1-27
_____1921. THE ORIGINS OF THE SUKHODAYA DYNASTY. In: JSS, 14.1:1-11
_____1924. RECUEIL DES INSCRIPTIONS DU SIAM. PREMIÈRE PARTIE: IN-SCRIPTIONS DU SUKHODAYA. Bangkok
_____1925. DOCUMENTS SUR L'HISTOIRE POLITIQUE ET RELIGIEUSE DU LAOS OCCIDENTAL. In : BEFEO, 25:1-200
_____1929. RECUEIL DES INSCRIPTIONS DU SIAM. DEUXIEME PARTIE: INSCRIPTIONS DU DVĀRAVATĪ, DE ÇRĪVIJAYA ET DE LĂVO. Bangkok Times Press, Bangkok
_____1937. INSCRIPTIONS DU CAMBODGE. Vol.1. École Française d'Èxtrême-Orient, Collection de textes et documents sur l'Indochine III. Hanoi: Imprimerie d'Èxtrême-Orient
_____1942. INSCRIPTIONS DU CAMBODGE. Vol.2. École Française d'Èxtrême-Orient, Collection de textes et documents sur l'Indochine III. Hanoi: Imprimerie d'Èxtrême-Orient
_____1943-46. ETUDIES CAMBODGIENNES: QUELQUES PRÉCISIONS SUR LA FIN DU FOU-NAN. In: BEFEO, Band 43
_____1951. INSCRIPTIONS DU CAMBODGE. Vol.3. École Française d'Èxtrême-Orient, Collection de textes et documents sur l'Indochine III. E. de Boccard, Paris
_____1952. INSCRIPTIONS DU CAMBODGE. Vol.4. École Française d'Èxtrême-Orient, Collection de textes et documents sur l'Indochine III. E. de Boccard, Paris
_____1953. INSCRIPTIONS DU CAMBODGE. Vol.5. École Française d'Èxtrême-Orient, Collection de textes et documents sur l'Indochine III. E. de Boccard, Paris
_____1954. INSCRIPTIONS DU CAMBODGE. Vol.6. École Française d'Èxtrême-Orient, Collection de textes et documents sur l'Indochine III. École Française d'Èxtrême-Orient, Paris
_____1957. THE TRAIBHŪMIKATHĀ BUDDHIST COSMOLOGY AND TREATY ON ETHICS. In: East and West, 7.4:349-352
_____1958. NOUVELLES DONNÉES ÉPIGRAPHIQUES SUR L'HISTOIRE DE L'INDOCHINE CENTRALE. In: JA
_____1961. RECUEIL DES INSCRIPTIONS DU SIAM. Inscriptions de Dvaravati, Çrivijaya et de Lavo (Band II). Vajiranna Bibliothèque, Bangkok
_____1962. LES PEUPLES DE LA PÉNINSULE INDOCHINOISE, Paris
_____ 1963. DÉCOUVERTE NUMISMATIQUE AU SIAM INTERÉSSANT LE ROYAUME DE DVĀVĀRAVATĪ. Comptes rendus de l'Académie des inscriptions et des belleslettres
_____1964. INSCRIPTIONS DU CAMBODGE. Vol.7. École Française d'Èxtrême-Orient, Collection de textes et documents sur l'Indochine III. École Française d'Èxtrême-Orient, Paris
_____1966. THE MAKING OF SOUTHEAST ASIA. University of California Press, Berkeley und Los Angeles
_____1966b. INSCRIPTIONS DU CAMBODGE. Vol.8. École Française d'Èxtrême-Orient, Collection de textes et documents sur l'Indochine III. École Française d'Èxtrême-Orient, Paris
_____1968. THE INDIANIZED STATES OF SOUTHEAST ASIA . East-West Center Press, Honolulu

Cœdès, George & Dupont, Pierre, 1937. LES INSCRIPTIONS DO PRÀSÀT KÔK PÔ. In: BEFEO, 37:379-413
_____ 1943-46. LES STÈLES DE SDÒK KĂK THOM, PHANOM SANDAK ET PRÁH VIHĂR. In: BEFEO, 43:56-154

Cohen, R., 1978. INTRODUCTION. In: Cohen, R. und Service, E.R.: ORIGINS OF THE STATE. The Anthropology of Political Evolution. Institut for the Study of Human Issues, Philadelphia, S. 1-20

Cohen, R. & Service, E.R., 1978. ORIGINS OF THE STATE. The Anthropology of Political Evolution. Institut for the Study of Human Issues, Philadelphia

Colani, Madeleine, 1927. L`ÂGE DE LA PIERRE DANS LA PROVINCE DE HOA BINH. In: Mémoires du Service Géologique de l`Indochine, 13.1.

Colless, Brian E., 1969. PERSIAN MERCHANTS AND MISSIONARIES IN MEDIEVAL MALAYA. In: JRASMB 42.2:10-47

Collis, Maurice, 1986. SIAMESE WHITE. AVA Publishing House, Bangkok

Colquhoun, Archibald Ross, 1885. AMONGST THE SHANS. Field & Tuer [etc], London

Copland, Patrick 1614. THE NARRATIVE OF THE REV. PATRCK COPLAND. In: Thomas Best, The Voyage of Thomas Best, S. 207-214, 1614

Corre, A., 1879. RAPPORT SUR LE OBJETS DE L'ÂGE DE LA PIERRE POLIE ET DU BRONZE RECUEILLIS À SOM-RON-SEN (CAMBODGE) ET NOTE ANNEXE SUR DES INSTRUMENTS EN PIERRE POLIE ET EN BRONZE TROUVÉS AUX ENVIRONS DE SAIGON. In: Excursions et Reconnaissances, Band 1, S. 71-91, 1879, Saigon

Corruccini, R. & Ciochon, R. (Ed.), 1994. INTEGRATIVE PATHS TO THE PAST. Prentice Hall, Englewood Cliffs, N.J.

Cortesão, Jaime, 1983. L'EXPANSION DES PORTUGAIS DANS L'HISTOIRE DE LA CIVILISATION. (Kopie ohne Verlagsangabe)

Cortesão, Armando, 1944. THE SUMA ORIENTAL OF TOMÉ PIRES. Band 2, Hakluyt Society, London 1944

Cowan, C.D. and Wolters, O.W. (eds), 1976. SOUTHEAST ASIAN HISTORY AND HISTORIOGRAPHY: Essays Presented to D.G.E. Hall, Ithaca

Crumley, C.L. and Levy, J.E. (eds.), 1995. HETERARCHY AND THE ANALYSES OF COMPLEX SOCIETIES. American Anthropological Association, Archaeological Papers 6, Washington, D.C.

Cummings, William P., 2007. A CHAIN OF KINGS: THE MAKASSARESE CHRONICLES OF GOWA AND TALLOQ. LIT KITLV Press, Leiden

Curtin, Philip D., 1984. CROSS-CULTURAL TRADE IN WORLD HISTORY. Cambridge University Press, 1984

Cushman, Richard D., (Wyatt, David K. ed.), 2000. THE ROYAL CHRONICLES OF AYUTTHAYA. A Synoptic Translation. The Siam Society, Bangkok

Dalton, G., 1977. ABORIGINAL ECONOMICS IN STATELESS SOCIETIES. In: Earle, T.K. & Ericson J.E. (eds): Exchange Systems in Prehistory.

Damrong Rajanubhab, Prinz, 1908. HISTORICAL SKETCH OF LOPBURI. In: JSS, 5.3.

____1914/15. THE STORY OF THE RECORDS OF SIAMESE HISTORY (Translated by O. Frankfurter). In: JSS, 11.2.
____1973. MONUMENTS OF THE BUDDHA IN SIAM. Übersetzt von Sulak Sivaraksa und A.B. Griswold, The Siam Society, Bangkok
____1975. LAKSANA KANPOKKHRONG PRATHETSAYAM TAE BORAN [Die siamesische Regierung in alter Zeit]. In : Prawatisat lae kanmuang [Geschichte und Politik], Textbuch für den Grundkurs „Thailändische Zivilisation", Thammasat Universität, Bangkok
____2001. THE CHRONICLE OF OUR WARS WITH THE BURMESE. Hostilities Between Siamese and Burmese When Ayutthaya Was the Capital of Siam. Übersetzt ins Englische von *Phra Phraison Salarak Thein Subindu (U Aung Thein)*, Edited by Chris Baker, White Lotus, Bangkok

Dangeau, Marquis de, 1854-60. Journal. Editiert von Soulié. Gesamtausgabe in 18+1 Bänden, Firmin-Didot, Paris

Darling, Frank C., 1965. THAILAND AND THE UNITED STATES. Public Affairs Press, Washington D.C.

Darwin, Charles Robert, 1964. [1859] ON THE ORIGIN OF SPECIES. Harvard University Press, Cambridge

Davis, R., 1984. MUANG METHAPHYSICS. A Study of Northern Thai Myth and Ritual. Pandora, Bangkok

de Albuquerque, Afonso, 1880. THE COMMENTARIES OF THE GREAT AFONSO DALBOQUERQUE,: Second Viceroy of India. 4 Volumes, Hakluyt Society, London (**Translated from the Portuguese Edition of 1774** by Walter de Gray Birch)

de Béthune, Maximilien, 1725. MÉMOÌRES, OU, OECONOMIES ROYALES D'ETAT, DOMESTIQUES, POLITIQUES & MILITAIRES DE HENRI LE GRAND. Amsterdam : Aux dépens de la Compagnie

de Bourges, Jacques, 1660. RELATION DU VOYAGE DE MONSEIGNEUR L'EVÊQUE DE BÉRITE, VICAIRE APOSTOLIQUE DU ROYAUME DE LA COCHINCHINE, PAR LA TURQUIE, LA PERSE, LES INDES , ETC. JUSQU'AU ROYAUME DE SIAM ET AUTRES LIEUX, PAR M. DE BOURGES, PRÊTRE, MISSIONAIRE APOSTOLIQUE. D. Bechet, Paris

de Campos, Joaquim, 1940. EARLY PORTUGUESE ACCOUNTS OF THAILAND. In: JSS 32.1., Bangkok

de Chaumont, Chevalier, 1686. RELATION DE L'AMBASSADE DE M^R LE CHEVALIER DE CHAUMONT A LA COUR DU ROY DE SIAM. Avec ce qui s'est paßé de plus remarquable durant son voyage. Chez Arnault Seneuse et Daniel Horthemels, Paris

de Choisy, François-Timoléon, 1687. JOURNAL OU SUITE DU VOYAGE DE SIAM. EN FORME DES LETTRES FAMILIERES FAIT EN MDCLXXXV ET MDCLXXXVI. PAR M^R. L.D.C. Chez Pierre Mortier, Amsterdam
____1727. MEMOIRES POUR SERVIR A L'HISTOIRE DE LOUIS XIV. Chez WAN-DE-VATER, A Utrecht (Die seine Mission in Siam betreffenden Stellen befinden sich im 5. Buch, S. 234-293)

de Forbin, Comte Claude, 1730. MEMOIRES DU COMTE DE FORBIN, CHEF D'ESCADRE, CHEVALIER DE L'ORDRE MILITAIRE DE SAINT LOVIS, 2 Bände, Amsterdam

de La Loubère, Simone, 1691. DU ROYAUME DE SIAM, PAR MONS^R. DE LA LOUBERE, Envoyé extraordinaire de ROY auprés du Roy de Siam en 1687 & 1688, Chez Abraham Wolfgang, Amsterdam

de La Touche o.J.. RELATION DE CE QUI EST ARRIVÉ DANS LA ROYAUME DE SIAM EN 1688. In: Challe, 1998:301-337

de Marini, G.F., 1998. A NEW AND INTERESTING DESCRIPTION OF THE LAO KING-DOM (1642-1648). [1663] White Lotus Co., Ltd. Bangkok 1998

de Morga, Antonio, 1970. HISTORY OF THE PHILLIPINE ISLANDS. From their discovery by Magellan in 1521 to the beginning of the XVII Century; with descriptions of Japan, China, and adjacent countries. Band 1, Kraus Reprint Co., New York

Vollant des Verquains, Jean, 1691. HISTOIRE DE LA RÉVOLUTION DE SIAM. ARRIVÉE EN L'ANNÉE 1688. Jean Chrysostome Malte, Lille

Delaporte, Louis, 1880. VOYAGE AU CAMBODGE. L'architecture Khmère. Paris

Denslow, Julie Sloan und Christine Padoch (ed.), 1988. PEOPLE OF THE TROPICAL RAINFOREST. University of California Press; Berkeley, Los Angeles und London

Deslandes-Boureau, André-François, 1756. HISTOIRE DE M. CONSTANCE, PREMIER MINISTRE DU ROI DE SIAM.Duchesne, Amsterdam

Des Essarts, Nicolas Toussaint LeMoyne, & Wichmann, Christian August, 1781. HISTORISCH-JURISTISCHES WÖRTERBUCH, ODER ANEKDOTEN VON DEN MERKWÜRDIGSTEN URTHELN UND RICHTERSPRÜCHEN DER GERICHTSHÖFE ALLER ZEITEN UND ALLER VÖLKER: in alphabetischer Ordnung vorgetragen. Band 2, verlegts Johann Ernst Meyer, Breslau und Leipzig 1781

Dhani Nivat, Prinz, 1939. THE CITY OF THAWARAWADI SRI AYUDHYA. In: JSS, 31:147-153
_____1947. THE OLD SIAMESE CONCEPTION OF THE MONARCHY. In: JSS, 36.2.
_____1965. A HISTORY OF BUDDHISM IN SIAM. The Siam Society, Bangkok

Dhiravegin, Likhit, 1985 (Juni). NATIONALISM AND THE STATE IN THAILAND. Thesenpapier für: Regional Workshop on Minorities in Buddhist Politics, Thai Studies Program, Chulalongkorn University

Diffloth, Gérard, 1984. THE DVARAVATI OLD MON LANGUAGE AND NYAH KUR. Chulalongkorn University Printing House, Bangkok

Diller, Anthony V.N.,1991. CONSONENT MERGERS AND INSCRIPTION ONE. In: Chamberlain, 1991:161-192.

Dijk, Wil O., 2006. SEVENTEENTH-CENTURY BURMA AND THE DUTCH EAST INDIA COMPANY 1634-1680. Singapore University Press, Singapore

Dilock, Sayam Prinz, 1908. DIE LANDWIRTSCHAFT IN SIAM: Ein Beitrag zur Wirtschaftsgeschichte des Königreichs Siam. C.L. Hirschfeld, Leipzig

Domett, Kathryn M., 2001. HEALTH IN LATE PREHISTORIC THAILAND. BAR International Series 946, Oxford

Doré, Amphay, 1987. AUX SOURCES DE LA CIVILISATION LAO: CONTRIBUTION ETHNO-HISTORIQUE À LA CONNAISSANCE DE LA CULTURE LUANG-PHRABANAISE. Metz

D'Orleans, Pere [S.J.], 1754. HISTOIRE DE M. CONSTANCE, PREMIER MINISTRE DU ROI DE SIAM, ET DE LA DERNIERE REVOLUTION DE CET ETAT. Chez les Freres Duplain, Libraires, rue Merciëre, Lyon

D'Orleans, Prince Henri, 1996. [1894] AROUND TONKIN AND SIAM. A FRENCH COLONIALIST VIEW OF TONKIN, LAOS AND SIAM (1892), White Lotus Co., Ltd. Bangkok 1999

Douglas, Michele Toomay, 1997. A PRELIMINARY DISCUSSION OF TRAUMA IN THE HUMAN SKELETONS FROM BAN CHIANG, NORTHEAST THAILAND. In: BIPPA, 16:111-117

Du Mans, Raphaël, 1890. ESTAT DE LA PERSE EN 1660. Ed. Charles Schefer, Paris

Dubey, Tung Nath, 1990. INDIA AND THAILAND. A BRIEF HISTORY. H.K. Publishers & Distributors, New Dehli

Dupont, Pierre, 1959. L'ARCHÉOLOGY MÔNE DU DVĀRAVATĪ. EFEO, Band XLI, Paris

Earl, George Windsor, 1837. THE EASTERN SEAS; or, Voyages and Adventures in the Indian Archipelago, in 1832-33-34, Comprising a Tour of the Island of Java -- Visits to Borneo, the Malay Peninsula, Siam. W. H. Allen & Co., London

Earle, T.K. & Ericson J.E. (Ed.), 1977. EXCHANGE SYSTEMS IN PREHISTORY. Academic Press, London

Eisenstein, Richard Johann Louis, Freiherr von und zu, 1904. REISE NACH SIAM, JAVA, DEUTSCH-NEU-GUINEA UND AUSTRALASIEN: Tagebuch mit Erörterungen um zu überseeischen Reisen und Unternehmungen anzuregen. Kommissionsverlag von Karl Gerolds Sohn, Wien

Ellen, Roy F., 1977. THE TRADE IN SPICES. In: JIC, 12:21-25

Eyre, C.O., 2006. PREHISTORIC AND PROTO-HISTORIC COMMUNITIES IN THE EASTERN UPPER CHAO PHRA-YA RIVER VALLEY, THAILAND: Analysis of Site Chronology, Settlement Patterns, and Land Use. Unveröffent-lichte Ph.D. Dissertation in Anthropologie, University of Pennsylvania, Philadelphia, USA

Fairbanks, J.K. & Teng Ssü-yu, 1961. ON THE CH'ING TRIBUTARY SYSTEM. In: Ch'ing Administration. Three Articles, Harvard University Press, Cambridge

Feeney, David, 1993. THE DEMISE OF CORVÉE AND SLAVERY IN THAILAND. In: Klein, Martin A. (ed.), 1993

Ferrier, Ronald, 1986. TRADE FROM THE MID-14TH CENTURY TO THE END OF THE SAFAVID PERIOD. In: The Cambridge History of Iran, Volume 6: The Timurid and Safavid Periods, Cambridge, S. 412-490

Finlayson, George, 1826. THE MISSION TO SIAM AND HUÉ, THE CAPITAL OF COCHINCHINA IN THE YEARS 1821-2. John Murray, London

Flood, E. Thadeus, 1969. SUKHOTHAI-MONGKOL RELATIONS: A NOTE ON RELEVANT CHINESE AND THAI SOURCES (with translations). In: JSS, 57.2:201-257

Floris, Peter, 1934. HIS VOYAGE TO THE EAST INDIES IN THE „GLOBE" 1611-1615. Editiert von W.H. Moreland, Hakluyt Society, No. LXXIV (Second Series), London

Fournereau, Lucien, 1895. LE SIAM ANCIEN, ARCHÉOLOGIE, ÉPIGRAPHIE, GÉOGRAPHIE. Ernest Leroux, Paris. Première partie (Annales du Musée Guimet, t. 27)

Fouther, Beth, 1996. THE LORD OF THE GOLDEN TOWER. KING PRASAT THONG AND THE BUILDING OF WAT CHAIWATTHANARAM. Studies in Southeast Asian History No. 3, White Lotus Press, Bangkok

Frankfurter, Otto, 1905. A SUPPOSED DUTCH TRANSLATION OF A SIAMESE STATE PAPER IN 1688. In: JSS, Band 2.1, Bangkok
_____**1907.** A PROPOSED CHANGE IN THE SIAMESE ERA CHULASAKARAJ 1000 (A.D. 1638). In: T'oung Pao, Series 2, 8
_____**1909.** EVENTS IN AYUDDHYA FROM CHULASAKARAJ 686 – 966 [A Translation from the พระราช พงษาวดาร กรุงเก่า ฉบับหลวงประเสริฐอักษรนิติ์](Englische Übersetzung der Luang Prasert Version der königlichen Chronik Ayutthayas). In: JSS, 6.3.:1-27

Frederici, Cesar, 1581. THE VOYAGE AND TRAVELL OF M. CAESAR FREDERICKE, MERCHANT OF VENICE, INTO THE EAST INDIA, AND BEYOND THE INDIES. In: Richard Hakluyt, 1598-1600, Band III:198-269

Freed, Stanley A., 1977. ANTHROPOLOGY AND THE CLIMATE OF OPINION. Annals New York Academy of Sciences, Band 293, New York

Frike, Christoff, 1692. Christoff Frikens Ost-Indianische Räysen und Krieges-Dienste/ Oder eine Außführliche Beschreibung/ was sich Zeit solcher/ nemlich von A. 1680. biß A. 1685. so zur See/ als zu Land/ in offentlichen Treffen und Scharmützeln/ in Belagerungen/ Stürmen und Eroberungen der Heydnischen Plätze und Städte/ in Marchiren und Quartieren/ mit ihme und seinen beygefügten Cameraden hin und wieder begeben ... Wagner, Ulm

Fryke, Christopher & Schweitzer, Christopher, 1929. [1700] VOYAGE TO THE EAST INDIES. Cassel, London

Fuhrmann, Arnika, 2009. THE DREAM OF A CONTEMPORARY AYUTHAYA. Angkhan Kalayanaphong's Poetics of Dissent, Aesthetic Nationalism, and Thai Literary Modernity, In: OE 48

Fuller, R. Buckminster, 1972. THE BUCKMINSTER FULLER READER. Edited by J. Meller, London, Pelican Books

Garnier, François, 1871. CHRONIQUE ROYALE DU CAMBODGE. In: Journal Asiatique, VI série, 18
_____**1873.** VOYAGE D`EXPLORATION EN INDOCHINE, EFFECTUÉ PENDANT LES ANNÉES 1866 ET 1868. Paris

Gatty, J.C., 1963. VOIAGE DE SIAM DE PERE BOUVET. E.J. Brill, Leiden

Geertz, Clifford, 1963. AGRICULTURAL INVOLUTION: THE PROCESS OF ECOLOGICAL CHANGE IN INDONESIA. University of California Press, Berkeley und Los Angeles

Gerini, G.E., 1904. ON SIAMESE PROVERBS AND IDEOMATIC EXPRESSIONS. In : JSS, Vol. 1.0, Bangkok

Gervaise, Nicolas, 1688. HISTOIRE NATURELLE ET POLITIQUE DE ROYAUME DE SIAM. Chez Claude Barbin, Paris

Gesick, L.M., 1976. KINGSHIP AND POLITICAL INTEGRATION IN TRADITIONAL SIAM. PhD Thesis, Cornell University, Ithaca
_____**1983.** CENTERS, SYMBOLS, AND HIRARCHIES. Essays on the Classical States of Southeast Asia, Yale University, New Haven

Giblin, H.W., 1908. LOPBURI PAST AND PRESENT. In: JSS 5.3.

Giles, Francis H., 1938a. A CRITICAL ANALYSIS OF VAN VLIET`S HISTORICAL ACCOUNT OF SIAM IN THE SEVENTEENTH CENTURY. In: JSS, 30.2.
_____1938b. A CRITICAL ANALYSIS OF VAN VLIET`S HISTORICAL ACCOUNT OF SIAM IN THE SEVENTEENTH CENTURY. In: JSS, 30.3.

Gilquin, Michel, 2002. THE MUSLIMS OF THAILAND [transl. by Michael Smithies]. IRASEC, Silkworm Books, Chiang Mai

Giteau, Madeleine, 1957. HISTOIRE DU CAMBODGE. Didier, Paris

Glover, I.C., 1990. EARLY TRADE BETWEEN INDIA AND SOUTHEAST ASIA: A LINK IN THE DEVELOPMENT OF A WORLD TRADING SYSTEM. University of Hull, Centre of Southeast Asian Studies, Occasional Papers No. 16
Glover, I. und P. Bellwood, 2004. SOUTHEAST ASIA. From Prehistory to History. Routledge Curzon, London und New York

Gogte, Vishwas Dattatrey, 1994. X-RAY DIFFRACTION STUDY OF ANCIENT POTTERY FROM THE BRONZE AGE SITE AT THA KAE (THAILAND). In: Manguin, Pierre-Yves (ed.), SOUTHEAST ASIAN ARCHAEOLOGY 1994. S. 23-27

Gorman, Chester & Pisit Charoenwongsa, 1976. BAN CHIANG: A MOSAIC OF IMPRESSIONS FROM THE FIRST TWO YEARS. In: Expedition, 18,4:14-26

Gorman, Chester, 1970. EXCAVATION AT SPIRIT CAVE, NORTH THAILAND. Sone Interim Interpretations. In: AP 13:79-107

_____1971. THE HOABINHIAN AND AFTER: Subsistence Patterns in Southeast Asia During the Late Pleistocene and Early Recent Periods. In: World Archaeology 2:300-320
_____1977. A PRIORI MODELS AND THAI PREHISTORY: A Reconsideration of the Beginnings of Agriculture in Southeastern Asia. In: Reed, Charles ORIGINS OF AGRICULTURE, S. 321-356

Gosling, Betty, 1991. SUKHOTHAI. ITS HISTORY, CULTURE, AND ART. Oxford University Press, Oxford, New York, Singapur
_____1996. A CHRONOLOGY OF RELIGIOUS ARCHITECTURE AT SUKHOTHAI. Late Thirteenth to Early Fif-teenth Century, Silkworm Books, Chiang Mai

Gottschling, Caspar, 1714. DER STAAT VON SIAM, IN OST-INDIEN. Halle

Grabowsky, Volker, 2004. Bevölkerung und Staat in Lan Na: ein Beitrag zur Bevölkerungsgeschichte Südostasiens. Otto Harassowitz KG, Wiesbaden (Nachdruck der Habilitationsschrift des Autors, Universität Hamburg, Fachbereich für Orientalistik, 1996)

Green, R.C. und Kelly, M., 1971. STUDIES IN OCEANIC CULTURE HISTORY (Band 2), Pacific Anthropological Records 12, Bishop Museum Press, Honolulu

Griess, Thomas E.,1988. A PERSPECTIVE ON MILITARY HISTORY. In: J.J. Jessup/R. W. Coakley (eds.): A GUIDE TO THE STUDY AND USE OF MILITARY HISTORY, 1988

Grimm, T., 1961. THAILAND IN THE LIGHT OF THE OFFICIAL CHINESE HISTORIOGRAPHY: A Chapter in the History of the Ming Dynasty. In: JSS, 49.1:1-20

Griswold, A.B., 1967. TOWARDS A HISTORY OF SUKHODAYA ART. The Fine Arts Department, Bangkok

Griswold, A.B. & na Nagara, Prasert, 1968. A DECLARATION OF INDEPENDENCE AND ITS CONSEQUENCES. Epigraphic and Historic Studies No. 1. In: JSS 56.2.:207-249
_____1969a. THE ASOKĀRĀMA INSCRIPTION OF 1399 A.D. Epigraphic and Historic Studies No. 2. In: JSS 57.1.

_____1969b. THE PACT BETWEEN SUKHODAYA AND NĀN. Epigraphic and Historic Studies No. 3. In: JSS 57.1.:57-107
_____1969c. A LAW PROMULGATED BY THE KING OF AYUDHYĀ IN 1397 A.D. Epigraphic and Historic Studies No. 4. In: JSS 57.1.:109-148
_____1970. A PACT BETWEEN UNCLE AND NEPHEW. Epigraphic and Historic Studies No. 5. In: JSS 58.1.
_____1971a. AN INSCRIPTION IN OLD MON FROM WIENG MANO IN CHIENG MAI PROVINCE. Epigraphic and Historical Studies No. 6. In: JSS 59.1.
_____1971b. THE INSCRIPTION OF VAT TRABAN JAN PHOAK (Face I, 1380 A.B.; Face II, 14th century, date uncertain). Epigraphic and Historical Studies No. 7. In: JSS 59.1.
_____1971c. THE INSCRIPTION OF VAT JAN LOM (1384 AD). Epigraphic and Historical Studies No. 8. In: JSS 59.1.
_____1971d. THE INSCRIPTION OF RAMKHAMHAENG OF SUKHOTHAI (1292 A.D.). Epigraphic and Historic Studies No. 9. In: JSS 59.2.:179-246
_____1972. KING LÖDAIYA OF SUKHODAYA AND HIS CONTEMPORIES. Epigraphic and Historic Studies No. 10. In: JSS 60.1.
_____1973a. THE EPIGRAHY OF MAHĀDHAEMARĀJĀ I OF SUKHODAYA. Epigraphic and Historic Studies No. 11 (Part I). In: JSS 61.1.:71-181
_____1973b. THE EPIGRAHY OF MAHĀDHAEMARĀJĀ I OF SUKHODAYA. Epigraphic and Historic Studies No. 11 (Part II). In: JSS 61.2.:91-135
_____1974a. INSCRIPTION 9. Epigraphic and Historic Studies No. 12. In: JSS 62.1.:89-129
_____1974b. THE INSCRIPTION OF VAT PRA YUN. Epigraphic and Historical Studies, No. 13. In: JSS 62.1.
_____1974c. INSCRIPTION OF THE SIVA OF KAMBEN BEJRA. Epigraphic and Historical Studies No. 14. In: JSS 62.2.
_____1975a. THE INSCRIPTION of VAT KHEMA. Epigraphic and Historical Studies No. 15. In: JSS 63.1.
_____1975b. The INSCRIPTION OF VAT BRAH STEC, NEAR SUKHODAY. Epigraphic and Historical Studies No. 16. In: JSS 63.1.
_____1976. A FIFTEENTH-CENTURY SIAMESE HISTORICAL POEM. In: Cowan, C.D. und Wolters, O.W., 1976:123-166
_____1977a. THE 'JUDGEMENTS OF KING MAŅ RĀY'. Epigraphic and Historic Studies No. 17. In: JSS Band 65.1.
_____1977b. THE INSCRIPTION OF VAT JYAN HMAN (WAT CHIENG MAN). Epigraphic and Historical Studies No. 18. In: JSS 65.2.
_____1978a. AN INSCRIPTION FROM KENG TUNG (1451 A.D.). Epigraphic and Historical Studies No. 19. In: JSS 66.1.
_____1978b. THE BUDDHAPADA OF VAT PAVARANIVESA AND ITS INSCRIPTION. Epigraphic and Historical Studies No. 20. In: JSS 66.2.
_____1979a. THE SECOND OLDEST KNOWN WRITING IN SIAMESE. Epigraphic and Historical Studies No. 21. In: JSS 67.1.
_____1979b. AN INSCRIPTION FROM VAT HIN TAN, SUKHODAYA. Epigraphic and Historical Studies No. 22. In: JSS 67.1.
_____1979c. AN INSCRIPTION OF 1528 A.D. FROM SUKHODAYA. Epigraphic and Historical Studies No. 23. In: JSS 67.2.
_____1979d. AN INSCRIPTION OF 1563 A.D. Recording a Treaty Between Laos and Ayudhya in 1560. Epigraphic and Historical Studies No. 24. In: JSS 67.2.

Grün, Horst Jürgen, 2007. [Herausgegeben und übersetzt von] DIE REISEN DES IBN BATTUTA. 2 Bände, Allitera-Verlag, München

Guehler, Ulrich, 1944. FURTHER STUDIES OF OLD THAI COINS. In: JSS 35.2.
_____1946. SOME INVESTIGATIONS ON THE EVOLUTION OF THE PRE-BANGKOK COINAGE: In. JSS 36.1.
_____1947. THE TRAVELS OF LUDOVICO DI VARTHEMA AND HIS VISIT TO SIAM, BANGHELLA AND PEGU A.D. 1505. In: JSS, Band 36.2.
_____1948. NOTES ON OLD SIAMESE COINS. In: JSS 37.1.
_____1949. ESSAY ON THE SYMBOLS AND MARKS ON OLD SIAMESE COINS. In: JSS 37.2.

Gützlaff, Karl Friedrich August, 1832. JOURNAL OF A RESIDEMCE IN SIAM: and of a Voyage Along the Coast of China to Mantchou Tartary. Canton, China [s.n.]
_____1834. JOURNAL OF THREE VOYAGES ALONG THE COAST OF CHINA, IN 1831, 1832, & 1833: **With Notices of Siam, Corea, and the Loo-Choo Islands.** Frederick Westley and A.H. Davis, London

Hagensteijn, Renée, 1989. CIRCLES OF KINGS. Political Dynamics in Early Continental Southeast Asia. Verhandelingen van het Koninklijk Instituut voor Taal-, Land- en Volkenkunde 138, Foris Publications, Dordrecht, Holland/Providence-USA

Hakluyt, Richard (Ed.), 1907. 1598-1600. THE PRINCIPAL NAVIGATIONS, VOYAGES, TRAFFIQUES, AND DISCOVERIES OF THE ENGLISH NATION. 8 Volumes, Everyman's Edition, J.M. Dent, London

Hall, Daniel George Edward, 1961. HISTORIANS OF SOUTHEAST ASIA. Historical Writings on the People of Asia, London, New York und Toronto
_____1968. A HISTORY OF SOUTH-EAST ASIA. St Martin`s Press, New York
_____1974. HENRY BURNEY. A Political Biography. Oxford University Press, London

Hall, Kenneth R. & Whitmore, John K., 1976. EXPLORATIONS IN EARLY SOUTHEAST ASIAN HISTORY: THE ORIGINS OF SOUTHEAST ASIAN STATECRAFT. Michigan Papers on South and Southeast Asia, No. 11, University of Michigan, Ann Arbor

Hall, Kenneth R., 1975. KHMER COMMERCIAL DEVELOPEMENT AND FOREIGN CONTACTS UNDER SURYAVARMAN I. In: JESHO, 18:318-336
_____1982. THE 'INDIANIZATION` OF FUNAN. An Economic History of Southeast Asia`s First State. In: JSEAS, Band 13:81-106
_____1985. MARITIME TRADE AND STATE DEVELOPEMENT IN EARLY SOUTHEAST ASIA. University of Hawaii Press, Honolulu

Hallet, Holt S., 1988. [1890] A THOUSAND MILES ON AN ELEPHANT IN THE SHAN STATES. White Lotus Co., Ltd. Bangkok

Hamilton, Alexander, 1997. [1727] A SCOTTISH SEA CAPTAIN IN SOUTHEAST ASIA 1689-1723. Silkworm Books, Chiang Mai

Harris, David R., 1969. AGRICULTURAL SYSTEMS, ECOSYSTEMS AND THE ORIGINS OF AGRICULTURE. In: Ucko, P.J. und Dimbleby, G.W.: THE DOMESTICATION AND EXPLOITATION OF PLANTS AND ANIMALS, S. 3-15

Harvey, Godgrey Eric, 1925. HISTORY OF BURMA: From the Earliest Times to 10 March 1824. Frank Cass & Co. Ltd., London

Hawley, John Stratton, and Donna Marie Wulff, eds., 1986. THE DIVINE CONSORT: Radha and the Goddesses of India. Beacon, Boston

Ha Van Tam, 1977. EXCAVATIONS AT PHOI PHOI. Nhung phat hien moi ve khao co hoc nam (New Archaeological Discoveries in Viet Nam 1976). Hanoi
_____1980. NOUVELLES RECHERCHES PRÉHISTORIQUE ET PROTOHISTORIQUE AU VIET NAM. In: BEFEO, 68:113-154

Heine-Geldern, Robert, 1956. CONCEPTIONS OF STATE AND KINGSHIP IN SOUTHEAST ASIA. Southeast Asia Program, Dept. of Far Eastern Studies, Cornell University, Ithaca, New York

Heinisch, Heinz H., 1954. SÜDOSTASIEN. MENSCHEN, WIRTSCHAFT UND KULTUR DER STAATEN UND EINZELRÄUME. Safari-Verlag, Berlin

Herrmann, Paul, 1952. SIEBEN VORBEI UND ACHT VERWEHT. Das Abemnteuer der frühen Entdeckungen. Deutsche Buch-Gemeinschaft, Berlin, Darmstadt, Wien
_____1956. ZEIGT MIR ADAMS TESTAMENT. Wagnis und Abenteuer der Entdeckungen. Deutsche Buch-Gemeinschaft, Berlin, Darmstadt, Wien

Heylyn, Peter, 1939. ΜΙΚΡΌΚΟΣΜΟΣ. A LITTLE DESCRIPTION OF THE GREAT WORLD: Oxford, Printed by William Turner, (University Microfilms International, Ann Arbor, Michigan, 1978)

Higham, Charles F.W., 1972. INITIAL MODEL FORMULATION IN TERRA INCOGNITA. In: Clark, D.L.: MODELS IN ARCHAEOLOGY, S. 453-476
_____1975. ASPECTS OF ECONOMY AND RITUAL IN PREHISTORIC THAILAND. In: JAS, 2.4:245-288
_____1975b. NON NOK THA: THE FAUNAL REMAINS. Studies in Prehistoric Anthropology, Vol. 7. University of Otago, Department of Anthropology
_____1977. ECONOMIC CHANGE IN PREHISTORIC THAILAND. In: Charles Reed: ORIGINS OF AGRICULTURE, S. 357-384
_____1977b. THE PREHISTORY OF THE SOUTHERN KHORAT PLATEAU, NORTH EAST THAILAND WITH PARTICULAR REFERENCE TO ROI ET PROVINCE. In: MQRSEA, 3:103-142
_____1983. THE BANG CHIANG CULTURE IN ARCHAEOLOGICAL PERSPECTIVE. Mortimer Wheeler Archaeo-
logical Lecture, 1983.
_____1984. THE SOCIAL STRUCTURE OF THE BAN NA DI PREHISTORIC POPULATION. In: SOUTHEAST ASIAN ARCHAEOLOGY AT THE XV PACIFIC SCIENCE CONGRESS, S. 72-86
_____1989. THE ARCHAEOLOGY OF MAINLAND SOUTHEAST ASIA. From 10.000 B.C. to the Fall of Angkor. Cambridge University Press, Cambridge
_____1996. THE BRONZE AGE OF SOUTHEAST ASIA. Cambridge University Press, Cambridge
_____2002. EARLY CULTURES OF MAINLAND SOUTHEAST ASIA, River Books, Bangkok
_____2004. ENCYCLOPEDIA OF ANCIENT ASIAN CIVILISATIONS. Facts on Files, New York
_____2004a. THE CIVILIZATION OF ANGKOR. 2nd edition, Phoenix, London

Higham, Charles F.W., und Higham, Thomas, 2009. A NEW CHRONOLOGY FRAMEWORK FOR PREHISTORIC SOUTHWEST ASIA, BASED ON A BAYESIAN MODEL FROM BAN NON WAT. In: Antiquity, 83, S. 125-144

Higham, Charles F.W., und Kijn, A. (eds.), 1984. PREHISTORIC INVESTIGATIONS IN NORTHERN THAILAND. British Archaeological Reports (International Series), 231, Oxford

Higham, Charles F.W./Manly, B.F.J./Kijngam, Amphan, 1982. SITE LOCATION AND SITE HIERAR-CHY IN PREHISTORIC THAILAND. Proceedings of the Prehistoric Society, 48:1-27

Higham, Charles F.W. und Thosarat, Rachanie, 1998. PREHISTORIC THAILAND. From Early Settlement to Sukhothai. River Books, Bangkok

Ho, Ping-Ti, 1969. THE LOESS AND THE ORIGIN OF CHINESE AGRICULTURE. In: AHR, Band 75, S. 1-36

Hodges, Ian, 1999. TIME IN TRANSITION: KING NARAI AND THE LUANG PRASOET CHRONICLE OF AYUTTHAYA. In: JSS 87.1:33-44

Holt, John Clifford, 2009. SPIRITS OF THE PLACE. Buddhism and Lao Religious Culture, University of Hawai'i Press, Honolulu

Hoshino, Tatsuo, 1986. POUR UNE HISTOIRE MEDIEVALE DU MOYEN MEKONG. Editions Duang Kamol, Bangkok

Houghton P. und Wiriyaromp, W., 1984. THE PEOPLE OF BAN NA DI. In: Charles Higham und A. Kijn (ed), 1984, S. 391-412

Hsen, Khur, 2009. KING NARESUAN AND SHAN SAOPHAS CONNECTION. Paper for the International Conference on Shan Studies, Maha Chulalongkorn University, Bangkok

Huang, W., Ciochon, R., Yumin, G. et alii, 1995. EARLY HOMO AND ASSOCIATED ARTEFACTS FROM ASIA. In: Nature, Band 378, S. 275-278

Hutchinson, E.W., 1935. THE RETIREMENT OF THE FRENCH GARRISON FROM BANGKOK IN THE YEAR 1688. In: JSS, 28.1.:37-77
_____1990. 1688. REVOLUTION IN SIAM. White Lotus Co., Ltd., Bangkok
_____1985. ADVENTURERS IN SIAM IN THE SEVENTEENTH CENTURY. DD Books, Bangkok

Hutterer, Karl L., 1985. THE PLEISTOCENE ARCHAEOLOGY OF SOUTHEAST ASIA IN REGIONAL CONTEXT. In: MQRSEA, 9:1-23

Ishii, Yoneo, 1971. SEVENTEENTH CENTURY JAPANESE DOCUMENTS ABOUT SIAM. In: JSS, Band 59.2.
_____1986. SANGHA, STATE, AND SOCIETY: THAI BUDDHISM IN HISTORY. University of Hawaii Press, Honolulu
_____1988. THAI-JAPANESE RELATIONS IN THE PRE-MODERN PERIOD. A Bibliographic Essay with Special Reference to Japanese Sources. In: Chaiwat Khamchoo & E. Bruce Reynolds, Thai-Japanese Relations in Historical Perspective
_____1992. THE REKIDAI HOAN AND SOME ASPECTS OF THE AYUTTHAYAN PORT POLITY IN THE FIFTEENTH CENTURY. The Memoirs of the Toyo Bunko, 50

Iwamoto, Yoshiteru, 2007. YAMADA NAGAMASA AND HIS RELATIONS WITH SIAM. In: JSS, 95:73-84

Jack-Hinton, Colin, 1964. MARCO POLO IN SOUTH-EAST ASIA. In: JSEAH, 5

Jacques, Claude, 1972. ETUDES D'EPIGRAPHIE CAMBODGIENNE: Sur l'emplacement du royaume d'Aninditapura. In: BEFEO, 59
_____1979. 'FUNAN`, 'ZHENLA`. The Reality Concealed by these Chinese Views of Indochina. In: R.B.Smith & W.Watson: EARLY SOUTH EAST ASIA, S. 371-379
_____1986. SOURCES ON ECONOMIC ACTIVITIES IN KHMER AND CHAM LANDS. In: David G. Marr & A.C. Milner: SOUTHEAST ASIA IN THE NINTH TO FOURTEENTH CENTURIES, S. 327-334
_____1990. ANGKOR. Bordas, Paris

Jacq-Hergoualc'h, Michel, 1993. L'EUROPE ET LE SIAM DU XVIe au XVIIIe SIÈCLE, Editions L'Harmattan, Paris
_____1992. ÉTUDE HISTORIQUE ET CRITIQUE DU JOURNAL DU VOYAGE DE SIAM DE CLAUDE CÉBERET. Envoyé extraordinaire du Roi en 1687 et 1688, Editions L'Harmattan, Paris
_____1987. ÉTUDE HISTORIQUE ET CRITIQUE DE LIVRE DE SIMON DE LA LOUBÈRE « Du Royaume de Siam ». Editions Recherche sur les Civilisations, Paris

Jarernchai Chonpairot & Miller, Terry E., 1994. A HISTORY OF SIAMESE MUSIC RECONSTRUCTED FROM WESTERN DOCUMENTS, 1505-1932. Crossroads Vol. 8, No. 2, Northern Illinois University, DeKalb

Jayawickrama, N.A., 1968. THE SHEAF OF GARLANDS OF THE EPOCHS OF THE CONQUERER: being a translation of Jinakalamalipakaranam of Ratanaphanna Thera, The Pali Text Society, London

Jessup, J.J. / Coakley, R. W. (eds.), 1988. A GUIDE TO THE STUDY AND USE OF MILITARY HISTORY. Center of Military History, United States Army, Washington DC

Jottrand, Émile, 1996. IN SIAM. THE DIARY OF A LEGAL ADVISOR OF KING CHULALONGKORN'S GOVERNMENT. [1905] White Lotus Co., Ltd. Bangkok

Kämpfer, Engelbert, 1777. GESCHICHTE UND BESCHREIBUNG VON JAPAN. Aus den Originalhandschriften des Verfassers. Lemgo, im Verlage der Meyerschen Buchhandlung, Erster Band
_____1779. GESCHICHTE UND BESCHREIBUNG VON JAPAN. Aus den Originalhandschriften des Verfassers. Lemgo, im Verlage der Meyerschen Buchhandlung, Zweiter Band
_____1940. *AM HOFE DES PERSISCHEN GROSSKÖNIGS (1684-85). Das erste Buch der Amoenitates Exoticae, Leipzig*

Kanichi Asakawa, 1909. THE JAPANESE IN SIAM. New Haven

Kasetsiri, Charnvit, 1976. THE RISE OF AYUDHYA. A HISTORY OF SIAM IN THE FOURTEENTH AND FIFTEENTH CENTURIES. Oxford University Press, Kuala Lumpur

Kasetsiri, Charnvit and Wright, Michael, 2007. DISCOVERING AYUTTHAYA. Toyota Thailand Foundation, Samutprakan

Kathirithamby-Wells, J. & Villiers, John (Ed.), 1990. THE SOUTHEAST ASIAN PORT AND POLITY. Rise and Demise. Singapore University Press, National University of Singapore

Kerr, A.F.G., 1924a. THE KHA TAWNG LUANG. In: JSS, 18.2:142-144
_____1924b. NOTES ON SOME ROCKPAINTINGS IN EASTERN SIAM. In: JSS, 18.2:144-146

Keyes, Charles F., 1987. THE GOLDEN PENINSULA. Culture and Adaption in Mainland Southeast Asia. University of Hawaii Press, Honolulu
_____1987. THAILAND. BUDDHIST KINGDOM AS MODERN NATION STATE. Westview Press, Boulder und London, 1987

KHOK PHANOM DI, THE EXCAVATION OF. A Prehistoric Site in Central Thailand. Highan, Charles F.W. & Bannanurag, R. (Ed.), 1990. Band I: The Excavation, Chronology and Human Burials. The Society of Antiquaries of London
_____1991. Band II: The Biological Remains (Teil I). The Society of Antiquaries of London
_____1993. Band III: The Material Culture (Teil I). The Society of Antiquaries of London
_____1996. Band IV: Subsistence and Environment. The Botanical Evidence (The Biological Remains, Teil II). The Society of Antiquaries of London

Khunsong, Saritpong/Indrawooth, Phasook/Natapintu Surapol, 2011. EXCAVATION OF A PRE-DVĀRAVATĪ SITE AT HOR-EK IN ANCIENT NAKHON PATHOM: In: JSS, 99:150-171

Kiichi Gunji, 1941. YAMADA NAGAMASA. Japanese Condottiere in Thailand. In: Contemporary Japan, 10.3.

Kijngam, Amphan, 1983. EXCAVATIONS AT BAN NA DI, NORTH EAST THAILAND. Paper Presented at the XV Pacific Science Congress, Dunedin, New Zealand.

Kiyoshi Inoue, 1993. GESCHICHTE JAPANS. Campus Verlag, Frankfurt/New York

Klein, Martin A. (ed.), *1993*. BREAKING THE CHAINS. Slavery, Bondage, and Emancipation in Modern Africa and Asia. University of Wisconsin Press, Madison

Koenig, William J. 1990. THE BURMESE POLITY, 1752-1819. Michigan Papers on South and Southeast Asian, No. 34. Center for South and Southeast Asian Studies, University of Michigan, Ann Arbor

Krader, Lawrence, 1975. THE ASIATIC MODE OF PRODUCTION: SOURCES, DEVELOPMENT, AND CRITIQUE IN THE WRITING OF KARL MARX. Van Gorcum, Assen

Krairiksh, Piriya. 1975. THE CHULA PATHON CHEDI: Architecture and Sculpture of Dvāravatī. Unveröffentlichte Dissertation, Harvard University, Cambridge, Massachusetts, USA
_____1991. TOWARDS A REVISED HISTORY OF SUKHOTHAI ART: A REASSESSMENT OF THE INSCRIPTION OF KING RAM KHAMHAENG. In: Chamberlain, 1991:53-160
_____1992. A REVISED DATING OF AYUTTHAYA ARCHITECTURE (II). In: JSS, 80.2.

Kulke, Hermann, 1986. THE EARLY AND THE IMPERIAL KINGDOM IN SOUTHEAST ASIAN HISTORY. In: D.G.Marr & A.C.Millner: SOUTHEAST ASIA IN THE 9TH TO 14TH CENTURIES, Seiten 1-22

Kyaw Din, 1917. THE HISTORY OF TENASSERIM AND MERGUI. In: JBRS, 7:215-254

Labbé, Armand, 1985. BAN CHIANG: ART AND PREHISTORY OF NORTHEAST THAILAND. Bowers Museum, Santa Ana

Lach, Donald F. 1998. ASIA IN THE MAKING OF EUROPE. University of Chicago Press, Chikago

Lanier, Lucien, 1883. ÉTUDE HISTORIQUE SUR LES RELATIONS DE LA FRANCE ET DU ROYAUME DE SIAM DE de 1662 à 1703; d'après les documents inédits des Archives du Ministère de la Marine et des Colonies, avec le fac-simile d'une carte du temps. Versailles Impr. de E. Aubert, Versailles

Launay, Adrien, 1920. HISTOIRE DE LA MISSION DE SIAM 1662-1811. Documents historiques, 2 Bände, Société des Missions étrangères, Téqui, Paris

Lebar, Frank, Gerald Hickey & John Musgrave, 1964. ETHNIC GROUPS OF MAIN-LAND SOUTHEAST ASIA. Human Relations Area Files Press, New Haven

Le Blanc, Marcel R.P. 1692. HISTOIRE DE LA REVOLUTION DU ROIAUME DE SIAM. Arrivée en l'année 1688. & de l'état present des Indes. Chez Horace Molin, A Lyon

Leclère, Adhémard, 1914. HISTOIRE DU CAMBODGE DEPUIS LE 1 SIECLE DE NOTRE ERE. [Reprint of the 1914 edition by AMS Press, New York, 1975]

Lefèvre, E., 1995. [1898] TRAVELS IN LAOS. THE FATE OF THE SIP SONG PANA AND MUONG SING (1894-1896). White Lotus Co., Ltd. Bangkok

Leibniz, Gottfried Wilhelm, 2006. [Rita Widmaier ed.] DER BRIEFWECHSEL MIT DEN JESUITEN IN CHINA (1689 - 1714) Französisch/Lateinisch-Deutsch. Philosophische Bibliothek Band 548, Meiner Verlag Hamburg

LeMay, Reginald S., 1963. A CONCISE HISTORY OF BUDDHIST ART IN SIAM. Tuttle, Rutland

Lemmens, Leon, 1929. GESCHICHTE DER FRANZISKANERMISSIONEN. Münster

Leonowens, Anna Harriette, 1993. [1870] THE ENGLISH GOVERNESS AT THE SIAMESE COURT. BEING RE-COLLECTIONS OF SIX YEARS IN THE ROYAL PALACE AT BANGKOK. Bangkok Reprint

Lertrit, Sawang, 2004. LATE PREHISTORIC AND EARLY HISTORIC ARCHAEOLOGY IN THE CENTRAL HIGHLAND OF THAILAND: Excavation at the Site of Sab Champa. In: Antiquity, 78, No 299

Lévi, Sylvain, 1938. L'INDE CIVILISATRICE: APERÇU HISTORIQUE. Paris

Li Chung, 1975. THE DEVELOPMENT OF IRON AND STEEL TECHNOLOGY IN ANCIENT CHINA. In: *Kaogu Xuebao*, 1975,2:1-22

Lieberman, Victor B., 1980. EUROPEANS, TRADE, AND THE UNIFICATION OF BURMA, C. 1540-1620. In: OE,27
_____1984. BURMESE ADMINISTRATIVE CYCLES: ANARCHY AND CONQUEST, c. 1580-1760. Princeton University Press, Princeton, New Jersey
_____2003. STRANGE PARALLELS: SOUTHEAST ASIA IN GLOBAL CONTEXT, c. 800–1830. I: Integration on the Mainland. Cambridge University Press, Cambridge
_____2003a. SOME COMPARATIVE THOUGHTS ON PRE-MODERN SOUTHEAST ASIAN WARFARE. In: Journal of the Economic and Social History of the Orient, 46/2

Likhit Dhiravegin, 1985. NATIONALISM AND THE STATE IN THAILAND. Thesenpapier für: Regional Workshop on Minorities in Buddhist Politics, Thai Studies Program, Chulalongkorn University,

Lingat, Robert, 1950. EVOLUTION OF LAW IN BURMA AND SIAM. In: JSS, 38.1.:9-32
_____1973 [1967]. THE CLASSICAL LAW OF INDIA. Translated from French with Additions by J.D.M. Derrett, University of California Press, Berkeley

Lorrillard, Michel, 2009. SCRIPTS AND HISTORY: THE CASE OF LAOS. In: Kashinaga, Masao: WRITTEN CUL-TURES IN MAINLAND SOUTHEAST ASIA. Senri Ethnological Studies 74: 33-49, 2009

Luang Phraison Salarak (Translator), 1911. INTERCOURSE BETWEEN BURMA AND SIAM (as recorded in Hmannan Yazawindawgyi, Part I-VIII). In: JSS, 8.2.

Luang Sitsayamkan, 1967. THE GREEK FAVOURITE OF THE KING OF SIAM. Donal Moore Press, Singapore

Luce, G.H., 1924. COUNTRIES NEIGHBOURING BURMA. In: JBRS, 14.2:161-169
_____1958. THE EARLY SYAM IN BURMA'S HISTORY. In: JSS, 46.2:123-214
_____1969. OLD BURMA - EARLY PAGAN. 3 Bände, Locust Valley, New York

Lyons, Elizabeth, 1979. DVĀRAVĀTI, A CONSIDERATION OF ITS FORMATIVE PERIOD. In: Smith R.B./Watson, W.(eds.): EARLY SOUTHEAST ASIA, S. 352-359

Mabbett, Ian W., 1977a. VARNAS IN ANGKOR AND THE INDIAN CASTE SYSTEM. In: JAS, 36:429-442
_____1977b. THE `INDIANIZATION`OF SOUTHEAST ASIA. Reflection on the Prehistoric Sources. In: JSEAS, 8.1:1-14
_____1977c. THE `INDIANIZATION`OF SOUTHEAST ASIA. Reflection on the Historical Sources. In: JSEAS, 8.2:143-161
_____1978. KINGSHIP IN ANGKOR. In: JSS, 66.2:1-58

Mabbett, Ian W. & Chandler, David, 1995. THE KHMER. Blackwell, Oxford und Cambridge

Macchiavelli, Niccolo, 1824. DAS BUCH VOM FÜRSTEN. In der Hahnschen Hofbuchhandlung, Hannover

Macdonald, William K., 1980. SOME IMPLICATION OF SOCIAL COMPLEXITY: ORGANISATIONAL VARIABILITY AT NON NOK THA, THAILAND (2000-0 B.C.). Dissertation (PhD), University of Michigan, University Microfilms, Ann Arbor

MacGregor, A., 1926. A BRIEF ACCOUNT OF THE KINGDOM OF PEGU. In: JBRS XVI:99-138

MacGregor, John, 1994. [1896] THROUGH THE BUFFER STATE. TRAVELS IN BORNEO, SIAM, CAMBODIA, MALAYA AND BURMA. White Lotus Co., Ltd. Bangkok

Ma Huan, 1997. YING-YAI SHENG-LAN. [1433] The Overall Survey of the Ocean's Shores. Übersetzt von J.V.G. Mills, White Lotus Co., Ltd. Bangkok

Mackay, Colin Robert, 2016. A HISTORY OF PHUKET AND THE SURROUNDING REGION. KRIS Books,

Magazin für die neueste Geschichte der evangelischen Missions- und Bibelgesellschaften. 1840. DIE ENTWICKLUNGEN DER CHRISTLICHEN MISSIONEN IN CHINA. Erstes Quartalsheft, Verlag des Missions-Institutes, Felix Schneider, Basel (zitiert als MNGEMB)

Malleret, L., 1959. L`ARCHÉOLOGIE DU DELTA DU MEKONG. Band I: L`exploration Archéologique et les Fouilles d`Oc-Eo, Paris
_____1961. L`ARCHÉOLOGIE DU DELTA DU MEKONG. Band II: La Civilisation Materielle d`Oc-Eo, Paris
_____1962. L`ARCHÉOLOGIE DU DELTA DU MEKONG. Band III: La Culture de Fou-Nan, Paris
_____1963. L`ARCHÉOLOGIE DU DELTA DU MEKONG. Band IV: Le Cisbassac, Paris

Manguin, Pierre-Yves (Ed.), 1994. SOUTHEAST ASIAN ARCHAEOLOGY 1994. Proceedings of the 5th International Conference of the European Association of Southeast Asian Archaeologists, Paris, 2th-28th October 1994. Special Issue, Centre for Southeast Asian Studies, University of Hull

Manich Jumsai, M[om]L[uang], 1967. HISTORY OF LAOS. Chalermnit Press, Bangkok
_____1979. HISTORY OF THAILAND & CAMBODIA. From the Days of Angkor to the Present. Chalermnit Press, Bangkok
_____1983. 700 YEARS OF THAI WRITING. Chalermnit Press, Bangkok
_____1988. THAI FOLKTALES. Chalermnit Press, Bangkok
--------1988b. THE STORY OF KING NARAI AND HIS AMBASSADOR TO FRANCE IN 1686, KOSAPARN. Chalermnit, Bangkok
_____1991. KING MONGKUT & THE BRITISH. Chalermnit Press, Bangkok
_____1992. HISTORY OF THAI LITERATURE. Chalermnit Press, Bangkok
_____1996. POPULAR HISTORY OF THAILAND. Chalermnit Press, Bangkok
_____2000. HISTORY OF THE ANGLO-THAI RELATIONS. Chalermnit Press, Bangkok

Mansuy, Henri, 1902. STATIONS PRÉHISTORIQUE DE SAMRONG-SENG ET DE LONGPRAO (CAMBODGE). F.H. Schneider, Hanoi
_____1924. STATIONS PRÉHISTORIQUE DANS LA CONVERNES DU MASSIF CALCAIRE DE BAC-SON (TONKIN). In: Bulletin de la Service Géologique de l`Indochine, 11.2.

Marcinkowski, M. Ismail, 2005. FROM ISFAHAN TO AYUTTHAYA. Contacts Between Iran and Siam in the 17th Century. Contemporary Islamic Scholars Series, Pustaka Nasional PTE Ltd., Singapore
_____2000. PERSIAN RELIGIOUS AND CULTURAL INFLUENCES IN SIAM/THAILNAND AND MARITIME SOUTHEAST ASIA: A Plea for a Concerted Interdisciplinary Approach. In: JSS 88.1:186-194.

Marr, David G. & Milner, A.C., 1986. SOUTHEAST ASIA IN THE NINTH TO FOURTEENTH CENTURIES. Singapore: Institute of Southeast Asian Studies. Canberra: Research School of Pacific Studies, Australian National University

Masao, Tikichi, 1905. THE SOURCES OF ANCIENT SIAMESE LAW. In: The Yale Law Journal, 15:28-32

Maspero, Henri, 1918. LA FRONTIÈRE DE L`ANNAM ET DU CAMBODGE. In: BEFEO, 18.3.

May Kyi Win & Smith, Harold, E., 1995. HISTORICAL DICTIONARY OF THAILAND. Asian Historical Dictinaries, No. 18, The scarecrow Press, Lanham, Md., & London

McCarthy, James, 1994. SURVEYING AND EXPLORING IN SIAM. WITH DESCRIPTION OF LAO DEPENDENCIES AND OF BATTLES AGAINST THE CHINESE HAWS, [1900] White Lotus Co., Ltd. Bangkok

McGill, Forrest, 1977. THE ART AND ARCHITECTURE OF THE REIGN OF KING PRASATTHONG. 3 Bände. PhD Thesis, University of Michigan

Merwe, Nikolaas J. van der, 1980. THE ADVENT OF IRON IN AFRICA. In: Wertime and Muhly, 1980: 463-506

Mercklein, Johann Jakob, 1663. JOURNAL, oder Beschreibung alles deßjenigen/was sich auf währender unserer neunjährigen Reise/im Dienste der Vereinigten/geoctroyierten/Niederländischen/Ost=Indiani-schen Compagnie, besonders in denselbigen Ländern täglich begeben/und zugetragen: Dabey Die Situation und Gelegenheit der Länder/und Sitten unterschiedlicher Völcker/zu besserer Nachricht/in etwas berührt worden/Durch Johann Jakob Mercklein/vorbemeldter Compagn. Dazumal Chirurgum und Barbirern. In : Carons&Schouten, WAHRHAFTIGE BESCHREIBUNGEN MÄCHTIGEN KÖNIGREICHE/JAPPAN UND SIAM,1663

Migot, André, 1960. LES KHMERS. Le Livre contemporain, Paris

Mills, L.A., 1966. BRITISH MALAYA 1824 – 67. Oxford University Press, London

Mitchiner, Michael, 1982. THE DATE OF THE EARLY FUNANESE, MON, PYU AND ARAKANESE COINAGES ('Symbolic coins'). In: JSS, 70.0

Moore, Elizabeth Howard, 1988. MOATED SITES IN EARLY NORTH EAST THAILAND. BAR International Series 400, Oxford
_____2013. EXPLORING THE EAST-WEST CULTURAL CORRIDOR: Historic and Modern Archaeology of Bago and Dawei, Myanmar. In: CSEAS Newsletter, Center for Southeast Asian Studies Kyoto University, No. 68:21-24

Morgenthaler, Hans, 1994. [1923] IMPRESSIONS OF THE SIAMESE-MALAYAN JUNGLE. A TIN PROSPECTOR'S ADVENTURES IN SOUTHERN THAILAND. White Lotus Co., Ltd. Bangkok

Morson, Ian, o.J. FOUR HUNDRED YEARS. THE BRITISH AND THE THAIS. An informal presentation. Nai Suk's Edition Co., Ltd., Bangkok

Moser, Johannes, 2001. HOABINHIAN. Geographie und Chronologie eines steinzeitlichen Technokomplexes in Südostasien. AVA Forschungen, Band 6, Lindensoft Verlag

Mouhot, Henri, 1864. TRAVELS IN THE CENTRAL PART OF INDO-CHINA (SIAM), CAMBODIA AND LAOS. 2 Bände, J. Murray, London

Moura, J., 1883. LE ROYAUME DU CAMBODGE. 2 Bände, E. Leroux, Paris

Nagazumi, Yoko, 1999. AYUTTHAYA AND JAPAN: Embassies and Trade in the Seventeenth Century. In: Breazeale (ed.), 1999: 89-103.

Nai Tien, (Luang Phraison Salarak, translator), 1908. BURMESE INVASION OF SIAM (Part I-VI), Hmannan Yazawin Dawgyi. In: JSS, 5.1.:1-81

Nakamura-Kōya, 1939. YAMADA-NAGAMASA. JAPANESE WARRIOR IN OLD SIAM. In: CN, Vol. VII, No. 4 (Dezember), Tokyo, Japan

Natapintu, S.,1988. CURRENT RESEARCH ON ANCIENT COPPER-BASE METALLURGY IN THAILAND. In: Cha-roenwongsa, P. und Bronson, B.,1988:107-124

na Pombejra, Dhiravat, 2001. SIAMESE COURT LIFE IN THE SEVENTEENTH CENTURY AS DEPICTED IN EUROPEAN SOURCES. Faculty of Arts, Chulalongkorn University, International Series No. 1, Printed by Chulalongkorn University Printing House
_____**1990.** CROWN TRADE AND COURT POLITICS IN AYUTTHAYA DURING THE REIGN OF KING NARAI (1656-88). In: Kathirithamby-Wells & Villiers, The Southeast Asian Port And Polity, S. 127-142
_____**1984.** A POLITICAL HISTORY OF SIAM UNDER THE PRASATTHONG DYNASTY 1629-1688. Unveröffentlichte Dissertation (PhD), University of London, School of Oriental and African Studies, Mikrofilm

Navarrete, Domingo, 1962. THE TRAVELS AND CONTROVERSIES OF FRIAR DOMINGO NAVARRETE, 1618-1686. 2 Bände, editiert von J.S. Cummins, Hakluyt Society, London

Neale, Frederick Arthur, 1996. [1852] NARRATIVE OF A RESIDENCE IN SIAM. WITH A DESCRIPTION OF THE MANNERS, CUSTOMS, AND LAWS OF THE MODERN SIAMESE, White Lotus Co., Ltd. Bangkok

Nguyen Thê Anh (annotator), 1990. LE DAI-VIET ET SES VOISONS: D'APRÈS LE Đại Việt Sử Ký Toàn Thư (*Mémoires historiques du Dai Viet au complet*), L'Harmattan, Paris

Ni Ni Myint, 2004. SELECTED WRITINGS OF NI NI MYINT. Myanmar Historical Commission, Yangon

Nibhatsukit, Warangkana, o.J. THE EMERGENCE OF PROTO-ENTREPRENEURIAL GROUPS IN THE CITY OF AYUTTHAYA DURING THE 17th-18th CENTURIES. (Part of the PhD Dissertation: Trade-related Groups in Ayutthaya Society, 1629-1767. Online: http://www.journal.su.ac.th/index.php/suij/article/viewFile/9/7 am 19.04.2017

Nimmanhaeminda, Kraisri, 1967. THE LAWA GUARDIAN SPIRITS OF CHIENGMAI. In: JSS, 55.2:185-221

Nitta, E., 1991. ARCHAEOLOGICAL STUDY ON THE ANCIENT IRON-SMELTING AND SALT-MAKING INDUS-TRIES IN THE NORTHEAST OF THAILAND. Preliminary Report on the Excavations of Non Yang and Ban Don Phlong. In: JSEAA, 11, S. 1-46

Notton, Camille, 1926. LÉGENDES SUR LE SIAM ET LE CAMBODGE, Bangkok
_____1931. THE CHRONICLE OF THE EMERALD BUDDHA. The Bangkok Times Press, Bangkok
_____1932. ANNALES DU SIAM. Band III, Chronique de Xieng Mai, Paris

Nunn, William, 1922. SOE NOTES UPON THE DEVELOPMENT OF COMMERCE OF SIAM. In: JSS, 15.2:78-103

Nyanatiloka, 1989. BUDDHISTISCHES WÖRTERBUCH, Verlag Christiani, Konstanz

O`Kane, John (trl.), 1972. *Muḥammad Rabī' ibn Muḥammad Ibrāhīm*: THE SHIP OF SULAIMĀN. Persian Heritage Series No.11, Columbia University Press, New York

O`Leary, Brendan, 1989. THE ASIATIC MODE OF PRODUCTION. Basil Blackwell, Oxford

Ongsakul, Sarassawadee, 2005. HISTORY OF LAN NA. Übersetzung der thailändischen Ausgabe von 2001 durch Chitraporn Tanratanakul, Silkworm Books, Chiang Mai

Onsuwan, Chureekamol, 2000. EXCAVATION OF BAN MAI CHAIMONGKOL, NAKHON SAWAN PROVINCE, CENTRAL THAILAND: A Study of Site Stratigraphy, Chronology, and Its Implications for the Prehistory of Central Thailand. MA Thesis, Department of Anthropology, University of Pennsylvania, Philadelphia

Osborne, Milton, 1966. NOTES ON EARLY CAMBODIAN PROVINCIAL HISTORY: ISANAPURA AND SAMBHUPURA. In: FA, 20:433-449
_____1997. SOUTHEAST ASIA. An Introductory History. Silkworm Books, Chiang Mai

Owen, Norman G., (Ed.), 2005. THE EMERGENCEE OF MODERN SOUTHEAST ASIA. A New History. Singapore University Press, Singapore

Paelsert, Francisco, 1647. Ongeluckige voyagie van't schip Batavia nae de Oost-Indien, gebleven op de Abrolhos van Frederick Houtman ... vytgevaren onder den E. Francoys Pelsert: vervatende, soo't verongelucken des schips, als de grouwelijcke moorderijen onder 't gebergde scheeps-volck, op't eylant Bataviaes kerck-hof voorgevallen ... Nevens, Een treur-bly-eynde onggheluck des Oost-Indische Compagnies dienaers in 't jaer 1636, weder-varen in 't conincklijcke hof van Siam, in de stadt Judia, onder de directie van den E. Jeremias van Vliet. Als mede de groote tyrannye van Abas, coninck van Persien, anno 1645. Tot Amsterdam: Voor Jan Jansz

Pallegoix, Jean-Baptiste, 1854. DESCRIPTION DU ROYAUME THAI OU SIAM. [เรื่องเล่ากรุงสยาม] 2 Bände. Paris

Pallu, François, 1668. RELATION ABRÉGÉE DES MISSIONS ET DES VOYAGES DES ÉVÊQUES FRANÇAIS ENVOYÉS AUX ROYAUMES DE LA CHINE, COCHINCHINE, TONQUIN ET SIAM. D. Bechet, Paris

Parish, H. Carrol, 1959. THE MYTH OF YAMADA NAGAMASA AND ITS EFFECT ON THAI-JAPANESE RELATIONS. In: JSS, 47.2.

Parry, John T., 1992. THE INVESTIGATIVE ROLE OF LANDSAT IN THE EXAMINATION OF PRE- AND PROTO-HISTORIC WATER MANAGEMENT SITES IN NORTHEAST THAILAND. In: Geocarto International, 4:5-24

Patte, Etienne, 1924. LE KJÖKKENMÖDDING NÉOLITHQUE DE BAU TAO PRÈS DE DONG HOI (ANNAM). In: BEFEO, 24:521-561

Pautreau, J.-P./Coupey, A.-S./Zeitoun, V./Rambault, E. (eds), 2008. FROM HOMO ERECTUS TO THE LIVING TRADITIONS. EurASEAA (European Association of Southeast Asian Archaeologists), Chiang Mai

Pavie, Auguste, 1898-1919. MISSION PAVIE EN INDOCHINE, 1879-1895. Leroux, Paris
_____1999 [1901/1906]. PAVIE MISSION EXPLORATION WORK: Vol. 1 of the Pavie Mission Indochina Pa-pers (1879-1895), White Lotus Books, Bangkok
_____1999 [1903]. ATLAS OF THE PAVIE MISSION: Vol. 2 of the Pavie Mission Indochina Papers (1879-1895), White Lotus Books, Bangkok
_____1999 [1911/1919]. TRAVELS REPORTS OF THE PAVIE MISSION: Vol. 3 of the Pavie Mission Indochina Papers (1879-1895), White Lotus Books, Bangkok
_____2000 [1902]. TRAVELS IN CENTRAL VIETNAM AND LAOS: Vol. 4 of the Pavie Mission Indochina Papers (1879-1895), White Lotus Books, Bangkok [by J. de Malglaive & A.-J. Riviere]
_____2000 [1902]. TRAVELS IN UPPER LAOS AND ON THE BORDERS OF YUNNAN AND BURMA: Vol. 5 of the Pavie Mission Indochina Papers (1879-1895), White Lotus Books, Bangkok [by Pierre Lefevre-Pontalis]
_____2000 [1900]. TRAVELS IN LAOS AND AMONG THE TRIBES OF SOUTHEAST INDOCHINA: Vol. 6 of the Pavie Mission Indochina Papers (1879-1895), White Lotus Books, Bangkok [by P. Cupet]

Peleggi, Maurizio, 2002. LORDS OF THINGS. The Fashioning of the Siamese Monarcchy's Modern Image. University of Hawai'i Press, Honolulu

Pelliot, Paul, 1903. LE FOU-NAN. In: BEFEO, 3:248-303
_____1904. DEUX ITINÉRAIRES DE CHINE EN L'INDE, Á LA FIN DU VIIIeme SIÈCLE. In: BEFEO, 4
_____1936. LES RELATIONS DU SIAM ET DE LA HOLLANDE EN 1608. In: BEFEO, T'oung Pao 32, S. 223-229

Penny, James S., 1982. PETCHABUN PIEDMONT SURVEY: An Initial Archaeological Investigation of the Western Margins of the Khorat Plateau. In: Expedition, 27,4:56-72

Penth, Hans, 1989. ON THE HISTORY OF CHIANG RAI. In: JSS, 77.1.
_____1991. DIFFICULTIES WITH INSCRIPTION I. In: Chamberlain,1991: 523-552
_____1994. JINAKĀLAMĀLĪ INDEX. AN ANNOTATED INDEX TO THE THAILAND PART OF RATANAPAÑÑA`S CHRONICLE JINAKĀLAMĀLĪ. Silkworm Books, Chiang Mai
_____1995. THE ABDICATION OF PHAYā TILōK. In: JSS, 83.0.

Phayre, Arthur, P., 1883. HISTORY OF BURMA. Including Burma Proper, Pegu, Taunguu, Tenasserim, and Arakan. From the Earliest Time to the End of the First War with British India. London

Phra Phraisonsalarak, 1911. INTERCOURSE BETWEEN SIAM AND BURMA (as recorded in Hmannan Yazawindawgyi). Teil 1 in: JSS, 8.2.
_____1914/15. INTERCOURSE BETWEEN SIAM AND BURMA (as recorded in Hmannan Yazawindawgyi). Teil 2 in: JSS, 11.3.
_____1918. INTERCOURSE BETWEEN SIAM AND BURMA (as recorded in Hmannan Yazawindawgyi). Teil 3 in: JSS, 12.2.
_____1919. INTERCOURSE BETWEEN SIAM AND BURMA (as recorded in Hmannan Yazawindawgyi). Teil 4 in: JSS, 13.1.

Phraya Anuman Ratchathon, 1951. THE LOI KRATHONG. In: JSS 38.2c
_____1952. PHRA CEDI. In: JSS 40.1d
_____1952. THE CEREMONY OF THAM KHWAN OF A MONTH OLD CHILD. In: JSS 40.2f
_____1954. THE PHI. In: JSS 41.2c
_____1954. THE WATER THROWING. In: JSS 42.1d
_____1954. BATHING CEREMONY. In: JSS 42.1e
_____1954. AMUSEMENTS DURING SONGKRAN FESTIVAL. In: JSS 42.1f
_____1955. THE END OF BUDDHIST LENT. In: JSS 42.2b
_____1955. ME POSOP, THE RICE MOTHER. In: JSS 43.1f
_____1957. THE GOLDEN MERU. In: JSS 45.2e
_____1960. FERTILITY RITES IN THAILAND. In: JSS 48.2c
_____1961. SOME SIAMESE SUPERSTITIONS ABOUT TREES AND PLANTS. In: JSS 49.1e
_____1961. THAI TRDITIONAL SALUTATION. In: JSS 49.2f
_____1962. THE KHWAN AND ITS CEREMONIES. In: JSS 50.2d
_____1964. THAI CHARMS AND AMULETS. In: JSS 52.2d
_____1965. A STUDY ON THAI FOLK TALE. In: JSS 53.2b
_____1967. NOTES ON THE THREAD-SQUARE IN THAILAND. In: JSS 55.2b
_____1988. PHRA CEDI. In: JSS 40.1d
_____1988. LEBEN UND DENKEN IN THAILAND. Eine Auswahl zum 100. Geburtstag des Autors. Deutsch-Thailändische Gesellschaft e.V., Bonn

Phromsuthirak, Maneepin, 1979. THAI INTERPOLATIONS IN THE STORY OF ANIRUDDHA. In: JSS 67.1.

Pietrusewsky, Michael, 1974. NON NOK THA: THE HUMAN SKELETAL REMAINS FROM THE 1966 EXCAVATIONS AT NON NOK THA, N.E. THAILAND. Studies in Prehistoric Anthropology, Vol. 6. University of Otago, Department of Anthropology
_____1997. THE PEOPLE OF BAN CHIANG: AN EARLY BRONZE SITE IN NORTHEAST THAILAND. In: BIPPA, 16:119-148

Pigafetta, Antonio, 1994. MAGELLAN'S VOYAGE. A Narrative Account of the First Circumnavigation. Translated and Edited by R.A. Skelton, Dover Publications, New York

Pilditch, Jaqueline S., 1992. THE GLASS BEADS OF BAN BON NOEN, CENTRAL THAILAND. In: AP, 31,2:172-179

Pimenta, Nicolas et alii, 2004. JESUIT LETTERS ON PEGU IN THE EARLY SEVENTEENTH CENTURY. Original Edition 1905. Partly Reprint in: SOASB 2.2.:180-187

Pinto, Fernão Mendes, 2001. [1614] MERKWÜRDIGE REISEN IM FERNSTEN ASIEN 1537-1558. Edition Erdmann, Lenningen

Tomé Pires (de) Tomé, 1944. The Suma Oriental of Tomé Pires. Hakluyt Society, London

Pisit Charoenwongsa, 1988. THE CURRENT STATUS OF PREHISTORIC RESEARCH IN THAILAND. Thai Antiquity, Band 1, Seiten 17-41

Pisit Charoenwongsa & M.C. Subhadradis Diskul, 1973a. PREHISTORIC INVE-STIGATIONS IN THAILAND [in Thai mit englischer Zusammenfas-sung]. Nationalseminar über die Archäologie und die schönen Künste 3-4, Bangkok
_____1973b. „PREHISTORY" BY PRINCE DAMRONG [in Thai mit englischer Zusammenfassung]. In: JoA, IV, 4, Bangkok
_____1980. ARCHAEOLOGIA MUNDI. Thailand, Wiener Verlag, Österreich

Polenghi, Cesare. 2009. SAMURAI OF AYUTTHAYA. Yamada Nagamasa, Japansese Warrior and Merchant in Early Seventeenth-Century Siam. White Lotus, Bangkok

Poojakorn, Surin, 1981. THE HOABINHIAN OF MAINLAND SOUTHEAST ASIA: New Data from the Recent Thai Excavation in the Ban Kao Area. Ph.D. Dissertation, University of Pennsylvania, Philadelphia

Poojakorn, Surin (et al.), 1992. THE PHI TONG LUANG (MLABRI). A Hunter-Gatherer Group in Thailand, Odeon Store, Bangkok

Poole, Peter A., 1970. THE VIETNAMNESE IN THAILAND. A HISTORICAL PERSPECTIVE. Cornell University Press, Ithaca und London

Poolthupya, Srisurang, 2006. THE INFLUENCE OF THE RAMAYANA ON THAI CULTURE: Kingship, Literature, Fine Arts and Performing Arts In: JRIT 31.1., Bangkok
_____2010. PEACE AND NON-VIOLENCE IN PHRA APHAI MANI. A Poetic Tale by Sunthon Phu. In: JRIT, Volume II, Bangkok

Pope, G.G., Barr, S., MacDonald, A. & Nakabanlang, S., 1986. EARLIEST RADIO-METRICALLY DATED ARTIFACTS FROM SOUTHEAST ASIA. In: CA, Band 27.3:275-279

Porée-Maspero, Éveline, 1969. ETUDES SUR LES RITES AGRAIRES DES CAMBDO-DGIENS. Vol. III, Mouton, Paris

Poujol, Robert, 1986. BOURREAU OU MARTYR? L'Abbé du Chaila (1648-1702), Du Siam aux Cévennes. Presses du Languedoc/Editions O.E.I.L., Montpellier/Paris

Pramoj, Kukrit M.R., 1981. FOUR REIGNS (SI PHAENDIN). Übersetzt ins Englische von Tulachandra. Silkworm Books, Chiang Mai
_____1995. MANY LIVES (LAI CHIWIT). Übersetzt ins Englische von M. Borthwick. Silkworm Books, Chiang Mai

Premchit, Sommai, 1988. Notes. Ramkhamhaeng or Ramkamhaeng (รามคำแหง หรือ รามกำแหง). In: JSS, 76.0.:260-263

Premchit, Sommai and Swarer, Donald K., 1977. MŪLASĀSANĀ WAT PĀ DENG: The Chronicle of the Founding of Buddhism of the Wat Pā Dæng Tradition. In: JSS, 65.2:73-110

Promboon, Suebsaeng, 1971. SINO-SIAMESE TRIBUTARY RELATIONS, 1282-1853. PhD Dissertation der University of Wisconsin, Madison

Pryce, T.O., 2009. COPPER PRODUCTION AND TECHNOLOGICAL REPRODUCTION IN THE KHAO WONG PRA-CHAN VALLEY OF CENTRAL THAILAND. Unveröffentlichte Ph.D. Dissertation, UCL Institute of Archaeology, University College London, London (online: http://oxford.academia.edu/OliverPryce)

Purchas, Samuel, (ed.), 1905. HAKLUYTUS POSTHUMUS OF PURCHAS HIS PILGRIMES. X. J. MacLehose and Sons, Glasgow
_____1617. Purchas his Pilgrimages or Relations of the World and the Religions observed in all Ages and Places discovered, from the Creation unto this Present. Printed by William Stansby for Henry Fetherstone, London

Quiroga de San Antonio, Gabriel, 1998. A BRIED AND TRUTHFUL RELATION OF EVENTS IN THE KINGDOM OF CAMBODIA. [1604] White Lotus Co. Ltd., Bangkok

Rabibhadana, Akin, 1969. THE ORGANIZATION OF THAI SOCIETY IN THE EARLY BANGKOK PERIOD, 1782-1873. Cornell University, Southeast Asian Program, Ithaca, New York

Rajani, M.C., Chand Chirayu and Griswold, A.B., 1972. TOWARDS A HISTORY OF SUKODAYA ART. Review Article. In: JSS 60.2:257-284

Rajchagool, Chaiyan, 1994. THE RISE AND FALL OF THE THAI ABSOLUTE MONARCHY. FOUNDATIONS OF THE MODERN THAI STATE FROM FEUDALISM TO PERIPHERAL CAPITALISM. White Lotus Co., Ltd. Bangkok

Raynal, Abbé, 1773. HISTOIRE PHILOSOPHIQUE ET POLITIQUE: DES ETABLISSEMENTS & DU COMMERCE DES EUROPÉENS DANS LES DEUX INDES. Band 2, Viertes Buch, Amsterdam [keine Verlagsangabe]

Redman, C.L., Berman, M.J., Curtin, E.V., Langhorne, W.T., Versaggi, N.M. & Wanser, J.C. (Ed.), 1978. SOCIAL ARCHEAOLOGY. Beyond Subsistence and Dating. Academic Press, New York

Reed, Charles A., 1977. ORIGINS OF AGRICULTURE. Mouton Publishers, The Hague & Paris

Reid, Anthony, 1988. SOUTHEAST ASIA IN THE AGE OF COMMERCE 1450-1680. VOLUME ONE: THE LANDS BELOW THE WIND, Silkworm Books, Chiang Mai
_____1993. SOUTHEAST ASIA IN THE AGE OF COMMERCE 1450-1680. VOLUME TWO: EXPANSION AND CRISIS, Silkworm Books, Chiang Mai
_____1999. CHARTING THE SHAPE OF EARLY MODERN SOUTHEAST ASIA. Silkworm Books, Chiang Mai
Reid, Anthony & Marr, David, 1979. PERCEPTIONS OF THE PAST IN SOUTHEAST ASIA, Heinemann Educational Books, Singapore

Reinaud, Joseph Toussaint, 1845 [nouv. éd.]. RELATIONS DES VOYAGES FAITS PARLES ARABES ET LES PERSANS DANS L'INDE AT À LA CHINE DANS LE IXe SIÈCLE DE L'ÈRE CHÉTIENNE. [éd. par Louis-Mathieu Langlès, 1811] 2 Bände, Paris

Rendell, H.M., Hailwood, E. & Dennel, R.W., 1987. ALEOMAGNETIC DATING OF A TWO-MILLION-YEAR-OLD ARTEFACT-BEARING HORIZON AT RIWAT, NORTHERN PAKISTAN. In: Earth and Planetary Science Letters, Band 85, S. 488-496

Reynolds, Craig J., 1979. RELIGIOUS HISTORICAL WRITING AND THE LEGITIMATION OF THE FIRST BANGKOK REIGN. In: Reid & Marr: PERCEPTIONS OF THE PAST IN SOUTHEAST ASIA
_____1979a. AUTOBIOGRAPHY: THE LIFE OF PRINCE-PATRIARCH VAJIRANANA OF SIAM, 1860-1921. University of Ohio Press, Athens, Ohio
_____1993. THE PLOT OF THAI HISTORY: THEORY AND PRACTICE. In: Chapman & Wijeyewardene: PATTERNS AND ILLUSIONS. Thai History and Thought.
_____1994. THAI RADICAL DISCOURSE: THE REAL FACE OF THAI FEUDALISM TODAY. (Studies on Southeast Asia No 3), Southeast Asia Program Publications, Cornell University

Reynolds, Frank E., 1978. THE HOLY EMERALD JEWEL: Some Aspects of Buddhist Symbolism and Political Legitimation in Thailand and Laos. In: Smith, Bardwell L. (ed.), 1978:166-193

Reynolds, Timothy E. G., 1992. EXCAVATIONS AT BANYAN VALLEY CAVE, NORTHERN THAILAND: A Report on the 1972 Session. In: AP 31:77-98

Richman, Paula, ed. 2001. MANY RAMAYANAS: The Diversity of a Narrative Tradition in South India, University of California Press, Berkeley

Ritter, Carl, 1834. DIE ERDKUNDE VON ASIEN. Band III, G. Reimer, Berlin

Rival, Jean, o.J.. DEPOSITION MADE ON 18TH JULY 1688 (BY COUNT ROT?) LIVING IN LIGOR, SENT ON 25TH SEPTEMBER 1691. Archives Nationales, Paris, Col. C 1 25 (ff. 58-60). In: Smithies, 2004:169-175

Roberts, Edmund, 1972. [1837] EMBASSY TO THE EASTERN COURTS OF COCHIN-CHINA, SIAM, AND MUS-CAT; IN THE SLOOP-OF-WAR PEACOCK, DURING THE YEARS 1832-3-4. Scholarly Resources Inc., Wilmington

Rodao, Florentino, 2007. CASTILIANS DISCOVER SIAM: CHANGING VISIONS AND SELF-DISCOVERY. In: JSS, 95:11-23

Rogers, Peter, 1996. NORTHEAST THAILAND FROM PREHISTORIC TO MODERN TIMES. In Search of Isan's Past. Editions Duang Kamol, Bangkok

Rokuro, Kuwata, 1919. STUDY IN CH`IH -`TU, THE SO-CALLED "ANCIENT NAME OF SIAM". In: Tōyō Gakuhō, vol. 9, no. 3, Tokio

Rosenberg, Klaus, 1980. NATION UND FORTSCHRITT - Der Publizist Thien Wan und die Modernisierung Thailands unter König Chulālongkǫn. Hamburg

Sabloff, J.A. und Lamberg-Karlowski, C.C. (Ed.), 1975. ANCIENT CIVILIZATION AND TRADE. University of New Mexico Press, Albuquerque

Sangharaja Kromaphraya Pavaresvariyalongkorn, H.R.H.,1968. A BRIEF ACCOUNT OF KING MONGKUT (RAMA IV). Translated by Phra Maha Pichit, Phra Maha Win and Phra Khantipalo. In: Dhammayut Order / Mahamakuta Rajavidyalaya (eds.): HIS MAJESTY KING RAMA THE FOURTH MONGKUT. 1986:40-58, Bangkok

Sangermano, Vincentius, 1969. A DESCRIPTION OF THHE BURMESE EMPIRE. New York

Sasada, M. / Ratanasthien. B. & Soponpongpipat, R., 1987. NEW K/Ar AGES FROM THE LAMPANG BASALT, NORTHERN THAILAND. Bulletin of the Geological Survey of Japan, 38:13–20

Satow, Ernest M., 1885. NOTES ON THE IINTERCOURSE BETWEEN JAPAN AND SIAM IN THE SEVENTEENTH CENTURY. Transactions of the Asiatic Society of Japan, Band 13.2.

Sauer, C.O., 1952. AGRICULTURAL ORIGINS AND DISPERSALS. American Geographical Society, New York

Schade, T., o.J. Die kommunikative Dimension im Barbarendiskurs José de Acostas in De procuranda Indorum salute, 1588. Online am 21.04.2017:
http://www.academia.edu/30787603/Die_kommunikative_Dimension_im_Barbarendiskurs_Jos%C3%A9_de_Acostas_in_De_procuranda_Indorum_salute_1588

Schauffler, William, 1976. ARCHAEOLOGICAL SURVEY AND EXCAVATION OF BAN CHIANG CULTURE SITES IN NORTHEAST THAILAND. In: Expedition 18,4: S.27-37, University Museum, Philadelphia

Schouten, Jobst, 1663. Beschreibung deß Königreichs Siam. In: Carons & Schouten, WAHRHAFTIGE BESCHREIBUNGEN MÄCHTIGEN KÖNIGREICHE/JAPPAN UND SIAM, 1663

Schuyler, Montgomery, 1908. NOTES ON THE MAKING OF PALM-LEAF MANUSCRIPTS IN SIAM. In: JAOS, 29:281-283

Shah Manzur Alam, 1959. MASULIPATAM: A METROPOLITAN PORT IN THE SEVENTEENTH CENTURY. In: Islamic Culture (IC), S. 33, no. 3, S. 169-187

Sherwani, **Haroon Khan**, 1974. *HISTORY OF THE QUTB SHAHI DYNASTY*, Munshiram Manoharlal Publishers, New Delhi

Rumphius. G.E., 1705. D`AMBOINISCHE RARITEITKAMER. Halma, Amsterdam

Samson, J. Camille (Dr.), 1901. MEINE REISE NACH SIAM 1888-1889. (Keine Angabe des Herausgebers) Als Manuskript gedruckt, illustriert von Ludwig Hans Fischer

Scherzer, Karl, Ritter von, 1872. FACHMÄNNISCHE BERICHTE ÜBER DIE ÖSTERREICHISCH-UNGARISCHE EXPEDITION NACH SIAM, CHINA UND JAPAN (1868-1871). Verlag von Julius Maier, Stuttgart

Seidenfaden, Eric & Dhani Nivat, Prinz, 1939. EARLY TRADE RELATIONS BETWEEN DENMARK AND SIAM. In: JSS, Band 31.1.

Seidenfaden, Eric, 1919. FURTHER NOTES ABOUT CHAUBUN, ETC. In: JSS, 13.3:47-53

Selimkhanov, I.R., 1979. THE CHEMICAL CHARACTERISTICS OF SOME METAL FINDS FROM NON NOK THA. In: Smith R.B./Watson, W.(eds.): EARLY SOUTHEAST ASIA, S. 33-38

Shorto, H.L., 1963. THE 32 MYOS IN THE MEDIEVAL MON KINGDOM. In: BSOAS, 26:572-591
_____1979. THE LINGUISTIC PROTOHISTORY OF MAINLAND SOUTHEAST ASIA. In: Smith R.B./Watson, W.(eds.): EARLY SOUTHEAST ASIA, S. 273-280

Simanjuntak, T & Sémah, F., 1996. A NEW INSIGHT INTO THE SANGIRAN FLAKE INDUSTRY. In: BIPPA, 14:22-26 (Chiang Mai Papers, Band 1)

Simms, Peter und Sanda, 1999. THE KINGDOMS OF LAOS: SIX HUNDRED YEARS OF HISTORY. Curzon Press, Richmond, UK

Sioris, George A., 1998. PHAULKON. THE GREEK FIRST COUNSELLOR AT THE COURT OF SIAM: An Appraisal. The Siam Society, Bangkok

Skinner, G. William, 1957. CHINESE SOCIETY IN THAILAND: AN ANALYTICAL HISTORY. Cornell University Press, Ithaca

Smith, Bardwell L. (ed.), 1978. RELIGION AND LEGITIMATION OF POWER IN THAILAND, LAOS AND BURMA. Chambersburg

Smith, George Vinal, 1977. THE DURCH IN SEVENTEENTH-CENTURY THAILAND. Northern Illinois University, Center for Southeast Asian Studies, Special Report no. 16
_____1980. PRINCES, NOBLES, AND TRADERS: ETHNICITY AND ECONOMIC ACTIVITY IN SEVENTEENTH-CENTURY THAILAND. In: Wilson, C.M., Smith, C.S. und Smith, G.V.: CONTRIBUTION TO ASIAN STUDIES.

Smith R.B. & Watson, W. (Ed.), 1979. EARLY SOUTHEAST ASIA. Essays in Archaeology, History, and Historical Geography. Oxford University Press, Oxford & Kuala Lumpur

Smith, Ronald Bishop, 1966. SIAM OR THE HISTORY OF THE THAIS FROM EARLIEST TIMES TO 1568 A.D. Decatur Press, Bethesda
_____1967. SIAM OR THE HISTORY OF THE THAIS FROM 1569 A.D. TO 1824 A.D. Decatur Press, Bethesda
_____1968. THE FIRST AGE. OF THE PORTUGUESE EMBASSIES, NAVIGATIONS AND PERENIGRATIONS TO THE KINGDOMS AND ISLANDS OF SOUTHEAST ASIA (1509-1521), Decatur Press, Bethesda

Smith, V.A., 1957. THE EARLY HISTORY OF INDIA. Oxford University Press, London

Smithies, Michael, 2006. THE ABBÉ DE CHAILA 1648-1702: From Tourist in Siam to Persecutor in the Cévennes. In: JSS, 94:210-220
_____2004. WITNESSES TO A REVOLUTION: SIAM 1688. Twelve key texts describing the events and consequences of the Phetracha coup d'état, and the withdrawal of French forces from the country. The Siam Society, Bangkok
_____2003. ACCOUNTS OF THE MAKASSAR REVOLT, 1686. In: JSS, 90.1&2:73-100
_____2002. MISSION MADE IMPOSSIBLE. The Second French Embassy to Siam 1687. Silkworm Books, Chiang Mai
_____2001. MADAME CONSTANCE'S JEWELS. In: JSS, 88.1&2:111-121
_____1999. A SIAMESE EMBASSY LOST IN AFRICA 1686. The Odyssey of Ok-Khun Chamnan, Silkworm Books, Chiang Mai
_____1998. A RESOUNDING FAILURE. Martin and the French in Siam 1672-1693. Silkworm Books, Chiang Mai
_____1997. ALEXANDER HAMILTON. A SCOTTISH SEA CAPTAIN IN SOUTHEAST ASIA 1689-1723. Silkworm Books, Chiang Mai
_____1997a. THE CHEVALIER DE CHAUMONT AND THE ABBÉ DE CHOISY. Aspects of the Embassy to Siam 1685. Silkworm Books, Chiang Mai
_____1997b. THE SIAMESE MEMOIRS OF COUNT CLAUDE DE FORBIN 1685-1688. Silkworm Books, Chiang Mai
_____1996. THE SIAMESE MEMOIRS OF COUNT CLAUDE DE FORBIN 1685-1688, Silkworm Books, Chiang Mai
_____1994. SAINT TACHARD? A REJOINDER TO VONGSURAVATANA. In: JSS, 82.2:175-178
_____1993. ROBERT CHALLE AND SIAM. In: JSS, 81.1:91-102
_____1993a. JACQUES DE BOURGES (c.1630-1714) AND SIAM. In: JSS, 81.2:113-129
_____1990. THE SIAMESE EMBASSY TO THE SUN KING. The Personal Memorials of Kosa Pan, Editions Duang Kamol, Bangkok

Smyth, Warrington H., 1994. [1898] FIVE YEARS IN SIAM. FROM 1891 TO 1896. White Lotus Co., Ltd. Bangkok

Snodgrass, Anthony M. 1980. IRON AND EARLY METALLURGY IN THE MEDITERRANEAN. In: Wertime und Muhly, 1980: 335-374.

Solheim, Wilhelm G., 1970. NORTHERN THAILAND, SOUTHEAST ASIA AND WORLD PRE-HISTORY. In: AP, 13:145-162

Somboon, J., 1988. PALAEONTOLOGICAL STUDY OF THE RECENT MARINE SEDIMENTS IN THE LOWER CENTRAL PLAIN, THAILAND. In: Journal of the Southeast Asian Earth Science, Band 2. 3+4, S.201-210

Somsak Pramankij & Vadhana Subhavan, 1994. THE SIGNIFICANCE OF THE RECENT DISCOVERY OF PRIMATE FOSSILS IN THAILAND AND SOUTHEAST ASIA. In: Manguin, Pierre-Yves (ed.), SOUTHEAST ASIAN ARCHAEOLOGY 1994. S. 1-4

Sørensen, Per, 1962. THE THAI-DANISH PREHISTORIC EXPEDITION. In: Folk, 4:28-45
_____1964. BAN KAO. In: JSS, Band 52.1:75-98
_____1973. PREHISTORIC IRON IMPLEMENTS FROM THAILAND. In: AP, 16:134-173
_____1979. THE ONGBAH CAVE AND ITS FIFTH DRUM. In: Smith, R.B. und Watson, W.,1979:443-456
_____1988. ARCHAEOLOGICAL EXCAVATIONS IN THAILAND. Surface Finds and Minor Excavations. Curzon Press, London

Sørensen. Per und T. Hatting, 1967. ARCHAEOLOGICAL INVESTIGATIONS IN THAILAND II. Ban Kao I: The Archaeological Material from the Burials, Copenhagen

SOUTHEAST ASIAN ARCHAEOLOGY AT THE XV PACIFIC SCIENCE CONGRESS. The Origins of Agriculture, Metallurgy, and the State in Mainland Southeast Asia. **Donn Bayard (Ed.)**, University of Otago Studies in Prehistoric Anthropology, Vol. 16, Dunedin, New Zealand

Spiess, Gustav, 1864. DIE PREUSSISCHE EXPEDITION NACH OSTASIEN WÄHREND DER JAHRE 1860-1862. Reise-Skizzen aus Japan, China, Siam und der indischen Inselwelt. Verlag von Otto Spamer, Berlin und Leipzig

Spinks, Charles Nelson, 1965. THE CERAMIC WARES OF SIAM. The Siam Society, Bangkok

Srisudravarna, Somsamai, 1994. THE REAL FACE OF THAI SAKTINA TODAY. In: Reynolds, 1994:43-148

Stargardt, J., 1983. SATINGPRA I. The Environmental and Econonomic Archaeology of South Thailand. British Archeological Records, International Series 158, London

Sternstein, L., 1965. ´KRUNG KAO`: THE OLD CAPITAL OF AYUTTHAYA. In: JSS, 53.1:83-121

Stockhammer, Philipp W., 2016. ARM UND REICH IN DER URGESCHICHTE: METHODISCHE ÜBERLEGUNGEN. In: Arm und Reich – Zur Ressourcenverteilung in prähistorischen Gesellschaften. 8. Mitteldeutscher Archäologentag vom 22. Bis 24. Oktober 2015 in Halle (Saale), Tagungen des Landesmuseums für Vorgeschichte, Halle, Band 14/I, S. 77-85

Straußen, Johann Jansen, 1832. J.J. STRAUßENSS REISE DURCH ITALIEN, GRIECHENLAND, LIEFLAND, MOSKAU, DIE TARTAREI, MEDIEN, PERSIEN, DIE TÜRKEI, JAPAN UND OSTINDIEN. Worin, außer den Schicksalen des Verfassers, die Merkwürdigkeiten, Lebensarten, Sitten und Gebräuche der durch`reisten Länder beschrieben werden. Angefangen im Jahre 1647 und beendigt 1673. Aus dem Holländischen übersetzt und mit berichtigenden Anmerkungen aus neuern Reisen versehen. Hennings`sche Buchhandlung, Gotha und Erfurt

Stuart-Fox, Martin,1998. THE LAO KINGDOM OF LĀN XĀNG: RISE AND DECLINE. White Lotus Press, Bangkok
_____2008. HISTORICAL DICTIONARY OF LAOS. Scarecrow Press Inc., USA

Subhadradis, Diskul M[om] C[hao], 1979. THE DEVELOPMENT OF DVĀRAVATI SCULPTURE AND A RECENT FIND FROM NORTH-EAST THAILAND. In: Smith R.B./Watson, W.(eds.): EARLY SOUTHEAST ASIA, Seiten 360-370

Subrahmanyam, Sanjay, 1992. IRANIANS ABROAD: INTRA-ASIAN ELITE MIGRATION AND EARLY MODERN STATE FORMATION. In: JA 51, no. 2, S. 340-363.

Suchitta, Pornchai, 1983. THE HISTORY AND DEVELOPMENT OF IRON SMELTING TECHNOLOGY IN THAILAND. Ph.D. Dissertation, Brown University
_____1984. KHOK PHANOM DI: A PREHISTORIC SHELL MOUND ON THE EASTERN COAST OF THAILAND. In: SOUTHEAST ASIAN ARCHAEOLOGY AT THE XV PACIFIC SCIENCE CONGRESS, Seiten 1-14

Sunait Chutintaranond, 1995. THE IMAGE OF THE BURMESE ENEMY IN THAI PERCEPTIONS AND HISTORICAL WRITINGS. In: Sunait Chutintaranond & Than Tun: ON BOTH SIDES OF THE TENASSERIM RANGE, Seiten 1-32
_____1995a. CAKRAVARTIN: IDEOLOGY, REASON AND MANIFESTATION OF SIAMESE AND BURMESE KINGS IN TRADITIONAL WARFARE (1538-1854). In: Sunait Chutintaranond & Than Tun: ON BOTH SIDES OF THE TENASSERIM RANGE, Seiten 55-66
_____1999. MERGUI AND TENASSERIM AS LEADING PORT CITIES IN THE CONTEXT OF AUTONOMOUS HISTORY. In: Breazeale (ed.), 1999:104-18.

Supanjaya, Tiva, 1984. MOAT PATTERNS IN THAILAND: CLASSIFICATION FOR DATA BASE SYSTEMS. Research Project on Ancient Settlements (unveröffentlicht), Chulalongkorn University, Bangkok

Surapol Natapintu, 1987. CURRENT RESEARCH ON PREHISTORIC COOPER-BASED METALLURGY IN THAILAND. In: SD, Band 8,1:27-35

Surakiat, Pamaree, 2005. THAI-BURMESE WARFARE DURING THE SIXTEENTH CENTURY AND THE GROWTH OF THE FIRST TOUNGOO EMPIRE. In: JSS, 93:69-100
_____2006. THE CHANGING NATURE OF CONFLICT BETWEEN BURMA AND SIAM AS SEEN FROM THE GROWTH AND DEVELOPMENT OF BURMESE STATES FROM THE 16TH TO THE 19TH CENTURIES. ARI Working Paper No. 64, University of Singapore

Swearer, Donald, 1991. SULAK SIVARAKSA`S BUDDHIST VISION FOR RENEWING SOCIETY. In: Crossroads. An Interdisciplinary Journal of Southeast Asian Studies, Northern Illinois University, 6.2:17-51

Swisher III, C., Curtis, G.H., Jacob, T. et al., 1994. AGE OF THE EARLIEST KNOWN HOMINIDS IN JAVA, INDONESIA. In: Science, 263:1118-1121

Syuki, Ibrahim (übersetzt von C. Barley & J.M. Miksic), 1985. HISTORY OF THE MALAY KINGDOM OF PATANI. Ohio University Press, Athens

Tachard, Guy, 1688. VOYAGE DE SIAM DES PERES JESUITES, Envoyés par le ROY, aux Indes à la Chine. Avec leurs observations Astronomiques, & leurs Remarques de Physique, de Géographie, d'Hydrographie, & d'Histoire. Chez Pierre Mortier, Amsterdam
_____1688a. RELATION OU VOYAGE DU PÈRE TACHARD À SIAM. In: Smithies, Mission Made Impossible, 2002, Seiten 205-228 (englische Übersetzung des bis dato nicht publizierten französischen Manuskriptes im Französischen Nationalarchiv, Colonies, C1 24, folio 172-211)
_____1689. SECOND VOYAGE DU PERE TACHARD Et des Jesuïtes. Envoyés par le ROY, AU ROYAUME DE SIAM. Contenent diverses remarques d'Histoire de Physique, de Geographie, & d'Astronomie. Chez Pierre Mortier, Amsterdam (Die falsche Paginierung ab S. 168 ist verwirrend und auf die in großer Eile publizierte Erstausgabe (*in quarto*, chez Daniel Horthemel, Paris,1689) zurückzuführen, die überdies reichlich *errata* aufweist

Takaya, Y., 1969. TOPOGRAPHICAL ANALYSIS OF THE SOUTHERN BASIN OF THE CENTRAL PLAIN OF THAILAND. In: Tonan Ajia Kenkyu, Band 7. 3:293 - 300

Tambiah, J.S., 1976. WORLD CONQUERER AND WORLD RENOUNCER. A Study of Buddhism and Polity in Thailand Against a Historical Background, Cambridge University Press, Cambridge
_____1977. THE GALACTIC POLITY: THE STRUCTUR OF TRADITIONAL KINGDOMS IN SOUTHEAST ASIA. In: Freed, Stanley A.: ANTHROPOLOGY AND THE CLIMATE OF OPINION, S. 69-97

Tanuja Bora and Dhrubajyoti Nath, 2014. THE FIGURE OF RAMA IN INDIA AND THAILAND: A Comparative Study. In: IOSR-JHSS 19.4.I:38-43

Tapp, Nicholas, 1990. SOVEREIGNTY AND REBELLION. The White Hmong of Northern Thailand. Oxford University Press, Singapore

Tavernier, Jean Baptiste, 1681. BESCHREIBUNG DER SECHS REISEN/Welche Johan Baptista Tavernier, Ritter und Freyherr von Aubonne. In Türckey/Persien und Indien/innerhalb vierzig Jahren/durch alle Wege/die man nach diesen Länderen nehmen kann/verrichtet. In der Hoch=Teutschen Sprach ans Liecht gestellt/Durch Johann Herrman Widerhold. Genff

Terwiel, Barend J., 1970. BUDDHISM AND THE SPIRIT CULTS IN NORTH-EAST THAILAND. Cambridge University Press, Cambridge
_____1979. TAI FUNERAL CUSTOMS. Towards a Reconstruction of Archaic-Tai Ceremonies. In: Anthropos 74:393-432.
_____1980. THE TAI OF ASSAM AND ANCIENT TAI RITUAL. Band I: Life-Cycle Ceremonial. Gaya, Centre for Southeast Asian Studies
_____2005. THAILAND'S POLITICAL HISTORY. From the Fall of Ayutthaya in 1767 to Recent Times. River Books, Bangkok
_____2013 WHAT HAPPENED AT NONG SARAI? Comparing Indigenous and European Sources for Late 16th Century Siam. In: JSS, 101:19-34

ten Brummelhuis, Han, 1987. MERCHANT, COURTER AND DPLOMAT: A HSTORY OF THE CONTACTS BETWEEN THE NETHERLANDS AND THAILAND. Uitgevers-maatschappj de Tjdstroom Lochem–Gent

Than Tun, 1995. AYUT'IA MEN IN THE SERVICE OF BURMESE KINGS; [1]6 TH & [1]7TH CENTURIES. Seiten 94-106. In: Sunait Chutintaranond & Than Thun: ON BOTH SIDES OF THE TENASSERIM RANGE

Theeravit, Khien, 1988. JAPANESE-SIAMESE RELATIONS 1606-1629. In: Chaiwat Khamchoo & E. Bruce Reynolds, THAI-JAPANESE RELATIONS IN HISTORICAL PERSPECTIVE

Theunissen, Bert, 1989. EUGÈNE DUBOIS AND THE APE-MAN FROM JAVA. The History of the First „Missing Link" and its Discoverer. Kluwer Acad. Publ., Dordrecht

Thomas, F., 1978. D`ONT THAT BEAT THE BAND? Non-Egalitarian Political Organization in Prehistoric Central California. In: Redman, C.L. et al.: SOCIAL ARCHEAOLOGY. Beyond Subsistence and Dating, 1978

Thompson, Virginia, 1967. THAILAND: THE NEW SIAM. Paragon Book Reprint Corporation, New York

Tiele, P.A. & Heeres, J.E. (Ed.), 1886-1895. BOUWSTOFFEN VOOR DE GESCHIEDENIS DER NIEDERLANDERS IN DEN MALEISCHEN ARCHIPEL. Band I-III, Den Haag, Nijhoff

Tips, Walter E.J., 1996. GUSTAVE ROLIN-JAEQUEMYNS AND THE MAKING OF MODERN SIAM. THE DIARIES AND LETTERS OF KING CHULALONGKORN`S GENERAL ADVISOR. White Lotus Co., Ltd. Bangkok

Torrence, R., 1986. PRODUCTION AND EXCHANGE OF STONE TOOLS. Cambridge University Press, Cambridge

Tregear, R.T., 1965. A GEOGRAPHY OF CHINA. University of London Press, London

Tregonning, K.D., 1965. MALAYSIAN HISTORICAL SOURCES. Department of History, University of Singapore

Treistman, Judith, 1968. CH'Ü-CHIA-LING AND THE EARLY CULTURES OF THE HANCHUI VALLEY, CHINA. In: AP, 11:69-92

Tri Amatayakul, 1973. THE OFFICIAL GUIDE TO AYUTTHAYA AND BANG PA-IN. The Fine Arts Department, Bangkok

Trinkaus, Erik & Shipman, Pat, 1993. DIE NEANDERTALER. Spiegel der Menscheit. C. Bertelsmann, München

Tuck, Patrick, 1995. THE FRENCH WOLF AND THE SIAMESE LAMB. THE FRENCH THREAT TO SIAMESE INDEPENDENCE 1857-1907. White Lotus Co., Ltd. Bangkok

Tun Aung Chain (tr.), 2005. CHRONICLE OF AYUTTHAYA: A Translation of the Yodaya Yazawin. Myanmar Historical Commission, Yangon

Turpin, François-Henri, 1771. HISTOIRE CIVILE ET NATURELLE DU ROYAUME DE SIAM, Et des Révolutions qui ont bouleversé cet Empire jusqu' en 1770 ; Paris, Chez Costard, Libraire, rue S. Jean de Beauvais, 2 Bände

Ucko, P.J. & Dimbleby, G.W., 1969. THE DOMESTICATION AND EXPLOITATION OF PLANTS AND ANIMALS. Gerald Duckworth, London

Vachet, Bénigne, 1865. MÉMOIRES (Auszüge). Groupy, Paris

Vallibhotama, Srisakra, 1984. THE RELEVANCE OF MOATED SETTLEMENTS TO THE FORMATION OF STATES IN THAILAND. In: SOUTHEAST ASIAN ARCHAEOLOGY AT THE XV PACIFIC SCIENCE CONGRESS, S. 123-128
_____1985. SEMA STONE BOUNDARY MARKERS FROM THE NORTHEAST: SURVEY & STUDY ON THE CONTINUATION OF MEGALITHIC CULTURE IN THE REGION. In: MBJ, Band 11, No. 4

van der Cruysse, Dirk, 2002. SIAM AND THE WEST. 1500-1700. Silkworm Books, Chiang Mai

van Heekeren, H.R., 1948. PREHISTORIC DISCOVERIES IN SIAM 1943-44. In: Proceedings of the Prehistoric Society for 1948, XIV, Cambridge
_____1961. A PRELIMINARY NOTE ON THE EXCAVATION OF THE SAI-YOK ROCK-SHELTER. In: JSS, 49.2:99-108

Vu Duc Liem, 2011. JAPANESE MILITARY INVOLVEMENT IN AYUTTHAYA, 1600-1630. Asian Research Center for Migration, ARCM Website, Institute of Asian Studies (IAS), C.U, E-published, pp. 1-25

van Vliet, Jeremias, 1910. [1638] DESCRIPTION OF THE KINGDOM OF SIAM. Ins Englische übertragen von L.F. van Ravenswaay. In: JSS, Band 7.1., S. 1-105
_____1938. HISTORICAL ACCOUNT OF SIAM IN THE SEVENTEENTH CENTURY. In: JSS, Band 30.2.

_____1975. Historiael Verhael der Sieckte ande Doot van Pra Interra Tsia 22en Coninck in Siam & den Regherende Pra Onghsry. Ins Englische übersetzt von Leonard Andaya in David K. Wyatt (ed.): The Short History of the Kings of Siam, The Siam Society, Bangkok
_____2005 [1636/37]. DIARY OF THE PICNIC INCIDENT. Translated, Edited and Introduced by Alfons van der Kraan. In: Baker, Chris / van der Kraan, Alfons, 2005:35-88
_____2005 [1638]. DESCRIPTION OF THE KINGDOM OF SIAM. In: Baker, Chris / van der Kraan, Alfons, 2005:101-179
_____2005 [1640]. Cort van't naturel eijnde der volbrachter tijt ende successie der Coningen van , voor sooveel daer bij d'oudehistorien bekent sijn. (The Short History of Occurrences in the Past and the Succession of the Kings As Far As Is Known from the Old Histories). Ins Englische übersetzt von Leonard Andaya nach einer Transkription von Miriam J. Verkuijl-Van Den Berg (ed.David K. Wyatt). In: Baker, Chris / van der Kraan, Alfons, 2005:179-244
_____2005 [1640]. HISTORICAL ACCOUNT OF KING PRASAT THONG: Translated by Alfons van der Kraan, Edited and Introduced by Dhiravat na Pombejra and Chris Baker. In: Baker, Chris / van der Kraan, Alfons, 2005:245-322

Vickery, Michael, 1973. THE KHMER INSCRIPTIONS OF TENASSERIM: A REINTER-PRETATION. In: JSS, Band 61.1.
_____1976. REVIEW OF JEREMIAS VAN VLIET, The Short History of the Kings of Siam. In: JSS, Band 64.2.
_____1977a. CAMBODIA AFTER ANGKOR: THE CHRONICLE EVIDENCE FOR THE FOURTEENTH TO SIXTEENTH CENTURIES, (PhD Dissertation), Yale University
_____1977b. THE 2/K.125 FRAGMENT, A LOST CHRONICLE OF AYUTTHAYA. In: JSS, 65.1.
_____1978. REVIEW ARTICLE: A GUIDE THROUGH SOME RECENT SUKHOTHAI HISTORIOGRAPHY. In: JSS, Band 66.2:182-246
_____1985. THE REIGN OF SURYAVARMAN I AND ROYAL FACTIONALISM AT ANGKOR. In: JSEAS, 16:226-244
_____1986. SOME REMARKS ON EARLY STATE FORMATION IN CAMBODIA. In: Marr, David G. & Milner, A.C.: SOUTHEAST ASIA IN THE NINTH TO FOURTEENTH CENTURIES, S. 95-115
_____1991a. THE RAM KHAMHAENG INSCRIPTION, A PILTDOWN SKULL OF SOUTHEAST ASIAN HISTORY? In: Chamberlain, 1991:3-52
_____1991b. PILTDOWN SKULL - INSTALLMENT 2. In: Chamberlain, 1991:333-418
_____1995. "PILTDOWN 3:" FURTHER DISCUSSION OF THE RAM KHAMHAENG INSCRIPTION. In: JSS, 83.1&2.:103-197
_____1998. SOCIETY; ECONOMICS; AND POLITICS IN PRE-ANGKOR CAMBODIA. The 7th-8th Centuries. The Centre for East Asian Cultural Studies for Unesco, The Tokyo Bunko

Vincent, Brian, 1984. THE ANALYSIS OF PREHISTORIC POTTERY FROM BAN NA DI. In: SOUTHEAST ASIAN ARCHAEOLOGY AT THE XV PACIFIC SCIENCE CONGRESS, S. 50-59
_____1988. PREHISTORIC CERAMICS OF NORTHEAST THAILAND WITH SPECIAL REFERENCE TO BAN NA DI. BAR International Series 461, Oxford

Vincent, Frank, 1988. THE LAND OF THE WHITE ELEPHANT. SIGHTS AND SCENES IN BURMA, SIAM, CAMBODIA, AND COCHIN-CHINA (1871-2). White Lotus Co., Ltd. Bangkok

Viraphol, Sarasin, 1977. TRIBUTE AND PROFIT: SINO-SIAMESE TRADE, 1652-1853. Harvard University Press, Cambridge und London

von Ditfurth, Hoimar, 1972. IM ANFANG WAR DER WASSERSTOFF. Hoffmann und Campe, Hamburg

von Hesse-Wartegg, Ernst, 1986. [1899] SIAM. DAS REICH DES WEISSEN ELEFANTEN. White Lotus Co., Ltd. Bangkok

von Rohr-Sauer, A., 1939. DES ABU DULAF BERICHT ÜBER SEINE REISE NACH TURKESTAN, CHINA UND INDIEN. Bonn

Vongsuravatana, Raphaël, 1994. NEW INVESTIGATIONS ON FRANCO-SIAMESE RELATIONS IN THE 17TH CENTURY: For a Rehabilitation of Father Tachard. In: JSS, 82.1:97-100

Vrba, E., 1994. AN HYPOTHESIS OF EARLY HOMINID HETEROCHRONY IN RESPONSE TO CLIMATE COOLING. In: Corruccini, R. & Ciochon, R.: INTEGRATIVE PATHS TO THE PAST.

Wales, H. G. Quaritch, 1992. [1931] SIAMESE STATE CEREMONIES. Their History and Function. Curzon Press Ltd.,Surrey
_____1956. THE ORIGINS OF SUKHODAYA ART. In: JSS, 44.2:113-124
_____1965. ANCIENT SIAMESE GOVERNMENT AND ADMINISTRATION. [1934] Paragon Books Reprint Corp., New York
_____1966. DVĀRAVATĪ IN SOUTH-EAST ASIAN CULTURAL HISTORY. In: JRAS, S. 40-52
_____1969. DVĀRAVATĪ. THE EARLIEST KINGDOM OF SIAM. Bernard Quaritch Ltd., London

_____1973. EARLY BURMA – OLD SIAM: A COMPARATIVE COMMENTARY, Bernard Quaritch Ltd., London
_____1980. RECENT DVĀRAVATĪ DISCOVERIES AND SOME KHMER COMPARISONS. In: JSS, 68.1:43-54

Wan Waithayakon, Prinz, 1991. A DIPLOMATIC HISTORY OF THAILAND. Office of the National Cultural Comission, Bangkok

Wang Gungwu, 1958. THE NANHAI TRADE. In: JRASMB, 31.2:1-135
_____1968. THE FIRST THREE RULERS OF MALACCA. In: JRASMB, 41.1.

Watson, W.,1979. KHOK CHAROEN AND THE EARLY METAL AGE OF CENTRAL THAILAND. In: Smith, R.B. und Watson, W., 1979:53-62

Weber, Jacques, 1997. LES COMPTOIRS, LA MER ET L'INDE AU TEMPS DES COMPAGNIES. In: Revue d'histoire maritime, 1:149-195.

Weiss, A.D., 1992. THE SOCIAL CONTEXT OF COPPER PRODUCTION IN CENTRAL THAILAND: EVIDENCE FROM MORTUARY AND INDUSTRIAL DATA. Paper for the 4th International Conference of the European Association of Southeast Asian Archaeologists, Rom, 28.09-04.10.1992

Welch, David, 1984. SETTLEMENT PATTERN AS AN INDICATOR OF SOCIO-POLITICAL COMPLEXITY IN THE PHIMAI REGION, THAILAND. In: D.T. Bayard, 1984a, S. 129-151

Wenk, Klaus, 1962. PHRACHUM PHONGSAWADAN. Ein Beitrag zur Bibliographie der thailändischen historischen Quellen in Oriens Extremus, Jahrgang 9, Dezember, Heft 2, S. 232ff.
_____1985. STUDIEN ZUR LITERATUR DER THAI. BAND II. Studien und Interpretationen von und zu Sunthon Phu. Editions Duang Kamol, Bangkok

Werner, Reinhold von, 1863. DIE PREUSSISCHE EXPEDITIOM NACH CHINA, JAPAN UND SIAM IN DEN JAHREN 1860, 1861 und 1862. F.A. Brockhaus, Leipzig 1863

Wernich, Carl Friderich, 1762. DER STAAT VON FRANKREICH NACH DEN GRUNDSÄZZEN DER POLITIK UND STAATENLEHRE BIS AUF GEGENWÄRTIGE ZEITEN BETRACHTET. Johann Heinrich Rüdiger, Berlin, Stettin und Leipzig

Wertime, Theodore A. und Muhly, J.D. (eds.), 1980. THE COMING OF AGE OF IRON. Yale University Press, New Haven

Wheatley, Paul, 1961. THE GOLDEN KHERSONESE. Kuala Lumpur
_____1975. SATYANRTA IN SUVARNADVIPA: FROM RECIPROCITY TO REDISTRIBUTION IN ANCIENT SOUTHEAST ASIA. In: Sabloff, J.A. und Lamberg-Karlowski, C.C.: Ancient Civilization and Trade, S. 227-238
_____1979. URBAN GENESIS IN MAINLAND SOUTHEAST ASIA. In: Smith, R.B. und Watson, W.: Early Southeast Asia, S. 288-303
_____1983. NĀGARA AND COMMANDERY. Origins of the Southeast Asian Urban Traditions. University of Chikago, Research Paper 207-208, Chikago

White, Joyce, 1982. BAN CHIANG: THE DISCOVERY OF A LOST BRONZE AGE. University of Pennsylvania and the Smithsonian Institute, Philadelphia
_____1986. A REVISION OF THE CHRONOLOGY OF BAN CHIANG AND IST IMPLICATION FOR THE PREHISTORY OF NORTHEAST THAILAND. Ph.D. Dissertation, University of Pennsylvania
_____1997. A BRIEF NOTE ON THE NEW DATES FOR THE BAN CHIANG CULTURAL TRADITION. In: BIPPA, 16:103-106
_____1995. INCORPORATING HETERARCHY INTO THEORY OF SOCIO-POLITICAL DEVELOPMENT: The Case from Southeast Asia. In: Crumley, C.L. und Levy, J.E., 1995, S. 101-123
_____2008. DATING EARLY BRONZE AT BAN CHIANG, THAILAND. In: Pautreau et al, 2008, S. 91-104

Wichakana, Metha, 1984. THE NON-BURIAL POTTERY FROM BAN NA DI, NORTH EAST THAILAND. In: SOUTHEAST ASIAN ARCHAEOLOGY AT THE XV PACIFIC SCIENCE CONGRESS, S. 60-64

Wiens, Herold J., 1954. CHINA`S MARCH THROUGH THE TROPICS. Shoe String Press, Hamden

Wilen, Richard N., 1989. EXCAVATIONS AT NON PA KLUAY, NORTHEAST THAILAND. BAR International Series 517, Oxford

Willetts, William, 1971. CERAMIC ART OF SOUTHEAST ASIA. The Southeast Asian Ceramic Society, Singapur

Wilson, P., 1988. THE DOMESTICATION OF HUMAN SPECIES. Yale University Press, New Haven

Wilita Sriuranpong, 1997. WORTSTELLUNGEN IM DEUTSCHEN UND IM THAI. Eine kontrastive Studie (Universität Siegen, Dissertation 1996), Groos Verlag, Heidelberg

Wilson, C.M., Smith, C.S. & Smith, G.V. (Ed.), 1980. CONTRIBUTION TO ASIAN STUDIES. Vol. 15, E.J. Brill, Leiden

Winichakul, Thongchai, 1994. SIAM MAPPED. A HISTORY OF THE GEO-BODY OF A NATION. University of Hawaii Press, Honolulu

Wiriyaromp, Warrachai, 1984. A PREHISTORIC POPULATION FROM NORTH EAST THAILAND. In: SOUTHEAST ASIAN ARCHAEOLOGY AT THE XV PACIFIC SCIENCE CONGRESS, S. 42-49

Wittfogel, Karl August, 1957. ORIENTAL DESPOTISM, A STUDY OF ABSOLUTE POWER. Yale University Press, New Haven

Wolters, O.W. & Cowan, C.D., 1976. SOUTHEAST ASIAN HISTORY AND HISTORIOGRAPHY. ESSAYS PRESENTED TO D.G.E. HALL. Cornell University Press, Ithaca und London

Wolters, O.W., 1966a. THE KHMER KING AT BASAN (1371-3). In: AM, n.s., 12:1:44-89
_____1966b. A WESTERN TEACHER. In: AM, n.s., 12:1:88-97
_____1967. EARLY INDONESIAN COMMERCE: A STUDY OF THE ORIGINS OF SRIVIJAYA. Cornell University Press, Ithaca
_____1973. JAYAVARMAN II`S MILITARY POWER: THE TERRITORIAL FOUNDATION OF THE ANGKOR EMPIRE. In: JRAS, S. 21-30
_____1974. NORTHWESTERN CAMBODIA IN THE SEVENTH CENTURY. In: BSOAS, 37.2:355-384
_____1979. KHMER 'HINDUISM' IN THE SEVENTH CENTURY. In: Smith, R.B. und Watson, W.: Early Southeast Asia, S. 427-442
_____1982. HISTORY, CULTURE, AND REGION IN SOUTHEAST ASIA PERSPECTIVES. Institut of Southeast Asian Studies, Singapore

Wongthes, Mukhom. 2003. INTELLECTUAL MIGHT AND NATIONAL MYTH. A FORENSIC INVESTIGATION OF THE RAM KHAMHAENG CONTROVERSY IN THAI SOCIETY. Matichon Public Co., Bangkok

Wood, W.A.R., 1924. A HISTORY OF SIAM. (Reprint), Chalermnit Bookshop, Bangkok
_____2003. CONSUL IN PARADISE. Sixty-eight Years in Siam. Reprint der Ausgabe von 1965. Silkworm Books, Chiang Mai

Woodward, Hiram, 1997. THE EMERALD BUDDHA AND SIHING BUDDHAS: Interpretations of Their Significance. In: Eilenberg et al. (ed).: LIVING IN ACCORDANCE WITH THE DHAMMA. Silapakorn University, Bangkok, 1997:335-342
_____2010. DVĀRAVATĪ, SI THEP AND WENDAN. In: Bulletin of the Indo-Pacific Prehistory Association, 30: 87–97

Wright Jr., Joseph, 1991. THE BALANCING ACT. A HISTORY OF MODERN THAILAND, Asia Books, Bangkok

Wright, Michael, 1995. A PIOUS FABLE: RECONSIDERING THE INSCRIPTION 1 CONTROVERSY: A "DEMONIC" VIEW. In: JSS, 83.1&2.:93-102

Wyatt, David K. & Teeuw, A., 1970. HIKAYAT PATANI: THE STORY OF PATANI. 2 Bände, Martinus Nijhoff, The Hague

Wyatt, David K. & Aroonrut Wichienkeeo, 1995. THE CHIANG MAI CHRONICLE. Silkworm Books, Chiang Mai

Wyatt, David K. & Aroonrut Wichienkeeo, 1998. THE CHIANG MAI CHRONICLE. Zweite Auflage. Silkworm Books, Chiang Mai

Wyatt, David K. & Woodside, A., 1982. MORAL ORDER AND THE QUESTION OF CHANGE. Essays on Southeast Asian Thought. South East Asian Studies 24, Yale University, New Haven

Wyatt, David K., 1963. SIAM AND LAOS, 1767-1827. In: JSEAH, 4.2:13-47
_____1966. THE BEGINNINGS OF MODERN EDUCATION IN THAILAND, 1868-1910. Ph. D. Dissertation, Cornell University, Ithaca, New York
_____1972. REVIEW ARTICLE: A.B. GRISWOLD, TOWARDS A HISTORY OF SUKHODAYA ARTS. JSS, 60.2.

_____1973. THE ABRIDGED ROYAL CHRONICLE OF AYUDHYA OF PRINCE PARAMĀNUCHITCHINŌROT. In: JSS, 61.1.
_____1975. THE SHORT HISTORY OF THE KINGS OF SIAM. The Siam Society, Bangkok
_____1975a. THE CRYSTAL SANDS. The Chronicles of Nagara Sri Dharramaraja, Cornell University South-east Asia Program Data Paper No. 98, Ithaca
_____1976. THE CHRONOLOGY OF NAN HISTORY, A.D. 1350-1598. In: JSS, 64.2:202-206
_____1994a. THE NAN CHRONICLE. Southeast Asia Program Cornell University, Ithaca
_____1994b. STUDIES IN THAI HISTORY. Collected Articles, Silkworm Books, Chiang Mai
_____1998. A SHORT HISTORY OF THAILAND. Silkworm Books, Chiang Mai
_____1999. CHRONICLE OF THE KINGDOM OF AYUTTHAYA. The Center for East Asian Cultural Studies for UNESCO, The Toyo Bunko, Tokyo
_____1999b. *STUDIES IN THAI HISTORY. Collected Articles*, Chiang Mai, 1999
_____2002. SIAM IN MIND. Silkworm Books, Chiang Mai

Yen, Douglas E., 1969. THE DEVELOPMENT OF AGRICULTURE IN OCEANIA. In: Green, R.C. und Kelly, M.: STUDIES IN OCEANIC CULTURE HISTORY (Band 2), Pacific Anthropological Records 12, Bishop Museum Press, Honolulu
_____1977. HOABINHIAN HORTICULTURE? The Evidence and the Questions from Northwest Thailand. In: J. Allen et al., 1977, S. 567–599

Yesner, David R., 1980. MARITIME HUNTER-GATHERERS. Ecology and Prehistory. In: CA, Band 21.6., S. 727-751

Yi Jing, 1896. [Übersetzt von J. Takakusu] A RECORD OF THE BUDDHIST RELIGION : As Practised in India and the Malay Archipelago AD 671-695, Clarendon Press, Oxford. Reprint, Cosmo, New Delhi, 2006

Young, G. K., 2001. ROME'S EASTERN TRADE. International Commerce and Imperial Policy, 31 BC–AD 305. Routledge , London und New York

Peter Hirsekorn, Jahrgang 1957, kaufmännische Lehre und Abitur am Staatlichen Abendgymnasium Hamburg, Studium der Neueren Geschichte, Politischen Wissenschaften und Anglistik an der FU Berlin und den USA. Nach dem Studium über 20 Jahre in leitenden Positionen der IT-Industrie in Deutschland, Frankreich, Spanien, USA und Singapur tätig. Der Autor kennt und bereist Südostasien und Thailand seit mehr als 30 Jahren und lebt seit seiner Auswanderung mit seiner thailändischen Familie als Autor und freier Journalist abwechselnd in Pattaya und auf der Familienfarm in Ban Du (Udon Thani).

www.ingramcontent.com/pod-product-compliance
Lightning Source LLC
Chambersburg PA
CBHW031539300426
44111CB00006BA/112